TRAITÉ GÉNÉRAL

THÉORIQUE ET PRATIQUE

DES SOCIÉTÉS

CIVILES ET COMMERCIALES

PRINCIPALES ABRÉVIATIONS

J. S.	Journal des sociétés civiles et commerciales.
R. S.	Revue des sociétés.
R. pr. S. Belg.	Revue pratique des sociétés (de Belgique).
S.	Sirey, Recueil des lois et arrêts.
P.	Journal du Palais.
D.	Dalloz, Recueil périodique.
J. N.	Journal des Notaires et des Avocats.
D. N.	Dictionnaire du notariat, et supplément.
J. du not.	Journal du notariat.
Ann. de dr. comm.	Annales du droit commercial.
J. E.	Journal de l'Enregistrement.
R. A. M.	Revue des assurances mutuelles.
R. E.	Revue de l'Enregistrement.
R. P.	Recueil périodique de l'Enregistrement Garnier).
Lyon-Caen et Renault.	Traité de droit commercial, Tome II.
Dalloz, supp.	Dalloz, supp. au Rép. gén., V° *Société*.

Paris. — Imprimerie de la Cour d'appel, L. Maretheux, directeur, 1, rue Cassette.

relative à la Constitution

des SOCIÉTÉS ANGLAISES " LIMITED "

The Companies Acts 1862 to 1907

Il est intéressant de faire connaître les facilités
et avantages qu'offrent les Lois Anglaises de 1862 à 1907
pour la constitution, en Sociétés Anglaises 'Limited",
d'entreprises commerciales et financières ou d'affaires
industrielles, immobilières ou minières dont le lieu
d'exploitation peut être soit en Angleterre, soit dans
n'importe quel autre pays.

EXPLICATION DU MOT "LIMITED"

L'adjonction du mot " Limited " signifie que la
responsabilité des actionnaires est limitée au montant
des actions dont ils sont propriétaires. Société
" Limited " veut donc dire Société anonyme par actions.

FRAIS DE CONSTITUTION

Les frais de constitution d'une Société Anglaise
Limited sont de beaucoup moins élevés que les frais afférents à la constitution de toute autre Société par Actions
et notamment d'une Société Anonyme Française ou Belge.
L'économie varie entre la moitié et le tiers.

FORMALITÉS.

Il suffit de sept personnes souscrivant chacune
une action pour que la Société soit constituée, ait une
existence légale et puisse fonctionner. Cette faculté
rendra de grands services dans bien des cas; on pourra
ainsi notamment éviter de constituer une Société
d'Etudes préalable.

ÉMISSION PUBLIQUE.

Si une émission publique des actions doit avoir lieu, il suffira, pour que la Société puisse fonctionner régulièrement, qu'une partie seulement du capital soit souscrite, et l'on pourra dans les Statuts fixer cette portion appelée "minimum" à la somme que l'on voudra, même minime. Il sera inutile de verser le montant de la souscription, ni même le quart ; la loi Anglaise se contente du versement de 5 % du minimum.

Aux termes d'une nouvelle loi anglaise votée en 1907, toutes les Sociétés Limited, enregistrées après le 1er Juillet 1908, même celles qui n'adressent pas de prospectus au public, devront observer les formalités qui précèdent relatives à la souscription d'un minimum et au versement des 5 % de ce minimum.

RÉALISATION PARTIELLE DU CAPITAL : POSSIBILITÉ DE FONCTIONNER.

Il n'est pas nécessaire d'émettre tout le capital immédiatement : une partie seulement des actions pourront être émises ; les autres resteront à la souche pour être placées au fur et à mesure des besoins de la Société. Bien entendu aucun dividende ne sera attribué aux actions restant à la souche. Cette facilité sera appréciée dans l'hypothèse où la Société n'aurait pas besoin, pour le début de l'exploitation, de l'intégralité du capital nominal.

SIÈGE SOCIAL.

Le Siège social devra être en Angleterre, mais les succursales, bureaux commerciaux et les lieux d'exploitation pourront être dans n'importe quels pays. Le Siège social à Londres et le service de secrétaire pourront être obtenus moyennant une somme annuelle minime.

DÉNOMINATION DE LA SOCIÉTÉ.

Le nom de la Société pourra être en Anglais ou en toute autre langue. Il n'y aura qu'à ajouter à la dénomination choisie le mot "Limited".

ACTIONNAIRES ET ADMINISTRATEURS.

Les membres du Conseil d'Administration et les Actionnaires pourront être Anglais ou Etrangers. Le Conseil d'Administration et les Assemblées générales d'Actionnaires pourront valablement se réunir dans telle ville d'Angleterre ou de tout autre pays qui serait désignée par le Conseil d'Administration.

MONTANT DES ACTIONS.

Le montant nominal des Actions pourra être de n'importe quelle somme, même inférieure à 25 francs.

ACTIONS D'APPORT AU PORTEUR ET NÉGOCIABLES.

Les actions d'apport peuvent être au porteur et sont négociables dès que la Société peut commencer ses opérations.

DIFFÉRENCES AVEC LES LOIS FRANÇAISES ET BELGES.

Pour constituer une Société Anonyme Française, il faut trouver quelques personnes, disposant de capitaux importants, qui veuillent bien souscrire l'intégralité du capital social et verser le quart en espèces. De même pour former une Société Anonyme Belge il est nécessaire de faire souscrire à l'avance tout le capital et d'effectuer un versement en espèces. Avec la forme Anglaise, au contraire, on peut, moyennant une dépense préliminaire minime, créer et constituer la Société d'abord et ensuite placer les titres afin de réunir le capital nécessaire pour l'exploitation.

PLACEMENT D'ACTIONS AU LIEU DE RECHERCHE DE COMMANDITAIRES.

Il est évident que dans bien des cas et pour bien des affaires, il sera toujours plus aisé de placer les actions d'une Société constituée que de trouver des capitalistes ou des commanditaires prêts à s'intéresser et à verser des fonds pour une Société en projet ou une affaire à créer.

COMMISSION AUX BANQUIERS.

La loi anglaise autorisant en termes exprès la Société à accorder aux Banquiers, Agents financiers et intermédiaires qu'elle charge des opérations de placement, une commission à prélever sur le montant nominal de l'action, il en découle que ces opérations de placement seront ainsi grandement facilitées et aboutiront la plupart du temps à un résultat favorable.

CONSTITUTION EN HUIT JOURS.

Tandis que les formalités de constitution des Sociétés anonymes Françaises et Belges nécessitent d'assez longs délais, les formalités légales de constitution d'une Société Anglaise "Limited" qui ont lieu à Londres peuvent être effectuées en huit jours à dater de la remise des pièces et documents utiles.

MONTANT DES ACTIONS

Le montant nominal des Actions pourra être de n'importe quelle somme, même inférieure à 25 francs.

ACTIONS D'APPORT AU PORTEUR ET NÉGOCIABLES.

Les actions d'apport peuvent être au porteur et sont négociables dès que la Société peut commencer ses opérations.

DIFFÉRENCES AVEC LES LOIS FRANÇAISES ET BELGES.

Pour constituer une Société Anonyme Française, il faut trouver quelques personnes, disposant de capitaux importants, qui veuillant bien souscrire l'intégralité du capital social et verser le quart en espèces. De même pour former une Société Anonyme Belge il est nécessaire de faire souscrire à l'avance tout le capital et d'effectuer un versement en espèces. Avec la forme Anglaise, au contraire, on peut, moyennant une dépense préliminaire minime, créer et constituer la Société d'abord et ensuite placer les titres afin de réunir le capital nécessaire pour l'exploitation.

PLACEMENT D'ACTIONS AU LIEU DE RECHERCHE DE COMMANDITAIRES.

Il est évident que dans bien des cas et pour bien des affaires, il sera toujours plus aisé de placer les actions d'une Société constituées que d'y trouver des capitalistes ou des commanditaires prêts à s'intéresser et à verser des fonds pour une Société en projet ou une affaire à créer.

COMMISSION AUX BANQUIERS.

La loi anglaise autorisant en termes exprès la Société à accorder aux Banquiers, Agents financiers et intermédiaires qu'elle charge des opérations de placement, une commission à prélever sur le montant nominal de l'action, il en découle que ces opérations de placement seront ainsi grandement facilitées et aboutiront la plupart du temps à un résultat favorable.

CONSTITUTION EN HUIT JOURS.

Tandis que les formalités de constitution des Sociétés anonymes Françaises et Belges nécessitent d'asses longs délais, les formalités légales de constitution d'une Société Anglaise "Limited" qui ont lieu à Londres peuvent être effectuées en huit jours à dater de la remise des pièces et documents utiles.

TRAITÉ GÉNÉRAL

THÉORIQUE ET PRATIQUE

DES SOCIÉTÉS

CIVILES ET COMMERCIALES

(AVEC FORMULES)

PAR

C. HOUPIN

ANCIEN PRINCIPAL CLERC DE NOTAIRE A PARIS
RÉDACTEUR EN CHEF DU « JOURNAL DES SOCIÉTÉS »

QUATRIÈME ÉDITION

Revue, augmentée et mise au courant de la législation, de la jurisprudence
et de la doctrine

(3e tirage)

TOME PREMIER

PARIS

ADMINISTRATION	LIBRAIRIE
DU JOURNAL DES NOTAIRES	du RECUEIL GÉNÉRAL DES LOIS ET DES ARRÊTS
ET DES AVOCATS	et du JOURNAL DU PALAIS
27, RUE SAINT-SULPICE, 27	L. LAROSE & L. TENIN, DIRECTEURS
	22, RUE SOUFFLOT, 22

ET CHEZ L'AUTEUR

7, rue Vézelay, 7

(PRÈS DU PARC MONCEAU)

1912

PRÉFACE

En publiant, en 1889, un *Traité des sociétés par actions françaises et étrangères et des sociétés d'assurances*, conçu dans un esprit essentiellement pratique, notre but était de faciliter l'étude de cette matière si compliquée et si importante, non seulement aux jurisconsultes, mais encore aux représentants et aux conseils des sociétés, à tous ceux, en un mot, qu'elle intéresse. Ce Traité a été rapidement épuisé, ce qui en démontrait l'utilité.

Puis, la loi du 1er août 1893 est venue apporter des modifications importantes à celle du 24 juillet 1867. D'autre part, on nous avait exprimé le regret que notre ouvrage ne comprît que les sociétés par actions et les sociétés d'assurances, et laissât de côté les autres sociétés civiles et commerciales, qui n'ont pas moins d'importance que les premières.

Nous fûmes ainsi amené à publier, en 1895, une deuxième édition embrassant toutes les sociétés civiles et commerciales, et comprenant de nombreuses formules. Cette nouvelle édition a été épuisée plus rapidement encore que la première, et, en 1899, nous avons dû publier une troisième édition refondue, contenant d'importantes additions.

En 1901, nous avons procédé à un nouveau tirage de cette troisième édition.

Depuis, diverses lois concernant les sociétés sont intervenues, principalement la loi du 16 novembre 1903 sur les actions de priorité et sur la négociation des actions d'apport en cas de fusion. Cette loi est appelée à recevoir de fréquentes

applications et à rendre de réels services par les combinaisons
variées que comporte la création d'actions de priorité lors de la
constitution des sociétés ou en cas d'augmentation de capital.
Elle paraît, en outre, devoir exercer une grande influence sur
la jurisprudence au point de vue de la détermination des
pouvoirs de l'assemblée générale extraordinaire pour la modification des statuts. Le critérium légal qu'elle fournit à cet
égard et qui faisait précédemment défaut, nous a conduit à
modifier notre opinion et à reconnaître à l'assemblée générale
des pouvoirs très étendus. Nous avons ainsi été amené à publier
une quatrième édition de notre traité, laquelle contient
d'importantes modifications et additions, des formules nouvelles, et met notre ouvrage au courant de la législation, de la
jurisprudence et de la doctrine.

Ce Traité comprend un commentaire complet :

Des dispositions du Code civil et du Code de commerce, sur
les sociétés ;

De la loi du 24 juillet 1867, et de celle (la modifiant et complétant) du 1er août 1893, sur les sociétés par actions ;

Du décret du 22 janvier 1868, sur les sociétés d'assurances ;

De la loi du 5 novembre 1894, sur les sociétés de crédit
agricole ;

De la loi du 16 novembre 1903, sur les actions de priorité et
sur la négociation des actions d'apport en cas de fusion ;

Et de la loi du 30 janvier 1907, sur la publicité des placements de titres.

Il renferme, en outre :

L'examen de la situation des sociétés françaises à l'étranger
et des sociétés étrangères en France, avec un résumé de la législation de chaque pays sur les sociétés ;

Un traité de droit fiscal : enregistrement, timbre, droit de
transmission, impôt sur le revenu ;

Et de nombreuses formules (106) relatives à la constitution,
au fonctionnement, à la dissolution, à la liquidation et au partage de toutes les sociétés civiles et commerciales, ainsi qu'à la
publication des sociétés qui sont soumises à cette formalité.

L'ouvrage, précédé dans chaque volume d'un sommaire des matières, et, dans le premier volume, des documents législatifs, se termine par deux tables destinées à faciliter les recherches : une table chronologique des articles législatifs (Code civil, Code de commerce, lois et décrets spéciaux), avec l'indication des numéros du Traité où chacun de ces articles est commenté; et une table générale alphabétique.

Nous avons évité des développements inutiles sur les points définitivement résolus, étudié avec soin les questions nouvelles soulevées par les lois des 1er août 1893, 16 novembre 1903 et 30 janvier 1907 et par la création de plus en plus fréquente des parts de fondateur, et donné des explications pratiques ou formulé des critiques théoriques quand elles nous ont paru justifiées. De nombreuses citations de doctrine et de jurisprudence, jusqu'au 1er janvier 1907 (et même postérieures), sont contenues dans les notes; elles faciliteront l'examen approfondi des questions traitées sommairement au texte.

Nous nous sommes efforcé d'être aussi complet que possible, et de réunir ces deux éléments que l'on recherche dans un Traité sans les trouver toujours : *la théorie et la pratique.*

Enfin, pour tenir l'ouvrage au courant de la jurisprudence et de la doctrine, nous l'avons rattaché au *Journal des sociétés,* dont nous avons l'honneur d'être le rédacteur en chef. Chacun des articles de ce recueil (doctrine, jurisprudence, législation, bulletin, formule) est mis — depuis le 1er janvier 1895 — en concordance avec le *Traité général des sociétés.* Une table, contenue dans la dernière livraison annuelle, indique, en outre, les articles du journal en regard de chaque numéro du Traité auquel ils se rapportent. Le *Journal des sociétés* paraissant mensuellement, notre Traité se trouve ainsi tenu constamment au courant de la doctrine, de la jurisprudence, de la pratique, et de la législation.

C. HOUPIN.

1er Mai 1907.

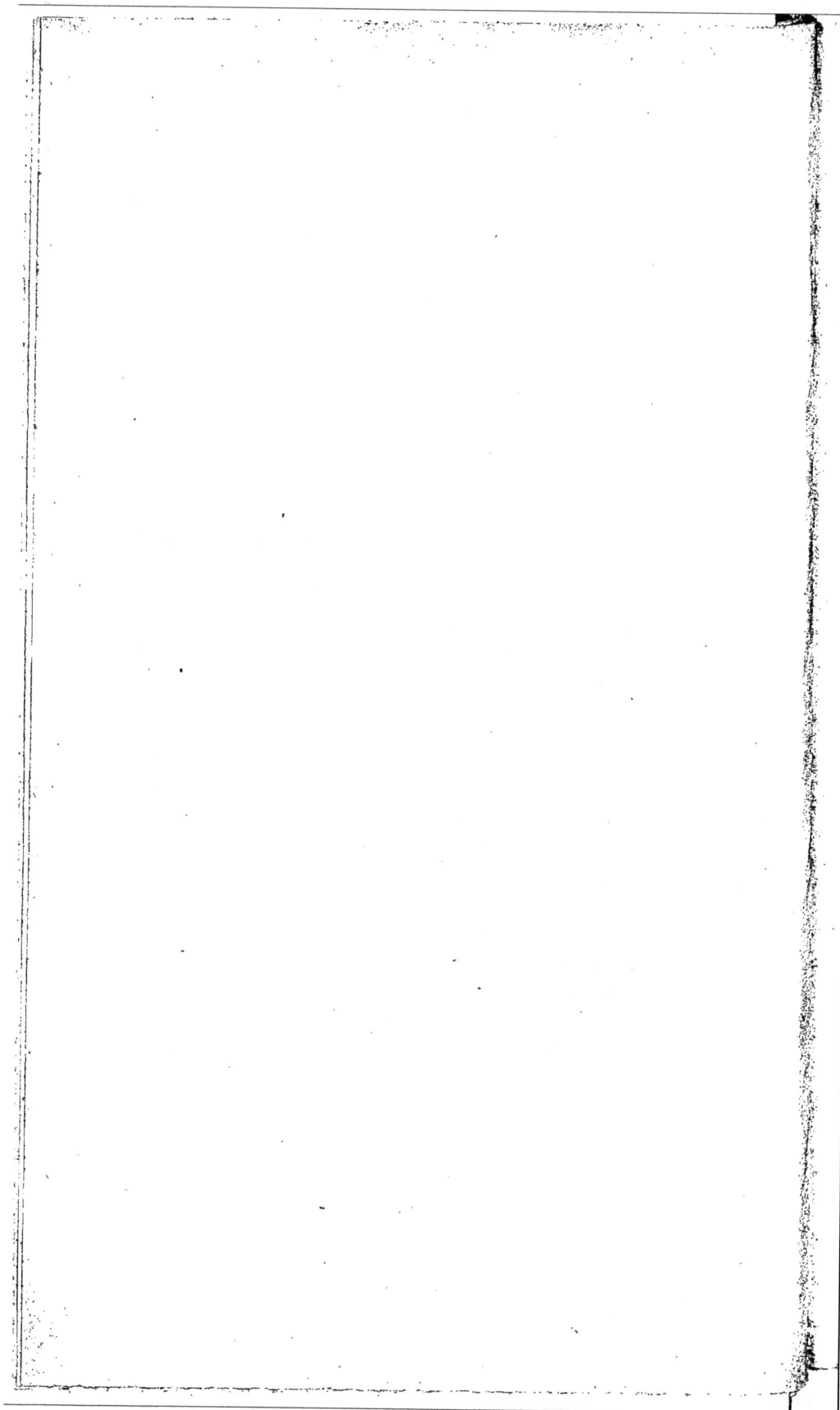

SOMMAIRE DES MATIÈRES

CONTENUES DANS LE PREMIER VOLUME

DOCUMENTS LÉGISLATIFS

TITRE PREMIER

TITRE DEUXIÈME

TITRE TROISIÈME

Du caractère civil ou commercial des sociétés (nos 71 à 76) . . . .

SOCIÉTÉS CIVILES

TITRE QUATRIÈME

Des sociétés universelles (nos 77 à 79) . . . .

TITRE CINQUIÈME

SOCIÉTÉS COMMERCIALES

SOCIÉTÉS PAR ACTIONS

DOCUMENTS LÉGISLATIFS

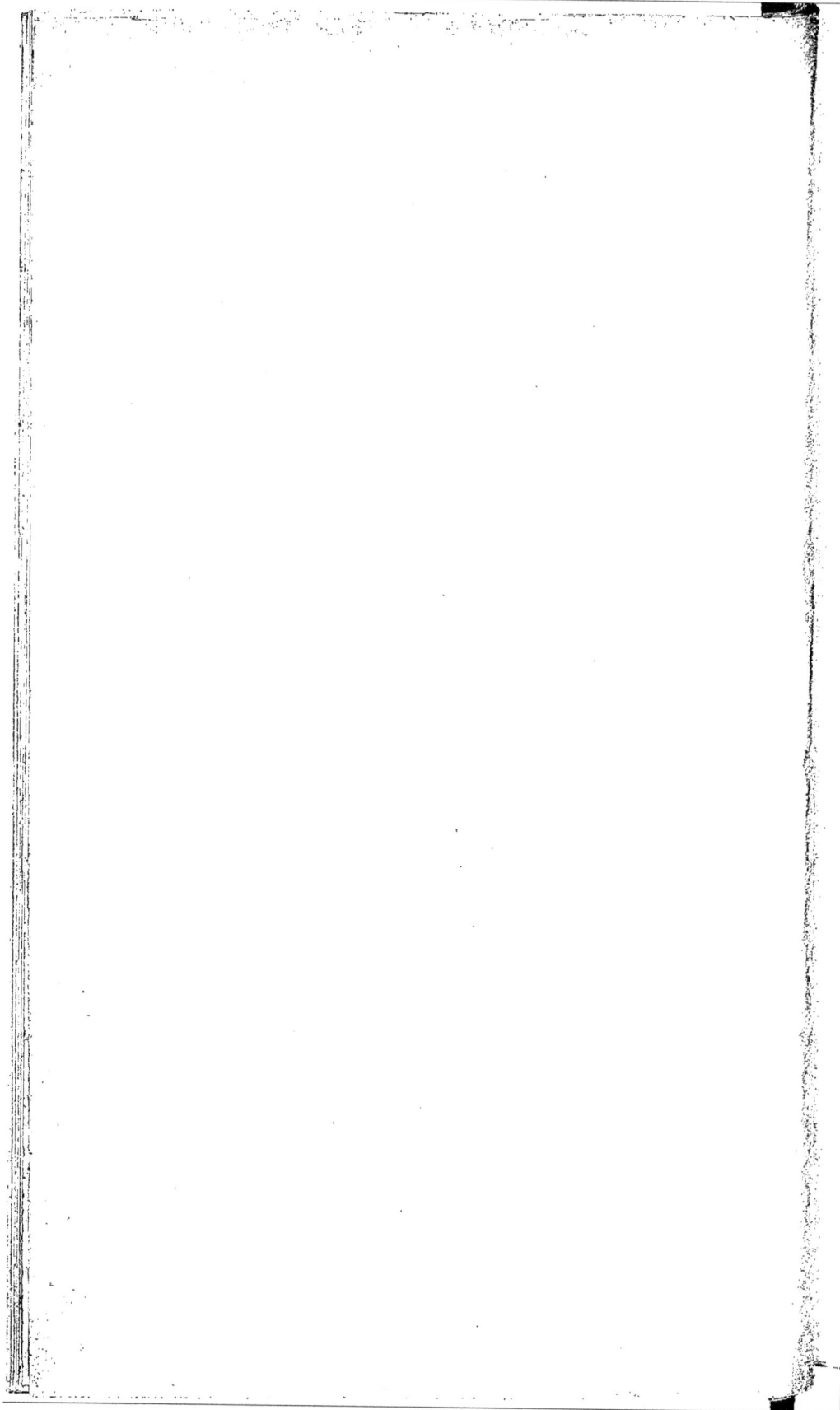

DOCUMENTS LÉGISLATIFS

Sommaire :

CODE CIVIL

TITRE NEUVIÈME

DU CONTRAT DE SOCIÉTÉ

CHAPITRE PREMIER

DISPOSITIONS GÉNÉRALES

Art. 1832. — La société est un contrat par lequel deux ou plusieurs personnes conviennent de mettre quelque chose en commun, dans la vue de partager le bénéfice qui pourra en résulter.

Art. 1833. — Toute société doit avoir un objet licite et être contractée pour l'intérêt commun des parties.

Chaque associé doit y apporter ou de l'argent, ou d'autres biens, ou son industrie.

T. I.   b

Art. 1834. — Toutes sociétés doivent être rédigées par écrit, lorsque leur objet est d'une valeur de plus de 150 fr.

La preuve testimoniale n'est point admise contre et outre le contenu en l'acte de société, ni sur ce qui serait allégué avoir été dit avant, lors ou depuis cet acte, encore qu'il s'agisse d'une somme ou valeur moindre de 150 fr.

CHAPITRE II

DES DIVERSES ESPÈCES DE SOCIÉTÉS

Art. 1835. — Les sociétés sont universelles ou particulières.

SECTION 1

DES SOCIÉTÉS UNIVERSELLES

Art. 1836. — On distingue deux sortes de sociétés universelles : la société de tous bien présents et la société universelle de gains.

Art. 1837. — La société de tous biens présents est celle par laquelle les parties mettent en commun tous les biens meubles et immeubles qu'elles possèdent actuellement, et les profits qu'elles pourront en tirer.

Elles peuvent aussi y comprendre toute autre espèce de gains ; mais les biens qui pourraient leur advenir par succession, donation ou legs, n'entrent dans cette société que pour la jouissance : toute stipulation tendant à y faire entrer la propriété de ces biens est prohibée, sauf entre époux, et conformément à ce qui est réglé à leur égard.

Art. 1838. — La société universelle de gains renferme tout ce que les parties acquerront par leur industrie, à quelque titre que ce soit, pendant le cours de la société : les meubles que chacun des associés possède au temps du contrat y sont aussi compris ; mais leurs immeubles personnels n'y entrent que pour la jouissance seulement.

Art. 1839. — La simple convention de société universelle, faite sans autre explication, n'emporte que la société universelle de gains.

Art. 1840. — Nulle société universelle ne peut avoir lieu qu'entre personnes respectivement capables de se donner ou de recevoir l'une de l'autre, et auxquelles il n'est point défendu de s'avantager au préjudice d'autres personnes.

SECTION 2
DE LA SOCIÉTÉ PARTICULIÈRE

ART. 1841 — La société particulière est celle qui ne s'applique qu'à certaines choses déterminées, ou à leur usage, ou aux fruits à en percevoir.

ART. 1842. — Le contrat par lequel plusieurs personnes s'associent, soit pour une entreprise désignée, soit pour l'exercice de quelque métier ou profession, est aussi une société particulière.

CHAPITRE III

DES ENGAGEMENTS DES ASSOCIÉS ENTRE EUX ET A L'ÉGARD DES TIERS

SECTION 1
DES ENGAGEMENTS DES ASSOCIÉS ENTRE EUX

ART. 1843. — La société commence à l'instant même du contrat, s'il ne désigne une autre époque.

ART. 1844. — S'il n'y a pas de convention sur la durée de la société, elle est censée contractée pour toute la vie des associés, sous la modification portée en l'art. 1869; ou, s'il s'agit d'une affaire dont la durée soit limitée, pour tout le temps que doit durer cette affaire.

ART. 1845. — Chaque associé est débiteur, envers la société, de tout ce qu'il a promis d'y apporter.

Lorsque cet apport consiste en un corps certain, et que la société en est évincée, l'associé en est garant envers la société, de la même manière qu'un vendeur l'est envers son acheteur.

ART. 1846. — L'associé qui devait apporter une somme dans la société, et qui ne l'a point fait, devient, de plein droit et sans demande, débiteur des intérêts de cette somme, à compter du jour où elle devait être payée.

Il en est de même à l'égard des sommes qu'il a prises dans la caisse sociale, à compter du jour où il les en a tirées pour son profit particulier.

Le tout sans préjudice de plus amples dommages-intérêts, s'il y a lieu.

Art. 1847. — Les associés qui se sont soumis à apporter leur industrie à la société, lui doivent compte de tous les gains qu'ils ont faits par l'espèce d'industrie qui est l'objet de cette société.

Art. 1848. — Lorsque l'un des associés est, pour son compte particulier, créancier d'une somme exigible envers une personne qui se trouve aussi devoir à la société une somme également exigible, l'imputation de ce qu'il reçoit de ce débiteur doit se faire sur la créance de la société et sur la sienne dans la proportion des deux créances, encore qu'il eût par sa quittance dirigé l'imputation intégrale sur sa créance particulière ; mais s'il a exprimé dans sa quittance que l'imputation sera faite en entier sur la créance de la société, cette stipulation sera exécutée.

Art, 1849. — Lorsqu'un des associés a reçu sa part entière de la créance commune et que le débiteur est depuis devenu insolvable, cet associé est tenu de rapporter à la masse commune ce qu'il a reçu, encore qu'il eût spécialement donné quittance pour sa part.

Art. 1850. — Chaque associé est tenu, envers la société, des dommages qu'il a causés par sa faute, sans pouvoir compenser avec ces dommages les profits que son industrie lui aurait procurés dans d'autres affaires.

Art. 1851. — Si les choses dont la jouissance seulement a été mise dans la société sont des corps certains et déterminés qui ne se consomment point par l'usage, elles sont aux risques de l'associé propriétaire.

Si ces choses se consomment, si elles se détériorent en les gardant, si elles ont été destinées à être vendues, ou si elles ont été mises dans la société sur une estimation portée par un inventaire, elles sont aux risques de la société.

Si la chose a été estimée l'associé ne peut répéter que le montant de son estimation.

Art. 1852. — Un associé a action contre la société, non seulement à raison des sommes qu'il a déboursées pour elle, mais encore à raison des obligations qu'il a contractées de bonne foi pour les affaires de la société, et des risques inséparables de sa gestion.

Art. 1853. — Lorsque l'acte de société ne détermine point la part de chaque associé dans les bénéfices ou pertes, la part de chacun est en proportion de sa mise dans le fonds de la société.

A l'égard de celui qui n'a apporté que son industrie, sa part dans les bénéfices ou dans les pertes est réglée comme si sa mise eût été égale à celle de l'associé qui a le moins apporté.

Art. 1854 — Si les associés sont convenus de s'en rapporter à l'un d'eux ou à un tiers pour le règlement des parts, ce règlement ne peut être attaqué, s'il n'est évidemment contraire à l'équité.

Nulle réclamation n'est admise à ce sujet, s'il s'est écoulé plus de trois mois depuis que la partie qui se prétend lésée a eu connaissance du règlement, ou si ce règlement a reçu de sa part un commencement d'exécution.

ART. 1855. — La convention qui donnerait à l'un des associés la totalité des bénéfices est nulle.

Il en est de même de la stipulation qui affranchirait de toute contribution aux pertes les sommes ou effets mis dans le fonds de la société par un ou plusieurs des associés.

ART. 1856. — L'associé chargé de l'administration par une clause spéciale du contrat de société peut faire, nonobstant l'opposition des autres associés, tous les actes qui dépendent de son administration, pourvu que ce soit sans fraude.

Ce pouvoir ne peut être révoqué sans cause légitime, tant que la société dure ; mais s'il n'a été donné que par acte postérieur au contrat de société, il est révocable comme un simple mandat.

ART. 1857. — Lorsque plusieurs associés sont chargés d'administrer, sans que leurs fonctions soient déterminées, ou sans qu'il ait été exprimé que l'un ne pourrait agir sans l'autre, ils peuvent faire chacun séparément tous les actes de cette administration.

ART. 1858. — S'il a été stipulé que l'un des administrateurs ne pourra rien faire sans l'autre, un seul ne peut, sans une nouvelle convention, agir en l'absence de l'autre, lors même que celui-ci serait dans l'impossibilité actuelle de concourir aux actes d'administration.

ART. 1859. — A défaut de stipulations spéciales sur le mode d'administration, on suit les règles suivantes :

1° Les associés sont censés s'être donné réciproquement le pouvoir d'administrer l'un pour l'autre. Ce que chacun fait est valable même pour la part de ses associés, sans qu'il ait pris leur consentement, sauf le droit qu'ont ces derniers, ou l'un d'eux, de s'opposer à l'opération avant qu'elle soit conclue.

2° Chaque associé peut se servir des choses appartenant à la société, pourvu qu'il les emploie à leur destination fixée par l'usage, et qu'il ne s'en serve pas contre l'intérêt de la société, ou de manière à empêcher ses associés d'en user selon leur droit.

3° Chaque associé a le droit d'obliger ses associés à faire avec lui les dépenses qui sont nécessaires pour la conservation des choses de la société.

4° L'un des associés ne peut faire d'innovations sur les immeubles dépendant de la société, même quand il les soutiendrait avantageuses à cette société, si les autres associés n'y consentent.

Art. 1860. — L'associé qui n'est point administrateur ne peut aliéner ni engager les choses mêmes mobilières qui dépendent de la société.

ART. 1861. — Chaque associé peut, sans le consentement de ses associés, s'associer une tierce personne relativement à la part qu'il a dans la société; il ne peut pas, sans ce consentement, l'associer à la société, lors même qu'il en aurait l'administration.

SECTION 2

DES ENGAGEMENTS DES ASSOCIÉS A L'ÉGARD DES TIERS

ART. 1862. — Dans les sociétés autres que celles de commerce, les associés ne sont pas tenus solidairement des dettes sociales, et l'un des associés ne peut obliger les autres, si ceux-ci ne lui en ont conféré le pouvoir.

ART. 1863. — Les associés sont tenus envers le créancier avec lequel ils ont contracté, chacun pour une somme et part égales, encore que la part de l'un d'eux dans la société fût moindre, si l'acte n'a pas spécialement restreint l'obligation de celui-ci sur le pied de cette dernière part.

ART. 1864. — La stipulation que l'obligation est contractée pour le compte de la société, ne lie que l'associé contractant et non les autres, à moins que ceux-ci ne lui aient donné pouvoir, ou que la chose n'ait tourné au profit de la société.

CHAPITRE IV

DES DIFFÉRENTES MANIÈRES DONT FINIT
LA SOCIÉTÉ

ART. 1865. — La société finit :

1° Par l'expiration du temps pour lequel elle a été contractée;

2° Par l'extinction de la chose, ou la consommation de la négociation;

3° Par la mort naturelle de quelqu'un des associés;

4° Par la mort civile, l'interdiction ou la déconfiture de l'un d'eux;

5° Par la volonté qu'un seul ou plusieurs expriment de n'être plus en société.

Art. 1866. — La prorogation d'une société à temps limité ne peut être prouvée que par un écrit revêtu des mêmes formes que le contrat de société.

Art. 1867. — Lorsque l'un des associés a promis de mettre en commun la propriété d'une chose, la perte survenue avant que la mise en soit effectuée opère la dissolution de la société par rapport à tous les associés.

La société est également dissoute dans tous les cas par la perte de la chose, lorsque la jouissance seule a été mise en commun, et que la propriété en est restée dans la main de l'associé.

Mais la société n'est pas rompue par la perte de la chose dont la propriété a déjà été apportée à la société.

Art. 1868. — S'il a été stipulé qu'en cas de mort de l'un des associés la société continuerait avec son héritier, ou seulement entre les associés survivants, ces dispositions seront suivies : au second cas, l'héritier du décédé n'a droit qu'au partage de la société, eu égard à la situation de cette société lors du décès, et ne participe aux droits ultérieurs qu'autant qu'ils sont une suite nécessaire de ce qui s'est fait avant la mort de l'associé auquel il succède.

Art. 1869. — La dissolution de la société par la volonté de l'une des parties ne s'applique qu'aux sociétés dont la durée est illimitée, et s'opère par une renonciation notifiée à tous les associés, pourvu que cette renonciation soit de bonne foi, et non faite à contre-temps.

Art. 1870. — La renonciation n'est pas de bonne foi lorsque l'associé renonce pour s'approprier à lui seul le profit que les associés s'étaient proposé de retirer en commun.

Elle est faite à contre-temps lorsque les choses ne sont plus entières, et qu'il importe à la société que sa dissolution soit différée.

Art 1871. — La dissolution des sociétés à terme ne peut être demandée par l'un des associés, avant le terme convenu, qu'autant qu'il y en a de justes motifs, comme lorsqu'un autre associé manque à ses engagements, ou qu'une infirmité habituelle le rend inhabile aux affaires de la société, ou autres cas semblables dont la légitimité et la gravité sont laissées à l'arbitrage des juges.

Art. 1872. — Les règles concernant le partage des successions, la forme de ce partage, et les obligations qui en résultent entre les cohéritiers, s'appliquent aux partages entre associés.

DISPOSITION RELATIVE AUX SOCIÉTÉS DE COMMERCE.

ART. 1873. — Les dispositions du présent titre ne s'appliquent aux sociétés de commerce que dans les points qui n'ont rien de contraire aux lois et usages du commerce.

CODE DE COMMERCE

DES SOCIÉTÉS

SECTION 1

DES DIVERSES SOCIÉTÉS ET DE LEURS RÈGLES

ART. 18. — Le contrat de société se règle par le droit civil, par les lois particulières au commerce, et par les conventions des parties.

ART. 19. — La loi reconnaît trois espèces de sociétés commerciales :

La société en nom collectif,

La société en commandite,

La société anonyme.

ART. 20. — La société en nom collectif est celle que contractent deux personnes ou un plus grand nombre, et qui a pour objet de faire le commerce sous une raison sociale.

ART. 21. — Les noms des associés peuvent seuls faire partie de la raison sociale.

ART. 22. — Les associés en nom collectif indiqués dans l'acte de société sont solidaires pour tous les engagements de la société, encore qu'un seul des associés ait signé, pourvu que ce soit sous la raison sociale.

ART. 23. — La société en commandite se contracte entre un ou plusieurs associés responsables et solidaires, et un ou plusieurs associés simples bailleurs de fonds, que l'on nomme commanditaires ou associés en commandite.

Elle est régie sous un nom social, qui doit être nécessairement celui d'un ou plusieurs des associés responsables et solidaires.

ART. 24. — Lorsqu'il y a plusieurs associés solidaires et en nom, soit que tous gèrent ensemble, soit qu'un ou plusieurs gèrent pour tous, la société est à la fois société en nom collectif à leur égard, et société en commandite à l'égard des simples bailleurs de fonds.

Art. 25. — Le nom d'un associé commanditaire ne peut faire partie de la raison sociale.

Art. 26. — L'associé commanditaire n'est passible des pertes que jusqu'à concurrence des fonds qu'il a mis ou dû mettre dans la société.

Art. 27. — L'associé commanditaire ne peut faire aucun acte de gestion, même en vertu de procuration

Art. 28. — En cas de contravention à la prohibition mentionnée dans l'article précédent, l'associé commanditaire est obligé, solidairement avec les associés en nom collectif, pour les dettes et engagements de la société qui dérivent des actes de gestion qu'il a faits, et il peut, suivant le nombre ou la gravité de ces actes, être déclaré solidairement obligé pour tous les engagements de la société ou pour quelques-uns seulement.

Les avis et conseils, les actes de contrôle et de surveillance, n'engagent point l'associé commanditaire.

Art. 29. — La société anonyme n'existe point sous un nom social, elle n'est désignée par le nom d'aucun des associés.

Art. 30. — Elle est qualifiée par la désignation de l'objet de son entreprise.

Art. 31. — (Abrogé par la loi du 24 juillet 1867.)

Art. 32. — Les administrateurs ne sont responsables que de l'exécution du mandat qu'ils ont reçu.

Ils ne contractent, à raison de leur gestion, aucune obligation personnelle ni solidaire relativement aux engagements de la société.

Art. 33. — Les associés ne sont passibles que de la perte du montant de leur intérêt dans la société.

Art. 34. — (Modifié et complété par la loi du 16 novembre 1903.)

Art. 35. — L'action peut être établie sous la forme d'un titre au porteur.

Dans ce cas, la cession s'opère par la tradition du titre.

Art. 36. — La propriété des actions peut être établie par une inscription sur les registres de la société.

Dans ce cas, la cession s'opère par une déclaration de transfert inscrite sur les registres, et signée de celui qui fait le transfert ou d'un fondé de pouvoir.

Art. 37. — (Abrogé par la loi du 24 juillet 1867.)

Art. 38. — Le capital des sociétés en commandite pourra être aussi divisé en actions, sans aucune autre dérogation aux règles établies pour ce genre de société.

Art. 39. — Les sociétés en nom collectif ou en commandite doivent être constatées par des actes publics ou sous signature privée, en se conformant, dans ce dernier cas, à l'art. 1325 du Code civil.

Art. 40. — (*Abrogé par la loi du 24 juillet* 1867.)

Art. 41. — Aucune preuve par témoins ne peut être admise contre et outre le contenu dans les actes de société, ni sur ce qui serait allégué avoir été dit avant l'acte, lors de l'acte ou depuis, encore qu'il s'agisse d'une somme au-dessous de 150 fr.

Art. 42 à 46. — (*Abrogés par la loi du 24 juillet* 1867.)

Art. 47. — Indépendamment des trois espèces de sociétés ci-dessus, la loi reconnaît les associations commerciales en participation.

Art. 48. — Ces associations sont relatives à une ou plusieurs opérations de commerce; elles ont lieu pour les objets, dans les formes, avec les proportions d'intérêt et aux conditions convenues entre les participants.

Art. 49. — Les associations en participation peuvent être constatées par la représentation des livres, de la correspondance, ou par la preuve testimoniale, si le tribunal juge qu'elle peut être admise

Art. 50. — Les associations commerciales en participation ne sont pas sujettes aux formalités prescrites pour les autres sociétés

SECTION 2

DES CONTESTATIONS ENTRE ASSOCIÉS ET DE LA MANIÈRE DE LES DÉCIDER

Art. 51 à 63. — (*Abrogés par la loi du 17 juillet* 1856.)

Art. 64. — Toutes actions contre les associés non liquidateurs et leurs veuves, héritiers ou ayants cause, sont prescrites cinq ans après la fin ou la dissolution de la société, si l'acte de société qui en énonce la durée, ou l'acte de dissolution, a été affiché et enregistré conformément aux art. 42, 43, 44 et 46, et si, depuis cette formalité remplie, la prescription n'a été interrompue à leur égard par aucune poursuite judiciaire.

III

LOI DU 24 JUILLET 1867

AVEC LES MODIFICATIONS RÉSULTANT DES LOIS DES 1er AOUT 1893 ET 16 NOVEMBRE 1903 [1]

TITRE PREMIER

DES SOCIÉTÉS EN COMMANDITE PAR ACTIONS

Art. 1er. — *Les sociétés en commandite ne peuvent diviser leur capital en actions ou coupures d'actions de moins de vingt-cinq francs, lorsque le capital n'excède pas deux cent mille francs; de moins de cent francs, lorsque le capital est supérieur à deux cent mille francs.*

Elles ne peuvent être définitivement constituées qu'après la souscription de la totalité du capital social et le versement, en espèces, par chaque actionnaire, du montant des actions ou coupures d'actions souscrites par lui, lorsqu'elles n'excèdent pas vingt-cinq francs, et du quart au moins des actions, lorsqu'elles sont de cent francs et au-dessus [2].

Cette souscription et ces versements sont constatés par une déclaration du gérant dans un acte notarié.

A cette déclaration sont annexés la liste des souscripteurs, l'état des versements effectués, l'un des doubles de l'acte de société, s'il est sous seing privé, et une expédition, s'il est notarié et s'il a été passé devant un notaire autre que celui qui a reçu la déclaration.

L'acte sous seing privé, quel que soit le nombre des associés, sera fait en double original, dont l'un sera annexé, comme il est dit au paragraphe qui précède, à la déclaration de souscription du capital et de versement du quart, et l'autre restera déposé au siège social.

Art. 2. — Les actions ou coupons d'actions sont négociables après le versement du quart.

---

1. Les passages en *italiques* représentent le texte nouveau tel qu'il résulte des lois de 1893 et 1903. Nous indiquons en note l'ancien texte de la loi de 1867, afin de permettre la comparaison avec le nouveau.

2. *Ancien texte.* Art. 1er. — Les sociétés en commandite ne peuvent diviser leur capital en actions ou coupons d'actions de moins de cent francs, lorsque le capital n'excède pas deux cent mille francs, et de moins de cinq cents francs lorsqu'il est supérieur.

Elles ne peuvent être définitivement constituées qu'après la souscription de la totalité du capital et le versement, par chaque actionnaire, du quart au moins du montant des actions par lui souscrites

ART. 3. — *Les actions sont nominatives jusqu'à leur entière libération. Les actions représentant des apports devront toujours été intégralement libérées au moment de la constitution de la société.*

Ces actions ne peuvent être détachées de la souche et ne sont négociables que deux ans après la constitution de la société.

Pendant ce temps, elles devront, à la diligence des administrateurs, être frappées d'un timbre indiquant leur nature et la date de cette constitution.

En cas de fusion de sociétés par voie d'absorption ou de création d'une société nouvelle englobant une ou plusieurs sociétés préexistantes, l'interdiction de détacher les actions de la souche et de les négocier ne s'applique pas aux actions d'apport attribuées à une société par actions ayant, lors de la fusion, plus de deux ans d'existence.

Les titulaires, les cessionnaires intermédiaires et les souscripteurs sont tenus solidairement du montant de l'action.

Tout souscripteur ou actionnaire qui a cédé son titre cesse, deux ans après la cession, d'être responsable des versements non encore appelés [1].

ART. 4. — Lorsqu'un associé fait un apport qui ne consiste pas en numéraire, ou stipule à son profit des avantages particuliers, la première assemblée générale fait apprécier la valeur de l'apport ou la cause des avantages stipulés.

La société n'est définitivement constituée qu'après l'approbation de l'apport ou des avantages, donnée par une autre assemblée générale, après une nouvelle convocation.

La seconde assemblée générale ne pourra statuer sur l'approbation de l'apport ou des avantages qu'après un rapport qui sera imprimé et tenu à la disposition des actionnaires, cinq jours au moins avant la réunion de cette assemblée.

Les délibérations sont prises par la majorité des actionnaires présents. Cette majorité doit comprendre le quart des actionnaires et représenter le quart du capital social en numéraire.

Les associés qui ont fait l'apport ou stipulé des avantages particu-

---

1. *Ancien texte.* ART. 3. — Il peut être stipulé, mais seulement par les statuts constitutifs de la société, que les actions ou coupons d'actions pourront, après avoir été libérés de moitié, être convertis en actions au porteur par délibération de l'assemblée générale.

Soit que les actions restent nominatives après cette délibération, soit qu'elles aient été converties en actions au porteur, les souscripteurs primitifs qui ont aliéné les actions et ceux auxquels ils les ont cédées avant le versement de moitié restent tenus au payement du montant de leurs actions pendant un délai de deux ans, à partir de la délibération de l'assemblée générale.

liers soumis à l'appréciation de l'assemblée n'ont pas voix délibérative.

A défaut d'approbation, la société reste sans effet à l'égard de toutes les parties.

L'approbation ne fait pas obstacle à l'exercice ultérieur de l'action qui peut être intentée pour cause de dol ou de fraude.

Les dispositions du présent article, relatives à la vérification de l'apport qui ne consiste pas en numéraire, ne sont pas applicables au cas où la société à laquelle est fait ledit apport est formée entre ceux seulement qui en étaient propriétaires par indivis.

ART. 5. — Un conseil de surveillance, composé de trois actionnaires au moins, est établi dans chaque société en commandite par actions.

Ce conseil est nommé par l'assemblée générale des actionnaires immédiatement après la constitution définitive de la société et avant toute opération sociale.

Il est soumis à la réélection, aux époques et suivant les conditions déterminées par les statuts.

Toutefois, le premier conseil n'est nommé que pour une année.

ART. 6. — Ce premier conseil doit, immédiatement après sa nomination, vérifier si toutes les dispositions contenues dans les articles qui précèdent ont été observées.

ART. 7. — Est nulle et de nul effet à l'égard des intéressés toute société en commandite par actions constituée contrairement aux prescriptions des art. 1, 2, 3, 4 et 5 de la présente loi.

Cette nullité ne peut être opposée aux tiers par les associés.

ART. 8. — Lorsque la société est annulée, aux termes de l'article précédent, les membres du premier conseil de surveillance peuvent être déclarés responsables avec le gérant, du dommage résultant, pour la société ou pour les tiers, de l'annulation de la société.

La même responsabilité peut être prononcée contre ceux des associés dont les apports ou les avantages n'auraient pas été vérifiés et approuvés conformément à l'art. 4 ci-dessus.

L'action en nullité de la société ou des actes et délibérations postérieurs à sa constitution n'est plus recevable lorsque, avant l'introduction de la demande, la cause de nullité a cessé d'exister. L'action en responsabilité pour les faits dont la nullité résultait, cesse d'être recevable lorsque, avant l'introduction de la demande, la cause de nullité a cessé d'exister et, en outre, que trois ans se sont écoulés depuis le jour où la nullité était encourue.

Si, pour couvrir la nullité, une assemblée générale devait être con-

voquée, l'action en nullité ne sera plus recevable à partir de la date de la convocation régulière de cette assemblée.

Ces actions en nullité contre les actes constitutifs des sociétés sont prescrites par dix ans.

Cette prescription ne pourra, toutefois, être opposée avant l'expiration des dix années qui suivront la promulgation de la présente loi[1].

ART. 9. — Les membres du conseil de surveillance n'encourent aucune responsabilité en raison des actes de la gestion et de leurs résultats.

Chaque membre du conseil de surveillance est responsable de ses fautes personnelles, dans l'exécution de son mandat, conformément aux règles du droit commun.

ART. 10. — Les membres du conseil de surveillance vérifient les livres, la caisse, le portefeuille et les valeurs de la société.

Ils font, chaque année, à l'assemblée générale, un rapport dans lequel ils doivent signaler les irrégularités et inexactitudes qu'ils ont reconnues dans les inventaires, et constater, s'il y a lieu, les motifs qui s'opposent aux distributions des dividendes proposés par le gérant.

Aucune répétition de dividendes ne peut être exercée contre les actionnaires, si ce n'est dans le cas où la distribution en aura été faite en l'absence de tout inventaire ou en dehors des résultats constatés par l'inventaire.

L'action en répétition, dans le cas où elle est ouverte, se prescrit par cinq ans, à partir du jour fixé pour la distribution des dividendes.

Les prescriptions commencées à l'époque de la promulgation de la présente loi, et pour lesquelles il faudrait encore, suivant les lois anciennes, plus de cinq ans, à partir de la même époque, seront accomplies par ce laps de temps.

ART. 11. — Le conseil de surveillance peut convoquer l'assemblée générale et, conformément à son avis, provoquer la dissolution de la société.

ART. 12. — Quinze jours au moins avant la réunion de l'assemblée générale, tout actionnaire peut prendre par lui ou par un fondé de pouvoir, au siège social, communication du bilan, des inventaires et du rapport du conseil de surveillance.

ART. 13. — L'émission d'actions ou de coupons d'actions d'une société constituée contrairement aux prescriptions des art. 1, 2 et 3 de la présente loi, est punie d'une amende de 500 à 10,000 fr.

---

1. L'art. 8 de la loi de 1867 ne comprenait que les deux premiers alinéas. Les quatre derniers alinéas, en italiques, ont été ajoutés par la loi du 1er août 1893.

Sont punis de la même peine :

Le gérant qui commence les opérations sociales avant l'entrée en fonctions du conseil de surveillance ;

Ceux qui, en se présentant comme propriétaires d'actions ou de coupons d'actions qui ne leur appartiennent pas, ont créé frauduleusement une majorité factice dans une assemblée générale, sans préjudice de tous dommages-intérêts, s'il y a lieu, envers la société ou envers les tiers ;

Ceux qui ont remis les actions pour en faire un usage frauduleux.

Dans les cas prévus par les deux paragraphes précédents, la peine de l'emprisonnement de quinze jours à six mois peut, en outre, être prononcée.

ART. 14. — La négociation d'actions ou de coupons d'actions dont la valeur ou la forme serait contraire aux dispositions des art. 1, 2 et 3 de la présente loi, ou pour lesquels le versement du quart n'aurait pas été effectué conformément à l'art. 2 ci-dessus, est punie d'une amende de 500 à 10,000 fr.

Sont punies de la même peine toute participation à ces négociations et toute publication de la valeur desdites actions.

ART. 15. — Sont punis des peines portées par l'art. 405 du Code pénal, sans préjudice de l'application de cet article à tous les faits constitutifs du délit d'escroquerie :

1° Ceux qui, par simulation de souscriptions ou de versements ou par publication, faite de mauvaise foi, de souscriptions ou de versements qui n'existent pas, ou de tous autres faits faux, ont obtenu ou tenté d'obtenir des souscriptions ou des versements ;

2° Ceux qui, pour provoquer des souscriptions ou des versements, ont, de mauvaise foi, publié les noms de personnes désignées, contrairement à la vérité, comme étant ou devant être attachées à la société à un titre quelconque ;

3° Les gérants qui, en l'absence d'inventaire ou au moyen d'inventaire frauduleux, ont opéré entre les actionnaires la répartition de dividendes fictifs.

Les membres du conseil de surveillance ne sont pas civilement responsables des délits commis par le gérant.

ART. 16. — L'art. 463 du Code pénal est applicable aux faits prévus par les trois articles qui précèdent.

ART. 17. — Des actionnaires représentant le vingtième au moins du capital social peuvent, dans un intérêt commun, charger à leurs frais un ou plusieurs mandataires de soutenir, tant en demandant qu'en défendant, une action contre les gérants ou contre les membres du conseil de surveillance, et de les représenter, en ce cas, en justice, sans préjudice de l'action que chaque actionnaire peut intenter individuellement en son nom personnel.

ART. 18. — Les sociétés antérieures à la loi du 17 juillet 1856, et qui ne se seraient pas conformées à l'art. 15 de cette loi, seront tenues, dans un délai de six mois, de constituer un conseil de surveillance, conformément aux dispositions qui précèdent.

A défaut de constitution du conseil de surveillance dans le délai ci-dessus fixé, chaque actionnaire a le droit de faire prononcer la dissolution de la société.

ART. 19. — Les sociétés en commandite par actions antérieures à la présente loi, dont les statuts permettent la transformation en société anonyme autorisée par le gouvernement, pourront se convertir en sociétés anonymes dans les termes déterminés par le titre II de la présente loi, en se conformant aux conditions stipulées dans les statuts pour la transformation.

ART. 20. — Est abrogée la loi du 17 juillet 1856.

TITRE II

DES SOCIÉTÉS ANONYMES

ART. 21. — A l'avenir, les sociétés anonymes pourront se former sans l'autorisation du gouvernement.

Elles pourront, quel que soit le nombre des associés, être formées par un acte sous seing privé fait en double original.

Elles seront soumises aux dispositions des art. 29, 30, 32, 33, 34 et 36 du Code de commerce et aux dispositions contenues dans le présent titre.

ART. 22. — Les sociétés anonymes sont administrées par un ou plusieurs mandataires à temps, révocables, salariés ou gratuits, pris parmi les associés.

Ces mandataires peuvent choisir parmi eux un directeur, ou, si les statuts le permettent, se substituer un mandataire étranger à la société et dont ils sont responsables envers elle.

ART. 23. — La société ne peut être constituée si le nombre des associés est inférieur à sept.

ART. 24. — Les dispositions des art. 1, 2, 3 et 4 de la présente loi sont applicables aux sociétés anonymes.

T. I.

La déclaration imposée au gérant par l'art. 1er est faite par les fondateurs de la société anonyme ; elle est soumise, avec les pièces à l'appui, à la première assemblée générale, qui en vérifie la sincérité.

ART. 25. — Une assemblée générale est, dans tous les cas, convoquée, à la diligence des fondateurs, postérieurement à l'acte qui constate la souscription du capital social et le versement du quart du capital, qui consiste en numéraire. Cette assemblée nomme les premiers administrateurs ; elle nomme également, pour la première année, les commissaires institués par l'art. 32 ci-après.

Ces administrateurs ne peuvent être nommés pour plus de six ans ; ils sont rééligibles, sauf stipulation contraire.

Toutefois, ils peuvent être désignés par les statuts, avec stipulation formelle que leur nomination ne sera point soumise à l'approbation de l'assemblée générale. En ce cas, ils ne peuvent être nommés pour plus de trois ans.

Le procès-verbal de la séance constate l'acceptation des administrateurs et des commissaires présents à la réunion.

La société est constituée à partir de cette acceptation.

ART. 26. — Les administrateurs doivent être propriétaires d'un nombre d'actions déterminé par les statuts.

Ces actions sont affectées en totalité à la garantie de tous les actes de la gestion, même de ceux qui seraient exclusivement personnels à l'un des administrateurs.

Elles sont nominatives, inaliénables, frappées d'un timbre indiquant l'inaliénabilité et déposées dans la caisse sociale.

ART. 27. — Il est tenu, chaque année au moins, une assemblée générale à l'époque fixée par les statuts. Les statuts déterminent le nombre d'actions qu'il est nécessaire de posséder, soit à titre de propriétaire, soit à titre de mandataire, pour être admis dans l'assemblée, et le nombre de voix appartenant à chaque actionnaire eu égard au nombre d'actions dont il est porteur.

Tous propriétaires d'un nombre d'actions inférieur à celui déterminé pour être admis dans l'assemblée, pourront se réunir pour former le nombre nécessaire et se faire représenter par l'un d'eux[1].

Néanmoins, dans les assemblées générales appelées à vérifier les apports, à nommer les premiers administrateurs et à vérifier la sincérité de la déclaration des fondateurs de la société, prescrite par le deuxième paragraphe de l'art. 24, tout actionnaire, quel que soit le nombre des actions dont il est porteur, peut prendre part aux déli-

---

1. Ce paragraphe a été ajouté par la loi du 1er août 1893.

bérations avec le nombre de voix déterminé par les statuts, sans qu'il puisse être supérieur à dix.

ART. 28. — Dans toutes les assemblées générales, les délibérations sont prises à la majorité des voix.

Il est tenu une feuille de présence ; elle contient les noms et domiciles des actionnaires et le nombre d'actions dont chacun d'eux est porteur.

Cette feuille, certifiée par le bureau de l'assemblée, est déposée au siège social et doit être communiquée à tout requérant.

ART. 29. — Les assemblées générales qui ont à délibérer dans des cas autres que ceux qui sont prévus par les deux articles qui suivent, doivent être composées d'un nombre d'actionnaires représentant le quart au moins du capital social.

Si l'assemblée générale ne réunit pas ce nombre, une nouvelle assemblée est convoquée dans les formes et avec les délais prescrits par les statuts, et elle délibère valablement, quelle que soit la portion du capital représentée par les actionnaires présents.

ART. 30. — Les assemblées qui ont à délibérer sur la vérification des apports, sur la nomination des premiers administrateurs, sur la sincérité de la déclaration faite par les fondateurs aux termes du paragraphe 2 de l'art. 24, doivent être composées d'un nombre d'actionnaires représentant la moitié au moins du capital social.

Le capital social, dont la moitié doit être représentée pour la vérification de l'apport, se compose seulement des apports non soumis à vérification.

Si l'assemblée générale ne réunit pas un nombre d'actionnaires représentant la moitié du capital social, elle ne peut prendre qu'une délibération provisoire. Dans ce cas, une nouvelle assemblée générale est convoquée. Deux avis, publiés à huit jours d'intervalle, au moins un mois à l'avance, dans l'un des journaux désignés pour recevoir les annonces légales, font connaître aux actionnaires les résolutions provisoires adoptées par la première assemblée, et ces résolutions deviennent définitives si elles sont approuvées par la nouvelle assemblée, composée d'un nombre d'actionnaires représentant le cinquième au moins du capital social.

ART. 31. — Les assemblées qui ont à délibérer sur des modifications aux statuts ou sur des propositions de continuation de la société au delà du terme fixé pour sa durée, ou de dissolution avant ce terme ne sont régulièrement constituées et ne délibèrent valablement qu'autant qu'elles sont composées d'un nombre d'actionnaires représentant la moitié au moins du capital social.

Art. 32. — L'assemblée générale annuelle désigne un ou plusieurs commissaires, associés ou non, chargés de faire un rapport à l'assemblée générale de l'année suivante sur la situation de la société, sur le bilan et sur les comptes présentés par les administrateurs.

La délibération contenant approbation du bilan et des comptes est nulle, si elle n'a été précédée du rapport des commissaires.

A défaut de nomination des commissaires par l'assemblée générale, ou en cas d'empêchement ou de refus d'un ou de plusieurs des commissaires nommés, il est procédé à leur nomination ou à leur remplacement par ordonnance du président du tribunal de commerce du siège de la société, à la requête de tout intéressé, les administrateurs dûment appelés.

Art. 33. — Pendant le trimestre qui précède l'époque fixée par les statuts pour la réunion de l'assemblée générale, les commissaires ont droit, toutes les fois qu'ils le jugent convenable dans l'intérêt social, de prendre communication des livres et d'examiner les opérations de la société.

Ils peuvent toujours, en cas d'urgence, convoquer l'assemblée générale.

Art. 34. — Toute société anonyme doit dresser, chaque semestre, un état sommaire de sa situation active et passive.

Cet état est mis à la disposition des commissaires.

Il est, en outre, établi chaque année, conformément à l'article 9 du Code de commerce, un inventaire contenant l'indication des valeurs mobilières et immobilières et de toutes les dettes actives et passives de la société.

L'inventaire, le bilan et le compte des profits et pertes sont mis à la disposition des commissaires le quarantième jour, au plus tard, avant l'assemblée générale. Ils sont présentés à cette assemblée.

Art. 35. — Quinze jours au moins avant la réunion de l'assemblée générale, tout actionnaire peut prendre, au siège social, communication de l'inventaire et de la liste des actionnaires, et se faire délivrer copie du bilan résumant l'inventaire et du rapport des commissaires.

Art. 36. — Il est fait annuellement, sur les bénéfices nets, un prélèvement d'un vingtième au moins, affecté à la formation d'un fonds de réserve.

Ce prélèvement cesse d'être obligatoire lorsque le fonds de réserve a atteint le dixième du capital social.

Art. 37. — En cas de perte des trois quarts du capital social, les administrateurs sont tenus de provoquer la réunion de l'assemblée générale de tous les actionnaires, à l'effet de statuer sur la question de savoir s'il y a lieu de prononcer la dissolution de la société

La résolution de l'assemblée est, dans tous les cas, rendue publique.

A défaut par les administrateurs de réunir l'assemblée générale, comme dans le cas où cette assemblée n'aurait pu se constituer régulièrement, tout intéressé peut demander la dissolution de la société devant les tribunaux.

Art. 38 — La dissolution peut être prononcée sur la demande de toute partie intéressée, lorsqu'un an s'est écoulé depuis l'époque où le nombre des associés est réduit à moins de sept.

Art. 39. — L'art. 47 est applicable aux sociétés anonymes.

Art. 40. — Il est interdit aux administrateurs de prendre ou de conserver un intérêt direct ou indirect dans une entreprise, ou dans un marché fait avec la société ou pour son compte, à moins qu'ils n'y soient autorisés par l'assemblée générale.

Il est, chaque année, rendu à l'assemblée générale un compte spécial de l'exécution des marchés ou entreprises par elle autorisés, aux termes du paragraphe précédent.

Art. 41. — Est nulle et de nul effet à l'égard des intéressés, toute société anonyme pour laquelle n'ont pas été observées les dispositions des art. 22, 23, 24 et 25 ci-dessus.

Art. 42. — Lorsque la nullité de la société ou des actes et délibérations a été prononcée aux termes de l'article précédent, les fondateurs auxquels la nullité est imputable et les administrateurs en fonctions au moment où elle a été encourue, sont responsables solidairement envers les tiers *et les actionnaires du dommage résultant de cette annulation.*

La même responsabilité solidaire peut être prononcée contre ceux des associés dont les apports ou les avantages n'auraient pas été vérifiés et approuvés conformément à l'art. 24.

L'action en nullité et celle en responsabilité en résultant sont soumises aux dispositions de l'art. 8 ci-dessus[1].

Art. 43. — L'étendue et les effets de la responsabilité des com-

---

1. *Ancien texte.* Art. 42. — Lorsque la nullité de la société ou des actes et délibérations a été prononcée aux termes de l'article précédent, les fondateurs auxquels la nullité est imputable et les administrateurs en fonctions au moment où elle a été encourue, sont responsables solidairement envers les tiers, sans préjudice des droits des actionnaires.

La même responsabilité solidaire peut être prononcée contre ceux des associés dont les apports ou les avantages n'auraient pas été vérifiés et approuvés conformément à l'art. 24.

missaires envers la société sont déterminés d'après les règles générales du mandat.

Art. 44. — Les administrateurs sont responsables, conformément
aux règles du droit commun, individuellement ou solidairement suivant les cas, envers la société ou envers les tiers, soit des infractions
aux dispositions de la présente loi, soit des fautes qu'ils auraient
commises dans leur gestion, notamment en distribuant ou en laissant
distribuer sans opposition des dividendes fictifs.

Art. 45. — Les dispositions des art. 13, 14, 15 et 16 de la présente
loi sont applicables en matière de sociétés anonymes, sans distinction entre celles qui sont actuellement existantes et celles qui se
constitueront sous l'empire de la présente loi. Les administrateurs
qui, en l'absence d'inventaire ou au moyen d'inventaire frauduleux
auront opéré des dividendes fictifs, seront punis de la peine qui est
prononcée dans ce cas par le numéro 3 de l'art. 15 contre les gérants
des sociétés en commandite.

Sont également applicables en matière de sociétés anonymes les
dispositions des trois derniers paragraphes de l'art. 10.

Art. 46. — Les sociétés anonymes actuellement existantes continueront à être soumises, pendant toute leur durée, aux dispositions
qui les régissent.

Elles pourront se transformer en sociétés anonymes dans les termes de la présente loi, en obtenant l'autorisation du gouvernement
et en observant les formes prescrites pour la modification de leurs
statuts.

Art. 47. — Les sociétés à responsabilité limitée pourront se convertir en sociétés anonymes dans les termes de la présente loi, en
se conformant aux conditions stipulées pour la modification de leurs
statuts.

Sont abrogés les art. 31, 37 et 40 du Code de commerce et la loi du
23 mai 1863, sur les sociétés à responsabilité limitée.

TITRE III

DISPOSITIONS PARTICULIÈRES AUX SOCIÉTÉS
A CAPITAL VARIABLE

Art. 48. — Il peut être stipulé, dans les statuts de toute société,
que le capital social sera susceptible d'augmentation par des verse-

ments successifs faits par les associés ou l'admission d'associés nouveaux, et de diminution par la reprise totale ou partielle des apports effectués.

Les sociétés dont les statuts contiendront la stipulation ci-dessus seront soumises, indépendamment des règles générales qui leur sont propres suivant leur forme spéciale, aux dispositions des articles suivants.

ART. 49. — Le capital social ne pourra être porté par les statuts constitutifs de la société au-dessus de la somme de 200,000 fr.

Il pourra être augmenté par des délibérations de l'assemblée générale, prises d'année en année; chacune des augmentations ne pourra être supérieure à 200,000 fr.

ART. 50. — Les actions ou coupons d'actions seront nominatifs, même après leur entière libération[1].

Ils ne seront négociables qu'après la constitution définitive de la société.

La négociation ne pourra avoir lieu que par voie de transfert sur les registres de la société, et les statuts pourront donner, soit au conseil d'administration, soit à l'assemblée générale, le droit de s'opposer au transfert.

ART. 51. — Les statuts détermineront une somme au-dessous de laquelle le capital ne pourra être réduit par les reprises des apports autorisées par l'art. 48.

Cette somme ne pourra être inférieure au dixième du capital social.

La société ne sera définitivement constituée qu'après le versement du dixième.

ART. 52. — Chaque associé pourra se retirer de la société lorsqu'il le jugera convenable, à moins de conventions contraires et sauf l'application du paragraphe 1er de l'article précédent.

Il pourra être stipulé que l'assemblée générale aura le droit de décider, à la majorité fixée pour la modification des statuts, que l'un ou plusieurs des associés cesseront de faire partie de la société.

L'associé qui cessera de faire partie de la société, soit par l'effet de sa volonté, soit par suite de décision de l'assemblée générale, restera tenu, pendant cinq ans, envers les associés et envers les tiers, de toutes les obligations existant au moment de sa retraite.

---

1. D'après la loi de 1867, le premier paragraphe de l'art. 50 était ainsi conçu : « Les actions ou coupons d'actions seront nominatifs, même après leur entière libération; *ils ne pourront être inférieurs à 50 fr.* » (Cette seconde partie, en italiques, a été supprimée par la loi du 1er août 1893.)

Art. 53. — La société, quelle que soit sa forme, sera valablement représentée en justice par ses administrateurs.

Art. 54. — La société ne sera point dissoute par la mort, la retraite, l'interdiction, la faillite ou la déconfiture de l'un des associés; elle continuera de plein droit entre les autres associés.

———— ——

TITRE IV

DISPOSITIONS RELATIVES A LA PUBLICATION DES ACTES DE SOCIÉTÉ

Art. 55. — Dans le mois de la constitution de toute société commerciale, un double de l'acte constitutif, s'il est sous seing privé, ou une expédition, s'il est notarié, est déposé au greffe de la justice de paix et du tribunal de commerce du lieu dans lequel est établie la société.

A l'acte constitutif des sociétés en commandite par actions et des sociétés anonymes sont annexées : 1° une expédition de l'acte notarié constatant la souscription du capital social et le versement du quart; 2° une copie certifiée des délibérations prises par l'assemblée dans les cas prévus par les art. 4 et 24.

En outre, lorsque la société est anonyme, on doit annexer à l'acte constitutif la liste nominative, dûment certifiée, des souscripteurs, contenant les nom, prénoms, qualités, demeure et le nombre d'actions de chacun d'eux.

Art. 56. — Dans le même délai d'un mois, un extrait de l'acte constitutif et des pièces annexées est publié dans l'un des journaux désignés pour recevoir les annonces légales.

Il sera justifié de l'insertion par un exemplaire du journal certifié par l'imprimeur, légalisé par le maire et enregistré dans les trois mois de sa date.

Les formalités prescrites par l'article précédent et par le présent article seront observées, à peine de nullité, à l'égard des intéressés; mais le défaut d'aucune d'elles ne pourra être opposé aux tiers par les associés.

Art. 57. — L'extrait doit contenir les noms des associés autres que les actionnaires ou commanditaires; la raison de commerce ou la dénomination adoptée par la société et l'indication du siège social;

la désignation des associés autorisés à gérer, administrer et signer pour la société; le montant du capital social et le montant des valeurs fournies ou à fournir par les actionnaires ou commanditaires; l'époque où la société commence, celle où elle doit finir, et la date du dépôt fait aux greffes de la justice de paix et du tribunal de commerce.

ART. 58. — L'extrait doit énoncer que ta société est en nom collectif ou en commandite simple, ou en commandite par actions, ou anonyme, ou à capital variable.

Si la société est anonyme, l'extrait doit énoncer le montant du capital social en numéraire et autres objets, la quotité à prélever sur les bénéfices pour composer le fonds de réserve.

Enfin, si la société est à capital variable, l'extrait doit contenir l'indication de la somme au-dessous de laquelle le capital social ne peut être réduit.

ART. 59. — Si la société a plusieurs maisons de commerce situées dans divers arrondissements, le dépôt prescrit par l'art. 55 et la publication prescrite par l'art. 56 ont lieu dans chacun des arrondissements où existent les maisons de commerce.

Dans les villes divisées en plusieurs arrondissements, le dépôt sera fait seulement au greffe de la justice de paix du principal établissement.

ART. 60. — L'extrait des actes et pièces déposés est signé, pour les actes publics, par le notaire, et, pour les actes sous seing privé, par les associés en nom collectif, par les gérants des sociétés en commandite ou par les administrateurs des sociétés anonymes.

ART. 61. — Sont soumis aux formalités et aux pénalités prescrites par les art. 55 et 56 :

Tous actes et délibérations ayant pour objet la modification des statuts, la continuation de la société au delà du terme fixé pour sa durée, la dissolution avant ce terme et le mode de liquidation, tout changement ou retraite d'associés et tout changement à la raison sociale.

Sont également soumises aux dispositions des art. 55 et 56 les délibérations prises dans les cas prévus par les art. 19, 37, 46, 47 et 49 ci-dessus.

ART. 62. — Ne sont pas assujettis aux formalités de dépôt et de publication les actes constatant les augmentations ou les diminutions du capital social opérées dans les termes de l'art. 48, ou les retraites d'associés, autres que les gérants ou administrateurs, qui auraient lieu conformément à l'art. 52.

ART. 63. — Lorsqu'il s'agit d'une société en commandite par actions ou d'une société anonyme, toute personne a le droit de prendre communication des pièces déposées au greffe de la justice de paix et du tribunal de commerce, ou même de s'en faire délivrer à ses frais expédition ou extrait par le greffier ou par le notaire détenteur de la minute.

Toute personne peut également exiger qu'il lui soit délivré au siège de la société une copie certifiée des statuts, moyennant paiement d'une somme qui ne pourra excéder 1 fr.

Enfin, les pièces déposées doivent être affichées d'une manière apparente dans les bureaux de la société.

ART. 64. — Dans tous les actes, factures, annonces, publications et autres documents *imprimés* ou *autographiés*, émanés des sociétés anonymes ou des sociétés en commandite par actions, la dénomination sociale doit toujours être précédée ou suivie immédiatement de ces mots, écrits lisiblement en toutes lettres : *société anonyme* ou *société en commandite par actions*, et de l'énonciation du montant du capital social

Si la société a usé de la faculté accordée par l'art. 48, cette circonstance doit être mentionnée par l'addition de ces mots : *à capital variable*.

Toute contravention aux dispositions qui précèdent est punie d'une amende de 50 fr. à 1,000 fr.

ART. 65. — Sont abrogées les dispositions des art. 42, 43, 44, 45 et 46 du Code de commerce.

TITRE V

DES TONTINES ET DES SOCIÉTÉS D'ASSURANCES

ART. 66. — Les associations de la nature des tontines et les sociétés d'assurances sur la vie, mutuelles ou à primes, restent soumises à l'autorisation et à la surveillance du gouvernement. (*Ce premier paragraphe a été abrogé par l'art. 22 de la loi du 17 mars 1905*).

Les autres sociétés d'assurances pourront se former sans autorisation. Un règlement d'administration publique déterminera les conditions sous lesquelles elles pourront être constituées.

ART. 67. — Les sociétés d'assurances désignées dans le paragraphe 2 de l'article précédent, qui existent actuellement, pourront se placer sous le régime qui sera établi par le règlement d'administration publique, sans l'autorisation du gouvernement, en observant les formes et conditions prescrites pour la modification de leurs statuts.

DISPOSITIONS DIVERSES [1]

ART. 68. — *Quel que soit leur objet, les sociétés en commandite ou anonymes qui seront constituées dans les formes du Code de commerce ou de la présente loi seront commerciales et soumises aux lois et usages du commerce.*

ART. 69. — *Il pourra être consenti hypothèque au nom de toute société commerciale en vertu des pouvoirs résultant de son acte de formation même sous seing privé, ou des délibérations ou autorisations constatées dans les formes réglées par ledit acte. L'acte d'hypothèque sera passé en forme authentique, conformément à l'art. 2127 du Code civil.*

ART. 70. — *Dans les cas où les sociétés ont continué à payer les intérêts ou dividendes des actions, obligations ou tous autres titres remboursables par suite d'un tirage au sort, elles ne peuvent répéter ces sommes lorsque le titre est présenté au remboursement.*

ART. 71. — *Dans l'art. 50, paragraphe 1er, sont supprimés les mots : « Ils ne pourront être inférieurs à 50 fr. »*

DISPOSITIONS TRANSITOIRES

Pour les sociétés par actions en commandite ou anonymes déjà existantes, sans distinction entre celles antérieures à la loi du 24 juillet 1867 et celles postérieures, il n'est pas dérogé à la faculté qu'elles peuvent avoir de convertir leurs actions en titres au porteur avant libération intégrale.

Quant aux actions nominatives des mêmes sociétés, les deux ans après lesquels tout souscripteur ou actionnaire qui a cédé son titre cesse d'être responsable des versements non appelés, ne courront, à l'égard des créanciers antérieurs à la présente loi, qu'à partir de l'entrée en vigueur de la loi, et sauf application de l'art. 2257 du Code civil pour les créances conditionnelles ou à terme et les actions en garantie.

Les dispositions de l'art. 8 et celles de l'art. 42 s'appliquent aux sociétés déjà constituées sous l'empire de la loi du 24 juillet 1867.

---

1. Les art. 68 à 71 et les dispositions transitoires qui suivent ont été ajoutés à la loi du 24 juillet 1867 par celle du 1er août 1893.

Dans les mêmes sociétés, l'action en nullité résultant des art. 7 et 41 ne sera plus recevable si les causes de nullité ont cessé d'exister au moment de la présente loi.

En tous cas, l'action en responsabilité pour les faits dont la nullité résultait, ne cessera d'être recevable que trois ans après la présente loi.

Les sociétés civiles actuellement constituées sous d'autres formes pourront, si leurs statuts ne s'y opposent pas, se transformer en sociétés en commandite ou en sociétés anonymes, par décision d'une assemblée générale spécialement convoquée et réunissant les conditions tant de l'acte social que de l'art. 31 ci-dessus.

LOI DU 1ᴱᴿ AOUT 1893

PORTANT MODIFICATION DE LA LOI DU 24 JUILLET 1867
SUR LES SOCIÉTÉS PAR ACTIONS

ARTICLE PREMIER. — Les paragraphes 1 et 2 de l'art. 1ᵉʳ de la loi du 24 juillet 1867 sont modifiés comme suit :

« § 1ᵉʳ. — Les sociétés en commandite ne peuvent diviser leur capital en actions ou coupures d'actions de moins de 25 fr. lorsque le capital n'excède pas 200,000 fr., de moins de 100 fr. lorsque le capital est supérieur à 200,000 fr.

« § 2. — Elles ne peuvent être définitivement constituées qu'après la souscription de la totalité du capital et le versement en espèces, par chaque actionnaire, du montant des actions ou coupures d'actions souscrites par lui, lorsqu'elles n'excèdent pas 25 fr., et du quart au moins des actions lorsqu'elles sont de 100 fr. et au-dessus »

ART. 2. — L'art. 3 est modifié comme suit :

« ART. 3. — Les actions sont nominatives jusqu'à leur entière libération. Les actions représentant des apports devront toujours être intégralement libérées au moment de la constitution de la société.

« Ces actions ne peuvent être détachées de la souche et ne sont négociables que deux ans après la constitution définitive de la société.

« Pendant ce temps, elles devront, à la diligence des administrateurs, être frappées d'un timbre indiquant leur nature et la date de cette constitution.

« Les titulaires, les cessionnaires intermédiaires et les souscripteurs sont tenus solidairement du montant de l'action.

« Tout souscripteur ou actionnaire qui a cédé son titre cesse, deux ans après la cession, d'être responsable des versements non encore appelés. »

ART. 3. — A l'art. 8 sont ajoutées les dispositions suivantes :

« L'action en nullité de la société ou des actes et délibérations postérieurs à sa constitution n'est plus recevable lorsque, avant l'introduction de la demande, la cause de nullité a cessé d'exister. L'action en responsabilité, pour les faits dont la nullité résultait, cesse également d'être recevable lorsque, avant l'introduction de la demande, la cause de nullité a cessé d'exister, et en outre que trois ans se sont écoulés depuis le jour où la nullité était encourue.

« Si, pour couvrir la nullité, une assemblée générale devait être convoquée, l'action en nullité ne sera plus recevable à partir de la date de la convocation régulière de cette assemblée.

« Ces actions en nullité contre les actes constitutifs des sociétés sont prescrites par dix ans.

« Cette prescription ne pourra, toutefois, être opposée avant l'expiration des dix années qui suivront la promulgation de la présente loi. »

ART. 4. — Au paragraphe 1er de l'art. 27 est ajouté ce qui suit :

« Tous propriétaires d'un nombre d'actions inférieur à celui déterminé pour être admis dans l'assemblée pourront se réunir pour former le nombre nécessaire et se faire représenter par l'un d'eux. »

ART. 5. — Dans le paragraphe 1er de l'art. 42, aux mots : « responsables solidairement envers les tiers sans préjudice du droit des actionnaires », sont substitués les termes suivants : « responsables solidairement envers les tiers et les actionnaires du dommage résultant de cette annulation ».

Au même article est ajouté le paragraphe suivant :

« L'action en nullité et celle en responsabilité en résultant sont soumises aux dispositions de l'art. 6 ci-dessus. »

ART. 6. — Sont ajoutées à la loi les dispositions suivantes :

DISPOSITIONS DIVERSES

« ART. 68. — Quel que soit leur objet, les sociétés en commandite ou anonymes qui seront constituées dans les formes du Code de commerce ou de la présente loi seront commerciales et soumises aux lois et usages du commerce.

« ART. 69. — Il pourra être consenti hypothèque au nom de toute société commerciale en vertu des pouvoirs résultant de son acte de formation même sous seing privé, ou des délibérations ou autorisations constatées dans les formes réglées par ledit acte. L'acte d'hypothèque sera passé en forme authentique, conformément à l'art. 2127 du Code civil.

« ART. 70. — Dans les cas où les sociétés ont continué à payer les intérêts ou dividendes des actions, obligations ou tous autres titres remboursables par suite d'un tirage au sort, elles ne peuvent répéter ces sommes lorsque le titre est présenté au remboursement.

« ART. 71. — Dans l'art. 50, paragraphe 1er, sont supprimés les mots : « ils ne pourront être inférieurs à 50 fr. ».

DISPOSITIONS TRANSITOIRES

ART. 7. — Pour les sociétés par actions en commandite ou anonymes déjà existantes, sans distinction entre celles antérieures à la loi du 24 juillet 1867 et celles postérieures, il n'est pas dérogé à la faculté qu'elles peuvent avoir de convertir leurs actions en titres au porteur avant libération intégrale.

Quant aux actions nominatives des mêmes sociétés, les deux ans après lesquels tout souscripteur ou actionnaire qui a cédé son titre cesse d'être responsable des versements non appelés, ne courront, à l'égard des créanciers antérieurs à la présente loi, qu'à partir de l'entrée en vigueur de la loi, et sauf application de l'art. 2257 du Code civil pour les créances conditionnelles ou à terme et les actions en garantie

Les dispositions de l'art. 8 et celles de l'art. 42 s'appliquent aux sociétés déjà constituées sous l'empire de la loi du 24 juillet 1867.

Dans les mêmes sociétés, l'action en nullité résultant des art. 7 et 41 ne sera plus recevable si les causes de nullité ont cessé d'exister au moment de la présente loi.

En tout cas, l'action en responsabilité pour les faits dont la nullité résultait ne cessera d'être recevable que trois ans après la présente loi.

Les sociétés civiles actuellement constituées sous d'autres formes pourront, si leurs statuts ne s'y opposent pas, se transformer en sociétés en commandite ou en sociétés anonymes par décision d'une assemblée générale spécialement convoquée et réunissant les conditions tant de l'acte social que de l'art. 31 ci-dessus.

V

LOI DU 16 NOVEMBRE 1903

SUR LES ACTIONS DE PRIORITÉ
ET SUR LA NÉGOCIATION DES ACTIONS D'APPORT
EN CAS DE FUSION

ARTICLE PREMIER. — Les art. 1 et 2 de la loi du 9 juillet 1902 sont modifiés ainsi qu'il suit :

Art. 1er. — L'article 34 du Code de commerce est ainsi complété :

« Le capital social des sociétés par actions se divise en actions et même en coupons d'actions d'une valeur nominale égale.

« Toute société par actions peut, par délibération de l'assemblée générale constituée dans les conditions prévues par l'art. 31 de la loi du 24 juillet 1867, créer des actions de priorité, jouissant de certains avantages sur les autres actions ou conférant des droits d'antériorité, soit sur les bénéfices, soit sur l'actif social, soit sur les deux, si les statuts n'interdisent point, par une prohibition directe et expresse, la création d'actions de cette nature.

« Sauf dispositions contraires des statuts, les actions de priorité et les autres actions ont, dans les assemblées, un droit de vote égal.

« Dans le cas où une décision de l'assemblée générale comporterait une modification dans les droits attachés à une catégorie d'actions, cette décision ne sera définitive qu'après avoir été ratifiée par une assemblée spéciale des actionnaires de la catégorie visée.

Cette assemblée spéciale, pour délibérer valablement, doit réunir au moins la moitié du **capital** représenté par les actions dont il s'agit, à moins que les statuts ne prescrivent un minimum plus élevé. »

Art. 2. — Le paragraphe 3 de l'art. 3 de la loi du 24 juillet 1867 modifié par la loi du 1er août 1893, est ainsi complété :

« En cas de fusion de sociétés par voie d'absorption ou de création d'une société nouvelle englobant une ou plusieurs sociétés préexistantes, l'interdiction de détacher les actions de la souche et de les négocier ne s'applique pas aux actions d'apport attribuées à une société par actions ayant, lors de la fusion, plus de deux ans d'existence. »

Art. 2. — La présente loi est applicable aux sociétés fondées antérieurement ou postérieurement à la présente loi.

DÉCRET DU 22 JANVIER 1868

SUR LES SOCIÉTÉS D'ASSURANCES [1]

TITRE PREMIER

DES SOCIÉTÉS ANONYMES D'ASSURANCES
A PRIMES

ARTICLE PREMIER. — Les sociétés anonymes d'assurances à primes sont soumises aux dispositions des lois relatives à cette forme de société et, en outre, aux conditions ci-après déterminées.

Elles ne peuvent user des dispositions du titre III de la loi du 24 juillet 1867, particulières aux sociétés à capital variable.

ART. 2. — La société n'est valablement constituée qu'après le versement d'un capital de garantie qui ne pourra, en aucun cas et alors même que le capital social est moindre de 200,000 fr., être inférieur à 50,000 fr.

ART. 3. — L'art. 2 de la loi du 24 juillet 1867, relatif à la conversion des actions en actions au porteur, n'est applicable aux sociétés d'assurances à primes que si le fonds de réserve est égal au moins à la partie du capital social non encore versée, et s'il a été intégralement constitué.

ART. 4. — La société est tenue de faire annuellement un prélèvement d'au moins 20 p. 100 sur les bénéfices nets pour former un fonds de réserve. Ce prélèvement devient facultatif lorsque le fonds de réserve est égal au cinquième du capital.

ART. 5. — (*Ainsi modifié par le décret du 10 juillet 1901*). Les fonds de la société, à l'exception des sommes nécessaires aux besoins du service courant, sont placés de la manière suivante :

1° Jusqu'à concurrence des trois quarts au moins : En immeubles ou en prêts hypothécaires sur immeubles situés en France ou en Algérie; en valeurs de l'État ou en valeurs ayant une garantie de l'État portant sur le capital ou sur le revenu; en actions de la Banque

---

1. Ce décret est intervenu en exécution des dispositions de l'art. 66 de la loi du 24 juillet 1867.

de France; en prêts aux départements, aux communes, aux chambres de commerce de France ou d'Algérie ou en obligations émises par ces divers emprunteurs; en valeurs jouissant d'une garantie portant sur le capital ou le revenu de la part desdits départements, communes ou chambres de commerce régulièrement autorisés; en obligations foncières et communales émises par le Crédit foncier de France; en prêts ou avances sur les effets publics ci-dessus désignés;

2° Pour le surplus : En immeubles ou en prêts hypothécaires sur des immeubles situés dans des colonies françaises, les pays de protectorat ou à l'étranger; en prêts aux colonies françaises ou en valeurs garanties par ces colonies; en effets publics de toute nature, français ou étrangers, portés à la cote officielle de la Bourse de Paris et dont la liste sera arrêtée chaque année par l'assemblée générale des actionnaires; en prêts ou avances sur les effets publics ci-dessus désignés; en valeurs étrangères exigées pour dépôt de cautionnement dans chaque État étranger où la société réalise des opérations, pourvu que ces valeurs soient cotées à la Bourse de la capitale dudit État et comprises dans la liste annuellement arrêtée par l'Assemblée générale.

ART. 6. — Toute police doit faire connaître :

1° Le montant du capital social;

2° La portion de ce capital déjà versée ou appelée, et, s'il y a lieu, la délibération par laquelle les actions auraient été converties en actions au porteur;

3° Le maximum que la compagnie peut, aux termes de ses statuts, assurer sur un seul risque, sans réassurance;

4° Et, dans le cas où un même capital couvrirait, aux termes des statuts, des risques de nature différente, le montant de ce capital et l'énumération de tous ces risques.

ART. 7. — Tout assuré peut, par lui ou par un fondé de pouvoir, prendre à toute époque, soit au siège social, soit dans les agences établies par la société, communication du dernier inventaire.

Il peut également exiger qu'il lui en soit délivré une copie certifiée, moyennant le paiement d'une somme qui ne peut excéder 1 fr.

TITRE II
DES SOCIÉTÉS D'ASSURANCES MUTUELLES

SECTION 1
DE LA CONSTITUTION DES SOCIÉTÉS
ET DE LEUR OBJET

Art. 8. — Les sociétés d'assurances mutuelles peuvent se former soit par un acte authentique, soit par un acte sous seing privé fait en double original, quel que soit le nombre des signataires à l'acte.

Art. 9. — Les projets de statuts doivent :

1° Indiquer l'objet, la durée, le siège, la dénomination de la société et la circonscription territoriale de ses opérations;

2° Comprendre le tableau de classification des risques, les tarifs applicables à chacun d'eux, et déterminer les formes suivant lesquelles ce tableau et ces tarifs peuvent être modifiés;

3° Fixer le nombre d'adhérents et le minimum de valeurs assurées au-dessous desquels la société ne peut être valablement constituée, ainsi que la somme à valoir sur la contribution de la première année, qui devra être versée avant la constitution de la société.

Art. 10. — La texte entier des projets de statuts doit être inscrit sur toute liste destinée à recevoir les adhésions.

Art. 11. — Lorsque les conditions ci-dessus ont été remplies, les signataires de l'acte primitif ou leurs fondés de pouvoir le constatent par une déclaration devant notaire.

A cette déclaration sont annexés :

1° La liste nominative dûment certifiée des adhérents, contenant leurs noms, prénoms, qualités et domiciles, et le montant des valeurs assurées par chacun d'eux;

2° L'un des doubles de l'acte de société, s'il est sous seing privé, ou une expédition, s'il est notarié et s'il a été passé devant un notaire autre que celui qui reçoit la déclaration;

3° L'état des versements effectués.

Art. 12. — La première assemblée générale, qui est convoquée à la diligence des signataires de l'acte primitif, vérifie la sincérité de la déclaration mentionnée aux articles précédents; elle nomme les membres du premier conseil d'administration; elle nomme également, pour la première année, les commissaires institués par l'art. 21 ci-après.

Les membres du conseil d'administration ne peuvent être nommés pour plus de six ans; ils sont rééligibles, sauf stipulation contraire. Toutefois, ils peuvent être désignés par les statuts, avec stipulation formelle que leur nomination ne sera pas soumise à l'assemblée générale; en ce cas, ils ne peuvent être nommés pour plus de trois ans.

Le procès-verbal de la séance constate l'acceptation des membres du conseil d'administration et des commissaires présents à la réunion.

La société n'est définitivement constituée qu'à partir de cette acceptation.

ART. 13. — Le compte des frais de premier établissement est apuré par le conseil d'administration et soumis à l'assemblée générale, qui l'arrête définitivement et détermine le mode et l'époque du remboursement.

SECTION 2

ADMINISTRATION DES SOCIÉTÉS

ART. 14 — L'administration peut être confiée à un conseil d'administration dont les statuts déterminent les pouvoirs. Les membres de ce conseil peuvent choisir parmi eux un directeur, ou, si les statuts le permettent, se substituer un mandataire étranger à la société et dont ils sont responsables envers elle.

L'administration peut également être confiée par les statuts à un directeur nommé par l'assemblée générale et assisté d'un conseil d'administration. Les statuts déterminent, dans ce cas, les attributions respectives du directeur et du conseil.

ART. 15. — Les membres du conseil d'administration doivent être pris parmi les sociétaires ayant la somme de valeurs assurées déterminée par les statuts.

ART. 16. — Il est tenu, chaque année au moins, une assemblée générale, à l'époque fixée par les statuts.

Les statuts déterminent soit le minimum de valeurs assurées nécessaire pour être admis à l'assemblée, soit le nombre des plus forts assurés qui doivent la composer; ils règlent également le mode suivant lequel les sociétaires peuvent s'y faire représenter.

ART. 17. — Dans toutes les assemblées générales, il est tenu une feuille de présence. Elle contient les noms et domiciles des membres présents.

Cette feuille, certifiée par le bureau de l'assemblée et déposée au siège social, doit être communiquée à tout requérant.

ART. 18. — L'assemblée générale ne peut délibérer valablement que si elle réunit le quart au moins des membres ayant le droit d'y assister ; si elle ne réunit pas ce nombre, une nouvelle assemblée est convoquée dans les formes et avec les délais prescrits par les statuts, et elle délibère valablement, quel que soit le nombre des membres présents ou représentés.

ART. 19. — L'assemblée générale qui doit délibérer sur la nomination des membres du premier conseil d'administration et sur la sincérité de la déclaration faite, aux termes de l'art. 11, par les signataires de l'acte primitif, doit être composée de la moitié au moins des membres ayant le droit d'y assister.

Si l'assemblée générale ne réunit pas le nombre ci-dessus, elle ne peut prendre qu'une délibération provisoire ; dans ce cas, une nouvelle assemblée générale est convoquée. Deux avis, publiés à huit jours d'intervalle, au moins un mois à l'avance, dans l'un des journaux désignés pour recevoir les annonces légales, font connaître aux sociétaires les résolutions provisoires adoptées par la première assemblée, et ces résolutions deviennent définitives si elles sont approuvées par la nouvelle assemblée, composée du cinquième au moins des sociétaires ayant le droit d'y assister.

ART. 20. — Les assemblées qui ont à délibérer sur des modifications aux statuts ou sur des propositions de continuation de la société au delà du terme fixé pour sa durée, ou de dissolution avant ce terme, ne sont régulièrement constituées et ne délibèrent valablement qu'autant qu'elles sont composées de la moitié au moins des sociétaires ayant le droit d'y assister.

Toute modification de statuts est portée à la connaissance des sociétaires dans le premier récépissé de cotisation qui leur est délivré.

ART. 21. — L'assemblée générale annuelle désigne un ou plusieurs commissaires, sociétaires ou non, chargés de faire un rapport à l'assemblée générale de l'année suivante sur la situation de la société, sur le bilan et sur les comptes présentés par l'administration.

La délibération contenant approbation du bilan et des comptes est nulle si elle n'a été précédée du rapport des commissaires.

A défaut de nomination des commissaires par l'assemblée générale, ou en cas d'empêchement ou de refus d'un ou de plusieurs d'entre eux, il est procédé à leur nomination ou à leur remplacement par ordonnance du président du tribunal de première instance du siège de la société, à la requête de tout intéressé, les membres du conseil d'administration dûment appelés.

ART. 22. — Pendant le trimestre qui précède l'époque fixée par les statuts pour la réunion de l'assemblée générale, les commissaires ont droit, toutes les fois qu'ils le jugent convenable dans l'intérêt de la société, de prendre communication des livres et d'examiner les opérations de la société. Ils peuvent toujours, en cas d'urgence, convoquer l'assemblée générale.

ART. 23. — Toute société doit dresser, chaque semestre, un état sommaire de sa situation active et passive.

Cet état est mis à la disposition des commissaires.

Il est, en outre, établi chaque année un inventaire ainsi qu'un compte détaillé des recettes et dépenses de l'année précédente et du montant des sinistres.

Ces divers documents sont mis à la disposition des commissaires le quarantième jour au plus tard avant l'assemblée générale. Ils sont présentés à cette assemblée.

L'inventaire et le compte détaillé sont également adressés au ministre de l'Agriculture, du Commerce et des Travaux publics.

ART. 24. — Quinze jours au moins avant la réunion de l'assemblée générale, tout sociétaire peut prendre, par lui ou par un fondé de pouvoir, au siège social, communication de l'inventaire et de la liste des membres composant l'assemblée générale, et se faire délivrer copie de ces documents.

SECTION 3

DE LA FORMATION DE L'ENGAGEMENT SOCIAL

ART. 25. — Les statuts déterminent le mode et les conditions générales suivant lesquels sont contractés les engagements entre la société et les sociétaires. Toutefois, les sociétaires auront, indépendamment de toute disposition statutaire, le droit de se retirer tous les cinq ans, en prévenant la société six mois d'avance dans la forme indiquée ci-après. Ce droit sera réciproque au profit de la société.

Dans tous les cas où un sociétaire a le droit de demander la résiliation, il peut le faire soit par une déclaration au siège social ou chez l'agent local, dont il lui sera donné récépissé, soit par acte extra-judiciaire, soit par tout autre moyen indiqué dans les statuts.

Les statuts indiquent spécialement le mode suivant lequel se fait l'estimation des valeurs assurées, les conditions réciproques de prorogation ou de résiliation des contrats et les circonstances qui font cesser les effets desdits contrats.

ART. 26. — Toute modification des statuts relative à la nature des risques garantis et au périmètre de la circonscription territoriale donne de plein droit, à chaque sociétaire, la faculté de résilier son engagement.

Cette faculté doit être exercée par lui dans un délai de trois mois, à dater de la notification qui lui aura été faite, conformément à l'art. 20.

ART. 27. — Les statuts ne peuvent défendre aux sociétaires de se faire réassurer ou assurer à une autre compagnie. Ils peuvent seulement stipuler que la société sera immédiatement informée et aura le droit de notifier la résiliation du contrat.

ART. 28. — Les polices remises aux assurés doivent contenir les conditions spéciales de l'engagement, sa durée, ainsi que les clauses de résiliation et de tacite reconduction, s'il en existe dans les statuts.

La police constate, en outre, la remise d'un exemplaire contenant le texte entier des statuts.

SECTION 4

DES CHARGES SOCIALES

ART. 29. — Les tarifs annexés aux statuts fixent, par degrés de risques, le maximum de la contribution annuelle dont chaque sociétaire est passible pour le paiement des sinistres.

Ce maximum constitue le fonds de garantie.

Les statuts peuvent décider que chaque sociétaire sera tenu de verser d'avance une portion de la contribution sociale pour former un fonds de prévoyance. Le montant de ce versement, dont le maximum est fixé dans les statuts, sera déterminé chaque année par l'assemblée générale.

ART. 30. — Si les statuts le stipulent ainsi, les indications du tableau de classification ne font pas obstacle à ce que le conseil d'administration demeure juge soit de l'application de la classification à tout risque proposé à l'assurance, soit même de l'admissibilité de ce risque.

ART. 31. — Les statuts déterminent également le maximum de la contribution annuelle qui peut être exigée de chaque sociétaire pour frais de gestion de la société.

La quotité de cette contribution est fixée tous les cinq ans au moins par l'assemblée générale.

Il peut être décidé, soit par les statuts, soit par l'assemblée générale, qu'une somme fixe ou proportionnelle est allouée par traité à forfait à la direction. Ce traité est revisé tous les cinq ans au moins.

L'acte qui l'autorise ou l'approuve détermine en même temps, d'une manière précise, quels sont les frais auxquels la somme allouée a pour objet de pourvoir.

ART. 32. — Il peut être formé, dans chaque société d'assurances mutuelles, un fonds de réserve ayant pour objet de donner à la société les moyens de suppléer à l'insuffisance de la cotisation annuelle pour le paiement des sinistres.

Le montant du fonds de réserve est fixé tous les cinq ans par l'assemblée générale, nonobstant toute stipulation contraire insérée dans les statuts.

Le mode de formation et l'emploi de ce fonds sont déterminés par les statuts, sauf application des dispositions suivantes :

Dans aucun cas, le prélèvement sur le fonds de réserve ne peut excéder la moitié de ce fonds pour un seul exercice.

En cas de dissolution de la société, l'emploi du reliquat du fonds de réserve est réglé par l'assemblée générale, sur la proposition des membres du conseil d'administration, et soumis à l'approbation du ministre de l'Agriculture, du Commerce et des Travaux publics.

ART. 33. — Les fonds de la société doivent être placés en rentes sur l'État, bons du Trésor ou autres valeurs créées ou garanties par l'État, en actions de la Banque de France, en obligations des départements et des communes, du Crédit foncier de France ou des compagnies françaises de chemins de fer qui ont un minimum d'intérêt garanti par l'État.

Ces valeurs sont immatriculées au nom de la société.

SECTION 5

DÉCLARATION, ESTIMATION ET PAIEMENT DES SINISTRES

ART. 34. — Les statuts déterminent le mode et les conditions de la déclaration à faire en cas de sinistre, par les sociétaires, pour le règlement des indemnités qui peuvent leur être dues.

ART. 35. — L'estimation des sinistres est faite par un agent de la société ou tout autre expert désigné par elle, contradictoirement avec le sociétaire ou avec un expert choisi par lui; en cas de dissidence, il en est référé à un tiers expert désigné, à défaut d'accord entre les parties, par le président du tribunal de première instance de l'arrondissement, ou, si les statuts l'ont ainsi décidé, par le juge de paix du canton où le sinistre a eu lieu.

ART. 36. — Dans les trois mois qui suivent l'expiration de chaque année, il est fait un règlement général des sinistres à la charge de l'année, et chaque ayant droit reçoit, s'il y a lieu, le solde de l'indemnité réglée à son profit.

ART. 37. — En cas d'insuffisance du fonds de garantie et de la part du fonds de réserve déterminée par les statuts, l'indemnité de chaque ayant droit est diminuée au centime le franc.

DISPOSITIONS RELATIVES A LA PUBLICATION DES ACTES DE SOCIÉTÉ

ART. 38. — Dans le mois de la constitution de toute société d'assurances mutuelles, une expédition de l'acte notarié et de ses annexes est déposée au greffe de la justice de paix et, s'il en existe, du tribunal civil du lieu où est établie la société.

A cette expédition est annexée une copie certifiée des délibérations prises par l'assemblée générale, dans les cas prévus par l'art. 12.

ART. 39. — Dans le même délai d'un mois, un extrait de l'acte constitutif et des pièces annexées est publié dans l'un des journaux désignés pour recevoir les annonces légales. Il sera justifié de l'insertion par un exemplaire du journal, certifié par l'imprimeur, légalisé par le maire et enregistré dans les trois mois de sa date.

ART. 40. — L'extrait doit contenir la dénomination adoptée par la société et l'indication du siège social, la désignation des personnes autorisées à gérer, administrer et signer pour la société, le nombre d'adhérents et le minimum des valeurs assurées au-dessous desquels la société ne pourrait être valablement constituée, l'époque où la société a commencé, celle où elle doit finir et la date du dépôt fait au greffe de la justice de paix et du tribunal de première instance. Il indique également si la société doit ou non constituer un fonds de réserve.

L'extrait des actes et pièces déposés est signé, pour les actes publics, par le notaire, et pour les actes sous seing privé, par les membres du conseil d'administration.

ART. 41. — Sont soumis aux formalités ci-dessus prescrites tous actes et délibérations ayant pour objet la modification des statuts, la continuation de la société au delà du terme fixé par les statuts, la dissolution avant ce terme et tout changement à la dénomination, ainsi que la transformation de la société dans les conditions indiquées par l'art. 67 de la loi du 24 juillet 1867.

ART. 42. — Toute personne a le droit de prendre communication des pièces déposées au greffe de la justice de paix et du tribunal, ou même de s'en faire délivrer à ses frais expédition ou extrait par le greffier ou par le notaire détenteur de la minute.

Toute personne peut également exiger qu'il lui soit délivré, au siège de la société, une copie certifiée des statuts, moyennant paiement d'une somme qui ne pourra excéder 1 fr.

Enfin, les pièces déposées doivent être affichées d'une manière apparente dans les bureaux de la société.

VII

LOI DU 17 MARS 1905

RELATIVE A LA SURVEILLANCE ET AU CONTRÔLE DES SOCIÉTÉS D'ASSURANCES SUR LA VIE

TITRE PREMIER

ENREGISTREMENT DES ENTREPRISES

ARTICLE PREMIER. — Sont assujetties à la présente loi les entreprises françaises ou étrangères de toute nature qui contractent des engagements dont l'exécution dépend de la durée de la vie humaine.

Sont exceptées les sociétés définies par la loi du 1er avril 1898 sur les sociétés de secours mutuels et les institutions de prévoyance publiques ou privées régies par des lois spéciales.

ART. 2. — Ces entreprises doivent limiter leurs opérations à une ou plusieurs de celles qui font l'objet de la présente loi. Il leur est interdit de stipuler ou de réaliser l'exécution de contrats ou l'attribution de bénéfices par la voie de tirage au sort.

Elles ne peuvent fonctionner qu'après avoir été enregistrées, sur leur demande, par le ministre du Commerce. Dans le délai maximum de six mois à dater du dépôt de la demande, le ministre du Commerce fait mentionner l'enregistrement au *Journal officiel* ou notifie le refus d'enregistrement aux intéressés.

Aucune modification soit aux statuts, soit aux tarifs de primes ou cotisations, ne peut être mise en vigueur qu'après nouvel enregistrement obtenu dans les mêmes formes.

ART. 3. — Le refus d'enregistrement doit être motivé par une infraction soit aux lois, notamment à celles qui régissent les sociétés, soit aux décrets prévus par l'article 9 ci-après.

Les intéressés peuvent former un recours pour excès de pouvoir devant le Conseil d'Etat, qui devra statuer dans les trois mois.

TITRE II

GARANTIES

ART. 4. — Pour les sociétés françaises anonymes ou en commandite, les statuts doivent spécifier la dissolution obligatoire en cas de perte de la moitié du capital social.

Pour les sociétés à forme mutuelle ou à forme tontinière, les statuts déterminent le mode de règlement et l'emploi des sommes perçues, ainsi que la quotité des prélèvements destinés à faire face aux frais de gestion de l'entreprise.

ART. 5. — Les sociétés françaises anonymes ou en commandite doivent avoir un capital social au moins égal à deux millions de francs (2.000.000 fr.).

Les sociétés françaises à forme mutuelle ou à forme tontinière devront constituer un fonds de premier établissement qui ne peut être inférieur à cinquante mille francs (50,000 fr.) et qui doit être amorti en quinze ans au plus.

Toutes les entreprises sont tenues, en outre, de constituer, dans les conditions prévues à l'article 9, paragraphe 4, une réserve de garantie qui tient lieu du prélèvement prescrit par l'article 36 de la loi du 24 juillet 1867. Toutefois, cette réserve n'est pas obligatoire pour les opérations à forme tontinière.

ART. 6. — Toutes les entreprises qui contractent des engagements déterminés sont tenues de constituer des réserves mathématiques, égales à la différence entre les valeurs des engagements respectivement pris par elles et par les assurés dans les conditions déterminées par le décret prévu à l'article 9, paragraphe 5. Cette obligation ne s'applique aux entreprises étrangères que pour les contrats souscrits ou exécutés en France et en Algérie.

Les entreprises produiront annuellement, à l'époque et dans les formes déterminées par le ministre, et après avis du comité consultatif des assurances sur la vie prévu à l'article 10, la comparaison : 1° entre la mortalité réelle de leurs assurés et la mortalité prévue par les tables admises pour le calcul de leurs réserves mathématiques et de leurs tarifs ; 2° entre le taux de leurs placements réels et celui qui a été admis pour les calculs susvisés.

En cas d'écarts notables ou répétés portant sur un de ces éléments, des arrêtés ministériels peuvent exiger, au plus tous les cinq ans, une rectification des bases du calcul des réserves mathématiques des opérations en cours et des tarifs des primes ou cotisations.

Ces arrêtés sont pris sur avis conforme du comité consultatif des assurances sur la vie, les représentants de l'entreprise ayant été entendus et mis en demeure de fournir leurs observations par écrit dans un délai d'un mois. Ils fixent le délai dans lequel la rectification doit être opérée ; le montant des versements corrélatifs à la rectification des réserves mathématiques doit être, à la fin de chaque exercice, au moins proportionnel à la fraction du délai couru.

Les sociétés à forme tontinière sont tenues de faire, dans les conditions fixées par le décret prévu à l'article 9, paragraphe 7, emploi immédiat de toutes les cotisations, déduction faite des frais de gestion statutaires.

ART 7. — Lorsque les bénéfices revenant aux assurés ne sont pas payables immédiatement après la liquidation de l'exercice qui les a produits, un compte individuel doit mentionner chaque année la part de ces bénéfices attribuable à chacun des contrats souscrits ou exécutés en France et en Algérie et être adressé aux assurés.

Jusqu'à concurrence du montant des réserves mathématiques et de la réserve de garantie, ainsi que du montant des comptes spécifiés à l'alinéa précédent, l'actif des entreprises françaises est affecté au règlement des opérations d'assurances par un privilège qui prendra rang après le § 6 de l'article 2101 du Code civil.

Pour les entreprises étrangères, les valeurs représentant la portion d'actif correspondante doivent, à l'exception des immeubles, faire l'objet d'un dépôt à la Caisse des dépôts et consignations, dans les conditions prévues à l'article 9, paragraphe 6. Le seul fait de ce dépôt confère privilège aux assurés, sur lesdites valeurs, pour les contrats souscrits ou exécutés en France et en Algérie.

ART. 8. — Un règlement d'administration publique, rendu sur la proposition des ministres du Commerce et des Finances, détermine les biens mobiliers et immobiliers en lesquels devra être effectué le placement de l'actif des entreprises françaises et, pour les entreprises étrangères, de la portion d'actif afférente aux contrats souscrits ou exécutés en France et en Algérie, ainsi que le mode d'évaluation annuelle des différentes catégories de placements et les garanties à présenter pour les valeurs qui ne pourraient avoir la forme nominative.

Les entreprises sont tenues de produire au ministre, dans les formes et délais qu'il prescrit après avis du comité consultatif, des états périodiques des modifications survenues dans la composition de leur actif.

ART. 9. — Des décrets rendus après avis du comité consultatif des assurances sur la vie prévu à l'article ci-après déterminent :

1° Les pièces et justifications à produire à l'appui des demandes d'enregistrement, ainsi que le montant du dépôt préalable à effectuer à la Caisse des dépôts et consignations par les différentes catégories d'entreprises et les conditions de réalisation et de restitution dudit dépôt ;

2° Le délai passé lequel cessera d'être valable l'enregistrement d'une entreprise qui n'aurait pas commencé à fonctionner ;

3° Le maximum des dépenses de premier établissement pour les différentes espèces d'entreprises françaises et le délai d'amortissement desdites dépenses ;

4° La fixation, pour chaque catégorie d'entreprises, de la réserve de garantie ;

5° Les différentes tables de mortalité, le taux d'intérêt et les chargements d'après lesquels doivent être calculées au minimum les primes ou cotisations des opérations à réaliser ainsi que les réserves mathématiques. Publication de ces fixations est effectuée au *Journal officiel* au moins six mois avant le début du premier exercice auquel elles doivent s'appliquer ;

6° Les conditions de dépôt et de retrait des valeurs représentant, pour les entreprises étrangères, la portion d'actif visée à l'article 7 ;

7° Les conditions dans lesquelles doivent être gérées les entreprises à forme tontinière ;

8° Les conditions dans lesquelles les entreprises sont tenues d'inscrire sur des registres spéciaux les contrats souscrits ou exécutés en France et en Algérie ;

9° Les conditions dans lesquelles doivent fonctionner les entreprises de gestion d'assurances sur la vie, et suivant lesquelles peuvent être perçus les frais de gestion dans les limites d'un maximum fixé. Ces entreprises doivent déposer à la Caisse des dépôts et consignations un capital de garantie de cent mille francs (100,000 fr.). Elles ne peuvent valablement se faire attribuer la gestion pour une période initiale de plus de vingt ans, à l'expiration de laquelle leur mandat ne pourra être renouvelé pour des périodes de plus de dix ans. Chaque renouvellement ne pourra être effectué qu'un an avant l'expiration de la période en cours.

TITRE III

SURVEILLANCE ET CONTROLE

ART. 10. — Il est constitué auprès du ministre du Commerce un comité consultatif des assurances sur la vie, composé de vingt et un membres, savoir : deux sénateurs et trois députés élus par leurs collègues, le directeur de l'assurance et de la prévoyance sociales au ministère du Commerce, le directeur général de la Caisse des dépôts et consignations, un représentant du ministre des Finances, trois membres agrégés de l'institut des actuaires français, le président de la chambre de commerce ou un membre de la chambre délégué par lui, un professeur de la faculté de droit de Paris, deux directeurs ou administrateurs de sociétés d'assurances à forme mutuelle ou à forme tontinière, deux directeurs ou administrateurs de sociétés anonymes ou en commandite d'assurances, quatre personnes spécialement compétentes en matière d'assurances sur la vie.

Un décret détermine le mode de nomination et de renouvellement des membres, ainsi que la désignation du président, du vice-président et du secrétaire.

Le comité doit être consulté au sujet des demandes d'enregistrement prévues par l'article 2, et dans les autres cas prévus par la présente loi. Il peut être saisi par le ministre de toutes autres questions relatives à l'application de la loi.

La présence de neuf membres au moins est nécessaire pour la validité de ses délibérations, dans les cas spécifiés au troisième alinéa de l'art. 6, à l'art. 18 et à l'art. 21.

ART. 11. — Toute entreprise est tenue : 1º de publier en langue française un compte rendu annuel de toutes ses opérations, avec états et tableaux annexes; 2º de produire ledit compte rendu au ministre du commerce et de le déposer aux greffes des tribunaux civils et des tribunaux de commerce, tant du département de la Seine que du siège social ; 3º de le livrer à tout assuré ou associé qui en fait la demande, moyennant le payement d'une somme qui ne peut excéder un franc (1 fr.) ; 4º de publier annuellement et à ses frais au *Journal officiel* un compte rendu sommaire comprenant : le compte général des profits et pertes, la balance générale des écritures et le mouvement général des opérations en cours.

Des arrêtés ministériels pris après avis du comité consultatif des assurances sur la vie déterminent, au moins trois mois avant le début de l'exercice, les modèles des états et tableaux à annexer au compte rendu publié, la date de production et de dépôt du compte rendu, la forme et le délai de la publication prescrite au *Journal officiel*.

Les entreprises doivent en outre communiquer au ministre, à toute époque et dans les formes et délais qu'il détermine, tous les documents et éclaircissements qui lui paraissent nécessaires.

Elles sont soumises à la surveillance de commissaires contrôleurs assermentés qui seront recrutés dans les conditions déterminées par décrets, après avis du comité consultatif des assurances sur la vie, et qui pourront à toute époque vérifier sur place toutes les opérations indépendamment de toutes personnes exceptionnellement déléguées par le ministre à cet effet.

Art. 12. — Les entreprises étrangères doivent, en ce qui concerne les opérations régies par la présente loi, avoir en France et en Algérie un siège spécial et une comptabilité spéciale pour tous les contrats souscrits ou exécutés en France et en Algérie et accréditer auprès du ministre du Commerce un agent préposé à la direction de toutes ces opérations. Cet agent doit être domicilié en France; il représente seul l'entreprise auprès du ministre, vis-à-vis des titulaires de contrats souscrits en France et en Algérie et devant les tribunaux. Il doit justifier au préalable de pouvoirs statutaires suffisants pour la gestion directe de l'entreprise en France et en Algérie, notamment pour la signature des polices, avenants, quittances et autres pièces relatives aux opérations réalisées.

Toute entreprise est tenue de produire au ministre du Commerce, dans le délai qu'il détermine, la traduction en langue française, certifiée conforme, des documents en langue étrangère se rapportant à ses opérations et pour lesquels cette traduction est requise.

Les conditions générales et particulières des polices, les avenants et autres documents se rapportant à l'exécution des contrats doivent être rédigés ou traduits en langue française. Dans ce dernier cas, le texte français fait seul foi à l'égard des assurés français.

Art. 13. — Le ministre du Commerce présente, chaque année, au Président de la République et fait publier au *Journal officiel* un rapport d'ensemble sur le fonctionnement de la présente loi et sur la situation de toutes les entreprises qu'elle régit.

Les frais de toute nature résultant de la surveillance et du contrôle sont à la charge des entreprises. Un arrêté ministériel fixe, à la fin de chaque exercice, la répartition de ces frais entre les entreprises, au prorata du montant global des primes et des cotisations de toute nature encaissées par elles au cours de l'exercice, exception faite des opérations réalisées hors de France et d'Algérie par les entreprises étrangères, et sans que la contribution de chacune des entreprises puisse dépasser un pour mille (1 p. 1000) dudit montant.

Il y joint le compte détaillé des recettes et dépenses afférentes à la surveillance et au contrôle des entreprises.

TITRE IV

PÉNALITÉS

Art. 14. — Les entreprises sont passibles, de plein droit et sans aucune mise en demeure, d'amendes administratives, recouvrées comme en matière d'enregistrement, à la requête du ministre du commerce, savoir:

1° D'une amende de vingt francs (20 fr.) par jour pour retard apporté à chacune des productions visées par le troisième alinéa de l'art. 11 et le deuxième alinéa de l'art. 12 ;

2° D'une amende de cent francs (100 fr.) par jour pour retard apporté à chacune des productions ou publications visées par le deuxième alinéa de l'art. 6, les paragraphes 1er, 2 et 4 de l'art. 11.

Art. 15. — Les contraventions aux dispositions des premier et troisième alinéas de l'art. 6, aux premier et troisième alinéas de l'art. 7, à l'art. 8, à l'art. 20, à l'art. 21, ainsi qu'au règlement d'administration publique prévu par l'art. 8 et aux décrets prévus par les paragraphes 3 à 8 de l'art. 9, sont constatées par procès-verbaux des commissaires contrôleurs, qui font foi jusqu'à preuve contraire sans préjudice des constatations et poursuites de droit commun ; elles sont poursuivies devant le tribunal correctionnel à la requête du ministère public et punies d'une amende de cent francs (100 fr.) à cinq mille francs (5.000 fr.), et, en cas de récidive, de cinq cents francs (500 fr.) à dix mille francs (10.000 fr.).

Art. 16. — Sont poursuivies devant le tribunal correctionnel et passibles d'une amende de seize francs (16 fr.) à cent francs (100 fr.), toute personne qui aurait proposé ou fait souscrire des polices d'assurances, et notamment chacun des administrateurs ou directeurs d'entreprises, qui réalisent des opérations visées par la présente loi avant la publication au *Journal officiel* de l'enregistrement prévu à l'art. 2, ou qui effectuent des opérations nouvelles après la publication du décret prévu par l'art. 18 ou après le refus d'enregistrement prévu par l'art. 19.

L'amende est prononcée pour chacune des opérations réalisées par le contrevenant, qui peut être, en outre, en cas de récidive, condamné à un emprisonnement d'un mois au plus.

Sous les mêmes peines, les prospectus, affiches, circulaires et tous autres documents destinés à être distribués au public ou publiés par une entreprise assujettie à la présente loi, doivent toujours porter, à la suite du nom ou de la raison sociale de l'entreprise, la mention ci-après, en caractères uniformes : « Entreprise privée, assujettie au contrôle de l'État », sans renfermer aucune assertion susceptible d'induire en erreur soit sur la véritable nature ou l'importance réelle des opérations, soit sur la portée du contrôle.

Toute déclaration ou dissimulation frauduleuse, soit dans les comptes rendus, soit dans tous autres documents produits au ministre du Commerce ou portés à la connaissance du public, est punie des peines prévues par l'art. 405 du Code pénal.

L'art. 463 du Code pénal est applicable à tous les faits punis par le présent article et l'article précédent.

Art. 17. — Les jugements prononcés contre les entreprises ou leurs représentants, en exécution de l'article précédent et de l'art. 15, doivent être publiés, aux frais des condamnés ou des entreprises civilement responsables, dans le *Journal officiel* et dans deux autres journaux au moins, désignés par le tribunal.

Art. 18. — L'enregistrement d'une entreprise, effectué en vertu de l'art. 2 de la présente loi, cesse d'être valable dès qu'un décret constate que l'entreprise ne fonctionne plus en conformité soit de ses statuts, soit de la présente loi ou des décrets et arrêtés qu'elle prévoit. Ce décret est rendu après avis conforme du comité consultatif des assurances sur la vie, les représentants de l'entreprise ayant été mis en demeure de fournir leurs observations par écrit ou d'être entendus dans un délai d'un mois sur communication des irrégularités relevées contre l'entreprise. Le comité doit émettre son avis motivé dans le mois suivant.

Dans un délai de huitaine, à compter de la notification du décret, l'entreprise peut se pourvoir pour excès de pouvoir devant le Conseil d'État, qui doit statuer dans le mois. Ce pourvoi est suspensif. La publication du décret au *Journal officiel* ne pourra être faite qu'après le rejet du pourvoi par le Conseil d'État.

TITRE V

DISPOSITIONS TRANSITOIRES

ART. 19. — Les entreprises françaises ou étrangères soumises à la présente loi et opérant en France ou en Algérie à l'époque de sa promulgation sont tenues de se conformer immédiatement à ses dispositions, et notamment de demander l'enregistrement spécifié à l'art. 2, dans un délai de deux mois à compter de la promulgation des règlements d'administration publique prévus par les art. 8 et 22, ainsi que des décrets prévus par l'art. 9.

Elles peuvent toutefois continuer provisoirement leurs opérations jusqu'à ce que solution soit donnée à cette demande.

ART. 20. — Les entreprises françaises régulièrement autorisées en vertu de la législation en vigueur pourront, après obtention de l'enregistrement spécifié à l'art. 2, modifier, sans autorisation du Gouvernement, leurs statuts approuvés, à la charge de se conformer à la législation sur les sociétés.

Par dérogation à l'art. 5 ci-dessus, elles ne seront pas tenues d'élever leur capital social au minimum spécifié audit article.

Elles pourront, d'autre part, si elles obtiennent l'enregistrement prévu à l'article précédent, conserver les placements antérieurement effectués par elles en conformité de leurs statuts, sans tenir compte des limitations imposées par le règlement d'administration publique prévu à l'art. 8, sous réserve de ne plus effectuer, à compter de sa promulgation, aucun placement dans les catégories pour lesquelles les limites fixées seront atteintes ou dépassées, et ce, jusqu'à ce que la proportion réglementaire soit rétablie.

Toutefois, l'emploi en placements sur première hypothèque, pour la moitié au plus de la valeur estimative, pourra, pendant une période maximum de vingt-cinq ans, être renouvelé pour une somme égale à celle que lesdites entreprises consacraient à cet emploi antérieurement au 1er juillet 1904.

ART. 21. — Pour chacune des entreprises enregistrées par application de l'art. 19, un arrêté ministériel, pris sur avis conforme du comité consultatif des assurances sur la vie, fixe dans les conditions spécifiées à l'avant-dernier alinéa de l'art. 6, les bases du calcul des réserves mathématiques des opérations réalisées antérieurement à la mise en vigueur du décret prévu par le paragraphe 5 de l'art. 9.

ART. 22. — Est abrogé le premier alinéa de l'art. 66 de la loi du 24 juillet 1867, ainsi que toutes autres dispositions relatives aux tontines et aux sociétés d'assurances sur la vie.

Un règlement d'administration publique déterminera les conditions dans lesquelles pourront être constituées les sociétés d'assurances sur la vie à forme mutuelle ou tontinière.

ART. 23. — La présente loi est applicable à l'Algérie et aux colonies de la Réunion, la Martinique, la Guadeloupe, la Guyane, l'Inde française et la Nouvelle-Calédonie.

La présente loi, délibérée et adoptée par le Sénat et par la Chambre des députés, sera exécutée comme loi de l'État.

DÉCRETS DES 20 JANVIER, 12 MAI ET 22 JUIN 1906

RELATIFS AUX ENTREPRISES D'ASSURANCES SUR LA VIE[1]

1° DÉCRET DU 20 JANVIER 1906
RELATIF A LA DÉCHÉANCE D'ENREGISTREMENT

ARTICLE PREMIER. — L'enregistrement prévu à l'art. 2 de la loi du 17 mars 1905 cesse d'être valable si l'entreprise n'a pas commencé à fonctionner dans le délai d'un an à partir de la publication de l'enregistrement au *Journal officiel*.

ART. 2. — Toute entreprise qui, avant l'expiration dudit délai, n'a pas justifié de ce fonctionnement, est de plein droit déchue du bénéfice de l'enregistrement et ne pourra réaliser d'opérations qu'après un enregistrement nouveau. Le ministère du Commerce fait mentionner cette déchéance au *Journal officiel*.

2° DÉCRET DU 22 JUIN 1906
RELATIF A L'ENREGISTREMENT

ARTICLE PREMIER. — Les demandes d'enregistrement visées aux articles 2 et 19 de la loi du 17 mars 1905 ne sont recevables que si elles sont dûment appuyées des pièces et justifications ci-après ;

1° Le récépissé du dépôt préalable à la Caisse des dépôts et consignations de la somme fixée ci-après ;

---

1. Ces décrets ont été rendus en exécution de l'art. 9 de la loi du 17 mars 1905.

2° Un original ou une expédition de l'acte constitutif de l'entre·prise ;

3° Le texte intégral des statuts ;

4° Le tarif complet des primes brutes ou cotisations, des primes pures, et s'il y a lieu, des primes d'inventaire, afférentes à toutes les opérations de l'entreprise ;

5° S'il s'agit d'opérations tontinières, les tarifs et barèmes y afférents ;

6° Une note technique exposant le mode d'établissement des tarifs et barèmes et les bases du calcul des diverses catégories de primes ou cotisations.

ART. 2. — Les entreprises visées à l'article 19 de la loi du 17 mars 1905 doivent produire en outre :

1° L'indication du régime légal sous lequel fonctionne l'entreprise ;

2° Les tarifs et barèmes se rapportant aux opérations réalisées antérieurement à l'enregistrement, accompagnés d'une note technique explicative, comme il est spécifié aux numéros 4°, 5° et 6° du précédent article ;

3° La justification sommaire que l'entreprise possède, à raison de ses contrats et des tarifs en vigueur avant l'enregistrement, des réserves mathématiques égales à la différence entre les valeurs des engagements respectivement pris par elle et par les assurés.

ART. 3. — Les entreprises étrangères doivent produire, indépendamment des pièces et justifications respectivement prévues ci-dessus :

1° Les certificats de coutume, attestations et documents nécessaires pour établir la régularité juridique de la Société dans son pays d'origine ;

2° L'indication du siège de l'entreprise pour les opérations visées aux articles 12 et 23 de la loi du 17 mars 1905 ;

3° L'acte d'accréditation auprès du ministre du Commerce d'un agent spécialement préposé à la direction desdites opérations.

ART. 4. — Le dépôt que les entreprises doivent préalablement effectuer à la Caisse des dépôts et consignations est égal :

1° Pour les Sociétés françaises à forme mutuelle ou tontinière, au quart du fonds de premier établissement, sans toutefois pouvoir être inférieur à 50.000 francs, ni supérieur à 500.000 francs ;

2° Pour toutes les autres entreprises, françaises ou étrangères, à 500.000 francs.

ART. 5. — Le dépôt est constitué soit en espèces, soit en valeurs de l'État ou jouissant d'une garantie de l'État, en obligations négociables et entièrement libérées des départements, des communes et des chambres de commerce, ou en obligations foncières et communales du Crédit foncier.

Les valeurs sont estimées au cours moyen de la Bourse de Paris de la veille du jour du dépôt, et, à défaut de cours à cette date, à celui de la précédente cote.

ART. 6. — Le dépôt est restitué aux entreprises sur décision du ministre du Commerce et dans les dix jours de la notification de cette décision.

Cette notification doit être adressée à l'entreprise et à la Caisse des dépôts et consignations :

1° Au cas d'enregistrement, dans le mois qui suit la mention de l'enregistrement au *Journal officiel* ;

2° Au cas de refus d'enregistrement, dans le mois qui suit, soit l'acquiescement de l'entreprise au refus, soit le rejet de son recours pour excès de pouvoir devant le Conseil d'Etat.

3° DÉCRET DU 12 MAI 1906 RELATIF A LA CONSTITUTION DES SOCIÉTÉS D'ASSURANCES-VIE A FORME MUTUELLE OU TONTINIÈRE

TITRE PREMIER

DISPOSITIONS GÉNÉRALES

ARTICLE PREMIER. — Les sociétés à forme mutuelle ou tontinière contractant des engagements dont l'exécution dépend de la durée de la vie humaine peuvent se former soit par un acte authentique, soit par un acte sous seing privé, fait en double original quel que soit le nombre des signataires à l'acte.

ART. 2. — Les projets des statuts doivent : 1° indiquer l'objet, la durée, le siège, la dénomination de la société ; 2° déterminer le montant du fonds de premier établissement ; 3° fixer le nombre d'adhérents et le minimum de valeurs de contrats au-dessous desquels la société ne peut être valablement constituée, ainsi que la quote-part des premières cotisations qui devra être versée avant la constitution de la société ;

Art. 3. — Le texte entier des projets de statuts doit être inscrit sur toute liste destinée à recevoir les adhésions.

Art. 4. — Lorsque le nombre des adhérents et le minimum de valeurs de contrats, fixés par les projets de statuts, auront été réunis, les fondateurs de la société ou leurs fondés de pouvoirs le constatent par une déclaration devant notaire. A cette déclaration sont annexés : 1° la liste nominative dûment certifiée des adhérents, contenant leurs noms, prénoms, qualités et domiciles et le montant des contrats souscrits par chacun d'eux ; 2° l'un des doubles de l'acte de société, s'il est sous seing privé, ou une expédition s'il est notarié et s'il a été passé devant un notaire autre que celui qui reçoit la déclaration ; 3° l'état des versements effectués.

Art. 5. — La première assemblée générale, qui est convoquée à la diligence des fondateurs, vérifie la sincérité de la déclaration mentionnée à l'article précédent ; elle nomme les membres du conseil d'administration. Elle nomme également pour la première année les commissaires institués par l'art. 20 ci-après. Les membres du conseil d'administration ne peuvent être nommés pour plus de six ans ; ils sont rééligibles, sauf stipulation contraire. Toutefois, ils peuvent être désignés par les statuts, avec stipulation formelle que leur nomination ne sera pas soumise à l'assemblée générale ; dans ce cas, ils ne peuvent être nommés pour plus de trois ans.

La société n'est définitivement constituée qu'après l'acceptation des membres du conseil d'administration et des commissaires.

Art. 6. — Le compte des frais de premier établissement est apuré par le conseil d'administration et soumis à l'assemblée générale, qui l'arrête définitivement.

Art. 7. — Dans le mois de la constitution de la société, une expédition de la déclaration faite devant notaire et de ses annexes est déposée au greffe du tribunal civil de l'arrondissement dans lequel se trouve le siège de la société. A cette expédition est annexée une copie certifiée des délibérations prises par l'assemblée générale constitutive.

Art. 8. — Dans le même délai d'un mois, un extrait de l'acte constitutif et des pièces annexées est publié dans l'un des journaux qui se publient dans le lieu où siège le tribunal ou, s'il n'y en a pas, dans l'un de ceux publiés dans le département.

Art. 9. — L'extrait doit contenir la dénomination adoptée par la société, l'indication du siège social et la désignation des personnes autorisées à gérer, administrer et signer pour la société ; il indique le nombre d'adhérents et la valeur des contrats souscrits au-dessous desquels la société ne pouvait être valablement constituée, l'époque où la société a commencé, celle où elle doit finir et la date du dépôt fait en exécution de l'art. 7 ci-dessus. Il indique également si la société doit ou non constituer un fonds temporaire de garantie.

L'extrait des actes et pièces déposées est signé, pour les actes publics, par le notaire, et, pour les actes sous seing privé, par les membres du conseil d'administration.

ART. 10. — Tous actes et délibérations ayant pour objet la modification des statuts, la continuation de la société au delà du terme fixé par les statuts, la dissolution avant ce terme et tout changement à la dénomination de la société sont soumis aux mêmes formalités que les actes et délibérations relatifs à la formation de la société.

ART. 11. — Toute personne a le droit de prendre communication des pièces déposées au greffe du tribunal et de s'en faire délivrer à ses frais expédition ou extrait par le greffier ou par le notaire détenteur de la minute.

Toute personne peut également exiger qu'il lui soit délivré, au siège de la société, une copie certifiée des statuts, moyennant le paiement d'une somme qui ne pourra excéder 1 franc.

ART. 12. — Les sociétés ne peuvent traiter avec une entreprise de gestion que si les statuts l'ont explicitement prévu. Dans ce cas, les statuts doivent stipuler que les traités de gestion seront soumis à l'approbation préalable de l'assemblée générale, et que tous les documents destinés au public devront porter, immédiatement après la dénomination de la société, celle de l'entreprise chargée de sa gestion.

ART. 13. — Les statuts déterminent les pouvoirs du conseil d'administration, qui devra être composé de cinq membres au moins. Le conseil pourra, si les statuts l'y autorisent, déléguer une partie de ses pouvoirs à l'un de ses membres, ou à un directeur pris en dehors de son sein.

ART. 14. — Les membres du conseil d'administration doivent être pris parmi les adhérents remplissant les conditions exigées par les statuts et, notamment, ayant souscrit des contrats pour une valeur déterminée par ces statuts.

Pendant la durée de leurs fonctions, ils ne pourront ni résilier leurs contrats, ni en toucher les capitaux, ni en opérer la cession, à moins de les remplacer immédiatement par des contrats équivalents.

ART. 15. — Le conseil d'administration élit parmi ses membres un président, un vice-président et un secrétaire dont les fonctions durent un an. Ils sont rééligibles.

Le conseil d'administration se réunit au moins une fois par mois.

La présence de la moitié plus un des membres est nécessaire pour la validité des délibérations. Celles-ci sont prises à la majorité absolue des voix des membres du conseil. Le vote par procuration est interdit.

Art. 16. — Il est tenu chaque année au moins une assemblée générale, à l'époque fixée par les statuts. Les statuts déterminent le minimum de valeur des contrats qu'il est nécessaire d'avoir souscrit pour être admis à l'assemblée.

Les adhérents peuvent se faire représenter par un mandataire, membre lui-même de l'assemblée générale, sans que, toutefois, un même mandataire puisse disposer de plus de cinq voix.

Art. 17. — Les statuts indiquent les conditions dans lesquelles sont faites les convocations à l'assemblée générale ; ces convocations doivent être individuelles et précéder de vingt jours au moins la date fixée pour la tenue de l'assemblée.

Dans toutes les assemblées générales, il est tenu une feuille de présence. Elle contient les noms et domiciles des membres présents.

Cette feuille, certifiée par le bureau de l'assemblée et déposée au siège social, doit être communiquée à tout requérant.

Art. 18. — L'assemblée générale ne peut délibérer valablement que si elle réunit le quart au moins des membres ayant le droit d'y assister ; si elle ne réunit pas ce nombre, une nouvelle assemblée est convoquée dans les formes et avec les délais prescrits par les statuts, et elle délibère valablement, quel que soit le nombre des membres présents ou représentés.

Art. 19. — L'assemblée générale qui doit délibérer sur la nomination des membres du premier conseil d'administration et sur la sincérité de la déclaration faite, aux termes de l'art. 4, par les fondateurs, doit être composée de la moitié au moins des membres ayant le droit d'y assister.

Si l'assemblée générale ne réunit pas le nombre ci-dessus, elle ne peut prendre qu'une délibération provisoire ; dans ce cas, une nouvelle assemblée générale est convoquée. Deux avis, publiés à huit jours d'intervalle, au moins un mois à l'avance, dans l'un des journaux mentionnés à l'art. 8, font connaître aux adhérents les résolutions provisoires adoptées par la première assemblée, et ces résolutions deviennent définitives si elles sont approuvées par la nouvelle assemblée, composée du cinquième au moins des adhérents ayant le droit d'y assister.

Il sera procédé de même pour les assemblées qui ont à délibérer sur des modifications aux statuts ou sur des propositions de continuation de la société au delà du terme fixé pour sa durée, ou de dissolution avant ce terme.

Toute modification de statuts est portée à la connaissance des adhérents dans le premier récépissé de cotisation qui leur est délivré.

ART. 20. — L'assemblée générale annuelle désigne un ou plusieurs commissaires, adhérents ou non, chargés de faire un rapport à l'assemblée générale de l'année suivante sur la situation de la société, sur le bilan et sur les comptes présentés par l'administration.

La délibération contenant approbation du bilan et des comptes est nulle si elle n'a été précédée du rapport des commissaires.

A défaut de nomination des commissaires par l'assemblée générale, ou en cas d'empêchement ou de refus d'un ou de plusieurs d'entre eux, il est procédé à leur nomination ou à leur remplacement par ordonnance du président du tribunal de première instance du siège de la société, à la requête de tout intéressé, les membres du conseil d'administration dûment appelés.

ART. 21. — Pendant le trimestre qui précède l'époque fixée par les statuts pour la réunion de l'assemblée générale, les commissaires ont droit, toutes les fois qu'ils le jugent convenable dans l'intérêt de la société, de prendre communication des livres et d'examiner les opérations de la société. Ils peuvent toujours, en cas d'urgence, convoquer l'assemblée générale.

ART. 22. — Quinze jours au moins avant la réunion de l'assemblée générale, tout adhérent peut prendre ou faire prendre par un fondé de pouvoirs, au siège social, communication de l'inventaire et de la liste des membres composant l'assemblée générale, et se faire délivrer copie de ces documents.

ART. 23. — Les statuts déterminent le mode et les conditions générales suivant lesquels sont contractés les engagements entre la société et les adhérents.

TITRE II

DISPOSITIONS SPÉCIALES AUX SOCIÉTÉS
A FORME MUTUELLE

ART. 24. — Pour qu'une société à forme mutuelle puisse être valablement constituée, un nombre minimum de 500 contrats doit être souscrit sur des têtes distinctes pour un minimum de 500.000 francs de capitaux assurés ou de 50.000 francs de rentes viagères assurées.

ART. 25. — Les statuts déterminent le maximum du chargement à ajouter aux primes pures pour faire face : 1° aux frais d'administration de la société ; 2° à la constitution de la réserve de garantie ; 3° à l'amortissement du fonds de premier établissement et, s'il y a lieu, du fonds temporaire de garantie prévu à l'article suivant.

ART. 26. — Indépendamment du fonds de premier établissement, les statuts peuvent prévoir la constitution d'un fonds temporaire de garantie qui ne peut dépasser 1.500.000 francs et qui doit être intégralement amorti lorsque la réserve de garantie atteint ce chiffre. La portion amortie doit être chaque année au moins égale au chiffre atteint par la réserve de garantie lors de l'inventaire de l'exercice précédent.

ART. 27. — Les excédents réalisés au cours de chaque exercice, après acquittement intégral des charges sociales, appartiennent à l'ensemble des adhérents et leur profitent exclusivement.

Les statuts doivent spécifier le mode et les bases de répartition de ces excédents.

Les statuts doivent également prévoir le cas où l'actif de la société deviendrait insuffisant pour faire face à ses engagements et indiquer comment il serait procédé pour y pourvoir.

TITRE III

DISPOSITIONS SPÉCIALES AUX SOCIÉTÉS A FORME TONTINIÈRE

ART. 28. — Les associations en cas de survie ou en cas de décès que forment les sociétés à forme tontinière ne peuvent être valablement constituées que si elles comprennent au moins 100 membres.

ART. 29. — Aucune association en cas de survie ne peut avoir une durée inférieure à dix ans, ni supérieure à vingt-cinq ans, comptés à partir du 1er janvier de l'année au cours de laquelle elle a été ouverte.

La durée pendant laquelle une association en cas de survie demeure ouverte doit être inférieure d'au moins cinq ans à sa durée totale.

ART. 30. — Il est interdit aux sociétés à forme tontinière de garantir à leurs adhérents que la liquidation des associations dont ils font partie leur procurera une somme déterminée à l'avance.

ART. 31. — Leurs statuts doivent spécifier :

1° La cessation, en cas de décès du sociétaire, du versement des annuités que le souscripteur aurait encore à faire aux associations en cas de survie;

2° La réduction des droits acquis au bénéficiaire, s'il y a eu cessation des versements du souscripteur aux associations en cas de survie, sous la condition de justifier de l'existence du sociétaire et du paiement d'une fraction de la souscription totale, sans que les statuts puissent fixer cette fraction à plus des trois dixièmes;

3° Les bases de répartition pour les contrats ainsi réduits, avec exclusion ou non du partage des intérêts et bénéfices;

4° Les délais et les formes dans lesquels la société est tenue d'aviser les intéressés de l'expiration des associations en cas de survie;

5° Les délais pour la production des pièces et justifications réglementaires à l'appui des liquidations d'associations. ainsi que l'affectation des sommes non retirées par les ayants droit, dans un délai déterminé, à partir du 31 décembre de l'année pendant laquelle a eu lieu la répartition ;

6° L'affectation des fonds des associations en cas de survie, qui ne pourraient être liquidées par suite du décès ou de la forclusion de tous leurs membres, ainsi que des associations en cas de décès qui ne pourraient être liquidées par suite de l'absence ou de décès ;

7° Le mode de paiement des cotisations aux associations en cas de décès, qui devront être exigibles d'avance au début de chaque année, sauf la première, qui pourra être payée à l'échéance choisie par le souscripteur et qui devra alors être réduite d'un quart, de la moitié ou des trois quarts, selon que le versement de la cotisation aura lieu dans le deuxième, le troisième ou le quatrième trimestre de l'année ;

8° La quotité des prélèvements qui pourraient être affectés à la constitution d'une réserve en faveur des survivants des associations en cas de décès ;

9° Les conditions dans lesquelles le fonds de premier établissement sera versé, rémunéré et amorti, sans, d'autre part, pouvoir être augmenté ;

10° Les conditions dans lesquelles la société, en cas de dissolution ou de retrait d'enregistrement, pourra procéder à la liquidation par anticipation des associations en cours, en vertu d'une délibération spéciale de l'assemblée générale des souscripteurs et sous réserve du visa du ministre du Commerce.

DÉCRET DU 28 FÉVRIER 1899

(modifié par celui du 27 décembre 1906)

CONCERNANT LES SOCIÉTÉS D'ASSURANCES CONTRE LES ACCIDENTS DU TRAVAIL[1]

TITRE PREMIER

SOCIÉTÉS D'ASSURANCES MUTUELLES OU A PRIMES FIXES

CHAPITRE PREMIER

CAUTIONNEMENTS ET RÉSERVES

ARTICLE PREMIER. — Toutes les sociétés qui pratiquent, dans les termes de la loi du 9 avril 1898, l'assurance mutuelle ou à primes fixes contre le risque des accidents de travail ayant entraîné la mort ou une incapacité permanente sont astreintes, pour ce risque, aux dispositions du présent titre.

ART. 2. — Indépendamment des garanties spécifiées aux art. 2 et 4 du décret du 22 janvier 1868 et de la réserve mathématique, les sociétés anonymes d'assurances françaises ou étrangères à primes fixes doivent justifier de la constitution préalable d'un cautionne-

---

1. Ce décret a été rendu en exécution de l'art. 27 de la loi de 9 avril 1898 sur les accidents du travail. Le texte actuel de cet article, modifié par une loi du 31 mars 1905, est ainsi conçu :

« Les compagnies d'assurances mutuelles ou à primes fixes contre les accidents, françaises ou étrangères, sont soumises à la surveillance et au contrôle de l'État et astreintes à constituer des réserves ou cautionnements dans les conditions déterminées par un règlement d'administration publique.

Le montant des réserves mathématiques et des cautionnements sera affecté par privilège au payement des pensions et indemnités.

Les syndicats de garantie seront soumis à la même surveillance et un règlement d'administration publique déterminera les conditions de leur création et de leur fonctionnement.

A toute époque, un arrêté du ministre du Commerce peut mettre fin aux opérations de l'assureur qui ne remplit pas les conditions prévues par la présente loi ou dont la situation financière ne donne pas des garanties suffisantes pour lui permettre de remplir ses engagements. Cet arrêté est pris après avis conforme du comité consultatif des assurances contre les accidents du travail, l'assureur ayant été mis en demeure de fournir ses observations par écrit dans un délai de quinzaine. Le comité doit émettre son avis dans la quinzaine suivante.

Le dixième jour, à midi, à compter de la publication de l'arrêté au *Journal*

ment fixé d'après des bases que détermine le ministre, sur l'avis du comité consultatif prévu à l'art. 16 ci-après, et affecté, par privilège, au payement des pensions et indemnités, conformément à l'art. 27 de la loi.

Art. 3. — Le cautionnement est constitué, dans les quinze jours de la notification de la décision du ministre, à la Caisse des dépôts et consignations, en valeurs énumérées au troisième paragraphe de l'art. 8 ci-dessous. Il est revisé chaque année. Les titres sont estimés au cours moyen de la Bourse de Paris au jour du dépôt.

Art. 4. — Le cautionnement est versé au lieu où la Société a son siège principal, dans les conditions déterminées par les lois et règlements en vigueur sur la consignation des valeurs mobilières.

Les intérêts des valeurs déposées peuvent être retirés par la société. Il en est de même, en cas de remboursement des titres avec primes ou lots, de la différence entre le prix de remboursement et le cours moyen à la Bourse de Paris, au jour fixé pour le remboursement, de la valeur sortie au tirage.

Le montant des remboursements, déduction faite de cette différence, doit être immédiatement remployé en achat de valeurs visées au troisième paragraphe de l'art. 8, sur l'ordre de la société, ou d'office en rentes sur l'État, si la société n'a pas donné d'ordres dans les quinze jours de la notification de remboursement faite, sous pli recommandé, par la Caisse des dépôts et consignations.

Il en est de même pour les fonds provenant d'aliénations de titres demandées par la société.

---

officiel, tous les contrats contre les risques régis par la présente loi cessent de plein droit d'avoir effet, les primes restant à payer où les primes payées d'avance n'étant acquises à l'assureur qu'en proportion de la période d'assurance réalisée, sauf stipulation contraire dans les polices.

Le comité consultatif des assurances contre les accidents du travail est composé de vingt-quatre membres, savoir : deux sénateurs et trois députés élus par leurs collègues ; le directeur du travail ; le directeur général de la Caisse des dépôts et consignations ; trois membres agrégés de l'Institut des actuaires français ; le président du tribunal de commerce de la Seine ou un président de section délégué par lui ; le président de la Chambre de commerce de Paris ou un membre délégué par lui ; deux ouvriers membres du conseil supérieur du travail ; un professeur de la faculté de droit de Paris ; deux directeurs ou administrateurs de sociétés mutuelles d'assurances contre les accidents du travail ou syndicats de garantie; deux directeurs ou administrateurs de sociétés anonymes ou en commandite d'assurances contre les accidents du travail; quatre personnes spécialement compétentes en matière d'assurances contre les accidents du travail. Un décret détermine le mode de nomination et de renouvellement des membres ainsi que la désignation du président, du vice-président et du secrétaire.

Les frais de toute nature résultant de la surveillance et du contrôle seront couverts au moyen de contributions proportionnelles au montant des réserves ou cautionnements et fixés annuellement pour chaque compagnie ou association par arrêté du ministre du Commerce. ●

ART. 5. — Les valeurs déposées ou les valeurs acquises en remploi de ces valeurs ne peuvent être retirées que : 1° dans le cas où le cautionnement exigible a été fixé, pour l'année courante, à un chiffre inférieur à celui de l'année précédente et jusqu'à concurrence de la différence ; 2° dans le cas où la société ayant versé à la Caisse nationale des retraites les capitaux constitutifs des rentes et indemnités assurées justifie qu'elle a complètement rempli toutes ses obligations Dans les deux cas, une décision du ministre du Commerce est nécessaire.

ART. 6. — Indépendamment des garanties spécifiées à l'art. 29 du décret du 22 janvier 1868, les sociétés d'assurances mutuelles sont soumises aux dispositions des art. 2, 3, 4 et 5 ci-dessus.

Toutefois le cautionnement qu'elles auront à verser est réduit de moitié pour celles de ces sociétés dont les statuts stipulent :

1° Que la société ne peut assurer que tout ou partie des risques prévus par l'art. 3 de la loi du 9 avril 1898 ;

2° Qu'elle assure exclusivement soit les ouvriers d'une seule profession, soit les ouvriers de professions appartenant à un même groupe d'industries, d'après une classification générale arrêtée à cet effet par le ministre du Commerce, après avis du Comité consultatif ;

3° Que le maximum de contribution annuelle dont chaque sociétaire est passible pour le payement des sinistres est au moins double de la prime totale fixée par son contrat pour l'assurance de tous les risques, et triple de la prime partielle déterminée par le ministre du Commerce, après avis du Comité consultatif, pour les mêmes professions et pour les risques définis à l'art. 23 de la loi

ART. 7. — Les sociétés anonymes d'assurances à primes fixes et les sociétés mutuelles d'assurances sont tenues de justifier, dès la deuxième année d'exploitation, de la constitution d'une *réserve mathématique* ayant pour minimum de valeur le montant des capitaux représentatifs des rentes et indemnités à servir à la suite d'accidents ayant entraîné la mort ou une incapacité permanente.

Les capitaux représentatifs sont calculés d'après un barème minimum déterminé par le ministre du Commerce, après avis du Comité consultatif.

ART. 8. — Le montant de la réserve mathématique est arrêté chaque année, la société entendue, par le ministre du Commerce et à l'époque qu'il détermine.

Cette réserve reste aux mains de la société. Elle ne peut être placée que dans les conditions suivantes :

1° Pour les deux tiers au moins de la fixation annuelle, en valeurs de l'État ou jouissant d'une garantie de l'État; en obligations négociables et entièrement libérées des départements, des communes et des chambres de commerce; en obligations foncières et communales du Crédit foncier;

2° Jusqu'à concurrence du tiers au plus de la fixation annuelle, en immeubles situés en France et en premières hypothèques sur ces immeubles, pour la moitié au maximum de leur valeur estimative;

3° Jusqu'à concurrence d'un dixième, confondu dans le tiers précédent, en commandites industrielles ou en prêts à des exploitations industrielles de solvabilité notoire.

Pour la fixation prévue au paragraphe 1er du présent article, les valeurs mobilières sont estimées à leur prix d'achat. Si leur valeur totale descend au-dessous de ces prix de plus d'un dixième, un arrêté du ministre du Commerce oblige la société à parfaire la différence en titres nouveaux, dans un délai qui ne peut être inférieur à deux ans ni supérieur à cinq ans.

Les immeubles sont estimés à leur prix d'achat ou de revient; les prêts hypothécaires, les commandites industrielles ou les prêts à des sociétés industrielles, aux prix établis par actes authentiques.

ART. 9. — Si les sociétés visées aux art. 2 et 6 ci-dessus ne font point elles-mêmes le service des rentes et indemnités attribuables aux termes de l'art. 3 de la loi du 9 avril 1898 pour les accidents ayant entraîné la mort ou une incapacité permanente de travail et si elles opèrent immédiatement le versement des capitaux constitutifs de ces rentes et indemnités à la Caisse nationale des retraites, il n'y a pas lieu pour elles à constitution de réserve mathématique.

Si ces sociétés versent seulement, dans les conditions susdésignées, une partie des capitaux constitutifs dont il s'agit, leur réserve mathématique est réduite proportionnellement.

CHAPITRE II

SURVEILLANCE ET CONTROLE

ART. 10. — Les sociétés visées à l'art. 1er qui assurent d'autres risques que celui résultant de l'application de la loi du 9 avril 1898 pour le cas de mort ou d'incapacité permanente ou qui assurent concurremment un risque analogue dans des pays étrangers doivent établir, pour les opérations se rattachant à ce risque en France, une gestion et une comptabilité absolument distinctes.

ART. 11. — Toutes les sociétés doivent communiquer immédiatement au ministre du Travail et de la Prévoyance sociale dix exem-

plaires de tous les règlements, tarifs, polices, prospectus et imprimés distribués ou utilisés par elles.

Les polices doivent :

1° Reproduire textuellement les art. 3, 9, 19 et 30 de la loi du
9 avril 1898, modifiée par celle du 31 mars 1905 ;

2° Spécifier qu'aucune clause de déchéance ne pourra être opposée
aux ouvriers créanciers ;

3° Stipuler que les contrats se trouveraient résiliés de plein droit
dans le cas et dans les conditions prévues par l'art. 27 de la loi du
9 avril 1898, modifié par la loi du 31 mars 1905.

ART. 12. — Les sociétés doivent produire au ministre du Commerce,
aux dates fixées par lui :

1° Le compte rendu détaillé annuel de leurs opérations, avec des
tableaux statistiques annexes dans les conditions déterminées par
arrêté ministériel, après avis du comité consultatif. Ce compte rendu
doit être délivré par les sociétés intéressées à toute personne qui en
fait la demande, moyennant payement d'une somme qui ne peut
excéder 1 franc ;

2° L'état des salaires assurés et l'état des rentes et indemnités correspondant au risque spécifié à l'art. 1er, ainsi que tous autres états
ou documents manuscrits que le ministre juge nécessaires à l'exercice du contrôle.

ART. 13. — Elles sont soumises à la surveillance permanente de
commissaires contrôleurs, sous l'autorité du ministre du Commerce,
et peuvent être en outre contrôlées par toute personne spécialement
déléguée à cet effet par le ministre.

ART. 14. — Les commissaires-contrôleurs sont recrutés, dans les
conditions déterminées par arrêté du ministre du Commerce, après
avis du comité consultatif.

Ils prêtent serment de ne pas divulguer les secrets commerciaux
dont ils auraient connaissance dans l'exercice de leurs fonctions.

Ils sont spécialement accrédités, pour les périodes fixées, auprès
des sociétés qu'ils ont pour mission de surveiller.

Ils vérifient, au siège des sociétés, l'état des assurés et des salaires
assurés, les contrats intervenus, les écritures et pièces comptables,
la caisse, le portefeuille, les calculs des réserves et tous les éléments
de contrôle propres, soit à établir les opérations dont résultent des
obligations pour les sociétés, soit à constater la régulière exécution
tant des statuts que des prescriptions contenues dans le décret du
22 janvier 1868, dans le présent décret et dans les arrêtés ministériels
qu'il prévoit.

Ils se bornent à ces vérifications et constatations, sans pouvoir donner aux sociétés aucune instruction ni apporter à leur fonctionnement aucune entrave.

Ils rendent compte au ministre du Commerce, qui seul prescrit, dans les formes et délais qu'il fixe, les redressements nécessaires.

ART. 15. — A l'aide des rapports de vérification et des contre-vérications auxquelles il peut faire procéder soit d'office, soit à la demande des sociétés intéressées, le ministre du Commerce présente chaque année au Président de la République un rapport d'ensemble établissant la situation de toutes les sociétés soumises à la surveillance.

Il adresse, le cas échéant, à chacune des sociétés les injonctions nécessaires et la met en demeure de s'y conformer.

ART. 16. — Le Comité consultatif des assurances contre les accidents du travail, institué auprès du ministre du Travail et de la Prévoyance sociale, doit être consulté dans les cas spécifiés par le présent décret et par les décrets du 28 février 1899, rendus pour l'exécution des art. 26 et 28 de la loi du 9 avril 1898. Il peut être saisi par le ministre de toutes autres questions relatives à l'application de ladite loi.

ART. 17. — Le décret du 22 janvier 1868 demeure applicable aux sociétés régies par le présent décret, en toutes celles de ses dispositions qui ne lui sont pas contraires.

ART. 18. — Dès que, après fixation du cautionnement, dans les conditions déterminées par les art. 2 et 6 ci-dessus, une société a effectué à la Caisse des dépôts et consignations le versement du montant de ce cautionnement, mention de cette formalité est faite au *Journal officiel* par les soins du ministre du Travail et de la Prévoyance sociale.

ART. 19. — Les sociétés étrangères doivent accréditer auprès du ministre du Commerce et de la Caisse des dépôts et consignations un agent spécialement préposé à la direction de toutes les opérations faites en France pour les assurances visées à l'art. 1er.

Cet agent représente seul la société auprès de l'Administration. Il doit être domicilié en France.

TITRE II

SYNDICATS DE GARANTIE

ART. 20. — Les syndicats de garantie prévus par la loi du 9 avril 1898 et par celle du 12 avril 1906 lient solidairement tous les adhérents pour le payement des rentes et indemnités attribuables en vertu de la même loi à la suite d'accidents ayant entraîné la mort ou une incapacité permanente.

La solidarité ne prend fin que lorsque le syndicat de garantie a liquidé entièrement ses opérations soit directement, soit en versant à la Caisse nationale des retraites l'intégralité des capitaux constitutifs des rentes et indemnités dues.

La liquidation peut être périodique.

ART. 21. — Le fonctionnement de chaque syndicat est réglé par des statuts qui doivent être soumis avant toute opération à l'approbation de l'autorité compétente.

Cette approbation est donnée par décret rendu en Conseil d'État, sur le rapport du ministre du Travail et de la Prévoyance sociale, au vu des adhésions souscrites et des pièces justifiant des conditions prévues tant par l'art. 6 de la loi du 12 avril 1906 que par l'art. 20 ci-dessus [1].

Toutefois, si les statuts sont conformes aux statuts-types annexés au décret du 27 décembre 1906, l'approbation est donnée par arrêté du ministre du Travail et de la Prévoyance sociale, au vu des mêmes justifications.

ART. 22. — Les syndicats de garantie sont tenus de communiquer immédiatement au ministre du Travail et de la Prévoyance sociale 10 exemplaires de leur règlement intérieur ou de ses modifications successives, de tous tarifs, tableaux de risques, actes d'adhésions, convocations, ordres du jour d'assemblées générales et généralement tous imprimés ou documents quelconques mis à la disposition des adhérents ou du public.

Ils doivent produire au ministre aux dates qu'il fixe : 1° Le compte rendu annuel des opérations; 2° l'état des adhérents et des salaires assurés, l'état des payements faits ou à faire en exécution de la loi et tous autres états et documents que le ministre juge utiles à l'exercice du contrôle.

---

1. L'art. 6 de la loi du 12 avril 1906 est ainsi conçu : « Les syndicats de garantie prévus à l'art. 24 de la loi du 9 avril 1898 doivent, qu'il s'agisse d'entreprises industrielles ou commerciales, comprendre au moins cinq mille ouvriers assurés et dix chefs d'entreprise adhérents, dont cinq ayant au moins trois cents ouvriers, ou bien deux mille ouvriers assurés et trois cents chefs d'entreprise adhérents, dont trente ayant au moins chacun trois ouvriers. Ces syndicats sont autorisés par décrets rendus en Conseil d'État, après avis du comité consultatif des assurances contre les accidents du travail. Ils peuvent être autorisés par arrêtés ministériels, lorsque leurs statuts sont conformes à des statuts-types approuvés par décret rendu en Conseil d'État, après avis du Comité susvisé. »

Ils sont soumis à la même surveillance que les sociétés d'assurances contre les accidents du travail.

Art. 23. — L'approbation visée à l'art. 21 ci-dessus peut être révoquée par décret du Conseil d'État en cas d'inexécution des dispositions de la loi, des décrets et arrêtés ou des statuts.

Art. 24. — Le décret ou l'arrêté portant révocation de l'autorisation détermine le mode de liquidation du syndicat et désigne un ou plusieurs liquidateurs.

En cas de révocation d'autorisation, comme dans le cas de dissolution volontaire, toutes les charges pouvant incomber au syndicat font immédiatement l'objet d'un inventaire soumis à l'approbation du ministre du Travail et de la Prévoyance sociale, qui peut prescrire la consignation des valeurs composant l'actif.

La liquidation s'opère par voie de versements en capitaux à la Caisse nationale des retraites. L'état de ces versements est apuré par le ministre du Travail et de la Prévoyance sociale, sous réserve des droits des tiers.

Art. 25. — Les contributions pour frais de surveillance sont fixées d'après le montant du cautionnement auquel serait astreinte une société d'assurance pour le même chiffre de salaires assurés.

Art. 26. — Le décret ou l'arrêté portant approbation des statuts est publié au *Journal officiel* de la République française, au *Bulletin des Lois*, et dans un journal du département du siège du syndicat. Il est enregistré, avec les statuts, aux greffes du tribunal de commerce et de la justice de paix du même siège.

Le décret portant révocation de l'approbation est publié dans les conditions susindiquées. Il en est fait mention sur les registres des greffes susvisés, en marge du décret ou de l'arrêté d'autorisation.

LOI DU 12 AVRIL 1906

SUR LES HABITATIONS A BON MARCHÉ[1]

ARTICLE PREMIER. — Il sera établi dans chaque département un ou plusieurs Comités de patronage des habitations à bon marché et de la prévoyance sociale. Ces Comités ont pour mission d'encourager toutes les manifestations de la prévoyance sociale, notamment la construction de maisons salubres et à bon marché, soit par des particuliers ou des sociétés en vue de les louer ou de les vendre à des personnes peu fortunées, notamment à des travailleurs vivant principalement de leur salaire, soit par les intéressés eux-mêmes pour leur usage personnel.

ART. 2. — Ces Comités sont institués par décret du Président de la République, après avis du Conseil général et du Conseil supérieur des habitations à bon marché. Le même décret détermine l'étendue de leur circonscription et fixe le nombre de leurs membres, dans la limite de neuf au moins et de douze au plus.

Le tiers des membres du Comité est nommé par le Conseil général, qui le choisit parmi les conseillers généraux, les maires et les membres des Chambres de commerce ou des Chambres consultatives des arts et manufactures de la circonscription du Comité.

Les deux autres tiers sont désignés, dans les conditions déterminées par un arrêté du ministre du Commerce, de l'Industrie et du Travail, pris après avis du Comité permanent du Conseil supérieur, visé à l'art. 14 de la présente loi, parmi les personnes spécialement versées dans les questions de prévoyance, d'hygiène, de construction et d'économie sociale.

Ces Comités ainsi constitués font leur règlement, qui est soumis à l'approbation du Préfet. Ils désignent leur président et leur secrétaire. Ce dernier peut être pris en dehors du Comité.

Ces Comités sont nommés pour trois ans.

---

1. Cette loi a abrogé les lois précédentes des 30 novembre 1894 et 31 mars 1896.

Leur mandat peut être renouvelé.

Art. 3. — Ces Comités peuvent recevoir des subventions de l'État, des départements et des communes, ainsi que des dons et legs, aux conditions prescrites par l'art. 910 du Code civil pour les établissements d'utilité publique.

Toutefois, ils ne peuvent posséder d'autres immeubles que celui qui est nécessaire à leurs réunions.

Ils peuvent faire des enquêtes, ouvrir des concours d'architecture, distribuer des prix d'ordre et de propreté, accorder des encouragements pécuniaires et, plus généralement, employer les moyens de nature à provoquer l'initiative en faveur de la construction et de l'amélioration des maisons à bon marché.

Dans le cas où ces Comités cesseraient d'exister, leur actif après liquidation pourra être dévolu, sur l'avis du Conseil supérieur institué à l'art. 14 ci-après, aux sociétés de construction des habitations à bon marché, aux associations de prévoyance et aux bureaux de bienfaisance de la circonscription.

Art. 4. — Le département doit subvenir aux frais de local et de bureau des Comités, ainsi qu'aux frais de déplacement nécessaires pour l'application de la présente loi, suivant le tarif et dans les conditions déterminées par le Conseil général. Il peut prendre à sa charge les jetons de présence qui seraient alloués, à titre d'indemnité de déplacement, aux membres des Comités n'habitant pas la localité où se tiendraient les réunions.

Art. 5. — Les avantages concédés par la présente loi s'appliquent aux maisons destinées à l'habitation collective lorsque la valeur locative réelle de chaque logement ne dépasse pas, au moment de la construction, le chiffre fixé, pour chaque commune, tous les cinq ans, par une commission siégeant au chef-lieu du département et composée d'un juge au tribunal civil, d'un conseiller général et d'un agent des contributions directes, désignés par le préfet. Les maires seront admis à présenter verbalement ou par écrit leurs observations sur la fixation de cette valeur locative, dans leurs communes respectives.

Ce chiffre ne peut être supérieur aux maxima déterminés ci-après, ni inférieur de plus d'un quart aux dits maxima :

1° Communes au-dessous de 1.001 habitants. . . . . . . Fr.   140

2° Communes de 1.001 à 2.000 habitants   200

3° Communes de 2.001 à 5.000 habitants   225

4° Communes de 5.001 à 30.000 habitants et banlieue des communes de 30.001 à 200.000 habitants, dans un rayon de 10 kilomètres.   250

5° Communes de 30.001 à 200.000 habitants, banlieue des communes de 200.001 habitants et au-dessus dans un rayon de 15 kilomètres, et grande banlieue de Paris, c'est-à-dire communes dont la distance aux fortifications est supérieure à 15 kilomètres et n'excède pas 40 kilomètres . . . . Fr.   325

6° Petite banlieue de Paris, dans un rayon de 15 kilomètres.   400

7° Communes de 200.001 habitants et au-dessus   440

8° Ville de Paris.   550

Le bénéfice de la loi est acquis par cela seul que la destination principale de l'immeuble est d'être affecté à des habitations à bon marché. Toutefois, les exonérations d'impôts accordées par l'art. 9 de la présente loi ne s'appliqueront qu'aux parties de l'immeuble réellement occupées par des logements à bon marché.

Bénéficieront également des avantages de la loi les maisons individuelles, dont la valeur locative réelle ne dépassera pas de plus d'un cinquième le chiffre déterminé par la commission ci-dessus prévue. Seront considérés comme dépendances de la maison pour l'application de la loi, sauf en ce qui concerne l'exemption temporaire d'impôt foncier, les jardins d'une superficie de cinq ares au plus attenant aux constructions ou les jardins de dix ares au plus non attenant aux constructions et possédés dans la même localité par les mêmes propriétaires.

Pour l'application de la présente loi, la valeur locative des maisons ou logements sera déterminée par le prix de loyer porté dans les baux, augmenté, le cas échéant, du montant des charges autres que celles de salubrité (eau, vidange, etc.), et d'assurance contre l'incendie ou sur la vie. S'il n'existe pas de bail, la valeur locative des maisons individuelles sera fixée à 5,56 p. 100 du prix de revient réel de l'immeuble. Les propriétaires devront justifier de l'exactitude des bases d'évaluation par la production de tous documents utiles (baux, contrats, devis, mémoires, etc.). A défaut de justifications ou en cas de justifications insuffisantes, la valeur locative sera déterminée suivant les règles prévues par l'art. 12, paragraphe 3, de la loi du 15 juillet 1880.

Les comités de patronage certifieront la salubrité des maisons et logements qui doivent bénéficier des avantages de la loi. S'ils refusent ce certificat ou s'ils négligent de le délivrer dans les trois mois de la demande qui leur en sera faite, les intéressés pourront se pourvoir devant le ministre du Commerce, de l'Industrie et du Travail, qui statuera, après avis du Préfet et du Comité permanent. Ils pourront soumettre à l'approbation du ministre du Commerce, de l'Industrie et du Travail des règlements indiquant les conditions que devront remplir les constructions pour être agréées.

Art. 6. — Les bureaux de bienfaisance et d'assistance, les hospices et hôpitaux peuvent, avec l'autorisation du Préfet, employer une fraction de leur patrimoine, qui ne pourra excéder un cinquième, soit à la construction de maisons à bon marché, soit en prêts aux sociétés de constructions de maisons à bon marché et aux sociétés de crédit qui, ne construisant pas elles-mêmes, ont pour objet de faciliter l'achat, la construction ou l'assainissement de ces maisons, soit en obligations ou actions de ces sociétés, lesdites actions entièrement libérées et ne pouvant dépasser les deux tiers du capital social.

Les communes et les départements peuvent employer leurs ressources en prêts, en obligations ou, dans les conditions ci-dessus spécifiées, en actions, sous réserve : 1° que les maisons ne puissent être aliénées au-dessous du prix de revient, ni louées à des prix inférieurs à 4 p. 100 de ce prix; ce revenu sera considéré comme un revenu net de toutes charges et notamment de l'amortissement en trente années pour les maisons individuelles et en soixante années pour les maisons collectives; 2° que ces emplois de fonds soient préalablement approuvés par décision du ministre du Commerce, de l'Industrie et du Travail, après avis du Comité permanent du Conseil supérieur des habitations à bon marché, aux délibérations duquel participera, pour ces affaires, le directeur de l'Administration départementale et communale au ministère de l'Intérieur.

Sous réserve d'approbation dans les mêmes formes, les communes et les départements peuvent faire apport aux sociétés susvisées de terrains ou de constructions, pourvu que la valeur attribuée à ces apports ne soit pas inférieure à leur valeur réelle, établie par expertise.

Ils peuvent de même : 1° céder de gré à gré aux sociétés susvisées des terrains ou constructions, sans que le prix de cession puisse être inférieur à la moitié de leur valeur réelle établie par expertise; 2° garantir, jusqu'à concurrence de 3 p. 100 au maximum, le dividende des actions ou l'intérêt des obligations desdites sociétés pendant dix années au plus à compter de leur constitution.

La Caisse des dépôts et consignations reste autorisée à employer, jusqu'à concurrence du cinquième, le fonds de réserve et de garantie des Caisses d'épargne en obligations négociables des sociétés de construction et de crédit visées au présent article.

Art. 7. — La Caisse d'assurances en cas de décès, instituée par la loi du 11 juillet 1868, est autorisée à passer, avec les acquéreurs ou les constructeurs de maisons à bon marché, qui se libèrent du prix de leur habitation au moyen d'annuités, des contrats d'assurances temporaires ayant pour but de garantir, à la mort de l'assuré, si elle survient dans la période d'années déterminée, le payement de tout ou partie des annuités restant à échoir.

Le chiffre maximum du capital assuré est égal au prix de revient de l'habitation à bon marché. Si l'assurance est contractée au moyen d'une prime unique, dont le prêteur bénéficiaire fait l'avance à l'emprunteur, le chiffre maximum indiqué ci-dessus est augmenté de la prime unique nécessaire pour assurer à la fois ledit chiffre et cette dernière prime. La prime d'assurance sera versée directement à la Caisse nationale par le prêteur bénéficiaire lors de la souscription de l'assurance.

Tout signataire d'une proposition d'assurance faite dans les conditions du paragraphe 1er du présent article devra répondre aux questions et se soumettre aux constatations médicales qui lui seront prescrites par les polices. En cas de rejet de la proposition, la décision ne devra pas être motivée. L'assurance produira son effet dès la signature de la police.

La somme assurée sera, dans le cas du présent article, cessible en totalité dans les conditions fixées par les polices.

La durée du contrat devra être fixée de manière à ne reporter aucun payement éventuel de prime après l'âge de soixante-cinq ans.

ART. 8. — Lorsqu'une maison individuelle, construite dans les conditions édictées par la présente loi, figure dans une succession et que cette maison est occupée au moment du décès de l'acquéreur ou du constructeur par le défunt, son conjoint ou l'un de ses enfants, il est dérogé aux dispositions du Code civil, ainsi qu'il est dit ci-après :

1° Si le conjoint survivant est copropriétaire de la maison au moins pour moitié, et s'il l'habite au moment du décès, l'indivision peut, sur sa demande, être maintenue pendant cinq ans à partir du décès et continuer ensuite de cinq ans en cinq ans jusqu'à son propre décès.

Si la disposition de l'alinéa précédent n'est point appliquée et si le défunt laisse des descendants, l'indivision peut être maintenue, à la demande du conjoint ou de l'un de ses descendants, pendant cinq années à partir du décès.

Dans le cas où il se trouve des mineurs parmi les descendants, l'indivision peut être continuée pendant cinq années à partir de la majorité de l'aîné des mineurs, sans que sa durée totale puisse, à moins d'un consentement unanime, excéder dix ans.

Dans ces divers cas, le juge de paix prononce le maintien ou la continuation de l'indivision, après avis du conseil de famille, s'il y a lieu.

2° Chacun des héritiers et le conjoint survivant, s'il a un droit de copropriété, a la faculté de reprendre la maison sur estimation. Lorsque plusieurs intéressés veulent user de cette faculté, la préférence est accordée d'abord à celui que le défunt a désigné, puis à l'époux, s'il est copropriétaire pour moitié au moins. Toutes choses égales, la majorité des intéressés décide. A défaut de majorité, il est procédé par voie de tirage au sort. S'il y a contestation sur l'estimation de la maison, cette estimation est faite par le comité de patronage et homologuée par le juge de paix. Si l'attribution de la maison doit être faite par la majorité ou par le sort, les intéressés y procèdent sous la présidence du juge de paix, qui dresse procès-verbal des opérations.

Les dispositions du présent article sont applicables à toute maison, quelle que soit la date de sa construction, dont la valeur locative n'excédera pas les limites fixées par l'art. 5.

ART. 9. — Sont affranchies de la contribution foncière et de la contribution des portes et fenêtres, les maisons individuelles ou collectives destinées à être louées ou vendues et celles construites par les intéressés eux-mêmes, pourvu qu'elles remplissent les conditions prévues par l'art. 5. Cette exemption sera d'une durée de douze années à compter de l'achèvement de la maison. Elle cesserait de plein droit si, par suite de transformations ou d'agrandissements, l'immeuble perdait le caractère d'une habitation à bon marché et acquérait une valeur sensiblement supérieure au maximum légal.

Pour être admis à jouir du bénéfice de la présente loi, on devra produire, dans les formes et les délais fixés par l'art. 9, paragraphe 3, de la loi du 8 août 1890, une demande qui sera instruite et jugée comme les réclamations pour décharge et réduction de contributions directes. Cette demande pourra être formulée dans la déclaration exigée, par le même article de ladite loi, de tout propriétaire ayant l'intention d'élever une construction passible de l'impôt foncier.

Les parties des bâtiments dont il est question au présent article destinées à l'habitation personnelle donneront lieu, conformément à l'art. 2 de la loi du 4 août 1844, à l'augmentation du contingent départemental dans la contribution personnelle-mobilière, à raison du vingtième de leur valeur locative réelle, à dater de la troisième année de l'achèvement des bâtiments, comme si ces bâtiments ne jouissaient que de l'immunité ordinaire d'impôt foncier accordée par l'art. 88 de la loi du 3 frimaire an VII aux maisons nouvellement construites ou reconstruites.

Sont exemptées de la taxe établie par l'article premier de la loi du 20 février 1849, dans les termes de la loi du 14 décembre 1875 et par dérogation à l'art. 2 de la loi du 31 mars 1903, les sociétés, quelle qu'en soit la forme, qui ont pour objet exclusif la construction et la vente des maisons auxquelles s'applique la présente loi.

La taxe continuera à être perçue pour les maisons exploitées par la société ou mises en location par elle.

Art. 10. — Les actes constatant la vente des maisons individuelles à bon marché, construites par les bureaux de bienfaisance et d'assistance, hospices ou hôpitaux, les Caisses d'épargne, les Sociétés de construction ou par des particuliers, sont soumis aux droits de mutation établis par les lois en vigueur.

Toutefois, lorsque le prix aura été stipulé payable par annuités, la perception de ce droit pourra, sur la demande des parties, être effectuée en plusieurs fractions égales, sans que le nombre de ces fractions puisse excéder celui des annuités prévues au contrat ni être supérieur à cinq. Il sera justifié par un certificat du maire de la commune de la situation que l'immeuble a été reconnu exempt de l'impôt foncier, par application des art. 5 et 9, ou que, tout au moins, une demande d'exemption a été formée dans les conditions prévues par ces articles. Ce certificat sera délivré sans frais, en double original, dont l'un sera annexé au contrat de vente et l'autre déposé au bureau de l'enregistrement, lors de l'accomplissement de la formalité.

Le payement de la première fraction du droit aura lieu au moment où le contrat sera enregistré; les autres fractions seront exigibles d'année en année et seront acquittées dans le trimestre qui suivra l'échéance de chaque année, de manière que la totalité du droit soit acquittée dans l'espace de quatre ans et trois mois au maximum à partir du jour de l'enregistrement du contrat.

Si la demande d'exemption d'impôt foncier qui a motivé le fractionnement de la perception vient à être définitivement rejetée, les droits non encore acquittés seront immédiatement recouvrés.

Dans le cas où, par anticipation, l'acquéreur se libérerait entièrement du prix avant le payement intégral du droit, la portion restant due deviendrait exigible dans les trois mois du règlement définitif. Les droits seront dus solidairement par l'acquéreur et le vendeur.

L'enregistrement des actes visés au présent article sera effectué dans les délais fixés et, le cas échéant, sous les peines édictées par les lois en vigueur. Tout retard dans le payement de la seconde fraction ou des fractions subséquentes des droits rendra immédiatement exigible la totalité des sommes restant dues au Trésor. Si la vente est résolue avant le payement complet des droits, les termes acquittés ou échus depuis plus de trois mois demeureront acquis au Trésor; les autres tomberont en non-valeur.

La résolution volontaire ou judiciaire du contrat ne donnera ouverture qu'au droit fixe de trois francs (3 francs).

ART. 11. — Les actes nécessaires à la constitution et à la dissolution des associations de construction ou de crédit actuellement existantes ou à créer, telles qu'elles sont définies dans la présente loi, sont dispensés du timbre et enregistrés gratis, s'ils remplissent les conditions prévues par l'art. 68, paragraphe 3, n° 4, de la loi du 22 frimaire an VII. Les pouvoirs en vue de la représentation aux assemblées générales sont dispensés du timbre. Ces sociétés sont exonérées des droits de timbre pour leurs titres d'actions et d'obligations. Toutefois elles restent soumises au droit de timbre-quittance, établi par l'art. 18 de la loi du 23 août 1871.

ART. 12. — Les mêmes sociétés sont dispensées de toute patente et de l'impôt sur le revenu attribué aux actions, parts d'intérêts et obligations.

ART. 13. — Les sociétés ne seront admises au bénéfice de ces diverses faveurs qu'autant que leurs statuts approuvés par le ministre du Commerce, de l'Industrie et du Travail, sur les avis du Comité de patronage et du Conseil supérieur institué par l'art. 13, limiteront leurs dividendes annuels à un chiffre maximum. Toutefois ces avis ne seront pas nécessaires lorsque les statuts seront conformes aux statuts types arrêtés par le ministre du Commerce, de l'Industrie et du Travail, après avis du Comité permanent.

L'approbation pourra être retirée dans la même forme, s'il est établi après enquête que les sociétés font des opérations de construction ou de crédit sur des maisons qui ne répondent pas aux conditions prévues par la présente loi.

Les sociétés actuellement existantes jouiront, au même titre que celles qui se fonderont après la promulgation de la loi, des faveurs et immunités qu'elle concède, à la condition de modifier leurs statuts, le cas échéant, conformément à ses prescriptions.

ART. 14. — Il est constitué, auprès du ministre du Commerce, de l'Industrie et du Travail, un Conseil supérieur des habitations à bon marché auquel doivent être soumis tous les règlements à faire en vertu de la présente loi et, d'une façon générale, toutes les questions concernant les logements économiques.

Les Comités de patronage lui adresseront, chaque année, dans le courant de janvier, un rapport détaillé sur leurs travaux. Le Conseil supérieur en donnera le résumé, avec ses observations, dans un rapport d'ensemble adressé au Président de la République.

ART. 15. — Un règlement d'administration publique détermine les mesures propres à assurer l'application des dispositions qui précèdent, et notamment : 1° l'organisation et le fonctionnement du Conseil supérieur des habitations à bon marché et des Comités de patronage; 2° les dispositions que doivent contenir les statuts des sociétés de construction et de crédit, pour que ces sociétés puissent bénéficier des faveurs de la loi; 3° les conditions dans lesquelles la Caisse d'assurance en cas de décès peut organiser des assurances temporaires; 4° la procédure à suivre pour l'application de l'art. 8.

ART. 16. — Les emplois en valeurs locales autorisés par l'art. 10 de la loi du 20 juillet 1895 sont étendus : 1° aux actions des sociétés visées à l'art. 6, pourvu que les actions ainsi acquises soient entièrement libérées et ne puissent dépasser les deux tiers du capital social; 2° à des prêts hypothécaires, amortissables par annuités, au profit de particuliers désireux d'acquérir ou de construire des habitations à bon marché, dans les termes de la présente loi.

Les diverses facultés d'emplois de fonds prévues pour les habitations à bon marché par l'art. 10 de la loi du 20 juillet 1895 et par le présent article s'appliqueront dans les mêmes conditions : 1° pour les jardins ouvriers dont la contenance n'excédera pas dix ares; 2° pour l'établissement de bains-douches destinés aux personnes visées à l'art. 1er.

ART. 17. — La présente loi est applicable à l'Algérie.

ART. 18. — Les lois des 30 novembre 1894 et 31 mars 1896 sont abrogées.

Toutefois, elles restent applicables à toutes les habitations qui se trouvent actuellement en situation d'en bénéficier[1].

---

1. La loi du 12 avril 1906 a été suivie d'un règlement d'administration publique du 10 janvier 1907 qui en a considérablement élargi la portée.

Puis, une loi du 10 avril 1908, complétée par un décret du 14 août suivant, a étendu à tout terrain destiné à la culture dont la contenance n'excède pas un hectare les avantages accordés par la loi de 1906 aux maisons à bon marché et a prévu la constitution de sociétés de crédit immobilier appelées à recevoir, à un taux réduit, des avances de l'Etat.

Enfin, la loi du 19 mars 1910 (J. S. 1910, 332), qui a institué le crédit individuel à long terme en vue de faciliter l'acquisition, l'aménagement, la transformation et la reconstitution des petites exploitations rurales, a assimilé aux caisses régionales de crédit agricole les sociétés de crédit immobilier constituées en vertu de la loi du 10 avril 1908.

XI

LOI DU 5 NOVEMBRE 1894

RELATIVE A LA CRÉATION DE SOCIÉTÉS DE CRÉDIT AGRICOLE

ARTICLE PREMIER *(modifié par les lois des 14 janvier 1908, 18 février et 19 mars 1910).* — Des sociétés de crédit agricole peuvent être constituées, soit par la totalité ou par une partie des membres d'un ou de plusieurs syndicats professionnels agricoles, soit par la totalité ou une partie des membres d'une ou plusieurs sociétés d'assurances mutuelles agricoles régies par la loi du 4 juillet 1900 ; elles ont exclusivement pour objet de faciliter et même de garantir les opérations concernant la production agricole et effectuées par ces syndicats et ces sociétés d'assurances ou par des membres de ces syndicats ou de ces sociétés d'assurances, ainsi que par les sociétés coopératives agricoles constituées d'après les dispositions de la loi du 29 décembre 1906. Les sociétés de crédit agricole peuvent également consentir des prêts individuels à long terme destinés à faciliter l'acquisition, l'aménagement, la transformation et la reconstitution des petites exploitations rurales.

Ces sociétés peuvent recevoir des dépôts de fonds en comptes courants avec ou sans intérêts, se charger, relativement aux opérations concernant l'industrie agricole, des recouvrements et des paiements à faire pour les syndicats ou pour les membres de ces syndicats. Elles peuvent, notamment, contracter les emprunts nécessaires pour constituer ou augmenter leur fonds de roulement.

Le capital social ne peut être formé par des souscriptions d'actions. Il pourra être constitué à l'aide de souscriptions des membres de la société. Ces souscriptions formeront des parts qui pourront être de valeur inégale ; elles seront nominatives et ne seront transmissibles que par voie de cession aux membres des syndicats et avec l'agrément de la société.

La société ne pourra être constituée qu'après versement du quart du capital souscrit.

Dans le cas où la société serait constituée sous la forme de société à capital variable, le capital ne pourra être réduit, par les reprises des apports des sociétaires sortants, au-dessous du montant du capital de fondation.

ART. 2. — Les statuts détermineront le siège et le mode d'administration de la société de crédit, les conditions nécessaires à la modification de ces statuts et à la dissolution de la société, la composition du capital et la proportion dans laquelle chacun de ses membres contribuera à sa constitution.

Ils détermineront le maximum des dépôts à recevoir en comptes courants.

Ils règleront l'étendue et les conditions de la responsabilité qui incombera à chacun des sociétaires dans les engagements pris par la société.

Les sociétaires ne pourront être libérés de leurs engagements qu'après la liquidation des opérations contractées par la société antérieurement à leur sortie.

ART. 3. — Les statuts détermineront les prélèvements qui seront opérés au profit de la société sur les opérations faites par elle.

Les sommes résultant de ces prélèvements, après acquittement des frais généraux et paiement des intérêts des emprunts et du capital social, seront d'abord affectées, jusqu'à concurrence des trois quarts au moins, à la constitution d'un fonds de réserve, jusqu'à ce qu'il ait atteint au moins la moitié de ce capital.

Le surplus pourra être réparti, à la fin de chaque exercice, entre les syndicats et entre les membres des syndicats au prorata des prélèvements faits sur leurs opérations. Il ne pourra, en aucun cas, être partagé, sous forme de dividende, entre les membres de la société.

A la dissolution de la société, ce fonds de réserve et le reste de l'actif seront partagés entre les sociétaires, proportionnellement à leur souscription, à moins que les statuts n'en aient affecté l'emploi à une œuvre d'intérêt agricole.

ART. 4. — Les sociétés de crédit autorisées par la présente loi sont des sociétés commerciales, dont les livres doivent être tenus conformément aux prescriptions du Code de commerce.

Elles sont exemptes du droit de patente ainsi que de l'impôt sur les valeurs mobilières.

ART. 5. — Les conditions de publicité prescrites pour les sociétés commerciales ordinaires sont remplacées par les dispositions suivantes :

Avant toute opération, les statuts, avec la liste complète des administrateurs ou directeurs et des sociétaires, indiquant leurs nom, profession, domicile, et le montant de chaque souscription, seront déposés, en double exemplaire, au greffe de la justice de paix du canton où la société a son siège principal. Il en sera donné récépissé.

Un des exemplaires des statuts et de la liste des membres de la société sera, par les soins du juge de paix, déposé au greffe du tribunal de commerce de l'arrondissement.

Chaque année, dans la première quinzaine de février, le directeur ou un administrateur de la société déposera, en double exemplaire, au greffe de la justice de paix du canton, avec la liste des membres faisant partie de la société à cette date, le tableau sommaire des recettes et des dépenses, ainsi que des opérations effectuées dans l'année précédente. Un des exemplaires sera déposé par les soins du juge de paix au greffe du tribunal de commerce.

Les documents déposés au greffe de la justice de paix et du tribunal de commerce seront communiqués à tout requérant.

ART. 6 (*modifié par la loi du 20 juillet 1901*). — Les membres chargés de l'administration de la société seront personnellement responsables, en cas de violation des statuts ou des dispositions de la présente loi, du préjudice résultant de cette violation.

En outre, en cas de fausse déclaration relative aux statuts ou aux noms et qualités des administrateurs, des directeurs ou des sociétaires, ils pourront être poursuivis et punis d'une amende de 16 à 500 francs.

ART. 7. — La présente loi est applicable à l'Algérie et aux colonies.

LOI DU 31 MARS 1899

AYANT POUR BUT L'INSTITUTION DES CAISSES RÉGIONALES DE CRÉDIT AGRICOLE MUTUEL

ARTICLE PREMIER (*modifié par les lois des 29 décembre 1906 et 19 mars 1910*). — L'avance de quarante millions de francs (40.000.000 fr.) et la redevance annuelle à verser au Trésor par la Banque de France, en vertu de la convention du 31 octobre 1896, approuvée par la loi du 17 novembre 1897, sont mises à la disposition du Gouvernement, pour être attribuées, à titre d'avances sans intérêts, aux caisses régionales de crédit agricole mutuel qui seront constituées d'après les dispositions de la loi du 5 novembre 1894.

Le Gouvernement peut, en outre, prélever sur les redevances annuelles et remettre gratuitement auxdites caisses régionales des avances spéciales destinées aux sociétés coopératives agricoles et remboursables dans un délai maximum de 25 années.

Ces avances ne pourront dépasser le tiers des redevances versées annuellement par la Banque de France dans les caisses du Trésor, en vertu de la convention du 31 octobre 1896, approuvée par la loi du 17 novembre 1897.

Le Gouvernement peut également prélever sur les redevances annuelles et remettre gratuitement auxdites caisses régionales des avances spéciales pour faciliter les opérations prévues à l'art. 1er de la loi du 19 mars 1910. Ces avances complémentaires ne pourront excéder le double du capital social des caisses régionales et seront remboursables dans un délai maximum de 20 ans.

2. — Les caisses régionales ont pour but de faciliter les opérations concernant l'industrie agricole effectuées par les membres des sociétés locales de crédit agricole mutuel de leur circonscription et garanties par ces sociétés.

A cet effet, elles escomptent les effets souscrits par les membres des sociétés locales et endossés par ces sociétés.

Elles peuvent faire à ces sociétés les avances nécessaires pour la constitution de leurs fonds de roulement.

Toutes autres opérations leur sont interdites.

ART. 3 (*modifié par la loi du 25 décembre 1900*). — Le montant des avances faites aux caisses régionales ne pourra excéder le quadruple du montant du capital versé en espèces. Ces avances ne pourront être faites pour une durée de plus de cinq ans. Elles pourront être renouvelées. Elles deviendront immédiatement remboursables en cas de violation des statuts ou de modifications à ces statuts qui diminueraient les garanties de remboursement.

ART. 4 (*abrogé par la loi du 29 décembre 1906, art. 5*).

ART. 5. — Un décret, rendu sur l'avis de la Commission, fixera les moyens de contrôle et de surveillance à exercer sur les caisses régionales[1].

Les statuts de ces caisses devront être déposés au ministère de l'Agriculture.

Ces statuts indiqueront la circonscription territoriale des sociétés, la nature et l'étendue de leurs opérations et leur mode d'administration.

Ils détermineront la composition du capital social, la proportion dans laquelle chaque sociétaire pourra contribuer à sa constitution, ainsi que les conditions de retrait, s'il y a lieu, le nombre des parts dont les deux tiers au moins seront réservés de préférence aux sociétés locales, l'intérêt à allouer aux parts, lequel ne pourra dépasser cinq pour cent (5 p. 100) du capital versé, le maximum des dépôts à recevoir en comptes courants et le maximum des bons à émettre, lesquels réunis ne pourront excéder les trois quarts du montant des effets en portefeuille, les conditions et les règles applicables à la modification des statuts et à la liquidation de la société.

ART. 6. — Le ministre de l'Agriculture adressera, chaque année, au Président de la République, un compte rendu des opérations faites en exécution de la présente loi, lequel sera publié au *Journal officiel*[2].

---

1. Ce décret a été rendu le 6 mai 1900 et remplacé par un autre décret du 11 avril 1905.

2. Une loi du 29 décembre 1906, complétée par des décrets des 30 mai et 26 août 1907 (J. S. 1908, 31), a autorisé les caisses régionales à remettre, dans certaines conditions, des avances à long terme aux sociétés coopératives agricoles constituées conformément à ses prescriptions. Puis, la loi du 19 mars 1910, complétée elle-même par les décrets des 26 et 31 mars 1910, est venue couronner cette œuvre en reconnaissant aux caisses régionales le droit de consentir à leurs caisses locales des avances destinées à des prêts individuels à long terme en vue de faciliter les opérations visées par cette loi.

LOI DU 4 JUILLET 1900

RELATIVE A LA CONSTITUTION DES SOCIÉTÉS OU CAISSES D'ASSURANCES MUTUELLES AGRICOLES

ARTICLE UNIQUE. — Les sociétés ou caisses d'assurances mutuelles agricoles qui sont gérées et administrées gratuitement, qui n'ont en vue et qui, en fait, ne réalisent aucun bénéfice, sont affranchies des formalités prescrites par la loi du 24 juillet 1867 et le décret du 28 janvier 1868, relatifs aux sociétés d'assurances.

Elles pourront se constituer en se soumettant aux prescriptions de la loi du 21 mars 1884 sur les syndicats professionnels.

Les sociétés ou caisses d'assurances mutuelles agricoles ainsi créées seront exemptes de tous droits de timbre et d'enregistrement autres que le droit de timbre de 10 centimes prévu par le paragraphe 1er de l'article 18 de la loi des 23 et 25 août 1871.

LOI DU 23 AVRIL 1906

CRÉANT DES SOCIÉTÉS DE CRÉDIT MARITIME

ARTICLE PREMIER. — Des sociétés de crédit maritime peuvent être constituées par la totalité ou une partie des membres d'un ou plusieurs syndicats professionnels. Elles ont exclusivement pour objet de faciliter ou de garantir les opérations concernant les industries maritimes et effectuées par ces syndicats ou par des membres de ces syndicats. Ces sociétés peuvent recevoir des dépôts de fonds en comptes courants, avec ou sans intérêts, se charger, relativement aux opérations concernant les industries maritimes, des recouvrements et des paiements à faire pour les syndicats ou pour leurs membres. Elles peuvent notamment contracter des emprunts nécessaires pour constituer ou augmenter leurs fonds de roulement.

Le capital social ne peut être formé par des souscriptions d'actions. Il pourra être constitué à l'aide de souscriptions des membres de la société.

Ces souscriptions formeront des parts qui pourront être de valeur inégale; elles seront nominatives et ne seront transmissibles que par voie de cession et avec l'agrément de la société. A la dissolution de la société, le fonds de réserve et le reste de l'actif seront partagés entre les sociétaires proportionnellement à leur souscription, à moins que les statuts n'en aient affecté l'emploi à une œuvre d'intérêt maritime.

ART. 2. — Ces sociétés de crédit maritime seront soumises aux conditions et bénéficieront des avantages portés aux art. 1er (§§ 4 et 5), 2, 3 (§§ 1, 2 et 3), 4, 5, 6 (modifié par la loi du 20 juillet 1901) et (§ 1er) de la loi du 5 novembre 1894, relative à la création de sociétés de crédit agricole. Un décret fixera les moyens de contrôle et de surveillance à exercer par le ministre de la Marine sur ces sociétés[1].

---

1. Ce décret, rendu le 30 juillet 1906, a été remplacé par un autre décret du 4 novembre 1909 (J. S. 1910, 184).
V. sur les sociétés régionales de crédit maritime, les lois des 18 juin 1909 et 25 mars 1910 et les décrets du 4 novembre 1909 et 3 avril 1910 (J. S. 1909, 385, 1910, 184 et suiv.).

XV

LOI DU 1ᴱᴿ JUILLET 1901

RELATIVE AU CONTRAT D'ASSOCIATION

TITRE PREMIER

ARTICLE PREMIER. — L'association est la convention par laquelle deux ou plusieurs personnes mettent en commun d'une façon permanente leurs connaissances ou leur activité, dans un but autre que de partager des bénéfices. Elle est régie, quant à sa validité, par les principes généraux du droit applicables aux contrats et obligations.

ART. 2. — Les associations de personnes pourront se former librement sans autorisation ni déclaration préalable, mais elles ne jouiront de la capacité juridique que si elles se sont conformées aux dispositions de l'art. 5.

ART. 3. — Toute association fondée sur une cause ou en vue d'un objet illicite, contraire aux lois, aux bonnes mœurs, ou qui aurait pour but de porter atteinte à l'intégrité du territoire national et à la forme républicaine du gouvernement, est nulle et de nul effet.

ART. 4. — Tout membre d'une association qui n'est pas formée pour un temps déterminé peut s'en retirer en tout temps, après paiement des cotisations échues et de l'année courante, nonobstant toute clause contraire.

ART. 5. — Toute association qui voudra obtenir la capacité juridique prévue par l'art. 6 devra être rendue publique par les soins de ses fondateurs.

La déclaration préalable en sera faite à la préfecture du département ou à la sous-préfecture de l'arrondissement où l'association aura son siège social. Elle fera connaître le titre et l'objet de l'association, le siège de ses établissements et les noms, professions et domiciles de ceux qui, à un titre quelconque, sont chargés de son administration ou de sa direction. Il en sera donné récépissé.

Deux exemplaires des statuts seront joints à la déclaration.

Les associations sont tenues de faire connaître, dans les trois mois, tous les changements survenus dans leur administration ou direction, ainsi que toutes les modifications apportées à leurs statuts.

Ces modifications et changements ne sont opposables aux tiers qu'à partir du jour où ils auront été déclarés.

Ces modifications et changements seront, en outre, consignés sur un registre spécial qui devra être présenté aux autorités administratives ou judiciaires chaque fois qu'elles en feront la demande.

Art. 6. — Toute association régulièrement déclarée peut, sans aucune autorisation spéciale, ester en justice, acquérir à titre onéreux, posséder et administrer en dehors des subventions de l'État, des départements et des communes :

1° Les cotisations de ses membres ou les sommes au moyen desquelles ces cotisations ont été rédimées, ces sommes ne pouvant être supérieures à cinq cents francs (500 fr.) ;

2° Le local destiné à l'administration de l'association et à la réunion de ses membres ;

3° Les immeubles strictement nécessaires à l'accomplissement du but qu'elle se propose.

Art. 7. — En cas de nullité prévue par l'art. 3, la dissolution de l'association sera prononcée par le Tribunal civil, soit à la requête de tout intéressé, soit à la diligence du ministère public.

En cas d'infraction aux dispositions de l'art. 5, la dissolution pourra être prononcée à la requête de tout intéressé ou du ministère public.

Art. 8. — Seront punis d'une amende de seize à deux cents francs (16 à 200 fr.) et, en cas de récidive, d'une amende double, ceux qui auront contrevenu aux dispositions de l'art. 5.

Seront punis d'une amende de seize à cinq mille francs (16 à 5.000 fr.) et d'un emprisonnement de six jours à un an, les fondateurs, directeurs ou administrateurs de l'association qui se serait maintenue ou reconstituée illégalement après le jugement de dissolution.

Seront punies de la même peine toutes les personnes qui auront favorisé la réunion des membres de l'association dissoute, en consentant l'usage d'un local dont elles disposent.

Art. 9. — En cas de dissolution volontaire, statutaire ou prononcée par justice, les biens de l'association seront dévolus conformément aux statuts, ou, à défaut de disposition statutaire, suivant les règles déterminées en assemblée générale.

TITRE II

ART. 10. — Les associations peuvent être reconnues d'utilité publique par décrets rendus en la forme des règlements d'administration publique.

ART. 11. — Ces associations peuvent faire tous les actes de la vie civile qui ne sont pas interdits par leurs statuts, mais elles ne peuvent posséder ou acquérir d'autres immeubles que ceux nécessaires au but qu'elles se proposent. Toutes les valeurs mobilières d'une association doivent être placées en titres nominatifs.

Elles peuvent recevoir des dons et des legs dans les conditions prévues par l'art. 910 du Code civil et l'art. 5 de la loi du 4 février 1901. Les immeubles compris dans un acte de donation ou dans une disposition testamentaire qui ne seraient pas nécessaires au fonctionnement de l'association sont aliénés dans les délais et la forme prescrits par le décret ou l'arrêté qui autorise l'acceptation de la libéralité ; le prix en est versé à la caisse de l'association.

Elles ne peuvent accepter une donation mobilière ou immobilière avec réserve d'usufruit au profit du donateur.

ART. 12. — Les associations composées en majeure partie d'étrangers, celles ayant des administrateurs étrangers ou leur siège à l'étranger, et dont les agissements seraient de nature soit à fausser les conditions normales du marché des valeurs ou des marchandises, soit à menacer la sûreté intérieure ou extérieure de l'État, dans les conditions prévues par les art. 75 à 101 du Code pénal, pourront être dissoutes par décret du Président de la République, rendu en conseil des ministres.

Les fondateurs, directeurs ou administrateurs de l'association qui se serait maintenue ou reconstituée illégalement après le décret de dissolution seront punis des peines portées par l'art. 8. § 2.

TITRE III

ART. 13. — Aucune congrégation religieuse ne peut se former sans une autorisation donnée par une loi qui déterminera les conditions de son fonctionnement.

Elle ne pourra fonder aucun nouvel établissement qu'en vertu d'un décret rendu en Conseil d'État.

La dissolution de la congrégation ou la fermeture de tout établissement pourront être prononcées par décret rendu en conseil des ministres.

ART. 14. — Nul n'est admis à diriger, soit directement, soit par personne interposée, un établissement d'enseignement, de quelque ordre qu'il soit, ni à y donner l'enseignement, s'il appartient à une congrégation non autorisée.

Les contrevenants seront punis des peines prévues par l'art. 8, § 2. La fermeture de l'établissement pourra, en outre, être prononcée par le jugement de condamnation.

ART. 15. — Toute congrégation religieuse tient un état de ses recettes et dépenses ; elle dresse chaque année le compte financier de l'année écoulée et l'état inventorié de ses biens meubles et immeubles.

La liste complète de ses membres, mentionnant leur nom patronymique, ainsi que le nom sous lequel ils sont désignés dans la congrégation, leur nationalité, âge et lieu de naissance, la date de leur entrée, doit se trouver au siège de la congrégation.

Celle-ci est tenue de représenter sans déplacement, sur toute réquisition du préfet, à lui-même ou à son délégué, les comptes, états et listes ci-dessus indiqués.

Seront punis des peines portées au § 2 de l'art. 8 les représentants ou directeurs d'une congrégation qui auront fait des communications mensongères ou refusé d'obtempérer aux réquisitions du préfet dans le cas prévu par le présent article.

ART. 16. — Toute congrégation formée sans autorisation sera déclarée illicite.

Ceux qui en auront fait partie seront punis des peines édictées à l'art. 8, § 2.

La peine applicable aux fondateurs ou administrateurs sera portée au double.

ART. 17. — Sont nuls tous actes entre vifs ou testamentaires, à titre onéreux ou gratuit, accomplis soit directement, soit par personne interposée, ou toute autre voie indirecte, ayant pour objet de permettre aux associations légalement ou illégalement formées de se soustraire aux dispositions des art. 2, 6, 9, 11, 13, 14 et 16.

Sont également présumées personnes interposées au profit des congrégations religieuses, mais sous réserve de la preuve contraire :

1° Les associés à qui ont été consentis des ventes ou fait des dons ou legs, à moins, s'il s'agit de dons ou legs, que le bénéficiaire ne soit l'héritier en ligne directe du disposant ;

2° L'associé ou la société civile ou commerciale composée en tout ou partie de membres de la congrégation, propriétaire de tout immeuble occupé par l'association ;

3° Le propriétaire de tout immeuble occupé par l'association, après qu'elle aura été déclarée illicite.

La nullité pourra être prononcée soit à la diligence du ministère public, soit à la requête de tout intéressé.

ART. 18. — Les congrégations existantes au moment de la promulgation de la présente loi, qui n'auraient pas été antérieurement autorisées ou reconnues, devront, dans le délai de trois mois, justifier qu'elles ont fait les diligences nécessaires pour se conformer à ses prescriptions.

A défaut de cette justification, elles sont réputées dissoutes de plein droit. Il en sera de même des congrégations auxquelles l'autorisation aura été refusée.

La liquidation des biens détenus par elles aura lieu en justice. Le tribunal, à la requête du ministère public, nommera, pour y procéder, un liquidateur qui aura pendant toute la durée de la liquidation tous les pouvoirs d'un administrateur séquestre.

Le jugement ordonnant la liquidation sera rendu public dans la forme prescrite pour les annonces légales.

Les biens et valeurs appartenant aux membres de la congrégation antérieurement à leur entrée dans la congrégation, ou qui leur seraient échus depuis, soit par succession *ab intestat* en ligne directe ou collatérale, soit par donation ou legs en ligne directe, leur seront restitués.

Les dons et legs qui leur auraient été faits autrement qu'en ligne directe pourront être également revendiqués, mais à charge par les bénéficiaires de faire la preuve qu'ils n'ont pas été les personnes interposées prévues par l'art. 17.

Les biens et valeurs acquis à titre gratuit et qui n'auraient pas été spécialement affectés par l'acte de libéralité à une œuvre d'assistance pourront être revendiqués par le donateur, ses héritiers ou ayants droit, ou par les héritiers ou ayants droit du testateur, sans qu'il puisse leur être opposé aucune prescription pour le temps écoulé avant le jugement prononçant la liquidation.

Si les biens et valeurs ont été donnés ou légués en vue de gratifier non les congréganistes, mais de pourvoir à une œuvre d'assistance, ils ne pourront être revendiqués qu'à charge de pourvoir à l'accomplissement du but assigné à la libéralité.

Toute action en reprise ou revendication devra, à peine de forclusion, être formée contre le liquidateur dans le délai de six mois à partir de la publication du jugement. Les jugements rendus contradictoirement avec le liquidateur, et ayant acquis l'autorité de la chose jugée, sont opposables à tous les intéressés.

Passé le délai de six mois, le liquidateur procédera à la vente en justice de tous les immeubles qui n'auraient pas été revendiqués ou qui ne seraient pas affectés à une œuvre d'assistance.

Le produit de la vente, ainsi que toutes les valeurs mobilières, sera déposé à la Caisse des dépôts et consignations.

L'entretien des pauvres hospitalisés sera, jusqu'à l'achèvement de la liquidation, considéré comme frais privilégiés de liquidation.

S'il n'y a pas de contestation ou lorsque toutes les actions formées dans le délai prescrit auront été jugées, l'actif net est réparti entre les ayants droit.

Le règlement d'administration publique visé par l'art. 20 de la présente loi déterminera, sur l'actif resté libre après le prélèvement ci-dessus prévu, l'allocation, en capital ou sous forme de rente viagère, qui sera attribuée aux membres de la congrégation dissoute qui n'auraient pas de moyens d'existence assurés ou qui justifieraient avoir contribué à l'acquisition des valeurs mises en distribution par le produit de leur travail personnel[1].

Art. 19. — Les dispositions de l'art. 463 du Code pénal sont applicables aux délits prévus par la présente loi.

Art. 20. — Un règlement d'administration publique déterminera les mesures propres à assurer l'exécution de la présente loi.

Art. 21. — Sont abrogés les art. 291, 292, 293 du Code pénal, ainsi que les dispositions de l'art. 294 du même Code relatives aux associations ; l'art. 20 de l'ordonnance du 5-8 juillet 1820 ; la loi du 10 avril 1834 ; l'art. 13 du décret du 28 juillet 1848 ; l'art. 7 de la loi du 30 juin 1881 ; la loi du 14 mars 1872 ; le § 2, art. 2, de la loi du 24 mai 1825 ; le décret du 31 janvier 1852, et généralement toutes les dispositions contraires à la présente loi.

Il n'est en rien dérogé pour l'avenir aux lois spéciales relatives aux syndicats professionnels, aux sociétés de commerce et aux sociétés de secours mutuels.

---

1. Le § 3 de cet article a été ainsi complété par une loi du 17 juillet 1903 : « Le tribunal qui a nommé le liquidateur est seul compétent pour connaître, en matière civile, de toute action formée par le liquidateur ou contre lui. Le liquidateur fera procéder à la vente des immeubles suivant les formes prescrites pour la vente de biens de mineurs. »

XVI

LOI DU 19 DÉCEMBRE 1907

RELATIVE A LA SURVEILLANCE ET AU CONTROLE DES SOCIÉTÉS DE CAPITALISATION[1]

TITRE I

ENREGISTREMENT DES ENTREPRISES

ARTICLE PREMIER. — Sont assujetties à la présente loi les entreprises françaises ou étrangères de toute nature qui, sous le titre de sociétés de capitalisation, de reconstitution de capitaux ou sous toute autre dénomination, font appel à l'épargne en vue de la capitalisation et contractent, en échange de versements uniques ou périodiques, directs ou indirects, des engagements déterminés.

ART. 2. — Ces entreprises ne peuvent fonctionner qu'après avoir été enregistrées, sur leur demande, par le ministre du Travail.

Dans le délai maximum de six mois, à dater du dépôt de la demande, le ministre du Travail fait mentionner l'enregistrement au *Journal officiel* ou notifie le refus d'enregistrement aux intéressés.

Aucune modification, soit aux statuts, soit aux tarifs, soit aux tableaux d'amortissement, ne peut être mise en vigueur qu'après nouvel enregistrement obtenu dans les mêmes formes.

Ces entreprises enregistrées peuvent ester en justice, acquérir à titre onéreux et effectuer tous les actes de gestion prévus par leurs statuts en conformité de l'article précédent.

ART. 3. — Le refus d'enregistrement doit être motivé par une infraction soit aux lois, notamment à celles qui régissent les sociétés, soit aux décrets prévus par l'article 9 ci-après.

Au cas de refus d'enregistrement, ou si le délai de six mois prévu

---

1. Cette loi a été complétée par huit décrets du 1er avril 1908 et un décret du 17 juillet 1908. La Commission chargée d'élaborer le projet de loi (devenu la loi de 1907) a jugé utile d'en disjoindre tout ce qui concernait les sociétés d'épargne. Ces dernières sociétés ont fait l'objet d'un projet spécial qui n'a pas encore été discuté. V. J. S. 1908, 330, et 1910, 450 et 472 et suiv.

à l'article 2 s'est écoulé sans qu'il soit intervenu de décision, les intéressés pourront former un recours pour excès de pouvoir devant le conseil d'État, qui devra statuer dans les trois mois.

TITRE II

GARANTIES

Art. 4. — Les entreprises doivent spécifier, dans leurs contrats et leurs statuts :

1° Leur objet, leur titre et leur siège ;

2° L'interdiction de percevoir, sous quelque forme que ce soit, des droits d'entrée ;

3° La limitation des sommes à prélever pour frais de gestion, en proportion des versements ;

4° Les conditions de déchéance opposables aux souscripteurs pour retards dans les versements, sans que ces déchéances puissent avoir effet avant le délai d'un mois à dater du jour de l'échéance. Ce délai ne court, si le contrat est nominatif, qu'à partir d'une mise en demeure par lettre recommandée ;

5° La quotité maximum que peuvent atteindre, le cas échéant, les retenues en cas de déchéance eu égard au montant et à la durée des versements effectués ;

6° La substitution de plein droit de tous les héritiers des titulaires de contrats nominatifs auxdits titulaires, ainsi que l'interdiction pour l'entreprise de stipuler à leurs décès aucun versement supplémentaire ou aucune retenue spéciale ;

7° La durée maximum de la capitalisation pour les diverses catégories de contrats, sans que cette durée, à compter du premier versement effectué, puisse jamais excéder cinquante ans ;

8° En cas de remboursements anticipés par voie de tirage au sort, les conditions de publicité dans lesquelles devront avoir lieu les opérations.

Les sociétés françaises, anonymes ou en commandite, doivent, en outre, stipuler dans leurs statuts leur dissolution obligatoire en cas de perte de la moitié du capital social ; les sociétés françaises à forme mutuelle doivent y déterminer le mode de règlement et l'emploi des sommes perçues. Si les contrats de l'entreprise prévoient la faculté d'opérer des remboursements directs ou indirects à époque indéterminée, par voie de tirage ou autrement, la durée de capitalisation ne peut jamais excéder trente-trois ans et toute combinaison de remboursement doit être au préalable enregistrée dans les formes prévues à l'article 1er au vu des conditions et tableaux d'amortissement qui devront comporter, pour tous les souscripteurs d'une même série, le remboursement, soit de sommes égales, soit de sommes croissant avec les tirages successifs, sans que le dernier remboursement puisse excéder le double du premier.

Tout contrat doit reproduire le tableau d'amortissement le concernant et tout souscripteur, ou porteur, après chaque tirage, a droit, sur sa demande, à la délivrance gratuite de la liste intégrale des titres sortis dans les séries qui l'intéressent et non encore remboursés.

ART. 5. — Les sociétés françaises, anonymes ou en commandite, doivent avoir un capital social au moins égal à un million de francs (1 million), divisé en actions nominatives ne pouvant être libérées de plus de moitié.

Les sociétés françaises à forme mutuelle devront constituer un fonds de premier établissement, qui ne peut être inférieur à cinquante mille francs (50,000 fr.) et qui doit être amorti en quinze ans au plus. Toutes les entreprises sont tenues, en outre, de constituer, dans les conditions prévues à l'article 9, paragraphe 4, une réserve de garantie, qui tient lieu du prélèvement prescrit par l'article 36 de la loi du 24 juillet 1867.

ART. 6. — Toutes les entreprises sont tenues de constituer des réserves mathématiques égales aux engagements qu'elles assument, dans les conditions déterminées par le décret prévu à l'article 9, paragraphe 5. Cette obligation ne s'applique aux entreprises étrangères que pour les contrats souscrits ou exécutés en France et en Algérie.

Les entreprises produiront annuellement, à l'époque et dans les formes déterminées par le ministre et après avis du comité consultatif prévu à l'article 10, la comparaison entre le taux de leurs placements réels et celui qui a été admis pour le calcul de leurs réserves mathématiques et de leurs tarifs.

En cas d'écarts notables ou répétés, des arrêtés ministériels peuvent exiger, au plus tous les cinq ans, une rectification des bases des réserves mathématiques des opérations en cours, ainsi que des tarifs.

Ces arrêtés sont pris sur avis conforme du comité consultatif, les représentants de l'entreprise ayant été entendus et mis en demeure de fournir leurs observations par écrit dans un délai d'un mois. Ils fixent le délai dans lequel la rectification doit être opérée ; le montant des versements corrélatifs à la rectification des réserves mathématique doit être, à la fin de chaque exercice, au moins proportionnel à la fraction du délai courue.

ART. 7. — Jusqu'à concurrence du montant des réserves mathématiques et de la réserve de garantie, l'actif des entreprises françaises est affecté au règlement de leurs opérations par un privilège qui prendra rang après le paragraphe 6 de l'article 2101 du Code civil.

Pour les entreprises étrangères, les valeurs représentant la portion d'actif correspondante doivent, à l'exception des immeubles, faire l'objet d'un dépôt à la Caisse des dépôts et consignations dans les conditions prévues à l'article 9, paragraphe 6. Le seul fait de ce dépôt confère privilège aux intéressés sur lesdites valeurs pour les contrats souscrits ou exécutés en France et en Algérie.

ART. 8. — Un règlement d'administration publique, rendu sur la proposition des ministres du Travail et des Finances, détermine les biens mobiliers et immobiliers en lesquels devra être effectué le placement de l'actif des entreprises françaises et, pour les entreprises étrangères, de la portion d'actif afférente aux contrats souscrits ou exécutés en France et en Algérie, ainsi que le mode d'évaluation annuelle des différentes catégories de placement et les garanties à présenter pour les valeurs qui ne pourraient avoir la forme nominative.

Les entreprises sont tenues de produire au ministre du Travail, dans les formes et délais qu'il prescrit, après avis du comité consultatif, des états périodiques des modifications survenues dans la composition de leur actif.

ART. 9. — Des décrets rendus après avis du comité consultatif déterminent :

1° Les pièces et justifications à produire à l'appui des demandes d'enregistrement, ainsi que le montant du dépôt préalable à effectuer à la Caisse des dépôts et consignations par les différentes catégories d'entreprises et les conditions de réalisation et de restitution dudit dépôt;

2° Le délai passé lequel cessera d'être valable l'enregistrement d'une entreprise qui n'aurait pas commencé à fonctionner;

3° Le maximum des dépenses de premier établissement pour les différentes catégories d'entreprises françaises et le délai d'amortissement desdites dépenses;

4° La fixation, pour chaque catégorie d'entreprises, de la réserve de garantie;

5° Le taux d'intérêt maximum et le chargement minimum d'après lesquels doivent être calculés les tarifs de versement, ainsi que les réserves mathématiques et le mode de calcul de ces réserves. Publication de ces fixations est effectuée au *Journal officiel*, au moins six mois avant le début du premier exercice auquel elles doivent s'appliquer;

6° Les conditions de dépôt et de retrait des valeurs représentant, pour les entreprises étrangères, la portion d'actif visée à l'article 7;

7° Les conditions dans lesquelles les entreprises sont tenues d'inscrire sur des registres spéciaux les contrats souscrits ou exécutés en France et en Algérie;

8° Les conditions dans lesquelles doivent fonctionner les entreprises de gestion dans les limites d'un maximum fixé. Ces entreprises doivent déposer à la Caisse des dépôts et consignations un capital de garantie de cent mille francs (100,000 fr.). Elles ne peuvent valablement se faire attribuer la gestion pour une période initiale de plus de vingt ans, à l'expiration de laquelle leur mandat ne pourra être renouvelé pour des périodes de plus de dix ans. Chaque renouvellement ne pourra être effectué qu'un an avant l'expiration de la période en cours.

TITRE III

SURVEILLANCE ET CONTRÔLE

ART. 10. — Le comité consultatif constitué par l'article 10 de la loi du 17 mars 1905, relative à la surveillance et au contrôle des sociétés d'assurances sur la vie, prendra le titre de comité consultatif des assurances sur la vie et des entreprises de capitalisation; il sera complété par l'adjonction de deux membres pris parmi les administrateurs ou directeurs d'entreprises de capitalisation.

Il doit être consulté au sujet des demandes d'enregistrement prévues par l'article 2 et dans les autres cas prévus par la présente loi. Il peut être saisi par le ministre de toutes autres questions relatives à l'application de la loi.

La présence de neuf membres au moins est nécessaire pour la validité de ses délibérations, dans les cas spécifiés au troisième alinéa de l'article 6, à l'article 18 et à l'article 21.

ART. 11. — Toute entreprise est tenue : 1° de publier en langue française un compte rendu annuel de toutes ses opérations, avec états et tableaux annexés; 2° de produire ledit compte rendu au ministre du Travail, et de le déposer aux greffes des tribunaux civils et des tribunaux de commerce, tant du département de la Seine que du siège social; 3° de le délivrer à tout souscripteur ou porteur de bons qui en fait la demande, moyennant le paiement d'une somme qui ne peut excéder un franc (1 fr.).

Des arrêtés ministériels, pris après avis du comité consultatif, déterminent, au moins trois mois avant le début de l'exercice, les modèles des états et tableaux à annexer au compte rendu publié et la date de production et de dépôt du compte rendu.

Les entreprises doivent en outre communiquer au ministre, à toute époque et dans les formes et délais qu'il détermine, tous les documents et éclaircissements qui lui paraissent nécessaires.

Elles sont soumises au contrôle prévu par le dernier alinéa de l'article 11 de la loi du 17 mars 1905.

ART. 12. — Les entreprises étrangères doivent, en ce qui concerne les opérations régies par la présente loi, avoir en France un siège spécial et une comptabilité spéciale pour toutes leurs opérations réalisées en France et en Algérie et accréditer auprès du ministre du Travail un agent préposé à la direction de toutes ces opérations. Cet agent doit être domicilié en France; il représente seul l'entreprise auprès du ministre vis-à-vis des titulaires de contrats souscrits en France et en Algérie, et devant les tribunaux. Il doit justifier, au préalable, de pouvoirs statutaires suffisants pour la gestion directe de l'entreprise en France et en Algérie, notamment pour la signature des polices, bons, quittances et autres pièces relatives aux opérations réalisées.

Toute entreprise est tenue de produire au ministre du Travail, dans le délai qu'il détermine, la traduction en langue française, certifiée conforme, des documents en langue étrangère se rapportant à ses opérations et pour lesquels cette traduction est requise.

Les conditions générales et particulières des polices, les bons et tous les documents se rapportant à l'exécution des contrats doivent être rédigés ou traduits en langue française. Dans ce dernier cas, le texte français fait seul foi à l'égard des souscripteurs et des porteurs français.

ART. 13. — Le ministre du Travail présente chaque année au Président de la République et fait publier au *Journal officiel* un rapport d'ensemble sur le fonctionnement de la présente loi et sur la situation de toutes les entreprises qu'elle régit.

Les frais de toute nature résultant de la surveillance et du contrôle sont à la charge des entreprises. Un arrêté ministériel fixe, à la fin de chaque exercice, la répartition de ces frais entre les entreprises au prorata du montant global des versements encaissés par elles au

T. I.   h

cours de l'exercice, exception faite des opérations réalisées hors de France et d'Algérie par les entreprises étrangères.

Au compte rendu est joint le compte détaillé des recettes et dépenses afférentes au contrôle des entreprises.

TITRE IV

PÉNALITÉS

Art. 14. — Les entreprises sont passibles, de plein droit et sans aucune mise en demeure, d'amendes administratives, recouvrées comme en matière d'enregistrement, à la requête du ministre du Travail, savoir :

1° D'une amende de vingt francs (20 fr.) par jour pour retard apporté à chacune des productions visées par le troisième alinéa de l'article 11 et le deuxième alinéa de l'article 12;

2° D'une amende de cent francs (100 fr.) par jour pour retard apporté à chacune des productions ou publications visées par le deuxième alinéa de l'article 6 et les paragraphes 1er et 2 de l'article 11.

En cas d'opposition, les instances seront instruites et jugées selon les formes prescrites par l'article 76 de la loi du 28 avril 1816.

Art. 15. — Les contraventions aux dispositions des premier et troisième alinéas de l'article 6, aux premier et troisième alinéas de l'article 7, à l'article 8, à l'article 20, à l'article 21, ainsi qu'au règlement d'administration publique prévu par l'article 8 et aux décrets prévus par les paragraphes 3 à 7 de l'article 9 sont constatées par procès-verbaux des commissaires contrôleurs qui font foi jusqu'à preuve contraire, sans préjudice des constatations et poursuites de droit commun; elles sont poursuivies devant le tribunal correctionnel à la requête du ministère public et punies d'une amende de cent à cinq mille francs (100 à 5,000 fr.) et, en cas de récidive, de cinq cents à dix mille francs (500 à 10,000 fr.).

Art. 16. — Sont poursuivies devant le tribunal correctionnel et passibles d'une amende de seize à cent francs (16 à 100 fr.), toutes personnes qui auraient proposé ou fait transcrire des polices ou bons de capitalisation, et notamment chacun des administrateurs ou directeurs d'entreprises qui réalisent des opérations visées par la présente loi avant la publication au *Journal officiel* de l'enregistrement prévu à l'article 2, ou qui effectuent des opérations nouvelles après la publication du décret prévu par l'article 18 ou après le refus d'enregistrement prévu par l'article 19.

L'amende est prononcée pour chacune des opérations réalisées par le contrevenant, qui peut être en outre, en cas de récidive, condamné à un emprisonnement d'un mois au plus.

Sous les mèmes peines, les prospectus, affiches, circulaires et tous autres documents destinés à être distribués au public et publiés par une entreprise assujettie à la présente loi doivent toujours porter, à la suite du nom ou de la raison sociale de l'entreprise, la mention ci-après, en caractères uniformes : « Entreprise privée, assujettie au contrôle de l'État », sans renfermer aucune assertion susceptible d'induire en erreur soit sur la véritable nature ou l'importance réelle des opérations, soit sur la portée du contrôle.

Toute déclaration ou dissimulation frauduleuse, soit dans les comptes rendus, soit dans tous les autres documents produits au ministre du Travail, ou portés à la connaissance du public, est punie des peines prévues par l'article 405 du Code pénal.

L'article 463 du Code pénal est applicable à tous les faits punis par le présent article et l'article précédent.

ART. 17. — Les jugements prononcés contre les entreprises ou leurs représentants, en exécution de l'article précédent et de l'article 15, et devenus définitifs, doivent être publiés, aux frais des condamnés ou des entreprises civilement responsables, dans le *Journal officiel* et dans deux autres journaux au moins désignés par le tribunal.

ART. 18. — L'enregistrement d'une entreprise effectué en vertu de l'article 2 de la présente loi cesse d'être valable dès qu'un décret constate que l'entreprise ne fonctionne plus en conformité soit de ses statuts, soit de la présente loi ou des décrets et arrêtés qu'elle prévoit. Ce décret est rendu après avis conforme du comité consultatif, les représentants de l'entreprise ayant été mis en demeure de fournir leurs observations par écrit, ou d'être entendus dans un délai d'un mois sur communication des irrégularités relevées contre l'entreprise. Le comité doit émettre son avis motivé dans le mois suivant.

Dans un délai de huitaine à compter de la notification du décret, l'entreprise peut se pourvoir pour excès de pouvoir devant le conseil d'État, qui doit statuer dans le mois. Ce pourvoi est suspensif. La publication du décret au *Journal officiel* ne pourra être faite qu'après le rejet du pourvoi par le conseil d'État.

TITRE V

DISPOSITIONS TRANSITOIRES

ART. 19. — Les entreprises françaises ou étrangères soumises à la présente loi et opérant en France ou en Algérie à l'époque de sa promulgation sont tenues de se conformer immédiatement à ses dispositions, et notamment de demander dans un délai de deux mois à compter de la promulgation du règlement d'administration publique prévu par l'article 8, ainsi que des décrets prévus par l'article 9 l'enregistrement spécifié par l'article 2, pour leurs statuts, tarifs et tableaux d'amortissemeut destinés à rester en vigueur.

Elles peuvent toutefois continuer provisoirement leurs opérations jusqu'à ce que solution soit donnée à cette demande.

Les entreprises auxquelles l'enregistrement sera refusé pourront former un recours pour excès de pouvoir devant le conseil d'État, qui devra statuer dans le mois.

Elles devront cesser la réalisation de toute opération nouvelle aussitôt après le refus d'enregistrement ou le rejet de leur pourvoi.

ART. 20. — Par dérogation à l'article 5 ci-dessus, elles ne seront pas tenues d'élever leur capital social au minimum spécifié audit article, à charge de justifier de l'existence d'une réserve de garantie égale à cinq pour cent (5 p. 100) au moins du montant des réserves mathématiques afférentes aux contrats réalisés avant la mise en vigueur du décret prévu à l'article 9, paragraphe 5.

Elles pourront, d'autre part, si elles obtiennent l'enregistrement prévu à l'article précédent, conserver les placements antérieurement effectués par elles en conformité de leurs statuts, sans tenir compte des limitations imposées par le règlement d'administration publique, prévu à l'article 8, sous réserve de n'effectuer, à compter de sa promulgation, aucun placement dans les catégories pour lesquelles les limites fixées seront atteintes ou dépassées, et ce, jusqu'à ce que la proportion réglementaire soit rétablie.

Toutefois, l'emploi en placement sur première hypothèque, pour la moitié au plus de la valeur estimative, pourra, pendant une période maximum de vingt-cinq ans, être renouvelé pour une somme égale à celle que lesdites entreprises consacraient à cet emploi antérieurement au 1er juillet 1904.

ART. 21. — Pour chacune des entreprises enregistrées par application de l'article 19, un arrêté ministériel, pris sur avis conforme du comité consultatif, fixe, dans les conditions spécifiées au dernier alinéa de l'article 6, les bases du calcul des réserves mathématiques des opérations réalisées antérieurement à la mise en vigueur du décret prévu par le paragraphe 5 de l'article 9.

Art. 22. — Les limitations de durée de capitalisation spécifiées à l'article 4 ne s'appliqueront pas aux contrats en cours au moment de la mise en vigueur de la présente loi.

Toutefois, à l'expiration d'un délai de cinquante ans à compter de la promulgation de la présente loi, ou d'un délai de vingt-cinq ans si les titres étaient stipulés remboursables à titre aléatoire, tout souscripteur ou porteur aura droit au remboursement immédiat du montant de la réserve mathématique de son contrat. Il devra exercer ce droit dans l'année qui suivra l'expiration desdits délais.

Art. 23. — Les tableaux ou conditions d'amortissement correspondant aux contrats souscrits avant la production prescrite par le dernier alinéa de l'article 4 devront être gratuitement délivrés à tout souscripteur ou porteur qui en fera la demande.

Le passif et l'actif correspondant à l'exécution des contrats souscrits avant l'entrée en vigueur de la présente loi font l'objet d'une comptabilité spéciale.

Art. 24. — Seront de plein droits réduits à une durée de vingt ans à partir du 1er janvier de l'année qui suivra celle de la promulgation de la présente loi, les traités des sociétés de gestion des entreprises de capitalisation, s'ils comportent une durée plus longue.

Art. 25. — La présente loi est applicable à l'Algérie et aux colonies de la Réunion, la Martinique, la Guadeloupe, la Guyane, l'Inde française et la Nouvelle-Calédonie.

XVII

LOI DU 17 MARS 1909

RELATIVE A LA VENTE ET AU NANTISSEMENT DES FONDS DE COMMERCE

. . . .

ART. 3. — Toute vente ou cession de fonds de commerce, consentie même sous condition ou sous la forme d'un autre contrat, *ainsi que toute mise en société* ou toute attribution de fonds de commerce par partage ou licitation, sera, dans la quinzaine de sa date, publiée à la diligence de l'acquéreur, sous forme d'extrait ou d'avis, dans un journal d'annonces légales du ressort du tribunal de commerce où se trouve le fonds, ou, à défaut, dans un journal d'annonces légales de l'arrondissement.

L'extrait ou avis contiendra la date de l'acte, les noms, prénoms et domiciles de l'ancien et du nouveau propriétaire, la nature et le siège du fonds, l'indication du délai ci-après fixé pour les oppositions et une élection de domicile dans le ressort du tribunal.

La publication sera renouvelée du huitième au quinzième jour après la première insertion.

Dans les dix jours au plus tard après la seconde insertion, tout créancier du précédent propriétaire, que sa créance soit ou non exigible, pourra former au domicile élu, par simple acte extra-judiciaire, opposition au paiement du prix ; l'opposition énoncera le chiffre et les causes de la créance, à peine de nullité. Aucun transport amiable ou judiciaire du prix, ou de partie du prix, ne sera opposable aux créanciers qui se seront ainsi fait connaître dans ce délai.

L'acquéreur qui, sans avoir fait les publications ou avant l'expiration du délai de dix jours, aura payé son vendeur, ne sera pas libéré à l'égard des tiers.

. . . .

ART. 7. — Dans la quinzaine de la publication de l'acte de société

---

1. V. le texte entier de cette loi, J S. 1909, 270.

contenant apport d'un fonds de commerce, tout créancier non ins-crit de l'associé qui a fait l'apport fera connaître au greffe du tribunal de commerce où le dépôt de l'acte a eu lieu, sa qualité de créancier et la somme qui lui est due. Il lui sera délivré par le greffier un récé-pissé de sa déclaration.

Si le fonds est apporté dans une société déjà formée, les créan-ciers non inscrits de l'associé auquel le fonds appartenait feront la déclaration au greffe du tribunal de commerce de la situation du fonds, dans la quinzaine de la publication de l'acte constatant l'ap-port, effectuée en conformité de l'article 3 ci-dessus.

A défaut par les coassociés, ou par l'un d'eux, de former dans la quinzaine suivante une demande en annulation de la société ou de l'apport, ou si l'annulation n'en est pas prononcée, la société est tenue, solidairement avec le débiteur principal, au paiement du passif déclaré dans le délai ci-dessus et justifié[1].

. . . .

1. Pour le commentaire de ces dispositions de la loi de 1909 qui visent les apports en société l'on consultera utilement : Wahl, J. S. 1909, 146 ; Bouvier-Bangillon, *Ann. de dr. comm.*, 1909, 456; Bosvieux, J. S. 1910, 435.

La question de savoir quelles sont les formalités de publicité imposées aux sociétés auxquelles il est fait apport d'un fonds de commerce ne laisse pas que d'être délicate en présence des art. 3 et 7 ci-dessus rapportés de la loi de 1909, articles qui paraissent contradictoires, et l'on peut se demander, à con-sidérer que la généralité des expressions « *toute mise en société* » figurant dans l'art. 3, s'il ne convient pas de cumuler, dans tous les cas, les prescriptions de ces deux articles. Mais nous estimons, en nous basant sur les travaux prépara-toires de la loi, que l'art. 3 n'a qu'une portée très restreinte en tant qu'il s'ap-plique aux apports purs et simples, c'est-à-dire rémunérés exclusivement par une part de droits sociaux, et ne vise que les apports faits au cours de la société, à titre d'augmentation de capital (V. en ce sens : Bouvier-Bangillon et Bosvieux, *loc. cit.*; Thibault, *De la vente et du nantiss. du fonds de comm.*, p. 126 et suiv.; Arthuys, Suppl. au *Tr. des soc. comm.* (1911), n° 3. V. toutef. Wahl, *op. cit.*, 252 et suiv.). Par suite, le système organisé par la loi de 1909 pour la publication des apports en société de fonds de commerce peut, selon nous, se résumer ainsi : L'apport pur et simple d'un fonds de commerce est-il effectué à une société lors de sa formation, il n'y aura aucune publication à faire conformément à l'art. 3, et c'est la publication de la société, telle qu'elle est prévue par les art. 55 et suiv. de la loi du 24 juillet 1867, qui servira de point de départ au délai de déclaration réservé aux créanciers chirographaires de l'apporteur. Dans les quinze jours qui suivront la publication de la société, ces créanciers devront, ainsi que le prescrit l'art. 7 de la loi de 1909, faire connaître leur qualité et la somme qui leur est due par voie de déclaration au greffe du tribunal de com-merce où le dépôt des pièces constitutives a été effectué, c'est-à-dire au greffe du tribunal de commerce du lieu du siège social. Il leur sera donné récépissé de cette déclaration. Et comme la publication de la société (qui doit être faite dans le mois de la constitution de la société) comprend, indépendamment du dépôt aux greffes de la justice de paix et du tribunal de commerce, l'insertion d'un extrait des pièces constitutives dans un journal d'annonces légales, il convient de décider, à défaut d'indication contraire de l'art. 7, que le délai de déclaration ne commen-cera à courir que du jour de l'accomplissement de la dernière de ces formalités, c'est-à-dire du jour où paraîtra le journal contenant l'insertion.

S'agit-il, au contraire, de l'apport pur et simple d'un fonds de commerce à une société déjà formée qui augmente son capital, il y aura lieu de se conformer aux dispositions des trois premiers alinéas de l'art. 3. En conséquence, la société devra, dans la quinzaine de la date de la mise en société (c'est-à-dire, s'il s'agit d'une société par actions, dans les quinze jours suivant la réunion de l'assemblée générale qui aura définitivement approuvé l'apport), porter cet apport à la connaissance des tiers par voie d'extrait ou avis publié dans un journal d'annonces légales du ressort du tribunal de commerce où se trouve le fonds ou, à défaut, dans un journal d'annonces légales de l'arrondissement. Cette insertion contiendra la date de l'acte d'apport, les nom, prénoms et domicile de l'ancien propriétaire, la désignation et le siège de la société, l'indication de la nature et du siège du fonds et l'indication du délai fixé pour la déclaration des créances ; elle devra être renouvelée du huitième au quinzième jour après la première insertion. C'est dans la quinzaine de cette seconde insertion que les créanciers chirographaires devront faire, au greffe du tribunal de commerce de la situation du fonds, la déclaration de leur qualité et du montant de leurs créances, conformément au deuxième alinéa de l'art. 7.

Enfin, si l'apport est mixte (c'est-à-dire s'il a lieu partie moyennant des droits sociaux et partie moyennant des biens soustraits aux chances sociales), l'on devra appliquer simultanément les art. 3 et 7 de la loi, soit que l'apport ait été effectué à une société en formation, soit qu'il n'ait eu lieu qu'après sa formation, et les créanciers auront le choix, ou de faire une déclaration au greffe du tribunal de commerce compétent pour la recevoir, dans la quinzaine de la publication de la société ou de la seconde insertion, suivant la distinction qui précède, ou de former opposition, dans les dix jours de la seconde insertion, à la partie du prix de l'apport payable en espèces.

TRAITÉ GÉNÉRAL

THÉORIQUE ET PRATIQUE

DES SOCIÉTÉS

CIVILES ET COMMERCIALES

TITRE PREMIER

NOTIONS GÉNÉRALES
DIVISION DU TRAITÉ

1. **Société. Association. Définition.** — Le mot *société* ou le mot *association* désigne — dans un sens large — la réunion de plusieurs personnes qui se sont entendues pour diriger leurs efforts vers un même but. Ce but peut être très varié : Il y a des associations tendant à la réalisation de bénéfices pécuniaires, et il existe d'autres associations formées sans but lucratif, comme les associations religieuses, de bienfaisance, littéraires, artistiques, scientifiques, politiques, etc.[1].

Les mots *association* et *société* sont synonymes. Toutefois, dans l'usage, le premier mot est plutôt employé pour désigner les associations formées sans but lucratif, et le second pour désigner les associations ayant pour but la réalisation de bénéfices. Il y a cependant des exceptions. Ainsi la participation est qualifiée *association* par le Code de commerce. Et l'on dit, dans les lois spéciales « *société* de secours mutuels ».

Le Code civil et le Code de commerce ne traitent que des associa-

---

[1]. V. Lyon-Caen et Renault, *Tr. de dr. comm.*, t. II, nᵒˢ 1 et suiv.

tions ayant pour but de réaliser des bénéfices. Cette convention — dont nous aurons à préciser et à développer les différents caractères — est ainsi définie par l'art. 1832, C. civ. « La société est un contrat par lequel deux ou plusieurs personnes conviennent de mettre quelque chose en commun, dans le but de partager le bénéfice qui pourra en résulter. »

L'esprit d'association, né avec l'homme, s'est développé à mesure que ses besoins ont grandi. Les sociétés proprement dites, et principalement les sociétés par actions, ont pris dans ces derniers temps une très grande extension.

2. Sociétés diverses. — Les sociétés se divisent en deux grandes catégories : les *sociétés civiles* et les *sociétés commerciales*. Elles sont civiles ou commerciales, suivant leur objet, la nature des opérations qu'elles entreprennent. Cependant des sociétés, civiles par leur objet, peuvent devenir commerciales par leur constitution (L. 1er août 1893). Les affaires de commerce étant l'objet le plus ordinaire des associations, les sociétés commerciales sont plus fréquentes et plus importantes que les sociétés civiles.

Les *sociétés civiles* sont régies par les art. 1832 et suiv., C. civ.; elles comprennent : 1° la société universelle de tous biens présents; 2° la société universelle de gains; et 3° la société particulière. Cette dernière forme est la plus usitée. Bien que la loi ne l'autorise pas expressément, il peut être créé, en vertu du principe de la liberté des conventions, des titres d'actions, dans les sociétés, civiles par leur objet, constituées sous les formes civiles.

Elles peuvent se constituer sous l'une des formes des sociétés commerciales; mais les sociétés commerciales ne peuvent, réciproquement, se constituer sous les formes des sociétés civiles[1]. Les sociétés civiles qui se constituent sous une forme commerciale restent civiles au fond. Toutefois, celles qui se constituent sous la forme de la commandite ou de l'anonymat sont commerciales et soumises aux lois et usages du commerce (L. 24 juillet 1867, art. 68 nouveau).

La loi reconnaît, comme *sociétés commerciales* : 1° la société en nom collectif; 2° la société en commandite simple ou par intérêts; 3° la société en commandite par actions; 4° la société anonyme; 5° l'association en participation.

Les sociétés commerciales sont régies : 1° par les dispositions générales du Code civil, en tant qu'elles n'ont rien de contraire aux lois et usages du commerce (art. 1873, C. civ.) : c'est le droit commun des

1. Pont, *Sociétés*, t. I, n° 119.

sociétés ; **2°** par les dispositions du Code de commerce spéciales à chacune d'elles ; et, **3°**, en ce qui concerne les sociétés en commandite par actions et les sociétés anonymes, par la loi du 24 juillet 1867, modifiée et complétée par celles des 1er août 1893 et 16 novembre 1903.

La *société en nom collectif* est une société dans laquelle les associés font le commerce sous une raison sociale et sont tenus personnellement et solidairement des dettes sociales (art. 21 et 22, C. comm.). C'est la plus simple de toutes les sociétés de commerce ; c'est aussi la plus fréquente, du moins après les associations en participation ; c'est en outre celle qui se rapproche le plus des sociétés civiles, telles qu'elles sont réglées par le Code civil ; comme ces dernières, c'est une société de personnes [1]. Elle peut être considérée comme le type de toutes les sociétés commerciales [2]

Dans la *société en commandite* (simple ou par actions), il y a un ou plusieurs associés, appelés *commandités*, responsables indéfiniment, et, s'ils sont plusieurs, solidairement, comme les associés en nom collectif, et un ou plusieurs associés (les *commanditaires*) qui ne sont tenus des dettes et engagements de la société que jusqu'à concurrence de leurs apports. Elle est régie sous un nom social qui doit être nécessairement celui d'un ou plusieurs des commandités (art. 23 et suiv., C. comm.). Cette société permet l'alliance du capital et du travail. Grâce à elle, d'un côté, le capitaliste peut, sans devenir commerçant, tirer de son argent des bénéfices illimités sans risquer de perdre plus que la somme qu'il consent à exposer ; d'un autre côté, celui qui n'a que sa capacité et son habileté, peut, sans fortune personnelle, tirer profit de son invention, de son travail, au moyen des capitaux que lui fournissent des coassociés commanditaires [3]. La société en commandite par actions est une société de personnes (les commandités) et de capitaux (les autres actionnaires) ; elle a des liens intimes avec la société anonyme ; mais elle en diffère essentiellement par l'existence d'un ou de plusieurs associés personnellement et indéfiniment responsables.

La *société anonyme* est une pure association de capitaux, sans aucun vestige de l'élément personnel ; elle existe, sans raison sociale, avec une dénomination qui désigne l'objet de son entreprise, entre des associés qui tous ne sont passibles que de la perte du montant de leur intérêt dans la société ; enfin, elle est administrée par des man-

---

1. Lyon-Caen et Renault, *Tr. de dr. comm.*, t. ii, n°s 145 et suiv.
2. l'ont, *Sociétés*, t. ii, n° 1327.
3. Lyon-Caen et Renault, n° 447

dataires à temps, révocables, et qui ne contractent, à raison de leur gestion, aucune obligation personnelle relativement aux engagements de la société (art. 29 et suiv., C. comm.). C'est surtout, comme on l'a dit, pour les grandes entreprises que la société anonyme l'emporte sur les autres formes de l'association. La société en nom collectif ne peut guère s'étendre à cause de ses exigences trop rigoureuses. La commandite elle-même, quand on n'en force pas tous les ressorts, est assez bornée dans ses moyens. Mais dans la société anonyme, la base de l'association peut s'élargir à volonté ; on ne voit pas de limite à l'extension du capital. C'est pour cela que cette espèce de société est vraiment la seule qui soit à la hauteur de toutes les conceptions industrielles [1]. La société anonyme n'est plus soumise à l'autorisation et à la surveillance du gouvernement (sauf les tontines et les sociétés d'assurance sur la vie).

En résumé, la société en nom collectif est une pure association de personnes ; la société en commandite permet l'association du capital et du travail ; et la société anonyme est une pure association de capitaux. L'adoption de l'une ou l'autre de ces formes de sociétés dépend tout naturellement de l'objet et de l'importance de l'association et de l'intention des intéressés.

Indépendamment des trois espèces de sociétés que nous venons d'indiquer, la loi reconnaît les *associations en participation*. Ces associations sont relatives à une ou plusieurs opérations de commerce ; elles ont lieu pour les objets, dans les formes, avec les proportions d'intérêt et aux conditions convenus entre les participants (art. 47 et 48, C. comm.). Ce qui caractérise la participation, c'est que c'est une association *occulte*, sans existence à l'égard des tiers. Les associés autorisés à gérer agissent en leur nom personnel. La société n'existe (sans être moral) qu'entre les associés, et se traduit par une répartition des bénéfices ou des pertes. C'est surtout dans les opérations du commerce maritime que l'association en participation joue un rôle considérable. Elle est, du reste, dans toutes les branches du commerce et de l'industrie, d'une application fréquente. Elle existe souvent sans acte écrit, et la preuve peut se faire entre les associés par tous les moyens possibles. L'association en participation, bien que commerciale en principe, peut s'appliquer aux opérations civiles.

La loi du 24 juillet 1867 a réglementé, en dehors des sociétés en commandite par actions et des sociétés anonymes, les *sociétés à capital*

---

1. *Revue des Deux Mondes*, août 1842, article de M. Ch. Coquelin, cité par Pont, *Sociétés*, n° 1577.

variable. La variabilité du capital consiste en ce que le capital social est susceptible d'augmentation par des versements successifs faits par des associés, ou l'admission d'associés nouveaux, et de diminution par la reprise totale ou partielle des apports effectués. La société à capital variable ne constitue pas un type nouveau. La variabilité du capital n'est qu'une modalité des sociétés soit à forme civile, soit en nom collectif, soit en commandite par intérêts ou par actions, soit anonymes. Une société peut être à capital variable, quel que soit son objet, sauf les sociétés d'assurances anonymes à primes (décret du 22 janvier 1868).

La loi de 1867 (qui régit les sociétés en commandite par actions, les sociétés anonymes et les sociétés à capital variable) a été modifiée par la loi du 1er août 1893. Les modifications portent principalement sur : 1° le taux, la libération et la forme des actions ; 2° la négociation des actions d'apport ; 3° la responsabilité des souscripteurs et cessionnaires d'actions ; 4° l'extinction et la prescription des actions en nullité et en responsabilité ; 5° le groupement des petits actionnaires pour les assemblées générales ; 6° la commercialisation des sociétés en commandite et anonymes ; 7° la forme des statuts et délibérations autorisant la constitution des hypothèques ; 8° la non-répétition des intérêts ou dividendes des titres remboursables par suite d'un tirage au sort ; 9° la transformation des sociétés civiles.

Enfin, il existe encore : 1° les *tontines* et les *sociétés d'assurances sur la vie*, mutuelles ou à primes : elles sont soumises à l'enregistrement et au contrôle du gouvernement (L. du 17 mars 1905); 2° les autres *sociétés anonymes d'assurances à primes fixes*, et les *sociétés d'assurances mutuelles*. Ces sociétés sont soumises à des règles spéciales contenues dans un décret du 22 janvier 1868, rendu en exécution de la loi du 24 juillet 1867 ; 3° les sociétés de crédit agricole, réglementées par la loi du 5 novembre 1894; 4° les sociétés de constructions pour les habitations à bon marché. Ces dernières sociétés jouissent de certaines faveurs établies par la loi du 12 avril 1906.

3° **Objet et division du traité**. — Le présent traité a pour objet toutes les sociétés (proprement dites) civiles et commerciales françaises, et les sociétés étrangères.

Nous ne nous occuperons pas des associations n'ayant pas pour but de réaliser des bénéfices. Ces associations sont régies par la loi du 1er juillet 1901. Certaines associations sont réglementées par des lois spéciales : notamment les syndicats professionnels (L. 21 mars 1884), les sociétés de secours mutuels (L. 1er avril 1898).

Ce traité sera divisé en vingt-quatre titres, qui comprendront, indépendamment du présent titre, ceux dont l'indication suit :

Titre deuxième. — Des caractères et des principes généraux du contrat de société ;

Titre troisième. — Du caractère civil ou commercial des sociétés ;

SOCIÉTÉS CIVILES

Titre quatrième. — Des sociétés universelles ;

Titre cinquième. — De la société particulière ;

SOCIÉTÉS COMMERCIALES

Titre sixième. — De la société en nom collectif ;

Titre septième. — De la société en commandite ;

Titre huitième. — De l'association en participation ;

SOCIÉTÉS PAR ACTIONS

Titre neuvième. — De l'action ;

Titre dixième. — Des parts de fondateur (ou bénéficiaires)

Titre onzième. — De l'obligation ;

Titre douzième. — De la constitution des sociétés par actions;

Titre treizième. — De la nullité des sociétés par actions et de la responsabilité en résultant ;

Titre quatorzième. — Fusion, transformation, augmentation de capital ;

Titre quinzieme. — De la société en commandite par actions;

Titre seizième. — De la société anonyme ;

Titre dix-septième. — De la société à capital variable (ou coopérative) ;

Titre dix-huitième. — De la publication des sociétés commerciales ;

Titre dix-neuvième. — Des tontines et des sociétés d'assurances;

Titre vingtième. — Des sociétés de crédit agricole ;

Titre vingt et unième. — Des sociétés françaises à l'étranger ;

Titre vingt-deuxième. — Des sociétés étrangères en France ;

Titre vingt-troisième. — Droit fiscal.

Titre vingt-quatrième. — Des actions de priorité.

Titre vingt-cinquième. — De la publicité des placements de titres de sociétés françaises et étrangères.

Le traité se terminera, comme appendices, par les formules et par les tables.

DES CARACTÈRES ET DES PRINCIPES GÉNÉRAUX DU CONTRAT DE SOCIÉTÉ

Sommaire :

CHAPITRE PREMIER

NATURE DU CONTRAT

SECTION 1

CARACTÈRES

4. Loi. — D'après l'art. 1832, C. civ., « *la société est un contrat par lequel deux ou plusieurs personnes conviennent de mettre quelque chose en commun, dans la vue de partager le bénéfice qui pourra en résulter* ».

5. Caractères. — La société est un contrat consensuel, synallagmatique, à titre onéreux et commutatif[1].

On trouve dans ce contrat trois éléments essentiels : 1° il faut un apport social pour chacun des associés ; 2° la société doit avoir en vue des bénéfices à réaliser ; 3° ces bénéfices doivent être partagés entre les associés. Il faut encore, pour qu'il y ait société, deux autres conditions : 4° chaque associé doit être exposé, au cas d'insuccès des affaires sociales, à perdre une part des pertes ; 5° chaque contractant doit avoir l'intention de former une société. C'est cette dernière condition qu'on désigne d'ordinaire sous le nom d'*affectio societatis*. En outre de ces caractères particuliers, le contrat de société exige, comme tous les contrats, le consentement, la capacité de tous les associés, et un objet licite. Nous étudierons successivement chacun de ces caractères du contrat de société, après avoir établi les différences qui existent entre la société et divers autres contrats.

SECTION 2

DIFFÉRENCES ENTRE LA SOCIÉTÉ ET DIVERS AUTRES CONTRATS

6 Affinités. — Le contrat de société présente des affinités avec d'autres contrats. Il importe de ne pas les confondre. Nous allons examiner ces divers contrats, et indiquer dans quels cas ils présentent les caractères d'une société.

7. Louage. — Ne constitue pas une société : 1° le bail d'un immeuble, à un commerçant ou à un industriel, moyennant un loyer fixe, plus une part de bénéfices du commerce ou de l'industrie du locataire, alors que le bailleur ne doit pas participer aux pertes[2] ; 2° le métayage ou colonage partiaire[3] ; 3° le cheptel simple, c'est-à-dire quand le troupeau est fourni par l'une des parties à l'autre[4]. Mais constitue un véritable contrat de société, aux termes de l'art. 1818,

---

1. V. Pont, *Soc.*, t. I, nos 7 et suiv.; Guillouard, *Soc.*, n° 6; Lyon-Caen et Renault, *Tr. de dr. comm.*, t. II, n° 82; Nyssens et Corbiau, *Tr. des soc. comm.*, nos 4 et suiv.
2. Cass., 9 novembre 1869 (D. 70, II, 213); Laurent, t. XXVI, 152 *bis*; Guillouard, *Soc.*, n° 11. V. toutef. Tr. Liège, 14 août 1844 (*Belg. jud.*, 1845, 315).
3. Angers, 13 mai 1868 (D. 71, II, 176); Cass., 8 février 1875 (D. 75, I, 169); Alger, 25 juin 1878 (S. 78, II, 327); Pau, 27 avril 1880 et 5 avril 1884; Riom, 19 novembre 1884 (D. 86, II, 1); Aubry et Rau, § 371-16; Laurent, t. XXV, n° 477; Guillouard, *Louage*, nos 674, 633, *Soc.*, n° 12; Lyon-Caen et Renault, n° 66 *bis*; *Contrà*, Agen, 7 février 1850 (S. 50, II, 108); Bordeaux, 28 juin 1854 (S. 55, II, 21); Grenoble, 20 mars 1863 (S. 63, II, 108).
4. Guillouard, *Louage*, nos 909 et 915, *Soc.*, n° 13. *Contrà*, Troplong, II, n° 1084.

C. civ., le *cheptel à moitié*, convention dans laquelle chacun des contractants fournit la moitié des bestiaux : 4° la convention par laquelle une personne accorde à un commis ou à un clerc, soit en outre d'un traitement fixe, soit pour tout traitement, une part dans les bénéfices de sa maison ou de son étude, surtout s'il ne doit pas contribuer aux pertes [1], à moins qu'il ne résulte des termes de l'acte ou des circonstances que les parties ont voulu faire un véritable contrat de société [2]. Le commis intéressé a le droit de demander chaque année la communication des livres de la maison pour constater l'importance des bénéfices auxquels il doit participer [3], s'il n'a pas renoncé à exercer ce droit de communication [4]. L'allocation par un officier ministériel à ses clercs d'une part dans les bénéfices de son office, soit comme appointements, soit comme rémunération supplémentaire, est valable [5], à moins que l'importance de la fraction de bénéfices attribuée aux clercs ne soit de nature à porter atteinte à l'indépendance de l'officier ministériel. Il arrive assez souvent (à Paris notamment) que des notaires allouent soit au principal clerc seul, soit aux premiers clercs, le dixième des bénéfices nets de l'étude. Cet usage doit être considéré comme licite ; 5° la convention par laquelle un entrepreneur principal cède à un sous-entrepreneur une partie des travaux à lui adjugés, avec le droit de toucher direc-

1. Cass., 31 mai 1831 (S. 31, ɪɪ, 249); Paris, 7 mars 1835 (S. 35, ɪɪ, 235); Lyon, 21 février 1844 (S. 45, ɪɪ, 422); Bordeaux, 15 mai 1846 (S. 47, ɪɪ, 43); Cass., 16 avril 1855 (S. 55, ɪ, 430) et 26 déc. 1866 (S. 67, ɪ, 160); Rennes, 17 juin 1870 et Cass., 17 avril 1872; Aix, 6 décembre 1888 (S. 89, ɪɪ, 219); Pont, n° 87; Laurent, t. xxvɪ, n° 454; Lyon-Caen et Renault, n°ˢ 58-62; Guillouard, n° 14; Nyssens et Corbiau, n° 188. V. Aix, 7 janvier 1880 (D. 80. ɪɪ, 233) et 14 août 1884 (R. S. 1885, 288); Cass., 28 février 1898 (J. S. 1898, 398). Le patron, libre de ses agissements envers le commis intéressé, ne saurait être tenu à aucune règle précise et déterminée vis-à-vis de lui, pourvu que sa comptabilité soit régulière et ses inventaires fidèles et loyaux. Spécialement, il est libre d'évaluer le capital de sa maison, de fixer le montant du fonds de réserve et du fonds d'amortissement, et de déduire des bénéfices les intérêts du capital auquel est évaluée sa maison, sauf aux tribunaux à vérifier les évaluations du patron et à redresser les abus qu'il aurait pu commettre. Aix, 6 décembre 1888, *loc. cit.*; Nîmes, 20 juillet 1864 (S. 64, ɪɪ, 325). V. Bruxelles, 16 décembre 1897 (R. *pr. s. Belg.*, 1898, 30).
2. Cass., 21 février 1831; Lyon, 23 janvier 1891 (S. 93, ɪ, 299); Marseille, 24 novembre 1896 (J. S. 1898, 90); Pont, Lyon-Caen et Renault, Guillouard, *loc. cit.* V. Marseille, 7 mai 1895 (J. S. 1898, 85).
3. Paris, 7 mars 1835, *loc. cit.*; Nîmes, 20 juillet 1864 (S. 64, ɪɪ, 235); Grenoble, 27 juin 1867 (S. 68, ɪɪ, 223); Rennes, 29 juin 1871 (S. 71, ɪɪ, 83); Bordeaux, 30 janvier 1872 (S. 72, ɪɪ, 66); trib. comm. Chaumont, 19 février 1883 (R. S. 1884, 450); Lyon-Caen et Renault. n° 59; Guillouard, n° 14. V. toutef. Cass., 26 décembre 1866 (D. 67, ɪ, 304); Grenoble, 27 juin 1867 (S. 68, ɪɪ, 223); Lyon, 26 nov. 1867 (S. 68, ɪɪ, 223). V. Aix, 6 déc. 1888, *loc. cit.*; Liège, 27 janv. 1904 (R. *pr. s. B.* 1904, 111).
4. Lyon-Caen et Renault, *loc. cit.*; Grenoble, 21 février 1865 (S. 66, ɪɪ, 21).
5. Pont, n° 45; Demolombe, t. xxɪv, n° 338; Lyon-Caen et Renault, n° 72; Hupin, J. S., 1893, 566; Riom, 22 juillet 1842 (S. 42, ɪɪ, 476). *Contrà*, Laurent, t. xxvɪ, n° 160; Guillouard, n° 47.

tement la portion correspondante dans le prix de l'entreprise[1]; 6° une entreprise de représentations théâtrales, avec bénéfices partagés par les acteurs, si le directeur court seul la chance des pertes[2]. En général, et sauf appréciation des circonstances et de l'intention des parties, on doit reconnaître qu'il n'existe pas de société quand il n'y a pas contribution aux pertes[3].

8. Mandat. — Lorsque le propriétaire d'un objet charge un tiers de le vendre moyennant un prix déterminé, avec stipulation que si le tiers le vend au delà de ce prix il gardera la différence en tout ou en partie, on doit décider, en thèse générale, qu'il y a mandat salarié et non société ; mais la convention sera un contrat de société, si les parties l'ont ainsi voulu[4].

9. Prêt. — Si une personne prête une somme d'argent au propriétaire d'une entreprise civile ou commerciale, et reçoit, outre l'intérêt de son argent, ou pour lui tenir lieu de cet intérêt, une part dans les bénéfices de l'entreprise, y a-t-il prêt ou société ? Si la convention est un prêt, le taux de l'intérêt pourra être critiqué; comme usuraire, en matière civile (la loi du 12 janvier 1886 a admis la liberté du taux de l'intérêt en matière commerciale); le bailleur de fonds ne contribuera pas aux pertes; mais, par contre, le prêt donnera lieu au droit proportionnel d'obligation. Il faut avant tout rechercher si les parties ont voulu faire un contrat de société ou un contrat de prêt. En principe, la participation du bailleur de fonds aux bénéfices doit plutôt faire attribuer au contrat le caractère d'une société[5]. Mais le contraire peut résulter des circonstances, notamment de la clause par laquelle le bailleur de fonds est exonéré de toute contribution aux pertes[6]. La convention sera une société et non un prêt, si les droits conférés au bailleur de fonds font naître l'idée de société, si, par exemple, il est autorisé à assister aux inventaires sociaux, à prendre communication des livres de la société, à participer à la direction des entreprises sociales, etc.[7]

---

1. Dijon, 20 juillet 1875 (S. 78, ii, 338).
2. Paris, 14 février 1881.
3. V. sur ces div. quest., Maguéro, *Tr. alph. des dr. d'enreg.*, vo Soc., n° 231
4. Bordeaux, 7 juin 1836 (S. 37, ii, 365); Cass., 4 juin 1860 (S. 61, i, 75); Bruxelles, 6 avril 1871 (Pas. 71, i, 318); Poitiers, 6 juin 1871 (D. 71, ii, 181); Pont, n°s 88-89; Guillouard, n° 16; Nyssens et Corbiau, n° 195; Maguéro, *Tr. alph. des dr. d'enreg.*, vo Soc., n° 235.
5. Cass., 9 juill. 1885 (S. 88, i, 477), 20 déc. 1893 (S. 94, i, 484) et 3 mars 1903 (J. S. 1904, 408); V. tout. S. 61, ii, 190; Seine, 29 juill. 1899 (J. S. 1900, 273).
6. Cass., 16 juin 1863, 8 janv. 1872, 19 mars 1879 et 20 juin 1888 (S. 63, i, 334; D. 72, i, 194; S. 79, i, 229; S. 89, i, 8). V. J. S. 1895, 283; Paris, 17 juin 1901 et 16 mars 1904 (J. S. 1902, 56; 1905, 71); Toulouse, 15 juin 1910 (J. S. 1910, 518).
7. Lyon, 20 août 1849; Cass., 11 avril 1850 (D. 54, v, 719); Douai, 3 février 1875

10. Vente. — Dans plusieurs hypothèses, la vente peut se rapprocher du contrat de société[1]. Ainsi : 1° le propriétaire ou l'acquéreur d'une coupe de bois cède ses droits à un tiers, qui exploitera la coupe *à moitié perte et profit*[2]; 2° ou le propriétaire d'un bois de chênes-liège les aliène au profit d'un tiers, qui doit les abattre, les écorcer et les brûler pour en faire de la potasse, avec stipulation que le prix sera fixé à raison de la quantité de potasse extraite[3]; 3° ou un auteur cède à un éditeur la propriété d'un manuscrit qu'il se propose d'éditer, avec convention que les bénéfices nets de l'édition ou des éditions successives seront partagés dans une proportion déterminée entre l'auteur et l'éditeur[4]. A défaut de clauses spéciales révélant l'*affectio societatis*, l'intention de créer une société, ces diverses conventions doivent être considérées comme constituant un contrat de vente : la fixation d'un prix aléatoire, variant en proportion des bénéfices que réalisera l'acheteur, n'a rien d'incompatible avec les caractères de la vente[5].

Le traité par lequel un officier ministériel, un notaire par exemple, cède son étude, en stipulant que le prix consistera en une quote-part des produits de l'étude pendant un certain nombre d'années, constitue une vente et non une société. Cette convention est-elle licite? La question est controversée[6]. Dans tous les cas, la chancellerie n'accepte pas les stipulations de ce genre[7].

11. Indivision ou communauté. — La simple indivision ou communauté résultant, par exemple, soit de l'ouverture d'une succession au profit de plusieurs héritiers ou légataires, soit de la convention, ne doit pas être confondue avec la société. Lorsque plusieurs personnes se sont réunies pour acheter un immeuble, la question de savoir si elles sont en état de société ou de communauté doit être résolue d'après le but que se sont proposé les parties. Si c'est pour revendre et faire un bénéfice qu'elles ont acheté, s'il existe une idée de spéculation, il y a société entre elles. Mais, dans le doute, on doit

---

(D. 77, II, 140); Cass., 9 juillet 1885 (D. 86, I, 301); Grenoble, 18 mars 1887 (J. S. 1887, 776); Pont, n.° 92; Lyon-C en et Renault, n°s 62 et 465; Guillouard, n° 18
Seine, 6 juillet 1901 (J. S. 1901, 514); Rouen, 11 mars 1908 (J. S. 1909, 128).
1. V. Maguéro, *Tr. alph. des dr. d'enreg.*, v° Soc., n° 239.
2. V. Cass., 12 décembre 1842.
3. V. Cass., 7 janvier 1835 (S. 35, I, 340).
4. V. Paris, 10 mars 1843 (S. 43, II, 139).
5. Pont, n° 94; *Affirm.*, Laurent, n° 453; Guillouard, n° 49.
6. *Affirm.*, Troplong, *Soc.*, I, n° 96; Pont, n° 43; Toulouse, 14 novembre 1835 (S. 36, II, 155). *Contrà*, Guillouard, n° 49.
7. V. Déc. min., 3 février 1837 (S. 37, II, n° 48); Amiaud, *Traité-form.*, v° Office, n°s 51 et suiv.

considérer qu'il y a communauté[1]. Comme la communauté n'engendre pas d'être moral, les immeubles communs peuvent être grevés d'hypothèques du chef de chacun des communistes; dans les actions judiciaires, ceux-ci doivent figurer individuellement, et les copropriétaires peuvent toujours sortir d'indivision par une demande en partage ou licitation (art. 815, C. civ.)[2].

ÊTRE MORAL

12. Conséquences. — La question de savoir si les sociétés constituent un être moral distinct de la personne des associés est une des plus importantes de la matière. Voici les principales conséquences juridiques de la solution de cette question.

Si la société constitue un être moral : 1° les immeubles sociaux ne peuvent être grevés, pendant la durée de la société, d'hypothèques conventionnelles, légales ou judiciaires, du chef des associés personnellement; 2° le droit de chaque associé dans la société est purement mobilier, alors même qu'il en dépend des immeubles[3]; 3° les créanciers de la société jouissent d'un droit de gage sur les biens sociaux et sont préférés aux créanciers personnels des associés; 4° aucune compensation ne peut s'établir entre les créances et dettes sociales et les créances et dettes individuellement propres aux associés[4]; 5° la société peut être assignée dans la personne de ses administrateurs gérants, et au domicile social[5].

Si, au contraire, la société ne constitue pas une personne morale : 1° chaque associé est copropriétaire, pour sa part, des biens sociaux, et cette part peut être grevée, même pendant la durée de la société, d'hypothèques de toute nature : d'où la nécessité de purger sur tous les associés, en cas de vente des immeubles sociaux; 2° la société ne peut ester en justice que dans la personne des associés, et au domicile de ceux-ci, etc.

---

1. Cass., 22 novembre 1852; Aix, 30 novembre 1853; Paris, 27 juin 1873; Guillouard, n°s 20, 376 et suiv.
2. V. Guillouard, n°s 376 et suiv.
3. *Conf.* Orléans, 26 août 1869 (S. 70, II, 113); Pont, n° 512. V. J. S. 1901,94.
4. Larombière, art. 1291, n° 6; Aubry et Rau, t. IV, p. 230; Lyon-Caen et Renault, *Précis*, t. I, n° 286; Cass., 1er août 1821 et 20 avril 1885 (S. 85, I, 188); Douai, 15 juin 1896 (J. S. 1896, 422). V. toutef. Paris, 8 mai 1850 (D. 50, II, 1).
5. V. sur ces différents points et sur les autres conséquences de l'être moral, Lyon-Caen et Renault, n°s 105 et suiv.; Baudry-Lacantinerie et Wahl, *Soc.*, n°s 11 et suiv.

13. Sociétés commerciales. — Bien que la personnalité des sociétés de commerce ne soit pas consacrée par des textes formels, elle y est présupposée par nos codes dans certains articles, et admise par tous les auteurs, sans difficulté[1].

On doit toutefois en excepter l'association en participation. Il est certain que cette association, réglementée par les art. 47 à 50 du C. de comm. et qui n'existe réellement qu'entre les parties, point à l'égard des tiers, n'a pas le caractère d'être moral comme les autres sociétés commerciales (V. *infrà*, n° 249).

14. Sociétés civiles à forme commerciale. — Les sociétés civiles par leur objet peuvent se constituer sous l'une des formes pratiquées pour les sociétés de commerce. Doit-on, dans ce cas, leur reconnaître la personnalité civile comme aux sociétés commerciales? L'affirmative était enseignée même par les principaux auteurs qui contestent l'être moral aux sociétés civiles ordinaires[2]; spécialement, l'on décidait que les tontines et les sociétés d'assurances mutuelles, sociétés civiles constituées régulièrement sous la forme anonyme, sont des personnes morales[3].

Il n'est plus discutable aujourd'hui que les sociétés civiles constituées sous la forme commerciale de la commandite ou de l'anonymat, forment un être moral, en présence de la loi du 1er août 1893 (modificative de celle du 24 juillet 1867) dont l'art 6 dispose expressément que « quel que soit leur objet, les sociétés en commandite ou anonymes qui seront constituées dans les formes du Code de commerce ou de la présente loi, seront commerciales et soumises aux lois et usages du commerce[4]. »

On doit aussi reconnaître que les associations d'assurances mutuelles, régulièrement constituées conformément au décret du 22 janvier 1868, constituent des personnes morales capables de contracter et d'ester en justice par leurs représentants[5].

15. Sociétés civiles. — La question de savoir si les sociétés purement civiles constituent, comme les sociétés commerciales, un être moral distinct de la personne des associés, est très controversée en doctrine[6].

---

1. V. Lyon-Caen et Renault, n°s 105 et 124; Guillouard, n° 21.
2. Pont, n°s 124 et suiv.; Aubry et Rau, § 54-28, § 377-17; Lyon-Caen et Renault, n° 133; Cass., 3 février 1868 (D. 68, I, 225); Seine, 10 novembre 1891 (J. S. 1892, 224). *Contrà*, Laurent, t. xxvi, n° 183; Guillouard, n° 23.
3. Avis Conseil d'État, 1er-4 avril et 15 octobre 1809; Cass., 5 novembre 1855 et 1er juin 1857 (D. 56, 353; S. 58, I, 614); Aubry et Rau, § 54-20 et 22
4. Lyon-Caen et Renault, *Loi du 1er août 1893*, n° 52.
5. Clément, p. 30; Chambéry, 5 nov. 1901 (J. S. 1902, 162). *Contrà*, Lyon-Caen (S. 87, II, 121); Lyon-Caen et Renault, n°s 137 et 138; Arthuys, *Rev. crit.* 1902, 162.
6. V. Mongin, *Rev. crit. de lég. et de jurisp.*, 1890, 697.

Dans un premier système, on soutient que le principe de la personnalité des sociétés civiles n'existait pas en droit romain et dans notre ancien droit; que rien, ni dans les travaux préparatoires, ni dans le Code civil, ne révèle l'intention de modifier si profondément les règles du contrat de société; qu'au contraire, l'art. 529, C. civ., en ne déclarant meubles que les obligations et actions « dans les compagnies de finance, de commerce et d'industrie » exclut, par là même, les actions dans les compagnies civiles; qu'enfin, l'art. 59, C pr. civ., en disposant que l'on devra assigner « les sociétés de commerce, tant qu'elles existent, en leur maison sociale », a maintenu la distinction ancienne entre les sociétés civiles et les sociétés commerciales [1]. Deux auteurs [2] reconnaissent l'être moral aux sociétés de mines seules, à raison des dispositions spéciales et exceptionnelles de la loi du 27 avril 1810.

Des arrêts ont décidé que les sociétés civiles ne peuvent agir en nom collectif devant les tribunaux, et doivent procéder au nom personnel des membres qui les composent [3]. Si les sociétés ne peuvent agir en nom collectif, c'est, semble-t-il, qu'elles ne constituent pas des personnes morales. Cependant la Cour de cassation a décidé [4] que les sociétés civiles, bien que formant un être moral comme les sociétés commerciales, ne peuvent, à la différence de celles-ci, agir en nom collectif devant les tribunaux, représentées par leur gérant ou directeur, et qu'il y a nécessité de désigner individuellement, dans l'exploit d'assignation, tous les associés. Nous ne connaissons aucun arrêt ayant décidé formellement que les sociétés civiles ne constituent pas un être moral.

Dans le système contraire, on invoque également le droit romain et l'ancien droit. Mais on prétend surtout que le Code civil, bien que ne proclamant pas textuellement le principe de la personnalité, contient un certain nombre de dispositions qui la supposent nécessairement, notamment: 1° les art. 1845, 1846, 1847, 1848 et 1850, qui parlent de la dette des associés vis-à-vis de la société, et non vis-à-vis

---

1. Thiry, *Rev. crit.*, 1854, 412; 1855, 289; Frémery, *Ét. de dr. comm.*, t. IV, 30; Vincens, *Législ. comm.*, t. I, 297, et *Soc. par act.*, p. 6 et 7; Aubry et Rau, § 377-16; Alauzet, *C. de comm.*, t. I, n° 136; Demangeat sur Bravard-Veyrières, *Tr. de dr. comm.*, t. I, n°s 105 et 140; Guillouard, n° 25; Baudry-Lacantinerie, *Précis de dr. civ.*, t. III, n° 760; Lyon-Caen et Renault, n°s 105 et 140; Lyon-Caen, note (S. 87, II, 121); Labbé, note (S. 84, I, 361); Meynial, note (S. 92, I, 491).
2. Guillouard, n°s 25 et 362; Baudry-Lacantinerie, *loc. cit.*
3. Cass. crim., 21 juillet 1854 (S. 54, I, 489); Nancy, 18 mai 1872 (S. 72, II, 177). V. aussi Douai, 11 juillet 1882 (S. 83, II, 49); trib. Langres, 9 novembre 1887 (S. 88, II, 119).
4. Cass., 8 novembre 1836 (S. 36, I, 811).

les uns des autres; 2° l'art. 1857, qui règle les pouvoirs d'administration des associés sur les immeubles appartenant à la société; 3° l'art. 1860, qui défend l'aliénation des biens sociaux, par l'associé non administrateur, même pour sa part. On invoque enfin l'art. 8 de la loi du 21 avril 1810, qui porte que les actions ou intérêts dans une société ou entreprise pour l'exploitation des mines (société civile, de sa nature) seront réputés meubles, *conformément à l'art. 529, C. civ.*, et semble ainsi établir que, pour les sociétés civiles aussi bien que pour les sociétés commerciales, c'est l'être moral qui est propriétaire des biens sociaux mobiliers et immobiliers, sur lesquels les associés n'ont, dans tous les cas, qu'un droit mobilier [1].

La jurisprudence s'est prononcée dans ce dernier sens, avec raison suivant nous. Elle a décidé — la Cour de cassation principalement, par deux arrêts récents — qu'il est de l'essence des sociétés civiles, aussi bien que des sociétés commerciales, de créer, au profit de l'individualité collective, des intérêts et des droits propres et distincts des droits et intérêts de chacun de ses membres; qu'en conséquence les immeubles sociaux ne peuvent être grevés d'hypothèques, du chef des associés personnellement [2].

16. Associations reconnues. — Les associations peuvent acquérir la personnalité juridique en vertu de lois spéciales. Tels sont notamment : les associations syndicales (créées en vertu des lois des 21 juin 1865 et 22 décembre 1888), les sociétés de secours mutuels (constituées et autorisées conformément aux lois des 15 juillet 1850 et 1er avril 1898, et aux décrets des 14 juin 1851 et 26 mars 1852), et les syndicats professionnels (constitués en vertu de la loi du 21 mars 1884) [3]. Les autres associations, régies par la loi du 1er juillet 1901 (*infrà*, n°s 59 et 60) peuvent acquérir une capacité juridique restreinte (art. 6), si elles ont été rendues publiques par une déclaration préalable de leurs fondateurs, faite à la Préfecture

---

1. *Conf.* Duranton, t. xvii, n°s 334 et 388; Pardessus, *Dr. comm.*, t. iv, n°s 975 et 976; Delamarre et Lepoitevin, t. ii, p. 464; Championnière et Rigaud, *Traité des dr. d'enreg.*, t. iii, n° 2753; Troplong, *Soc.*, t. i, n°s 58 et suiv.; Duvergier, id., n°s 141, 381 et suiv.; Bravard-Veyrières, *Dr. comm.*, t. i, p. 174 et suiv.; Larombière, *Oblig.*, t. iii, n° 1291; Houpin, *Journ. du Not.*, 1891, 753.

2. Cass., 8 novembre 1836, *loc. cit.*; Paris, 6 mars 1849 (S. 49, ii, 427); Cass., 9 mai 1864 (S. 64, i, 239); trib. Caen, 12 décembre 1881 (J. S. 1888, 44); Cass., 23 février 1891 (J. S. 1891, 337, art. 24631 J. N.); Cass., 2 mars 1892 (S. 92, i, 497); Seine, 27 juillet 1892 (J. S. 1892, 520); Lyon, 3 juillet 1896 (J. S. 1897, 432), Cass., 22 février 1898 (J. S. 1898, 250).

3. Lyon-Caen, notes (S. 88, i, 161; 94, i, 129; 95, i, 65); Veyan, *Loi sur les synd. prof.*, p. 170; Boullay, *Code des synd. prof.*, n°s 112 et suiv.; Guillouard, n°s 28 et 29.

du département ou à la Sous-Préfecture de l'arrondissement où l'association aura son siège social (art. 5). Elles acquièrent une capacité juridique plus complète si elles sont reconnues d'utilité publique par décret (art. 10 à 12). La jurisprudence attribuait même la personnalité civile, au moins pour ester en justice, aux associations qui n'ont reçu ni d'une loi ni d'un décret la personnalité juridique, mais qui, approuvées par l'autorité publique et créées dans un but d'intérêt général, tenaient leur personnalité de cette approbation et du but qu'elles se proposent : telles étaient les sociétés hippiques, les sociétés de tir, de gymnastique, d'arrosage. etc[1]. Ces sociétés ont-elles conservé la petite personnalité depuis la loi de 1901? Nous ne le pensons pas. La jurisprudence antérieure était un expédient dont la nécessité disparaît, dès lors que toute association peut acquérir une certaine capacité juridique par une simple formalité de déclaration (V. *infrà*, n° 60).

17. **Libéralité au profit d'une société.** — La personnalité des sociétés a soulevé une question très délicate et controversée. Une société civile (si on la reconnaît comme être moral) ou commerciale est-elle capable d'acquérir à titre gratuit, par donation ou par testament? Trois opinions différentes ont été soutenues à cet égard : Les uns ont nié cette capacité d'une façon absolue[2]; un autre a prétendu que les sociétés ne peuvent recevoir des libéralités qu'avec l'autorisation du gouvernement[3]; enfin, dans un dernier système, on invoque l'art. 902, C. civ. posant comme règle générale que « toutes personnes peuvent disposer et recevoir par donation ou testament, excepté celles que la loi en déclare incapables », et l'on considère que les sociétés, même celles civiles[4], peuvent recevoir des libéralités[5]. C'est ce qui a été décidé pour les sociétés commerciales[6]. Ce dernier système nous paraît le plus juridique. Mais la libéralité serait

---

1. Cass., 30 août 1859 (S. 60, 1, 359), 6 juillet 1864 (S. 64, 1, 327), 23 mai 1887 (S. 88, 1, 161) et 2 janvier 1894 (S. 94, 1, 125); trib. Langres, 5 décembre 1889 (S. 89, 11, 175); Dijon, 30 octobre 1889 (S. 90, 11, 16); Paris, 12 novembre 1889, motifs (S. 90, 11, 243); Limoges, 23 décembre 1895 (J. S., 1897, 59). *Contrà*, Lyon, Caen et Renault, n° 136; Guillouard, n° 29; Lyon-Caen, note (S. 94, 1, 125).

2. Labbé. S. 81, 11, 249; Cassagnade, *Et. sur les pers. morales et sur l'applic. de la th. de la pers. aux soc. civ. et comm.*, p. 130; Laurent, t. 1, n° 287; Saincteletle, *Rev. crit.*, 1885, 239.

3. Camberlin, *La Loi* du 8 mai 1881.

4 Rapp. de M. Cotelle (D. 94, 1, 81); Seine, 29 juillet 1902 (J. S. 1903, 42).

5. Vavasseur, *Soc.*, n°s 27 et 27 *bis*; Lyon-Caen et Renault, n° 118; Aubry et Rau, t, 1, 191; Baudry-Lacantinerie, t. 111, n° 760; Lot, *Des libéralités aux soc. civ. et comm.*. p. 162 et suiv.; Baudry-Lacantinerie et Colin, n°s 230 et suiv.

6. Seine, 30 mars 1881 (S. 81, 11, 249); trib. Bordeaux, 11 avril 1892 (R. S. 1892, 516).

susceptible d'être annulée, s'il était établi, en fait, que la société n'a pas été constituée en vue de réaliser des bénéfices, mais forme, en réalité, une association d'enseignement, religieuse, etc.[1]

CHAPITRE II

CAPACITÉ ET CONSENTEMENT

SECTION 1

CAPACITÉ

18. Principe. — En principe, toute personne peut contracter, si elle n'en est pas déclarée incapable (art. 1123, C. civ.). Toutes personnes peuvent donc former le contrat de société; celles-là seules ne le peuvent pas que la loi déclare incapables de contracter. Or, les personnes déclarées incapables de contracter sont : les mineurs, les interdits, les femmes mariées, dans les cas exprimés par la loi, et généralement ceux à qui la loi a interdit certains contrats (art. 1124). Mais il importe de remarquer que l'associé s'obligeant au paiement des dettes de la société dans laquelle il entre, la capacité requise chez lui doit être non pas la capacité d'administrer, mais la capacité de s'obliger[2]. Il en est ainsi du moins en ce qui concerne les membres d'une société civile, ou ceux d'une société en nom collectif, ou le gérant d'une société en commandite. Mais lorsqu'il s'agit d'une personne qui verse immédiatement sa mise comme commanditaire, il y a alors simple placement de fonds, et la capacité de faire des actes d'administration est suffisante[3]. (En ce qui concerne la souscription d'actions d'une société anonyme ou en commandite, V. *infrà*, v° *Sociétés par actions*.) Les sociétés universelles nécessitent une capacité spéciale des associés (V. *infrà*, n° 77).

19. Mineur. Interdit. Aliéné. — Le mineur non émancipé et l'interdit, n'ayant même pas la capacité d'administrer, ne peuvent, bien entendu, contracter une société. Nous estimons que leur tuteur

---

1. Cass., 29 novembre 1897 (J. S. 1898, 209). V. L. 1er juillet 1901.
2. Guillouard, n° 34. V. Cass., 4 janvier 1843 (S. 43, 1, 644).
3. Lyon-Caen et Renault, n° 76.

pourrait le faire, en vertu d'une délibération du conseil de famille homologuée par le tribunal[1]. Ces délibération et homologation sont nécessaires et suffisantes, notamment, pour autoriser l'apport en société de biens immeubles ou meubles appartenant au mineur. Cet apport entraine une transmission de propriété des biens qui en sont l'objet. L'art. 459, C. civ., dispose, il est vrai, que la vente des immeubles du mineur se fera publiquement aux enchères ; mais cette disposition ne s'applique qu'à la vente et ne saurait être étendue aux autres modes d'aliénation (notamment à l'apport) régis par les art. 457 et 458, C. civ[2]. En ce qui concerne les biens meubles incorporels, il y a lieu d'appliquer la loi du 27 février 1880, qui prescrit l'autorisation du conseil de famille et, lorsque la valeur des meubles est supérieure à 1,500 francs, l'homologation du tribunal.

Il faut mettre sur la même ligne que les interdits judiciairement, les interdits légalement comme conséquence de certaines condamnations[3]. Quant aux personnes non interdites placées dans un établissement d'aliénés, bien qu'elles ne soient pas, par cela seul, frappées d'une incapacité absolue assimilable à celle qui pèse sur l'interdit, et que les actes par elles passés ne soient pas nuls de plein droit, mais seulement annulables s'ils ont été faits en état de démence[4], on doit, en fait, les classer dans la catégorie de ceux qui ne peuvent contracter une société[5].

Le mineur émancipé ne peut contracter, même avec l'assistance de son curateur, une société civile ni une société commerciale, au moins comme associé en nom, puisqu'il n'a pas la capacité de s'obliger[6]. Il ne peut le faire qu'avec l'autorisation du conseil de famille et l'homologation du tribunal[7]. S'il a été autorisé à faire le commerce, il peut s'obliger pour les actes relatifs à son commerce. Toutefois, cette autorisation générale est insuffisante pour l'habiliter à contracter une société commerciale en nom collectif ; une autorisation spéciale est nécessaire[8]. Mais des auteurs[9] enseignent que le mineur commerçant pourrait faire le commerce en s'associant des

1. V. J. S. 1900, 280, 323 et 376 ; 1908, 18 ; S. 1908, 2, 289.
2. Nyssens et Corbiau, n° 25 ; Tournai, 16 février 1904, J. S. 1905, 481 et 514.
3. Pont, n° 31 ; Nyssens et Corbiau, n° 34.
4. L. 30 juin 1838, art. 39 ; Demolombe, t. viii, n°s 852 et suiv. ; Aubry et Rau, t. i, p. 535 et 536 ; Amiaud, *Traité-form. du not.*, v° *Capacité*, n° 12.
5. Pont, n° 30.
6. Pont, n° 28 ; Guillouard, n° 34 ; Nyssens et Corbiau, n° 31.
7. Pont, n° 28 ; Nyssens et Corbiau, n° 30.
8. Lyon-Caen et Renault, t. i, n° 230. *Contrà*, Nyssens et Corbiau, n° 31.
9. Lyon-Caen et Renault, n° 230.

commanditaires ; *a fortiori* peut-il devenir commanditaire si la commandite se rattache à son commerce [1].

20. Prodigue. — La personne pourvue d'un conseil judiciaire ne peut former une société en nom collectif, même avec l'assistance de son conseil, parce que celui-ci ne pourrait lui conférer valablement la capacité de contracter seul, en vertu d'une autorisation générale, préalable et indéterminée, des engagements indéfinis [2]. Par les mêmes raisons, le conseil judiciaire ne peut autoriser le prodigue à faire partie d'une société civile [3]. Mais il nous semble que cette autorisation pourrait être donnée au prodigue pour devenir simple associé commanditaire.

21. Failli. Liquidation judiciaire. — Le jugement déclaratif de la faillite dessaisissant, de plein droit, à partir de sa date, le failli de l'administration de tous ses biens, il en résulte pour lui une incapacité générale de contracter, quant à ses biens. Mais le failli conserve l'exercice des actions attachées à sa personne ; il peut faire de nouvelles opérations commerciales et, par suite, contracter et s'obliger, pourvu qu'il ne diminue pas le gage des créanciers de la faillite [4]. Il ne peut donc employer à ces opérations que des valeurs étrangères à la faillite [5]. Par application de ces principes, on doit décider que, malgré le dessaisissement de ses biens, qui frappe le failli et survit à la clôture pour insuffisance d'actif, le failli peut contracter une société à laquelle il n'apporte que son industrie : en l'absence de toute fraude, les créanciers du failli ne peuvent demander la nullité de la société [6]. Mais le failli ne pourrait, bien entendu, faire apport à une société de biens compris dans le dessaisissement.

Le failli pourrait librement contracter une société après l'obtention et l'homologation d'un concordat, et même après la dissolution de l'union, puisque, dans l'un et l'autre cas, le failli recouvre la disposition de ses biens.

Le commerçant admis au bénéfice de la liquidation judiciaire, conformément à la loi du 4 mars 1889, ne pouvant consentir des aliénations, ne peut faire apport à une société de tout ou partie de

1. V. Seine, 31 mars 1894 (R. S. 1894, 454).
2. Cass., 3 décembre 1850 (S. 50, I, 177); Demolombe, t. VIII, nº 761; Laurent, t. V, nº 351. La société pourrait même, suivant les circonstances, être annulée si elle avait été formée avec une personne contre laquelle on avait introduit une demande en dation de conseil judiciaire. Rouen, 1er décembre 1897 (J. S. 1898, 317).
3. Guillouard, nº 34.
4. V. Cass., 2 février 1876 (S. 76, I, 150); Aix, 23 juin 1882 (S. 84, II, 30).
5. Cass., 16 nov. 1887 (S. 88, I, 164).
6. Seine, 12 avril 1897 (J. S. 97, 438). V. tout. tr. Lyon, 31 mai 1900 (J. S. 1901, 93).

ses biens; mais il a le droit, comme le failli, de contracter une société en y faisant simplement apport de son industrie.

22. Commune. — Une commune ne pourrait, sans une autorisation spéciale du pouvoir législatif, intervenir à la constitution d'une société civile ou commerciale dont le but répondrait à un intérêt communal, parce que : 1° s'il s'agit d'une société civile, la responsabilité des associés est illimitée; 2° s'il s'agit d'une société commerciale, les communes ne peuvent faire aucun acte de commerce; la participation de la commune à une société commerciale aurait pour effet de violer la loi communale sur certains points [1].

23. Femme mariée. — La femme mariée ne peut contracter une société civile ou commerciale, sans l'autorisation de son mari, alors même qu'elle serait séparée de biens. Cette autorisation n'a pas besoin d'être expresse; elle peut être tacite et résulter des circonstances [2]. Mais une autorisation générale de faire le commerce serait insuffisante pour habiliter de plein droit la femme à contracter une société : une autorisation spéciale lui est nécessaire [3].

24. Sociétés entre époux, seuls ou avec des tiers. — D'après la jurisprudence, une société ne peut exister valablement entre deux époux communs en biens, ou séparés de biens, ou soumis à tout autre régime, parce que cette société conférerait à chacun de ses membres une égalité de droits incompatible avec l'exercice de la puissance maritale, et modifierait les rapports d'intérêt existant entre eux, contrairement à la règle de l'immutabilité des conventions matrimoniales [4]. Certains jurisconsultes n'admettent pas, en principe, que les époux soient, à raison de cette seule qualité d'époux, incapables de former entre eux une société après le mariage; ils estiment que la société ne devrait être annulée que si elle avait eu pour but d'attribuer à la femme une indépendance contraire aux droits du mari, ou de modifier les effets de leur régime matrimonial [5].

Mais la société serait-elle valable si elle était formée entre deux

---

1. V. Otto, *Rev. pr. s. Belg.*, 1895, 225 (J. S. 1896, 45).
2. Pont, n° 33; Guillouard, n° 34; Cass., 27 av. 1841 (S. 41, I, 385). Comp. Cass., 27 mars 1832 (S. 32, I, 365). V. J. S. 1901, 176; 1907, 84; 1909, 498.
3. Cass., 9 novembre 1859 (S. 60, I, 74); Lyon, 28 mars 1866 (S. 67, II, 146); Lyon-Caen et Renault, t. I, n° 254; t. II, n° 77; Nyssens et Corbiau, n° 37).
4. Cass., 3 août 1851 (S. 52. I, 282); Paris, 14 avril 1856 (S. 56, II, 369); Paris, 9 mars 1859 (S. 59, II, 502); Metz, 22 août 1861 (S. 62, II, 330); Dijon, 27 juillet 1870 (S. 71, II, 268); Cass., 7 mars 1888 (S. 88, I, 305); Cass., 8 déc. 1891 (S. 91, I, 393); Seine, 4 mars 1897 (J. S. 1897, 383); Cass, 19 mai 1908 (J. S. 1909, 107). V. J. S. 1909, 97 (société continuée entre deux époux et un tiers après le décès d'un associé). V. Seine, 14 février 1899 (J. S. 1899, 471).
5. Delsol, *Rev. prat.*, 1856, 433; Pont, n° 37; Laurent, t. XXVI, n° 140; Planiol,

époux et un tiers ? La solution affirmative prévaut en jurisprudence[1].
Dans une étude spéciale[2], nous avons considéré qu'une société peut
être valablement formée entre deux époux, mariés sous le régime de
la communauté, et un tiers, lorsque les époux agissent dans un
même intérêt, représenté et exercé par le mari[3].

25. Successible. — Des sociétés peuvent être valablement contractées entre une personne et ses successibles. Si ces sociétés ont
été faites sans fraude, elles ne donnent lieu à aucun rapport par ces
derniers à la succession de leur auteur, lorsque les conditions en ont
été réglées par acte authentique (art. 854, C. civ.).

Le successible qui, à défaut d'authenticité de l'acte de société, est
soumis au rapport de sa part de bénéfices, est fondé à réclamer une
indemnité pour sa collaboration aux affaires sociales, et cette collaboration ne saurait être tarifée comme le concours d'un simple
employé[4]. Suivant une décision de la Cour de cassation, les juges
peuvent même étendre la dispense de rapport à la totalité des bénéfices, s'ils reconnaissent, en fait, que ces bénéfices ne sont que la
juste indemnité du concours du successible aux affaires sociales et
des risques courus par ses capitaux[5].

26. Sort des sociétés constituées avec un incapable. — Quel est
le sort d'une société constituée par un ou plusieurs associés capables
et un associé incapable ?

La nullité de la société ne peut être proposée que par l'incapable
(art. 1125, C. civ.). Mais s'il peut choisir entre le maintien et la nullité de la société, il n'en est ainsi que pour le passé. La société étant
un contrat successif, l'associé incapable ne peut tenir indéfiniment
ses associés sous la crainte d'une demande en nullité, et ceux-ci
peuvent le contraindre à prendre parti[6].

Comment la société annulée devra-t-elle être liquidée ? — Il faut
distinguer :

Rev. crit., 1888, 275; Lai b', S. 90, 1, 49; Lyon-Caen et Renault, n° 78; Nyssens
et Corbiau, n°s 38 et suiv.
1. Paris, 4 janvier 1885 (S. 90, 1, 49); Seine, 19 juillet 1882 (id.) et 6 mars 1891;
Nîmes, 24 février 1900 (J. S. 1900, 496). Contrà, Paris, 14 avril 1856 (loc. cit.) et
10 décembre 1896 (J. S. 97, 126); Nancy, 9 février 1901 et Cass., 5 mai 1902 (J. S.
1904, 403; 1902, 424; S. 1905, 1, 41). V. Seine, 14 juin 1906 (J. S. 1907, 277).
2. Houpin, J. S. 1894, p. 84; 1909, 97.
3. Conf. Seine, 18 février 1896 (J. S. 1896, 437) et 19 décembre 1903 (J. S. 1904, 228).
4. Aix, 14 avril 1858 (S. 59, 1, 600); Demolombe, t. xvi, n° 373 bis; Aubry et
Rau, § 631-34.
5. Cass., 18 août 1864 (S. 65, 1, 424). V. toutef. les autorités citées à la note
précédente.
6. Lyon-Caen et Renault, n° 84; Guillouard, n° 41. V. aussi Demolombe, t. iv,
n° 346.

Si la société a été contractée par un mineur, une femme mariée non autorisée, etc., la liquidation devra se faire de manière à remettre les parties au même état que s'il n'y avait pas eu de société. Lorsque le but de la société est licite, la nullité n'empêche pas qu'il ait existé entre les parties des rapports de fait qui donnent lieu entre les anciens associés à une action en partage et en liquidation sur les bases du pacte social, afin que l'une des parties ne puisse s'enrichir aux dépens de l'autre [1].

Si la société est attaquée parce qu'elle a été faite au préjudice des droits de l'héritier réservataire de l'un des associés, les juges doivent rechercher si la société a réellement eu pour but et pour résultat de faire fraude aux droits du réservataire; puis, si l'affirmative est établie, constater dans quelle mesure la réserve a été entamée, et réduire les avantages excessifs [2].

SECTION 2

CONSENTEMENT

27. Principe. — La société étant un contrat, le consentement des parties contractantes est nécessaire pour sa formation, comme dans tous les contrats. Ce consentement doit porter sur les divers éléments nécessaires à la formation du contrat, le but et l'objet de la société, sa durée, les apports des parties, etc. Il peut être vicié par la violence, le dol ou la fraude [3], et par l'erreur [4], non seulement lorsqu'elle porte sur l'objet du contrat ou sur l'une de ses condi-

---

1. Cass., 9 août 1851 (D. 52, I, 161), 15 novembre 1876 (D. 77, I, 70), 11 août 1884 (D. 85, I, 296), 6 février et 7 mars 1888 (S. 88, I, 305), et 27 juin 1893 (R. S. 1893, 430); Nancy, 13 janvier 1886 (R. S. 1887, 33); Nîmes, 18 déc. 1886 (Pand. fr. 1887, I, 100); trib. Marseille, 27 mars 1893 (R. S. 1894, 76); Seine, 14 février 1906 (J. S. 1899, 471); Cass., 5 mai 1902 (J. S. 1902, 424) et 11 avril 1906 (J. S. 1906, 504). V. tout. Pont, nos 37 et 217; Pascaud, R. S. 1890, 100.

2. Guillouard, no 41.

3. Décidé notamment : 1° qu'une société doit être annulée (art. 1167 C. civ.) lorsqu'elle a été fondée par un débiteur, avec la complicité de tiers, dans le seul but de placer frauduleusement des biens meubles et immeubles sous le couvert d'un être moral fictif qui, au regard de ses créanciers, serait un tiers de bonne foi (Seine, 5 février 1897, J. S. 1897, 376). V. aussi Lyon, 10 mai 1898 (J. S. 1899, 78); 2° que le tribunal de commerce est compétent pour statuer sur la demande en nullité d'une société, à la requête de la femme d'un associé, qui prétend que la constitution de cette société n'a eu pour but que de mettre frauduleusement son mari à l'abri de ses poursuites. Seine, 7 juillet 1897 (J. S. 1898, 76). V. J. S. 1902, 181.

4. V. Cass., 9 juin 1941 (D. 41, I, 260); Pont. nos 19 et 20; Laurent, t. xxvii, no 139; Nyssens et Corbiau, no 19.

tions essentielles, mais encore sur la personne de l'un des contractants[1], à moins qu'il s'agisse de sociétés de capitaux[2].

28. Mandataire. — Le consentement peut être donné par la partie elle-même, ou par un mandataire investi de pouvoirs suffisants Le mandat donné pour contracter une société doit être spécial, ou dans tous les cas assez étendu pour que la volonté de contracter une société soit certainement entrée dans les prévisions du mandat[3].

29. Porte-fort. — Une société peut aussi être contractée par un tiers sans mandat et qui agit comme se portant fort d'une personne dont il promet la ratification (art. 1120, C. civ.). Lorsque le tiers ratifie l'acte de société, la ratification rétroagit, *entre les parties*, et produit ses effets du jour de la promesse ; mais, *à l'égard des tiers*, la société n'a d'effet qu'à partir de la ratification, même s'il s'agit d'une société civile[4].

30. Promesse de société. — Quels sont les effets de la *promesse* faite par les parties de s'associer dans un certain délai ? Pour les sociétés civiles, la promesse est valable, et, en cas d'inexécution, se résoud en dommages-intérêts, lorsque les conditions de la société sont précisées[5]. Pour les sociétés commerciales[6], la question est controversée. D'après un premier système, la promesse est nulle et ne peut donner lieu à des dommages-intérêts, par le motif que l'écriture et la publicité sont de l'essence du contrat de société commerciale[7]. Mais on décide plus généralement que la promesse est valable et qu'en cas d'inexécution, celui qui refuse de la tenir doit être condamné à des dommages-intérêts[8]. La promesse, pour être valable, doit réunir tous les éléments essentiels du contrat de société[9]. Il a été toutefois décidé que si la durée de l'association et le partage des bénéfices n'ont pas été déterminés, ils sont réglés, dans le

1. Pont, n° 21. V. *Rev. pr. s. Belg.*, 1896, n°s 710 et 719 ; Bruxelles, 14 janvier 1884 (Pas. 84, ii, 199).
2. Pont, n° 21 ; Nyssens et Corbiau, n° 19.
3. Cass., 4 janvier 1843 (S. 43, 1, 144), 20 mars 1860 (S. 61, 1, 61) ; Pont, n° 160 Guillouard, n° 31 ; Laurent, t. xxvi, n° 141 ; Nyssens et Corbiau, n° 16.
4. Cass., 6 avril 1842 (S. 42, i, 597), 4 août 1847 (S. 47, i, 649) et 10 juillet 1850 (S. 51, i, 128) ; Pont, n° 17 ; Demolombe, t. xxiv, n° 230 ; Guillouard, n° 32 ; Nyssens et Corbiau, n° 17. *Contrà*, Laurent, t. xxvi, n° 138.
5. Guillouard, n° 33.
6. V. sur le caractère civil ou commercial de la promesse de constituer une société commerciale, trib. Gand, 25 novembre 1896 (*Rev. pr. s. Belg.* 1897, 132).
7. Toulouse, 22 juin 1872 (D. 72, ii, 156) ; Cass., 19 fév. 1907 (J. S. 1907, 427).
8. Paris, 11 avril 1861, 1er mai 1862 et 2 décembre 1887 (D. 88, v. 332) ; Bordeaux, 28 mars 1895 (J. S. 1896, 170) ; Limoges, 15 juin 1896 (J. S. 1897, 208) ; *Rev. pr. s. Belg.*, 1897, 128 ; J. S. 1903, 274 ; 1906, 309. V. Lyon, 22 fév. 1899 (J. S. 1900, 166).
9. Lyon, 24 juin 1870 (D. 72, ii, 198). V. Seine, 11 mai 1898 (J. S. 1899, 92).

silence du contrat, par les art. 1853 et 1865, C. civ. [1] (V. *infrà*, n° 69).

30 bis. Modification des statuts. — Des modifications ne peuvent être apportées aux statuts, sans le consentement de tous les associés, qui a été nécessaire pour la formation du contrat [2] (V. *infrà*, n° 103).

CHAPITRE III

OBJET

31. Principe. — Aux termes de l'art. 1833, C. civ., toute société doit avoir un *objet licite* [3]. C'est là une simple application des principes du droit commun (art. 1128 et 1131, C. civ.). Ce qu'on entend ici par objet de la société, c'est le but dans lequel les parties s'associent, l'entreprise qu'elles tentent. Ainsi on dit que la société a pour objet l'achat et la vente d'immeubles, l'exploitation d'un fonds de commerce, d'un chemin de fer, etc.

L'objet d'une société est illicite lorsqu'il est prohibé par la loi, ou contraire à l'ordre public ou aux bonnes mœurs [4].

32. Objet illicite. — Sont illicites, ou ont été considérées comme telles, les sociétés constituées pour : 1° la traite des nègres (Loi du 4 mai 1841); 2° des négociations de valeurs mobilières réservées en vertu de l'art. 76, C. comm. aux agents de change [5], ou des opérations de courtage dans la coulisse de la bourse, et le partage des bénéfices résultant des remises a obtenir des agents de change [6]; 3° empêcher une adjudication publique de s'élever à un certain prix [7]; 4° la vente de remèdes secrets [8]; 5° l'obtention d'un emploi du gouvernement [9]; 6° l'exploitation d'une charge de notaire [10], d'avoué [11]

---

1. Paris, 8 mars 1884 (R. S. 1884, 621). *Conf.* Pont, 830. *Contrà*, Marseille, 21 février 1900 (J. S. 1900, 375).
2. V. Pontarlier, 15 février 1898.
3. V. Paris, 13 nov. 1896 (J. S. 1897, 115); Alger, 7 nov. 1907 (J. S. 1908, 366).
4. V. Pont, n°s 41 et suiv.
5. Seine, 8 décembre 1887.
6. Paris, 10 novembre 1854 (S. 55, ii, 548); Lyon-Caen et Renault, n° 69.
7. Cass., 23 avril 1834 (S. 34, i, 746); Pont, n° 41.
8. Trib. de Châlons, 28 décembre 1866 (S. 69, i, 325).
9. Lyon, 12 janvier 1822.
10. Paris, 31 janvier et 15 février 1840 (S. 40, ii, 281); Lyon, 29 juin 1849 (D. 54, ii, 155); Cass., 15 janvier 1855 (S. 55, i, 257).
11. Rennes, 23 août 1841 (S. 41, ii, 493).

d'huissier [1], de courtier maritime [2], alors même qu'il aurait été
formé, pour l'exploitation de l'office ministériel, une simple association en participation [3]; 7° poursuivre réciproquement, par les
associés (un avoué et un huissier), chacun dans la sphère de ses
attributions, les affaires qui leur seraient confiées [4]; 8° l'acquisition
en gros et la revente en détail d'immeubles, par un notaire et un
tiers [5]; 9° la contrebande en France [6]; 10° l'établissement d'une maison de jeu en France [7]; 11° la contrebande ou l'exploitation d'une
maison de jeu à l'étranger, même dans un pays où le jeu est toléré [8];
12° les spéculations illicites et les opérations de jeu [9]; 13° faire haus-
ser le prix d'une marchandise possédée par les associés [10]; 14° l'autorisation par le gouvernement de la constitution d'une société (promesse d'un certain nombre d'actions) [11]; 15° la fabrication et la vente
d'un remède secret et prohibé par la loi [12]; 16° se livrer à la fraude
contre le fisc [13]; 17° l'exploitation d'une officine de pharmacie entre
un pharmacien et des tiers, particulièrement un médecin, notamment les sociétés en nom collectif dans lesquelles se trouvent un ou
plusieurs associés non diplômés, et les sociétés anonymes dans lesquelles figurent des administrateurs non pharmaciens [14]. En ce qui
concerne les sociétés en commandite, quelques décisions ont reconnu
la validité de ces sociétés quand le gérant est pharmacien [15]; les
dernières ont prononcé la nullité de ces sociétés et déclaré nulle toute
combinaison dans laquelle le pharmacien diplômé ne serait pas

1. Riom, 3 août 1841 (S. 41, ii, 492); Cass., 9 février 1852 (S. 52, i, 190); Paris,
4 février 1854 (S. 54, ii, 148); Toulouse, 18 janvier 1866 (S. 66, ii, 107; art. 18208,
J. N.); Cass., 12 février 1878 (S. 78, i, 153).
2. Bordeaux, 8 juin 1853 (D. 53, ii, 109); Rennes, 19 janvier 1881 (S. 81, n,
181). V. toutef. Alger, 26 juillet 1860 (S. 61, ii, 61).
3. Houpin, J. S. 1893, 566. Contrà, Deloison, Soc. comm., t. i, p. 8 et suiv.
4. Laurent, t. xxvi, n° 158; Guillouard, n° 49. Contrà, Cass., 13 janvier 1835
(S. 35, i, 17).
5. Dijon, 25 juin 1884 (S. 89, i, 12); Besançon, 9 janvier 1889 (D. 90, ii, 19).
6. Paris, 18 février 1837; Pont, n° 43.
7. Cass., 16 août 1864 (S. 65, i, 23).
8. Paris, 31 mars 1849 (S. 49, ii, 464); Bruxelles, 17 février 1886 (Clunet, 87, 211);
Pont, n°s 43 et 44; Lyon-Caen et Renault, n°s 70 et 71; Guillouard, n° 54; Nyssens et Corbiau, n° 48. Contrà, Cass., 25 août 1835 (S. 35, i, 673); Paris, 22 février
1849 (S. 49, ii, 144); Larombière, art. 1133, n° 41; Aubry et Rau, § 378-550.
9. Cass., 16 août 1864 (S. 65, i, 23).
10. Cass., 11 février 1879 (D. 79, i, 345). V. Seine, 28 septembre 1898 (J. S. 1899, 96).
11. Cass., 6 août 1877.
12. Paris, 15 janvier 1838 et 28 novembre 1868.
13. Limoges, 18 août 1879 (D. 80, ii, 131); Cass., 8 novembre 1880 (D. 81, i, 115).
14. Cass., 22 avril 1880 (D. 80, i, 354); Paris, 9 avril 1883 (D. 83, ii, 88); Cass.,
21 juin 1898 (J. S. 1898, 406). V. Seine, 25 octobre 1899 (J. S. 1900, 228 et 6 déc.
1899 (J. S. 1900, 320); Riom, 16 juin 1909 (J. S. 1910, 118).
15. Cass., 8 avril 1864 (D. 64, i, 395); Lyon, 22 mai 1895 (J. tr. comm., xi, 210).

maître absolu de l'officine, non seulement au point de vue technique, mais au point de vue financier et commercial [1].

33. Objet licite. — Mais doivent être considérées comme licites les sociétés formées pour : 1° l'exploitation des charges d'agents de change près les bourses pourvues d'un parquet. La loi du 2 juillet 1862 les a autorisés à s'adjoindre des bailleurs de fonds intéressés participant aux produits et à la liquidation de la charge pour laquelle ils ont fourni des fonds ; 2° des opérations sérieuses de bourse entre un agent de change et son client [2] ; 3° les fonctions de facteur à la halle, lesquelles ne constituent pas une charge publique, mais seulement une agence de commission [3] ; 4° l'exploitation d'une agence d'affaires d'expropriation [4] ; 5° la mise en valeur de concessions obtenues ou à obtenir [5] ; 6° obtenir une adjudication, si d'ailleurs les associés n'ont rien fait pour écarter d'autres enchérisseurs [6].

34. Conséquences de la nullité. — Quelles sont les conséquences de l'annulation d'une société, à raison du caractère illicite de son objet? La question doit être envisagée dans les rapports des associés entre eux, et à l'égard des tiers.

Entre les associés, la société est nulle, d'une nullité d'ordre public et ne peut avoir aucun effet (art. 1131, C. civ.) [7]. Il en est ainsi pour l'avenir : aucune des parties ne pourra demander à l'autre l'exécution d'une clause quelconque du contrat. Mais que décider pour le passé? Si les bénéfices ou les pertes ont été l'objet de répartitions entre les associés pendant la durée de la société, elles devront être maintenues. Mais si aucune répartition n'a eu lieu et que les bénéfices soient restés en la possession de l'associé qui administrait la société, les autres associés pourront-ils en demander leur part? La Cour de cassation a consacré l'affirmative, par ce motif principal qu'il serait immoral et illicite que celui qui a été mis en possession des bénéfices réalisés pût se les approprier [8]. Mais il nous paraît plus juridique

---

1. Seine, 30 juin 1894 (S. 94, II, 316); Nantes, 11 décembre 1895, 25 avril 1896, et Seine, 1er mars 1897 (J. S. 1897, 305); Paris, 28 juin 1898 (J. S. 1898, 423); Pontoise, 13 mars 1899 (J. S. 1899, 474). V. Nantes, 10 avril 1897 (J. S. 1898, 334); Rennes, 12 nov. 1897 (J. S. 99, 160). V. toutef. Mesnil, J. S. 1897, 289. Une proposition de loi « sur l'exercice de la pharmacie », votée par la Ch. des dép., a été modifiée par le Sénat, et renvoyée le 27 déc. 1894. V. R. pr. s. B. 1904, 1 et 10.
2. Paris, 16 décembre 1873.
3. Paris, 5 mars 1881 (S. 81, II, 130); Guillouard, n° 52.
4. Paris, 5 décembre 1871.
5. Paris, 3 avril 1884 (R. S. 1885, 15).
6. Cass., 23 avril 1834 (S. 34, I, 746); Pont, n° 41; Laurent, t. xxvi, n° 161.
7. V. Seine, 10 novembre 1897 (J. S. 1898, 125); Rennes, 12 nov. 1897, *loc. cit.*
8. Cass., 24 août 1841 (S. 42, I, 68), 15 décembre 1851 (S. 52, I, 21), 13 mai 1862 S. 62, I, 825), 7 février 1865 (S. 65, I, 235), 15 novembre 1876 (S. 77, I, 409); Lyon,

de décider que la société étant absolument nulle ne peut donner lieu à aucune action en justice, fondée sur les clauses de l'acte social ou sur le fonctionnement de la société[1]. Comme conséquence de la nullité, chacun des associés a le droit de réclamer son apport, déduction faite des dettes, si cet apport a été réalisé[2].

A *l'égard des tiers*, on reconnaît que la nullité peut être invoquée par les tiers contre les associés; mais ceux-ci peuvent-ils demander contre les tiers la nullité de la société? Un auteur, se fondant sur l'art. 56 de la loi du 24 juillet 1867 (relatif aux sociétés commerciales), enseigne que la nullité ne pourra jamais être proposée par les associés contre les tiers[3]. D'après un second système, les associés ne peuvent demander la nullité de la société que si les tiers ne sont pas de bonne foi[4]. Nous considérons que les associés ont, dans tous les cas, le droit de demander la nullité contre les tiers, que ceux-ci aient connu ou non le caractère illicite de la société[5].

CHAPITRE IV

APPORTS DES ASSOCIÉS

SECTION 1

RÈGLES GÉNÉRALES

35. Loi. — Aux termes de l'art. 1833, C. civ., « *chaque associé doit apporter à la société ou de l'argent, ou d'autres biens, ou son indus-*

---

9 décembre 1850 (S. 50, ii, 634); Paris, 10 mai 1860 (S. 60, ii, 465) et 17 mars 1862 (S. 62, ii, 381); Laurent, t. xxvi, n°ˢ 166-168. V. Paris, 9 avril 1897 (J. S. 1897, 418).

1. Paris, 4 février 1854 (S. 54, ii, 148); Cass., 10 janvier 1865 (D. 65, i, 420); Dijon, 25 juin 1884; Seine, 25 oct., 1899, *loc. cit.*; Aubry et Rau, § 378-8; Pont, n°ˢ 54-57; Lyon-Caen et Renault, n° 74; Guillouard, n° 57; Nyssens et Corbiau, n° 55.

2. Nantes, 23 juin 1845 (D. 45, iv, 377); Cass., 15 janvier 1855 (S. 55, i, 257) et 14 mai 1888 (D. 88, i, 487); Caen, 18 janvier 1888 (R. S. 1888, 252); Aubry et Rau, § 378-9; Pont, n° 53; Lyon-Caen et Renault, n° 73; Guillouard, n° 58. V. toutef. Laurent, t. xxvi, n°ˢ 165–168.

3. Talon, *Etude sur le contrat de société*, p. 89 et suiv.

4. Rennes, 9 avril 1851 (S. 52, ii, 264); Pont, n° 50.

5. Laurent, n° 169; Lyon-Caen et Renault, n° 74; Guillouard, n° 60; Nyssens et Corbiau, n° 58. V. aussi Demolombe, t. xxiv, n° 381. *Comp.* Lyon, 28 février 1853 (D. 53; ii, 208).

trie. » Et, comme conséquence, l'art. 1845 ajoute que « *chaque associé est débiteur envers la société de tout ce qu'il a promis d'y apporter* »

36. Nature et consistance des apports. — La loi n'exige nullement que les biens apportés par les associés soient de même nature ; souvent l'un apporte son industrie, un fonds de commerce, et l'autre fait un apport en argent.

Un apport est tout avantage, susceptible d'être évalué en argent, fait à la société par un associé en retour de la part à lui attribuée dans les bénéfices[1] (V. *infrà*, nos 476 et suiv.).

On peut mettre en société tout bien pouvant être l'objet d'une obligation, meuble ou immeuble, corporel ou incorporel. On peut apporter la propriété d'un bien, ou seulement l'usufruit, ou même la jouissance de ce bien. On peut aussi apporter son industrie, ou un secret utile dont la divulgation sera pour la société une source de produits[2].

Peuvent notamment être l'objet d'un apport : une usine, une mine, un fonds de commerce[3], un brevet d'invention, une marque de fabrique[4], l'actif d'une ancienne société, une concession de chemin de fer, une promesse de vente, les actions d'une société valablement constituée, les choses futures[5].

La façon dont chacun des associés s'est rendu propriétaire de la chose qu'il met en commun est indifférente. Peu importe donc qu'il l'ait acquise par achat, échange ou donation. L'apport est valable alors même qu'il provient d'une libéralité faite à l'apporteur par un de ses associés dans le contrat de société[6].

Le crédit d'un homme politique, l'influence d'un fonctionnaire ou d'un personnage puissant ne peuvent être un apport légitime[7]. Mais il en est autrement du crédit commercial, c'est-à-dire de la confiance qu'une personne inspire, grâce à son bon renom, à son habileté, à son honnêteté. Ce crédit peut faire l'objet d'un apport[8], alors

---

1. Lyon-Caen et Renault, n° 15. V. **tr.** Besançon, 10 juill. 1902 (J. S. 1904, 254).
2. Guillouard, n° 63.
3. V. L. du 17 mars et décret du 28 août 1909 sur la vente et l'apport d'un fonds de commerce et commentaires Wahl, Bouvier-Bangillon et Bosvieux (J. S. 1909, 270, 289 ; 1910, 37, 277, 435 ; V. décis, J. S. 1910, 277 ; 1911, 22 et 222. V. aussi émission d'obligations privilégiées sur fonds de commerce : Decugis, J. S. 1911, 49.
4. Paris, 11 février 1888 (R. S. 1888, 527).
5. Toulouse, 9 décembre 1885 (R. S. 1886, 456) ; Pont, n° 61 ; Nyssens et Corbiau, n° 69. *Contrà*, Guillery, *Soc.*, t. i, n° 101. V. Seine, 9 janvier 1901 (J. S. 1901, 214).
6. Cass., 5 janvier 1886 et la note de M. Labbé (S. 86, i, 241).
7. Aubry et Rau, § 377-2 ; Pont, n° 64 ; Laurent, n° 143 ; Lyon-Caen et Renault, n° 32.
8. Duvergier, *Soc.*, n° 20 ; Pont, n° 65 ; Lyon-Caen et Renault, n° 32 ; Guil-

même qu'il ne serait accompagné d'aucune coopération active aux affaires de la société [1].

On distingue les apports en nature des apports en numéraire. Cette distinction est importante en ce qui concerne les sociétés par actions régies par la loi du 24 juillet 1867, parce que les apports en nature sont soumis à des formalités particulières de vérification et d'approbation que nous aurons à faire connaître (V. *infrà*, v° *Sociétés par actions*).

Nous avons dit que l'apport peut avoir pour objet soit la propriété, soit l'usufruit, soit seulement la jouissance d'une chose. Que faut-il décider lorsque les parties n'ont pas indiqué leur volonté sur l'espèce de l'apport? Dans le doute, c'est aux juges à examiner les circonstances et à se décider d'après elles. Ainsi, ils peuvent prendre en considération la valeur respective des apports, les parts attribuées à chaque associé dans les bénéfices, la nature des mises, etc. [2].

Chacun des associés doit faire un apport à la société. Mais les apports des associés peuvent être inégaux; et l'on doit considérer comme licite la stipulation qui ne constitue pas à tous les associés une situation identique, quant à la livraison par chacun d'eux de la totalité de son apport [3].

Si l'un des associés n'a fait aucun apport, le contrat est nul, en tant que société; mais il peut valoir au moins comme donation, si les parties ont eu l'intention d'avantager l'associé qui n'a fait aucun apport, et si l'acte qui la contient est fait suivant les formes prescrites par les art. 931 et suiv., C. civ. [4]. Si l'apport de l'un des associés est fictif, et si les associés ont eu l'intention de déguiser une donation au moyen de la reconnaissance d'apport, cette donation est valable, l'acte qui la contient fût-il sous seing privé [5].

37. Caractères de l'apport. — Lorsqu'un bien meuble ou immeuble est apporté en toute propriété, il s'opère, *en droit civil*, une transmission de ce bien, par l'associé qui en fait l'apport, à la société, considérée comme être moral distinct de la personne des associés. Cet associé est avec la société dans des rapports analogues à ceux d'un

louard, n° 64. *Contrà*, Troplong, n°⁹ 114 et 115; Aubry et Rau, *loc. cit.*; Laurent, n° 143.

1. Duvergier, Pont, Lyon-Caen et Renault, Guillouard, *loc. cit. Contrà*, Troplong, n° 145; Laurent, n° 143; Dalloz, n°ˢ 89 et 90; Vavasseur, n° 77.

2. Pont, n° 63; Lyon-Caen et Renault, n° 28; Guillouard, n° 187. V. Anvers, 27 février 1897 (*Rev. pr. s. Belg.*, 1897, 228); Paris, 9 mai 1900 (J. S. 1901, 64).

3. Rennes, 4 juillet 1896 (J. S. 1897, 111).

4. Aubry et Rau, § 377-3; Pont, n° 59; Laurent, n° 141; Lyon-Caen et Renault, n° 14; Guillouard, n° 65.

5. Guillouard, n° 65.

vendeur avec son acheteur (art. 1843, C. civ.), bien qu'il n'y ait pas vente en l'absence d'un prix en argent. De ce principe découlent des conséquences que nous aurons à indiquer.

Il y a apport lorsque l'associé doit recevoir, comme équivalent de ce qu'il abandonne à la société, une part des bénéfices sociaux à réaliser, ou des actions ou parts d'intérêts de cette société. Mais il y aurait vente et non apport s'il recevait une somme d'argent à payer à lui-même ou à ses créanciers par la société. Enfin, si la cession a lieu moyennant tout à la fois l'attribution d'une part de bénéfices ou d'actions et une somme d'argent, elle constitue pour partie un apport et pour le surplus une vente [1] (V. *infrà*, n° 477).

Nous allons examiner les principaux biens qui peuvent être l'objet d'un apport, et nous indiquerons les règles qui leur sont applicables, notamment au point de vue de la garantie et des formalités auxquelles l'apport peut donner lieu.

SECTION 2

IMMEUBLES

38. Garantie. — Aux termes de l'art. 1845, C. civ., l'associé est, en cas d'éviction, garant de son apport vis-à-vis de la société, *de la même manière qu'un vendeur l'est envers son acheteur.*

Mais cette assimilation générale n'est pas complètement exacte, ainsi que nous allons le démontrer [2].

39. Eviction. — L'éviction totale de l'objet apporté par l'un des associés entraîne-t-elle la résolution de la société, dans le cas où celui-ci ne pourrait fournir à la société un objet identique? Suivant un auteur [3], les autres associés ont l'option de demander la résolution de la société ou des dommages-intérêts. Nous croyons, au contraire, que la société ne subissant qu'une éviction partielle de l'ensemble des apports des associés, on doit appliquer, par analogie, l'art. 1636, qui décide que l'acquéreur pourra faire résilier la vente, *s'il n'eût point acheté sans la partie dont il a été évincé,* mais seulement

---

1. Orléans, 11 mai 1882 (R. S. 1883, 27). V. Douai, 26 juillet 1886 (R. S. 1887, 130); Seine, 28 juillet 1887 (J. S. 1888, 445).
2. Décidé que la dissimulation des charges grevant un apport pourrait être de nature à vicier l'objet du contrat, si elle résultait de réticences frauduleuses et calculées (Seine, 30 mars 1893, R. S. 1893, 284).
3. Pont, n° 270.

dans ce cas[1]. S 1 y a lieu seulement à des dommages-intérêts, ils doivent être fixés eu égard à la valeur qu'avait la chose lors de la formation de la société. Si, au contraire, la résolution est prononcée, les parties doivent, en principe, être replacées dans la position où elles seraient si elles n'avaient pas contracté, et des dommages-intérêts peuvent ne plus être mis à la charge de celui par la faute duquel ce résultat peut être produit[2].

L'apporteur, comme le vendeur, n'est tenu à la garantie de la chose mise en commun que si le trouble a son origine dans une cause antérieure au contrat[3].

Le défaut de déclaration d'une antichrèse grevant les immeubles apportés ne saurait vicier l'objet du contrat et la constitution de la société, si la dette qu'elle garantit était comprise dans le passif déclaré[4].

40. Servitudes. Défauts cachés. — L'art. 1845 ne prévoit textuellement que la garantie résultant de l'éviction de la propriété ; mais il n'en est pas moins certain que l'on doit appliquer au contrat de société les principes écrits au titre de la vente, en ce qui concerne la garantie due à raison de l'existence de servitudes passives non révélées lors de l'apport en société, ou de la privation de servitudes actives qui existaient en apparence au profit de l'immeuble apporté, et la garantie à raison des défauts cachés de la chose apportée[5].

41. Différence de contenance. — L'art. 1845 ne traite que de la garantie et non de la délivrance. On doit considérer que, dans le contrat de société, les associés sont en droit d'exiger toute la contenance promise, et que les règles des art. 1617 et suiv., relatives au défaut ou à l'excédent de contenance dans les ventes d'immeubles, ne doivent pas être appliquées à la société[6]. Il n'y aurait, bien entendu, pas lieu à garantie si l'apport était fait sans garantie des contenances assignées aux immeubles.

42. Lésion. — Alors même que l'immeuble apporté a été estimé

1. Lyon-Caen et Renault, n° 17 ; Guillouard, n° 180. V. Bruxelles, 29 octobre 1884 et 16 janvier 1885 (J. S. 1890, 66). V. en cas d'éviction partielle, Dijon, 25 juillet 1884 (J. S. 1887, 211).
2. Pont, n° 272 ; Lyon-Caen et Renault, n° 18.
3. Cass., Belgique, 3 novembre 1892 (*Rev. pr. s. Belg.*, 1893, n° 376).
4. Paris, 19 mars 1895 (J. S. 1895, 266).
5. Pont, n°s 273 et 274 ; Lyon-Caen et Renault, n° 19.
6. Duvergier, n° 156 ; Laurent, t. xxvi, n° 246 ; Lyon-Caen et Renault, n° 17 ; Guillouard, 181. V. Cass., 14 janvier 1862 (S. 62, i. 533). *Contrà*, Troplong, n° 534 ; Pont, n° 265 ; Wahl, note, S. 1901, i, 312.

dans l'acte de société, l'associé apporteur ne peut invoquer la rescision pour lésion de plus de sept douzièmes de l'art. 1674, C. civ.; car le motif de cette disposition en matière de vente n'existe pas dans la société, et les deux contrats sont régis chacun par leurs règles spéciales [1].

43. Fruits. — L'associé qui a fait apport d'un corps certain doit restituer à la société les fruits, naturels ou civils, qu'il a perçus depuis le jour de la convention, ou le jour fixé pour l'entrée en jouissance de la société; et il doit compte à la société, bien qu'il n'ait pas été mis en demeure, des fruits qu'il n'a pas perçus et que la société eût pu percevoir [2]; il serait même passible, en outre, de dommages-intérêts si son retard avait occasionné un préjudice sérieux à la société [3].

44. Transcription et purge. — La propriété d'un immeuble apporté à une société lui est transférée du jour de sa constitution (art. 711 et 1138, C. civ.), dans les rapports des associés entre eux et avec la société. Mais il n'en est pas de même à l'égard des tiers. La transmission de propriété résultant de l'apport ne leur est opposable qu'autant qu'elle a été portée à leur connaissance, conformément au droit commun (L. 23 mars 1855, art. 1er), par la transcription de l'acte de société au bureau des hypothèques de la situation de l'immeuble [4]. La publicité imposée aux sociétés de commerce par la loi du 24 juillet 1867 ne saurait tenir lieu de la transcription [5]. À défaut de transcription, la propriété n'est transférée qu'au regard de l'apporteur et de la société [6], et l'immeuble peut être grevé d'hypothèques du chef de l'apporteur [7].

Il y a lieu de faire transcrire l'apport immobilier, alors même qu'il est fait par les copropriétaires indivis à une société formée entre eux seuls, parce qu'il s'opère une transmission par les apporteurs à la société, considérée comme être moral distinct de la personne des associés [8].

---

1. Troplong, *Soc.*, nº 698; Pont, nº 402; Guillouard, nº 163; Lyon-Caen et Renault, nº 717.
2. Aubry et Rau, t. IV, p. 554; Pont, nº 263; Guillouard, nº 184; Lyon-Caen et Renault, nº 29.
3. Aubry et Rau, Guillouard, *loc. cit.*
4. Mourlon, *Transc.*, nº 52; Flandin, *id.*, nº 266; Troplong, *id.*, nº 63; Aubry et Rau, t. II, p. 294, t. IV, p. 551; Lyon-Caen et Renault, nº 21; Guillouard, nº 177; Cass., 8 mars 1875 (S. 75, I, 449); Cass., 25 avril 1893 (J. S. 1893, 344; S. 97, I, 515). V. Seine, 9 février 1882 (J. S. 1890, 315); Cass., 3 juillet 1899 (J. S. 99, 400).
5. Paris, 18 décembre 1884 (R. S. 1885, 470).
6. Amiens, 10 juillet 1883 (J. S. 1887, 454); Cass., 25 avril 1893, *loc. cit.*
7. Cass., 25 avril 1893, *loc. cit.*
8. Lyon-Caen et Renault, nº 25.

Lorsque l'apport comprend des biens meubles et immeubles, on doit ne faire transcrire qu'un extrait de l'acte de société en ce qui concerne seulement l'apport immobilier.

Le droit de transcription (1 fr. 50 p. 100 plus les décimes) est actuellement perçu, lors de l'enregistrement de l'acte de société, sur la valeur en capital des apports immobiliers (L. de finances du 13 juillet 1911, art. 87 (V. *infrà*, *Droit fiscal*).

Les gérants ou administrateurs de la société sont responsables du préjudice qu'elle éprouve par suite d'omission ou de retard de la formalité de transcription, notamment s'il survient des inscriptions du chef de l'apporteur postérieurement à l'apport en société [1].

La société doit aussi, comme un acquéreur ordinaire, faire remplir, s'il y a lieu, après la transcription, les formalités de purge des hypothèques légales et des hypothèques inscrites [2].

45. Privilège. — Si l'associé se borne à recevoir, en échange de l'immeuble ou du droit immobilier qu'il apporte, des actions ou une part proportionnelle de bénéfices, si en un mot il y a apport réellement et juridiquement, il n'a droit à aucun privilège pour garantir la restitution de son apport. Mais si l'immeuble est apporté partie comme mise sociale et partie moyennant un prix à payer par la société, il y a privilège pour le prix stipulé [3].

SECTION 3

CRÉANCES

46. — Lorsque l'apport a pour objet une créance, l'apporteur, comme le vendeur (art. 1693, C. civ.), en garantit seulement l'existence. Il ne répond de la solvabilité du débiteur que lorsqu'il s'y est engagé, et de la solvabilité future que s'il existe une stipulation expresse (art. 1694 et 1695, C. civ.) [4].

L'acte qui constate l'apport doit être signifié au débiteur, ou doit être accepté par lui conformément à l'art. 1690, C. civ., lequel est applicable en matière de société [5]. Si la créance revêt une des formes

---

1. Seine, 20 janvier 1883 (J. S. 1885, 350).
2. V. Dalloz, *Supp.*, v° *Soc.*, n° 1294; Dalmbert, *Purge des hyp.*; Nancy, 19 août 1882 (D. 83, II, 131); Douai, 10 déc. 1903 (J. S. 1902, 93; 1904, 270).
3. Cass., 13 juillet 1841 (S. 41, I, 731); Orléans, 11 mai 1882 (J. S. 1883, 437 et nos observ.); Aubry et Rau, § 263-11; Pont, *Hyp.*, n° 197; Guillouard, n° 185.
4. Lyon-C. et Ren., n° 20. V. Rouen, 8 mai 1901 (J. S. 04, 162); Wahl, S. 1901, I, 515.
5. Paris, 20 mars 1868 et Cass., 28 avril 1869 (S. 69, I, 313); Paris, 18 décembre

T. I.   3

commerciales, la transmission doit, au regard des tiers, être constatée dans les formes particulières (endossement, transfert) prescrites pour la transmission de ces titres[1].

47. Garantie. Responsabilité. — Le propriétaire d'un brevet d'invention peut apporter à la société soit la propriété de ce brevet, soit seulement le droit de l'exploiter jusqu'à son expiration ou pendant la durée de la société[2].

Des auteurs enseignent que l'associé qui apporte un brevet d'invention n'est pas garant de la bonté du procédé ou des avantages que la société se proposait d'en tirer, et qu'il ne doit pas même garantie de la réalité de la découverte ni du droit exclusif que le brevet confère à la société pendant le temps qu'il détermine[3]. Cette solution paraît trop générale. S'il s'agissait d'un brevet pris en vue de procédés essayés et notoirement connus, dont les associés devaient ou pouvaient aisément savoir qu'ils étaient tombés dans le domaine public, il pourrait y avoir vices apparents, et l'art. 1642 serait applicable. Mais il en devrait être autrement si la nullité ou la déchéance provenait de ce que le procédé breveté se trouve déjà décrit dans des livres plus ou moins connus[4]. La Cour de cassation a décidé en ce sens — en se basant sur les circonstances et sur la bonne foi de l'apporteur — que celui qui a apporté le simple usage d'un brevet exploité par ses soins est en droit d'exiger que sa situation d'associé soit réglée conformément au pacte social, sans qu'on puisse prétendre que le brevet était nul ou frappé de déchéance[5].

Lorsque le titulaire d'un brevet en apporte la jouissance à la société constituée pour l'exploiter, la société est tenue, à moins de

---

1884 (D. 86, 11, 15); Cass., 24 déc. 1894 (J. S. 1895, 60); Seine, 8 avril 1905 (J. S. 1906, 139); Aubry et Rau, § 378-11; Lyon-Caen et Renault, n° 21; Pont, n° 259; Baudry-Lacantinerie, *Précis de droit civil*, t. III, n° 772. *Contrà*, Guillouard, n° 178. V. aussi Laurent, t. XXVI, n° 245; Bordeaux, 5 août 1868 (D. 68, 11, 111).

1. Nyssens et Corbiau, n° 112.
2. V. Riom, 30 avril 1894 (J. S. 1895, 105); Cass., 1er février 1897 (J. S. 1897, 161); Douai, 29 juillet 1897 (J. S. 1898, 213).
3. Malepeyre et Jourdain, *Soc. comm.*, p. 45.
4. Pont, n° 274.
5. Cass., 3 mai 1865 (S. 65, 1, 207).

stipulation contraire, de payer les annuités dues, et devient, par suite, responsable de la déchéance du brevet prononcée pour défaut de paiement de ces annuités[1].

48. Enregistrement. — L'art. 20 de la loi du 5 juillet 1844 dispose que la *cession* totale ou partielle d'un brevet, soit à titre gratuit, soit à titre onéreux, ne pourra être faite que par acte notarié et après le paiement de la totalité de la taxe déterminée par l'art. 4; et qu'aucune cession ne sera valable, à l'égard des tiers, qu'après avoir été enregistrée au secrétariat de la préfecture du département dans lequel l'acte aura été passé. Ces dispositions sont-elles applicables à l'*apport* du brevet?

La Cour de cassation a décidé la négative par plusieurs arrêts appuyés sur un même considérant, à savoir que les objets qui composent l'actif d'une société appartiennent indivisément à tous les associés, et qu'à ce point de vue, la mise en société d'un brevet ne peut être considérée comme une cession qui dessaisit d'une manière absolue le cédant, pour transporter la propriété de la chose cédée au cessionnaire[2].

Cette jurisprudence ne nous a pas paru fondée par les motifs suivants : l'apport d'un bien quelconque à une société constitue, en droit civil, une cession qui transfère la propriété de la personne de l'apporteur à celle de la société, envisagée comme être moral. Quand bien même on considérerait que les associés sont copropriétaires indivis des biens sociaux (si la société est civile), l'apport renfermerait une cession partielle (par l'apporteur à ses coassociés) soumise, comme la cession totale, aux formalités de l'art. 20 de la loi de 1844[3]. Nous devons du reste constater que l'administration n'accepte pas cette jurisprudence et exige l'accomplissement desdites formalités pour l'apport en société aussi bien que pour la cession d'un brevet[4].

Mais il n'y a pas lieu de remplir les formalités dont il s'agit, si

---

1. Rouen, 29 décembre 1871 (S. 72, II, 51); Cass., 29 mai 1877 (S. 78, I, 402).
2. Cass., crim., 24 mars 1864 (S. 64, I, 374), 24 novembre 1866 (D. 68, V, 43), 19 juin 1882 (S. 1883, I, 17; J. S. 1891, 241). *Conf.* Trib. Douai, 11 juillet 1888 (J. S. 1890, 84); Paris, 26 juin 1896 (J. S. 1897, 432); Huard, *Rép. de législ. en mat. de br.*, p. 436; Renouard, *Traité des brevets*, n° 171 · Bédarride, *Brevets d'inv.*, t. I, n° 254; Cass. civ., 22 mars 1898 (J. S. 1899, 12).
3. Houpin, J. S. 1891, 241. *Conf.* Pouillet, *Brev. d'inv.*, n° 306; Allard, *id.*, n° 87; Pont, n° 259; Lyon-Caen et Renault, n° 21; Lyon-Caen, note, S. 83, I, 17; Seine, 15 juillet 1895 (J. S. 1896, 473).
4. Circ. min. de l'agric. et du comm., 30 décembre 1865, confirmée notamment par une lettre du ministre du commerce au préfet de la Seine, du 6 décembre 1889.

l'apport consiste, non pas dans la propriété du brevet, mais dans un simple droit d'exploitation ou de jouissance[1].

49. Dissolution. Reprise. — Est licite la convention par laquelle un associé se réserve, dans l'acte de société, la faculté, en cas de dissolution, de reprendre le brevet par lui apporté[2].

En cas d'apport, par un breveté, du droit exclusif d'exploitation de son brevet, si cette société est mise en liquidation avant le terme fixé pour sa dissolution, le droit d'exploitation doit être compris dans l'actif social[3].

SECTION 5

CONCESSIONS DE CHEMINS DE FER, DE TRAMWAYS ET DE TRAVAUX PUBLICS

50. — Les concessions de travaux publics accordées par l'État peuvent être apportées à une société constituée en vue de les mettre en valeur et de les exploiter. Mais il est de principe dans notre législation que l'apport de ces concessions ne peut être l'objet d'aucun prix au profit des concessionnaires, sauf le remboursement des avances faites par ceux-ci, et dont le compte, appuyé des pièces justificatives, aura été accepté par l'assemblée générale des actionnaires. Ce principe, inscrit pour la première fois dans la loi relative à la concession du chemin de fer d'Orléans, a été généralisé par son introduction dans la loi du 15 juillet 1845, sur les chemins de fer d'intérêt général, et appliqué à toute concession de chemin de fer. Il a été décidé, en conséquence, que l'apport d'une concession de chemin de fer peut avoir lieu contre le remboursement des avances faites par le concessionnaire, mais sans aucun autre avantage ; sinon, il est frappé d'une nullité d'ordre public[4].

---

1. Lesenne, *Livre des nations*, n° 89 ; Nouguier, n°ˢ 274, 308 ; Renouard, n° 276 ; Rendu, n°ˢ 144 et 179 ; Allart, n° 203.
2. Seine, 15 oct. 1885 (J. trib. comm., 1887, 25) ; Paris, 21 déc. 1886 (R. S. 1887, 89). Voir en ce qui concerne les droits de la société sur les brevets apportés en propriété ou en jouissance, notamment en cas de dissolution : Dijon, 1er mars 1865 (S. 66, II, 94) ; Cass., 3 mai 1865 (S. 65, I, 207) ; Seine, 22 mars 1888. V. Lille, 25 janv. 1900, découverte d'inv. (J. S. 1900, 321) ; Cass., 9 janv. 1900 (J. S. 1900, 323).
3. Aix, 7 avril 1865 (S. 66, II, 357).
4. Paris, 22 juillet 1880 (J. S. 1882, 136) et 29 juillet 1881 (*id.* 1881, 667) ; Cass., 11 février 1884 (D. 85, I, 199) ; Cons. d'État, 31 mai 1878 (D. 78, III, 62) et 13 juillet 1883 (D. 85, III, 28) ; Lyon-Caen et Renault, n° 708. On a nié la portée générale de la loi du 15 juillet 1845 (Worms, J. S. 1881, 667), mais à tort suivant nous (*Conf.* Lyon-Caen et Renault, n° 708, note 2). On a aussi prétendu, sans

Toutefois, une loi du 13 décembre 1893, modifiant celle du 9 juillet 1892, ayant pour objet la déclaration d'utilité publique d'une distribution d'énergie électrique produite par la chute d'eau dérivée du Rhône en amont de Lyon (Société des forces motrices du Rhône), a accordé aux fondateurs (indépendamment du remboursement de leurs avances) le droit de se réserver une part dans les bénéfices nets de la Société. La part de bénéfices ainsi réservée a été représentée par des parts de fondateur créées par les statuts de la société. En 1894, le Conseil d'Etat a aussi admis que la rétrocession d'une concession pouvait donner lieu à une participation aux bénéfices au profit du cédant[1]. Ces précédents indiquent que le Conseil d'État autorise, dans certains cas, la création de parts de fondateur en représentation de l'apport de concessions de travaux publics. Mais nous ne pensons pas que, en l'absence d'une autorisation administrative, le concessionnaire puisse se faire attribuer une part de bénéfices sociaux en représentation de ses avances[2]. Cela serait contraire au texte et à l'esprit de la loi[3].

Une concession de chemin de fer ne fait acquérir aux compagnies concessionnaires qu'un droit d'exploitation purement mobilier, les chemins de fer concédés par l'État étant, d'après la loi du 15 juillet 1845, une dépendance du domaine public[4].

Toute cession totale ou partielle de concessions de chemins de fer d'intérêt local ou de tramways, la fusion des concessions ou des administrations, tout changement de concessionnaires (et par conséquent l'apport en société), ne peuvent avoir lieu qu'en vertu d'un décret délibéré en Conseil d'État, rendu sur l'avis conforme du Conseil général, s'il s'agit de lignes concédées par les départements, ou du Conseil municipal, s'il s'agit de lignes concédées par les communes[5].

---

nier la portée générale de cette disposition, qu'elle a été abrogée par la loi du 24 juillet 1867 (Dumay, *Etude jurid. sur les concess. de chem. de fer.*, p. 49; Nimerel, *Etudes sur les concess. de chem. de fer*, n° 86. V. Aucoc, *Conférences sur l'adm. et le dr. adm.*, III, n° 1294; Worms, *loc. cit.* Contrà, Godin, *Des titres attrib. aux fond. des soc. an.*, p. 138.

1. Projet de loi ayant pour objet la déclaration d'utilité publique d'une voie souterraine entre la porte de Vincennes et la porte Dauphine à Paris.

2. V. Houpin, J. S. 1898, 141. Contrà, Terrigny, *Rev. trim. du nouv. régime des soc.*, 1897, 21 et suiv.

3. V. l'exposé des motifs de la loi de 1845; note J. S. 1881, 669.

4. Dalloz, v° *Voirie par chem. de fer*, n°s 184 et suiv.; Paris, 2 février 1888 (R. S. 1888, 191).

5. L. 11-12 juin 1880, art. 10. V. Paris, 22 juillet 1880 et Cass., 5 décembre 1882 (D. 83, 1, 171); Toulouse, 9 décembre 1885 (R. S. 1886, 456); Paris, 25 novembre 1887 (R. S. 1888, 187); R. S. 1885, 564.

Une société peut se fonder pour l'exécution et l'exploitation d'un chemin de fer d'intérêt local, alors que la concession en est subordonnée à la déclaration d'utilité publique; mais la société est censée n'avoir jamais existé, lorsqu'il est devenu certain que l'utilité publique ne sera pas déclarée[1].

L'autorisation donnée au concessionnaire, dans l'acte de concession, de faire appel au crédit public pour se procurer les fonds nécessaires à l'exécution de la ligne concédée, ne dispense pas la société qui se constitue pour l'exécution et l'exploitation de la ligne et se substitue au concessionnaire primitif, d'obtenir un décret d'autorisation conformément aux prescriptions de l'art. 10 de la loi du 11 juin 1880 : faute de quoi la société est illicite et frappée d'une nullité d'ordre public[2].

Lorsqu'une concession coloniale est accordée sous la condition de constituer une société anonyme à un capital déterminé, il n'est pas permis de faire figurer dans les apports en nature la valeur de la concession[3].

SECTION 6

APPORTS DIVERS

51 — Au point de vue de la translation de la propriété à l'égard des tiers, il y a lieu : 1° à l'endossement, si l'apport comprend un titre à ordre (art 136, C. comm.); 2° au transfert, s'il s'applique à des titres nominatifs (art. 36, C. comm.); 3° à la mutation en douane, s'il s'agit d'un bâtiment de mer (L. 27 vendémiaire an II, art. 27).

Si un associé a apporté non pas un corps certain, mais des choses indéterminées comme une certaine quantité de grains ou de denrées, ou d'animaux sans dire lesquels, il n'est libéré de l'obligation où il est d'en faire l'apport qu'à partir du moment où la société en est devenue propriétaire par la livraison qui les individualise; et, jusqu'à ce moment, les risques sont pour le compte de l'associé[4].

---

1. Toulouse, 9 décembre 1885, *loc. cit.*
2. Même arrêt.
3. Cons. d'Etat, 5 mars 1897 (R. S. 1897, 194). Décidé que l'apporteur d'une concession (construction et exploitation d'un wharf) est fondé à réclamer de la société le montant des espèces et actions à lui attribuées, quand la concession n'a pas été accordée à la société par suite de l'inaction de celle-ci, qui a négligé de faire les démarches nécessaires auprès du gouvernement concédant (Seine, 26 avril 1897, J. S. 1898, 92).
4. Pont, nos 403-406; Laurent, n° 269; Guillouard, nos 154 et 186. V. J.S. 1904, 412.

SECTION 7

APPORT EN USUFRUIT

52. — Si l'apport a pour objet un droit d'usufruit, déjà créé au profit de l'associé, ou constitué par lui sur un bien dont il est propriétaire, les effets de cet apport sont les mêmes que ceux d'un apport en propriété (sauf l'étendue du droit concédé à la société), notamment en ce qui concerne la transmission, la garantie, les risques, et la transcription s'il s'agit d'un immeuble (L. 23 mars 1855, art. 1er)[1].

Si le bien apporté en usufruit périt par cas fortuit, la société est déliée de son obligation de le restituer. Si, au contraire, la perte se produit par la faute de la société usufruitière, celle-ci est tenue de dommages-intérêts. Lorsque l'apporteur concède à la société un quasi-usufruit portant sur des objets dont on ne peut faire usage sans les consommer, il abandonne la propriété de ces objets à la société; les risques sont à la charge de cette dernière, qui, au moment de la dissolution, devra rendre à l'associé « des choses de pareille quantité, qualité et valeur, ou leur estimation » (art. 587, C civ.)[2].

SECTION 8

APPORT EN JOUISSANCE

53. — Au lieu d'apporter la propriété ou l'usufruit d'un bien, un associé peut en apporter simplement la jouissance à la société, pendant un temps déterminé (ordinairement la durée de la société), sans que celle-ci ait aucune redevance à payer. Cet associé doit garantir la jouissance, et, si la chose vient à périr par cas fortuit après l'apport en société, la société est dissoute[3].

54. — L'acte constatant l'apport en société de la jouissance d'un immeuble doit-il être transcrit? Oui, suivant certains auteurs (qui considèrent que la propriété reste entière et sans aucun démembrement sur la tête de l'apporteur, et que la société acquiert non un

---

1. Pont, n° 277; Lyon-Caen et Renault, n° 28; Guillouard, n° 189.
2. Pont, n° 384; Guillouard, n° 156; Nyssens et Corbiau, n° 156.
3. Lyon-Caen et Renault, n° 27; Guillouard, n° 190.

droit réel, mais un droit de créance comme en matière de bail), si l'apport est fait pour une durée de plus de dix-huit ans, et ce, par application de l'art. 2-4° de la loi du 23 mars 1855[1]. D'autres auteurs pensent, au contraire, qu'il faut, à ce point de vue, assimiler l'apport en société à un droit d'usufruit (temporaire) et transcrire cet apport, même s'il est fait pour une durée de moins de dix-huit années[2]. Cette dernière solution est plus sûre.

Si la jouissance était concédée à la société à charge par elle de payer à l'associé propriétaire un loyer, à titre de charge sociale, à comprendre dans les frais généraux de la société, il y aurait bail et non apport, et l'on devrait appliquer toutes les règles du contrat de bail. Mais s'il était stipulé que, à raison de l'apport de la jouissance d'un bien, l'associé aura droit à une certaine somme à prélever annuellement *sur les bénéfices*, il y aurait, à notre avis, non pas un bail, mais un apport véritable soumis aux chances sociales. La distinction est importante au point de vue des droits d'enregistrement et de la transcription.

SECTION 9

APPORT EN NUMÉRAIRE

55. — L'apport d'un associé peut être fait en nature (nous venons d'en étudier les règles), ou en numéraire. Dans ce dernier cas, l'associé doit effectuer le versement de sa mise à l'époque indiquée dans les statuts, ou aux époques fixées par les gérants ou administrateurs de la société ou, suivant le cas, par l'assemblée générale des associés.

Si l'associé n'exécute pas cette obligation à l'échéance, il est soumis aux dispositions de l'art. 1846, C. civ., aux termes duquel « *l'associé qui devait apporter une somme dans la société et qui ne l'a point fait, devient, de plein droit et sans demande, débiteur des intérêts de cette somme, à compter du jour où elle devait être payée... sans préjudice de plus amples dommages-intérêts s'il y a lieu[3]* ». L'associé en retard de verser la somme promise ne peut se soustraire au paie-

1. Flandin, *Transcription*, I, n° 269; Pont, n° 279; Lyon-Caen et Renault, n° 97. V. aussi Nyssens et Corbiau, n° 97; Baudry-Lacantinerie et Wahl, n° 174.
2. Mourlon, *Transcription*, I, n° 52: Guillouard; n° 190. V ' S 1904, 349.
3. V. Cass.. 3 mars 1856 (S. 56, I, 485); Aix, 14 novembre 1860 (S. 61, II, 296) et 1er mars 1869 (S. 70, II, 73); Seine, 3 décembre 1894 (J. S. 1895, 125); Pont, nos 293-298; Lyon-Caen et Renault, n° 30; Guillouard, n° 191.

ment des intérêts, en demandant à prouver que le retard dans le paiement n'a causé aucun préjudice à la société[1]. Ces intérêts sont soumis à la prescription quinquennale de l'art. 2277, C. civ.[2], à moins que ni l'acte de société ni un acte postérieur ne contiennent aucune stipulation spéciale sur le mode d'administration[3].

SECTION 10

APPORT INDUSTRIEL

56. — L'art. 1847, C. civ., est ainsi conçu : « *Les associés qui se sont soumis à apporter leur industrie à la société lui doivent compte de tous les gains qu'ils ont faits par l'espèce d'industrie qui est l'objet de cette société.* »

Si la privation de l'industrie de l'associé a causé à la société un dommage plus grand que le profit retiré par l'associé de l'exercice particulier de son industrie, cet associé doit, en outre de la restitution de ce profit, des dommages-intérêts équivalant au préjudice qu'il a occasionné à la société[4].

L'associé qui apporte en société son industrie ne l'apporte que pour la durée de la société ; à l'expiration de celle-ci, il reprend la libre disposition de son nom et de son industrie[5].

Si l'associé a une autre industrie non comprise dans l'objet de la société, il ne doit pas compte à ses coassociés des bénéfices qu'il en a retirés[6]. Mais il pourrait, suivant les cas, être considéré comme ne réalisant pas tout l'apport promis, s'il consacrait son temps à cette industrie[7].

SECTION 11

CAPITAL SOCIAL— AUGMENTATION — RÉDUCTION

57. — Le montant des divers apports en nature et en argent forme le fonds ou capital social. Ce capital peut se trouver augmenté par

---

1. Aix, 1er mars et 12 juillet 1869 (S. 70, II, n° 73) ; Rennes, 23 juin 1870 (S. 70, II, 274) ; Laurent, n° 249. V. aussi Cass., 3 décembre 1867 (S. 68, I, 60).
2. Cass., 17 février 1869 (S. 69, I, 256) ; Seine, 3 décembre 1888 (R. S. 1889, 345).
3. Guillouard, n° 193.
4. Aubry et Rau, § 380-2 ; Guillouard, n° 195.
5. Cass., 6 juin 1859 (S. 59, I, 657) ; Pont, n° 304 ; Laurent, t. XXVI, n° 252.
6. Lyon, 18 juin 1856 (D. 57, II, 71) ; Laurent, t. XXVI, n° 251. V. J. S. 1904, 412.
7. Lyon-Caen et Renault, n° 31 ; Pont, n°s 305 à 308 ; Guillouard, n° 195 ; Laurent, *loc. cit.*

suite de l'extension donnée à l'apport de chaque associé. Mais si une partie de l'actif a été perdue, ou si l'on désire donner un développement aux affaires sociales, ou si la société a besoin de ressources plus importantes pour atteindre son but, la majorité des associés peut-elle contraindre la minorité à augmenter les apports? Oui, si l'augmentation du capital a été prévue par les statuts. Mais, dans le cas contraire, le consentement unanime des associés est nécessaire. Les conventions font la loi des parties (art. 1134, C. civ.). La stipulation relative à l'importance du capital social ne peut être modifiée que par l'unanimité des volontés qui a été nécessaire pour la formation du pacte social[1]. Toutefois, si la société ne pouvait fonctionner sans cette augmentation de capital, la majorité pourrait faire prononcer la dissolution de la société par les tribunaux (art. 1865-2°)[2]. Le capital social ne pourrait non plus être réduit sans le consentement de tous les associés. (V. *infrà*, nᵒˢ 652 et suiv., 912 et suiv.).

CHAPITRE V

RÉALISATION DE BÉNÉFICES

58. Principe. — L'une des conditions essentielles pour qu'il y ait société, dans le sens du Code civil ou du Code de commerce et des lois qui s'y rattachent, c'est que les parties aient pour but de réaliser des bénéfices en argent, à partager entre elles, à l'aide des opérations à faire en commun[3].

59. Associations n'ayant pas le caractère de sociétés. — Les associations qui ont en vue un but religieux, charitable, scientifique, littéraire, etc., ne se proposant pas un lucre pour objet, ne constituent pas de véritables sociétés. Elles sont régies par la loi du 1er juillet 1901, dont l'art. 1er a ainsi défini l'association[4] « L'association est la convention par laquelle deux ou plusieurs personnes mettent en commun d'une façon permanente leurs connaissances et leur activité, dans un but autre que de partager les bénéfices. Elle est régie, quant à sa

---

1. Lyon-Caen et Renault, nᵒ 33 *bis*; Guillouard, nᵒ 197. *Contrà*, Pardessus, *Droit commerc.*, t. IV, nᵒ 995.

2. Pont, nᵒ 314; Guillouard, *loc. cit.*

3. Lyon-Caen et Renault, nᵒ 34.

4. Wahl, *Définition du contrat d'association d'après la loi du 1er juillet 1901*, *Journ. des soc.*, 1905, p. 337 et 385.

validité, par les principes généraux du droit applicables aux contrats et obligations ».

Ne constituent pas de véritables sociétés, car elles n'ont pas pour but de réaliser des bénéfices, mais des associations : 1° les associations religieuses[1]; 2° celles de spiritisme[2]; 3° les sociétés d'agrément, par exemple les cercles littéraires, musicaux ou autres[3]. Mais la société formée dans un but de spéculation, pour l'exploitation d'un cercle, avec des apports et des prélèvements réciproques et partage des bénéfices et des pertes, a le caractère d'une exploitation commerciale et est valable[4], à moins qu'elle n'ait pour objet principal et illicite l'exploitation du cercle au point de vue du produit des jeux[5]; 4° les associations de charité ayant pour but de rendre les derniers devoirs aux morts[6]; 5° les associations philanthropiques, notamment les sociétés de Francsmaçons[7]; 6° les souscriptions publiques ouvertes dans un but de bienfaisance ou d'utilité générale[8]; 7° les sociétés de secours mutuels[9]. Mais celles autorisées forment des êtres moraux pouvant agir en justice et posséder ; 8° les associations organisées pour la discussion des questions d'économie commerciale ou industrielle[10]; 9° l'association dite « Caisse de secours », formée entre les employés et ouvriers d'une compagnie de chemin de fer dans le but de procurer des secours et des pensions aux associés ou à leurs familles, en cas de blessures ou de décès[11]; 10° les associations ou chambres syndicales, soit entre patrons, soit entre ouvriers d'un même commerce ou d'une même industrie ; les syndicats corporatifs ou professionnels, même pourvus d'autorisation administrative[12]. Mais les syndicats profes-

---

1. Les congrégations religieuses ont été soumises par la loi du 1er juillet 1901 à un régime spécial et ne peuvent plus se former sans une autorisation donnée par une loi (V. J. S. 1901, 378, 466; 1902, 385, 481, 507, 508,509, 529; 1903, 114, 518; 1906, 232).
2. Cass., 29 octobre 1894 (J. S. 1895, 205); Seine, 31 janvier 1898 (J. S. 1898, 335).
3. Cass., 29 juin 1847 (S. 48, I, 212); Lyon, 1er juin 1852 (D. 53, II, 99); Aix, 20 mars 1873 (S. 75, II, 103); Nancy, 20 janvier 1877 (S. 80, I, 156); Cass., 7 décembre 1880 (S. 81, I, 244); Paris, 5 et 24 janvier 1888 (D. 89, II, 140); Rouen, 2 juin 1897 (J. S. 1898, 72); Bouaye, 25 mai 1900 (J. S. 1900); Pont, n° 69.
4. Paris, 5 janvier 1888 (S. 90, II, 146).
5. Paris, 9 avril 1897 (J. S. 1897, 418).
6. Trib. des Andelys, 17 juin 1884 (D. 85, III, 38).
7. Trib. Dunkerque, 2 mai 1862.
8. Agen, 15 décembre 1857.
9. Paris, 25 mars 1881 et 7 décembre 1882 (R. S. 1883, 547). V. aussi Cass., 12 janvier 1842 (D. 42, I, 131) et 10 juillet 1850 (D. 50, I, 322).
10. Paris, 24 juin 1868.
11. Grenoble, 9 juillet 1866 (S. 67, II, 14); Cass., 18 juin 1872 (D. 72, I, 172). V. Déc. 27 décembre 1895 (caisse de retraite).
12. Trib. Lyon, 12 décembre 1874.

sionnels de patrons ou d'ouvriers, autorisés par la loi du 24 mars 1884, qui se conforment aux prescriptions de cette loi, jouissent de la personnalité civile (*supra*, n° 16); 11° la réunion de propriétaires s'associant pour défendre leurs terrains contre un dommage éventuel[1]; 12° l'association de plaideurs qui s'unissent dans le but de lutter en commun pour leurs intérêts menacés[2]; 13° l'association formée entre plusieurs propriétaires pour la mise en commun du droit de chasse leur appartenant comme propriétaires de terres ou fermiers de chasse[3]; 14° les sociétés d'assurances mutuelles contre l'incendie, les épizooties, la grêle, les accidents, etc., formées dans le but de répartir entre plusieurs le dommage subi par un seul[4]. Cependant, dans l'usage, et même dans les décisions judiciaires, dans les actes de l'autorité administrative et dans le décret du 22 janvier 1868, qui les réglemente, on les qualifie de sociétés. Mais il n'y a là que l'abus d'un mot. La solution contraire a reçu, du reste, une solution quasi-législative. Elle est admise par l'exposé des motifs de la loi du 24 juillet 1867. « Il faut dire, pour les sociétés d'assurances mutuelles comme pour les tontines, qu'elles ne sont pas de véritables sociétés »[5]; 15° les tontines (comme nous venons de le rappeler)[6]; 16° la mise en commun d'une somme d'argent, par plusieurs commerçants, pour en jouir chacun alternativement, suivant les besoins de son commerce[7]; 17° la mise en commun, par des agents d'assurance, pour les partager, des courtages obtenus pour les assurances qu'ils auraient fait contracter chacun de leur côté[8]; 18° une compagnie ou cercle d'assureurs représenté par un mandataire commun, mais formé sous la condition que chacun de ses membres sera tenu sans solidarité et

---

1. Cass., 27 juillet 1880 (S. 81, 1, 145).
2. V. Cass., 26 mars 1878 et note (D. 78, 1, 303); Pont, n°s 68 et 71.
3. Laurent, n° 150; Guillouard, n° 68. *Contrà*, Cass., 18 novembre 1865 (S. 66, 1, 415), 24 avril 1876 (S. 77, 1, 16); Paris, 22 juillet 1896 (R. S. 1896, 466). V. Cass., 1 janvier 1894 (S. 94, 11, 37); Seine, 16 janvier 1895 (R. S. 1895, 433); Douai, 25 janvier 1899 (S. 1900, 11, 25); *Rép. du dr. fr.*, v° *Chasse*, n°s 166 et suiv. V. aussi jug. de Lyon, 19 mars 1894 (R. S. 1894, 502), décidant que lorsque les statuts d'une société de chasse portent que la durée est limitée à la durée des baux passés avec les propriétaires des terrains où s'exerce la chasse, les sociétaires doivent exécuter les renouvellements de baux passés par les administrateurs, sauf le droit leur appartenant de provoquer la dissolution de la société.
4. Douai, 29 juillet 1850 (S. 52, 11, 709) et 15 novembre 1851 (S. 52, 11, 58); Grenoble, 9 juillet 1866 (S. 67, 11, 14); Cass., 16 août 1870 (S. 71, 1, 15); Paris, 25 mars 1872 (D. 75, 11, 17); Cass., 17 juin 1879 (D. 79, 1, 343) et 28 décembre 1886 (R. S. 1887, 120); Paris, 17 février 1890 (R. S. 1890, 246); Laurent, n° 147; Lyon-Caen et Renault, n° 34 *bis*. V. toutef. Cass., 13 mai 1857 (S. 58, 1, 129) et J. S. 1902, 162.
5. Duvergier, *Loi de* 1867, p. 324, note.
6. Aubry et Rau, § 377-5; Guillouard, n° 74; Lyon-Caen et Renault, *loc. cit.*
7. Cass., 4 juillet 1826 (S. t. 8, 1, 380).
8. Cass., 29 novembre 1831.

seulement en proportion de son intérêt ou de sa mise[1]; 19° le traité passé entre un entrepreneur de fournitures et un sous-traitant par lequel celui-ci s'engage à faire certaines fournitures, moyennant un prix fixé, avec condition de partage de bénéfices : c'est un simple marché de fournitures[2]; 20° la convention par laquelle des entrepreneurs de transport forment une masse commune de toutes les marchandises dont chacun d'eux sera chargé, et conviennent de la répartir entre eux dans certaines proportions[3]; 21° l'association de deux propriétaires qui refont, à frais communs, le ruisseau qui les sépare, ou qui élèvent un mur mitoyen sur un terrain dont ils fournissent chacun la moitié[4]; 22° les sociétés d'encouragement pour l'amélioration de la race chevaline, instituées avec le concours et l'approbation de l'autorité publique[5] (V. suprà, n° 15); 23° les comices agricoles[6]; 24° une commission, d'organisation d'une section française à une exposition internationale étrangère[7]; 25° enfin les sociétés coopératives de consommation, dont le but est, en achetant en gros des marchandises, d'échapper aux intermédiaires et de revendre ces marchandises aux associés pour un prix inférieur à celui du détail, ne sont pas de véritables sociétés dans le sens étroit et technique du mot[8].

60. Situation juridique de ces associations. — Bien que les sociétés d'assurances mutuelles constituées conformément au décret du 22 janvier 1868 ne constituent pas de véritables sociétés, elles n'en existent pas moins légalement et forment un être moral capable de contracter et d'ester en justice (V. suprà, n° 13). Il en est de même des sociétés coopératives constituées dans les termes de la loi du 24 juillet 1867. Les syndicats professionnels, autorisés par la loi du 21 mars 1884, peuvent recueillir des dons et legs sans l'autorisation du gouvernement[9].

Les associations régies par la loi du 1er juillet 1901 jouissent de

---

1. Cass., 3 mars 1852 (S. 52, I, 225); Rennes, 26 mars 1849, (S. 51, II, 705).
2. Cass., 7 janvier 1840 (D. 40, I, 83); Guillouard, n° 15.
3. Rouen, 5 mars 1846 (D. 49, II, 228).
4. Aubry et Rau, § 377-7; Pont, n° 69; Guillouard, n° 76. Contrà, Troplong, n° 13. (D. 91, I, 81); Cass., 30 août 1859 (D. 59, I, 365); 25 mai 1887 (D. 87, I, 289) et 2 janvier 1894 (J. S. 1897, 59); Nîmes, 18 juillet 1892 (D. 93, II, 490). Voir Limoges, 23 décembre 1895
5. Nancy, 2 juin 1866 (S. 67, II, 77). Rouen, 27 décembre 1899 (J. S. 1900, 306).
6. Paris, 12 novembre 1889 (S. 90, II, 243).
7. Lyon-Caen et Renault, n° 34. V. Hubert-Valleroux, R. S. 1897, 316.
8. Seine, 16 juillet 1896 (J. S. 1896, 507). V. sur la situation des sociétés d'épargne et de capitalisation : Wahl, Étude, (J. S. 1899, 193 et suiv.); Lyon, 19 juillet 1898 et Cass, 18 décembre 1899 (J. S. 1899, 257; 1900, 152).

la capacité juridique, restreinte pour les associations déclarées, plus étendue pour celles reconnues d'utilité publique.

Les associations non déclarées ont une existence légale, puisque l'art. 2 de la loi de 1901 leur permet de se former librement, mais elles ne jouissent pas de la capacité juridique. Elles ne peuvent donc ni acquérir à titre gratuit ou onéreux, ni être créancières ou débitrices, ni ester en justice.

Avant la loi de 1901, on reconnaissait que les associations étaient licites, non pas comme sociétés, mais comme contrats innomés, en vertu du principe de la liberté des conventions[1]. Mais leurs membres pouvaient contracter individuellement, acquérir, s'obliger, devenir créanciers ; au regard des tiers, l'associé qui agissait était seul propriétaire des objets par lui achetés, créancier ou débiteur ; mais, dans ses rapports avec ses associés, il devait partager et compter[2]. Les tiers avaient même action contre tous les membres de la société, si l'un d'eux, par exemple le président ou le trésorier, avait agi en vertu d'un mandat des autres[3]. L'action en justice appartenait au président de l'association, s'il avait reçu mandat à cet effet, notamment par les statuts[4]. Cette situation s'est trouvée modifiée par la loi du 1er juillet 1901. L'art. 17 de cette loi déclare nuls tous actes entre vifs ou testamentaires, à titre onéreux ou gratuits, accomplis soit directement, soit par personne interposée ou toute autre voie indirecte, ayant pour objet de permettre aux associations légalement ou illégalement formées de se soustraire aux prescriptions des art. 2, 6, 11, etc. La nullité peut être prononcée, soit à la diligence du ministère public, soit à la requête de tout intéressé.

61. Sociétés immobilières concernant les associations non

---

1. Bruxelles, 9 février 1887 (*Pas.* 1887, II. 205) et les décisions citées par Nyssens et Corbiau, n° 129; Van den Heuvel, *De la situation légale des sociétés sans but lucratif* (Bruxelles, 1884); Seine, 1er mars 1901 (J. S. 1901, 432). V. aussi Cass., 2 janvier 1894 (D. 94, 1, 81) et 29 novembre 1897 (J. S. 1898, 209).
2. V. Aix, 20 mars 1873 (S. 75, II, 103); Poitiers, 19 décembre 1876; trib. Andelys, 17 juin 1884 (D. 85, III, 38); Guillouard, n° 70; Nyssens et Corbiau, n° 132; *Rev. pr. s. Belg.*, 1892, n° 323.
3. Aix, 2 juillet 1844 (D. 45, II, 61); Cass., 29 juin 1847 (S. 48, 1, 212); Lyon, 1er décembre 1852 (D. 53, II, 99). V. Versailles, 6 février 1896 (J. S. 1896, 286); Tr. Bruxelles, 5 décembre 1896 (*Rev. pr. s. Belg.*, 1897, 148).
4. Cass., 20 juillet 1878 (J. S. 1880, 206), 19 novembre 1879 (D. 80, 1, 268); Seine, 1er juin 1888 (R. S. 1888, 386). V. les autorités citées J. S. 1880, 389. V. aussi sur les actions en justice intéressant les associations de ce genre : Cass., 30 décembre 1857 (D. 58, 1, 21), 30 janvier 1878 (S. 80, 1, 300), 20 juillet 1878 (S. 80, 1, 89), 7 décembre 1880 (D. 81, 1, 149); Seine, 16 avril 1879 (D. 80, 1, 300), 27 mai 1887 (D. 87, 1, 289) et 22 décembre 1889 (R. S. 1890, 141) ; Paris, 12 novembre 1889 (R. S. 1890, 82); Cass., 27 janvier 1890 (R. S. 1890, 234); Rouen, 2 juin 1897 (J. S. 1898, 72); Guillouard, n° 71 ; *Rép. du dr. fr*, v° *Cercles*, n°s 3 et suiv.

reconnues. — Les établissements et associations n'ayant pas une existence légale (notamment les écoles libres, les établissements religieux, de bienfaisance et autres non reconnus) ne peuvent posséder d'immeubles, ni contracter. Comment procéder lorsque des immeubles leur sont nécessaires? Ces situations sont fort délicates. Nous estimons qu'il convient de former, entre plusieurs personnes faisant des apports sérieux, en nature ou en espèces, une société civile ayant pour objet l'administration, l'exploitation et, s'il y a lieu, l'acquisition des immeubles nécessaires; s'il est créé des actions, il est utile, à cause du but de la société, de les rendre nominatives et de réglementer leur mode de transmission. Quand la société, ainsi constituée, est devenue propriétaire des immeubles, elle en fait bail à loyer à l'établissement. De cette manière, la société, propriétaire des immeubles, est juridiquement distincte de l'établissement non reconnu, lequel se trouve simple locataire des immeubles qu'il occupe. On peut aussi former, dans les mêmes conditions, une société anonyme[1].

62. Partage des bénéfices et des pertes. — Il ne suffit pas, pour qu'il y ait société, que les parties se proposent de réaliser des bénéfices, il faut encore : 1° qu'elles se proposent de *partager* les bénéfices, lorsqu'ils seront réalisés ; 2° que les pertes que la société peut éprouver soient elles-mêmes supportées en commun par les associés. Nous examinerons plus loin les règles du partage des bénéfices et de la répartition des pertes, double caractère essentiel de toute société.

CHAPITRE VI

FORME ET PREUVE DU CONTRAT

SECTION 1.

SOCIÉTÉS CIVILES

63. Loi. — L'art. 1834, C. civ., est ainsi conçu : « *Toutes sociétés doivent être rédigées par écrit, lorsque leur objet est d'une valeur de*

---

1. V. Benoist, d'Herbelot et Pagès, *De la const. des soc. en vue de l'établ. d'écoles libres, orphel., hosp. et inst. div.* V. la loi du 1er juillet 1901 sur les interpositions de personnes.

plus de 150 francs. La preuve testimoniale n'est point admise contre et outre le contenu en l'acte de société, ni sur ce qui serait allégué avoir été dit avant, lors et depuis cet acte, encore qu'il s'agisse d'une somme ou valeur moindre de 150 francs. »

64. Preuve. — Cette disposition ne fait qu'appliquer au contrat de société les règles générales sur les preuves (art 1341 et suiv., C. civ.) D'où il résulte : 1° que la preuve est toujours possible par l'aveu ou le serment ; 2° qu'elle peut aussi se faire par témoins ou à l'aide de présomptions de fait, lorsqu'il existe un commencement de preuve par écrit[1]. Il faut même, pour que la preuve par témoins et les présomptions soient écartées, que l'objet de la société, c'est-à-dire la réunion des apports des associés[2], excède 150 francs.

Mais les tiers peuvent établir par témoins l'existence d'une société dont l'objet est d'une valeur supérieure à 150 francs. L'art. 1834 ne concerne que les associés et n'est pas opposable aux tiers[3].

65. Forme. — L'acte de société peut être indifféremment authentique ou sous seing privé. Dans ce dernier cas, il doit, comme contrat synallagmatique, être dressé en autant d'originaux qu'il y a d'associés, et le nombre de ces originaux doit être mentionné sur chacun d'eux (art 1325, C. civ.). La preuve de l'existence de la société ne peut résulter de documents écrits ne remplissant pas les conditions de cet article[4].

Toutefois, l'acte de société devrait être fait par acte authentique : 1° s'il y avait apport de la propriété d'un brevet d'invention (V. *suprà* n° 48) ; 2° si la société était formée entre une personne et l'un de ses successibles. A défaut d'un acte authentique, ce dernier serait tenu de rapporter les bénéfices qu'il aurait réalisés dans l'association (art. 854, C. civ. ; *suprà*, n° 25) ; 3° si l'acte de société contenait pouvoir, conféré aux administrateurs, d'hypothéquer les immeubles sociaux. La loi du 1er août 1893 (art. 6), a disposé qu' « il pourra être consenti hypothèque au nom de toute société *commerciale* en vertu des pouvoirs résultant de son acte de formation même sous seing privé ». Mais cette disposition ne s'applique pas aux sociétés civiles, même à

---

1. Cass., 12 décembre 1825 ; Nancy, 17 janvier 1829 ; Cass., 17 avril 1834 (S. 34, I, 276), 19 juillet 1832 (S. 33, I, 33), 17 février 1858 (S. 58, I, 461) ; Orléans, 26 août 1869 (S. 70, II, 113) ; Poitiers, 20 janvier 1909 (J. S. 1909, 319).

2. Aubry et Rau, § 378-2° ; Pont, n° 145 ; Laurent, n° 174.

3. Cass., 23 nov. 1812, 21 mai 1878 (S. 79, I, 175) et 25 oct. 1909 (J. S. 1910, 171) Aubry et Rau, § 378-3° ; Pont, n° 158 : Guillouard, n° 87.

4. Pont, n° 135 ; Laurent, n° 173 ; Nyssens et Corbiau, n° 7. *Contrà*, Guillouard n° 83. V. aussi Troplong, n° 205 ; Paris, 17 avril 1807 ; Bruxelles, 28 février 1810 ; Turin, 18 avril 1811.

celles qui seraient constituées sous la forme de la société en nom collectif ou, suivant des auteurs, de la commandite par intérêt[1]. Mais elle s'applique certainement aux sociétés, civiles par leur objet, constituées, depuis la loi nouvelle, sous la forme de la commandite par actions ou de l'anonymat, puisque, en vertu de l'art. 68 nouveau de la loi de 1867, ces sociétés sont commerciales[2] (V. infrà, nos 220 et 278).

66. Sociétés fromagères. — Il existe depuis longtemps dans le Jura des sociétés dites *sociétés fromagères*, formées entre le propriétaire de troupeaux de vaches et le propriétaire du chalet où se fabriquent les fromages. Dans notre ancien droit, ces sociétés n'étaient soumises à la nécessité d'aucune preuve écrite. Cette exception s'est-elle maintenue sous le Code civil? Oui, suivant la jurisprudence dominante[3]; mais la solution contraire nous semble plus conforme au texte de l'art. 1834[4].

67 Sociétés entre concubins. — Les associations existant entre concubins, résultant de la mise en commun de l'avoir qu'ils possédaient et de leur travail pendant la durée de leurs relations, ne constituent une société que si elle a été établie au moyen d'un acte écrit ou à l'aide d'un commencement de preuve par écrit, complété par la preuve testimoniale; à défaut de quoi, aucune action en compte, partage et licitation n'est recevable entre eux[5], sauf le droit, pour chacun des associés, de réclamer à l'autre les objets qu'il justifierait avoir apportés dans leur association illicite[6], et, pour la femme, de réclamer des gages si elle a été employée comme domestique[7].

SECTION 2

SOCIÉTÉS COMMERCIALES

68. Loi. — Aux termes de l'art. 39, C. comm. : « *Les sociétés en nom collectif ou en commandite doivent être constatées par des actes publics*

---

1. Lyon-Caen et Renault, L. 1er août 1893, n° 54.
2. Lyon-Caen et Renault, n° 54.
3. Besançon, 28 décembre 1842 (S. 46, II, 155), 8 janvier 1851, 25 mars 1857, 11 janvier et 4 décembre 1862, 12 mars 1867 (S. 67, II, 281); Chambéry, 20 mai 1870 (D. 72, II, 16); Vavasseur, n° 54.
4. Pontarlier, 15 février 1898 (J. S. 98, 452); Lyon, 1er décembre 1898 (J. S. 99, 405); Pont, n° 138; Guillouard, n° 85. V. Cass., 27 janvier 1896 (S. 96, I, 213).
5. Paris, 19 août 1851 (S. 52, II, 209); Bordeaux, 19 mars 1868 (D. 68, II, 222); Paris, 13 juin 1872 (S. 74, II, 37); Pont, nos 69 et 139; Laurent, nos 149 et 175; Guillouard, n° 86. V. toutef. Rennes, 19 décembre 1833 (S. 52, II, 209 et note).
6. Guillouard, n° 86.
7. Cass., 17 mai 1870 (S. 70, I, 364).

T. I. 4

ou sous signature privée, en se conformant, dans ce dernier cas, à l'art. 1323, C. civ. » Et l'art. 41, reproduisant la disposition finale de l'art. 1834, C. civ., ajoute : « *Aucune preuve par témoins ne peut être admise contre et outre le contenu dans les actes de société, ni sur ce qui serait allégué avoir été dit avant l'acte, lors de l'acte ou depuis, encore qu'il s'agisse d'une somme au-dessous de 150 francs*[1]. »

69. Forme. — A la différence des sociétés civiles, les sociétés commerciales, en nom collectif ou en commandite, doivent donc être constatées par des actes publics ou sous signatures privées. Il en est de même en ce qui concerne les sociétés par actions, en commandite ou anonymes (V. *infrà*, v° *Sociétés par actions*). En conséquence, toute convention sociale qui n'a point été rédigée par écrit est nulle *ab initio*, à l'égard des prétendus associés ; elle ne peut être prouvée par témoins, même s'il existe un commencement de preuve par écrit, ni, en cas d'inexécution, motiver une condamnation à des dommages-intérêts[2]. (En ce qui concerne la promesse de société, V. *suprà*, n° 30.) L'acte de société doit être dressé en la forme authentique s'il contient apport de la propriété d'un brevet d'invention, ou si la société est formée entre une personne et l'un de ses successibles (V. *suprà*, n°s 48 et 65).

L'acte de société, passé pardevant notaire, est dressé en minute et porté au répertoire. S'il est sous seing privé, il doit être fait en autant d'originaux qu'il y a de parties ayant un intérêt distinct, c'est-à-dire d'associés, et il faut que le nombre d'originaux soit mentionné sur chacun d'eux. Il doit, en outre, être fait deux autres originaux pour les dépôts à effectuer aux greffes (L. 24 juillet 1867, art. 53)[3].

70. Preuve. Nullité. — A défaut d'écrit, les associés ne peuvent invoquer une autre preuve contre les tiers ; au contraire, les tiers qui ont intérêt à se prévaloir de l'existence de la société (s'ils ne pré-

---

1. V. Angers, 21 février 1894 (*Gaz. trib.*, 4 et 5 juin).
2. Rouen, 6 avril 1811 ; Angers, 11 août 1838 (D. 39, II, 47) ; Paris, 29 janvier 1841 (D. 41, II, 128) ; Orléans, 3 janvier 1843 (S. 43, II, 376) ; Cass., 12 mai 1869 (D. 69, I, 510) ; Lyon, 24 juin 1870 (S. 71, II, 70) ; Toulouse, 22 juin 1872 (S. 73, II, 169) ; Pont, n°s 1110 et 1111 ; Ruben de Couder, v° *Société*, n° 247. *Contrà*, Troplong, n° 227 ; Alauzet, n° 593 ; Lyon-Caen et Renault, n° 172. Suivant ces auteurs, la rédaction d'un acte, dans les sociétés commerciales, comme dans les sociétés civiles, n'est exigée qu'au point de vue de la preuve, et non à titre de formalité substantielle et de condition extrinsèque de la validité même du contrat. V. Bordeaux, 28 mars 1895 (J. S. 1896, 170).
3. Lyon-Caen et Renault, n° 178. Suivant Pont, n° 1122, il suffirait de trois originaux, quel que soit le nombre des associés : deux serviraient aux formalités de publicité, et le troisième serait déposé au siège social. Cette doctrine doit être repoussée.

èrent en opposer la nullité) peuvent l'établir par tous les moyens[1]. Sont des tiers, notamment : 1° les créanciers sociaux ; 2° l'administration de l'enregistrement[2] ; 3° le ministère public[3].

La société est nulle entre les associés, lorsqu'elle n'a pas été constatée par un acte écrit. Mais si elle a fonctionné, la nullité ne concerne que l'avenir ; pour le passé, la convention peut être prouvée par tous les moyens de droit commun[4].

Il a été décidé que les fondateurs et gérants d'une société commerciale, nulle à défaut d'observation des formalités légales, sont tenus solidairement du passif à l'égard des tiers, alors qu'en fait la propriété sociale consistait uniquement en projets, etc., et qu'il n'existait pas de capital social, lequel, en réalité, a été fourni par les tiers créanciers ; que les porteurs de parts ne sont tenus du passif, sans solidarité, que chacun pour une part correspondante au nombre de titres de parts sociales à lui attribués ; qu'ils ne sauraient être assimilés à des associés en nom collectif, puisqu'ils ne sont pas les auteurs de la nullité[5].

---

1. Pont, n° 1117 ; Ruben de Couder, n°s 251 et suiv. ; Lyon-Caen et Renault, n° 175 ; Besançon, 9 juin 1859 (D. 59, II, 166) ; Cass., 23 février 1875 (D. 75, I, 370), 21 mars 1878 (D. 78, I, 456), 12 juillet 1888 (S. 89, I, 309) ; Cass., 2 janvier 1906 (J. S. 1906, 274). V. Rouen, 30 janvier 1895 (J. S. 1895, 317).
2. Cass., 9 avril 1875 (S. 76, I, 473) et 19 janvier 1881 (S. 82, I, 275).
3. Cass., 11 avril 1806.
4. Troplong, n° 226 ; Pont, n° 1113 ; Paris, 27 janvier 1825, 29 janvier 1841, 23 juin 1872 et 26 janvier 1883 (D. 86, I, 302) ; Cass., 22 juillet 1834 ; Colmar, 23 juin 1857 (S. 57, II, 198) ; Nantes, 23 janvier 1897 (J. S. 1898, 90) ; Cass., 28 février 1899 (J. S. 1899, 347). V. toutef. Lyon-Caen et Renault, n° 172.
5. Seine, 4 janvier 1897 (J. S. 1897, 238).

DU CARACTÈRE CIVIL OU COMMERCIAL
DES SOCIÉTÉS

71. Distinction. Intérêt. — La distinction entre les sociétés civiles et les sociétés commerciales présente un grand intérêt, car les unes et les autres sont régies par des principes différents pour leur constitution, leur fonctionnement, la responsabilité des associés, etc. Nous signalerons notamment les différences suivantes : 1° Les sociétés de commerce, autres que les associations en participation, sont assujetties à des formalités de publicité ayant pour but de porter à la connaissance des tiers les statuts de la société et les modifications qui peuvent y être apportées (L. 24 juillet 1867, art. 55 et suiv.). Les sociétés civiles qui ne se constituent pas sous une forme commerciale n'y sont pas soumises; 2° les sociétés de commerce peuvent être déclarées en faillite ou être mises en état de liquidation judiciaire (L. 4 mars 1889, art. 3), mais non les sociétés civiles; 3° les sociétés de commerce seules sont obligées de tenir des livres dans les termes des art. 8 et suiv., C. comm.; 4° les contestations entre associés sont de la compétence du tribunal civil ou du tribunal de commerce, suivant que la société est civile ou commerciale (art. 631-2°, C. comm.); 5° les actions des créanciers sociaux contre les associés sont, dans les sociétés civiles, soumises, en principe, à la prescription ordinaire de trente ans. Dans la plupart des sociétés de commerce, ces actions se prescrivent par cinq ans à partir de la dissolution (art. 64, C. comm.); 6° dans les sociétés civiles, chaque associé est tenu envers les créanciers sociaux pour une part virile et indéfiniment (art. 1862, C. civ.). Dans les sociétés de commerce, les associés sont obligés solidairement et indéfiniment quand leurs obligations ne sont pas limitées à leurs apports (art. 22, 23 et 33, C. comm.)[1]; 7° les droits fiscaux ne

---

1. Lyon-Caen et Renault, n°s 89 et 90; Bouvier-Bangillon, L. 1er août 1893, p. 9 et suiv.

sont pas les mêmes pour les sociétés civiles et pour les sociétés commerciales ; 8° enfin, en ce qui concerne particulièrement les sociétés par actions, nous verrons que celles à forme commerciale sont régies par les dispositions de la loi du 24 juillet 1867, modifiée par la loi du 1er août 1893, alors que les sociétés de nature et de formes civiles n'y sont pas assujetties.

72. Principe. — Nos lois n'ont nulle part indiqué le *critérium* de la distinction entre les sociétés civiles et les sociétés commerciales.

Le caractère civil ou commercial d'une société se détermine par *l'objet* de cette société et la nature des opérations qu'elle entreprend. Si elle se constitue pour entreprendre des opérations commerciales, c'est une société de commerce ; elle est civile, si son objet est lui-même civil. La jurisprudence est définitivement fixée sur ce point[1].

En principe, le caractère d'une société ne dépend pas de la forme employée pour sa constitution. Une société qui, ayant un objet civil, se constitue sous l'une des formes des sociétés commerciales, n'en reste donc pas moins une société civile[2]. Toutefois, les sociétés (même celles civiles par leur objet) en commandite ou anonymes qui se constituent dans les formes du Code de commerce ou de la loi du 24 juillet 1867, sont commerciales et soumises aux lois et usages du commerce (art. 68 de cette loi, ajouté par celle du 1er août 1893 (V. *infrà*, n° 278). Il y a donc maintenant deux catégories de sociétés commerciales : celles qui sont commerciales par leur objet, et celles qui le sont par la forme de leur constitution.

On ne doit pas s'attacher à la qualification donnée par les parties à la société qu'elles ont créée, pour en déterminer l'objet et le caractère. On ne peut pas attribuer à une société la qualité de société com-

---

1. Cass., 27 mars 1866 (S. 66, I, 211); Paris, 15 février 1868 (S. 68, II, 329); Dijon, 19 mars 1868 (S. 68, II, 233); Paris, 29 août 1868 et 19 août 1869; Grenoble, 19 mars 1870 (S. 71, II, 35); Cass., 18 décembre 1871 (S. 71, I, 196); Cass., 26 février 1872 (S. 72, I, 175); Cass., 21 juillet 1873 (S. 73, I, 456); Paris, 2 juillet 1880 (S. 84, II, 89); Rouen, 1er avril 1881 (S. 82, II, 453); Angers, 12 janvier 1882 (J. S. 1884, 21); Seine, 17 novembre 1883 (J. S. 1883, 233, et autorités citées à la note); Cass., 28 janvier 1884 (J. S. 1885, 328; S. 86, I, 145, et la note de M. Lyon-Caen); Agen, 2 juin 1886 (J. S. 1888, 177); Paris, 24 juillet 1886 (J. S. 1888, 29); Caen, 14 octobre 1886 (J. S. 1888, 24); Toulouse, 23 mars 1887 (J. S. 1888, 1); 12 décembre 1887 (S. 88, II, 231); Lyon, 24 juin 1887 (R. S. 1888, 141); Cass., 28 mars 1887 (S. 1888, I, 319); Paris, 6 mars 1888 (J. S. 1888, 203, et autorités citées à la note); Seine, 4 février 1889 (J. S. 1889, 98); Seine, 18 février 1889 (J. S. 1889, 102); Paris, 8 mars 1889 (J. S. 1889, 184); Seine, 11 mai 1894 (J. S. 1895, 139); Trib. Toulouse, 30 décembre 1895 (J. S. 1896, 284). — *Conf.* Pont, nos 104 et suiv.; Lyon-Caen et Renault, n° 272; Fuzier-Herman, *C. civ. annoté*, art. 1832, nos 61 et suiv.; Seine, 31 décembre 1900 et 14 février 1901; Cass., 3 février 1902 (J. S. 1901, 213, 327; 1902, 248).

2. V. les autorités citées à la note précédente.

merciale par un acte plus ou moins arbitraire de volonté, de même qu'une personne ne peut pas se donner la qualité de commerçant en se qualifiant ainsi[1]. C'est, nous le répétons, l'objet, c'est-à-dire la nature des opérations de la société, qu'il faut considérer (sauf l'exception que nous venons d'indiquer pour les sociétés en commandite et anonymes).

Lorsqu'une société se livre tout à la fois à des opérations civiles et à des opérations commerciales, son caractère civil ou commercial se détermine par la nature des opérations principales, c'est-à-dire des actes les plus fréquents et les plus importants[2]. Quelques actes de commerce isolés ne peuvent conférer à une société qui fait principalement des opérations purement civiles le caractère de société de commerce[3]. De même, reste civile la société qui aurait projeté de se livrer à des opérations de commerce, si, en fait, ce projet ne s'est pas réalisé[4].

73. Sociétés civiles. — Par application de ces principes, ont été considérées comme civiles les sociétés ayant pour objet : 1° l'achat et la revente d'immeubles[5] (à moins que leur exploitation ne se complique d'opérations commerciales qui forment le principal objet de la société, *infrà*, n° 74), la location d'immeubles et leur sous-location[6] ; 2° l'obtention et l'exploitation d'une concession d'eaux destinées à alimenter un canal d'irrigation[7], ou même la fourniture de l'eau à une ville, au commerce et à l'industrie[8] ; 3° l'établissement et l'exploitation, dans une ville, d'eaux potables provenant de sources dont la société est propriétaire[9] ; 4° l'exploitation de sources

---

1. Paris, 2 juillet 1880 et Rouen, 1er avril 1884, *loc. cit.*; Pont, n° 119; Lyon-Caen et Renault, n° 92.

2. V. Duvivier, *Faillite des soc. comm.*, p. 43; Limoges, 31 octobre 1893 (R. S. 1894, 297); Seine, 31 mars 1894 (R. S. 1894, 454); Cass., 12 décembre 1887 (D. 88, i, 429).

3. V. les décisions citées aux notes suivantes; Lyon-Caen et Renault, n° 93.

4. Paris, 15 février 1868 (D. 68, ii, 288) et 21 juin 1884 (R. S. 1884, 573).

5. Cass., 4 juin 1850 (S. 50, i, 593); Aix, 10 novembre 1854 (S. 55, ii, 245); Paris, 15 février, 17 et 29 août 1868 (S. 68, ii, 329); Cass., 3 février 1869 (S. 69, i, 217); Grenoble, 19 mars 1870, et Cass., 18 décembre 1871 (S. 71, ii, 35, et i, 496); Cass., 26 février 1872 (S. 72, i, 175); Cass., 21 juillet 1873 (S. 73, i, 456); Nieuport, 31 mars 1882 (J. S. 1883, 663); Annecy, 28 décembre 1884 (J. S. 1888, 225); Cass., 22 février 1898 (J. S. 1898, 250); Lyon-Caen et Renault, n° 92; Pont, n°s 104 et suiv.; Labbé (S. 68, ii, 32). V. Cass., 31 juillet 1899 (J. S.1900, 70).

6. Aix, 27 décembre 1855 (D. 56, ii, 208); Paris, 13 juillet 1861 (S. 61, ii, 568).

7. Paris, 17 août 1868 (D, 68, ii, 192); Cass., 21 juillet 1873 (S. 73, i, 456), 6 janvier 1874 (S. 77, i, 27), 17 mars 1874 (S. 75, i, 106), 16 juin 1874 (S. 74, i, 345).

8. Paris, 17 août 1868, 7 déc. 1869, 8 avril 1872 et 28 fév. 1876; Cass., 18 déc. 1871, 26 fév. 1872, 22 déc. 1873 et 26 fév. 1878 (D. 68, ii, 192; 72, i, 9 et 11; 73, i, 439; 80, i, 79); Seine, 31 déc. 1900 (J. S. 1901, 213). *Contrà*, Liège, 29 mars 1905.

9. Paris, 21 juin 1884, et autorités citées (J. S. 1888, 608).

d'eaux minérales et d'établissements thermaux[1], même avec adjonction d'un hôtel meublé[2] ; 5° l'exploitation d'une mine[3], alors même qu'il serait mélangé à la houille, pour l'agglutiner, une substance achetée en vue de cette opération[4] ; ou que la société fabriquerait et vendrait des briquettes pour activer l'écoulement de ses produits et utiliser ses menus[5] ; ou que la société adjoindrait, comme accessoire de l'exploitation, la construction d'un chemin de fer à voie étroite destiné uniquement à l'exploitation de la mine[6] ; ou aurait pour objet non seulement l'exploitation de mines, mais encore le traitement et la vente de minerais, la construction d'édifices, le transport des produits[7]. La société fondée pour l'exploitation de mines de fer serait aussi civile, malgré la création accessoire, prévue par les statuts, d'établissements industriels pour transformation, achat et vente de minerais et de toute entreprise de transports nécessaire à la société[8] (V. toutef. infrà, n° 74) ; 6° la recherche d'une mine[9] (V. toutef. infrà, n° 74) ; 7° la recherche et l'exploitation de l'ardoise dans les terrains de la société[10] ; 8° l'exploitation d'une carrière[11], si la main-d'œuvre n'est pas l'objet principal de la spéculation de la société[12] ; 9° la construction et l'exploitation d'un canal maritime de grande navigation (celui de Panama)[13] ; 10° la construction et l'ex-

1. Metz, 16 mars 1865 (S. 65, II, 265); Cass., 27 mars 1866 (S. 66, I, 311); Dijon, 19 mars 1868 (S. 68, II, 333); Montpellier, 28 août 1874 (S. 74, II, 299); Seine, 8 octobre 1879 (J. S. 1880, 613); Montpellier, 10 août 1883 (S. 84, II, 36); Paris, 24 mars 1888 (R. S. 1888, 375). V. Lyon, 31 juillet 1889 (J. S. 1891, 39).

2. Seine, 8 octobre 1879 (J. S. 1880, 613). V. toutef. Paris, 4 février 1875 (D. 76, II, 185); Seine, 16 avril 1894 (R. S. 1894, 455).

3. L. 21 avril 1810; Aix, 31 octobre 1864; Cass., 31 janvier 1865 (S. 65. I, 123); Nancy, 13 mai 1872 (D. 73, II, 103); Luxembourg, 6 mars 1875 (J. S. 1883, 645); Paris, 21 août 1877; Lyon, 13 février 1878 (S. 78, II, 325); Cass., 1er juillet 1878 (S. 78, I, 414); Amiens, 26 février 1881 (J. S. 1883, 60); Seine, 5 juin 1883 (J. S. 1883, 587); Cass., 28 janvier 1884 (J. S. 1885, 328); Agen, 2 juin 1886 (J. S. 1888, 177); Seine, 27 mai 1891 (R. S. 91. 452); Albi, 5 avril 1892 (R. S. 92, 305), J. S. 1904, 172.

4. Trib. Lyon, 19 mars 1879 (J. S. 1883, 655); Lyon, 13 février 1878 (D. 79, II, 99) et 24 juin 1887 (R. S. 1888, 141).

5. Bruxelles, 30 janv. 1879 (R. dr. comm., 1880, 63).

6. Paris, 1er avril 1876 (Le Droit, du 21); Seine, 12 février 1890 (J. S. 1890, 190).

7. Paris, 1er avr. 1876 (D. 79, II, 99); Lyon, 13 févr. 1878 (D. 78, II, 99); Cass., 28 oct. 1885 (S, 86, I, 118). V. J. S. 1897, 359; 1904, 172; 1910, 413; Pic, n° 138.

8. Seine, 5 oct. 1882 (R. S. 83, 187). V. aussi Bruxelles, 27 janv. 1882 (J. S. 83, 659).

9. Paris, 11 janvier 1841 (D. 41, II, 114); Rennes, 19 août 1857; Seine, 3 janvier 1888 (R. S. 1888, 202); Marseille, 18 octobre 1888 (R. S. 1889, 211); Paris, 30 novembre 1889 (R. S. 1890, 89).

10. Nancy, 12 décembre 1885, et autorités citées (J. S. 1888, 36).

11. Cass., 30 juillet 1901 (S. 1902, I, 84). V. J. S. 1900, 232; 1906, 16.

12. Paris, 19 nov. 1886 (J. S. 1888, 167); Cass., 12 déc. 1887 (S. 88, I, 319).

13. Seine (trib. civ.), 4 février 1889, loc. cit.; Paris, 8 mars 1880, loc. cit.; Seine, 12 février 1890 (J. S. 1890, 190). V. Conseil d'État, 22 mars 1851; Cass., 16 novembre

ploitation d'un marché aux chevaux et fourrages, la location, la mise
en valeur et la réalisation des terrains de la société[1]; 11° l'acquisition
et l'exploitation de concessions d'abattoirs[2] (V. toutef. *infrà*, n° 74);
12° l'établissement d'une école de dressage, avec interdiction de
toute opération commerciale[3]; 13° une exploitation agricole, en vue
de l'élevage des chevaux[4]; 14° l'élevage du bétail, pour en tirer
un profit[5]; 15° l'encouragement pour l'amélioration des races de
chevaux[6]; 16° l'utilisation du lait appartenant aux propriétaires
associés et qui n'achètent pas de denrées pour les revendre[7];
17° l'exploitation des fromageries comme celles qui existent dans
l'Est[8]; 18° l'exploitation de vignobles, même dans un but de spéculation sur les immeubles[9]; 19° la création d'une usine pour la fabrication du sucre avec les cannes provenant de la propriété de la
société, si l'usine n'est qu'un accessoire de la culture, et alors même
qu'accessoirement la société exploiterait des sucres étrangers, ou
placerait ses sucres moyennant un droit de commission[10]; 20° la
perception des droits de péage formant le prix de la construction
d'un pont[11]; 21° l'exploitation de la ferme des droits de pesage public
d'une ville[12]; 22° l'exploitation de la direction d'une maison d'édu-
cation[13]; 23° l'achat des vins pour servir à l'amélioration de ceux
récoltés par la société[14].

Les compagnies d'assurances mutuelles ont aussi un caractère
civil, parce qu'elles ne sont pas contractées dans un but de spéculation et ne peuvent jamais procurer de bénéfices[15]. Il en est ainsi,

---

1865 (D. 66, I, 254); Paris, 8 mars 1889 (S. 89, II, 225); Bruxelles, 2 avril 1890
(S. 91, IV, 38). *Contrà*, Seine (trib. comm.), 18 février 1889, *loc. cit.* V. aussi, sur la
nature immobilière du droit résultant de la concession d'un canal maritime, *Rev.
soc.*, 1889, 33; Seine, 4 février 1889 précité. V. encore Cass., 5 mars 1829, 22 avril
1844 et 8 novembre 1865 (D. 44, I, 219; 66, I, 254).
1. Seine, 17 novembre 1883, *loc. cit.*
2. Ussel, 18 janvier 1896 (J. S. 1896, 523); Alger, 11 décembre 1897 (J. S. 99, 72).
3. Caen, 28 mars 1887 (J. S. 1888, 591).
4. Orléans, 28 juillet 1887 (J. S. 1890, 292).
5. Caen, 28 mars 1887 (*loc. cit.*).
6. Seine, 7 mars 1896 (J. S. 1896, 442).
7. Niort, 8 novembre 1892 (R. S. 1893, 43).
8. Besançon, 12 mars 1866 (D. 67, II, 33); Chambéry, 20 mai 1870 (D. 72, II, 46);
Lyon, 16 mars 1883 (R. S. 1883, 667); Besançon, 19 février 1884 (R. S. 1884, 297).
9. Trib. Toulouse, 30 décembre 1895 (J. S. 1896, 284).
10. Cass., 12 mai 1875 (S. 76, I, 376). V. toutef. Douai, 13 mai 1907 (J. S. 1907, 516).
11. Cass., 23 août 1848.
12. Nîmes, 27 mai 1831.
13. Paris, 23 juillet 1852.
14. Bordeaux, 12 juillet 1849 (D. 49, II, 108).
15. Rouen, 9 octobre 1820, Douai, 4 décembre 1820; Cass., 15 juillet 1829; Paris,
28 mars 1857 (S. 58, II, 197); Cass., 13 mai 1857 (S. 58, I, 129); Cass., 8 février
1860 (S. 60, I. 207); trib. Rouen, 6 octobre 1876; Cass., 17 juin 1879 (J. S. 1880,

même lorsqu'elles sont constituées entre commerçants, pour se couvrir de pertes commerciales [1].

74. Sociétés commerciales. — Sont commerciales les sociétés ayant pour objet l'exercice habituel des actes de commerce ; sont ou ont été considérées comme telles celles formées pour : 1° l'achat de denrées et marchandises, pour les revendre, soit en nature, soit après les avoir travaillées et mises en œuvre ; ou même pour en louer simplement l'usage (C. comm., 632). (V. sur le caractère des sociétés à capital variable et notamment des sociétés de consommation, *infrà*, n° 965) ; 2° l'entreprise de manufacture, de commission, de transport par terre ou par eau (C. comm., 632) ; 3° l'entreprise de fournitures, d'agences, bureaux d'affaires, établissements de vente à l'encan, de spectacles publics (*ibid.*) ; 4° les opérations de change, banque ou courtage [2] ; les opérations des banques publiques (*ibid.*), l'endossement des lettres de change, l'achat habituel des effets publics et leur revente [3] ; 5° les entreprises de construction, et les achats, ventes et reventes de bâtiments pour la navigation intérieure et extérieure (C. comm., 633) ; les entreprises de construction et autres travaux terrestres [4], alors surtout que les entrepreneurs fournissent des matériaux [5]. Les sociétés ayant pour objet l'achat et la vente d'immeubles, et qui, en principe, sont civiles (V. *suprà*, n° 73), deviennent commerciales lorsque leur exploitation se complique d'opérations commerciales, qui forment le principal objet (les terrains étant l'accessoire), comme l'entreprise de constructions, reconstructions, démolitions [6] ; ou si le but vrai est la spéculation

---

394) ; Cons. d'Etat, 20 juin 1879 (J. S. 1880, 396) ; Pau, 8 mai 1885 (J. S. 1888 44) ; Besançon, 4 août 1885 (R. S. 1885, 608) ; Dijon, 10 juin 1889 (R. S. 1890, 91) ; Seine, 8 août 1895 (J. S. 1896, 136). V. Clément, *De l'assur. mut.*, p. 29 et suiv. ; Bordeaux, 28 mai 1901 (J. S. 1902, 116).

1. Paris, 28 mars 1857 (S. 58, ii, 197) ; Cass., 8 février 1860 (S. 60, i, 207) ; Seine, 2 mai 1883 (J. S. 1888, 250) ; Seine, 1er décembre 1885 (J. S. 1888, 249) ; Paris, 4 février et 20 avril 1886 (R. S. 1886, 211 et 335), 18 février 1890 (D. 91, ii, 367) ; Seine, 9 mai 1890 (J. S. 1891, 214) ; Aix, 17 novembre 1896 (J. S. 1897, 120). V. toutef. Anvers, 19 mars 1888 (J. S. 1891, 275). V. Arthuys, *Rev. crit.*, 1903, 266.

2. Cass., 14 novembre 1871, 5 mars 1879 ; Lyon, 9 janvier 1890 (R. dr. comm., art. 224).

3. Malepeyre et Jourdain, p. 6 ; Ruben de Couder, v° Soc., n° 84.

4. Cass., 29 nov. 1842, 3 févr. 1869 (D. 69, i, 160) et 3 févr. 1902 (J. S. 1902, 348) ; Lyon, 8 déc. 1870 (D. 71, ii, 143). V. Cass. 31 juill. 1899 (J. S. 1900, 70).

5. Dalloz, *loc. cit.* ; Nouguier, i, p. 419.

6. Aix, 5 août 1868 (S. 68, ii, 334) ; Cass., 20 avril et 6 juillet 1868, 3 février 1869 (S. 68, i, 396 ; 69, i, 217) ; Lyon, 8 décembre 1870 (D. 71, ii, 143) ; Seine, 24 août 1881 (J. S. 1883, 530) ; Gand, 6 décembre 1881 (J. S. 1890, 32) ; Seine, 30 avril 1883 (R. S. 1884, 311) ; Aix, 3 avril 1884 (R. S. 1885, 92) ; Cass., 29 avril et 28 octobre 1885 (R. S. 1885, 460 ; 1886, 7) ; Seine, 12 décembre 1885 (J. S. 1888, 249) ; Paris, 31 mars 1887 (J. S. 1888, 104) ; Seine, 17 janvier 1888 (J. S. 1888, 423).

sur les titres d'actions de la société [1]; 6° les expéditions maritimes (C. comm., 633); 7° les achats ou ventes d'agrès, apparaux et avitaillements (*ibid.*); 8° les affrètements ou nolissements, les emprunts ou prêts à la grosse (*ibid.*); 9° les assurances et autres contrats concernant le commerce de mer (*ibid.*); 10° les assurances à primes fixes contre l'incendie, la grêle et autres sinistres [2]; les assurances à primes fixes sur la vie; la société, même qualifiée d'assurance mutuelle, formée dans un but de spéculation et se livrant à des agissements commerciaux [3]; 11° l'obtention de la concession, la construction et l'exploitation d'un chemin de fer [4]; 12° l'exploitation de brevets d'invention [5], soit que la société cède en détail à des tiers le droit d'user de l'invention, soit que la société exploite elle-même le brevet, alors qu'il s'agit d'une exploitation commerciale; 13° l'exploitation d'un traité par lequel le directeur d'une société d'assurances mutuelles se charge de pourvoir à forfait à toutes les dépenses d'établissement et de gestion de la société [6]; 14° l'éclairage, notamment par l'électricité [7]; 15° la recherche d'une mine pour le compte d'autres personnes au profit desquelles la concession serait obtenue [8]; 16° l'exploitation d'une mine, et des opérations financières et commerciales, si, en fait, la société se livre presque exclusivement à ce genre d'opérations [9]; ou lorsque la société minière s'est constituée non seulement pour l'exploitation des produits de sa concession, mais aussi pour l'achat et le traitement des produits d'autres mines et la revente de ces produits après les avoir manipulés [10]; ou lors-

---

1. Aix, 14 juin 1882 (J. S. 1883, 654); Cass., 28 janvier 1884 (J. S. 1888, 65; S. 84, I, 311).

2. Liège, 7 avril 1825; Rouen, 24 mai 1825; Paris, 23 juin 1825; Cass., 28 avril 1828 et 1er avril 1830; Caen, 6 août 1845; Marseille, 8 juillet 1861; Agnel, *Man. gén. des ass.*, n° 212; Vincens, t. I, 348; Grün et Joliat, *Ass. terr.*, n° 346; Quesnault, p. 314; Troplong, n° 343; Alauzet, t. I, n° 208; Molinier, n° 246; Pardessus, n° 286; Malepeyre et Jourdain, p. 8; Delangle, n° 31; Ruben de Couder, v° *Soc.*, n° 85.

3. Paris, 6 mars 1888 (R. S. 1888, 301); Cass., 23 octobre 1889 (R. S. 1890, 72).

4. Cass., 8 nov. 1892 (S. 93, I 32), 27 déc. 1892 (J. S. 1894, 236) et 3 févr. 1902, tramw. (S. 1902. I, 72). V. J. S. 1903, 202; 1906, 110.

5. V. Paris, 9 février 1884 (R. S. 1885, 9); trib. Bruxelles, 20 janvier 1896 et trib. Gand, 10 juin 1896 (J. S. 1898, 19); Pouillet, *Brev. d'inv.*, n° 324; Guillery, *Soc.*, t. I, n° 204; Nyssens et Corbiau, *Soc. comm.*, n° 242.

6. Rouen, 8 mars 1886 et Cass., 28 décembre 1886 (R. S. 1886, 327; 1887, 120).

7. Lyon, 1er juillet 1890 (R. S. 1890, 590).

8. Troplong, n° 334.

9. Agen, 2 juin 1886 (J. S. 1888, 177). V. aussi Cass., 26 mars 1885 (S. 86, I, 504).

10. Cass., 1er juillet 1878 (S. 78, I, 414) et 28 octobre 1885 (S. 86, I, 108). V. aussi Colmar, 4 juin 1862 (S. 62, II, 249). V. encore sur le caractère commercial des sociétés minières : Cass., 30 avril 1828; Bordeaux, 22 juin 1833; Paris, 18 août 1840 (S. 41, II, 481); Dijon, 26 avril 1841, (S. 41, II, 481); Seine, 25 février 1896 (J. S. 1897, 359); Marseille, 13 août 1903 (J. S. 1904, 164).

qu'une société minière, dont les statuts indiquent qu'elle doit se livrer à des actes de commerce, se livre, en fait, principalement et non accessoirement à des opérations commerciales et industrielles [1] ; 17° l'entreprise de travaux de terrassement, notamment pour un canal d'irrigation, alors qu'il y a spéculation sur le salaire des ouvriers [2] ; 18° la démolition de constructions pour en revendre les matériaux [3] ; 19° l'acquisition de la superficie d'une forêt pour abattre et vendre les coupes, si l'acquisition ne porte pas également sur le fonds [4] ; 20° l'acquisition de valeurs et de créances pour les revendre [5] ; 21° la publication d'un journal [6] ; 22° la régie d'un marché aux bestiaux [7] ; 23° l'obtention de la concession d'abattoirs, halles et marchés, l'édification de constructions nécessaires à leur installation et l'exploitation des concessions obtenues [8] (V. toutef. suprà, n° 73) ; 24° l'établissement et la tenue d'un cercle fondé dans un but de spéculation et pour réaliser des bénéfices [9] ; 25° la publication d'un recueil de jurisprudence rédigé par des auteurs non associés, rétribués [10] ; 26° l'assurance mutuelle maritime (art. 633, C. comm.) [11] ; 27° les sociétés de crédit agricole constituées conformément à la loi du 5 nov. 1894 (art. 4 de cette loi).

Sont aussi commerciales, par la forme de leur constitution, bien que leur objet soit civil, les sociétés en commandite et anonymes constituées depuis la loi du 1er août 1893 (L. 24 juillet 1867, art. 67, nouveau), et celles qui, constituées antérieurement, se sont commercialisées depuis en exécution de la même loi (art. 7).

75. Société mixte. Changement de l'objet social. — Nous avons dit (V. suprà, n° 72) que lorsqu'une société se livre tout à la fois à des opérations civiles et à des opérations commerciales, son caractère civil ou commercial se détermine par la nature des opérations principales. Il en résulte que cette société devra se constituer en observant les formes et formalités prescrites et nécessaires eu égard à son objet principal.

---

1. Limoges, 31 oct. 1893 (R. S. 1894, 297); Cass., 8 mai 1905 (J. S. 1906, 231).
2. Cass., 10 novembre 1858 (D. 59, I, 79).
3. Dalloz, v° Soc., n° 200.
4. Nancy, 27 juillet 1838 ; Bastia, 4 avril 1843 (P. 44, 1, 572); Bourges, 10 mai 1843 et 17 mai 1850 (D. 51, II, 90).
5. Cass., 18 février 1806 et 29 juin 1808; Cass., Belg. 26 mai 1842; Nouguier, I, 370.
6. Paris, 2 août 1828. V. Toulouse, 26 mai 1903 (J. S. 1904, 56).
7. Seine, 28 juin 1872 (S. 74, II, 249).
8. Poitiers, 14 février 1885 (D. 85, 1, 257).
9. Paris, 5 janv. 1888 (S. 90, II, 146). V. Cass., 29 oct. 1902 (J. S. 1904, 391).
10. Paris, 2 juillet 1880 (S. 81, II, 89).
11. Clément, De l'assur. mut., p. 5. V. aussi Lyon-Caen et Renault, n° 934. Contrà, Ruben de Couder, v° Assur. mut. marit., n° 6.

Mais quelle sera la situation d'une société, ayant à son origine un caractère exclusivement ou principalement civil, et qui, pendant sa durée, se livre à des opérations commerciales importantes, si elles deviennent l'objet principal? Ces faits ont pour résultat de transformer la société civile en une véritable société de commerce. Il y a lieu, par suite, de remplir les formalités nécessaires pour constituer et publier cette société nouvelle, suivant son espèce. Si ces formalités n'étaient pas remplies, on se trouverait en présence d'une société commerciale de fait, irrégulière, et les intéressés auraient le droit d'en demander la nullité et la liquidation, et de la faire déclarer en faillite [1].

1. V. trib. Albi, 15 juillet 1891 (J. S. 1892, 447); Marseille, 17 décembre 1896 (J. S. 1897, 238) et 13 août 1903 (J. S. 1904, 164). V. aussi Pont, n° 120.

SOCIÉTÉS CIVILES

76. Division. — Il y a deux sortes de sociétés civiles : les sociétés universelles (qui elles-mêmes se divisent en sociétés de tous biens présents et sociétés universelles de gains) et les sociétés particulières. Nous allons les étudier séparément. Nous devons seulement faire observer tout d'abord que les sociétés universelles sont peu pratiquées et peu en harmonie avec les mœurs de notre époque.

TITRE QUATRIÈME

DES SOCIÉTÉS UNIVERSELLES

77. Capacité. — D'après l'art. 1840 C. civ., « *Nulle société universelle ne peut avoir lieu qu'entre personnes respectivement capables de se donner ou de recevoir l'une de l'autre, et auxquelles il n'est point défendu de s'avantager au préjudice d'autres personnes.* »

La prohibition de cet article est absolue et s'applique à toute société universelle, même à la société universelle de gains; et la nullité qu'il édicte existe même au cas où l'incapacité de disposer et de recevoir n'est pas réciproque [1].

La société universelle entre personnes respectivement incapables de se faire des libéralités doit être assimilée à une donation : d'où la conséquence que les art. 911 et 960, C. civ., lui sont applicables [2].

Si l'un des associés a des héritiers à réserve, la société n'est pas nulle pour le tout; l'avantage qui peut en résulter est simplement réductible à la quotité disponible [3].

78. Société de tous biens présents. — La société de tous biens présents est celle « *par laquelle les parties mettent en commun tous*

---

1. Pont, nᵒˢ 215, 218. V. Baudry-Lacantinerie et Wahl, *Soc.*, nᵒˢ 125 à 148.
2. Guillouard, nᵒ 38.
3. Troplong, nᵒˢ 305-308; Pont, nᵒˢ 222-224; Aubry et Rau, § 379-7. V. Cass.. 25 juin 1839 (S. 39, 1, 546). *Contrà*, Duvergier, nᵒ 119; Laurent, nᵒ 242.

les biens meubles et immeubles qu'elles possèdent actuellement, et les profits qu'elles pourront en tirer. Elles peuvent aussi y comprendre toute autre espèce de gains; mais les biens qui pourraient leur advenir par succession, donation ou legs n'entrent dans cette société que pour la jouissance : toute stipulation tendant à y faire entrer la propriété de ces biens est prohibée, sauf entre époux, et conformément à ce qui est réglé à leur égard. » (Art. 1837, C. civ.).

Les biens présents s'entendent non seulement de ceux que chaque associé possède actuellement, mais encore de ceux dont le titre d'acquisition est antérieur à la formation de la société. Font également partie de l'actif les biens acquis pendant la durée de la société, soit avec les fonds sociaux, soit par échange ou à titre de remploi[1].

La jouissance des biens qui adviennent aux associés par succession, donation ou legs n'entre pas de plein droit dans la société de tous biens présents : il faut une clause formelle de l'acte de société[2].

La société de tous biens présents doit supporter les dettes des associés au moment où la société est constituée, mais non celles qu'ils contracteraient ou qui tomberaient à leur charge pendant la durée de la société[3]. Toutefois, les dettes nées pendant la durée de la société, à propos des biens entrés en société, sont à la charge de la société, et elle doit supporter les intérêts des dettes grevant les biens dont la jouissance est entrée dans la société[4]. L'entretien de chaque associé et de sa famille et l'établissement des enfants ne constituent pas des charges sociales, même si la société comprend la jouissance des biens à venir[5] (V. *infrà*, n° 87).

Une société universelle de tous les biens présents et à venir est nulle en son entier[6].

79. Société universelle de gains. — Aux termes de l'art. 1838, C. civ., « *La société universelle de gains renferme tout ce que les parties acquerront par leur industrie, à quelque titre que ce soit, pendant le cours de la société. Les meubles que chacun des associés possède au temps du contrat y sont aussi compris; mais leurs immeubles personnels n'y entrent que pour la jouissance seulement.* »

Cette société ne comprend pas ce qui arrive aux associés par « don-

---

1. Pont, n°s 172 et 173.
2. Troplong, n° 276; Duvergier, n° 93; Pont, n° 170; Laurent, n° 236; Guillouard, n° 107. *Contrà*, Aubry et Rau, t. iv, 352.
3. Pont, n°s 177-179; Laurent, n° 237; Guillouard, n° 108.
4. Guillouard, n° 108.
5. Pont, n°s 180, 181 et 185.
6. Aubry et Rau, t. iv, p. 552; Larombière, art. 1172, n° 52; Pont, n° 188; Laurent, n° 234; Guillouard, n° 104.

de fortune » ou par le résultat d'une action coupable ou honteuse[1] ; mais la jouissance des immeubles comprend non seulement les immeubles qu'ils possédaient lors de la formation de la société, mais ceux qui leur adviennent au cours de la société[2].

Au cas où l'existence d'une société universelle de gains a été reconnue, notamment entre concubins, tous les biens acquis en commun, même au nom d'un seul, tombent dans l'actif de la société et doivent être partagés, sauf prélèvement des biens provenant de succession, donation ou legs[3].

Quelles dettes des associés sont à la charge de la société universelle de gains ? La question est controversée. Suivant certains auteurs, on doit y faire entrer (comme dans notre ancien droit) les dettes mobilières dont les associés étaient grevés au moment de la formation de la société[4]. D'autres auteurs estiment qu'il est plus équitable de décider que les dettes des associés, au moment de la création, seront supportées par la société et par l'associé, proportionnellement à la valeur comparée des meubles et des immeubles que l'associé possédait à ce moment[5]. La société doit, en outre, supporter les intérêts des dettes des associés, puisqu'elle a la jouissance de tous les biens des associés dont elle n'a pas la propriété. Quant au principal des dettes créées par chaque associé au cours de la société, il demeure à la charge personnelle de celui-ci, à moins que la dette n'ait été créée dans l'intérêt de la société[6]. A défaut de convention spéciale, la société n'est chargée ni des dépenses d'entretien des associés et de leur famille, ni de l'établissement des enfants[7].

L'art. 1839 décide que si les associés ont fait une convention de société universelle, sans autre explication, il n'y aura entre eux qu'une société universelle de gains.

---

1. Guillouard, n° 110.
2. Pont, n° 202 ; Laurent, n° 238.
3. Paris, 13 juin 1872 (S. 74, II, 37).
4. Troplong, n° 295 ; Duvergier, n° 111 ; Laurent, n° 239.
5. Bugnet sur Pothier, Soc., n° 52 ; Pont, n° 206 ; Guillouard, n° 112.
6. Pont, n° 208 ; Guillouard, n° 112.
7. Pont, n° 209.

TITRE CINQUIÈME

DE LA SOCIÉTÉ PARTICULIÈRE

Sommaire :

CHAPITRE PREMIER

CARACTÈRES GÉNÉRAUX

80. Définition. — La société particulière (le type de société le plus fréquent) est définie par les art. 1841 et 1842, C. civ., ainsi conçus : — Art. 1841. « *La société particulière est celle qui ne s'applique qu'à certaines choses déterminées, ou à leur usage, ou aux fruits à en percevoir.* » — Art. 1842. « *Le contrat par lequel plusieurs personnes s'associent, soit pour une entreprise désignée, soit pour l'exercice de quelque métier ou profession, est aussi une société particulière.* »

C'est à cette seconde espèce de société particulière qu'appartiennent les sociétés de commerce.

81. Durée. — Le contrat de société indique ordinairement la durée et le point de départ de la société. A défaut de stipulation à cet égard, il y a lieu d'appliquer le principe établi par les art. 1843 et 1844 : « *La société commence à l'instant même du contrat, s'il ne désigne une autre époque. S'il n'y a pas de convention sur la durée de la société,* *elle est censée contractée pour toute la vie des associés, sous la modifi-cation portée à l'art. 1869 ; ou, s'il s'agit d'une affaire dont la durée soit limitée, pour tout le temps que doit durer cette affaire »*

La société peut être contractée sous une condition suspensive ou résolutoire [1].

82. Siège social. Compétence. — Toute société (sauf la partici-pation) fonctionnant comme corps moral, a un domicile social, qui est au lieu de son principal établissement (art. 59, C. pr.).

Le siège indiqué par les statuts n'est pas nécessairement le domi-cile social, lequel est fixé par la loi, non par la convention. Lorsque le lieu de l'administration est autre que celui de l'exploitation, il appartient aux tribunaux de fixer, par appréciation des faits, le domicile social, au lieu qu'ils considèrent comme étant celui du principal établissement (V. *infrà*, n° 772).

La société doit être assignée devant le tribunal dans le ressort duquel elle a son principal établissement et son domicile (art. 59, C. pr.) [2]. C'est notamment devant ce tribunal que doit être portée la demande en nullité de la société [3].

83. Apports. — Nous avons **examiné** tout ce qui concerne les apports, *suprà*, n°s 32 et suivants.

84. Actions. — Les sociétés civiles, par leur objet et la forme de leur constitution, peuvent diviser leur capital en actions nominatives ou au porteur (V. *infrà*, n° 277).

85. Autres règles. — Nous allons expliquer les autres règles de la société particulière dans les huit chapitres suivants.

---

1. Pont, n° 244.
2. V. sur la question de compétence : Lyon, 22 juillet 1858 (D. 59, II, 80) ; Cass., 7 avril 1866, 3 janvier 1870, 4 décembre 1871 (D. 72, I, 121), 26 mars 1873, 28 mars 1877 (J. S. 1880, 275) ; Chambéry, 1er décembre 1866 ; Bordeaux, 28 août 1867 (D. 67, V, 407) ; Orléans, 19 juin 1867 (S. 68, II, 78) ; Orléans, 20 novembre 1868 (D. 69, II, 24) ; Paris, 2 février 1870 (P. 70. 779) ; Dijon, 1er avril 1874 (D. 75, II, 81) ; Aix, 5 avril 1879 (J. S. 1880, 207) ; Caen, 1er mars 1880 (J. S. 1880, 327, et 1881, 229) ; Boitard, Colmet d'Aage et Glasson, t. I, § 137 ; Garsonnet, t. I, § 171 ; Bioche, v° *Compét.*, des *trib. civ.*, n° 125 ; *Rép. de dr. fr.*, v° *Compét. civ. et comm.*, n°s 339 et suiv. V. aussi *infrà*, n°s 543, 612, 723, 758.
3. Cass., 11 juin 1888 (S. 90, I, 516).

CHAPITRE II

DES OBLIGATIONS DES ASSOCIÉS
ENVERS LA SOCIÉTÉ

86. Réalisation de l'apport. — Nous avons expliqué toutes les règles relatives à la réalisation des apports promis par chacun des associés, *suprà*, n°s 35 et suivants.

87. Valeurs sociales. Profit particulier. — Les valeurs sociales ne devant servir qu'à l'intérêt de la société, si l'un des associés fait servir une partie de ces valeurs à son intérêt exclusif, il en doit indemniser la société. C'est ce que décide l'art. 1846, C. civ. Après avoir déclaré que l'associé qui a promis d'apporter une somme d'argent et qui ne l'a pas fait devient, de plein droit, débiteur des intérêts de cette somme, depuis le jour où il était tenu de l'apporter, cet article ajoute : « *Il en est de même à l'égard des sommes qu'il a prises dans la caisse sociale, à compter du jour où il les en a tirées pour son profit particulier ; le tout sans préjudice de plus amples dommages-intérêts, s'il y a lieu*[5]. »

L'art. 1846 est applicable non seulement dans le cas prévu où l'associé a pris des fonds dans la caisse sociale, mais dans tous les cas où il a pris des fonds appartenant à la société, lors même qu'ils ne seraient pas entrés dans la caisse sociale : par exemple, si l'associé a touché de l'argent d'un débiteur de la société, ou des loyers, ou s'il est lui-même fermier ou locataire de la société. Dans ces diverses hypothèses, il doit les intérêts, de plein droit, du jour où il a pris la somme encaissée par la société ou à elle due[1], jusqu'au moment de la restitution[2], sans qu'il y ait à se préoccuper du point de savoir si l'associé a ou n'a pas tiré profit des sommes qu'il a prises, ou si la société aurait pu elle-même en tirer profit[3]. Lorsque les fonds de la société ont été touchés par le gérant, s'il ne justifie pas de l'emploi qu'il en a fait, il est présumé les avoir employés pour son profit personnel, et il en doit les intérêts[4].

1. Cass., 28 juin 1825; Grenoble, 4 mars 1826 (S. t. VIII, I, 143; II, 203); Pont, n° 320; Laurent, n° 256; Guillouard, n° 199. V. Amiens, 9 mai 1826 (S. ch.); Cass., 27 mai 1872 (S. 72, I, 175).
2. Pont, n°s 323, 326; Laurent, n° 257.
3. Cass., 22 mars 1813 et 21 juillet 1884 (D. 85, I, 471).
4. Aubry et Rau, § 381 *bis*-7; Guillouard, n° 200. V. Pont, n° 325.
5. V. Cass., 28 juin 1904 (J. S. 1906, 56).

Si la société a éprouvé un préjudice supérieur aux intérêts légaux, des dommages-intérêts peuvent lui être accordés, suivant les circonstances.

L'art. 1846 n'est pas applicable aux sociétés universelles[1].

88. Dommage causé à la société. — D'après l'art. 1850, C. civ., « *Chaque associé est tenu envers la société des dommages qu'il lui a causés par sa faute, sans pouvoir compenser avec ces dommages les profits que son industrie lui aurait procurés dans d'autres affaires*[2]. »

Si, dans une même affaire, un associé a à la fois causé un avantage et occasionné une perte à la société, il peut opposer en compensation le profit qu'il a procuré à la société dans cette même affaire[3].

Chaque associé est tenu d'apporter, dans le gouvernement de la société, les soins d'un bon père de famille, et il doit être déclaré responsable s'il est constaté qu'il a commis, dans la gestion des affaires sociales, une faute que ne commettrait pas un homme soigneux, et cela quelle que soit la négligence qu'il apporte à ses propres affaires[4].

Il est responsable non seulement de ses fautes actives, mais de ses fautes passives, de négligences graves ayant compromis les intérêts de la société[5]; mais il ne répond pas des cas fortuits ou des événements de force majeure.

89. Intérêt social. — Un associé ne peut rien faire contre l'intérêt social; il doit même subordonner à cet intérêt supérieur son intérêt particulier[6].

Comme conséquence de ce principe, il faut décider : 1° que les associés ne pourraient empêcher la réalisation d'une opération très avantageuse pour la société, par le motif que leur intérêt personnel serait compromis dans une certaine mesure[7]; 2° que si l'un des associés administrateurs vendait sa part dans les marchandises de la société, et que le surplus des marchandises fût vendu moyennant un prix moins élevé, il devrait tenir compte à la société du prix plus élevé qu'il aurait obtenu[8].

---

1. Pothier, n° 119; Guillouard, n° 202. *Contrà*, Pont, n° 319.
2. V. Pont, n°⁸ 350 et suiv.; Seine, 17 novembre 1904 (J. S. 1905, 469).
3. Duvergier, n° 331; Pont, n° 361; Guillouard, n° 204. *Contrà*, Laurent, n° 255.
4. Duvergier, n° 324; Pont, n°⁸ 353-354; Laurent, n° 253; Guillouard, n° 205. V. toutefois Duranton, t. xvii, n° 403; Aubry et Rau, § 308-28. *Comp.* Troplong, n°⁸ 566 et suiv.
5. Paris, 24 janvier 1852 (D. 52, ii, 278); Lyon, 3 décembre 1857 (S. 58, ii, 471).
6. Paris, 26 avril 1850 (S. 50. ii, 329); Guillouard, n° 209. *Comp.* Pont, n° 327; Laurent, n° 259. V. toutefois Cass., 16 novembre 1870 (S. 71, i, 94).
7. Paris, 26 avril 1850, *loc. cit.*
8. Pont, n° 347; Laurent, n° 265; Guillouard, n° 214. *Comp.* Troplong, n° 563; Duvergier, n° 342.

90. Imputation des créances. — « *Lorsque l'un des associés est, pour son compte particulier, créancier d'une somme exigible envers une personne qui se trouve aussi devoir à la société une somme également exigible, l'imputation de ce qu'il reçoit de ce débiteur doit se faire sur la créance de la société et sur la sienne dans la proportion des deux créances, encore qu'il eût par sa quittance dirigé l'imputation intégrale sur sa créance particulière; mais s'il a exprimé dans sa quittance que l'imputation serait faite en entier sur la créance de la société, cette stipulation sera exécutée.* » (art. 1848).

Cet article s'applique à tous les cas d'imputation légale[1]; mais il ne porte aucune atteinte au droit que l'art. 1253 confère au débiteur de faire, comme bon lui semble, l'imputation de la somme qu'il paie — si cette imputation n'est pas frauduleuse[2]. Il ne s'applique qu'aux associés gérants, mais non à l'associé qui n'a aucun pouvoir d'administration, parce que la gérance est confiée à d'autres associés ou à un tiers[3]. Il ne s'applique pas non plus à la compensation[4].

L'art. 1848 fixe le mode d'imputation pour le cas où la créance de la société et celle de l'associé sont pareillement exigibles[5].

La créance d'un tiers sur la société ne peut être compensée de plein droit avec la somme dont ce tiers peut être débiteur de l'un des associés[6].

Enfin, d'après l'art. 1849, « *Lorsque l'un des associés a reçu sa part entière de la créance commune, cet associé est tenu de rapporter à la masse commune ce qu'il a reçu, encore qu'il eût spécialement donné quittance pour sa part*[7]. »

91. Conservation des choses sociales. Frais. — L'art. 1859-3° porte que « *chaque associé a le droit d'obliger ses associés à faire avec lui les dépenses qui sont nécessaires pour la conservation des choses de la société.* »

La volonté de la majorité des associés suffit en pareil cas pour lier la minorité; mais s'il s'agissait de dépenses simplement utiles, ou du remplacement d'une chose qui aurait péri, c'est l'unani-

---

1. Larombière, art. 1256, n° 6.
2. Troplong, n° 559; Pont, n° 333; Larombière, *loc. cit.*; Guillouard, n° 211. *Contrà*, Duranton, t. XVII, n° 401; Vavasseur, n° 180. *Comp.* Laurent, n° 260; Montpellier, 7 mai 1885 (R. S. 1886, 589).
3. Troplong, n° 558; Duvergier, n° 341; Larombière, art. 1256, n° 6; Pont, n° 338; Guillouard, n° 211, I. *Contrà*, Duranton, 401.
4. Pont, n° 340; Laurent, n° 262; Guillouard, n° 212.
5. Voir pour le mode d'imputation, quand les créances ne sont pas exigibles, Pont, n° 337.
6. Cass., 20 avril 1885 (D. 85, I, 198).
7. V. Pont, n°ˢ 341 et suiv.

mité des associés qui aurait seule le droit d'en imposer la dépense [1].

92. Pertes. — Les associés sont en outre tenus de contribuer aux pertes de la société. Nous examinerons spécialement cette obligation en nous occupant de la répartition des bénéfices et des pertes (*infrà*, n°s 115 et suiv.).

CHAPITRE III

DES OBLIGATIONS DE LA SOCIÉTÉ ENVERS LES ASSOCIÉS

93. Remboursement des créances des associés. — Aux termes de l'art. 1852, C. civ., « *Un associé a action contre la société non seulement à raison des sommes qu'il a déboursées pour elle, mais encore à raison des obligations qu'il a contractées de bonne foi pour les affaires de la société et des risques inséparables de sa gestion.* »

L'associé peut d'abord réclamer les sommes qu'il a *déboursées pour la société* — ce qui comprend les frais de voyage et de voiture, d'envoi d'argent ou de marchandises, paiement de droits de douane ou d'octroi [2], et le remboursement des sommes qu'il aurait prêtées à la société, représentée par son gérant ou par les autres associés [3]. L'associé a aussi droit aux intérêts des sommes déboursées, à partir du jour des avances, au moins dans l'hypothèse où il a agi comme administrateur (arg. art. 2001, C. civ.) [4]. La solution doit-elle être la même si l'associé n'est pas administrateur? En général, les auteurs ne distinguent pas [5]. M. Guillouard [6] assimile l'associé non administrateur à un gérant d'affaires et estime qu'on doit lui accorder ou lui refuser les intérêts de plein droit, suivant qu'on les accorde ou qu'on les refuse au gérant d'affaires [7]. L'associé a droit, en outre, aux

1. Pont, n° 736 ; Guillouard, n° 216.
2. Cass., 17 février 1886 (D. 86, 1, 443).
3. Cass., 7 mai 1844 (S. 45, 1, 53). V. Seine, 16 juillet 1902 (J. S. 1904, 440).
4. V. toutef. Cass., 1er février 1897 (J. S. 1897, 161).
5. Troplong, n° 603 ; Duvergier, n° 348 ; Aubry et Rau, § 384-5 ; Cass., 24 juill. 1884 (S. 86, 1, 91). Pour l'affirm., V. Pont, n° 413. V. Cass., 26 mars 1901 (J. S. 1901, 496).
6. N° 166.
7. V. en faveur du système qui n'accorde pas les intérêts de plein droit au gérant d'affaires : Cass., 7 novembre 1825 (S. chr.) ; Lyon, 13 janvier 1849 (S. 49, n. 408) ; Lyon, 29 janvier 1870 (S. 70, ii, 152) ; Larombière, art. 1375, 16 ; Colmet de Santerre, V. n° 354 *bis* ; Laurent, t. xx, n° 330 et xxviii, n°s 18 et suiv. *Contrà*,

intérêts des intérêts des sommes qu'il a déboursées pour la société, dans le cas où il a dû les payer au prêteur qui lui a fourni les fonds par lui avancés à la société[1].

L'associé a, en second lieu, action contre la société « à raison des *obligations* qu'il a contractées de bonne foi pour les affaires de la société[2] ».

Enfin, il peut encore recourir contre la société pour « les risques inséparables de sa gestion ». Voici plusieurs exemples de ces risques : vol causé au préjudice de l'associé voyageant pour la société ; accident arrivé à l'associé qui dirige une machine ou fait pratiquer des fouilles pour la société ; naufrage dans lequel il perd les valeurs qu'il avait emportées, si, dans ces différents cas, il n'y a pas eu imprudence de l'associé[3].

Pour le recouvrement des sommes dont l'associé est créancier, il doit agir contre la société, considérée comme être moral. Dans le système des auteurs qui ne reconnaissent pas que la société constitue un être moral, l'associé doit agir contre tous ses coassociés, sans solidarité, chacun pour sa part et portion[4]. Si l'un des associés est insolvable, les conséquences de son insolvabilité doivent être supportées par tous les associés, et non pas seulement par l'associé créancier[5].

94. Restitution des apports. — Pour apprécier dans quelle mesure la société est tenue de la restitution des apports des associés, il faut distinguer suivant qu'il s'agit de l'apport en toute propriété d'un objet transmis à la société, ou de l'apport en jouissance d'un objet dont l'associé conserve la propriété[6].

Dans le premier cas (apport en propriété), l'associé apporteur n'a rien à reprendre à la dissolution de la société, l'apport devant être réparti entre les divers associés, suivant leurs droits[7]

Mais qu'arrivera-t-il si l'objet dont l'apport en propriété a été promis par l'un des associés périt avant que l'apport ait été effectué et avant que l'associé ait été mis en demeure de le réaliser ? L'art. 1867, C. civ., dispose à cet égard : « *Lorsqu'un des associés a promis de met-*

Cass., 6 novembre 1865 (S. 66, I, 53) ; Pau, 30 novembre 1869 (S. 70, II, 85) ; Rennes, 12 février 1880 (S. 81, II, 53) ; Aubry et Rau, § 441-12 ; Pont, *Petits contrats,* n° 1098.

1. Cass., 24 mars 1869 (S. 70, I, 315) ; Guillouard, 167.
2. V. Guillouard, n° 168.
3. Guillouard, n° 169. V. Pont, n°s 416 et suiv. ; Laurent, n° 279.
4. Pont, n° 424 ; Laurent, n° 280 ; Guillouard, n° 170.
5. Pont, n° 425 ; Guillouard, n° 170, I. *Contrà*, Laurent, n° 280.
6. V. Douai, 29 juillet 1897 (J. S. 1898, 213).
7. Pont, n° 365 ; Laurent, n° 267 ; Guillouard, n° 153.

tre en commun *la propriété d'une chose, la perte survenue avant que la remise en soit effectuée opère la dissolution de la société par rapport à tous les associés...; mais la société n'est pas rompue par la perte de la chose dont la propriété a déjà été apportée à la société.* » La loi prévoit ainsi deux hypothèses : 1° la société est devenue propriétaire de l'apport avant qu'il ait péri : la perte a lieu pour le compte de la société, qui n'est pas dissoute ; 2° l'apport n'a pas encore été effectué et la société n'en est pas devenue propriétaire : la société est dissoute. Le plus souvent, la promesse synallagmatique d'apport entraînera transmission de propriété ; mais il en sera autrement : si les associés sont convenus de différer jusqu'à une certaine époque la translation de propriété de l'objet apporté par l'un d'eux ; si l'apport consiste dans un objet appartenant à un tiers et que l'associé a promis d'apporter à charge de ratification par ce tiers ; si l'objet a été promis sous condition et qu'il vienne à périr avant la réalisation de cette condition ; si la société est contractée pour ne commencer qu'après un certain temps, ou à l'arrivée de tel événement[1].

Si les objets que l'associé s'est engagé à apporter en propriété dans la société ne sont pas des corps certains, mais des choses indéterminées, comme de l'argent ou une certaine quantité de grains ou de denrées, la perte qu'il en éprouve avant qu'elles aient été livrées à la société incombe à lui seul[2].

Dans le deuxième cas (apport de jouissance), l'art. 1867 dispose : « *La société est également dissoute dans tous les cas par la perte de la chose, lorsque la jouissance seule a été mise en commun, et que la propriété en est restée dans les mains de l'associé.* »

La loi prévoit l'hypothèse de l'apport à la société de la jouissance temporaire de certains biens (art. 1851, C. civ.). La perte de ces biens amène la dissolution de la société. Qui doit supporter les risques de la perte ? L'art. 1851, C. civ., fait à cet égard les distinctions suivantes : « *Si les choses dont la jouissance seulement a été mise dans la société sont des corps certains et déterminés, qui ne se consomment point par l'usage, elles sont aux risques de l'associé propriétaire. Si ces choses se consomment, si elles se détériorent en les gardant, si elles ont été destinées à être vendues, ou si elles ont été mises dans la société sur une estimation portée par un inventaire, elles sont aux risques de la société. Si la chose a été estimée, l'associé ne peut répéter que le montant de*

---

1. Troplong, n°ˢ 925-935; Duvergier, n°ˢ 421-425; Aubry et Rau, § 384-5; Pont, n°ˢ 377-380; Laurent, n° 268; Guillouard, n° 153.
2. Pont, n°ˢ 403-406; Laurent, n° 269; Guillouard, n° 154.

l'estimation. » Faisons observer : 1° que si les objets qui se détériorent en les gardant n'ont pas péri, la société, qui en est propriétaire, ne peut se libérer en les rendant à l'associé dans l'état où ils se trouvent à la dissolution de la société[1] ; 2° que c'est à l'époque où l'apport a été transféré à la société, et non au moment de la dissolution de la société, qu'il faut se placer pour fixer la valeur estimative des choses qui se détériorent en les gardant, valeur estimative dont la société sera débitrice vis-à-vis de l'associé apporteur[2] ; 3° que l'associé qui a fait l'apport des choses qui se détériorent en les gardant, et qui peut reprendre la valeur de la chose calculée au jour de l'apport, n'a pas le droit, si leur valeur a augmenté, de les reprendre en nature à la dissolution de la société[3] ; 4° que la simple estimation des immeubles, comme celle des meubles, suffit pour en rendre la société propriétaire, sans qu'il soit besoin d'une déclaration expresse, l'art. 1552, relatif au régime dotal, n'étant pas applicable en matière de société[4] ; 5° que malgré les termes simplement énonciatifs de l'art. 1851, l'estimation peut être portée ailleurs que dans un inventaire[5] ; 6° que, s'il s'agit d'immeubles, l'associé ne pourra invoquer la rescision pour lésion de plus de sept douzièmes de l'art. 1674[6].

CHAPITRE IV

DE L'ADMINISTRATION

95. Principe. — Le mode d'administration de la société civile a été réglé par les art. 1856 et suiv. Mais, ainsi qu'il résulte de l'économie générale de ces articles, et plus spécialement des termes de l'art. 1859, ce n'est qu'à défaut de stipulations spéciales que la loi trace les règles de l'administration de la société. Les statuts contiennent ordinairement et très sagement des stipulations à cet égard. La

---

1. Troplong, n° 590 ; Pont, n° 393 ; Laurent, n° 274 ; Guillouard, n° 159. *Contrà* Duranton, t. xvii, n° 409.
2. Troplong, n° 590 ; Pont, n° 394 ; Laurent, n° 274 ; Guillouard, n° 160. *Contrà* Duvergier, n° 183.
3. Pont, n° 395 ; Laurent, n° 274 ; Guillouard, n° 161. *Contrà*, Troplong, n° 591.
4. Pont, n° 399 ; Laurent, n° 276 ; Guillouard, n° 162.
5. Guillouard, n° 163.
6. Pont, n° 402 ; Guillouard, n° 163.

loi prévoit que la société peut être administrée par un ou plusieurs associés, ou par tous les associés, s'il n'est rien stipulé quant au mode d'administration. Nous allons étudier ce qui concerne la nomination et la révocation des administrateurs et les pouvoirs des administrateurs ou des associés.

96. Nomination des administrateurs. — La société peut être administrée par un ou plusieurs associés, ou même par une personne étrangère à la société, suivant ce qui est stipulé aux statuts. Les administrateurs sont ordinairement nommés par les statuts, avec le consentement, bien entendu, de tous les associés[1]. Ils peuvent aussi être nommés dans un acte postérieur au contrat de société. Dans ce dernier cas, le consentement de tous les associés est aussi nécessaire, mais le choix pourrait se faire à la majorité si l'acte de société déclarait qu'un gérant serait désigné[2].

97. Durée des fonctions. Décès. Démission. — Si les statuts ne déterminent pas la durée des fonctions des administrateurs, elles durent jusqu'à l'expiration de la société.

La mort d'un administrateur termine, bien entendu, la gestion qui lui avait été confiée.

L'administrateur statutaire ne peut donner sa démission sans motifs légitimes ; sinon il est passible de dommages-intérêts[3].

L'administrateur nommé au cours de la société est toujours libre de renoncer à son mandat (arg. art. 2003, C. civ.), à moins qu'il n'ait pris un engagement contraire. S'il était prouvé, néanmoins, que cette retraite est préjudiciable aux intérêts de la société, l'administrateur pourrait être déclaré responsable du préjudice matériel que cette dernière en éprouverait[4].

Si les associés refusent d'accepter la démission, les tribunaux ont un pouvoir souverain d'appréciation pour la déclarer valable[5].

Quand les fonctions d'un administrateur viennent à cesser par suite de son décès, de sa démission, ou de l'expiration de la durée fixée à ces fonctions, quel est l'effet de cette vacance sur l'existence de la Société? Est-elle dissoute? ou y a t-il lieu à la pourvoir d'un nouvel administrateur? Nous supposons, bien entendu, que les statuts n'ont pas réglé le cas et que les parties ne s'entendent pas sur le

---

1. Pont, n° 499 ; Laurent, n° 302 ; Guillouard, n° 132.
2. Pont n° 499 ; Lyon-Caen et Renaud, n° 252.
3. Malepeyre et Jourdain, p. 123 ; Dalloz, *Rép.*, v° *Société*, n° 443 ; Cass., 8 décembre 1890 (S. 91, I 68).
4. Vavasseur, n° 149.
5. Paris, 12 février 1883 (R. S. 1883, 604) ; **Rouen, 4 juillet 1888 (R. S. 1888, 470)** ; **Cass.**, 8 décembre 1890, *loc. cit.*

parti à prendre. Il faut distinguer. Si l'administration cesse par l'expiration du terme convenu et que les statuts n'aient pas déterminé le mode d'administration pour la période ultérieure, la société continue, et, désormais, le mode d'administration doit être soumis au régime légal établi par l'art. 1859. Si l'administrateur statutaire décède ou est démissionnaire, la société est dissoute [1], à moins que tous les associés, sans exception, ne confient le pouvoir d'administrer à un nouveau gérant. Si le gérant décédé ou démissionnaire a été nommé par un acte postérieur au contrat de société, il est désigné un nouveau gérant par tous les associés, ou, à défaut d'entente, la société continue et est administrée par tous les associés [2].

98. Révocation. — Les fonctions de l'administrateur peuvent cesser par sa révocation. Comment et à la requête de qui cette révocation peut-elle être faite ? Il faut aussi distinguer.

Si l'administrateur a été nommé par les statuts, il ne peut être révoqué sans cause légitime tant que la société dure (art. 1856, C. civ.). La légitimité de la cause de révocation doit être appréciée par les tribunaux. Les causes légitimes de révocation sont, le plus souvent : la mauvaise administration de l'administrateur, son incapacité, son infidélité, et généralement les infractions aux lois du contrat de société [3]. La révocation peut être provoquée par un seul associé ; la majorité des associés n'est pas nécessaire [4].

En est-il de même si le gérant statutaire n'est pas l'un des associés ? Un auteur enseigne l'affirmative, en se fondant sur ce que la clause qui nomme un administrateur associé ou étranger fait partie du pacte social et participe de son irrévocabilité [5] La solution contraire nous paraît plus juridique. En principe, tout mandat est révocable (art. 2003, C. civ.). L'art. 1856 n'apporte d'exception à cette règle que pour les cas où « un associé » est chargé de l'administration par une clause spéciale du contrat de société [6]

Si l'administrateur a été nommé par acte postérieur au contrat de société, son pouvoir est « révocable comme un simple mandat » (art. 1856, C. civ.) [7]. L'intervention de la justice est inutile pour pro-

---

1. Cass., 21 mai 1889 (R. S. 1889, 499).
2. Pont, n° 502; Lyon-Caen et Renault, n° 313.
3. Guillouard, n° 132. V. Besançon, 26 juillet 1901 (J. S. 1901, 164).
4. Troplong, n° 676 ; Pont, n° 508 ; Guillouard, n° 134 ; Seine, 30 décembre 1898 (J. S. 1899, 524). *Contrà*, Duvergier, n° 293.
5. Laurent, n° 304.
6. Pont, n° 498 ; Guillouard, n° 136.
7. V. toutefois, pour le cas où le mandat donné intéresse des tiers : Cass., janvier 1873 (D. 73, 1, 116).

noncer cette révocation; mais il faut la volonté de la majorité des associés : la volonté d'un seul serait insuffisante [1].

La différence entre l'administrateur nommé par les statuts et celui nommé au cours de la société, au point de vue de la révocabilité des pouvoirs, n'existe que si les associés n'ont pas exprimé une volonté contraire. Ils peuvent déclarer révocables les fonctions de l'administrateur nommé par le contrat de société [2]; et, à l'inverse, déclarer irrévocables les pouvoirs de l'administrateur nommé par un acte postérieur; mais cette nomination postérieure, pour être irrévocable, doit émaner de tous les associés [3].

99. Effets de la révocation. — Si l'associé administrateur a été nommé par l'acte de société, sa révocation, pour cause légitime, entraîne la dissolution de la société, à moins que *tous* les associés, y compris le gérant révoqué ou démissionnaire [4], ne s'entendent pour nommer un nouveau gérant [5], ou que les statuts confèrent à la majorité des associés le droit de nommer un gérant [6].

Si l'associé administrateur a été nommé au cours de la société, ou s'il s'agit d'un administrateur non associé, la société n'est pas dissoute par sa révocation, et elle doit être administrée soit par un autre administrateur choisi par les associés, soit dans les termes de l'art. 1856 [7].

En cas de révocation, le gérant qui a commis des fautes lourdes dans l'exercice de sa gestion peut être condamné à des dommages-intérêts [8]. Cette action en dommages-intérêts appartient à chaque associé, dans la limite de son intérêt particulier [9].

100. Pouvoirs. — Les statuts indiquent le plus souvent les pouvoirs dont est investi l'administrateur. Leur interprétation appartient souverainement aux juges du fond [10] Dans le silence des statuts, quelle est l'étendue et la limite de ces pouvoirs? Cette question ne peut être résolue d'une façon abstraite, à l'avance et pour toute espèce de

1. Duvergier, n° 293; Aubry et Rau, § 382-1; Laurent, n° 306; Guillouard, n° 135. Contrà, Duranton, n° 434; Troplong, n° 680; Baudry-Lacantinerie et Wahl, n° 296. V. Pont, n° 511; Paris, 31 décembre 1901 (J. S. 1902, 220).
2. Cass., 9 mai 1859 (S. 60, I, 442), 9 mai 1860 (S. 60, I, 621), 25 novembre 1872 (U. 75, I, 479) et 8 mars 1892 (D. 96, I, 509). V. Cass., 9 mars 1860 (D. 60, I, 279).
3. Pont, n° 506; Guillouard, n° 133; Besançon, 25 juillet 1900 (J. S. 1901, 164).
4. Dalloz, n° 443; Vavasseur, n° 150.
5. Pont, n° 509; Guillouard, n° 137. V. Paris, 28 février 1850 (S. 50, II, 447); Cass., 9 mai 1860 (S. 60, I, 621).
6. Paris, 28 février 1850; Cass., 8 mars 1892, loc. cit.
7. Pont, n°s 502, 510, 511; Guillouard, n° 127.
8. Guillouard, n° 138.
9. Cass., 9 juin 1874 (S. 74, 1, 296).
10. Cass., 18 juin et 25 novembre 1872 (S. 73, 1, 19 et 385).

société. Il faut tenir compte, dans chaque société, du but en vue
duquel elle est créée. L'administrateur a, en principe, le droit de
faire tous les actes d'administration que comportent les besoins de la
gérance, ou ceux qu'exigent les opérations sociales : tout ce qui, en
un mot, tend à conduire la société vers le but qu'elle s'est proposé
en se constituant[1].

Ainsi l'administrateur peut poursuivre les débiteurs, toucher les
sommes dues à la société, payer celles dont elle est débitrice, en
donner ou retirer quittance; régler tous comptes, donner mainlevée
de toute inscription, avec désistement des droits de privilège, hypothèque et autres droits réels, mais seulement comme conséquence
d'un paiement; faire aussi mainlevée de toutes oppositions, saisies
et autres empêchements; choisir à son gré les employés nécessaires
à l'expédition des affaires, et les révoquer[2]; faire aux meubles ou
aux immeubles de la société toutes réparations utiles et toutes les
innovations nécessitées par le but ou par le fonctionnement de la
société : mais il ne peut pas en faire d'autres[3]; prendre à bail, au
nom de la société, pour une durée de neuf années au plus, les
immeubles ou locaux appartenant à des tiers et nécessaires à la
société; ou donner à bail les immeubles de la société, pour une
même durée, à moins que ces immeubles ne soient pas destinés à
être loués, mais bien à être exploités par la société[4]; acheter et vendre des immeubles, mais seulement si la société a pour objet l'achat
et la revente des immeubles[5]; demander la conversion en vente sur
publication judiciaire d'une saisie immobilière formée contre la
société[6].

L'administrateur peut aussi exercer les actions mobilières; mais
pour les actions immobilières, le consentement de tous les associés
est nécessaire[7]. Les sociétés civiles peuvent ester en justice, poursuite et diligence de leurs administrateurs; c'est là une conséquence
de ce principe, consacré par la jurisprudence, mais contesté en doctrine, qu'elles constituent un être moral. Il a été jugé à cet égard :

1. V. Aubry et Rau, § 382-2; Pont, nos 515 et 516; Laurent, no 307; Guillouard,
no 124; Seine, 12 janvier 1897 (J. S. 1898, 333).
2. Cass., 10 mars 1841 et 16 avril 1844; Lyon, 26 août 1857 (S. 57, II, 703).
3. V. Troplong, nos 697-698; Pont, nos 518-521; Guillouard, no 129; Toulouse,
30 mai 1828; Cass., 14 février 1853 (S. 53, I, 424) et 17 avril 1855 (S. 55, I, 652).
4. Guillouard, no 127. V. Cass., 7 mars 1837 (S. 37, I, 940) et 19 novembre 1838
(S. 39, I, 307); Pont, no 522.
5. Dalloz, no 465; Guillouard, no 124; Cass., 18 mars 1818.
6. Cass., 23 août 1836 (S. 36, I, 705); Pont, no 517.
7. Troplong, no 691; Pont, no 530; Laurent, 311; Guillouard, no 128. V. Cass.,
19 novembre 1838 (S. 39, I, 307); Chambéry, 5 novembre 1901 (J. S. 1902, 162).

1° que la règle « nul en France ne plaide par procureur » s'applique aux sociétés civiles qui ne sont ni autorisées par le gouvernement, ni constituées sous une forme commerciale[1]; 2° que cependant les statuts d'une société purement civile et non autorisée peuvent conférer au gérant le droit d'agir pour elle en son nom, et que le défendeur ne peut opposer au gérant qui agit ainsi une fin de non-recevoir tirée du défaut de qualité[2]; 3° que le gérant d'une société civile peut agir sans mandat des associés et que la procédure ainsi conduite est régulière tant qu'il n'est pas désavoué[3]. La société civile, comme la société commerciale, doit, tant qu'elle existe, être assignée devant le juge du lieu où elle est établie[4].

Mais, en principe, l'administrateur ne peut transiger ni compromettre[5]; se désister d'une hypothèque ou autre garantie appartenant à la société, ni donner mainlevée d'une inscription avant l'extinction de la créance; faire remise d'une dette[6]; contracter un emprunt au nom de la société[7]; hypothéquer les immeubles sociaux[8]. Dans ces différents cas, et si les statuts ne contiennent aucune stipulation particulière, le consentement de tous les associés est nécessaire[9]. Pour la validité de l'hypothèque, il est nécessaire que l'acte qui autorise l'administrateur à cet effet (statuts ou délibération des associés) soit dressé en la forme authentique (*suprà*, n° 65, *infrà*, n° 429).

L'art. 1856 déclare que « l'associé chargé de l'administration par une clause spéciale du contrat de société peut faire, *nonobstant l'opposition des autres associés*, tous les actes qui dépendent de son administration, pourvu que ce soit *sans fraude*. » Il en est de même pour l'administrateur nommé au cours de la société, ou pour l'administrateur étranger[10].

---

1. Cass., 21 juillet 1854 (D. 55, 1, 41) et 8 novembre 1856.
2. Paris, 6 mars 1849 (D. 49, II, 180).
3. Cass., 14 février 1859 (D. 59, 1, 113).
4. Bioche, t. 1, n° 125; Garsonnet, *Tr. de proc.*, § CLXXI. V. Pont, n°⁵ 529 à 334.
5. Troplong, n° 690; Pont, n° 528; Laurent, n° 310; Guillouard, n° 124. *Contrà*, Pardessus, *Dr. comm.*, n° 1014; Duvergier, 320.
6. Troplong, 689.
7. Doua , 15 mai 1844 (S. 44, II, 403); Cass., 22 août 1844 (S. 45, II, .209); Alger, 18 mai 1863 (S. 63, II, 156); Laurent, n° 309; Guillouard, n° 125. *Comp.* Cass., 48 juin 1872 (S. 73, 1, 19); Houpin, J. S. 1896, 233. *Contrà*, Paris, 26 juin 1831. V. aussi Troplong, n° 684; Pont, n° 524; Sirey, note, 1878, 1, 401.
8. Cass., 27 janvier 1868 (S. 68, 1, 53); Troplong, n° 686; Pont, n° 526; Laurent, n° 308; Lyon-Caen et Renault, n° 260; Guillouard, n° 126. V. Cass., 3 mai 1853 (S. 53, 1, 617), 8 novembre 1869 (S. 70, 1, 23) et 3 décembre 1889 (D. 90, 1, 105); Houpin, *loc. cit.*
9. V. Cass., 27 janvier 1868, *loc. cit.*
10. Laurent, n° 313; Guillouard, n° 139.

Les statuts peuvent restreindre les pouvoirs légaux des administrateurs [1], ou les étendre.

101. Pluralité d'administrateurs. Pouvoirs. — Le mode d'exercice des pouvoirs des administrateurs, lorsqu'ils sont plusieurs, est déterminé par les art. 1857 et 1858, ainsi conçus : Art. 1857 : « *Lorsque plusieurs associés sont chargés d'administrer, sans que leurs fonctions soient déterminées, ou sans qu'il ait été exprimé que l'un ne pourrait agir sans l'autre, ils peuvent faire séparément tous les actes de cette administration.* » — Art. 1858 : « *S'il a été stipulé que l'un des administrateurs ne pourra rien faire sans l'autre, un seul ne peut, sans une nouvelle convention, agir en l'absence de l'autre, lors même que celui-ci serait dans l'impossibilité actuelle de concourir aux actes d'administration* ».

Si chacun des associés est investi de pouvoirs spéciaux, aucun d'eux ne peut rien faire en dehors de son mandat. S'il est dit que les gérants agiront de concert, ils doivent s'entendre, et tout acte émanant d'un seul est irrégulier et sans valeur [2]. Mais ne doit-on pas apporter une exception à l'art. 1858 dans le cas d'*urgence*, et permettre à l'associé présent de faire seul les actes nécessaires, sans le concours de l'administrateur absent ou malade? D'après une opinion, il faut l'unanimité, car l'art. 1858 le déclare clairement, sans faire d'exception pour le cas d'urgence [3]. D'autres auteurs estiment que dans le cas d'une urgence évidente et d'une nécessité absolue (notamment si l'on craint l'éboulement ou l'inondation d'une mine), il doit être apporté exception à la règle de l'art. 1858 [4].

102. Mode d'administration dans le silence des statuts. — Lorsque les statuts ne contiennent pas de dispositions spéciales sur le mode d'administration, et qu'ils ne chargent pas un ou plusieurs associés ou étrangers d'administrer (ce qui se produit bien rarement), on suit les règles suivantes posées par l'art. 1859 : « 1° *Les associés sont censés s'être donné réciproquement le pouvoir d'administrer l'un pour l'autre. Ce que chacun fait est valable même pour la part de ses associés, sans qu'il ait pris leur consentement ; sauf le droit qu'ont ces derniers, ou l'un d'eux, de s'opposer à l'opération avant qu'elle soit conclue ; — 2° chaque associé peut se servir des choses appartenant à la société, pourvu qu'il les emploie à leur destination fixée par l'usage, et qu'il ne s'en serve pas contre l'intérêt de la société, ou de manière à empêcher*

---

1. V. Lyon, 31 août 1872.
2. Pont, nos 537-538.
3. Troplong, n° 707; Pont, n° 539; Laurent, n° 312.
4. Duvergier, n° 303; Aubry et Rau, § 382-3; Guillouard, n° 131.

ses associés d'en user selon leur droit ; — 3° chaque associé a le droit d'obliger ses associés à faire avec lui les dépenses qui lui sont nécessaires pour la conservation des choses de la société ; — 4° l'un des associés ne peut faire d'innovations sur les immeubles dépendant de la société, même quand il les soutiendrait avantageuses à cette société, si les autres associés n'y consentent. » — L'art. 1860 ajoute : « *L'associé qui n'est point administrateur ne peut aliéner ni engager les choses même mobilières qui dépendent de la société.* »

103. Première règle. — Les pouvoirs d'administration que les associés sont censés s'être donnés réciproquement sont les mêmes que ceux de l'administrateur nommé, en considérant le but de la société. Ainsi, bien qu'en principe l'aliénation ne constitue pas un acte d'administration, la Cour de cassation a validé la vente d'un immeuble social par l'un des associés, parce que la société avait pour objet l'achat et la revente des immeubles [1]. Mais l'art. 1860 n'interdit-il pas cette aliénation à l'associé non administrateur ? Oui, suivant certains auteurs, qui invoquent le texte formel de cet article et l'opinion de Pothier [2]. D'autres auteurs interprètent l'art. 1860 en ce sens que l'associé qui administre dans le silence des statuts ne peut aliéner les choses de la société, car aliéner n'est pas administrer ; mais que si cette aliénation est conforme au but même de la société, il pourra aliéner aussi bien que l'associé administrateur [3].

Le droit d'administration qui appartient à chaque associé peut être entravé par l'opposition d'un seul. Cette opposition a pour effet de rendre nul l'acte accompli au mépris de l'opposition, soit dans les rapports des associés entre eux, soit même dans leurs rapports avec les tiers qui ont connu ou pu connaître cette défense [4]. Le *veto* de l'associé n'est pas péremptoire, et les autres associés qui veulent faire l'opération peuvent provoquer une délibération générale des associés, et agir ensuite, si la majorité le décide ainsi [5].

Mais ce pouvoir de la majorité n'existe que pour les actes d'administration proprement dits. S'il s'agit d'un acte dépassant cette limite, d'un changement à apporter dans l'organisation ou dans le fonctionnement de la société, d'une modification du pacte social

---

1. Cass., 10 mars 1818 (S. t. vi, i, 448).
2. Aubry et Rau, § 382-5 ; Laurent, n° 327 ; Rennes, 22 avril 1813.
3. Duranton, n° 435 ; Duvergier, n° 369 ; Pont, n°s 582 et suiv. ; Guillouard, n° 141.
4. Laurent, n° 318 ; Pont, n° 557 ; Guillouard, n° 143.
5. Troplong, n°s 720-721 ; Aubry et Rau, § 382-8 ; Pont, n° 565 ; Guillouard, n° 144. *Contrà*, Laurent, n° 319 ; Baudry-Lacantinerie, t. iii, n° 786 ; Colmet de Santerre, t. viii, n° 45 *bis*.

dans l'un de ses éléments essentiels, le consentement de tous les
associés est nécessaire. C'est là une application du principe général
de l'art. 1134, que les conventions légalement formées tiennent lieu
de loi à ceux qui les ont faites[1]. L'assemblée générale des associés
a le droit, à la majorité, de modifier les statuts et d'autoriser des
actes dépassant le cercle de l'administration, si les statuts de la société lui en donnent le pouvoir[2]. Mais lorsqu'il s'agit de modifier les
statuts sur l'un des éléments essentiels du contrat de société, il faut,
à notre avis, une stipulation expresse, et l'autorisation générale de
modifier les statuts est insuffisante[3] (V infrà, v° Sociétés par actions).

A moins de disposition contraire dans les statuts, les délibérations
doivent être prises à la majorité absolue, composée de la moitié des
voix de tous les associés, plus une ; et chaque associé n'a droit qu'à
une voix, quel que soit son intérêt dans la société[4].

Le mandat réciproque des associés pour administrer finit, bien
entendu, de plein droit, par la dissolution de la société[5].

Le premier alinéa de l'art. 1859 n'est pas applicable aux sociétés
de mines[6].

104. Autres règles. — Nous parlerons de la deuxième règle, infrà,
n° 105, et il a été question de la troisième règle, suprà, n° 94. En ce
qui concerne la quatrième règle, nous devons faire observer que
l'art. 1859-4° doit recevoir la même interprétation que l'art. 1860,
et qu'en conséquence l'associé — qui, en principe, ne peut pas faire
d'innovations, car innover n'est pas administrer — peut cependant
les faire, comme l'associé gérant, si elles sont commandées par le but
de la société[7]. Il ne faudrait pas considérer comme innovations des
aménagements ou des changements de peu d'importance destinés à
rendre plus commode et plus utile la jouissance des biens sociaux[8].

---

1. Cass., 10 mars 1841 (S. 41, I, 357), 22 août 1844 (S. 45, I, 209), 14 février 1833
(S. 53, I, 424), 17 avril 1855 (D. 55, I, 652); Riom, 21 janvier 1842 (S. 42, II, 260);
Douai, 15 mai 1844 (S. 44, II, 403); Orléans, 20 juillet 1853 (S. 53, II, 485); Lyon,
9 janvier 1870 (D. 71, II, 111); Pontarlier, 15 février 1898; Aubry et Rau, § 382-9;
Pont, n° 562; Laurent, n° 320; Guillouard, n° 145.
2. Cass., 7 mai 1844 (S. 45, I, 53) et 13 mars 1878 (S. 78, I, 401); Guillouard,
n° 145.
3. V. Narbonne, 19 mars 1895 (J. S. 1896, 85).
4. Guillouard, n° 146. V. aussi Troplong, n° 722; Pont, n° 566.
5. Cass., 4 février 1852 (S. 52, I, 245).
6. Féraud-Giraud, *Code des mines*, t. I, n° 214; Delecroix, *Des sociétés de mines*,
n°s 365 et suiv.; Laurent, n° 423; Guillouard, n° 364.
7. Guillouard, n° 142.
8. Pont, n° 578; Laurent, n° 325.

CHAPITRE V

DES DROITS DES ASSOCIÉS

105. Droits divers. -- Chacun des associés a : 1° une action contre la société à raison non seulement des sommes qu'il a déboursées pour elle, mais encore des obligations qu'il a contractées de bonne foi pour les affaires de la société et des risques inséparables de sa gestion (art. 1852, C. civ.) (*suprà*, n° 93) ; 2° le droit d'administrer la société dans les conditions déterminées aux statuts ou aux articles 1856 à 1859, C. civ. (*suprà*, n°ˢ 95 et suiv.) ; 3° le droit d'obliger ses associés à faire avec lui les dépenses *nécessaires* pour la conservation des choses de la société (art. 1860) (*suprà*, n° 91) [1] ; 4° droit à une part dans les bénéfices nets de la société (art. 1853 à 1855) (*infrà*, n°ˢ 115 et suiv.).

De ce que, suivant le principe que nous avons admis, consacré par la jurisprudence, mais contesté en doctrine, la société civile constitue un être moral distinct de la personne des associés, il en résulte que le droit de ces derniers est de nature mobilière, alors même qu'il dépend des immeubles de la société (*suprà*, n°ˢ 12 et suiv.), tant que la société dure et jusqu'à l'issue de la liquidation. Chaque associé a, comme tel, deux droits pécuniaires principaux : 1° le droit de réclamer sa part dans les bénéfices sociaux : c'est le seul qui lui appartienne tant que la société dure ; 2° le droit de prendre part au partage de l'actif social après la dissolution de la société [2]. L'associé a aussi le droit de prendre connaissance des livres et documents de la société.

L'art. 1859 accorde à chaque associé le droit de se servir des choses appartenant à la société, pourvu qu'il les emploie à leur destination fixée par l'usage, et qu'il ne s'en serve pas contre l'intérêt de la société, ou de manière à empêcher ses associés d'en user selon leur droit. Mais l'usage par l'associé des choses de la société n'existe qu'à titre exceptionnel, et il serait plus exact de dire : « L'associé ne peut pas se servir des choses appartenant à la société, à moins que l'usage qu'il en fait ne nuise pas aux intérêts de la société [3]. » L'associé qui se servirait des choses sociales, contrairement à leur destination ou aux droits de ses coassociés, pourrait, selon les circonstances, être

---

1. V. Guillouard, n° 250.
2. Lyon-Caen et Renault, n° 142.
3. Guillouard, n° 249. V. Duvergier, n° 360 ; Laurent, n° 323.

condamné à des dommages-intérêts envers ces derniers (*supra* n° 87).

106. Cession des droits des associés. — Aux termes de l'art. 1861, C. civ., un associé ne peut, sans le consentement de ses associés, associer une tierce personne à la société, lors même qu'il en aurait l'administration.

Aucun des associés **ne** peut donc céder, en tout ou en partie, ses droits dans la société à une tierce personne qui prendrait sa place dans la société, sans le consentement de ses coassociés. C'est là une conséquence de ce principe que la société civile est une société de personnes. Le consentement à la cession doit être donné soit par les statuts, soit par l'unanimité des associés : la majorité serait insuffisante [1]. La preuve du consentement spécial devra être fournie suivant les règles du droit commun : Il faudra donc une preuve écrite, ou tout au moins un commencement de preuve par écrit [2]. Toutefois, ce consentement résulte implicitement de la division du capital social en actions, c'est-à-dire en fractions dont la cession est, sauf dérogation, opposable par elle-même aux autres associés [3]. Il en est ainsi particulièrement dans les sociétés de mines qui constituent des sociétés de capitaux et non des sociétés de personnes [4].

Lorsque les statuts autorisent tout associé à céder ses droits sociaux à un tiers — lequel deviendra, par l'effet de la cession, membre de la société avec tous les droits et les devoirs d'un associé ordinaire — ils imposent souvent à l'associé qui voudrait user de cette faculté l'obligation d'offrir au préalable ses droits aux autres associés, auxquels la préférence se trouve ainsi réservée. Les conditions fixées par les statuts pour l'exercice de ce droit d'option sont de rigueur [5]. Dans le silence des statuts, il appartient aux tribunaux de décider si les associés ont été suffisamment prévenus (un exploit d'huissier n'est pas indispensable), et de déterminer le délai de leur option [6]. Si les statuts donnent aux associés ou à la société le droit d'exercer le

---

1. Besançon, 28 décembre 1842 et 23 avril 1845 (S. 46, II, 655); Aubry et Rau, § 581-11; Laurent, n° 332; Guillouard, n° 254.
2. Cass., 7 février 1826; Pont, n° 606; Laurent, n° 333; Guillouard, n° 254.
3. V. Pont, n° 598 et suiv.; Beudant, *Rev. crit.*, 1869, p. 135, 328, 405 et suiv.; Batbie, *Rev. crit.*, 1869, n°s 332 et suiv.; Lyon-Caen et Renault, n°s 37, 100, 270; Guillouard, n° 254.
4. Liège, 27 juin 1838 (*Pas.*, 38, II, 173); Guillouard, n° 367; Delecroix, *Soc. de mines*, n°s 167, 302 et suiv.; Laurent, 422.
5. Cass., 17 avril 1834 (S. 34, I, 276); Douai, 10 janvier 1839 (S. 39, II, 495); V. Bruxelles, 25 avril 1870 (*Pas.*, 71, II, 425); Lyon, 2 mai 1894 (J. S. 1895, 115); Guillouard, n° 256; Pont, n°s 608 et suiv.; Laurent, n° 334. V. J. S. 1902, 235.
6. Douai, 10 janvier 1839, *loc. cit.*; Pont, n°s 610 et suiv.; Laurent, n° 334; Guillouard, n° 256. V. Seine, 18 mai 1898.

retrait en cas de vente par l'associé de sa part, ce droit ne peut être exercé ni dans le cas où ce dernier donne sa part en nantissement à l'un de ses créanciers, ni dans celui où il s'associe un croupier [1].

Si l'un des associés cède ses droits sociaux à un tiers, sans y être autorisé par les statuts ou par ses coassociés, la cession n'est pas nulle entre le cédant et le cessionnaire. Celui-ci, moyennant la signification prescrite par l'art. 1690, C. civ., est saisi, vis-à-vis des tiers, du droit de toucher la part de son cédant dans les bénéfices annuels et dans le produit de la liquidation ; mais il ne peut s'ingérer dans l'administration de la société, ni même exiger directement la reddition des comptes [2].

Celui qui cède tout ou partie de ses droits d'associé n'est tenu qu'à la garantie de sa qualité, mais non des pertes résultant de l'insolvabilité de ses coassociés [3].

107. Croupier. — L'art. 1861 précité accorde à l'associé le droit, sans le consentement de ses associés, de s'associer une tierce personne relativement à la part qu'il a dans la société [4].

On donne à ce tiers le nom de *croupier*, ou participant.

La convention qui intervient entre un associé et un tiers pour la part du premier dans la société constitue une véritable société, puisqu'on y rencontre les éléments du contrat d'association : un apport réciproque et la volonté de partager le gain revenant à l'associé dans les opérations de la société [5].

Cette convention peut être faite par tout associé non seulement lorsque la société est civile, mais encore pour toute société commerciale, notamment pour la part d'un associé en nom collectif [6].

Le croupier est étranger à la société, dans laquelle il n'entre pas. Cette société demeure intacte dans son organisation primitive, et l'associé qui s'est adjoint un croupier en reste toujours membre. La société ou sous-société qui s'établit entre le croupier et son cédant,

1. Rouen, 2 janvier 1847 (S. 48, ii, 660) ; Cass., 24 nov. 1856 (S. 57, i, 516) ; Pont, no 612 ; Laurent, no 336 ; Guillouard, no 257. V. Cass. Belg., 3 déc. 1896 (J.S. 99, 55).

2. Rouen, 2 janvier 1847, *loc. cit.* ; Vavasseur, no 206 ; Guillouard, nos 252 et 258. V. Duvergier no 374 ; Thiry, *Rev. crit.*, 1854, 438, 439 ; Pont, nos 587-589 ; Seine, 13 nov. 1894 (J. S. 1895, 383). V. Seine, 24 déc. 1903 (J. S. 1904, 279).

3. Troplong, no 762 ; Pont, nos 627 et 628 ; Guillouard, no 263. V. Lyon, 12 février 1840 (S. 40, ii, 174) et 7 février 1850 (S. 50, ii, 369).

4. Lorsqu'un associé cède à un tiers sa part dans les bénéfices de la société, cette cession n'a pas pour effet de conférer au tiers cessionnaire la qualité d'associé. Paris, 14 janvier 1893 (S. 94, ii, 269).

5. Troplong, no 757 ; Pont, nos 618-619 ; Laurent, no 337 ; Guillouard, no 260. *Contrà*, Duvergier, no 375, suivant lequel il y a seulement une communauté. V. Cass., 24 novembre 1856 (S. 57, i, 516).

6. Lyon-Caen et Renault, no 271.

relativement à la part de celui-ci, se juxtapose à la société principale, et marche parallèlement avec elle [1].

Chaque associé peut, en ce qui le concerne, se donner un croupier, et même s'en donner plusieurs, distinctement et successivement [2].

Le croupier, étranger à la société principale, n'étant l'associé que du cédant, n'a d'action directe que contre celui-ci, et réciproquement ne doit compte direct qu'à lui [3]. Par suite, il n'est pas autorisé à demander communication des livres de commerce de la société, ni à réclamer des comptes de gestion [4]. Mais, le cas échéant, il pourrait agir indirectement contre la société principale, en vertu de l'art. 1166, de même que cette société pourrait, en vertu du même article, agir indirectement contre lui [5].

Il peut : 1° réclamer directement au cédant sa part dans les bénéfices réalisés par la société principale ; 2° agir contre ce dernier à raison du dommage causé à cette société par la faute du cédant ou des autres associés; 3° demander communication des droits et actions du cédant, mais seulement dans les conditions d'utilité que ces droits et actions ont entre les mains de celui-ci. D'un autre côté, le croupier doit participer aux pertes de la société principale et même à toute la perte si le cédant, étant solidaire, est obligé de payer en sus de sa part dans la dette de la société principale [6].

La cession, pour être opposable aux tiers, créanciers personnels du cédant, doit, d'après l'opinion de la généralité des auteurs, résulter d'un acte ayant acquis date certaine (art. 1328, C. civ.) avant l'opposition desdits créanciers sur la part sociale du cédant [7]; mais il n'est pas nécessaire de remplir les formalités de signification ou d'acceptation prévues par l'art. 1690, C. civ. [8]. Il n'en est toutefois ainsi que pendant le cours de la société. A son expiration, le croupier, en vertu de son droit d'association, est investi, vis-à-vis du cédant, d'une part dans les droits et dans les choses que celui-ci retire de la société. Mais il n'est saisi, vis-à-vis du tiers, des choses qu'il retire de sa participation avec le cédant qu'à la condition de se

---

1. Pont, n⁰ˢ 617-618. V. Seine, 7 oct. 1899 (J. S. 1900, 130).

2. Pont, n° 621.

3. Paris, 25 février 1893 (*Le Droit financier*, 1893, 240).

4. Cass., 8 juillet 1887 (R. S. 1887, 472); Orléans, 25 mai 1888 (S. 89, II, 155) Paris, 14 janvier 1893 (S. 94, II, 269); Lyon-Caen et Renault, n° 271.

5. Troplong, n° 763; Pont, n⁰ˢ 623-624; Laurent, n° 338; Guillouard, n° 262.

6. Pont, n⁰ˢ 625-628.

7. Duvergier, n° 378; Troplong, n⁰ˢ 764-765; Bédarride, n° 44; Alauzet, n° 218. *Contrà*, Pont, n° 636.

8 Mêmes auteurs. *Adde*, Pont, n° 637; Guillouard, n° 261. V. Bordeaux, 5 août 1868 (S. 69, II, 77).

conformer aux règles propres à la transmission et à la consolidation de la propriété[1]. Ainsi, il n'est investi de la part qui lui revient dans une créance comprise dans le lot du cédant que par la signification ou l'acceptation exigée par l'art. 1690. S'il y a des immeubles, il n'en devient propriétaire, au regard des tiers, que par la transcription de son acte, conformément à la loi du 23 mars 1855[2]. L'associé qui s'est sous-associé un tiers a capacité pour vendre les objets dépendant de la part commune, dont il a conservé l'administration et la disposition comme propriétaire apparent. Le sous-associé n'est pas fondé à demander la nullité de ces ventes jusqu'à concurrence de sa part d'intérêt : il ne peut que demander compte à l'associé principal[3].

Mais pour que la convention dont nous venons de parler constitue une société et en produise les effets, il faut que la cession consentie par l'associé à un tiers ne porte que sur une partie des droits de cet associé dans la société principale. Si l'associé avait cédé au tiers toute sa part, le contrat ne serait plus une société, mais une vente. Dans ce dernier cas, le cessionnaire profiterait de tous les avantages dont l'associé aurait profité, mais à l'inverse, il serait tenu de toutes ses obligations, et devrait répondre notamment des pertes causées à son cédant par suite de l'insolvabilité des associés de celui-ci, ou par suite de la solidarité qui existerait entre lui et ses coassociés[4].

CHAPITRE VI

DES ENGAGEMENTS DES ASSOCIÉS A L'ÉGARD DES TIERS

108. Principe. — Nous avons expliqué (*suprà*, n°s 86 et suiv.) les effets des engagements des associés, entre eux. Nous avons maintenant à déterminer l'effet des engagements des associés, à l'égard des tiers : ce qui fait l'objet des art. 1862 à 1864, C. civ., ainsi conçus : —
Art. 1862 : « *Dans les sociétés autres que celles de commerce, les associés ne sont pas tenus solidairement des dettes sociales, et l'un des asso-*

---

1. V. Cass., 28 avril 1869 (S. 69, II, **313**).
2. Pont, n° 638.
3. Cass., 26 mai 1841 (S. 41, I, 748).
4. Troplong, n° 762 ; Duvergier, n° 380 ; Pont, n°s 627, 628 ; Guillouard, n°s 260, 263. V. Seine, 13 novembre 1894 (J. S. 1895, 383).

ciés ne peut obliger les autres si ceux-ci ne lui en ont conféré le pouvoir. » — Art. 1863. — « *Les associés sont tenus envers le créancier avec lequel ils ont contracté, chacun pour une somme et part égales, encore que la part de l'un d'eux dans la société fût moindre, si l'acte n'a pas spécialement restreint l'obligation de celui-ci sur le pied de cette dernière part.* » — Art. 1864. — « *La stipulation que l'obligation est contractée pour le compte de la société ne lie que l'associé contractant et non les autres, à moins que ceux-ci ne lui aient donné pouvoir, ou que la chose n'ait tourné au profit de la société.* »

Le principe qui se dégage de l'ensemble de ces dispositions, c'est que l'un des associés ne peut engager ses coassociés que si ceux-ci lui en ont conféré le pouvoir; et que les associés sont tenus des dettes sociales, chacun pour une somme et part égales, bien que leurs apports ou leurs parts dans les bénéfices soient inégaux.

Les obligations des associés envers les tiers peuvent donner lieu à plusieurs hypothèses que nous allons examiner séparément.

109. Engagement personnel. Associé non-administrateur. — Lorsque l'un des associés qui n'est point administrateur traite en son nom personnel, et non en celui de la société, l'engagement qu'il prend ne lie que lui et ne peut obliger ni la société ni ses autres associés, si cet engagement n'a pas profité à la société. Si, au contraire, il a tourné au profit de la société, dont l'associé se trouve ainsi avoir géré l'affaire, ce dernier a une action contre ses coassociés, à concurrence du profit que la société a retiré de l'opération ; mais le tiers créancier n'a pas d'action *directe* contre la société, ni contre les associés ; il peut seulement agir contre eux, dans la limite de leur enrichissement, du chef de l'associé qui a traité avec lui, en vertu de la subrogation de l'art. 1166, C. civ.[1].

110. Engagement social. Administrateur. — Pour que l'engagement d'un associé constitue un engagement social et oblige tous les associés, il faut tout d'abord que l'acte soit fait *au nom de la société*. Il peut être considéré comme fait au nom de la société, bien que cela ne soit pas déclaré : les termes de l'acte ou les circonstances peuvent suppléer, en ce sens, au silence de la convention ; mais dans le doute, l'acte doit être réputé fait par l'associé en son privé nom, s'il s'agit d'une société particulière[2].

---

1. Cass., 12 mars 1850 (S. 50, 1, 257) et 16 février 1853 (S. 53, 1, 209); Aix, 10 novembre 1854 (S. 55, 11, 245); Troplong, n°s 772 et suiv.; Aubry et Rau, § 383-2; Pont, n°s 651, 652; Laurent, n° 347; Guillouard, n° 265. *Contrà*, Duvergier, n° 404; Merlin, *Quest. de dr.*, v° *Société*, § 2.
   (2. Pont, n°s 640-643. V. Cass., 16 novembre 1870 (D. 70, 1, 350) et 4 juillet 1892, S. 94, 1, 166).

Il faut, en outre, que l'associé agisse dans la limite des pouvoirs généraux ou spéciaux à lui attribués soit par l'acte de la société, soit dans un acte postérieur, ou des pouvoirs généraux d'administration conférés à chaque associé, dans le silence des statuts, par l'art. 1859, C. civ. [1]. Dans ces différents cas, l'associé contracte pour le compte de la société; il oblige la société et ses autres associés, et il s'oblige lui-même pour sa part seulement. Il n'en serait autrement et il ne serait personnellement tenu de la totalité de l'engagement, comme tout mandataire (art. 1997, C. civ.), que s'il n'avait pas indiqué au tiers avec lequel il a contracté en quelle qualité il traitait [2]. Il a été décidé, en ce sens, que les tiers qui ont traité avec une société civile de mines, qui possède une personnalité juridique, ne sont pas recevables à actionner comme débiteurs les administrateurs qui ont agi au nom de cette société, et qui n'ont pas contracté en leur nom personnel, alors surtout qu'il est constaté, en fait, que les tiers n'ont entendu traiter qu'avec la société seule et n'avoir qu'elle pour obligée [3].

Lorsque le gérant a contracté au nom de la société dans la sphère de ses attributions, c'est la société elle-même qui est réputée avoir contracté. Par suite, la société est directement responsable des actes dolosifs, frauduleux, ou simplement préjudiciables commis par le gérant [4].

Si un associé agit, *au nom de la société*, sans mandat ou en dépassant les limites de son mandat, et si l'opération ainsi faite profite à la société, celle-ci en est tenue, mais seulement dans la limite du profit qu'elle en aurait retiré [5]. Le tiers avec qui l'affaire a été conclue a alors une action *de in rem verso* contre la société, mais à la charge de prouver que la société a réellement retiré un avantage de l'affaire [6].

111. Part incombant à chaque associé. — En principe, dans les sociétés civiles, la dette sociale est divisible, non solidaire (art. 1262) [7], et chacun des associés n'est tenu, indéfiniment, que pour la part que

---

1. Troplong, n° 807; Duvergier, n° 385; Pont, n° 647; Laurent, n° 344; Guillouard, n° 266. V. Cass., 27 novembre 1861 (S. 63, I, 188).
2. Pont, n° 646; Laurent, n° 345; Guillouard, n° 266.
3. Paris, 12 mars 1881 (J. S. 1881, 684).
4. Cass., 15 janvier 1872 (S. 72, I, 9); Grenoble, 4 février 1872 (S. 74, II, 168); Dijon, 24 juillet 1874 (S. 75, II, 73).
5. Cass., 18 mars 1824 (S. chr.); Bordeaux, 11 avril 1845 (S. 46, II, 315); Cass., 7 juillet 1868 (S. 68, I, 357).
6. Pont, n° 650.
7. Rouen, 16 juin 1890 (S. 91, 2, 309).

la loi met à sa charge[1]. Mais la solidarité peut, par dérogation, être stipulée : c'est ce qui arrive lorsque le tiers qui traite avec la société, désirant accroître ses garanties, exige que tous les associés s'obligent solidairement. La solidarité peut aussi résulter de la forme qu'a revêtue le contrat de société, ou du caractère de l'engagement pris envers le tiers créancier. Ainsi, d'une part, les membres d'une société civile, constituée sous la forme commerciale de la société en nom collectif, sont néanmoins tenus solidairement des engagements sociaux[2]. D'autre part, chaque associé est tenu à l'exécution de la totalité de l'engagement, si l'obligation est indivisible[3].

D'après l'art. 1863, C. civ., les dettes qui grèvent la société se divisent entre les associés *par parts égales*, et non pas d'après l'intérêt de chacun d'eux dans la société. Ainsi lorsqu'une société est formée en trois personnes, chacune d'elles est tenue, envers les créanciers, au paiement du tiers des dettes sociales, bien que les apports soient inégaux et que chacun des associés ait, dans leurs rapports personnels, et d'après les statuts, une part différente dans les bénéfices et dans les pertes. Les créanciers ne pourraient pas, s'il le jugeaient convenable, poursuivre chacun des associés dans la proportion de sa part sociale[4].

Mais cet article n'est applicable qu'au cas où les tiers ont contracté avec les associés, ou avec l'un d'eux muni de pouvoirs suffisants. Si, au contraire, il s'agit d'une dette contractée par un associé sans pouvoirs de ses coassociés, ou en excédant ses pouvoirs, et si la société n'en est tenue qu'à raison et dans la limite du profit qu'elle en a tiré, les associés ne sont pas obligés au paiement de cette dette par part égale, mais dans la mesure où chacun en a profité personnellement, suivant son intérêt dans la société[5].

112. Restriction des obligations des associés. — « Les associés, dit l'art. 1863, sont tenus envers le créancier *avec lequel ils ont contracté*, chacun pour une somme et part égales, encore que la part de l'un d'eux dans la société fût moindre, *si l'acte n'a pas spécialement*

1. Cass., 9 avril 1886 (S. 89, I, 463). Chaque associé peut être assigné pour sa part, sans qu'il soit besoin de mettre en cause les autres associés. Cass., 29 juin 1853 (S. 55, I, 493).

2. Aix, 4 juin 1868 (D. 69, II, 242) ; Pont, n° 655 ; Laurent, n° 350 ; Guillouard, n° 270.

3. Bruxelles, 28 novembre 1806 ; Cass., 10 décembre 1845 (S. 46, I, 623) ; Pont, n° 655 ; Laurent, n° 350 ; Guillouard, n° 268.

4. Cass., 13 juin 1904 (J. S. 1905, 18). V. J. S., 1901, 241, 289, 308, 337 ; 1902, 255, 257 ; 1905, 425 ; 1906, 299.

5. Cass., 18 mars 1824 (S. t. VII, I, 417) ; Troplong, n° 820 ; Pont, n° 659 ; Laurent, n° 353 ; Guillouard, n° 269.

restreint l'obligation de celui-ci sur le pied de cette dernière part. »
On considère généralement que la connaissance que le tiers aurait
eue de l'acte de société, qui fixe dans des proportions inégales la part
de chaque associé dans les dettes, ou limite cette part à l'apport de
chaque associé, ne suffit pas pour limiter le droit de ce tiers. Du
moment, dit-on, où les associés n'ont pas rappelé cette inégalité ou
cette restriction d'une manière spéciale dans l'acte d'obligation, le
créancier a pu croire qu'ils entendaient y déroger en ce qui le concernait; dans tous les cas, la loi n'admet d'autre preuve, en cette
matière, que celle qui résulte des mentions expresses de l'acte par
lequel la société s'est obligée; il faut, suivant les expressions de
l'art. 1863, que l'acte d'obligation ait *spécialement restreint* l'engagement d'un ou de plusieurs associés, pour que le créancier ne puisse
pas les poursuivre pour leur part virile, ou sur leurs biens personnels[1]. Il a été décidé en ce sens : 1° que lorsqu'une société civile
ne s'est pas constituée sous la forme anonyme, la clause des statuts
portant qu'il n'existe aucune solidarité entre les associés, lesquels ne
sont engagés que pour le montant des actions qu'ils souscrivent, ne
peut avoir pour effet de limiter la responsabilité des associés au
montant de leurs apports : elle doit seulement être entendue en ce
sens que les parties ont voulu que la responsabilité, au lieu d'être
encourue par chaque associé pour sa part virile, fût proportionnelle
au nombre et au montant de ses actions[2]; 2° qu'un membre d'une
société civile ne peut se prévaloir, vis-à-vis des créanciers sociaux,
de la clause des statuts d'après laquelle les actionnaires ne peuvent
être soumis à aucun appel de fonds au delà du montant de la valeur
d'émission de leurs actions, que si, dans les engagements contractés
avec les créanciers, son obligation a été spécialement restreinte à sa
mise[3]; qu'il importe peu que les créanciers soient eux-mêmes
membres de la société, et qu'en cette qualité ils aient connu ou pu
connaître la clause dérogatoire au droit commun : cette connaissance
personnelle ne supplée pas la déclaration spéciale exigée par la loi[4];
3° que les membres d'une société civile, qui, aux termes de l'art. 1863,
sont tenus envers les créanciers de la société, chacun pour une
somme et part égales, ne peuvent s'affranchir de cette obligation en
stipulant dans l'acte de société qu'ils ne seront pas tenus sur leurs

---

1. Duvergier, n° 391 ; Pont, n° 664; Laurent, n° 352; Guillouard, n° 268.
2. Lyon, 8 août 1873 (S. 74, II, 105). V. aussi Paris, 27 juin 1882 (J. S. 1883, 133).
3. Cass., 13 juin 1904 et note Wahl (J. S. 1905, 18).
4. Douai, 23 mars 1878 (S. 78. II. 305). *Conf.* Pont, n° 662; Lyon-Caen, note,
S. 69, II, 105.

biens personnels des dettes sociales, et que le payement de celles-ci
ne pourra être poursuivi que sur les biens dépendant de la société;
qu'une telle clause n'est pas opposable aux tiers; mais qu'il est loisible à ceux qui contractent avec les membres d'une société civile de
renoncer au bénéfice de l'art. 1863 et de faire remise aux associés de
leur responsabilité personnelle : c'est là une question de fait à
résoudre suivant le texte et l'esprit de la convention [1]; 4° que dans
une société civile, eût-elle été constituée sous la forme anonyme,
chaque associé est tenu indéfiniment des dettes sociales pour sa part
et portion; et que la limitation statutaire des engagements des souscripteurs d'actions n'est valable qu'entre associés et vis-à-vis des
tiers qui l'ont connue et acceptée [2]. Nous devons faire observer que
la question de responsabilité était généralement résolue en sens contraire, lorsque la société civile se constituait sous la forme commerciale de l'anonymat ou de la commandite, et qu'il est certain que les
actionnaires des sociétés civiles par leur objet, constituées sous cette
forme commerciale depuis la loi du 1ᵉʳ août 1893, ne sont tenus que
jusqu'à concurrence du montant de leurs actions (V. *infrà*,
v° *Sociétés par actions*).

Cette jurisprudence peut être critiquée par les motifs suivants :
D'après les art 1862 et 1864, l'un des associés ne peut pas lier les
autres *si ceux-ci ne lui en ont donné le pouvoir;* et l'art. 1863 dispose
que les associés sont tenus envers le créancier *avec lequel ils ont contracté*, chacun pour une somme et part égales. Quand les associés
s'obligent, ils sont tenus sur tous leurs biens, et ils peuvent aussi
être tenus sur tous leurs biens, *in infinitum*, par leurs mandataires,
si les pouvoirs de ceux-ci n'ont pas été limités. Les associés qui ont,
dans le pacte social, borné leur responsabilité à leur mise n'ont
certes pas donné pouvoir à l'administrateur de les obliger indéfiniment sur tous leurs biens. Les tiers ne peuvent exercer d'action
contre les associés qui n'ont pas traité avec eux que dans la mesure
des pouvoirs conférés par ces derniers à l'administrateur qui les
représentait. Si celui-ci a fait une promesse au nom des associés, il a
fait une promesse nulle, car il était dépourvu de mandat. Mais,
dit-on, l'art. 1863 exige une convention spéciale, dans l'obligation,
pour restreindre la responsabilité légale des associés. Cela est vrai;
mais cet article ne parle que de la responsabilité des associés avec

---

1. Paris, 12 mars 1881 et Cass., 21 février 1883 (S. 84, I, 361).
2. Rouen, 16 juin 1890 (S. 92, II, 309); Cass., 26 juin 1900; Paris, 18 juin 1900
(J. S. 1901, 11 et 76). V. Seine, 2 et 23 juin 1896 (J. S. 1896, 462, 465).

lesquels le créancier a contracté. Les autres associés ne peuvent être engagés qu'autant qu'ils ont donné pouvoir à cet effet (art. 1862 et 1864), et dans la limite de ces pouvoirs. Ils sont tenus d'après les règles du mandat[1]. Ces principes ont été consacrés par une décision, aux termes de laquelle l'art. 1863 qui, dans les rapports du créancier avec les associés, répartit également la dette entre ces derniers, à moins de stipulation contraire dans l'acte d'obligation, s'applique soit que les associés aient figuré personnellement dans le contrat, soit qu'ils aient été représentés par l'un d'eux muni d'un pouvoir suffisant donné par une clause du contrat de société; mais il en serait différemment si le mandat conféré par les statuts comportait certaines limitations, comme de ne pouvoir obliger les associés que jusqu'à concurrence de leurs apports ou au prorata de leurs mises; cette situation est exclusivement réglée par les principes du mandat, aux termes desquels le mandant n'est tenu que dans la mesure où il a donné au mandataire pouvoir de l'obliger[2]. C'est aussi en ce sens que nous nous sommes déjà prononcé[3].

Quoi qu'il en soit, en présence du principe qui prévaut en doctrine et en jurisprudence, il convient, au point de vue pratique, si l'on veut limiter sûrement la responsabilité des membres d'une société purement civile et éviter d'attribuer à la société le caractère de société anonyme (V. infrà, n° 769) : 1° de stipuler dans les statuts que les associés seront tenus des engagements de la société : vis-à-vis des tiers conformément à l'art. 1863, C. civ., et dans leurs rapports respectifs proportionnellement à leurs apports; 2° et de faire renoncer les créanciers au droit d'exercer une action personnelle contre les associés.

113. Responsabilité de l'associé qui a cédé ses droits. — Les statuts peuvent autoriser chacun des associés à céder ses droits sociaux à un tiers. Cette stipulation est licite entre les associés (suprà n° 106). Mais est-elle opposable aux tiers? La Cour de Paris a déclaré valable la clause des statuts d'une société civile qui, en soumettant le cessionnaire d'une part d'intérêt à toutes les obligations de l'associé cédant, stipule que ce dernier sera déchargé de toute contribution

---

1. Conf. Labbé, note sous l'arrêt de Cass. du 21 février 1883 (S. 84, I, 361); Rev. des soc., note, 1891, 261; Gontard (Le dr. fin., 1893, 118 et 150); Lyon-Caen et Renault, n° 1078; Thaller, n° 719. V. Seine, 26 décembre 1895 (J. S. 1896, 371); Nyssens et Corbiau, n° 157.
2. Trib. d'Épernay, 19 février 1892 (J. S. 1894, 482).
3. Houpin, J. du Not., 1894, 129. Conf. trib. Toulouse, 9 févr. 1899 (J. S. 99, 448). V. Rouen, 27 déc. 1899 (J. S. 1900, 306).

aux dettes contractées par la société, même antérieurement à cette cession [1]. Elle a décidé, de plus, que cette clause est opposable aux tiers par cela seul qu'elle se trouve inscrite dans les statuts, ceux qui contractent avec une société, même civile, étant réputés avoir connu et accepté la loi des statuts [2]. Mais cette solution a été justement critiquée. Les statuts d'une société civile ne sont pas, comme ceux d'une société commerciale, portés à la connaissance des tiers par une publicité spéciale. Les tiers qui traitent avec la société civile sont donc fondés à croire qu'elle est organisée suivant le droit commun, avec obligation pour chaque associé de répondre personnellement, pour sa part, du paiement des dettes sociales; s'il y a dans les statuts une clause dérogatoire, elle doit être portée à la connaissance des tiers, lorsqu'ils traitent avec la société, à défaut de quoi elle ne leur est pas opposable [3].

114. Droits des créanciers sociaux et des créanciers personnels des associés. — La société civile constituant un être moral distinct de la personne des associés, il en résulte que les créanciers sociaux sont préférables aux créanciers personnels des associés, sur l'actif social [4]. Des auteurs, tout en refusant la personnalité juridique aux sociétés civiles, arrivent à la même solution par d'autres moyens [5]. Enfin, d'autres auteurs accordent aux créanciers de la société un droit de préférence pendant l'existence de cette société, et le refusent après sa dissolution [6]. La question de savoir si la compensation peut se produire entre la créance d'une personne sur la société et la dette de cette même personne vis-à-vis de l'un des associés personnellement doit être résolue d'après les mêmes principes, et, suivant nous, négativement [7]. Mais les créanciers sociaux n'ont un droit

---

1. Paris, 28 janvier 1868 (S. 69, II, 105). *Conf.* Lyon-Caen et Renault, nº 270; Pont, nº 609; Laurent, nº 340; Guillouard, nº 255.

2. Paris, 28 janvier 1868, *loc. cit.*

3. Lyon-Caen, note, S. 69, II, 105; Thiercelin, note, D. 68, II, 244; Aubry et Rau, § 381-13; Pont, nº 661; Guillouard, nº 255. Il a été décidé : 1º que l'associé qui a cédé sa part demeure responsable des dettes sociales contractées avant la cession (Douai, 18 juin 83, S. 86, I, 169; Albi, 15 juillet 91, J. S. 92, 47); 2º que le titulaire d'actions nominatives non transférées à la suite d'une cession, reste tenu, au regard du liquidateur, au paiement de sa part dans les dettes sociales (Cass., 31 janvier 1887, S. 90, I, 527). V. Béthune, 12 juillet 1900 (J. S. 1901, 308, 337).

4. Duvergier, nº 406; Troplong, nº 865; Cass., 11 mars 1806; Paris, 10 décembre 1814; Rennes, 9 juin 1815; Grenoble, 1er juin 1831 (S. 32, II, 594). V. aussi Cass., 9 août 1839 (S. 60, I, 470).

5. Bravard-Veyrières et Demangeat, *Tr. de dr. comm.*, t. I, p. 176; Aubry et Rau, § 383-7; Laurent, nº 360; Mongin, *Rev. crit.*, 1890, 697. V. Meynial, note, S. 92, I, 74.

6. Thiry, *Rev. crit.*, 1855, 289 et suiv.; Pont, nº 666; Guillouard, nº 273.

7. *Conf.* Troplong, nº 79; Larombière, art. 1291, nº 6; Demolombe, t. XXVII,

de préférence sur l'actif social qu'autant que la société a une existence légale ; si elle est annulée, les créanciers sociaux et les créanciers personnels des associés viennent en concurrence sur l'actif social et sur l'avoir des associés [1].

Les créanciers personnels des associés ont le droit de pratiquer des saisies-arrêts sur les bénéfices et sur les sommes revenant à leur débiteur dans la société. On leur a même reconnu le droit de faire saisir et vendre la part de l'associé décédé, lorsqu'il a été stipulé que la société continuerait entre ses représentants et les autres intéressés [2], ou que le défunt pourrait être remplacé par ses héritiers et ayants cause [3]. Mais, en l'absence de toute stipulation particulière dans l'acte de société, nous croyons que la part d'un associé dans une société ne peut être l'objet d'une saisie suivie d'une vente forcée, dont la loi ne parle pas et dont on serait embarrassé pour déterminer la forme [4]. Dans tous les cas, la vente sur saisie de la part d'un associé dans la société ne conférerait à l'acquéreur que le droit de toucher la portion de l'associé débiteur dans les bénéfices annuels et dans le produit de la liquidation, sans qu'il pût s'ingérer dans l'administration [5] (V. suprà, n° 106).

CHAPITRE VII

DE LA RÉPARTITION DES BÉNÉFICES ET DES PERTES

SECTION 1

PRINCIPES GÉNÉRAUX

115. Loi. — Le mode de répartition des bénéfices et des pertes dans les sociétés civiles est déterminé par les art. 1853, 1854 et 1855,

n° 566 ; Laurent, n° 364 ; Cass., 1er août 1821 et 20 avril 1885 (S. 85, 1, 295) ; Douai, 15 janvier 1896 (J. S. 1896, 422). V. Cass., 17 décembre 1853 (S. 54, 1, 704) ; Guillouard, n° 274 ; Pont, n° 670.

1. Aix, 9 avril 1867 (D. 67, v, 406) ; Cass., 11 mai 1870 (D. 70, 1, 406) ; Grenoble 28 décembre 1871 (D. 71, 11, 206) ; Paris, 12 février 1885 (R. S. 1885, 471).

2. Paris, 13 août 1834 (S. 34, 11, 674).

3. Alger, 11 juin 1866 (S. 67, 11, 46). V. aussi Laurent, n°s 354 et suiv.; Guillouard, n°s 252-1, 271.

4. Lyon-Caen et Renault, n° 273. V. sur les formes de la vente, Paris, 13 août 1834, loc. cit.

5. Aubry et Rau, § 381 bis-3 à 5 ; Guillouard, n° 252, 1.

C civ., ainsi conçus : Art. 1853. « *Lorsque l'acte de société ne détermine point la part de chaque associé dans les bénéfices ou pertes, la part de chacun est en proportion de sa mise dans le fonds de la société. A l'égard de celui qui n'a apporté que son industrie, sa part dans les bénéfices ou dans les pertes est réglée comme si sa mise eût été égale à celle de l'associé qui a le moins apporté.* » — Art. 1854. « *Si les associés sont convenus de s'en rapporter à l'un d'eux ou à un tiers pour le règlement des parts, ce règlement ne peut être attaqué s'il n'est évidemment contraire à l'équité. Nulle réclamation n'est admise à ce sujet, s'il s'est écoulé plus de trois mois depuis que la partie qui se prétend lésée a eu connaissance du règlement, ou si ce règlement a reçu de sa part un commencement d'exécution.* » — Art. 1855. « *La convention qui donnerait à l'un des associés la totalité des bénéfices est nulle. Il en est de même de la stipulation qui affranchirait de toute contribution aux pertes les sommes ou effets mis dans le fonds de la société par un ou plusieurs des associés.* »

116. Nullité. — Si les associés ont contrevenu aux prohibitions de l'art. 1855, quant à l'attribution des bénéfices ou à la répartition des pertes, la société tout entière est nulle[1].

Mais quels seront les effets, pour le passé, de cette société annulée? — La question est controversée. Suivant certains auteurs, la société doit être liquidée d'après les bases admises par la loi, c'est-à-dire en proportion de la mise de chacun[2]. Mais d'autres auteurs estiment qu'il n'y a pas eu société, mais une simple indivision, et que l'on doit suivre les règles de la liquidation des communautés[3].

117. Compte courant. — L'associé peut, indépendamment de ses apports, verser dans la caisse sociale des capitaux en compte courant, pour les besoins de la société, comme le ferait un étranger. Pour les sommes qu'il a ainsi versées, il doit être traité comme un créancier, et, si l'actif est insuffisant, payé au marc le franc avec les autres créanciers[4].

118. Bénéfices. Pertes. — Un auteur[5] détermine ainsi le sens qu'il

---

1. Aubry et Rau, § 337-9; Pont, n° 467; Laurent, n° 295; Lyon-Caen et Renault, n° 48; Paris, 14 avril 1883 (D. 84, II, 122); Cass., 18 mai 1896, impl. (J. S. 1896, 399). V. Cass., 14 juin 1882 (D. 84, I, 222). *Contrà*, Paris, 17 juill. 1901 (J. S. 1902, 56).

2. Aubry et Rau, § 377, p. 545; Lyon-Caen et Renault, n° 48; Liège, 5 décembre 1888 (*Pas.* 89, II, 77).

3. Laurent, n° 295; Guillouard, n° 247; Nyssens et Corbiau, n° 164; Gand, 7 octobre 1876.

4. Cass., 21 juillet 1879 (S. 82, 1, 349); Guillouard, n° 222. V. Cass., 12 juillet 1880 (J. S. 1880, 521).

5. Pardessus, *C. de dr. comm.*, IV, n° 999. V. Douai, 1er août 1894 (*Le Droit*, du 10 novembre.)

faut attacher à ces expressions : « On considère comme profits de la société tout ce qui reste à sa disposition, déduction faite des dettes communes, des frais de gestion et d'administration, des capitaux qui en constituent le fonds, soit d'après la convention des parties, soit d'après la nature des opérations qu'elle embrasse, quand même ces capitaux excéderaient la mise des associés, et se composeraient de gains faits depuis sa formation, qu'ils y auraient ajoutés. Au contraire, lorsque les dettes, les frais de gestion et autres semblables ne sont pas balancés par les choses communes et les bénéfices que leur emploi a pu procurer, on dit qu'il y a perte. En évaluant les profits et les pertes, il faut faire entrer en compte la diminution de valeur et la détérioration progressive que reçoivent par l'usage les instruments, les ustensiles et les autres effets dont la société se sert pour l'exercice de ses opérations, ainsi que la dépréciation que les marchandises appartenant à la société peuvent avoir éprouvées par suite de la variation des cours, par la raison que l'exhaussement de leur valeur serait aussi pris en considération pour la détermination des bénéfices » (V. *infrà*, v° *Sociétés par actions*) [1].

En principe, c'est donc à la fin de la société seulement que les associés peuvent déterminer s'il y a des bénéfices ou des pertes et en faire entre eux la répartition Mais ordinairement les statuts stipulent qu'il sera fait chaque année par les associés un inventaire de l'actif et du passif de la société, et que les bénéfices constatés par cet inventaire (c'est-à-dire ce qui dans l'actif net excède le capital social) seront répartis entre les associés. Cet usage est tellement répandu qu'il faudra peu de chose dans l'acte de société pour présumer que telle a été la volonté des parties [2]. Le compte des pertes constatées par chaque inventaire annuel n'est réglé, sauf stipulation contraire, qu'à l'expiration de la société. Mais il ne peut pas être distribué de bénéfices aux associés, avant que le déficit ait été comblé.

119. Convention. — La loi ne règle les parts des associés dans les bénéfices et dans les pertes que dans le silence de la convention des parties (art. 1853). Mais presque toujours les statuts fixent le mode de répartition des bénéfices et des pertes entre les associés. Ces stipulations font la loi des parties. Toutefois la loi apporte à la liberté des associés une double restriction qui résulte du caractère essentiel

---

1. V. Limoges, 20 nov. 1896 (J. S. 1898, 21); Bordeaux, 30 juill. 1901 (J. S. 1902, 259).
2. Duvergier, n° 222; Pont, n° 431; Lyon-Caen et Renault, n°s 55 et 56; Guillouard, n° 220. V. Grenoble, 20 mars 1863 (D. 63. ɪɪ, 237).

de la société (art. 1832) : Elle déclare nulles la convention qui donnerait à l'un des associés la totalité des bénéfices et la stipulation qui affranchirait de toute contribution aux pertes les fonds ou objets apportés en société par un ou plusieurs des associés (art. 1855)[1].

120. Répartition proportionnelle aux mises. — Si les associés n'ont pas fixé, par les statuts, leur part respective dans les bénéfices et dans les pertes, l'art. 1853 déclare que « la part de chacun sera *en proportion de sa mise* dans le fonds de la société ». Si les apports ne sont pas estimés, on ne doit pas les présumer égaux, car la loi ne distingue pas[2]; il y a lieu de les faire estimer par les associés ou par des experts[3].

On ne doit tenir compte, pour la fixation des parts, que des apports dont le chiffre a été fixé au moment de la constitution de la société, et non de ce qui a été apporté par les associés, successivement et arbitrairement[4].

121. Apports et répartition inégaux. — Lorsqu'il n'y a pas parité entre les apports et la répartition des bénéfices, ce qui se produit quand les mises sont égales et les parts inégales, ou quand les parts sont égales et les apports sont inégaux, il y a lieu à prélèvement des apports des associés, et ce sont les bénéfices seulement qui doivent être partagés dans la proportion fixée par les statuts[5]. La doctrine[6] d'après laquelle tout l'actif devrait se répartir sur la base de répartition des bénéfices nous paraît inadmissible (V. *infrà*, nᵒˢ 127 et 165).

122. Apport industriel. — Lorsque l'un des associés n'a apporté que son industrie, sa part dans les bénéfices ou les pertes est réglée comme si sa mise était égale à celle de l'associé qui a le moins apporté (art. 1853).

Il a été décidé que lorsque, de deux associés, l'un a apporté des fonds et l'autre son industrie, celui qui a fourni les fonds a le droit de prélever, avant tout partage des bénéfices, l'intérêt de son capi-

---

1. Décidé que si la nullité de toute convention ayant pour objet le partage d'une concession ou le fonctionnement de l'exploitation d'une mine (L. 21 avril 1810, art. 10) est d'ordre public, elle n'entraîne pas celle de la clause du même acte qui a pour objet de répartir les produits de la mine entre les intéressés, et qui est autorisée par l'art. 1853. Cass., 25 avril 1895 (R. S. 1895, 407).

2. Troplong, nᵒ 615; Duvergier, nᵒ 225; Pont, nᵒ 483; Laurent, nᵒ 297; Lyon-Caen et Renault, nᵒ 50. V. Cass., 11 novembre 1873 (S. 74, I, 434).

3. Guillouard, nᵒ 224. V. en ce qui concerne le pouvoir d'appréciation du juge : Cass., Belgique, 21 janvier 1886, 24 février et 16 juin 1887; Nyssens et Corbiau, nᵒ 170.

4. Nancy, 14 mars 1868 (S. 69, II, 214); Rennes, 29 avril 1881 (S. 86, I, 20). Nal-

5. Nyssens et Corbiau, *Tr. des soc. comm.*, nᵒˢ 180 et suiv.; Houpin, *J. du Nal.* 1897, 705, et *J. des soc.*, 1898, 43. V. Marseille, 9 mars 1898 (J. S. 99, 182).

6. Pont, nᵒ 460; Laurent, t. XXVI, nᵒ 283. V. Bordeaux, 27 juill. 1898 (J. S. 99, 366).

tal[1]. Mais cette solution nous paraît inconciliable avec le principe de répartition établi par l'art. 1853.

Si, outre son industrie, l'associé a fait un apport en nature ou en numéraire, l'art. 1853 n'est plus applicable. Comment, dans cette hypothèse, se fera la répartition? D'après certains auteurs, l'associé prendra d'abord une part égale à celle de l'associé qui a apporté le moins, à raison de son apport industriel, puis il prendra une part proportionnelle à son apport en nature ou en numéraire[2]; mais nous croyons que la loi n'ayant pas prévu ce cas, les tribunaux sont libres de fixer, suivant les circonstances, la part devant être attribuée à l'associé qui a fait ce double apport[3].

L'art. 1853 serait encore inapplicable si l'apport de tous les associés était industriel. Quelle sera la base de répartition? Suivant la jurisprudence, la répartition doit se faire également d'après le nombre des associés[4]. Mais les auteurs estiment, plus juridiquement, suivant nous, que la part de chaque associé sera en proportion de sa mise, dont les tribunaux devront fixer la valeur[5].

L'apport de l'industrie est fourni successivement et ne doit être complètement réalisé qu'à l'expiration du temps fixé pour la durée de la société. Si la société est dissoute par anticipation, l'associé qui a apporté son industrie n'aura droit qu'à une portion de la part à lui accordée par l'art. 1853, proportionnelle à la durée de la société[6].

123. Fixation des parts par un associé ou un tiers. — Les associés, au lieu de fixer comme bon leur semble la part de chacun dans les bénéfices et dans les pertes, peuvent s'en rapporter, pour cette fixation, à l'un d'eux ou à un tiers.

Si la personne désignée pour fixer les parts refuse de le faire, ou devient incapable, il n'y a pas société (arg. art. 1592)[7]. Il en est de même si les parties sont convenues, dans l'acte de société, de désigner plus tard le tiers qui fixera les parts, et que l'une d'elles se refuse à faire cette désignation: elle ne peut être faite par les tribunaux[8].

---

1. Riom, 1er juillet 1835 (S. 39, 1, 705).
2. Troplong, n° 619; Duvergier, n° 232; Aubry et Rau, § 381-3.
3. Colmar, 16 juin 1863 et Cass., 14 juin 1865 (S. 67, 1, 207); Pont, n° 491; Laurent, n° 299; Guillouard, n° 225.
4. Grenoble, 19 janvier 1885 et Cass., 16 novembre 1886 (S. 88, 1, 423). V. aussi Nancy, 14 mars 1868 (S. 69, II, 214).
5. Pont, n° 492; Lyon-Caen et Renault, n° 52; Guillouard, n° 226; Nyssens et Corbiau, n° 172.
6. Colmar, 16 juin 1863, loc. cit.; Aubry et Rau, § 381-1; Pont, n°s 304 et 489; Laurent, n° 300; Lyon-Caen et Renault, n° 52; Guillouard, n° 227.
7. Troplong, n° 625; Duvergier, n° 245; Guillouard, n° 230. Contrà, Pont, n° 471.
8. Troplong, n° 626; Guillouard, n° 230. Contrà, Duvergier, n° 248; Pont, n° 473

Le règlement fait par l'associé ou le tiers désigné ne peut être attaqué s'il n'est « évidemment contraire à l'équité ». Les juges apprécient souverainement si l'équité a été ouvertement violée, et, dans le cas de l'affirmative, quelle que soit la lésion, ils doivent prononcer la nullité du règlement. L'art. 1674 n'est pas ici applicable [1].

La durée de l'action des associés, pour attaquer le règlement, est de trois mois, et cette action n'est plus recevable si le règlement a reçu un commencement d'exécution. Il ne faut pas confondre l'action en nullité du règlement de parts avec l'action en rescision du partage pour lésion de plus du quart, qui se prescrit par dix ans [2]

SECTION 2

BÉNÉFICES

124. Attribution à un seul associé. Répartition inégale. Stipulations diverses. — Nous avons dit que les bénéfices doivent être *répartis* entre tous les associés, et que la convention qui donnerait à l'un des associés *la totalité des bénéfices* serait nulle (art. 1855) [3]. La société aurait un caractère léonin.

Il en est ainsi, même si l'associé qui ne doit prendre aucune part dans les bénéfices est déchargé des pertes [4], ou s'il touche un intérêt de son apport, alors que les autres associés touchent seuls, en dehors des intérêts de leur mise de fonds, les bénéfices provenant de la société [5]

Mais il peut être valablement convenu : 1° que l'un des associés aura dans les bénéfices une part plus forte que l'autre [6], pourvu que la part de l'associé qui a le moins ne soit pas tellement minime qu'elle devienne illusoire [7]; 2° que les bénéfices de la société appartiendront en entier au survivant des associés : c'est là une stipulation aléatoire valable [8], ou à l'un des associés si l'autre prédécède sans enfants [9]; 3° qu'un associé n'aura droit à des bénéfices que si telle

---

1. Aubry et Rau, § 381-4; Pont, n° 476; Guillouard, n° 231. V. Cass., 26 mai 1897 (J. S. 1897, 390).
2. Pont, n° 477.
3. V. Angers, 10 mai 1897 (J. S. 1898, 164).
4. Pont, n° 438; Laurent, n° 285.
5. Lyon, 22 juin 1896 (J. S. 1897, 207).
6. Aubry et Rau, § 377-11; Pont, n° 464; Laurent, n° 287.
7. Laurent, n° 287; Guillouard, n°s 234-235.
8. Rouen, 31 juillet 1867 (S. 69, I, 22); Troyes, 19 mars 1900 (J. S. 1900, 392); Troplong, n° 646; Pont, n°s 441 et suiv.; Lyon-Caen et Renault, n° 44; Guillouard, n° 236. *Contrà*, Duvergier, n° 268; Laurent, n° 288.
9. Troplong, n° 645; Vavasseur, n° 130.

condition s'accomplit, par exemple si les bénéfices atteignent tel chiffre[1], pourvu que la condition soit réellement aléatoire[2] ; 4° que l'un des associés aura le choix d'opter dans un certain délai entre une part dans les bénéfices et une somme annuelle fixe[3] : mais la clause serait nulle si la somme fixée était tellement importante qu'elle absorbât les bénéfices de la société[4] ; 5° que l'associé gérant sera privé de sa part dans les bénéfices, si les dépenses dépassent un chiffre indiqué[5] ; 6° que, nonobstant l'inégalité des apports, le partage de l'actif social aura lieu par parts égales[6] ; 7° que l'un des associés prélèvera sur les bénéfices un intérêt ou un premier dividende privilégié, avec ou sans droit équivalent subsidiaire au profit de l'autre associé ; et que le complément des bénéfices sera partagé (également ou inégalement) entre les associés[7]. La clause qui attribue la totalité des bénéfices à l'un des associés sous une condition éventuelle ou aléatoire n'est valable qu'aussi longtemps que persiste la condition ; elle deviendrait léonine et nulle du jour où l'éventualité deviendrait un fait définitivement accompli[8].

SECTION 3

PERTES

125. Principe. — L'art. 1855 interdit « *la stipulation qui affranchirait de toute contribution aux pertes les sommes ou objets mis dans le fonds de la société par un ou plusieurs associés*[9] ».

En conséquence, est nulle : 1° la stipulation d'un acte de société qui met à la charge exclusive de l'un des associés la totalité des pertes sociales[10] ; 2° la convention que, dans les rapports des associés entre eux, l'un sera chargé de toute la perte, parce qu'il aura une

---

1. Pont, n° 441 ; Guillouard, n° 237 ; Lyon-Caen et Renault, n° 45 ; Cass., 9 juillet 1885 (D. 86, I, 301). *Contrà*, Laurent, t. xxvi, n° 288.
2. Pont, *loc. cit.*
3. Cass., 7 décembre 1836 (S. 37, I, 650) ; Pont, n° 448 ; Laurent, n° 289 ; Lyon-Caen et Renault, n° 45 ; Guillouard, n° 237. *Comp.* Cass., 9 juillet 1885 (S. 88, I, 477) ; Lyon, 31 juillet 1897 (J. S. 1898, 216), et Cass., 5 déc. 1898 (J. S. 1899, 303).
4. Lyon-Caen et Renault, n° 45. V. Cass., 17 avril 1837 (S. 37, I, 275) et 20 juin 1898 (S. 89, I, 8).
5. Cass., 16 novembre 1858 (S. 59, I, 382) ; Aubry et Rau, § 377-15 ; Pont, n° 444 ; Guillouard, n° 238.
6. Épinal, 19 janvier 1878 (J. N., art. 21907) ; Saint-Etienne, 8 mai 1897 (J. S. 1898, 318).
7. Houpin, J. S. 1900, 5.
8. Cass., 16 novembre 1858 (D. 59, I, 39).
9. V. Angers, 10 mai 1897 (J. S. 1898, 164) ; Lyon, 16 juin 1899 (J. S. 1900, 437).
10. Cass., 18 mai 1896 (J.S. 1896, 399). V. toutef. Cass., 23 mai 1900 (J. S. 1901, 388).

part plus forte dans les bénéfices[1], alors même que cette convention, au lieu d'être insérée dans l'acte de société, serait contenue dans un acte postérieur[2], et sans qu'il y ait à distinguer entre le cas où la stipulation de garantie oblige la société entière et celui où elle oblige seulement quelques-uns de ses membres[3].

De même que l'on peut attribuer la totalité des bénéfices à l'un des associés sous des conditions incertaines (*suprà*, n° 124), il est permis de dispenser l'un des associés de supporter les pertes, sous certaines conditions, par exemple en prévision de certaines éventualités[4], ou à partir d'un chiffre déterminé[5].

En principe et dans le silence des statuts, la contribution aux pertes doit être réglée proportionnellement à la part de chaque associé dans les bénéfices[6]. Ordinairement, chaque associé a la même part dans les bénéfices et dans les pertes.

126. Répartition inégale. — La loi, en ne prohibant que l'affranchissement de toute contribution aux pertes, permet par là même aux associés de convenir qu'ils auront dans les pertes une part plus forte que dans les bénéfices, et réciproquement : par exemple, qu'un associé supportera les deux tiers dans les pertes et prendra un tiers dans les bénéfices, tandis que l'autre associé subira un tiers des pertes et prendra deux tiers des bénéfices[7].

Il suffit, pour que l'art. 1855 ne soit pas applicable, que chacun des associés supporte une part des pertes, celle de l'un d'eux fût-elle moins importante que la part des autres associés[8], pourvu toutefois qu'elle ne détruise pas visiblement toute égalité dans le contrat[9].

127. Apports et répartition inégaux. — Lorsque, d'après les statuts, les apports sont égaux et la part de chacun des associés est inégale, ou, à l'inverse, si les parts sont égales et les apports inégaux, comment le partage doit-il être fait à la dissolution de la société? — Des

---

1. Cass., 16 janvier 1867 (S. 67, I, 173); Paris, 14 avril 1883 (D. 84, II, 122); Aubry et Rau, § 377-10; Pont, n°s 455 et suiv.; Laurent, n° 223; Lyon-Caen et Renault, n° 46; Guillouard, n° 243. V. Cass., 9 mai 1865 (D. 65, I, 277).
2. Cass., 16 janvier 1867 et Paris, 14 avril 1883, *loc. cit.*; Cass., 14 juin 1883 (S. 82, I, 423).
3. Cass., 11 juillet 1894 (S. 94, I, 452); Seine, 28 février 1902 (J. S. 1904, 335).
4. Liége, 21 janvier 1875 (*Pas.* 75, II, 165); Paris, 17 juillet 1882 (R. S. 1883, 67).
5. Paris, 27 juillet 1869 (P. 70, 226). V. Houpin, J. S. 1900, 5; *infrà*, n° 265.
6. Amiens, 27 mai 1840 (S. 42, II, 113); Lyon, 27 août 1851; Cass., 11 janvier 1865 (D. 65, I, 9; S. 65, I, 12); Grenoble, 18 mars 1887 (D. 88, II, 305); R. S. 1887, 966); Paris, 17 juin 1901 (J. S. 1902, 56); Lyon-Caen et Renault, n° 47; Guillouard, n° 248.
7. Lyon-Caen et Renault, n° 47; Laurent, n° 294; Guillouard, n° 246. V. Angers, 10 mai 1897 (J. S. 1898, 164); Lille, 23 novembre 1897 (J. S. 1898, 231).
8. Cass., 9 juillet 1885 (S. 88, I, 447); Aubry et Rau, § 377-11.
9. Cass., 11 avril 1837 (S. 37, I, 275); Guillouard, n° 240.

auteurs enseignent que, en principe et à moins de convention contraire, chaque associé, en entrant dans la société, fait abandon de tout son apport au fonds commun, et que ce fonds social doit, à la dissolution, se partager entre les associés dans les proportions déterminées par le pacte social ou par la loi pour la répartition des bénéfices; de telle sorte que, s'il y a des pertes, ce qui restera de l'actif sera partagé dans les mêmes proportions, sans prélèvements des apports[1]. Cette théorie ne nous paraît pas juridique. En principe, la part de copropriété de chaque associé dans le fonds commun est en proportion adéquate de ce qu'il a apporté. En stipulant que les gains et les pertes ne seront pas répartis proportionnellement aux apports, les associés ont en vue les bénéfices ou les pertes, c'est-à-dire ce qui excède le capital social ou ce qui le diminue; ils laissent de côté le capital lui-même, qui doit dès lors se répartir suivant la règle ordinaire des indivisions[2]. En présence de cette controverse, il est utile de stipuler formellement dans les statuts le droit pour les associés de reprendre le montant de leurs apports, lorsque la proportion de ces apports ne correspond pas à celle fixée pour la répartition des bénéfices et des pertes.

128. Apport industriel ou de jouissance. — Le texte de l'art. 1855 ne s'appliquant qu'à l'associé qui a apporté « des *sommes* ou des *effets* », ne saurait être étendu à l'associé qui n'apporte que son industrie. Il peut donc être convenu que ce dernier est déchargé de toute contribution aux pertes. Si la société éprouve des pertes, il aura travaillé pour rien, et il est vrai de dire qu'il perd sa mise[3].

Il en est de même lorsque l'apport comprend la *jouissance* seulement d'un objet ou d'une somme. Il a été décidé, en conséquence, que la convention d'après laquelle le capital apporté par un associé pour la jouissance seulement lui sera remboursé intégralement sans qu'il ait à supporter les pertes sociales, n'est pas contraire à la règle de l'art. 1855. La jouissance mise en commun reste nécessairement soumise aux pertes que la société viendrait à subir, et l'associé est

1. Pont, *Soc.*, n° 460. V. Guillouard, n°ˢ 220 et 221; Cass., 27 mars 1861 (S, 61, 1, 315) et 11 janvier 1865 (S. 66, 1, 12); Bordeaux, 27 juillet 1898 (J. S. 99, 308); Cass., 25 juin 1902 (J. S. 1903, 396); Rouen, 17 mai 1905 (J. S. 1906, 63).
2. Nyssens et Corbiau, n°ˢ 180 et suiv.; Vavasseur, n° 248; Houpin, *J. du Not.*, 1891, 703, et J. S. 1898, 43; Douai, 1ᵉʳ août 1894 (J. S. 1898, 21). V. Marseille, 9 mars 1898 (J. S. 99, 182). V. aussi Limoges, 20 novembre 1896 (J. S. 1898, 21). Suivant ce dernier arrêt, les statuts doivent être interprétés sur ce point en recherchant quelle a été la commune intention des parties. V. *infrà* n° 163.
3. V. Troplong, n°ˢ 634 et suiv.; Duvergier, n° 237; Aubry et Rau, § 377-13; Pont, n°ˢ 452 et suiv.; Laurent, n°ˢ 294-292; Lyon-Caen et Renault, n° 40; Guillouard, n° 241; Cass., Belg., 3 février 1881 (*Pas.*, 81, 1, 94).

exposé à ne retirer aucun bénéfice de ses fonds[1]. (V. *infrà*, n° 222.)

129. Limitation à la mise. — Une conséquence de la règle posée et appliquée aux numéros précédents, c'est que l'on peut stipuler valablement qu'un associé ne sera tenu des pertes, du passif social, que jusqu'à concurrence de sa mise ou du capital apporté en société. L'art. 1855 prohibe l'exemption des dettes sociales pour l'apport de l'associé; mais il ne défend pas sa décharge *personnelle*, l'exemption des dettes sociales pour ses biens autres que son apport. Cette convention est valable entre les associés[2]. Nous avons examiné comment elle peut être portée à la connaissance des tiers et leur être opposée (*suprà*, n° 112).

130. Garantie d'un tiers. — Un associé ne peut se faire assurer par son coassocié contre les chances de perte, même postérieurement au contrat de société (*suprà*, n° 125). — Cependant, si cette garantie, au lieu d'être stipulée purement et simplement, était faite en prévision de certaines éventualités, elle pourrait être déclarée valable[3].

Mais l'associé peut valablement obtenir la garantie d'un tiers[4]. Ainsi, lorsqu'un banquier, en émettant les actions d'une société, s'engage, par circulaires répandues dans le public, à garantir aux souscripteurs des dividendes déterminés ou le remboursement du capital, dans le cas où les dividendes n'atteindraient pas le chiffre fixé, il n'y a dans un semblable engagement aucune violation de l'art. 1855[5]. La Cour de cassation a considéré comme valable la stipulation par laquelle un associé gérant contracte une assurance sur la vie, payable à son décès à son commanditaire, pour garantir à celui-ci le remboursement de la commandite. Le remboursement de l'apport étant garanti en réalité non par l'associé, mais par la compagnie d'assurances, qui est un tiers, la convention est, décide-t-on, licite et se trouve gouvernée par les règles du contrat d'assurance et non par celles du contrat de société[6]. Mais cette solution[8]

---

1. Cass., 2 avril 1889, 20 décembre 1893 (J. S. 1895, 55) et 7 juillet 1898; Ruben de Couder, v° *Soc. en comm.*, n° 49; Houpin, *J. du Not.*, 1894, 225. V. Thaller, *Ann. de dr. comm.*, 1892, 297. *Contrà*, Bonfils, *Rev. crit.*, 1895, 546.

2. Paris, 15 mars 1866 (S. 66, II, 235) et 27 juillet 1869 (S. 70, II, 47); Cass., 2 avril 1889; Pont, n° 452; Laurent, n° 392; Guillouard, n° 242; Baudry-Lacantinerie, t. III, n° 779; Lyon-Caen et Renault, n° 41; Seine, 25 mai 1894 (J. S. 1895, 328). V. Houpin, J. S. 1900, 5.

3. Paris, 17 juillet 1882 (R. S. 1883, 67).

4. Pont, n° 458; Guillouard, n° 245; Lyon-Caen et Renault, n° 46; Seine, 25 mai 1894, *loc. cit.*

5. Douai, 26 avril 1888 (R. S. 1888, 425).

6. Aix, 4 novembre 1886 et la note de M. Lyon-Caen (S. 88, II, 73) et Cass., 9 juin 1890 (D. 90, I, 409). *Conf.* Pont, n° 458; Guillouard, n° 245. V. Cass., 6 janvier 1891 (D. 94, I, 422).

été vivement critiquée comme étant en opposition manifeste avec les principes mêmes du contrat de société[1]. Enfin, si la société a été annulée par les parties elles-mêmes comme léonine, l'obligation, prise postérieurement par un associé, de rendre à l'autre sa mise intégrale franche de pertes, est valable et opposable aux créanciers personnels du premier, si elle a été contractée sans fraude[2].

CHAPITRE VIII

DE LA DISSOLUTION

131. Principe. — D'après l'art. 1865 du C. civ., la société finit : 1° par l'expiration du temps pour lequel elle a été contractée; 2° par l'extinction de la chose ou la consommation de la négociation; 3° par la mort naturelle de quelqu'un des associés; 4° par la mort civile[3] l'interdiction ou la déconfiture de l'un d'eux; 5° par la volonté qu'un seul ou plusieurs expriment de n'être plus en société[4].

Nous allons examiner chacune de ces causes de dissolution, ainsi que celles dont il est question dans les art. 1867 et suiv., C. civ.

Dans les quatre premiers cas prévus en l'art. 1865, la dissolution se produit de plein droit; elle a lieu par la volonté des associés, ou de l'un d'eux, dans le cinquième cas.

Enfin, la dissolution peut encore être prononcée par les tribunaux pour des causes légitimes (art. 1871).

Lorsque la dissolution a lieu de plein droit, tous les associés, même celui du chef duquel elle cesse d'exister, ou ses héritiers et ayants cause, ont le droit de l'invoquer et de s'en prévaloir[5]. D'où la conséquence notamment que l'adjudicataire ou le cessionnaire de la part de l'un des associés peut demander la dissolution de la société si son cédant est en déconfiture ou en faillite[6]. Les créanciers d'un associé

1. Planiol, note, D. 90, 1, 409; Thaller, *Ann. de dr. comm.*, 1892, II, 297; *Suppl. au Rép.*, Dalloz, v° *Soc.*, n° 733.
2. Cass., 24 mai 1869 (D. 69, 1, 321).
3. La mort civile a été abolie par la loi du 31 mai 1854.
4. On admet généralement que les sociétés de mines ne se dissolvent ni par la mort, ni par l'interdiction, ni par la déconfiture ou la faillite de l'un des associés. Guillouard, n° 372; Féraud-Giraud, *C. des mines*, t. I, n° 231; Delecroix, n°s 159 et suiv.; Laurent, n° 430. V. Cass., 7 juin 1830 (S. chr.).
5. Pont, n° 729; Laurent, n° 390; Guillouard, n° 319.
6. Aubry et Rau, § 384-8; Guillouard, n° 319. *Contrà*, Troplong, n°s 906-907; Pardessus, *Dr. comm.*, t, IV, n°s 1065-1066.

peuvent aussi se prévaloir de la dissolution, ou la demander en justice, mais seulement en exerçant les droits de leur débiteur, en vertu de l'art. 1166[1].

132. Expiration de la durée. — Lorsque la durée de la société a été fixée dans le contrat, la dissolution a lieu de plein droit à l'expiration du temps fixé. Toutefois, la société durerait jusqu'à la fin des opérations en vue desquelles elle a été constituée, s'il était reconnu que telle a été l'intention des parties et que l'indication du délai n'était qu'accessoire[2].

133. Prorogation. — La société dont le terme est fixé peut être prorogée. La prorogation exige le consentement de tous les associés, à moins qu'une clause contraire de l'acte de la société ne stipule que sur ce point la majorité pourra faire la loi à la minorité[3].

D'après l'art. 1866, « *la prorogation d'une société à temps limité ne peut être prouvée que par un écrit revêtu des mêmes formes que le contrat de société* » — Ce qui signifie (malgré la rédaction vicieuse de cet article) que la prorogation doit être prouvée de la même manière que l'on prouve la formation de la société, c'est-à-dire au-dessus de 150 francs, par écrit, ou par témoins ou présomptions lorsqu'il existe un commencement de preuve par écrit, et même par témoins au-dessous de 150 francs[4].

La prorogation d'une société peut être tacite et résulter seulement de ce que tous les associés ont continué les opérations sociales après le terme fixé pour l'expiration de la société[5]; mais la preuve de cette prorogation tacite ne pourra être faite que par écrit, ou avec un commencement de preuve par écrit[6]. Quant aux tiers, ils peuvent, s'ils y ont intérêt, prouver par tous les moyens que la société a été prorogée[7]. Une société formée pour l'exploitation d'une concession

---

1. Albi, 16 mai 1895 (D. 99, 1, 450); Seine, 31 octobre 1892 et 30 octobre 1893; Dalloz, supp., v° *Soc.*, n° 1345. V. aussi Toulouse, 11 juin 1896 et Cass., 27 avril 1898 (D. 99, 1, 450; J. S. 1899, 396); Paris, 19 décembre 1900 et note (J. S. 1901, 111). *Contrà*, Lyon-Caen et Renault, n° 336; Baudry-Lacantinerie et Wahl *Soc.*, n° 470; Seine, 14 juin 1892 et 8 octobre 1895 (J. S. 1897, 184). V. Seine, 14 nov. 1889 (R. S. 1890, 48) et 24 mai 1897 (J. S. 1898, 75).
2. Bruxelles, 13 janvier 1810; Pont, n° 684; Laurent, n° 366; Guillouard, n° 280.
3. Lyon-Caen et Renault, n° 301; V. trib. Lyon, 19 mars 1894 (R. S. 1894, 502).
4. Cass., 11 décembre 1825 (S. t. VIII, 1, 234); Cass., 19 juillet 1852 (S. 53, 1, 33); 18 décembre 1889 (S. 93, 1, 467); Troplong, n° 914; Duvergier, n° 416; Pont, n°ˢ 688-689; Laurent, n° 369; Guillouard, n° 282. V. Vavasseur, R. S. 1899, 35.
5. V. Cass., 24 décembre 1877 (S. 78, 1, 321) et 4 février 1901 (J. S. 1901, 489).
6. Cass., 14 mars 1848 (D. 48, 1, 120) et 18 décembre 1889, *loc. cit.*; Laurent, n° 368; Guillouard, n° 284. V. toutef. Pont, n° 690; Vavasseur, n° 213.
7. Lyon-Caen et Renault, n.° 302; Rouen, 30 janvier 1895 (J. S. 1895, 317); Cass., 2 mars 1897 (J. S. 1897, 262).

administrative, et qui obtient une prolongation de la concession, est censée s'être prorogée pour la même durée[1].

Les associations fromagères sont soumises, en ce qui concerne leur prorogation, aux règles ci-dessus ; elles ne sont pas censées tacitement prorogées d'une année à l'autre, jusqu'à ce qu'elles soient dissoutes[2] (V. suprà, n° 66).

La prorogation de la société fait-elle de la société prorogée une société nouvelle ? — Des auteurs soutiennent que la société prorogée est toujours l'ancienne société[3]. Nous croyons que cette théorie est exacte lorsque la société a été prorogée avant son expiration, mais qu'elle ne l'est plus et qu'il y a société nouvelle si la prorogation n'intervient qu'après l'expiration du terme fixé pour sa durée[4], ou si elle est accompagnée de modifications profondes impliquant la constitution d'une société nouvelle.

134. Dissolution anticipée. — La société peut être dissoute avant l'expiration du terme fixé pour sa durée ; mais, comme pour la prorogation, le consentement de tous les associés est nécessaire, à moins que le pouvoir de dissolution ait été conféré par les statuts à la majorité des associés[5].

La société se trouverait aussi dissoute au cas ou l'un des associés réunirait dans ses mains toutes les actions ou tous les droits représentant le capital social[6]. (V. infrà, n° 949).

135. Extinction de la chose. — La perte de la chose qui entraîne la dissolution de la société ne s'entend pas seulement de la destruction matérielle de l'objet de la société, mais aussi de tout événement qui rend cet objet impropre à l'usage pour lequel il a été mis en société. Il s'agit dans l'art. 1865 de la perte totale de l'objet de la société. Si la perte n'est que partielle et si la partie perdue est de telle importance qu'il soit désormais impossible à la société d'atteindre son but, ce sera un juste motif, une cause de dissolution judiciaire (art. 1871, C. civ.) ; dans le cas contraire, la société continuera d'exister[7]. Il a été décidé, en ce sens, que lorsque le capital social a été réduit à un chiffre insignifiant ne permettant plus à la société de

1. Cass., 7 février 1870 (D. 70, I, 303).
2. Guillouard, n° 283. Contrà, Besançon, 12 mars 1867 (S. 67, II, 281).
3. Troplong, n° 285. Contrà, Besançon, 12 mars 1867 (S. 67, II, 281).
4. Laurent, n° 915 ; Pont, n° 686 ; Seine, 14 février 1901 (J. S. 1901, 327).
5. Lyon-Caen et Renault, n° 371 ; Guillouard, n° 286. V. Orléans, 27 févr. 1904 (J. S. 1904, 304).
6. Cass., n° 301 ; Pont, n° 685 ; Paris, 28 mai 1869. V. Cass., 23 février 1888 (D. 88, I, 424).
7. Pont, n° 694 ; Cass., 10 avril 1867 (S. 67, I, 277).
J. S. 1897, 115) ; Laurent, n° 372 ; Guillouard, n° 289. V. Paris, 13 novembre 1896

fonctionner, il y a lieu de la déclarer dissoute[1]. La société fondée pour l'exploitation d'une mine serait aussi dissoute par la révocation de la concession accordée à la société[2]. De même, lorsque la concession d'une ligne de chemin de fer constitue l'objet essentiel et principal d'une société, l'assemblée générale peut prononcer la dissolution, s'il devient impossible d'obtenir la déclaration d'utilité publique et l'autorisation législative de construire[3]. La société se trouve aussi dissoute : 1° par la réalisation de tout l'actif social[4]; 2° dans le cas où la chose n'a pas seulement été perdue avant même d'avoir été apportée, mais était inexistante[5].

Aux termes de l'art. 1867, C. civ., « *Lorsque l'un des associés a promis de mettre en commun la propriété d'une chose, la perte survenue avant que la mise en soit effectuée opère la dissolution de la société par rapport à tous les associés. La société est également dissoute dans tous les cas par la perte de la chose, lorsque la jouissance seule a été mise en commun, et que la propriété en est restée dans la main de l'associé. Mais la société n'est pas rompue par la perte de la chose dont la propriété a déjà été apportée à la société.* » Nous avons expliqué cet article, *suprà*, n° 94. Ajoutons seulement : 1° que la société serait toutefois dissoute si la chose perdue était nécessaire à son existence[6]; 2° que si l'apport que l'associé doit faire en propriété porte sur plusieurs objets et que l'un de ces objets vienne à périr avant d'être mis en société, cette perte, si elle est d'une grande importance en comparaison de la valeur de ceux qui restent, pourra motiver, suivant les circonstances, une demande judiciaire en dissolution de la société[7].

136. Consommation de la négociation. — Lorsqu'une société a été constituée en vue d'une opération déterminée, elle ne prend fin qu'à l'achèvement complet de la négociation; et si elle ne peut être terminée au terme primitivement prévu par les associés et fixé dans l'acte de société, on décidera le plus souvent que le terme n'est, en pareil cas, qu'une indication accessoire, et qu'il se trouve reculé jusqu'au moment où s'achèvera réellement l'opération[8] (*suprà*, n° 132).

137. Mort de l'un des associés. — La société se dissout de plein

1. Cass., 16 juin 1873 (S. 73, I, 386). V. aussi Paris, 19 novembre 1872.
2. Cass., 17 décembre 1834 (D. 35, I, 651).
3. Cass., 20 décembre 1887 (D. 88, I, 377).
4. V. *J. du Not.*, 1897, 753.
5. Seine, 23 juin 1897 (J. S. 1898, 41).
6. Troplong, n° 925.
7. Aubry et Rau, § 384-6.
8. Pont, n° 684; Laurent, n° 366; Guillouard, n° 292; Bruxelles, 13 janvier 1810; Nîmes, 2 janvier 1839 (S. 39, II, 74).

droit par la mort de l'un des associés (art. 1865-3°), sans qu'il soit besoin de notification ou de publication[1]. C'est là une conséquence de ce que les qualités personnelles de chaque associé entrent en considération dans le contrat de société[2]. Cette règle s'applique à toute société, à durée limitée ou à durée illimitée[3], à la promesse de société comme à la société régulièrement formée[4]; et elle est applicable aussi bien à l'égard des tiers qu'entre les parties, à moins que les tiers n'aient traité avec l'un des associés en ayant de justes motifs de croire que la société continuait d'exister, auquel cas ils ont action contre les associés survivants et même contre les héritiers de l'associé prédécédé[5].

La mort de l'un des associés entraîne avec d'autant plus de raison la dissolution de la société (sauf stipulation contraire dans les statuts) lorsque cet associé est gérant. Que décider (dans le silence des statuts) si le gérant n'est pas un associé? S'il a été nommé statutairement, la société est dissoute par son décès, à moins que tous les associés ne choisissent, d'accord, un nouveau gérant. S'il a été nommé par acte postérieur, son décès n'entraîne pas la dissolution de la société (V. suprà, n° 97).

138. **Continuation avec les héritiers.** — Mais l'art. 1868 permet de stipuler qu'en cas de décès de l'un des associés, la société ne sera pas dissoute et continuera avec ses héritiers.

Une stipulation *expresse* n'est pas indispensable[6]. Ainsi, on doit admettre, d'après l'intention présumée des parties, que la société continuera avec les héritiers : 1° lorsque les qualités personnelles des associés n'ont aucune utilité pour la marche de la société, dans laquelle des capitaux considérables ont été apportés[7]; 2° lorsque les associés ont stipulé qu'ils pourront librement céder leurs droits, et que le cessionnaire prendra dans la société la place du cédant[8].

La convention que la société continuera avec les héritiers doit recevoir son exécution alors même que l'associé laisse des héritiers

---

1. Pont, n° 702. V. Caen, 8 mars 1842 (S. 42, ii, 337) et Cass., 22 mars 1843 (S. 44, 1, 759).
2. Pothier, n° 146.
3. Aubry et Rau, § 384-7.
4. Paris, 24 février 1860 (D. 60, ii, 84); Guillouard, n° 295.
5. Caen, 8 mars 1842 (S. 42, ii, 337); Cass., 16 mai 1838 (S. 38, i, 836), 22 mars 1843 (S. 44, 1, 759), 26 juillet 1843 (S. 1, 881), 10 novembre 1847 (S. 48, i, 5), 10 janvier 1870 (S. 70, 1, 157), 24 décembre 1877 (S. 78, i, 321) et 16 janvier 1884 (D. 84, 1, 122); Toulouse, 20 janvier 1880 (S. 81, i, 201); Pont, n°s 705 et 710; Guillouard, n° 308. V. toutef. Laurent, n°s 378-379.
6. Guillouard, n° 297; Cass., 23 octobre 1906 (J. S. 1907, 423).
7. Paris, 10 juin 1869 (D. 70, i, 303).
8. Duvergier, n° 297; Guillouard, *loc. cit.*

mineurs [1], ou que sa succession est acceptée sous bénéfice d'inventaire [2]. Les droits et obligations du *de cujus* passent à ses héritiers,
quels qu'ils soient; mais l'héritier mineur ou bénéficiaire n'est, bien
entendu, tenu des dettes sociales qu'*intra vires* [3].

L'expression « héritiers » comprend tous ceux appelés à représenter l'associé décédé, héritiers réguliers ou irréguliers, légitimes ou
testamentaires [4]. Et, si l'acte de société porte que, en cas de décès
d'un associé, la société continuera avec ses *représentants*, cette expression comprend tous ceux qui, à un titre quelconque, succèdent aux
droits de l'associé, notamment ceux qui achètent les droits de l'associé décédé sur la poursuite de ses créanciers [5].

La stipulation qui appelle *les héritiers* de l'associé décédé à prendre
sa part est obligatoire pour ceux-ci, et ils ne peuvent pas, tout en
acceptant la succession de l'associé, refuser d'entrer dans la société [6].
Mais si l'associé avait stipulé que *l'un* de ses héritiers prendrait sa
place dans la société, cet héritier pourrait refuser tout en acceptant
la succession [7].

Quand il a été dérogé à la règle de dissolution par la mort d'un
associé, la société subsiste malgré la mort d'un associé quelconque,
fût-il chargé de la gérance, à moins, bien entendu, qu'une distinction
n'ait été faite. Il y a seulement lieu, au cas de mort de l'associé gérant, de procéder à la nomination d'un nouveau gérant, cette qualité
de gérant n'étant pas transmise de plein droit à ses héritiers [8].

Lorsqu'il est stipulé que la société continuera avec l'un (désigné)
des héritiers de l'associé décédé, l'acte de société stipule ordinairement que cet héritier sera propriétaire de tous les droits de son
auteur dans la société tels qu'ils auront été déterminés par le dernier
inventaire social, à charge par lui de tenir compte de la part de ses
cohéritiers et représentants, dans les délais et conditions spécifiés.

---

1. Bordeaux, 29 juil. 1862 (S. 63, II. 31); Aix, 16 déc. 1868 (S. 70, II, 240); Riom,
21 mai 1884 (D. 85. II, 86); Cass., 2 mars 1885 (S. 85, I, 362), 10 mars 1885 (S. 86, I,
410) et 23 oct. 1906 (J. S. 07, 423); Paris, 7 av. 1887 (S. 88, II, 145); Gand, 25 nov. 1895
(J. S. 1896, 182); Aubry et Rau, § 384-8; Pont, n° 716; Laurent, n° 380; Guillouard,
n° 298; Thaller (*Ann. de dr. comm.*, 1894, II, 241; J. S. 1895, 141). V. toutef.
Lyon-Caen et Renault, n° 319; Cass., 10 novembre 1847 (S. 48, I, 5). Il n'est pas
nécessaire que le tuteur des mineurs soit autorisé spécialement à adhérer à la
continuation de la société. Aix, 16 décembre 1868, *loc. cit.*
2. Riom, 21 mai 1884, *loc. cit.*; Pont, n° 715; Guillouard, n° 299.
3. Cass., 2 mars 1885, *loc. cit.*; Grenoble, 11 mars 1890. V. Houpin, *J. des Not.*,
1900, 196.
4. Pont, n° 715; Guillouard, n° 300,
5. Paris, 13 août 1834 (S. 34, II, 674); Pont et Guillouard, *loc. cit.*
6. Guillouard, n° 301. V. toutef. Pont, n°s 594 et 714; Aubry et Rau, § 384-8.
7. Caen, 10 novembre 1857 (S. 59, II, 31); Guillouard, n° 301.
8. Lyon-Caen et Renault, n°s 312 et 313 *bis.*

Cette stipulation est licite et doit recevoir son exécution, si l'héritier l'accepte.

Mais en est-il de même s'il est stipulé que la société continuera avec la veuve, à charge par elle de tenir compte des droits des héritiers du mari d'après le dernier inventaire? — A notre avis, cette stipulation contient une cession par le mari à sa femme, en dehors des trois cas prévus en l'art. 1595 C. civ., et, à ce titre, est susceptible d'être critiquée. Nous croyons que le mari ne peut assurer la conservation de ses droits sociaux personnels, par sa femme, qu'au moyen de dispositions entre vifs ou testamentaires, si le contrat de mariage des époux ne contient pas une clause permettant la conservation des droits sociaux par le survivant [1].

139. Continuation avec les associés survivants. — L'art. 1868 dispose que : « *S'il a été stipulé qu'en cas de mort de l'un des associés, la société continuera entre les associés survivants, cette disposition sera suivie; dans ce cas, l'héritier du décédé n'a droit qu'au partage de la société, eu égard à la situation de cette société lors du décès, et ne participe aux droits ultérieurs qu'autant qu'ils sont une suite nécessaire de ce qui s'est fait avant la mort de l'associé auquel il succède.* »

Après avoir permis de stipuler que la société continuera avec les héritiers de l'associé prédécédé, l'art. 1868 permet aussi de convenir qu'elle continuera entre les associés survivants, à l'exclusion des héritiers du prédécédé. On peut encore insérer, dans l'acte de société, une clause donnant aux associés survivants l'option entre ces trois partis : dissoudre et liquider la société, la continuer entre eux, ou la continuer avec les héritiers de l'associé décédé : cette clause est valable [2].

Lorsque la société continue avec les associés survivants, la part revenant aux héritiers doit être calculée d'après la situation de la société au décès de leur auteur, en y comprenant les résultats des affaires en cours à cette date, lorsqu'ils sont une *suite nécessaire* de ce qui s'est fait avant le décès — ce qui est laissé à l'appréciation des tribunaux. En ce qui concerne les opérations faites par un associé après le décès d'un de ses coassociés, mais dans l'ignorance de ce décès, on doit appliquer le principe consacré par l'art. 2008 en matière de mandat. Elles seront donc activement et passivement pour le compte des associés survivants et des héritiers

1. Houpin, J. *des Soc.*, 1894, 81. V. toutef. Paris, 24 janvier 1885 (D. 88, I, 401). *Contrà*, Baudry-Lacantinerie et Wahl, n° 392 *bis*.
2. Cass., 20 juin 1887 (*Pandectes franç.*, 87, I, 246) ; Guillouard, n° 304.

de l'associé décédé, comme si elles étaient antérieures au décès[1].

Il y a lieu à un règlement de la société entre les associés survivants et les héritiers de l'associé décédé ; ceux-ci ne peuvent demander le paiement en espèces du montant de leurs droits : la part de l'associé décédé doit être réglée en valeurs d'inventaire[2]. Mais, pour éviter les inconvénients d'un règlement en nature et d'un inventaire avec les héritiers, on stipule ordinairement dans l'acte de société que les héritiers ne pourront demander que leur part dans la société, d'après les bases du dernier inventaire social, et que cette part sera payable, en espèces, immédiatement, ou par fractions échelonnées, afin de ne pas entraver le fonctionnement de la société entre les associés survivants. Dans ce cas, la stipulation constitue un forfait et ne permet pas aux héritiers de réclamer une part dans les bénéfices pour le temps écoulé depuis l'inventaire jusqu'au décès[3]. S'il n'y avait pas d'inventaire, ou si le dernier remontait à une époque trop reculée, les héritiers pourraient exiger la confection d'un inventaire fixant la situation actuelle de la société et leurs droits dans cette société[4].

Les héritiers de l'associé décédé peuvent-ils se faire rendre immédiatement la part de celui-ci dans le fonds de réserve, ou doivent-ils attendre la dissolution de la société ? La Cour de Paris s'est prononcée pour cette dernière solution[5]. La question doit surtout être résolue d'après les circonstances, ainsi que le reconnaît la Cour de Paris. Que décider en dehors de tout élément de fait ? Nous considérons que le fonds de réserve fait partie du fonds social, et que les héritiers de l'associé prédécédé, ayant droit au partage du fonds social, ont, par là même, le droit de prendre leur part dans le fonds de réserve, à moins de stipulation contraire, expresse ou implicite[6].

Si le remboursement des droits de l'associé décédé est effectué au moyen de l'actif de la société, il entraîne partage partiel de cet actif et réduction du capital social (c'est l'hypothèse que nous venons d'examiner). Mais l'actif et le capital resteraient intacts si le remboursement devait être fait non par la société, mais par les associés survivants, de leurs deniers personnels. C'est ce qui se produit lorsqu'il est stipulé (et cette stipulation est la plus fréquente) qu'en

---

1. Pont, n° 703 ; Laurent, n° 376 ; Guillouard, n° 307.
2. Caen, 10 novembre 1857 (S. 59, ii, 31).
3. Seine, 31 mars 1894 (R. S. 1894, 454).
4. Pont, n° 720.
5. Paris, 22 janvier 1877 (S. 80, ii, 104).
6. Sirey, note sous l'arrêt précité ; Vavasseur, n° 224. *Contrà*, Guillouard, n° 306.

cas de décès d'un associé la société continuera entre les associés
survivants, lesquels auront droit à tout l'actif social, à charge par
eux de rembourser le montant des droits sociaux de l'associé
décédé.

140. Scellés. — En cas de décès d'un associé, ses héritiers, représentants et créanciers ne peuvent (que la société soit ou non dissoute) faire apposer les scellés sur les biens et papiers de la société,
car ces biens sont la propriété de la société, considérée comme personne juridique, et non pas des associés personnellement. La stipulation insérée à cet égard dans les statuts de la plupart des sociétés
est de droit (V. *infrà*, n° 153) [1].

141. Révocation du gérant. — La révocation, pour cause légitime,
du gérant statutaire entraîne la dissolution de la société, à moins que
tous les associés ne s'entendent pour nommer un nouveau gérant
(*suprà*, n° 99).

142. Absence. — L'absence, même déclarée, de l'un des associés
n'entraîne pas de plein droit la dissolution de la société [2]; mais elle
peut être une cause de dissolution judiciaire.

143. Interdiction. — Lorsqu'un associé est interdit, à raison de
son état habituel d'imbécillité, de démence ou de fureur, il est incapable d'apporter aucun concours à la société; son interdiction a donc
pour effet, comme le décès, d'entraîner la dissolution de la société.
Il faut assimiler à l'interdiction judiciaire l'interdiction légale
résultant de condamnations encourues par un associé [3]. Cette dissolution se produit de plein droit, et peut être invoquée, dans les deux
cas, non pas seulement par les associés de l'interdit, mais aussi du
chef de l'interdit lui-même [4].

144. Conseil judiciaire. — Mais les causes de dissolution de plein
droit étant limitativement établies par l'art. 1855, on doit considérer
que la dation d'un conseil judiciaire n'est pas assimilable à l'interdiction et n'entraîne pas, *ipso facto*, la dissolution de la société [5].
Elle peut seulement, comme l'absence, être une cause de dissolution
judiciaire.

145. Aliéné. — Ce que nous venons de dire de la dation d'un

1. *Rev. prat. des Soc. de Belg.*, 1891, 91.
2. Demolombe, t. II, n° 144; Pont, n° 707; Guillouard, n° 309.
3. Pont, n° 722; Guillouard, n° 312; Seine, 29 juin 1901 (J. S. 1902, 176).
4. Pont, n° 724; Guillouard, n° 314.
5. Aubry et Rau, § 384-9; Pont, n° 723; Laurent, n° 385; Guillouard, n° 313.
V. aussi Cass., 28 mars 1892 (S. 93, 1, 463). *Contrà*, Duvergier, n°s 443-444; Lyou-
Caen et Renault, n° 321. V. Cass., Belgique, 17 octobre 1889 (*Jur. de Belg.*, 1889,
316)

conseil judiciaire est applicable à l'associé non interdit placé dans un établissement public d'aliénés [1].

146. Déconfiture. — La déconfiture de l'un des associés entraîne de plein droit la dissolution de la société [2], sauf stipulation contraire (*infrà*, n° 147); mais il faut un jugement pour la proclamer, si elle est contestée par l'un des intéressés [3].

147. Faillite. — Bien que l'art. 1865 ne parle pas de la faillite, on doit considérer que, comme la déconfiture, elle entraîne la dissolution de la société, par le seul fait du jugement qui la déclare [4]. Le concordat obtenu par l'associé ne fait pas revivre la société [5].

Mais il peut être valablement convenu dans l'acte de société que cette société continuera malgré la déconfiture ou la faillite de l'un ou l'autre des associés [6]. Cette convention ne peut intervenir après la faillite ou la liquidation judiciaire [7]. Il a été jugé toutefois que les autres associés majeurs conservent la faculté de consentir à la continuation de la société [8].

148. Liquidation judiciaire. — La liquidation judiciaire de l'un des associés, déclarée en vertu de la loi du 4 mars 1889, entraîne, comme la déconfiture et la faillite (dont elle produit une partie des effets), la dissolution de la société [9].

149. Durée illimitée. Volonté des parties. — D'après l'art. 1869, toutes les sociétés dont la durée est illimitée peuvent être dissoutes « par la volonté de l'une des parties ».

La durée d'une société est illimitée lorsque le contrat ne lui assigne pas un terme, ou lui assigne un terme plus long que la vie humaine, et que, d'un autre côté, la nature de l'entreprise de la

---

1. Guillouard, n° 313; Seine, 25 juill. 1899. V. Lyon, 14 nov. 1901 (J. S. 1901, 228; 1902, 431).
2. Cass., 4 août 1880 (S. 81, 1, 56). Cette règle est applicable à toute espèce de société, aussi bien à celle qui n'a été contractée qu'en vue des capitaux à fournir par les associés qu'à celle qui l'a été en vue du concours personnel de ceux-ci. Paris, 5 janvier 1853 (S. 54, 11, 341); Guillouard, n° 318.
3. Laurent, n° 387; Guillouard, n° 315.
4. Paris, 5 janvier 1853 (S. 54, 11, 341); Cass., 7 décembre 1858 (S. 59, 1, 619) et 4 août 1880 (S. 81, 1, 56); Poitiers, 26 déc. 1892 (S. 94, 11, 297); Paris, 10 nov. 1904 (J. S. 1905, 86); Pont, n° 726; Laurent, n° 386; Guillouard, n° 316.
5. Paris, 5 janvier 1853, *loc. cit.*; Laurent, n° 708; Guillouard, n° 317; Pont, n°s 728 et suiv. *Contrà*, Deloison, n° 91.
6. Orléans, 29 août 1854 (S. 54, 11, 341); Cass., 7 décembre 1858 (S. 59, 1, 619) et 18 janvier 1881 (S. 83, 1, 398); Riom, 21 mai 1884 (D. 85, 11, 86); Cass., 10 mars 1885 (S. 86, 1, 418); Grenoble, 1er mai 1894 (J. S. 1895, 114); Douai, 22 mars 1906, (J. S. 1907, 73); Pont, n°s 729-730; Guillouard, n° 318.
7. Poitiers, 26 décembre 1872, *loc. cit.*; Pont, n° 729.
8. Cass., 7 déc. 1858 (S. 59, 1, 619); Bédarride, t. 1, n° 66 *ter*; Vavasseur, n° 23).
9. Lyon-Caen et Renault, n° 324; Fremont et Cimberlin, C. prat. des liquid. et faill., t. 1, n° 465; Poitiers, 26 décembre 1892 (S. 94, 11, 297).

société ne limite pas sa durée à un temps inférieur à la vie des associés. Ainsi est à durée illimitée la société contractée à vie, ou pour quatre-vingt-dix-neuf ans, ou pour l'exploitation d'une mine[1].

La renonciation doit être « de bonne foi et non faite à contre-temps » (art. 1869). « *La renonciation n'est pas de bonne foi* — dit l'art. 1870 — *lorsque l'associé renonce pour s'approprier à lui seul le profit que les associés s'étaient proposés de retirer en commun. Elle est faite à contretemps lorsque les choses ne sont plus entières, et qu'il importe à la société que sa dissolution soit différée*[2]. »

Si la renonciation est faite de mauvaise foi, ou à contretemps, elle est nulle et sans effet[3]; mais cette nullité est relative et ne peut être invoquée que par les associés au préjudice desquels elle a été faite[4].

La renonciation, pour être valable, doit, en outre, être notifiée à tous les associés (art. 1869). La notification peut être faite de toute manière, par exploit d'huissier, par lettre chargée, même verbale-ment, sauf la preuve qui ne pourra être reçue par témoins au delà de 150 francs. Il n'est pas nécessaire de faire un acte en autant d'ori-ginaux que de parties ayant un intérêt distinct[5].

Les associés ne peuvent s'interdire d'une façon absolue de deman-der à leur gré la dissolution d'une société à durée illimitée[6].

Ils peuvent substituer à cette faculté de renonciation un moyen équivalent: le droit de céder leur part sociale à un tiers, qui prend leur place dans la société. Dans ce cas, les associés n'ont pas le droit de renoncer à la société. Il en est ainsi lorsque le fonds social est divisé en actions ou en parts d'intérêts dont la cessibilité est autorisée par les statuts, ou résulte du seul fait de cette division, laquelle leur donne une faculté équivalente à celle que leur accorde l'art. 1869[7].

---

1. V. Troplong, n° 967; Aubry et Rau, § 384-13; Pont, n°s 737-738; Laurent, n° 395; Guillouard, n°s 324 et suiv.; Cass., 21 avril 1857 (D. 57, 1, 90), 1er juin 1859 (D. 59, 1, 244; S. 61, 1, 113), 13 juillet 1868 (S. 68, 1, 449). V. toutef. Duranton. t. xvi, n° 476; Bravard-Veyrières et Demangeat, *Tr. de dr. comm.*, 1, p. 404-405; Cass., 7 juin 1850.
2. V. Bordeaux, 31 janv. 1895 (R. S. 1895, 622); Lyon, 1er déc. 1898 (J. S. 99, 405).
3. V. Colmar, 14 juillet 184..; Rennes, 4 janvier 1894 (D. 94, 11, 120).
4. Pont, n° 751; Laurent, n° 398; Guillouard, n° 330.
5. Laurent, n° 399; Guillouard, n° 331. *Contrà*, Pont, n° 746.
6. Aubry et Rau, § 384-13; Pont, n° 742; Laurent, n° 396; Guillouard, n° 332. *Contrà*, Lyon, 12 août 1828 (S. 30, 1, 205); Lyon-Caen et Renault, n° 328.
7. Cass., 6 décembre 1843 (S. 44, 1, 22) et 13 juillet 1868 (S. 69, 1, 137); Rennes, 4 janvier 1894 (D. 94, 11, 120); Douai, 22 novembre 1895 (J. S. 1896, 309); Cass., 29 avril 1897 (J. S. 1897, 499); S. 99, 1, 481, note Lyon-Caen); Aubry et Rau, § 384-16; Pont, n°s 740-744; Guillouard, n° 333. V. toutefois Laurent, n° 397.

Mais il ne faut pas que ce droit de cession soit paralysé dans son exercice par une disposition des statuts. On a décidé que la renonciation, par les associés, à la faculté de demander à leur volonté la dissolution d'une société de mines, constituée pour toute la durée de l'exploitation, doit rester sans effet lorsqu'il est stipulé aux statuts que les actions ne seront aliénables qu'avec l'agrément du Conseil d'administration, et à la condition que la cession en sera préalablement offerte aux associés soit individuellement, soit collectivement[1]. Toutefois, nous considérons que si les statuts apportaient certaines restrictions à la libre et complète disposition des actions, ce fait pourrait être insuffisant pour permettre aux actionnaires de demander la dissolution de la société en vertu de l'art. 1869, comme il peut être insuffisant à ôter aux titres le véritable caractère d'actions. Il en est ainsi notamment lorsque les statuts stipulent que les actions seront librement cessibles entre les associés, mais qu'elles ne pourront être cédées à des personnes étrangères à la société qu'autant qu'elles auront été agréées par le Conseil d'administration ou par l'Assemblée générale[2], ou encore si un droit de préférence est réservé au gérant en cas de cession à une catégorie de personnes[3]. En effet, ces stipulations (que l'on trouve dans un certain nombre de sociétés par actions) n'ôtent pas aux actions leur caractère essentiel de cessibilité (V. *infrà*, n° 343).

150. Motifs légitimes. — L'art. 1871 indique une dernière cause de dissolution des sociétés à terme : « *La dissolution des sociétés à terme ne peut être demandée par l'un des associés, avant le terme convenu, qu'autant qu'il y en a de justes motifs, comme lorsqu'un autre associé manque à ses engagements, ou qu'une infirmité habituelle le rend inhabile aux affaires de la société, ou autres cas semblables dont la légitimité et la gravité sont laissées à l'arbitrage des juges.* »

Cette disposition est absolument générale et s'applique en principe à toutes les sociétés, quelle qu'en soit la nature, du moment où elles forment des sociétés à terme. Elle s'applique notamment aux sociétés de mines[4].

L'art. 1871 n'est pas limitatif ; la dissolution peut être demandée et doit être prononcée toutes les fois que la prolongation de la société mettrait en péril l'intérêt social, ou l'intérêt de quelques-uns des

1. Cass., 1er juin 1859 (S. 61, 1, 113); Pont, n° 744; Guillouard, n° 333.
2. V. Cass., 27 mars 1878 (S. 78, 1, 277). *Contrà*, Lyon-Caen, note, S. 1899, 1, 181.
3. V. Cass., 13 mars 1882 (S. 83, 1, 327); *Contrà*, Lyon-Caen, *loc. cit.*
4. Cass., 15 juin 1853 (S. 53, 1, 700); Pont, n° 739; Guillouard, n° 375; Delecroix, n°s 503 et suiv.

associés[1], notamment en cas de : manquement de l'un des associés à ses engagements[2] ; infirmité habituelle, qui rend l'un des associés inhabile aux affaires de la société[3], s'il doit fournir une coopération personnelle aux affaires sociales[4] (ce sont les deux cas spécialement prévus par l'art. 1871) ; mésintelligence grave entre les associés[5], à moins que le demandeur ne l'ait fait naître intentionnellement pour se créer une cause de dissolution[6], ou à moins encore que la reprise de la vie sociale ne paraisse pas impossible[7] ; malversation de l'un des associés ; prélèvements exagérés faits par l'un d'eux[8] ; absence de bénéfices[9] ; opposition permanente de l'un des associés à des mesures utiles à la société[10] ; incapacité manifeste ignorée lors du contrat ; inconduite poussée jusqu'au scandale[11] ; absence de l'un des associés (*suprà*, n° 142) ; dation d'un conseil judiciaire (*suprà*, n° 144) ; retraite ou révocation du gérant, ce qui même, quelquefois, peut amener la dissolution de plein droit (*suprà*, n° 141) ; condamnation portant atteinte à l'honneur d'un associé ; habitude du jeu[12].

La question de savoir s'il y a ou non cause légitime de dissolution est une question de fait, appréciée souverainement par les tribunaux et qui échappe à la censure de la Cour de cassation[13]. Les tribunaux peuvent être saisis même par un seul associé[14].

Lorsque la demande de dissolution a pour cause la faute de l'un des associés, l'inexécution par lui de ses engagements, ou son refus de concourir aux opérations sociales, cette demande ne peut être

---

1. V. Seine, 4 fév. 1889 (S. 89, ii, 47) et 8 oct. 1895 (R. S. 1896, 117) ; Marseille, 4 août 1903 (J. S. 1904, 44) ; Seine, 22 août 1908 (J. S. 1909, 133).
2. Cass., 27 mars 1844 (S. 45, i, 212) et 13 nov. 1876 (S. 78, i, 251) ; Bordeaux, 29 juill. 1857 (D, 58, ii, 115) ; Seine, 4 fév. 1889 (S. 89, ii, 47) ; Paris, 24 janv. 1895 (J. S. 1895, 240) ; Alger, 7 nov. 1907 (J. S. 1908, 366). V. Cass., 15 mars 1881 (S. 81, i 221).
3. Nantes, 7 oct. 1899 (J. S, 1900, 469). V. Lyon, 14 nov. 1901 (J. S. 1902, 1431).
4. Vavasseur, n° 216.
5. Aix, 18 juin 1822 (S. chr.) ; Grenoble, 20 mars 1863 (S. 63, ii, 108) ; Lyon, 12 janvier 1882 (S. 82. ii, 118) ; Bordeaux, 4 août 1886 (R. S. 1887, 142) ; Orléans, 19 novembre 1887 (D. 88, ii, 162) ; Bordeaux, 14 août 1889 (J. S. 1890, 189) ; Lyon, 21 juillet 1894 (J. S. 1895, 330) ; Cass.. 11 novembre 1896 (J. S. 1897, 15) et 24 janvier 1899 (J. S. 1899, 305) ; Bourges, 10 mai 1897 (J. S. 1898, 71) ; Caen, 7 juillet 1909 (J. S. 1910, 316).
6. Aix, 18 juin 1822 ; Chambéry, 24 mars 1887 (R. S. 1887, 377) ; Paris, 27 mars 1895 (J. S. 1895, 321) et 2 avril 1909 (J. S. 1909, 367).
7. Paris, 16 février 1894 (R. S. 1894, 239).
8. Cass., 24 février 1888 (S. 88, i. 152).
9. Guillouard, n° 334 ; Caen, 7 juillet 1909, *loc. cit.*
10. Aubry et Rau, t. iv, p. 564 ; Guillouard, n°s 148, 334.
11. Troplong, n° 994.
12. Pont, n° 774.
13. Cass., 15 juin 1853 (S. 53, i, 700), 16 juin 1873 (S. 73, i. 386), 15 novembre 1876 (S. 78, i, 251), 15 mars 1881 (S. 81, i, 121), 29 février 1888 et note (S. 89, i, 47), 4 février 1895 (J. S. 1895, 104) et 11 novembre 1896, *loc. cit.*
14. Paris, 4 janvier 1869.

formée que par les autres associés[1]; et l'associé dont la faute a été constatée doit être condamné à des dommages-intérêts vis-à-vis de ses coassociés[2]. Si, au contraire, la cause de dissolution vient d'un fait imputable à l'un des associés, mais involontaire de sa part, comme une infirmité habituelle le rendant inhabile aux affaires sociales, il peut obtenir la dissolution, malgré la résistance de ses associés[3]. Ceux-ci peuvent aussi former contre lui une demande en dissolution, avec l'assentiment de la majorité et en son nom[4]; mais, comme il y a force majeure, l'associé atteint d'infirmité ne doit pas être condamné à des dommages-intérêts[5].

Les associés ne peuvent pas renoncer d'avance au droit de demander en justice la dissolution de la société pour un juste motif[6].

CHAPITRE IX

DE LA LIQUIDATION ET DU PARTAGE

SECTION 1

LIQUIDATION

151. État de liquidation. — Lorsqu'une société est dissoute, il est difficile d'imaginer qu'au même instant toutes les affaires de la société soient terminées, et les intérêts des associés, entre eux et à l'égard des tiers, fixés d'une manière précise et définitive. Il est presque toujours nécessaire[7] de procéder à une liquidation, qui a pour but de recouvrer les créances et de réaliser tout ou partie du surplus de l'actif dans la mesure de ce qui est nécessaire au paiement du passif, d'acquitter ce passif, et de mettre à la disposition des associés ce qui reste, après les dettes payées, pour qu'ils se le

---

1. Aix, 18 juin 1822 ; Pont, n° 763 ; Laurent, n° 404 ; Guillouard, n° 337.
2. Paris, 2 avril 1909 (J. S. 1909, 367) ; Thaller et Pic, n° 584. V. Cass., 15 nov. 1876 (S. 78, 1, 251) ; Lyon, 5 juill. 1900 (J. S. 1901, 257) ; J. S. 1902, 377.
3. Pont, n° 762 ; Guillouard, n° 338.
4. Pont, n° 769.
5. Pont, n° 767.
6. Aubry et Rau, § 384-20 ; Guillouard, n° 336 ; Pont, n° 755 ; Lyon-Caen et Renault, n° 332 ; Paris, 28 novembre 1874 (D. 77, 11, 141) ; Lyon, 18 novembre 1893 (D. 95, 1, 183).
7. V. Cass., 24 novembre 1885 (S. 88, 1, 66).

partagent entre eux dans la proportion de leurs droits respectifs[1].

La société, considérée comme être moral, continue donc d'exister, après sa dissolution, pour les besoins et jusqu'à l'issue de la liquidation. Il en est ainsi incontestablement en ce qui concerne les sociétés commerciales, car le système de liquidation a été introduit par les usages du commerce (infrà, nos 202 et suiv.). Mais en est-il de même, et l'état de liquidation existe-il en ce qui concerne les sociétés civiles?

La négative paraît certaine si l'on considère que la société civile ne constitue pas, comme la société commerciale, une personne morale distincte de la personne des associés; si les associés sont en état d'indivision pendant l'existence de la société, à plus forte raison en est-il ainsi après sa dissolution. Un auteur[2], tout en estimant que les associés sont en état d'indivision ou de simple communauté, après la dissolution, déclare cependant que cette dissolution donne lieu à une liquidation, qui a pour objet de terminer les affaires communes, de libérer la société vis-à-vis de ses créanciers, de recouvrer les créances, et d'arriver ainsi, en dégageant l'acte brut des dettes qui le grèvent, à la constitution de l'actif net que les ayants droit auront à se-partager[3].

Si l'on décide avec la jurisprudence (suprà, n° 15) que la société civile constitue un être moral aussi bien que la société commerciale, on doit, suivant nous, décider, comme conséquence, que l'état de liquidation peut exister dans la société civile dissoute, comme elle existe dans la société commerciale. C'est ce qui a été reconnu par la Cour de cassation, en matière fiscale; elle a décidé que la société civile constitue, de même que la société commerciale, une personne morale distincte des membres qui la composent; que ceux-ci ne sauraient être considérés comme de simples communistes; que ce principe continue de subsister durant la liquidation; que le droit des associés ne se convertit pas, par la mise en liquidation de la société, en une copropriété indivise de l'actif social; que jusqu'au partage, résultat final de la liquidation, ce droit conserve sa nature mobilière, et la société persiste avec son existence propre[4]. (V. infrà, Droit fiscal.)

---

1. Pont, nos 1926 et suiv.
2. Pont, nos 773 et 774.
3. V. Guillouard, nos 341 et suiv.
4. Cass., 9 mai 1864 (S. 64, i, 239) et 3 février 1868 (S. 68, i, 165 et la note); Garnier, Rép. gén. de l'enreg., vo Société, n° 268. V. aussi en matière civile: Orléans, 26 août 1869 (S. 70, ii, 113).

Du principe que la société civile continue comme être moral pendant la liquidation, découlent d'importantes conséquences que nous résumerons en parlant de la liquidation des sociétés commerciales (infrà, n° 204).

152. Nomination des liquidateurs. Cessation de leurs fonctions — La liquidation de la société est faite soit par celui ou ceux des associés qui ont été désignés par les statuts; soit par tous les associés, à défaut de désignation [1], ou en cas de décès, démission ou non-acceptation de celui désigné [2]; soit par un liquidateur nommé par les associés, d'un accord unanime, ou par la majorité d'entre eux si l'acte de société le permet; soit enfin par un liquidateur nommé judiciairement, si tous les associés ne sont pas d'accord [3], ou s'il y a de justes causes pour ne pas confier la liquidation à un associé désigné dans le pacte social [4]. Si les statuts stipulent que le liquidateur sera nommé par les associés, et si l'un d'eux est mineur, le tuteur peut prendre part à la nomination, sans autorisation, et il ne nous paraît pas nécessaire de faire nommer le liquidateur par le tribunal [5]. (En ce qui concerne la cessation et la révocation des pouvoirs du liquidateur, V. infrà, n° 206.)

153. Scellés. — Il n'y a pas à faire apposer les scellés au siège social ni aux établissements dépendant de la société. Les associés eux-mêmes n'ont pas ce pouvoir, dont l'exercice entraverait la liquidation des affaires sociales [6] (V. suprà, n° 140). Ils ne le pourraient, dans tous les cas, qu'en vertu d'une autorisation du juge [7]. Mais cette règle n'est pas applicable aux créanciers de la société : ceux-ci, munis d'un titre exécutoire, ou autorisés par le juge, peuvent requérir l'apposition des scellés sur l'actif social, alors même que les statuts interdisent l'apposition des scellés au siège social après le décès de l'un des associés, sauf au juge à prescrire les dispositions nécessaires pour que la liquidation ne soit pas entravée par cette mesure conservatoire [8]. L'interdiction des scellés, contenue dans une société

---

1. Pardessus, t. III, n° 1074; Troplong, t. II, n°s 1025 et suiv.; Bedarride, t. II, n° 485; Lyon-Caen et Renault, n° 367. Contrà, Delangle, Soc. comm., t. II, n° 685; Bravard-Veyrières et Demangeat, Tr. de dr. comm., t. I, p. 442 et 443; Boistel, n° 330, suivant lesquels il suffit de la majorité des voix. V. aussi Seine, 30 mai 1894 (R. S. 1895, 24).

2. Seine, 24 février 1892 (J. S. 1892, 253).

3. V. Seine, 30 mai 1894 (R. S. 95, 24); Mars., 12 oct. 1906, J. S. 1908, 69; 1909, 311.

4. Cass., 30 av. 73, 27 mars 1893 (S. 74, 1, 123; 94, 1, 174); J. S. 1905, 395; 1906, 229.

5. V. Lyon-Caen et Renault, n° 367; Houpin, J. S. 1896, 233; J. N. 1900, 206.

6. Troplong, n° 1037; Pont, n° 787; Lyon-Caen et Renault, n° 420. Contrà, Bruxelles, 1er décembre 1825 (S. chr.).

7. Guillouard, n° 342.

8. Cass., 23 juillet 1872 (S. 72, 1, 324).

formée entre un père et quelques-uns de ses enfants, serait aussi nulle à l'égard de l'héritier à réserve non associé[1].

154. Inventaire. — Doit-il être fait un inventaire notarié après la dissolution de la société en état de liquidation? Nous ne le pensons pas. Si les associés sont majeurs, il suffit de faire dresser par le liquidateur et approuver par les intéressés un état de la situation active et passive de la société. Il en doit être de même si la société s'est dissoute par le décès de l'un des associés, et s'il existe parmi les héritiers des mineurs ou autres incapables. On reconnaît que si, en exécution des statuts, la société continue, après le décès d'un associé, avec son héritier, la minorité de ce dernier ne rend pas nécessaire la rédaction d'un inventaire de la société subsistante[2]. Dans ce cas, l'inventaire annuel prescrit par les statuts doit être fait en la forme ordinaire, sans l'intervention d'un notaire. Il y a lieu de procéder de même, à l'expiration de la société, lorsque cette société continue comme être moral pour les besoins de la liquidation. (V. *infrà*, n° 207). La minorité de l'un des intéressés ne nécessiterait la confection d'un inventaire notarié que si la société n'était pas en état de liquidation, mais d'indivision entre les anciens associés. Nous devons, du reste, constater que les inventaires notariés à la suite de dissolution de sociétés, même civiles, en état de liquidation, sont très rares dans la pratique.

155. Pouvoirs. — La liquidation a essentiellement pour objet de terminer les affaires commencées, de recouvrer les créances, de payer le passif et d'arriver ainsi, en dégageant l'actif brut des dettes qui le grèvent, à la constitution de l'actif net que les ayants droit auront à se partager (*suprà*, n° 151). Le liquidateur d'une société civile a les pouvoirs qui doivent conduire à ce résultat. Ces pouvoirs sont ordinairement fixés par les statuts, ou par l'acte ou le jugement contenant nomination du liquidateur. Il a notamment ceux de toucher et payer toutes sommes, régler tous comptes, vendre tous objets mobiliers, et réaliser l'actif dans la mesure de ce qui est nécessaire pour l'acquit du passif. Nous nous occuperons plus spécialement des pouvoirs du liquidateur en traitant des sociétés commerciales (*infrà*, n° 208).

En principe, le liquidateur d'une société est exclusivement le mandataire des associés et non des créanciers[3]. Il en résulte notam-

---

1. Nancy, 24 janvier 1846 (P. 46, II, 735); Bioche, *Dict. des just. de paix*, v° *Scellés*, n° 36.
2. *Dict. Not.*, v° *Société*, n° 184.
3. Alauzet, t. I, n°s 270, 423, 424, 428; Troplong, n° 126; Bedarride, t. III, n° 591; Lyon-Caen et Renault, n°s 377 et 378.

ment qu'il n'a pas qualité pour représenter les tiers, dont il n'a reçu aucun mandat[1], ni pour réclamer des associés leur part contributive des dettes sociales, en dehors du versement de leur apport. Mais ce droit peut être valablement conféré au liquidateur par les associés[2].

Lorsqu'il ne se trouve pas en présence de créanciers opposants ou saisissants, le liquidateur peut valablement (comme l'héritier bénéficiaire) payer les créanciers qui se présentent, sans réserver la part de ceux qui ne se présentent pas. Toutefois, les tribunaux peuvent décider que la distribution n'aura lieu qu'à l'expiration d'un délai pendant lequel des publications seront faites[3].

156. Vente des immeubles. — Si l'actif mobilier n'était pas suffisant pour arriver à l'extinction complète du passif, et qu'il fût nécessaire de vendre les immeubles, cette vente pourrait être réalisée à l'amiable par le liquidateur, alors même qu'il existerait parmi les intéressés des mineurs ou autres incapables. C'est la solution que nous admettrons en matière de sociétés commerciales (infrà, n° 208); et nous ne voyons pas de raison pour distinguer, si l'on décide que les sociétés civiles constituent, comme les sociétés commerciales, un être moral subsistant jusqu'à l'issue de la liquidation.

Il a été jugé que le liquidateur d'une société civile, auquel les pouvoirs les plus étendus ont été conférés par justice, a le droit de provoquer, sans autorisation spéciale des membres de la société, la vente aux enchères d'un immeuble social impartageable en nature[4].

De ce que la société constitue un être moral distinct de la personne des associés et subsistant pour les besoins et jusqu'à l'issue de la liquidation, il s'ensuit que les immeubles vendus par le liquidateur, durant la liquidation, ne sont pas grevés des hypothèques pouvant exister du chef des associés, et que les acquéreurs ne sont pas tenus de purger sur chacun de ceux-ci (infrà, n° 204).

157. Autres règles. — Les autres règles relatives à la liquidation des sociétés, aux pouvoirs, à la responsabilité et aux comptes des liquidateurs seront expliquées quand nous traiterons de la liquidation et du partage des sociétés commerciales, où elles sont d'une application plus fréquente (infrà, n°s 202 et suiv.).

---

1. Paris, 13 juin 1888 (S. 90, II, 240); Pont, n°s 1935 et 1936; Deloison, n° 125 bis.
2. Douai, 23 mars 1878 (S. 78, II, 305). V. aussi Bordeaux, 8 juillet 1889 (S. 90, II, 208).
3. Seine, 26 décembre 1895 (J. S. 1896, 371). V. sur la situation des créanciers d'une société en liquidation, l'étude de M. Buchère, J. S. 1896, 241 et suiv.
4. Cass., 24 juillet 1871 (S. 71, I, 47).

SECTION 2

PARTAGE

158. Principe. — Quand le liquidateur a terminé les affaires commencées, a réalisé l'actif nécessaire à l'extinction des dettes sociales, et que ce passif a été intégralement acquitté, l'état de liquidation cesse, la société considérée comme être moral n'existe plus. A la société en liquidation succède un état d'indivision entre les associés, à l'égard des biens meubles et immeubles qui restent exister; et, conformément aux prescriptions de l'art. 1872, C. civ., ces biens doivent être partagés entre les anciens associés ou leurs représentants, considérés comme copropriétaires indivis.

159. Formes. — Le partage des sociétés est soumis aux mêmes formes que le partage des successions (art. 1872, C. civ.).

Il peut être fait immédiatement, ou les parties peuvent convenir conformément à l'art. 815, C. civ., d'en suspendre la réalisation pendant un délai n'excédant pas cinq ans[1].

Le partage peut avoir lieu à l'amiable et comme les parties l'entendent, si elles sont toutes majeures, maîtresses de leurs droits et d'accord. S'il y a des mineurs ou autres incapables, ou si les intéressés ne sont pas tous d'accord, le partage doit être fait judiciairement, en observant les formes prescrites pour le partage des successions dans lesquelles des mineurs sont intéressés. Il peut aussi être réalisé sous forme de transaction, mais seulement dans le cas où il existe réellement des contestations nées ou sur le point de naître[2].

160. Demande en partage. — L'action en partage peut être intentée par chaque associé, par les héritiers de l'associé prédécédé, ou par les créanciers de l'un des associés (art. 1166, C. civ.); elle doit être formée contre tous les autres associés.

En principe, le partage doit être demandé pour la totalité de l'actif social et non pour un des objets compris dans cet actif[3]. Toutefois, lorsque des associés ont fait une opération particulière, en dehors des opérations sociales, cette opération peut être l'objet d'un partage distinct[4]. Mais les juges pourraient comprendre dans le partage de

---

1. Pont, n° 778; Guillouard, n° 341; Lyon-Caen et Renault, n° 414 *bis*. V. Houpin, *J. du Not.*, 1894, p. 637. *Contrà*, Duvergier, n°s 415 et 473.
2. V. Amiaud, *Traité form. du notariat*, v° *Partage*, n°s 121 et suiv.
3. Bordeaux, 25 avril 1834 (S. 34, II, 314); Guillouard, n° 343. V. Houpin, *loc. cit.*
4. Cass., 1er mars 1853 (S. 53, I, 298).

la société les immeubles acquis par les associés personnellement, en vue de cette société [1].

Jugé qu'en cas d'une société contractée, sous le régime de la communauté, par le mari et un tiers, la femme n'ayant pas la qualité d'associée et cette qualité n'appartenant qu'au mari, celui-ci peut procéder seul, et sans le concours de la femme ou de ses héritiers, à la liquidation de la société [2]. Cet arrêt a décidé toutefois que la transaction intervenue après le décès de la femme, entre le mari et ses coassociés, sur le règlement respectif de leurs droits, ne lie pas les héritiers mineurs de la femme, si elle a eu lieu sans les formalités prescrites pour la validité des transactions intéressant les mineurs. Mais cette dernière solution semble inconciliable avec le principe posé. En effet, dès que la qualité d'associée est refusée à la femme, et que, par suite, celle-ci ou ses héritiers n'ont de droit à prétendre, comme tombant dans la communauté, que sur la part sociale qui se trouvera attribuée au mari par le résultat de la liquidation, il en résulte, par voie de conséquence, qu'aucune action ne saurait être exercée contre l'associé que du chef du mari, et que le règlement consenti par celui-ci, même par voie de transaction, doit, dans tous les cas, sauf celui de fraude, lier les héritiers de la femme, mineurs ou non, comme elle aurait lié la femme elle-même [3].

161. Compétence. — Si la société est en état de liquidation au moment où la demande est formée, et si elle a un siège social, l'action en partage, celles qui s'élèvent au cours des opérations et les actions en garantie de lots ou en rescision du partage doivent être portées devant le tribunal du lieu où la société a ou avait son siège (art. 822, C. civ., et 59, C. pr.). Si, au contraire, la société n'avait pas de siège ou si l'être moral n'existait plus, l'action devrait être portée devant le tribunal du domicile du défendeur, si elle est purement personnelle et mobilière, ou devant celui de la situation, en matière réelle (art. 59, C. pr.) [4].

162. Licitation. — S'il existe des immeubles provenant de la société, ils doivent être partagés, si le partage peut en avoir lieu commodément [5]. Dans le cas contraire, ils doivent être licités. Si les intéressés sont tous majeurs et d'accord, la licitation a lieu par adjudication amiable devant notaire, ou par une vente de gré à gré, ou à

---

1. Angers, 12 juillet 1827.
2. Cass., 13 novembre 1860 (S. 61, I, 884).
3. Sirey, note sous l'arrêt précité.
4. Pont, nos 797 à 799.
5. V. Lyon, 23 juillet 1856 (S. 58, II, 104).

titre de licitation, au profit de l'un des associés copropriétaires indivis, ou comme vente ordinaire au profit d'un étranger. S'il y a des mineurs ou autres incapables, la vente par licitation ne peut avoir lieu qu'en justice, avec les formalités prescrites par la loi. Et eût-il été convenu entre les associés qu'en cas de dissolution les immeubles ne seront licités qu'entre eux, ils ne peuvent pas se dispenser d'y appeler et d'y admettre les étrangers [1].

163. Comptes. — Avant d'effectuer le partage de l'actif social, il convient de procéder à l'établissement et au règlement des comptes des associés, à la liquidation de la société et à la détermination des droits respectifs des associés dans l'actif social. Et il a été justement décidé que l'un des associés ne peut contraindre ses coassociés à partager un objet particulier de la société avant ces liquidation et règlement; car il pourrait arriver que l'actif revînt tout entier à l'un ou à plusieurs des associés [2].

Les comptes des associés avec la société s'établissent d'après les registres, écritures et documents de la société ou des parties [3].

Ces comptes comprennent : d'une part, les sommes que chacun des associés pouvait devoir à la société, à quelque titre que ce soit, pour causes antérieures ou postérieures à la dissolution de la société, notamment à raison de prélèvements effectués sur l'actif social ou d'avances faites par la société; et, d'autre part, les sommes dont chaque associé peut être créancier envers la société pour avances ou paiements, bénéfices laissés dans la caisse sociale, etc. On y comprend aussi, s'il y a lieu, les intérêts des sommes reçues et dépensées (V. nos 87 et 93). On établit la balance des recettes et des dépenses, et la différence constitue soit une créance, soit une dette de chaque associé envers la société.

La somme dont l'un des associés se trouve créancier de la société, pour le reliquat de son compte particulier, n'autorise pas seulement cet associé à en réclamer le paiement comme tout créancier; elle lui permet, pour s'en couvrir, d'exercer un prélèvement, jusqu'à due concurrence, sur l'actif social, alors même qu'un autre associé serait en faillite. On doit observer à cet égard les règles des partages de succession relatives aux comptes que se doivent les copartageants [4].

---

1. Rouen, 26 juin 1806 (S. chr.); Pont, nos 790 et 791; Lyon-Caen et Renault, no 415.

2. Bordeaux, 25 avril 1831 (S. 31, II, 314). V. Nantes, 4 avril 1900 (J. S. 1901, 524).

3. V. Cass., 17 février 1869 (S. 69, I, 160).

4. Bordeaux, 25 avril 1831 (S. 31, II 314); Cass., 29 mars 1836 (S. 36, I, 492);

164. Masses active et passive. — Les comptes particuliers des associés établis et leurs règlements opérés, il y a lieu d'établir la masse à partager, laquelle comprend l'actif restant exister, d'après l'estimation faite par les parties, si elles sont majeures et d'accord, et, dans le cas contraire, par experts (art. 824 et 825, C. civ.)[1].

On doit comprendre dans l'actif toutes les valeurs appréciables quoique immatérielles, notamment les procédés de fabrication, les brevets, les droits aux baux, etc.[2], le nom ou le titre de la société[3].

S'il reste un passif à acquitter, il doit être porté à la masse passive, laquelle comprend également les frais de liquidation et autres.

165. Droits des associés. Prélèvements. — On fixe ensuite les droits respectifs des associés sur l'actif net. Ces droits s'établissent soit d'après la part déterminée pour chacun d'eux par l'acte de société, soit, si elle n'a pas été déterminée, en proportion de sa mise dans le fonds social[4].

En principe et à moins de stipulation contraire (V. *suprà*, n° 127), il y a lieu de prélever sur l'actif net partageable et de comprendre dans les droits de chacun des associés le montant de ses apports[5]. Ce qui reste disponible après ce prélèvement représente les bénéfices; le déficit représente les pertes. Ces bénéfices ou pertes doivent être répartis entre les associés dans les proportions fixées à cet égard dans les statuts.

Si les bénéfices et les pertes doivent se répartir proportionnellement aux apports, il n'y a aucune difficulté : lorsque la société se liquide en bénéfice, tout l'actif social (capital et excédent) se répartit sur la même base, proportionnelle aux mises de chacun. Si, au contraire, la société se liquide en perte, ce qui reste du capital, déduction faite des pertes, doit se répartir dans le proportion des apports, chacun des associés se trouvant ainsi supporter sa part des pertes.

Quand il y a inégalité entre les apports et la répartition des bénéfices ou pertes, il y a lieu, par application de la règle de prélèvement des mises que nous avons admise (*suprà*, n°s 121 et 127), de procéder de la manière suivante : si la société est en bénéfice, on prélève d'abord

Cass., 8 février 1882 (S. 82, I, 224); Orléans, 14 mars 1883 (S. 83, II, 159); Lyon-Caen et Renault, n° 418 *bis*; Guillouard, n° 347; Deschamps, *Du rapport des dettes*, n°s 254 et suiv. V. aussi Bordeaux, 26 mai 1897 (J. S. 1898, 28).

1. Pont, n° 781.
2. Guillouard, n° 345; Lyon-Caen et Renault, n° 413.
3. V. Rouen, 15 mars 1827 (S. chr.).
4. V. Cass., 10 avril 1854 (S. 55, I, 672) et 14 juin 1865 (S. 66, I, 207); Pont, n°s 489 et 782; Guillouard, n° 353; Vavasseur, n° 248.
5. V. Marseille, 9 mars 1898, et Aix, 4 août 1899 (J. S. 1899, 182; 1900, 75); Paris, 4 décembre 1899 (J. S., 1900, 156); Amiens, 23 déc. 1899 (J. S. 1900, 250).

au profit de chaque associé le montant de son apport; le surplus représentant les bénéfices est réparti comme tel, dans la proportion fixée par les statuts. Si la société se liquide en perte, on doit déterminer, d'après la proportion fixée par les statuts pour la répartition des pertes, la somme à la charge de chaque associé dans le montant de la perte et déduire cette somme de son apport. Exemple : chacun des associés apporte 50,000 fr. L'un supporte les pertes pour un tiers et l'autre pour deux tiers. La perte est de 15,000 fr. Le premier la supporte pour 5,000 fr. et reprend 45,000 fr. Le second supporte 10,000 fr. et reprend 40,000 fr. Si la perte est de tout le capital social (100,000 fr.), l'associé qui doit supporter le tiers, soit 33,333 fr. 33, en perdant sa mise de 50,000 fr., se trouve ainsi avoir supporté pour la différence, 16,666 fr. 66, une partie de la portion incombant à son coassocié, contre lequel il a le droit de répéter cette somme [1].

166. Attributions. — Quand les droits respectifs des copartageants ont été fixés, il y a lieu de procéder au partage, à la répartition de l'actif commun. Ce partage doit être fait de la même manière que celui des successions. Chacun des copartageants a notamment le droit de demander sa part en nature des meubles et immeubles à partager [2]. Il importe de remarquer que les associés qui ont fait l'apport à la société de biens meubles ou immeubles qui existent encore en nature n'ont pas le droit d'en demander l'attribution à leur profit, par préférence, sauf aux coassociés à être remplis par l'attribution d'autres biens [3], à moins de convention contraire dans les statuts [4].

167. Exceptions à l'art. 1872. — Malgré le principe établi en l'art. 1872, C. civ., ne sont pas applicables au partage des sociétés : 1° l'art. 792, aux termes duquel celui des héritiers qui a diverti ou recé é des objets d'une succession ne peut prétendre à aucune part dans ces objets [5]; 2° l'art. 841, d'après lequel toute personne, même non parente du défunt, qui n'est pas son successible, et à laquelle un cohéritier aurait cédé son droit à la succession, peut être écartée du partage soit par tous les cohéritiers, soit par un seul, en leur rem-

---

1. V. Houpin, J. S. 1898, 43; Bordeaux, 27 juillet 1898 (J. S. 99, 308); Cass., 28 juin 1902 (J. S. 1903, 396); J. S. 1906, 228.
2. Pont, n° 788; Guillouard, n° 352; Lyon-Caen et Renault, n° 423. V. Lyon, 21 juillet 1836 (S. 58, II, 204).
3. Pont, n° 788.
4. Marseille, 21 novembre 1896 (J. S. 1898, 838).
5. Aubry et Rau, § 386-5; Pont, n° 787; Guillouard, n° 348; Lyon-Caen et Renault, n° 421; Angers, 22 mai 1851 (S. 51, II, 599); Toulouse, 2 juin 1862 (S. 63, II, 41); Cass., 28 août 1865 (S. 65, I, 453).

boursant le prix de la cession[1]; 3° l'art. 856, qui fait courir les fruits et intérêts des choses sujettes à rapport, à compter du jour de l'ouverture de la succession. Les intérêts des sommes dont l'un des associés est, par le résultat de la liquidation, constitué débiteur vis-à-vis de l'autre, ne courent que du jour de la demande en justice[2]; 4° l'art. 882 (deuxième alinéa), qui ne permet pas aux créanciers d'un copartageant d'attaquer un partage consommé, à moins qu'il n'y ait été procédé sans eux et au préjudice d'une opposition. Les partages entre associés peuvent être attaqués pour fraude par un créancier même non opposant[3]. Mais les créanciers d'un copartageant peuvent faire une opposition au partage (art. 882, premier alinéa) et y intervenir à leurs frais[4].

168. Rescision. Garantie. — Le partage entre associés, ou la licitation qui en tient lieu, est susceptible d'être rescindé pour lésion de plus du quart[5]. Et les associés sont garants, les uns envers les autres, conformément aux art. 884 et 885, C. civ.[6]. L'action en rescision et l'action en garantie se prescrivent comme en matière de partage de succession[7].

169. Effets du partage. — Le partage des sociétés est, comme le partage des successions, simplement déclaratif et non translatif de propriété. Mais à quelle époque remonte l'effet rétroactif du partage? Suivant les auteurs qui contestent l'être moral aux sociétés civiles, chaque associé est censé avoir été propriétaire des choses comprises dans son lot, depuis qu'elles sont entrées dans la société[8]. Mais comme nous avons admis, avec la jurisprudence, l'existence de l'être moral dans les sociétés mêmes civiles, nous devons considérer que la

---

1. Paris, 7 juillet 1836 (S. 36, II, 458); Aubry et Rau, t. IV, p. 573; Pont, n° 783; Guillouard, n° 348; Lyon-Caen et Renault, n° 416. *Contrà*, Pardessus, t. II, n° 1085; Bravard-Veyrières et Demangeat, t. I, 474; Colmet de Santerre, t. VIII, n° 68 *bis*, IV.

2. Cass., 24 février 1879 (S. 79. I, 169); Pont, n° 1984; Guillouard, n° 349. *Contrà* Lyon-Caen et Renault, n° 419.

3. Cass., 20 novembre 1834 (S. 35, I, 131), 9 juillet 1866 (S. 66, I, 361), 17 novembre 1890 (S. 94, I, 399); Pont, n° 785; Lyon-Caen et Renault, n° 418. V. Laurent, t. XXVI, n° 413.

4. Pont, n° 784; Trib. Lyon, 25 août 1905 (J. S. 1906, 139).

5. Pont. n° 791; Guillouard, n° 354; Lyon-Caen et Renault, n° 415 *bis*; Douai, 15 avril 1905 (J. S. 1906, 66). V. Cass., 26 mai 1897 (J. S. 1897, 390).

6. Pont, n° 792. Décidé que lorsqu'un des associés a reçu un immeuble appartenant à la société, pour sa part dans l'actif, et qu'il en est par la suite évincé, il a le droit de prendre sur ce même actif la valeur de cet immeuble au préjudice des créanciers particuliers de son coassocié. Cass., 20 mai 1824 (S. chr.).

7. V. pour tout ce qui concerne le partage des successions, le *Traité-form. de* M. Amiaud, v° *Partage*.

8. Troplong, n° 1066; Dalloz, n° 797; Pont, n° 793; Laurent, n° 418; Guillouard, n° 356; Lyon-Caen et Renault, n° 425 *bis*.

rétroactivité du partage s'arrête à la dissolution de la société, puisque, durant l'existence de cette société, la propriété des biens sociaux reposait sur la tête de l'être moral [1].

Les immeubles attribués à chaque copartageant ne sauraient donc être grevés des hypothèques pouvant exister du chef des autres copartageants, notamment des hypothèques légales de leurs femmes [2]. Il en est de même en ce qui concerne les immeubles échus à un associé par une licitation faisant cesser l'indivision [3]. Mais si l'adjudication avait été prononcée au profit d'un tiers (après la cessation de l'état de liquidation), les immeubles resteraient soumis aux hypothèques existantes du chef des associés [4].

---

1. Alauzet, n° 503 ; Mourlon, *Transc.*, t. I, n°s 293 et suiv. ; Demolombe, t. IX, n° 424 ; Thiry, *Rev. crit.*, t. V, p. 433 et suiv.
2. Metz, 31 décembre 1867 (S. 69, II, 5) ; Orléans, 26 août 1869 (S. 70, II, 113). V. Cass., 10 mai 1831 (S. 31, I, 202) et 9 mars 1886 (S. 88, I, 241).
3. Metz, 31 décembre 1867, *loc. cit.* ; Pont, n° 796.
4. Pont, n° 796.

SOCIÉTÉS COMMERCIALES

170. Division. — La loi reconnaît cinq espèces de sociétés commerciales : 1° la société en nom collectif; 2° la société en commandite simple ou par intérêts; 3° la société en commandite par actions; 4° la société anonyme; 5° l'association en participation.

Nous allons étudier la société en nom collectif, la société en commandite simple et l'association en participation. Nous examinerons ensuite les sociétés par actions, régies par les lois des 24 juillet 1867 et 1er août 1893.

TITRE SIXIÈME

DE LA SOCIÉTÉ EN NOM COLLECTIF

Sommaire :

CHAPITRE PREMIER

CARACTÈRES DISTINCTIFS

171. Définition. — D'après l'art. 20, C. comm., « *La société en nom collectif est celle que contractent deux personnes, ou un plus grand nombre, et qui a pour objet de faire le commerce sous une raison sociale.* »

Cette définition est défectueuse en ce qu'elle passe sous silence deux caractères distinctifs de la société en nom collectif : 1° l'obligation personnelle et indéfinie des associés ; 2° la solidarité. Il serait donc plus exact de dire : « La société en nom collectif est celle dans laquelle les associés font le commerce sous une raison sociale et sont tenus personnellement et solidairement des dettes sociales[1]. »

La société en nom collectif doit être regardée comme la société commerciale de droit commun ; l'adoption de cette société peut donc résulter non seulement d'une stipulation expresse, mais de ce double fait que l'objet de la société est commercial, et qu'il n'a été apporté aucune restriction à la responsabilité d'aucun des associés[2].

172. Opérations commerciales. — La société en nom collectif doit avoir pour objet de *faire le commerce*. Cela ne s'entend pas seulement de toutes les opérations de commerce en général, mais encore et surtout des opérations d'un commerce déterminé[3].

173. Opérations civiles. — Bien que la société en nom collectif doive, d'après le Code de commerce, avoir pour objet des opérations *commerciales*, les parties peuvent constituer une société en nom collectif dans le but de se livrer à des opérations ayant un caractère civil.

L'adoption par une société, civile par son objet, de la forme commerciale de la société en nom collectif, a pour conséquences : 1° d'assujettir les associés à publier la société, comme société en nom collectif, conformément à la loi du 24 juillet 1867 (art. 55 et suiv.) ; 2° d'obliger les associés, personnellement et solidairement, au paiement des dettes sociales. Mais pour le surplus, et au fond, la société reste civile. Par suite : 1° les associés ne sont pas tenus de tenir des livres de commerce ; 2° la société ne peut être déclarée en faillite, ni mise en liquidation judiciaire dans les termes de la loi du 4 mars 1889 ; 3° les contestations entre les associés sont de la compétence du tribunal civil, non du tribunal de commerce[4].

D'après l'art. 68, ajouté à la loi du 24 juillet 1867 par la loi du 1er août 1893, « quel que soit leur objet, les *sociétés en commandite ou anonymes* qui seront constituées dans les formes du Code de commerce ou de la présente loi, seront commerciales et soumises aux

---

1. Lyon-Caen et Renault, n° 149.
2. Trib. de Tunis, 12 avril 1889 (*La Loi* du 24 mai) ; Paris, 17 mai 1890 (R. S. 1891, 81), 22 novembre 1890 (R. S. 1891, 86) et 22 juin 1891 (R. S. 1891, 481) ; Lyon-Caen et Renault, n° 150.
3. Pont, n°s 1333-1337.
4. Pont, n°s 122 et 123 ; Lyon-Caen et Renault, n°s 1077 *bis* et suiv.

lois et usages du commerce ». Mais cette disposition, comme son texte le révèle, n'est pas applicable aux sociétés en nom collectif[1].

174. Raison sociale. — On appelle ainsi les noms soit de tous les associés, soit de plusieurs ou d'un seul, servant de dénomination pour désigner la société comme être moral distinct des associés[2].

Lorsque les noms de tous les associés ne sont pas compris dans la raison sociale, on indique, par les mots *et compagnie* (*et Comp.* ou *et C*[ie]), qu'il y a d'autres associés. L'adjonction de ces mots est surtout indispensable dans le cas où la raison sociale se compose du nom d'un seul associé[3]. D'ailleurs, la situation des associés dont les noms ne figurent pas dans la raison sociale est la même que celle des autres associés.

Ainsi, lorsqu'une société en nom collectif est formée entre trois personnes, on peut adopter pour la raison sociale : *Primus, secundus et tertius;* ou *Primus et C*[ie]; ou *Primus, secundus et C*[ie]. L'indication d'un prénom seul est insuffisante[4].

Si les noms de tous les associés n'entrent pas nécessairement dans la raison sociale, du moins des noms d'associés peuvent seuls en faire partie (art. 21, C. comm.)[5].

Lorsqu'un commerce similaire est déjà exercé par une personne ou une société, il peut être interdit à une société d'employer le même nom comme raison sociale[6], ou les tribunaux peuvent prescrire les mesures propres à éviter toute confusion[7].

Des principes ci-dessus établis, il résulte notamment ce qui suit : 1° quand une société en nom collectif continue après la mort, la retraite ou la destitution d'un associé, le nom de celui-ci doit être supprimé de la raison sociale[8]; 2° lorsque l'établissement appartenant à une société en nom collectif est cédé à une société comprenant d'autres personnes, la société cessionnaire ne peut pas fonctionner sous la raison sociale de la société cédante; 3° quand une société en nom collectif est transformée en société en commandite à raison de ce que l'un des associés devient commanditaire, le nom de cet associé

---

1. Lyon-Caen et Renault, *L. 1er août 1893*, n° 50; Bouvier-Bangillon, *id.*, p. 55.
2. Lyon-Caen et Renault, n° 152.
3. Trib. Caen, 14 avril 1897 (J. S. 1898, 30)
4. Trib. Caen, 14 avril 1897, *loc. cit.* V. J. S. 1903, 38; R. crit. soc., 1903, 251.
5. V. Cass., 4 février 1852 (S. 53, I, 243); Lyon, 16 juillet 1896 (J. S. 1896, 503).
6. Seine, 1er juin 1896 (J. S. 1897, 90).
7. Paris, 6 février 1865 (S. 65, II, 89). V. Bordeaux, 15 janv. 1900 (J. S. 1900, 264).
8. Cass., 28 mars 1838 (S. 38, I, 304); V. Cass., 7 juillet 1852 (D. 52, IV, 59); Bordeaux, Cass., 17 août 1864 (S. 65, I, 121); Colmar, 1er mai 1867 (S. 68, II, 83); et 18 nov. 1897, 17 novembre 1873 (S. 74, II, 145); Paris, 11 fév. 1888 (R. S. 1888, 527) et 18 nov. 1897 (*Ann. de dr. comm.*, 1894, 81); Besançon, 12 mai 1899 (J. S. 99, 435). V. aussi Cass., 10 et 11 janv. 1870 (D. 70, I, 60); Marseille, 24 nov. 1897 (J. S. 1898, 383).

doit cesser de figurer dans la raison sociale. Il faut aussi décider que si une veuve reste dans une société dont la raison sociale comprenait le nom de son mari, cette raison sociale doit être modifiée par l'insertion du qualificatif de veuve avant le nom du mari : toute personne intéressée pourrait réclamer cette modification[1].

L'insertion ou le maintien dans la raison sociale et l'usage du nom d'une personne étrangère ou devenue étrangère à la société pourraient constituer une escroquerie ou un faux. Mais quels en seraient les effets à l'égard de ce tiers? Il faut distinguer : s'il est resté étranger à la fraude, il n'encourt aucune responsabilité; mais s'il a consenti à l'insertion ou au maintien de son nom dans la raison sociale, il peut être poursuivi comme complice de l'escroquerie et, en outre, être condamné, à titre de dommages-intérêts, à payer les dettes sociales. Il a le droit, dans tous les cas, d'exiger que son nom soit supprimé de la raison sociale[2].

La raison sociale n'est pas de l'essence de la société en nom collectif, laquelle peut exister sans raison sociale[3]. C'est ce qui a lieu lorsque plusieurs personnes se sont associées pour faire des actes de commerce, sans restreindre la responsabilité d'aucune d'elles, et ont omis de choisir une raison sociale[4]; ou quand, ayant voulu former une association en participation, elles ont eu l'imprudence de faire connaître au public l'existence de leur société[5].

Il ne faut pas confondre avec la raison sociale les désignations ou dénominations accessoires tirées de l'objet de la société, ou de pure fantaisie. Une désignation de cette nature n'est qu'une enseigne, qui peut être jointe à la raison sociale[6] et composée librement[7]. A la différence de la raison sociale, qui s'éteint avec la société[8], la dénomination, qui est attachée à la chose exploitée et peut avoir une valeur vénale, survit à la société et passe dans les mains des acquéreurs de cette chose[9].

---

1. Lyon-Caen et Renault, nos 154 et 155.
2. Bordeaux, 17 novembre 1873 (S. 74, II, 145) et 18 nov. 1907 (J. S. 1908, 456). Agen, 23 novembre 1853 (S. 54, II, 23); Deloison, *Soc.*, nos 174, 498 et suiv.
3. Pont, nos 1340 à 1342. V. Marseille, 17 septembre 1866 (S. 69, I, 217). *Contrà*, Cass., 10 août 1859 (S. 60, I, 29).
4. Lyon-Caen et Renault, no 164.
5. Marseille, 8 août 1861 (*Rec. Jur. de Mars.*, 1867, I, 250); Lyon-Caen et Renault, no 156.
6. Trib. Caen, 14 avril 1897 (J. S. 1898, 30).
7. Cass. 28 mars 1838 (S. 38, I, 304) et 6 juin 1859 (S. 59, I, 657); Dijon, 13 avril 1843 (S. 66, II, 355); Paris, 16 janvier 1868 (S. 68, II, 84). V. Cass., 17 août 1864 (S. 65, I, 121); Colmar, 1er mai 1867 (S. 68, II, 83); Bordeaux, 17 novembre 1873 (S. 74, II, 145).
8. Troplong, no 371.

Il est d'usage, dans le commerce, d'adresser aux correspondants de la maison le modèle de la signature sociale, et de renouveler cet avis toutes les fois qu'un changement quelconque s'opère par suite de modifications aux conventions primitives dans la signature de la société.

175. Responsabilité illimitée. — Pour qu'il y ait société en nom collectif, il faut que tous les associés soient tenus des dettes sociales sur tous leurs biens, personnellement et indéfiniment. Mais cette condition essentielle n'est nécessaire que dans les rapports des associés *avec les tiers.* Il pourrait être valablement convenu qu'un ou plusieurs associés ne seront tenus, dans leurs rapports avec leurs coassociés, que jusqu'à concurrence soit de leurs mises, soit d'une certaine somme[1] (*suprà*, n°ˢ 112 et 129; *infrà*, n° 193).

176. Solidarité. — Il faut non seulement que les associés soient tenus des dettes sociales sur tous leurs biens, mais encore qu'ils en soient tous tenus solidairement, que leurs noms figurent ou ne figurent pas dans la raison sociale (*infrà*, n° 198).

CHAPITRE II

CONSTITUTION ET PRINCIPES GÉNÉRAUX

177. Acte écrit. — Les sociétés en nom collectif doivent être constatées par des actes publics ou sous signature privée, en se conformant, dans ce dernier cas, à l'art. 1325, C. civ. (art. 39, C. comm.) (*suprà*, n°ˢ 68 à 70).

178. Notaire. — Un notaire ne peut recevoir un acte intéressant une société en nom collectif dont fait partie un de ses parents ou alliés au degré prohibé, à peine de nullité de cet acte (L. 25 vent. an XI, art. 8 et 68.)[2] (V. *infrà*, n° 438).

179. Principes généraux des sociétés civiles. — D'après l'art. 1873, C. civ., les dispositions du titre IX du Code civil ne s'appliquent aux sociétés de commerce que dans les points qui n'ont rien de contraire aux lois et usages du commerce. D'où il résulte que toutes les règles du Code civil auxquelles il n'a pas été dérogé par les lois et usages du commerce sont de plein droit applicables aux sociétés commer-

---

1. Lyon-Caen et Renault, n° 158.
2. Rennes, 1ᵉʳ juin 1894 (R. S. 1894, 435).

ciales. Il faut en conclure, notamment, que les caracteres et principes généraux du contrat de société, que nous avons expliqués sous le titre deuxième, sont applicables aux sociétés commerciales. Nous avons indiqué les règles spéciales aux sociétés en nom collectif, en ce qui concerne l'être moral, la forme de leur constitution (*suprà*, nos 13 et 14, 68 à 70). Il ne nous reste à expliquer que les règles qui, en dehors des caractères et principes généraux, sont applicables spécialement à ces sociétés commerciales.

180. Durée. — L'art. 1844, C. civ., qui détermine la durée de la société, s'il n'y a pas de convention à cet égard dans l'acte de société, est-il applicable à la société en nom collectif? La question est controversée. Dans un premier système, on soutient que, en matière de société commerciale, la durée de la société est un élément essentiel du contrat, et doit être, à peine de nullité, fixée par les parties[1]. On peut invoquer, à l'appui de cette solution, l'art. 57 de la loi du 24 juillet 1867, qui prescrit d'énoncer, dans l'extrait à publier, la date où la société commence et celle où elle doit finir. Dans un second système, on prétend que l'art. 1844, C. civ., est applicable aux sociétés commerciales comme aux sociétés civiles, parce qu'il n'y a dans la loi ni dans les usages commerciaux rien de contraire à la disposition de cet article[2].

180 bis. Apports indéterminés. — Dans la société en nom collectif, les associés doivent faire un apport (art. 1832, 1833 et 1845, C. civ.). C'est là une condition essentielle de la formation et de l'existence de toute société. Pourrait-il être valablement stipulé (comme nous l'avons vu pratiquer) que les associés apporteront, chacun par égale part, les fonds nécessaires à la bonne marche des affaires de la société, ainsi qu'ils s'y obligent respectivement? Nous ne le pensons pas. Les apports des associés doivent être déterminés; ils forment un fonds commun qui doit être exploité en vue de réaliser des bénéfices. Il n'y aurait pas dans l'apport de sommes indéterminées et soumises à l'appréciation ultérieure des associés eux-mêmes (qui peuvent ne pas être d'accord sur leur quantum), une obligation juridique, un objet certain; ce serait un engagement potestatif, sans objet réel et sans sanction. Enfin, l'apport de sommes indéterminées ne permettrait pas d'indiquer le montant du capital social pour la publication de la société, comme le prescrit l'art. 57 de la loi de 1867.

---

[1]. Vavasseur, no 267; Lyon, 24 juin 1870 (S. 71, II, 70).
[2]. Troplong, no 523; Pont, no 830; Paris, 8 mars 1884 (D. 85, II, 247). V. aussi Lyon-Caen et Renault, nos 327 et suiv.; Douai, 22 novembre 1893, motifs (J. S. 1896, 449); Bar-sur-Seine, 2 juin 1897 (J. S. 98, 457); Wahl, *Ann. de dr. comm.*, 99, 17.

Mais on pourrait faire faire par les associés l'apport de sommes déterminées, et leur faire prendre, en outre, l'engagement de verser, à titre de complément ou de supplément d'apport, les autres sommes qui seraient nécessaires pour les opérations de la société. Cet engagement complémentaire pourrait être sans sanction. Mais la société serait valablement constituée, puisque les associés auraient fait des apports déterminés.

181. Actions. — Nous examinerons (*infrà*, n° 279) la question de savoir s'il peut être créé des actions dans les sociétés en nom collectif.

182. Publication. — La société en nom collectif doit, dans le mois de sa constitution, être publiée conformément aux prescriptions du titre IV de la loi du 24 juillet 1867, que nous expliquerons sous le titre dix-huitième du présent traité.

CHAPITRE III

DE LA GESTION

183. Gérants. — La société en nom collectif est ordinairement administrée par un ou plusieurs associés désignés sous le nom de *gérants*. Les associés peuvent aussi choisir comme gérant une personne étrangère à la société. Dans le silence du contrat, tous les associés ont, comme dans les sociétés civiles, un droit égal à l'administration.

184. Nomination. Révocation. — La loi commerciale étant muette sur l'administration des sociétés collectives, il y a lieu de se référer aux règles du droit et d'appliquer à ces sociétés les principes que nous avons exposés en ce qui concerne la nomination, la révocation, la démission et le remplacement des gérants ou administrateurs des sociétés civiles (*suprà*, n°ˢ 95 et suiv.). Relativement à la révocation du gérant, il faut distinguer, suivant qu'il a été nommé par les statuts, ou postérieurement à la constitution de la société[1].

185. Pouvoirs légaux. – Nous avons déterminé les pouvoirs légaux des administrateurs des sociétés civiles. En principe, dans le silence

---

1. V, Pont, n°ˢ 1344 et suiv.; Ruben de Couder, n°ˢ 146 et suiv.; Lyon-Caen et Renault, n°ˢ 231 et suiv.; Besançon, 25 juillet 1900 (J. S. 1901, 164).

de la loi et des statuts, on doit considérer que les **pouvoirs** des gérants des sociétés en nom collectif sont les mêmes, et que s'ils comprennent tous les actes d'administration, ils ne sauraient être étendus aux actes de disposition. Mais, en fait, par la force même des choses, par les nécessités et les usages du commerce, les pouvoirs des gérants sont plus étendus que dans les sociétés civiles[1]. Ils ont, en règle générale, le pouvoir de faire tous les actes se rattachant au but même de la société. Ainsi, ils peuvent notamment : faire les opérations commerciales rentrant dans l'objet de la société[2]; acheter des matières premières ou des marchandises nécessaires aux besoins de la société, revendre ces objets avant ou après confection; louer les locaux nécessaires à l'exploitation; résilier tous baux et locations; poursuivre les débiteurs, toucher les sommes dues à la société, payer celles dont elle est débitrice, en donner ou retirer quittance; régler tous comptes; engager et congédier tous employés; émettre et endosser des billets à ordre, des lettres de change et des chèques, accepter des lettres de change tirées sur la société; faire aux bâtiments, usines et machines toutes réparations utiles; donner mainlevée de toutes inscriptions, avec désistement des droits de privilège, hypothèque et autres droits réels, mais seulement comme conséquence d'un paiement[3]; faire aussi mainlevée de toutes oppositions, saisies et autres empêchements[4]; agir en justice pour la société, tant en demandant qu'en défendant[5]. Il suffit de faire figurer dans l'assignation la raison sociale, et il n'est pas nécessaire d'y indiquer les noms et domiciles des associés en particulier (art. 59, C. pr.)[4] (V. *infrà*, n° 800).

Le gérant, avons-nous dit, peut faire tous les actes d'administration rentrant dans l'objet et le but de la société, mais tous les actes de disposition lui sont interdits. La distinction entre les actes d'administration et les actes de disposition est fort délicate. Il n'y a pas de règle absolue, et il n'est guère possible de dire, *a priori*, et en thèse générale, ce qu'un gérant, dont les attributions ne sont pas déterminées par les statuts, peut faire, et ce qui lui est interdit. Cela

1. V. Pont, n°s 1356 et suiv.; Lyon-Caen et Renault, n° 259.
2. V. Seine, 6 janvier 1897 (J. S. 1898, 332).
3. V. J. *des conserv.*, art. 4650 et 4685; Seine, 9 juillet 1898 (J. S. 1899, 38). Couder, Pont, Lyon-Caen et Renault, *loc. cit.*; Troplong, n°s 714 et 981; Ruben de Couder, *Dict. de dr. comm.*, v° *Soc. en nom collectif*, n°s 198 et suiv.; *Soc. en command.*, n°s 200 et suiv.; Cass., 10 mars 1841 et 16 avril 1844; Lyon, 26 août 1857 (S. 57, II, 703).
5. Troplong, n° 691; Pont, n°s 1367 et suiv.; Lyon-Caen et Renault, n° 259; Bordeaux, 9 janvier 1826; Cass., 29 janvier 1839 (S. 39, I, 90).
4. Pont, *loc. cit.*

dépend non pas seulement du caractère des actes pris en eux-mêmes, mais encore et surtout du rapport de ces actes avec le but de l'association (*suprà*, n° 100). La question est donc autant de fait[1] que de droit, et doit être résolue suivant les circonstances.

Nous allons essayer cependant de déterminer les actes qui excèdent ordinairement ou peuvent excéder les pouvoirs du gérant.

En principe, le gérant ne peut restreindre l'administration sociale dans des limites plus étroites que celles fixées par les statuts[2], acheter ni vendre des immeubles pour la société, ni, bien entendu vendre l'usine ou le fonds de commerce dont l'exploitation fait l'objet de la société[3] ; mais le gérant aurait plein pouvoir d'acheter et vendre des immeubles, si la société avait pour objet la spéculation et la revente des immeubles : ce serait un acte d'administration[4]. Il ne peut non plus, sans un pouvoir spécial, user, au nom de la société créancière hypothécaire, du droit de surenchérir accordé à tout créancier inscrit[5], ni former une société nouvelle avec un tiers, ou faire entrer la société dans une autre société déjà existante[6].

Le gérant ne peut faire remise d'une dette. Cependant, en cas de faillite d'un débiteur de la société, le gérant a qualité pour faire remise d'une portion de la dette, soit en adhérant au concordat, soit en consentant à un contrat d'atermoiement[7].

Le gérant pourrait excéder ses pouvoirs en faisant une transaction ou un compromis[8]. Mais ces actes seraient valables sur les choses dont le gérant a la disposition, par exemple sur des marchandises et effets, et généralement sur les intérêts du commerce ou de l'industrie de la société[9].

En principe, le gérant ne peut contracter des emprunts au nom de la société (*suprà*, n° 100).

Toutefois, ces emprunts pourraient être déclarés valables s'ils étaient peu importants et en rapport avec les besoins de l'administration[10].

---

1. Cass., 18 juin 1872 (D. 72, 1, 268).
2. Cass., 14 février 1853 (S. 53, 1, 424); Orléans, 20 juillet 1853 (S. 53, II, 485); Cass., 17 avril 1855 (S. 55, 1, 652).
3. Troplong, n° 682; Ruben de Couder, n° 216; Cass., 10 mai 1808 et 21 avril 1841. V. Pau, 9 décembre 1874.
4. Lyon-Caen et Renault, n° 260.
5. Pont, n° 1359. *Contrà*, Cass., 29 janvier 1839 (S. 39, 1, 90).
6. Cass., 18 décembre 1878 et 31 octobre 1887 (D. 79, 1, 5; 88, 1, 472).
7. Pont, n° 1358.
8. Pothier, n° 68; Delangle, n° 688; Cass., 8 août 1825; Ruben de Couder, *Soc. en nom collectif*, n° 214.
9. Troplong, n° 690; Ruben de Couder, *Soc. en comm.*, n° 205; Bédarride, n°s 202 et suiv.; Pont, n° 1360; Lyon-Caen et Renault, n° 259.
10. Troplong, n°s 684 et suiv.; Vavasseur, n° 163; Paris, 26 juin 1841.

Dans tous les cas, s'ils avaient tourné au profit de la société, elle y serait obligée [1].

Le mandat doit être exprès, lorsqu'il s'agit d'hypothéquer (art. 1988, C. civ.). D'où la conséquence que le gérant n'a le droit d'hypothéquer les immeubles sociaux qu'en vertu d'une autorisation des statuts ou des associés [2] (*suprà*, n° 100). L'emprunt hypothécaire peut être contracté au nom de la société, alors même que l'un des associés est mineur si, étant âgé de plus de dix-huit ans, il a été autorisé régulièrement à faire le commerce et à contracter pour la société. En effet, les mineurs autorisés à faire le commerce peuvent engager et hypothéquer leurs immeubles, et, par analogie, ceux dépendant d'une société dont ils font partie [3].

Le gérant (associé ou non) peut contracter avec la société comme le ferait un tiers. Mais, sous peine d'engager gravement sa responsabilité, il doit alors ou traiter avec un autre gérant, ou, s'il est seul chargé de la gestion, traiter avec tous ses coassociés, ou avec l'un d'eux désigné à cet effet [4].

Il peut choisir un mandataire spécial pour une ou plusieurs opérations déterminées [5]; mais, à moins d'une clause formelle dans les statuts, il ne peut se substituer une autre personne à laquelle il transmettrait sa qualité [6], et les actes qui seraient passés par le tiers délégué n'obligeraient pas la société [7].

186. Pouvoirs statutaires. — Les statuts peuvent modifier les pouvoirs légaux du gérant, soit en lui conférant le droit de faire certains actes ne rentrant pas dans l'administration ordinaire, comme les emprunts, les mainlevées sans paiement, soit en lui interdisant des actes déterminés d'administration. Ainsi, on peut stipuler valablement que les actes engageant la société, comme les billets de commerce, les lettres de change, devront être signés par tous les associés [1]; ou que le gérant n'aura le pouvoir de faire aucune opération à crédit, et qu'il devra toujours traiter au comptant : ce qui signifie que, pour que la société soit tenue des obligations à crédit, le con-

---

1. Cass., 24 mars 1852 (S. 52, 1, 436), 7 juillet 1868 (S. 68, 1, 357), 8 juin 1869 (D. 72, 1, 135). V. aussi par anal. Cass., 21 février 1860 (S. 60, 1, 415).
2. Cass., 27 janvier 1868 (D. 69, 1, 410); Nancy, 20 mars 1879 (J. S. 1880, 328) V. toutef. Cass., 8 novembre 1869 (D. 72, 1, 195).
3. Houpin, J. S. 1896, 235.
4. Lyon-Caen et Renault, n° 263. V. Lyon, 26 février 1903 (J. S. 1903, 306).
5. V. Paris, 27 mars 1895 (J. S. 1895, 415).
6. Trib. comm. Marseille, 17 janvier 1879 (*Rev. Jur. de Mars.*, 1879, 1, 79).
7. Lyon-Caen et Renault, n° 257,
8. Pont, n° 1361; Lyon-Caen et Renault, n° 288; Cass., 22 décembre 1874 (S. 75, 1, 104).

cours de tous les associés sera nécessaire[1]; ou que les gérants ne pourront souscrire des billets que pour les achats de marchandises[2]. Mais pour que ces stipulations restrictives soient opposables aux tiers, elles doivent être rendues publiques dans les formes prescrites par les art. 55 et suiv. de la loi du 24 juillet 1867[3].

187. Pluralité de gérants. Pouvoirs. Désaccord. Majorité. — La société en nom collectif peut être gérée par plusieurs associés. Si leurs pouvoirs ont été divisés par les statuts, chacun doit se renfermer dans le cercle de ses attributions. Les statuts peuvent aussi stipuler qu'ils ne pourront agir que collectivement, auquel cas l'un des gérants ne peut faire aucun acte, ou tout au moins les actes désignés, sans le concours des autres gérants[4]. Dans le silence des statuts, chaque gérant a, en principe, le pouvoir d'agir seul (art. 1857, C. civ.).

Si les gérants, ayant des pouvoirs égaux, sont en désaccord, les questions relatives à l'administration de la société sont résolues par la majorité des gérants ou, s'ils sont partagés, par la majorité des associés votant par tête[5]. Il en est de même lorsque tous les associés sont gérants. En cas de partage, notamment lorsqu'il n'y a que deux associés, on est obligé de s'abstenir de l'acte dont il s'agit[6].

188. Rémunération. — Le mandat donné au gérant d'une société est, comme tout mandat, gratuit de sa nature (art. 1986, C. civ.). Mais presque toujours l'acte de société attribue au gérant soit un traitement fixe, soit une commission (à porter au compte des frais généraux de la société), soit une part plus forte dans les bénéfices, pour le rémunérer des soins qu'il donne aux affaires communes[7]. Les tribunaux pourraient même décider, suivant les circonstances, que, malgré le silence des statuts, les associés ont entendu que le mandat ne fût pas gratuit, et fixer le montant de la rémunération[8]. Mais, à la différence d'un mandataire ordinaire, le gérant n'a pas le droit de retenir les choses de la société jusqu'au remboursement de ce qui peut lui être dû à raison de sa gestion[9].

189. Responsabilité. — Le gérant doit, conformément aux prin-

1. Pont, n° 1363; Lyon-Caen et Renault, n° 287; Orléans, 11 janvier 1853 (D. 53, II, 160); Cass., 22 décembre 1874, loc. cit.; Douai, 19 décembre 1877 (J. P. 77, 1447).
2. Cass., 16 août 1875 (D. 76, I, 422).
3. V. les autorités citées note 1, et Paris, 18 mai 1909 (J. S. 1910, 23).
4. V. Ruben de Couder, n° 197.
5. V. Ruben de Couder, n°s 152 et suiv.; Rouen, 16 juillet 1880 (J. S. 1881, 102).
6. Lyon-Caen et Renault, n°s 265 et 267.
7. V. Aix, 2 mai 1869 (S. 70, II, 150); Cass., 21 juillet 1884 (D. 85, I, 471).
8. Rennes, 21 juin 1821; Nancy, 24 août 1841; Dalloz, v° Soc., n°s 888 et 889; Pont, n° 1348; Lyon-Caen et Renault, n° 258.
9. Cass., 29 novembre 1871 (S. 71, I, 225); Pont, n° 1349.

cipes du droit commun, donner aux affaires sociales les soins d'un bon père de famille (art. 1137, C. civ.). Il est responsable de ses fautes envers ses coassociés. Cette responsabilité doit être appliquée plus ou moins rigoureusement suivant que le mandat est salarié ou gratuit (art. 1992, C. civ.). Le gérant ne peut prétendre compenser avec l'indemnité qu'il doit les profits que, par son industrie, il a procurés à la société[1].

190. Pouvoirs et autorisations des associés non gérants. Majorité. — Les associés non gérants n'ont pas le pouvoir de faire des opérations pour la société. Mais ils ont, du moins, le droit d'exiger que le gérant leur rende des comptes (art. 1993, C. civ.), et de surveiller la gestion, en se renseignant sur la marche des affaires de la société, et en prenant connaissance de ses livres de commerce, à toute époque, et même en l'absence de contestation[2].

Peuvent-ils, en outre, empêcher le gérant, par leur opposition, de faire une opération, à raison de son inutilité ou des dangers qu'elle paraît présenter ? Non, si le gérant est statutaire et irrévocable, à moins que l'opération projetée par le gérant soit contraire aux statuts, ou frauduleuse ; oui, s'il s'agit d'un gérant non statutaire et révocable. En cas de désaccord, la majorité des associés décide[3].

Le gérant ne peut agir que dans la limite de ses pouvoirs légaux ou statutaires. Pour tous autres actes, il doit obtenir l'autorisation des associés. Des auteurs enseignent que cette autorisation peut être donnée valablement par la *majorité* des associés votant par tête, pourvu que l'acte qu'il s'agit d'autoriser le gérant à faire ne soit pas étranger au but de la société[4]. Cette doctrine ne nous paraît pas fondée. Nous avons admis que les associés ont le droit de décider, à la majorité, dans le silence des statuts, les actes qui rentrent dans l'administration de la société (pour réaliser le but social), comme cela a lieu pour les sociétés civiles (*suprà*, n°° 103 et 107). Mais lorsqu'il y a un ou plusieurs gérants investis, par la loi ou par les statuts, de pouvoirs d'administration, les actes excédant ces pouvoirs ne peuvent être passés sans le consentement de tous les associés[5]. La Cour de cassation a décidé, en ce sens, que si, dans le silence de l'acte social, le gérant d'une société commerciale ne peut aliéner ni

1. Lyon-Caen et Renault, n°° 258 et 270.
2. Lyon-Caen et Renault, n°° 270.
3. Lyon-Caen et Renault, n° 253 ; Nantes, 25 novembre 1896 (J. S. 1897, 364).
4. Lyon-Caen et Renault, n° 266.
5. Lyon-Caen et Renault, n° 264. V. aussi Dalloz, *Suppl. au Rép.*, v° *Soc.*, n° 508 ; Deloison, n° 188.
6. V. Thaller, note, D. 1893, I, 107.

hypothéquer un immeuble de la société, rien ne s'oppose à ce que de tels actes soient valablement consentis par la société elle-même, représentée par *tous* les associés[1], à moins de stipulation contraire dans les statuts. Le consentement de tous les associés serait aussi et surtout nécessaire pour modifier les statuts, et notamment pour dissoudre la société avant le terme fixé[2], décider qu'un acte étranger à l'objet de la société pourra être fait, révoquer un gérant statutaire ou s'opposer à une opération que celui-ci veut faire[3].

Les membres d'une société en nom collectif (constituée en considération des personnes) ne peuvent (sauf stipulation contraire) conférer à un tiers, sans le consentement de tous les autres associés, le mandat de prendre part aux délibérations des associés sur les affaires sociales[4]. Mais ils pourraient le charger de vérifier, dans leur intérêt, la comptabilité de la société[5] (V. *infrà*, n° 232). Les créanciers d'un associé ne sont pas fondés à demander, comme exerçant les droits de leur débiteur, la communication de la comptabilité et des opérations sociales[6].

CHAPITRE IV

DES DROITS ET DES RAPPORTS DES ASSOCIÉS ENTRE EUX

191. Principe. — Le Code de commerce ne contient, sur les rapports des associés entre eux, aucune disposition spéciale ; on doit, par suite, considérer que ces rapports sont régis par les usages et par les dispositions du Code civil[7].

192. Droits divers. — Chacun des associés en nom collectif a donc : 1° une action contre la société, à raison non seulement des sommes qu'il a déboursées pour elle, mais encore des obligations

---

1. Cass., 27 janvier 1868 (S. 68, 1, 53).
2. Rouen, 16 juillet 1880 (J. S. 1881, 102). V. Trib. comm. Marseille, 22 mai 1863 (*Rec. Jur. de Mars.*, 1863, 1, 153).
3. Lyon-Caen et Renault, n°ˢ 261, 267, 268. V. Pont, n° 1357.
4. Paris, 30 oct. 1888 (R. S. 1889, 127) ; Lyon-Caen et Renault, n° 272 ; J. S. 1901, 364.
5. Même arrêt. V. aussi Marseille, 21 juill. 1897 (J. S. 98, 93) ; Paris, 29 juin 1903 (J. S. 1904, 210). V. toutef. Lyon-Caen et Renault, *loc. cit.* ; Nantes, 25 nov. 1896, *loc. cit.* ; Seine, 27 juin 1898 (J. S. 1900, 319).
6. Seine, 28 fév. 1887 (R. S. 1887, 334). V. aussi Paris, 14 janv. 1893 (S. 94, 11, 269).
7. Lyon-Caen et Renault, n° 247.

qu'il a contractées de bonne foi pour les affaires de la société, et des risques inséparables de sa gestion (art. 1852, C. civ.) (*suprà*, n°s 93 et suiv.) ; 2° le droit d'administrer la société dans les conditions déterminées aux statuts ou aux art. 1856 à 1859, C. civ. (*suprà*, n°s 183 et suiv.) ; 3° le droit d'obliger ses associés à faire avec lui les dépenses *nécessaires* pour la conservation des choses de la société (art. 1860, C. civ.).

Les avances faites par un associé à la société (notamment pour frais de voyage), les sommes par lui versées en compte courant, pour les besoins de la société, soit en exécution d'une convention sociale, soit autrement, lui donnent droit non seulement au remboursement de ses déboursés, mais encore aux intérêts à compter du jour où il a sorti les capitaux de sa caisse[1].

Un associé peut contracter avec la société comme le ferait un tiers[2] (s'il est gérant, V. *suprà*, n° 183).

Dans le silence du Code de commerce, un associé en nom collectif peut, en principe, à moins de convention contraire, faire pour lui-même des opérations semblables à celles de la société dont il est membre, ou entrer dans une société ayant le même objet[3]. Toutefois, s'il faisait réellement concurrence à la société qu'il administre, il deviendrait passible de dommages-intérêts[4]. Mais les associés qui ont apporté leur industrie à la société lui doivent compte de tous les gains qu'ils ont faits par l'espèce d'industrie qui est l'objet de cette société (art. 1847, C. civ.)[5]. On stipule ordinairement et très utilement, dans les statuts des sociétés en nom collectif, que le gérant devra consacrer tout son temps et donner tous ses soins aux affaires de la société, et qu'aucun des associés ne pourra s'occuper, directement ou indirectement, d'opérations semblables à celles de la société.

183. Inventaire. Répartition des bénéfices et des pertes. Intérêts. — Il doit être tenu des livres et une comptabilité suivant les lois et usages du commerce (art. 8 et suiv., C. comm.) ; et, notamment, les associés doivent faire tous les ans (à l'expiration de chaque exercice) un inventaire, sous seing privé, de l'actif et du passif de la société ; cet inventaire doit être transcrit sur un registre spécial à ce destiné,

1. Riom, 1er juillet 1835 ; Troplong, n° 602 ; Dallos, n° 571 ; Ruben de Couder, n°s 404 et 406.
2. Lyon-Caen et Renault, n° 263.
3. Lyon-Caen et Renault, n° 249.
4. Ruben de Couder, n° 231 ; Seine, 2 septembre 1889 (J. S. 1890, 97). V. Deloison, Soc. comm., n° 176.
5. Lyon-Caen et Renault, n° 249.

et signé par les associés [1]. Les statuts peuvent stipuler que les résultats de cet inventaire seront définitifs, s'ils n'ont été critiqués dans un délai déterminé. Dans ce cas, après l'expiration du délai convenu, l'inventaire ne peut être contesté et rectifié que s'il renferme des erreurs matérielles [2].

Les produits de la société, constatés par chaque inventaire annuel approuvé, déduction faite des frais généraux et des charges sociales [3], constituent les bénéfices nets. Ces bénéfices doivent être répartis entre les associés dans la proportion fixée, pour chacun d'eux, par les statuts [4]. Si ceux-ci ne contenaient aucune stipulation particulière, la répartition des bénéfices et des pertes serait soumise aux dispositions générales des art. 1853 à 1855, C. civ. (suprà, nᵒˢ 115 et suiv.) [5].

Les associés peuvent fixer comme ils l'entendent, par les statuts, la répartition des bénéfices et des pertes. Cette répartition peut être inégale. La loi interdit seulement la convention qui donnerait à l'un des associés la totalité des bénéfices, ou qui l'affranchirait de toute contribution aux pertes (art. 1855, C. civ.).

Ils peuvent même convenir valablement (comme les membres d'une société civile, suprà, nᵒˢ 129, 175) qu'un ou plusieurs des associés ne seront tenus des pertes que jusqu'à concurrence de leurs apports, ou d'une certaine somme [6]. Mais cette stipulation n'a d'effet que dans les rapports des associés et n'est jamais opposable aux tiers, vis-à-vis desquels tous les associés sont tenus indéfiniment et solidairement.

En principe, les associés n'ont pas droit à un intérêt fixe du montant de leurs apports, ces apports étant rémunérés par les bénéfices. Si cet intérêt était stipulé (ce qui arrive surtout lorsque les apports sont inégaux), il devrait s'imputer sur la part de bénéfices de chaque associé [7], à moins qu'il ne soit stipulé formellement que l'intérêt des apports sera porté au compte des frais généraux de la société (ce qui

1. V. sur les livres de commerce et leur tenue, Lyon-Caen et Renault, t. I, nᵒˢ 275 et suiv. et les traités de MM. Léautey, Charpentier et Croizé.
2. Paris, 25 oct. 1893 (Dr. fin., 1893, 425). V. Lyon, 31 juillet 1897 (J. S. 1898, 216).
3. La patente à laquelle est imposé l'associé principal constitue une dette de la société. Cass., 9 mai 1860 (S. 60, 1, 527).
4. On doit présumer que les associés ont eu l'intention de répartir les bénéfices annuellement, conformément à l'usage. Pont, nᵒ 1478; Lyon-Caen et Renault, nᵒ 56; Nyssens et Corbiau, nᵒ 177. Contrà, Arnoult, Ann. dr. comm., 1901, 239.
5. Lyon-Caen et Renault, nᵒ 247.
6. Lyon-Caen et Renault, nᵒ 158; Paris, 15 mars 1866; Nantes, 28 novembre 1885 (R. S. 1886, 508).
7. Lyon-Caen et Renault, nᵒ 248.

est valable)[1], auquel cas l'intérêt constitue une charge sociale et peut être prélevé par les associés, même en l'absence de bénéfices.

Il est souvent stipulé que chacun des associés aura le droit de prélever périodiquement (le plus souvent tous les mois, ou tous les trois mois) une somme déterminée pour subvenir à ses besoins personnels. En principe, cette somme doit s'imputer sur la part de bénéfices devant revenir à chacun des associés, et, par suite, ce qui aurait été touché en trop serait sujet à restitution[2]. Mais il peut être valablement convenu — comme cela est fréquent — que ce prélèvement (qui représente ordinairement un traitement fixe de gestion) sera porté au compte des frais généraux de la société, et, dans ce cas, il constitue une charge sociale et n'est jamais sujet à restitution[3].

Chaque associé a le droit de réclamer, aux époques convenues par l'acte de société, le partage des bénéfices réalisés et le paiement des sommes qui lui reviennent d'après la part à lui attribuée. S'il laisse des sommes dans la société, elles produisent, de plein droit, des intérêts. Pour empêcher ces intérêts de courir, il faudrait une sommation de retirer ce qui lui est dû[4].

184. Cession de parts. — La société en nom collectif étant contractée, comme la société civile, en considération de la personne de chacun des associés (*intuitu personæ*), l'art. 1861, C. civ., lui est applicable, et, en conséquence, un associé en nom collectif (gérant ou autre) ne peut pas céder sa part à une autre personne qui prendrait sa place dans la société. Cette cession n'est possible qu'autant qu'elle est autorisée par les statuts (ce qui est très rare), ou par tous les associés[5]. La cession, même autorisée, ne saurait libérer l'associé cédant, envers les tiers, des obligations antérieures à la cession ; et elle n'est opposable aux créanciers postérieurs qu'autant qu'elle a été rendue publique conformément à l'art. 61 de la loi du 24 juillet 1867[6]. Il peut être stipulé : qu'un associé n'aura la faculté de céder sa part à des étrangers qu'après l'avoir offerte à ses coassociés[7] ; que les associés auront, dans un délai déterminé, le droit d'exercer le retrait, soit à leur profit, soit au profit de la société, contre les

1. Paris, 4 déc. 1899 (*Ann. dr. c.*, 1900, 260 ; 1901, 237). **V. J. S.** 98, 216 ; 1906, 56.
2. Bordeaux, 1er août 1865 (S. 66, II, 182).
3. V. Aix, 1er mai 1869 (S. 70, II, 150).
4. Duvergier, t. v, n° 348 ; Molinier, n° 343 ; Delangle, n° 152 ; Troplong, n° 603 ; Alauzet, n° 415 ; Dalloz, n° 573 ; Ruben de Couder, n° 403 ; Riom, 1er juillet 1835.
5. V. Lyon, 21 juillet 1892 (R. S. 1893, 133) ; Lyon-Caen et Renault, n° 270.
6. Lyon-Caen et Renault, n° 270.
7. Ruben de Couder, n° 13.

étrangers acquéreurs, en leur remboursant ce qu'ils ont payé[1]; mais, à défaut de stipulation à cet égard, le retrait ne saurait avoir lieu[2].

Pourrait-il être stipulé dans les statuts que chaque associé en nom collectif aura le droit de céder sa part et de mettre complètement à sa place le cessionnaire, lequel succéderait ainsi à tous les droits et à toutes les obligations de l'associé cédant ? — Oui ; et cette clause serait opposable aux tiers si elle avait été comprise dans l'extrait de l'acte de société, inséré dans les journaux. Mais des auteurs estiment que l'on se trouverait alors, en réalité, en présence d'une société par actions dont les actionnaires sont tenus au delà de leurs mises, et que la société ainsi formée serait soumise à la loi du 24 juillet 1867[3]. La pratique ne fournit pas, à notre connaissance, d'exemples de sociétés constituées dans ces conditions.

Mais si un associé ne peut, sans le consentement de tous ses coassociés, se substituer un tiers par la cession de ses droits dans la société, il a le droit de s'associer une tierce personne (*croupier*) relativement à cette part, conformément à l'art. 1861, C. civ., (*supra*, n° 107)[4].

Quand un associé en nom collectif se marie sous le régime de la communauté, sa qualité n'est pas transmise pour partie à sa femme, et, si celle-ci vient à mourir, la société en nom collectif n'est pas dissoute; ses héritiers doivent être traités comme des *croupiers*[5].

CHAPITRE V

DE L'EFFET DES ENGAGEMENTS SOCIAUX

195. Principe. — L'art. 22, C. comm., dispose que « *les associés en nom collectif, indiqués dans l'acte de société, sont solidaires pour tous les engagements de la société, encore qu'un seul ait signé, pourvu que ce soit sous la raison sociale* ».

---

1. Rouen, 2 janvier 1847 (D. 51, II, 232) ; Cass., 24 novembre 1856 (S. 57, 3, 516).
2. Paris, 7 juillet 1836 (S. 36, II, 458); Pont, n°s 783 et 1985.
3. Lyon-Caen et Renault, n°s 270, 679 *ter*.
4. V. Douai, 19 février 1892 (R. S. 1892, 248); Seine, 24 décembre 1896 (J. S. 1897, 187).
5. Tr. Charleroi, 19 février 1871 (*Jur. d'Anvers*, 1873, II, 135); Lyon-Caen et Renault, n° 271 *bis*. V. Marseille, 19 novembre 1902 (J. S. 1903, 332).

Les engagements contractés pour le compte de la société ont pour effet d'obliger à la fois la société et les associés (solidairement) envers les tiers. Pour que cet effet se produise, il faut : 1° que l'engagement soit contracté par une personne ayant pouvoir d'obliger la société ; 2° qu'il soit pris au nom de la société. Nous allons examiner le caractère et les effets des engagements sociaux, dans les rapports des associés avec les tiers et dans les rapports des associés entre eux.

196. Pouvoirs de l'associé contractant. — En principe, chacun des associés est présumé, vis-à-vis des tiers, avoir pouvoir et qualité pour traiter au nom de la société. Ce pouvoir est toutefois tempéré par le droit de *veto* consacré par l'art. 1859, C. civ. (lequel est applicable aux sociétés en nom collectif) et appartenant à chacun des associés avant que l'affaire ne soit conclue. Mais, nonobstant cette opposition, les actes faits par un associé obligent la société, si l'opposition n'a pas été portée à la connaissance des tiers qui ont contracté avec lui [1]. Enfin, la présomption que les associés sont censés s'être constitués mandataires les uns des autres n'existe qu'en ce qui concerne les actes d'administration et ne s'étend pas aux actes de disposition [2] (V. *suprà*, n° 190).

Cette présomption s'efface aussi lorsque les statuts ou un acte postérieur, *dûment publiés*, ont institué des gérants auxquels l'administration et la signature sociale sont confiées. Dans ce cas, l'obligation signée d'un autre que le gérant ne constitue pas un engagement social, et les tiers ne sont pas admis à prétexter leur ignorance quand toutes les formalités légales prescrites pour les instruire ont été remplies, à moins que, en fait, les associés se conduisent comme si tous avaient le pouvoir d'administrer les affaires sociales, et, par leurs propres actes, induisent les tiers en erreur [3].

Mais elle subsiste si la convention qui nomme le gérant n'a pas été rendue publique. *Quid ?* si le tiers qui a traité avec un associé non gérant a eu connaissance personnelle de la délégation de pouvoirs. Un auteur [4] estime que, si ce fait est prouvé, la convention est opposable au tiers, comme si elle avait été publiée ; mais la solution contraire nous paraît plus juridique [5].

Le gérant autorisé à administrer ne peut engager la société que

---

1. Pont, n°* 1385-1386 ; Lyon-Caen et Renault, n° 285.
2. Pont, n° 1387.
3. Pont, n° 1391 ; Lyon-Caen et Renault, n° 285 ; Lyon, 20 mars 1895 (R. S. 1895, 629).
4. Pont, n° 1390.
5. Lyon-Caen et Renault, n° 286.

dans la limite des pouvoirs qui lui ont été conférés ; si les pouvoirs légaux ont été restreints par l'interdiction de faire seul certains actes déterminés, comme d'acheter des marchandises à crédit, ou de souscrire des effets de commerce (*suprà*, n° 186), et si ces stipulations restrictives ont été régulièrement publiées, tous actes passés par le gérant, au delà de ses pouvoirs, ne sauraient obliger la société [1].

197. Engagements au nom de la société. Signature sociale. — Il faut, en outre, que l'engagement soit pris (par un associé autorisé à signer) au nom de la société. En principe, un acte est fait par le gérant pour le compte de la société, lorsque le gérant a signé sous la raison sociale (art. 22, C. comm.) [2].

Mais, d'une part, le gérant qui signe en son nom personnel, sans indication de la raison sociale, oblige néanmoins la société, s'il résulte de la teneur de l'acte qu'il est contracté pour le compte de la société, ou si cela résulte des circonstances extrinsèques de l'acte, par exemple de l'objet même de la convention ; à plus forte raison l'omission de la raison sociale est-elle suppléée par le concours et la signature des associés à l'acte [3].

D'un autre côté, le fait qu'un contrat signé de la raison sociale oblige la société produit une présomption simple et non une présomption *juris et de jure*. Ainsi, lorsque, par son objet même, un engagement apparaît avec évidence comme ne concernant en aucune façon les affaires de la société (par exemple s'il s'agit d'un marché pour des ouvrages à faire à une maison que le gérant possède personnellement, ou d'achat de marchandises propres à un tout autre commerce que celui de la société), la signature apposée par le gérant sous la raison sociale ne saurait lier la société. S'il s'agissait de billets souscrits par le gérant, sous la raison sociale, pour des sommes dont il aurait gardé le montant, ou pour des dettes à lui personnelles, la société serait néanmoins obligée, bien que les créanciers aient eu connaissance de la nature personnelle de la dette du gérant ; car les tiers ont pu croire que, par suite d'arrangements entre les associés, cette dette était devenue une dette sociale, ou que

1. Lyon-Caen et Renault, n°° 287, 287 *bis* et 288. V. Lyon-Caen, note, S. 1900, 1, 5.
2. V. Percerou (abus de la raison sociale), *Ann. de dr. comm.*, 1898, 118 ; Nancy, 19 janvier 1901 (J. S. 1902, 89) ; Bordeaux, 22 janvier 1906 (J. S. 1906, 315).
3. Bordeaux, 30 mai 1834 (S. 34, II, 469) ; Cass., 19 novembre 1835 (S. 36, I, 209) ; Cass., 19 août 1846 (S. 47, I, 28) ; Bordeaux, 24 novembre 1854 (D. 55, II, 150) ; Cass., 28 juin 1865 (D. 65, I, 360) et 13 juin 1866 (D. 68, I, 37) ; Riom, 20 mars 1850 (S. 80, II, 195) ; Douai, 24 avril 1890 (D. 91, II, 244) ; Seine, 15 avril 1897 (J. S. 1897, 442) ; Pont, n° 1400 à 1402 ; Lyon-Caen et Renault, n° 291.

le gérant avait été autorisé à se servir, pour ses affaires personnelles, de la signature de la société [1]. Mais si le tiers a eu connaissance, en recevant un titre sous la raison sociale pour une dette personnelle au gérant, que ce dernier agissait au détriment de la société, la présomption de bonne foi cesse, et la société n'est pas obligée [2].

Si l'associé gérant a contracté en son nom personnel, le tiers n'a pas d'action directe et personnelle contre la société; il n'a d'action que contre cet associé, alors même que l'engagement aurait profité à la société [3]. Mais, par contre, l'engagement pris au nom de la société oblige tous les associés, quand bien même il n'aurait pas tourné au profit de la société [4].

On stipule souvent dans les statuts des sociétés en nom collectif ou en commandite, afin d'éviter les abus de la signature sociale par le gérant, que celui-ci ne pourra engager la société que pour les affaires la concernant. Cette stipulation n'a aucun effet à l'égard des tiers de bonne foi [5]. En serait-il de même s'il était formellement stipulé que les engagements contractés par le gérant en dehors des affaires sociales seront nuls, même à l'égard des tiers de bonne foi? — Nous le croyons. En admettant qu'il en fût autrement, il faudrait, dans tous les cas, une clause expresse indiquant qu'elle ne concerne pas seulement les rapports des associés entre eux [6]. Du reste, comme on l'a fait remarquer [7], l'extension de la disposition dont il s'agit aux tiers de bonne foi serait beaucoup plus nuisible qu'utile à la société, car ces derniers refuseraient de contracter avec elle.

Le gérant n'oblige la société que pour les actes licites. Les actes illicites n'obligent que lui, et non la société et les autres associés, à moins qu'ils n'aient autorisé ou approuvé ces actes (ce qui s'applique

1. Pont, n° 1398 ; Lyon-Caen et Renault, n° 292 ; Cass., 11 mai 1836 (S. 36, I, 711), 22 avril 1845 (S. 45, I, 341), 7 mai 1851 (S. 51, I, 321), 24 janv. 1853 (D. 53, I, 12), 21 fév. 1860 (S. 60, I, 415), 28 janv. 1851 (D. 61, I, 56) et 8 av. 1889 (R. S. 1889, 247); trib. Lyon, 18 juill. 1896 (J. S. 1897, 84) ; J. S. 1903, 264 ; 1909, 237 ; 1910, 398.
2. Pont, n° 1399 ; Paris, 12 juillet 1849 (S. 49, II, 485) ; Lyon, 26 juin 1851 (S. 52, II, 341) ; Paris, 12 août 1852 (S. 52, II, 495) ; Cass., 24 janvier 1853 (S. 53, I, 242) ; Bordeaux, 12 août 1868 (S. 69, II, 108) ; Montpellier, 2 juin 1876 (S. 76, II, 230) ; Cass., 31 octobre 1887 (R. S. 1888, 6) ; Lyon, 20 mars 1895 (R. S. 1895, 626); Paris, 1er décembre 1898 (J. S. 1899, 402) ; Cass., 26 avril 1906 (J. S. 1907, 72).
3. Besançon, 6 fév. 1865 (D. 65, II, 51) ; Lyon, 22 fév. 1882 (D. 83, II, 43 ; J. S. 1901, 368.
4. Pont, n° 1393 ; trib. comm. Lyon, 18 juillet 1896, loc. cit.
5. Paris, 10 août 1880 et Cass., 22 juin 1881 (S. 83, I, 58) ; Lyon, 23 mars 1892 (J. S. 1893, 126) ; Lyon-Caen et Renault, n° 293. V. toutef. Cass., 21 fév. 1860; Douai, 7 mars 1899 (J. S. 1899, 424). Comp. Bordeaux, 12 août 1868 (P. 69, 514) ; Douai, 9 mai 1885 (R. S. 1885, 708) ; Cass., 31 oct. 1887 (R. S. 1888, 6) et 8 avril 1889 (R. S. 1889, 247) ; Pont, n° 1397 ; J. S. 1901, 92, 368 ; 1904, 176 ; 1905, 372 ; 1907, 36, 182.
6. Cass., 22 juin 1881, loc. cit. V. toutef. Douai, 7 mars 1899, loc. cit. ; Cass., 3 nov. 1900 (S. 1901, I, 127, II, 7). V. Paris, 27 juillet 1898 (J. S. 1899, 360).
7. Paris, 10 août 1880, loc. cit.

notamment aux faits de concurrence déloyale)[1]. La société et les associés sont tenus envers les parties contractantes des fraudes commises par le gérant dans les opérations sociales[2], et de ses quasi-délits[3].

Le gérant, statutaire ou non, qui détourne à son profit une partie de l'actif social, commet un abus de confiance, et tombe sous le coup de l'art. 408, C. pén.

Nous n'avons parlé jusqu'ici que des engagements contractés par un gérant. La société est-elle obligée par les engagements que contracterait un associé non gérant? Il faut distinguer. S'il a agi (sans pouvoir) au nom de la société, celle-ci n'est pas engagée, à moins qu'elle ait ratifié l'acte, ou qu'elle en ait profité (art. 1864, C. civ.). Quand, au contraire, l'associé non gérant a agi en son propre nom, les tiers peuvent agir contre lui, et il a un recours contre la société dans la mesure du profit qu'elle a tiré. Ce recours peut être exercé par les tiers contre la société, en vertu de l'art. 1166, C. civ.; mais ils n'ont pas l'action directe contre la société[4].

La société peut, si elle y a intérêt, cautionner la dette personnelle de son gérant. Ainsi, est valable l'hypothèque conférée par des associés sur les biens sociaux, pour garantir une dette du gérant dont la société a intérêt à soutenir le crédit[5].

198. Effets des engagements sociaux. — Les créanciers sociaux ont pour obligée principale la société, considérée comme être moral. Ils peuvent, en conséquence, la poursuivre en justice, en agissant contre le gérant qui la représente, saisir et faire vendre les biens sociaux, provoquer la déclaration de faillite. Les créanciers sociaux ont le droit de se faire payer sur l'actif social, à l'exclusion des créanciers personnels des associés[6].

Les créanciers sociaux ont aussi pour obligés les associés[7], qui, d'après l'art. 22, C. comm., sont tenus solidairement des dettes sociales; et, en cas d'insuffisance de l'actif social, ils viennent sur les biens personnels de chaque associé, concurremment avec ses créan-

1. Lyon-Caen et Renault, n° 296.
2. Grenoble, 4 février 1874 (S. 74, II, 168).
3. Cass., 15 janvier 1872 (S. 72, I, 9); Dijon, 24 juillet 1874.
4. Aubry et Rau, § 383-2; Pont, n°s 651 et 652; Lyon-Caen et Renault, n° 295; Besançon, 6 février 1865 (D. 65, II, 52). *Contrà*, Duranton, t. XVII, n° 449; Duvergier, n° 404.
5. Paris, 11 décembre 1866 (D. 67, II, 165); Cass., 27 janvier 1868 (D. 69, I, 410). V. Seine, 24 octobre 1895 (R. S. 1896, 123).
6. Pont, n° 1372; Lyon-Caen et Renault, n° 276.
7. Paris, 1er avril 1897 (J. S. 1897, 503); Cass., 8 avril 1903 (J. S. 1904, 410).

tiers personnels [1]. L'obligation des associés est solidaire et indéfinie pour tous les engagements de la société (régulièrement contractés), quel qu'en soit l'objet, et pour tous les associés, que leurs noms figurent ou ne figurent pas dans la raison sociale. La solidarité des associés est de l'essence de la société en nom collectif. Il en résulte que, même dans le silence des statuts, es associés sont solidaires entre eux [2], et que toute stipulation contraire du pacte social serait nulle et inopposable aux tiers, quand même elle aurait été publiée [3]. Mais les tiers pourraient renoncer au bénéfice de la solidarité et limiter la responsabilité des associés, dans les traités particuliers qu'ils feraient avec la société [4]. Suivant un auteur, cette renonciation pourrait même être tacite [5]; mais on ne doit pas la présumer facilement.

La solidarité est attachée à la qualité même d'associé. Si l'un des associés vient à décéder, la dette sociale passe pour le tout à la charge de sa succession; mais chacun des héritiers n'est astreint au paiement que pour sa part et portion (art. 873 et 1220, C. civ.) [6]. Pour les associés en nom collectif, la solidarité légale est parfaite. En conséquence, la prescription interrompue contre l'un deux l'est aussi contre les autres (art. 2249, C. civ.); la demande d'intérêts moratoires formée contre un des associés, fait courir également ces intérêts contre les autres (art. 1206, 1207, C. civ.); l'appel interjeté par l'un des associés profite aux autres [7].

Les créanciers sociaux ayant pour principale obligée la société, les associés sont des sortes de garants ou de cautions [8]; mais les associés n'ont pas tous les avantages accordés aux cautions en matière civile. Ainsi, ils n'ont pas le bénéfice de division (art. 1203, C. civ.). Jouissent-ils du bénéfice de discussion (art. 2021 à 2024, C. civ.), ou peuvent-ils exiger tout au moins, dans une mesure quelconque, que les créanciers sociaux agissent d'abord contre la société? Cette question, non encore définitivement résolue, est controversée. On a décidé : 1° que les associés ont, comme en général la caution, le bénéfice de discussion; que, par conséquent, les créanciers sociaux doivent

---

1. Lyon-Caen et Renault, n° 110.
2. Cass., 2 août 1843 (D. 43, 1, 420) et 28 février 1859 (S. 59, 1, 509).
3. Pont, n° 1380; Lyon-Caen et Renault, n° 159; Paris, 7 juin 1840.
4. Pont, n° 1381; Lyon-Caen et Renault, n° 159; Bordeaux, 31 août 1831 (S. 32, 1, 19)
5. Pont, n° 1382.
6. Pont, n° 1410.
7. Limoges, 12 mai 1880 (J. S. 1880, 289); Lyon-Caen et Renault, n° 279.
8. Pardessus, n° 1026; Pont, 1403; Lyon-Caen et Renault, n° 280.

commencer par faire vendre les biens de la société[1]; 2° qu'au contraire, les créanciers peuvent poursuivre directement les associés sans aucune condition préalable[2]; 3° que les associés ne peuvent être actionnés par les créanciers sociaux, tant qu'un jugement de condamnation n'a pas été rendu au profit de ces créanciers contre la société[3]; 4° qu'il suffit de la mise en demeure préalable de la société[4], ou que les créanciers sociaux prouvent, contradictoirement avec les représentants de la société, que les engagements dont ils poursuivent l'exécution contre l'associé en nom collectif sont des engagements sociaux[4].

Les associés nouveaux qui entrent dans une société en nom collectif, pendant sa durée, sont tenus des engagements contractés par la société, même avant leur entrée, à moins de stipulation contraire légalement publiée[6]. Lorsqu'un associé cesse de faire partie de la société parce qu'il en est exclu, ou parce qu'il s'en retire, il reste, bien entendu, tenu envers les tiers des dettes antérieures à sa retraite ou à son exclusion; mais il n'est pas tenu des dettes postérieures, pourvu que sa retraite ou son exclusion ait été publiée (L. 24 juillet 1867, art. 61)[7] (suprà, n° 194).

Ce sont les associés seuls qui sont solidairement responsables des engagements sociaux; si le gérant est un tiers, c'est-à-dire un mandataire, il oblige la société et les associés sans s'obliger lui-même, conformément aux règles générales du mandat. Il n'est pas nécessaire pour cela d'indiquer, en employant la signature sociale, qu'il en use par procuration. Mais si la société ou sa nomination n'avait pas été publiée, les tiers pourraient croire que le gérant est un associé, et le traiter comme tel au point de vue de la responsabilité[8].

---

1. Toulouse, 30 mai 1873 (D. 74, II, 187); trib. comm. du Havre, 7 décembre 1881 (Rec. de Jur. du Havre, 1881, I, 21); Amiens, 3 avril 1886 (Rec. d'Am., 1887, 243); Nantes, 28 février 1891 (Rec. Nantes, 1891, I, 109); Seine, 20 et 31 décembre 1895 (J. S. 1897, 184) et 1er février 1898 (J. S. 1898, 327); Delamarre et Lepoitevin, n° 240; Alauzet, n° 130; Dalloz, Soc., n° 909; Deloison, n° 208.
2. Paris, 4 février 1886 (R. S. 1886, 211); Bravard-Veyrières, t. I, p. 210. V. aussi Seine, 6 février 1895 (J. S. 1896, 81).
3. Pardessus, n° 1026; Delangle, 263; Bédarride, n° 165; Pont, n° 1406; Ruben de Couder, n° 302-4°; Cass., 14 août 1858 (S. 59, I, 332), 10 avril 1877 (D. 77, I, 347); Nantes, 17 juillet 1895 (J. S. 1896, 280).
4. Molinier, n° 354; Lyon-Caen et Renault, n° 281; Rouen, 18 novembre 1881 (Rec. de Jur. du Havre, 1881, II, 256). V. Cass., 20 avril 1885 (R. S. 1885, 469).
5. Cass., 10 av. 1877 (D. 77, I, 347), 12 juill. 1888 (S. 89, I, 309), 14 mai 1890 (J.S. 1891, 546), 28 mars 1898 (J. S. 1898, 400); Douai, 13 nov. 1909 (J. S. 1910, 362). V. aussi Cass., 27 déc. 1891 (S. 92, I, 486).
6. Deloison, n° 182; Lyon-Caen et Renault, n° 277. V. Pascaud. R. S. 1899, 164, 354.
7. Lyon-Caen et Renault, n° 278; Cass., 8 avril 1872 (S. 72, I, 212); Paris, 14 mai 1869 (D. 72, I, 107); Bordeaux, 22 janvier 1906 (J. S. 1906, 315).
8. Pont, n°s 1351 à 1354; Ruben de Couder, n°s 257 et suiv.; Lyon-Caen et Renault, n° 286; Paris, 3 mars 1831 (S. 31, II, 93); Nantes, 7 juin 1899 (J. S. 1900, 164).

Les jugements rendus contre le gérant ont autorité de chose jugée contre tous les associés; ils peuvent être exécutés contre eux individuellement, sans qu'il soit besoin d'aucune autre condamnation personnelle [1], et ils emportent hypothèque judiciaire sur les immeubles personnels des associés comme sur les immeubles sociaux. Les associés n'ont pas le droit de former tierce-opposition aux jugements rendus contre la société, et dans lesquels ils sont représentés par le gérant (art. 474, C. pr. civ.); mais on ne peut leur refuser le droit d'intervenir dans les procès dirigés par le gérant. Par contre, les jugements rendus contre un associé non gérant ou à son profit n'ont pas autorité de chose jugée à l'égard de la société [2].

Les peines ne pouvant frapper que des êtres réels, il faut en conclure qu'une société commerciale ne peut, sauf les exceptions prévues par la loi, être condamnée à une amende [3]. Il en est spécialement ainsi au cas de délit de contrefaçon [4].

199. Faillite. Liquidation judiciaire. — La société en nom collectif, même dissoute [5], peut être déclarée en faillite ou en liquidation judiciaire, si elle est en état de cessation de paiements [6].

La nullité de la société ne fait pas obstacle à ce qu'elle soit déclarée en faillite [7] (V. infrà, nos 549, 569, 571). Mais les créanciers personnels des associés ont la faculté de s'opposer à la déclaration de faillite de la société en excipant de sa nullité, et d'exiger une déclaration individuelle pour chacun des associés solidaires, afin de venir en concours sur leurs biens, grossis de la part de chacun dans l'actif social considéré comme une masse indivise, avec les créanciers sociaux [8]. Et, la nullité étant de droit, il suffira de l'opposition d'un seul créancier pour rendre impossible la déclaration de la faillite sociale et nécessiter la liquidation de la société annulée sur les principes des sociétés de fait [9].

---

1. Cass., 12 juillet 1888 (S. 89, 1, 308); trib. Rouen, 11 août 1897 (J. S. 1898, 94).
2. Lyon-Caen et Renault, n° 283.
3. Cass., 10 mars 1877 (S. 77, I, 336), 8 mars 1883 (S. 85, 1, 470); Orléans, 3 novembre 1887 (S. 89, II, 172); Pouillet, Brev. d'inv., n° 858; Nouguier, id., n° 984; Darras, Contref., nos 213 et suiv. V. Nîmes, 6 mai 1898 (J. S. 1899, 216).
4. Paris, 16 décembre 1885 (S. 86, II, 40).
5. Pont, n° 1930; Boistel, nos 379 et 894; Lyon-Caen et Renault, Précis, t. I, n° 563, 1. II, n° 3133; Thaller, Rev. crit., 1885, 296; Duvivier, Faill. des soc. comm., p. 15; Cass., 29 juin 1875; Douai, 27 mai 1907 (J. S. 1907, 147).
6. V. Duvivier, p. 43 et suiv.; Lyon-Caen et Renault, Tr., t. VIII, nos 1131 et suiv.; Paris, 13 janv. 1900 (J. S. 1900, 359); Seine, 19 fév. 1904 (J. S. 1904, 445).
7. Lyon, 21 décembre 1883 (R. S. 1885, 18); Cass., 12 novembre 1894 (R. S. 1895, 14); Cass., 5 juillet 1900 (D. 1902, 1, 89). V. toutef. Rouen, 5 janv. 1898 (J. S. 98, 344).
8. V. les décisions citées infrà n° 569. Adde : Cass., 24 août 1863 (D. 63, 1, 353); Poitiers, 27 mars 1874 (D. 76, II, 15).
9. Pont, n° 1277; Lyon-Caen et Renault, n° 239 : Dalloz, Suppl., n° 479.

La faillite peut être provoquée par les associés en nom collectif, ou par les créanciers, ou prononcée d'office. Le jugement est rendu par le tribunal de commerce dans le ressort duquel se trouve le principal établissement de la société[1]. Les droits et devoirs de la société durant la procédure de faillite sont exercés et remplis par l'associé gérant ou délégué, et par le liquidateur de la société, si elle est dissoute ou annulée[2].

La faillite de la société, même nulle[3], entraîne la faillite des associés en nom collectif, sans que celle-ci ait besoin d'être prononcée séparément[4]. Mais il va sans dire que la faillite d'un associé n'entraîne pas la faillite de la société.

La communauté d'intérêts et de responsabilité des associés en nom collectif ne crée d'ailleurs aucune indivisibilité au point de vue de l'application de la loi du 4 mars 1889 sur la liquidation judiciaire; le tribunal peut donc accorder le bénéfice de la liquidation judiciaire à l'un des associés en nom collectif, alors que les autres associés et la société elle-même se trouvent en état de faillite[5]. L'art. 2 de ladite loi n'exige pas que la requête à fin de liquidation judiciaire porte la signature de tous les associés[6].

200. Effet des engagements sociaux entre les associés. — La solidarité ne concerne que les rapports des associés avec les tiers créanciers de la société, et non les rapports des associés entre eux. En conséquence, l'associé qui a payé l'intégralité d'une dette sociale ne peut réclamer à chacun de ses coassociés que la part lui incombant, proportionnelle à sa part sociale (art. 1214, C. civ.), dans la dette acquittée[7]. Il en est de même en ce qui concerne les avances faites par un associé à la société[8], ou pour elle. En cas d'insolvabilité de

---

1. V. sur tout ce qui concerne la déclaration de faillite et ses effets : Duvivier, p. 65 et suiv.; Lyon-Caen et Renault, Tr., t. VIII, nos 1134 et suiv.
2. Duvivier, p. 188 et suiv.
3. Cass., 12 novembre 1894 (loc. cit.), et 3 avril 1895 (J. S. 1895, 390). V. toutef. Bordeaux, 5 août 1896 (J. S. 1897, 66).
4. Cass., 23 août 1853 (S. 55, 1, 829), 7 janvier 1873 (D. 73, 1, 257), 13 mai 1879 (S. 80, 1, 163); Paris, 19 déc. 1889 (R. S. 90, 363); Gien, 23 février 1897 (J. S. 97, 286). V. J. S. 1896, 284; 1897, 367; 1903, 384; 1904, 86; 1907, 432; Cass., 12 janv. 1902 (J. S. 02, 253), 27 déc. 1905 (J. S. 1906, 272), 12 fév. 1908 (J. S. 1908, 355). V. aussi, pour la faillite d'un associé retiré de la société, Paris, 30 oct. 1896 (J. S. 97, 113). Le concordat accordé à une société en nom collectif profite à tous les associés. Nantes, 25 avril 98 (J. S. 1898, 384).
5. Paris, 21 mai 1890 (R. S. 1890, 417); Gien, 23 février 1897, loc. cit.
6. Paris, 1er mai 1890 (D. 91, II, 329).
7. Cass., 14 novembre 1831; Paris, 28 février 1850 (S. 50, II, 649); Cass., 8 janvier 1862 (S. 62, 1, 477); Pont, nos 426, 1408 et 1412; Lyon-Caen et Renault, no 162.
8. Paris, 28 février 1850 (S. 50, II, 649); Pont, no 1412.

l'un des associés, la perte en résultant doit être répartie entre tous les associés, y compris celui qui a fait le payement [1].

Mais si l'associé n'a pas agi comme tel, s'il a contracté avec la société comme aurait pu le faire un tiers, ou s'il a acquis une créance d'un tiers contre ses coassociés, il a contre ses coassociés une action solidaire [2]. Il n'est même pas tenu de déduire sa part si la société existe ; mais si elle était dissoute et si l'actif était insuffisant pour satisfaire aux engagements sociaux, il ne pourrait répéter contre ses coassociés, solidairement, que la part leur incombant [3].

CHAPITRE VI

DISSOLUTION — LIQUIDATION — PARTAGE

SECTION 1

DISSOLUTION

201. Dissolution. — Le Code de commerce ne contient pas de dispositions spéciales sur les causes de dissolution des sociétés en nom collectif ; ces sociétés se dissolvent donc à peu près par les mêmes causes que les sociétés civiles (*suprà*, n°s 131 et suiv.).

Les sociétés en nom collectif sont dissoutes :

1° Par l'expiration du temps pour lequel la société a été contractée (art. 1865-1°, C. civ.) [4].

La société ne peut être prorogée ou dissoute par anticipation que du consentement de tous les associés, à moins de stipulation contraire [5]. La prorogation est soumise aux mêmes formes que la constitution [6]. L'acte constatant la prorogation ou la dissolution anticipée de la société doit être publié conformément à la loi du 24 juillet 1867 (*infrà*, n°s 1033 et suiv.) ;

---

1. Cass., 16 février 1874 (S. 74, 1, 301).
2. Cass., 28 février 1859 (S. 59, 1, 509) et 11 avril 1883 (D. 83, 1 318).
3. Pont, n° 1413. V. aussi Lyon-Caen et Renault, n° 163.
4. Pont, n° 1195 et 1868 ; Ruben de Couder, n°s 427 et suiv.
5. Ruben de Couder, n°s 493 et suiv. ; Lyon-Caen et Renault, n° 301 ; Paris, 20 mai 1869 (D. 70, 11, 12). V. Metz, 6 mars 1860 (D. 62, 11, 158).
6. Pont, n°s 683 et suiv. ; Ruben de Couder, n°s 432 et suiv. V. Cass., 16 janvier 1884 (D. 84, 1, 122) ; Rouen, 30 janvier 1895 (J. S. 1895, 317).

2° Par l'extinction de la chose, ou par la consommation de la négociation (art. 1865-2°) [1] ;

3° Par la mort de l'un des associés (art. 1865-3°).

Mais il peut être valablement stipulé qu'en cas de décès de l'un des associés, la société ne sera pas dissoute et continuera avec ses héritiers (art. 1868). Cette convention doit recevoir son exécution, alors même que l'associé laisse des héritiers mineurs, ou que sa succession est acceptée sous bénéfice d'inventaire. C'est un principe constant en jurisprudence [2]. Certains auteurs combattent toutefois cette jurisprudence et font une distinction : si le mineur a atteint l'âge de dix-huit ans, il peut bénéficier de la clause dont il s'agit en se faisant émanciper et autoriser à faire le commerce, dans les termes de l'art. 2, C. comm.; dans le cas contraire, la clause est sans application possible [3].

Les associés peuvent aussi convenir : qu'en cas de décès de l'un des associés, la société continuera entre les associés survivants, lesquels seront propriétaires de tout l'actif social, à charge par eux de rembourser aux héritiers de l'associé décédé le montant de ses droits dans la société, tels qu'ils auront été fixés par le dernier inventaire commercial, ou par un inventaire commercial à faire entre les associés survivants et les héritiers du prédécédé (V. suprà, n° 139, et infrà, n° 207); ou, qu'en cas de décès de l'un des associés, la société ne sera pas dissoute et continuera entre les associés survivants, comme seuls associés en nom collectif, et les héritiers et représentants de l'associé décédé, comme simples commanditaires pour la part de leur auteur dans la société, telle qu'elle aura été déterminée par le dernier inventaire qui aura précédé le décès [4]. Cette stipulation est valable et doit recevoir son exécution, même si les héritiers sont mineurs [5]. Il y a, dans ce cas, lors du décès, transformation de la société, qui devient une société en nom collectif et en commandite. Il convient de fixer, dans l'acte de société, quels seront les avantages respectifs des associés en nom collectif survivants et des héritiers simples commanditaires. Cette transformation doit être publiée conformément à la loi du 24 juillet 1867 [6].

1. Pont, n°s 680 et suiv., 1890 et suiv.; Ruben de Couder, n°s 437 et suiv., 1896.
2. V. les décisions et autorités citées suprà, n° 138. V. Amiens, 3 avril 1895, (Rec. d'Am., 1887, 243). Conf. Thaller, Ann. de dr. comm., 1894, II, 241 (J. S. 1895, 143).
3. Duvergier, n° 241; Delangle, t. II, n°s 650 à 652; Lyon-Caen, note, S. 1888, II, 145; Testoud, Rev. crit. de législ., 1889, 167; Lyon-Caen et Renault, n° 819; Ruben de Couder, n°s 461 et 462.
4. V. Cass., 8 mars 1892 (D. 92, 1, 236).
5. Lyon-Caen et Renault, n° 319. V. Seine, 31 mars 1894 (R. S. 1894, 454).
6. Lyon, 2 février 1882 (R. S. 1883, 315).

Lorsqu'il est stipulé qu'en cas de décès de l'un des associés, la société sera dissoute et que le survivant restera seul propriétaire de l'actif social, les dettes que ce dernier a, postérieurement au décès de son coassocié, contractées sous l'ancienne raison sociale, ne sauraient engager, vis-à-vis des tiers, les héritiers du prédécédé qui y sont restés étrangers et les ont ignorées[1] ;

4° Par la déconfiture d'un associé (art. 1865-4°), ou par sa faillite, ou par sa mise en liquidation judiciaire. Mais cette règle n'est pas d'ordre public, et les parties peuvent y déroger (*suprà*, n° 147). La faillite ou la liquidation judiciaire de la société en nom collectif n'entraîne pas la dissolution de la société, comme la faillite ou la liquidation judiciaire d'un associé[2] ;

5° Par la mort ou la révocation du gérant statutaire, à moins que les associés soient *tous* d'accord pour nommer un nouveau gérant[3], ou que les statuts stipulent qu'il sera nommé un autre gérant par la majorité des associés. Mais le décès ou la révocation du gérant nommé au cours de la société ne feraient pas obstacle à la continuation de la société.

La société en nom collectif peut aussi être dissoute :

6° Par la volonté qu'un seul ou plusieurs associés expriment de n'être plus en société (art. 1865-5°), si la durée de la société est illimitée[4] (V. *suprà*, n° 188);

7° S'il y a de justes motifs, dont l'appréciation appartient aux tribunaux (art. 1871)[5] (V. *suprà*, n° 150). Ceux-ci peuvent, suivant les circonstances, prononcer la dissolution de la société ou l'expulsion de l'associé[6].

L'interdiction judiciaire ou légale a aussi pour effet d'entraîner la dissolution de la société; mais il n'en est pas de même si l'un des associés est pourvu d'un conseil judiciaire, ou absent, ou aliéné non interdit (*suprà*, n°s 143 et suiv.).

---

1. Dijon, 20 janvier 1897 (J. S. 1898, 57). V. Cass., 24 mars 1903 (J. S. 1904, 15).
2. Cass., 9 mai 1854 (S. 54, I, 673); Lyon, 3 juillet 1862 (S. 63, II, 139); Bordeaux, 6 mars 1895 (J. S. 1895, 406); Lyon-Caen et Renault, n° 325 ; Bouvier-Bangillon (J. S. 1902, 193. V. toutef. Amiens, 30 janvier 1867 (D. 69, I, 98).
3. Pont, n° 1900.
4. Ruben de Couder, n°s 497 et suiv.; Seine, 24 février 1906 (J. S. 1906, 277).
5. V. Ruben de Couder, n°s 517 et suiv. V. Paris, 16 février 1894 (R. S. 1894, 239).
6. V. Deloison, n°s 179 et 180. Décidé que le créancier personnel d'un associé n'est pas fondé, en invoquant le non-paiement de sa créance, à demander (art. 1166, C. civ.) la dissolution de la société : c'est un droit exclusivement attaché à la personne de l'associé. Seine, 8 octobre 1895 (J. S. 1897, 184). *Contrà*, Besançon. 11 janvier 1810 (S. chr.) (V. *suprà*, n° 131).

SECTION 2

LIQUIDATION

202. État de liquidation. — Nous avons parlé de l'état de liquidation dans lequel peuvent se trouver les sociétés civiles dissoutes. Mais c'est surtout dans les sociétés commerciales que la liquidation est utile. Cependant, si la liquidation suit d'ordinaire la dissolution des sociétés commerciales, elle n'en est pas une conséquence nécessaire et un préliminaire obligé du partage. Les associés peuvent convenir que l'actif sera partagé sans que les dettes soient préalablement payées, ou que l'actif sera attribué en entier à un associé, à charge de payer le passif et de remettre une certaine somme à ses coassociés [1]. Mais c'est l'exception, et il y a presque toujours intérêt, souvent nécessité de procéder à une liquidation qui a pour but de terminer les affaires commerciales que la dissolution n'a pas permis d'achever, de vendre les marchandises, toucher les créances, régler les comptes, payer le passif, réaliser l'actif nécessaire à cet effet, et préparer ainsi les opérations du partage.

203. Survie de l'être moral. — Pendant la période de la liquidation, la société continue d'exister comme être moral. Ce principe a été appliqué aux sociétés commerciales par une jurisprudence constante. La Cour de cassation a parfaitement défini la situation de la société en liquidation. « Si, par l'effet de la dissolution, la société cesse d'exister pour l'avenir et pour les opérations en vue desquelles elle avait été constituée; si elle ne peut plus vendre, acheter, faire le commerce, elle continue, néanmoins, d'exister pour régler ses affaires accomplies, c'est-à-dire pour se liquider. Suivant la formule employée dans le langage commercial, elle ne subsiste plus que pour sa liquidation; mais, à ce point de vue et pour ce but, elle conserve tous ses droits et tous ses biens. La force des choses veut qu'il en soit ainsi pour les nécessités mêmes de la liquidation, laquelle deviendrait impossible si l'on admettait que, par l'effet de la dissolution, la communauté prend la place de la société dissoute, et que les droits individuels et privatifs des anciens associés, devenus de simples communistes, sont substitués ou superposés au droit exclusif de la société [2]. » L'être moral subsiste donc, activement et passivement,

---

1. Cass., 19 mai 1868 (S. 68, 1, 442), 3 mars 1873 (S. 73, 1, 437) et 24 novembre 1885 (S. 88, 1, 66); Lyon-Caen et Renault, n° 363.
2. Cass., 27 juillet 1863 (S. 63, 1, 457), 29 mai 1865 (S. 65, 1, 325), 3 février 1868

tant que la liquidation n'est pas terminée, notamment tant qu'il reste des créances à recouvrer [1], et dans la mesure d'existence nécessaire à l'accomplissement des actes de cette liquidation.

Il semble résulter d'un arrêt de la Cour de cassation que la réception, par les anciens associés, du compte de gestion du liquidateur met fin à la liquidation, et, par suite, à l'existence de la personne civile [2]. Mais, d'après un autre arrêt, c'est quand l'excédent d'actif a été réparti entre les intéressés que la société cesse réellement d'exister comme être moral [3]. Cette dernière solution nous paraît plus exacte [4]. Il a même été jugé que la dissolution d'une société et la clôture de la liquidation, même définitive au regard des associés, ne mettent pas obstacle à ce que la société soit assignée, en la personne de ses liquidateurs, par des créanciers antérieurs à la liquidation [5]. Le juge du fait apprécie souverainement si la liquidation de la société est close [6].

204. Conséquences. — De cet état de la société en liquidation se dégagent d'importantes conséquences dont voici les principales [7] : 1° les créanciers sociaux peuvent, pendant la liquidation comme pendant la durée de la société, se faire payer sur le fonds social à l'exclusion des créanciers personnels des associés. Ils ont contre la société les mêmes droits qu'avant sa dissolution [8]; 2° le tribunal compétent pour connaître des actions intentées contre la société continue d'être le tribunal du lieu où la société a son principal établissement [9]; 3° la société doit être assignée à son domicile (siège social), sans qu'il soit besoin de remettre l'assignation au liquidateur personnel-

---

(D. 68, I, 225), 22 décembre 1868 (D. 69, I, 156), 23 mars 1870 (D. 70, I, 415), 5 mars 1872 (D. 72, I, 169), 8 février 1875 (D. 75, I, 308), 17 mai 1877 (S. 77, I, 356), 16 août 1880 (D. 82, I, 80), 18 décembre 1883 (S. 86, I, 27), 11 mars 1884 (D. 84, I, 447; S. 85, I, 447), 2 décembre 1885 (S. 88, I, 331), 13 janvier 1892 (S. 92, I, 100), 24 mai 1892 (S. 92, I, 469); Nancy, 19 février 1881 (S. 82, II, 161); Bordeaux, 30 mars 1886 (S. 88, II, 181); Orléans, 9 mai 1894 (S. 95, II, 310). *Conf.* Lyon-Caen et Renault, n° 366); Orléans, 27 fév. 1904 (J. S. 1904, 304). V. Vavasseur, R. S 99, 33.

1. Nancy, 31 décembre 1896 (J. S. 1897, 211).
2. Cass. 18 août 1840 (S. 40, I, 836, et la note).
3. Cass., 23 mai 1870 (S. 71, I, 106).
4. *Conf.* Pont, n° 1990; Lévi-Lion, *Liq. des soc. comm.*, p. 81; Lyon-Caen et Renault, n° 403; Nancy, 19 février 1881, et Bordeaux, 30 mars 1886, *loc. cit.*; Paris, 19 juin 1890 (R. S. 1890, 504). Mais la solution contraire résulte de deux arrêts antérieurs : Paris, 10 août 1880 (J. S. 1882, 406) et 27 juin 1884 (J. S. 1885, 454).
5. Cass., 18 décembre 1883 (D. 84, I, 402; S. 86, I, 27).
6. Lyon-Caen et Renault, n° 366.
7. Pont, n° 1992; Cass., 2 décembre 1885 (D. 86, I, 357; S. 88, I, 331). V. Aix, 8 avril 1878 (S. 79, II, 313).
8. Cass. 18 août 1840 (S. 40, I, 836); Bourges, 21 août 1871 (D. 73, II, 34); Cass., 10 décembre 1883 (S. 86, I, 27); Fuzier-Herman, *C. civ. ann.*, art. 1872, 34.

lement (art. 59, C. proc.)[1]; 4° ceux qui intentent une action contre la société doivent actionner seulement le liquidateur et non les associés; 5° c'est au liquidateur à toucher les créances sociales : un associé ne pourrait pas en réclamer le paiement pour sa part[2]; c'est du reste le liquidateur qui représente la société dans toutes les opérations nécessitées par la liquidation[3], et à qui appartient l'exercice des actions à intenter dans l'intérêt de la société[4]; 6° l'actif social doit être considéré comme appartenant toujours à la société et non aux associés par indivis. Par suite, les associés n'étant pas copropriétaires des immeubles sociaux n'en peuvent demander la licitation : le liquidateur peut seul les vendre[5]. Ces immeubles sociaux, vendus par le liquidateur, ne sont pas grevés des hypothèques de toute nature existant du chef des associés personnellement, et l'acquéreur n'a pas à purger sur chacun des associés, mais seulement sur la société[6] De même, les saisies-arrêts pratiquées sur un associé ne peuvent avoir effet que sur la part qui lui reviendra après la liquidation[7]; 7° si parmi les associés se trouvent des mineurs ou des interdits, il peut être procédé à la vente des biens de la société, sans l'observation des formalités judiciaires[8]. La cession, par un associé, de ses droits dans une société en liquidation ne participe pas du caractère immobilier des biens sociaux et constitue, au contraire, une transmission mobilière, si d'ailleurs cette cession n'a pas pour effet de mettre fin à l'état de liquidation[9]; 8° la mort, ou la faillite, ou l'interdiction d'un associé survenant après la dissolution ne fait pas cesser le mandat du liquidateur[10]; 9° les obligations contractées pour les besoins de la liquidation obligent la société et les associés comme si elles avaient été créées pendant la durée de celle-ci[11]; 10° une société en liquidation peut être déclarée en faillite[12].

---

1. Cass., 3 janvier, 26 février 1872 (D. 72, 1, 10 et 11) et 10 août 1880 (S. 82, 1, 311; D. 82, 1, 80); Paris, 15 novembre 1886.

2. Cass., 27 juillet 1863 (S. 63, 1, 457). V. Cass., 22 mars 1898 (J. S. 1899, 12).

3. Paris, 6 février 1891 (D. 92, 11, 385 et la note de M. Boistel).

4. Cass., 16 janvier 1867 (S. 67, 1, 173); Nancy, 19 février 1881, loc. cit. V. Cass., 25 août 1879 (S. 81, 1, 447).

5. Bordeaux, 30 mars 1886 (D. 86, 11, 284 ; S. 88, 11, 181); Pont, Hyp., n° 513; Lyon-Caen et Renault, n° 366.

6. Cass., 27 juillet 1863, loc. cit.; Cass., 29 mai 1865 (S. 65, 1, 325); Nancy, 19 février 1881 (S. 82, 11, 161). Mais il en serait autrement s'il s'agissait d'une simple société de fait. Cass., 29 mai 1865, loc. cit.

7. Cass., 2 décembre 1885 (R. S. 1886, 81).

8. V. Cass., 15 novembre 1887 (S. 88, 1, 410).

9. Cass., 15 janvier 1892 (D. 92, 1, 587). V. infrà n° 1284.

10. Cass., 14 mars 1854 (S. 54, 1, 378).

11. Seine, 23 décembre 1880 (J. S. 1881, 133).

12. Cass., 29 juin 1875 ; Douai, 27 mai 1907 (J. S. 1907, 437).

205. Nomination du liquidateur. — Le liquidateur ou les liquidateurs doivent en principe être nommés par les associés. Ils peuvent être désignés d'avance par l'acte de société, ou nommés par acte postérieur. Il n'y a pas de liquidateurs de plein droit[1]. Toutefois, à défaut de nomination d'un liquidateur par les associés, et si aucun d'eux ne demande qu'il en soit nommé un par justice, tous les associés sont considérés comme liquidateurs[2].

Ils sont souvent désignés par les statuts, ce qui présente des avantages. A défaut de cette désignation, et à moins de stipulation contraire, les liquidateurs doivent être nommés, après la dissolution, par tous les associés[3]. Si parmi les intéressés il y a des incapables, leur représentant participe à la nomination du liquidateur[4], et il n'y a pas lieu nécessairement à la nomination d'un liquidateur judiciaire[5].

Si les associés ne sont pas d'accord, la nomination des liquidateurs a lieu par le tribunal de commerce; mais ils peuvent ensuite substituer un liquidateur de leur choix à celui désigné par la justice[6]. Il y aurait aussi lieu à la nomination d'un liquidateur judiciaire si la société était déclarée nulle[7], et il pourrait en être de même si la dissolution de la société était prononcée par les tribunaux, sans qu'on puisse exciper d'une clause des statuts fixant le mode de liquidation[8]. Mais, dans ce dernier cas, les associés auraient ensuite le droit de nommer d'accord un liquidateur amiable[9]. Si les statuts ont chargé les associés de liquider en commun et s'ils ne s'entendent pas, le tribunal nomme un liquidateur étranger[10]. Il a été décidé que le jugement qui nomme un liquidateur peut être déclaré exécutoire nonobstant appel[11]; mais ce jugement doit être rendu en la forme contentieuse, et non sur requête[12].

---

1. Cass., 13 juin 1831 (D. 31, I, 209).
2. Lyon-Caen et Renault, n° 368.
3. Cass., 17 juin 1823; Lyon, 22 août 1825; Bédarride, n° 485; Pont, n° 1491; Lévi, Liq. des soc. comm., p. 29; Lyon-Caen et Renault, n° 367. V. Paris, 9 juillet 1896 (J. S. 1896, 497). Contrà, Bravard et Demangeat, Soc., p. 286; Delangle, n° 685; Boistel, Précis, p. 258, suivant lesquels la majorité suffit.
4. Lyon-Caen et Renault, n° 367.
5. V. suprà, n° 152; Paris, 5 août 1858; Lévi. p. 31; Dalloz, v° Soc., n°s 998 et 1429.
6. Pont, n° 1942; Lyon-Caen et Renault, n° 367 bis.
7. Le Mans, 26 déc. 1882 (J. S. 1883, 175); Paris, 28 mai 1884 (J. S. 1884, 428); Bordeaux, 22 juin 1908 (J. S. 1909, 311). V. Cass., 13 mars 1866 (S. 67, I, 333).
8. Pont, n° 1940; Lyon-Caen et Renault, n° 368; Paris, 3 décembre 1868 et 20 février 1880 (J. S. 1880, 503); Lyon, 14 mai 1881 (J. S. 1883, 62); Seine, 8 avril 1886 (J. S. 1886, 380), 31 août 1887 (R. S. 1887, 594) et 1er octobre 1895 (J. S. 1896, 196).
9. Pont, n° 1940.
10. Paris, 21 août 1862.
11. Paris, 30 septembre 1869.
12. Rouen, 10 mars 1881 (J. S. 1881, 447).

Le choix des liquidateurs (amiables ou judiciaires) peut porter soit sur d'anciens associés, soit sur des personnes étrangères à la société, soit même sur un être moral[1]. Le tribunal de commerce de la Seine désigne des administrateurs judiciaires spéciaux.

Quand le mandat du liquidateur prend fin, le remplacement se fait d'après les mêmes règles que la nomination[2].

Les créanciers sociaux ne peuvent, comme les associés eux-mêmes, s'adresser aux tribunaux et provoquer soit la nomination, soit la révocation des liquidateurs[3].

206. Cessation des fonctions. — Le mandat du liquidateur prend fin tout naturellement par l'achèvement des opérations de liquidation (suprà, n° 203). Il cesse de plein droit par sa mort, son interdiction, sa faillite, sa déconfiture (art. 2003, C. civ.), mais non par les mêmes événements qui atteindraient les associés. Il a été décidé cependant que le mandat du liquidateur cesse par la faillite d'un des associés[4]; mais cette solution a été justement repoussée par une autre décision[5].

Lorsqu'une société antérieurement dissoute et pourvue d'un liquidateur vient à être déclarée en faillite, l'organisation du syndicat de la faillite ne dessaisit pas le liquidateur, qui doit au contraire demeurer en fonctions pour exercer, à l'encontre de la masse, représentée par le syndic, les droits et actions que la loi confère à tout failli, individu ou société[6] (V. infrà, n° 956).

De même, quand une société dissoute, étant en état de cessation de paiements, est mise en liquidation judiciaire, en vertu de la loi du 4 mars 1889, il y a, en principe, à côté du liquidateur judiciaire, un liquidateur de la société dissoute qui la représente (infrà, n° 955).

La révocation du liquidateur peut être prononcée de la façon même dont il a été nommé, c'est-à-dire, suivant les cas, soit par l'unanimité ou par la majorité des associés, soit par justice[7]. Le liquidateur statutaire (associé ou étranger) n'est pas révocable ad nutum; sa révocation ne peut être prononcée que par les tribu-

---

1. Pont, n° 1945; Bordeaux, 20 août 1839 (D. 40, II, 44).
2. Ruben de Couder, n° 550; Lyon-Caen et Renault, n° 375; Seine, 28 avril 1892 (R. S. 1892, 471). V. Marseille, 3 novembre 1905 (J. S. 1906, 435).
3. Paris, 20 juillet 1842; Lyon, 27 mai 1859 (S. 60, II, 16), 24 décembre 1860 (S. 61, II, 557); Aix, 31 mai 1871 (S. 72, II, 47). V. Aix, 11 novembre 1871 (D. 73, II, 78); Rev. prat. soc. belg., 1891, 202.
4. Paris, 4 février 1880 (J. S. 1882, 582).
5. Dijon, 8 mai 1882 (J. S. 1882, 646).
6. Cass., 21 janvier 1874 (D. 74, I, 312). V. aussi Cass., 9 mars 1854 (D. 54, 4, 203). V. Cass., 29 mars 1904 (J. S. 1905, 395).
7. V. Rev. pr. soc. Belg., 1896, 47 et suiv.; Marseille, 23 oct. 1899 (J. S. 1900, 231).

naux, et pour de justes motifs[1], ou par l'unanimité des associés[2]. Au contraire, le liquidateur, associé ou étranger, nommé après la dissolution de la société, par acte particulier, est toujours révocable, comme tout mandataire, d'un commun accord entre tous les associés (sauf le liquidateur s'il est associé), ou, en cas de désaccord, par les tribunaux, s'il y a de justes motifs[3]. Si les créanciers sociaux ont concouru à la désignation du liquidateur, le mandat ne peut être révoqué qu'avec l'adhésion de tous ceux qui l'ont donné[4]. Quant au liquidateur judiciaire, le tribunal qui l'a nommé a seul le pouvoir de le révoquer, soit d'office, soit sur la demande des associés. Mais ceux-ci peuvent toujours, s'ils sont unanimes, nommer un liquidateur qui prend la place du liquidateur judiciaire[5].

Il n'appartient pas au président du tribunal civil de nommer, par ordonnance rendue sur requête, un séquestre judiciaire en remplacement du liquidateur d'une société commerciale[6]. Mais il a été décidé que le juge des référés, régulièrement saisi, peut, en cas d'urgence, nommer un séquestre des biens sociaux, quoique la société soit pourvue d'un liquidateur[7].

Le liquidateur peut renoncer à ses fonctions, et il y a lieu d'appliquer ici les règles de l'art. 2007, C. civ.[8]

207. Devoirs. — Dès son entrée en fonctions, le liquidateur doit :

1° En cas de dissolution anticipée, vérifier si les formalités de publicité, prescrites par l'art. 61 de la loi du 24 juillet 1867, ont été remplies ;

2° Requérir la levée des scellés, s'il en a été apposé, et dresser l'inventaire de l'actif et du passif de la société, en présence des associés. Cet inventaire est fait en la forme commerciale, et il a été justement décidé qu'il n'y a pas lieu de procéder à un inventaire notarié, ni à une estimation par un commissaire priseur et des experts[9]. Cette estimation est faite par le liquidateur[10]; mais celui-ci

---

1. Seine, 23 novembre 1883 (R. S. 1884, 102), 3 février 1888 (R. S. 1888, 327) ; Paris, 13 juin 1883 (R. S. 1883, 443) et 6 juillet 1889 (R. S. 1890, 130).
2. V. toutef. *Rev. prat. soc. Belg.*, 1896, 49, suivant laquelle il suffit de la majorité des anciens associés si le liquidateur est un associé.
3. Pont, n° 1945; Lyon-Caen et Renault, n° 374 *bis*; Rennes, 7 juin 1865 (S. 65, II, 359); Cass., 7 janvier 1868 (S. 68, I, 172) et 30 avril 1873 (S. 74, I, 123). V. Aix, 11 novembre 1871 (D. 73, II, 78); Amiens, 29 juin 1895 (R. S. 1896, 312).
4. Rennes, 7 juin 1865 (S. 65, II, 339); Cass., 7 janvier 1868 (S. 68, I, 172).
5. Lyon-Caen et Renault, n° 374 *bis*.
6. Paris, 4 mai 1867 (S. 67, II, 189).
7. Paris, 6 et 23 janvier 1866 (S. 66, II, 41), et 4 mai 1867, *loc. cit.*
8. Lévi, p. 35.
9. Seine, 11 novembre 1887 (R. S. 1888, 165).
10. Lyon-Caen et Renault, n° 380.

a le droit de se faire assister, dans la confection de l'inventaire et le dépouillement des livres de la société, par des hommes spéciaux procédant sous son contrôle, sans prestation de serment[1]. Si le liquidateur ne dresse pas un inventaire, il s'expose à être condamné à des dommages-intérêts envers les intéressés, lesquels peuvent prouver par tous les moyens la consistance et la valeur des biens sociaux[2]. Est valable la clause des statuts d'une société en nom collectif stipulant qu'en cas de décès d'un des associés, la société sera dissoute de plein droit, que le partage sera opéré d'après un inventaire amiable fait entre le survivant et les représentants du prédécédé, et que le survivant aura le droit de conserver le fonds de commerce en payant à ces derniers le montant de leurs droits fixés par ledit inventaire. Dans ce cas, s'il existe des mineurs parmi les héritiers, il n'y a pas lieu de dresser un inventaire dans les formes prescrites par l'art. 451, C. civ.[3];

3° Exiger des gérants et de tous ceux qui ont pris part à l'administration de la société le compte de ce qu'ils ont à régler avec elle. La quittance du liquidateur libère les gérants; si le gérant est nommé lui-même liquidateur, le compte de gestion est l'un des éléments de celui qu'il doit en qualité de liquidateur[4];

4° Tenir les livres prescrits par les lois et les usages du commerce[5];

5° Présenter, à certains intervalles, des états de situation, certifiés et signés, que puissent vérifier les anciens associés, lesquels conservent le droit de consulter les livres, titres et documents sociaux[6]. Mais, avant la clôture de la liquidation, la communication des documents sociaux doit avoir lieu dans les bureaux du liquidateur ou dans un autre bureau désigné par lui[7];

6° Recouvrer ce qui est dû à la société, réaliser l'actif nécessaire pour éteindre le passif, et acquitter ce passif;

7° Procéder à la liquidation de ce dont chaque associé est créancier ou débiteur de la société pour causes antérieures et postérieures à la dissolution[8].

---

1. Aix, 1er avril 1868.
2. Lyon-Caen et Renault, n° 380.
3. Cass., 30 novembre 1892 et note de M. Houpin, J. S. 1893, 167; Cass., 30 juin 1896 (J. S. 1896, 400).
4. Pont, n° 1950.
5. Lyon-Caen et Renault, n° 380. V. Paris, 30 juin 1897 (J. S. 1898, 807).
6. Boistel, n° 381; Pont, n° 1971.
7. Marseille, 12 janvier 1897 (J. S. 1897, 474).
8. V. Ruben de Couder, *Dict. de dr. comm.*, v° *Soc. en nom coll.*, n° 563 à 543. Décidé que le liquidateur judiciaire d'une société est fondé à requérir du notaire

En principe, le liquidateur n'est pas obligé de donner caution, si elle ne lui est imposée lors de sa nomination[1]. S'il est nommé par l'acte de société, la caution ne peut être demandée que s'il est notoirement insolvable ; mais les anciens associés peuvent assujettir, quand bon leur semble, le liquidateur nommé depuis la dissolution et conséquemment révocable, à l'obligation de fournir caution[2].

208. Pouvoirs. — Il convient de faire observer tout d'abord que la loi n'a réglementé nulle part la liquidation, ni déterminé les pouvoirs de ceux qui y président. En l'absence complète de textes, il y a lieu de considérer les principes généraux du droit, et surtout l'intention probable des parties et la coutume commerciale[3].

Les pouvoirs du liquidateur sont ordinairement déterminés par les statuts, ou par l'acte ou le jugement qui contient sa nomination. Il doit s'y conformer.

En principe, et dans le silence des actes ou du jugement, le liquidateur a le pouvoir de faire tout ce qui est nécessaire pour mener à bonne fin la liquidation[4].

Il a le droit notamment de[5] :

1° Terminer les affaires commerciales[6], continuer l'exploitation pour maintenir le fonds commercial ou industriel jusqu'à la vente[7], mais sans pouvoir se livrer à des opérations commerciales dans le but de réaliser des bénéfices[8] ; vendre les biens mobiliers, spécialement les marchandises, aux enchères ou à l'amiable[9] ;

2° Faire tous actes d'administration, et notamment poursuivre et opérer le recouvrement des créances de la société[10] ; donner, comme conséquence de l'extinction actuelle ou antérieure[11] de la créance, mainlevée de toutes inscriptions et garanties ; acquitter toutes dettes, régler tous comptes ; réclamer aux associés les sommes nécessaires

---

des membres de la société communication des actes par eux passés dans son étude, et des comptes qui intéressent la liquidation dont il est chargé, sauf au notaire à prendre toutes les précautions pour préserver les conventions des tiers d'investigations indiscrètes. Seine, 14 janvier 1897 (J. S. 1897, 239).
1. V. Lyon-Caen et Renault, n° 381.
2. Pont, n° 1951.
3. V. Cass., 28 août 1865, 9 juillet 1866 (art. 18454, 18617, J. N.), 24 février 1879 (D. 79, 1, 103) ; Paris, 17 août 1880 (J. S. 1880, 570) ; Pont, n°s 1978 et suiv. V. Valéry, note (D. 96, 11, 81).
4. V. not. Paris 19 et 31 décembre 1884 (S. 86, 1, 349 ; 87, 1, 49).
5. V. Pont, n°s 1952 et suiv.
6. V. Dalloz, Supp., v° Soc., n° 617.
7. Dijon, 17 mars 1862 (D. 62, 11, 94) ; Le Havre, 21 septembre 1904 (J. S. 1906, 111).
8. V. Cass., 25 août 1879 (D. 79. 1, 465 ; J. S. 1882, 614).
9. Lyon-Caen et Renault, n° 384 ter ; Pont, n° 1954.
10. Cass., 19 nov. 1849 (S. 50, 1, 31). V. Bourges, 7 nov. 1898 (J. S. 1899, 117).
11. Toulouse, 2 août 1861.

à l'extinction du passif, jusqu'à concurrence de leurs mises, sans être obligé de prouver que l'actif est insuffisant pour le paiement des dettes sociales [1];

3° Se faire souscrire des billets à ordre par les débiteurs de la société, les négocier, ainsi que ceux en portefeuille lors de la dissolution; vendre ou transporter les créances sociales [2];

4° Donner en gage les meubles ou les marchandises de la société [3];

5° Ester en justice [4], donner et recevoir toutes assignations, interjeter appel, se pourvoir en cassation, saisir, exproprier, former une surenchère [5], se désister, acquiescer [6]. Lorsque la société est poursuivie en justice, l'assignation peut être faite au siège social ou au domicile du liquidateur; il n'est pas nécessaire qu'elle soit donnée nominativement à la personne même de ce dernier [7] (V. suprà, n° 800).

Le liquidateur peut-il transiger et compromettre? Suivant certains auteurs, ces actes ne lui sont permis qu'en vertu d'un pouvoir exprès [1]. Nous avons admis que le gérant d'une société commerciale a le pouvoir de transiger et de compromettre, au moins sur les choses dont il a la disposition, et généralement sur les intérêts du commerce ou de l'industrie de la société (suprà, n° 183). Ce pouvoir doit être reconnu a fortiori au liquidateur; car il peut être indispensable, pour arriver à une liquidation prompte et pour éviter des procès et des frais, de recourir à une transaction ou à un compromis [9].

En principe, le liquidateur n'a pas qualité pour hypothéquer les

---

1. Lyon-Caen et Renault, n° 384. V. Paris, 9 mai et 31 décembre 1884 (S. 87, II, 51); Cass., 26 mai 1886 (D. 87, I, 383); Paris, 4 mai 1888 (D. 89, II, 1). V. toutefois Boistel, note (D. 87, I, 383).

2. V. Rouen, 12 avril et 26 août 1845 (S. 46, II, 565, 566); Paris, 29 août 1849 (D. 50, II, 4); Paris, 27 décembre 1878 (J. trib. comm., 1879, 526).

3. Paris, 17 mars 1849 (S. 49, II, 289); Cass., 5 mars 1850 (S. 50, I, 261; D. 50, I, 167); Pont, n° 1954; Lyon-Caen et Renault, n° 384 ter. Contrà, Ruben de Couder, n° 576.

4. Nancy, 19 février 1881, Dalloz, Supp., n° 621.

5. Paris, 13 août 1877.

6. Lyon-Caen et Renault, n° 392; Aix, 5 avril 1832; Alger, 5 février 1880 (J. S. 1882, 18). V. Colmar, 11 mars 1851 (D. 52, I, 273); Cass., 12 mars 1852 (D. 52, I, 273); Poitiers, 13 janvier 1867 (D. 67, II, 142).

7. Cass., 16 août 1880 (S. 82, I, 176), 28 juin 1893 (J. S. 1893, 219), 28 février 1894 (J. S. 1895, 170) et 7 nov. 1898 (J. S. 99, 107). V. Lyon, 12 mai 1803 (J. S. 1904, 219; Bravard).

8. Troplong, n° 1023; Delangle, n° 688; Bédarride, n°s 600 et suiv.; Couder et Demangeat, p. 433 et 434; Malepeyre et Jourdain, p. 332; Ruben de Couder, n° 568. V. aussi Cass., 15 janvier 1812; Paris, 18 janvier 1828; Cass., 8 août 1825.

9. Conf. Rennes, 21 août 1831; Paris, 6 janv. 1854 (D. 54, V, 713); Douai, 9 juill. 1887 (R. S. 1888, 303); Bordeaux, 27 juill. 1898 (J. S. 1899, 308); Alauzet, n° 957; Pont, n° 1959; Lyon-Caen et Renault, n° 392. V. Aix, 31 mai 1874 (S. 75, II, 17).

immeubles sociaux[1], ni pour emprunter, même pour payer les dettes exigibles[2].

Le liquidateur a le pouvoir de vendre le fonds commercial ou industriel de la société[3]. Et nous considérons que les usages du commerce l'autorisent à réaliser cette vente à l'amiable, même s'il existe des mineurs ou autres incapables parmi les intéressés. Le cahier de charges dressé pour la vente du fonds de commerce peut interdire aux anciens associés de se rétablir dans le même commerce pendant un certain temps et dans un rayon déterminé[4]. Il a été décidé que l'associé qui, pour arriver à la liquidation de la société, abandonne à forfait à son coassocié le fonds de commerce de la société, n'est pas réputé, par cela seul, et en l'absence de toute convention contraire, renoncer au droit de fonder et d'exploiter un autre établissement semblable : le droit du cédant n'est limité que par l'obligation de ne se livrer à aucune concurrence déloyale[5].

Il a été jugé que le matériel d'exploitation doit être, de droit commun, partagé en nature, et que, par suite, le liquidateur n'a pas qualité pour le vendre[6] ; mais cette décision, contraire aux principes, aux usages et nécessités du commerce, ne nous paraît nullement fondée.

Le liquidateur a-t-il, en principe et en l'absence d'un pouvoir spécial, le droit de vendre les immeubles de la société ? — Cette importante question est très controversée. Suivant certains auteurs, la vente des immeubles ne saurait être consentie sans une autorisation préalable des associés. Ceux-ci, dit-on, peuvent désirer payer les dettes sociales avec leurs deniers personnels afin de conserver les immeubles. On ajoute que, d'ailleurs, il est de principe qu'un mandat spécial est nécessaire pour aliéner (art. 1988, C. civ.)[7]. M. Bédar-

1. Troplong, n° 1022; Delangle, n° 638; Bédarride, n° 497; Alauzet, n° 621; Cass., 2 juin 1836 (S. 36, 1, 673); Lion, p. 49. Contrà, Pont, n° 1938; Lyon-Caen et Renault, n° 386.

2. Troplong, n° 1012; Delangle, n° 688; Bédarride, n° 490; Cass., 3 avril 1819; Boulogne-sur-Mer, 28 mai 1886 (J. S. 1887, 452). Contrà, Seine, 13 juillet 1883 (R. S. 1883, 753). V. aussi Pont, n° 1690; Lyon-Caen et Renault, n° 387; Deloison, n° 120; Cass., 5 mars 1850 (D. 50, 1, 167).

3. V. Mars., 31 mars 1886 (Rec. Mars., 1886, 149); Paris, 30 av. 1908 (J. S. 1909, 205).

4. Paris, 8 mars 1881; Cass., 9 janvier et 28 avril 1884 (art. 22515, 23176 et 23177, J. N.); Seine, 31 juillet 1885 (R. S. 1886, 39); Paris, 5 décembre 1894 (J. S. 1895, 898). V. Seine, 31 mars 1894 (R. S. 1894, 454) et 25 juin 1893 (J. S. 1904, 135); J. S. 1898, 382; 1901, 90; 1909, 207; 1910, 350; Cass., 14 mars 1904 (J. S. 1904, 412).

5. Cass., 5 fév. 1855 (S. 56, 1, 417), 2 mai 1860 (S. 60, 1, 308) et 21 juill. 1873. V. J. S. 1899, 94; 1902, 180; 1905, 188; 1906, 88, 111 et 229.

6. Lyon, 23 juill. 1856 (D. 55, 11, 214). V. aussi Nantes, 12 déc. 1896 (J. S. 1897, 220). Contrà, Nantes, 25 av. 1900 (J. S. 1901, 90); Paris, 30 avril 1908, précité.

7. Bravard, Soc., p. 290; Pardessus, n° 1074; Delangle, n° 691; Boistel, n° 260; Ruben de Couder, n° 570.

ride estime que le liquidateur a le pouvoir de vendre, mais judiciairement, et que la vente tractative serait nulle si elle n'était pas formellement autorisée par les associés[1]. Des auteurs considèrent, au contraire, que si le liquidateur a le droit de vendre les immeubles, il peut le faire même amiablement, de gré à gré; il n'est pas obligé d'agir judiciairement[2]. D'après un autre système, le liquidateur n'est autorisé à vendre qu'autant que les immeubles sont impartageables en nature, ou que leur conservation n'est pas dans les vues probables des associés[3], ou que la vente est nécessaire pour payer les dettes de la société[4]. La Cour de cassation a validé une aliénation opérée par le liquidateur, en s'appuyant sur ce que l'immeuble était impartageable[5]; et il a été décidé que le liquidateur a le droit de vendre les immeubles sociaux, lorsque ces immeubles sont impartageables en nature et que le produit de leur vente doit servir à acquitter les dettes de la société[6]. Enfin, des jurisconsultes enseignent que le liquidateur a, en sa qualité, le droit de vendre les immeubles sociaux, même de gré à gré[7].

La question doit, à notre avis, être résolue par une distinction :

Si la vente des immeubles est nécessaire pour l'acquit du passif, et s'il n'a pas été convenu, dans l'acte de société ou lors de la nomination du liquidateur, que le passif, ou ce qui en resterait dû après la réalisation de l'actif mobilier, serait acquitté par les associés personnellement, elle rentre dans les actes, dans les nécessités de la liquidation et dans les pouvoirs du liquidateur. Et comme ce dernier agit au nom de la société, être moral propriétaire des immeubles, et non des associés individuellement, il n'a pas à observer pour la vente les formalités judiciaires, alors même qu'il y aurait, parmi les intéressés, des mineurs ou autres incapables. Nous ne voyons pas de motifs juridiques pour distinguer à cet égard entre les meubles et les immeubles. Le liquidateur pourra donc vendre les immeubles, même de gré à gré.

Mais dans le cas contraire, c'est-à-dire si la vente des immeubles n'est pas indispensable pour l'acquit du passif, si elle ne constitue

---

1. Bédarride, nº 609. *Conf.* Dalloz, nº 1033; Vavasseur, nº 247. V. Niort 23 décembre 1896 (J. S. 1897, 225).
2. Malepeyre et Jourdain, p. 329; Ruben de Couder, nº 572.
3. Malepeyre et Jourdain, p. 329; Troplong, nº 1017; Dalloz, nº 1034; Delollon nº 243; Dutruc, *Dict. du cont. comm.*, vº *Soc.*, nº 605.
4. Vavasseur, Dutruc, *loc. cit.*
5. Cass., 24 juillet 1871 (S. 71, I, 47).
6. Bordeaux, 30 mars 1886 (S. 88, II, 184).
7. Pont, nº 1937; Lion, *Liq. des soc. comm.*, p. 48; Lyon-Caen et Renault, nº 135.

pas, dès lors, un acte nécessaire de liquidation, on ne saurait reconnaître au liquidateur le pouvoir de vendre les immeubles sociaux,
ni amiablement, ni même judiciairement. Les pouvoirs du liquidateur pour la réalisation de l'actif n'existent que dans la mesure de ce
qui est nécessaire pour liquider les affaires sociales et assurer l'acquit du passif. Dès que les affaires de la société sont réglées et le
passif acquitté, l'état de liquidation cesse, l'être moral n'existe plus
et fait place à une indivision portant sur les biens non réalisés, et
ces biens doivent être licités ou partagés, en observant les règles et
les formalités des partages de succession (V. infrà).

On comprend toutefois que, en fait, il sera souvent difficile d'apprécier si la vente des immeubles sociaux est nécessaire pour l'acquit
du passif et rentre ainsi dans les actes de liquidation et dans les pouvoirs légaux du liquidateur. Dans le doute, et à défaut d'un pouvoir
spécial, les tiers agiront sagement en demandant que le droit du liquidateur de vendre les immeubles (droit qui est, du reste, très contesté) soit confirmé par tous les associés ou par justice.

Dans tous les cas, le liquidateur ne peut vendre les immeubles, au
nom et comme représentant de la société considérée comme être moral, qu'autant que cet être moral a été régulièrement constitué. Si
la société est nulle, le liquidateur ne peut aliéner les biens sociaux
qu'en vertu d'un mandat émané de tous les communistes; et s'il
existe parmi ces derniers des mineurs ou autres incapables, la vente
des immeubles ne peut être valablement faite qu'en observant les
formalités judiciaires[1].

Le liquidateur ne pourrait, de sa propre autorité et sans l'assentiment des anciens associés, vendre en bloc et à forfait l'actif brut de
la société, soit à une autre société, soit à un particulier[2]. A plus forte
raison ne peut-il constituer une société nouvelle pour l'exploitation
des immeubles de la société en liquidation, sans le concours de tous
les associés, surtout s'il a reçu le mandat de vendre les immeubles[3].
Mais lorsque les statuts confèrent au liquidateur les pouvoirs les plus
étendus à l'effet de réaliser les valeurs sociales, le liquidateur a le
droit de consentir la cession de l'actif de gré à gré, et il n'est pas nécessaire de procéder à la vente par adjudication publique[4].

On décide généralement que, s'il existe plusieurs liquidateurs et si
leurs fonctions n'ont pas été déterminées, chacun d'eux peut faire

1. Cass., 13 mars 1866 (S. 67, 1, 333).
2. Lyon-Caen et Renault, n° 384 bis; Lion, p. 46. V. toutef. Liège, 1er mars 1899
(I. S. 99, 438).
3. Cass., 20 mars 1860 (S. 61, 1, 62).
4. Paris, 12 mai 1885 (R. S. 1885, 680). V. Liège, 1er mars 1899, loc. cit.

séparément tous les actes de la liquidation, l'art. 1857, C. civ., étant applicable à tout mandat[1].

Le liquidateur ne peut se substituer un remplaçant sans le consentement des anciens associés[2].

209. Règlement du passif. Situation des créanciers. — La liquidation, à la différence de la faillite, ne rend pas exigibles les dettes de la société[3]. Le liquidateur a le droit et le devoir d'acquitter les dettes sociales. Les créanciers peuvent poursuivre contre la société, en la personne du liquidateur, le recouvrement des sommes exigibles qui leur sont dues, et obtenir condamnation contre elle malgré la dissolution[4]. Ils sont payés, sur l'actif réalisé, d'après la date d'exigibilité de leurs titres, et au fur et à mesure qu'ils se présentent[5], s'il n'y a pas des créanciers opposants[6]. L'actif social est le gage des créanciers sociaux, et s'il était procédé à sa répartition avant le paiement intégral du passif, ceux-ci seraient tenus de rapporter ce qu'ils ont reçu indûment[7].

Quelle est la situation des créanciers sociaux dont les créances ne sont pas exigibles? — Le liquidateur ne doit procéder à la répartition de l'actif social qu'après le paiement intégral des créances échues et en prenant les mesures nécessaires pour assurer l'exécution des obligations à terme au moment où elles deviendront exigibles. Les créanciers peuvent, du reste, signifier au liquidateur une opposition à partage (art. 882, C. civ.)[8]. Ils pourraient même obtenir leur paiement malgré les délais stipulés, s'il y avait diminution des sûretés données aux créanciers (art. 1188, C. civ.)[9]. (Pour le cas de fusion V. *infra*, n° 631.) Le liquidateur qui, dans un intérêt personnel ou pour favoriser d'autres créanciers refuserait de comprendre les créances

---

1. Trib. comm. Liége, 11 février 1858 (*Jur. Anv.*, 1858, ii, 3); Douai, 9 juillet 1887 (R. S. 1888, 303); Liége, 9 janvier 1884 (J. S. 1890, 424); Gand, 7 décembre 1898 (J. S. 1899, 365); Vavasseur. n° 243; Thaller et Pic, n° 624. *Contra*, Lyon, Caen et Renault, n° 394; Orléans, 8 mars 1905 (J. S. 1906, 60); Nîmes, 8 mai 1908 (J. S. 1910, 63). V. Cass., 21 avril 1866 V. encore J. S. 89, 498.
2. Pont, n° 1974.
3. Trib. de Nantes, 26 mai 1883 (J. S. 1883, 709); Seine, 25 juin 1883 (J. S. 1883, 724). V. sur les dr. des oblig., J. S. 1900, 470.
4. V. Toulouse, 7 août 1834 (S. 36, ii, 183); Bordeaux, 19 août 1841; Cass. 14 août 1858 (S. 59, i, 332); Pont, n° 1999; *Rev. pr. s. Belg.*, 1891, 202.
5. Versailles, 1er août 1889; *Supp. Rép.*, Dalloz, v° *Soc.*, n° 614 et suiv.
6. Rouen, 17 décembre 1879; Seine, 26 décembre 1895 (J. S. 1896, 370). V. Cass. 24 novembre 1869 (D. 71, i, 119).
7. Cass., 9 février 1864 (S. 64, i, 137), 14 avril 1869 (S. 70, i, 75), 2 décembre 1891 et les autres décisions citées (J. S. 1892, 203); Pont, n° 2001.
8. V. Seine, 26 décembre 1895 (J. S. 1896, 371); Cass., 24 novembre 1869 (S. 70, i, 168).
9. Nîmes, 19 mai 1852 (S. 53, ii, 614); Nantes, 18 avril 1891. V. Dijon, 29 janvier 1878 (S. 79, ii, 285).

à terme dans l'établissement du passif ou dans la répartition de l'actif de la société, pourrait être déclaré responsable du préjudice qui résulterait de ces faits, pour les créanciers non payés, au moment de l'exigibilité de leurs créances[1]. En cas d'attribution aux associés de l'actif restant net après le paiement des dettes échues sans tenir compte des sommes non exigibles, les créanciers à terme conservent le droit d'agir contre les associés personnellement pour les contraindre au remboursement de leurs créances, ou tout au moins au rapport des sommes dues provenant de la liquidation de la société dissoute. Ils ont sur ces sommes un droit de préférence sur les créanciers personnels des anciens associés. Il va sans dire que s'il s'agit d'une société en nom collectif, les créanciers sociaux ont, dans tous les cas, une action personnelle, solidaire et indéfinie contre tous les anciens associés. Enfin, si une société *in bonis* se met en liquidation, si son actif est alors suffisant pour éteindre complètement son passif, si le liquidateur paie les créanciers qui se présentent; mais si, au cours de la liquidation, il survient un désastre causé par un krach financier ou par la déconfiture d'un débiteur, et si l'actif apparent devient irréalisable et ne permet plus de désintéresser les créanciers à terme, ces créanciers n'ont pas de recours contre les autres créanciers désintéressés : ceux-ci n'ont touché que ce qui leur était dû, et ils pourraient invoquer, par analogie, l'art. 809, C. civ.[2]

Les tiers qui ont traité avec le liquidateur, représentant de la société, deviennent des créanciers sociaux[3]. En principe, les personnes avec lesquelles il a contracté sont des créanciers ordinaires, au même titre que celles qui ont contracté avec la société pendant sa durée. Elles ne peuvent donc passer avant les créanciers qu'autant que la cause de leurs créances les rend privilégiées d'après nos lois[4], notamment s'il s'agit de fournitures faites pour la conservation de la chose[5], ou d'avances faites par un tiers au liquidateur pour les besoins de la liquidation[6].

Le liquidateur est le mandataire des associés ou plutôt de la société; c'est dans leur intérêt que la liquidation se fait; il n'est pas le

1. Cass., 24 novembre 1869, *loc. cit.*
2. V. sur ces différents points l'étude de M. Buchère sur la *Situat. des créanc. d'une soc. comm. en liquid.* (J. S. 1896, p. 241 et suiv.). V. aussi *Rev. pr. s. Belg.*, 1891, 202.
3. Cass., 19 novembre 1835 (S. 36, I, 132); Ruben de Couder, nos 628 et suiv.
4. Lyon-Caen et Renault, nº 402; Lévi, p. 66.
5. Dijon, 17 mars 1862 (D. 62, II, 94); Lyon, 11 juillet 1873 (S. 74, II, 73).
6. Cass., 1er avril 1890 (R. S. 1890, 291; D. 91, I, 364). V. aussi Cass., 25 août 1879 (S. 81, I, 447).

représentant des créanciers; il n'a donc pas qualité, en principe, pour agir au nom des créanciers contre les associés [1].

210. Différences entre la liquidation et la faillite. — Il faut se garder d'étendre à la liquidation les effets de la faillite et d'assimiler le liquidateur au syndic [2]. Ainsi : 1° la liquidation d'une société ne suspend pas le droit de poursuite individuelle des créanciers; elle pourrait seulement être prise en considération par le juge pour accorder des délais de grâce (art. 1244, C. civ. [3]); 2° la liquidation ne rend pas exigibles les dettes de la société (*suprà*); 3° le syndic représente à la fois la société et les créanciers : le liquidateur ne représente, au contraire, que la société; 4° le syndic est toujours nommé par justice; le liquidateur l'est, en principe, par les associés; 5° le syndic est privilégié pour ses frais et avances : le liquidateur n'a pas ordinairement de privilège (*infrà*); 6° les pouvoirs du syndic ne sont pas les mêmes que ceux du liquidateur; 7° le syndic ne peut payer librement les créanciers, le dividende à payer est fixé et ordonnancé par le juge commissaire (art. 489, C. comm.) : le liquidateur paie les créanciers sans aucune formalité spéciale; 8° le syndic est responsable directement envers les créanciers : le liquidateur n'a de responsabilité directe qu'envers les associés; 9° les actes faits par le syndic ne peuvent être annulés pour cause de fraude sur la demande des créanciers (art. 1167, C. civ.); au contraire, les créanciers sociaux peuvent faire annuler pour cause de fraude les actes du liquidateur comme ceux du gérant.

Il ne faut pas non plus confondre le liquidateur d'une société, nommé judiciairement, avec le liquidateur judiciaire nommé en vertu de la loi du 4 mars 1889. Cette loi permet à tout commerçant qui cesse ses paiements d'obtenir le bénéfice de la liquidation judiciaire. S'il s'agit d'une société en nom collectif ou en commandite, la requête est signée par celui ou ceux des associés ayant la signature sociale (art. 3). Dans le cas où une société est déclarée en liquidation judiciaire, s'il a été nommé antérieurement un liquidateur, celui-ci représentera la société dans les opérations de liquidation judiciaire.

---

1. Cass., 16 février 1874 (D. 74, I, 414), 14 mars 1882 (D. 82, I, 241), 16 mai 1877 (D. 78, I, 81); Douai, 23 mars 1878 (S. 78, II, 305); Seine, 21 février 1888 (R. S. 1888, 329); Paris, 13 juin 1888 (S. 90, II, 210), 28 décembre 1888 (R. S. 1889, 189); Bordeaux, 8 juillet 1889 (S. 90, II, 208); Grenoble, 14 novembre 1890 (R. S. 1891, 202, 266); Lyon-Caen et Renault, n°s 378 et suiv.; *Rev. pr. Soc. Belg.*, 1891, 202. V. toutef. Lyon, 15 juillet 1873 (D. 74, II, 209); Rouen, 2 août 1884 (*Rec. Havre*, 1884, II, 105).
2. V. Lyon-Caen et Renault, n°s 407 et suiv.
3. Trib. de paix du IX° arrondissement de Paris, 12 juin 1889 (*Le Droit du* 16 juin).

Il rendra compte de sa gestion à la première réunion des créanciers. Toutefois, il pourra être nommé un liquidateur provisoire (art. 4). Malgré son nom, le liquidateur judiciaire ne liquide pas; sa fonction principale consiste à assister le débiteur mis en liquidation dans les actes que celui-ci n'a plus la capacité de faire seul. Les fonctions du liquidateur nommé à la suite d'une cessation de paiements sont tellement différentes, qu'en principe ces deux liquidateurs coexistent pour une même société [1]

211. Compétence. — Le tribunal de commerce est seul compétent sur les questions concernant la liquidation des sociétés de commerce [2]. Le juge des référés est incompétent pour en connaître, même quant aux mesures provisoires et urgentes [3].

212. Compte. — Lorsque les opérations de liquidation sont terminées, le liquidateur doit rendre compte de l'exécution de son mandat aux associés ses mandants [4].

Aux recettes de ce compte, il fait figurer les sommes par lui reçues, les bénéfices qu'il a réalisés et les intérêts des sommes dont il est reliquataire, mais seulement, à défaut de mise en demeure, s'il est établi qu'il les a employées à son profit [5].

Il porte en dépense : les dettes et charges sociales qu'il a acquittées; les intérêts des sommes qu'il a payées de ses deniers personnels, en l'acquit de la société, à dater du jour des avances constatées (art. 2001, C. civ.) [6]; les traitements ou honoraires qui lui auraient été alloués [7].

Le liquidateur n'a pas de privilège, à l'encontre des créanciers sociaux, dont il n'est pas le mandataire, pour le paiement de ses frais, honoraires et avances [8]. Cependant, s'il est établi, en fait, que les avances ou les frais ont eu en vue la conservation de l'actif social, gage commun des créanciers, le liquidateur peut invoquer le privi-

---

1. Lyon-Caen et Renault, n° 412; Bailly, *Ann. de dr. comm.*, 1889, II, 62; Pic, id., 1891, I, 102; Bordeaux, 6 mars 1895 (J. S. 1895, 406). V. toutef. Seine, 25 février 1891 (*Ann. de dr. comm.*, 1891, I, 102).
2. V. Niort, 25 déc. 1896 (J. S. 1897, 225); Lyon, 5 juillet 1900 (J. S. 1901, 257).
3. Paris, 7 janvier et 9 mars 1883 (R. S. 1883, 150 et 380). V. aussi Cass., 1er décembre 1880 (D. 81, I, 5).
4. V. Ruben de Couder, n°s 593 et suiv.
5. Cass., 5 novembre 1873 (S. 74, 1, 60); Paris, 17 août 1880 (J. S. 1880, 569); Anvers, 27 février 1897 (*Rev. pr. s. Belg.*, 1897, 228).
6. Cass., 17 juin 1823.
7. V. Saint-Etienne, 7 mars 1899 (J. S. 1899, 473).
8. Paris, 20 janvier 1842 (D. 42, II, 131); Lyon, 27 mai 1859 (S. 60, II, 16) et 24 décembre 1860 (S. 61, II, 557); Aix, 31 mai 1871 (S. 72, II, 47); Pont, n° 1976; Lyon-Caen et Renault, n° 398. *Contrà*, Dijon, 17 mars 1862 (S. 63, II, 100); Aix, 11 nov. 1871 (D. 73, II, 78); Lyon, 11 juill. 1873 (S. 74, II, 73); Seine, 28 sept. 1888

lège de l'art. 2103-3°, C. civ.[1]. Le liquidateur peut aussi exercer le privilège des frais de justice de l'art. 2101-1°, C. civ., pour ses honoraires ou pour les frais qui ont profité aux créanciers, sans qu'il y ait à distinguer entre le liquidateur nommé par les associés et le liquidateur nommé par justice[2]. Il en est ainsi notamment pour les dépenses faites par le liquidateur judiciaire nommé en vertu de la loi du 4 mars 1889[3].

Le liquidateur étant créancier de la société, peut agir non seulement contre elle, mais aussi contre les associés solidairement, lors même que le liquidateur est un associé[4]. Toutefois, en cas de paiement d'une dette sociale, s'il est reconnu en fait que l'associé liquidateur a payé comme codébiteur solidaire, il ne peut réclamer à chaque associé que sa part dans la dette[5].

Quand la liquidation est terminée, c'est aux associés à déterminer à qui les livres et papiers de la société seront remis. S'ils ne s'entendent pas sur le choix de cette personne, elle est désignée par le tribunal[6].

Le liquidateur a le droit, après avoir achevé ses opérations, de demander la décharge de son mandat[7].

213. Responsabilité. — Comme tout mandataire, le liquidateur est responsable de son dol et de sa faute (art. 1992, C. civ.)[8]. Il est responsable notamment : de la valeur d'effets non protestés à temps, du défaut de production à la faillite d'un débiteur, ou du non-renouvellement d'inscriptions[9], du défaut de publication de la dissolution anticipée, etc. ; s'il recule, par des expédients, la déclaration de faillite[10] ; si malgré l'insuffisance de l'actif il paie certains créanciers, auquel cas il doit rapporter à la faillite les sommes ainsi déboursées, sauf son recours contre les créanciers désintéressés[11]. La responsa-

1. Paris, 16 décembre 1841 (D. 42, II, 144); Cass., 8 janvier 1862 (D. 63, I, 78); Paris, 4 février 1880 (J. S. 1882, 581); Seine, 17 octobre 1868. V. Paris, 20 novembre 1894 (J. S. 1895, 35).
2. Lyon-Caen et Renault, n° 398.
3. J. S. 1895, 35.
4. Lyon-Caen et Renault, n° 399. V. toutef. Pont, n° 2976. V. Cass., 5 juillet 1837 (S. 37, I, 765) et 21 novembre 1848 (S. 49, I, 263).
5. Cass., 8 janvier 1862 (S. 62, I, 478); Pont, n° 2976.
6. Lyon-Caen et Renault, n° 406. V. Bruxelles, 9 mai 1897 (Rev. pr. s. Belge 1897, 299; J. S. 1898, 507).
7. Paris, 13 mars 1868.
8. V. Lyon, 29 juillet 1852 (D. 54, II, 101); Cass., 30 avril 1873 (D. 75, I, 32) et 5 nov. 1873 (D. 73, I, 454); Amiens, 20 janvier 1905 (J. S. 1906, 359).
9. Cass., 21 novembre 1893 (S. 96, I, 13).
10. Paris, 17 mai 1888 (R. S. 1889, 125).
11. Seine, 4 octobre 1883; Paris, 28 janvier 1884 (R. S. 1884, 42 et 547). V. aussi Cass., 28 janvier 1884 et note de M. Lyon-Caen (S. 86, I, 465).

bilité relative aux fautes sera appliquée plus ou moins rigoureusement suivant que les fonctions du liquidateur sont salariées ou gratuites. Le liquidateur est aussi responsable des fautes du mandataire
qu'il se serait substitué [1]. S'il y a plusieurs liquidateurs, ils ne sont
pas solidaires, à moins de convention contraire (art. 1995, C. civ.) [2].
Mais le liquidateur qui se retire ne peut, sauf les cas de collusion,
être déclaré responsable de la gestion du liquidateur qui le remplace [3].

Le liquidateur n'est pas tenu, en principe, des dettes qu'il a contractées en cette qualité, notamment des frais des instances par lui
engagées [4].

SECTION 3

PARTAGE

214. Règles diverses. — Lorsque les opérations de liquidation sont
terminées, il y a lieu de procéder, entre les anciens associés ou leurs
représentants, au partage des sommes et biens restant exister et se
trouvant leur appartenir indivisément.

Le partage des sociétés commerciales est, en général, soumis aux
mêmes règles que le partage des sociétés civiles (*suprà*, n°s 158 et
suiv.). Ainsi sont applicables au partage des sociétés commerciales
les règles que nous avons établies en ce qui concerne :

1° La forme du partage. Il est amiable si toutes les parties sont
majeures, maîtresses de leurs droits et d'accord, et judiciaire dans
le cas contraire [5];

2° Le mode de partage. Chaque copartageant a le droit de demander le partage en nature, s'il est possible, sinon les biens doivent être
licités. Un auteur [6] estime que l'art. 828, C. civ., n'est pas applicable
en matière de société, le liquidateur ayant pour mission de réaliser
tous les objets trouvés en nature dans le fonds social, à moins de
stipulation contraire dans le pacte social. Cette appréciation nous
paraît inexacte. Nous avons dit que le liquidateur des sociétés en

---

1. Pont, n°s 1972 et suiv.
2. Lyon-Caen et Renault, n° 396. V. Bordeaux, 31 janvier 1895 (R. S. 1895, 622).
Voir sur la situation juridique des liquidateurs d'une société commerciale, à
l'égard des créanciers sociaux, et de la responsabilité des liquidateurs à l'égard
de ces tiers créanciers, *Rev. pr. soc. Belg.*, 1891, 202.
3. Cass., 8 août 1849 (S. 49, I, 679).
4. Cass., 23 mars 1886 (S. 90, I, 398).
5. V. toutef. Vavasseur, n°s 240 et 247.
6. Lion, *Liq. des soc. comm.* V. Trib., Lyon, 1er avril 1902 (R. S. 1903, 186).

nom collectif (et en commandite simple) n'avait, en principe, pouvoir de réaliser l'actif en dépendant, surtout les immeubles, que dans la mesure de ce qui est nécessaire pour l'acquit du passif. Le droit d'exiger le partage en nature ne saurait donc être contesté aux anciens associés, et les art. 827, 828 et 839 sont applicables [1].

Le nom ou le titre d'une société fait partie de son actif et, comme tel, il doit être compris dans les objets à partager entre les associés. Il n'est pas permis à une partie des sociétaires formant un nouvel établissement de s'approprier ce titre au détriment des autres associés [2];

3° L'établissement des comptes respectifs des anciens associés, les prélèvements pouvant en résulter au profit de chacun d'eux [3], et la reprise des objets leur appartenant personnellement. La Cour de cassation a décidé qu'une société annulée pour défaut de publication, n'ayant jamais eu le caractère d'un corps moral doté d'un patrimoine distinct de ceux des associés, ne peut retenir contre l'un des associés une créance donnant lieu, lors du partage, à des rapports au profit de l'autre, suivant le mode prescrit par les art. 829 et 830, C. civ. [4]. Le contraire avait été précédemment jugé, par le motif que les sociétés annulées doivent, comme sociétés de fait, être liquidées d'après les bases du pacte social et les principes du droit commun [5] (V. infrà, v° Sociétés par actions);

4° La fixation des droits des parties, la division et la répartition de l'actif;

5° La rescision du partage pour cause de lésion;

6° La garantie du partage;

7° L'effet déclaratif du partage.

Comme l'être moral n'est pas contesté aux sociétés commerciales, on doit reconnaître que, dans les rapports des associés entre eux, le partage rétroagit au jour de la dissolution de la société, et que chacun d'eux doit être réputé propriétaire depuis cette époque des objets à lui attribués, sauf l'effet des droits réels régulièrement conférés par le liquidateur pendant la durée de la liquidation [6].

Mais ne sont pas applicables au partage des sociétés commerciales,

---

1. Pardessus, t. III, n°s 1082 et 1084; Pont, n° 788; Lyon-Caen et Renault, n° 423; Lyon, 23 juillet 1856 (S. 58, II, 204); Seine, 29 décembre 1884.
2. Rouen, 15 mars 1827. V. aussi Cass., 28 mars 1838 (S. 38, I, 304); Pont, n° 784.
3. Cass., 8 février 1882 (S. 82, I, 224); Lyon-Caen et Renault, n° 418 bis.
4. Cass., 25 mars 1889 (R. S. 1891, 7).
5. Orléans, 14 mars 1883 (S. 83, II, 159).
6. Pont, n°s 1986, 1987; Lyon-Caen et Renault, n°s 425 bis et 426. Suivant Troplong, n° 1066; Bédarride, t. II, n°s 511-513; Ruben de Couder, n° 697, la rétroactivité du partage remonte au jour où le bien est entré dans l'actif social.

non plus qu'au partage des sociétés civiles, les art. 792 (divertisse-ment ou recel), 841 (retrait successoral), 846 (intérêts des sommes dues par les associés), 882, 2° alinéa (défense aux créanciers oppo-sants d'attaquer un partage consommé)[1].

L'ex-associé qui, lors de la dissolution de la société, a cédé à for-fait à son ancien associé tous ses droits sur l'actif social, est sans droit pour exiger de ce dernier la communication des livres de la société[2].

SECTION 4

PRESCRIPTION DES ACTIONS CONTRE LES ASSOCIÉS

215. Principe. Applications. — Aux termes de l'art. 64, C. comm. : « *Toutes actions contre les associés non liquidateurs et leurs veuves, héritiers ou ayants cause, sont prescrites par cinq ans après la fin ou la dissolution de la société, si l'acte de société qui énonce la durée ou la dissolution a été affiché ou enregistré, conformément aux art. 42, 43 et 46, et si, cette formalité remplie, la prescription n'a été interrompue à leur égard par aucune poursuite judiciaire.* »

Cette prescription s'applique incontestablement aux sociétés com-merciales en nom collectif, mais non aux sociétés civiles par leur objet, constituées sous la forme commerciale de la société en nom collectif[3]; elle suppose essentiellement la dissolution totale ou par-tielle[4], ou la nullité de la société; elle reçoit son application même dans les cas exceptionnels où la dissolution n'est pas suivie de liqui-dation, et a donné immédiatement lieu au partage[5]; mais elle n'est pas applicable dans le cas de faillite[6].

Sont soumises à la prescription de cinq ans les actions nées, au profit de tiers contre les associés, d'opérations sociales faites au cours de la société ou motivées par la liquidation[7]. L'art. 64 est donc

---

1. Lyon-Caen et Renault, n° 418. *Contrà*, Demangeat sur Bravard, t. I, 416 et 417; Boistel, n° 386. V. Nancy, 25 mai 1897 (R. S. 1897, 589).
2. Cass., 25 février 1895 (J. S. 1895, 496).
3. V. Cass., 28 janvier 1884 (S. 86, I, 465); Lyon-Caen, note sous cet arrêt. *Contrà*, Pont, n° 2003; Ledru, J. S. 1880, 463.
4. V. Rennes, 31 déc. 1867 (D. 70, II, 14); Cass., 14 déc. 1869 (S. 70, I. 165); Rouen, 19 juin 1909 (J. S. 1910, 69); Pont, n° 2004; Lyon-Caen et Renault, n° 430.
5. Cass., 15 décembre 1880 (S. 82, I, 5); Lyon-Caen et Renault, n° 431, 437.
6. Pont, n° 2004; Lyon-Caen et Renault, n° 431; Cass., 23 mai 1853 (D. 54, v, 714); Paris, 30 janvier 1889 (R. S. 1889, 248); Seine, 13 nov. 1895 (J. S. 1897, 94); Orléans, 13 décembre 1895 (J. S. 1896, 123); Cass., 27 décembre 1903 (J. S. 1906. 272).
7. Cass., 7 janvier 1873 (D. 74, I, 470). V. Cass., 27 janvier 1873 (S. 73, I, 433) et 1er février 1886 (S. 86, I, 54).

étranger : 1° aux actions des tiers contre la société ou le liquidateur[1]; 2° aux actions des associés les uns contre les autres[2]; 3° aux actions de la société contre les associés; 4° aux actions de la société contre les tiers[3]; 5° aux actions des associés contre le liquidateur ou contre les anciens gérants de la société; 6° aux actions du liquidateur contre les associés[4]. Ces diverses actions sont soumises à la prescription de trente ans[5].

On décide généralement que l'action des créanciers sociaux contre les associés, fondée sur ce que, dans le partage effectué au terme de la liquidation, ces derniers ont été apportionnés de valeurs sociales avant que les créanciers fussent intégralement payés, est soumise à la prescription de cinq ans[6].

La prescription de cinq ans est même opposable par les associés non liquidateurs d'une société annulée pour une cause quelconque, pourvu, bien entendu, que la dissolution qui résulte de l'annulation ait été régulièrement publiée[7].

Après l'expiration du délai de cinq ans, les tiers ne peuvent agir en justice, et n'ont même pas le droit de procéder, en vertu d'un jugement, à des voies d'exécution[8].

Des difficultés spéciales ont été soulevées à l'égard du liquidateur. Trois hypothèses peuvent se présenter :

1° *Le liquidateur est une personne étrangère à la société.* La prescription de cinq ans peut être invoquée par tous les associés, pour se soustraire aux actions intentées contre eux par les créanciers sociaux[9]. Au contraire, c'est à la prescription trentenaire seulement que sont soumises les actions des créanciers contre le liquidateur pour l'obliger à les payer avec les valeurs sociales dont il est nanti:

---

1. Nancy, 25 mai 1897 (J. S. 98,63); Paris, 25 nov. 1904, J. S. 1902, 372; 1903, 412.

2. Rouen, 8 mars 1871 (S. 71, II, 269); Paris, 26 avril 1877 (S. 80, II, 331); Rouen, 27 juillet 1892 (R. S. 1893, 29); Dijon, 29 mars 1897 (J. S. 1897, 412); Nancy, 25 mai 1897 (J. S. 1898, 63); Pont, n° 2012.

3. Cass., 7 juillet 1873 (D. 74, I, 470).

4. Rouen, 27 juillet 1892 (R. S. 1893, 29).

5. Mêmes arrêts. *Adde,* Cass., 16 janvier 1867; Pont, n° 2012; Lyon-Caen et Renault, n° 432 *bis.*

6. Cass., 27 janvier 1873 (S. 73, I, 433 et note de M. Labbé); Lombard, p. 161; Boistel, p. 266 et 267; Dolez, p. 265. *Contrà,* Pont, n° 2009; Lyon-Caen et Renault, n° 438, selon lesquels la prescription est de trente ans à compter de l'échéance de chaque créance.

7. Caen, 27 août 1877 et Cass., 27 janvier 1880 (J. S. 1880, 86); Poitiers, 18 juillet 1894 (R. S. 1894, 539); Lyon-Caen et Renault, n° 430. *Contrà,* Paris, 14 avril 1883 (R. S. 1883, 444).

8. Cass., 1er février 1886 (S. 86, I, 54).

9. Cass., 27 janvier 1880 (S. 80, I, 165); Pont, n° 2005; Lyon-Caen et Renault, n° 435. *Contrà,* Rouen, 24 mars 1847 (S. 47, II, 691); Paris, 27 mai 1856 (J. Pal., 1858, 813) et 26 avril 1877 (S. 80, II, 331).

2° *Le liquidateur est un des associés.* Dans ce cas, les associés non liquidateurs jouissent du bénéfice de la prescription de cinq ans, et les actions dirigées contre les associés comme liquidateurs ne se prescrivent que par trente ans. Mais comment se prescrivent les actions dont les liquidateurs sont tenus comme associés? — Dans un premier système, consacré par la Cour de cassation, on décide, sans distinction, que la prescription ordinaire de trente ans est seule applicable aux associés liquidateurs, l'art. 64, C. comm., déclarant prescrites par cinq ans toutes les actions contre les associés non liquidateurs[1]. Mais il nous paraît plus exact de décider que les actions intentées contre les associés comme liquidateurs se prescrivent par trente ans comme celles qui seraient dirigées contre un liquidateur étranger, mais que pour les actions qui existent contre les associés liquidateurs, comme associés, la prescription est celle (quinquennale) de l'art. 64[2]. Quand un associé liquidateur est remplacé avant la fin de la liquidation, il est libéré envers les créanciers sociaux après cinq ans depuis le jour où son remplacement a été rendu public[3].

3° *Tous les associés sont liquidateurs* (ce qui se produit quand la liquidation a été confiée à tous les associés, ou quand il y a liquidation sans que personne ait été désigné comme liquidateur). D'après le système que nous venons d'adopter, tous les associés peuvent invoquer la prescription quinquennale pour les actions exercées contre eux en cette qualité. Dans le système contraire, cette prescription est rejetée, et la prescription trentenaire seule admise. — Mais la prescription de cinq ans serait seule applicable s'il n'y avait pas de liquidation[4].

La prescription de cinq ans court : 1° en cas de dissolution de la société, du jour même de cette dissolution[5], si la société est dissoute par une cause qui ne donne pas lieu à la publicité légale (expiration du terme, décès, etc.), et, dans le cas contraire, à partir du jour où les formalités de publicité ont été accomplies[6], quand bien même

---

1. Pardessus, t. III, n° 1000; Troplong, n° 1051; Vincens, p. 392; Dalloz, n° 1066; Bédarride, n° 676 et suiv.; Lombard, p. 159; Vavasseur, n° 255; Cass., 28 mai 1872 (S. 73, I, 149).
2. Malepeyre et Jourdain, p. 343 et suiv.; Bravard et Demangeat, t. I, p. 449 et suiv.; Alauzet, n°s 624 et suiv.; Dolez, p. 268, Boistel, n° 394; Pont, n° 2010; Ruben de Couder, n° 665; Deloison, n° 146; Labbé, note, S. 82, I, 5; Poncet, note b. 82, I, 393; Lyon-Caen et Renault, n° 436; Seine, 21 déc. 1901 (J. S. 1902, 372).
3. Paris, 20 avril 1847 (S. 47, II, 299); Cass., 8 août 1849 (S. 49, I, 679); Alauzet, n° 626; Dalloz, n° 1074; Pont, n° 2011; Lyon-Caen et Renault, n° 436 *bis.*
4. Cass., 15 décembre 1880, *loc. cit.*
5. V. Seine, 24 mai 1889 (R. S. 1889, 464).
6. Cass., 24 novembre 1845 (S. 46, I, 133); trib. Châtillon-sur-Seine, 13 dé-

les tiers qui se prévalent du défaut de publicité auraient eu, en fait, connaissance de la dissolution[1]; 2° en cas d'exclusion ou de retraite d'un associé, à partir du jour de la publication de la retraite ou de l'exclusion. En ce qui concerne les actions nées d'opérations faites pour les besoins de la liquidation, le point de départ de la prescription de ces actions doit être fixé au jour de la clôture de la liquidation[2].

Cette prescription peut être interrompue par des poursuites judiciaires (art. 64, C. comm.), ou par toutes autres causes ordinaires d'interruption : saisie, commandement, reconnaissance expresse ou tacite[3]. Il suffit qu'il y ait un acte d'interruption à l'égard d'un liquidateur ou d'un associé[4]. La prescription est aussi interrompue par la faillite de la société[5]. Pour les créances à terme ou sous condition, la prescription ne court que du jour de l'arrivée du terme ou de la condition, quand elle est postérieure à la dissolution de la société[6]. La prescription est opposable même aux créanciers empêchés d'agir par eux-mêmes, tels que les mineurs[7].

cembre 1880 (D. 81, III, 47); Cass., 16 mars 1897 (J. S. 1897, 263); Pont, n° 2014; V. Paris, 30 janvier 1889 (R. S. 1889, 248).

Le journal contenant l'insertion prescrite par l'art. 64, C. comm., doit être enregistré dans les trois mois de sa date. Seine, 14 janvier 1901 (J. S. 1901, 275).

1. Rouen, 30 janvier 1895 (J. S. 1895, 317); Aix, 6 février 1897 (J. S. 1897, 303).
2. Pont, n° 2017; Lyou-Caen et Renault, n° 441 bis.
3. Cass., 19 janvier 1889 (S. 60, 1, 565); Bordeaux, 1er mars 1889 (S. 92, II, 68).
4. Lyon-Caen et Renault, n° 443 bis.
5. Seine, 21 avril 1886 (R. S. 1886, 399).
6. Lyon-Caen et Renault, n° 444.
7. Delangle, n° 727; Alauzet, n° 629; Dutruc, v° Soc., n° 658.

DE LA SOCIÉTÉ EN COMMANDITE

Sommaire :

CHAPITRE PREMIER

RÈGLES DIVERSES

216. Loi. Principe. — Les art. 23 à 26, C. comm., sont ainsi conçus : — « Art. 23. *La société en commandite se contracte entre un ou plusieurs associés responsables et solidaires, et un ou plusieurs associés simples bailleurs de fonds, que l'on nomme commanditaires ou associés en commandite. Elle est régie sous un nom social, qui doit être nécessairement celui d'un ou plusieurs des associés responsables et solidaires.* — Art. 24. *Lorsqu'il y a plusieurs associés solidaires et en nom, soit que tous gèrent ensemble, soit qu'un ou plusieurs gèrent pour tous, la société est, à la fois, société en nom collectif à leur égard, et société en commandite à l'égard des simples bailleurs de fonds.* — Art. 25. *Le nom d'un associé commanditaire ne peut faire partie de la raison sociale.* — Art. 26. *L'associé commanditaire n'est passible des pertes que jusqu'à concurrence des fonds qu'il a mis ou dû mettre dans la société.* »

Ce qui caractérise la société en commandite et la distingue principalement de la société en nom collectif, c'est l'existence d'associés (les *commanditaires*) qui ne sont tenus du passif social que jusqu'à concurrence de leurs apports. Il y a à côté d'eux un ou plusieurs associés responsables indéfiniment, que l'on nomme *commandités*. S'ils sont plusieurs, ils sont responsables solidairement, et la société est en nom collectif à leur égard, et en commandite à l'égard de ceux que la loi appelle simples bailleurs de fonds [1].

---

[1]. V. sur l'histoire et la personnalité des sociétés en commandite, Saleilles, *Ann. de dr. comm.*, 1895, I, 49; 1897, 29 et suiv.

Lorsque plusieurs personnes se réunissent pour faire le commerce, sans s'expliquer autrement, la présomption est que leur société est en nom collectif. S'ils veulent créer une commandite, ils doivent le déclarer formellement, ou leur intention doit résulter d'une manière non équivoque de l'ensemble des stipulations de l'acte [1]. Pour apprécier la nature de la société, on ne doit pas, du reste, s'arrêter à la dénomination qui lui a été donnée, mais examiner les conventions des parties [2].

Une société est d'ordinaire en commandite dès le moment de sa création; mais il peut en être autrement: c'est ce qui se présente lorsque, dans une société en nom collectif, il est convenu que l'un des associés ne sera plus tenu désormais que jusqu'à concurrence de son apport, ou qu'il est stipulé dans les statuts qu'en cas de décès de l'un des associés la société continuera avec ses héritiers comme simples commanditaires (*suprà*, n° 201), ou que les associés en nom collectif auront le droit de transformer la situation du gérant en celle d'associé commanditaire [3]; dans l'un ou l'autre cas, il y a, le cas échéant, transformation de la société en nom collectif en société en commandite.

Constitue une société nouvelle la transformation d'une société en nom collectif en une société de commandite, lorsqu'en dehors de toute autorisation des statuts la raison sociale est changée, un associé commanditaire est substitué à l'un des associés en nom collectif [4] (V. *infrà*, n° 651).

Le contrat de société en commandite présente une certaine analogie avec le contrat de prêt, et il est parfois difficile de distinguer ces deux contrats (V. *suprà*, n° 9) [5].

217. Constitution. — La constitution de la société en commandite simple n'est soumise à aucune condition particulière. Les dispositions de la loi du 24 juillet 1867 sont spéciales aux sociétés en commandite par actions et aux sociétés anonymes; elles ne sauraient être étendues par voie d'analogie aux commandites simples (V. *infrà*, n° 276) [6].

1. Trib. Tunis, 13 avril 1889.
2. V. Pont, nos 1420 et 1421; Ruben de Couder, *Dict. de dr. comm.*, v° Soc. command., nos 25 et suiv.; Lyon-Caen et Renault, n° 457; Cass., 8 janvier (D. 73, 1, 194) et 28 mars 1892 (D. 92, 1, 165).
3. Cass., 9 mars 1892 (*Ann. de dr. comm.*, 1892, 1, 130). V. aussi Cass., vrier 1888 (D. 88, 1, 427); Amiens, 2 juillet 1892 (D. 93, 11, 505).
4. Douai, 19 février 1892 (R. S. 1892, 248).
5. Lyon-Caen et Renault, nos 465 et 466. V. Dalloz, *Supp. Rép.*, v° Soc., nos et suiv.
6. Paris, 20 mai 1879 (D. 80, 11, 42, motifs); Cass., 22 février 1892 (R. S. 1892,

218. Acte écrit. — Les sociétés en commandite simple doivent être constituées par des actes publics ou sous signatures privées, en se conformant, dans ce dernier cas, à l'art. 1325 C. civ. (*suprà*, n°ˢ 68 à 70). Quand l'acte de société est sous seing privé, il y a lieu de dresser autant d'originaux qu'il y a de commanditaires et de commandités. Deux originaux, l'un pour les commandités, l'autre pour les commanditaires, ne suffiraient pas[1].

219. Publication. — La société en commandite doit, dans le mois de sa constitution, être publiée conformément à la loi du 24 juillet 1867, que nous expliquerons sous le titre dix-huitième du présent traité.

220. Objet civil. — En principe, la société en commandite, comme la société en nom collectif, doit avoir pour objet de faire une ou plusieurs opérations *commerciales*. Les parties peuvent cependant constituer une société en commandite dans le but de se livrer à des opérations ayant un caractère civil. Dans ce dernier cas, la société doit être publiée conformément aux art. 55 et suiv. de la loi du 24 juillet 1867, et les associés commanditaires ne sont tenus au paiement des dettes sociales que jusqu'à concurrence de leur apport[2].

L'art. 68, ajouté à la loi de 1867 par celle du 1er août 1893, est ainsi conçu : « *Quel que soit leur objet, les sociétés en commandite* ou *anonymes* qui seront constituées dans les formes du Code de commerce ou de la présente loi *seront commerciales* et soumises aux lois et usages du commerce. » — Cette disposition est-elle applicable aux sociétés en commandite simple ou par intérêt? Des auteurs enseignent la négative, en s'appuyant sur les travaux législatifs et notamment sur le rapport de M. Clausel de Coussergues, qui ne vise que les sociétés par actions[3]. D'autres auteurs considèrent, au contraire, que le texte formel de la loi nouvelle ne permet pas cette interprétation restrictive, et que ces expressions « sociétés en commandite... constituées dans les formes du Code de commerce... » s'appliquent aux sociétés en commandite simple[4]. La question est délicate ; mais nous croyons que cette dernière solution doit être admise en présence du texte net et absolu de la loi. (Sur les conséquences de la commercialité des sociétés civiles, et sur la non-rétroactivité de l'art. 68, V. *infrà*, n° 278.)

221. Raison sociale. — Comme la société en nom collectif, la

---

1. Lyon-Caen et Renault, n° 524. *Contrà*, Bravard-Veyrières, I, p. 233-234. V. aussi Lyon, 31 juillet 1897 (J. S. 1898, 216).
2. Lyon-Caen et Renault, n° 1077 *bis*. V. toutef. Alger, 7 nov. 1907 (J. S. 1908, 366).
3. Lyon-Caen et Renault, L. 1893, n° 51; Thaller, n° 782. V. Faure, p. 142 et 143.
4. Bouvier-Bangillon, p. 27; Douai, 13 mai 1907 (J. S. 1907, 516).

société en commandite fait le commerce et agit sous une raison sociale. Mais le nom qui constituera cette raison sociale devra nécessairement être celui d'un ou plusieurs des associés responsables et solidaires (art. 23, C. comm.); et, s'il n'y a qu'un seul associé responsable, c'est le nom de cet associé qui deviendra la raison sociale. Dans ce cas, l'addition obligée des mots *et compagnie* ne nuit en aucune façon aux associés commanditaires et n'en fait pas des associés en nom collectif. Mais il en serait autrement s'ils laissaient leur nom entrer dans la raison sociale, dont il ne doit jamais faire partie (art. 25, C. comm.)[1] (V. *suprà*, n° 174).

Le changement de raison sociale n'est qu'une évolution modificative de la société, et ne donne pas naissance à un être moral nouveau[2]. Mais ce changement ne peut être opéré que du consentement de tous les associés[3].

222. Apports. — L'apport des associés commanditaires consiste ordinairement dans une somme d'argent. C'est même ce que prévoient les art. 24 et 26, C. comm., en qualifiant les commanditaires de simples *bailleurs de fonds*, et en disposant que ceux-ci ne sont passibles des pertes que jusqu'à concurrence des *fonds* qu'ils ont mis ou dû mettre dans la société. Mais la loi n'a prévu que le *plerumque fit*. L'apport des associés commanditaires peut comprendre (comme celui des commandités) des biens en nature, meubles ou immeubles[4], et notamment un brevet d'invention, une découverte précieuse, un secret d'art ou de science, pourvu que l'inventeur ne l'applique pas lui-même[5]. Toutefois, à la différence de ce qui peut arriver dans une société collective, la mise d'un associé commanditaire ne saurait consister, uniquement ou même partiellement, ni dans son expérience ou sa capacité, ni dans son industrie personnelle, car il y aurait immixtion dans la gestion, ce qui lui est interdit[6].

Un commanditaire peut aussi n'apporter, pour mise sociale, que la jouissance d'un capital. Dans ce cas, la société et les associés en nom collectif sont tenus d'en faire la restitution à la fin de la société, et le commanditaire ne supporte que la perte des revenus que ce capital aurait pu produire[7]. La Cour de cassation a décidé en ce sens

---

1. Pont, n° 1426; Lyon-Caen et Renault, n°s 462 et 463; Paris, 13 janvier 1877.
2. Seine, 21 janvier 1890 (R. S. 1890, 217).
3. Besançon, 11 juillet 1878 (J. S. 1881, 166).
4. Lyon-Caen et Renault, n° 468; Ruben de Couder, v° *Soc. en comm.*, n° 66.
5. Malepeyre et Jourdain, p. 142; Molinier, n° 519; Ruben de Couder, n°s 65 et suiv.; ou un fonds de commerce : Paris, 8 mars 1901 (J. S. 1901, 410).
6. Boistel, n° 198; Ruben de Couder, n° 64; Lyon-Caen et Renault, n° 531.
7. Ruben de Couder, v° *Soc. en comm.*, n° 49.

que la convention d'après laquelle le capital apporté par un associé, pour la jouissance seulement, lui sera remboursé intégralement sans qu'il ait à supporter les pertes sociales, n'est pas contraire à la règle de l'art. 1855, § 2, C. civ. ; la jouissance mise en commun reste nécessairement soumise aux pertes qui viendraient à affliger la société, l'associé étant exposé à ne rien retirer de l'intérêt de ses fonds[1]. Il résulte de ce principe que l'associé qui veut ne pas exposer son capital aux pertes sociales et cependant participer aux bénéfices de la société, peut obtenir légalement ce résultat, en apportant à la société la *jouissance* seulement des sommes qu'il doit fournir à la société. Si la société éprouve des pertes, l'associé perdra sa mise, c'est-à-dire que les sommes dont il a apporté la jouissance ne lui auront produit aucun revenu. Mais à la dissolution de la société, il aura le droit de reprendre ces sommes, qui n'ont cessé de lui appartenir et dont il se trouve créancier ordinaire envers la société. Les sommes fournies par un commanditaire nous paraissent pouvoir être garanties par l'emploi de cette combinaison[2].

Le chiffre de la commandite doit être indiqué dans les statuts et publié, pour faire connaître aux tiers l'importance de la garantie qui leur est offerte ; à défaut de cette indication essentielle, la société serait considérée comme étant en nom collectif, même à l'égard de l'associé qualifié commanditaire[3].

223. Responsabilité limitée. — Dans la société en commandite, les associés en nom (commandités) sont, comme les membres d'une société en nom collectif, indéfiniment et solidairement responsables, envers les tiers, du passif social[4] ; mais les associés simplement commanditaires n'y sont tenus que jusqu'à concurrence de leurs apports (art. 26, C. comm.).

224. Charges d'agent de change. — Aux termes de l'art. 75, C. comm., modifié par la loi du 2 juillet 1862, les agents de change près les Bourses pourvues de parquets, peuvent s'adjoindre des bailleurs de fonds intéressés, participant aux bénéfices et aux pertes résultant de l'exploitation de l'office et de la liquidation de sa valeur ; ces bailleurs de fonds ne sont passibles des pertes que jusqu'à concurrence des capitaux qu'ils ont engagés.

1. Cass., 2 av. 1889 et 10 déc. 1893 (J. S. 1895, 55). V. aussi Cass., 7 juill. 1898 (J. S. 1898, 493). *Contrà*, Bonfils, *Rev. crit.* 1895, 546 ; Thaller et Pic, n° 47.
2. Baudry-Lacantinerie et Wahl, n° 279 ; Arthuys, n° 65. V. Thaller, *Ann. de dr. comm.*, 1892, 297. V. toutef. Amiens, 26 mai 1906 (J. S. 1908, 228).
3. Grenoble, 24 mars 1874 (D. 77, v, 411) ; Paris, 1er mai 1890 (R. S. 1890, 570) et 22 juin 1891 (R. S. 1891, 484). V. toutef. Cass., 28 fév. 1859 (D. 59, 1, 408).
4. Cass., 8 avril 1903 (J. S. 1904, 410).

Ces sociétés ressemblent aux commandites en ce qu'elles comprennent deux classes d'associés ; mais elles en diffèrent sous certains rapports. Ainsi : 1° il n'y a pas de raison sociale, l'agent de change agissant en son nom ; 2° une seule personne peut être tenue indéfiniment : le titulaire de l'office ; 3° la part *minima* de celui-ci est fixée par la loi au quart de la somme représentant le prix de l'office et le montant du cautionnement (art. 75, C. comm.) ; 4° l'application des art. 27 et 28, C. comm., à ces sociétés, est fort douteuse. Comme le disait le rapporteur de la loi de 1862, la société dont il s'agit est une société *sui generis* spéciale pour un objet spécial [1].

225. Administration de la société. Responsabilité. — Les commandités sont, en principe, tous gérants de la société, à moins que la gestion n'ait été confiée exclusivement soit à l'un ou plusieurs d'entre eux, soit même à un tiers. La seule prohibition qui existe en matière de société en commandite, est celle d'après laquelle le gérant ne peut être choisi parmi les commanditaires (art. 27, C. comm.).

Les règles que nous avons exposées (*suprà*, nos 183 et suiv.) en ce qui concerne la nomination, les pouvoirs [2], la rémunération, les devoirs et la responsabilité des gérants de la société en nom collectif sont applicables aux gérants de la société en commandite.

En ce qui concerne les pouvoirs du gérant de la société en commandite, il a été décidé spécialement : 1° qu'il peut, bien que les statuts lui interdisent d'emprunter, se procurer par des opérations de crédit à courte échéance, telles que des reports, les sommes exigées par un grand mouvement d'affaires [3] ; 2° que, s'il a reçu le pouvoir général de traiter de tout ce qui sera relatif à la marche des affaires et à l'établissement de la société, cette clause peut être interprétée comme contenant autorisation d'aliéner et d'hypothéquer les immeubles sociaux [4] ; 3° qu'il ne peut acheter valablement qu'au comptant, si les statuts, publiés en ce point, lui en font une condition [5] ; 4° que la clause défendant au gérant de s'engager au delà d'une certaine somme

---

1. Lyon-Caen et Renault, n° 458. Décidé que, bien que l'acte par lequel un agent de change s'est adjoint des bailleurs de fonds pour l'exploitation de sa charge autorise ceux-ci à céder leurs droits avec l'autorisation de la chambre syndicale des agents de change et avec le consentement du seul titulaire, ce dernier ne peut accepter valablement la cession que l'un des bailleurs de fonds ferait à la société elle-même ou aux associés collectivement en se retirant de la société. Un tel contrat ne peut exister que du consentement de tous les intéressés. Cass., 22 février 1869 (S. 69, 1, 260).

2. Pont, nos 1442 et suiv. V. (nantiss. de fonds), Paris, 18 juin 1907 (J. S. 1908, 158).

3. Cass., 18 juin 1872 (D. 72, 1, 268).

4. Cass., 8 novembre 1869 (P. 70, 35). V. Nancy, 26 mars 1879 (S. 80, II, 47).

5. Orléans, 1er juin 1852 et 11 janvier 1853.

sans le consentement des commanditaires, est opposable aux tiers, si elle a été publiée[1].

En principe, le gérant de la société en commandite ne peut contracter un emprunt hypothécaire au nom et pour le compte de la société, s'il n'y est formellement autorisé par les statuts ou par tous les associés. Il faut éviter de faire souscrire l'obligation et consentir l'hypothèque au nom de tous les associés, commandités et commanditaires. On pourrait soutenir qu'il y a immixtion des commanditaires dans le fait, par ceux-ci, de traiter directement avec le créancier au nom de la société. L'obligation hypothécaire devra être souscrite par le gérant ou les commandités seuls, et les commanditaires devront se borner à intervenir pour autoriser le gérant, ou mieux encore, ils donneront cette autorisation préalablement et par acte séparé : ce qui ne constitue pas un acte d'immixtion (infrà, n° 241). S'il y a, parmi les commanditaires, des mineurs ou autres incapables, l'autorisation pourra être donnée valablement par leurs représentants légaux ; car il ne s'agit que d'un acte de simple administration concernant une société (être moral distinct des associés) dans laquelle l'incapable ne possède qu'un droit mobilier[2].

Les droits et obligations du gérant, fixés par les statuts, ne peuvent être modifiés sans son consentement[3].

A l'égard des commanditaires, le gérant est responsable de ses fautes comme un mandataire[4]. Il est responsable, notamment, du préjudice causé par sa faute, consistant à engager la société dans des opérations aventureuses qui ont amené sa ruine, à ouvrir à certains clients des crédits hors de proportion avec leurs ressources[5]. S'il y a plusieurs gérants, ils ne sont tous responsables vis-à-vis des commanditaires que s'il y a faute commune et indivisible[6].

226. Révocation. Démission de gérant. — Le gérant a un rôle prépondérant dans la société en commandite. L'art. 1856, C. civ., lui est applicable. Le gérant nommé par les statuts est donc irrévocable en principe jusqu'à l'expiration de la société[7]. Il faut, pour que la révocation ait lieu, que tous les associés, y compris le gérant lui-même, y consentent. Mais il pourrait être révoqué pour infidélité, malver-

---

1. Cass., 24 mai 1859 (D. 59, 1, 242).
2. Houpin, Journ. des not., 1896, 65 ; J. des Soc., 1896, 235.
3. Paris, 18 juin 1872 (Bull. C. app., n° 2674) ; Vavasseur, n° 291. V. J. S. 1908, 371.
4. Pont, n° 1434. V. Lyon, 5 février 1898 (J. S. 1898, 508).
5. Cass., 28 mai 1889 (D. 90, 1, 414).
6. Cass., 28 mai 1889, loc. cit.
7. Cass., 28 avril 1863 (S. 63, 1, 383) ; Pont, n° 1436 ; Lyon Caen et Renault, n° 508 bis. Comp. Cass., 6 janvier 1873 (S. 73, 1, 24).

sation, incapacité manifestée par des fautes lourdes ou des négligences coupables, dont la gravité est laissée à l'appréciation des tribunaux [1].

Toutefois, la révocabilité du gérant statutaire peut être stipulée dans les statuts de la société en commandite [2]. On a même jugé que ce droit de révocation peut être valablement stipulé dans un acte postérieur à l'acte social, par une convention faite avec le gérant au cours de la société, si l'acte social a autorisé la modification des statuts [3]. Il en est ainsi, *a fortiori*, si cette convention a été passée avec le consentement de tous les associés.

Le gérant nommé postérieurement aux statuts est un simple mandataire révocable *ad nutum* par les associés. Mais il pourrait être déclaré irrévocable soit par les statuts, soit même, avec le consentement toutefois de tous les associés, par l'acte postérieur ou la délibération qui l'a nommé [4] (*suprà* n°s 95 et suiv., 184).

Le gérant statutaire ne peut donner sa démission sans motifs légitimes ; mais le gérant non statutaire est toujours libre, à moins qu'il ait pris un engagement contraire, de renoncer à son mandat (*suprà*, n°s 95 et suiv., 184).

Si deux associés en nom collectif reçoivent expressément la qualité de directeurs-gérants et sont chargés d'en remplir les fonctions, ce sont deux qualités qui peuvent être considérées comme distinctes et divisibles, en ce sens que si l'un donne sa démission de gérant, il reste néanmoins associé en nom collectif et, à ce titre, solidairement responsable des dettes sociales [5].

Est licite la clause portant que les associés auront le droit, par un vote unanime, de transformer la situation du gérant, associé en nom collectif tenu *in infinitum* du passif social, en celle d'associé commanditaire [6].

227. Droits et rapports des associés entre eux. — Les explications que nous avons données (*suprà*, n°s 191 et suiv.) sur les droits et

---

1. V. Cass., 9 mai 1859 (S. 60, I, 442), 28 avril 1863 (S. 63, I, 383), 25 novembre 1872 (S. 73, I, 185) et 8 mars 1892 (D. 92, I, 236; R. S. 1892, 196); Pont, n° 1437; Lyon-Caen et Renault, n° 508 *bis*.

2. Paris, 11 novembre 1848 (S. 48, II, 687) et 28 février 1850 (S. 50, II, 447); Cass., 9 mai 1859, 28 avril 1863, 25 novembre 1872 et 8 mars 1892, *loc. cit.*; Pont, n° 1437. *Contrà*, Troplong, n° 433; Bédarride, I, n° 202. V. aussi Lyon-Caen et Renault, n° 509.

3. Paris, 5 juillet 1859 (S. 59, II, 553); Cass., 9 mai 1860 (S. 60, I, 64).

4. V. Paris, 31 déc. 1901 (J. S. 1902, 220) et 6 fév. 1909 (J. S., 1909, 359).

5. Cass., 19 juillet 1881 (*Le Droit* du 22). V. aussi Aix, 20 janvier 1896 (J. S. 1896, 267); Cass., 29 déc. 1897 (J. S. 1898, 211).

6. Cass., 8 mars 1892, *loc. cit.* V. aussi Cass., 28 février 1888 (D. 88, I, 427).

les rapports des associés en nom collectif, entre eux, sont en principe applicables aux membres (commandités et commanditaires) d'une société en commandite, sauf les différences résultant de la qualité des associés commanditaires.

Ainsi :

1° Il doit être fait chaque année, à l'époque fixée par les statuts, un inventaire commercial de l'actif et du passif de la société. Cet inventaire doit être signé par tous les associés;

2° Les bénéfices constatés par cet inventaire doivent être répartis entre les associés, dans les proportions fixées par les statuts, ou, si ceux-ci ne contiennent aucune stipulation particulière, conformément aux dispositions générales des art. 1853 à 1855, C. civ.[1].

Peut-il être stipulé que les commanditaires auront droit à l'intérêt de leurs apports, qui leur sera servi par la société, même en l'absence de bénéfices, et qui sera porté au compte des frais généraux de la société? Cette question est résolue généralement par la jurisprudence dans le sens de l'affirmative. Nous l'examinerons en traitant des sociétés par actions, où cette stipulation est le plus usitée (infrà, n° 726);

3° La société en commandite simple étant faite en considération de la personne de chacun des associés (ce qui la distingue principalement de la société en commandite par actions), les associés commanditaires ne peuvent, pas plus que les commandités, céder leurs droits dans la société à une autre personne qui prendrait leur place, sans le consentement des autres associés[2]. Cette cession devrait être signifiée à la société conformément à l'art. 1690, C. civ.[3]. Mais les associés commanditaires et commandités ont, bien entendu, le droit de s'associer une tierce personne (croupier) relativement à leur part (art. 1861, C. civ.; suprà, n°s 107 et 194)[4]. Ils peuvent aussi céder les droits pouvant leur revenir dans les bénéfices ou dans le capital à retirer de la liquidation : cette cession constitue un transport de créance[5].

La cession qui serait consentie par un commandité, d'une partie de ses droits sociaux, sans le consentement des autres associés, ne donnerait pas au cessionnaire la qualité de commanditaire. Ce

1. Lyon-Caen et Renault, n° 530. V. Orléans, 19 janvier 1898 (J. S. 1898, 181).
2. Lyon-Caen et Renault, n° 536; Pont, n° 594 et suiv. V. Marseille, 24 janvier 1889 (Jur. comm. de Mars., 1891, 141) et 12 août 1901 (J. S. 1902, 235).
3. Lyon-Caen et Renault, n° 536 bis.
4. V. Paris, 25 février 1893 (R. S. 1893, 333).
5. Bordeaux, 10 mars 1892 (D. 92, II, 351; S. 92, II, 319); Seine, 13 novembre 1894 (R. S. 1895, 173).

dernier serait un croupier et participerait, proportionnellement, aux bénéfices et aux pertes (in infinitum) du gérant, à moins de convention contraire.

En cas de cession de ses droits, le commanditaire reste néanmoins tenu, envers les créanciers de la société, de la somme restant à verser sur le montant de son apport[1].

228. Faillite. Liquidation judiciaire. — La société en commandite même dissoute ou nulle, peut être déclarée en état de faillite ou de liquidation judiciaire. La faillite de la société entraîne la faillite des associés responsables (les commandités) (suprà, n° 199), mais non du commanditaire qui s'est immiscé (infrà, n° 242).

229. Dissolution. — La société en commandite simple se dissout par les mêmes causes que la société en nom collectif (suprà, n° 201). On doit considérer que la mort, la déconfiture, la faillite, la mise en liquidation judiciaire, l'interdiction d'un commanditaire entraînent la dissolution de la société[2], à moins de convention contraire. Mais il est ordinairement stipulé qu'en cas de décès d'un associé commanditaire, la société continuera avec ses héritiers, ou entre les associés urvivants à charge d'un remboursement à faire par ces derniers aux héritiers[3].

La société est-elle dissoute par la révocation ou le décès d'un gérant? — Oui, ipso jure, s'il s'agit d'un gérant statutaire dont le choix a été l'une des conditions essentielles du contrat, et sauf disposition contraire dans l'acte de société[4], à moins que les associés ne s'entendent tous sur le choix d'un successeur. Mais s'il s'agit d'un gérant nommé postérieurement aux statuts, son décès, sa révocation ou sa démission ne font pas obstacle à la continuation de la société, et il peut être procédé à son remplacement[5]. Les statuts prévoient ordinairement et sagement le cas de révocation ou de décès d'un gérant, et indiquent expressément le parti à prendre dans l'une ou l'autre hypothèse.

---

1. V. Paris, 12 février 1885 (R. S. 1885, 471).
2. Pardessus, t. III, n°s 1057 et 1066; Bravard et Demangeat, I, p. 443 et 444; Pont, n°s 1895 et 1907; Lyon-Caen et Renault, n° 542. Contrà, Vavasseur, n° 923. Décidé que le jugement qui a donné un conseil judiciaire à un commanditaire n'a pas pour effet d'empêcher, soit la continuation de la société pendant la durée qui lui avait été assignée, soit son renouvellement, si l'acte de renouvellement a été passé avec l'assistance du conseil judiciaire. Cass., 28 mars 1892 (S. 93. I, 461).
3. V. Amiens, 18 février 1878, Dalloz, Supp., n° 797.
4. Paris, 28 février 1850 (S. 50, II, 447); Cass., 9 mai 1860 (S. 60, I, 624); Lyon-Caen et Renault, n°s 508 et 509; Pont, n°s 502 et 1900. V. Cass., 8 mars 1892 (R. S. 1892, 196).
5. Pont, loc. cit. V. Seine, 18 août 1899 (J. S. 1901, 228).

Les commanditaires peuvent former une demande en dissolution basée sur la retraite de l'un des associés en nom collectif[1].

230. Liquidation et partage. — Toutes les règles que nous avons expliquées (*suprà*, n°s 202 et suiv.) à propos de la liquidation[2] et du partage des sociétés en nom collectif, s'appliquent à la liquidation et au partage de la société en commandite simple. Il importe seulement de remarquer que, malgré la dissolution de la société, la clause des statuts qui restreint au montant de leurs mises les obligations des commanditaires, continue de s'appliquer aux actes faits par le liquidateur pour les besoins de la liquidation[3].

Un commanditaire peut être choisi comme liquidateur, et, en cette qualité, terminer les opérations sociales dans la mesure où il est loisible à un liquidateur de le faire[4].

Le liquidateur ne peut, à la différence des créanciers, actionner le gérant qu'à la condition qu'il apparaisse que cette nécessité s'impose et que le reliquat de l'actif réalisable sera insuffisant à combler le déficit[5]. Il a qualité pour poursuivre les associés commanditaires en paiement de leurs apports[6], sans être tenu d'établir préalablement la nécessité d'un appel de fonds pour l'extinction du passif subsistant[7] (*infrà*, n° 313).

En principe, le liquidateur est uniquement le mandataire des associés, et il ne peut, en cette qualité, dans l'intérêt des créanciers de la société, poursuivre contre un associé en nom collectif le paiement de la dette due aux créanciers sociaux. Mais ceux-ci peuvent constituer le liquidateur comme mandataire, et lui donner ainsi le pouvoir de poursuivre en leur nom, contre les associés en nom collectif, le paiement des dettes sociales par eux dues[8].

231. Prescription quinquennale. — Les associés commanditaires peuvent (comme les commandités), quand ils n'ont pas versé leurs

---

1. Cass., 21 mai 1889 (R. S. 1889, 499).
2. V. Paris, 9 juillet 1896 (J. S. 1896, 497). Décidé que quand une société a été déclarée nulle et liquidée comme société de fait suivant les clauses du pacte social, l'associé commanditaire peut retirer le montant de la commandite nonobstant les clauses de l'acte de société qui l'obligeraient à le laisser plus longtemps dans la caisse sociale. Cass., 29 mars 1898 (J. S. 1898, 487). V. J. S. 1903, 406.
3. Lyon-Caen et Renault, n° 544.
4. Paris, 23 février 1829; Cass., 17 avril 1843 (S. 43, I, 595); Pont, n° 1459; Lyon-Caen et Renault, n° 499. V. aussi Cass., 30 avril 1862 (S. 63, I, 393) et 9 janvier 1888 (D. 89, I, 201).
5. Rennes, 1er mars 1888 (R. S. 1889, 398).
6. Lyon, 2 février 1864 et 7 avril 1865 (D. 65, II, 178); Cass., 16 mai 1877 (D. 78, I, 81). V. Poitiers, 30 janvier 1867 (D. 67, II, 148).
7. Boistel, note, D. 89, II, 2.
8. Cass., 16 février 1874 (D. 74, I, 414), 16 mai 1877, motifs (D. 78, I, 81), 14 mai 1890 (R. S. 1880, 414; D. 91, I, 241). *Contrà*, Lyon, 13 janvier 1877 (D. 79, II, 195).

mises, invoquer contre les tiers, après la dissolution de la société, la prescription de cinq ans établie par l'art. 64, C. comm. [1]. Décidé que lorsqu'à l'expiration d'une société un pacte liquidatif intervenu entre tous les associés a donné quitus aux commanditaires, le syndic de la faillite de la société, déclarée plus de cinq ans après ce pacte, n'a aucune action contre ceux-ci [2] (suprà, n° 215).

CHAPITRE II

DES DROITS ET DES OBLIGATIONS
DES COMMANDITAIRES

232. Surveillance. — Les commanditaires ne peuvent, comme nous l'expliquerons bientôt, s'immiscer dans l'administration de la société; mais ils ont, du moins, le droit de surveiller cette administration comme associés [3]. A la différence de ce qui a eu lieu pour les sociétés en commandite par actions, la loi ne s'est pas occupée de la surveillance des sociétés en commandite simple. Les statuts sont donc libres de l'organiser et de la confier à tous les commanditaires ou à quelques-uns d'entre eux [4]. Ce droit de surveillance peut, d'après la jurisprudence, lorsqu'il n'existe pas d'interdiction dans les statuts, être délégué à un tiers choisi pour mandataire par un ou plusieurs commanditaires [5] (suprà, n° 190). Dans le silence des statuts, il appartient aux tribunaux, en cas de contestation, de déterminer les pouvoirs des commanditaires, qui consistent dans un droit d'examen des livres, des papiers de la société, des bilans et des inventaires [6].

1. Cass., 24 juillet 1835 (S. 36, 1, 121), 27 janvier 1873 (D. 73, 1, 371) et 24 janvier 1894 (J. S. 1895, 168); Pont, n° 2007; Thaller et Pic, n° 661; Wahl, S. 95, 1, 497. V. Cass., 15 décembre 1880 (S. 82, 1, 5); Rouen, 19 juin 1909 (J. S. 1910, 69). Contrà, Lyon-Caen et Renault, n° 545; Seine, 14 mars 1890 (S. 94, 1, 519), selon lesquels la prescription est de trente ans.
2. Cass., 24 janvier 1894, loc. cit.
3. V. Paris, 4 février 1897 (J. S. 1898, 183). V. J. S. 1902, 236; 1905, 384.
4. Cass., 27 janvier 1880 (S. 80, 1, 121); Bordeaux, 3 juillet 1895 (J. S. 1896, 25 février 1890 (R. S. 1890, 249); Paris, 29 juin 1903 (J. S. 1903, 325; 1904, 210). Contrà, Lyon-Caen et Renault, n° 533. V. Douai, 16 décembre 1897 (J. S. 1899, 351).
5. Poitiers, 22 mars 1854 (S. 55, 11, 532); Seine, 6 décembre 1889 et Paris, 25 février 1890 (R. S. 1890, 249); Paris, 29 juin 1903 (J. S. 1903, 325; 1904, 210). Contrà, Lyon-Caen et Renault, n° 533. V. Douai, 16 décembre 1897 (J. S. 1899, 351).
6. Lyon-Caen et Renault, n° 533; Cass., 24 janvier 1899 (J. S. 1899, 305). V. Paris, 14 janvier 1893 (S. 94, 11, 269) et 23 avril 1895 (J. S. 1896, 74).

En principe, et à moins de convention contraire, les membres du conseil de surveillance d'une société en commandite simple n'encourent de responsabilité qu'envers les commanditaires dont ils sont mandataires, et non envers les créanciers sociaux. Leur responsabilité, qui dérive du mandat, peut être restreinte et même supprimée. Ils ne sont pas plus responsables envers les tiers qu'un mandataire ordinaire [1].

233. Opérations commerciales. — Les associés commanditaires peuvent faire pour eux-mêmes des opérations semblables à celles qui entrent dans l'objet de la société, ou devenir membres d'une société se livrant aux mêmes opérations [2].

234. Bénéfices. — Les associés commanditaires ont droit à une portion des bénéfices sociaux (*suprà*, n° 227).

235. Obligation de verser la mise; caractère de cette obligation. — Les commanditaires sont obligés de verser intégralement leurs mises, aux époques ou dans les conditions fixées par les statuts [3]. En cas d'insolvabilité de l'un d'eux, il peut être demandé d'autant plus aux autres jusqu'à concurrence de leurs mises [4]. S'ils n'en effectuent pas le versement à l'époque fixée, ils sont tenus de plein droit des intérêts moratoires [5], et peuvent, en outre, être condamnés à des dommages-intérêts (art. 1846, C. civ.). La faillite de la société rend exigibles les sommes dues par les commanditaires, avec les intérêts au taux commercial du jour de la demande judiciaire [6]. Ils ne peuvent exciper d'aucune convention passée entre eux et le gérant, qui aurait pour résultat soit de les affranchir de l'obligation de verser tout ou partie du montant de leur commandite, soit de leur procurer le remboursement des sommes qu'ils auraient versées [7].

Ils sont tenus du versement de leurs mises, d'abord envers la société, dont l'action est exercée par le gérant.

1. Paris, 20 mai 1879 (S. 79, II, 209); Cass., 27 janvier 1880 (S. 1880, I, 121; S. 1880, 63); Pont, n° 1528; Lyon-Caen et Renault, n° 534. V. Bordeaux, 3 juillet 1895, loc. cit.
2. Lyon-Caen et Renault, n° 531. V. Paris, 9 août 1873 et Cass., 14 décembre 1874 (D. 75, I, 337 et note de M. Boistel).
3. V. Lyon, 7 avril 1865 (D. 65, II, 178); Douai, 15 janvier 1896 (J. S. 1896, 422).
4. Lyon-Caen et Renault, n° 484.
5. Lyon, 7 avril 1865 (D. 65, II, 178).
6. Paris, 23 juin 1857 (S. 60, II, 128); Cass., 6 août 1862 (S. 62, I, 783); Aix, 1er mars 1869 (S. 70, II, 73); Paris, 15 juillet 1871 (D. 71, II, 142); Pont, n° 323.
7. Cass., 6 novembre 1865 (S. 66, I, 109), 18 février 1868 (S. 68, I, 241), 9 août et 14 décembre 1869 (S. 70, I, 25 et 165); Paris, 2 juin 1876 (S. 79, II, 33); Lyon-Caen et Renault, n°s 477 et suiv. V. aussi Cass., 12 avril 1842 (S. 42, I, 417); Paris, 16 janvier 1862 (D. 62, II, 184); Cass., 13 mai 1896 (R. S. 1896, 307).

Ils sont aussi tenus envers les créanciers sociaux ; et ceux-ci, qui, en vertu de l'art. 1166, C. civ., peuvent exercer l'action de la société, ont, en outre, de leur chef, une action directe contre les commanditaires [1]. Par suite, les commanditaires ne peuvent pas opposer aux créanciers les exceptions et moyens de défense qu'ils auraient contre leurs coassociés, notamment la fraude du gérant [2]. Ils ne sont pas non plus fondés à exiger la discussion préalable de l'actif social et de la fortune personnelle des commandités [3]. Cette action peut être exercée par les créanciers individuellement pendant la société, même après sa dissolution [4], et avant toute déclaration de faillite ou de liquidation judiciaire [5] ; mais, s'il y a faillite, elle passe au syndic [6]. Dans tous les cas, les commanditaires actionnés par les créanciers ont le droit de se prévaloir de leur libération résultant d'une compensation [7], ou du paiement. La preuve de cette libération leur incombe [8].

La qualité de commanditaire n'emporte pas celle de commerçant [9] ; mais on décide généralement que l'obligation du commanditaire de verser sa mise est commerciale et non civile, et que, par suite, il est justiciable du tribunal de commerce [10].

236. Bénéfices. Pertes. Répartition. Contribution. — Les associés commanditaires ont droit à une portion des bénéfices sociaux et doivent supporter une portion des pertes [11] ; le tout conformément

---

1. Cass., 28 février 1844 (S. 44, I, 692), 25 juin 1846 (S. 46, I, 777), 30 juillet 1851 (D. 52, I, 22), 6 novembre 1865 (loc. cit.) et 4 janvier 1887 (D. 87, I, 124) ; Aix, 13 août 1860 (S. 61, II, 147) ; Lyon, 2 février 1864 (S. 65, II, 259) ; Pont, n° 1450 ; Lyon-Caen et Renault, n° 473. V. Cass., 13 janvier 1903 (J. S. 1903, 300).
2. Lyon, 31 janvier 1840 ; Paris, 30 juillet 1859 ; Cass., 10 février 1868 (D. 68, I, 378).
3. Cass., 20 octobre 1886 (D. 87, I, 117, motifs) ; Lyon-Caen et Renault, n° 474.
4. V. les décisions citées à la note 1. Contrà, Lyon, 7 avril 1865 (D. 65, II, 177) ; Poitiers, 30 janvier 1867 (D. 67, II, 142).
5. Dalloz, v° Soc., n°s 1330 et suiv. ; Lyon-Caen et Renault, n° 474. Contrà, Troplong, n°s 83 et suiv. ; Alauzet, n° 159 ; Poitiers, 30 janvier 1867 (D. 67, II, 142).
6. Caen, 25 juin 1846 (D. 46, I, 134) ; Cass., 20 octobre 1886 et 4 janvier 1887, loc. cit. V. pour le cas de concordat : Paris, 6 décembre 1850 et Cass., 30 juillet 1851 (D. 51, II, 20, I, 22).
7. Cass., 4 mars 1867 (D. 67, I, 425) ; Pont, n° 1451 ; Lyon-Caen et Renault, n° 475. V. Cass., 8 février 1845 (S. 45, I, 590).
8. Cass., 4 janvier 1887, loc. cit.
9. Alauzet, n° 561 ; Pont, n° 1423 ; Lyon-Caen et Renault, n° 471.
10. Cass., 13 août 1856 (S. 56, I, 769), 3 mars et 15 juillet 1863 (S. 63, I, 187 et 485) ; Grenoble, 25 février 1857 (S. 58, II, 693) ; Lyon, 21 juillet 1858 (S. 60, II, 188) ; Rouen, 25 juin 1859 (S. 60, II, 247) ; Paris, 10 janvier 1861 (S. 61, II, 177) ; Bourges, 26 décembre 1870 (S. 70, II, 318) ; Paris, 22 mai 1884 (D. 85, II, 369) ; Cass., 7 nov. 1899 (J. S. 1901, 513). Contrà, Lyon, 7 fév. 1850 (S. 50, II, Augers, Dijon, 20 mars 1851 (S. 51, II, 764) ; Dijon, 4 août 1857 (D. 58, II, 105) ; Augers, 18 janvier 1865 (D. 65, II, 61) ; Paris, 24 janvier 1874 (S. 76, II, 5) ; Pont, n° 1424.
11. V. Grenoble, 18 mars 1890 (R. S. 1890, 424) ; Cass., 11 juillet 1892 (R. S. 1892, 450).

aux stipulations des statuts ou aux dispositions générales du Code civil (*suprà*, n⁰ˢ 115 et suiv., 227).

Si l'actif subit une dépréciation pendant la liquidation de la société dissoute, le risque doit être supporté par les associés dans la proportion déterminée par les statuts pour la contribution aux pertes [1].

La patente, bien que personnelle au gérant, n'en est pas moins une dette de la société, au paiement de laquelle les commanditaires doivent contribuer sur l'actif social [2].

Si les associés commanditaires au lieu de toucher leur part de bénéfices fixée par l'inventaire annuel, la laissent dans la société qui en crédite leur compte courant, ils s'en trouvent créanciers vis-à-vis de la société, et, si elle vient à subir des pertes, ils doivent être traités comme un tiers qui aurait prêté son argent, et non, quant à ces dividendes, comme des associés [3]. Mais il en serait autrement s'il résultait des circonstances que ces bénéfices ont été laissés et accumulés pour augmenter le chiffre de la commandite (*infrà*, n° 732) [4].

Les associés en nom collectif ou le gérant sont tenus, vis-à-vis des tiers, des engagements sociaux, indéfiniment et solidairement (*suprà*, n° 198) [5].

Mais les associés commanditaires ne sont passibles des pertes, des dettes et engagements sociaux, même de ceux nés de quasi-délits [6], que jusqu'à concurrence des fonds qu'ils ont mis ou dû mettre dans la société (art. 26, C. comm.), c'est-à-dire jusqu'à concurrence de leurs apports [7], pourvu qu'ils ne s'immiscent pas dans la gérance (*infrà*).

Il est cependant permis de stipuler dans les statuts qu'ils seront tenus jusqu'à concurrence d'une somme déterminée, supérieure à leurs apports. Cette stipulation, favorable aux tiers, est valable et ne peut faire réputer les commanditaires comme des associés en nom collectif [8].

La jurisprudence considère comme valable la stipulation par

---

1. Cass., 28 juillet 1896 (J. S. 1896, 486).
2. Cass., 25 novembre 1896 (J. S. 1897, 105).
3. Delangle, n° 364; Molinier, n° 555; Pont, n° 1482. V. aussi Rouen, 30 mars 1841. V. cep. Bédarride, *Soc.*, n⁰ˢ 233 et suiv.
4. Douai, 25 janvier 1873 et Cass., 5 août 1873 (D. 74, 1, 127). V. aussi Angers, 15 février 1843 (S. 43, 11, 389).
5. V. Vavasseur, n° 292; Cass., 8 avril 1872 (D. 72, 1, 107); Lyon, 13 janvier 1877 (D. 79, 11, 195).
6. Bordeaux, 14 mars 1890 (D. 91, 11, 63).
7. Cass., 9 février 1864 (D. 64, 1, 73).
8. Namur, t. 11, n° 903; Lyon-Caen et Renault, n° 538 *bis*. *Contrà*, Delangle, n° 274; Bédarride, n° 247.

T. I. 13

laquelle l'associé gérant contracte une assurance sur la vie, payable à son décès, à son commanditaire, pour garantir le remboursement de sa commandite [1]; mais l'engagement pris par la société elle-même ou par un des associés, ayant pour effet de garantir un commanditaire contre toute participation aux pertes, est nul en vertu de l'art. 1855, C. civ. [2] (suprà, n° 130).

La majorité des commanditaires est sans pouvoir pour obliger les dissidents au delà de leurs mises.

Les commanditaires ne sont pas engagés au delà de leurs mises, alors même qu'il a été stipulé qu'ils verseront une part de la perte au prorata de leurs apports un mois après l'inventaire annuel, cette clause devant s'interpréter en ce sens que ce versement sera imputable sur leurs mises non entièrement libérées [3].

Toutes les règles posées pour la société en nom collectif en ce qui concerne les engagements sociaux, les cas dans lesquels des engagements ont ce caractère, et le droit de poursuite des créanciers sociaux [4], s'appliquent à la commandite simple (suprà, n°s 195 et suiv.). Il y a seulement lieu de tenir compte de ce que les commanditaires ne sont obligés que jusqu'à concurrence de leurs mises; mais, dans cette mesure, le droit pour les créanciers sociaux d'agir contre eux s'exerce dans les mêmes conditions que celui de ces créanciers contre des associés en nom collectif [5] (suprà, n° 235).

La convention que des dettes antérieures à la constitution de la société seront payées sur le fonds social ne peut être opposée à la masse des créanciers sociaux, à moins qu'elle n'ait été publiée lors de la constitution de la société [6]

Lorsque la société a été annulée, les créanciers sociaux n'ont aucun droit exclusif sur l'actif social, et les créanciers personnels des associés en nom collectif doivent être admis à exercer leurs droits sur la totalité de cet actif [7].

Les commanditaires sont tenus des pertes sociales à concurrence et dans la proportion de leur apport, sans recours contre les gérants, à moins de stipulation contraire dans les statuts. Mais ce recours

---

1. Aix, 4 novembre 1886 (R. S. 1887, 437) et Cass., 9 juin 1890 (R. S. 1890, 416). Contrà, Planiol, note sous ce dernier arrêt, D. 90, 1, 409, et Thaller, Ann. de dr. comm., 1892, II, 297; Dalloz, Rép., Supp., v° Soc., n°s 733 et suiv.
2. Cass., 11 juillet 1894 (R. S. 1894, 475).
3. Rouen, 9 juin 1875 (D. 75, II, 205).
4. V. Rennes, 1er mars 1888 et Cass., 14 mai 1890 (R. S. 1889, 398; 1890, 444).
5. Lyon-Caen et Renault, n° 538.
6. Cass., 14 décembre 1886 (D. 87, 1, 103, et 90, 1, 385).
7. Paris, 12 février 1885 (R. S. 1885, 471).

devrait s'exercer s'il était stipulé que les commanditaires prélèveront avant partage tout ou partie de leur commandite, alors qu'une portion de la créance ainsi constituée à leur profit a été absorbée par les dettes sociales [1].

La contribution aux pertes doit être répartie proportionnellement entre les associés commanditaires et les associés en nom collectif. Si donc une société comprend deux associés en nom collectif et un associé en commandite, et si l'un des associés en nom collectif devient insolvable, la charge de l'excédent de perte résultant de cette insolvabilité doit peser aussi bien sur le commanditaire dans la proportion et dans la limite de son apport, que sur l'autre associé en nom collectif [2]

Si, à l'égard des tiers, le commanditaire est tenu de la totalité des dettes jusqu'à concurrence de sa mise de fonds, sa contribution auxdites dettes doit être, dans les comptes avec ses associés, réglée par les conventions intervenues entre les parties [3].

237. Distribution de dividendes fictifs. — Le gérant ne peut restituer à des commanditaires tout ou partie de leurs mises; les tiers auraient le droit d'agir contre eux pour les contraindre à verser à nouveau les sommes qui auraient été ainsi restituées (*supra*, n° 235).

On reconnaît aussi aux créanciers une action en répétition des dividendes fictifs ou des sommes distribuées à titre de dividendes et ne correspondant pas à des bénéfices réels [4]. Ce principe, certain en cas de mauvaise foi des commanditaires, est encore applicable lorsqu'ils n'ont pas eu connaissance de la fraude et ont cru recevoir une portion des bénéfices réalisés, l'art. 10 de la loi du 24 juillet 1867 n'ayant pas d'application aux sociétés en commandite simple [5]. Ils doivent même les intérêts des sommes indûment perçues à partir du jour de leur perception [6].

L'action en répétition des dividendes fictifs n'a d'autre limite que le montant des sommes indûment perçues, et la restitution peut excéder le montant de la mise des commanditaires. Elle est soumise

1. Paris, 25 juin 1890 (R. S. 1890, 574). V. aussi Rouen, 29 avril 1876; Houpin J. S. 1900, 5).
2. Cass., 2 juillet 1884 (D. 85, I, 148).
3. Cass., 11 juillet 1892 (R. S. 1892, 450) et 25 juin 1902 (J. S. 1902, 501).
4. Orléans, 19 juin 1886 (R. S. 1886, 498). V. compét. Wahl, S. 1901, I, 516.
5. Cass., 25 novembre 1861 (D. 62, 1, 166), 22 juin 1880 (S. 82, I, 423), 21 juillet 1884 (S. 86, I, 291) et 1er juillet 1896 (J. S. 1896, 402); Limoges, 26 juillet 1897 (J. S. 1898, 408); Orléans, 19 janvier 1898 (J. S. 1898, 181); Cass., 7 novembre 1899 et note Wahl (S. 1901, I, 513). *Contrà*, Lyon-Caen et Renault, n° 539.
6. Cass., 21 juillet 1884, *loc. cit.* V. Cass., 7 novembre 1899, *loc. cit.*

à la prescription de trente ans, à compter du jour de l'encaissement des dividendes à restituer [1].

238. Défense d'immixtion. — Les commanditaires ne conservent l'avantage de n'être tenus des pertes à concurrence de leurs apports seulement qu'à la condition de rester étrangers à l'administration. En conséquence, la loi leur interdit de faire aucun acte de gestion, même en vertu de procuration. Les avis et conseils, les actes de contrôle et de surveillance n'engagent point les associés commanditaires (art. 28, C. comm.). Cette rigueur de la loi a pour but d'empêcher les associés commanditaires, dans l'intérêt de la société et dans celui des tiers, d'abuser de leur qualité pour entreprendre, au nom d'autrui et sans encourir personnellement aucun risque, des opérations hasardeuses [2].

239. Distinction. — Au point de vue de l'immixtion, on distingue les actes extérieurs, c'est-à-dire ceux qui mettent l'associé commanditaire en rapport avec les tiers, comme représentant la société, et les actes qui, renfermés dans le sein de la société, peuvent être considérés comme actes de gouvernement intérieur. Les premiers sont interdits au commanditaire; il peut concourir aux actes de la seconde espèce sans compromettre sa qualité [3].

240. Actes défendus. — Les commanditaires doivent rester étrangers à l'administration active des affaires de la société. Quels sont les actes qui peuvent ou doivent être considérés comme actes de gestion ou d'immixtion, dans le sens de l'art. 27, C. comm.? Voici ce que répondait M. Duvergier, commissaire du gouvernement, lors de la discussion de l'art. 27, C. comm. : « Ce n'est que dans chaque espèce que l'on peut déterminer ce qui constitue l'acte de gestion proprement dit. Cependant, je pense que l'on fait acte de gestion réelle quand on agit en maître, quand on oblige la société envers les tiers, et quand on fait des actes qui obligent les tiers envers la société. Voilà ce que c'est qu'un acte de gestion, dans la généralité des termes. Eh bien, celui qui étant commanditaire fait, même en vertu de procuration, des actes obligatoires pour la société envers les tiers, ou obligatoires pour les tiers envers la société, compromet sa position de commanditaire; il se donne l'apparence et les libertés d'un gérant. » C'est aussi l'opinion exprimée par le Conseil d'État dans un avis du 29 avril 1809.

---

1. Douai, 21 mars 1879 (S. 82, 1, 423); Cass., 22 juin 1880 (D. 84, 1, 18); Lyon-Caen et Renault, n° 539 *is*, 540.
2. Pont, n° 1457; Lyon-Caen et Renault, n° 487.
3. Pont, n° 1460; Cass., 21 décembre 1863 (D. 64, 1, 156); Bordeaux, 10 mai 1899 (J. S. 1899, 434) V. toutef. Lyon-Caen et Renault, n°s 495 et 496.

Tout acte de gestion établi, occulte ou patent, est un acte d'immixtion. L'immixtion doit être directe et personnelle [1]. Elle existe notamment lorsque les commanditaires ont dirigé les opérations de la société [2]. Elle peut être prouvée par des écrits de toute nature, même par témoins [3], et les faits qui la constituent sont appréciés souverainement par les juges du fond [4].

Non seulement le commanditaire ne peut faire personnellement des actes de gestion, mais encore il ne peut servir d'intermédiaire pour des actes de cette nature et les faire en vertu de la procuration du gérant. Si le commanditaire est employé de la société, il doit éviter de se faire donner une procuration pour faire des actes de gestion.

241. Opérations permises. — Mais le commanditaire peut, sans compromettre sa qualité, faire les opérations suivantes :

1° Avoir un emploi dans la société, comme teneur de livres, employé aux écritures, garçon de recettes ou de bureau, etc. La loi du 6 mai 1863 a supprimé l'interdiction qui résultait à cet égard de l'ancien art. 26, C. comm. ;

2° Être préposé aux achats et ventes, comme commis voyageur, pourvu qu'il n'agisse que d'après la direction du gérant [5].

Toutefois, si l'employé se trouvait par ses fonctions en rapport avec les tiers et participait directement à la gestion, il pourrait, comme tout autre commanditaire, encourir la sanction établie en cas d'immixtion [6] ;

3° Faire des affaires pour le compte de la société, en qualité de commissionnaire [7], et généralement faire toutes opérations commerciales avec la société, par exemple vendre à la société des marchandises, lui en acheter, faire avec elle des opérations de banque, etc. [8]; effectuer des paiements directs à des créanciers sociaux [9]; faire ou

---

1. Rouen, 9 juin 1875 (D. 75, II, 205). V. Douai, 27 janv. 1906 (J. S. 1908, 63).
2. Paris, 1er mars 1845; Caen, 16 août 1864 (S. 65, II, 33) ; Cass., 9 janvier 1893 (R. S. 1893, 265). V. Cass., 7 août 1907 (J. S. 1908, 255).
3. Delangle, n° 404 ; Bédarride, n° 257; Pont, n° 1463.
4. Cass., 6 mai 1835, 6 février 1843 (S. 43, 1, 346), 7 mars et 24 mai 1859 (S. 59, 1 18), 9 janvier 1888 (D. 89, 1, 201), 28 février 1888 (D. 88, 1, 427); Pont, n° 1463.
5. Rapport de M. Deschamps sur la loi de 1863 (D. 63, IV, 53); Boistel, n° 204. V. aussi Cass., 9 février 1864 (S. 64, 1, 89) ; Bordeaux, 10 mai 1899 (J. S. 1899, 431).
6. Pont, n° 1467; Lyon-Caen et Renault, n° 492.
7. Pont, n° 1467; Lyon-Caen et Renault, n° 494.
8. Avis interprétatif du Conseil d'État, 29 avril 1809; Colmar, 4 février 1819; Bordeaux, 16 avril 1832 (S. 32, II, 133) et 29 août 1838 (S. 39, II, 43); Lyon, 5 juillet 1845 (S. 46, II, 317); Paris, 15 juillet 1862 (S. 64, 1, 229); Pont, n° 1468; Lyon-Caen et Renault, n° 493.
9. Dijon, 14 juillet 1882 (R. S. 1883, 459); Paris, 13 mars 1895 (J. S. 1895, 280).

garantir un prêt à la société[1]; garantir à un banquier le paiement d'une somme sur sa créance contre la société[2];

4° Surveiller les opérations sociales, examiner les livres, ou exercer d'autres actes de contrôle[3];

5° Accepter et exercer les fonctions de liquidateur de la société, la prohibition de la loi ne s'appliquant qu'à une société actuellement existante, et n'ayant point d'application à une société dissoute (*suprà*, n° 230);

6° Donner des conseils ou des avis au gérant (art. 28, C. comm.). Ces avis et conseils ne sont, du reste, pas obligatoires pour les tiers et n'empêchent pas le gérant d'agir avec ceux-ci contrairement à cet avis[4]. Créent-ils un lien dans les rapports du gérant et des commanditaires? Suivant certains auteurs, la méconnaissance par le gérant des conseils ou avis qu'il aurait reçus, pourrait être pour les commanditaires un motif soit de poursuivre le gérant en dommages-intérêts, soit de le révoquer[5]. Il nous paraît plus exact de décider que, les avis et conseils n'étant pas des ordres, il n'y a pas de responsabilité encourue vis-à-vis des commanditaires, si le gérant croit devoir agir sans en tenir compte, dans l'intérêt de la société[6];

7° Prendre part à des délibérations touchant certains actes faits ou à faire par le gérant. Ces délibérations ne constituent pas des actes d'immixtion; elles ne renferment qu'un simple avis ou une approbation, si les actes dont il s'agit rentrent dans les pouvoirs du gérant[7]. Il en serait de même s'il s'agissait d'actes excédant les pouvoirs du gérant. L'autorisation donnée par les commanditaires n'entraînerait pas immixtion : ce qui aurait lieu notamment à l'égard des délibérations ayant pour objet d'autoriser l'aliénation d'un immeuble, la constitution d'une hypothèque, un emprunt, de remplacer ou révoquer le gérant, d'apporter des modifications aux statuts, de transformer la société en commandite en société anonyme[8] (V. *suprà*, n° 225).

---

1. Riom, 14 janvier 1862 (D. 62, II, 183); Rennes, 20 février 1877 (*J. trib. comm.*, 1877, 420); Bordeaux, 10 mai 1899 (J. S. 1899, 431).
2. Besançon, 28 mai 1890 (D. 94, I, 173). V. aussi Paris, 28 mars 1874 (*J. trib. comm.*, 1874, 508).
3. Bordeaux, 16 avril 1832 (S. 33, II, 133), 29 août 1838 (S. 39, II, 43); Cass., 21 décembre 1863 (S. 64, 1, 229). V. Cass., 25 juin 1846 (D. 46, 1, 308), 5 janvier 1859 (D. 59, 1, 174).
4. Rapport de M. Deschamps sur la loi de 1863, *loc. cit.*
5. Troplong, n° 437; Delangle, n° 401.
6. Bédarride, n° 250; Pont, n° 1466; Cass., 23 mars 1846 (S. 46, 1, 770; D. 46, 1, 308) et 21 décembre 1863, *loc. cit.*; Nantes, 2 octobre 1901 (J. S. 1902, 523).
7. Lyon, 5 août 1843 (S. 44, II, 311). V. Seine, 2 octobre 1901 (J. S. 1902, 179).
8. Troplong, n° 424; Bédarride, n° 245; Ruben de Couder, v° *Soc. en comm.*

Mais si l'autorisation des commanditaires était exigée pour la validité de certains actes, *à l'égard des tiers*, entraînerait-elle immixtion? Cette question est importante, car il arrive souvent que les statuts des sociétés en commandite ne permettent au gérant de passer les actes d'une certaine importance, qu'en vertu d'une autorisation donnée par les commanditaires, ou par l'assemblée générale. Des auteurs [1] se prononcent pour l'affirmative lorsque, par interprétation des clauses de l'acte, le refus d'autorisation des commanditaires ne doit pas seulement donner lieu à un recours en garantie de leur part contre le gérant, s'il a passé outre, mais doit être opposable aux tiers eux-mêmes. Nous ne saurions approuver cette doctrine, qui aboutit à l'impossibilité de limiter, au regard des tiers, les pouvoirs du gérant. Pourquoi ne pourrait-on pas stipuler que le gérant ne fera valablement certains actes qu'en vertu d'une autorisation des commanditaires, ou de l'assemblée générale des actionnaires commanditaires, surtout s'il s'agit d'actes excédant ses pouvoirs légaux? Comment réaliser ces actes (par exemple, un emprunt, une hypothèque), si, d'une part, ils excèdent les pouvoirs du gérant, et si, d'autre part, les commanditaires, en les autorisant, font acte d'immixtion et engagent leur responsabilité? A notre avis, une distinction est nécessaire. Les commanditaires ne doivent pas s'immiscer dans l'administration du gérant, lorsqu'il agit dans la sphère de ses attributions et de ses pouvoirs; leur droit se borne à donner des avis, des conseils, que le gérant sera libre de suivre ou de ne pas suivre. Mais ce n'est pas faire acte d'immixtion qu'autoriser le gérant, sur sa demande et en exécution des statuts, à faire certains actes déterminés qui excèdent ses pouvoirs : ce n'est là qu'une extension de ces pouvoirs, une application normale et prévue de l'organisation de la société; le gérant reste seul administrateur en rapport avec les tiers, et libre de faire ou de ne pas faire l'acte autorisé. Il n'y aurait immixtion qu'autant que le gérant serait obligé de passer les actes ainsi autorisés, ou que la faculté réservée

et les nombreuses décisions et autorités citées nos 451 et suiv.; Pont, no 1461; Lyon-Caen et Renault, no 496; Houpin, J. S. 1896, 233; Cass., 22 décembre 1845 (D. 46, I, 30), 23 mars 1846 (D. 46, I, 308), 29 juin 1858 (D. 58, I, 455), 5 janvier 1859 (S. 60, I, 444), 24 mai 1859 (D. 59, I, 242), 9 mai 1860 (D 60, I, 279), 30 avril 1862 (S. 63, I, 195), 25 novembre 1872 (D. 73, I, 479), 28 février 1888 (D. 88, I, 427); Rouen, 9 juin 1875 (D. 75, II, 205); Amiens, 24 décembre 1886 (R. S. 1887, 306); Seine, 7 janvier 1887 (R. S. 1887, 255); Nancy, 29 janvier 1887 (*Pand. franç.*, 1887, II, 151).

1. Duvergier, *Rev. étr.*, 1842, 789; Malepeyre et Jourdain, no 122; Delangle, no 589; Vavasseur, no 302. V. Cass., 29 juin 1858; Paris, 15 juillet 1862 et Cass., 21 décembre 1863 (S. 64, I, 229); Seine, 2 octobre 1901 (J. S. 1902, 179).

aux commanditaires d'autoriser certains actes et d'en interdire d'autres, apparaîtrait comme un moyen de s'emparer de l'administration[1].

242. Responsabilité en cas d'immixtion. — D'après l'ancien art. 28, C. comm., en cas de contravention à la prohibition mentionnée en l'art. 27, l'associé commanditaire était solidairement obligé avec les associés en nom collectif pour toutes les dettes et les engagements de la société. Un acte isolé entraînait, aussi bien que des actes habituels d'immixtion, une responsabilité absolue, solidaire et indéfinie. Les dispositions primitives du Code de commerce ont été notablement adoucies par la loi de 1863, qui a ainsi modifié l'art. 28, C. comm. « *En cas de contravention à la prohibition mentionnée dans l'art. 27, l'associé commanditaire est obligé, solidairement avec les associés en nom collectif, pour les dettes et engagements de la société, qui dérivent des actes de gestion qu'il a faits, et il peut, suivant le nombre et la gravité de ces actes, être déclaré solidairement obligé pour tous les engagements de la société, ou pour quelques-uns seulement*[1]. »

En principe, le commanditaire, en cas d'immixtion, n'est obligé personnellement, avec les associés en nom, que pour les dettes et engagements de la société dérivant des actes de gestion qu'il a faits. Cette responsabilité est forcée, obligatoire. Si le commanditaire a fait des actes multiples et en quelque sorte habituels de gestion, il peut être déclaré solidairement obligé pour tous les engagements de la société, ou pour quelques-uns seulement, suivant les circonstances appréciées par les tribunaux, et dans la mesure fixée par eux[2].

En cas d'immixtion d'un commanditaire, les créanciers sociaux, soit individuellement, soit collectivement, par eux-mêmes ou par les mandataires qui les représentent, par exemple les syndics, sont en droit de le faire déclarer solidairement responsable dans les termes de la loi[4].

Les associés en nom collectif ou le gérant ont-ils le même droit? On décide généralement que les tiers ont seuls qualité, à l'exclusion des associés, pour faire déclarer le commanditaire, qui s'est immiscé dans la gestion de la société, solidairement responsable avec les

1. V. les autorités et décisions citées à l'avant-dernière note qui précède; Pont, nos 1461 et 1462; *Dict. not.*, vo Soc., no 243 *bis*; Lyon-Caen et Renault, no 33; Paris, 4 janvier 1844 (S. 44, II, 71). V. aussi Caen, 16 août 1864 (S. 65, II, 33); Douai, 7 août 1889 (J. S. 1891, 551); Tulle, 18 octobre 1898 (J. S. 1899, 133).
2. V. Paris, 4 fév. 1897 (J. S. 1898, 183); Bordeaux, 20 fév. 1900 (J. S. 1900, 496).
3. Pont, no 1471; Cass., 10 juillet 1900 (J. S. 1901, 487).
4. Paris, 26 mars 1840 (S. 40, II, 250); Orléans, 23 janvier 1864 (D. 64, II, 160); Cass., 16 février 1864 (S. 64, I, 65). V. Cass., 25 juin 1862 (D. 62, I, 417).

associés en nom collectif, et que, par suite, le commanditaire, déchu de sa qualité vis-à-vis des tiers, la conserve à l'égard des associés en nom collectif ou du gérant, et a le droit de répéter contre eux tout ce qu'il a payé aux créanciers sociaux au delà de sa mise [1]. En conséquence, le liquidateur, qui représente la société et non les créanciers sociaux, n'a pas qualité pour faire décider qu'un commanditaire doit être tenu personnellement et solidairement des dettes sociales pour s'être immiscé dans la gestion [2]. Des auteurs enseignent cependant que le commanditaire qui a géré perd les avantages attachés à sa qualité, et devient associé en nom collectif, aussi bien à l'égard des gérants que des créanciers, sans qu'il puisse décliner les effets de la solidarité qui en résulte, ou se faire indemniser par les associés en nom ou les gérants, s'il paie au delà de sa mise, à moins que les actes d'immixtion imputables au commanditaire aient été accomplis du consentement du gérant ou à son instigation, en cas de fraude ou dol [3].

L'art. 28, C. comm., statue seulement sur les effets des actes de gestion à l'égard du commanditaire qui les a faits. Il ne se prononce pas sur la question de savoir si ces actes obligent la société envers les tiers. Le commanditaire, pas plus que tout autre associé, ne peut obliger la société, s'il n'a reçu mandat, ou si l'acte n'a profité à la société. Il y a donc lieu d'appliquer les règles relatives aux opérations faites par un associé non gérant [4].

Les commanditaires ne peuvent être rendus responsables à l'égard des tiers que des faits à eux personnels et constituant des actes d'immixtion ; ils ne sauraient être responsables personnellement du quasi-délit du gérant, le gérant d'une société en commandite ne pouvant être considéré comme le préposé des commanditaires au sens de l'art. 1384, C. civ. [5].

243. **Commerçant. Faillite.** — L'immixtion constatée du commanditaire et les responsabilités qui en découlent n'ont pas nécessairement pour effet de lui attribuer la qualité de commerçant et de le

1. Lyon, 27 mai 1859 (S. 60, II, 16); Bordeaux, 4 décembre 1860 (S. 61, II, 190); Caen, 16 août 1864 (S. 65, II, 33); Lyon, 27 mai 1865 (S. 66, II, 16); Paris, 6 juillet 1865 (S. 66, II, 249); Molinier, p. 505; Alauzet, n° 325; Troplong, n° 440; Dalloz, n° 1384; Ruben de Couder, n° 487; Vavasseur, n° 308; Mesnil, note (J. S. 1899, 298).
2. Seine, 21 février 1888 (Le Droit, 12 et 13 mars).
3. Delaugle, n°s 412 et suiv. ; Bravard, Soc. comm., p. 105; Bédarride, n°s 259 et suiv.; Sourdat, Respons., p. 174; Pont, n° 1472; Lyon-Caen et Renault, n°s 504 et 505. V. Cass., 25 octobre 1893 (J. S. 1899, 298).
4. Bravard-Veyrières et Demangeat, t. I, p. 248 et 249 ; Lyon-Caen et Renault, n° 507. V. Nice, 26 décembre 1900 (J. S. 1901, 204).
5. Bordeaux, 14 mars 1890 (R. S. 1890, 586).

soumettre à la faillite ou à la liquidation judiciaire, s'il a été fait seulement des actes isolés de gestion [1]. C'est là une question de fait [2]. Mais si le commanditaire était déclaré solidairement obligé pour tous les engagements de la société comme s'étant immiscé à la gestion par une participation habituelle, il pourrait être déclaré commerçant et, comme tel, justiciable du tribunal de commerce [3], et soumis à la faillite ou à la liquidation judiciaire [4]. Dans ce cas, si la société était déclarée en faillite, le commanditaire, réputé commerçant par suite de ses actes constants d'immixtion, profiterait du concordat accordé à la société [5].

1. Dalloz, n° 1382; Ruben de Couder, n° 498; Pont, n° 1473; Bourges, 2 août 1828. *Contrà*, Malepeyre et Jourdain, p. 164 et suiv.; Molinier, n° 504; Bédarride, n° 262; Mornard, 63.

2. V. Cass., 13 mai 1882 (D. 82, 1, 487).

3. Paris, 1er mai 1890 (R. S. 1890, 570).

4. Pont, n° 1473; Sourdat, p. 174; Vavasseur, n° 308. *Contrà*, Lyon-Caen et Renault, n° 506.

5. Cass., 5 décembre 1864 (D. 65, 1, 15).

TITRE HUITIÈME

DE L'ASSOCIATION EN PARTICIPATION

Sommaire :

CHAPITRE PREMIER

PRINCIPES GÉNÉRAUX

244. Loi. — Indépendamment de la société en nom collectif, de la société en commandite et de la société anonyme, la loi reconnaît les associations commerciales en participation (art. 47, C. comm.). D'après l'art. 48 : « *Ces associations sont relatives à une ou plusieurs opérations de commerce; elles ont lieu pour les objets, dans les formes, avec les proportions d'intérêt et aux conditions convenues entre les participants.* »

245. Caractères. — Quels sont les caractères spéciaux de l'association en participation? La question a été longtemps controversée. Un premier système considère que ce qui distingue la participation, c'est qu'elle est relative à une ou plusieurs opérations de commerce de courte durée. Il s'appuie sur le texte même de l'art. 48 et sur les travaux préparatoires[1]. Mais ce système a été repoussé par la juris-

---

[1]. Malepeyre et Jourdain, p. 260; Pardessus, n° 1046; Poitiers, 11 mai 1825 (S. 28, II, 77); Bordeaux, 31 août 1831 (S. 32, II, 19); Grenoble, 9 juillet 1832

prudence moderne et par les auteurs les plus autorisés. Ce n'est nullement à l'objet de la société qu'il faut s'attacher pour distinguer la participation des autres sociétés. Il est vrai que, le plus souvent, les associations en participation durent peu de temps et ont pour objet une ou plusieurs opérations déterminées ; mais cela n'est pas essentiel, et l'association peut s'appliquer à une branche entière d'industrie. Ce qui caractérise la participation, c'est que c'est une société occulte, sans existence à l'égard des tiers. Ceux qui l'ont formée doivent rester inconnus au public. Il ne doit y avoir, aux yeux des tiers, qu'un individu, agissant en son propre et privé nom. La société n'existe qu'entre les associés et se traduit par une répartition des bénéfices et des pertes[1]. Bien que la participation soit essentiellement occulte de sa nature, la simple connaissance que les tiers pourraient acquérir de son existence ne saurait lui faire perdre le privilège et le caractère que la loi lui accorde[2].

On a discuté la question de savoir si l'association en participation constitue une véritable société[3]. La vérité est, suivant nous, qu'elle forme une société à part, distincte des autres sociétés, régie par des principes spéciaux et surtout par les conventions des parties, entre lesquelles l'effet en est concentré[4]. Elle doit réunir les éléments constitutifs et nécessaires d'une société, à savoir : la volonté des parties de s'associer, la réalisation d'une mise par chacun des associés, la vue d'un bénéfice à partager, un objet certain, une cause licite[5].

Quelle que soit la qualification employée par les parties, le caractère réel de la convention doit l'emporter. Ainsi, de prétendues associations en participation ont été reconnues constituer : tantôt des sociétés anonymes ou en commandite par actions, lorsqu'il y avait

---

(S. 32, ii, 373) ; Rennes, 6 mai 1833 ; Douai, 3 février 1876 ; Dijon, 28 février 1880 (J. S. 1880, 501).

1. Troplong, n° 462 ; Bédarride, t. ii, p. 283 ; Boistel, n°s 336 et suiv. ; Rousseau, Soc., n°s 1718 et suiv. ; Deloison, id., n°s 548 et suiv. ; Pont, n°s 1788 et suiv. ; Ruben de Couder, n° 32 ; Lyon-Caen et Renault, n° 1053 ; Poulle, Tr. des assoc. comm. en part., n°s 54 et suiv. ; Cass., 7 août 1838, 11 mai 1857, 4 décembre 1860 (D. 61, i, 302), 10 novembre 1861, 29 juillet 1863, 18 février 1868, 21 mars 1876 (S. 79, i, 454), 30 juillet 1877 (S. 77, i, 473), 26 août 1879 (S. 79, i, 454), 9 février 1887 (D. 87, i, 439) ; Paris, 27 janvier 1876 (D. 79, ii, 74) et 9 février 1884 (R. S. 1885, 9) ; Chambéry, 11 février 1880 ; Nancy, 13 juillet 1886 (R. S. 1886, 502) ; Rennes, 20 juin 1887 (R. S. 1889, 24) ; Poitiers, 22 déc. 1887 (R. S. 1888, 216) ; R. S. 1893, 20 : Cass., 18 mai 1896 (J. S. 1896, 399) ; J. S. 1901, 89 ; 1902, 524 ; 1905, 95 et 493. 2. Nancy, 3 février 1848 (S. 48, i, 519) ; Douai, 15 juillet 1892 (R. S. 1893, 20) ; Pont, n° 1796. 3. Affirm. Pont, n°s 1775 et suiv. Négat. Vavasseur, n° 315. 4. Ruben de Couder, n° 6. 5. Pont, n°s 1780 et suiv.

un capital divisé en actions[1]; tantôt des sociétés en nom collectif, s'il y avait une raison sociale[2], même sans raison sociale[3]; tantôt des sociétés en commandite[4]. Et, dans ces différents cas, la convention a été déclarée nulle, en l'absence des formalités prescrites pour ces diverses natures de sociétés. Les juges du fond constatent souverainement les faits; mais c'est à la Cour suprême à déterminer, en tenant ces faits pour constants, s'il y a les éléments d'une participation ou de toute autre société[5].

De ce principe que l'association en participation n'a d'existence qu'entre les associés et doit être inconnue des tiers, découlent diverses conséquences que nous allons indiquer.

246. Publicité. — La participation n'est pas sujette aux formalités de publicité prescrites pour les autres sociétés commerciales (art. 50, C. comm.). Bien que la loi du 24 juillet 1867 assujettisse à la publication toutes les sociétés commerciales, il est certain qu'elle n'est pas applicable à la participation, et qu'elle a maintenu l'exception résultant de l'art. 50, C. comm.[5].

247. Capital social. — Dans l'association en participation, il n'y a pas de capital social, c'est-à-dire de mise en commun des apports des participants. En principe, et sauf convention contraire, chacun reste propriétaire de son apport[7] (infrà, n° 256). La participation n'a pour but que le partage des bénéfices et des pertes, non l'établissement d'une communauté quant à la propriété des apports. C'est probablement pour cela que le législateur ne l'a pas appelée société, mais association[8].

248. Raison sociale. Siège social. Compétence. — L'association étant occulte, ne doit pas avoir de raison sociale ou de nom tiré de

1. Cass., 12 juill. 1842 (S. 42, I, 595) et 30 juill. 1907 (J. S. 08, 350). V. Paris, 14 déc. 1898 (J. S. 99, 363); Lyon, 22 déc. 1904; J. S. 1905, 495 et 505; 1907, 78.
2. Nancy, 22 mars 1835; Bordeaux, 6 février 1849 (S. 49, II, 535); Colmar, 23 juin 1857; Cass., 20 juillet 63 (S. 63, I, 447) et 8 mai 1867 (S. 67, I, 313); Lyon, 21 décembre 1883 (R. S. 1885, 19); Bordeaux, 10 février 1888 (R. S. 1888, 417); Toulouse, 17 décembre 1895 (J. S. 1896, 420); Bordeaux, 17 novembre 1897 (J. S. 1898, 311).
3. Cass., 10 août 1859 (S. 60, I, 29) et 7 décembre 1875 (D. 76, I, 173).
4. Paris, 22 mai 1841; Cass., 20 novembre 1861.
5. V. Cass., 20 juin 1881 (D. 83, I, 262), 9 février 1887 (D. 87, I, 439) et 5 décembre 1887 (D. 88, I, 430); Lyon-Caen et Renault, n° 1054; Ann. de dr. comm., 1896, 398.
6. Cass., 21 juin 1864 (S. 64, I, 317): Paris, 27 mars 1866, 12 janvier 1872, 27 janvier 1876 (S. 80, II, 11); Cass., 30 juillet 1877 (S. 77, I, 473); Paris, 9 février 1884 (R. S. 1885, 9); Nancy, 13 juillet 1886 (R. S. 1886, 502); Paris, 1er mai 1894 (J. S. 1894, 411); Douai, 28 juillet 1906 (J. S. 1907, 434).
7. Poullé, n°s 61 et suiv.; Boistel, n° 633. V. Douai, 28 juill. 1906, loc. cit.
8. Lyon-Caen et Renault, n° 1059.

son objet, ni de siège social[1]. En conséquence, l'art. **59, C. proc.**, suivant lequel les sociétés sont actionnées devant le tribunal du siège social, est sans application possible aux participations; les contestations doivent être portées devant le tribunal du domicile du défendeur[2]. Toutefois, les associés peuvent, par une convention formelle, se constituer un domicile attributif de juridiction pour les difficultés qui surgiraient entre eux[3]. Ces difficultés doivent être soumises aux tribunaux de commerce (si l'objet de la participation est commercial).

249. Être moral. — A la différence des autres sociétés commerciales, l'association en participation ne constitue pas une personne morale distincte de celle des associés. Cette solution, autrefois discutée, est universellement admise[4].

Il résulte notamment de ce principe que, si des procès s'élèvent à l'occasion des opérations faites en participation, tous les participants qui sont intervenus à ces opérations doivent figurer en nom dans l'instance, et que tous les actes de procédure doivent leur être notifiés. Il ne suffirait pas que le gérant de la participation figurât dans les procès comme représentant la société[5].

250. Objet. — L'association en participation peut avoir pour objet toute espèce d'opérations commerciales, pourvu qu'elles soient licites et que le but poursuivi dans l'entreprise ne soit pas contraire à la nature même de la participation, à un texte de loi, à l'ordre public ou aux bonnes mœurs. Elle peut être contractée non seulement pour une ou plusieurs opérations déterminées, mais pour une série d'affaires commerciales ou industrielles, ou même pour une branche de

---

1. Cass., 8 janvier 1840 (S. 40, I, 19) ; Paris, 9 mars 1843 (S. 43, II, 274) ; Agen, 23 novembre 1853 (S. 54, II, 23) ; Cass., 29 juillet 1863 (S. 63, I, 447) ; Douai, 13 juillet 1877 ; Cass., 30 juillet 1877 (D. 78, I, 290) ; Rennes, 29 juin 1887 (R. S. 1889, 24) ; Douai, 28 juill. 1906 (J. S. 07, 434) ; Cass., 30 juill. 1907 (J. S. 08, 350) ; Poullé, n° 69 ; Lyon-Caen et Renault, n° 1062 bis. V. Rennes, 28 janv. 1856 (S. 57, II, 10) ; Paris, 27 janvier 1876 (S. 80, II, 11) ; Lyon, 23 déc. 1904 (J. S. 1905, 495).

2. Orléans, 16 novembre 1859 (D. 60, V, 370) ; Cass., 4 juin 1860 (P. 60, 709) ; Aix, 4 juin 1868 (D. 69, II, 242) ; Bordeaux, 15 février 1886 (*Pand. franç.* 1886, II, 297) ; Paris, 30 juillet 1886, *loc. cit.* ; Cass., 8 avril 1910 (J. S. 1910, 514) et les autres décisions citées à la note précédente ; Pont, n° 1793 ; Lyon-Caen et Renault, n° 1862 bis ; Poullé, n°s 212 et suiv., 274 et suiv.

3. Cass., 4 juin 1860 (S. 61, I, 75), 16 août 1865 (S. 66, I, 116), 6 mars 1877 (S. 77, I, 253) ; Paris, 30 juillet 1886 (R. S. 1887, 17) ; Rennes, 27 mai 1895 (J. S. 1896, 232) ; Alger, 6 juin 1898 (J. S. 99, 77). V. Cass., 16 juill. 1901 (J. S. 1902, 205).

4. V. not. Cass., 2 juin 1834 (S. 34, I, 603), 19 mars 1838 (S. 38, I, 343), 5 mai 1858 (S. 59, I, 223), 17 juillet 1861 (S. 62, I, 374), 18 mai 1864 (S. 65, II, 103), 19 février 1868 (S. 68, I, 297), 22 décembre 1874 (S. 75, I, 215), 21 mars 1876 (S. 79, I, 454), 6 mars 1877 (S. 77, I, 253), 26 août 1879 (S. 79, I, 454) ; Nancy, 13 juillet 1886 (R. S. 1886, 502) ; Pont, n°s 1801 et suiv. ; Lyon-Caen et Renault, n° 1057.

5. Lyon-Caen et Renault, n° 1058.

commerce ou d'industrie (*suprà*, n° 245). La jurisprudence a fait de nombreuses applications de ce principe [1].

Bien que l'art. 47, C. comm., ne parle que des associations commerciales en participation, il faut reconnaître que l'association en participation n'est pas exclusivement réservée aux opérations commerciales, et qu'elle peut s'adapter à des entreprises essentiellement civiles, par exemple à l'achat et à la revente des immeubles [2]. La participation peut même, dans certains cas, avoir un caractère mixte, notamment lorsqu'il s'agit de la publication d'un ouvrage [3].

Les associations en participation étant créées en vue de la réalisation et du partage d'un bénéfice, cette forme de société ne peut être choisie pour l'établissement d'une société d'assurance mutuelle [4], surtout depuis le décret du 22 janvier 1868 qui a réglementé les sociétés d'assurance mutuelle, — ni pour les tontines [5].

251. Durée. — La participation peut avoir, suivant son objet, une durée limitée ou une durée illimitée [6].

252. Conditions. — Suivant l'art. 48, C. comm., les associations en participation ont lieu avec les proportions d'intérêt et aux conditions convenues entre les participants. On pressent, d'après ce texte, que la participation comporte un nombre infini de combinaisons, tout étant laissé à la liberté des conventions, sous la seule réserve de l'obligation, pour les participants, de maintenir leur association dans sa nature même et de s'interdire tout ce qui pourrait lui donner les caractères propres des sociétés commerciales que la loi a pris soin d'organiser [7].

253. Preuve. — Les associations en participation ne sont pas assujetties aux formalités prescrites pour les autres sociétés (art. 50, C. comm.). Elles se forment même verbalement par le concours des volontés des parties. Un acte écrit n'est pas nécessaire, comme en matière de société proprement dite [8]. Ces sortes de sociétés se con-

1. V. Ruben de Couder, n°s 33 et s. ; Poulle, n°s 86 et s. ; J. S. 02, 524 ; 07, 434.
2. Cass., 1er juin 1834, 18 juin 1839, 17 juillet 1861 ; Douai, 3 janvier 1869 (D. 72, 2, 9) ; Troplong, n° 512 ; Bédarride, n° 548 ; Dalloz, n° 1682 ; Poulle, n° 88 ; Lyon-Caen et Renault, n° 512 ; Bédarride, n° 548 ; Dalloz, n° 1682 ; Poulle, n° 88 ; Lyon-Caen et Renault, n° 512.
3. Paris, 23 décembre 1840 (S. 41, II, 323) ; 14 juin 1842, 10 mars 1843 (P. 43, I, 43) ; 16 février 1844 (S. 45, II, 612), 2 juillet 1880 (S. 81, II, 89) ; *Rép. gén. alph. du dr. franç.*, v° Acte de comm., n° 559.
4. Paris, 5 mars 1857 (D. 58, 2, 197) ; Cass., 8 février 1860 (D. 60, 1, 83).
5. Poulle, n° 84.
6. Pont, n° 1825.
7. Pont, n° 1823, V. les combinaisons indiquées par MM. Lyon-Caen et Renault, n° 1054 bis.
8. Paris, 15 mai 1811 ; Colmar, 28 août 1815 ; Liége, 1er juin 1823 ; Paris, 19 avril 1843 (S. 33, II, 290) ; Pont, n°s 1809 et suiv. V. Paris, 5 déc. 1900 (J. S. 1901, 260).

cluent si fréquemment et avec une telle rapidité que l'exigence d'un écrit pour les constater eût pu nuire au commerce en entravant leur conclusion [1].

Toutefois, il faut, en cas de contestation, qu'elles puissent être prouvées. Or, aux termes de l'art. 49, C. comm., les associations en participation peuvent être établies : 1° par la représentation des livres. Il n'est pas nécessaire que les livres de commerce soient régulièrement tenus [2]; mais un commerçant ne pourrait se prévaloir des énonciations contenues dans ses livres pour établir l'existence d'une participation avec un non-commerçant [3]; 2° par la correspondance [4]; 3° par la preuve testimoniale, si le tribunal juge qu'elle peut être admise — ce qui signifie que l'appréciation des faits est laissée à l'arbitrage souverain du juge [5]. Un commencement de preuve par écrit n'est pas nécessaire pour rendre admissible la preuve testimoniale [6].

Mais l'art. 49 n'est pas limitatif, et l'existence de la participation peut aussi être établie : par des présomptions graves, précises et concordantes [7]; par l'aveu [8] et le serment, conformément aux art. 1357 et suiv., C. civ. [9]; enfin par un acte écrit. Cet acte peut servir à établir l'existence de la participation, alors même qu'il n'a pas été fait en autant d'originaux qu'il y a de parties intéressées [10]. Il est un cas où la rédaction d'un acte écrit et même authentique s'impose : c'est lorsque la participation est formée entre une personne et l'un de ses successibles. A défaut d'un acte authentique, ce dernier serait tenu de rapporter les bénéfices qu'il aurait réalisés dans l'association (suprà, n° 25).

Ces différents modes de preuve, notamment la preuve testimoniale, peuvent être invoqués par les tiers comme par les associés [11].

---

1. Lyon-Caen et Renault, n° 1055.
2. Aix, 1er mai 1818; Cass., 11 mai 1859 et 3 janvier 1860.
3. Cass., 18 mars 1874 (D. 76, I, 279).
4. Bordeaux, 9 janvier 1826; Dalloz, n° 1634; Bédarride, p. 340.
5. V. Liège, 3 juin 1833; Cass., 30 juillet 1877 (S. 77, I, 473); Orléans, 11 août 1885 (R. S. 1886, 20); Cass., 29 avril 1890 (R. S. 1892, I, 10); Poulle, n° 116.
6. Bruxelles, 15 février 1822; Bédarride, n° 461; Dalloz, n° 1636; Lyon-Caen et Renault, n° 1055; Poulle, n° 115. Contrà, Paris, 5 mars 1859.
7. Cass., 30 juillet 1877, loc. cit.; 20 juin 1881 (S. 84, I, 30) et 29 avril 1890, loc. cit.; Bordeaux, 14 décembre 1896 (J. S. 1897, 176); Pont, n° 1819; Lyon-Caen et Renault, n° 1055.
8. Colmar, 21 mai 1813; Cass., 30 juillet 1862 (S. 63, I, 136); Poulle, n° 126.
9. Pont, 1820.
10. Turin, 30 mai 1810; Pardessus, n° 2145; Alauzet, n° 608; Ruben de Coudet, n° 15. V. aussi Pont, n° 1817. Contrà, Colmar, 18 août 1816; Dalloz, n° 1640; Poulle, n° 122.
11. Paris, 19 avril 1833 (S. 33, II, 290); Nancy, 3 février 1848 (S. 48, II, 519); Pont, n° 1814.

Et ils sont également recevables pour établir les modifications qui peuvent intervenir, notamment : la retraite de l'un des partici-pants [1]; la dissolution et la liquidation [2], alors même que la société aurait été primitivement constituée par écrit [3]; les résultats de la liquidation et l'apurement des comptes [4].

253 *bis*. Actions. — Nous examinerons (*infrà*, n° 280) la question de savoir s'il peut être créé des titres d'actions dans les associations en participation.

CHAPITRE II

DU FONCTIONNEMENT DE LA PARTICIPATION

SECTION 1

APPORTS — PROPRIÉTÉ — RISQUES

254. Livraison des apports. — De même que dans les sociétés civiles, les participants ont pour première obligation, les uns envers les autres, d'effectuer leurs apports et de garantir la société contre toute éviction [5] (*suprà*, n°⁸ 35 et suiv.). L'engagement pris par plu-sieurs associés de fournir les fonds nécessaires à la participation n'est ni solidaire ni indivisible [6].

255. Intérêts. — Quelles sont les conséquences du retard de l'un des associés à effectuer son apport? La question est controversée. Dans un premier système, on applique l'art. 1846, C. civ., aux termes duquel l'associé devient de plein droit et sans demande débiteur des intérêts de son apport à compter du jour où il devait être payé [7]. Mais dans un second système, on applique l'art. 1153, et on ne fait courir les intérêts qu'à partir de la demande en justice [8], sauf les

---

1. Paris, 15 mai 1833 ; Pont, n° 1821.
2. Cass., 10 janvier 1831 (S. 32, I, 207).
3. Poulle, n° 129.
4. Saglier, p. 142.
5. Pont, n° 1829.
6. Cass., 8 juillet 1887 (R. S. 1887, 467). V. Paris, 22 avril 1886 (R. S. 1886, 343).
7. Rennes, 6 mai 1835 ; Delangle, n° 617 ; Alauzet, n° 601 ; Ruben de Couder, n° 52. V. aussi Poitiers, 15 mai 1822 (motifs).
8. Dalloz, n° 1845 ; Vavasseur, n° 319 ; Poulle, n° 137.

T. I.   14

dommages-intérêts à prononcer contre l'associé, soit pour l'inexécution, soit pour le retard de l'exécution de son engagement.

La solution doit être la même en ce qui concerne les intérêts des sommes prises par un participant dans la caisse de l'association. Suivant les uns, ces intérêts ne sont dus qu'à partir de la demande en justice [1]. Suivant les autres, les intérêts courent de plein droit à partir du jour où des sommes ont été tirées par l'associé pour son profit particulier, conformément à l'art. 1846, § 2, C. civ. [2].

Quant aux sommes qu'un des participants devait avancer pour les affaires de l'association, il faut une stipulation expresse pour en faire courir les intérêts de plein droit; à défaut de quoi, l'intérêt n'est dû que du jour de la demande en justice [3].

256. Propriété des apports et des acquisitions. — Nous avons dit (*suprà*, n° 247) que dans la participation il n'y a pas de *fonds social*, c'est-à-dire de mise en commun des apports des participants. On doit en conclure que, en principe et à moins de convention contraire, chacun des participants reste propriétaire de ce qu'il a apporté [4]. De même, le participant qui a acheté des marchandises ou autres biens, en son nom, même avec des fonds de l'association, en est seul propriétaire, sauf l'obligation de rendre compte de l'opération à ses coparticipants [5]. Les parties étant libres de régler la participation comme elles l'entendent, peuvent convenir, dans l'acte d'association, que les apports et les acquisitions seront la copropriété des coparticipants; mais, même dans cette hypothèse, la propriété commune ne devient cependant pas pour cela *propriété sociale* : Il y a *indivision* [6].

---

1. Dalloz, *Soc.*, n° 1647; Poulle, n° 138; Vavasseur, n° 317.

2. Rennes, 6 mai 1835; Paris, 15 mai 1868 (*J. tr. comm.*, t. XVIII, 175); Alauzet, n° 601; Ruben de Couder, n° 52.

3. Paris, 15 mai 1821; Cass., 14 mai 1857 (S. 57, 1, 843), Dalloz, n° 1647; Ruben de Couder, n° 53; Poulle, n° 139. V. Pont, n° 1836; Cass., 20 juin 1881 (D. 83, 1, 262). *Contrà*, Marseille, 9 juin 1896 (J. S. 1897, 185).

4. Bordeaux, 22 août 1860 (S. 61, II, 49); Cass., 17 juillet 1861 (S. 62, 1, 374); Aix, 2 mai 1871 (S. 71, II, 261); Cass., 22 décembre 1874 (S. 74, I, 214); Paris, 22 décembre 1865 (D. 66, II, 23), 27 janvier 1876 (S. 80, II, 11); Bordeaux, 17 juillet 1877; Dijon, 23 février 1885 (R. S, 1885, 699); Paris, 5 juillet 1892 (R. S. 1893, 810); Rennes, 4 janvier 1894 (D. 94, II, 120); Seine, 23 juin 1897 (J. S. 1898, 41); Pont, n°s 1777 et suiv., 1839; Poulle, n°s 61 et suiv., 142 et suiv.; Lyon-Caen et Renault, n° 1059; Dalloz, *Supp.*, n°s 2023 et suiv.

5. Cass., 13 avril 1864 (S. 64, I, 73); Aix, 2 mai 1871, *loc. cit.*; Cass., 13 novembre 1872 (S. 73, I, 41) et 22 décembre 1874, *loc. cit.*; Pont, Poulle, Lyon-Caen et Renault, *loc. cit.*; Cass., 7 mai 1902 (J. S. 1902, 426).

6. Rennes, 28 janvier 1856 (S. 57, II, 10); Cass., 23 mars 1870 (D. 71, I, 211), 22 décembre 1874 (D. 76, I, 72); 27 juin 1894 (D. 95, I, 166); Poitiers, 4 février 1889 (R. S. 1889, 205); Rennes, 4 janvier 1894 (D. 94, II, 120); Poulle, n°s 67 et 141.

257. Conséquences. Faillite. Perte. — De ce que, en principe et à moins de convention contraire, chaque participant reste propriétaire des choses qu'il a apportées ou acquises, résultent notamment les conséquences suivantes :

1° Si le participant propriétaire vient à être déclaré en faillite, l'autre participant ne pourra exercer aucun droit de revendication sur les objets de la participation qui se trouvent dans le patrimoine du failli, ni exercer aucun privilège ; il viendra seulement en qualité de créancier ordinaire, par contribution et au marc le franc [1]. Il en sera ainsi notamment au cas d'une participation formée entre deux personnes pour acheter et vendre des marchandises. Si celui qui a fait l'achat et à qui l'autre a remis sa part du prix vient à être déclaré en faillite, celui-ci ne peut revendiquer sa part de marchandises achetées ; il ne viendra dans la masse que comme créancier ordinaire [2]. De même, si une participation a été formée entre deux négociants résidant dans des places différentes, dans le but de vendre les marchandises expédiées par l'un à l'autre, l'expéditeur reste propriétaire exclusif de ses marchandises, et le second n'est qu'un préposé intéressé à leur vente (un commissionnaire) ; par suite, si ce dernier vient à tomber en faillite, l'associé expéditeur peut revendiquer les marchandises déposées dans les magasins du failli avec les circonstances exprimées en l'art. 580, C. comm. [3]. Celui qui a formé une participation avec un commerçant qui se trouvait en état de cessation de paiements, et dont la faillite a été depuis déclarée, est fondé, d'une part, à revendiquer les ustensiles et marchandises trouvés dans les magasins du failli, qu'il justifie avoir achetés et payés lui-même en son nom personnel, et, d'autre part, à réclamer la moitié des créances résultant d'engagements contractés au profit des associés conjointement ; mais il n'a pas droit au prélèvement de ces créances sur l'actif de la faillite ; il peut seulement produire à la faillite, pour le montant de ses avances, au même titre que les autres créanciers [4]. Enfin, dans le cas de faillite d'un participant, les conventions qui régissent l'association restent opposables à la masse

[1]. Paris, 24 mars 1870 (D. 70, ii, 189). V. Seine, 19 mai 1899 (J. S. 1899, 458).
[2]. Cass., 13 avril 1864 (S. 64, i, 173) ; Poitiers, 22 décembre 1887 (S. 88, ii, 1, et note de M. Lyon-Caen) ; Seine, 24 décembre 1890 ; Lyon-Caen et Renault, n° 1060 ; Poulle, n° 158, 159.
[3]. Lyon, 14 juin 1824 ; trib. Marseille, 8 juin 1836 ; Cass., 7 août 1838 (S. 38, i, 441) ; Nancy, 5 juin 1869 (D. 72, ii, 115) ; Bordeaux, 20 janvier 1892 (R. S. 1892, 146) ; Ruben de Couder, n° 60 ; Pont, n° 1841 ; Poulle, n° 155. V. aussi Cass., 14 mai 1873 (S. 73, i, 374), et 2 février 1901 (J. S. 1902, 114).
[4]. Paris, 22 décembre 1865 ; Vavasseur, n° 324.

des créanciers de la faillite, laquelle est non un tiers, mais un simple ayant cause, qui ne peut acquérir, par le fait de la faillite, un bien dont le failli n'avait pas la propriété [1].

2° Si le bien apporté ou acquis par un associé vient à périr, tous les participants en supportent la perte, s'ils en sont copropriétaires en commun (*res perit domino*). Si au contraire ce bien est resté la propriété de celui qui l'a apporté ou acheté, il faut distinguer : quand la perte provient d'un événement fortuit qui serait arrivé même sans l'association, elle est supportée par le propriétaire ; mais elle doit être supportée par tous les participants, quand elle provient de risques inhérents à l'opération entreprise en commun [2], à moins de convention contraire [3].

3° Chaque participant étant seul propriétaire des biens meubles et immeubles qu'il détient, peut en disposer librement. S'il s'agit de meubles, les tiers de bonne foi seront protégés par la règle : En fait de meubles, possession vaut titre. S'il s'agit d'immeubles, celui qui les a acquis en reste propriétaire, à défaut d'un acte transcrit transmettant la propriété au gérant de la participation ou à d'autres associés [4].

4° Les créanciers personnels de l'un quelconque des participants peuvent saisir les choses que celui-ci a achetées personnellement au cours de l'association et dont il est seul propriétaire, sans que les autres participants puissent rien revendiquer des objets ainsi saisis [5].

SECTION 2.

ADMINISTRATION

258. Gérant. — Dans la participation, l'administration des affaires de l'association est ordinairement confiée à un seul des participants [6] ; elle peut être conférée à un étranger [7]. Si l'administration est divisée, chacun des gérants a la direction à lui seul d'une série d'opérations

---

1. Bordeaux, 20 janvier 1892, *loc. cit.*
2. Molinier, n° 608 ; Alauzet, n° 599 ; Ruben de Couder, n° 63 ; Pont, n°s 1831 et suiv. ; Lyon-Caen et Renault, n° 1061 ; Poulle, n°s 161 et suiv.
3. Pont, n° 1833.
4. Troplong, t. I, p. 462 et 463 ; Poulle, n°s 174 et suiv. ; Cass., 8 mars 1875 (D. 76, I, 369). V. toutef. Aix, 14 juillet 1823 et Cass., 19 juin 1826 (S. 26, I, 364) ; Cass., 5 mai 1858 (S. 59, I, 223) ; Aix, 2 mai 1871 (S. 71, II, 261) ; Cass., 22 décembre 1874 (S. 75, I, 214) ; Poitiers, 22 décembre 1887, *loc. cit.* ; 27 juin 1893 (S. 94, I, 25). V. aussi Bordeaux, 29 mars 1887 (S. 89, II, 33).
6. V. Cass., 10 novembre 1873.
7. Cass., 3 décembre 1890 (J. S. 1891, 310).

qu'il gère vis-à-vis des tiers comme s'il agissait pour son compte personnel[1].

Au regard des participants, le gérant est un mandataire; mais sa révocation ne peut être demandée sans cause légitime tant que dure l'association[2]. Le plus souvent, la cause légitime de révocation, c'est-à-dire le dol ou la faute lourde, entraînera plutôt la dissolution de l'association[3]. L'administration du gérant ne prend fin qu'avec l'association elle-même[4].

259. Pouvoirs. — Le gérant de l'association agit vis-à-vis des tiers en son nom personnel, comme seul intéressé et comme seul propriétaire. Il a les pouvoirs les plus étendus pour administrer les affaires et les biens de la participation. Il peut aliéner, échanger, hypothéquer, donner en gage les objets qu'il détient, céder les créances, endosser les billets souscrits au profit de l'association, exiger des coparticipants l'exécution de leurs engagements, le versement de leurs mises[5]. Toute disposition par lui faite sans fraude doit être réputée faite par les participants. Ceux-ci n'ont qu'une action en dommages-intérêts contre le gérant, s'il a abusé de son mandat[6]. Si des billets ont été souscrits au profit de tous les participants nominativement désignés, il ne peuvent être endossés par le gérant seul que s'il justifie d'une procuration des autres intéressés; à défaut de quoi, la transmission ne vaut que pour sa part[7].

Nous devons toutefois faire observer que le droit d'administration et de disposition du gérant n'est pas absolu. Il peut, au regard des tiers, disposer des choses par lui apportées et dont il est propriétaire; il peut aussi disposer des choses mobilières apportées par ses participants, qui lui ont été livrées et dont il est présumé être personnellement propriétaire (sauf ce que nous avons dit pour les marchandises livrées par un associé à un autre pour être vendues). Mais il n'a pas le droit, sans un mandat spécial, de disposer des immeubles dont la propriété réside sur la tête des autres participants[8].

---

1. Pont, nº 1842.
2. Pont, nº 1843; Poulle, nº 184.
3. Pont, nº 1843; Poulle, nº 192.
4. V. Cass., 17 avril 1838 (S. 38, I, 845); Poulle, nº 204.
5. Aix, 16 mai 1868 (D. 70, II, 48).
6. Troplong, nᵒˢ 505 et suiv.; Bédarride, nᵒˢ 455 et suiv.; Pont, nᵒˢ 1844 et suiv.; Ruben de Couder, nᵒˢ 67 et suiv.; Poulle, nᵒˢ 187 et suiv.; Vavasseur, nº 323; Seine, 17 août 1834; Cass. 26 mai 1841, 5 mai 1858 (S. 59, I, 223); Paris, 28 décembre 1865. V. Cass., 15 juillet 1846.
7. Bédarride, t. II, 328; Delangle, nº 620; Ruben de Couder, nº 70; Poulle, nº 195; Annecy, 14 novembre 1842 (Dalloz, D. G. nº 1681).
8. V. Bédarride, t. II, p. 327; Pont, nº 1845; Poulle, nᵒˢ 189 et suiv.

Les tiers n'ont d'autre contradicteur légitime que le gérant avec lequel ils traitent; tout ce qui est jugé contre lui l'est également au regard des autres participants; ceux-ci ne peuvent donc attaquer par la voie de la tierce-opposition les jugements rendus contre lui, ni intervenir, sur appel, dans une instance engagée, sauf le cas de fraude organisée entre le gérant et les tiers pour détourner le fonds social [1].

Le gérant contracte l'obligation de mener à fin toutes les opérations, de les liquider, d'apurer les comptes et de les présenter aux participants avec les pièces justificatives. Il n'est pas astreint, sauf clause contraire, à tenir des livres particuliers au nom de la société. Il peut se borner à constater ses opérations sur ses propres livres [2]. Il est évidemment préférable de tenir une comptabilité spéciale, surtout lorsque les opérations personnelles du gérant et celles de l'association sont de même nature [3].

Le gérant peut faire des affaires personnelles de même nature que celles qui sont l'objet de la participation, s'il ne sacrifie pas les intérêts de celle-ci aux siens propres [4].

260. Rémunération. — Les fonctions du gérant d'une participation sont gratuites, sauf convention contraire [5]. L'accord des parties sur ce point peut résulter des circonstances [6]. Ainsi, il a été jugé que l'associé gérant d'une participation a droit à une rémunération dont le juge peut arbitrer le chiffre quand il n'a pas été fixé par les parties [7].

261. Droits des participants non gérants. — Les participants autres que le gérant doivent, en principe, rester étrangers à la gestion. Mais rien ne s'oppose à ce qu'ils agissent comme mandataires du gérant, l'art. 27, C. comm., ne pouvant être étendu à la participation [8]. Ils peuvent aussi surveiller les opérations du gérant [9], et demander des comptes au cours des opérations sociales. Pourraient-ils s'opposer à l'accomplissement de certains actes par le gérant (art. 1859, 1°, C. civ.)? — Non, s'il n'y a qu'un gérant unique, à moins de con-

---

1. Bordeaux, 9 janvier 1826; Delangle, n° 621; Pont, n° 1845; Ruben de Couder, n° 71; Poulle, n° 198.
2. Ruben de Couder, n°s 64 et 65; Poulle, n° 203.
3. V. Seine, 6 décembre 1892.
4. Paris, 16 mai 1889 (R. S. 1890, 78).
5. V. toutef. Douai, 1er mars 1840 (D. 50, II, 192).
6. V. Paris, 25 mars 1861 (J. tr. comm., t. x, 360).
7. Rennes, 29 avril 1881 (S. 86, I, 20); Cass., 1er août 1883 (D. 84, I, 357).
8. Pont, n° 1848.
9. Nancy, 3 février 1848 (S. 48, II, 519); Paris, 26 janvier 1861 (J. tr. comm. t. x, 296).

vention contraire. La question est douteuse, lorsqu'il y a plusieurs gérants. Si les parties veulent se réserver le droit de s'opposer à certaines opérations, elles agiront prudemment en le disant expressément[1].

262. Responsabilité. — Lorsque les stipulations d'un contrat de participation n'interdisent point aux associés de se livrer, parallèlement à la participation, à des opérations personnelles (*suprà*, n° 259), chaque associé est seulement soumis, dans ces opérations, aux règles de responsabilité posées par l'art. 1850, C. civ., et ne demeure tenu, envers ses coparticipants, que de ses fautes intentionnelles et lourdes équivalentes au dol, ou de ses fautes dommageables pouvant être considérées comme des infractions aux règles de sage administration suivies généralement par celui qui gère ses propres affaires[2]. L'associé gérant de la participation est responsable de l'abus fait par un employé de la signature sociale, s'il ne la lui a pas retirée lorsqu'il était édifié sur les actes indélicats et compromettants de son préposé[3].

263. Cession de droits sociaux. Croupier. — Les dispositions de l'art. 1861, C. civ., sont applicables à l'association en participation. En conséquence, les participants, même non gérants, ne peuvent céder à un tiers leurs droits dans l'association, sans le consentement de leurs coparticipants; mais chacun d'eux peut, sans ce consentement, s'associer une tierce personne (croupier) relativement à la part qu'il a dans la participation[4]. Le croupier n'a pas le droit de demander communication des comptes et documents de la participation, ni la revision des comptes, en dehors de toute erreur ou fraude[5] (V. *suprà*, n° 107).

SECTION 3

RÉPARTITION DES BÉNÉFICES ET DES PERTES

264. Bénéfices. — Les bénéfices produits par les opérations de la participation doivent être répartis entre les associés d'après les sti-

1. Pont, n° 1849. V. aussi Poulle, n° 202.
2. Paris, 16 mai 1889 (R. S. 1890, 78) et 6 juillet 1893 (*Gaz. du Pal.*, 7 décembre). V. Rennes, 21 juillet 1880 et Cass., 15 juin 1881 (D. 83, I, 330); Nantes, 12 août et 25 décembre 1885 (*J. Nantes*, 1886, 168 et 261); Seine, 29 avril 1890 (V. *tr. comm.*, t. XL, 190).
3. Cass., 8 juillet 1887 (S. 89, I, 252).
4. V. Paris, 8 avril 1840 (D. 40, II, 227); Rennes, 26 mai 1841 (D. 41, II, 231); Cass., 8 juillet 1887, *loc. cit.*
5. Cass., 8 juillet 1887, *loc. cit.*; Orléans, 25 mai 1888 (S. 89, II, 155).

pulations de la convention[1], ou, s'il n'en existe pas, d'après les règles de droit commun établies dans les art. 1853 et 1854, C. civ.[2]. Mais dans la société en participation, comme dans la société ordinaire, l'art. 1853 s'applique seulement au cas où les mises sont fixées entre les parties au moment du pacte social, et non au cas où les mises doivent se composer de versements successifs faits ultérieurement par les associés[3]. Dans ce dernier cas, les associés peuvent être considérés, par interprétation du pacte social, comme ayant droit à une part égale dans les bénéfices, sans qu'il y ait lieu de tenir compte des versements[4].

265. Dettes. — Chacun de ces participants doit, par contre, supporter une part dans les pertes de l'association, telle que cette part est fixée par le pacte social ou, à défaut de convention particulière, par la règle générale de l'art. 1853, C. civ.[5]. Un associé ne serait pas autorisé à se prévaloir de la cause illicite de certains engagements contractés par son coassocié, pour retrancher du passif, dans le règlement du compte de l'association, les sommes payées en exécution de ces engagements, s'il a connu les engagements pris et les payements effectués[6].

En principe, chacun des associés, même ceux qui sont restés étrangers à l'administration de la participation, est tenu de sa part dans les pertes, *indéfiniment* (comme le membre d'une société civile), et non pas seulement jusqu'à concurrence de son apport (comme un commanditaire)[7].

Mais il peut être valablement convenu que les pertes ne seront supportées par l'un des participants (non gérant) que jusqu'à concurrence du montant de son apport: ce qui assimile, sous ce rapport, le participant à un commanditaire[8]. Il peut aussi être stipulé que les capitaux fournis par l'un des associés, et qui sont productifs d'intérêts, lui seront remboursés avant tout partage des bénéfices[9]; ou

---

1. V. not., Cass., 30 juillet 1877 (S. 77, I, 473).
2. Pont, nº 1834; Paris, 22 avril 1886 (R. S. 1886, 312); Cass., 8 juillet 1887, *loc. cit.* V. Rouen, 17 mai 1905 (J. S. 1906, 63).
3. V. Nancy, 14 mars 1868 (S. 69, II, 214).
4. Rennes, 29 avril 1881 (S. 86, I, 21).
5. Paris, 22 avril 1886 et Cass., 8 juillet 1887, *loc. cit.* V. Seine, 23 novembre 1896 (J. S. 1897, 95).
6. Cass., 3 février 1879 (S. 79, I, 411).
7. Molinier, nº 617; Bédarride, t. II, p. 322; Poulle, nº 209; Cass., 11 avril 1849 (D. 54, I, 719). V. aussi Cass., 29 mai 1845 (S. 45, I, 519).
8. Pardessus, nº 1048; Delangle, nº 616; Molinier, nº 617; Pont, nº 1065; Ruben de Couder, nºs 45, 47, 55; Poulle, nº 103; Lyon-Caen et Renault, nº 710; Poitiers, 18 janvier 1860 (P. 60, 771). V. aussi Cass., 11 avril 1849 (D. 54, I, 719). *Ann. de dr. comm.*, 1896, 398.
9. Rouen, 19 janvier 1844 (S. 44, II, 253).

que les participants ne contribueront aux pertes qu'après l'épuisement d'un certain capital fourni par le gérant[1]. Mais l'association serait nulle si le gérant garantissait à ses associés le remboursement intégral de leur capital et un bénéfice invariable de 15 p. 100[2].

266. Recours. — Chacun des participants (notamment le gérant) a le droit de répéter les sommes qu'il a déboursées pour le compte de la participation, et de se faire indemniser des engagements qu'il a contractés dans l'intérêt commun, et des pertes qu'il a éprouvées (art. 1852, C. civ.). Dans ces différents cas et dans tous ceux où l'un des associés a un recours contre ses coparticipants, il ne peut exercer une action solidaire[3]. Il ne saurait agir contre chacun que proportionnellement à sa part dans les pertes; et si l'un d'eux avait limité ses risques, le recours ne pourrait être exercé contre lui que dans la mesure fixée, sauf, en cas d'insuffisance, répartition du surplus entre les autres participants. Si l'un des participants était insolvable, les conséquences de l'insolvabilité pèseraient sur ses coparticipants solvables, d'après les mêmes règles, sans que celui qui a limité ses risques puisse être tenu au delà de cette limite[4].

En appliquant cette règle, il faut avoir soin de ne considérer comme participants, les uns à l'égard des autres, que ceux qui ont réellement contracté ensemble. Celui qui établit des rapports séparés et individuels avec chacun de ces participants, qui n'ont eu ensemble aucune relation, doit supporter seul la perte provenant de l'insolvabilité de l'un d'eux[5].

267. Répartition. — Les participants doivent-ils attendre la fin de la participation pour réclamer le partage des bénéfices réalisés, et peuvent-ils être contraints par le gérant à contribuer aux pertes avant cette époque? A défaut de convention à cet égard, une distinction doit être établie. S'il s'agit d'une opération unique et de courte durée, le règlement doit être ajourné jusqu'après la liquidation de l'association. Mais si la participation a pour objet des opérations répétées pendant plusieurs années, les associés doivent se tenir réciproquement compte, à des époques déterminées par l'usage (ordinairement une fois par an), des résultats accomplis[6].

---

1. Seine, 6 janvier 1885 (R. S. 1885, 182). V. Houpin (J. S. 1900, 5).
2. Paris, 16 juillet 1891 (R. S. 1891, 542).
3. V. Paris, 22 avril 1886 et Cass., 8 juillet 1887, *loc. cit.*; Bordeaux, 24 mars 1897 (J. S. 1897, 409).
4. Pont, nos 1836 et 1838; Lyon-Caen et Renault, n° 1066. V. Cass., 29 mai 1845, *loc. cit.*
5. Pont, Lyon-Caen et Renault, *loc. cit.*
6. Bédarride, n° 467; Alauzet, n° 412: Dalloz, n° 1651; Pont, n° 1835; Lyon-

La défense de procéder à la revision des comptes arrêtés (art. 541 C. proc.) s'applique aux bilans d'une participation, approuvés sans réserve. Il est seulement permis de demander le redressement des erreurs, omissions, faux ou doubles emplois, d'ordre purement matériel, à la condition de les énumérer et spécifier [1].

SECTION 4.

RAPPORTS DES ASSOCIÉS AVEC LES TIERS

268. Droits des créanciers sur l'actif social. — La participation est, ainsi que nous l'avons dit, essentiellement occulte. Elle est inexistante pour les tiers, lesquels ne connaissent que le gérant de l'association, avec qui ils traitent comme ils pourraient le faire avec un commerçant agissant pour son propre compte. La participation ne constituant pas un être moral n'a pas de patrimoine particulier. Les tiers qui contractent avec le gérant n'ont que lui pour obligé. Il résulte de ce principe, et des règles que nous avons exposées (*suprà*, n° 256) sur la propriété des mises, que les créanciers de l'association en participation n'ont, comme les associés eux-mêmes, aucun droit de privilège ou de préférence sur les créanciers personnels de l'associé gérant. Ils viennent tous par contribution sur tout l'avoir de la société (si le gérant en est le seul propriétaire) et sur les biens personnels du gérant [2]. Si chacun des associés a conservé la propriété de ses apports, ces apports sont, au même titre, le gage commun de tous les créanciers sociaux ou extrasociaux de l'associé qui en a gardé la propriété [3]. Néanmoins, il a été décidé que, sur les bénéfices de la participation, les créanciers sociaux sont préférables aux coparticipants qui veulent exiger leur part dans ces bénéfices [4].

269. Solidarité. — En principe, les participants ne sont pas tenus solidairement des engagements souscrits par l'un d'eux, même dans

---

Caen et Renault, n° 1064; Rouen, 31 juillet 1845 (D. 46, II, 6); Paris, 22 avril 1886 (R. S. 1886, 313) et Cass., 8 juillet 1887 (S. 89, I, 252).

1. Cass., 8 juillet 1887, *loc. cit.*

2. Cass., 2 juin 1834 (S. 34, I, 603), 19 mars 1838 (S. 38, I, 343), 15 juillet 1848 (S. 49, I, 289); Poitiers, 17 novembre 1848 (S. 49, II, 200), 22 décembre 1865 (D. 66, II, 23), 13 juin 1870 (D. 70, II, 180); Cass., 22 décembre 1874 (D. 75, I, 20); Dijon, 23 février 1885 (R. S. 1885, 699); Orléans, 11 août 1885 (R. S. 1886, 20); Poitiers, 22 décembre 1887 (R. S. 1888, 217); Seine, 24 décembre 1890; Troplong, n°s 494 et suiv.; Dalloz, n° 1654; Pont, n° 1853; Ruben de Couder, n° 90; Lyon-Caen et Renault, n° 1062; Poulle, n°s 226 et suiv.

3. Pont, n° 1853.

4. Cass., 17 août 1864 (D. 65, I, 183). V. toutef. Dalloz, *Supp.*, n° 2058.

l'intérêt commun; le participant qui contracte n'oblige que lui seul, à moins de convention contraire, et sauf règlement entre les associés[1], ou à moins que les coparticipants n'aient ratifié l'opération personnellement[2].

Mais si les participants prenaient ensemble des engagements comme le feraient des personnes qu'aucun lien social ne rattache les unes aux autres, ils seraient tenus solidairement envers les tiers, eu égard au caractère commercial des engagements[3]. Il en serait de même si les participants avaient agi comme mandataires les uns des autres[4], ou par un mandataire commun[5].

Les participants peuvent aussi être tenus et poursuivis directement et solidairement si, par leur immixtion imprudente dans les affaires de la société, ou par leurs agissements, ils ont donné le change aux tiers sur la nature de l'association qui les unissait. Mais, dans ce cas, les tiers invoqueront moins l'existence de la société que la faute à laquelle elle a donné lieu, et fonderont leur action, en réalité, sur le quasi-délit commis à leur préjudice[6].

La solidarité pourrait encore résulter, non pas des agissements des participants, postérieurs à la constitution d'une association ayant réellement le caractère d'une participation, mais de ce fait que cette association constituait, en réalité, dès l'origine, une société en nom collectif[7].

270. Action directe. Action oblique. — Les créanciers ont une

1. Cass., 9 janvier 1821, 8 janvier 1840 (S. 40, I, 19); Bordeaux, 13 avril 1848 (S. 48, II, 397) et 23 juin 1853 (D. 54, II, 23); Lyon, 26 janvier 1849 (S. 51, II, 399); Agen, 23 novembre 1853 (S. 54, II, 23); Aix, 16 mai 1868 (S. 70, II, 332); Cass., 10 août 1875 (S. 77, I, 121), 21 mars 1876 et 26 août 1879 (S. 79, I, 454); Orléans, 11 août 1885, *loc. cit.*; Pont, n° 1792; Lyon-Caen et Renault, n° 1062; Poulle, n° 232 et suiv.

2. V. Paris, 20 juin 1884; Cass., 30 mars 1885 (D. 86, I, 100); Bordeaux, 20 janvier 1892 (*Rec. Bord.*, 1892, I, 245).

3. Cass., 18 novembre 1829, 10 août 1875 (S. 76, I, 121), 23 juillet 1877 (S. 77, I, 409); Colmar, 29 avril 1850; Metz, 29 novembre 1854 (S. 55, II, 126); Paris, 22 avril 1886 et Cass., 8 juillet 1887 (R. S. 1886, 313; 1887, 466); Rennes, 29 juin 1887 (R. S. 1889, 24); Poitiers, 13 juillet 1894 (J. S. 1895, 73); Bordeaux, 24 mars 1897 (J. S. 1897, 409); Molinier, nos 580 et suiv.; Dalloz, n° 1667; Pont, n° 1581; Poulle, n° 246; Lyon-Caen et Renault, n° 1063; Saint-Sever, 15 décembre 1898 (J. S. 99, 134); Nantes, 3 juin 1903 (J. S. 1904, 88).

4. Bordeaux, 16 novembre 1870; Rouen, 31 mai 1874 (D. 76, II, 71); Pont, n° 1852.

5. Cass., 10 août 1875 (D. 77, I, 110).

6. Bordeaux, 19 juillet 1830; Limoges, 19 juillet 1839; Nancy, 3 février 1848 (S. 48, I, 519); Riom, 1er mai 1852; Aix, 4 juin 1868 (S. 70, II, 332); Cass., 23 juillet 1877 (D. 78, I, 88) et 12 janvier 1881 (*Rev. de dr. comm.*, 1881, 127); Bordeaux, 20 janvier 1892 (R. S. 1892, 466); Douai, 15 juillet 1892 (R. S. 1893, 20); Dalloz 1668; Pont, nos 1797 et suiv., 1851; Poulle, n° 246. V. Cass., 3 décembre 1890 (J. S. 1891, 310); Lyon, 23 décembre 1904, J. S. 1905, 495, 505.

7. Cass., 29 juillet 1863 (S. 63, I, 447); Pont, n° 1798.

action directe contre l'associé ou les associés avec lesquels ils ont traité, ou contre tous les associés lorsque, par suite de leurs agissements, ils sont tenus solidairement. Mais les créanciers n'ont pas d'action directe contre les associés qui sont restés étrangers à l'engagement, lors même que ceux-ci en ont profité. Ils ne peuvent agir contre eux que par la voie oblique (art. 1166, C. civ.), en invoquant les obligations qui leur incombent à l'égard du gérant, et en faisant établir le compte de la participation [1].

Toutefois, si le gérant indique sa véritable situation au tiers avec lequel il traite, et contracte tant en son nom qu'au nom de ses coassociés, les participants pourront être obligés en cette hypothèse, et le tiers pourra agir contre eux jusqu'à concurrence du profit qu'ils auront tiré de cet engagement (art. 1864, C. civ.) [2].

Aucune disposition légale n'interdit aux participants de se choisir un mandataire non participant chargé de traiter avec les tiers une ou plusieurs des affaires de la participation, et il suffit, pour que le mandataire engage ses mandants et ne soit pas personnellement obligé envers les tiers, qu'il leur ait fait connaître ses pouvoirs [3].

271. Droits des participants à l'encontre des tiers. — De même que les tiers ne peuvent agir directement contre les participants avec lesquels ils n'ont pas traité, il faut décider que, par contre, les participants n'ont pas d'action directe contre les tiers qui n'ont pas traité avec eux mais avec le gérant

SECTION 5

DISSOLUTION — LIQUIDATION — PARTAGE

272. Dissolution. — En principe, les causes de dissolution de l'association en participation sont les mêmes que celles des sociétés en nom collectif et en commandite [5]. La participation est donc dissoute : 1° par l'expiration du temps pour lequel elle a été contractée,

---

1. Aix, 16 mai 1868 (S. 70. II, 332); Cass., 21 mars 1876 (S. 79, I, 454), 26 août 1879 (S. 79, I, 454), 27 février 1883 (R. S. 1883, 717), 30 mars 1885 (R. S. 1885, 458); Nancy, 13 juillet 1886 (R. S. 1886, 502); Bordeaux, 8 juillet 1889 (R. S. 1890, 139); Seine, 24 av. 1900 (J. S. 1901, 89); Pont, n° 1850; Poulle, n°s 258 et suiv.
2. Pont, n° 1852; Douai, 15 juillet 1892 (R. S. 1893, 20). V. Dijon, 23 juin 1881 (J. tr. comm., t. x, 357); Paris, 28 juillet 1884 et Cass., 22 février 1886 (D. 86, 1, 404); Dijon, 17 juillet 1889.
3. Cass., 3 décembre 1890 (J. S. 1891, 310).
4. Poulle, n°s 277 et suiv.
5. Lyon-Caen et Renault, n° 1067 V. Poulle, n°s 288 et suiv.

2° par l'extinction de la chose ou la consommation de la négociation (cette dernière cause de dissolution est fréquente dans la participation); 3° par la mort naturelle de quelqu'un des associés, alors même qu'il n'était pas chargé d'un travail personnel[1], à moins de convention contraire[2]. S'il est stipulé qu'en cas de mort d'un associé la participation continuera avec ses héritiers, la minorité de ceux-ci ne met pas obstacle à la continuation de la société[3]; 4° par l'interdiction, la déconfiture[4] ou la faillite de l'un des associés. Si la faillite se présente alors que l'association n'a pu encore commencer à fonctionner le contrat est résolu purement et simplement[5]. Si, au contraire, l'association a commencé à fonctionner, il faut distinguer : si c'est le gérant qui a fait faillite, les opérations entreprises doivent cesser immédiatement et être liquidées[6]; si c'est un membre inactif, la faillite, bien qu'entraînant la dissolution de la participation, ne peut pas empêcher la mise à fin des opérations commencées[7]. Les principes relatifs à la faillite d'une société et à ses effets entre les associés ne sont pas, du reste, applicables aux simples associations en participation. La nature particulière de ces associations ne leur permet pas d'être en faillite[8]. La déconfiture de l'un des participants n'entraînerait pas toutefois la dissolution de la société s'il était reconnu, par interprétation des clauses du contrat social, que telle a été l'intention des parties[9]. La participation peut en outre être dissoute : 5° par le consentement unanime des associés[10]; 6° par la volonté qu'un seul ou plusieurs expriment de n'être plus en société, s'il s'agit d'une association à durée illimitée[11], à moins que le pacte social réserve aux

---

1. Bédarride, t. I, n° 67 bis; Pont, n° 1898; Poulle, n° 301; Deloison, n° 560; Dalloz, note, 1887, I, 65; Lyon-Caen et Renault, Précis, n° 522; S., note, 89, I, 468. Contrà, Delangle, n° 645; Dutruc, n° 1486; Rousseau, n°s 1833 et 1834; Vavasseur, n° 325; Bordeaux, 29 juillet 1862 (S. 63, II, 31). V. Montpellier, 23 juin 1884 (D. 87, I, 65).
2. Cass., 28 janvier 1881 (S. 83, I, 398) et 23 oct. 1906 (S. 08, I, 177).
3. Bordeaux, 29 juillet 1862, loc. cit. V. Cass., 23 oct. 1906, loc. cit.
4. Bédarride, t. I, p. 146 et suiv.; trib. Marseille, 10 septembre 1861. V. Cass., 18 janvier 1881 (D. 81, I, 244).
5. Ruben de Couder, n° 77; Poulle, n°s 321 et suiv.
6. Seine, 12 novembre 1858 (J. trib. comm., t. VIII, p. 63).
7. V. Cass., 17 juillet 1861, 23 février et 13 avril 1864 (S. 64, I, 63), 18 avril 1893 (D. 93, I, 423); Seine, 15 janvier 1865 et Paris, 22 décembre 1865; Ruben de Couder, n° 77.
8. Paris, 22 juillet 1840; Caen, 18 mai 1864 (S. 65, II, 103); Ruben de Couder, n° 78; Duvivier, Faill. des soc. comm., p. 10 et s. V. Cass., 9 fév. 1903 (J.S. 1904, 55).
9. Cass., 18 janvier 1881 (S. 83, I, 398), 22 juin 1881 (S. 83, I, 158), 27 juillet 1881 (S. 83, I, 337).
10. V. pour le cas de cession de l'affaire par les associés, Paris, 9 février 1873 (J. trib. comm., t. XXI, 250).
11. Cass., 1er juin 1859 (D. 59, I, 244); Rennes, 26 mai 1867 et Cass., 13 juillet 1868 (S. 68, I, 450); Rennes, 4 janvier 1894 (D. 94, II, 120).

associés le droit de se retirer ou de céder leurs intérêts dans la société[1]; 7° pour cause légitime, par décision des tribunaux[2]. Faute d'élection par les associés d'un domicile attributif de juridiction, le demandeur en dissolution doit porter son action devant le tribunal du domicile de son coassocié, ou, s'il y en a plusieurs, de l'un d'eux[3]. Il a été décidé que, si une société ayant concédé à une autre société une participation dans ses affaires vient à prononcer sa dissolution dans le seul but de frustrer celle-ci de sa part de bénéfices, les administrateurs et le liquidateur qui ont concouru à cette manœuvre frauduleuse sont responsables envers la société évincée du préjudice par elle éprouvé, et que la société nouvelle qui s'est formée pour se substituer sciemment à la société évincée, et s'est rendue complice du délit, doit être condamnée solidairement aux dommages-intérêts[4].

273. Liquidation. — L'association en participation ne constituant pas un être moral, il n'y a pas lieu à la nomination d'un liquidateur proprement dit, agissant, vis-à-vis des tiers, au nom de cette association, après sa dissolution[5]. C'est plutôt à un règlement de comptes qu'à une liquidation qu'il convient de procéder. Il doit être nommé, en pareil cas, un expert ou arbitre comptable chargé d'établir les comptes et les droits de chacun des participants[6]. Le liquidateur doit simplement déterminer la situation des associés, et mettre ceux qui sont établis créanciers à même de réclamer le paiement de ce qui leur est dû. Mais il n'a pas qualité pour actionner le participant débiteur, au nom des autres, en paiement de tout ou partie de sa mise[7]. Quand les participants nomment un liquidateur, leur choix porte ordinairement sur le gérant, quand il y en a eu un[8]. A défaut de désignation d'un liquidateur par tous les associés, on doit faire nommer un liquidateur, ou

---

1. Rennes, 4 janvier 1894, *loc. cit.*
2. V. Paris, 7 février et 21 décembre 1863, 11 et 25 avril 1865, 26 mars 1865 (J. trib. comm., t. XII, 439; t. XIII, 329; t. XV, 124 et 131; t. XVI, 93); Cass., 18 janvier 1881 (D. 81, I, 244); Paris, 16 mai 1889 (R. S. 1890, 578).
3. Aix, 1er mars 1879 (J. S. 1880, 453).
4. Cass., 6 mars 1897 (J. S. 1897, 496).
5. Paris, 8 août 1870 (D. 71, II. 7); Alger, 11 avril 1893 (Rev. alg., 1893, 253).
6. Paris, 8 août 1870 (D. 71, II, 7); Aix, 2 mai 1871 (S. 71, II, 261); Paris, 9 février 1884, 11 juin 1885, 22 novembre 1888, 6 mars 1890, 30 décembre 1892 (R. S. 1885, 9 et 683; 1889, 188; 1890, 255; 1893, 270); Poitiers, 8 décembre 1892 (R. S. 1893, 87); trib. Bruxelles, 25 janvier 1895 (Rev. prat. s. Belg., 1895, 90); Cass., 10 déc. 1895 (J. S. 1896, 156) et 7 mai 1902 (J. S. 1902, 426); Trib. Lyon, 7 déc. 1903 (J. S. 1905, 95). V. toutef. Seine, 15 février 1886 (R. S. 1886, 378); Poitiers, 22 déc. 1887 (R. S. 1888, 216); Paris, 16 mai 1889 (R. S. 1890, 78).
7. V. Paris, 11 juin 1884 et 15 décembre 1879; Bordeaux, 8 juillet 1889, *loc. cit.*; Poitiers, 22 décembre 1887 (R. S. 1888, 216).
8. V. Pont, nos 1847 et 1938; Poulle, nos 349 et suiv.; Lyon-Caen et Renault, n° 1069.

un expert comptable, par la justice[1]. Le liquidateur jouit, en principe, des pouvoirs reconnus aux liquidateurs des autres sociétés de commerce[2]; mais il ne peut agir qu'en son nom, comme le faisait le gérant, ou comme mandataire des participants : la maxime que *nul en France ne plaide par procureur* s'oppose à ce qu'un tiers, même avec le titre de liquidateur, puisse agir en justice au nom de l'association dissoute[3]. Les actions judiciaires intéressant la participation ne peuvent être exercées que par les participants ou contre eux individuellement, ou par ou contre ceux d'entre eux qui ont contracté personnellement avec les tiers[4].

274. Partage. — Le partage est soumis aux règles ordinaires pour le partage des sociétés[5]. Lorsque les associés ou l'un d'eux ont apporté simplement la jouissance de certains biens, la liquidation de la participation se résout dans un compte de profits et pertes, et les associés propriétaires reprennent, après l'établissement de ce compte[6], les biens dont ils avaient mis la jouissance dans la participation. Mais pour les biens dépendant de la participation, le partage rétroagira, en vertu de l'art. 883, C. civ., au jour où l'indivision qu'il fait cesser a commencé. Lorsque, comme cela a lieu d'ordinaire, les biens ont, durant la société, continué d'appartenir à chaque associé, ou ont appartenu exclusivement au gérant, le partage ne peut rétroagir qu'au jour de la dissolution de la société. Dans le cas rare, au contraire, ou l'indivision a existé avant la dissolution, le partage rétroagit au jour où, durant la société, elle a commencé[7]. Nous devons toutefois faire observer que, quand le partage comprend des immeubles qui, au regard des tiers, sont la propriété personnelle et exclusive d'un associé, il ne peut produire d'effet rétroactif à

---

1. Lyon-Caen et Renault, nᵒˢ 1069 et 1070; Vavasseur, nᵒ 325, et les arrêts précités; Cass., 10 décembre 1895, *loc. cit.*
2. Lyon-Caen et Renault, *loc. cit.* V. *Supp. Rép.*, Dalloz, *Soc.*, nᵒ 2089 et 2090; Cass., 18 avril 1893 (D. 93, I, 423).
3. Bordeaux, 8 juillet 1889 (R. S. 1890, 139); Paris, 15 décembre 1889 (R. S. 1890, 135); Alger, 11 avril 1883, *loc. cit.* V. toutef., *Rev. prat. s. Belg.*, 1896, 61. Mais la renonciation à invoquer cette maxime résulte pour les associés, dans leurs rapports respectifs ou avec la société, du fait de la nomination volontaire d'un liquidateur auquel ils ont conféré le pouvoir d'exercer toutes actions judiciaires. Bordeaux, 26 mai 1897 (J. S. 1898, 28).
4. Paris, 8 août 1870 et Aix, 2 mai 1871, *loc. cit.*; Alauzet, nᵒ 607; Poulle, nᵒˢ 375 et suiv.; Pont, nᵒ 1933; Lyon-Caen et Renault, nᵒ 1070; Ruben de Couder, nᵒ 74. *Contrà*, Paris, 24 mai 1862 (S. 63, II, 201).
5. V. pour la licitation d'immeubles indivis entre les participants : Seine, 18 mai 1896 (J. S. 1897, 362).
6. Paris, 15 mars 1870 (*Bull. C. de Paris*, nᵒ 2110).
7. Pont, nᵒ 1988; Poulle, nᵒˢ 403 et 404; Lyon-Caen et Renault, nᵒ 1071; Seine, juin 1888.

l'encontre des tiers. Si ces immeubles sont attribués à un autre associé, cette attribution a, en droit civil et en droit fiscal, les caractères d'une vente ou d'un échange.

Il a été décidé que l'on ne peut comprendre dans le partage effectif de l'association un bénéfice non encore réalisé définitivement et même litigieux[1].

275. Prescription. — La prescription quinquennale de l'art. 64, C. comm., supposant une société opposable aux tiers qui est venue à se dissoudre, est sans application aux participants[2].

---

1. Cass., 20 mai 1874 (S. 74, 1, 427). V. aussi Cass., 1er mars 1886 (D. 87, 1, 65). V. sur le mode de partage de la participation : Poulle, nos 387 et suiv.
2. Lyon-Caen et Renault, no 1072.

SOCIÉTÉS PAR ACTIONS

TITRE NEUVIÈME

DE L'ACTION

Sommaire :

CHAPITRE PREMIER

DES CARACTÈRES DE L'ACTION

276. Action. Part d'intérêt. Distinction. — Quels sont les caractères distinctifs de l'*action* et de la *part d'intérêt?* — Cette question a une grande importance, en droit civil et en droit fiscal, parce que les sociétés par intérêts sont régies par le droit commun, alors que les sociétés par actions sont assujetties à des règles particulières, que nous expliquerons, et à des impôts spéciaux. La loi n'a défini ni l'action ni la part d'intérêt. La doctrine et la jurisprudence sont très divisées sur ce point, qui domine la matière si délicate des sociétés par actions[1].

En doctrine, divers systèmes ont été soutenus : 1° L'action est la représentation d'un intérêt dans les sociétés anonymes, et l'intérêt est le droit de l'associé dans les sociétés en nom collectif ou les commandites[2] ; 2° une société par actions est celle dont le capital est divisé en parts d'égale valeur (C. comm., art 34)[3] ; 3° le signe distinctif de l'action réside dans la forme extérieure du titre. Est-il susceptible de la négociation commerciale? c'est une action; dans le cas contraire, c'est un intérêt[4] ; 4° les sociétés par actions sont surtout des associations de capitaux, les sociétés par intérêts sont des associations de personnes, et la cessibilité du titre est l'élément distinctif de l'action[5] ; 5° l'action est le droit de l'associé quand la considération de la personne est restée étrangère à la formation du contrat et que la cessibilité a été envisagée comme un acte normal et ordinaire[6].

La Cour de cassation a rendu sur cette question plusieurs arrêts importants en matière fiscale; elle a décidé :

1° Que les dispositions législatives concernant les sociétés par actions ne sont pas applicables, lorsqu'il a été déclaré dans l'acte de société que les contractants n'entendaient pas former une société par actions[7]. Dans l'espèce de cet arrêt — contestable en principe, mais justifié en fait — il avait été stipulé dans les statuts que les parts des associés ne seraient transmises qu'à des personnes agréées par les autres associés[8] ;

2° Qu'on doit considérer comme société par actions une société dont le capital a été divisé en parts égales, représentées par une seule série de titres transmissibles, au moyen d'un transfert sur les registres de la société, tant aux associés qu'aux tiers, bien que les transmis-

---

1. V. le rapport de M. Bozérian au Sénat, sur le nouveau projet de loi sur les sociétés (J. S. 1884, 796 et suiv.); Dalloz, Supp., v° Soc., n°⁵ 826 et suiv.
2. Delangle, Soc., t. II, p. 436 ; Demolombe, t. IX, n° 411 ; Aubry et Rau, § 165-20.
3. Malepeyre et Jourdain, Soc. par act., p. 199 ; Troplong, Soc., t. I, n° 191; Dalloz, Rép., v° Soc., n° 1103; Demante, Cours de dr. civ., II, 357 bis.
4. Vavasseur, Soc., n° 332; R. S. 1889, 608; Deloison, Soc., n° 258. Conf. Seine, 27 avril 1888 (R. S. 1888, 444); Paris, 20 décembre 1886 (J. S. 1891, 224) et 22 novembre 1890 (J. S. 1891, 54); Douai, 4 avril 1898 (J. S. 1899, 114).
5. Bravard-Veyrières et Demangeat, Tr. de dr. comm., t. I, p. 264 ; Molinier, Soc. comm., 512; Bédarride, Soc., t. II, n° 318.
6. Beudant, Rev. crit., 1869, 148, 160, 161; Rousseau, Soc. comm., t. I, 408; Pont, t. I, n°⁵ 598 et suiv.; Lyon-Caen et Renault, n° 520; Ruben de Couder, Dict. de dr. comm., v° Soc. en comm., n° 73; Boistel, Pr. de dr. comm., 608; V. Batbie, Rev. crit., 1869, 329; Thaller, n° 608.
7. Cass., 8 juillet 1868 (D. 68, I, 480).
8. V. aussi Cass., 17 juillet 1856.

sions à des étrangers ne soient valables, vis-à-vis de la société, qu'avec l'agrément de l'assemblée générale [1]; ou encore, bien qu'un droit de préférence ait été réservé au gérant en cas de cession à une catégorie de personnes [2]. Ces derniers arrêts déclarent que la restriction apportée à la libre disposition des actions ne fait pas obstacle à la circulation des titres, et ne suffit pas pour leur enlever le caractère de l'action [3];

3° Que la société en commandite, dont le capital est divisé en parts chacune d'un chiffre unitaire et susceptibles d'être cédées aux tiers, a le caractère d'une commandite par actions constituée en dehors de toute considération de personnes, bien que, d'après les statuts, l'associé n'ait pas d'autre titre que le pacte social dont il peut se faire délivrer un extrait [4], et que la cession ne puisse avoir lieu que suivant les règles du droit civil (C. civ., art. 1690), ce mode de cession ne faisant nul obstacle à la cessibilité des titres, véritable caractère de l'action [5];

4° Que les sociétés par actions se distinguent des sociétés avec parts d'intérêts en ce que les premières constituent des associations de capitaux, tandis que les secondes sont formées *intuitu personæ;* que le véritable caractère de l'action c'est sa cessibilité [6];

5° Qu'il y a société par actions, lorsque le fonds social a été divisé en un certain nombre de parts représentées par des titres individuels et séparés du pacte social, et que la transmission de ces titres peut avoir lieu librement, conformément à l'art. 1690, C. civ., au profit des tiers et des associés eux-mêmes, sans le consentement des co-associés [7].

Il semble résulter de l'ensemble de cette jurisprudence et de la doctrine dominante que c'est la cessibilité qui est le caractère le plus distinctif de l'action, créée dans une association de capitaux et non de personnes; et que la division du capital en parts distinctes, d'un chiffre unitaire, et cessibles à des tiers, implique une association de capitaux, alors même que certaines restrictions auraient été apportées

1. Cass., 27 mars 1878 (S. 78, 1, 277; art. 21878, J. N.).
2. Cass., 13 mars 1882 (S. 83, 1, 327; art. 22734, J. N.).
3. V. aussi Cass., 15 janvier 1890 (J. S. 1891, 325); Douai, 4 avril 1898, *loc. cit.*
4. V. en sens contraire, sur ce point, Cass., 10 août 1887, *infra.*
5. Cass., 2 août 1886 (S. 87, 1, 327; J. S. 1886, 589; art. 23755, J. N.); Seine, 29 janvier 1892 (Garnier, *Rép. pér.*, art. 7797); Cass., 31 janvier 1893 (J. S. 1893, 458; art. 25220, J. N.); Seine, 14 nov. 1904 (J. S. 1905, 516).
6. Cass., 9 février 1887 (S. 88, 1, 177; art. 23819, J. N.). V. aussi Cass., 16 février 1892 (J. S. 1892, 266).
7. Cass., 5 novembre 1888 (art. 23123, J. E.; art. 24174, J. N.); Cass., 31 janvier 1893, *loc. cit.*

à la libre disposition du titre. Ce dernier point nous paraît toutefois d'une application délicate, car les entraves apportées au droit de cession des titres pourraient, dans certains cas, révéler l'intention de former une association de personnes, et enlever à ces titres le caractère de l'action[1]. Il en serait ainsi, notamment, si ces titres ne pouvaient être cédés qu'avec l'assentiment de tous les associés[2] (V. infrà, n° 343).

Il est incontestable que si le droit des associés était représenté par des titres au porteur, on se trouverait en présence d'une société par actions, la négociabilité des titres au porteur étant incompatible avec l'intuitu personæ qui caractérise la société par intérêt[3].

CHAPITRE II

DE L'ACTION DANS LES DIVERSES SOCIÉTÉS

277. Société civile. Constitution civile. — Une société ayant un objet civil peut-elle diviser son capital en actions nominatives ou au porteur, en conservant, pour sa constitution, la forme d'un contrat purement civil? Cette importante question est controversée[4].

L'action dans les sociétés civiles est pratiquée depuis longtemps[5]. Nous considérons qu'elle n'a rien d'illicite, parce qu'elle n'est prohibée par aucun texte de loi. Il est vrai que l'art. 1690, C. civ., exige, pour le transport des droits incorporels, un acte signifié ou accepté

---

1. Cass., 10 août 1887 (art. 23941, J. N.; art. 22907, J. E.). V. Paris, 30 décembre 1890 (R. S. 1891, 93); Thaller, n° 608.
2. Conf. art. 25202, J. N. Voir sur les caractères distinctifs de l'action et de l'intérêt, les nombreuses décisions et autorités citées en note au J. des soc., 1886, 590. Adde : Boulogne, 9 février 1879; Marseille, 11 février 1881; Seine, 24 juillet 1882, 22 juin 1883, 1er février 1884, 4 mars 1885, 30 novembre 1886; Soissons, 3 janvier 1883; Lyon, 14 juin 1884; Péronne, 29 août 1884; Gand, 19 mai 1881 (J. S. 1886, 596 et suiv., et 646); Seine, 27 avril 1888 (R. S. 1888, 444); Marseille, 15 mars 1888 (R. S. 1889, 81); Douai, 13 mai 1887 et 14 juillet 1888; J. S. 1890, 84; art. 23635, J. E.; R. S. 1887, 328; Cass., 22 fév. 1892 (R. S. 92, 179) et 31 janv. 1893 (S. 93, I, 327); J. S. 1904, 228.
3. Lyon-Caen et Renault, n° 536 bis, note; Dalloz, Supp., n° 793.
4. V. sur le caractère de sociétés anonymes des sociétés civiles à responsabilité limitée les articles et décisions publiés J. S. 1904, 241, 254, 272, 279, 498; 1905, 59 et 245 ; 1906, 19 et 43 ; 1907, 145, 507 ; 1908, 176 ; S. 1907, I, 529 ; 1909, I, 577. La Cour de cassation a, le 16 novembre 1910 (J. S. 1911, 205) assimilé la création d'actions au porteur à la limitation de la responsabilité des associés et attribué par suite de cette création, à une société civile, le caractère anonyme.
5. Troplong, n° 143. V. Cass., 6 déc. 1843 (S. 44, I, 22).

Mais une obligation civile peut être stipulée transmissible sous les formes commerciales. Ainsi, une créance hypothécaire peut être transmissible à ordre, ou représentée par des titres d'obligations nominatifs ou au porteur (*infrà*, n° 420). En ce qui concerne les sociétés minières, qui sont des sociétés civiles, le droit de créer des actions semble résulter pour elles des dispositions de l'art. 8 de la loi du 21 avril 1810, qui déclare meubles les *actions* ou intérêts dans une société pour l'entreprise des mines. Quant à la loi du 24 juillet 1867, elle ne régit pas les sociétés civiles par actions qui se constituent sous la forme civile : cela ressort de la discussion de cette loi[1]. Enfin, la loi du 1er août 1893 (art. 6) ne s'applique qu'aux sociétés civiles qui se constituent sous la forme commerciale de la commandite ou de l'anonymat (*infrà*, n° 278); elle ne fait pas obstacle au droit qu'ont les sociétés dont l'objet est civil de se constituer suivant les formes civiles[2] et de créer des actions.

Dans les sociétés civiles, toute liberté appartient aux parties pour régler la forme, le taux, l'émission et la transmission des actions. Nous reconnaissons que la non-réglementation des actions dans les sociétés civiles constitue une regrettable lacune législative; mais aucune disposition légale ne nous paraît s'opposer à la création d'actions dans les sociétés purement civiles[3] (V. *infrà*, n° 769).

Libération. Responsabilité. — Si les actions ne sont pas immédiatement libérées en totalité, quelle est l'étendue de la responsabilité des souscripteurs, acquéreurs et porteurs, envers la société, à raison des versements restant à faire? Il convient, à notre avis, d'adopter, en ce qui concerne les actions, les solutions que nous donnerons (*infrà*, n° 414) à l'égard des obligations. En conséquence : 1° Si les titres sont nominatifs, la société a le droit de réclamer indistinctement et solidairement à tous les titulaires successifs d'un même titre qui figurent sur son registre de transferts, le montant des versements à effectuer. Toutefois, la libération de ceux qui ont aliéné leurs titres pourrait résulter, par voie de novation, de la stipulation des statuts d'après laquelle, pour la validité du transfert à l'égard de la société, le cessionnaire doit être préalablement agréé par le conseil d'administration : c'est ce qui a été décidé à l'égard des sociétés anonymes

---

1. Cass., 28 novembre 1873 (S. 75, I, 281) ; Labbé, note sous Cass., 21 février 1883 (S. 84, I, 361) ; Seine, 19 juillet 1899 (J. S. 1900, 30).
2. V. le rapport de M. Clausel de Coussergues à la Chambre des députés.
3. V. les art. et déc. cités, p. 228, note 4. V, aussi J. S. 1901, 241, 289, 308, 357.

constituées antérieurement à la loi de 1867 [1] ; 2° si les titres sont au porteur, la société a, dans tous les cas, une action contre le dernier porteur, et une action contre le souscripteur, s'il s'est formellement obligé, dans le bulletin de souscription signé de lui, ou dans les statuts, à libérer ses titres [2]. Quant aux cessionnaires intermédiaires, ils sont déchargés par le fait de la vente. Il a été décidé (pour une société commerciale anonyme luxembourgeoise, régie par le droit commun du Code civil et du Code du commerce de 1807) que le dernier porteur est seul tenu des versements restant à faire sur les actions ; que celui, souscripteur originaire ou cessionnaire, qui a transmis à un autre ses titres, cesse de faire partie de la société et se trouve libéré de toute obligation envers elle, la novation s'opérant par la tradition même des titres [3]. Cette solution nous paraît exacte, sauf l'effet de l'engagement personnel qui aurait été pris par les souscripteurs originaires [4]. C'est à la société qu'il appartient de prouver que celui à qui elle réclame le non-versé est détenteur des titres sur lesquels il est demandé [5].

278. Société civile. Constitution commerciale. — Sous l'empire de la loi du 24 juillet 1867, on reconnaissait qu'une société, bien qu'ayant un objet civil, au lieu de se constituer dans les formes et sous les conditions indiquées au Code civil, pouvait adopter, pour sa constitution, la forme commerciale de la commandite ou de l'anonymat, et diviser son capital en actions [6]. On reconnaissait aussi que les dispositions de la loi de 1867 sont applicables à ces sociétés à forme commerciale, notamment en ce qui concerne le taux et la négociation des actions, la souscription intégrale du capital social et le versement du quart, l'approbation des apports et des avantages particuliers, la conversion des actions nominatives en titres au porteur [7]. Mais on discutait la question de savoir si les sanctions ci-

---

1. V. Cass., 12 décembre 1866 (S. 68, 1, 70), 19 février 1878 (S. 80, 1, 77), 21 juillet 1879 (S. 80, 1, 5), 4 janvier 1888 (D. 88, 1, 37), 20 février 1894 (J. S. 1894, 393); Paris, 25 janvier 1868 (S. 69, 2, 105), 17 janvier 1885 (J. S. 1885, 393), 5 juin 1889 (J. S. 1890, 330), 5 juillet 1889 (D. 94, 1, 289); Leviez, R. S. 1897, 242; Dallos, Rép.

2. Voir Bouvier-Bangillon, L. de 1893, 153; Douai, 24 janv. 1901; Cass., 18 nov. 1902 et note Wahl (J. S. 1902, 255 ; 1906, 299).

3. Paris, 7 décembre 1893 (J. S. 1894, 127). V. Cass., 13 mai 1895 (J. S. 1894, 308).

4. V. Vavasseur, nos 99 et 109.

5. Paris, 9 novembre 1894; Cass., 13 mai 1895; Amiens, 7 mai 1896 (J. S. 1895, 308 ; 1897, 63).

6. V. les décisions et autorités citées dans le Tr. des soc. par act., de M. Houpin, n° 10.

7. Seine, 29 juillet 1886 (S. 92, II, 270); Toulouse, 23 mars 1887 (J. S. 1888, 2); Cass., 19 juillet 1888 (S. 91, 1, 59); Seine, 20 avril 1889 (R. S. 1889, 452); Paris,

viles[1] et les sanctions pénales[2] de la loi de 1867 sont applicables aux sociétés civiles qui se constituent sous la forme commerciale de la commandite ou de l'anonymat[3]. On admettait généralement que les actionnaires de ces sociétés civiles à forme commerciale n'étaient tenus des dettes sociales et ne pouvaient être poursuivis que jusqu'à concurrence du montant de leurs actions[4]. Mais des arrêts avaient consacré le principe de la responsabilité personnelle et indéfinie des actionnaires[5]. On était d'accord pour reconnaître : que la juridiction civile était seule compétente; que la société ne pouvait être déclarée en faillite[6], et que la prescription de cinq ans établie par l'art. 64, C. comm., n'était pas applicable[7].

L'art. 68 ajouté à la loi du 24 juillet 1867 par la loi du 1er août 1893, règle la condition légale des sociétés ayant un objet civil et revêtant une forme commerciale. Cet article dispose que « *quel que soit leur objet, les sociétés en commandite ou anonymes* qui seront constituées dans les formes du Code de commerce ou de la présente loi, *seront commerciales* et soumises aux lois et usages du commerce ».

Il résulte de cette disposition : 1° qu'une société ayant un objet civil peut revêtir la forme de la société en commandite par actions ou de la société anonyme; 2° qu'une telle société est soumise à toutes les règles de la loi de 1867, modifiées et complétées par celles du 1er août 1893; 3° qu'elle doit être traitée comme une société de commerce. Par suite de cette dernière solution : *a*. une société anonyme

---

23 juillet 1890 (J. S. 1891, 28); Houpin, J. S. 1891, 512; Paris, 21 mai 1892 (art. 24997, J. N.); Lyon-Caen et Renault, n° 1085. *Contrà*, Aix, 11 janvier 1867 (J. S. 1891, 233). La loi de 1893 est aussi applicable, J. S. 1903, 320.

1. *Affirm.*, les décisions citées à la note précédente. — *Négat.* Lille, 15 juin 1885 (J. S. 1885, 552); Orléans, 28 juillet 1887 (J. S. 1888, 173, et 1890, 292); Cass., 21 octobre 1895 (J. S. 1896, 13).

2. *Affirm.* Lyon-Caen, S. 75, I, 281; Houpin, J. S. 1891, 512. — *Négat.* Cass., 28 novembre 1873 (S. 75, I, 281); Orléans, 28 juillet 1887, *loc. cit.*; Seine, 29 novembre 1892 (R. S. 1893, 440); trib. Toulouse, 30 déc. 1895 (J. S. 1896, 284).

3. V. sur cette double question, Houpin, J. S. 1891, 512.

4. V. les décisions et autorités citées : Houpin, *Soc. par act.*, n° 13, et notamment Lyon, 8 août 1873 (S. 74, II, 105); Toulouse, 23 mars 1887, *loc. cit.* Adde, Houpin, J. S. 1891, 512; R. S. 1890, 540; 1893, 306; trib. Toulouse, 9 févr. 1899 (J. S. 1899, 448). V. Seine, 24 déc. 1894 (J. S. 1895, 115), 26 déc. 1895 (J. S. 1896, 374), 2 et 23 juin 1896 (J. S. 1896, 462, 465); Marseille, 21 févr. 1896 (J. S. 1898, 331); Rouen, 27 déc. 1899 (J. S. 1900, 306).

5. Seine, 9 avril 1886 (J. S. 1888, 368); trib. Rouen, 30 mai 1888 (J. S. 1891, 228); Rouen, 16 juin 1890 (R. S. 1891, 261); Riom, 5 janvier 1893 (*Rec. Riom*, 1892-1893, p. 193). *Conf.*, Cass., 21 octobre 1895 (J. S. 1896, 13) et 26 juin 1900 (J. S. 1901, 11); Paris, 18 juin 1900 (J. S. 1901, 75); J. S. 1904, 164.

6. Paris, 14 avril 1883 (J. S. 1883, 375); Cass., 28 janvier 1884 (S. 86, I, 465); Toulouse, 23 mars 1887, *loc. cit.*

7. Toulouse, 23 mars 1887, *loc. cit.* V. sur ces différents points : Houpin, *Soc. par act.*, n°s 10 à 14.

ou en commandite par actions, même civile par son objet, peut être déclarée en faillite ou mise en liquidation judiciaire; *b.* elle est obligée de tenir les livres prescrits pour les commerçants; *c.* les contestations entre les associés y sont de la compétence des tribunaux de commerce (art. 631, C. comm.)[1]; *d.* la prescription quinquennale de l'art. 64, C. comm., lui est applicable[2]; *e.* les actionnaires ne sont tenus au paiement des dettes sociales que jusqu'à concurrence du montant de leurs actions. Mais les contestations relatives aux opérations sociales, entre la société et des tiers, sont-elles, comme les constatations entre associés, de la compétence du tribunal de commerce? La question est controversée. Des auteurs estiment que ces contestations ne sont de la compétence du tribunal de commerce qu'autant que les opérations sociales ont réellement un caractère commercial, et que, dans le cas contraire, elles sont, comme par le passé, de la compétence des tribunaux civils[3]. Cette solution est critiquée par des auteurs qui considèrent que cette distinction est arbitraire et en contradiction manifeste avec les termes de l'art. 68 « seront commerciales et soumises aux lois et usages de commerce »; que par suite toute société anonyme ou en commandite par actions est désormais soumise à l'art. 631, C. comm., qui dit que les tribunaux de commerce connaîtront de toute contestation relative aux engagements et transactions entre négociants, et à l'art. 109, qui réglemente la preuve pour tous achats, ventes, etc.[4]. La question est importante et délicate. Nous considérons que la seconde solution est plus conforme au texte et à l'esprit de la loi[5].

L'art. 68 précité ne s'applique qu'aux sociétés constituées postérieurement à la promulgation de la loi du 1er août 1893. Cette loi n'a pas, à ce point de vue, d'effet rétroactif[6]. La proposition de loi, telle qu'elle avait été adoptée d'abord par la Chambre des députés, en décidait autrement. Mais la disposition qui appliquait l'art. 68 aux

---

1. Lyon-Caen et Renault, L. 1893, n° 49; Bouvier-Bangillon, J. S. 1895, 341 et suiv.; Marseille (J. S. 1900, 80 et 1902, 167). V. Seine. 28 oct. 1896 (J. S. 1898, 184).
2. Bouvier-Bangillon, *loc. cit.*
3. Lyon-Caen et Renault. L. 1er août 1893, n° 53; Bouvier-Bangillon, *id.*, p. 90, 21, 29 et *Dissert.* J. S. 1895, p. 337 et suiv.; Goirand, *Soc. par act.*, n° 35; Lamache, *Rev. lég. min.*, 1895, 265; Menton, 22 avril 1902 (J. S. 1903, 521).
4. Cass., 17 juin 1907 (J. S. 1908, 354; S. 09, I, 374); Faure, L. 1er août 1893, p. 42; Lacour, D., note, 1895, II, 105; Dalloz, *Supp.*, n° 2156; Clément, *Pouv. ass. gén. extraord.*, n° 73; Arthuys, *Rev. crit.*, 1897, 283; Baudry-Lacantinerie et Wahl, n° 836. V. aussi Wahl, note, S. 1896, II, 557. V. J. S. 1896, 442 et 1898, 184.
5. V. le rapport de M. Clausel de Coussergues à la Chambre des députés.
6. Seine, 14 février 1901 (J. S. 1901, 327). V. Seine, 7 mars 1896, *loc. cit.*

sociétés déjà existantes a été supprimée par le Sénat, et n'existe plus dans le texte définitivement voté [1].

279. Sociétés en nom collectif. — L'action, permise dans les sociétés civiles, l'est-elle également dans les sociétés commerciales en nom collectif, qui sont des sociétés de personnes? On peut concevoir une société dans laquelle les associés sont tenus personnellement et solidairement des dettes sociales, et leurs droits sont représentés par des actions cessibles à volonté. Il existe en Allemagne et en Angleterre des sociétés constituées dans ces conditions (elles sont appelées en Angleterre *companies unlimited with shares*). Des auteurs considèrent que de telles sociétés ne sont pas contraires aux règles du droit français. Suivant l'un d'eux, ces sociétés ne sont autre chose que des sociétés en nom collectif à capital variable [2]. Suivant d'autres auteurs, qui ne leur donnent pas cette qualification, et qui semblent plutôt les ranger dans la catégorie des sociétés anonymes (*infrà*, n° 769), les sociétés dont il s'agit seraient soumises à la loi du 24 juillet 1867 [3]. Enfin, une autre opinion estime que la division en actions contredirait le but même de la société en nom collectif et serait en contradiction formelle avec les principes [4].

Nous reconnaissons qu'une société en nom collectif peut se constituer à capital variable, mais seulement dans les conditions déterminées dans les art. 48 et suiv. de la loi de 1867 [5]. Quant à la question de savoir si, en principe, le capital d'une société en nom collectif (dans laquelle tous les associés sont indéfiniment et solidairement responsables des dettes sociales) peut être divisé en actions, et si une société constituée dans ces conditions est régie par les dispositions de la loi de 1867, elle nous paraît devoir recevoir une double solution négative. Tout d'abord, la société ne serait pas soumise au régime de la loi de 1867, parce que cette loi ne s'applique qu'aux sociétés en commandite par actions et aux sociétés anonymes, et qu'elle ne peut pas plus régir les sociétés en nom collectif qui créeraient des actions, que les sociétés civiles par actions. Il y a ensuite un motif particulier qui nous paraît s'opposer à la création d'actions, librement cessibles suivant les formes commerciales, dans les sociétés en nom collectif : c'est que, pour la publication de ces sociétés, l'extrait

1. Lyon-Caen et Renault, n° 63 ; Bouvier-Bangillon, p. 30 et suiv.
2. Vavasseur, n° 354. *Contrà*, Léon Lacour, *Rev. crit.*, 1885, 459.
3. Lyon-Caen et Renault, n°s 270 et 679 *ter* ; Wahl, S. 1909, I, 577.
4. Daniel de Folleville, *Tr. de la poss. des meub. et des tit. au porteur.*, n° 926 : Wahl, *Tr. des tit. au port.*, n° 514.
5. Pont, n° 1732 ; Ruben de Couder, v° *Soc. à cap. var.*, n° 5 ; Vavasseur, n° 933 ; Lyon-Caen et Renault, n° 1033.

doit contenir les noms des associés (art. 57, L. 1867), et que la loi de 1867 (art. 61) soumet aux formalités de publication tout changement ou retraite d'associés. Comment publier le changement d'associés en nom collectif, résultant du transfert des actions, surtout si elles sont au porteur? Cette question n'a du reste qu'un intérêt théorique; car nous ne connaissons jusqu'ici, en France, aucune société en nom collectif par actions, et l'action et ses modes de transmission se concilient peu avec la responsabilité personnelle, solidaire et indéfinie attachée à la qualité d'associé dans la société en nom collectif, qui est et doit rester une société de personnes.

280. Associations en participation. — Les membres d'une association en participation peuvent-ils, en se constituant, créer des titres d'actions nominatifs ou au porteur? — Des auteurs soutiennent l'affirmative, en vertu du principe de la liberté des conventions. Mais la solution contraire a été consacrée par la jurisprudence. La Cour de cassation a décidé (en matière fiscale) que le capital d'une association en participation ne peut être divisé en actions[1]. On peut considérer, en principe, que l'action représente l'intérêt des membres d'une véritable société personnifiée par un être moral, et qu'elle ne saurait exister dans l'association en participation. Cette dernière solution nous paraît plus sûre à suivre. La création d'actions dans une association en participation pourrait, dans certains cas, faire attribuer à l'association le caractère d'une société en commandite[2].

281. Sociétés en commandite et anonymes. — Les actions créées dans les sociétés en commandite et dans les sociétés anonymes sont régies par les dispositions des lois des 24 juillet 1867 et 1er août 1893. Ce sont les règles relatives à ces actions que nous allons expliquer. Ces règles s'appliquent aussi, bien entendu, aux actions des sociétés civiles par leur objet, qui se constituent sous la forme commerciale de la commandite ou de l'anonymat, puisque ces sociétés sont soumises à toutes les dispositions des lois précitées.

---

1. Vavasseur, n° 355 ; Poulle, n°s 313 et 314 ; Wahl, n°s 516 et notes S. 1903, 2, 185 ; 1907, 2, 153 ; Paris, 8 janvier 1900, S. 1903, 2, 185. V. Rennes, 28 janvier 1856 (S. 57, II, 16) ; Cass. 13 juillet 1868 (D. 69, I, 137) ; Paris, 24 déc. 1898 (J. S. 1899, 363) et 9 janv. 1907 (S. 1907, 2, 153).

2. Cass., 12 janvier 1842 (S. 42, I, 595). Conf. Bordeaux, 1845 (D. 45, I, 239) ; Poitiers, 18 janvier 1860 (J. P. 60, 47) ; Paris, 8 janvier 1900 (J. S. 1900, 401 ; D. 1902, II, 105, note Conf. Lacour, D. 1908, 2, 393) ; Seine, 11 décembre 1901 (J. S. 1902, 370) ; Lyon, 23 décembre 1904 (J. S. 1905, 495) ; Paris, 27 juin 1905 (J. S. 1906, 210) ; Seine, 19 mars 1907 (S. 07, 2, 153) ; Cass., 30 juillet 1907 et 28 mars 1908 (J. S. 1908, 350 et 352) ; Daniel de Folleville, n° 199 ; Dalloz, Rép., v° Soc., n° 485 ; Delangle, Soc., n° 115 ; Primot., v° Act. et oblig., n° 18 ; Ann. de dr. comm., 1896, 398 ; 1901, 333.

3. Conf. Ruben de Couder, v° Soc. en part., n° 43. V. Paris, 24 décembre 1898 (J. S. 1899, 363) ; Seine, 15 mars 1906 (J. S. 1907, 78).

CHAPITRE III

DES DIVERSES ESPÈCES D'ACTIONS

282. Actions de numéraire et actions d'apport. — Les actions de numéraire (que l'on appelle aussi actions de capital ou payantes), sont celles dont le montant est versé en espèces. Les actions d'apport (ou de fondation) sont celles attribuées aux associés qui font des apports en nature. Ces deux sortes d'actions représentent le fonds social; elles confèrent ordinairement les mêmes droits et avantages. Toutefois, les actions d'apport ne sont négociables que deux ans après la constitution de la société (L. 1er août 1893, art. 2).

283. Actions de priorité. — Aucun texte légal n'interdisait de créer plusieurs catégories d'actions ayant des droits et avantages différents, par exemple des actions de priorité ou privilégiées, et des actions ordinaires, les premières donnant droit, avant les secondes, à une fraction des bénéfices et au remboursement de leur capital[1]. Les auteurs ont reconnu et la jurisprudence a consacré la validité des actions de priorité[2]. On ne saurait opposer l'art. 34, C. comm., aux termes duquel le capital d'une société anonyme se divise en actions et même en coupons d'actions d'une valeur égale; car on décide généralement que l'égalité des actions n'est de l'essence d'aucune société, et que cet article n'édicte pas une prescription d'ordre public et n'a pas de sanction (*infrà*, n° 290); et au surplus, l'article précité vise l'égalité des actions au point de vue du capital nominal, en non l'égalité des droits des actionnaires[3].

Quoi qu'il en soit, des doutes subsistaient dans la pratique sur la possibilité de créer régulièrement des actions de priorité. Dans le but de dissiper ces doutes et de faciliter l'usage des actions de prio-

---

1. V. Paris, 28 mai 1884 (J. S. 1884, 428).
2. Deloison, n° 264; Frèrejouan du Saint, J. S. 1887, 64; Lyon-Caen et Renault, n°s 558 et suiv.; Wahl, *Ét. sur l'augm. du cap.*, n° 34; Dalloz, *Rép. Supp.*, n°s 876 et suiv.; Levillain, note, D. 86, II, 177; Goirand, n° 49; Percerou, p. 142; Thaller, note, D. 99, I, 110, et *Traité*, n° 597; Genevois, *Rev. trim. nouv. rég. soc.*, 1897, 7; Houpin, *Étude*, J. S. 1899, 47 et suiv.; Paris, 15 janvier 1866 (S. 66, II, 235), 10 ou 12 janvier 1867 (D. 69, II, 239); 27 juillet 1869 (S. 70, II, 47), 19 avril 1875 (D. 75, II, 161), 28 mai 1884, *loc. cit.*; Seine, 25 juin 1883 (J. S. 1890, 405); Venise, 1er décembre 1884 (R. S. 1885, 349); Cass., Florence, 10 décembre 1885 (R. S. 1886, 283); Lyon, 4 mars 1891 (J. S. 1891, 343); Bruxelles, 15 février 1897 (J. S 1897, 285). V. proposition de loi et critique de M. Houpin, J. S. 1899, 529, 541.
3. Lyon-Caen et Renault, n° 558.

rité, on a demandé au législateur de consacrer la légalité de ces actions. Une loi du 9 juillet 1902 avait modifié et complété dans les termes suivants l'art. 34 du Code de commerce : « Le capital de la société anonyme se divise en actions et même en coupons d'actions d'une valeur nominale égale. Sauf les dispositions contraires des statuts, la société peut créer des actions de priorité, investies du droit de participer avant les autres actions à la répartition des bénéfices ou au partage de l'actif social. Sauf dispositions contraires des statuts, les actions de priorité et les autres actions ont, dans les assemblées, un droit de vote égal. Dans le cas où la décision de l'assemblée générale comporterait une modification dans les droits respectifs des actions des différentes catégories, il faut, en dehors de l'assemblée générale, convoquer une assemblée spéciale des actionnaires dont les droits ont été modifiés. Cette assemblée spéciale doit délibérer, eu égard au capital représenté par les actions dont il s'agit, dans les conditions de l'art. 31 de la loi du 24 juillet 1867 en tant que les statuts ne contiendraient pas d'autres prescriptions. »

Cette loi a été l'objet de nombreuses critiques. On s'est demandé notamment si elle s'appliquait aux sociétés constituées antérieurement et si ces sociétés pouvaient décider la création d'actions de priorité, dans le silence des statuts, en vertu d'une délibération de l'assemblée générale des actionnaires. On reconnut immédiatement la nécessité de remanier complètement la loi précitée. C'est ce qui fut réalisé par la loi du 16 novembre 1903, ainsi conçue :

ARTICLE PREMIER. — Les art. 1 et 2 de la loi du 9 juillet 1902 sont modifiés ainsi qu'il suit :

Article premier. — L'art. 34 du Code de commerce est ainsi complété :

« Le capital social des sociétés par actions se divise en actions et même en coupons d'actions d'une valeur nominale égale.

« Toute société par actions peut, par délibération de l'assemblée générale constituée dans les conditions prévues par l'art. 31 de la loi du 24 juillet 1867, créer des actions de priorité jouissant de certains avantages sur les autres actions ou conférant des droits d'antériorité soit sur les bénéfices, soit sur l'actif social, soit sur les deux, si les statuts n'interdisent point, par une prohibition directe et expresse, la création d'actions de cette nature.

« Sauf dispositions contraires des statuts, les actions de priorité et les autres actions ont, dans les assemblées, un droit de vote égal.

« Dans le cas où une décision de l'assemblée générale comporterait une modification dans les droits attachés à une catégorie d'actions, cette décision ne sera définitive qu'après avoir été ratifiée par une assemblée spéciale des actionnaires de la catégorie visée.

« Cette assemblée spéciale, pour délibérer valablement, doit réunir au moins la moitié du capital représenté par les actions dont il s'agit, à moins que les statuts ne prescrivent un minimum plus élevé.

Art. 2. (Cet article s'applique à la négociation des actions d'apport en cas de fusion.)

ART. 2. — La présente loi est applicable aux sociétés fondées antérieurement ou postérieurement à la présente loi. »

Nous présenterons sous un titre spécial (t. 2, nos 1383 et suiv.) un commentaire de cette importante loi, qui est appelée à exercer une grande influence au point de vue de la détermination et de l'étendue des pouvoirs de l'assemblée générale des actionnaires pour la modification des statuts.

284. Actions industrielles. — Les auteurs estiment que l'on peut créer et attribuer des actions industrielles en représentation d'un apport industriel (compétence technique, crédit commercial). Ces actions n'ayant pas contribué à la formation du capital social, n'ont droit qu'à une part dans les dividendes, mais non à une fraction du fonds social, à moins de clause contraire[1]. Cette qualification d'*actions* nous paraît inexactement donnée à des titres qui ne sont la représentation ni d'un apport en nature, ni d'un apport en espèces, et qui ne donnent et ne sauraient donner aucun droit sur le capital social à la formation duquel ils n'ont pas contribué. Ce sont, en réalité, des parts bénéficiaires, et ils sont soumis aux règles des parts de fondateur que nous expliquerons (*infrà*, nos 359 et suiv.)[2].

285. Actions de prime. — Les actions de prime sont celles qui seraient attribuées à certaines personnes pour les rémunérer des soins qu'elles donnent à la fondation et à l'organisation de la société, sans qu'elles soient obligées de faire aucun versement.

La création de ces actions est-elle licite? Certains auteurs font une distinction : l'émission d'actions de prime est illicite si ces actions font partie du capital social; mais elle est licite dans le cas contraire : par exemple, si une société se fonde au capital de 180,000 francs divisé en 1,800 actions de 100 francs, et crée, *en outre*, 200 actions de

---

1. Dalloz, *Rép.*, no 1107, et *Supp.* no 860 ; Lyon-Caen et Renault, no 560 ; Deloison, no 261 ; Rousseau, *Manuel des soc. par act.*, no 85 ; Goirand, no 45 ; Godin, *Des titres attribués aux fond. dans les soc. an.*, p. 46 et suiv. ; Magdelaine, p. 83.
2. M. Percerou (*Des fondat. de soc. an.*), après avoir considéré (p. 141) que les actions industrielles sont de véritables actions conférant le droit de participer aux assemblées générales (ce qui les distingue des parts de fondateur), déclare ensuite (p. 182) que, juridiquement, l'expression d'action est inexacte, et que, dans le sens strict de la loi, les actions industrielles, pas plus que les parts bénéficiaires, ne sont des actions.

prime ne contribuant pas à la formation du capital social[1]. Nous estimons qu'aucune action de capital ne peut exister en dehors du capital social, et que, par suite, la création d'actions de prime est illicite dans tous les cas [2].

Les services rendus à la société, lorsqu'ils ne constituent pas des apports en nature soumis aux vérifications et approbations imposées par la loi de 1867, peuvent être rémunérés en argent[3], ou par l'attribution de parts de fondateur donnant droit à une quotité des bénéfices sociaux (infrà, n° 362).

286. Actions de jouissance. — Souvent les statuts stipulent qu'il sera prélevé chaque année une portion des bénéfices sociaux, pour la formation d'un fonds spécial destiné à l'amortissement du capital des actions, par voie de tirages au sort ou par un remboursement égal sur chaque action. Les actions ainsi amorties ou remboursées sont remplacées par des actions de jouissance[4], lesquelles participent à la distribution des dividendes, après le service d'un premier dividende, à titre d'intérêt, aux actions de capital, et à la répartition de l'actif social après le remboursement de toutes les actions (infrà, n° 934). Les actions de jouissance ou actions bénéficiaires (titres qui ne doivent pas être confondus avec les parts de fondateur ou parts bénéficiaires) conservent au surplus tous les autres avantages attachés aux actions ordinaires, notamment le droit d'assister aux assemblées générales.

CHAPITRE IV

TAUX ET DIVISION DES ACTIONS

287. Code de commerce. — D'après l'art. 34, C. comm., le capital d'une société anonyme se divise en actions et même en coupons d'actions d'une valeur égale. Et, suivant l'art. 38 du même Code, le capital des sociétés en commandite peut être aussi divisé en actions.

---

1. Ruben de Couder, v° Soc. an., n° 105: Ameline, Rev. crit., t. XXIV, 349; Lyon Caen et Renault, n°s 560 ter et 690; de Muralt, De la fond. des soc. an., §§ 53 et 105; Dalloz, Supp., n° 875; Goirand, n° 50; Percerou, Des fondat. de soc. an., p. 161; Godin, p. 159. V. Cass., 20 février 1877 (S. 77, 1, 445).
2. Conf. Beudant, Rev. crit., t. XXXVI, p. 116; Alauzet, n° 639; Pont, n° 881; Vavasseur, n° 529; Lecouturier, Rev. crit., 1897, 150; Magdelaine, p. 89.
3. Pont, n° 888.
4. V. J. S. 1899, 46; 1905, 524; 1906, 145, 332, 481; 1911, 97.

288. Loi de 1867. — Sous l'empire de la loi du 24 juillet 1867 et d'après l'art. 1er de cette loi, les sociétés en commandite ne pouvaient diviser leur capital en actions ou coupons d'actions de moins de 100 francs, lorsque ce capital n'excédait pas 200,000 francs, et de moins de 500 francs, lorsqu'il était supérieur. Cette disposition a été déclarée applicable aux sociétés anonymes par l'art. 21 de la même loi.

289. Loi du 1er août 1893. — L'art. 1er précité de la loi de 1867 a été modifié comme il suit par l'art. 1er de la loi du 1er août 1893 : « *Les sociétés en commandite ne peuvent diviser leur capital en actions ou coupures d'actions de moins de 25 francs, lorsque le capital n'excède pas 200,000 francs, de moins de 100 francs, lorsque le capital est supérieur à 200,000 francs...* » Il n'est pas douteux que cette disposition nouvelle s'applique aussi aux sociétés anonymes, par suite de la référence de l'art. 21 (non modifié) de la loi de 1867, à l'art 1er (ainsi modifié).

L'abaissement du minimum du taux des actions a eu pour but de mettre les actions à la portée des ouvriers et de faciliter ainsi la participation aux bénéfices. En outre, on a fait remarquer que la fixation d'un minimum trop élevé apporte des entraves à des combinaisons utiles, notamment en cas de réduction du capital. On a ajouté qu'il circule en France des actions de sociétés étrangères d'un taux inférieur à 100 francs, et qu'il serait fâcheux de ne pas laisser aux sociétés françaises une liberté égale à celle des sociétés étrangères, pour la division de leur capital.

Une proposition de loi a été déposée à la Chambre des députés, dans le but de modifier la loi du 1er août 1893, en ce sens que les sociétés en commandite et les sociétés anonymes pourront, quel que soit leur capital, le diviser en actions de 25 francs au moins. La commission chargée d'examiner cette proposition de loi — **que nous avons critiquée** — a émis un avis favorable [1].

290. Égalité des actions. — L'égalité des actions est **un des caractères des sociétés anonymes.** On décide généralement qu'elle n'est de l'essence d'aucune société, que l'art. 34, C. comm., n'édicte pas une prescription d'ordre public, et n'a pas de sanction [2]. L'opinion contraire

---

1. V. les critiques de MM. Ledru et Houpin et le rapport de la commission, J. S. 1896, 142; 1897, 5, 16 et suiv. V. Cass., 14 janvier 1905 (J. S. 1905, 245).
2. Alauzet, nos 529 et 531; Rivière, no 180; Boistel, p. 208; Hémar, Conclus. Paris, 19 avril 1875 (D. 75, II, 161); Vavasseur, no 473; Lyon-Caen et Renault, nos 519 et 679 *bis*; Thaller, note, D. 93, I, 110; Paris, 4 avril 1884 (J. S. 1886, 366) et 28 mai 1884 (J. S. 1884, 428).

est cependant soutenue par un certain nombre d'auteurs[1] (V. *infrà*, n° 659).

291. Actions. — La limite minima fixée par la loi s'applique à toutes les actions composant le fonds ou capital social (même aux actions de jouissance délivrées après l'amortissement du capital des actions[2]), mais non aux parts de fondateur ou bénéficiaires (*infrà*, n° 375), ni aux titres improprement appelés par les auteurs actions industrielles et qui ne sont autres que des parts bénéficiaires (*suprà*, n° 284)[3], ni aux obligations émises par la société[4].

292. Base. — La base qui sert à calculer le minimum est le capital indiqué aux statuts, lors même qu'il ne devrait pas être appelé immédiatement en totalité, sans qu'il y ait à tenir compte de la plus ou moins-value qui se produirait ultérieurement dans l'actif social, par suite de bénéfices ou de pertes.

Lorsque des actions ont été émises au minimum légal avec faculté d'en payer le montant en plusieurs versements successifs, et que, par suite de la prospérité de l'entreprise, il devient inutile d'appeler les derniers versements, les actions ne pourraient être déclarées complètement libérées; car cette libération aurait pour effet de réduire le taux des actions au-dessous du minimum légal[5]. Mais si l'opération est illégale, elle ne saurait entraîner la nullité de la société, régulièrement constituée à son origine[6].

CHAPITRE **V**

DE LA FORME DES ACTIONS

293. Forme et délivrance des titres. — Pour établir les droits des actionnaires et faciliter la cession des actions, on délivre ordinairement aux actionnaires des titres destinés à constater leurs droits. Ces

---

1. Bravard, p. 192; Troplong, n° 477; Bédarride, n°s 330 et suiv.; Dalloz, v° *Soc.* n° 1496; Pont, n° 1585; *Supp. Dict. Not.*, v° Soc. par act., n° 2.

2. *Rev. trim. du nouv. rég. soc.*, 1897, 115. *Contrà*, Rousseau, n° 1621; *Rép. gén. dr. fr.* v° Soc. comm., n° 3031; Arthuys, *Tr. soc.*, n° 320.

3. Romiguière, n°s 11 et 12; Rivière, n° 13; Beslay et Lauras, n°s 89 et suiv.; Alauzet, n° 638; Bédarride, n° 7; Pont, n° 866; Ruben de Couder, v° Soc. Act. n° 47. *Contrà*, Mathieu et Bourguignat, n°s 9 et 182.

4. Pont, n° 865.

5. Goirand, *Soc. par act.*, n° 81. V. aussi Lyon-Caen et Renault, n° 877. *Contrà*, Vavasseur, n° 468.

6. Vavasseur, *loc. cit.*; Goirand, *loc. cit.*

titres peuvent avoir diverses formes, que nous allons indiquer [1].
Lorsque les actions sont au porteur ou à ordre, la création de titres
et leur délivrance aux associés sont indispensables. Quand, au
contraire, les actions sont nominatives, il n'est pas nécessaire de
délivrer des titres aux actionnaires; mais il est d'usage de le faire, et
les actionnaires sont fondés, en principe, à demander la création et la
remise de titres à leurs noms, à moins de stipulation contraire. Du
reste, les statuts contiennent ordinairement une disposition prescrivant la délivrance des titres d'actions [2].

293 bis. Signature. — Les signatures à apposer sur les titres nominatifs ou au porteur varient suivant les prescriptions des statuts. On
exige ordinairement le timbre sec de la société et la signature de
deux administrateurs, si la société est anonyme, et la signature d'un
gérant et d'un membre du conseil de surveillance, si la société est en
commandite. En principe, la signature ne saurait être remplacée par
un *fac-simile* [3]. Cependant, dans la pratique, lorsque les titres sont
très nombreux, on déroge parfois à cette règle [4].

294. Action nominative. — Le titre est nominatif quand le nom et
le droit de propriété de l'actionnnaire sont mentionnés sur les
registres de la société et sur un titre spécial.

En la forme, ce titre est une feuille assez grande détachée d'un
registre à souche, constatant, avec les nom, prénoms, profession et
demeure de l'actionnaire [5], le nombre et les numéros des actions qu'il
possède. Il indique, en outre, le genre de la société (anonyme, en
commandite, à capital variable), le montant du capital et le siège
social. Il présente, au bas ou au dos, une partie blanche divisée ou
non en petits carrés où l'on marque, par un timbre, le paiement des
dividendes, à mesure qu'il est effectué. On imprime quelquefois sur
ces titres les parties principales des statuts sur les droits des actionnaires [6].

Lorsque les sociétés délivrent des titres nominatifs ou au porteur
au choix de chaque actionnaire (ce qui se produit le plus souvent), il
est d'usage (principalement dans les compagnies de chemins de fer)

---

1. V. Lyon-Caen et Renault, nos 597 et suiv.; Ruben de Couder, vo *Soc. an.*,
nos 110 et suiv.; Genevois, *Rev. trim.*, 1898, 201.
2. V. Seine, 17 janvier 1896 (J. S. 1897, 89).
3. V. Cass., 20 janvier 1897 et note (S. 97, 1, 513).
4. Wahl, *Tr. des tit. au port.*, no 393; Minard, *Tit. nom.*, no 117.
5. Si l'actionnaire est un incapable : mineur, interdit, prodigue, femme
dotale, etc., le titre doit en faire mention.
6. Sur la nature du titre nominatif et sur toutes les questions s'y rattachant,
voir le traité de M. Minard : *Du titre nominatif, nature et fonctionnement*.

T. I.   16

de créer des titres au porteur pour toutes les actions, même pour celles faisant l'objet de certificats nominatifs. Les titres au porteur des actions qui sont ou deviennent nominatives soit par suite du choix de l'actionnaire primitif, soit par suite d'une demande de conversion, restent ou sont déposés dans une caisse spéciale à plusieurs clefs de la société et sont divisés en paquets portant un numéro d'ordre et le nom du propriétaire. Ces titres au porteur sont ensuite délivrés à l'actionnaire en cas de demande de conversion du nominatif au porteur. Strictement, cette manière de procéder n'est pas régulière. Les titres au porteur des actions nominatives devraient être détruits, sauf à en créer d'autres en cas de conversion du nominatif au porteur. Mais il en résulterait des complications et des frais. C'est pour simplifier que les titres au porteur ne sont pas détruits. Cela n'offre pas d'inconvénients sérieux[1]. On a soutenu que les certificats nominatifs délivrés par les sociétés dans ces conditions pour des actions dont les titres au porteur restent dans leurs caisses ne constituent pas juridiquement de véritables titres nominatifs et ne sont que des certificats de dépôt des titres au porteur[2]. Mais cette théorie n'est pas justifiée. En droit civil et en droit fiscal (où cela n'est pas contesté), les certificats dont il s'agit sont de véritables titres nominatifs (V. infrà, n° 298)[3].

Les intérêts et dividendes sont payables au porteur du titre nominatif[4]; mais le titulaire ou son mandataire peut seul recevoir le remboursement du capital, et exercer les autres droits attachés à l'action.

La transmission des actions nominatives a lieu ordinairement par un transfert sur les registres de la société (infrà, n° 341).

295. Action au porteur. — Le titre au porteur ne contient pas le nom de l'actionnaire, et celui qui le possède doit être considéré par la société et par les tiers comme en étant propriétaire. Il présente les mêmes dispositions générales que le titre nominatif. Toutefois, la partie supérieure porte, au lieu du nom de l'actionnaire, les mots *action au porteur*, avec le capital de l'action et un numéro d'ordre. La partie inférieure est divisée en un grand nombre de petits carrés appelés *coupons*, servant à toucher les dividendes annuels, portant

---

1. M. Minard (n° 128) considère que si les titres au porteur, qui légalement n'existent pas, étaient volés, ce vol devrait être assimilé au vol à l'émission, et que la société ne serait pas responsable, même envers les tiers possesseurs de bonne foi.

2. Buchère, J. des val. mob., 1882, 4; Badon-Pascal, Tr. des oblig. de chem. de fer, p. 6, 138 et suiv. V. aussi (motifs) Seine, 6 février 1869 (S. 69, II, 34); Nantes, 26 février 1877 (Gaz. des trib., 3 mai).

3. Minard, n°s 127 et suiv.

4. Lyon-Caen et Renault, n° 602; Minard, n° 136; Rousseau, Manuel, n° 311.

chacun la date de leur échéance, c'est-à-dire de l'époque à laquelle ils doivent être détachés et touchés, ou un numéro d'ordre, ou l'indication de l'année (ou exercice) à laquelle il se rapporte. Ces coupons sont détachés au fur et à mesure de l'échéance, et les dividendes ou intérêts sont payés au porteur contre remise du coupon, sans qu'il soit besoin de représenter le titre. Il y a autant de titres pareils qu'il y a d'actions. On pourrait cependant créer des titres au porteur comprenant un certain nombre d'actions et susceptibles d'être échangés contre des unités.

Les actions au porteur se transmettent par la simple tradition [1].

296. Echange de titres. Numéros. — Les sociétés sont souvent amenées à procéder à l'échange général de leurs titres d'actions contre de nouveaux titres. Diverses circonstances peuvent rendre cet échange nécessaire ou utile. Les plus fréquentes sont les suivantes : 1° Libération définitive des actions, suivie de la délivrance de nouveaux titres définitifs, entièrement libérés, contre les certificats provisoires revêtus des estampilles de libération ; 2° augmentation du capital social ; 3° réduction de ce même capital ; 4° épuisement des coupons de dividendes des titres au porteur ; 5° modifications statutaires, telles que changement de dénomination, transformation de la société, etc. Dans ces différents cas et autres analogues, on procède à un échange de titres ; les anciens titres sont déposés à la société qui, en échange, délivre à chaque intéressé le même nombre de titres nouveaux d'actions. Pour les titres au porteur, lorsqu'ils sont nombreux, il est d'usage dans les sociétés et dans les établissements de crédit qui leur servent d'intermédiaires pour les échanges de titres et le paiement des coupons, de délivrer de nouveaux titres aux intéressés, au fur et à mesure que ceux-ci se présentent, *sans avoir égard aux numéros des anciens titres ;* de telle sorte que, le plus souvent, les propriétaires se trouvent avoir de nouveaux titres portant d'autres numéros que les anciens. La pratique suivie est-elle critiquable ? Les actionnaires seraient-ils fondés à exiger des nouveaux titres portant, pour chacun d'eux, les mêmes numéros que les anciens titres ? Voici la solution que nous avons donnée à cette question dans une étude spéciale : toutes les actions d'une société jouissent ordinairement (et c'est dans cette hypothèse que nous raisonnons) des mêmes droits et des mêmes avantages. Les numéros des titres sont donc indifférents au point de vue des droits attachés aux actions.

---

[1] V. sur les questions relatives aux titres au porteur, le remarquable traité de M. Wahl sur les *Tit. au port. fr. et étr.* V. Charleroi, 16 juin 1898 (J. S. 99, 93).

La circonstance que le capital des actions serait remboursable par voie de tirages au sort annuels ne modifierait pas la règle de l'égalité des titres, puisque chacun d'eux participe à ces tirages avec les mêmes chances, et qu'ils sont tous remboursables au pair. Et, comme l'actionnaire n'est pas exposé (ainsi que nous l'avons démontré) à des revendications de la part de tiers qui se prétendraient propriétaires, d'après les numéros, des titres qui leur auraient été remis, et qu'il ne saurait, par suite, éprouver aucun préjudice par le fait de la délivrance de nouveaux titres ne portant pas les mêmes numéros que ceux qu'il possédait, il n'est pas fondé à exiger des titres ayant les mêmes numéros, ni à former contre la société, si elle ne peut les lui délivrer, une demande en dommages-intérêts. Quoi qu'il en soit, pour prévenir toute difficulté, nous conseillons, au point de vue pratique : 1° d'indiquer dans la délibération qui autorise l'échange, et de porter d'avance à la connaissance des actionnaires, qu'il sera délivré de nouveaux titres, sans parité de numéros ; 2° d'indiquer sur les nouveaux titres la date de leur délivrance, afin d'éviter toute confusion avec les anciens titres [1] ; 3° enfin d'énoncer, sur les reçus que la société se fera délivrer par chaque actionnaire, les numéros des anciens titres et les numéros des nouveaux remis en échange, afin de pouvoir établir la relation qui existe entre ces différents titres [2].

297. Action mixte. — Il y a quelquefois des titres mixtes qui participent de la nature des deux espèces de titres. Ils sont nominatifs par le nom du titulaire ; mais comme les titres au porteur, ils sont munis de coupons de dividendes à détacher au fur et à mesure de leur échéance [3]. Ces titres mixtes restent soumis aux règles du titre nominatif pour tout ce qui concerne le capital (transfert, remboursement, etc.). Pour les coupons, c'est le régime des titres au porteur.

298. Dépôt de titres au porteur. — Les titres au porteur sont souvent déposés, dans un but de sécurité, soit dans des établissements financiers (Banque de France, Crédit foncier, etc.), soit même dans les sociétés qui les ont émis. Il est délivré au déposant un récépissé nominatif constatant le dépôt. Ce récépissé n'est pas un titre nominatif. Il ne prouve pas la propriété des titres au porteur, mais simplement la créance du dépôt. Les titres déposés conservent leur caractère de titres au porteur, avec toutes les conséquences

---

1. V. Wahl, n° 635.
2. Houpin, *Gaz. des trib.*, 6 avril 1893. *Conf.* Goirand, n° 361.
3. V. Rataud, *Rev. crit.*, 1882, p. 215.

au point de vue du droit civil et du droit fiscal (*suprà*, n° 294) [1].

299. Action à ordre. — Elle porte l'indication qu'elle est à l'ordre de M... Ce genre de titre est fort rare ; mais sa validité est reconnue par les auteurs [2]. Au point de vue fiscal, les titres à ordre sont assimilés aux titres au porteur.

300. Autres actions. — Il est possible qu'un titre d'action ne revête aucune des formes qui viennent d'être indiquées. Nous avons vu en effet (*suprà*, n° 276) que c'est la cessibilité et non la négociabilité qui caractérise l'action, et que l'actionnaire d'une société par actions peut, d'après les stipulations des statuts, n'avoir d'autre titre que le pacte social dont il peut se faire délivrer un extrait. Dans ce cas, la cession des actions n'est ordinairement parfaite, à l'égard des tiers, que par la signification faite à la société, ou par l'acceptation émanant d'elle dans un acte authentique (Art. 1690, C. civ.).

301. Choix de la forme. — Dans la pratique, on ne rencontre ordinairement que deux sortes de titres d'actions : les titres nominatifs et les titres au porteur. Quelle forme doit-on adopter de préférence ? Les titres au porteur se transmettent plus facilement ; mais ils présentent des risques plus grands en cas de perte, et ils donnent lieu à des impôts plus élevés. Les titres nominatifs nécessitent un contentieux pour les transferts ; ils rendent moins faciles et moins fréquentes les mutations d'actionnaires. Il est nécessaire de créer et de maintenir nominatifs tous les titres lorsque l'on veut apporter certaines restrictions au droit de disposer librement des actions (*infrà*, n° 343). C'est aux intéressés qu'il appartient de choisir la forme qui leur convient le mieux. Le plus souvent, les statuts stipulent que les titres seront nominatifs ou au porteur, au choix de chaque actionnaire. Mais il peut être convenu que tous les titres seront et resteront nominatifs, ou qu'ils seront au porteur (sauf les actions de garantie des administrateurs de la société anonyme, qui doivent être nominatives) [3].

Si les statuts ne contiennent aucune stipulation en ce qui concerne la forme des titres, les actions doivent être nominatives. La conversion au porteur ne doit être considérée comme permise, même après libération intégrale, qu'autant que les statuts l'autorisent expressé-

---

1. Minard, n°s 121 et suiv. V. aussi Naquet, note, S. 90, ii, 17 ; Cass., 24 juin 1881 (S. 94, i, 333) ; Paris, 11 juillet 1892 (D. 93, ii, 108) ; Paris, 21 juin 1893 (D. 93, ii, 470) ; Wahl, n° 439. V. toutef. Aix, 13 novembre 1889 (S. 90, ii, 17).
2. Alauzet, n° 590 ; Bédarride, n° 51 ; Beslay et Lauras, n° 225 ; Boistel, 746 ; Lyon-Caen et Renault, n° 597 ; Ruben de Couder, v° *Soc. an.*, n° 114 ; Pont, n° 911 ; Minard, n°s 142 et suiv.
3. V. Wahl, n°s 579 et suiv. et J. S. 1900, 260.

ment ou sont complétés ou modifiés sur ce point par l'assemblée générale [1].

302. Actions d'apport. — Aux termes de l'art. 3 de la loi de 1867, modifié par la loi du 1er août 1893, les actions représentant des apports en nature doivent toujours être entièrement libérées au moment de la constitution de la société. Ces actions ne peuvent être détachées de la souche et ne sont négociables que deux ans après la constitution de la société. Pendant ce temps, elles doivent, à la diligence des administrateurs, être frappées d'un timbre indiquant leur nature et la date de cette constitution. La loi ne dit pas, comme pour les actions devant être déposées par les administrateurs à la garantie de leur gestion (L. 1867. art. 26), que les actions d'apport seront *nominatives*. Nous en concluons que ces actions peuvent être mises au porteur à l'origine de la société, et qu'il n'est pas indispensable qu'elles soient représentées par un titre nominatif. Il suffit que les titres, nominatifs ou au porteur, représentatifs d'apports en nature, restent à la souche pendant deux ans et soient frappés du timbre prescrit par la loi [2].

Il n'est pas nécessaire que les titres des actions d'apport soient créés matériellement et signés aussitôt après la constitution de la société, ou avant l'expiration du délai de deux ans. Ces titres, s'ils étaient créés et signés, ne seraient cependant soumis qu'au timbre de dimension pendant le délai durant lequel les actions d'apport ne sont pas négociables (V. *infra*, n° 1296). Pour satisfaire à la prescription de la loi nouvelle, il suffit que le timbre indiquant la nature des actions et la date de la constitution de la société soit apposé sur les titres, s'ils sont créés matériellement avant l'expiration du délai de deux ans. Un auteur considère que si les titres des actions ne sont imprimés qu'après deux ans le timbre « indiquant leur nature » doit néanmoins être apposé, parce qu'il a pour but non de constater la non négociabilité, mais de prévenir les tiers de l'origine et de la nature du titre [3]. Cette solution nous paraît contraire au texte et à l'esprit de la loi et notamment aux mots « Pendant ce temps... » Il résulte clairement de ce texte que les titres ne doivent être frappés du timbre prescrit par la loi de 1893 que pendant les deux ans durant lesquels les actions d'apport ne sont pas négociables.

1. Bouvier-Bangillon, p. 55 et 56; Dalloz, *Supp.*, n° 1858; Thaller, n° 617; Floscaud-Pénardille, R. S. 1900, 138. V. toutef. Wahl, J. S. 1897, 193. V. Pont, n° 924 et 925; Gaud, 18 juillet 1903. (R. Pr. S. Belg., 1903, 245 et 248).
2. *Conf.* Lyon-Caen et Renault, L. 1893, n° 24; Bouvier-Bangillon, *id.*, p. 16.
3. Genevois, *Nouv. rég. des soc.*, n° 24, et *Rev. trim.*, 1898, 208; 1899, 74.

303. Actions libérées. — Lorsque toutes les actions d'apport et de capital sont entièrement libérées lors de la constitution de la société, peut-il être délivré immédiatement des titres au porteur ? Suivant un auteur, les actions sont *nécessairement* nominatives à leur origine ; mais elles peuvent être converties ou transformées en titres au porteur au cours de la société [1]. Cette opinion ne nous paraît pas fondée. Quand les statuts stipulent que les actions entièrement libérées seront nominatives ou au porteur, au choix de l'actionnaire, il n'y a aucune raison et rien ne prescrit de délivrer des titres nominatifs à l'actionnaire qui désire des titres au porteur [2].

304. Actions libérées et actions non libérées. — Les actions peuvent être, les unes libérées en totalité, et les autres libérées partiellement : c'est ce qui se présente notamment lorsqu'il est attribué, en représentation d'apports en nature, des actions entièrement libérées, et que les actions de numéraire ne sont libérées que du quart. Les titulaires des actions libérées sont-ils fondés à demander la délivrance de titres au porteur, ou faut-il, si les statuts autorisent la conversion des actions de numéraire après libération de moitié (pour les sociétés constituées avant la loi du 1er août 1893), attendre que les formalités prescrites par l'ancien art. 3 de la loi de 1867, pour la conversion de ces derniers titres, soient réalisées ?

La jurisprudence s'est prononcée dans le premier sens, et a décidé que les actions d'apport entièrement libérées peuvent être immédiatement délivrées en titres au porteur [3]. Elle a été critiquée par des auteurs [4], d'après lesquels, quand toutes les actions ne sont pas entièrement libérées, aucune d'elles ne peut être convertie au porteur, à moins que la conversion de toutes les actions ne soit autorisée, après leur libération de moitié, conformément à l'art. 3 de la loi de 1867.

Il y a là, croyons-nous, une confusion. Il est bien vrai que, sous l'empire de cette loi, toutes les actions doivent être libérées de moitié, pour que l'assemblée générale puisse décider leur conversion au porteur : c'est le cas prévu par l'art. 3. Mais il s'agit ici d'actions

1. Ruben de Couder, v° *Soc. an.*, nos 116, 131, 147 et suiv.
2. *Conf.* Rousseau, *Quest. nouv.*, Q. 13 *bis*, p. 162.
3. Paris, 30 janvier 1882 (J. S. 1882, 333) ; trib. Lyon, 13 juillet 1882 (R. S. 1883, 42). *Conf.* Lyon-Caen, note, S. 1883, II, 41 ; Thaller, *Rev. crit.*, 1883, 334 ; Chaverin, note, S. 1889, I, 418 ; Wahl, *Tit. au port.*, n° 492 ; Lyon-Caen et Renault, n° 750.
4. Rivière, L. 1867, n° 32 ; Rousseau, *Soc. comm.*, t. I, n° 1108 ; Buchère, *J. des val. mob.*, 1882, 385 ; Thaller, *Rev. crit.*, 1881, 527 ; Worms, J. S. 1882, 333 et suiv.

entièrement libérées. La règle est que l'action est nominative jusqu'à son entière libération. Qu'importe, ensuite, ce qu'elle devient? Et en quoi la société est-elle intéressée à ce que le titre reste nominatif ou prenne la forme du titre au porteur? Quels que soient la marche et le résultat des opérations sociales, rien ne pourra plus être demandé, ni aux souscripteurs primitifs, ni aux actionnaires, du chef de l'action dont le montant est intégralement versé. On a été jusqu'à soutenir que la conversion doit être ordonnée par décision de l'assemblée générale prise à l'unanimité des actionnaires[1]. Cela est inadmissible.

M. Pont[2] enseigne que tout souscripteur ou cessionnaire dont les actions sont complètement libérées doit être admis, dès que les statuts n'y font pas obstacle, à se faire délivrer des titres au porteur, et que, dans tous les cas, si une délibération de la société pouvait être nécessaire, il suffirait seulement qu'elle fût prise par une assemblée ordinaire délibérant à une simple majorité (V. suprà, n° 302).

A notre avis, la question doit être résolue par une distinction : Si les statuts stipulent — comme cela a lieu ordinairement — que les actions entièrement libérées seront nominatives ou au porteur au choix de l'actionnaire, chaque actionnaire a le droit, après l'entière libération de ses actions, de se faire délivrer des titres au porteur, bien que les autres actions ne soient pas entièrement libérées, et sans qu'il soit besoin d'aucune délibération de l'assemblée générale des actionnaires. Mais s'il était stipulé statutairement que les actions resteront nominatives même après leur entière libération, les actionnaires ne seraient autorisés à demander la conversion au porteur que si elle était autorisée, par voie de modification aux statuts, par une délibération prise (si la société est anonyme) conformément aux dispositions de l'art. 31 de la loi de 1867[3].

Cette solution est encore exacte depuis la loi du 1er août 1893, d'après laquelle les actions sont nominatives jusqu'à leur entière libération (infrà, n° 306). Un auteur semble considérer que, pour la conversion des actions nominatives en titres au porteur, il faut : 1° une clause des statuts autorisant cette conversion ; 2° que toutes les actions soient entièrement libérées ; 3° une délibération de l'assemblée générale des actionnaires[4]. Cette doctrine ne nous paraît pas justifiée ; et nous estimons que lorsque les statuts stipulent que les

1. Beslay et Lauras, n°s 301 et suiv.
2. N°s 924 et 925.
3. Conf. Lyon-Caen et Renault, n° 750.
4. Bouvier-Bangillon, L. 1er août 1893, p 54 et suiv.

actions entièrement libérées sont nominatives ou au porteur au choix de l'actionnaire, des titres au porteur peuvent être délivrés aux propriétaires des actions entièrement libérées, bien que les autres actions ne soient libérées que partiellement, et sans qu'il soit besoin d'une délibération de l'assemblée générale pour autoriser cette conversion [1].

305. Conversion au porteur des actions libérées de moitié. Loi de 1867. — En principe, les actions doivent rester nominatives jusqu'à leur entière libération. Mais l'art. 3 de la loi de 1867 a apporté une modification à cette règle, en disposant que, « il peut être stipulé, mais seulement par les statuts constitutifs, que les actions ou coupons d'actions pourront, après avoir été libérés de moitié, être convertis en actions au porteur, par délibération de l'assemblée générale ».

Trois conditions sont ainsi imposées pour que les actions non entièrement libérées puissent être converties en titres au porteur. Il faut :

1° Que les statuts *constitutifs* — c'est-à-dire ceux qui précèdent ou accompagnent la constitution de la société — permettent la conversion, par une clause spéciale [2]. L'assemblée générale des actionnaires ne pourrait donc pas décider, par modification aux statuts, la conversion des actions non entièrement libérées [3]. Elle ne pourrait pas davantage, si la société a créé à l'origine des actions entièrement libérées, décider au cours de la société, en augmentant le capital, que les actions nouvelles pourront, après avoir été libérées de moitié, être converties au porteur [4] ;

2° Que toutes les actions formant le capital social soient effectivement libérées de moitié : ce qui doit avoir lieu antérieurement à la délibération de l'assemblée générale, à peine de nullité de cette délibération [5] ;

3° Que l'assemblée générale, convoquée à cet effet [6], usant du droit

1. *Conf.* Faure, L. 1er août 1893, p. 41 et 42; Vavasseur, n° 485 *ter*; Dalloz, Supp., n° 1058.
2. Mathieu et Bourguignat, n° 30; Bédarride, n° 79; Beudant, *Rev. crit.*, t. XXXIII, n° 29; Pont, n° 918 et 944; Ruben de Couder, v° *Soc. an.*, n°s 151 et 153; Lyon-Caen et Renault, n°s 745 et suiv.; Cass., 20 janvier 1885 (J. S. 1886, 637).
3. Paris, 17 août 1878; Seine, 6 juillet 1887 (R. S. 1887, 590), 5 décembre 1889 (J. S. 1890, 88); Paris, 11 juin 1891 (R. S. 1891, 523); Pont, n° 944. V. toutef. R. S. 1891, 523, note.
4. Paris, 11 juin 1892 (J. S. 1892, 16); Cass., 30 novembre 1892 (J. S. 1893, 97).
5. Paris, 17 août 1878 et Cass., 21 juillet 1879 (D. 79, 1, 321); Seine, 28 mai 1886 (R. S. 1886, 388); Pont, n° 916; Lyon-Caen et Renault, n° 749. La libération peut résulter d'une réduction de capital. Cass., 27 juin 1899 (J. S. 1900, 113).
6. V. Cass., 20 janvier 1885 (*loc. cit.*) et 23 février 1885 (D. 85, 1, 413); Wahl, n° 498.

que les statuts lui ont réservé, et après que toutes les actions sont libérées de moitié, vote et autorise la conversion des actions nominatives en titres au porteur.

Mais quelles sont les conditions de constitution et de vote de cette assemblée ? Cette importante question est controversée.

Suivant des auteurs, l'assemblée générale appelée à voter la conversion peut, à défaut de prescription contraire dans la loi ou les statuts, n'être qu'une assemblée ordinaire, délibérant à la simple majorité [1].

D'autres auteurs enseignent, au contraire, que ce sera, non point une assemblée ordinaire, mais une assemblée extraordinaire, à laquelle tous les actionnaires, sans exception, auront été convoqués, et qui délibérera, comme les assemblées constitutives, dans les conditions indiquées par les art. 4 et 30 de la loi de 1867 [2].

Il a été décidé que la loi de 1867 n'exige pas qu'une assemblée spéciale soit convoquée en termes particuliers pour délibérer sur la conversion, et qu'un ordre du jour mentionnant simplement la vérification à faire du versement des deux premiers quarts, et des modifications à apporter aux statuts, suffit pour autoriser l'assemblée à voter la conversion [3].

La conversion est, à notre avis, une mesure trop grave pour être décidée par une assemblée ordinaire. D'un autre côté, il nous semble difficile de lui appliquer les dispositions de l'art. 4, relatives à la vérification des apports en nature, lors de la constitution de la société. Nous avons toujours estimé qu'il s'agit d'une modification aux statuts, pour laquelle il y a lieu de suivre les prescriptions des statuts ou de la loi (art. 31), concernant les assemblées générales extraordinaires appelées à voter des modifications statutaires [4]. Comme conséquence, la délibération décidant la mise au porteur doit être publiée [5].

La délibération de l'assemblée générale est nécessaire, alors même qu'il serait déclaré par le pacte social que chaque actionnaire, en souscrivant, a versé la moitié de ses actions, et que les titres pourront être immédiatement délivrés au porteur. Elle ne peut, en aucun

---

1. Vavasseur, n° 488 (cet auteur estime cependant qu'il est préférable, pour éviter toute critique, de soumettre la question de conversion à une assemblée extraordinaire, comme pour la modification des statuts); Wahl, Tit. au port., n° 499; de Chauveron, De l'act. non lib. dans les soc. an., p. 182; Lyon-Caen et Renault, n° 751; Dalloz, Supp., n° 1053. V. Deloison, n° 274.
2. Bédarride, n° 71; Pont, n° 920; Ruben de Couder, v° Soc. an., n° 153.
3. Cass., 20 janvier 1885 (J. S. 1885, 637).
4. Houpin, Soc. par act., n° 41, et J. S. 1890, 521. V. Arthuys, Soc. par act., n° 401.
5. Houpin, loc. cit., Lyon-Caen et Renault, n° 752. Contrà, Paris, 28 juillet 1887 (R. S. 1887, 532); Wahl, n° 500.

cas, être remplacée par une stipulation des statuts[1]. Les actions peuvent-elles être délivrées au porteur en vertu d'une délibération prise par l'assemblée générale constitutive; ou doivent-elles être délivrées nominatives et converties ensuite au porteur en vertu d'une délibération spéciale prise après la constitution? La question est controversée[2]. Mais cette question ne présente **plus** guère d'intérêt en présence de la loi du 1er août 1893, dont nous allons parler.

Si la conversion est refusée par l'assemblée générale, ou si elle est impossible à défaut de stipulation statutaire, les actions restent nominatives; mais, après leur entière libération, elles peuvent être converties au porteur (*suprà*, n°s 303 et 304).

306. Loi du 1er août 1893. — La faculté, accordée par la loi de 1867, de convertir au porteur les actions non entièrement libérées présentait de graves inconvénients. L'expérience a démontré qu'en cas de conversion en titres au porteur d'actions libérées de moitié, le recouvrement de l'autre moitié contre des porteurs le plus souvent inconnus, était ou impossible ou tout au moins très difficile, de telle façon qu'ordinairement il n'en rentrait qu'une faible partie[3]. Une réforme s'imposait; elle a été réalisée par l'art. 2 de la loi du 1er août 1893, aux termes duquel « *les actions sont nominatives jusqu'à leur entière libération* ».

Pour les sociétés constituées postérieurement à la promulgation de la loi nouvelle, les actions doivent être et rester nominatives jusqu'à leur entière libération; elles ne peuvent, avant cette libération, être converties en titres au porteur, même en vertu d'une disposition expresse des statuts[4]. Mais il n'est pas nécessaire que toutes soient libérées; chacune d'elles peut être mise au porteur dès qu'elle est entièrement libérée (*suprà*, n° 304).

En ce qui concerne les sociétés constituées antérieurement, elles restent soumises à leurs statuts et à la loi sous l'empire de laquelle elles ont été créées. L'art. 7 de la loi du 1er août 1893 dispose, en effet, que « *pour les sociétés par actions en commandite ou anonymes déjà existantes, sans distinction entre celles antérieures à la loi du*

1. Bédarride, n°s 39 et suiv.; Pont, n°s 922 et 942; Paris, 27 novembre 1885 (R. S. 1886, 93).

2. V. dans le premier sens: Vavasseur, n° 508; Seine, 28 mai 1886 (J. S. 1890, 136; R. S. 1886, 387); Paris, 22 avril 1891 (J. S. 1891, 289). *Comp.* Paris, 6 août 1887 (J. S. 1891, 90). V. dans le second sens: Pont, n° 922; Wahl, n° 599; Seine, 24 août 1876; Lyon, 11 novembre 1887 (J. S. 1890, 74); Paris, 2 mars 1889 (R. S. 1889, 409); Seine, 29 avril 1889 (J. S. 1890, 449); Paris, 3 février 1891 (J. S. 1893, 402).

3. V. Houpin, J. S. 1892, 266.

4. Lyon-Caen et Renault, L. 1893, **n° 16.**

24 *juillet 1867 et celles postérieures, il n'est pas dérogé à la faculté qu'elles peuvent avoir de convertir leurs actions en titres au porteur avant libération intégrale* ». A l'égard de ces sociétés, l'ancienne législation, et spécialement l'art. 3 de la loi de 1867, reste applicable (*supra*, n° 305).

CHAPITRE VI

DU PAIEMENT DES ACTIONS

307. Versement légal. — Chacune des actions composant le capital social doit, avant la constitution de la société, être libérée : entièrement si elles sont de 25 fr. ; de 25 fr. au moins, si elles sont supérieures à 25 fr. et inférieures à 100 fr. ; et du quart, au moins, si elles sont de 100 fr. et au-dessus. (L. 1er août 1893, art. 1er) (V. *infra*, n°s 455 et suiv.).

308. Surplus. — Quand les actions au-dessus de 25 fr. ne sont pas entièrement libérées, les statuts déterminent le mode et les époques des appels de fonds, suivant le but de l'entreprise et les besoins de la société, ou ils confèrent les pouvoirs nécessaires à cet effet, au gérant, ou au conseil d'administration, ou à l'assemblée générale des actionnaires.

L'assemblée générale extraordinaire peut valablement, par modification aux statuts, transférer au conseil d'administration le droit jusqu'alors réservé à l'assemblée, de décider les appels de fonds[1].

309. Anticipation. — Les actionnaires ne peuvent, sous aucun prétexte, devancer les appels de fonds, dont l'époque n'a pas été déterminée par les statuts ou par une délibération postérieure du conseil d'administration ou de l'assemblée générale des actionnaires. Ils n'ont pas non plus le droit de se libérer par anticipation, si les dates de versement sont fixées : la présomption de l'art. 1187, C. civ. n'étant pas applicable en matière commerciale[2].

---

1. Seine, 9 décembre 1893 (R. S. 1894, 252). V. Wahl, J. S. 1900. 296. 1903. 52.
2. Dalloz, v° *Oblig.*, n° 1271 ; Lyon-Caen et Renault, n° 736 ; Goirand, n° 339. Les versements anticipés sur les actions ne donnent pas droit à une participation plus forte dans les bénéfices, à moins de stipulation contraire. Doivent-ils être considérés comme constituant un apport soumis aux chances sociales, ou une avance rendant les actionnaires créanciers en cas de dissolution de la société? V. dans le premier sens: Bruxelles, 28 juillet et 27 octobre 1887 (*Pas. Belge*, 1887, III, 157 ; 1888, II, 36 ; J. S. 1890, 357); de même

Quand les dates ont été fixées, les versements ne peuvent être exigés antérieurement d'un actionnaire, que dans les cas où se produit pour cet actionnaire un des faits qui entraînent la déchéance du terme. (Art. 1188, C. civ. ; art. 444, C. comm.)[1].

310. Mode de paiement. — D'après l'art. 1er de la loi de 1867, modifié par la loi du 1er août 1893, le versement nécessaire pour la constitution définitive de la société doit avoir lieu *en espèces* (*infrà*, n° 459). Mais nous estimons que cette obligation d'un versement en espèces doit être restreinte au versement à faire lors de la constitution, et que la libération du solde des actions peut avoir lieu, au cours de la société (comme sous l'empire de l'ancien art. 1er de la loi de 1867), par compensation (si la société n'est pas en faillite ou en liquidation judiciaire) avec le prix de travaux exécutés pour la société, ou avec toutes autres créances des actionnaires contre la société, surtout si ces créances sont exigibles[2]. La compensation aurait même lieu de plein droit, si les créances respectives étaient liquides et exigibles[3].

Serait nulle la libération en obligations de la société, non exigibles et rétrocédées au-dessus du cours côté[4].

311. Constatation. — Le premier versement est constaté par un récépissé qui, après la constitution de la société, est échangé contre un titre d'action ; les versements ultérieurs sont mentionnés sur ce titre ; après le dernier versement, on délivre ordinairement de nouveaux titres d'actions entièrement libérées (V. *suprà*, n° 296).

312. Intérêts. — Les sommes dues à la société par les actionnaires produisent, de plein droit, et à moins de convention contraire[5], des intérêts au taux légal (6 p. 100 en matière commerciale), à compter de leur exigibilité (C. civ., art. 1846)[6], et, si celle-ci n'est pas indiquée d'une manière précise dans les statuts, à compter du jour de l'appel

1ere, Monit. des int. mat., 1887, n° 91 ; Goirand, n° 388. V. dans le deuxième sens : Liége, 1 et 12 juin 1889 et 22 janvier 1890 (J. S. 1890, 359 et 360 ; R. S. Belg. 1890, 60 et 62). V. J. S. 1907, 261 ; 1909, 171.
1. V. Mesnil, J. S. 1898, 148 ; Cass., 30 mars 1892 et note de M. Planiol (D. 92, 1, 281). V. aussi Vavasseur, R. S. 1900, 83 (Restitution aux actionnaires) ; Wahl, J. S. 1900, 296 ; Seine, 4 mars 1904 (J. S. 1904, 238).
2. V. Paris, 8 nov. 1865 (D. 67, II, 2) ; Cass., 4 mars 1867 (S. 67, I, 254) ; Paris, 1er mars 1883 (S. 82, II, 97) ; Paris, 17 nov. 1898 (J. S. 1899, 489) ; J. S. 1905, 436.
3. Pont, n° 897 ; Paris, 27 janv. 1873 (S. 73, I, 163) ; Seine, 18 fév. et 21 avril 1883 (R. S. 89, 408 et 561) ; Paris, 7 fév. 1885 (J. S. 86, 686) ; J. S. 1905, 436 ; 1908, 418.
4. Seine, 22 mars 1888 (R. S. 1888, 333) ; Paris, 16 juin 1893 (J. S. 1894, 274).
5. Lyon, 7 avril 1865 (D. 65, II, 178).
6. Pont, n°s 898 et suiv. ; Lyon-Caen et Renault, n° 734 ; Cass., 6 août 1862 (D. 62, 1, 427) ; Aix, 1er mars 1867 (S. 70, II, 73) ; Paris, 15 juin 1871 (D. 71, II, 142), 18 février et 14 juin 1888 (R. S. 1888, 200 et 467) ; Seine, 9 mars 1892 (R. S. 1892, 141) ; Paris, 18 avril 1893 (R. S. 1893, 393) ; Cass., 14 novembre 1899 (J. S. 1900, 126).

de fonds, et non du jour de la demande en justice [1]. Les actionnaires en retard peuvent même être condamnés, en outre, à des dommages-intérêts (C. civ., art. 1846) [2]. Les intérêts sont prescriptibles par cinq ans [3].

Décidé que la clause des statuts qui fait courir les intérêts à partir du jour des appels de fonds du conseil d'administration n'est pas applicable aux demandes faites par le liquidateur ou par le syndic de la société déclarée en faillite; que, dans ce dernier cas, les intérêts ne courent pas de plein droit du jour de la déclaration de faillite, mais seulement à partir de la demande judiciaire introduite par le liquidateur [4] ou le syndic, ou à partir du jour fixé par jugement pour un appel de fonds [5].

313. Faillite. Liquidation. — La faillite de la société rend exigibles les sommes restant dues sur les actions, nonobstant les termes et délais accordés par les statuts aux actionnaires [6]. Le syndic a tout pouvoir pour faire les appels de fonds nécessaires au paiement du passif, et exiger des actionnaires la libération intégrale de leurs actions [7]. Le liquidateur a également le droit de poursuivre le paiement des sommes restant dues sur les actions et qui sont nécessaires à l'extinction du passif social [8], ou pour établir l'égalité entre les actionnai-

---

1. Seine, 30 décembre 1886 (J. S. 1890, 104); Paris, 18 février et 14 juin 1889 loc. cit.; Paris, 19 avril 1899 (J. S. 1899, 427).
2. Lyon-Caen et Renault, n° 568.
3. Seine, 3 décembre 1888 (R. S. 1889, 345) et 27 mai 1892 (J. S. 1892, 485).
4. Seine, 19 décembre 1894 (J. S. 1895, 217).
5. Paris, 11 décembre 1895 (J. S. 1897, 204); Cass., 25 octobre 1897 (J. S. 1898, 20; S. 98, 1, 177). Conf. Paris, 23 juin 1859 (S. 60, 11, 128). Contrà, Bordeaux, 3 mars 1884 (J. trib. comm., 1884, 455); Wahl, note, S. 1898, I, 178, suivant lesquels les intérêts sont dus à partir du jugement de déclaration de faillite.
6. Lyon, 1er août 1850 (S. 50, 11, 374); Paris, 14 août 1850 (S. 52, 11, 343) et 23 juin 1859 (S. 60, 11, 128); Le Havre, 9 janvier 1884 (J. S. 1884, 725); Seine, 15 janvier 1884 et 13 janvier 1885 (J. des faill., 1884, 158; 1885, 463); Paris, 11 décembre 1895 (J. S. 1897, 204); Cass., 25 octobre 1897 (J. S. 1898, 20; S. 98, I, 77); Réunion, 8 juin 1900 (J. S. 1900, 426); Alauzet, t. VII, n° 2489, V. Cass., 18 avril 1877 (S. 79, I, 69); Paris, 8 février 1884 (S. 84, II, 117). Contrà, Boistel, note, S. 87, I, 49; Lyon-Caen et Renault, t. II, n° 735 et t. VIII, n° 1175; Précis, n° 933; Pic, Faill. des soc., p. 117; Duvivier, id., p. 125; Thaller, Rev. crit., 1885, p. 294; Wahl, notes, S. 98, I, 177 et 1903, I, 177. V. pour le cas de succession bénéficiaire, Seine, 24 novembre 1896 (J. S. 1897, 92).
7. Cass., 26 mai 1886 (J. S. 1887, 262), 20 oct. 1886 (S. 87, I, 49; J. S. 1887, I) et 1er mai 1907 (J. S. 1908, 12); Paris, 19 déc. 1884 (J. S. 1885, 564). V. aussi Lyon, 2 mai 1888 (J. S. 1889, 49); Paris, 11 déc. 1895 et Cass., 25 octobre 1897, loc. cit.
8. Paris, 8 février 1884 (R. S. 1884, 614)), 7 août 1884 (R. S. 1885, 81), 19 et 31 décembre 1884 (J. S. 1885, 658 et 662), 22 mars 1886 (S. 91, I, 321), 19 novembre 1887 (J. S. 1890, 331) et 4 mai 1888 (J. S. 1889, 61); Seine, 3 janvier 1889 (J. S. 1890, 132); Paris, 30 janvier 1889 (R. S. 1889, 248); Rouen, 27 juillet 1892 (R. S. 1893, 29); Cass., 9 novembre 1892 (J. S. 1893, 177); Paris, 1er février 1894 (R. S. 1894, 242); Bédarride, n° 591; Pont, n° 1935, 1952, 1965. V. aussi sur le droit du liquidateur d'une société civile par actions, Douai, 24 décembre 1888 (J. S. 1888, 42).

res. (**V.** *suprà*, n° 312). L'égalité devant exister entre les actionnaires, le syndic ou le liquidateur ne doit pas faire verser par certains d'entre eux une quote-part plus forte que celle demandée aux autres[2]. Les actionnaires poursuivis par le syndic ou le liquidateur ne sont pas fondés à exiger qu'il soit préalablement dressé par le poursuivant, pour justifier sa demande, un état de la situation active et passive[3]. Mais l'adjudicataire des créances de la société contre les actionnaires, vendues par le syndic, ne peut poursuivre ces derniers que jusqu'à concurrence du passif restant à éteindre lors de l'adjudication[4].

Le concordat obtenu par **un souscripteur d'actions non libérées** est opposable à la société lors des appels de fonds ultérieurs, sa créance éventuelle tombant sous l'application de l'art. 516, C. comm., comme ayant une existence certaine et définitive antérieurement à la faillite[5].

314. Poursuites. Vente de titres. — En cas de non-versement des sommes exigibles sur les actions, la société a, pour arriver au paiement de ce qui lui est dû, deux actions[6] : 1° une action personnelle contre ses débiteurs, dans les termes du droit commun ; 2° une sorte d'action réelle, qui lui permet, soit en vertu d'une disposition des statuts, soit en vertu d'une autorisation de justice, de faire vendre aux frais, risques et périls de l'actionnaire en retard, les actions sur lesquelles les versements sont dus.

Il est d'usage de stipuler dans les statuts que la société pourra faire vendre les titres sur lesquels des versements seront en retard ; qu'à cet effet, les numéros des titres seront publiés dans l'un des

---

1. Seine, **9** mars 1892 (R. S. 1892, 311), 22 juillet 1893 (J. S. 1894, 407) et 19 décembre 1894 (J. S. 1895, 217).
2. V. Paris, 9 mai 1884 (J. S. 1885, 523). *Contrà*, Lyon-Caen et Renault, t. VIII, n° 1186. V. Cass., 8 nov. 1904 (J. S. 1905, 351) ; Seine, 29 juin 1906 (J. S. 1907).
3. Douai, 24 décembre 1883 (D. 85, II, 105) ; Paris, 9 mai 1884 (J. S. 1885, 521) et 19 décembre 1883 (D. 85, II, 105) ; Paris, 9 mai 1884 (J. S. 1885, 521) et 8 décembre 1885 (J. des faill., 1886, 120) ; Lyon, 25 avril 1885 (J. S. 1890, 370) ; Cass., 26 mai 1886 (R. S. 1886, 449) ; Cass., 20 octobre 1886, *loc. cit.* ; Paris, 4 mai 1888 (D. et note, 89, II, 1 ; J. S. 1889, 64) ; Limoges, 27 juillet 1888 (R. S. 1889, 331) ; Paris, 28 avril 1887 (S. 91, I, 321) et 6 février 1891 (R. S. 1891, 219) ; Paris, 31 oct. 1894 (J. S. 1895, 65) et 19 déc. 1894, *loc. cit.* ; Cass., 1er mai 1907 (J. S. 08, 12) et 24 oct. 1910 (J. S. 1911, 157) ; Paris, 6 fév. 1908 (J. S. 08, 491) ; Pont, n° 1966. V. toutef. Paris, 8 février 1884, *loc. cit.*) ; Seine, 12 oct. 1888 (R. S. 1889, 31) ; Valéry, note D. 1896, II, 81 ; Paris, 2 août 1901 (J. S. 1902, 503) ; J. S. 1906, 40.
4. Seine, 9 juillet 1896 (J. S. 1896, 524) et 17 juin 1897 (J. S. 1898 96).
5. Paris, 25 mars 1896 et Cass., 16 décembre 1896 (J. S. 1896, 448 ; 1897, 107). Sur la question de savoir quelle est la situation et quels sont les droits d'une société en présence de la déconfiture ou de la faillite d'un de ses actionnaires avant la libération des actions, voir, outre ces deux arrêts, Cass., 16 déc, 1896 (J. S. 1898, 158) et une intéressante étude de M. Mesnil (J. S. 1898, 145 et suiv.).
6. Cass., 31 août 1887 (J. S. 1888, 184). V. Seine, 27 sept. 1899 (J. S. 1900, 94).

journaux d'annonces légales du siège social [1] ; qu'après cette publication, dans un certain délai (quinze jours par exemple), la société, sans mise en demeure préalable, et sans autre formalité ultérieure, aura le droit de faire vendre, sur duplicata, les actions dont il s'agit, à la Bourse de Paris, par le ministère d'un agent de change si les actions sont cotées, et, dans le cas contraire, aux enchères publiques, en l'étude et par le ministère d'un notaire, pour le compte et aux risques et périls des retardataires ; que le prix net de la vente s'imputera, dans les termes de droit, sur ce qui sera dû à la société par l'actionnaire exproprié, qui restera passible de la différence ou profitera de l'excédent. Un auteur [2] estime qu'il serait irrégulier de faire vendre les actions sans appeler le souscripteur primitif, même avec des publications judiciaires. Mais un autre auteur [3] fait observer que c'est là une exigence que rien ne justifie ; que la situation de la société vis-à-vis de l'actionnaire en retard ne peut être assimilée à celle du créancier nanti d'un gage ; qu'il s'agit d'appliquer une clause de déchéance qui, inscrite dans les statuts, avertit les associés que, faute par eux de satisfaire à leur obligation, ils seront expropriés de leurs titres et déchus de leurs droits. Cette stipulation est reconnue licite par une jurisprudence constante [4].

Les actions sur lesquelles des versements restent à effectuer sont vendues, après l'accomplissement des formalités prescrites par les statuts, *entièrement libérées des versements appelés*. Par suite, l'acquéreur n'a d'autre charge que celle de payer son prix, et il ne peut être tenu des versements exigibles restant à faire, la société ne conservant de recours, en cas de déficit à payer sur les titres vendus, que

---

1. Décidé qu'une société ne peut, à peine de dommages-intérêts, publier dans les journaux les noms des actionnaires en retard d'effectuer les versements : Bruxelles, 11 avril 1881 (J. S. 1889, 484).

2. Vavasseur, n° 519.

3. Pont, n° 930.

4. Cass., 16 mai 1859 (S. 59, I, 924), 14 février 1872 (D. 72, I, 244), 24 août 1875 (D. 76, I, 13), 31 octobre 1887 (D. 88, I, 476), 8 décembre 1891 (J. S. 1892, 111), 11 juillet 1893 (J. S. 1895, 487); Seine, 20 novembre 1889 (J. S. 1891, 282); 21 novembre 1890 (R. S. 1891, 50), 8 juillet 1891 (J. S. 1893, 35); Paris, 15 avril 1885 (D. 86, II, 89), 24 décembre 1885 (J. S. 1886, 684), 26 novembre 1887 (D. 88, II, 307), 6 mai 1891 (R. S. 1894, 386) et 30 juin 1892 (R. S. 1893, 356). V, Paris, 19 février 1850 (S. 50, II, 72); Lyon-Caen et Renault, n° 739 ; *Supp. Rép.*, Dalloz, n°ˢ 1079 et suiv. M. Thaller (D. 86, II, 89 et *Tr.*, n° 628), et M. Bouvier-Bangillon (note, Pand. *fr.*, 1896, I, 369) estiment que la vente en Bourse ne constitue pas une exécution du contrat (laquelle ne pourrait être faite que suivant les formes de la saisie), mais sa résolution, conformément à l'art. 1184, C. civ.; qu'en conséquence, le profit de l'opération appartient à la société, et le déficit est à sa charge, sauf l'action en dommages-intérêts contre l'actionnaire. M. Mesnil a critiqué cette doctrine et les conséquences qu'on en tire, et a soutenu qu'il y a constitution d'un gage (J. S. 1898, 53) ; V. Bernard, étud. *Ann. de dr. comm.*, 1904, 65; J. S. 1900, 94.

entre les débiteurs antérieurs[1]. Si donc les actionnaires n'effectuent pas, sur un appel de fonds, le versement du second quart par exemple, la société a le droit de faire vendre, en Bourse ou devant notaire, par duplicata, les titres de leurs actions, aux frais et risques des actionnaires, sous forme d'actions libérées de moitié, bien que le quart seul ait été versé. Ce mode d'exécution est conforme aux usages de la Bourse[2].

345. Nullité de la société. Autres exceptions. — La nullité de la société n'est pas opposable par les associés aux tiers (L. 24 juillet 1867, art. 7 et 41), notamment aux créanciers sociaux. Les actionnaires, souscripteurs ou acquéreurs[3], ne sont donc pas fondés à opposer, à l'encontre de ces derniers, la nullité de la société pour se décharger de l'obligation de libérer leurs actions[4]. Par suite, c'est à bon droit que les syndics ou les liquidateurs procèdent à des appels de fonds[5].

Les actionnaires ne peuvent non plus opposer, à l'encontre des créanciers sociaux, pour refuser la libération de leurs actions, soit le dol ou les manœuvres frauduleuses dont les fondateurs, administrateurs ou gérants se seraient rendus coupables envers eux pour extorquer leurs souscriptions (infrà, n° 450), soit la violation des statuts par les administrateurs, cette violation pouvant seulement servir de base à une action en responsabilité[6].

1. Paris, 15 juillet 1871 (D. 71, ii, 142), 15 avril 1885 (J. S. 1885, 585; 1886, 112), 30 décembre 1886 (J. S. 1887, 645) et 4 novembre 1887 (J. S. 1889, 645); Cass., 7 février 1888 (J. S. 1896, 323) et la note de M. Labbé (S. 1888, i, 401). V. Seine, 17 mars 1896 (J. S. 1896, 323); Beudant, note, D. 79, i, 321; Thaller, loc. cit.

2. Cass., 31 octobre 1887 (J. S. 1888, 184); Paris, 26 novembre 1887 (J. S. 1888, 17), 12 mai 1888 (J. S. 1889, 394), 4 décembre 1888 (J. S. 1889, 14), 6 mai 1891 (J. S. 1892, 59), 8 décembre 1891 (S. 92, i, 61); Seine, 3 décembre 1888 (J. S. 1889, 14), 21 novembre 1890 (R. S. 1891, 50); Cass., 20 février 1888 (S. 88, i, 401), 14 décembre 1891 (J. S. 1892, 111) et 26 octobre 1892 (R. S. 1893, 7). V. Cass., 5 février 1872 (S. 72, i, 321), 4 décembre 1888 (J. S. 1889, 14).

3. Paris, 2 août 1890 (R. S. 1890, 361); trib. Lyon, 7 nov. 1899 (J. S. 1900, 515).

4. Cass., 24 juin 1861 (D. 61, i, 435); Paris, 16 février 1862 (D. 62, ii, 184); Cass., 7 février 1868 (D. 68, i, 379); Paris, 5 février 1872 (S. 73, ii, 75); Orléans, 16 août (D. 81, ii, 36); Paris, 13 mai 1885 (J. S. 1890, 337); Cass., 25 février 1885 (S. 85, i, 405); Paris, 9 juin 1885 (J. des val. mob., 1885, 103), 3 janvier 1887 (R. S. 1887, déions citées décembre 1887 (J. S. 1891, 89); Douai, 28 novembre 1888 et les décisions citées (R. S. 1889, 138); Cass., 15 novembre 1892 et les décisions citées (S. 1894, 255); Cass. 25 mai 1897 (J. S. 1897, 501); Pont, n° 1243.

5. Paris, 2 mars 1883, aff. de l'Un. gén. (J. S. 1883, 226); Lyon, 16 mai 1884 (R. S. 1884, 502); Paris, 13 mai 1885 (D. 86, ii, 201), 8 décembre 1885 (R. S. 1886, i); Cass., 3 juin 1885 (J. S. 1890, 483); Seine, 18 janvier 1886; Paris, 14 juin 1888 (J. S. 1889, 61 et 257), 10 juin 1890 (R. S. 1890, 372) et 2 août 1890 (R. S. 1890, 561; J. S. 1891, 362); Cass., 15 nov. 1892 (J. S. 1894, 255) et 18 juill. 1906 (J. S. 1907, 44); Contrà, Paris, 11 mai 1889 (J, S. 1889, 405). V. Seine, 20 nov. 1884 (J. S. 90, 444).

6. Cass., 19 mai 1890 (J. S. 90, 444); trib. Lyon, 9 oct. 1903 (J. S. 1905, 142). 10 mai 1859 (D. 59, i, 369).

T. I.

Si l'action en paiement du non versé est intentée par les représentants de la société, l'exception tirée du dol des fondateurs ou administrateur ne serait recevable que si le dol pouvait être considéré comme imputable à la société, c'est-à-dire aux fondateurs, à la gérance ou au conseil d'administration envisagé dans son ensemble. Si le dol était le fait de quelques administrateurs seulement, l'actionnaire resterait obligé vis-à-vis de la société et n'aurait qu'une action en dommages-intérêts contre les administrateurs coupables [1].

316. Compétence. — La souscription d'actions d'une société commerciale constituant, d'après l'opinion dominante, un acte de commerce, les tribunaux de commerce sont seuls compétents pour statuer sur les demandes en paiement d'actions non libérées [2]. Ces demandes doivent être portées devant les tribunaux du siège social (*infrà*, n° 758).

Lorsque les statuts stipulent que tout actionnaire est tenu de faire élection de domicile dans la ville du siège social, et qu'à défaut d'élection, le domicile sera de plein droit élu dans un endroit déterminé, par exemple au siège social, ou au parquet du procureur de la République de ce siège, l'actionnaire ayant son domicile à l'étranger est valablement assigné en paiement du montant de ses actions devant le tribunal auquel les statuts ont attribué juridiction [3].

CHAPITRE VII

DE LA RESPONSABILITÉ DES SOUSCRIPTEURS
ET CESSIONNAIRES

317. Droit commun. — En principe, le souscripteur, qu'il ait ou non cédé ses actions, est personnellement débiteur du montant intégral des titres qu'il a souscrits, nonobstant toute stipulation contraire. Les cessionnaires successifs d'actions, même ceux qui les ont aliénées, régulièrement à des tiers, ou irrégulièrement à la société

---

1. Dijon, 10 avril 1867 (D. *Supp.*, v° *Soc.*, n° 1088); Cass., 8 décembre 1891 (D. 92, I, 539).
2. V. les autorités citées, *infrà*, n°s 454 et 758.
3. Seine, 20 septembre 1887 (J. S. 1891, 332), 30 janvier 1889 (R. S. 1889, 320); trib. féd. Suisse, 13 avril 1889 (R. S. 1889, 464). V. Paris, 7 décembre 1893 (J. S. 1894, 467).

sont également responsables des versements restant à faire, au
même titre que le souscripteur primitif et concurremment avec
lui. C'est pour assurer le recours de la société contre ces différentes
personnes que les titres doivent rester nominatifs jusqu'à leur entière
libération [1].

Les titulaires successifs d'une action sont codébiteurs solidaires
de la somme due par cette action [2] (V. *infrà*, n°s 341 et 344).

Par suite de la solidarité, la société peut, à son choix, diriger son
action en paiement soit contre le souscripteur, soit contre un ou
plusieurs cessionnaires, soit contre tous ensemble [3].

Nous verrons que ce principe de droit commun, admis sous l'empire de la loi de 1867 [4], a été formellement consacré par la loi du
1er août 1893.

318. Exception. Loi de 1867. — L'art. 3 de la loi du 24 juillet 1867
a apporté une exception à cette règle. Il autorisait, sous certaines conditions que nous avons expliquées (n° 305), la conversion
au porteur des actions libérées de moitié. Puis, il ajoutait « soit que
les actions restent nominatives après la délibération de l'assemblée
générale, soit qu'elles aient été converties en actions au porteur, les
souscripteurs primitifs qui ont aliéné les actions et ceux auxquels ils
les ont cédées avant le versement de moitié, restent tenus du paiement du montant de leurs actions, pendant un délai de deux ans, à
partir de la délibération de l'assemblée générale ».

Cette prescription de deux ans ne profite pas aux souscripteurs et
actionnaires qui n'ont pas aliéné leurs actions. Malgré la conversion
des actions nominatives en titres au porteur, l'obligation de libérer

---

1. Paris, 2 juin 1876 (S. 79, ii, 38) ; Cass., 21 juillet 1879 (S. 80, i, 5), 24 novembre
1880 (D. 81, i, 70), 12 avril 1881 (S. 81, i, 241), 3 avril 1883 (*J. des val. mob.*, 1883,
437), 3 janvier 1887 (R. S. 1887, 64) ; Paris, 5 mars 1887 (R. S. 1887, 300) ; Cass.,
27 juin 1887 (D. 87, i, 489) et 30 juin 1891 (J. S. 1892, 208). V. Paris, 17 janvier 1884
(R. S. 1884, 13) ; Seine, 9 novembre 1887 (R. S. 1888, 164). Conf. Boistel, p. 177 ;
Pont, n°s 946 et 947 ; Ruben de Couder, v° *Soc. an.*, n°s 170 et 174 ; Lyon-Caen et
Renault, n°s 755 et 756. V. toutef. Seine, 18 novembre 1899 (J. S. 1900, 363).
2. Seine, 11 mai 1885 (R. S. 1885, 561), 4 avril 1889 (J. S. 1889, 452) ; Lyon-Caen
et Renault, n° 763. Le légataire universel du souscripteur est tenu d'effectuer les
versements complémentaires, même ceux appelés après le décès de ce dernier, et
le légataire particulier des actions est aussi tenu d'effectuer ces versements
comme propriétaire des titres (Paris, 22 janvier 1894, J. S. 1895, 259). Mais, dans
leurs rapports respectifs, c'est le légataire particulier qui doit libérer les actions,
et si l'héritier ou le légataire universel est obligé de payer, il a un recours contre
le légataire universel (Houpin, note sous cet arrêt. Conf. Goirand, n° 352).
3. Paris, 2 juin 1876 (D. 78, ii, 134) ; Cass., 3 avril 1883 (*J. des val. mob.*, 1883,
437) ; Paris, 13 mai 1885 ; Seine, 4 avril 1889 ; Lyon-Caen et Renault, n° 763 ;
Pont, n°s 946 et 947.
4. Cass., 3 juill. 1900 (J. S. 1901, 389). V. Cass., 8 nov. 1904 (J. S. 1905, 351). En ce
qui concerne les sociétés anonymes antérieures à la loi de 1867, V. *suprà*, n° 277.

entièrement les actions persiste pour ceux qui ont conservé leurs titres [1].

Après le délai de deux ans fixé par l'art. 3, les souscripteurs primitifs et leurs cessionnaires sont affranchis de toute responsabilité, s'ils ont aliéné leurs titres [2]. Mais cette libération est subordonnée au cas où, dans cet intervalle de deux ans, aucun versement nouveau n'a été appelé sur les actions; autrement, les souscripteurs et leurs cessionnaires sont tenus de satisfaire aux appels de fonds, sans pouvoir opposer la prescription biennale [3].

Les cessionnaires qui n'ont acquis leurs titres que postérieurement au vote de conversion, sont immédiatement déchargés de toute obligation, par le seul fait de la transmission de leurs actions, même avant l'expiration du délai de deux ans [4].

Après l'expiration du délai de deux ans, l'obligation de libérer les actions pèse exclusivement sur le détenteur des actions. Mais à quelle époque faut-il se placer pour apprécier quel est le détenteur de l'action et le débiteur des versements complémentaires? Il a été décidé que c'est la date fixée pour l'exigibilité des versements qui constitue l'appel de fonds [5], ou plutôt la décision même du conseil d'administration ou de l'assemblée générale [6]. Mais la jurisprudence s'est fixée en ce sens que le détenteur, au moment où l'action en paiement est exercée par une mise en demeure ou une assignation, peut seul être poursuivi, et qu'un simple appel de fonds n'enlève pas au possesseur de l'action la faculté de la céder et de se dégager de l'obligation du versement [7].

---

1. Paris, 17 août 1878 (S. 79, II, 33); Cass., 21 juillet 1879 (S. 80, I, 5), 21 novembre 1880 (J. S. 1881, 75), 3 avril 1883, 29 juin 1885 (J. S. 1885, 267), 20 octobre 1893 (D. 94, II, 314), 31 octobre 1894; Paris, 29 mars 1889 (R. S. 1889, 571); Houpin, Soc. par act., n° 53. V. Seine, 18 avril 1898 (J. S. 1898, 372).
2. Aix, 3 décembre 1888 et les autorités citées, J. S. 1889, 37.
3. Paris, 6 nov. 1885 (J. S. 1887, 589), 15 juill. 1887 (J. S. 1890, 331), 24 mars 1888 (R. S. 1888, 258) et 19 avril 1898 (J. S. 99, 427); Lyon, 2 mai 1888 (J. S. 1884, 147).
4. Cass., 21 juillet 1879 (D. 79, I, 321); Lyon, 2 juillet 1883 (R. S. 1884, 29 juin 13 août 1884 (R. S. 1885, 272), 26 juillet 1887 (D. 88, II, 145 et note); Cass., 1885 (loc. cit.), et 16 février 1892 (D. 93, I, 137); Buchère, J. S. 1885, 481; Lyon-Caen et Renault, n° 759; Houpin, n° 55.
5. Lyon, 2 mai 1888 (J. S. 1889, 49 et 57).
6. Paris, 15 juillet 1887 (J. S. 1890, 331), 24 mars 1888 (J. S. 1888, 263); Aix, 23 février 1889 (D. 93, II, 153); Paris, 8 janvier 1891 (D. 93, II, 153); Lyon-Caen et Renault, n° 760 bis; Houpin, n° 54; Pic, note, D. 93, I, 153; Dalloz, Suppl. n° 1121.
7. Seine, 10 décembre 1886; Lyon, 2 mai 1888, loc. cit.; Paris, 30 mars 1889 (J. S. 1889, 439) et 23 juillet 1889 (J. S. 1890, 330); Cass., 16 février 1892 (J. S. 1892, 266; S. 92, I, 121); Seine, 29 septembre 1892 (R. S. 1893, 94); Paris, 28 janvier 1898 (J. S. 1898, 261). V. aussi Paris, 18 juin 1887 (J. S. 1890, 90) et 29 mars 1889 (R. S. 1889, 570).

A qui incombe la preuve de la possession des titres? Suivant certains arrêts, c'est à l'actionnaire de prouver la cession de ses titres au moment où il est mis en demeure de les libérer[1]. Mais la Cour de cassation a décidé que la société poursuivante doit prouver que l'actionnaire à qui elle réclame le solde non versé des actions est encore détenteur des titres[2].

Il a été décidé également que le souscripteur ou cessionnaire antérieur à la conversion qui, bien qu'ayant aliéné les titres postérieurement à la conversion, a été obligé de les libérer parce qu'il se trouvait encore dans le délai de deux ans, n'a pas le droit d'exiger de l'agent de change par le ministère duquel la vente a été opérée, le nom des différents cessionnaires, à l'effet d'exercer son recours contre le détenteur actuel[3]; que, de même, il ne peut contraindre son cessionnaire immédiat à lui faire connaître le nom de son propre acheteur[4].

Le reporteur d'actions d'une société devenant le propriétaire des titres mis en report, c'est à lui qu'incombe l'obligation d'effectuer les versements complémentaires appelés sur les titres au cours du report[5].

Les solutions consacrées par la Cour de cassation qui, d'une part, permettaient aux actionnaires de vendre leurs titres, jusqu'au commencement des poursuites, pour se soustraire au paiement des versements appelés, et, d'autre part, obligeaient la société à faire la preuve de la possession des actions, rendaient les appels de fonds souvent illusoires et n'avaient d'autre résultat qu'une véritable duperie ou une choquante illégalité[6]; elles démontraient la nécessité d'abroger l'art. 3 autorisant la mise au porteur des actions non entièrement libérées. Cette réforme a été réalisée par la loi du 1er août 1893 (infrà).

---

1. Paris, 13 mai 1885 (J. S. 1890, 339), 15 juillet 1887, 23 juillet 1889 (loc. cit.), 4 janvier 1891 (R. S. 1893, 441), 7 décembre 1893 (J. S. 1894, 127) et 31 octobre 1894 (R. S. 1895, 12); Buchère, J. S. 1892, 516; Lyon-Caen et Renault, n° 762; Naquet, 2, Cass., II, 25. V. aussi Cass., 3 avril 1883 (S. 85, I, 199).

2. Cass., 16 février 1892 (loc. cit.), et 13 mai 1895 (J. S. 1895, 308). Conf. Aix, 4 décembre 1888 (loc. cit.), 23 février 1889 (R. S. 1890, 11), 7 mars 1892 (J. S. 1893, 522); art. 25472, J. N.; Paris, 28 janvier 1898 (J. S. 1898, 261; D. 99, II, 97, note de M. Thaller). V. Paris, 20 décembre 1893 (J. S. 1894, 97).

3. Lyon, 3 juillet 1883 (S. 83, II, 193); Cass., 29 juin 1885 (S. 86, I, 17); Paris, 20 mars 1889. Contrà, Lyon-Caen et Renault, n° 766.

4. Cass., 29 juin 1885, loc. cit.

5. Paris, 14 mars 1891 (S. 91, II, 220; J. S. 1891, 353). V. aussi Lyon, 10 août 1887 (S. 88, I, 180). V. sur la nature du contrat de report: Labbé, note, S. 1885, I, 193, et infrà, n° 864.

6. Houpin, J. S. 1892, 266.

Lorsque la conversion au porteur des actions a été irrégulièrement votée par une délibération nulle, la prescription de deux ans édictée par l'art. 3 de la loi de 1867 ne court point, et les souscripteurs primitifs et les détenteurs d'actions, à quelque titre que ce soit, sont tenus de compléter les versements[1]. Dans ce cas, l'actionnaire qui a vendu les titres au porteur ne peut être considéré comme tenu à la garantie du vice caché, et il est fondé à recourir contre son acheteur à raison des versements complémentaires qu'il s'est trouvé lui-même obligé d'effectuer[2].

Mais l'acquéreur qui a acheté, comme titre au porteur entièrement libéré, un titre irrégulièrement mis au porteur à la suite d'une réduction de capital, ne peut être obligé à aucun versement. Dans cette hypothèse (étrangère à l'art. 3 de la loi de 1867), le souscripteur originaire et le cessionnaire du titre nominatif sont seuls tenus des versements restant à faire[3] (V. infrà, n° 915).

319. Loi du 1er août 1893. — La loi du 1er août 1893 a modifié ainsi qu'il suit l'art. 3 de la loi de 1867 : « *Les titulaires, les cessionnaires intermédiaires et les souscripteurs sont tenus solidairement du montant de l'action. Tout souscripteur ou actionnaire qui a cédé son titre cesse, deux ans après la cession, d'être responsable des versements non encore appelés.* »

La loi nouvelle a ainsi consacré formellement le principe admis sous l'empire de la loi de 1867 sur la responsabilité solidaire de tous ceux entre les mains desquels passent les actions non libérées : souscripteurs, cessionnaires intermédiaires et derniers titulaires. Mais, pas plus que la loi de 1867, elle ne fixe l'ordre dans lequel ils doivent être poursuivis. Il faut en conclure que les versements restant à faire sur les actions non libérées peuvent être indifféremment réclamés à l'une quelconque de ces personnes ou à toutes, puisqu'elles sont tenues solidairement. Cette règle est impérative, et s'applique nonobstant toute stipulation contraire[4].

Avant la loi nouvelle, et sauf l'exception résultant de l'art. 3 de la loi de 1867 pour le cas où les actions libérées de moitié étaient converties en titres au porteur, les anciens titulaires d'actions ou leurs

---

1. Cass., 21 juillet 1879, *loc. cit.*; Seine, 3 mai 1885 (J. S. 1890, 437); Paris, 6 février 1885 et 11 août 1885 (R. S. 1885, 403 et 697), 26 juillet 1887 (R. S. 1887, 582), 11 juin 1891 (J. S. 1892, 16); Cass., 30 novembre 1892 (J. S. 1893, 97); Paris, 28 janvier 1898 (J. S. 1898, 201). V. Seine, 2 janvier 1899 (J. S. 1899, 224).
2. Cass. 8 août 1882 (S 83, 1, 49); Lyon-Caen et Renault, n° 767 *bis*.
3. Paris, 26 juill. 1887 (J. S. 1890, 452), 27 juill. 1888 (R. S. 1889, 6) et 28 janv. 1898 (J. S. 1898, 261 ; D. 99, ii, 97 et note Thaller). V. Cass., 3 janv. 1887 (S. 87, 1, 209).
4. Cass., 3 juillet 1900 (J. S 1901, 389. V. note Mesnil). V. J. S. 1907, 30.

héritiers pouvaient être poursuivis indéfiniment, soit dans le cas ordinaire où il n'y avait pas d'époque d'exigibilité pour les versements à faire, soit pendant trente ans à partir des époques fixées pour les versements [1]. La loi du 1er août 1893 a abrégé le délai de cette responsabilité et de ce recours, en disposant que tout souscripteur ou actionnaire qui a cédé son titre cesse, *deux ans après la cession*, d'être responsable des versements non encore appelés [2]. Le délai de prescription est donc de deux ans seulement; il court non pas du jour de l'appel de fonds ou des poursuites, mais du jour de la cession, c'est-à-dire (les titres étant nominatifs) du *transfert* opéré sur les registres de la société [3]. Comme il s'agit d'une courte prescription, elle court même contre les incapables (mineurs, interdits); mais elle peut être interrompue par les causes ordinaires d'interruption (art. 2242 à 2250, C. civ.) [4].

Y a-t-il lieu d'appliquer ici les dispositions de l'art. 2257, C. civ.? La question est controversée. Certains auteurs enseignent la négative, en s'appuyant sur les termes de la loi nouvelle, qui fait courir le délai de prescription du jour de la cession, et ne vise pas l'article précité, comme l'a fait l'art. 7 pour les dispositions transitoires [5]. D'autres auteurs estiment, au contraire, que, conformément au droit commun, auquel il n'a pas été dérogé, l'art 2257 doit être appliqué, avec d'autant plus de raison qu'il est visé dans l'art. 7 de la loi nouvelle [6].

La prescription de deux ans dont nous venons de parler, établie par la loi nouvelle, s'applique spécialement aux sociétés en commandite et anonymes constituées postérieurement à la promulgation de cette loi. En ce qui concerne les sociétés antérieures, l'art. 7 de la loi du 1er août 1893 contient une disposition transitoire ainsi conçue : « *Pour les sociétés par actions en commandite ou anonymes déjà existantes, sans distinction entre celles antérieures à la loi du 24 juillet 1867 et celles postérieures, il n'est pas dérogé à la faculté qu'elles peuvent avoir de convertir leurs actions en titres au porteur avant la libération intégrale. Quant aux actions nominatives des mêmes sociétés, les deux ans après lesquels tout souscripteur ou actionnaire qui a cédé son titre*

---

1. Lyon-Caen et Renault, *Tr. de dr. comm.*, nos 742 et suiv.; L. 1er août 1893, art. 1.

2. V. Dalloz, *Supp.*, no 1144.

3. Lyon-Caen et Renault, L. 1er août 1893, no 19 ; Perrin, p. 14 ; Bouvier-Bangillon, p. 167 ; Faure, p. 51. V. Genevois, no 12.

4. Lyon-Caen et Renault, L. 1er août 1893, nos 18 et 19.

5. Lyon-Caen et Renault, no 20 ; Faure, p. 52 et 53.

6. Perrin, p. 15 ; Bouvier-Bangillon. p. 167 ; Goirand, no 347 ; Arthuys, no 127.

cesse d'être responsable des versements non appelés ne courront, à l'égard des créanciers antérieurs à la présente loi, qu'à partir de l'entrée en vigueur de la loi, et sauf application de l'art. 2257, C. civ., pour les créances conditionnelles ou à terme et les actions en garantie. »

Ainsi les dispositions des statuts des sociétés par actions constituées avant la loi nouvelle, qui, en vertu de l'art. 3 de la loi de 1867, permettent la conversion des actions nominatives en titres au porteur après libération de moitié, continuent de s'appliquer avec tous les effets y attachés par cette loi. En conséquence, après le délai fixé par ledit art. 3, les souscripteurs primitifs et les cessionnaires qui ont aliéné leurs titres sont affranchis de toute responsabilité[1]. Mais il faut remarquer que leur responsabilité sera éteinte avant l'expiration de ce délai spécial, s'ils ont aliéné leurs titres (nominatifs) avant le vote de conversion, puisque, en vertu de la loi nouvelle, ils cessent d'être responsables deux ans *après la cession*. Quelle sera leur situation si la conversion est votée avant que la prescription soit acquise? Par exemple, Pierre transfère à Paul, le 1er octobre 1893, ses actions non libérées. Le 1er avril 1895 (c'est-à-dire avant que la prescription de deux ans soit acquise), l'assemblée générale autorise la conversion des actions au porteur. Quand Pierre cesse-t-il d'être responsable des versements non appelés? Suivant un auteur, la responsabilité se trouve prolongée jusqu'au 1er avril 1897 (deux ans à partir de la conversion)[2]. Nous considérons, au contraire, que la prescription est acquise le 1er octobre 1895 (deux ans après la cession)[3]. Mais le souscripteur ou cessionnaire qui a aliéné son titre après le vote de conversion, est libéré après deux ans à compter de la délibération de l'assemblée générale, et non à partir de la cession[4].

En ce qui concerne les actions (nominatives) des sociétés anciennes dans lesquelles il n'a pas été fait usage du bénéfice de l'art. 3 de la loi de 1867, la loi nouvelle applique la prescription de deux ans aux souscripteurs ou actionnaires qui ont aliéné leurs titres. Cette prescription court à partir de la cession, si elle est postérieure à la loi nouvelle[5]. Elle s'applique même aux cessions consenties avant la mise en vigueur de cette loi. Seulement, pour que les créanciers

1. V. Seine, 18 avril 1898 (J. S. 1898, 372).
2. Faure, p. 195.
3. *Conf.* Bouvier-Bangillon, p. 175; Goirand, n° 351.
4. Bouvier-Bangillon, p. 175.
5. M. J. Vavasseur (R. S. 1896, 287; V. J. S. 1896, 477) estime que si la cession et l'appel de fonds ont eu lieu postérieurement à la loi de 1893, le délai de deux ans doit courir seulement du jour où les versements appelés sont devenus exigibles, et non pas du jour de la cession, parce que ce dernier point de départ pourrait

antérieurs à la loi nouvelle ne soient pas surpris par l'accomplissement d'une prescription à laquelle ils ne s'attendaient pas, le délai de cette prescription ne court, à leur égard, que de la date de la promulgation de la loi nouvelle. Et, pour les créanciers sous condition ou à terme, elle ne court même qu'à partir de la réalisation de la condition ou de l'arrivée du terme, conformément à l'art. 2257, C. civ. La société doit être rangée parmi les créanciers antérieurs à la loi ; la prescription de deux ans ne court donc à son égard que du jour de la promulgation de cette loi [1].

Il a été décidé : 1° qu'un actionnaire qui a cédé ses actions avant la loi de 1893 ne peut invoquer la prescription établie par cette loi, lorsque la justice a confié à un liquidateur, avant la loi, la mission de réaliser l'actif et d'éteindre le passif, et qu'il est établi que la société avait un passif à éteindre [2] ; 2° que si un appel de fonds a été fait moins de deux ans après la loi nouvelle, la décharge de la responsabilité n'a pu naître au profit de l'actionnaire, quelle que soit la date de la vente de son titre [3].

320. Recours. — Le souscripteur ou le cessionnaire intermédiaire qui, par suite de son obligation solidaire, s'est trouvé tenu de libérer l'action dont il n'est plus propriétaire, peut recourir contre tels des cessionnaires subséquents que bon lui semble, ou contre l'actionnaire actuel, et chaque cessionnaire a le même recours contre les cessionnaires ultérieurs et contre le dernier actionnaire. Celui qui paie est subrogé légalement (art. 1251-3°, C. civ.) dans les droits de la société [4]. D'après certains auteurs, le cédant qui a été contraint de payer à la société n'a de recours que contre son cessionnaire *direct* et contre le détenteur actuel [5].

Ce recours existe dans les mêmes conditions sous l'empire de la loi nouvelle ; il s'exercera facilement au moyen du registre des transferts, qui fera connaître (les actions restant nominatives) les titu-

---

avoir pour résultat de libérer les cédants avant même que la dette soit devenue exigible, de causer un préjudice aux tiers, et de produire un effet rétroactif à la loi de 1893. V. Bouvier-Bangillon, p. 169 et suiv. ; Arthuys, n° 131 ; Mack, R. S. 1899, 440.

1. Lyon-Caen et Renault, n° 60 ; Bouvier-Bangillon, p. 170 ; Goirand, n° 351 ; Vavasseur, *loc. cit.* V. toutef. Faure, p. 193. V. aussi Arthuys et Mack, *loc. cit.*

2. Seine, 23 janvier 1896 (J. S. 96, 285) ; Paris 19 avril 1899 (J. S. 99, 427).

3. Seine, 4 juin 1896 (J. S. 1896, 466), 12 août 1897 (J. S. 1898, 78). V. Seine 12 juillet 1899 (J. S. 1900, 89) ; Paris, 9 janvier 1906 (J. S. 1907).

4. Bédarride, n° 81 ; Mathieu et Bourguignat, n° 35 ; Lyon-Caen et Renault, Traité, n° 764 ; L. 1er août 1893, n° 15 ; Genevois, p. 76 ; Thaller, n° 627 ; Paris, 20 novembre 1883 (D. 84, II, 207) et 5 août 1886 (J. S. 90, 332) ; J. S. 98, 92. V. Lyon, 3 juillet 1883 (S. 83, II, 193) ; Cass., 3 juillet 1900 (J. S. 1901, 389).

5. Pont, n° 952 ; Faure, L. 1er août 1893, p. 45 ; Perrin, *id.*, p. 14.

laires successifs, et dont le créancier aura le droit de demander, amiablement ou judiciairement, la communication. Ce dernier pourra aussi s'adresser à l'agent de change par l'intermédiaire duquel il a vendu ses actions et qui, dans ce cas, ne pourrait se retrancher derrière le secret professionnel pour refuser de lui révéler le nom de son acheteur[1]. Mais l'art. 3 nouveau disposant d'une manière absolue que tout souscripteur ou actionnaire qui a cédé son titre cesse deux ans après la cession d'être responsable des versements non encore appelés, cette prescription est applicable aux actions en garantie. La question que nous avons posée (supra, n° 319), pour l'action de la société contre les divers actionnaires, se présente ici pour l'application de l'art. 2257 à l'action en garantie. Des auteurs enseignent que le recours de cédant à cessionnaire, comme l'action de la société, cesse deux ans après la cession, sans distinction aucune, et qu'il n'y a pas lieu d'appliquer ici les dispositions de l'art. 2257[2]. D'autres auteurs repoussent cette solution, et considèrent que le délai de deux ans, pour la prescription de l'action en garantie, ne court que du jour où chaque cessionnaire a été lui-même actionné[3]. Mais on reconnaît que si le transfert a été opéré avant la loi nouvelle, les recours successifs de cédant à cessionnaire se prescrivent par deux ans à compter seulement du jour où le cédant a été lui-même actionné en libération, et ce, en vertu de l'art. 7 (dispositions transitoires) de la loi nouvelle, qui réserve expressément l'application de l'art. 2257[4].

Celui qui a prêté son nom pour souscrire des actions dans l'intérêt d'un tiers peut obliger ce dernier à l'indemniser et garantir de la condamnation prononcée contre lui pour libération des titres[5].

Il a été décidé que lorsque les statuts stipulent que les actions sont indivisibles à l'égard de la société, qui ne reconnaît qu'un seul propriétaire pour chaque action, le souscripteur de plusieurs actions qui, ayant été obligé de répondre aux appels de fonds, exerce son recours contre les héritiers de son cessionnaire, ne peut, en vertu de ladite stipulation, choisir entre les héritiers celui contre lequel il entend exercer son action à l'exclusion des autres, une pareille prétention impliquant une dérogation expresse aux principes du droit sur la divisibilité des dettes entre les héritiers, qui ne pourrait

1. Faure, p. 47; Goirand, n° 349.
2. Lyon-Caen et Renault, n° 20; Faure, p. 52 et 53; Dalloz, *Supp.*, n° 1147.
3. Perrin, p. 15; Bouvier-Bangillon, p. 168; Goirand, n°s 349, 351; Arthuys, n° 1.
4. Faure, p. 194.
5. Seine, 9 avril 1896 (J. S. 1896, 523).

résulter que d'un texte précis[1]. Mais cette solution ne nous a pas paru justifiée. Par suite de l'indivisibilité des actions, chacun des héritiers d'un actionnaire peut être poursuivi par la société pour le paiement de ce qui reste à verser, au moins jusqu'au partage des actions. Si la société a été désintéressée par le souscripteur originaire, celui-ci est fondé, comme subrogé légalement aux droits de la société, à exercer contre les héritiers de son cessionnaire tous les droits de la société elle-même, et à invoquer le principe de l'indivisibilité de chaque action — même après l'expropriation des titres par la société[2]. L'action intentée contre le souscripteur des actions interrompt la prescription à l'égard du cessionnaire de ces actions coobligé au paiement, et, par suite, le souscripteur est en droit de réclamer à son cessionnaire la totalité des intérêts payés en l'acquit de ce dernier, sans que la prescription quinquennale puisse être invoquée contre lui[3].

CHAPITRE VIII

DE LA NÉGOCIATION DES ACTIONS

SECTION 1

RÈGLES GÉNÉRALES

321. Négociation commerciale. — L'art. 2 de la loi du 24 juillet 1867 dispose que les actions ou coupons d'actions sont négociables après le versement du quart. Cette disposition n'est plus en harmonie avec le nouvel article premier, qui exige la libération intégrale des actions de 25 fr., et qui oblige à un versement excédant le quart pour les actions supérieures à 25 fr. et inférieures à 100 fr. (infrà, n° 455). Du reste, on décidait sous l'empire de la loi de 1867, et l'on doit décider également aujourd'hui, que le versement légal ne suffit pas. Il faut de plus que toutes les formalités prescrites

---

1. Paris, 6 août 1895 (J. S. 1896, 160). V. trib. Lyon, 10 juin 1897 (J. S. 1898, 92).
2. V. Houpin, note, J. S. 1896, 160; V. aussi Rev. pr. S. Belg., 1897, p. 34 et suiv. V. sur l'indivisibilité des actions, infrà, n° 349.
3. Paris, 6 août 1895, loc. cit. V. le même arrêt sur la question de répétition des frais.

par la loi pour la constitution de la société aient été remplies : déclaration notariée, vérification des apports en nature et des avantages particuliers, nomination et acceptation des premiers administrateurs et des commissaires. Les actions ne sont donc réellement négociables, suivant les formes commerciales, qu'après la constitution définitive de la société. Cela résulte de la discussion de la loi de 1867 au Corps législatif[1].

Décidé toutefois, au point de vue pénal, que la négociation des actions est licite après la déclaration notariée de souscription et de versement, bien que la société n'ait pas encore été constituée par l'approbation des apports dans la seconde assemblée générale[2].

La négociation prohibée par la loi avant la constitution de la société doit s'entendre d'une transmission par les voies commerciales (transfert, tradition, endossement)[3], et par l'intermédiaire des agents de change, en Bourse, même la négociation faite en banque par des coulissiers[4].

La négociation commerciale de promesses d'actions avant la constitution de la société est frappée d'une nullité d'ordre public et ne peut produire aucun effet[5]. En outre, si elle était faite en exécution d'une stipulation des statuts, elle entraînerait la nullité de la société (L. 1867, art. 7, 24 et 41)[6], et une sanction pénale (art. 14).

Les actions non libérées des versements exigibles peuvent néanmoins être négociées, à moins de stipulation contraire dans les statuts (infrà, n° 342).

La vente des actions d'une société commerciale est valable bien qu'alors le passif de la société excède son actif[7].

---

1. Boistel, n° 260; Lyon-Caen et Renault, n° 729; Bédarride, n°s 56 et 57; Mathieu et Bourguignat, n° 28; Pont, n°s 907 et 908; Ruben de Couder, v° Soc. an., n°s 118 et suiv.; Suppl. Dict. du Not., v° Soc. par act., n° 13; Lyon, 7 janvier 1881 (S. 81, II, 25); Paris, 2 mars 1883 (J. S. 1883, 225); Seine, 22 août 1883 (R. S. 1883, 357); Paris, 18 août 1884 (J. S. 1885, 652); Orléans, 9 février 1886 (Gaz. Pal., 1886, I, 491); Paris, 1er juillet 1886 (id., 1886, II, 590); Seine, 16 décembre 1886 (J. S. 1890, 344); Paris, 23 mai 1887 (D. 88, II, 73); Bouvier-Bangillon, L. 1er août 1893, p. 133.

2. Trib. Lyon, 13 mai 1882 (J. S. 1883, 317); Orléans, 17 février 1886 (R. S. 1886, 259). Contrà, Lyon-Caen et Renault, n° 731.

3. Pont, n° 902; Lyon-Caen et Renault, n° 728.

4. Lyon, 21 décembre 1883 (Jur. fin., 12 avril 1884); trib. Lyon, 15 mars et 5 avril 1884 (Jur. fin., 22 mars et 17 mai 1884); Seine, 4 mars 1884 (R. S. 1884, 305); Paris, 2 mars 1883 (J. S. 1883, 225), 18 août 1884 (loc. cit.), 23 mai 1887 (J. S. 1890, 493). V. toutef. Cass., 16 juin 1885 (R. S. 1885, 631).

5. Paris, 2 mars 1883 (J. S. 1883, 226), 18 août 1884 (J. S. 1885, 652), 1er juillet 1886 (J. S. 1887, 112); Thaller, Rev. crit. 1883, 321. Contrà, Lyon-Caen et Renault, n° 731.

6. Lyon-Caen et Renault, n° 731.

7. Nice, 11 juillet 1888 (Dalloz, Supp., n° 1010); Arcis-sur-Aube, 12 juillet 1889 (J. S. 1889, 443).

322. Cession civile. — C'est seulement la négociation commerciale qui est interdite jusqu'à la constitution de la société; mais les actions peuvent, même avant le versement légal, faire l'objet d'une cession civile, par acte public ou sous seing privé, à titre gratuit ou onéreux [1].

323. Vente à l'émission. — La cession, faite suivant les formes civiles, de titres vendus *à l'émission*, est valable entre les parties; mais cette cession est soumise à la condition suspensive de la réalisation de l'émission projetée et de l'existence effective des titres; elle se trouve annulée si cette condition n'est pas réalisée, et l'acheteur a le droit de se faire restituer le prix [2].

Le contrat peut revêtir un caractère aléatoire si la vente a pour objet la chance de réalisation de l'émission. Dans ce cas, la convention est définitive, et ne se trouve pas annulée si l'émission n'est pas réalisée [3].

324. Nullité de la société. — La nullité de la société, à raison d'irrégularités dans sa constitution, notamment pour défaut du versement légal, n'entraîne pas la nullité des négociations d'actions opérées après constitution de la société, pourvu que la constitution et les titres des actions émises aient été réguliers en la forme [4] Il ne reste, en pareil cas, à l'acheteur, qu'un recours en garantie contre son vendeur, pour vice caché, conformément aux art. 1641 et suiv., C. civ. [5]. Mais il n'y a pas lieu à la garantie, si l'avilissement des actions n'a pas eu pour cause le vice de nullité de la société, et s'il n'est pas établi que l'acheteur ne les eût pas acquises s'il eût connu ce vice [6].

---

1. Mathieu et Bourguignat, n° 26; Bédarride, n°⁵ 51 et 58; Lyon-Caen et Renault, n° 728; Pont, n° 902; Rousseau, n° 1097; Ruben de Couder, v° Soc. an., n° 121; Suppl. Dict. du Not., v° Soc. par act., n° 13; Lyon, 2 mars 1883 (R. S. 1883, 357); Paris, 14 novembre 1888 (J. S. 1889, 66); Orléans, 24 juillet 1890 (S. 91, II, 154).

2. Lyon, 12 juillet 1882 (J. S. 1884, 423); Paris, 2 août 1883; Aix, 18 novembre 1884 (D. 86, I, 260), Cass., 22 déc. 1885 (R. S. 1886, 138), **24 nov. 1886** (S. 87, I, 72) et 6 juillet 1887 (S. 87, I, 294); Paris, 1ᵉʳ juillet 1886. V. Cass., 25 juin 1887 (S. 90, I, 371); Bruxelles, 10 novembre 1905; Paris, 22 décembre 1905 (J. S. 1906, 398, 411).

3. V. Cass., 22 décembre 1885 (S. 87, I, 163).

4. Lyon, 22 janvier 1884 (J. S. 1884, 222) et 16 mai 1884 (J. S. 1885, 97); Cass., 3 et 28 juin 1885 (J. S. 1890, 483); Lyon, 27 mai 1884 (J. S 1890, 490), 22 juillet 1885 (J. S. 1890, 489), 31 juillet 1885 (J. S 1890, 488); Seine, 20 juillet 1887 (J. S. 387, 436); Douai, 28 novembre 1888 (R. S. 1889, 138); Paris, 2 août 1890 (J. S. 1891, 193), 15 novembre 1892 (J. S. 1893, 223); Cass., 9 novembre 1892 (J. S. 1893, 193), 15 novembre 1892 (J. S. 1894, 255) et 20 juin 1893 (R. S. 1893, 375). *Contrà*, Vavasseur, n° 713 *ter*. V. Paris, 11 mai 1889 (R. S. 1889, 396).

5. Trib. Lyon, 22 ou 25 juin 1887 (J. S. 1888, 265). V. Dalloz, *Supp.*, n° 1371.

6. Lyon, 22 janvier 1884, et Cass., 3 juin 1885 (R. S. 1884, 159; 1885, 467); Lyon, 8 mai 1884 (S. 84, II, 107); Orléans, 24 juillet 1890 (S. 91, II, 154); Paris, 10 juin 1890 (S. 90, II, 372) et 2 août 1890, *loc. cit.*; Cass., 9 novembre 1892 (J. S 1893, 177); Lyon-Caen, note (S. 84, II, 49). V. Paris, 23 mai 1887 (D. 88, II, 73); Cass.,

Il a été décidé qu'une vente d'actions est nulle, pour cause d'erreur sur la substance, lorsque l'objet principal en vue duquel elle s'est constituée n'existe qu'en apparence et a été faussement imaginé, et que la société n'a jamais été qu'une apparence et qu'un leurre [1].

325. Chambres syndicales. Cote officielle. Responsabilité. Négociation. — Les actions d'une société ne peuvent être négociées officiellement aux Bourses françaises, par le ministère des agents de change, qu'après avoir été admises à la cote officielle par les chambres syndicales des agents de change, sur la production d'une demande adressée par les représentants de la société (il suffit d'une délibération du conseil d'administration), et appuyée des diverses pièces justificatives, et notamment des pièces constitutives [2].

Les chambres syndicales d'agents de change ont un pouvoir souverain pour l'admission des valeurs à la cote officielle. En conséquence, elles n'ont, à cet égard, ni à solliciter, ni à obtenir (pour les valeurs françaises) l'autorisation du ministre des finances [3]. Mais elles engagent leur responsabilité quand elles admettent à la cote officielle des actions d'une société dont elles ont pu vérifier la constitution irrégulière [4].

La négociation des actions cotées à la Bourse ne peut avoir lieu

---

29 juin 1887 (S. 90, I, 371) et Lyon, 26 juillet 1889 (J. S. 1890, 435); Lyon-Caen et Renault, n° 787.

1. Seine, 8 janvier 1897 (R. S. 1897, 299).

2. Les pièces et renseignements exigés par la Compagnie des agents de change de Paris, à l'appui des demandes de cette nature, sont les suivants : 1° Demande au syndic (il n'y a pas de formule obligatoire); 2° deux exemplaires des statuts; 3° pièces constitutives (expédition notariée de l'acte de déclaration de souscription du capital et de versement effectué sur les actions avec la liste des souscripteurs y annexée; procès-verbaux d'assemblées générales constitutives; rapport des commissaires chargés de vérifier les apports, s'il y a lieu); 4° pièces de publication légale; 5° spécimen des titres; 6° indication du taux d'émission, de la libération actuelle des titres, des époques de jouissance, de la jouissance courante (mêmes justifications, s'il s'agit d'une augmentation de capital); 7° derniers inventaires et comptes rendus d'assemblées générales, s'il y en a; 8° engagement de fournir à la chambre syndicale deux cents listes de chaque tirage, si les actions s'amortissent par tirages au sort; 9° adhésion à la formule d'acceptation de transfert, spéciale pour les agents de change, si les titres sont nominatifs; 10° engagement de faire parvenir à la chambre syndicale le compte rendu de chacune des assemblées générales que pourra tenir la société; 11° engagement de procéder sur simple demande, appuyée d'un jugement de la chambre syndicale, à l'échange des titres qui, en raison de leur état matériel, ne pourraient pas être admis dans les livraisons; 12° si le siège social n'est pas à Paris, engagement d'avoir une caisse chargée, à Paris, du service des titres et des coupons pendant toute la durée de la société; 13° indication de la caisse chargée du service des titres et des coupons.

3. Trib. Lyon, 22 ou 25 juin 1887, loc. cit.; Lyon, 26 juillet 1889 (J. S. 1890, 435).

4. Cass., 4 déc. 1877 (S. 78, I, 369); Cass., 5 mai 1886 (R. S. 1886, 480); Cass., 11 juill. 1887 (R. S. 1888, 88); trib. Lyon, 22 ou 25 juin 1887, loc. cit.; Lyon, 26 juill. 1889, loc. cit.; Buchère et Lechopié, p. 14. Contrà, Mollot, n° 681.

valablement que par l'intermédiaire des agents de change, qui ont le monopole de ces opérations (art. 76, C. comm.). Mais ce monopole n'existe que pour les valeurs réellement admises à la cote officielle [1]. La négociation d'actions cotées serait donc nulle si elle était effectuée par un intermédiaire autre qu'un agent de change [2]. Quant aux valeurs non cotées, le marché reste libre, et les négociations peuvent en avoir lieu par d'autres intermédiaires que les agents de change [3]. Mais le privilège des agents de change ne fait pas obstacle à ce que les parties intéressées fassent entre elles, sans intermédiaire, des ventes et achats de titres même cotés [4].

SECTION 2

RÈGLES SPÉCIALES AUX ACTIONS D'APPORT

326. Loi. — Aux termes de l'art. 3 de la loi de 1867, modifié par la loi du 1er août 1893 : « *Les actions représentant des apports (en nature) ne peuvent être détachées de la souche et ne sont négociables que deux ans après à la constitution définitive de la société. Pendant ce temps, elles devront, à la diligence des administrateurs, être frappées d'un timbre indiquant leur nature et la date de cette constitution.* »

327. Motifs de la loi. — Cette disposition a été empruntée au projet de loi sur les sociétés, adopté par le Sénat en 1884 (art. 7); elle a été admise, après discussion, par suite d'un amendement présenté au Sénat en 1893. Voici quelles raisons ont été données pour la justifier: Il arrive assez souvent que des personnes fondent des sociétés à grand renfort de réclames, font des apports majorés en représentation desquels ils se font attribuer des actions libérées, qu'ils placent, grâce à ces réclames, aussitôt après la constitution, et se désintéressent ainsi de la société qu'ils ont fondée. Les cessionnaires de ces actions et les souscripteurs d'actions émises contre numéraire se trouvent, par suite de la majoration des apports, en présence d'une société ayant un capital réel bien inférieur au capital annoncé, et vouée à une ruine presque certaine. On a pensé que, en obligeant les

1. Cass., 21 avril 1885 (R. S. 1885, 427), 1er juillet 1885 (S. 85, I, 257), 9 mars 1886 (S. 86, I, 208), et 26 mai 1886 (J. S. 1887, 262); Aix, 30 janvier 1890 (R. S. 1890, 195). (Voir loi de finances du 13 avril 1898.)
2. V. Cass., 13 janvier 1894 (R. S. 1894, 359).
3. Cass., 20 mai 1889 (D. 90, I, 250) et 5 mars 1890 (D. 90, I, 431). V. Neymarck, R. S. 1890, 465 ; Seine, 30 mars 1909 et art. Tchernoff, R. S. 1910, 1 et 20.
4. Seine, 23 mai 1885 (J. S., 1890, 353) ; Cass., 18 avril 1887 (R. R. 1887, 387); Cambrai, 15 décembre 1887 (J. S. 1889, 444).

apporteurs à rester dans la société et en rendant leurs actions non négociables pendant deux ans, il était moins à craindre qu'ils se livrent à des manœuvres frauduleuses, qui seraient découvertes, par suite de l'exploitation de l'objet social, et dont ils pourraient être eux-mêmes victimes [1]. On a objecté que cette sorte d'inaliénabilité dont on voulait frapper les actions d'apport pendant deux ans constituait une atteinte à la liberté des conventions, qui ne se justifie point dans les cas normaux ou des apports en nature sont faits et évalués sans aucune manœuvre [2]. Mais le Sénat, préoccupé des fraudes qui sont souvent apportées dans la constitution des sociétés par actions, a voté cette disposition nouvelle. Elle ne peut qu'être approuvée comme moyen de rendre moins facile la constitution des sociétés frauduleuses avec des apports majorés; mais elle constitue une entrave pour la constitution des sociétés honnêtes, et la pratique fournit des exemples de sociétés qui n'ont pu se constituer en France par suite de l'interdiction de négocier les actions pendant deux ans [3].

328. Actions d'apport. — Quoi qu'il en soit, la disposition existe; il n'y a qu'à en déterminer la portée et à l'appliquer. Il ne s'agit tout d'abord que des actions attribuées en représentation d'apports en nature; celles souscrites en numéraire sont aliénables aussitôt après la constitution de la société; seules les actions d'apport sont frappées de l'interdiction de les négocier pendant un délai de deux ans à partir du jour de la constitution définitive de la société. Mais comme la loi ne distingue pas, elle s'applique aux actions qui ne correspondent même que pour partie à des apports en nature comme à celles qui y correspondent pour la totalité, et dans les sociétés dont le capital ne se compose que d'apports en nature comme dans celles où il y a un capital en espèces [4]. Elle s'applique également aux actions de jouissance délivrées après l'amortissement du capital des actions (infrà, n° 334).

329. Fusion. — La loi s'appliquait même aux actions attribuées à une société dissoute qui se fusionnait avec une autre société; mais elle a été modifiée par la loi du 9 juillet 1902 [5], puis par celle du

1. V. la discussion de M. Ronjat au Sénat, en 1884, et le discours de M. Poirier au Sénat, en 1893.
2. V. les discours au Sénat de M. Falcimaigne, commissaire du Gouvernement, et de M. Thévenet, rapporteur.
3. Une proposition de loi a été déposée dans le but d'ajouter au § 3 de l'art. 2 de la loi de 1893 le paragraphe suivant : « Cette disposition n'est pas applicable lorsque l'apport est fait à une société préexistante. » Voir cette proposition de loi, et une critique de M. Ledru, J. S. 1897, 5 et 45.
4. Lyon-Caen et Renault, L. 1er août 1893, n° 23; Bouvier-Bangillon, p. 140; Percerou, p. 132; Arthuys, n° 86. V. Lyon-Caen et Houpin, J. S. 1899, 5; Thaller, n° 633.
5. V. trib. Montpellier, 27 juin 1903 (J. S. 1906, 32).

16 novembre 1903, dont l'art. 2 a ajouté au § 3 de l'art. 3 de la loi de 1867, modifié par la loi de 1893, la disposition suivante : « *En cas de fusion de sociétés par voie d'absorption ou de création d'une société nouvelle englobant une ou plusieurs sociétés préexistantes, l'interdiction de détacher les actions de la souche et de les négocier ne s'applique pas aux actions d'apport attribuées à une société par actions ayant, lors de la fusion, plus de deux ans d'existence.* » Cette disposition est applicable : 1° En cas d'absorption d'une société par actions par une autre qui augmente son capital par suite de l'apport fait par la première ; 2° En cas d'apport à une société nouvelle par plusieurs sociétés qui se fusionnent, ou par une seule société. Elle s'étend à toutes les sociétés par actions (anonymes ou en commandite), même aux sociétés étrangères absorbées par une société française[1]. Les actions d'apport attribuées dans ces divers cas sont immédiatement négociables lorsque la société apporteuse a. lors de la fusion, plus de deux ans d'existence.

Si la fusion est faite entre plusieurs sociétés dont l'une seulement a plus de deux ans d'existence lors de la fusion, cette dernière seule recevra des actions d'apport immédiatement négociables. Les actions d'apport attribuées aux autres sociétés ne seront négociables qu'à l'expiration d'un nouveau délai de deux ans à dater de la fusion. S'il y a augmentation de capital par l'apport à une société créée depuis moins de deux ans par une société ayant plus de deux ans d'existence, les actions d'apport attribuées à cette dernière seront immédiatement négociables, tandis que les actions d'apport de l'autre société achèveront le délai de deux ans déjà commencé.

Pour que la loi nouvelle soit applicable, il faut qu'il y ait *fusion* d'une ou plusieurs sociétés, entraînant dissolution de ces sociétés ou de l'une d'elles. Si une société (même ayant deux ans d'existence), fait apport à une autre société constituée ou à constituer d'une *partie* de son actif, et continue d'exister pour l'exploitation du surplus, il n'y a pas absorption, fusion proprement dite, la société n'est pas englobée, et les actions d'apport ne sont négociables qu'après deux ans.

La loi de 1903 a été déclarée (art. 2) applicable aux sociétés fondées antérieurement ou postérieurement à cette loi.

330. Parts de fondateur. — La disposition de la loi de 1893 n'est pas applicable aux parts de fondateur. Ces parts peuvent donc être négociées aussitôt après la constitution de la société, même lors-

---

1. Decugis, *Les actions de priorité et les actions d'apport négociables en cas de fusion*, 2ᵉ édit., p. 53 ; Seine, 19 octobre 1906 (J. S. 1907, 226). V. J. S. 1908, 183.

qu'elles ont été attribuées en représentation d'un apport en nature (*infrà*, n° 376).

331. Cession civile. — Il importe de remarquer que la loi ne frappe pas les actions d'apport d'*inaliénabilité* comme les actions des administrateurs (L. 1867, art. 26). Ce qui est prohibé pendant deux années, c'est seulement la *négociation*, c'est-à-dire la cession par les voies commerciales (transfert, tradition, endossement), au profit de personnes déjà actionnaires aussi bien que d'étrangers. La cession civile, à titre gratuit ou onéreux, avec observation des formalités de l'art. 1690, C. civ., demeure permise [1]. Cela résulte du sens du mot négociable, et aussi des explications très nettes fournies par l'auteur de l'amendement. Le propriétaire des actions d'apport peut donc les céder par un acte signifié à la société; le cessionnaire en sera propriétaire; les nouvelles cessions qui seraient consenties ou signifiées ultérieurement et les saisies qui viendraient à être pratiquées ne lui seraient pas opposables; la cession lui permettra ordinairement de toucher les dividendes des actions; mais il ne pourra demander la remise des actions — si elles sont au porteur — ou la régularisation du transfert sur les registres de la société — si les actions sont nominatives — que deux ans après la constitution de la société [2].

332. Gage. — Les actions d'apport peuvent-elles être l'objet d'un gage pendant la période de deux années durant laquelle elles ne sont pas négociables? La négative a été enseignée par ce motif que, les titres d'actions devant rester à la souche pendant ce temps, l'actionnaire ne pourrait en mettre son créancier en possession, et que la mise en possession est une condition essentielle pour que la constitution du gage produise ses effets (art. 2076, C. civ.; art. 92, C. comm.) [3]. Cette solution nous paraît trop absolue. Les actions d'apport ne pourraient être l'objet d'un gage *commercial* par un transfert sur les registres de la société (si les actions sont nominatives), dans les termes de l'art. 91, C. comm. L'impossibilité du gage commercial est une conséquence de l'interdiction de la négociation commerciale. Mais les actions (nominatives ou au porteur) étant cessibles suivant les formes civiles, peuvent, valablement, faire l'objet d'un nantissement *civil*, conformément aux art. 2075 et suiv., C. civ. Les titres ne sauraient, il est vrai, être remis au créancier; mais on peut régulièrement constituer la société qui les possède, tiers-dépositaire dans

1. Seine, 10 juin et 17 novembre 1897, 22 septembre 1898, 15 ou 19 juillet 1899 (J. S. 97, 518; 98, 87; 99, 127 et 464); J. S. 99, 131; Paris, 12 av. 1902 (J.S.1902, 261).
2. Houpin, J. S. 1895, p. 241 et suiv. V. Seine, 2 juill. 1898 (J. S. 1899, 34).
3. Lyon-Caen et Renault, L. 1893, n° 22.

l'intérêt de ce dernier. Le nantissement constitué dans ces conditions, et signifié à la société par acte extrajudiciaire, est régulier [1]. Quand es titres deviennent libres, après l'expiration du délai de deux ans, ls peuvent être remis au créancier nanti, s'ils sont au porteur (ce qu'il est utile de constater par un acte spécial), et, s'ils sont nominatifs, on peut faire inscrire le nantissement (s'il s'agit d'un gage commercial) au moyen d'un transfert à titre de garantie (art. 91, C. comm.).

333. Saisie. — Les actions d'apport, malgré l'interdiction qui les frappe pendant deux ans, quant à la négociabilité, n'en constituent pas moins le gage des créanciers de l'apporteur. On décide généralement que les actions d'une société peuvent être frappées de saisies-arrêt à la requête de créanciers des actionnaires et vendues par autorité de justice (V. infrà, nos 341 et 793) [2]. Les actions d'apport peuvent-elles être vendues dans ces conditions pendant le délai de deux ans? Un auteur enseigne l'affirmative, avec cette restriction que l'acquéreur ne pourra se faire délivrer les titres s'ils sont au porteur, et demander la régularisation des transferts s'ils sont nominatifs, qu'à l'expiration du délai de deux ans [3]. Cette solution est exacte lorsque la vente judiciaire est réalisée suivant les formes civiles, par exemple si elle a lieu par adjudication devant notaire [4]. Mais si la vente avait lieu en Bourse ou par ministère d'agent de change, elle présenterait les caractères d'une négociation commerciale interdite par la loi.

334. Amortissement. — Si les actions d'apport étaient remboursables par tirages au sort, conformément à un tableau d'amortissement, pendant le délai de deux ans, l'apporteur aurait le droit de recevoir,

---

1. Laurent, t. XXVIII, no 483 ; Cass., Belg., 26 décembre 1850 (Pas., 1851, I, 324); id., p. 10 ; Bouvier-Bangillon, L. 1er août 1893, p. 141 et suiv. ; Perrin, Génevois, no 18 ; Faure, id., p. 64 ; Nantes, 23 avril 1898 (J. S. 1899, 131) ; Paris, 7 nov. 1894 (Gaz. Pal. du 12) ; Lyon-Caen et Renault, Tr., t. II, 3e édit., no 732-1. La Cour de cassation a décidé, par un arrêt du 3 août 1896, que lorsque le tiers convenu se trouve déjà dépositaire de l'objet donné en gage, antérieurement au nantissement, il ne suffit pas, pour intervertir le titre de sa détention originaire et le rendre comptable envers le créancier gagiste, de lui notifier, en qualité de tiers convenu, le contrat de nantissement (V. Rev. tr. du nouv. rég. des soc., 1897, 105 ; S. 98. I, 85).
2. Boitard, Colmet d'Aage et Glasson, Proc., II, no 883 ; Rodière, Proc., t. II, p. 240 ; Garsonnet. id., t. IV, p. 466. Suivant ces auteurs, on demande au tribunal, en même temps qu'il prononce sur la validité de la saisie, d'ordonner la vente des actions à la Bourse si elles sont cotées, et, dans le cas contraire, par le ministère d'un notaire. V. aussi les auteurs cités, J. S. 1899, 34.
3. Genevois, no 15.
4. Seine, 2 juillet 1898 (J. S. 1899, 34). V. Douai, 23 mai 1855 (S. 55. II, 639). Cet arrêt décide que la vente forcée des actions industrielles peut avoir lieu suivant le mode déterminé par les juges, et qu'elle est valablement faite aux enchères publiques devant notaire.

même avant l'expiration de ce délai, le montant du remboursement; mais les actions de jouissance délivrées en remplacement des actions de capital amorties devraient rester à la souche et ne seraient négociables que deux ans après la constitution de la société [1].

335. Privilège. — La société n'a aucun privilège sur les actions d'apport, pendant les deux ans durant lesquels elles restent à la souche, à raison des sommes qui lui seraient dues par l'apporteur [2].

336. Délai. — Le délai de deux ans, pendant lequel les actions d'apport ne peuvent être négociées, court du jour de la constitution définitive de la société, c'est-à-dire : si la société est en commandite, du jour de la nomination du conseil de surveillance (L. 1867, art. 5), et si la société est anonyme, du jour de l'acceptation de leurs fonctions par les premiers administrateurs et les commissaires (art. 25).

337. Forme. — Pendant ce délai de deux ans, les actions d'apport doivent, à la diligence des administrateurs (ou des gérants, si la société est en commandite), être frappées d'un timbre indiquant leur nature et la date de la constitution définitive de la société. La loi ne dit pas que ces actions seront nominatives (comme celles des administrateurs de la société anonyme). On doit en conclure qu'elles peuvent être au porteur. Le timbre y apposé (si les titres sont créés dans le délai de deux ans) suffit pour faire connaître leur nature [3] (suprà, n° 302).

338. Sort et conséquences des négociations irrégulières. — Quel sera le sort des négociations d'actions qui auraient été faites, malgré la prohibition de la loi nouvelle, dans les deux ans de la constitution de la société? — Des auteurs distinguent : Les négociations seront nulles si les titres portent le timbre indiquant leur nature, ou si les numéros des actions d'apport sont indiqués dans les statuts; car les acquéreurs auront connu ou pu connaître l'indisponibilité des actions; mais elles seront valables dans le cas contraire : c'est l'application du principe consacré par la jurisprudence (suprà, n° 324) en cas de négociation d'actions d'une société irrégulièrement constituée [4]. Nous estimons, au contraire, que, comme pour les actions négociées avant la constitution de la société (suprà n° 321), la négociation des actions

---

1. Genevois, nos 20 et 21. M. Goirand (n° 297) estime que les actions de jouissance remises après l'amortissement peuvent être négociées pendant les deux ans, parce que, pas plus que les parts de fondateur, elles ne constituent une fraction du capital social. C'est là une erreur manifeste (V. infrà, nos 369 et 934.).
2. Genevois, n° 17; Dalloz, Supp., n° 1016; Seine, 15 ou 19 juill. 1899 (J. S. 99, 464).
3. Lyon-Caen et Renault, L. 1er août 1893, n° 24; Genevois, n° 29.
4. Bouvier-Bangillon, p. 147; Dalloz, Supp., n° 1027; Arthuys, n° 92.

d'apport avant l'expiration du délai de deux ans est frappée d'une nullité d'ordre public et ne peut produire aucun effet ; mais les administrateurs qui auront laissé opérer cette négociation seront responsables du préjudice que la nullité pourra faire éprouver [1].

Si les actions d'apport avaient été, dans les statuts, stipulées négociables avant le délai de deux ans, cette stipulation entraînerait la nullité de la société, puisque celle-ci se trouverait constituée contrairement aux dispositions de l'art. 3 (art. 7, 24 et 41) [2]. Mais la nullité ne serait pas encourue — sans cette stipulation — par le fait de la négociation des actions avant l'expiration du délai légal [3]. De même, il nous paraît certain, malgré l'opinion contraire d'un auteur [4], que la société ne serait pas nulle dans le cas où, les statuts étant rédigés conformément à la loi, les actions d'apport n'auraient pas été, dès l'origine, conservées à la souche et frappées du timbre indiqué par la loi, ce qui aurait permis leur négociation. C'est là un fait, comme la négociation elle-même, postérieur à la constitution, et qui ne saurait avoir d'influence sur l'existence de la société, régulièrement constituée.

CHAPITRE IX

DU TRANSFERT DES ACTIONS

339. Actions au porteur. — Entre les parties, les actions au porteur se transmettent par la seule convention (art. 1138, C. civ.) ; mais à l'égard des tiers et de la société, la transmission ne s'opère que par la tradition du titre (C. comm., art. 35) [5].

Les cotes ou paraphes d'inventaire, ou toutes autres mentions de même nature indûment appliquées sur les titres au porteur, n'ont pas pour effet de changer leur caractère, et ne peuvent produire aucun effet juridique au regard de la société débitrice [6]. Ces men-

---

1. Genevois, n° 25 ; Goiraud, n° 301 ; Seine, 22 septembre 1898 (J. S. 1899, 127). V. aussi Perrin, p. 12. V. Lyon-Caen et Renault, n° 26 ; Arthuys, n⁰ˢ 91 à 93.
2. Percerou, p. 131.
3. Lyon-Caen et Renault, L. 1ᵉʳ août 1893, n° 26 ; Faure, id., p. 67 ; Percerou, p. 131.
4. Perrin, L. 1ᵉʳ août 1893, p. 12.
5. Wahl, Tr. des tit. au port., n⁰ˢ 944 et suiv. ; Lyon-Caen et Renault, n° 694. V. trib. Louvain, 22 janvier 1887 (J. S. 1889, 496).
6. Cass., 31 mai 1881 (J. S. 1881, 617 ; S. 82, 1, 65).

tions ne sauraient **donc** entraver la libre circulation et transmission des actions.

340. Actions à ordre. — Si les titres d'actions étaient à ordre (*suprà*, n° 299), ils seraient transmissibles par endossement. On combine parfois l'inscription du transfert sur les registres de la société avec l'endossement, en obligeant les cessionnaires à faire viser l'endossement par les administrateurs, qui en font mention sur les registres. De cette manière, on connaît le mouvement des actions et les noms des actionnaires, sans que le cédant ait à apposer sa signature sur les registres de la société[1]. En principe, l'endossement est, en pareil cas, le véritable et le seul titre de la transmission; l'inscription sur les registres de la société est une simple mesure d'ordre intérieur destinée à faire connaître à la société les nouveaux titulaires des actions dont la cession a été opérée par l'endossement[2]. Mais il en serait autrement s'il était reconnu, en fait, que la formalité d'inscription qui doit accompagner l'endossement constitue une condition essentielle pour rendre la cession valable et efficace, et conférer aux cessionnaires la qualité d'actionnaires[3].

341. Actions nominatives. Transfert. — D'après l'art. 36, C. comm., rendu applicable aux sociétés anonymes par l'art. 21 de la loi du 24 juillet 1867, « la propriété des actions peut être établie par une inscription sur les registres de la société. Dans ce cas, la cession s'opère par une déclaration de transfert inscrite sur les registres et signée de celui qui fait le transfert ou d'un fondé de pouvoirs ». Un pouvoir, même par simple lettre missive, serait suffisant à cet effet[4].

Cas de transfert réel. — Les agents de change ne devant se délivrer que des titres au porteur (*infrà*, n° 344), le transfert réel ne se présente, en pratique, que dans les transmissions faites directement de vendeur à acheteur, sans intermédiaire d'agent de change, et dans celles des sociétés qui n'admettent pas de titres au porteur (Banque de France, compagnies d'assurances, actions non libérées, etc.). Parfois, cependant, l'agent de change qui a, à la fois, des clients ven-

---

1. Lyon-Caen et Renault, n° 607.
2. V. not. Cass., 5 mars 1867 (S. 67, I, 136), 8 et 15 décembre 1869, 15 mars 1870 (S. 70, I, 177, 178, 271); Cass., 10 juillet 1889 (J. S. 1889, 434), et 15 janvier 1890 (art. 23341, J. Enreg.).
3. Cass., 26 janvier 1869 (S. 69, I, 322); Pont, n° 912.
4. Lyon, 8 août 1873 (D. 74, II, 201). V. Trib. Lyon, 14 août 1897 (J. S. 1898, 82). Pour tout ce qui concerne la nature et le fonctionnement du titre nominatif, V. le traité de M. Minard, *Du titre nominatif*. V. aussi article de M. Julliot (*Ann. de dr. comm.*, 1904. 201, 273), et le *Traité du contentieux des transferts d'act. et d'oblig. nom.*, par M. Bezard-Falgas. V. pour les transferts par suite de décès, L. de fin., du 25 février 1901 (J. S. 1901, 230).

deurs et des clients acheteurs de la même nature de titres, préfère le transfert réel à la conversion. L'opération a lieu comme si vendeurs et acheteurs s'étaient connus et avaient traité sans intermédiaire [1].

Formalités du transfert. — Les formalités de transfert des titres varient avec les diverses sociétés. Les déclarations de transfert sont parfois passées et signées au siège de la société, par le cédant et le cessionnaire, sur un registre *ad hoc* destiné à les recevoir. Mais le plus souvent, et pour plus de commodité, le transfert est constaté par deux feuilles spéciales volantes, signées l'une du cédant et l'autre du cessionnaire. Ces feuilles sont déposées au siège social et enliassées pour en former des registres. Le transfert ainsi régularisé est régulier [2]. Il est ensuite inscrit sur un registre spécial, avec l'indication des noms du cessionnaire.

Transmission entre les parties. — La question de savoir à quelle époque se réalise entre les parties la transmission des actions nominatives est très controversée. On considère généralement, et avec raison suivant nous, que la transmission est parfaite entre les parties par le seul effet du consentement [3]. Dans un deuxième système, on exige une déclaration de transfert inscrite sur les registres et signée du vendeur ou de son fondé de pouvoirs [4].

Le cessionnaire d'actions nominatives, qui s'est chargé d'en faire opérer le transfert, est tenu de remplir cette formalité, et peut être condamné à le faire dans un délai déterminé et sous une sanction pénale [5]. Le vendeur doit réaliser le transfert dans le laps de temps strictement nécessaire pour l'opérer [6]. En cas de refus, le cessionnaire peut obtenir contre le cédant un jugement qui tiendrait lieu de la déclaration de transfert, et qui serait mentionné sur les registres de la société [7].

Transmission à l'égard de la société et des tiers. — A l'égard de la société et des tiers, la cession ne peut résulter que d'un transfert

1. V. Lyon-Caen et Renault, t. IV, n° 939; Minard, n°s 172 et 173.
2. V. Cass., 26 janvier 1869 et 30 décembre 1884 (S. 84, I, 321 ; Seine, 14 avril 1881; Saint-Quentin, 5 mars 1884 (*Rép. du Not.*, n°s 2215 et 2454); Lyon-Caen et Renault, t. II, p. 409, note 2; Minard, n° 178.
3. Boistel, n° 608; Lyon-Caen et Renault, n° 605; Thaller, *J. des soc.*, 1882, 378; Buchère, *Opér. de Bourse*, 185 et 192; Labbé, note (S. 74, I, 409); Douai, 27 février 1881 (P. 61, 1111); Cass., 26 janvier 1869 (S. 69, I, 322), 4 juillet 1876 (S. 77, I, 105), 29 juin 1885 (J. S. 1889, 20), 3 mars 1886 (D. 87, I, 32); Paris, 23 mai 1887 (D. 88, II, 63); Cass., 20 mai 1889 (J. S. 1891, 319); Lille, 17 novembre 1902 (J. S. 1903, 301).
4. V. Cass., 27 février 1884 (S. 85, I, 321) et 15 janvier 1890 (S. 90, I, 129); Minard, n° 193.
5. Paris, 14 novembre 1888 (J. S. 1889, 66).
6. Amiens, 14 mai 1895 (J. S. 1896, 115). V. Seine, 21 juin 1883 (J. S. 1884, 13).
7. Lyon-Caen et Renault, n° 605; Lille, 17 novembre 1902, *loc. cit.*

régulier sur les registres de la société. Ce transfert saisit le cessionnaire *erga omnes*, sans qu'il soit besoin d'une acceptation authentique ou d'une signification [1]. La tradition des titres, accompagnée de
la remise d'un transfert en blanc, ne suffit pas pour prouver la cession à l'égard de la société et des tiers [2].

De ce que le transfert est, à l'égard de la société et des tiers, une
condition essentielle de la transmission, résultent les conséquences
suivantes : entre deux personnes qui auraient acquis du même titulaire un titre nominatif, on devrait préférer celle au profit de laquelle
une déclaration de transfert aurait été faite en premier lieu [3]. La
société peut se refuser à laisser exercer les droits d'actionnaire
(assistance aux assemblées générales, etc.) par une personne se prétendant cessionnaire, mais dont le transfert n'est pas régularisé
(*infrà*, n° 865). Enfin, quand des actions nominatives ont été cédées
sans qu'il y ait transfert, la société a le droit de réclamer les versements à faire, au cédant qui, à l'égard de celle-ci, est à considérer
comme étant demeuré actionnaire, sauf le recours du cédant contre
son cessionnaire [4]. Par contre, la société ne peut exercer aucune
action contre le cessionnaire dont le transfert n'est pas régularisé [5].
Mais les parties ne sauraient être responsables de la négligence des
administrateurs qui ont omis d'insérer la déclaration de transfert
sur les registres sociaux [6].

Preuve. — Le transfert régulier d'une action nominative fait preuve
de sa transmission. Cette preuve ne peut être détruite que par une
preuve contraire écrite, ou, selon les règles du droit commun, par
un commencement de preuve par écrit, fortifié par des présomptions [7].

Liquidation. — Les actions continuant légalement d'exister, comme
l'être moral, malgré la dissolution, la mise en liquidation ou la faillite de la société, se transfèrent de la même manière après l'un ou
l'autre de ces événements, jusqu'à l'extinction de l'être moral [8].

Société. Responsabilité. — La société doit s'assurer de l'identité et

1. Lyon-Caen et Renault, n° 605; Minard, n° 209.
2. Cass., 4 juillet 1876, *loc. cit.*
3. Bruxelles, 7 décembre 1885 (*J. des trib.*, 24 décembre 1885, 31 janvier 1886).
4. Lyon-Caen et Renault, n° 605; Cass., 31 janvier 1887 (S. 90, I, 527).
5. Paris, 20 décembre 1884 (R. S. 1885, 20); Cass., 3 mars 1886 (R. S. 1887, 183;
D. 87, I, 32) et 20 mai 1889 (D. 90, I, 250).
6. Cass., 21 juillet 1887 (D. 87, I, 469).
7. Cass., 13 novembre 1867 (D. 68, I, 445); Lyon, 8 août 1873 (S. 74, II, 105);
Cass., 17 décembre 1873 (D. 74, I, 409); Paris, 5 décembre 1882 (S. 84, II, 111) et
20 janvier 1897 (J. S. 1898, 506); Cass., 31 octobre 1900 (J. S. 1901, 54).
8. Cass., 27 décembre 1877 (art. 20617, J. Enreg.).

de la capacité de ceux qui consentent, comme cédants, des transferts d'actions nominatives; elle pourrait être déclarée responsable des conséquences d'un transfert irrégulier [1]. La société est fondée à demander la légalisation ou la certification des signatures. Si l'identité a été certifiée par un agent de change, comme il est d'usage de le faire, la société ne saurait être rendue responsable, au cas où la signature légalisée par ce dernier aurait été falsifiée [2].

Autres modes de cession. — Les statuts stipulent ordinairement que la cession des actions nominatives aura lieu au moyen d'un transfert opéré sur les registres de la société, conformément à l'art. 36, C. comm. Dans ce cas, le transfert ne peut s'opérer régulièrement sous une autre forme [3]. Mais on décide généralement que l'art. 36 n'est pas limitatif et exclusif des autres modes de transmission; que, dans le silence des statuts sur le mode de transmission, les actions pourraient être cédées par voie d'endossement, ou par une cession civile régulièrement signifiée à la société, avec sommation d'opérer le transfert sur les registres [4].

341 bis. Saisie-arrêt. — Les actions d'une société peuvent-elles être frappées de saisie-arrêt à la requête des créanciers des actionnaires? L'affirmative a été enseignée et pratiquée pendant longtemps. On agit pour les titres nominatifs — dit un auteur — par voie de saisie-arrêt entre les mains de la compagnie, à laquelle on fait défense de payer les intérêts et dividendes, et de rembourser, le cas échéant, le capital de l'action ou de l'obligation; puis on demande au tribunal, en même temps qu'il prononcera sur la validité de cette saisie, d'ordonner la vente du titre à la Bourse, s'il y est coté, et, dans le cas contraire, par un agent de change... Le projet de 1865 comblait, sur ce point, les lacunes du Code, et réglementait dans ses détails la procédure actuellement suivie dans la pratique [5] (V. *infrà*, n° 793). Il

1. V. Cass., 1er février 1859 (S. 59, 1, 689); Liège, 22 avril 1893 (*Rev. prat. s. belg.*, 1894, 17); Lyon-Caen et Renault, t. IV, n° 947; Buchère, *Tr. des opér. de Bourse*, n°s 185 et 314; Ravelier, *Des rentes sur l'Ét. fr.*, 1886, n°s 45 et 73; Minard, n° 108; Houpin, *J. du Not.*, 1891, 610. *Contrà*, Deloison, *Tr. des val. mob.*, n° 192; Lesueur, *J. des soc.*, 1883, 265 et suiv.; Lévy Ulmann, *Ann. de dr. comm.*, 1897, 64. V. art. art. Wagner, J. S. 1910, 481.
2. Paris, 5 décembre 1894 (J. S. 1896, 231); Cass., 18 juillet 1898 (J. S. 1899, 59).
3. V. toutef. Paris, 30 juin 1886 (J. S. 1890, 333); J. S. 1909, 374.
4. Troplong, n° 146; Alauzet, n° 482; Rivière, n° 41; Beslay et Lauras, n° 223 et suiv.; Pont, n° 911; Ruben de Couder, v° *Soc. an.*, n° 137; Cass., 4 décembre 1867 (S. 68, 1, 39); Paris, 30 juin 1886, *loc. cit. Contrà*, Beudant, *Rev. crit.*, t. XXXIV, p. 134 et suiv. V. Vavasseur, n° 479; Seine, 1er décembre 1885 (R. S. 1886, 174); Cass., 3 mars 1886, *loc. cit.*; Lyon-Caen et Renault, n° 605.
5. Garsonnet, *Tr. de proc.*, t. IV, p. 465. Conf. Paris, 2 mai 1811; Boitard, Colmet d'Aage et Glasson, *Leç. de proc.*, t. II, n° 883; Chauveau sur Carré, t. IV,

a été toutefois décidé qu'une saisie-arrêt ne peut utilement frapper, entre les mains de la société, les actions nominatives dont elle a remis les titres à l'associé; que celui-ci, propriétaire des actions peut en disposer malgré la saisie-arrêt, et que la société ne peut se refuser ni à effectuer le transfert, ni à remettre au cessionnaire les titres nouveaux en échange des anciens [1].

342. Actions non libérées. — Lorsque les actions ne sont pas entièrement libérées, l'exigibilité d'un versement complémentaire n'a pas pour effet juridique de mettre hors du commerce les titres passibles de ces versements [2]. Mais il peut être valablement stipulé que tout titre qui ne porte pas mention régulière des versements exigibles cesse d'être négociable. Dans ce cas, les ventes ne sont pas opposables à la société [3].

343. Cession. Consentement de la société. — Nous avons dit (suprà, n° 276) que la cessibilité est le caractère le plus distinctif de l'action. Les statuts peuvent-ils restreindre l'exercice de ce droit, en stipulant que les actions ne pourront être cédées qu'avec le consentement du gérant, ou du conseil d'administration, ou de l'assemblée générale des actionnaires? — M. Pont [4] résout cette question négativement. Mais les autres auteurs se prononcent en sens contraire [5]. La Cour de cassation semble avoir consacré cette doctrine dominante, en décidant que la restriction apportée à la libre disposition des actions ne fait pas obstacle à la circulation des titres, et ne suffit pas pour leur enlever le caractère d'action (suprà, n° 276).

A notre avis, la clause sera valable toutes les fois qu'elle n'aura pas pour but d'empêcher la cession des actions, mais seulement de réglementer ou restreindre l'exercice de ce droit. Ainsi, s'il était stipulé que les actions ne pourront être cédées qu'avec le consentement de tous les autres associés, la clause serait critiquable et pourrait faire attribuer aux titres le caractère de parts d'intérêts [6]. Mais il serait vala-

---

quest. 2126 bis; Rodière, t. II, p. 240; Bioche, Dict. de proc., t. VI, v° Saisie-arrêt, n° 56; Rousseau et Laisney, Dict. de proc., v° Saisie de rentes, n°s 8 bis et 9; Dutruc, v° Saisie-arrêt, n° 156; de Belleyme, Ord. sur req. et réf., t. I, p. 497; Bertin, id., t. I, n° 330; Roger, Tr. de la saisie-arrêt, n°s 26 et 167; Dodo, id., n° 879; Tissier, note, S. 97, I, 241; Arthuys, Rev. crit., 1898, 348; Seine, 2 juillet 1898 (J. S. 1899, 34). V. aussi Paris, 20 novembre 1889 (J. S. 1890, 328).

1. Paris, 11 janvier 1895 et note (J. S. 1895, 401). Conf. Liège, 27 juillet 1887 (J. S. 1889, 493).
2. Seine, 10 décembre 1886; Lyon, 25 avril et 2 mai 1888 (Dalloz, Supp., n° 1009).
3. Lyon, 2 mai 1888 (J. S. 1889, 49).
4. N° 1587.
5. Rivière, n° 180; Alauzet, n°s 529 et 531; Boistel, p. 208; Mathieu et Bourguignat, n° 4; Vavasseur, n° 481. V. J. S. 1904, 88.
6. V. Lyon-Caen et Renault, n° 520; trib. Douai, 11 juillet 1888 (J. S. 1890, 83).

blement stipulé, comme cela se pratique quelquefois : que certains associés auront un droit de préemption pour l'achat des actions[1], ou que les actions ne pourront être cédées à des personnes étrangères à la société qu'autant que les cessionnaires auront été agréés par le conseil d'administration ou par l'assemblée générale des actionnaires (V. L. 24 juillet 1867, art. 50)[2]. Cette disposition a pour but d'empêcher la cession à des personnes hostiles à la société, et qui, dans un intérêt personnel, pourraient lui nuire par leurs agissements et leurs votes.

Si le droit de préemption était réservé au profit de la société elle-même[3], le rachat qu'elle opérerait avec des fonds représentant le capital social entraînerait virtuellement une réduction de ce capital, soumise à une publication (*infrà*, n°[s] 913 et 917).

Les restrictions au droit de libre cession ne peuvent, bien entendu, être insérées qu'autant que toutes les actions sont et doivent rester nominatives; elles ne seraient pas compatibles avec l'existence de titres au porteur (*suprà*, n° 276); elles peuvent, dans certaines circonstances, être très utiles et avoir une grande importance sur l'administration et l'avenir de la société.

344. Transfert d'ordre. — Les agents de change étant tenus au secret professionnel (Décr. 7 octobre 1890, art. 40), lorsqu'une négociation d'actions nominatives a lieu par leur intermédiaire, pour que le vendeur et l'acheteur ne se connaissent pas, le vendeur transmet ses actions à l'agent de change qui, à son tour, fait un transfert au profit de l'acheteur. Le transfert intermédiaire est appelé *transfert d'ordre*. Ce transfert est provisoire, et ne donne lieu à aucun droit d'enregistrement; mais il ne conserve ce caractère que si le transfert définitif a lieu dans le délai de dix jours. Après ce délai, le transfert est considéré comme définitivement opéré au nom et au profit de l'agent de change. Il en résulte notamment : 1° que si l'agent de change acheteur meurt dans le délai de dix jours, avant d'avoir transféré les titres à son client, le client n'en est pas moins propriétaire[4]; et que l'agent n'est pas responsable des versements qui

1. Paris, 31 mars 1880 (J. S. 1880, 363); Cass., 13 mars 1882 (S. 83, 1, 327); Angers, 15 janvier 1894 (J. S. 1894, 445); Cass., 14 mai 1895 (J. S. 1895, 312 ; D. 95, 1, 467). V. trib. Lyon, 13 mai 1893 (J. S. 1893, 517); Seine, 9 avril 1894 (J. S. 1895, 224); Lyon, 2 mai 1894 (J. S. 1895, 113); J. S. 1903, 376 ; 1907, 274.
2. V. Cass., 27 mars 1878 (S. 78, 1, 277); Chambéry, 2 avril 1889 (J. S. 1889, 437); Angers, 15 janvier 1894 (J. S. 1894, 445); Cass., 14 mai 1895, *loc. cit.*, et 29 oct. 1902 (J. S. 1904, 394); J. S. 1895, 224 ; 1899, 114 ; 1902, 167 ; 1903, 67 ; 1905, 504.
3. V. Douai, 11 juillet 1895 (J. S. 1896, 111).
4. Paris, 15 décembre 1832 et Cass., 23 juillet 1833 (S. 33, 1, 679) ; Paris, 6 juillet 1810 (S. 70, 11, 234).

restent à faire sur les actions [1]; 2° mais que l'agent de change qui n'a pas régularisé le transfert définitif dans le délai de dix jours, étant réputé avoir été propriétaire des titres, est responsable des versements restant à faire pour la libération des actions [2].

Le transfert d'ordre ne se pratique d'ordinaire que pour les titres qui doivent nécessairement être nominatifs en vertu de la loi (L. 24 juillet 1867, art. 3), ou des statuts de la société. Pour les autres titres, il est rarement effectué (V. *suprà*, n° 341). Comme les agents de change ne se livrent entre eux que des titres au porteur, le vendeur fait convertir ses actions ou obligations en titres au porteur, et si l'acheteur veut avoir un titre nominatif, il fait à son tour opérer une nouvelle conversion. Cette double conversion donne lieu à deux droits de 50 cent. au profit de l'État (V. *infrà*, *Droit fiscal*).

345. Transfert de forme. — Le transfert de forme, appelé aussi *mutation* (ce transfert est encore appelé dans la pratique *transfert d'ordre*), est celui qui a lieu toutes les fois qu'un transfert est nécessaire après une transmission opérée autrement que par vente, notamment par suite du décès du titulaire d'actions, ou en cas de legs, de donation de titres nominatifs, ou pour obéir aux prescriptions d'une décision judiciaire. Le transfert est opéré par la société, sur ses registres, et elle délivre de nouveaux titres nominatifs au nom des ayants droit, sur la production de pièces justificatives de leurs droits [3].

Il a été décidé que le legs d'actions non libérées fait au profit d'un mineur est valablement accepté par le père de celui-ci, en sa qualité d'administrateur légal, sans qu'il soit besoin de recourir à l'autorisation du conseil de famille ou de la justice [4]. Mais cette solution ne nous a pas paru justifiée; et comme il est de principe que le tuteur ne peut, sans autorisation, accepter un legs particulier fait avec charges au mineur, ni souscrire des actions non entièrement libérées, nous considérons qu'une autorisation est nécessaire au tuteur ou à l'administrateur légal pour accepter le legs d'actions non libérées [5].

346. Transfert de garantie. — Enfin, il y a lieu à transfert à titre de garantie lorsque des titres nominatifs sont donnés en gage conformément au troisième alinéa de l'art. 91, C. comm., ainsi conçu : « *A l'égard des actions, des parts d'intérêts et des obligations nomi-*

---

1. Paris, 2 juin 1876 (S. 79, II, 33), 12 juillet 1881, 5 mai 1883 (D. 84, II, 9); Lyon
2. Paris, 5 mai 1883 (D. 84, II, 9) et 19 novembre 1883 (J. S. 1884, 350); Lyon Caen et Renault, n° 608.
3. V. L. 25 fév. 1901 et 30 déc. 1903 et *Comm.* J. S. 1901, 230; 1902, 5; 1904, 189.
4. Paris, 22 mars 1894 (J. S. 1895, 259).
5. Houpin, note, J. S. 1895, 259.

natives des sociétés financières, industrielles, commerciales ou civiles, dont la transmission s'opère par un transfert sur les registres de la société, le gage peut également être établi par un transfert à titre de garantie inscrit sur lesdits registres. » — Dans ce cas, il est délivré un nouveau titre au nom du même propriétaire, avec mention du nantissement consenti par ce dernier.

Le transfert à titre de garantie ne peut être pratiqué que si le gage a pour objet une opération commerciale. Que l'opération soit commerciale ou civile, le gage peut être réalisé suivant les formes civiles conformément aux art. 2073 et suiv., C. civ.[1].

347. Conversion. — La conversion, qu'il ne faut pas confondre avec le transfert, est un changement de forme du titre, la transformation d'un titre nominatif en titre au porteur, ou d'un titre au porteur en titre nominatif (V. L. du 25 février 1901).

Elle est possible notamment lorsque les statuts stipulent que les actions seront nominatives ou au porteur au choix de chaque actionnaire (V. *suprà*, n° 301). L'art. 8 de la loi (fiscale) du 23 juin 1857 dispose, en effet, que dans les sociétés qui admettent le titre au porteur, tout propriétaire d'actions (et d'obligations) a toujours la faculté de convertir ses titres au porteur en titres nominatifs, et réciproquement. Ce droit de conversion existerait même s'il y avait une stipulation contraire dans les statuts[2]. Mais la conversion des titres nominatifs en titres au porteur ne peut être réalisée que lorsque les actions qui en font l'objet sont entièrement libérées (*suprà*, n° 304).

En principe, la conversion de titres nominatifs en titres au porteur exige la même capacité que pour l'aliénation[3].

En cas de conversion d'actions au porteur en actions nominatives, le titre nominatif doit indiquer les numéros des actions au porteur. Et, en cas de conversion d'actions nominatives en actions au porteur, la société doit délivrer des titres au porteur portant les mêmes numéros que ceux indiqués au certificat nominatif. La solution que nous avons admise (*suprà*, n° 296) pour le cas d'échange de tous les titres, n'est pas applicable lorsqu'il s'agit d'opérations particulières de transfert ou de conversion[4]

1. Lyon-Caen, S. 79, II, 129; Minard, n° 256. V. sur le nantissement civil, Liège, 14 décembre 1895 (*Rev. pr. s. Belg.*, 1896, 279); Cass. Belg., 3 décembre 1896 (*id.*, 1897, 53). V. Cass., 27 décembre 1904 (J. S. 1905, 487).
2. Wahl, J. S. 1900, 260 et article, J. S. 1904, 193.
3. V. sur la capacité en matière de conversion : Minard, n°s 268 et suiv.; Roussean, *Man. des soc. par act.*, n°s 228 et suiv.; Seine, 19 janv. 1900 (J. S. 1900, 516).
4. La conversion est nulle lorsque la société n'a pas pris les mesures pour assurer l'annulation des titres convertis et leur remplacement par des titres nouveaux. Pau, 10 avril 1900 (J. S. 1900, 413).

CHAPITRE X

DES DROITS ATTACHÉS A L'ACTION

348. Nature et droits de l'action. — L'action est un droit qui participe de la propriété et de la créance (V. sur les différences entre l'action et l'obligation, *infrà*, n° 404)[1]. Elle confère à l'actionnaire : 1° le droit de prendre, dans les bénéfices nets de la société, une part proportionnelle au nombre des actions; 2° le droit à une partie de l'actif social lors de la dissolution de la société; 3° le droit de prendre part aux assemblées générales des actionnaires appelées soit à remplir les formalités préalables pour la constitution de la société (assemblées constitutives), soit à examiner les comptes des administrateurs gérants, ou à statuer sur des propositions relatives au fonctionnement de la société (assemblées ordinaires), soit à voter sur des modifications à apporter aux statuts (assemblées extraordinaires) — sauf les restrictions qui peuvent être stipulées par les statuts relativement à la composition des assemblées ordinaires et extraordinaires; 4° le droit de céder son action à des tiers[2] (*infrà*, n° 916).

349. Indivisibilité. — Les actions sont indivisibles. Cette règle doit être admise même dans le silence des statuts. Elle signifie que chaque action (ou coupure d'action) est une division qui n'est pas susceptible de subdivision. Il en résulte que chacun des héritiers d'un actionnaire ne peut réclamer un titre distinct pour sa part, ni exiger le paiement de la part lui revenant sur les dividendes. Les héritiers doivent s'entendre pour se faire délivrer un seul titre, pour faire toucher, en une fois et par une seule personne, les dividendes et pour se faire représenter par l'un d'entre eux aux assemblées générales[3]. De même, si l'action n'est pas libérée, la société n'est pas tenue de recevoir un paiement partiel[4], et elle peut poursuivre contre chacun des héritiers le paiement de tout ce qui reste à verser (V. *suprà*, n° 320)[5].

---

1. V. Paris, 11 janvier 1895 et la note (J. S. 1895, 401); Tissier, S. 1897, I, 241.
2. Lyon-Caen et Renault, n° 550.
3. V. Amiens, 1er avril 1896 (J. S. 1899, 61); Seine, 7 octobre 1899 (J. S. 1900, 130). V. Liége, 16 janvier 1901 (J. S. 1901, 364) et 11 juin 1905 (J. S. 1907, 312).
4. Lyon-Caen et Renault, n° 596.
5. V. Houpin, note, J. S. 1896, 160; *Rev. pr. s. Belg.*, 1897, 33. V. aussi Vavasseur, n° 104.

CHAPITRE XI

DE LA PERTE ET DU VOL DES TITRES NOMINATIFS
ET AU PORTEUR

Le propriétaire de titres d'actions ou d'obligations peut en être dépossédé à la suite d'une perte, d'un vol, d'un abus de confiance, etc. Les formalités qu'il a à remplir et les droits qu'il peut exercer, en pareil cas, varient suivant qu'il s'agit de titres nominatifs ou de titres au porteur.

SECTION 1

TITRES NOMINATIFS

350. — Le propriétaire d'un titre nominatif, qui s'en trouve privé sans sa volonté, doit d'abord faire signifier à la société une opposition au paiement des intérêts ou dividendes et au remboursement du capital, pour éviter qu'un tiers se présente et exerce les droits d'actionnaire ou d'obligataire. Puis, dès qu'il a justifié de ses droits, le titulaire véritable, dépossédé, peut exiger le paiement des intérêts ou dividendes échus, se faire rembourser le capital exigible, et réclamer un duplicata de son titre[1].

Si les titres sont mixtes, c'est-à-dire nominatifs avec coupons pouvant en être détachés et payables au porteur, le propriétaire dépossédé doit, pour pouvoir toucher ces coupons, remplir les formalités prescrites par la loi du 15 juin 1872, en cas de perte de coupons.

SECTION 2

TITRES ET COUPONS AU PORTEUR

351. — Quand il s'agit de titres ou de coupons détachés au porteur, la situation du propriétaire dépossédé est moins favorable[2].

352. Législation antérieure à 1872. — Voici quelle était, sur ce point, la législation antérieure à la loi de 1872. Cette législation est

---

1. Lyon-Caen et Renault, n° 627; Seine, 14 février 1853 (S. 53, II, 250); Minard, t. 278 et suiv.
2. V. le remarquable *Tr. des tit. au port.* de M. Albert Wahl.

encore applicable aujourd'hui quand les formalités prescrites par ladite loi n'ont pas été remplies[1].

Dans les rapports entre le propriétaire dépossédé et les tiers possesseurs, on appliquait les art. 2279 et 2280, C. civ. Ainsi, en principe, la revendication n'était pas admise contre un tiers acquéreur de bonne foi[2]. Il en était autrement quand la dépossession provenait d'une perte ou d'un vol. La revendication ne durait alors que trois ans, et le revendiquant, pour se faire restituer le titre, devait rembourser au possesseur le prix payé par lui, si l'achat avait eu lieu dans une Bourse (art. 2280). La revendication était possible pendant trente ans contre les acquéreurs de mauvaise foi. On admettait que, en cas de perte ou de vol de coupons au porteur, le porteur dépossédé pouvait les revendiquer pendant trois ans. Cette solution est encore admise aujourd'hui, lorsqu'il n'a pas été formé d'opposition[3].

Les rapports entre le propriétaire dépossédé et la société étaient réglés, par la jurisprudence, de la façon suivante : Pour arriver à toucher les intérêts ou dividendes, le porteur dépossédé faisait notifier à la société débitrice opposition au paiement; puis, en justifiant de son droit, il faisait déposer les intérêts et les dividendes échus à la Caisse des consignations, et il pouvait les toucher cinq ans après leur échéance[4]. Le capital devait être déposé de la même manière et payé à l'opposant trente ans après son échéance[5]. On refusait au propriétaire dépossédé le droit d'exiger un duplicata de son titre[6].

353. Lois des 15 juin 1872 et 8 février 1902. — La situation du porteur dépossédé est aujourd'hui réglementée par la loi du 15 juin 1872 modifiée par celle du 8 février 1902, dont nous allons présenter un résumé succinct.

354. Opposition à paiement. — S'il veut profiter de la protection de cette loi, dans ses rapports avec la société, le porteur dépossédé doit notifier par huissier au syndicat des agents de change une opposition contenant les indications de l'art. 2 de la loi. Si, avant que la société ne se soit libérée, il se présente un tiers porteur des titres frappés d'opposition, la société doit provisoirement retenir

---

1. Angers, 3 décembre 1873 (S. 74, II, 84); Cass., 14 juillet 1874 (S. 75, I, 23).
2. Cass., 15 avril 1863 (S. 63, I, 387).
3. Paris, 23 décembre 1858 (S. 59, II, 35); Seine, 21 juin 1873, 19 mai 1874; 2 décembre 1887; Buchère, Tr. des val. mob., n° 855; Deloison, id., n° 263; Wahl, Tit. au port., n° 1543; Lyon-Caen et Renault, n° 642.
4. Paris, 27 février 1854 (S. 54, II, 155), 29 juillet 1857 (S. 57, II, 636), 13 mai 1865 (S. 65, II, 153).
5. Paris, 24 juillet 1858 (P. 58, 1095); Seine, 11, 16, 18, 27 et 30 avril 1867.
6. Paris, 27 février 1854, 29 juillet 1857 et 13 mai 1865, loc. cit.

ces titres contre un récépissé remis au tiers porteur. Elle doit, de plus, avertir l'opposant par lettre chargée. Les effets de l'opposition sont suspendus jusqu'à ce que le tribunal ait décidé à qui les titres appartiennent (art. 10).

Si aucun tiers porteur ne s'est présenté, l'opposant peut exiger le paiement des intérêts et des dividendes aux conditions suivantes : 1° Il faut qu'une année au moins se soit écoulée depuis l'opposition et que deux termes d'intérêts ou de dividendes aient été mis en distribution (art. 3); 2° l'opposant doit obtenir du président du tribunal civil de son domicile l'autorisation de toucher les intérêts et dividendes à mesure de leur exigibilité; 3° il doit donner une caution, ou un nantissement en rentes sur l'État, pour garantir le montant des annuités échues et une valeur double de la dernière annuité exigible (art. 4). La durée de l'engagement de la caution ou du nantissement est de deux ans à partir de l'autorisation. Le déposant peut, s'il le préfère, exiger le dépôt des intérêts et dividendes à la Caisse des consignations, à mesure de leur échéance, et retirer après deux ans les sommes ainsi déposées. L'opposant peut aussi, sous les mêmes conditions, toucher le capital de son titre qui serait devenu exigible. La caution doit alors être donnée pour le capital, si l'opposant ne préfère exiger qu'il soit déposé à la Caisse des consignations. La caution n'est déchargée que dix ans après l'époque de l'exigibilité et cinq ans au moins après l'autorisation (art. 5). S'il y a eu dépôt, l'opposant peut retirer, après ces délais, le capital déposé. Lorsque ces diverses conditions sont remplies, la société, en payant l'opposant, est libérée (art. 9), et les tiers porteurs qui se présenteraient postérieurement n'auraient d'action que contre l'opposant et contre la caution, si elle n'est pas libérée [1].

355. **Revendication des titres.** — Sur le vu de l'exploit (art. 2) et de la réquisition y contenue, le syndic des agents de change de Paris est tenu de publier les numéros des titres dont la dépossession lui est notifiée. Cette publication, qui a pour effet de prévenir la négociation ou la transmission desdits titres, est faite le lendemain au plus tard par le syndicat dans un bulletin quotidien. Un mois après l'échéance de la publication non renouvelée, le syndicat fait parvenir à l'établissement débiteur la liste des titres non maintenus au bulletin des oppositions. Avis lui est donné, en même temps, que cette notification lui tient lieu de mainlevée pour tous paiements, transferts, etc. (art. 11). Toute négociation faite postérieurement au jour où ce bulletin est parvenu ou a pu parvenir par la voie de la poste dans le lieu

---

1. Lyon-Caen et Renault, n°s 630 à 636.

où elle a été faite, est considérée comme non avenue à l'égard de l'opposant, qui peut revendiquer son titre (art. 12).

356. Délivrance d'un duplicata. — Le propriétaire dépossédé peut exiger un duplicata de son titre; mais il faut (art. 15) : 1° Qu'il se soit écoulé dix ans depuis l'autorisation obtenue du président du tribunal civil par l'opposant, sans que personne se soit présenté pour toucher les revenus du titre. Ce délai est suspendu pendant les années où il n'a pas été distribué d'intérêts ou de dividendes; 2° que, pendant ce laps de temps, l'opposition ait continué à être publiée dans le bulletin spécial; 3° et que l'opposant, qui réclame un duplicata, paie les frais qu'il occasionnera, et paie à l'avance la publication faite au bulletin pour le nombre (dix au moins) d'années représenté par les feuilles des coupons. Quand ces trois conditions ont été remplies, l'opposant obtient un duplicata portant le même numéro que le titre originaire et indiquant qu'il est délivré en double. Ce titre confère les mêmes droits que le premier, qui est frappé de déchéance. Le tiers porteur qui le représenterait n'aurait plus qu'une action personnelle en dommages-intérêts contre l'opposant, si son opposition avait été faite sans droit (art. 15).

357. Perte ou vol de coupons. — Le propriétaire dépossédé de coupons détachés du titre, soit au porteur, soit mixte, peut réclamer le montant de ses coupons de la société débitrice, après trois ans depuis l'opposition, sans autorisation de justice et sans garantie (art. 8). Il pourrait aussi les toucher un an après l'opposition, en obtenant l'autorisation de justice et en fournissant une garantie, comme s'il s'agissait de la perte du titre lui-même [1].

358. Application de la loi de 1872. — La loi du 15 juin 1872 concerne le propriétaire de titres au porteur *qui en est dépossédé par un événement quelconque.* Il s'agit d'une dépossession involontaire, c'est-à-dire opérée à l'insu ou contre la volonté du propriétaire[2]. Malgré les termes généraux de ces expressions, la loi ne comprend pas le cas de destruction. Il a été entendu dans la discussion que la preuve de la destruction peut être faite par tous les moyens (art. 1348, 4°, C. civ.), et que, cette preuve étant faite, un duplicata du titre doit être délivré[3]. Mais si le fait de la destruction ne peut être suffisamment prouvé, le propriétaire n'a que la ressource de recourir au bénéfice de la loi de 1872[4].

1. Lyon-Caen et Renault, n° 641.
2. Seine, 23 février 1884.
3. Le Gost, *Tr. sur les tit. au port. perdus*, etc., n° 192.
4. Lyon-Caen et Renault, n° 643.

Cette loi s'applique à toutes les valeurs de Bourse, que les titres soient ou non cotés officiellement à la Bourse; mais elle n'est pas applicable aux rentes et aux autres titres au porteur émis par l'Etat. Les rentes sur l'État ne sont passibles d'aucune opposition (L. 8 niv. an VI. L. 22 floréal an VII, art. 7). Toutefois, en fait, le Trésor consent à prendre officieusement note des déclarations qui lui sont adressées par les porteurs; il leur délivre même un duplicata, moyennant le dépôt de valeurs nominatives ou d'une somme égale au capital du titre, augmenté de cinq années d'arrérages. La loi de 1872 dispose (art. 16) que ce cautionnement sera restitué si, dans les vingt ans qui auront suivi, il n'a été formé aucune demande de la part des tiers porteurs soit pour les arrérages, soit pour le capital.

TITRE DIXIÈME

DES PARTS DE FONDATEUR

(OU BÉNÉFICIAIRES)

CHAPITRE PREMIER

CARACTÈRES GÉNÉRAUX

359. Origine. — A côté de l'action, qui représente une fraction du capital social, et de l'obligation, qui représente un droit de créance sur la société, il existe une troisième catégorie de valeur mobilière, non prévue ni réglementée par la loi, et qui a pris cependant, en pratique, une importance considérable dans les sociétés par actions : c'est la *part de fondateur*, ou *part bénéficiaire*[1].

L'usage des parts de fondateur remonte à une quarantaine d'années.

---

1. On appelle aussi parfois la part de fondateur : certificat de fondation, délégation de jouissance ou de dividendes, etc. Ainsi la compagnie du canal de Suez, ayant besoin de se faire des ressources, a, en représentation de coupons de dividendes de cette société, dont le khédive lui avait fait l'abandon pendant 25 ans, créé des titres de délégation de dividendes qui ont reçu le montant des coupons. Ces titres peuvent être rangés dans la catégorie des parts bénéficiaires.

Lors de la création, par M. de Lesseps, de la compagnie du canal de Suez, il a été attribué aux fondateurs (sans bourse délier) des parts [1] qui, depuis, ont été divisées en centièmes, en millièmes et même en dix-millièmes de parts. Le succès de ces titres a donné l'idée de créer et de répandre les parts de fondateur. La compagnie du canal de Panama créa aussi, mais avec moins de succès, des parts de fondateur qui, émises à 5,000 francs et portées par des spéculations et manœuvres de Bourse à 30,000 fr., tombèrent à zéro.

Dans la plupart des sociétés par actions, principalement des sociétés anonymes, il est maintenant créé des parts de fondateur. Leur application est devenue plus fréquente depuis la loi du 1er août 1893, qui a interdit pendant deux ans la négociation des actions d'apport. Si elles sont souvent légitimes, il faut reconnaître qu'elles donnent lieu à des abus et qu'elles sont de nature à créer des embarras aux sociétés qui les adoptent. Il n'est pas rare de voir attribuer 50 p. 100 dans les bénéfices aux parts de fondateur. Quand la société veut augmenter son capital, l'existence de parts de fondateur est souvent un obstacle pour la souscription du nouveau capital et crée de sérieuses difficultés de fait et de droit. L'importance et l'utilité des titres de parts de fondateur, les dangers et les abus résultant de l'absence de toute réglementation, rendront nécessaire l'intervention du législateur [2].

360. Caractères généraux. — En principe, la part de fondateur donne simplement droit à une certaine quotité des bénéfices nets de la société; elle ne confère aucun droit sur le capital social, dont elle ne fait pas partie, et elle ne permet pas à celui qui la possède d'assister aux assemblées générales des actionnaires. On peut donc définir la part de fondateur : un titre donnant droit à une quote-part des bénéfices de la société, sans faire partie de son capital, et sans permettre l'immixtion dans les affaires de la société.

Nous aurons à déterminer le caractère juridique de la part de fondateur.

---

1. Ces parts valent aujourd'hui environ 1,400,000 francs.
2. V. projet de loi sur les parts de fondateur, J. S. 1903, 441. Consulter l'intéressant Traité des parts de fondateur, par M. Lecouturier. V. sur la création de parts bénéficiaires par les sociétés en participation, note de M. Wahl sous Paris, 20 janvier 1900 (S. 1903, 2, 185) et dans les sociétés d'assurances mutuelles, Cass., 29 mars 1909 (J. S. 1909, 342 ; D. 1908, 2, 393 ; S. 1910, 1, 241 ; R. A. M. 1909, 277 et notes).

CHAPITRE II

CAUSES D'ATTRIBUTION

361. Causes diverses. — Les causes d'attribution des parts de fondateur sont très multiples. Originairement, les parts étaient destinées à rémunérer les fondateurs des soins, démarches, études et dépenses faits par eux en vue de la constitution de la société. Puis, elles ont servi à rémunérer certains apports. Dans ces derniers temps, il est arrivé souvent qu'elles étaient attribuées aux premiers actionnaires ou aux premiers souscripteurs. Nous allons indiquer les causes les plus fréquentes d'attribution des parts de fondateur, et examiner si la création de parts dans chacune des hypothèses prévues est licite.

362. Attribution au fondateur à raison de ses travaux, démarches, etc. — Une ou plusieurs personnes font des démarches, des études, des travaux, des dépenses en vue d'arriver à la constitution d'une société par actions et à la souscription de son capital. S'ils ne parviennent pas à constituer la société, ils sont exposés à perdre le bénéfice de leur concours personnel et leurs dépenses. S'ils réussissent, il est juste qu'ils soient rémunérés. Cette rémunération peut être faite en espèces; elle ne pourrait avoir lieu sous la forme d'attribution d'actions d'apport, car les démarches, études, dépenses, etc., ne sauraient faire l'objet d'un apport en nature susceptible d'être payé par des actions de capital (*infrà*, n° 480). On considère qu'il est rationnel et équitable d'attribuer, dans ce cas, aux fondateurs une part dans les bénéfices que la société pourra réaliser, et de représenter le droit à cette portion de bénéfices par des titres négociables. Cette attribution nous paraît licite[1]. Les parts ainsi attribuées aux fondateurs leur permettent souvent de rétribuer eux-mêmes les concours qui leur sont fournis par des tiers, en vue de la constitution de la société et de l'organisation de l'affaire.

363. Attribution en représentation d'un apport industriel ou d'un apport en nature. — Le fondateur ou une autre personne peut faire à une société un apport industriel, par exemple, apporter un nom commercial, une marque de fabrique, une clientèle, un concours personnel. On a prétendu qu'en représentation d'un apport de cette

---

1. Wahl, *J. des soc.*, 1897, 146; Lecouturier, *Rev. crit.*, 1897, 118; Percerou, *Des fondateurs de sociétés anonymes*, p. 175.

nature il peut être attribué des *actions* industrielles ne donnant droit d'ordinaire qu'à une part de bénéfices. Nous avons considéré — contrairement à l'opinion de la doctrine — que ces titres ne constituent pas juridiquement des actions, mais doivent être assimilés aux parts de fondateur (*suprà*, n° 284). Il n'est pas douteux qu'il peut être légitimement attribué, en représentation d'un apport industriel, une part des bénéfices de la société sous la forme de parts de fondateur.

La même attribution de parts de fondateur peut être faite en représentation de l'apport :

1° D'une concession de travaux publics (chemin de fer, tramway, etc.), mais seulement si cette attribution est autorisée par une loi (V. *suprà*, n° 50);

2° De la clientèle et des autres droits incorporels d'un fonds de commerce

3° D'un brevet d'invention.

Des droits incorporels comme un fonds de commerce et un brevet d'invention, pourraient être rémunérés par des actions de capital. Mais on considère souvent que ce sont des biens trop incertains, trop fugitifs pour qu'on leur donne une valeur précise représentée par des actions faisant partie du capital social; et il semble plus naturel de leur faire subir les chances de l'exploitation sociale par l'attribution d'une fraction des bénéfices [1].

D'autres biens, pouvant faire l'objet d'un apport en nature et susceptibles d'être rémunérés par des actions de capital, pourraient être la cause de l'attribution de parts de fondateur, si l'apporteur préférait ne pas devenir actionnaire et se contenter d'une part de bénéfices.

On ne saurait objecter que celui qui fait l'apport à une société par actions de biens devant faire partie du fonds social doit recevoir un nombre d'actions proportionné à la valeur de son apport, sans quoi le capital social cesserait d'être intégralement représenté par des actions. Supposons une société au capital en numéraire de 300,000 fr. Le fondateur fait l'apport d'un brevet d'invention pouvant être évalué 100,000 fr. Si le capital social était fixé à 400,000 fr., l'apporteur devrait recevoir pour 100,000 fr. d'actions : car autrement il n'y aurait pas de concordance entre le capital social et les actions. Mais si l'apport est rémunéré par une quote-part des bénéfices, cela révèle que les associés n'ont pas voulu considérer l'apporteur comme un

---

1. Lecouturier, p. 169 et suiv.; Genevois, *Le nouv. rég. des soc.*, p. 160; Godin, *Des tit. attribués aux fondat. dans les soc. anon.*, p. 131.

actionnaire, ni son apport comme représentant une partie du capital social. Ainsi qu'on l'a fait justement observer[1], le bien apporté fait partie, sans aucun doute, du fonds social, mais il reste en dehors du capital social. Cette convention, qui ne heurte pas une prescription légale, et qui respecte les droits des tiers, lesquels ont pour gage tous les biens sociaux, doit être considérée comme licite. Dans ce cas, le bien apporté contre l'attribution d'une portion de bénéfices doit figurer à l'actif du bilan, comme il a figuré à l'apport, sans fixation d'une valeur en capital.

364. Attribution en représentation partielle d'un apport en nature. — Un apport en nature, susceptible d'évaluation, peut être rémunéré en partie par des actions de capital et, pour le surplus, par des parts de fondateur. L'apport peut être effectué valablement dans ces conditions par les motifs que nous venons d'indiquer[2]. Dans ce cas, le bien apporté ne figure au bilan que pour la valeur représentée par le capital des actions attribuées à l'apporteur, ou pour une valeur correspondante.

365. Attribution aux souscripteurs ou aux actionnaires. — Les parts de fondateur ne servent pas seulement à rémunérer des apports, des services rendus à la société. L'usage s'est répandu d'attribuer des parts de fondateur aux souscripteurs d'un certain nombre d'actions, ou aux premiers souscripteurs, dans le but d'encourager les souscriptions. Cette attribution est licite[3].

Des parts de fondateur peuvent aussi être attribuées aux souscripteurs des actions de numéraire, à l'exclusion des propriétaires d'actions d'apport[4].

Il arrive même assez souvent que des parts de fondateur sont remises à tous les actionnaires, sans exception. Par exemple, s'il existe 10,000 actions, on crée en outre, et l'on remet aux actionnaires, 10,000 parts de fondateur donnant droit à une fraction des bénéfices. Ces parts sont un appât offert par les fondateurs ou banquiers émetteurs aux souscripteurs, auxquels on promet, indépendamment de chaque action souscrite, une part à titre de prime. L'imagination des auteurs de cette combinaison n'a d'égale, il faut bien le dire, que la naïveté et la crédulité du public. On retire d'une main aux souscripteurs ce qu'on leur donne de l'autre; car les deux

---

1. Lecouturier, p. 170.
2. Wahl, 145; Lecouturier, 171. V. Seine, 12 août 1891 (J. S. 1892, 175).
3. Wahl, 146; Lecouturier, 167; Goirand, n° 48. V. Paris, 4 juin 1885 et 19 avril 1886 (J. S. 1887, 17 et 193); Lyon-Caen et Renault, 3e édit, n° 560 *bis*.
4. Wahl, 146; Lecouturier, 118; Genevois, 157; Godin, 131; Perceron, 173. V. Seine, 12 août 1891 (J. S. 1892, 175) et 20 décembre 1894 (J. S. 1895, 130).

titres ne représentent qu'un droit à une fraction du capital et des bénéfices de la société ordinairement réunis dans un seul titre : l'action. En créant deux titres, on essaie souvent de tirer deux moutures du même sac[1]. On peut toutefois avoir pour but, en créant et en remettant à tous les actionnaires des parts de fondateur à l'origine de la société, de reconnaître d'avance un avantage légitime aux premiers actionnaires qui ont encouru les risques du début, à l'encontre des nouveaux souscripteurs, en cas d'augmentation ultérieure du capital social[2]; mais il semblerait plus rationnel, dans ce cas, de ne créer les parts que lors de l'augmentation de capital, si elle se réalise et si les nouvelles actions sont souscrites avec le concours d'étrangers. Quoi qu'il en soit, la création de parts de fondateur remises à tous les actionnaires (ce qui ne nuit ni à la société ni à ses créanciers) est considérée par la doctrine comme n'étant contraire à aucune disposition légale[3]

On a cependant soutenu que la création de parts de fondateur attribuées par les statuts aux souscripteurs en espèces, en dehors de leurs actions de capital, est illégale : car c'est, dit-on, un second titre pour la même action, et un titre manifestement inférieur au taux minimum fixé par la loi de 1867, puisqu'il ne porte que sur des bénéfices futurs et aléatoires; et que la combinaison ne serait valable que si les deux titres étaient indivisibles et ne pouvaient se négocier l'un sans l'autre[4]. Mais l'objection tirée de l'art. 1er de la loi de 1867 n'est pas fondée, cet article ne s'appliquant qu'aux actions représentatives du capital social, et étant étranger aux titres ne représentant qu'un droit aux bénéfices[5].

L'attribution de parts de fondateur (ou plus exactement, dans ce cas, de parts bénéficiaires) est certainement légitime et légale si, lors d'une augmentation de capital, elle est faite au profit des propriétaires des actions primitives, soit pour les récompenser de la confiance qu'ils ont, dès le début, eue dans l'entreprise et des risques qu'ils ont courus, soit pour payer leur consentement à donner aux souscripteurs d'actions nouvelles droit sur les réserves, soit à cause de la valeur supérieure du capital ou de l'actif social[6].

---

1. Percerou, 167.
2. Lecouturier, 167.
3. Wahl, 118, 167; Lyon-Caen et Renault, *loc. cit.*
rég. des soc., 159; Lecouturier, *loc. cit.*; Percerou, 167, 168 et 173; *Rev. trim. nouv.* 1897, 44; Godin, 131. V. toutef. Thaller, D. 99, 2, 363, et *Tr.*, n° 643.
4. Vavasseur, *Rev. des soc.*, 1890, 543; 1895, 129. V. Seine, 29 décembre 1881; Genevois, p. 199.
5. Wahl, 157 et 160; Lecouturier, 167; Percerou, 173.
6. Wahl, 160; Lecouturier, 118, 167; Goirand, n° 48; Seine, 28 juillet 1884 (J. S. 363).

366. — Parts mises en réserve. — Parfois un certain nombre de parts sont mises en réserve pour permettre à la société de rémunérer les services qui lui seraient rendus après sa constitution[1]. En équité, cette combinaison est légitime. Elle constitue un mode de rémunération sans bourse délier. En droit, elle soulève une objection : les parts sont créées lors de la constitution de la société, mais elles ne sont pas encore attribuées. Si l'on considère — avec raison, suivant nous — que l'attribution de parts de fondateur constitue un avantage particulier sujet à vérification et à approbation dans les termes de l'art. 4 de la loi de 1867, comment l'assemblée générale pourra-t-elle apprécier la cause et la légitimité d'une attribution qui n'est pas encore faite, puisque les parts doivent être remises après la constitution de la société pour rémunérer des services futurs? Il semble qu'il y a là une impossibilité de vérification régulière. D'un autre côté, si l'on peut créer les parts sans vérification de l'avantage particulier, il sera facile d'éluder les prescriptions impératives de la loi; il suffira de créer des parts et de stipuler qu'elles seront attribuées après la constitution de la société pour rémunérer les services rendus à la société. On les remettra ensuite aux fondateurs, sans vérification et sans contrôle. Cela nous paraît impossible. Pour procéder régulièrement, il conviendrait soit d'attribuer définitivement les parts aux fondateurs personnellement (sauf à eux, en fait, à rétribuer les autres concours ou à réserver un certain nombre de parts pour rémunérer des services futurs), soit de ne créer les parts, en exécution d'une stipulation des statuts, qu'au cours de la société, quand elles pourraient être attribuées et être l'objet d'une approbation[2].

367. Parts émises contre espèces. — Les parts de fondateur ne servent pas seulement, dans la pratique, à rémunérer des services ou apports de fondateurs ou d'actionnaires. Il arrive parfois que, créées par les statuts, elles ne sont attribuées à personne; elle sont réservées au profit de la société, qui doit les vendre ou les émettre après sa constitution, *contre espèces*, pour se procurer certaines ressources. Les parts ainsi créées et émises sont-elles licites? Cette combinaison prête à des abus. On peut constituer une société à un petit capital, et créer et réserver à la société un grand nombre de parts de fondateur donnant droit à une fraction très importante de bénéfices. Aussitôt après

---

1. V. Lyon, 14 mai 1901 et note (J. S. 1902, 29).
2. V. Percerou, note, D. 1904, I, 181. Suivant certains auteurs, la vérification ne serait pas nécessaire. V. Genevois, *Rev. trim.*, 1897, 45; 1899, 39; Thaller, p. 60; Lecouturier, *Parts de fond.*, nᵒˢ 96 et 97. V. J. S. 1902, 29.

sa constitution, la société lancera sur le marché, à un prix inférieur au taux minimum des actions, des parts immédiatement négociables qui, au lieu d'être un accessoire dans la société par actions, y auront une importance prépondérante [1]. C'est là, nous le reconnaissons, une conséquence possible et fâcheuse du régime de liberté dont jouissent les parts de fondateur; et, en pratique, nous ne saurions conseiller l'emploi de cette combinaison, qui s'écarte du rôle normal de la part de fondateur. Mais, en principe et en l'absence de fraude, nous ne voyons pas quel argument de droit on pourrait invoquer pour proscrire l'émission contre espèces, par une société, de parts donnant droit simplement à une fraction des bénéfices de la société [2], alors que (comme nous l'établirons) ces parts ne constituent pas juridiquement des actions. Un auteur a dit que les parts de fondateur ne sont jamais délivrées en échange d'une somme d'argent, et n'entrent pas dans le capital social, formé de la réunion des actions; que s'il en était autrement, rien ne distinguerait plus le porteur de part d'un actionnaire [3]. Mais ces expressions n'ont pas le sens absolu qu'on serait tenté de leur donner : car le même auteur a reconnu formellement que la part de fondateur peut être attribuée en échange d'un versement en espèces [4]. Si les parts de fondateur peuvent être attribuées en représentation de certains apports ou de services rendus à la société, et qui pourraient être payés en argent, pourquoi ne pourraient-elles être attribuées ou cédées contre espèces? Elles ne sauraient, dans l'un ou l'autre cas, constituer des actions, parce qu'elles ne représentent qu'un droit de participation aux bénéfices éventuels de la société, et que le versement auquel elles peuvent donner lieu ne porte pas sur le capital social fourni par les actionnaires et formé de la réunion des actions.

CHAPITRE III

CARACTÈRE JURIDIQUE ET LÉGALITÉ

368. Caractère. — On a prétendu que la question de savoir quel est le caractère juridique des parts de fondateur ne présente aucun

---

1. V. Percerou, 168.
2. V. Rev. trim. nouv. rég. soc., 1897, 45; 1899, 39; Houpin, J. S. 1898, 181.
3. Wahl, P. 148.
4. Wahl, note sous Paris, 16 juillet 1896 (S. 98, II, 89).

intérêt pratique[1]. C'est là une erreur. La question est importante au point de vue de la légalité, de la transmission des titres, du régime civil et fiscal auquel ils sont soumis.

Cette question a donné lieu à divers systèmes que nous allons exposer.

369. Actions. — Des auteurs estiment que les parts de fondateur sont de véritables actions[2]. Les parts — a-t-on dit — sont des actions parce que ceux à qui elles sont attribuées ont bien les deux droits qui caractérisent l'action : ils participent aux bénéfices, et peuvent céder ce droit à leur gré. Il est vrai qu'elles ne confèrent pas le droit au partage du fonds social et le droit d'assister aux assemblées générales. Mais ces deux droits ne sont pas de l'essence des actions. D'une part, les actions industrielles ne confèrent aucun droit sur le fonds social; il en peut être de même pour les parts de fondateur. D'un autre côté, les actionnaires qui ne possèdent pas un certain nombre d'actions sont souvent exclus, par les statuts, des assemblées générales; les porteurs de parts peuvent en être exclus également[3].

Cette théorie ne nous a pas paru fondée pour les motifs suivants :
1° L'actionnaire est l'associé qui possède des actions de la société. L'action représente une partie du capital social et donne droit de prendre part à l'administration de la société et aux assemblées générales. Le capital de la société anonyme — dit l'art. 34, C. comm. — se divise en actions et même en coupons d'actions d'une valeur égale. L'action est nécessairement la représentation d'un apport en nature, ou d'un apport en espèces qui doit être versé en tout ou en partie avant la constitution de la société : la part de fondateur peut être créée sans apport en nature ou en espèces. Nous ne comprenons pas l'action sans un droit au partage du fonds social, à la formation duquel elle a dû contribuer, et c'est inexactement, suivant nous, que l'on qualifie d'actions les titres et avantages attribués en représentation d'un apport industriel, et qui ne donnent droit qu'à une portion des bénéfices sociaux. Ces titres ne sont autre chose que des parts bénéficiaires en tous points assimilables aux parts de fondateur (supra, n° 284). On a dit que la part de fondateur est une action de jouissance. Mais on ne crée pas d'actions de cette nature à l'origine de la société.

1. Dalloz, *Supp.*, v° *Soc.*, n° 872; Genevois, p. 164; Floucaud-Pénardille, n° 23.
2. Thaller, *Rev. crit.*, 1881, 534; 1887, 220, et *Tr. élém. de dr. comm.*, n°s 520 et 521; Chavegrin, note, S. 89, I, 417; Lyon Caen et Renault, t. II, n° 560 *bis*; Vavasseur, n°s 532 et 534, et R. S. 1895, 127; Valéry, note, D. 95, II, 302. V. aussi (Esc.) Cass., 16 novembre 1904 (J. S. 1905, 114; S. 1906, I, 49).
3. Lyon-Caen et Renault, *loc. cit.*
4. Vavasseur, *loc. cit.*; Thaller, note D. 99, II, 363.

l'action de jouissance n'est qu'une action ordinaire qu'on a rembour-sée de son capital au cours de la société. 2° L'action diffère encore essentiellement de la part de fondateur en ce qu'elle donne le droit de prendre part aux assemblées générales. Il est vrai que certains actionnaires peuvent être exclus, par les statuts, des assemblées géné-rales tenues au cours de la société (L. 1867, art. 27). Mais il y a un droit qui ne peut être enlevé aux actionnaires et qui est de l'essence de l'action (de capital ou de jouissance) : c'est celui de prendre part aux assemblées générales convoquées pour la constitution de la société (art. 4 et 27), et à l'assemblée générale tenue en exécution de l'art. 37 de la loi de 1867 ; c'est encore le droit de groupement accordé aux petits actionnaires par la loi du 1er août 1893. Or, ces différents droits ne sauraient appartenir — tout le monde le reconnaît — aux parts de fondateur. Il y a donc une double raison qui prouve que la part de fondateur n'est pas une action : c'est que, à la différence de l'action, elle ne donne aucun droit sur le fonds social, mais seulement sur les bénéfices, et qu'il ne lui est accordé aucune des prérogatives de l'ac-tionnaire relatives à l'administration de la société[1].

370. **Droit de créance.** — D'autres auteurs soutiennent que la part de fondateur est une créance. Ils invoquent à l'appui de ce système les motifs suivants : Le porteur de part n'est pas un actionnaire (V. *supra*). Ce n'est pas non plus un associé, parce qu'il ne peut pas y avoir dans une société par actions d'autres associés que les action-naires, et que la part de fondateur manque du caractère le plus essentiel de la part sociale : la participation aux pertes de la société (V. *infra*). On doit donc nécessairement admettre que le porteur de part est un créancier de la société. Son droit de créancier est d'une nature spéciale, puisque, au lieu de porter, comme les créances ordi-naires, sur une somme fixe, il n'a pour objet qu'une fraction des béné-fices éventuels et aléatoires que la société pourra réaliser. La situa-tion du porteur de part peut être comparée à celle des employés ou ouvriers qui participent aux bénéfices d'une entreprise commerciale et auxquels la jurisprudence attribue la qualité de créanciers et re-fuse celle d'associés lorsqu'ils ne contribuent pas aux pertes[2].

---

1. Houpin, J. S. 1894, 184 et suiv. *Conf.* Wahl, J. S. 1897, 152 et 155, et note, t. 98, II, 89; Lecouturier, *Rev. crit.*, 1897, 148 et suiv.; Genevois, *Rev. trim. du nouv. rég. des soc.*, 1897, 14; Percerou, 180; Godin, 150; Seine, 24 septembre 1894 (J. S. 1895, 38); Paris, 14 janvier 1895 (J. S. 1895, 77). Les parts de fondateur ne peuvent être converties en actions de jouissance (conférant les mêmes droits que les autres actions) après l'amortissement des actions de capital. V. Houpin, J. S. 1900, 145.
2. Wahl, *Tr. des tit. au port.*, n° 292, J. S. 1897, 149 et 155, et note sous Paris,

Ces arguments, il faut le reconnaître, sont graves. Voici la réponse qu'on peut y faire : Le porteur de part est, il est vrai, un créancier conditionnel de bénéfices ; mais l'actionnaire est aussi un créancier de bénéfices éventuels dont le droit se transforme plus tard en une créance de dividendes exigibles, et cependant personne ne conteste à l'actionnaire la qualité d'associé. La question est de savoir — et nous l'examinerons plus loin — si la créance d'un porteur de part bénéficiaire n'est pas en outre affectée des qualités qui caractérisent le droit d'un associé. L'assimilation que l'on établit entre la situation du porteur de parts de fondateur et celle d'un employé intéressé n'est pas exacte. Il y a entre ces deux situations des différences profondes. Le commis intéressé n'est qu'un loueur de services, absolument étranger à la fondation de l'établissement industriel et commercial créé ou acheté par son patron. Au contraire, les attributaires de parts de fondateur sont soit les fondateurs de la société, ceux qui l'ont créée, ont dressé ses statuts, réuni les capitaux, etc., et souvent fait un apport, soit les premiers actionnaires. Il sont des parties intéressées dans la fondation de la société et au résultat de ses opérations. Il est difficile, dans ces conditions, de les considérer comme de simples créanciers et de les assimiler à des commis. Ceux qui ont fondé la société, lui ont fait un apport, se sont réservé une fraction importante des bénéfices, et ne peuvent exercer leurs droits éventuels qu'après les créanciers et les actionnaires (ceux-ci pour le remboursement du capital social) ne sauraient être classés dans la catégorie des créanciers[1].

Le système que nous critiquons présente de graves inconvénients. Si le porteur de parts n'est qu'un créancier, et s'il n'a pas souscrit d'actions, l'attribution qui lui est faite de ces parts ne paraît pas soumise à la vérification et à l'approbation des assemblées constitutives, car l'art. 4 de la loi de 1867 ne parle que des avantages particuliers faits *aux associés* (V. sur cette question controversée, *infra*, n° 486). Les fondateurs auraient ainsi le droit de se réserver le plus clair des bénéfices et de duper les actionnaires, sans subir le contrôle établi par la loi : ce qui est inadmissible. De plus, l'indemnité que le porteur de parts obtiendrait, en cas de dissolution anticipée de la société, représenterait, sous forme de dommages-intérêts, un droit de créance qui pourrait être exercé en concours avec les

16 juillet 1896 (S. 98, II, 89); Deloison, *Soc.*, n° 325; *J. des soc.*, 1880, 600; Bouvier-Bangillon, L. 1893, 150; Lecouturier, 164. V. aussi J. S. 1900, 460; Lyon 12 novembre 1900 et 14 mai 1901 (J. S. 1901, 175; 1902, 29).

1. V. Percerou, 177; Genevois, *loc. cit.*; Thaller, *Tr.*, n° 645.

obligataires et les autres créanciers de la société (V. *infrà*, n° 402)[1].

374. Associé. — Enfin, dans un dernier système, que nous avons défendu[2], la part de fondateur constitue un droit d'associé. Comme on l'a justement fait observer, la personne qui, ayant contribué par ses démarches, par ses avances, et même sous sa responsabilité, à la création de l'être moral, stipule une partie (souvent importante) des bénéfices, n'est pas étrangère à l'établissement qu'elle a fait naître et dont elle recueille, dans une certaine mesure, les profits ; ce n'est pas un tiers quelconque investi d'une créance contre la société avec laquelle il n'aurait que des rapports d'obligation. Si quelqu'un semble être *dans l'affaire*, c'est lui. Il se rattache à la société par un lien étroit ; il en est membre : c'est un associé[3]. Cela est surtout vrai lorsque les parts de fondateur sont attribuées en représentation totale ou partielle d'un apport fait à la société. Il a été décidé, en ce sens, que celui qui fait un apport à une société anonyme et qui, en échange de cet apport, reçoit une part dans les bénéfices, est un associé, bien qu'il ne lui soit pas personnellement attribué d'actions[4].

On a fait à cette solution deux critiques :

1° Le caractère essentiel d'une part sociale, c'est la participation de l'associé à tous les aléas de la société. Or, si la part de fondateur touche une portion de bénéfices à réaliser, elle ne contribue pas aux pertes de la société ; le porteur de part ne perd pas le capital versé, puisqu'il n'a versé ni fourni aucun capital ; il s'expose simplement à ne pas recevoir, en cas d'insolvabilité de la société, ce qui lui est dû[5]. En fait, il arrivera souvent que cette objection ne sera pas justifiée. Il en sera ainsi lorsque les parts auront été attribuées aux fondateurs en représentation d'un apport industriel ou autre, ou aux souscripteurs d'actions de numéraire à raison de cette souscription d'actions. Dans l'un ou l'autre cas, il y a apport et, par conséquent, contribution aux pertes à l'égard de cet apport. L'argument ne subsiste donc que lorsque les parts sont attribuées aux fondateurs, sans apport. Mais, même dans ce cas, l'attribution des parts a toujours une cause légitime (car, sans cela, elle serait nulle) ; elle est la rémunération des études, démarches, dépenses faites pour la constitution de la société et qui pourraient motiver un paiement en espèces par la société aux fondateurs. Si la

---

1. V. Percerou, 179.
2. J. S. 1894, 184.
3. Chavegrin, *loc. cit.* ; Percerou, 179. V. Lyon, 14 mai 1901, *loc. cit.*
4. Paris, 13 janvier 1882 et la note de M. Lyon-Caen (S. 83, II, 233).
5. Wahl, J. S. 1897, 150, et note, S. 95, II, 90.

société ne réalise pas de bénéfices, les fondateurs perdront cette rémunération dont la société a profité. Il y a donc contribution aux pertes. Il n'importe que les fondateurs n'aient pas fait un apport en nature ou en espèces faisant partie du capital social. La Cour de cassation est allée jusqu'à admettre qu'un intéressé reste créancier du capital mis dans une société et ne soit associé que pour la jouissance dudit capital, la privation d'intérêts constituant une contribution aux pertes, lors même qu'on lui restitue son capital intact (V. *supra*, n° 222)[1].

2° Dans une société par actions, il ne peut exister d'autres associés que les actionnaires. La qualité d'associé implique le droit de copropriété de l'actif social. Or, chaque part du fonds social, dans les sociétés par actions, est représentée par une action. Il n'existe dans la loi de 1867 aucune disposition qui fasse allusion à des parts sociales autres que les actions. On aurait, si l'on décidait le contraire, des associés qui ne seraient pas tenus des dettes sociales, même dans les limites de leur apport, puisqu'ils n'ont fait aucun apport[2]; ils se trouveraient ainsi dans une situation plus favorable que celle des actionnaires, et comme, en ce qui concerne ces derniers, la loi croit devoir compenser la limitation de la responsabilité par des charges sociales (retard apporté dans le droit de conversion des titres nominatifs en titres au porteur, obligation de faire immédiatement le versement total ou partiel du capital, etc.), on ne comprendrait pas qu'il pût exister des titres ne rentrant pas dans le capital social, ne fournissant aucune garantie aux créanciers sociaux, échappant à toutes les obligations imposées à d'autres, comme prix d'avantages inférieurs à ceux dont ils bénéficient[3].

Nous n'apercevons aucune raison juridique qui s'oppose à ce que, dans une société anonyme ou en commandite, il y ait plusieurs catégories d'associés : les actionnaires, ayant un droit sur le fonds social et sur les bénéfices, et les porteurs de parts de fondateur, ayant droit simplement à une portion des bénéfices. Dans une société par actions, les associés ont souvent des droits différents. Il peut y avoir des actions de priorité, jouissant d'un privilège sur l'actif social pour le remboursement de leur capital et le service d'un premier dividende, et des actions ordinaires qui n'exercent leurs droits qu'après les actions

1. V. Percerou, 178; Thaller, *Tr.*, n° 643.
2. M. Wahl raisonne toujours comme si les parts n'avaient pas souvent pour cause un apport.
3. Wahl, J. S. 1897, 157, et note, S. 98, ii, 91. V. aussi Chavegrin, *loc. cit.*; Lecouturier, 162.

privilégiées (*suprà*, n° 283). Il peut aussi y avoir des actions de capital (représentatives d'apports en nature ou de versements en numéraire) et des actions de jouissance, délivrées après le remboursement du capital, et qui ne donnent plus droit qu'à une participation dans les bénéfices. On ne voit donc pas pourquoi il ne pourrait pas y avoir à côté des actions, des parts de fondateur ou bénéficiaires[1].

Mais, dit-on, la loi de 1867 n'autorise pas la création de parts sociales autres que les actions. Cela est vrai; mais comme elle ne le défend pas, les parts de fondateur ou bénéficiaires peuvent être créées en vertu du principe de la liberté des conventions. La loi a réglementé la création, l'émission et la transmission des *actions* dans les sociétés anonymes ou en commandite. Il est certain que l'on ne peut créer des titres ayant le caractère d'actions sans observer les prescriptions de la loi de 1867. Mais comme les parts de fondateur ne constituent pas juridiquement des actions — c'est un point généralement admis et que nous croyons avoir justifié — cette loi ne saurait être un obstacle à la création de titres qu'elle n'a ni prévus ni réglementés.

Le tribunal de la Seine a décidé que les parts de fondateur ne sauraient être assimilées aux actions et ne constituent pas non plus une créance sur la société; qu'elles sont des titres d'intérêts et que les détenteurs de ces parts sont des intéressés jouissant de droits éventuels[2]. Un auteur, après avoir émis l'avis que la part de fondateur est une créance, a modifié cette opinion et admis, avec le tribunal de la Seine, que le porteur de part de fondateur est un intéressé[3]. Un autre auteur repousse aussi l'idée de créance et attribue à la part de fondateur un droit *sui generis*, droit de participation aux bénéfices[4]. Enfin, on a fait observer que la part de fondateur n'est à vrai dire ni une action ni une obligation; c'est un titre à part, ne se confondant ni avec l'action ni avec l'obligation ou toute autre créance contre la société, obéissant à ses règles propres, lesquelles découlent de son objet même et de sa fonction particulière dans l'économie générale du corps social[5].

Nous persistons à considérer (tout en reconnaissant que la question est délicate) que le porteur de part de fondateur, celui qui a

[1] Houpin, J. S. 1894, 189. *Conf.* Bousquet, J. S. 1885, 748; Percerou, 181; Genevois, *Rev. trim. du nouv. rég. des soc.*, 13; Goiffon, p. 32.
[2] Seine, 24 septembre 1894 (J. S. 1895, 38). *Conf.* Paris, 20 juillet 1897 (J. S. 1898, 153). V. aussi Seine, 12 août 1891 (J. S. 1892, 175).
[3] Rousseau, *Man. des soc.*, n° 105.
[4] Genevois, *Rev. trim. du nouv. rég. des soc.*, p. 13 et suiv.
[5] Dalloz, *Supp.*, v° Soc., n° 874.

T. I.

constitué la société et s'est attribué, en échange de services ou d'un apport, une fraction, parfois importante, dans les bénéfices de la société, ne saurait être assimilé à un créancier. C'est un associé, mais un associé *sui generis*, n'ayant droit qu'à une participation dans les bénéfices de la société, et ne contribuant ni à la formation du capital social ni à la gestion de la société. Cette solution juridique nous paraît seule en harmonie avec la nature des droits attachés à la part de fondateur, sans être contraire aux dispositions de la loi de 1867 qui n'a réglementé que les actions.

372. **Légalité.** — Ainsi que nous venons de le rappeler, la loi de 1867 ne prévoit et ne réglemente que les *actions* des sociétés anonymes et des sociétés en commandite. Il n'existe dans nos lois aucune disposition qui consacre la légalité des parts de fondateur, dont l'usage remonte à une époque antérieure à 1867. La même lacune existe dans les autres législations. Et cependant les parts de fondateur sont en usage dans divers pays et notamment en Angleterre, en Allemagne, en Belgique et en Amérique.

Le projet de loi sur les sociétés par actions, adopté par le Sénat en 1884, autorisait expressément (art. 8) la création de titres de parts bénéficiaires en représentation des avantages consentis aux fondateurs ou à toute autre personne. Une loi d'intérêt local du 13 décembre 1893 a admis, au moins implicitement, la légalité des parts de fondateur, en autorisant les fondateurs de la Société des forces motrices du Rhône, concessionnaires d'une distribution d'énergie électrique produite par une chute d'eau, à se réserver une part dans les bénéfices nets de la Société, lequel droit a été représenté par la création de titres de parts de fondateur. Enfin, la chambre syndicale des agents de change de Paris a donné à ces titres une consécration en les faisant figurer dans son bulletin officiel.

Aussi, malgré le silence de la loi, tous les auteurs sont-ils à peu près d'accord pour reconnaître la légalité des parts de fondateur, quel que soit le véritable caractère de ces parts[1].

On a cependant fait observer que la part de fondateur n'est pas valable si on la regarde comme une action, parce qu'elle ne représente pas réellement une partie du capital social[2]. Pour nous, cette difficulté ne présente pas d'intérêt; car nous croyons avoir démontré que la part de fondateur ne constitue pas une action. On a aussi

---

1. V. les décisions et autorités précitées. *Adde*, Buchère, *Les parts de fondat. dans les soc. an.* (*J. La Loi* du 30 janvier 1886.)
2. Wahl, 156 *Con. à*, Buchère, Bouquet, Chavegrin, Lyon-Caen et Renault, *loc. cit.*

exprimé des doutes sur la validité des parts de fondateur si l'on y voit des parts sociales autres que des actions, par ce motif que les sociétés par actions ne comporteraient pas d'autres titres que les actions[1]. Nous avons répondu plus haut à cette objection qui ne nous paraît pas justifiée. La part de fondateur est licite parce qu'elle n'est prohibée par aucune loi et n'est pas contraire aux dispositions de la loi de 1867.

CHAPITRE IV

RÉGIME DES PARTS DE FONDATEUR

373. Principe. — Nous avons repoussé, avec la jurisprudence et avec la doctrine dominante, le système qui assimile les parts de fondateur aux actions. Dès lors, on ne saurait appliquer à ces parts — qu'on les considère avec nous comme représentant un droit d'associé, ou, avec d'autres auteurs, comme un droit de créance — les dispositions de la loi de 1867 relatives à l'émission des actions, à leur négociation, etc. Nous examinerons (*infrà*, n° 486) si elles constituent un avantage particulier sujet à vérification dans les termes de la loi de 1867.

En principe, les parts de fondateur, non prévues ni réglementées par la loi, ne sont régies que par les statuts sociaux et le droit commun[2].

374. Titres. Forme. — La part de fondateur peut avoir toutes les formes autorisées par la loi. Elle peut être négociable ou transmissible seulement suivant les formes civiles. Il n'est pas indispensable que le tantième de bénéfices réservé aux fondateurs soit représenté par des titres distincts du pacte social. Si l'on adopte, ce qui est le cas le plus habituel, la forme d'un titre négociable, elle peut être nominative, à ordre ou au porteur[3]. Le plus souvent, d'après les statuts, les titres de parts sont au porteur, ou la forme en est déterminée par le conseil d'administration.

Les parts peuvent être délivrées sous la forme de titres au porteur aussitôt après la constitution de la société, alors même que les actions

---

1. Chavegrin, *loc. cit.*; Wahl, J. S. 1897, 157.
2. Seine, 24 septembre 1894 (J. S. 1895, 38); Genevois, *Nouv. rég. des soc.*, 167.
3. Wahl, J. S. 1897, 193; Genevois, 165, et *Rev. trim.*, 1898, 201.

ne sont pas entièrement libérées. La disposition de l'art. 3 de la loi de 1867, qui interdit de donner aux actions la forme au porteur avant leur entière libération, n'est pas applicable aux parts de fondateur, lesquelles ne constituent pas des actions. La même solution devrait être admise même si les parts de fondateur ont le caractère d'actions, car une action entièrement libérée peut être convertie au porteur alors même que les autres actions ne sont pas libérées (*suprà*, n° 304). La part de fondateur, n'étant soumise à aucun versement, peut donc être délivrée immédiatement sous la forme au porteur [1]. Il en serait de même dans le cas où, en vertu des statuts, les attributaires de parts de fondateur devraient opérer un versement sur les titres [2].

On pourrait stipuler, bien entendu, que ces titres resteront déposés pendant un temps déterminé dans la caisse sociale à la garantie de certains engagements qui seraient pris envers la société par ceux auxquels ils ont été attribués. Mais si les statuts autorisent la création de titres au porteur, la société est directement obligée envers les porteurs cessionnaires, malgré l'indication faite sur les titres que les droits des porteurs seront exercés par le bénéficiaire originaire, si celui-ci refuse de les exercer [3].

375. Taux. Nombre. — L'art. 1er de la loi de 1867 (modifié par la loi de 1893), qui fixe le taux minimum des actions, n'est pas applicable aux parts de fondateur, lesquelles, à la différence des actions, ne représentent pas une fraction du capital social. Tous les auteurs sont d'accord sur ce point [4].

Les droits attachés aux parts de fondateur peuvent être représentés et divisés en un nombre de titres déterminé par les statuts ou, si ceux-ci le stipulent, par le conseil d'administration. Ce nombre n'a d'autre limite que celle fixée par la convention.

376. Cession. Négociation. — A quelle époque les parts de fondateur peuvent-elles être transmises? Nous examinerons cette question et les effets de la cession suivant que la transmission s'opère avant ou après la constitution de la société.

Cession antérieure à la constitution. — Les actions ne sont négociables qu'après la constitution définitive de la société; mais elles peuvent être cédées, avant cette constitution, suivant les formes

1. Thaller, *Rev. crit.*, 1881, 534; Chavegrin et Bousquet, *loc. cit.*; Wahl, 194; Lecouturier, 178; *J. des soc.*, 1880, 604; Percerou, 197; Godin, 189.
2. Wahl, 194. V. toutef. Chavegrin, *loc. cit.*
3. Seine, 4 octobre 1883 (*La Loi*, 26 octobre); Lecouturier, 179.
4. V. notamment Wahl, J. S. 1897, 157 et 160; Lecouturier, 179; Dalloz, *Suppl.*, v° *Soc.*, n° 873.

civiles (*suprà*, n°⁵ 321 et 322). Les parts de fondateur sont également cessibles suivant les formes civiles[1]. Elles peuvent même, pour ceux qui, comme nous, n'assimilent pas ces titres à des actions, être négociées suivant les formes commerciales, avant le versement légal et la constitution de la société, puisqu'aucun versement n'est exigé sur les parts et que l'art. 2 de la loi de 1867 ne concerne que les actions[2].

Mais quels sont les effets de la cession — civile ou commerciale — des parts de fondateur, si la société ne se constitue pas? La cession est-elle nulle? C'est là surtout une question d'intention. La cession a pu être subordonnée à la constitution de la société (c'est ce que l'on admet à l'égard des titres d'actions vendues à l'émission, *suprà*, n° 323), auquel cas le cédant doit restituer le prix si la société n'est pas constituée; ou l'opération peut constituer une vente définitive de droits aléatoires, qui n'engendre aucune obligation de restituer le prix. La vente sera donc valable ou nulle suivant l'interprétation qui sera donnée à la convention. On a justement fait observer que l'on doit cependant supposer chez les parties, plus facilement ici qu'en matière de vente d'actions, l'intention de donner à la vente un caractère définitif. A la différence de l'action, la part de fondateur a une signification indépendamment de la constitution de la société; elle représente le droit de s'ingérer dans les opérations préliminaires à la constitution, de provoquer cette constitution, d'y réclamer une influence[3]. Il en serait surtout ainsi s'il avait été formé une association en vue de préparer la constitution de la société par actions. On pourrait considérer que la cession a porté sur les droits et obligations non dans la société par actions projetée, mais dans l'association existante entre les fondateurs, et que, par suite, en cas de non-constitution de la société par actions, le cessionnaire ne peut se faire rembourser les sommes par lui versées que sous la déduction de sa part dans les dépenses faites[4]. Le caractère définitif de la cession devra s'admettre plus facilement si les parts transmises sont représentées par des titres au porteur[5].

Cession postérieure à la constitution. — Les parts de fondateur peuvent, sans aucun doute, être cédées suivant les formes civiles

---

1. Trib. Lyon, 23 février 1900 et Lyon, 12 nov. 1900 (J. S. 1900, 460; 1901, 175).
2. Wahl, 194; Lecouturier, 175; Percerou, 187; Godin, 189. *Contrà*, Chavegrin, loc. cit.; Lyon-Caen et Renault, n° 560 *bis*. V. Paris, 19 juin 1885 (S. 89, I, 420).
3. Wahl, 198.
4. Cass. 16 février 1887 (S. 89, I, 417); Percerou, 188. V. aussi Seine, 10 décembre 1886 (J. S. 1886, 542).
5. Percerou, 189.

aussitôt après la constitution de la société. Peuvent-elles aussi être négociées suivant les formes commerciales? Cette question doit être résolue affirmativement. La loi du 1er août 1893, d'après laquelle les *actions* représentant des apports ne peuvent être détachées de la souche et ne sont négociables que deux ans après la constitution de la société, ne saurait être appliquée aux parts de fondateur, puisque ces parts ne constituent pas juridiquement des actions. Cette disposition étant une exception au droit commun doit être interprétée restrictivement. Il semble, du reste, résulter du texte de la loi qu'elle ne concerne que les actions représentatives du capital social. En effet, d'après le nouvel article 3 « les actions représentant des apports devront toujours être *intégralement libérées*, au moment de la constitution de la société; *ces actions...* ne sont négociables que deux ans après la constitution... » Or, les actions intégralement libérées ne peuvent être que des actions créées en représentation du fonds ou capital social, et non des parts bénéficiaires, lesquelles ne donnent lieu à aucun versement obligatoire. On ne saurait appliquer aux parts de fondateur les dispositions des lois de 1867 et de 1893 relatives aux actions, par cette raison déterminante que les parts de fondateur n'étant ni prévues, ni, par conséquent, réglementées par ces lois, restent soumises aux principes de droit commun. Bien que la négociation et la spéculation puissent ne pas présenter les mêmes facilités et les mêmes inconvénients pour les parts de fondateur que pour les actions, il pourrait être rationnel de les soumettre au régime restrictif de l'art. 3, et de les rendre, comme les actions, non négociables dans les deux ans qui suivent la constitution de la société. Mais tant que la législation des sociétés par actions ne sera pas modifiée, il faut reconnaître que les parts de fondateur sont, à la différence des actions d'apport, négociables aussitôt après la constitution de la société[1]. La compagnie des agents de change de Paris admet, du reste, les parts de fondateur à la négociation officielle, aussitôt après la constitution de la société.

Le mode et les formalités de cession des parts de fondateur dépendent de la forme des titres et des stipulations des statuts. Si les titres sont au porteur (ce qui est le cas le plus fréquent), ils sont cessibles par la simple tradition. S'ils sont nominatifs, ils peuvent être trans-

1. Houpin, J. S. 1894, 184. *Conf.* Bouvier-Bangillon, L. 1er août 1893, p. 149; Faure, *id.*, p. 65; Rousseau, *Man. pr. des soc. par act.*, n° 112; Genevois, *Nouv. rég. des soc.*, 183 et suiv.; Percerou, 189; Godin, 189; Vavasseur, R. S. 1895, 122; Wahl, 195; Lecouturier, 173; Paris, 14 janvier 1895 (J. S. 1895, 77); Seine, 24 avril 1900 (J. S. 1900, 463). *Contrà*, Chavegrin, *loc. cit.*; Valéry, note, D. 95, II. 302.

missibles soit suivant les formes civiles, soit suivant les formes commerciales (V. *suprà*, n°ˢ 339 et suiv.).

CHAPITRE V

DES DROITS DES PARTS DE FONDATEUR SUR LES BÉNÉFICES

377. Droits divers. — Le porteur de part de fondateur a droit principalement à une fraction, fixée par les statuts, des bénéfices que la société pourra réaliser. Comme droits accessoires, il peut : 1° former une demande en nullité de la société, si elle a été irrégulièrement constituée (*infrà*, n° 550); 2° intenter, contre les auteurs de la nullité, une demande en dommages-intérêts pour le préjudice que l'annulation de la société lui fait éprouver (*infrà*, n° 601); 3° former contre la société une demande en dommages-intérêts à raison du préjudice qui pourrait résulter pour lui de délibérations prises par l'assemblée générale des actionnaires au delà de ses pouvoirs, notamment en ce qui concerne la fixation et la répartition des bénéfices et la dissolution anticipée de la société.

Nous allons examiner quels sont les droits des porteurs de parts sur les bénéfices de la société et quels sont les événements qui peuvent faire cesser ou modifier ces droits.

378. Société civile ou syndicat. — Il est permis de constituer une société civile ou association syndicale entre les porteurs d'obligations hypothécaires ou ordinaires émises par une société, pour l'exercice des droits et la défense des intérêts communs (V. *infrà*, n°ˢ 409 et 414). On pourrait de même, en exécution d'une stipulation des statuts de la société par actions ou d'une convention postérieure, constituer une société civile ou un syndicat devant exister entre les porteurs de parts de fondateur créées par la société par actions, pour la défense de leurs intérêts communs, l'exercice d'une surveillance collective, d'actions judiciaires, etc. Ce groupement serait souvent fort utile. Les droits essentiels accordés aux parts de fondateur par les

---

1. V. Wahl, 193. Les parts de fondateur peuvent, comme les actions, être frappées de saisie-arrêt et mises en vente (Seine, 2 juillet 1898, J. S. 1899, 34).

statuts de la société par actions ne peuvent être modifiés sans leur consentement unanime, souvent difficile, sinon impossible à obtenir, surtout lorsque les titres sont au porteur. Or, il peut y avoir intérêt, pour les porteurs de parts comme pour les actionnaires, à modifier le régime primitif, à transformer les droits et les titres des porteurs de parts, par exemple à échanger ces parts contre des obligations. Les porteurs de parts, réunis en assemblée générale et délibérant à la majorité des voix, pourraient autoriser ces modifications ou transformations, ou des actions judiciaires dans le cas où les délibérations prises par l'assemblée générale des actionnaires porteraient atteinte aux droits de porteurs de parts. On substituerait ainsi l'action collective à l'action individuelle, si difficile à exercer et qui présente de graves inconvénients [1].

379. Droit aux bénéfices. Principe. — Le porteur de parts de fondateur a droit à une fraction, déterminée par les statuts, des bénéfices de la société. Il ne peut avoir aucun droit sur l'actif représentatif du capital social. C'est ce qui différencie principalement la part de fondateur de l'action.

Ordinairement il est stipulé que, sur les bénéfices nets de la société il sera prélevé 5 p. 100 pour la réserve légale, et la somme nécessaire pour servir un premier dividende (4, 5, 6 p. 100) aux actionnaires; et que le surplus sera réparti entre le conseil d'administration, les actionnaires et les porteurs de parts de fondateur dans les proportions fixées aux statuts. Parfois aussi on affecte une partie des bénéfices à l'amortissement du capital des actions (ce qui diminue, au fur et à mesure de l'amortissement, le premier dividende à servir aux actionnaires). On peut même convenir que, après le prélèvement de la réserve légale et du premier dividende à servir aux actionnaires, tous les bénéfices seront affectés à l'amortissement des actions, de lesquelles sont ensuite remplacées par des actions de jouissance ; de telle sorte que, après l'amortissement de toutes les actions de capital, les bénéfices puissent être répartis entre les actions de jouissance et les parts de fondateur. Enfin, il pourrait être stipulé que les parts de fondateur n'auront droit qu'à une somme fixe sur les bénéfices, après le prélèvement de la réserve légale et le paiement, s'il y a lieu, d'un premier dividende à servir aux actionnaires [2]. Ces différentes stipulations ne constituent que des modes particuliers de répartition des bénéfices, non prohibés par la loi.

---

1. V. *Rev. trim. du nouv. rég. des soc.*, 1897, 47.
2. V. Paris, 7 août 1907 (R. S. 1908, 427). Les parts pourraient participer aux bénéfices avant les actions (Genevois, *Rev. trim.*, 1899, 40).

380. Intérêts. — Ainsi que nous venons de l'expliquer, les parts de fondateur ne participent ordinairement aux bénéfices de la société qu'après le prélèvement d'un premier dividende, stipulé au profit des actionnaires, et représentant l'intérêt du capital. Mais il pourrait être valablement convenu que les bénéfices sociaux seront partagés entre les actions et les parts, dans des proportions déterminées, sans aucun prélèvement d'intérêts au profit des actionnaires. Ce n'est là, en définitive, qu'un mode particulier de répartition des bénéfices entre les actions et les parts de fondateur[1].

Doit-on considérer que les actionnaires ont le droit de prélever l'intérêt du capital de leurs actions, alors même que les statuts se contentent de fixer la répartition des bénéfices entre les actions et les parts, sans autoriser les actionnaires à prélever tout d'abord l'intérêt des capitaux fournis par eux ?

L'affirmative a été soutenue par les trois principaux motifs suivants : 1° le prélèvement d'intérêts est conforme à l'usage ; 2° ensuite la rémunération du capital versé est une sorte de dette sociale, à tel point que ce capital figure dans les bilans, comme passif de la société ; 3° enfin cela est de toute justice[2].

Nous reconnaissons qu'il est juste et conforme à l'usage consacré par les statuts des sociétés par actions, d'attribuer aux actionnaires l'intérêt du capital de leurs actions avant la répartition des bénéfices entre les actions et les parts. Mais nous contestons que cet intérêt soit une sorte de dette sociale, de telle sorte que les actionnaires y aient droit même en l'absence de toute stipulation statutaire. Tout d'abord, le prélèvement stipulé au profit des actionnaires ne constitue pas légalement un véritable intérêt. L'intérêt implique une créance que l'actionnaire peut toujours réclamer même en l'absence de bénéfices (*suprà*, n° 726). Mais lorsqu'il est stipulé qu'il sera prélevé, *sur les bénéfices* nets, un intérêt à servir aux actionnaires, ce prélèvement ne constitue en réalité qu'un premier dividende fixe, qui ne peut être réclamé par les actionnaires que s'il y a des bénéfices suffisants pour y faire face. D'un autre côté, les associés — même lorsque leurs apports sont inégaux — n'ont pas droit, en dehors de toute convention particulière, de réclamer le prélèvement sur les bénéfices, de l'intérêt de ces apports. C'est le pacte social seul qui peut les autoriser à prélever un intérêt. Cet intérêt ne saurait, à aucun titre, constituer de plein droit une dette sociale, à l'encontre

---

1. Wahl, J. S. 1897, 201; Houpin, J. S. 1895, 386.
2. Wahl, 200.

des porteurs de parts de fondateur, pas plus que dans les rapports des actionnaires entre eux. Lorsque les statuts stipulent que les bénéfices seront répartis entre les actions et les parts dans des proportions déterminées, cette convention, qui fait la loi des parties, doit être exécutée purement et simplement; ce serait la violer que de prélever sur les bénéfices, au profit des actionnaires, un intérêt ou premier dividende, avant toute répartition aux parts de fondateur. Il est donc nécessaire que ce prélèvement soit expressément stipulé par les statuts pour que les actionnaires y aient droit[1].

381. Durée de la société. Liquidation. Prorogation. — Lorsqu'il est stipulé que les parts de fondateur auront droit à une fraction déterminée des bénéfices de la société, cela doit s'entendre (sauf stipulation contraire) non seulement des bénéfices nets distribués annuellement, mais encore du complément des bénéfices définitifs de la société (représentés notamment par le fonds de réserve), résultant de la réalisation de l'actif social à son expiration, après le remboursement du capital des actions. Mais il pourrait être valablement convenu que les porteurs de parts n'auront droit qu'aux bénéfices annuels, réalisés et distribués au cours de la société, et qu'ils ne participeront pas aux bénéfices qui pourront résulter de la réalisation de l'actif (notamment de la répartition du fonds de réserve), lors de la dissolution de la société, lequel actif appartiendra aux actionnaires exclusivement[2].

Si la durée de la société, fixée par les statuts contenant l'attribution des parts de fondateur, était prorogée par l'assemblée générale des actionnaires, les propriétaires de ces parts seraient-ils fondés à réclamer la continuation des avantages bénéficiaires pour la nouvelle période d'existence de la société? La négative a été soutenue[3], et l'on a invoqué, à l'appui de cette solution, un arrêt décidant que les avantages et bénéfices attribués pour la durée de la société ne peuvent être revendiqués par les bénéficiaires que pour la durée de la société fixée par les statuts, et non pour la période d'existence ultérieure pouvant résulter de la prorogation de la société[4]. Mais cette décision, qui concernait l'attribution faite aux héritiers d'un ancien gérant, et non des parts de fondateur, peut s'expliquer par des circonstances particulières. Il y a là une question de fait et d'interprétation du contrat. Mais en principe, et dans le silence des statuts,

1. Houpin, J. S. 1898, 5.
2. Houpin, J. S. 1895, 386 ; 1898, 7. *Conf.* Wahl, 1897, 202.
3. Chavegrin, note, S. 89, I, 417.
4. Paris, 8 juillet 1886 (J. S. 1887, 269).

on doit considérer que les parts de fondateur ont droit de participer aux bénéfices jusqu'à l'expiration de la société, sa durée fût-elle prorogée. L'avantage pouvant résulter d'une prorogation est une compensation au risque attaché à l'éventualité d'une dissolution anticipée[1]. C'est là un point qu'il est utile de déterminer dans les statuts, pour éviter toute difficulté d'interprétation.

382. Augmentation de capital. — Il peut être stipulé dans les statuts qu'en cas d'augmentation du capital social, les parts de fondateur n'exerceront leurs droits que dans la proportion du capital initial, par rapport au capital augmenté, c'est-à-dire que la fraction de bénéfices attribuée aux parts de fondateur subira une réduction proportionnelle. Cette stipulation doit recevoir son exécution si l'augmentation du capital est faite sans fraude[2].

Mais que doit-on décider, si les statuts accordent une portion de bénéfices aux parts de fondateur, sans stipuler expressément la réduction proportionnelle de cette attribution en cas d'augmentation de capital? La question est controversée. Les auteurs enseignent que la part de bénéfices doit être diminuée proportionnellement. Ce qu'on a promis — a-t-on dit — aux parts de fondateur, c'est une quote-part des bénéfices qu'on espère réaliser au moyen du capital social, tel qu'il a été fixé à l'origine. Une augmentation de capital du double doit normalement amener le doublement du chiffre antérieur de bénéfices. Il n'y a aucune raison pour augmenter dans la même proportion l'émolument des fondateurs, sous peine de leur attribuer une part considérable des bénéfices et de ne plus pouvoir rémunérer convenablement les actionnaires qui ont fourni les fonds nécessaires à l'exploitation sociale[3]. Cette solution peut être équitable; mais nous ne la croyons pas conciliable avec la stipulation des statuts qui accorde aux parts de fondateur une fraction déterminée des bénéfices qui seront réalisés par la société, jusqu'à son expiration. Cette fraction de bénéfices ainsi attribuée aux parts de fondateur ne saurait être diminuée arbitrairement, par suite de l'augmentation du capital social, si cette augmentation a été prévue et autorisée par les statuts. Il en serait de même dans le cas où l'augmentation de capital serait réalisée au moyen de l'apport à la société par une autre société ou par un particulier. Si la fraction de bénéfices

---

1. Conf. Wahl, 254; Godin, 182; Rev. trim. du nouv. rég. des soc., 47. Contrà, Lecouturier, Rev. crit., 1897. 262.
2. Seine, 21 novembre 1892 (J. S. 1893, 129).
3. Lecouturier, 259; Wahl, 201; Godin, 182; Neymark, R. S. 1887, 160. Contrà, Houcaud-Pénardille, n° 31; Schwartz, R. S. 1905, 297.

attribuée aux parts de fondateur doit être diminuée par le fait d'une augmentation de capital ordinaire ou d'une augmentation de capital résultant d'un apport-fusion, les statuts doivent le stipuler expressément; autrement la convention doit recevoir son exécution pure et simple.

383. Réduction de capital. — En cas de réduction du capital social les droits bénéficiaires attribués, par les statuts, aux parts de fondateur, doivent être maintenus; la fraction à laquelle ils ont droit dans les bénéfices ne sera ni augmentée (si la réduction leur est désavantageuse), ni diminuée (si elle leur est favorable).

La réduction de capital peut être motivée par des pertes subies par la société ou par la dépréciation de son actif. Cette réduction, qui a pour but de mettre le chiffre du capital social en harmonie avec la valeur réelle de l'actif qui en est la représentation, est avantageuse pour les propriétaires de parts de fondateur, puisqu'elle permet de distribuer les bénéfices qui seront réalisés après la réduction et qui, si le capital social n'était pas réduit, devraient être employés à combler le déficit de la société. Les porteurs de parts profiteront donc de la réduction[1].

Il peut se faire que le capital social soit trop élevé pour les besoins de la société, et que l'assemblée générale soit amenée à le réduire dans le but de supprimer des capitaux inutiles et de diminuer l'intérêt ou premier dividende à servir aux actionnaires. Dans ce cas encore, la réduction de capital peut être un acte de bonne administration conforme à l'intérêt des actionnaires et des porteurs de parts, et ceux-ci ne seraient pas fondés à la critiquer.

Mais si la réduction ne se justifiait pas par la situation et l'intérêt de la société, les porteurs de parts de fondateur pourraient être fondés à former une action en dommages-intérêts contre la société, si elle leur causait un préjudice, par suite de la diminution des opérations sociales et, comme conséquence, des bénéfices[2].

384. Fixation des bénéfices. — Les bénéfices de la société sont constatés par un inventaire annuel, dressé par le gérant ou le conseil d'administration, qui soumet cet inventaire et les comptes à l'approbation de l'assemblée générale des actionnaires, laquelle décide la répartition des bénéfices, conformément aux stipulations des statuts. Cette répartition de bénéfices donne lieu (notamment en ce qui concerne les amortissements et les réserves) à des difficultés que nous examinerons plus loin (infrà, nos 392 et 393).

---

1. V. Godin, p. 178. V. Seine, 13 novembre 1901 (J. S. 1902, 468).
2. Wahl, 201 et 252; Godin, 178. V. trib. Lyon, 20 octobre 1902 (J. S. 1903, 67).

385. Fusion. Dissolution anticipée de la société. — L'assemblée générale des actionnaires peut, en vertu des statuts, décider la fusion de la société avec une autre société, ou prononcer la dissolution anticipée de la société et la réalisation de l'actif. Ces fusion ou dissolution anticipée, décidées souverainement par l'assemblée générale des actionnaires, sont opposables aux porteurs de parts; mais elles peuvent justifier une action en dommages-intérêt par ces derniers contre la société (V. *infrà*, n° 402).

386. Partage de l'actif à la dissolution de la société. Prélèvement du capital social au profit des actionnaires. — A l'expiration de la société ou en cas de dissolution anticipée, tout l'actif social est réalisé. Sur le produit de cette réalisation, on doit acquitter tout d'abord le passif social, comprenant notamment le capital des obligations non amorties. Les porteurs de parts ne peuvent émettre aucune prétention tant que ce passif n'est pas acquitté[1]. Après le paiement du passif, il y a lieu de prélever, sur le produit net de la liquidation, et de verser aux actionnaires le capital nominal de leurs actions, si ce capital n'a pas été amorti au cours de la société[2]. Ce prélèvement opéré, le surplus restant disponible et représentant des bénéfices nets, doit être partagé entre les actionnaires et les porteurs de parts dans la proportion fixée par les statuts pour la répartition des bénéfices. Il pourrait toutefois être convenu, dans le pacte social, que les parts de fondateur n'auront droit qu'aux bénéfices annuels répartis au cours de la société, et que tout l'actif existant lors de la dissolution appartiendra exclusivement aux actionnaires (*suprà*, n° 379).

Mais pourrait-il être, en sens inverse, déclaré par les statuts que les bénéfices nets seront partagés, dans une proportion déterminée, entre les actionnaires et les porteurs de parts, *sans que les action-naires puissent prélever le capital de leurs actions*?

L'affirmative a été soutenue par un auteur[3], par des motifs qui ne nous ont pas semblé justifiés et que nous avons combattus dans une étude spéciale[4]. Elle a été défendue depuis par un autre auteur, qui lui a donné l'appui de son autorité. « Si — dit ce dernier auteur — les actionnaires peuvent renoncer à prélever, dans le cours de la société, avant de partager les bénéfices avec les porteurs de parts, les intérêts de leur capital, il n'y a pas plus de raison pour annuler

[1]. Wahl, J. S. 1897, 202; Seine, 24 septembre 1894 (J. S. 1895, 385).
[2]. Seine, 24 septembre 1894, *loc. cit.*; Genevois, 169; Wahl, 202.
[3]. Genevois, *Tr. des parts de fond.*, p. 52 et suiv.; *Le nouv. rég. des soc.*, p. 167.
[4]. *J. des soc.*, 1895, 385 et suiv.

la clause des statuts portant renonciation au droit de prélever, après la dissolution, le capital lui-même. Cette clause revient indirectement à augmenter la portion de l'actif social qui doit revenir aux porteurs de parts, et ce qui pourrait être fait directement doit également pouvoir être fait d'une manière indirecte. D'ailleurs, les actionnaires ne nuisent qu'à eux-mêmes; ils ne causent aucun préjudice aux créanciers sociaux, et il appartient à chacun de renoncer aux droits établis en sa faveur. Méconnaissons-nous la définition que nous avons donnée de la part de fondateur? La faisons-nous rentrer dans le capital social, en lui donnant droit au remboursement de ce capital? Si cela était vrai, ce ne serait pas seulement la clause qui serait nulle, ce serait la société elle-même; car une partie du capital social aurait échappé, sous le nom de parts de fondateur, aux formalités de constitution exigées dans l'intérêt des tiers. Mais nous ne pensons pas que la clause en question aboutisse à donner aux porteurs de parts le droit d'obtenir le remboursement d'un capital; elle leur permet seulement de participer aux bénéfices et à l'actif nets, sans avoir à craindre un prélèvement des actionnaires; elle augmente leur créance sans en modifier la nature [1]. »

Cette argumentation ne nous a pas paru fondée, par les principaux motifs suivants [2] : si les actionnaires peuvent renoncer à prélever, dans le cours de la société, avant de partager les bénéfices avec les porteurs de parts, les intérêts de leur capital, il ne s'ensuit pas qu'ils puissent également renoncer au droit de prélever, après la dissolution, le capital lui-même. Dans le premier cas, la renonciation ou stipulation ne concerne que la répartition des bénéfices; dans le second cas, elle touche à la répartition du capital ou actif social. Les intéressés sont libres d'établir comme ils l'entendent la répartition des bénéfices; et si la clause dont il s'agit ne renfermait qu'un mode particulier de répartition *des bénéfices* — c'est-à-dire de tout ce qui excède le capital social — nous n'aurions pas à la critiquer. Elle nous paraîtrait valable si elle avait toujours pour effet d'assurer aux actionnaires une somme égale à leurs apports, plus une portion quelconque de bénéfices. Mais si la société est en perte, il est certain, en fait, que la clause ne renferme pas un mode de répartition des bénéfices (puisqu'il n'y en a pas à distribuer); elle contient une convention de répartition du capital ou actif social entre les actions et les parts. Les parts de fondateur représentent un seul droit : celui à une

---

1. Wahl, J. S, 1897, 203. *Conf.* Godin, 163; Percerou, **205.**
2. V. Houpin, J. S. 1898, 5 et suiv.

fraction des bénéfices que la société pourra réaliser. Ces parts ne peuvent, sans être dénaturées, avoir un droit dans l'actif qui est la représentation de l'apport des actionnaires et du capital social; elles participeraient ainsi des actions en ce qu'elles auraient, comme celles-ci, des droits sur le capital social. Il y aurait danger à créer librement et à rendre immédiatement négociables des titres appelés parts de fondateur, participant de l'action, et qui conféreraient, indépendamment d'une participation aux bénéfices, le droit de partager l'actif social, avec et comme les actionnaires, à la dissolution de la société; on arriverait ainsi à violer la loi de 1867[1].

387. Rachat et conversion des parts de fondateur. — La société (représentée par le gérant ou le conseil d'administration, et par l'assemblée générale des actionnaires) ne peut anéantir ou transformer les droits bénéficiaires conférés par les statuts aux porteurs de parts de fondateur. Elle ne peut, notamment, imposer à ces derniers ni le rachat de leurs parts, à moins que les statuts n'aient prévu et autorisé ce rachat et fixé les bases d'après lesquelles le prix en sera déterminé[2], ni la conversion des parts en obligations ou en actions de la société[3]. Nous estimons, du reste, que ces rachat ou conversion, fussent-ils consentis par tous les porteurs de parts, excéderaient, dans le silence des statuts, les pouvoirs de l'assemblée générale des actionnaires; car ils constitueraient une modification essentielle du pacte social.

Dans quelles conditions le rachat, s'il est régulièrement autorisé, est-il possible?

Nous considérons qu'une société ne peut faire l'acquisition de parts de fondateur avec des fonds faisant partie du capital social : car l'actif qui est la représentation du capital-actions, doit être employé à réaliser l'objet de la société, et non à éteindre un droit à une partie des bénéfices éventuels de la société. Une telle opération entraînerait la réduction du capital social, et nécessiterait l'accomplissement des formalités nécessaires pour consacrer cette réduction de capital. Il en serait de même si le rachat était réalisé par voie de conversion des parts de fondateur en obligations de la société.

Mais la société pourrait acheter et éteindre les parts de fondateur avec les sommes dépendant d'un fonds de réserve constitué à cet

1. Conf. Lecouturier, Rev. crit., 1897, 153.
2. Genevois, Nouv. rég. d·s soc., p. 170.
3. Houpin, J. S. 1904, 5. Les parts de fondateur ne peuvent être converties en actions de jouissance (conférant les mêmes droits que les autres actions) après l'amortissement des actions de capital V. Houpin, J. S. 1900, 145.

effet au moyen d'un prélèvement sur les bénéfices, en exécution d'une stipulation des statuts, car cette opération laisserait subsister intégralement le capital social[1].

Le rachat peut-il avoir lieu par la conversion des parts en actions créées à titre d'augmentation du capital social? — C'est un point que nous examinerons en traitant de l'augmentation de capital (*infrà*, n° 654)

CHAPITRE VI

DES ASSEMBLÉES GÉNÉRALES D'ACTIONNAIRES

SECTION 1

ASSISTANCE DES PORTEURS DE PARTS DE FONDATEUR AUX ASSEMBLÉES GÉNÉRALES

388. Principe. — Dans une société par actions, l'administration de la société appartient à ses mandataires et à l'assemblée générale des actionnaires, et les porteurs de parts de fondateur, participant simplement aux bénéfices, n'ont pas le droit de s'immiscer dans les affaires sociales, de faire partie des assemblées générales d'actionnaires et d'y assister. C'est un point universellement reconnu, non seulement par ceux qui considèrent la part de fondateur comme une créance, ou un droit *sui generis*, ou une part sociale distincte de l'action, mais encore par les auteurs qui identifient la part de fondateur à l'action[2]. On a cependant fait justement observer que, dans cette dernière opinion, les porteurs de parts de fondateur devraient faire partie des assemblées générales d'actionnaires, s'ils sont eux-mêmes des actionnaires. A la vérité, cette solution serait d'une application très difficile. Les délibérations sont prises à la majorité, et la majorité souvent se calcule, à la fois, sur le nombre des actionnaires et sur le montant nominal de leurs actions. Comment établir le montant d'une part de fondateur qui n'a pas de valeur nominale? La plupart des assemblées devant, pour être valables, réunir une certaine quote-

---

1. V. Paris, 8 juin 1901 (J. S. 1901, 505; S. 1903, II, 25; D. 1902, II, 5).
2. Bousquet, J. S. 1885, 753; Wahl, *Tit. port.*, n° 292, et J. S. 1897, 198; Thaller, *Rev. crit.*, 1887, 219; Vavasseur, n° 904; Percerou, 183; Seine, 24 septembre 1894 (J. S. 1895, 38); Paris, 14 janvier 1895 (J. S. 1895, 77) et 16 juillet 1896 (J. S. 1896, 414). V. toutefois Lyon-Caen et Renault, 3e édit., n° 844.

part du capital social, on se trouverait en face d'une difficulté analogue, si l'on voulait ouvrir aux porteurs de parts les portes de l'assemblée générale[1].

Du reste, les statuts des sociétés par actions contiennent une clause (devenue de style) interdisant aux porteurs de parts l'accès aux assemblées générales des actionnaires.

389. Stipulation permettant l'accès. — Mais si, en principe, les porteurs de parts de fondateur n'ont pas le droit d'assister aux assemblées générales, peut-on leur accorder ce droit par les statuts, soit à raison de leur qualité même, soit à la condition de réunir entre leurs mains la possession d'un certain nombre de parts?

Des auteurs sont d'avis que les statuts pourraient autoriser les obligataires à prendre part aux assemblées avec voix consultative et même avec voix délibérative[2]. Cette solution serait applicable, à plus forte raison, aux porteurs de parts. Un auteur estime également que des statuts peuvent, sans violer la loi, ouvrir les portes d'une assemblée générale à des tiers qui ne sont pas des actionnaires, et stipuler, notamment, que des porteurs de parts de fondateur auront le droit d'assister aux assemblées générales, avec un droit de vote sur le bilan et la fixation des bénéfices[3].

Cette doctrine nous paraît méconnaître le caractère essentiel des dispositions de la loi de 1867. Les textes indiquent d'une manière formelle — et, à notre avis, impérative — que les assemblées générales doivent être composées d'actionnaires, de ceux qui ont contribué à la formation du capital social, dont l'existence est indispensable aux opérations de la société et lui confère la personnalité morale. La loi parle d'*actionnaires* et fixe la *quotité du capital* qu'ils doivent représenter pour la validité des assemblées ordinaires et extraordinaires; elle n'a donc en vue que la représentation du capital social. On comprend, du reste, que le législateur ait tenu à laisser à ceux qui ont constitué la société, et qui, dans leur ensemble, sont les propriétaires de l'actif social, le soin et la responsabilité de la gestion, et ne leur ait pas permis d'enchaîner leur libre arbitre et de faire dépendre la direction sociale de la volonté d'autres personnes, créanciers ou intéressés dans les bénéfices[4]. La qualité d'actionnaire est donc *nécessaire* pour être admis à faire partie de l'assemblée

---

1. V. Wahl, J. S. 1897, 199.
2. Lyon-Caen et Renault, n° 844.
3. Rousseau, *Man. pr. des soc.*, n° 107. Cet auteur déclare que son opinion a été adoptée par les juriconsultes les plus éminents. *Conf.* Percerou, p. 183 V. aussi Vavasseur, R. S. 1895, 128.
4. Wahl, J. S. 1897, 199.

générale. La présence d'étrangers pourrait pousser à déplacer la majorité, et la combinaison de la loi serait entièrement détruite. La société anonyme ne peut se constituer et fonctionner que dans les conditions prescrites par la loi. Donc, les porteurs de parts de fondateur. n'étant pas des actionnaires, ne peuvent, non plus que les obligataires, faire partie des assemblées générales et y voter, même en vertu d'une stipulation des statuts [1].

La part de fondateur ne ressemble à l'action que sur un point : elle participe comme celle-ci au partage des bénéfices sociaux. Les deux autres prérogatives : assistance aux assemblées générales et partage de l'actif social, sont absolument inconciliables avec la nature de la part de fondateur. Si, suivant l'opinion de certains auteurs, l'on permettait aux porteurs de parts de fondateur le droit de vote aux assemblées générales et le partage du fonds social à la dissolution de la société (*suprà*, n° 386), on arriverait ainsi à créer de véritables actions qui échapperaient aux règles des lois de 1867 et de 1893 : cela nous paraît inadmissible [2].

Ne pourrait-on, du moins, permettre la convocation des porteurs de parts aux assemblées générales, en leur accordant simplement voix consultative ? On a émis l'avis que ce droit peut leur être accordé [3]. Tout en reconnaissant qu'il y a une différence essentielle entre un simple avis, que l'assemblée est libre de ne pas suivre, et le droit de voter, nous estimons, en fait et en droit, qu'il est prudent et préférable de ne pas autoriser les porteurs de parts à assister aux assemblées, même avec simple voix consultative, parce qu'il pourrait en résulter une ingérence dans les affaires sociales, dangereuse et qui, en principe, n'est pas permise aux porteurs de parts [4].

SECTION 2

POUVOIRS DE L'ASSEMBLÉE GÉNÉRALE DES ACTIONNAIRES

390. Principe. — Nous avons dit que les porteurs de parts de fondateur n'ont pas le droit de s'immiscer dans les affaires de la société, ni de prendre part aux assemblées générales. C'est aux action-

---

1. *Conf.* Wahl, *loc. cit.*; Lecouturier, 156; Thaller, *Tr.*, n° 644; Genevois, *Nouv. rég. des soc.*, p. 162; Godin, 168. Les porteurs de parts ne pourraient avoir le droit d'assister aux assemblées générales comme conséquence de la conversion des parts en actions de jouissance, après l'amortissement des actions de capital (Houpin, J. S. 1900, 145).
2. *Conf.* Lecouturier, 155 et 160.
3. Wahl, J. S. 1897, 200.
4. *Conf.* Genevois, p. 172, et *Rev. trim.*, 1897, 46; Godin, 168; Percerou, 200.

naires réunis en assemblée générale qu'il appartient d'administrer la société, de lui donner la direction qui leur convient, et d'exercer les droits et les pouvoirs qui résultent de la loi et des statuts. Toutes les résolutions régulièrement prises par l'assemblée générale des actionnaires sont donc opposables aux porteurs de parts de fondateur, et ceux-ci ne sont pas fondés à en demander la nullité. Mais, ainsi qu'on l'a fait observer, le contrat de société doit être exécuté loyalement, en conformité des statuts qui sont la charte des parties intéressées et déterminent les droits des parts de fondateur ; la société doit se garder d'agir dans le but de faire fraude aux porteurs de ces titres. Les résolutions prises par le conseil d'administration ou l'assemblée générale des actionnaires doivent s'inspirer exclusivement de l'intérêt bien compris de la société [1]. Si l'assemblée générale a porté atteinte aux droits statutaires des porteurs de parts, si elle a excédé les droits et pouvoirs résultant du pacte social, ou si elle a agi abusivement en fraude des droits des porteurs de parts, ceux-ci sont fondés, ainsi que nous l'établirons bientôt, à se pourvoir en justice et à exercer une action en dommages-intérêts contre la société ou ses représentants [2].

Mais les porteurs de parts seraient autorisés, comme intéressés, à demander la nullité des délibérations de l'assemblée générale des actionnaires qui seraient nulles, soit en la forme (celles, notamment, qui ne seraient pas prises dans une assemblée ou par une majorité réunissant la quotité de capital fixée par les statuts ou par la loi) [3], soit au fond comme portant sur un objet interdit par les statuts ou par la loi et excédant, par là même, les pouvoirs de l'assemblée générale [4].

Nous allons examiner quelles sont les principales résolutions qui peuvent être prises valablement par l'assemblée générale des actionnaires et qui sont opposables aux porteurs de parts de fondateur.

391. Modification des statuts. — L'assemblée générale des actionnaires a le droit de modifier les statuts de la société dans les limites résultant de la loi et du pacte social. Elle peut, notamment : augmenter ou réduire le capital social, proroger la durée de la société (nous examinerons plus loin la question de dissolution (*infrà*, n° 395). Mais si l'assemblée générale (ni à plus forte raison le conseil d'admi-

1. Lecouturier, *Traité*, n°s 285 et s. ; Percerou, note, D. 1904, 1, 89.
2. V. Paris, 16 juill. 1896 (J. S. 96, 414) ; Cass., 29 mars 1909 (J. S. 09, 342).
3. Wahl, note, S. 98, II, 91. V. Cass., 3 avril 1892 et note de M. Meynial (S. 93, 33). V. aussi Paris, 16 juillet 1896 (J. S. 1896, 414).
4. Wahl et Percerou, *loc. cit.* ; Paris, 8 juin 1901, J. S. 1900, 135 ; 01, 505 ; 08, 518.

nistration [1]) n'a pas le droit de porter atteinte, par une modification des statuts, aux droits et avantages résultant du pacte social au profit des parts de fondateur, et notamment de réduire ou d'anéantir la fraction attribuée à ces parts dans les bénéfices [2]. Si donc l'assemblée générale décidait la création de nouvelles parts (par exemple, en cas d'augmentation de capital, au profit des actionnaires primitifs, ou même en représentation des apports), les porteurs de parts créées par les statuts conserveraient la même portion de bénéfices que si les nouvelles parts n'avaient pas été créées, et les bénéfices de ces dernières seraient pris tout entiers sur la quote-part des actionnaires [3].

392. Établissement des comptes. Amortissements industriels. — Chaque année, il doit être dressé par le gérant ou par le conseil d'administration un inventaire de l'actif et du passif de la société. Cet inventaire, le bilan et les comptes des opérations sociales sont présentés à l'assemblée générale, qui les examine, les approuve, s'il y a lieu, et détermine le mode de répartition des bénéfices, conformément aux stipulations des statuts. Les décisions prises à cet égard par l'assemblée générale des actionnaires sont opposables aux porteurs de parts de fondateur.

Il y a lieu, dans l'inventaire et le bilan, pour l'établissement des comptes, d'estimer les divers éléments composant l'actif social, et de tenir compte des dépréciations qui ont pu se produire depuis le dernier inventaire, notamment en ce qui concerne le matériel et les immeubles industriels [4]. C'est ce que l'on appelle faire des *amortissements*. L'amortissement peut être réalisé soit en portant à l'actif les biens industriels pour leur valeur réelle actuelle (déduction faite de la dépréciation), soit en maintenant à l'actif la valeur primitive et en portant au passif, à un compte d'amortissement, une somme égale à la moins-value (V. *infrà*, n° 933).

Le conseil d'administration et l'assemblée générale des actionnaires ont (même en l'absence de toute stipulation statutaire) le droit et le devoir de tenir compte, pour l'évaluation de l'actif, de ces dépréciations ou amortissements; et les décisions qu'ils prennent à cet égard sont souveraines et opposables aux porteurs de parts de fondateur; ceux-ci ne peuvent les critiquer sans s'immiscer, ce qui leur est interdit, dans l'administration de la société, à moins que ces

1. V. Paris, 16 février 1885 (J. S. 1886, 555).
2. V. J. S. 1895, 130; 1900, 135; 1910, 90 et 225; Cass., 29 nov. 1908 (J. S. 09, 342).
3. Wahl, J. S. 1897, 253.
4. V. Seine, 16 janvier 1890 (J. S. 1890, 531).

décisions n'aient été prises en violation des statuts, ou en fraude des droits des porteurs de parts de fondateur[1].

Il est impossible de poser des règles précises qui permettent d'apprécier quand, comment et dans quelles proportions les amortissements doivent être opérés. C'est là une question de fait et d'appréciation à résoudre eu égard aux usages de l'industrie, à la nature et à la situation particulière de l'établissement social. Ordinairement les usages et les besoins de l'industrie, la nécessité ou l'éventualité d'un renouvellement de matériel justifient de larges amortissements dans la valeur de l'actif industriel (matériel, constructions, brevets, etc.)[2].

Il a été décidé que les mines et concessions d'une société ne peuvent être amorties par l'assemblée générale si le pacte social ne lui en a pas donné le droit[3]. En principe, cette solution est inadmissible. L'assemblée générale n'a pas besoin d'être autorisée spécialement pour faire des amortissements résultant de la dépréciation de l'actif. Quant au point de savoir si la diminution de la valeur d'une mine, par suite de son exploitation, ne se trouve pas compensée par l'augmentation de valeur résultant des travaux de recherche et d'exploitation, c'est là une question de fait que l'assemblée générale apprécie souverainement[4]. Dans une espèce où les immeubles et le matériel ne figuraient plus au bilan que pour une valeur purement nominale de quelques francs, le tribunal, estimant que les amortissements opérés étaient manifestement exagérés, avait commis des experts[5]. Mais la cour a décidé que les porteurs de parts n'invoquant ni la fraude, ni le caractère antistatutaire des amortissements, mais uniquement leur exagération, ne pouvaient être admis à faire contrôler par des tiers, même par la justice, les amortissements opérés[6].

393. Réserves. — L'art. 36 de la loi de 1867 impose aux sociétés anonymes l'obligation de prélever annuellement, sur les bénéfices nets, un vingtième au moins affecté à la formation d'un fonds de réserve, jusqu'à ce qu'il ait atteint le dixième du capital social. Parfois les statuts prescrivent un prélèvement plus important, et souvent ils autorisent l'assemblée générale des actionnaires à décider le prélèvement, indépendamment de la réserve légale, d'une somme,

1. Seine, 20 déc. 1894 (J. S. 1895, 130); Paris, 16 juillet 1896 (J. S. 1896, 414); Lecouturier, Rev. crit., 1897, 254; Wahl, J. S. 1897, 247; Genevois, Le nouv. rég. des soc., p. 177; Percerou, p. 211. V. Thaller, nos 640, 646.
2. V. Seine, 13 avril 1882 et 24 juin 1886; Percerou, 214.
3. Seine, 20 décembre 1894 (J. S. 1895, 130).
4. V. Paris, 16 juillet 1896, loc. cit.
5. Seine, 5 décembre 1894, loc. cit. (D. 99, II, 361, note Thaller).
6. Paris, 16 juillet 1896, loc. cit.

qu'elle détermine annuellement, pour la constitution d'un fonds de prévoyance ou pour des réserves extraordinaires. Les prélèvements décidés par l'assemblée générale des actionnaires pour la constitution de réserves ordinaires ou extraordinaires, en exécution des statuts, sont, bien entendu, opposables aux porteurs de parts de fondateur.

En ce qui concerne les prélèvements pour des réserves extraordinaires ou pour un fonds de prévoyance, on stipule parfois qu'ils seront opérés sur le dividende revenant aux actionnaires. Dans ce cas, ils ne peuvent diminuer la portion de bénéfices revenant aux porteurs de parts.

Mais l'assemblée générale a-t-elle le droit, si elle n'y est autorisée par les statuts, de décider le prélèvement d'une partie des bénéfices pour constituer un fonds de prévoyance ou des réserves extraordinaires? La question ne comporte pas une réponse absolue, et la solution dépend des circonstances. Si le prélèvement est justifié, s'il apparaît comme dicté exclusivement par le souci des intérêts de la société, il doit être accepté par les porteurs de parts. Si, au contraire, il n'a été opéré que dans le but de faire fraude aux droits de ceux-ci, ils pourront être fondés à demander la distribution des bénéfices indûment mis en réserve[1]. En général, le prélèvement doit être accidentel et temporaire, et destiné à parer soit aux risques ou aléas de l'industrie sociale, soit à des besoins prévus[2]. Ainsi est légitime le prélèvement, sur les bénéfices, d'une somme destinée à constituer un fonds spécialement destiné à compenser la diminution du capital par suite des variations des cours du change survenues depuis la clôture de l'inventaire[3]. La constitution de réserves générales permanentes ou d'un fonds de prévoyance sans cause ou destination particulière serait critiquable (*infrà*, n° 932).

Les prélèvements, lorsqu'ils sont justifiés, doivent être opérés sur l'ensemble des bénéfices, aussi bien sur la portion des porteurs de parts que sur celle des actionnaires[4], à moins de stipulation contraire dans les statuts.

Afin d'éviter les difficultés qui peuvent s'élever avec les porteurs de parts de fondateur et même avec les actionnaires, il est utile d'autoriser expressément, par les statuts, l'assemblée générale des

1. V. Lecouturier, 254 et 257; Percerou, 213 et note, D. 1902, II, 7; Wahl, J. S. 1897, 251 et S., 1903, II, 25; Paris, 15 déc. 1892; Seine, 20 déc. 1894; Paris, 8 juin 1901; Cass., 8 déc. 1902 et 24 mars 1903 (J. S. 94, 301; 95, 130; 01, 505; 03, 295 et 345; 10, 215).
2. V. Wahl, note, J. S. 98, II, 92.
3. Seine, 14 janvier 1893 (J. S. 1893, 393).
4. Seine, 13 avril 1882 (Genevois, p. 203). V. Paris, 7 août 1907 (J. S. 1909, 61).

actionnaires à décider annuellement un prélèvement sur les bénéfices pour la constitution, souvent indispensable dans l'industrie, d'un fonds de prévoyance ou de réserve extraordinaire.

394. Répartition des bénéfices. — Ce qui reste sur les bénéfices nets de la société, après les prélèvements autorisés par les statuts ou justifiés par les circonstances, doit être réparti, à titre de dividende, entre les actionnaires et les porteurs de parts de fondateur, dans les proportions déterminées par les statuts. L'assemblée générale des actionnaires ne pourrait, surtout après avoir voté la répartition aux actionnaires d'un premier dividende, décider le report des bénéfices ou de l'excédent des bénéfices à l'exercice suivant[1]. Les porteurs de parts sont en droit d'exiger le paiement de leur quote-part des bénéfices déclarés disponibles par l'assemblée.

395. Dissolution anticipée de la société. — L'assemblée générale des actionnaires, délibérant, si la société est anonyme, dans les conditions déterminées par l'art. 31 de la loi de 1867, est ordinairement autorisée par les statuts à prononcer la dissolution anticipée de la société. Cette dissolution, décidée souverainement par l'assemblée générale, est opposable aux porteurs de parts de fondateur, et ceux-ci ne sont pas fondés à en demander la nullité. La solution est certaine si la dissolution a été prononcée pour motifs légitimes[2]. Elle devrait être admise même dans le cas où la dissolution serait frauduleuse : car le droit conféré à l'assemblée générale des actionnaires de prononcer la dissolution anticipée de la société est absolu, et les porteurs de parts, auxquels il est interdit de s'immiscer dans l'administration de la société, ne sont pas fondés à faire annuler les délibérations régulièrement prises par l'assemblée[3]. Mais nous verrons (infrà, n° 402) que, dans ce dernier cas, les porteurs de parts de fondateur, lésés par une dissolution anticipée frauduleuse ou non justifiée, peuvent exercer contre la société une action en dommages-intérêts.

---

1. Seine, 21 novembre 1892 (J. S. 1893, 128); Lecouturier, *Rev. crit.*, 1897, 238 ; Wahl, J. S. 1897, 252.
2. Paris, 14 janvier 1886 (J. S. 1886, 566) et Cass., 29 février 1888 (J. S. 1889, 5; D., I, 417); Seine, 29 mai 1899 (J. S. 1899, 459); Cass., 9 mars 1903 (J. S. 1903, D. 1904, I, 89, note Percerou) et 24 mars 1903 (J. S. 1903, 345).
3. Seine, 10 mars 1890 (J. S. 1890, 520) et Paris, 17 juin 1891; Cass., 4 juillet 1893 (J. S. 1893, 498; S. 93, 1, 473); Seine, 24 septembre 1894 (J. S. 1895, 38); Wahl, J. S. 1897, 245; Paris, 20 juillet 1897 (J. S. 1899, 158); Cass., 13 juin 1898 (J. S. 1899, 154); Lyon, 14 mai 1901 (J. S. 1902, 29); Paris, 18 juillet 1901 (J. S. 1902, 152; D. 1903, II, 25); Percerou, note, D. 1902, II, 1; 1904, I, 89. V. toutef. Thaller, note, D. 96, I, 553; Lecouturier, n°s 180 et 181.

ACTIONS DES PORTEURS DE PARTS CONTRE LA SOCIÉTÉ

396. Principe. — Les résolutions prises par l'assemblée générale des actionnaires dans les limites de la loi et des statuts sont opposables aux porteurs de parts de fondateur, et ceux-ci, auxquels il est interdit de s'immiscer dans l'administration de la société, ne sont pas fondés à en demander la nullité. Mais si l'assemblée générale des actionnaires a abusé de ses pouvoirs, si ses décisions ne sont pas inspirées exclusivement par l'intérêt social, si elle a porté atteinte aux droits statutaires des porteurs de parts, ou si elle a agi en fraude de leurs droits, ces derniers sont fondés à se pourvoir en justice et à former une action en dommages-intérêts contre la société ou ses représentants, à raison du préjudice qu'ils peuvent en éprouver (*suprà*, n° 390).

La jurisprudence a consacré ce droit des porteurs de parts, notamment à l'occasion des amortissements et réserves injustifiés, et en cas de dissolution anticipée prononcée sans motifs légitimes.

397. Interdiction de critiquer. — La stipulation des statuts qui interdirait aux porteurs de parts toute critique contre les délibérations de l'assemblée générale serait-elle valable, et formerait-elle un obstacle à une action en dommages-intérêts? — Suivant un auteur, les statuts peuvent autoriser formellement les assemblées générales à agir au détriment même des parts de fondateur [1]. Toutefois le même auteur [2] paraît considérer que la clause qui, en toute hypothèse, priverait les porteurs de parts de toute indemnité à raison des amortissements décidés par le conseil d'administration ou l'assemblée générale serait nulle, parce qu'elle consisterait à subordonner la dette de la société à une condition purement protestative de sa part. Nous sommes d'avis que la stipulation dont il s'agit ne peut produire un effet absolu, et ne saurait recevoir d'application au cas où l'assemblée générale agirait en fraude des droits des créanciers ; une clause qui protégerait la fraude serait contraire à l'ordre public [3]. (V. *infrà*, n° 402).

398. Répartition des bénéfices. Amortissements. Réserves. — Les porteurs de parts de fondateur ne peuvent, bien entendu, réclamer

---

1. Wahl, J. S. 1897, 242.
2. P. 252.
3. Genevois, p. 177; Percerou, p. 211; Lecouturier, p. 253.

des dommages-intérêts à la société (sauf le cas de fraude) à raison de délibérations prises par l'assemblée générale des actionnaires, ou d'actes passés ou autorisés par le conseil d'administration et qui auraient pour effet de réduire indirectement les bénéfices par la mauvaise direction imprimée aux affaires sociales, notamment par des marchés onéreux passés avec des tiers [1].

Mais les porteurs de parts seraient fondés à intenter une action en dommages-intérêts contre la société à raison des amortissements qui auraient été opérés ou sanctionnés par l'assemblée générale contrairement aux stipulations des statuts, ou en fraude des droits des porteurs de parts [2]. Il en serait de même à l'égard des prélèvements opérés sur les bénéfices pour constituer un fonds de prévoyance ou des réserves extraordinaires non prévus aux statuts et non justifiés [3]. Dans l'un ou l'autre cas, les porteurs de parts sont fondés à réclamer la distribution des sommes leur revenant, et indûment retenues par suite des amortissements et prélèvements injustifiés.

On sera amené plus facilement à supposer la fraude et à admettre l'action en dommages-intérêts, si les porteurs de parts de fondateur ne doivent participer qu'aux bénéfices annuels distribués au cours de la société, sans avoir aucun droit aux bénéfices définitifs réalisés par la liquidation de l'actif, à l'expiration de la société, après le remboursement du capital social. Lorsque les porteurs de parts participent à tous les bénéfices de la société, ce qui est le cas le plus fréquent, les amortissements et prélèvements exagérés leur font subir un simple retard dans la répartition d'une certaine portion des bénéfices. Quand, au contraire, ils n'ont droit qu'aux bénéfices distribués annuellement, les exagérations commises abusivement peuvent avoir pour effet de leur faire perdre définitivement des bénéfices acquis et qui auraient dû être distribués [4].

Pour que les porteurs de parts puissent intenter une action en indemnité, il n'est pas nécessaire qu'ils aient acquis leurs titres antérieurement aux amortissements ou prélèvements illégalement votés par l'assemblée générale : l'acheteur d'un titre acquiert ce titre avec tous les droits qui y sont attachés [5].

---

1. Wahl, p. 247.
2. V. les décisions et autorités citées, *suprà*, n° 392. La jurisprudence a aussi permis à l'employé intéressé dans les bénéfices de recourir aux tribunaux pour faire indemniser des abus commis par le patron dans les évaluations. V. Aix, 6 décembre 1888 (S. 89, ii, 219); Wahl, 248. V. Percerou, D. 1904, i, 89.
3. V. les décisions et autorités citées, *suprà*, n° 393.
4. V. Paris, 16 juillet 1896 (J. S. 1896, 414); Wahl, p. 248.
5. Seine, 20 décembre 1894 (J. S. 1895, 130); Wahl, 252.

399. Redressement des comptes. — Si les comptes n'ont pas été établis et si les bénéfices n'ont pas été répartis conformément aux stipulations des statuts, les porteurs sont fondés à demander en justice le redressement de ces comptes. Cette action leur appartient notamment, comme nous venons de l'expliquer, lorsqu'il a été fait des amortissements ou des prélèvements injustifiés. Elle leur a aussi été reconnue : 1° dans une espèce où l'on avait fait supporter par la société l'impôt sur le revenu afférent à un premier dividende de 5 p. 100 distribué aux actionnaires, et qui était à la charge de ceux-ci[1] ; 2° dans une autre espèce où le tantième des bénéfices revenant au directeur lui avait été payé sans déduction d'amortissements extraordinaires importants prélevés sur les bénéfices qui, par suite, avaient été absorbés[2].

400. Droit de communication. — Les porteurs de parts ont droit à une portion des bénéfices de la société, et ils peuvent, dans certains cas, réclamer des dommages-intérêts à raison des délibérations irrégulières qui leur causent un préjudice. Pour savoir si les comptes ont été exactement établis, si les amortissements et réserves sont justifiés, si les délibérations prises ne sont pas critiquables, ils auraient intérêt à prendre communication des documents sociaux. Ce droit leur appartient-il? De quels documents peuvent-ils exiger la communication? Suivant un auteur, le droit pour les porteurs de parts de demander communication de l'inventaire, des livres et du bilan de la société n'est pas douteux si le porteur est un actionnaire ou un associé : le porteur, en déléguant l'administration du patrimoine qui lui appartient en partie, n'a pas abdiqué le contrôle et la surveillance. Si, au contraire, le porteur de part est un créancier, il ne peut exiger la communication; mais il a le droit de s'adresser aux tribunaux, qui pourront nommer des experts et leur donner le droit d'examiner les documents sociaux[3]. D'autres auteurs reconnaissent aux porteurs de parts, agissant en vertu de l'action en reddition de comptes, le droit d'exiger communication des bilans et comptes de profits et pertes et des résolutions de l'assemblée générale relatives aux comptes sociaux, et ce, postérieurement à l'assemblée générale annuelle[4]. Il nous paraît difficile de refuser aux porteurs de parts ce droit de communication, que l'on accorde généralement même à l'employé intéressé (*supra*, n° 7).

---

1. Paris, 15 décembre 1892 (Genevois, p. 158)
2. Seine, 16 janvier 1890 (J. S. 1890, 530).
3. Wahl, J. S. 1897, 253.
4. Genevois, p. 172; Percerou, 208.

401. Réduction du capital social. — Si l'assemblée générale décidait la réduction du capital social, et si cette réduction n'était pas justifiée soit par la dépréciation de l'actif social, soit par la situation et l'intérêt de la société, les porteurs de parts pourraient être fondés, suivant les circonstances, à former une demande en dommages-intérêts contre la société (*suprà*, n° 383).

402. Dissolution anticipée de la société. Motifs légitimes. — Nous avons dit que la dissolution anticipée de la société peut être prononcée par l'assemblée générale des actionnaires en vertu soit de la loi, soit des statuts, et que cette dissolution est opposable aux porteurs de parts de fondateur (*suprà*, n° 395). Ceux-ci ne sont fondés à élever aucune réclamation si la dissolution a été prononcée pour des motifs légitimes et sans fraude : par exemple au cas, prévu par l'art. 37 de la loi de 1867, de perte des trois quarts du capital; ou, sans attendre cette situation désespérée, s'il est démontré pour les intéressés que la société ne peut plus donner que des pertes; ou encore si l'objet de l'exploitation sociale vient à disparaître; ou même si la dissolution était motivée non par une nécessité résultant de la situation précaire de la société ou par l'intérêt des actionnaires exclusivement, mais par l'intérêt social, c'est-à-dire des actionnaires et des porteurs de parts[1]. Dans ces diverses hypothèses et autres analogues, les porteurs de parts n'ont ni droit ni intérêt à critiquer la dissolution[2].

Dissolution frauduleuse. — **Mais** il en est autrement si la dissolution n'est pas justifiée par la situation de la société, et si elle a été prononcée dans l'intérêt des actionnaires en fraude ou au préjudice des droits des porteurs de parts. Prenons deux exemples : 1° une société est prospère; mais dans le but de faire disparaître les droits des porteurs de parts sur les bénéfices, pendant toute la durée assignée à la société, les actionnaires décident de dissoudre la société et de faire apport de son actif à une nouvelle société que l'on constituera sans réserver les droits des parts dans les bénéfices. On se trouve en présence d'une dissolution frauduleuse, qui ouvre aux porteurs de parts une action en dommages-intérêts. 2° La même société pourrait continuer fructueusement son exploitation pendant la durée convenue; mais elle considère qu'il est de son intérêt de se fusionner avec une

1. V. Paris, 13 mars 1901 (J. S. 1899, 459 et 1901, 499; D. 1902, II, 1, note Percerou); Lyon, 14 mai 1901 (J. S. 1902, 29); Cass., 24 mars 1903 (J. S. 1903, 345).
2. Paris, 14 janvier 1886 (J. S. 1886, 566; S. 89, I, 417) et Cass., 29 février 1888 (J. S. 1889, 5; S. 89, I, 417); Chavegrin, note sous ces arrêts (S. 89, I, 417); Wahl, J. S. 1897, 243 et suiv.; Lecouturier, *Rev. crit.*, 1897, 259 et suiv.; Percerou, p. 217 et suiv.; Rousseau, *Man. des soc. par act.*, n°s 115 et 116; Genevois, p. 179.

autre société (par exemple dans le but d'éteindre une concurrence), soit par la constitution d'une société nouvelle, soit par voie d'apport à une autre société qui continuerait d'exister en augmentant son capital. Cette fusion est réalisée, moyennant l'attribution d'actions, sans que les droits des porteurs de parts dans les bénéfices soient maintenus. Dans l'un ou l'autre cas, les porteurs de parts, lésés par la dissolution anticipée non justifiée, sont fondés (s'ils ne préfèrent se contenter des avantages pouvant résulter à leur profit de la fusion) à former contre la société une action en dommages-intérêts[1]. Il a été décidé, en conséquence, que les propriétaires de parts de fondateur sont en droit de former une action en dommages-intérêts contre la société, lorsque la dissolution n'a été motivée que par de simples convenances des actionnaires[2].

La question de légitimité de la dissolution anticipée est appréciée souverainement par les tribunaux[3].

Convention statutaire. — Les porteurs de parts seraient-ils également fondés à intenter une action en dommages-intérêts si les statuts permettaient aux actionnaires de dissoudre la société par anticipation, même au préjudice des porteurs de parts ? Après avoir fait observer que cette clause, qui déroge au droit commun, doit être expresse et ne résulterait pas du droit de dissolution anticipée conféré en termes généraux à l'assemblée générale, un auteur considère qu'elle est incontestablement valable[4]. Cette solution nous paraît exacte en principe. Mais la clause ne serait pas applicable, suivant nous, si la dissolution était prononcée en fraude des droits des porteurs de parts de fondateur (V. *suprà*, n° 397).

Montant de l'indemnité. — Sur quelles bases convient-il de fixer l'indemnité pouvant être due aux porteurs de parts, par suite de la dissolution de la société ? Le préjudice n'est pas facile à déterminer, car il dépend des résultats, impossibles à prévoir, qu'aurait produits l'exploitation. Un arrêt décide qu'on doit régler les bénéfices des exercices ultérieurs sur la moyenne des sommes payées aux porteurs de parts depuis la fondation de la société, mais en faisant une déduction en raison de l'aléa auquel ils échappent pour l'avenir[5].

1. Seine, 10 mars 1890 (J. S. 1890, 520) et Cass., 4 juillet 1893 (J. S. 1893, 473; S. 93, I, 473); Seine, 24 septembre 1894 (J. S. 1895, 38; S. 96, II, 22); Paris, 20 juillet 1897 (J. S. 1899, 158); Bousquet, J. S. 1885, 755; Wahl, Lecouturier, Percerou, Rousseau et Genevois, *loc. cit.*; Lyon, 21 novembre 1903 (J. S. 1904, 431).
2. Cass., 13 juin 1898 (J. S. 1899, 151); Paris, 18 juillet 1901 (J. S. 1902, 152).
3. V. les décisions précitées.
4. Wahl, J. S. 1897, 246.
5. Seine, 10 mars 1890, *loc. cit.*, jugement confirmé par arrêt de la Cour de Paris, du 17 juin 1891.

Un auteur considère qu'il serait peut-être plus juste et plus simple de prendre pour base le prix de vente courant (en cote de la Bourse, s'il y en a une) des parts de fondateur dans la période immédiatement antérieure à la dissolution[1]. Enfin, un autre arrêt a fixé les dommages-intérêts à une somme égale au prix d'acquisition des parts en principal, frais et intérêts[2]. Il nous paraît difficile d'établir une règle pour le calcul de l'indemnité à accorder aux porteurs de parts. C'est un point à résoudre par les tribunaux, suivant les circonstances[3]. En tout cas, le droit aux dommages-intérêts est réduit à néant si les titres n'ont aucune valeur et si la situation de la société donne la certitude que les porteurs de parts n'auraient jamais rien touché[4].

Créanciers sociaux. — L'action en dommages-intérêts peut-elle être exercée à l'encontre des créanciers de la société? On l'a soutenu. Alors même — a-t-on dit — qu'on refuserait au porteur de parts la qualité de créancier, il faudrait reconnaître que le jugement prononçant à son profit une condamnation à des dommages-intérêts, a transformé la nature de son droit et a fait de lui un créancier. Les dommages-intérêts constituent essentiellement une créance, et donnent tous les droits attachés à une créance ordinaire[5]. Il a été décidé, au contraire, que le recouvrement de l'indemnité ne peut faire échec aux droits des tiers créanciers de la société[6]. La question est délicate. Cette dernière solution nous paraît plus en harmonie avec la nature des droits des porteurs de parts. Ceux-ci ne peuvent et ne doivent exercer leurs droits — ou ce qui en est la représentation — que sur les bénéfices de la société, c'est-à-dire sur ce qui existe après le paiement du passif social[7].

402 bis. — **Association des porteurs de parts de fondateur.** — Les droits attachés aux parts de fondateur ne peuvent, en principe, être modifiés sans le consentement de tous les propriétaires. Or, il peut y avoir intérêt pour ceux-ci à modifier leurs droits et à prendre des arrangements avec la société, notamment en cas d'augmentation ou de réduction de capital, de dissolution ou de fusion, ou à consentir au rachat des parts. Afin d'éviter un consentement unanime, presque toujours impossible à obtenir, il y a intérêt à constituer une association entre les porteurs de parts (V. *infrà*, n°ˢ 409 et 424).

---

1. Wahl, *loc. cit.*
2. Paris, 20 juillet 1897 (J. S. 1899, 158).
3. V. Seine, 24 septembre 1894 (J. S. 1895, 38).
4. Wahl, *loc. cit.*; Paris, 20 juillet 1897, *loc. cit.*
5. Wahl, J. S. 1897, 247.
6. Seine, 24 septembre 1894, et Paris, 20 juillet 1897, *loc. cit.*
7. *Conf.* Genevois, *Le nouv. rég. des soc.*, p. 180; Percerou, 220.

TITRE ONZIÈME

DE L'OBLIGATION

Sommaire :

CHAPITRE PREMIER

CARACTÈRES GÉNÉRAUX

403. But. — Les capitaux dont une société a besoin pour ses opérations sont fournis, en premier lieu, par la mise des premiers actionnaires : le capital social originaire. Mais ces ressources peuvent devenir insuffisantes. La société, pour les compléter, a deux moyens : augmenter son capital (*infrà*, nᵒˢ 652 et suiv.), ou recourir à un emprunt qui, le plus souvent, lorsqu'il est important, a lieu par voie d'émission d'obligations — c'est-à-dire de titres négociables, dont chacun représente une fraction (ordinairement 500 fr.) de la somme empruntée par la société. Cette dernière combinaison présente sur l'émission d'actions un double avantage : 1° les obligations offrent plus de sécurité que les actions et sont plus facilement souscrites par le public; 2° lorsque l'affaire a des chances de réussite, les actionnaires ont intérêt à émettre des obligations, qui laisseront subsister au profit des associés tous les bénéfices de la société, après paiement des intérêts de l'emprunt.

404. Différences avec l'action. — Il y a entre l'action et l'obligation des différences profondes qui dérivent toutes de ce que l'actionnaire est un associé, l'obligataire un prêteur [1]. D'où découlent notamment les conséquences suivantes [2] : 1° Les actions supposent l'existence

---

1. Étude sur la notion de l'obligation, *Rev. pr. s. Belg.*, 1896, 111 et 133.
2. Lyon-Caen et Renault, nᵒ 563; Gand, 5 août 1881 (J. S. 1889, 487).

d'une société; il n'en est pas de même des obligations qui peuvent être émises par des villes, communes, etc., ou par des particuliers; 2° les actionnaires (même ceux privilégiés) n'ont droit au fonds social que quand les créanciers de la société, et notamment les obligataires, sont désintéressés; 3° l'action produit des revenus (dividendes) essentiellement variables; au contraire, en principe, l'obligation donne droit à un revenu (intérêt) invariable; 4° l'amortissement ou remboursement des obligations est nécessaire, celui des actions ne l'est pas; 5° le remboursement de l'obligation éteint tous les droits de l'obligataire, tandis que par l'amortissement d'une action, elle est transformée en action de jouissance; 6° les actionnaires participent, à l'exclusion des obligataires, à l'administration des affaires sociales; 7° les administrateurs ou gérants représentent la société et, par contre-coup, les actionnaires; mais les obligataires ne sont pas représentés par eux[1]; 8° les obligataires peuvent, comme tous les créanciers, et à l'exclusion des actionnaires, demander la déclaration de faillite de la société; 9° le souscripteur d'actions d'une société commerciale fait un acte de commerce, soumis aux tribunaux consulaires (*infrà*, n° 454); au contraire, l'engagement contracté par l'obligataire est purement civil[2].

405. Bons d'amortissement. — Des sociétés de capitalisation ou d'assurance sur la vie émettent parfois des titres appelés *bons d'amortissement* donnant droit à un intérêt fixe et au remboursement au pair suivant un tableau d'amortissement, mais seulement dans le cas où les *bénéfices nets* de la compagnie suffiraient à parfaire l'annuité représentative des intérêts et de l'amortissement des bons émis, sans que, en aucun cas, les porteurs de bons puissent prétendre au remboursement, à l'expiration de la société, sur le fonds social, en cas d'insuffisance des bénéfices nets, révélés par la liquidation, pour couvrir l'amortissement Il a été décidé que ces titres ne doivent être considérés ni comme des actions, puisque les annuités sont à prélever sur les bénéfices nets avant tout prélèvement d'intérêts ou de dividende aux actionnaires; ni comme des obligations, puisque l'amortissement des bons est subordonné à l'existence de bénéfices; ni comme des parts bénéficiaires, puisque les porteurs de bons sont payés avant tout prélèvement, même d'intérêts, au profit des actionnaires; qu'ils constituent des titres *sui generis* non réglementés par la loi et que les droits qu'ils confèrent doivent s'apprécier exclusivement d'après les

1. Paris, 22 juin 1886.
2. Seine, 14 avril 1883 (J. S. 1884, 12); Lyon-Caen et Renault, n° 565. V. *R. pr. s.* 1899, 193.

statuts de la société qui les a émis et les conditions particulières du fonctionnement de cette société[1]. On a considéré que les titres dont il s'agit réunissent tous les caractères distinctifs des *actions de priorité*, parce qu'ils confèrent un droit de préférence opposable aux porteurs d'actions ordinaires[2]. Mais il nous paraît impossible d'attribuer le caractère d'actions à des titres qui ne contribuent pas à la formation du capital social et ne confèrent des droits (limités) que sur les bénéfices de la société.

406. Règles communes aux obligations et aux actions. — Les obligations comme les actions sont représentées par des titres nominatifs ou au porteur (le plus souvent, ils sont au porteur), transmissibles suivant les modes inhérents à leur forme extrinsèque (*suprà*, n⁰ˢ 293, 339 et suiv.). Elles sont indivisibles[3] (*suprà*, n⁰ 349). Elles ont un caractère exclusivement mobilier, même lorsque le paiement en est garanti par un gage hypothécaire.

La loi du 15 juin 1872 sur la perte ou le vol des titres au porteur est applicable aux obligations (*suprà*, n⁰ˢ 350 et suiv.). Le nouvel art. 70 de la loi de 1867 (ajouté par la loi du 1ᵉʳ août 1893) sur les conséquences du paiement des intérêts ou dividendes consécutifs à l'amortissement des titres par voie de tirage au sort, s'applique aux obligations et aux actions (*infrà*, n⁰ 418). En principe, les obligations et les actions sont soumises au même régime fiscal (V. *infrà*, *Droit fiscal.*)

407. Garanties. — Les obligataires sont, en principe, des créanciers chirographaires, et ils concourent tous entre eux et avec les autres créanciers de cette catégorie, sans avoir égard, s'il y a eu plusieurs émissions successives, à la date de chacune d'elles. Une simple convention ne peut donner à des obligations le caractère d'obligations de priorité, c'est-à-dire primant les autres créances, spécialement les autres obligations émises par la société, soit sur des biens sociaux, soit sur des bénéfices réalisés; il y aurait là création d'un droit de préférence non reconnu par nos lois[4]. Mais, conformément au droit commun, des garanties peuvent être constituées au profit des obligataires, notamment par voie d'hypothèque sur les immeubles de la société emprunteuse (*infrà*, n⁰ˢ 420 et suiv.), ou de gage[5]

---

1. Paris, 10 août 1893 (J. S. 94, 25) et 16 mars 1904 (J. S. 1903, 152; 1905, 74).
2. Dalloz, *Supp.*, n⁰ 884.
3. Lyon-Caen et Renault, n⁰ 596. *Contrà*, Goirand, n⁰ 52.
4. Lyon-Caen et Renault, n⁰ 584; *Rev. des soc.*, 1889, 33.
5. V. Paris, 2 février 1888 (R. S. 1888, 191); J. S. 1902, 457; 1906, 429.

408. Souscription. Émission. Conditions. — L'acte par lequel une personne s'engage, pour avoir une ou plusieurs obligations, à verser les sommes nécessaires à cet effet, est la *souscription;* c'est une promesse de prêt. Ordinairement, le montant du prêt est payable, partie lors de la souscription, et le surplus, en un ou plusieurs termes, à des époques fixées d'avance.

La souscription implique adhésion, par le souscripteur, aux conditions de l'emprunt, indiquées habituellement dans les prospectus [1] et parfois dans les statuts de la société emprunteuse. Le souscripteur peut cependant être tenu d'exécuter d'autres conditions indiquées sur le titre provisoire à lui remis, si ces conditions ont été acceptées par lui, expressément ou implicitement [2].

Il importe de remarquer que, tandis que la création des actions est sévèrement réglementée par des dispositions d'ordre public (L. 24 juillet 1867), les émissions d'obligations jouissent, dans le silence de la loi spéciale, du bénéfice de la liberté des conventions [3]. C'est donc aux principes généraux, au droit commun seul, qu'il faut recourir pour la solution des questions que soulèvent les droits et engagements résultant de la qualité d'obligataire [4].

De cette absence de réglementation découlent notamment les conséquences suivantes : 1° L'émission d'obligations (sauf celles à lots), nominatives ou au porteur, n'est subordonnée en principe à aucune autorisation gouvernementale ; 2° l'émission est régulière, alors même que le chiffre de l'emprunt excède le montant des actions, la loi n'ayant établi aucun rapport obligatoire entre le capital-obligations et le capital-actions (seules les compagnies de chemins de fer et les sociétés qui désirent émettre des obligations à lots sont soumises de ce chef à une certaine réglementation) ; 3° l'émission n'est entourée d'aucune publicité légale (V. *infrà,* n° 412. **V.** toutef. n°s 1434 et s.).

Quand une société émet des obligations, les souscripteurs ne sont liés (comme pour la souscription des actions) que sous la condition que le capital entier sera souscrit, à moins de stipulation contraire. Les obligataires en retard pour faire les versements ne sont, d'après

---

1. Lyon-Caen et Renault, n° 462.
2. Paris, 30 juin 1892 (J. S. 1892, 461) ; Cass., 11 juillet 1895 (J. S. 1895, 487).
3. V. Cass., Turin. 16 juill. 1897 et Rome, 1er févr. 1898 et note (S. 99, 4, 13). V. propos. et projet de loi sur les oblig. (J. S. 1898, 47 ; 1902, 476 ; 1903, 441).
4. De Chauveron, *Des obligations non libérées.* V. l'indication des lois étrangères sur les émissions d'obligations par les sociétés, R. S. 1889, 37.
5. Seine, 24 juillet 1885 ; Lyon-Caen et Renault, n° 560. V. toutef. Vavasseur, n° 543 ; Goirand, n° 54. V. sur le nantiss. par une société d'oblig. non souscites, J. S. 1904, 97, 114 ; 1905, 482 ; 1907, 500 ; 1909, 355 et 429.

le droit commun (art. 1153, C. civ.), et sauf stipulation contraire, tenus de payer les intérêts moratoires qu'à partir du jour de la demande en justice[1]. Mais, suivant la Cour de cassation, ils pourraient être condamnés à d'autres dommages-intérêts[2].

Il peut être stipulé, pour les obligations comme pour les actions (supra, n° 314), que, en cas de retard dans les versements à faire par les souscripteurs, les obligations seront vendues en Bourse. C'est là une clause résolutoire prévue par l'art. 1183, C. civ., et non un nantissement. Elle produit son effet de plein droit, sans qu'il soit besoin de s'adresser à justice ou de procéder à une mise en demeure préalable[3].

409. Société ou syndicat d'obligataires. — On peut constituer, avant ou après l'émission des obligations, une société chargée de défendre et d'exercer les intérêts communs des obligataires (V. infra, n° 424). On a même soutenu qu'il existe une association virtuelle entre tous les porteurs d'obligations faisant partie d'un même emprunt public, et que les obligataires ont le droit de choisir des représentants ayant qualité pour agir en leur nom et prendre la défense de leurs intérêts, de tenir des assemblées générales, voire même de constituer entre eux une véritable société civile[4]. On a été plus loin. On a considéré l'association des obligataires comme constituant, indépendamment de toute clause des statuts et de tout accord exprès entre les porteurs de titres, une société civile à forme anonyme construite sur les flancs de la société emprunteuse, et soumise aux règles édictées par la loi de 1867 pour la constitution des sociétés par actions[5]. Cette construction juridique est ingénieuse. Mais elle nous paraît difficilement justifiable en droit[6]; et nous ne comprenons pas bien, en pratique, le mode de constitution de la société anonyme d'obligataires construite sur les flancs de la société emprunteuse. Nous croyons qu'il est possible de former avant l'émission et comme condition de cette émission, une société civile d'obligataires (comme cela a été fait pour assurer l'amortissement de plusieurs

---

1. Seine, 21 juillet 1885; Lyon-Caen et Renault, n° 568.
2. Cass., 11 juillet 1893, loc. cit. Conf. note, S. 95, I, 329. Contrà, Ledru, note, J. S. 1895, 48; Lyon-Caen et Renault, n° 568; Bouvier-Bangillon, note, Pand. fr. 1896, I, 369.
3. Paris, 30 juin 1892 et Cass., 11 juin 1895, loc. cit.; Thaller, note, D. 96, II, 89; Bouvier-Bangillon, note, Pand. fr., 1896, I, 369. Contrà, Seine, 16 mai 1885 (J. S. 1890, 244).
4. Dalloz, Supp., n°s 887 et 888. V. R. S. 1901, 362 et 462.
5. Thaller, Construction du droit des obligataires (Ann. de dr. comm., 2e part., p. 65 et suiv.) V. aussi Garnot, Des obligat. hyp. au port., p. 130.
6. C'est l'avis de M. Buchère, J. S. 1895, p. 146 et suiv.

émissions d'obligations de la Compagnie du canal de Panama). A défaut de formation d'une société (qui ne saurait exister de plein droit) avant l'émission des obligations, la constitution d'une société après la souscription ne pourrait résulter que du consentement de tous les obligataires qui en feraient partie.

On pourrait constituer soit une société civile [1], soit une association syndicale entre les obligataires pour la défense de leurs intérêts et l'exercice en commun de leurs droits contre la société débitrice, en cas de faillite ou de liquidation judiciaire de celle-ci (la société civile et le syndicat ne produisent pas, croyons-nous, des effets sensiblement différents). Le conseil d'administration de la société ou de l'association a notamment pour mission d'intervenir au concordat proposé par la société débitrice, d'en fixer les conditions et d'en poursuivre l'exécution dans l'intérêt des obligataires [2].

Les obligataires ne pourraient user du droit, accordé par les art. 17 et 39 de la loi de 1867 aux actionnaires représentant un vingtième du capital social, de charger un ou plusieurs mandataires de soutenir une action judiciaire contre les représentants de la société en commandite ou anonyme : cet article n'est pas applicable lorsqu'il s'agit d'obligataires [3].

La convention établie sous forme de syndicat entre une société qui veut émettre des titres et des tiers associés pour l'aider dans cette émission, est un contrat aléatoire, et une rémunération est valablement allouée à ceux-ci pour le risque qu'ils courent en garantissant le succès de l'émission [4].

440. Intérêt. Taux. Prime de remboursement [5]. — Les titres d'obligations sont d'un capital déterminé, qui peut être librement fixé : 100 fr., 300 fr., 500 fr., etc. Ils produisent un intérêt

---

1. Juglar, p. 35 et suiv. ; Vavasseur (R. S. 1901, 362); Pascaud,(*id.*, 462). V. Seine, 23 juin 1898 (J. S. 1898, 524).

2. Un syndicat d'obligataires a été constitué dans ces conditions (Cⁱᵉ des chemins de fer de Santa-Fé), conformément à une consultation de MM. Lyon-Caen et Martini. V. Paris, 27 mai 1903 (J. S. 1904, 340). V. toutef. Thaller, note sous Cass., 5 nov. 1895 (D. 97, 1, 114 et 115).

3. Cass., 26 mars 1878 (S. 79, 1, 17).

4. Seine, 24 juillet 1895 (J. S. 1896, 178), *Compagnie de Panama.* Ce jugement a décidé, en conséquence, que, si les tiers ont fait une souscription ferme, la rémunération leur est due, alors même que les premières souscriptions du public ont été appliquées par préférence aux obligations garanties par le syndicat; mais qu'il en est autrement de la souscription dite à option, si les syndicataires, d'accord avec les émetteurs, n'ont déclaré leur option qu'après la souscription des titres par le public; que, dans ce cas, aucun risque n'étant couru par eux, la commission qu'ils perçoivent est sans cause et doit être restituée par eux.

5. V. le traité de M. Lévy Ulmann, *Des obligations à primes et à lots.* V. les oblig. à coupons variables, Lecouturier (J. S. 1903, 408).

fixe. Depuis la loi du 12 janvier 1886, le taux de l'intérêt est libre en matière de commerce. Il ne peut excéder 5 p. 100 en matière civile (L. 3 sept. 1807). La jurisprudence décide que la limitation du taux de l'intérêt n'est pas applicable aux obligations émises par les sociétés et remboursables en un long terme par voie de tirages au sort, le prêt fait de cette façon étant aléatoire[1]. Il arrive aussi fréquemment que les obligations procurent des avantages en dehors de l'intérêt. Ainsi, une société émet des obligations à 400 fr.; celui qui verse cette somme, formant le prix de l'émission, reçoit un titre par lequel la société s'engage à lui rembourser 500 fr. — capital nominal — par voie de tirages au sort annuels, dans un certain délai (trente, cinquante, quatre-vingt-dix ans)[2], et à lui payer l'intérêt à 3 p. 100, soit 15 fr. La différence entre la somme versée et celle promise par la société représente la prime de remboursement. La prime, réunie à l'intérêt annuel, peut donner aux obligations une rémunération dépassant l'intérêt légal, sans que la loi de 1807 soit violée[3], pourvu toutefois qu'il n'y ait pas une trop grande disproportion entre le capital réel et le capital nominal; car autrement le prêt pourrait avoir un caractère usuraire[4].

411. Obligations à lots. — Mais l'emprunt avec lots, c'est-à-dire avec attribution de sommes importantes aux obligations dont les numéros sortent les premiers lors de chaque tirage au sort, tombe sous la prohibition de la loi du 21 mai 1836, qui défend les loteries, et n'est valablement contracté qu'en vertu d'une loi[5]. Des émissions d'obligations à lots ont été autorisées pour le Crédit foncier de France (Décr.-Loi du 28 mars 1852, art. 1er-4°, et Décr. 21 déc. 1853), l'emprunt mexicain (1865), l'emprunt de la Compagnie du Canal de Suez (L. 4 juillet 1868), un emprunt de la Compagnie du Canal de Panama (L. 8 juin 1888).

1. Douai, 24 janvier 1873 (S. 73, II, 244); Lyon, 8 août 1873 (S. 74, II, 105); Cass. 18 avril 1883 (S. 83, I, 364); Boistel, n° 241; Lyon-Caen et Renault, 573.

2. Ordinairement on affecte chaque année, au service de l'emprunt, une même somme comprenant à la fois l'intérêt et l'amortissement. Avec ce procédé, le nombre des obligations amorties annuellement va en augmentant et la somme à consacrer chaque année au paiement des intérêts diminue. V. J. S. 1903, 355.

3. Arrêts précités. Adde: Seine, 20 janvier 1882; Nantes, 26 mars 1883 (J. S. 1883, 709); Rennes, 14 mai 1884 (J. S. 1888, 614). Contrà, Pont, art. 1907, n° 286; Lévy Ulmann, nos 148 et suiv.; Berr, Étude sur les oblig.; Brivet, p. 116. V. aussi Thaller, Ann. de dr. comm., 1894, p. 82.

4. Lyon-Caen et Renault, n° 573. V. prêt avec participation aux bénéfices, Ann. dr. comm., 1905, 53; oblig. à coupons variables (J. S. 1903, 408).

5. Cass., 10 février, 24 mars et 4 mai 1866 (S. 66, I, 340), 14 janvier 1876 (S. 76, I, 433). Mais les obligations à primes ne tombent pas sous la prohibition de la loi de 1836 : Paris, 25 mars 1870 (D. 70, II, 165); Cass., 14 janvier 1876, loc. cit.; Lyon-Caen et Renault, n° 574 et 575; Lévy Ulmann, nos 171 et suiv.; Goirand, n° 59.

La vente (dite vente à tempérament) des obligations à lots, à une ou plusieurs personnes, de façon à ce que les acheteurs acquièrent en même temps le droit aux intérêts et le droit aux lots, est parfaitement licite, bien que le prix doive être payé en un nombre de termes plus ou moins grand, et qu'il excède le cours de la Bourse[1]. Mais il y a organisation d'une loterie non autorisée, quand les chances de lots sont séparées du droit aux intérêts, définitivement ou pendant un certain temps[2], ou quand des avantages spéciaux sont ajoutés par le vendeur aux chances de gain inhérentes aux obligations[3], ou encore si le transfert de la propriété du titre est retardé jusqu'au parfait paiement de la somme convenue[4].

412. Titres. Taux. Échange. Numéros. Transmission. Dépossession. — Les droits des obligations sont ordinairement représentés par des titres ayant les mêmes formes que les actions (le plus souvent les titres sont au porteur) (V. *infrà*, n° 413). Nous avons dit que les émissions d'obligations jouissent, dans l'absence d'une loi spéciale, de la liberté des conventions. Ainsi, il n'y a pas de taux légal : l'obligation peut descendre au-dessous de 100 fr., même de 25 fr., quelle que soit l'importance de l'emprunt ; elle peut être nominative ou au porteur, même lorsqu'elle n'est pas entièrement libérée[5].

En cas d'échange des titres au porteur, notamment par suite de la libération définitive des obligations ou de l'épuisement des coupons, les obligataires ne sont pas fondés à exiger de nouveaux titres *portant les mêmes numéros* que les anciens. Les motifs que nous avons exposés et la solution que nous avons admise (*suprà*, n° 296) en ce qui concerne les actions, nous paraissent devoir être appliqués également aux obligations, les règles étant identiques. Il en est ainsi alors même que les obligations ne sont pas toutes remboursables au même taux et participent chaque année à des lots, comme les obligations de la Ville de Paris et presque toutes les obligations du Crédit foncier. Toutefois, la situation est plus délicate dans ce dernier cas ; car, si les chances sont égales, le résultat n'est pas le même pour toutes les obligations au point de vue du remboursement. Le Crédit

---

1. Cass., 29 janvier 1887 (S. 87, I, 238), 8 juin 1888 (D. 88, I, 489), 11 décembre 1888 (R. S. 1889, 161), 14 mars 1894 (D. 94, I, 477).
2. Cass., 10 février 1866 (S. 66, I, 340), 29 janvier 1887, *loc. cit.*
3. Cass., 24 mars 1866 (S. 66, I, 340), 8 juillet 1882 (S. 83, I, 233) ; Limoges, 1er mai 1884 (S. 85, II, 32) ; Nancy, 1er avril 1886 (D. 86, II, 231) et 1er décembre 1886 (S. 87, II, 54) ; Lyon-Caen et Renault, n° 577 ; Mack, *De la nég. des val. à lots*, p. 23.
4. Cass., 8 juillet 1882 et 8 juin 1888, *loc. cit.*
5. Lyon-Caen et Renault, n° 768. V. L. pr. S. Belg. 1904, 149.

foncier, dans ses prospectus d'émission d'obligations, prévient les intéressés que l'échange des titres provisoires contre des titres définitifs pourra être fait sans conformité de numéros. C'est une condition de l'émission, imposée aux obligataires et qu'ils sont tenus de subir. Quand il s'agit d'obligations remboursables avec lots, il nous paraît prudent d'avertir les souscripteurs que l'échange pourra s'effectuer sans conformité de numéros. On évitera ainsi les difficultés qui pourraient se produire entre obligataires et avec la société [1].

Les obligations nominatives et au porteur sont transmissibles de la même manière que les actions.

Les propriétaires qui sont dépossédés de leurs titres, par suite de vol, de perte, d'abus de confiance, etc., ont à remplir les mêmes formalités que celles que nous avons indiquées en ce qui concerne les actions, quand ils veulent exercer leurs droits contre la société ou empêcher la négociation de leurs titres (*suprà*, n°s 350 et suiv.).

413. Impôts. — En principe, le droit de timbre des obligations, fixe ou par abonnement, reste à la charge de la société débitrice (V. *infrà*, *Droit fiscal*) ; mais la taxe annuelle de 20 cent. par 100 fr., représentative du droit de transmission sur les titres au porteur, et l'impôt de 4. p. 100 sur les intérêts, sont à la charge de l'obligataire, à moins de convention contraire.

Tout souscripteur d'obligations qui, lors de l'émission, désire des titres nominatifs, est tenu d'en faire la demande à la société, dans le délai imparti à cette dernière par la loi du 21 juin 1857 pour la remise au receveur de l'enregistrement de l'état des actions et des obligations soumises à la taxe ; à défaut de quoi, il est tenu d'acquitter le droit de conversion de titres au porteur en titres nominatifs [2].

414. Obligations non libérées. Responsabilité des souscripteurs et acquéreurs. Faillite. Liquidation. — Lorsque les obligations émises par une société ne sont pas immédiatement libérées en totalité, quelle est l'étendue de la responsabilité des souscripteurs, acquéreurs et porteurs, envers la société, à raison des versements restant à faire ?

Les dispositions de la loi du 24 juillet 1867, sur la responsabilité des souscripteurs et cessionnaires d'*actions*, ne sont pas applicables en matière d'obligations. Et c'est d'après les principes du droit commun que la question dont il s'agit doit être résolue.

1. Houpin, *Gaz. des trib.*, 6 avril 1893.
2. Seine, 12 décembre 1890 (**J. S.** 1893, 319).

Il nous semble qu'il y a lieu de distinguer suivant que les titres sont nominatifs ou au porteur

Si les titres sont nominatifs, la société a le droit de réclamer indistinctement et solidairement à tous les titulaires successifs d'un même titre qui figurent sur son registre de transferts, le montant des versements à effectuer, quelle que soit leur situation actuelle à l'égard du titre[1]. Toutefois, s'il a été convenu que le transfert ne pourra avoir lieu qu'autant que le cessionnaire aura été agréé par les représentants de la société, l'acceptation du cessionnaire entraîne novation et décharge le cédant[2]. La clause conférant à la société le droit de faire vendre les obligations non libérées ne l'oblige pas à suivre ce mode d'exécution et lui conserve son recours contre le souscripteur et les cessionnaires successifs du titre nominatif[3].

Mais que décider *quand les titres sont au porteur ?* Un auteur[4] estime que, en principe, c'est le titre seul qui est débiteur des versements restant à faire ; qu'à défaut de paiement, la société a seulement le droit de faire vendre ce titre ; mais que ni le souscripteur (à moins que le bulletin de souscription, signé de ce dernier, porte un engagement précis et formel d'effectuer les versements complémentaires, auquel cas il est obligé même après la vente de ses titres), ni les cessionnaires intermédiaires, ni le dernier porteur ne sont personnellement tenus d'effectuer ces versements. D'autres auteurs considèrent que le dernier porteur est tenu des versements restant à faire, et que les souscripteurs et les cessionnaires intermédiaires sont libérés par voie de novation[5]. Il nous paraît certain que les cessionnaires intermédiaires sont déchargés. Nous estimons également que le dernier porteur des titres (lorsque sa possession est prouvée) est tenu des versements comme propriétaire. C'est ainsi que, sous l'empire de l'ancien art. 3 de la loi de 1867, le possesseur d'une action au porteur était tenu d'effectuer le versement des sommes restant dues sur son action, et ne pouvait opter entre le paiement ou l'abandon de l'action[6]. Ce principe général nous semble

1. De Chauveron, *Obligations non libérées*; Vavasseur, R. S. 1892, 39. *Contrà*, Lyon-Caen et Renault, n° 768. Suivant ces derniers auteurs, le souscripteur originaire et les cessionnaires sont déchargés par le fait de la cession, et le dernier acquéreur reste seul tenu. *Conf.* Goirand, n° 54.
2. V. par anal. Cass., 19 février 1878 (D. 79, 1, 332) ; Paris, 17 janvier 1885 (R. 1886, 13) ; Cass., 4 janvier 1888 (S. 88, 1, 254) ; Paris, 5 juin 1889 (R. S. 1890, 444).
3. Vavasseur, *loc. cit.* V. Bernard, *Ann. de dr. comm.*, 1904, 65 et 125.
4. De Chauveron, *loc. cit.*
5. Vavasseur, *loc. cit.* ; Lyon-Caen et Renault, n°s 741 et 768. *Conf.* par anal., Paris, 7 décembre 1893 (J. S. 1894, 127).
6. Cass., 21 juillet 1879 (J. S. 1880, 14) et 29 juin 1885 (J. S. 1885, 267).

applicable aux obligations aussi bien qu'aux actions, abstraction faite des dispositions de la loi de 1867. Quant au souscripteur primitif, nous concédons que le seul fait de la souscription est insuffisant, comme celui de l'acquisition, pour entraîner l'obligation personnelle de libérer les obligations même après la vente des titres; mais nous considérons que le souscripteur est et reste tenu personnellement, même après la vente, d'effectuer les versements complémentaires si, dans le bulletin de souscription signé par lui, il s'est formellement obligé à libérer ses obligations. Nous concluons donc que la société a, dans tous les cas, une action contre le dernier porteur, pour obtenir le paiement de ce qui lui est dû[1]; qu'elle a, en outre, une action contre le souscripteur, s'il s'est formellement obligé à effectuer les versements complémentaires.

Nous avons supposé jusqu'ici la société fonctionnant et réclamant elle-même le paiement des sommes lui restant dues sur les obligations. *Quid juris?* si la société est tombée en faillite ou en liquidation judiciaire. Les syndics ont-ils les mêmes droits que la société? Les engagements contractés par les obligataires subsistent-ils toujours? La négative nous paraît devoir être admise par les motifs suivants : La souscription à des titres d'obligations contient des engagements réciproques. L'obligataire est un prêteur qui, au moment où la convention prend naissance, verse une partie du prêt et s'oblige à verser ultérieurement le complément. En échange de cet engagement, la société s'oblige, de son côté, au paiement des intérêts et au remboursement du capital dans des conditions déterminées. C'est un contrat synallagmatique, auquel il y a lieu d'appliquer la condition résolutoire de l'art. 1184, C. civ. Or, par suite de son état de faillite ou de liquidation judiciaire, la société ne peut plus faire face à ses engagements. Et l'exigibilité de la créance à naître rend impossible l'exécution de l'engagement de prêter. Par ce double motif, le contrat se trouve résolu (Arg. anal., art. 577, 578, C. comm.)[2]. Toutefois, en cas de liquidation amiable d'une société, à la suite de la dissolution de cette société, comme la liquidation, à la différence de la faillite et de la liquidation judiciaire, ne rend pas, par elle-même, les dettes sociales immédiatement exigibles[3], la solution pourrait croyons-nous être différente si la société en liquidation était en situation d'exécuter ses engagements et de faire face, dans les conditions con-

1. V. Thaller, *Ann. de dr. comm.*, 1894, p. 78.
2. De Chauveron, *loc. cit.*; Vavasseur, n° 548; Goirand, n° 55. V. note Wahl, S. 1908, I, 473. V. toutef. Lyon-Caen et Renault, n° 568 *bis*.
3. Liège, 29 mai 1884 (J. S. 1889, 190); Seine, 6 juillet 1889 (J. S. 1890, 395).

venues, au service des intérêts et au remboursement du capital des obligations émises[1]. Mais la solution que nous avons admise en cas de faillite ou de liquidation judiciaire est applicable, en cas de liquidation amiable, si la société est tombée en déconfiture. Il a été décidé en ce sens (pour la société du canal de Panama) que l'obligataire porteur de titres non libérés est un prêteur qui s'est engagé à verser la somme prêtée par fractions et à des échéances déterminées, mais en vue de garanties dont la première est la solvabilité de l'emprunteur ; qu'en conséquence, si celui-ci vient à tomber en déconfiture, le prêteur ne peut être contraint de verser les sommes prêtées, alors que la déchéance du terme l'autoriserait à les réclamer aussitôt qu'il les aurait versées[2]. En pareil cas, les obligataires sont en droit de demander la résolution du contrat et, par voie de conséquence, la restitution des sommes qu'ils ont versées pour leurs souscriptions ; mais ils ne peuvent, à partir de la déconfiture, demander le paiement des intérêts impayés, mais seulement l'intérêt légal des sommes auxquelles ils ont droit[3].

415. Émission frauduleuse. Responsabilité. Pénalité. — Est nulle la souscription d'obligations émises par une société, lorsqu'elle a été déterminée par des manœuvres dolosives de cette société, résultant de la forme du prospectus qui a précédé cette souscription et des énonciations mensongères qu'il contenait[4] ; ou lorsque les obligations ont été émises par des personnes ayant usurpé les pouvoirs d'un conseil régulier[5].

Le conseil d'administration peut être déclaré responsable à raison des énonciations mensongères des prospectus et annonces, notamment s'il est dit que la société offre un gage hypothécaire de premier ordre et de tout repos, alors qu'il n'en est rien[6].

L'émission d'obligations dans les bureaux d'un journal ne peut suffire pour engager la responsabilité du propriétaire de ce journal envers les souscripteurs, à moins qu'il ait eu recours à des assertions mensongères ou à des manœuvres dolosives[7].

---

1. V. note sous Cass., 6 janvier 1885, 2 février et 10 mai 1887 (S. 88, 1, 57 et suiv.); Bruxelles, 18 janvier 1886 (J. S. 1890, 65); Seine, 29 janvier 1889 (J. S. 1889, 97) et 25 juin 1890 (R. S. 1890, 427).
2. Seine, 26 juillet 1889 (R. S. 1889, 508) et 25 juin 1890, *loc. cit.*
3. Alger, 17 janvier 1893 (R. S. 1893, 144); Paris, 29 juin 1893 (J. S. 1894, 266).
4. Seine, 26 janvier 1893 (*Rev. d'Alger*, 1888, 195).
5. Cass., 4 juin 1878 (D. 79, 1, 132).
6. Paris, 22 mars 1877 (D. 79, ii, 40), 2 juillet 1877, 12 août 1879 (D. 80, ii, 44), 27 décembre 1883 (R. S. 1884, 353), 22 janvier 1889 (R. S. 1839, 86), et 12 décembre 1893 (J. S. 1894, 101). V. Cass., 4 janvier 1870 (D. 72, 1, 21); Paris, 12 décembre 1893.
7. Paris, 7 juin 1872 (D. 77, v, 388). V. Paris, 23 mars 1887 (R. S. 1887, 359).

Le banquier chargé de l'émission n'est pas responsable, s'il n'a pas promis sa garantie personnelle et s'il n'a pas déterminé les obligataires à souscrire par des manœuvres tendant à leur inspirer une fausse opinion sur la solvabilité de l'emprunteur [1]. En effet, le banquier chargé du placement d'obligations émises moyennant une commission convenue, n'est qu'un mandataire salarié de la société, non le *negotiorum gestor* des obligataires, envers lesquels il n'a d'autre responsabilité que celle du droit commun [2]. Mais le banquier qui ne se borne pas à être un simple intermédiaire, mais prend une part directe à la rédaction du prospectus, dont il ne pouvait ignorer les inexactitudes mensongères, est responsable du préjudice causé à ceux qui ont souscrit des obligations sous la foi de ce prospectus [3].

L'action en responsabilité contre les administrateurs et les banquiers est recevable devant le tribunal civil, même après leur acquittement par le tribunal correctionnel devant lequel ils auraient été poursuivis pour escroquerie [4].

La responsabilité peut être invoquée, non seulement par les souscripteurs, mais aussi par les acheteurs de bonne foi [5].

Il a été décidé que l'art. 13 de la loi de 1867, qui punit des peines portées en l'art. 405, C. pén., ceux qui, par simulation de souscriptions ou de versements, ou par publication, de mauvaise foi, de souscriptions ou de versements qui n'existent pas, ou de tous autres faits faux, ont obtenu ou tenté d'obtenir des souscriptions ou des versements, est général et absolu, et s'applique aussi bien aux souscriptions d'obligations qu'aux souscriptions d'actions [6]. Mais les auteurs critiquent cette jurisprudence, et considèrent, avec raison, que la disposition dont il s'agit est inapplicable en matière d'obligations [7]. Si l'art. 13 est applicable, la prescription triennale court, non pas du jour où l'assemblée générale des actionnaires a autorisé l'émission

---

1. Paris, 25 juin 1877 et Cass., 14 août 1878 (D. 79, I, 57). V. Paris, 23 mars 1887 (R. S. 1887, 359) et 10 juin 1890 (R. S. 1890, 372).

2. Paris, 5 décembre 1887 (D. 89, II, 185), 11 août 1891 (R. S. 1891, 483), et 12 décembre 1893 (D. 95, II).

3. Paris, 22 janvier 1889 (R. S. 1889, 85) et Cass., 18 mars 1891 (R. S. 1891, 257). V. aussi Paris, 22 mars 1877 (*loc. cit.*), 20 mai 1881, et 12 décembre 1893 (J. S. 1894, 101).

4. Paris, 22 mars 1877, *loc. cit.*

5. Paris, 12 août 1879 (D. 80, II, 41).

6. Paris, 18 février 1881 (J. S. 1881, 654) et 16 décembre 1886 (R. S. 1887, 65); Cass. crim., 29 ou 30 avril 1887 (J. S. 1887, 564).

7. Ruben de Couder, v° *Soc. en comm.*, n° 190; *Rev. de dr. comm.*, 1882, 17; Lyon-Caen, note, S. 1888, I, 193; Lyon-Caen et Renault, n° 805; Deloison, n° 261; Vainberg, *De l'ém. et de la gar. des oblig.*; Lenfantin, *Ét. sur les oblig.*, p. 21; Barr, *id.*, p. 25 et 71; J. S. note, 1887, 561; Goirand, n° 53.

d'obligations, mais du jour même où l'émission a réellement été faite[1].

416. Exigibilité. Remboursement anticipé. — En cas de faillite, de liquidation judiciaire ou de déconfiture de la société débitrice, il y a déchéance du terme (art. 1188, C. civ.), et les obligations deviennent de plein droit exigibles et remboursables[2]. Il en est de même si la société vient à être annulée pour vice de forme[3]. Mais, en dehors de ces événements, les obligataires peuvent-ils être contraints à recevoir le remboursement anticipé avant l'époque fixée lors de l'émission des obligations? L'affirmative est certaine, si la société débitrice s'est réservé ce droit dans les conditions de l'emprunt. Mais que doit-on décider en l'absence de toute stipulation particulière? Cette question est controversée. Dans un premier système, on décide que le remboursement anticipé peut être imposé aux obligataires, en invoquant la règle suivant laquelle le terme est réputé stipulé en faveur du débiteur, qui, par suite, a la faculté d'y renoncer (art. 1187, C. civ.)[4]. Un second système considère que le terme, fixé pour le remboursement à longue échéance d'obligations productives d'intérêts, doit être présumé avoir été stipulé dans l'intérêt commun des créanciers et du débiteur, et qu'en conséquence le remboursement anticipé n'est pas possible contre la volonté des obligataires. Ce dernier système, auquel nous nous sommes rallié[5], a été définitivement consacré par la jurisprudence[6].

Mais si la société ne peut, en principe, rembourser les obligataires contre leur gré, rien ne s'oppose à ce qu'elle rachète ses obligations. Cette opération est licite[7].

Il a été décidé qu'une société en liquidation n'est pas tenue à remplir ses engagements envers les tiers dans les termes mêmes où ils

---

1. Paris, 23 juin 1886 (*Fr. jud.*, 1887, 335).
2. Cass., 2 février et 10 mai 1887 (D. 87, I, 97 et 334).
3. Paris, 16 août 1879 (J. S. 1880, 118). V. Cass., 4 juin 1878 (D. 79, I, 132).
4. Bordeaux, 21 août 1877 (S. 80, I, 109); Bruxelles, 18 février 1888 (J. S. 1889, 421); Seine, 9 janvier 1893 (R. S. 1893, 391); Rev. pr. soc. (Belge), 1890, 215 et suiv.; 1895, 162; 1897, 174. V. aussi, pour le remboursement des obligations sorties, Seine, 3 sept. 1902 (J. S. 1903, 355).
5. Houpin, *Tr. des soc. par act.*, n° 80.
6. Nancy, 10 juillet 1882 et les nombreuses autorités citées, J. S 1888, 474; trib. comm. Bruxelles, 20 février 1888 (J. S. 1889, 383); trib. féd. Suisse, 1er mars 1893 (S. 94, IV, 1); Bruxelles, 26 avril 1893 (R. S. Belg. 1893, 182); Seine, 18 juillet 1895 (J. S. 1895, 518); Paris, 28 novembre 1895 (J. S. 1896, 224); Cass., 21 avril 1897 (J. S. 1896, 296); S. 97, I, 481 et note de M. Chavegrin); Toulouse, 7 décembre 1898 (J. S. 1898, 221); Lyon-Caen et Renault, n° 579; Bouvier-Bangillon, J. S. 1896, 473.
7. Seine, 21 novembre 1890 et 9 janvier 1893 (R. S. 1893, 391); Paris, 16 juin 1893 (Gaz. Pal., 13 août)

ont été contractés, si cette exécution implique nécessairement le fonctionnement régulier et continu de la société dissoute; que notamment, une compagnie de chemins de fer, mise en liquidation ainsi qu'elle y était autorisée par ses statuts, après avoir obtenu de l'État le rachat de sa concession, ne saurait être contrainte à rembourser les obligations au moyen de tirages annuels. Les obligataires n'ont que le droit de demander soit la déchéance du terme, soit la résolution du contrat avec dommages-intérêts [1].

417. Faillite. Liquidation. Prime de remboursement. — En cas de faillite, de liquidation judiciaire ou de déconfiture d'une société qui a émis des obligations avec prime, les obligataires (dont la créance est devenue exigible) sont admis au passif pour : 1° le capital de l'obligation, calculé sur le taux d'émission; 2° le prorata de l'intérêt annuel jusqu'au jour du remboursement effectif [2]; 3° et une part proportionnelle de la prime, à raison du temps écoulé depuis l'emprunt, comparé au temps restant à courir jusqu'à l'époque convenue pour l'exigibilité [3] (*suprà*, n° 440).

On a décidé qu'il en doit être de même en cas de remboursement des obligations par suite de liquidation de la société avant le terme normal de sa durée, ou de cession des lignes ferrées à l'État [4]. Mais des faits volontaires, comme la liquidation et la cession, ne sauraient être assimilés à la faillite et à la déconfiture. Il n'est pas admissible que la société débitrice restreigne sa dette à volonté; et, dès l'instant qu'il y a un actif suffisant pour rembourser les obligations avec prime, les obligataires peuvent demander qu'il serve à

1. Cass., 2 février et 10 mai 1887 (S. 88, I, 57, et la note). *Conf.* Cass., 6 janvier 1885 (S. 88. I, 57); Seine, 22 déc. 1885 (R. S. 1886, 172); trib. Lyon, 12 janv. 1889 (J. S. 99, 523) ; Lyon, 13 mars 1900 (J. S. 1901, 16). *Contrà*, Paris, 6 juillet 1889 (J. S. 1886, 702); Seine, 11 août 1888 (R. S. 1889, 29); Demolombe, *Consult.* 16 août II, 115). V. Lechopié, *Oblig. remb. avec primes*, et R. S. 1885, 213 ; Caen, 16 août 1882, (S. 83, II, 115); Paris, 17 mars 1883 (R. S. 1883, 432); Cass., 18 avril 1883 (R. S. 1883, 371 ; Cass., 20 juillet, 1904 et note (J. S. 1905, 28); R. pr. S. Belg. 1901, 231.
2. Cass., 25 mars 1891 (R. S. 1892, 32).
3. Paris, 23 mai 1862 (S. 62, II, 327); Cass., 10 août 1863 (S. 63, I, 428); Paris, 15 janvier 1868 (S. 68, II, 287); Douai, 24 janvier 1873 (S. 73, II, 244); Paris, 15 janvier 1878, 28 janvier 1879 (S. 79, II, 52) et 18 mars 1881 ; Seine 22 déc. 1885 (J. S. 1888, 522); Buchère, *Tr. des val. mob.*, n° 447, et J. S. 1893, p. 152 et suiv.; Lyon-Caen et Renault, t. II, n° 581, et t. VIII, n° 1170; Pic, *Faill. des soc.*, 407; Lacour, *Ann. de dr. comm.*, 1889, I, 65; Levillain, note, D. 80, II, 65; Dalloz, *Supp.*, n° 603 et suiv. V. Deloison, *Soc.*, n°s 299 et suiv.; Paris, 15 mai 1878 (S. 83, I, 218); Cass., 25 mai 1891 (J. S. 1894, 246); Paris, 17 mars 1892 (J. S. 1892, 347) et 3 août 1893 (J. S. 1896, 403; D. 97, II, 73 et la note). V. sur les *Droits des obligataires en cas de faillite ou de liquidation judiciaire de la société* et sur le vote au concordat, l'étude de M. Buchère (J. S. 1893, 144 et suiv.) et la thèse de M. Juglar.
4. Paris, 21 février 1881 et 17 mars 1883 (D. 84, II, 100) ; Rennes, 25 juillet 1887 (D. 88, II, 153); Seine, 28 novembre 1888 (*Ann. de dr. comm.*, 1889, 65); Cass., 2 fév. et 10 mai 1887 (S. 88, I, 37); Paris, 5 déc., 1901 (J. S. 1902, 211).

faire fonctionner l'amortissement, ou qu'on les rembourse immédiatement dans les conditions promises [1].

418. Obligations sorties au tirage. Coupons. Imputation. —
Lorsque le service des coupons continuait sur des titres d'obligations
ou d'actions remboursables par suite de tirage au sort, on décidait
généralement que la société était fondée à retenir ultérieurement sur
le capital (art. 1235 et 1376, C. civ.) le montant de ces coupons
comme répétition de l'indû [2].

Mais cette jurisprudence, profondément injuste, a été condamnée
par la loi du 1er août 1893, qui a ajouté à la loi du 24 juillet 1867 un
article 70 ainsi conçu : « *Dans le cas où les sociétés ont continué à
payer les intérêts ou dividendes des actions, obligations ou tous autres
titres remboursables par suite d'un tirage au sort, elles ne peuvent
répéter ces sommes lorsque le titre est présenté au remboursement.* »

Cette disposition, bien que constituant un progrès sur la jurisprudence antérieure, paraît critiquable en ce que : 1° elle n'indique pas
qu'elle est impérative [3] ; et comme les conventions sont, en principe,
libres, on pourra, d'après la doctrine dominante [4], stipuler dans les
statuts des sociétés, dans les cahiers de charges des emprunts, dans
les bordereaux dressés pour la perception des intérêts et dividendes,
que ceux-ci seront soumis à la répétition quand ils auront été payés
indûment après l'époque fixée pour le remboursement. La convention contraire n'étant pas exclue, il est à craindre qu'elle ne devienne
de style et rende la loi inefficace ; 2° elle ne s'applique qu'aux titres
émis par les sociétés françaises, et non à ceux des sociétés étran-

---

1. Lyon-Caen et Renault, n° 583 ; Lyon, 8 août 1873 (S. 74, II, 105), 13 mars 1900
et note (J. S. 1901, 16) ; Cass. 20 juillet 1904 (J. S. 1905, 28). On a aussi décidé que
si le fonctionnement de l'amortissement est impossible, les obligataires peuvent
demander la résolution du contrat avec des dommages-intérêts. Paris, 5 déc. 1901
et Cass., 20 juillet 1904 (J. S. 1902, 241 ; 1905, 28 et note Decugis). V. sur la question, Cass., 10 mai 1881 (J. 82, 1, 17), 6 janv. 1885, 2 fév. et 10 mai 1887, *loc. cit.*,
2, mai 1891 (J. S. 1894, 246), 4 mai 1898 (D. 98, 1, 457) ; Dijon, 29 janv. 1878 (S. 79,
2, 283) ; Baudry-Lacantinerie et Barde, *Oblig.* n° 1015. Les obligataires ne peuvent demander le dépôt d'un capital suffisant pour assurer le service régulier
de l'amortissement (Cass., 6 janv. 1885, *loc. cit.* V. Buchère, J. S. 1896, 248).

2. Bordeaux, 21 août 1879 et Cass., 29 juillet 1880 (S. 80, 1, 109) ; Rennes, 16 novembre 1885 (S. 80, 1, 17) ; Seine, 15 mai 1885 (R. S. 1885, 640), 14 avril 1886 (R. S.
1886, 345), 14 mars 1888 (R. S. 1889, 154), 26 janvier 1889 (R. S. 1889, 151) ; Cass.,
13 mai 1889 (S. 91, 1, 17). V. Lyon-Caen et Renault, n°s 661 à 668 *bis* ; *Rev. soc.*,
1889, 471 ; Nancy, 28 octobre 1890 (D. 91, II, 365).

3. M. Falcimaigne, commissaire du Gouvernement, avait justement fait observer que la disposition proposée ne servirait à rien si l'on n'y ajoutait pas ces
mots : « nonobstant toute stipulation contraire » ; mais cette addition n'a pas été
faite.

4. Lyon-Caen et Renault, L. 1er août 1893, n° 36 ; Perrin, p. 30 ; Genevois, n° 67 ;
Dalloz, *Supp.*, n°s 919 et 1159 ; Goirand, n° 70. V. aussi Bouvier-Bangillon, p. 192.
Contrà, Vavasseur, p. 38 ; Faure, p. 173 et suiv. ; Rousseau, *Manuel*, n° 322.

gères[1] ; 3° en ne visant que les sociétés, elle laisse en dehors de la prohibition qu'elle édicte, non seulement toutes les administrations publiques, État, départements, communes ou autres, mais même les établissements privés qui ne sont pas constitués sous la forme de sociétés[2].

La loi nouvelle s'applique à toutes les sociétés civiles et commerciales[3]. L'art. 70 ne doit être appliqué aux sociétés que dans leurs rapports avec leurs actionnaires ou obligataires et pour les intérêts ou dividendes de leurs propres titres, et non pour ceux qu'ils ont payés comme intermédiaires chargés d'encaisser les coupons. Dans ce dernier cas, non seulement l'engagement de restitution pris par le porteur est valable, mais même le droit à la répétition pour l'établissement de crédit n'a pas besoin d'être stipulé, à moins qu'il n'ait payé les coupons comme représentant de la société débitrice[4].

Est nulle, comme étant sans objet, la vente d'obligations d'une société antérieurement sorties aux tirages[5].

419. Remboursement. Déchéance. Prescription. — Tout acquéreur de titres d'une société accepte implicitement, par son acquisition même, l'obligation de se soumettre aux dispositions statutaires qui régissent cet établissement et qui deviennent ainsi la loi des parties[6]. Spécialement, le porteur d'obligations amortissables sorties à un tirage remontant à plus de dix ans, est déchu du droit de s'en faire rembourser le montant par la société débitrice, si les statuts de cette société ont édicté une déchéance absolue relativement aux remboursements non réclamés dans les dix années de l'amortissement[7], alors même que, pendant ces dix années, la société aurait continué le service des intérêts, si, d'après les statuts, ces intérêts, payés par erreur, étaient déclarés restituables[8]. Si le payement des intérêts constitue, en général, de la part du débiteur, une reconnaissance que le principal est dû par lui, ce principe n'a rien d'absolu, et il appartient aux juges de décider, dans chaque espèce, si l'acte invoqué a la signification d'une reconnaissance interruptive de la prescription[9].

---

1. Lyon-Caen et Renault, L. 1er août 1893, n°s 36 à 39; Bouvier-Bangillon, p. 187 et suiv. V. Faure, p. 166 et suiv.
2. Lyon-Caen et Renault, n° 37; Faure, p. 166. V. Bouvier-Bangillon, p. 193.
3. Lyon-Caen et Renault, n° 37; Bouvier-Bangillon, p. 192. V. Faure, p. 166.
4. Faure, p. 178.
5. Seine, 21 décembre 1892, 12 novembre et 8 décembre 1897 (J. S. 1898, 187).
6. Seine, 14 mars 1888; Goirand, n° 53.
7. Cass., 14 janvier 1890 (D. 90, I, 326); Nancy, 28 octobre 1890 (D. 91, II, 326).
8. Cass., 14 janvier 1890, loc. cit.
9. Cass., 29 août 1860 (D. 60, I, 428) et 14 janvier 1890, loc. cit.

CHAPITRE II

DES OBLIGATIONS HYPOTHÉCAIRES
NÉGOCIABLES [1]

420. Principe. — Les sociétés, pour attirer plus facilement des capitaux destinés au développement de leurs opérations ou à l'extinction d'un passif, peuvent émettre des obligations négociables garanties par une hypothèque sur leurs immeubles [2]. Nous avons examiné spécialement, dans le *Journal des notaires et des avocats* [3], le caractère juridique de l'hypothèque ainsi constituée et les moyens à employer pour l'établir et l'exercer régulièrement.

Il est de principe que l'hypothèque peut être attachée à une obligation souscrite au profit du porteur de l'original en brevet ou de la grosse exécutoire [4], ou à un billet à ordre notarié [5]. Il a été aussi décidé que la subrogation à l'hypothèque peut être valablement faite au moyen de simples billets à ordre, créés en exécution et en représentation d'une obligation hypothécaire [6]. Il est, du reste, constant que l'hypothèque attachée à une créance payable au porteur du titre, ou à un billet à ordre, se transmet de plein droit, en vertu de l'art. 1692, C. civ., avec et comme la créance elle-même [7]. Par analogie, on doit reconnaître que l'on peut imprimer une garantie hypothécaire (ou autre [8]) aux obligations nominatives ou au porteur émises par les sociétés ou par des particuliers [9]. Une fois l'hy-

---

1. V. l'étude de M. Wahl, J. S. 1898, 193, 241, 289, 337, 385 et suiv.; Garnot, *Des oblig. hyp. au port. en dr. franç.*
2. Dans certains pays (notamment en Espagne et en Suisse), les compagnies de chemins de fer émettent des obligations garanties par une hypothèque sur les voies ferrées. Mais en France cette hypothèque n'est pas possible, les voies ferrées faisant partie du domaine public inaliénable, et les compagnies ne possédant sur ces voies qu'un droit temporaire d'exploitation.
3. Art. 21750, 1877, p. 641.
4. Bordeaux, 22 juillet 1839 et 7 février 1846 ; Angoulême, 24 décembre 1850 (S. 52, II, 321); Seine, 24 janvier 1888; Cass., 9 novembre 1896 (R. S. 1897, 170).
5. Lyon, 4 janvier 1830; Alger, 7 mai ou 5 juillet 1870 (art. 20287, J. N.); Cass., 6 mai 1878 et 7 mai 1879 (art. 21896 et 22196, J. N.).
6. Rouen, 9 mars 1838; Cass., 10 août 1831 (art. 7513, J. N.).
7. Dict. Not., v° *Endos.*, n° 7; Marcadé, art. 1692, n° 3; Cass., 24 février 1838 et 11 juillet 1839; Alger, 5 juillet 1870 (art. 10165 et 20287, J. N.).
8. V. Garnot, p. 174 et suiv. ; Decugis, J. S. 1911, 49.
9. Toute personne capable, non seulement au point de vue commercial, mais aussi au point de vue civil, peut émettre des titres au porteur : Garnot, p. 82.

pothèque établie, elle s'attache aux obligations et profite à ceux qui en deviennent propriétaires[1].

421. Création et souscription immédiate des obligations. Hypothèque. — Les obligations créées par la société peuvent être immédiatement souscrites soit par un banquier ou un établissement financier qui les met ensuite, à ses risques et périls, en circulation dans le public, soit directement par des particuliers. Dans ce cas, on fait un acte notarié pour constater la création et la souscription des obligations, et la constitution de l'hypothèque. Cette hypothèse, la plus simple, mais aussi la plus rare, ne présente aucune difficulté au point de vue de là constitution de l'hypothèque[2].

422. Constitution de l'hypothèque avant la souscription des obligations. — Mais ordinairement les obligations ne sont pas souscrites immédiatement. Si on a recours à un banquier, il ne remplit, en général, que le rôle d'intermédiaire plaçant les titres dans le public (moyennant une commission) pour le compte de la société qui les émet. Pour que la société tire de l'émission d'obligations hypothécaires l'élément de crédit qu'elle y cherche, il faut que les souscripteurs soient, au moment même où ils souscrivent, assurés d'avoir une hypothèque. Or, comment la société pourra-t-elle conférer une hypothèque valable et efficace avant la souscription, avant, par conséquent, l'existence de la créance et le concours des volontés ? Cette situation est fort délicate. Nous allons examiner les différents moyens qui pourraient être employés[3] :

1° *Promesse d'hypothèque.* — La société peut s'engager, par le prospectus d'émission, à constituer l'hypothèque après la clôture de la souscription. Mais une promesse de constituer une hypothèque n'équivaut pas à l'hypothèque ; elle ne permet aux personnes qui ont reçu la promesse que d'en poursuivre l'exécution en justice, de faire condamner le promettant à constituer l'hypothèque, de faire sanctionner cette condamnation par une condamnation subsidiaire des dommages-intérêts, condamnation à laquelle s'attachera l'hypothèque judiciaire[4]. Si l'hypothèque est conférée après l'émission

---

1. *Conf.* Paris, 15 mai 1878 (S. 83, I, 218); Douai, 13 mai 1880 (D. 82, II, et 20 janvier 1881 (D. 82, II, 21; J. S. 1882, 250); Cass., 19 février 1884 (J. S. 480); trib. Lyon, 6 mai 1886 (R. S. 1886, 59); Paris, 5 décembre 1885 et 3 décembre 1889 (J. S. 1891, 107); trib. Bourges, 8 mars 1888 (J. S. 1891, Wahl, *Tr. des titr. au port.*, t. I, n° 549, et J. S. 1898, 194.
2. Wahl, J. S. 1898, 196.
3. V. Wahl, J. S. 1898, 193 et suiv.
4. Paris, 14 décembre 1893 (*Gaz. des trib.*, 23 décembre 1893); Wahl, J. S. 193.

elle doit être acceptée par tous les obligataires ou leur représentant, si, par exemple, il est stipulé dans le prospectus qu'une personne désignée figurera dans l'acte de constitution comme mandataire des obligataires et que la souscription des obligations impliquera adhésion à ce mandat. Dans tous les cas, l'hypothèque ne peut produire d'effet que du jour où elle est inscrite; elle pourrait se trouver primée par des hypothèques antérieures constituées au cours de l'émission. Ce moyen ne garantit pas suffisamment les obligataires.

2° *Constitution d'hypothèque non acceptée.* — Au lieu de faire une simple promesse, la société peut constituer immédiatement, par un acte authentique (art. 2127, C. civ.), une hypothèque au profit des souscripteurs futurs des obligations. L'acceptation de cette hypothèque n'a pas besoin d'être authentique; elle peut même n'être que tacite[1], et résulter du seul fait de la souscription[1]. Cette acceptation fait-elle rétroagir l'hypothèque au jour de l'offre ? Des auteurs le soutiennent[2]. Mais on a répondu que l'offre ne produit aucun effet, même conditionnel, puisqu'elle n'engage pas le promettant et peut être rétractée jusqu'à l acceptation, laquelle ne saurait rétroagir vis-à-vis des tiers; que l'hypothèque constituée antérieurement à l'émission n'a, avant cette émission, aucune existence, même conditionnelle, et ne peut être inscrite; qu'elle est, en conséquence, primée par toutes les inscriptions antérieures à la sienne[4]. Cette seconde combinaison n'est donc pas non plus satisfaisante.

3° *Stipulation pour autrui.* — Une personne pourrait souscrire une ou plusieurs des obligations émises et accepter l'hypothèque constituée, tant en son nom que pour le compte des souscripteurs futurs des autres obligations (art. 1121, C. civ.). Si la société ne voulait pas anticiper la souscription, elle validerait l'hypothèque en faisant intervenir, comme stipulant pour autrui, un tiers quelconque auquel elle promettrait des dommages-intérêts pour le cas où l'hypothèque ne serait pas réalisée. L'acceptation par les obligataires de la stipulation pour autrui résulterait de la souscription des obligations. Mais on a fait observer que la révocation antérieure, qui peut intervenir sans que les obligataires en aient connaissance, peut leur nuire; que, d'autre part, l'hypothèque n'est pas acquise aux souscripteurs avant

---

1. Elle peut résulter, par exemple, de l'inscription hypothécaire : Cass., 5 août (S. 39, I, 753) et 4 décembre 1867 (S. 68, I, 232); Chambéry, 20 janvier 1872 (D. 73, 2, 125).
2. Wahl, J. S. 1898, 200.
3. Aubry et Rau, t. III, p. 275; Baudry-Lacantinerie et de Loynes, *Tr. des hyp.*, II, n° 1446. V. Cass., 5 août 1836 (S. 39, I, 753).
4. Wahl, J. S. 1898, 203 et 204.

I.

la souscription; que, jusque-là, ils ne bénéficient que d'une offre, et que l'hypothèque n'est pas constituée à leur profit; que ce procédé les expose donc, comme les précédents, à se voir primer par d'autres hypothèques[1].

Il a été cependant décidé qu'une constitution d'hypothèque au profit des obligataires est suffisamment et régulièrement réalisée par l'acceptation de plusieurs de ceux-ci stipulant pour eux et pour autrui (les souscripteurs futurs des autres obligations)[2].

4° *Gestion d'affaires*. — On a considéré que la gestion d'affaires offre un moyen simple et légal dans sa réalisation et irréprochable dans ses résultats, de constituer une hypothèque valable et susceptible d'être inscrite. Voici les arguments qui ont été produits à l'appui de cette solution : un tiers quelconque, par exemple un employé de la société ou l'un des banquiers qui servent d'intermédiaires à l'émission, peut comparaître dans l'acte par lequel la société constitue son hypothèque et déclarer accepter cette hypothèque au nom des souscripteurs futurs. L'hypothèque peut être immédiatement inscrite (V. *infrà*), et l'inscription pourra être mentionnée dans les prospectus d'émission avec le certificat du conservateur constatant qu'il n'existe pas d'inscriptions antérieures. On ne saurait objecter que la gestion d'affaires ne peut être entreprise en faveur de personnes encore inconnues, car la loi n'exige pas cette condition; ni que nul ne peut, de sa propre autorité, se constituer gérant d'affaires de tiers auxquels aucun lien ne l'unit; car, comme l'a déclaré la Cour de cassation, le propre de la gestion d'affaires est précisément d'agir pour le compte d'un tiers auquel le gérant est entièrement étranger[3]; ni, enfin, que la ratification des actes d'un gérant d'affaires ne saurait nuire aux tiers, et que, par suite, les hypothèques inscrites postérieurement à celles des obligataires, mais avant la souscription qui constitue la ratification de ces derniers, sont préférables à la leur. La théorie de la non-rétroactivité de la ratification signifie uniquement que les actes accomplis par le gérant sur les biens du maître ne nuisent pas aux tiers qui ont obtenu du maître lui-même, avant la ratification, des droits sur les mêmes biens. Ce raisonnement ne peut plus être tenu à propos de droits obtenus par le gérant sur les biens d'un tiers et portés par une inscription à la connaissance des intéressés. Du reste, il n'y a pas lieu

---

1. Wahl, J. S. 1898, 205 et 206.
2. Trib. Bourges, 8 mars 1888 (J. S. 1891, 252).
3. Cass., 20 octobre 1897 (J. S. 1898, 101).

dans l'espèce, à ratification, et l'acte du gérant est immédiatement réputé avoir été accompli par les obligataires, car les actes d'un gérant sont censés être l'œuvre du maître dès lors qu'ils sont utiles et n'engagent pas son patrimoine. Le système qui consiste à faire intervenir à l'offre de constitution d'hypothèque un tiers agissant au nom des futurs obligataires paraît, en somme, absolument recommandable ; il fait acquérir d'une manière certaine et définitive aux obligataires l'hypothèque que la société veut leur conférer [1].

Hypothèque pour une dette future. — Mais la constitution d'une hypothèque, avant la souscription des obligations, fait naître une question délicate. Est-il possible de conférer une hypothèque valable comme garantie d'une créance future? On l'a soutenu par les motifs suivants [2] : les choses futures peuvent être l'objet d'une obligation (art. 1130, C. civ.). Si elles peuvent faire l'objet d'une obligation principale, elles peuvent également faire l'objet d'une obligation accessoire. Aussi admet-on que le cautionnement porte valablement sur des dettes futures [3]. Ce qui est vrai du cautionnement ne peut que l'être de l'hypothèque. Il serait inconcevable que l'hypothèque conventionnelle ne pût (comme les hypothèques légales) s'attacher à des créances futures [4]. En validant les hypothèques consenties pour sûreté d'une ouverture de crédit, avec effet de l'hypothèque pour sûreté des avances à partir du jour de sa constitution, la jurisprudence a reconnu la légalité des hypothèques consenties en garantie d'une dette future. Il est vrai que l'ouverture de crédit fait naître un lien juridique entre le créditeur et le crédité, et constitue de la part du premier un engagement de prêter. Mais cette circonstance n'a pu influer sur la solution de la question : car le crédité ne prend aucun engagement même conditionnel ; l'engagement pour sûreté duquel est constituée l'hypothèque n'a donc pas plus d'existence que celui d'une société qui confère l'hypothèque à ses futurs obligataires. Au surplus, la Cour de cassation, pour valider l'hypothèque constituée pour sûreté d'une ouverture de crédit, a proclamé plus d'une fois la validité de l'hypothèque constituée en garantie d'une créance future [5].

Les auteurs estiment généralement que l'hypothèque peut être

---

1. Wahl, J. S. 98, 206 et suiv. *Conf.* Lyon-Caen et Renault, nº 591 ; Thaller, nº 712.
2. Wahl, J. S. 1898, 206 et suiv.
3. Cass., 13 novembre 1867 (S. 68, I, 202); Guillouard, *Tr. du caut.*, nº 52 ; Laurent, t. XXVIII, nº 131.
4. Baudry-Lacantinerie et de Loynes, *Hyp.*, nº 1280.
5. Cass., 21 novembre 1849 (S. 50, I, 91).

valablement constituée avant la souscription des obligations, comme elle peut l'être pour sûreté d'une ouverture de crédit[1]. Une hypothèque constituée dans ces conditions a été validée, par le motif qu'aucun texte ne défend de constituer une hypothèque pour sûreté d'une obligation future[2].

Mais le tribunal de la Seine a jugé, au contraire, que l'hypothèque est nulle si elle est constituée au profit d'obligataires futurs, n'ayant pas encore souscrit et dès lors n'étant point créanciers, bien que cette hypothèque ait été acceptée par un souscripteur partiel agissant comme se portant fort de tous les souscripteurs actuels et futurs des obligations[3].

Sans méconnaître la valeur juridique des arguments présentés en faveur de l'efficacité de l'hypothèque constituée avant la souscription des obligations, nous ne sommes pas convaincu que cette hypothèque garantisse en toute sécurité les droits des obligataires. On a invoqué les règles du cautionnement, lequel peut porter sur une dette future. Mais l'auteur cité[4] reconnaît lui-même que, pour que le cautionnement soit irrévocable, il faut un prêt ou un engagement de prêter, en un mot une autre volonté dont le concours ait amené un lien de droit, faute de quoi la caution peut révoquer son engagement. On a invoqué, en outre, la jurisprudence en matière d'hypothèque consentie par suite d'un crédit. Mais dans l'ouverture de crédit il y a, de la part du créditeur, un engagement de prêter qui légitime l'hypothèque. Or, quand l'hypothèque est consentie pour sûreté d'obligations non encore souscrites, il n'y a pas de lien de droit entre le débiteur et les créanciers (qui n'existent pas), et l'hypothèque est sans cause actuelle. Nous conservons des doutes sur l'efficacité d'une hypothèque constituée dans ces conditions[5].

Tant que cette importante question n'aura pas été nettement résolue par la jurisprudence, nous conseillons, au point de vue pratique, soit de faire consentir l'hypothèque et de prendre l'inscription après la souscription des obligations, soit, si l'hypothèque a été consentie avant la souscription, de la faire réitérer après cette souscription et de prendre une inscription nouvelle (en tant que de

1. Labbé, note, S. 79, II, 313; Lyon-Caen et Renault, n° 589; Garnot, p. 117; de Casteran, R. S. 1895, 373; Dalloz. Supp., n° 936; Goirand, Soc. par act., n° 71; Corbiau, R. pr. s. Belg., 99, 68. V. Thaller, Ann. de dr. comm., 94, 80. et Tr., n° 713.
2. Trib. Bourges, 8 mars 1888 (J. S. 1891, 252).
3. Seine, 22 avril 1886 (J. S. 1888, 562). Cette décision a été rendue contrairement aux conclusions de M. Duval, substitut (R. S. 1886, 402).
4. Guillouard, loc. cit.
5. V. aussi Garnot, p. 141.

besoin) et en renouvellement de la première, avec réquisition d'un état complémentaire d'inscriptions. Les fonds ne devront être remis à la société emprunteuse qu'après l'inscription prise en vertu de l'acte ou des actes d'hypothèque, postérieurement à la souscription des obligations.

423. Représentants des obligataires. — Les obligations devant être possédées par un grand nombre de personnes, il est indispensable (dans l'intérêt des obligataires, de la société et des tiers) de constituer un ou plusieurs représentants de tous les obligataires, et de centraliser dans leurs mains tous les pouvoirs nécessaires. L'acte de création d'obligations hypothécaires doit constituer ces représentants et leur conférer les pouvoirs d'exercer, même en présence d'incapables[1] et comme condition essentielle du prêt, tous les droits attachés aux obligations : accepter l'hypothèque, prendre inscription à leur profit commun, donner mainlevée de cette inscription, recevoir toutes notifications, poursuivre en délaissement tous tiers détenteurs, exercer toutes poursuites et actions judiciaires, etc.

Nous avons considéré[2] que cette désignation des représentants des obligataires, cette stipulation *sui generis* faite par des personnes capables et imposée à tous les obligataires futurs, est licite[3]. C'est un mandat stipulé par avance, et ce mandat formant la condition d'un contrat synallagmatique et étant établi dans l'intérêt commun, en quelque sorte indivisible, de toutes les parties, créanciers et débiteurs, doit rentrer dans la classe des mandats irrévocables[4].

Depuis, et conformément à notre opinion, il a été décidé :

1° Que le maire d'une ville, en vendant à une société des terrains moyennant un certain nombre d'obligations au porteur, souscrites par cette société et remises par elle à la ville, avec faculté pour celle-ci de les émettre, peut stipuler la subrogation des futurs souscripteurs dans l'hypothèque consentie par la société à la ville : une pareille subrogation est valable, alors que la stipulation a été portée à la connaissance du public et a été pour les souscripteurs la condition de leurs versements. Le maire a qualité pour représenter dans

---

[1] La nomination des représentants des obligataires (avec ou sans société civile (V. *infra*), comme condition de la création des obligations et de la constitution de l'hypothèque, lie les souscripteurs même incapables; car cette convention n'est pas indépendante, et ne constitue qu'une des conditions de la souscription des titres, ou plutôt un moyen de réaliser, au profit du souscripteur, les avantages que lui confère sa souscription : Wahl, J. S. 1898, 296.

[2] Art. 21750, J. N.

[3] Conf. Wahl, J. S. 1898, 292 et suiv.

[4] Dict. du Not., v° *Mandat*, n°s 268 et 282. V. Wahl, J. S. 1898, 292 et suiv.

le même acte les futurs souscripteurs, et il peut stipuler pour ceux-ci, sans qu'il y ait nécessité pour eux de se constituer en société. L'hypothèque est ainsi valablement constituée au profit de chacun des futurs souscripteurs, et le maire peut régulièrement prendre inscription au nom de ceux-ci, l'inscription devant profiter à chacun d'eux [1];

2° Que l'hypothèque consentie dans un acte d'emprunt fait sous forme d'obligations au porteur, au profit d'un souscripteur primitif des obligations, stipulant tant en son nom que comme représentant légal des porteurs futurs, est valable, et que l'inscription prise au nom de ce souscripteur primitif, en cette double qualité, est régulière et doit profiter à tous les porteurs, bien que leur nom ne figure pas dans cette inscription [2];

3° Qu'il n'est pas nécessaire que les obligataires soient constitués en société pour la constitution de l'hypothèque et l'inscription à prendre. L'inscription est valable, si elle est requise au profit d'un souscripteur nommé et de la masse des porteurs actuels et futurs des obligations [3];

4° Qu'une compagnie de chemins de fer, en émettant ses obligations et en affectant à leur garantie une subvention due par l'État, a pu stipuler que, pour l'exercice de cette garantie, la masse des obligataires serait représentée par deux d'entre eux désignés comme mandataires [4].

Il y a intérêt à nommer plusieurs représentants, afin qu'en cas de décès ou d'empêchement de celui désigné, les intérêts des obligataires ne périclitent pas. On peut aussi stipuler que les représentants devront agir conjointement (du moins pour les actes importants), ce qui constitue une garantie pour les obligataires. Il convient de déterminer le mode de nomination de nouveaux représentants en cas de décès ou d'empêchement de ceux désignés. Il paraît rationnel de stipuler que les obligataires seront convoqués en assemblée générale par les derniers représentants ou par des obligataires, à l'effet de nommer, à la majorité, de nouveaux représentants. La Cour de cassation a décidé que lorsque le représentant désigné dans l'acte d'obligation hypothécaire se trouve dans l'impossibilité de remplir ses fonctions, il appartient aux tribunaux de pourvoir à son

---

1. Aix, 8 avril 1878 (S. 1879, II, 313).
2. Douai, 12 août 1880 (J. S. 1882, 521). V. aussi Lille, 30 juillet 1880 (J. S. 1881, 92).
3. Trib. Lyon, 6 mai 1886 (R. S. 1886, 594).
4. Cass., 3 janvier 1888 (J. S. 1888, 642).

remplacement[1]. Mais cette solution a été contestée[2]. Pour éviter toute difficulté, l'acte de création des obligations doit conférer le pouvoir de nommer d'autres mandataires, soit aux premiers représentants désignés ou aux survivants, soit à la majorité des obligataires réunis en assemblée générale.

Des incapables peuvent être nommés comme représentants (arg. art. 1990, C. civ.); mais cela est imprudent, l'incapable n'étant pas responsable de sa faute. Les mandataires peuvent être pris en dehors des souscripteurs d'obligations. On a considéré qu'il n'y a aucune illégalité dans une représentation confiée à un ou plusieurs administrateurs de la société emprunteuse, pourvu que cette société soit représentée à l'acte d'hypothèque par d'autres administrateurs[3]. Mais, à raison de l'opposition d'intérêts existant entre la société débitrice et les obligataires créanciers, il est préférable de nommer comme mandataires de ces derniers des personnes étrangères à l'administration de la société emprunteuse. Les représentants sont responsables envers les obligataires suivant les règles du mandat.

424. Société civile. Syndicat. — Pour centraliser les droits et pouvoirs de tous les porteurs d'obligations, on peut aussi former une société civile entre tous les obligataires, et conférer aux administrateurs de cette société les pouvoirs nécessaires pour l'exercice de tous les droits communs[4].

On a contesté la validité d'une société civile constituée dans ces conditions, par le motif qu'elle ne comporte ni apport, ni fonds commun, ni bénéfices possibles à réaliser en commun[5].

Cependant la Cour de Paris a déclaré valable une société civile ayant pour objet de centraliser la conservation, la protection et la défense des intérêts communs à tous les obligataires, ainsi que l'acceptation, par le directeur de cette société, de l'hypothèque conférée à la sûreté des obligations[6]. La Cour de cassation a reconnu la légalité de ce mode de procéder, en rejetant le pourvoi formé contre cette décision[7]. Elle n'a pas recherché si une telle association présente

---

1. Cass., 19 février 1884 (J. S. 1888, 480).
2. Wahl, J. S. 1898, 343. V. aussi Bruxelles, 27 mars 1880 (S. 84, 1, 69 à la note).
3. Wahl, J. S. 1898, 298.
4. Nantes, 10 août 1898 (J. S. 99, 439). V. Seine, 22 juin 1898 (J. S. 98, 524). Labbé, note, S. 79, 11, 213; trib. Lyon, 6 mai 1886 (R. S. 1886, 594); **Duval,** conclus. Seine, 22 avril 1886 (R. S. 1886, 402); Buchère, J. S. 1895, p. 146 et suiv.; Juglar, *Situation des oblig. en cas de faillite de la soc.*, p. 42. V. Thaller, *Ann. de dr. comm.*, 1894, 65; Guillouard, *Soc.*, n° 54; Wahl, J. S. 1898, 294.
6. Paris, 5 décembre 1885 (J. S. 1883, 582 ; 1886, 638). Conf. trib. Bourges, 8 mars 1888 (J. S. 1891, 252); Vavasseur, n°s 542 et 550; Deloison, n° 303; Garnot, p. 125; Dalloz, *Supp.*, n° 965; de Casteran, R. S. 1895, 372; Goirand, n° 73; R. S. 1901, 362.
7. Cass. civ., 3 décembre 1889 (J. S. 1891 306 ; D. 90, 1, 105).

tous les **caractères** d'une société civile; elle a même déclaré qu'elle ne constitue en aucun cas une personne morale; mais — ce qui est essentiel — elle a décidé que l'acte qui crée cette société confère tout au moins valablement à son directeur le mandat de représenter ses associés dans la limite de l'intérêt mis en commun, d'accepter l'hypothèque conférée et devant profiter à tous les obligataires, et de prendre les inscriptions utiles[1]. A défaut d'une société civile proprement dite, il existe, et l'on pourrait du reste constituer expressément une association ou syndicat valable en vertu du principe de la liberté des conventions (V. *suprà*, n° 409).

En définitive, nous considérons que les différents moyens que l'on peut employer et que nous avons indiqués pour représenter les obligataires (société civile, association syndicale, nomination de représentants sans société, *suprà*, n° 423) sont valables et produisent à peu près les mêmes effets[2].

Dans tous les cas, la société civile serait valable et constituerait une véritable société si les titres mêmes d'obligations étaient mis en commun et apportés dans la société[3].

Les pouvoirs des administrateurs et ceux de l'assemblée générale sont déterminés par les statuts de la société civile. Les pouvoirs des administrateurs sont ordinairement les mêmes que ceux conférés aux représentants des obligataires, sans société civile (*suprà*, n° 423). L'assemblée est chargée notamment de remplacer les administrateurs, s'il y a lieu. On pourrait aussi lui conférer le pouvoir d'autoriser les mainlevées d'inscriptions sans paiement.

Il a été jugé que la délibération d'une assemblée générale de porteurs d'obligations, décidant que les titres actuels seront annulés et remplacés par des titres nouveaux, et donnant décharge à la société d'un certain nombre de coupons, est valable et obligatoire pour tous les porteurs d'obligations[4]; que les délibérations prises par l'assemblée générale de la société civile des obligataires, conformément aux statuts, s'imposent à tous les porteurs d'obligations[5]. Mais l'assemblée générale ne peut pas, en principe, à moins de stipulation formelle des statuts, aliéner les droits inhérents aux titres, spécialement une réduction du taux de l'intérêt sur les obligations[6].

---

1. V. Lyon-Caen et Renault, n° 593 *bis*; J. S. 1898, 524; R. S. 1908, 373.
2. V. Wahl, J. S. 1898, p. 243; Paris, 27 mai 1903, J. S. 1904, 340; 1903, 337.
3. V. Seine, 30 mars 1893 (J. S. 1894, 161); Thaller, *loc. cit.*; Garnot, p. 131.
4. Seine, 25 mars 1888 (J. S. 1888, 601).
5. Paris, 4 nov. 1887 (J. S. 90, 319). V. R. S. 1895, 375; Paris, 27 mai 1903, *loc. cit.*
6. Seine, 15 juin 1887 (J. S. 1888, 525). V. Paris, 31 juillet 1905 (J. S. 1906, 64).

425. Inscription. — L'inscription de l'hypothèque peut être prise valablement soit au nom des représentants des obligataires, soit au nom de la société civile, poursuite et diligence de ses administrateurs, sans qu'il soit besoin d'indiquer les noms des obligataires [1].

On a fait une objection : aux termes de l'art. 2148, C. civ., l'inscription hypothécaire doit contenir les nom, prénoms, profession et domicile du *créancier;* elle ne peut donc être prise au nom des représentants des porteurs d'obligations, les véritables créanciers [2]. Cette objection n'est pas fondée. Il faut, il est vrai, que l'inscrivant se fasse connaître, afin que les intéressés sachent à qui adresser la demande en radiation, s'il y a lieu; mais il n'est pas nécessaire que l'inscrivant désigné dans l'inscription soit le véritable créancier. Il s'ensuit qu'un mandataire peut prendre inscription en son nom, et passer sous silence le nom de son mandant, le véritable créancier [3]. C'est pour cela qu'une hypothèque peut valablement se rattacher à une créance à ordre ou au porteur [4]. Du reste, la loi prescrit au créancier de se faire connaître, dans son intérêt, non dans l'intérêt des tiers. La désignation du créancier n'est pas substantielle, et son absence ou son insuffisance ne sauraient être une cause de nullité de l'inscription, alors surtout que l'inscrivant s'est fait connaître [5]. La Cour de cassation a, en conséquence, décidé que l'hypothèque consentie au profit d'un groupe d'obligataires d'une société anonyme peut être valablement inscrite à la requête d'un gérant d'affaires pour le compte des propriétaires actuels et futurs des obligations (émises); et que, s'agissant de bénéficiaires dont le droit réside dans la détention d'un titre au porteur, la désignation du créancier, exigée par l'art. 2148, C. civ., peut consister dans la seule désignation du titre en vertu duquel l'hypothèque a été consentie, c'est-à-dire que l'inscription peut être prise au profit du porteur actuel ou futur du titre [6].

Dans tous les cas, la validité de l'inscription n'est pas contestable quand elle est prise au nom des premiers souscripteurs des obliga-

---

1. Paris, 15 mai 1878 (S. 83, I, 218; art. 22096, J. N.); Lille, 30 juillet 1880 (J. S. 1880, 92); Douai, 12 août 1880 (J. S. 1882, 521); trib. Lyon, 6 mai 1886 (R. S. 1886, 594); Cass., 20 octobre 1897 et nos observ. (J. S. 1898, 101); Lyon-Caen et Renault, n° 591; Wahl, J. S. 1898, 241 et suiv.
2. V. *Rev. des soc.*, 1886, 595.
3. Cass., 6 juillet 1842 (S. 1842, II, 802).
4. *Conf.* Labbé, note (S. 79, II, 313); Lyon-Caen et Renault, n°s 591 et 592.
5. Troplong, *Hyp.*, t. VI, n° 679; Pont, *Hyp.*, n° 960; Aubry et Rau, § 276-20; Laurent, t. XXXI, n°s 45 et 95; Cass., 15 mai 1809, 15 février et 1er octobre 1810, 11 mars 1815, 26 juillet 1825 (S. 26, I, 92), 26 juillet 1858 (P. 1860, 153), 4 janvier 1863 (P. 1863, 449); Rouen, 29 avril 1874 (S. 74, II, 277); Poitiers, 10 juin 1879 (S. 79, II, 109); trib. Lyon, 6 mai 1886 (R. S. 1886, 594); Labbé, *loc. cit.*
6. Cass., 20 octobre 1897 et nos observ. (J. S. 1898, 101).

tions, constitués par l'acte hypothécaire représentants des porteurs futurs des titres d'obligations.

Quand l'inscription peut-elle être prise (si les obligations ne sont pas immédiatement souscrites) et quels en sont les effets? — Un auteur fait les distinctions suivantes[1] : S'il y a eu promesse de constituer hypothèque, l'inscription ne pourra valablement intervenir qu'après l'acte authentique de constitution qui suivra l'émission. S'il y a eu offre, l'inscription pourra être prise après l'émission, qui constituera l'acceptation de cette offre. Il en sera de même en cas de stipulation pour autrui. Enfin, si un gérant d'affaires s'est fait constituer l'hypothèque pour le compte des obligataires, l'inscription sera valablement requise dès l'acte de constitution, et même avant l'émission. L'inscription prise dans ces conditions produira ses effets à sa date (art. 2134, C. civ.). Nous considérons qu'il est au moins prudent de prendre l'inscription après la souscription des obligations (*suprà*, n° 422).

426. Pouvoirs des mandataires. Action en justice. — La convention détermine les actes que les représentants des obligataires (sans société civile) ou les administrateurs de la société civile ou association ont le droit ou l'obligation de faire. A défaut de stipulation à cet égard leurs pouvoirs doivent être déterminés d'après les règles du mandat ou de la société. En principe, les représentants doivent et peuvent accomplir tous les actes rentrant dans leur mission, c'est-à-dire tous ceux dont le but est de sauvegarder le droit hypothécaire, de le mettre en œuvre, d'assurer le droit de préférence et de suite que l'hypothèque donne aux obligataires, de consentir à la radiation de l'inscription après l'amortissement complet des obligations et à la réduction après l'amortissement partiel. Mais, à moins d'une clause très explicite, le droit de se rendre adjudicataire ou de surenchérir doit leur être refusé, et, par suite, appartient individuellement à chacun des obligataires; car on imagine difficilement une adjudication prononcée au profit de la collectivité des obligataires[2].

La représentation des obligataires a lieu sans difficulté lorsqu'il s'agit d'actes étrangers à une instance judiciaire. Mais s'il y a des procès, comment les obligataires (mandataires ou administrateurs) pourront-ils jouer pour ceux-ci (surtout pour les propriétaires de titres au porteur dont un certain nombre peuvent être inconnus) la

1. Wahl, J. S. 1898, 241 et suiv.
2. Wahl, J. S. 1898, 339 et suiv. V. aussi sur la question d'exercice des droits des obligataires en cas de saisie immobilière, d'ordre et de surenchère : Casteran, R. S. 1895, 312; Garnot, 163. V. Douai, 10 mai 1904 (J. S. 1905, 37).

rôle de demandeurs ou de défendeurs, alors qu'en vertu de la règle : *nul ne plaide en France par procureur* les noms de tous les obligataires devraient être indiqués dans les actes de la procédure (art. 61, C. pr. civ.)? La jurisprudence reconnaît que cette maxime n'est pas d'ordre public[1], qu'elle ne saurait être invoquée en justice par ceux qui ont renoncé à s'en prévaloir, et que cette renonciation peut résulter de l'adhésion donnée aux statuts d'une association conférant pouvoir à une ou plusieurs personnes d'agir en justice au nom de cette association[2]. Spécialement, la Cour de cassation a décidé que lorsque l'acte d'émission d'obligations hypothécaires par une société anonyme contient la nomination d'une personne chargée de représenter les obligataires et d'intenter pour eux toutes actions en justice et d'y défendre, la société débitrice et les obligataires ayant *accepté* cette clause, ne peuvent se prévaloir de la maxime « nul en France ne plaide par procureur »[3]. Les représentants des obligataires pourront donc exercer des poursuites, agir en justice, comme demandeurs ou défendeurs, contre la société débitrice, sans avoir à craindre qu'on leur oppose cette maxime et qu'on les oblige à indiquer les noms de tous les obligataires dans les actes de la procédure[4]. Pour éviter toute difficulté, il est utile de faire donner un consentement exprès par la société, dans l'acte qui contient nomination des représentants des obligataires, ou constitution d'une société civile d'obligataires. Mais si le procès est intenté contre un adversaire autre que la société, et si cet adversaire n'a pas renoncé au bénéfice de la maxime, expressément ou tacitement (par exemple si le tiers assigne les représentants des obligataires, trouvant cette procédure plus commode, ou si les représentants des obligataires, en contractant avec ce tiers, lui ont donné connaissance suffisante de la clause par laquelle ils sont chargés d'agir en justice au nom de la collectivité[5]), il peut, semble-t-il, invoquer et opposer le bénéfice de la maxime « nul ne plaide par procureur »[6]. Cette exception nous paraît surtout à craindre dans le

---

1. V. Cass., 30 mai 1854 (S. 56, I, 348), 24 novembre 1875 (S. 76, I, 166) et 22 janvier 1894 (R. S. 1894, 177); Douai, 7 mai 1894 (J. S. 1898, 112); Paris, 16 novembre 1894 (R. S. 1895, 97); Cass., 13 novembre 1895 (R. S. 1896, 103).
2. Cass., 19 novembre 1879 (S. 80, 1, 56); Douai, 11 juillet 1882 (S. 83, II, 49); Cass., 27 janv. 1890 (R. S. 1890, 234); Bruxelles, 25 juillet 1888 et 9 février 1889; Cass. Belg., 9 février 1889. V. Nantes, 10 août 1898 (J. S. 1899, 439).
3. Cass., 19 février 1884 (S. 87, I, 69). V. Cass., 19 févr. 1908 (J. S. 1909, 200).
4. *Conf.* Lyon-Caen et Renault, nᵒˢ 593 et 593 *bis*; *Rev. pr. Soc.* (de Brlg.), 1892, 194; Garnot, p. 139; Dalloz, *Supp.*, nᵒ 963; Consultation de MM. Lyon-Caen et Martini (Compagnie des chemins de fer de Santa-Fé); Wahl, J. S. 1898, 341.
5. Marcel Mougin, *Et. sur la sit. jur. des soc. dénuées de pers.*, p. 31 et 32.
6. Lyon-Caen et Renault, Rev. soc. Belg., *loc. cit.*

cas où l'ordre ouvert sur le prix des immeubles de la société débitrice donnerait lieu à des contestations dans l'intérêt des obligataires. On a cependant considéré que lorsque l'action judiciaire n'est pas intentée directement par les obligataires, mais par leurs représentants, il suffit que ceux-ci soient désignés dans les actes d'instance, l'indication des obligataires n'ayant pas de raison d'être. La jurisprudence décidant, pour l'inscription, que la désignation du titre équivaut à la désignation du créancier, validerait, dit-on, les actes de procédure où ne figureraient pas les noms des porteurs d'obligations. Du reste, cela n'empêchera pas les tiers d'intenter leur action contre les obligataires individuellement; mais ils n'ont pas intérêt à agir ainsi [1].

427. Titres. — Il est délivré aux obligataires des titres d'obligations négociables, nominatifs ou au porteur; ces titres, représentatifs de la créance, ne font qu'une même chose avec l'acte en vertu duquel ils sont créés; ils doivent mentionner cet acte, et ordinairement ils en rapportent quelques dispositions principales. Les règles que nous avons rappelées pour les titres d'obligations ordinaires (*suprà*, n°ˢ 403 et suiv.) sont, du reste, applicables aux titres d'obligations hypothécaires.

428. Statuts. Délibération. Forme. Sociétés commerciales. — Le pouvoir de constituer une hypothèque sur les immeubles sociaux est conféré aux gérants ou aux administrateurs, soit par l'acte même de société, soit par une délibération de l'assemblée générale des actionnaires prise au cours de la société. La jurisprudence décidait que, dans ce cas, l'acte de société ou le procès-verbal constatant la délibération devait être dressé par-devant notaires (*infrà*). Il en résultait une augmentation de frais, et surtout des complications telles que dans certaines sociétés il devenait presque impossible de constituer une hypothèque inattaquable. Pour faire disparaître ces inconvénients, la loi du 1ᵉʳ août 1893 a ajouté à la loi du 24 juillet 1867 un article 69 ainsi conçu : « *Il pourra être consenti hypothèque au nom de toute société commerciale, en vertu des pouvoirs résultant de son acte de formation même sous seing privé, ou des délibérations ou autorisations constatées dans les formes réglées par ledit acte. L'acte d'hypothèque sera passé en forme authentique, conformément à l'art. 2127, C. civ.* »

Cette disposition s'applique à toutes les sociétés commerciales, et à elles seules. Elle régit donc les sociétés de commerce en nom collectif, en commandite par intérêts, en commandite par actions et anc-

---

[1] Wahl. J. S. 1898, 340 et suiv. V. Corbiau, *R. pr. s. Belg.*, 1899, 75.

nymes, ainsi que les sociétés à responsabilité limitée qui subsistent encore[1]. Elle régit aussi : 1° les sociétés, civiles par leur objet, constituées, depuis la loi du 1er août 1893, sous la forme de la commandite et de l'anonymat, puisque, d'après l'art. 68 ajouté par cette loi à celle de 1867, ces sociétés sont commerciales ; 2° les sociétés civiles commercialisées par leur transformation en sociétés en commandite ou en sociétés anonymes, en vertu de l'art. 7 de la loi de 1893. Mais elle ne s'applique pas aux sociétés, civiles par leur objet, constituées, avant ou après la loi nouvelle, sous la forme de société en nom collectif[2]. Des auteurs estiment que l'art. 68 ne concerne pas les sociétés en commandite simple ou par intérêts, et qu'en conséquence le bénéfice de l'art. 69 n'existe point pour ces sociétés[3] ; mais cette restriction ne nous paraît pas fondée (supra, n° 220). Enfin, l'art. 69 est-il applicable aux sociétés, civiles par leur objet, constituées sous la forme commerciale de la commandite par actions ou de l'anonymat avant la loi du 1er août 1893 et non commercialisées depuis? On peut dire en faveur de la négative que cet article ne concerne que les sociétés commerciales, et que les sociétés civiles à forme commerciale n'en restent pas moins, au fond, des sociétés civiles[4]. Cette question dépend pour nous de celle de savoir si les sociétés dont il s'agit sont soumises, pour leur constitution et leur fonctionnement, aux dispositions de la loi de 1867[5]. Or, nous avons rappelé (supra, n° 278) que la jurisprudence s'est prononcée pour la solution affirmative[6]. On doit décider de même que le nouvel art. 69, qui ne règle qu'une question de forme et ne touche pas au fond de la société, est applicable aux sociétés civiles constituées sous la forme de la commandite par actions ou de l'anonymat.

L'art. 69 s'applique aux sociétés antérieures ou postérieures à la loi de 1893 ; c'est-à-dire que toutes les sociétés visées par cet article peuvent, depuis cette loi, constituer une hypothèque sur les immeubles sociaux, en vertu de statuts ou de délibérations même sous seing privé, bien qu'il s'agisse de sociétés formées avant la loi nouvelle. Cela est certainement conforme au but de la loi, et il n'y a aucune raison de distinguer[7].

L'authenticité n'étant plus requise pour les statuts ou la délibéra-

---

1. Bouvier-Bangillon, p. 184 ; Faure, p. 151 ; Garnot, p. 115.
2. Baudry-Lacantinerie et de Loynes, Hyp., n° 1415.
3. Lyon-Caen et Renault, L. 1er août 1893, n° 54 ; Faure, p. 142 et 143.
4. V. Perrin, p. 27.
5. Conf. Bouvier-Bangillon, L. 1er août 1893, p. 183.
6. V. Houpin, J. S. 1891, 512 et suiv.
7. Bouvier-Bangillon, L. 1er août 1893, p. 184. V. aussi Faure, p. 151, 152, 203.

tion contenant le pouvoir d'hypothéquer, ne l'est pas, *a fortiori* (bien que la loi n'en parle pas), pour les mandats donnés à l'effet de représenter les intéressés à ces actes [1]. Il suffit que l'acte conférant l'hypothèque soit passé en la forme authentique, conformément à l'art. 2127, C. civ.

Il n'est question dans l'art. 69 que des constitutions d'hypothèques. Il faut cependant décider, par analogie, que les mainlevées d'hypothèques peuvent être consenties, au nom de toute société commerciale, en vertu de statuts ou de délibérations sous seing privé [2].

429. Sociétés civiles. Authenticité. — Nous venons de rappeler que la loi du 1er août 1893, qui permet la constitution de l'hypothèque, en vertu de statuts ou de délibérations sous seing privé, ne concerne que les sociétés commerciales, et n'est pas applicable aux sociétés civiles régies par le Code civil [3], ni même à des sociétés dont l'objet est civil et qui sont constituées sous certaines formes commerciales. Ces sociétés civiles restent soumises à la jurisprudence consacrée antérieurement à la loi nouvelle.

Il faut en conclure ce qui suit : Si l'hypothèque est conférée par le gérant ou par le conseil d'administration d'une société civile, en vertu des pouvoirs à lui conférés par les statuts, il est nécessaire pour la validité de l'hypothèque que ces statuts soient authentiques [4] ou déposés pour minute avec reconnaissance des signatures. Si les administrateurs ou gérants agissent en vertu d'une délibération de l'assemblée générale des actionnaires, cette délibération doit être constatée en la forme authentique. Il en est de même si un ou plusieurs administrateurs agissent en vertu d'une délibération du conseil d'administration, les déléguant à l'effet de réaliser l'emprunt et de consentir l'hypothèque; — le tout à peine de nullité de l'hypothèque [5]. Il ne suffirait pas que les procès-verbaux de délibération sous seing privé fussent déposés pour minute en l'étude d'un notaire [6]. La Cour de cassation a reconnu valable l'hypothèque constituée par

1. *Conf.* Lyon-Caen et Renault, L. 1er août 1893, n° 55; Bouvier-Bangillon, *id.*, p. 184; Garnot, p. 116.
2. Houpin, *J. du Not.*, 1893, 609; Perrin, p. 27; Faure, p. 154.
3. *Contrà*, Genevois, n° 65.
4. Cass. 23 décembre 1885 et dissert., art. 22897 et 23511, J. N.
5. Dict. Not. et Supp., v° *Hyp.*, n° 425; Paris, 5 juillet 1877, 7 août 1880 et 6 mai 1881; Nancy, 26 mars 1879; Cass., 16 novembre 1880, 27 et 29 juin 1881 et 23 décembre 1885; Orléans, 11 mai 1882 (art. 21750, 21758, 22199, 22442, 22511, 22537, 22538, 22740, 22897, J. N.); Paris, 5 décembre 1887 (R. S. 1888, 76); Lyon, 22 décembre 1888 (J. S. 1889, 349).
6. Seine, 19 janvier 1886 (J. S. 1890, 326); Floucaud-Pénardille, n° 292; Houpin, note, J. S. 1895, 246. V. toutef. Cass., 3 décembre 1889 (J. S. 1890, 317); Pau, 16 mars 1892 (S. 93, II, 125); Cass., 29 janvier 1895 (J. S. 1895, 246).

le gérant, en vertu des pouvoirs à lui conférés par les statuts authentiques, encore bien que, parmi les personnes qui ont constitué la société, quelques-unes aient comparu à l'acte constitutif par des mandataires munis de pouvoirs sous seing privé[1]. On en a conclu que l'hypothèque est aussi valable, bien que des actionnaires soient représentés à l'assemblée qui l'autorise, par des mandataires munis de pouvoirs sous seing privé[2]. Mais ces solutions nous ont paru critiquables en droit, et nous estimons qu'il est au moins prudent d'exiger des procurations authentiques[3].

En quelle forme doit être dressé le procès-verbal de délibération? La signature de ce procès-verbal par tous les actionnaires présents est-elle nécessaire?

On sait comment se font les procès-verbaux ordinaires : on dresse une feuille de présence, contenant les noms et domiciles des actionnaires et le nombre d'actions dont chacun d'eux est porteur; cette feuille est signée par les actionnaires présents à l'assemblée, et certifiée par les membres du bureau (**L.** 24 juillet 1867, art. 28). La délibération a lieu en présence des actionnaires, après constitution du bureau, et il est rédigé, de cette délibération, un procès-verbal qui est signé seulement par les membres du bureau.

Le procès-verbal notarié de délibération peut-il avoir lieu dans la même forme? — Nous l'avons pensé; il ne nous a pas semblé indispensable que ce procès-verbal notarié soit signé par tous les actionnaires présents, et nous avons donné la formule d'un procès-verbal signé par les membres du bureau seuls[4].

Depuis, nous avons entendu exprimer des doutes sur la parfaite régularité des procès-verbaux authentiques dressés dans ces conditions. Les actes des notaires, a-t-on dit, doivent contenir les nom, prénoms, qualités et demeures des parties, à peine d'amende, et être signés par elles, à peine de nullité (L. 25 ventôse an XI, art. 13, 14 et 68). Or, les actionnaires prenant part à la délibération ne sont-ils pas parties au procès-verbal?

Nous avons étudié spécialement cette question dans le *Journal des sociétés*[5], et cette objection ne nous a pas paru juridiquement fondée, par les motifs suivants : Il suffit — nous l'avons dit — que les procès-

---

1. Cass., 23 décembre 1885, *loc. cit.* V. aussi Cass., 5 août 1891 (J. S. 1893, 213).
2. Lyon-Caen et Renault, n° 587; Thaller, *Ann. de dr. comm.*, 1886-1887, 2° part. p. 11; Baudry-Lacantinerie et de Loynes, *Hyp.*, n° 1413.
3. Houpin, art. 21750, J. N.; J. S. 1888, 661. V. aussi Bouvier-Bangillon, p. 184.
4. V. *Form. annoté de tous les actes des not. par les réd. du* **J.** *des Not. et des Av., nouvelle édition*, p. 99.
5. 1888, p. 664 et suiv. *Conf.* Floucaud-Pénardille, n° 292.

verbaux ordinaires des délibérations d'actionnaires soient signés par les membres du bureau. Pourquoi n'en serait-il pas de même en ce qui concerne les délibérations authentiques? On oppose la loi de ventôse; mais les actes sous seing privé ne doivent-ils pas être signés des parties comme les actes notariés? Si les actionnaires étaient tenus de signer les procès-verbaux authentiques, pour la validité des délibérations, ils devraient signer également les procès-verbaux dressés en la forme privée. Nous ne voyons pas de raison de distinguer. Or, personne ne conteste qu'il n'est pas nécessaire de faire signer par les actionnaires les procès-verbaux ordinaires. Les stipulations des statuts portant que les procès-verbaux seront signés par les membres du bureau sont applicables aussi bien aux délibérations authentiques qu'aux autres délibérations. A notre avis, les actionnaires ne doivent pas signer le procès-verbal, par le motif que, *en droit*, ils n'y sont pas *parties;* ils n'agissent pas individuellement, en leur nom et pour leur compte personnel; ils constituent une assemblée, délibérant, votant, représentant la société, être moral distinct de la personne des associés. C'est la société, propriétaire des immeubles, qui autorise l'hypothèque; son consentement, manifesté par l'assemblée de ses représentants, est constaté par les membres du bureau, en vertu d'une stipulation statutaire, dans un procès-verbal auquel le notaire, présent à la délibération, donne la forme et le caractère de l'authenticité.

La présence des actionnaires est constatée dans un acte notarié qui tient lieu de feuille de présence, et qui est signé par les actionnaires présents et par les membres du bureau de l'assemblée, qui en certifient l'exactitude.

Nous considérons donc, *en droit*, que le procès-verbal de délibération, dressé par un notaire et signé par les membres du bureau seuls (avec annexe au procès-verbal de la feuille de présence notariée signée des actionnaires, et certifiée par les membres du bureau), a tous les caractères de l'authenticité, et suffit à la validité du mandat conféré par cette délibération pour hypothéquer les immeubles de la société.

TITRE DOUZIÈME

DE LA CONSTITUTION DES SOCIÉTÉS
PAR ACTIONS

Sommaire :

---

430. Observation générale. — La constitution d'une société par actions est une œuvre compliquée et délicate. Les intéressés, leurs conseils et particulièrement les notaires appelés à les guider, doivent apporter les soins les plus éclairés à la confection de cette œuvre. Ils ne doivent pas perdre de vue qu'une simple irrégularité dans l'une des formalités de constitution prescrites par la loi est de nature à faire prononcer la nullité de la société, et que cette nullité peut entraîner de graves responsabilités pour le gérant et les membres du conseil de surveillance de la société en commandite, les fondateurs et les premiers administrateurs de la société anonyme. Dans ces derniers temps, que de nullités! que de responsabilités! Ces catastrophes auraient pu être évitées, en partie, si les sociétés avaient été constituées avec moins de précipitation et plus de souci des prescriptions et sanctions rigoureuses de la loi.

431. Formalités. — Pour constituer définitivement une société par actions, il y a lieu :

1° De dresser les statuts;

2° De recueillir les souscriptions des actions composant le capital social en numéraire;

3° De faire verser par chaque actionnaire tout ou partie (suivant le taux des actions) du montant des actions par lui souscrites;

4° De constater ces souscriptions et versements dans une déclaration faite par un acte notarié;

5° De faire apprécier la sincérité de cette déclaration notariée par les actionnaires de la société anonyme;

6° De réunir les actionnaires en assemblées générales, pour la vérification et l'approbation des apports en nature et des avantages particuliers, s'il en existe, la nomination des membres du conseil de surveillance de la société en commandite, la nomination des administrateurs et des commissaires de la société anonyme.

Nous allons expliquer ces diverses formalités, prescrites pour la constitution des sociétés par actions, par la loi du 24 juillet 1867, modifiée et complétée par celle du 1er août 1893[1]

CHAPITRE PREMIER

DES STATUTS

432. Rédaction. — La première formalité à remplir pour arriver à la constitution de la société, c'est de rédiger les statuts, c'est-à-dire les conditions de son organisation et de son fonctionnement : travail d'une importance toute particulière, pour lequel il n'est pas de formule absolue, et qui doit être combiné et établi suivant l'objet et le but de l'entreprise, et les circonstances spéciales de chaque affaire. Nous expliquerons, dans le cours de notre traité, les diverses dispositions que les statuts doivent renfermer.

---

1. V. Conseils pratiques pour la constitution des sociétés, Houpin, J. S. 1900, 97 et s.

433. Réalisation. — Rationnellement, les statuts devraient être réalisés par acte notarié ou déposés pour minute avant de recueillir la souscription des actions. Mais, en fait, il arrive souvent que les fondateurs se bornent à rédiger un projet de statuts qu'ils font imprimer et qu'ils communiquent officieusement à ceux qui souscrivent ou dont la souscription est sollicitée. Puis, quand toutes les actions sont souscrites, les fondateurs régularisent les statuts et procèdent aux formalités pour la constitution de la société. Cette manière de procéder, quoique moins logique, nous paraît régulière, la loi n'ayant pas prescrit d'ordre particulier pour l'accomplissement des formalités constitutives.

434. Forme. — Les sociétés commerciales doivent être constituées par des actes publics ou sous signature privée (C. comm., art. 39). Autrefois, les sociétés anonymes ne pouvaient être formées que par acte authentique (C. comm., art. 40). Mais la loi du 24 juillet 1867 a fait cesser cette différence; il résulte des art. 1 et 21 de cette loi, que les statuts des sociétés en commandite par actions et des sociétés anonymes peuvent être dressés soit par acte authentique, soit par acte sous seing privé.

435. Acte authentique. — Il est toutefois nécessaire d'employer la forme authentique pour la passation des statuts, lorsqu'ils constatent l'apport à la société de la propriété de brevets d'invention français (*suprà*, n°ˢ 48 et 69). Depuis la loi du 1ᵉʳ août 1893, l'authenticité des statuts n'est plus imposée pour la constitution des hypothèques sur les immeubles d'une société anonyme ou en commandite par actions (*suprà*, n° 428).

436. Acte sous seing privé. — En principe, les actes de société sous seing privé doivent être faits, comme tous les contrats synallagmatiques, en autant d'originaux qu'il y a de parties ayant un intérêt distinct (C. civ., art. 1325; C. comm., art. 39). Mais la loi du 24 juillet 1867 a apporté une dérogation à cette règle, quant aux sociétés en commandite par actions et aux sociétés anonymes, en disposant que l'acte contenant les statuts de ces sociétés, s'il est sous seing privé, sera, quel que soit le nombre des associés, fait en *double original*, dont l'un sera annexé à l'acte notarié de déclaration de souscription et de versement, et l'autre restera déposé au siège social (art. 1 et 24).

Ce texte manque d'exactitude; car l'art. 55 de la loi prescrit le dépôt, dans le mois de la constitution de la société, d'un double de l'acte constitutif, s'il est sous seing privé, au greffe de la justice de paix et du tribunal de commerce du lieu dans lequel est établie la société. Il convient donc de dire que l'acte doit être fait en double original, sans préjudice des originaux dont la confection est nécessaire pour satisfaire aux prescriptions relatives à la publication de l'acte de société[1].

Toutefois, il suffirait de rédiger l'acte en double original si, comme il arrive le plus souvent, on déposait aux greffes, pour les publications, des expéditions des statuts sous seing privé, délivrées par le notaire qui a reçu l'acte de déclaration de souscription et de versement, auquel doit être annexé l'un des doubles de l'acte de société (art. 1er).

Lorsque la société se constitue avec un capital souscrit en numéraire, l'un des doubles de l'acte de société doit être annexé à la minute de l'acte notarié constatant la déclaration de la souscription et du versement de ce capital. Mais que convient-il de faire lorsque la société se constituant seulement au moyen d'apports en nature, il n'y a pas à faire de déclaration notariée? La Cour de cassation a décidé que, dans ce cas, le dépôt, chez un notaire, d'un double de l'acte de société, comme moyen de contrôle, devient par cela même inutile[2]. Cette solution est critiquée par les auteurs[3].

437. Parties. — Les statuts sont signés par le ou les fondateurs (V. infrà, n° 466) de la société[4]. Il n'est pas nécessaire que les actionnaires ordinaires y concourent. Cela, du reste, n'est pas indifférent, car ceux qui signent les statuts, comme fondateurs, sont responsables de la nullité de constitution de la société.

438. Notaire. — L'art. 8 de la loi du 25 ventôse an IX dispose que les notaires ne pourront recevoir des actes dans lesquels leurs parents ou alliés, en ligne directe à tous les degrés, et en ligne collatérale jusqu'au degré d'oncle ou de neveu inclusivement, seraient parties, ou qui contiendraient quelque disposition en leur faveur.

Un notaire ne peut, en conséquence, recevoir, ni les statuts d'une société par actions, ni la déclaration de souscription et de versement si, parmi les fondateurs, figure un de ses parents ou alliés au degré prohibé, puisque les fondateurs sont parties à l'acte. Il doit aussi refuser de recevoir ces actes, quand il a souscrit des actions, ou que l'un de ses parents ou alliés au degré prohibé figure parmi les souscripteurs[5].

---

1. Pont, n° 1122.
2. Cass., 26 avril 1880 (J. S. 1880, 236). Conf. Seine, 29 juillet 1899 (J. S. 1900, 273).
3. Labbé, S. 81, i, 57; Goirand, n° 142; Dalloz, Supp., n°s 1223, 1224 et 1225; Arthuys, Soc. par act., n° 55; Floucaud-Pénardille, id., n° 378.
4. V. Cass., 22 juillet 1856 (Le Droit, 11 septembre).
5. Conf. sur ces deux points Lyon-Caen, S. 77, 2, 1; Dissert., art. 21281, J. N. V. Poitiers, 6 nov. 1899 (J. S. 1900, 215); Riom, 26 fév. 1908 (J. S. 1908, 357).

Il a même été décidé que l'acte constitutif d'une société anonyme, qui a été reçu par un notaire, souscripteur d'actions par l'intermédiaire d'un prête-nom, est nul (en vertu des art. 8 et 68 de la loi de ventôse), et entraîne la nullité de la société; et que les tiers, demandeurs en nullité, sont admis à se prévaloir d'une contre-lettre établissant que les actions ont été en réalité souscrites par le notaire, bien que la convention n'ait été ni connue de la société, ni acceptée par elle [1].

Toutefois, on a jugé que les actes constitutifs d'une société ne sont pas nuls parce qu'ils ont été reçus par des notaires souscripteurs de quelques actions seulement [2]. Mais nous estimons, en droit, — quoique cette solution soit rigoureuse, — qu'il n'y a pas à considérer l'importance plus ou moins grande de l'intérêt du notaire dans la société et que l'acte de société ou de déclaration de souscription et de versement doit être annulé par ce seul fait que le notaire était intéressé personnellement comme souscripteur d'actions [3].

Mais le notaire pourrait, sans contrevenir à la prohibition de l'art. 8 de la loi de ventôse, recevoir des actes concernant une société par actions constituée, dans laquelle lui ou des parents ou alliés posséderaient des actions, pourvu toutefois que leur intérêt ne fût pas assez important pour faire suspecter son impartialité [4]. S'il s'agit d'une société n'ayant qu'un très petit nombre d'actionnaires, et si l'intérêt du notaire ou de ses parents est relativement important, celui-ci agira prudemment en s'abstenant de prêter son ministère. Il doit également s'abstenir si l'un de ses parents ou alliés au degré prohibé est administrateur ou gérant de la société (V. suprà, n° 178).

439. **Modifications.** — Les statuts d'une société par actions ne constituent qu'un projet tant que la société n'est pas définitivement constituée. Ils peuvent donc être valablement modifiés, soit par les

---

1. Cass. civ., 11 décembre 1888 (art. 24169, J. N.); Montpellier, 3 février 1890 (J. S. 1890, 438); Lyon, 14 juin 1895 (J. S. 1895, 499); Cass., 10 novembre 1897 (J. S. 1898, 12). V. Toulouse, 19 mai 1890 (R. S. 1890, 584).

2. Douai, 3 février 1876 (S. 76, II, 69); Orléans, 15 février 1888 (J. S. 1889, 293). Conf. Goirand, n° 139. V. aussi Cass., 30 juillet 1834 (D. 35, I, 22); Paris, 22 mai 1848 (D. 48, II, 116); Rouen, 14 décembre 1875 (S. 76, II, 99); Vavasseur, n° 358 bis.

3. Lyon, 14 juin 1895, loc. cit.; Bonnet, J. du Not., 1898, 193.

4. Conf. Grenoble, 8 mars 1832; Cass., 30 juillet 1834 (S. 34, I, 678); Paris, 22 mai 1848 (art. 7766 et 13397, J. N.; S. 48, II, 332); Cass., 6 janvier 1862 (S. 62, I, 22); Douai, 3 février 1876 (S. 76, II, 69); Bastiné, 88; Génébrier, 105-21; Rutgeerts et Amiaud, 286; Vavasseur, n° 793; Pand. fr., v° Actes not., n° 251 à 254; J. des not., art. 21281; Bonnet, J. du Not., 1898, 193. Décidé également qu'un huissier, commanditaire ou actionnaire dans une société, peut valablement instrumenter pour les gérants ou administrateurs de cette société. Cass., 22 janvier 1879. V. Corbiau, J. S. 1910, 373.

fondateurs, par acte spécial, avant l'assemblée constitutive [1], soit par les actionnaires, dans cette assemblée [2].

Bien que la loi ne prescrive pas de soumettre les statuts à l'approbation des actionnaires, comme formalité de constitution, nous estimons que les modifications statutaires apportées par les fondateurs postérieurement aux souscriptions doivent être approuvées par les actionnaires dans l'assemblée constitutive, et que si ces modifications portaient sur l'un des éléments essentiels de la société, le consentement unanime des actionnaires serait nécessaire. Décidé que l'approbation des statuts, par l'assemblée générale, constitue une approbation des modifications dont ces statuts ont pu être l'objet entre l'époque à laquelle ils ont été portés à la connaissance du public, et celle de la constitution de la société [3].

440. Frais. Notaire. — Les frais et honoraires des statuts et des autres formalités relatives à la constitution sont à la charge de la société (à moins de stipulation contraire). Mais comme il est de principe constant en doctrine et en jurisprudence que toutes les parties qui ont concouru à un acte sont tenues solidairement envers le notaire des frais et honoraires de cet acte [4], nous estimons que le notaire a, pour le paiement de ses frais et honoraires, une action solidaire contre tous les fondateurs d'une société par actions, qui ont signé les statuts et l'acte notarié de déclaration de souscription et de versement [5]. Il a été décidé que le notaire ne peut, en vertu de l'exécutoire qu'il s'est fait délivrer contre une société (dont la faillite a été clôturée pour insuffisance d'actif), poursuivre contre les fondateurs de cette société le paiement des frais à lui dus pour la constitution de la société, et que la société reste seule sa débitrice, au moins tant qu'il n'a pas fait juger contre les fondateurs qu'ils sont responsables de la dette [6]. Il importe de remarquer que la Cour de Paris n'a pas repoussé l'action du notaire contre les fondateurs comme n'étant pas fondée en principe ; elle a simplement jugé que le notaire ne pouvait agir *de plano* contre les fondateurs en vertu de l'exécutoire obtenu contre la société seule ; que s'il avait une action contre les fondateurs (art. 2002, C. civ.), il lui appartenait d'agir, comme de droit, contre ceux qui avaient eu recours à son ministère et qu'il voulait atteindre

---

1. **Seine,** 20 janvier 1883 (R. S. 1883, 464).
2. Thaller. *Tr.*, n° 576 ; Lyon, 16 déc. 1902. V. J. S. 1888, 206 ; 1903, 306 ; 1904, 154.
3. Seine, 16 mai 1887. V. J. S. 1888, 206 ; 1903, 310 ; 1904, 154.
4. V. Amiaud, *Traité-formul. Not.*, v° *Honor.*, n° 69. V. sur les honoraires des notaires les décisions rapportées, J. S. 1902, 177 et 178 ; 1904, 32.
5. **Besançon,** 16 février 1898 (J. S. 1898, 267).
6. **Paris,** 6 juillet 1892 (J. S. 1893, 293).

et d'obtenir un titre contre eux [1]. Il a, du reste, été jugé depuis, au cas de dépôt pour minute des statuts d'une société, que les frais et honoraires peuvent être réclamés aux *parties qui ont effectué le dépôt* et à la société elle-même, mais non aux administrateurs nommés lors de la constitution [2]. Le notaire a une action solidaire contre la société, alors même que, d'après les statuts, les frais de constitution sont à la charge du fondateur, car ces frais ont été faits dans l'intérêt de la société pour lui donner une existence légale et lui permettre de fonctionner [3].

Il a été décidé, d'un autre côté, que lorsqu'un projet de société n'est pas réalisé, ceux qui en ont été les instigateurs et se sont révélés comme ses fondateurs, sont tenus de contribuer solidairement aux dépenses effectuées pour travaux, achats ou autres causes en vue de la création de la société. Il en est de même de ceux qui, ayant assisté aux réunions dans lesquelles la création du passif a été décidée ou approuvée, l'ont ainsi tacitement ratifiée. Mais n'en sont pas tenus ceux qui se sont bornés à promettre leur adhésion à la société en formation [4].

Si la société ne pouvait se constituer faute de souscription intégrale du capital en numéraire, les frais faits en vue de la constitution resteraient à la charge des fondateurs (V. *infrà*, n°[^s] 508), et les souscripteurs pourraient réclamer la restitution intégrale de leurs versements, à moins de stipulation contraire dans les statuts [5].

Les frais de premier établissement d'une société par actions comprennent les frais de constitution et les commissions qui ont pu être payées aux banquiers et intermédiaires chargés de l'émission des actions [6]. Ces frais doivent être amortis aux époques et dans les proportions fixées soit par les statuts, soit par l'assemblée générale des actionnaires.

441. Responsabilité des notaires. — Quelle responsabilité les notaires peuvent-ils encourir à raison des diverses formalités relatives à la constitution des sociétés par actions? — Cette question doit être résolue d'après les principes généraux du droit en matière de

---

1. V. sur la prescription de l'action : trib. Bruxelles, 29 avril 1893 (*Rev. pr. S. belg.*, 1893, 315).
2. Trib. Lyon, 4 mai 1894 (J. S. 1895, 236). V. Houpin, *J. du Not.*, 1894, p 513.
3. Montpellier, 12 décembre 1895 (J. S. 1896, 263).
4. Lyon, 28 octobre 1891 (J. S. 1893, 220). V. hon. prop. J. S. 1910, 94.
5. Lyon-Caen et Renault, n° 694. V. Seine, 22 févr. 1900 (J. S. 1900, 315).
6. V. Paris, 1er août 1888 (R. S. 1889, 10), 16 août 1888 (R. S. 1889, 13), 1er juin 1889 (J. S. 1890, 503) ; Seine, 21 janvier 1889 (J. S. 1890, 131) ; Pont, n° 1020 ; Perceron, p. 155 (V. *infrà*, n° 538).

responsabilité notariale. Nous allons examiner les différentes hypothèses qui peuvent se présenter[1].

Vices de forme. — Les notaires sont responsables de la nullité des actes qu'ils reçoivent, occasionnée par des vices de forme[2]. Mais si les statuts sont nuls comme acte authentique, ils peuvent valoir comme acte sous seing privé, s'ils sont signés des parties, excepté dans les cas où la forme authentique est nécessaire (V. *suprà*, n° 435).

Mais l'acte de déclaration de souscription et de versement doit être notarié (*infrà*, n° 467) et ne peut valoir comme acte sous seing privé. S'il était nul comme acte notarié, il y aurait infraction à l'une des prescriptions essentielles de la loi de 1867, cette infraction entraînerait la nullité de la société, et le notaire pourrait être rendu responsable du préjudice que les actionnaires et les tiers éprouveraient par suite de cette nullité.

Incompétence du notaire. — Les notaires peuvent être déclarés responsables du préjudice éprouvé par suite de l'annulation d'une société, à raison de leur intérêt comme souscripteurs d'actions (personnellement ou par prête-noms), ou de leur parenté au degré prohibé avec des actionnaires (*suprà*, n° 438)[3].

Vérification des souscriptions et versements et des apports. — Le notaire n'a pas à contrôler l'exactitude de la déclaration faite devant lui par les fondateurs de la société, pour constater les souscriptions et versements d'actions[4], ni des énonciations contenues dans l'état annexé à l'acte notarié et qui est l'œuvre personnelle des fondateurs. C'est au conseil de surveillance, si la société est en commandite, et à l'assemblée générale, si la société est anonyme, que la loi de 1867 a confié la mission de vérifier la sincérité de la déclaration de souscription et de versement. Il a été décidé, en conséquence, que le notaire qui reçoit cette déclaration ne saurait être rendu responsable à raison des inexactitudes plus ou moins volontaires que contenait la liste annexée[5]. Mais si le notaire avait eu connaissance des fraudes commises dans la déclaration, il compromettrait son caractère et pourrait engager sa responsabilité en consentant à recevoir cette déclaration[6]. Il va sans dire que la responsabilité du notaire serait engagée s'il

---

1. V. notre étude, J. S. 1896, 289; Douai, 20 décembre 1904 (J. S. 1905, 380).
2. V. Amiaud, *Traité-form. du not.*, v° *Notaires*, n°s 152 et suiv.; Bauby, *De la resp. civ. des not.*, p. 51 et suiv.
3. Lyon, 14 juin 1895 (J. S. 1895, 498); Cass., 10 novembre 1897 (J. S. 1898, 19).
4. Lyon-Caen et Renault, n° 706.
5. Seine, 2 janvier 1896 (J. S. 1896, 125).
6. *J. des not.*, 1896, 184; Arthuys, n° 51.

avait participé lui-même aux fraudes commises dans la déclaration ou dans l'état y annexé.

Le notaire ne saurait être rendu responsable, à plus forte raison, des exagérations d'évaluation des apports en nature, ni de l'excès des avantages particuliers stipulés par les statuts [1].

Erreurs de droit. Formalités constitutives. — En principe, les notaires, simples rédacteurs des conventions des parties, ne sont pas responsables des nullités qui tiennent au fond du droit. Toutefois, s'ils inséraient dans les actes qu'ils reçoivent des clauses violant les textes les plus précis de notre droit, ils commettraient une faute lourde inexcusable, et ils pourraient être déclarés responsables des conséquences préjudiciables résultant de la nullité de ces conventions [2]. Par exemple, si une société par actions était déclarée nulle parce que les statuts notariés contiendraient des dispositions absolument contraires aux prescriptions formelles de la loi de 1867 et de celle de 1893, le notaire pourrait être rendu responsable, suivant les circonstances. Mais il en serait autrement : 1° si la nullité était prononcée à raison d'une infraction résultant non d'un texte précis de la loi, mais d'une interprétation de la jurisprudence sur un point controversé; 2° ou si les statuts avaient été dressés par les parties en la forme sous seing privé, et si le notaire s'était borné à en recevoir le dépôt pour minute, ou à les annexer à l'acte de déclaration de souscription et de versement; car, bien que le notaire agisse prudemment en refusant de recevoir le dépôt ou l'annexe de statuts contenant des dispositions contraires aux dispositions formelles de la loi et devant entraîner la nullité de la société, il ne saurait être rendu responsable de fautes qui ne lui sont pas imputables; 3° enfin si la société était annulée non pour vices résultant des statuts notariés ou de la déclaration de souscription et de versement, mais des assemblées constitutives dans lesquelles les prescriptions légales n'auraient pas été observées.

Toutefois, si le notaire s'est chargé de rédiger les statuts sous seing privé et de remplir toutes les formalités constitutives, et si, dans l'accomplissement de cette mission (surtout s'il a été rémunéré spécialement), il a commis des fautes lourdes qui ont entraîné la nullité de la société et la responsabilité des fondateurs et administrateurs, nous croyons qu'il pourrait être déclaré responsable envers

---

1. Nyssens et Corbiau, n° 405.
2. V. Amiaud, *Traité-form.*, v° *Notaires*, n° 162; Bauby, *De la resp. civ. des not.*, p. 210; Douai, 20 décembre 1904 (J. S. 1905, 380).

ceux-ci ou avec eux, suivant les circonstances, en vertu des règles du mandat, des conséquences dommageables de ses fautes. (En ce qui concerne la responsabilité relative à la publication de la société, V. infrà, n° 1025.)

Étendue de la responsabilité. — La responsabilité du notaire, lorsqu'elle est encourue à raison des vices constitutifs de la société, ne peut jamais excéder le préjudice que les actionnaires ou les tiers ont pu éprouver par suite de l'annulation de la société. Et comme le plus souvent les fautes commises par le notaire seront aussi imputables aux fondateurs, chargés par la loi, sous leur responsabilité, de constituer régulièrement la société, les tribunaux pourront, suivant les circonstances, ne faire supporter par le notaire qu'une partie des dommages-intérêts dont ils prononceront la condamnation [1].

Prescription. — L'action en responsabilité contre les notaires, n'étant limitée par aucun texte spécial, peut s'exercer, suivant le droit commun, pendant trente ans. Mais à partir de quelle époque cette prescription trentenaire commence-t-elle à courir? Il a été jugé que le délai ne court que du jour où la nullité a été prononcée par les tribunaux [2]. Il nous paraît préférable de décider que la prescription commence à courir du jour où les parties ont connu ou pu connaître l'omission ou l'irrégularité viciant l'acte [3], c'est-à-dire, s'il s'agit de la constitution d'une société, du jour où cette société a été définitivement constituée ou a été publiée, suivant que l'irrégularité commise se rattache à la constitution ou à la publication de la société.

CHAPITRE II

DE LA SOUSCRIPTION DU CAPITAL SOCIAL

442. Souscription publique ou privée. — Quand les statuts sont dressés, si la société n'est pas exclusivement composée d'apports en

---

1. V. sur la responsabilité du notaire en matière de délivrance de certificats de propriété concernant les rentes appartenant aux sociétés par actions : Cass., 8 juillet 1894 (R. S. 1894, 476). V. aussi art. 25497, J. N.

2. Cass., 27 mai 1857 (art. 16196, J. des Not.). Conf. Pagès, p. 248; Dalloz, Rép. gén., v° Resp., n° 326; Vergé, n° 241; Avignon, p. 108; Edmond, p. 241. V. aussi Orange, 18 novembre 1887; Nîmes, 6 juin 1888.

3. Dict. Not., v° Resp. des Not., n° 476; Bastini, n° 436; Laurent, t. xxxii, n° 43; Micha, p. 174; J. des Not., art. 24108; Amiaud, Traité-form., v° Notaire, n° 171; Bauby, p. 402.

nature, les fondateurs doivent obtenir la souscription des actions composant le capital en numéraire.

Les actions peuvent être souscrites par un appel au public[1], ou les fondateurs de la société peuvent souscrire eux-mêmes ces actions et les répartir entre eux. Dans l'un et l'autre cas, les prescriptions de la loi de 1867 doivent être observées[2]. Il est rationnel que les souscriptions soient recueillies et réalisées postérieurement à la signature des statuts. Cependant, en fait, elles sont souvent antérieures; il n'en peut résulter aucune nullité au point de vue de la constitution de la société (*suprà*, n° 433).

443. Effets. — Par le seul fait de la souscription, chaque souscripteur s'engage à faire les versements correspondant au nombre d'actions par lui souscrites[3], et en même temps adhère implicitement aux statuts[4]. La loi n'exige aucune formalité de publicité destinée à faire connaître les statuts aux souscripteurs avant la constitution de la société : c'est là une lacune regrettable[5].

444. Taux d'émission. — La nécessité de faire souscrire l'intégralité du capital social ne permet pas de créer des actions au-dessous du pair, par exemple des actions de 500 fr. chacune sur lesquelles chaque souscripteur n'aurait à verser que 450 fr. Cette combinaison induirait les tiers en erreur, en les faisant croire à l'existence d'un capital plus élevé que le capital réel[6]. Mais l'émission d'actions au-dessus du pair, bien que très rare lors de la constitution des sociétés, n'a rien d'illicite[7] (V. *infra*, n°s 538 et 659).

445. Souscription intégrale. — Une société en commandite par actions ou anonyme ne peut être définitivement constituée qu'après la souscription de la *totalité* du capital social (L. 24 juillet 1867, art. 1 et 24), c'est-à-dire des actions représentatives de ce capital.

Une société a toujours le droit, sauf le cas de fraude, de clore la souscription publique qu'elle a ouverte pour la constitution du capital social, dès que le nombre d'actions fixé par les statuts a été souscrit, bien que le délai fixé dans le prospectus d'émission, pour la souscription, ne soit pas encore expiré[8].

---

1. V. l'article de M. Neymark : *Comment se fait une émission* (R. S. 1887, 601).
2. Lyon-Caen et Renault, n° 724.
3. V. Paris, 25 mars 1896 (J. S. 1896, 488).
4. Seine, 25 avril 1891 (*La Loi*, 6 juin); Lyon-Caen et Renault, n° 686 *bis*.
5. Lyon-Caen et Renault, n° 687. Une proposition de loi tendant à réglementer l'émission des valeurs mobilières et notamment des actions, a été déposée à la Chambre des députés, le 30 novembre 1897 (V. le texte de ce projet, J. S. 1898, **47**).
6. Lyon-Caen et Ren., 688 *bis*. V. Paris, 9 août 1895 (J. S. 96, 370); J. S. 1902, 145.
7. Lyon-Caen et Renault, n° 725 *bis*. V. Percerou, p. 142 et suiv.
8. Lyon, 19 juillet 1882 (D. 84, II, 183).

446. Répartition. — Mais il n'est pas facile d'arrêter les souscriptions lorsque l'émission est ouverte le même jour sur plusieurs places différentes, par l'intermédiaire d'une ou plusieurs maisons de banque d'émission et de leurs succursales. Quelle sera la situation des souscripteurs si les souscriptions recueillies dépassent le montant du capital appelé? En pareil cas, tous les souscripteurs ont droit à un traitement égal, en principe, et par suite les fondateurs doivent procéder à une réduction proportionnelle, dite *répartition*, de toutes les souscriptions, sans tenir compte de leurs dates; seuls les souscripteurs d'une action échapperont à toute réduction. Le contrat de souscription ne se forme ainsi qu'au moment de la répartition et pour les actions définitivement attribuées [1].

La société ne pourrait, au lieu de placer ses actions par voie de souscription, les vendre en tout ou en partie, parce que, n'étant pas constituée, elle n'a pas d'existence légale, et qu'elle ne peut être, à aucune époque, propriétaire de ses propres actions [2].

447. Émissions successives. — La loi, en exigeant la souscription immédiate et intégrale du capital social, ne rend plus possible l'émission des actions par séries successives, comme cela se pratiquait autrefois [3]. Mais si l'on prévoit que le capital de fondation pourra devenir insuffisant, les statuts peuvent autoriser l'assemblée générale des actionnaires à voter, au cours de la société, l'augmentation du capital social.

Les statuts pourraient-ils autoriser valablement le gérant, ou le conseil d'administration, à augmenter le capital social, à concurrence d'une somme déterminée? — La question est délicate, et la solution peut dépendre des circonstances. S'il s'agit d'un capital dont la société aura besoin pour ses opérations, immédiatement ou dans un temps rapproché, on pourra considérer qu'il constitue un capital de fondation, émis irrégulièrement après la constitution de la société [4]. S'il s'agit, au contraire, d'une autorisation donnée en vue de l'émission d'un capital, pour le cas où la société en aurait besoin ultérieurement, suivant les circonstances, elle pourra être valable comme s'appliquant à une augmentation de capital à réaliser *au cours de la*

---

1. Dalloz, *Supp.*, n° 1206. V. Bordeaux, 3 mars 1884 (D. 85, ii, 68); Thaller, n° 574; Goiffon, p. 145.
2. Seine, 9 juillet 1880 (J. S. 1881, 34).
3. Romiguière, n°s 13 et 14; Vavasseur, n°s 373 et suiv.; Lyon-Caen et Renault, n° 692; Mathieu et Bourguignat, n° 12; Bédarride n° 12; Pont, n° 887; Ruben de Couder, v° *Soc. en comm.*, n° 93; Arthuys, n° 30.
4. Bruxelles, 6 décembre 1890 et 7 mars 1901; Cass. Belg., 31 décembre 1891, 7 juillet 1892 (*Rev. pr. s. Belg.*, 1891, 14, 17, 82 et 353; 1892, 253; 1901, 287).

société lorsque les circonstances la rendront nécessaire ou utile [1]. (V. *infrà*, n° 655).

448. Souscription partielle. — Si le capital social indiqué dans les statuts ou dans les bulletins de souscription n'était souscrit qu'en partie, les actionnaires ne pourraient, sans leur consentement *unanime* et celui des fondateurs, réduire ce capital au montant des actions souscrites, et constituer la société. Il faudrait considérer les souscriptions comme non avenues, et constituer, sur d'autres bases, une nouvelle société [2].

Mais les statuts, prévoyant l'insuccès de la souscription totale, peuvent autoriser la majorité des souscripteurs à réduire le capital aux sommes réellement souscrites et à constituer la société avec le capital réduit [3]. Cette stipulation est licite si les statuts sont antérieurs aux souscriptions.

449. Capacité des souscripteurs. — Les souscripteurs des actions doivent avoir la capacité nécessaire à cet effet. C'est là une question très importante à apprécier ; car si une ou plusieurs souscriptions étaient annulées pour cause d'incapacité [4], le capital social ne se trouverait plus intégralement souscrit, et la société serait annulable [5].

La capacité des souscripteurs doit être appréciée différemment, suivant que les actions sont ou ne sont pas libérées intégralement lors de la souscription (V. *suprà*, n°s 18 et suiv.).

Si les actions sont immédiatement libérées en totalité, leur souscription constitue un emploi de fonds, elle présente les caractères d'un acte d'administration, et il suffit que le souscripteur ait des pouvoirs d'administration. Peuvent donc souscrire : 1° la femme mariée séparée de biens, sans l'autorisation de son mari [5] ; 2° le mineur émancipé, sans l'assistance de son curateur, s'il s'agit du

---

1. V. Vavasseur, n° 378 *bis*; Paris, 7 mai 1885 (R. S. 1885, 527) ; Paris, 14 janvier 1891 et la note de M. Houpin (J. S. 1891, 529). V. aussi Lyon-Caen et Renault, n° 692; Wahl, *Augment. du cap. des soc. par act.*, n° 25.
2. Paris, 24 mars 1859 (S. 59, ii, 437); Paris, 28 mai 1872; Seine, 3 janvier 1889 (R. S. 1889, 209); Cass., 10 avril 1889 (R. S. 1889, 386); Bédarride, n°s 21 et suiv.; Bordeaux, 16 fév. 1903 (J. S. 1903, 348); Lyon-Caen et Renault, 691. V. Pont, n° 886.
3. Beudant, *Rev. crit.*, t. xxxvi, 114; Alauzet, n° 640; Beslay et Lauras, n°s 198 et suiv.; Boistel, n° 252; Lyon-Caen et Renault, n° 691; Vavasseur, n° 390; Wahl, *Augm. du cap.*, n° 43; Arthuys, n° 29; Seine, 7 janvier 1885 (R. S. 1885, 359). *Contrà*, Bédarride et Pont, *loc. cit.*; Mornard, p. 54; Ruben de Couder, v° *Soc.*, en comm., n° 95; Worms, J. S. 1880, 193; Floucaud-Pénardille, n° 324.
4. Notamment de démence : Pau, 15 juin 1896 (J. S. 1897, 431).
5. De Muralt, *De la fondat. des soc. an.*, p. 84; Lyon-Caen et Renault, n° 688. V. Cass., 25 mai 1886 (J. S. 1887, 2); Arthuys, n° 31.
6. Pont, n° 32; Lyon-Caen et Renault, n° 76; Toulouse, 6 juin 1883 (J. S. 86, 129).

placement de ses revenus, et avec l'assistance de ce dernier, s'il s'agit du placement de capitaux [1]; 3° le tuteur, sans aucune autorisation spéciale. Il a été décidé toutefois que l'emploi des capitaux pupillaires doit être autorisé par le conseil de famille, et que, si la somme à employer dépasse 1,500 fr., la délibération du conseil de famille doit être homologuée par le tribunal, et ce, en exécution de la loi du 27 février 1880 [2]. Mais cette décision, intervenue du reste à l'occasion de la souscription d'actions non libérées, a été justement critiquée, la loi de 1880 n'étant pas applicable aux emplois faits par le tuteur [3]. Un auteur, s'appuyant sur ce principe, généralement consacré, que la souscription d'actions d'une société commerciale constitue un acte de commerce, estime qu'un tuteur ne peut faire un acte de commerce même isolé pour son pupille, qu'il n'a pas capacité pour souscrire, au nom de ce dernier, des actions d'une société de commerce, et qu'une telle souscription est nulle, alors même qu'elle serait autorisée par le conseil de famille et le tribunal [4].

Si les actions ne sont pas intégralement libérées, il faut, pour les souscrire, avoir la capacité de s'obliger, puisque la souscription comporte engagement de verser le montant des actions. En conséquence, ne peuvent souscrire : 1° un mineur [5]; 2° un tuteur ou un mineur émancipé, sans une délibération du conseil de famille, homologuée par le tribunal [6]; 3° la femme mariée, même séparée de biens, sans l'autorisation de son mari [7] Mais la femme séparée de corps ayant

---

1. V. Pont, n° 28.

2. Paris, 21 mai 1884 (D. 85, ii, 177).

3. V. art. 23218, J. N.; Lyon-Caen, note, S. 1885, ii, 97. Conf. Buchère, L. 1880, p. 89 et 90, et Ann. de dr. comm., 1888, ii, 157; Bressolles, L. 1880, p. 59 et 60; Douai, 24 juin 1881 (S. 82, ii, 60).

4. Lyon-Caen, note, S. 85, ii, 97 et suiv. Contrà, Paris, 21 mai 1884, loc. cit. V. Cass., 28 mars 1892 (D. 92, i, 265). Nous devons cependant constater que, d'après MM. Lyon-Caen et Renault (Tr. de dr. comm., t. ii, n° 76), la capacité de faire des actes de commerce n'est certainement pas nécessaire lorsqu'il s'agit d'une personne qui verse immédiatement sa mise ou qui achète des actions sans intention de les revendre. V. aussi Buchère, loc. cit.

5. Seine, 10 mars et 5 déc. 1885 (J. S. 1891, 334 et 381). V. J. S. 1903, 171.

6. Paris, 21 mai 1884, loc. cit., Paris, 13 janvier 1885 (art. 23412, J. N.); Seine, 1er décembre 1885, (J. S. 1891, 379); Buchère, loc. cit. V. aussi Seine, 30 octobre 1883 (J. S. 1886, 247).

7. Douai, 15 mai 1882 (art. 23813, J. N.); Toulouse, 6 juin 1883 (J. S. 1886, 429); Seine, 6 novembre 1884 (J. S. 1885, 342); Paris, 7 juillet 1885 (R. S. 1885, 358); V. Seine, 1er décembre 1885 (J. S. 1891, 334) et 20 mars 1886 (J. S. 1891, 333); Cass., 25 mai 1886 (R. S. 1886, 447) et 6 février 1888 (D. 88, i, 404); Douai, 20 novembre 1890 (J. S. 1893, 329); Seine, 6 octobre 1897 (J. S. 1898, 227). V. aussi Paris, 7 décembre 1883 (J. S. 1891, 143) et 18 novembre 1884 (J. S. 1891, 143). Décidé que si la femme mariée souscrit des actions sous son nom de fille, dissimulant ainsi sa qualité de femme mariée, elle doit réparation du préjudice causé. Seine, 28 sept. 1887 (J. S. 91, 331). V. J. S. 1905, 248 ; 1908, 278.

depuis la loi du 6 février 1893, le plein exercice de sa capacité civile, sans qu'elle ait besoin de recourir à l'autorisation de son mari ou de justice [1], peut valablement souscrire seule des actions libérées ou non libérées. La femme dotale qui souscrit des actions n'engage que ses biens paraphernaux [2].

Une société peut devenir actionnaire d'une autre société [3]. Sa souscription n'est valable que s'il est justifié de la capacité du gérant ou de l'administrateur au moment de la souscription [4].

La souscription peut avoir lieu par mandataire [5], muni d'un pouvoir régulier [6].

Lorsque la souscription a lieu par intermédiaire, et spécialement par l'entremise d'un banquier, celui-ci n'est pas tenu personnellement à la libération des actions qu'il s'est engagé à placer, pourvu qu'il rapporte en temps utile la preuve des engagements fermes contractés par un ou plusieurs souscripteurs à raison desdites actions ; sinon il doit être traité comme débiteur personnel [7]. Celui qui souscrit des actions comme prête-nom d'une autre personne, est, à la différence du mandataire, personnellement obligé [8].

Aucun texte de loi n'interdit au gérant de souscrire une partie des actions pour son compte personnel [9].

450. Engagement. Dol. — L'engagement résultant de la souscription doit être pur et simple, définitif, irrévocable [10], c'est-à-dire

---

1. V. le commentaire de cette loi, art. 24045, 25065 et 25084, J. N.
2. Décidé que la femme dotale qui a souscrit des actions sans l'autorisation de son mari peut exiger la restitution des sommes versées en vertu de sa souscription nulle, alors même qu'en souscrivant elle aurait dissimulé sa véritable situation, s'il n'est justifié d'aucun délit ou quasi délit. Paris, 4 novembre 1887 (R. S. 1888, 71).
3. Cass., 10 déc. 1878 (D. 79, 1, 5). V. toutef. trib. Lyon, 8 mai 1903 (J. S. 1904, 127).
4. Paris, 2 décembre 1886 (J. S. 1891, 92). V. Paris, 29 juillet 1884 (J. S. 1891, 142); Seine, 9 mars 1892 (J. S. 1893, 346).
5. Bruxelles, 23 fév. 1884 (J. S. 1890, 299). V. Bruxelles, 16 janv. 1885 (J. S. 1890, 66).
6. V. Cass., 14 mars 1860 (D. 60, 1, 258) et 12 novembre 1867 (D. 67, 1, 408).
7. Orléans, 16 août 1882 (D. 84, II, 36) ; Seine, 29 mai 1899 (J. S. 1900, 233) ; Wahl, n° 351. V. R. S. Belg. 1903, 76 ; Seine, 28 fév. 1906 (J. S. 1907, 71).
8. Toulouse, 18 janvier 1887 (D. 87, II, 131). V. Seine, 27 juill. 1910 (R. S. 10, 429).
9. Frémery, p. 14 et suiv. ; Dalloz, v° Soc., n° 1162 ; Delangle, n° 505 ; Bédarride, n° 144 ; Lyon-Caen et Renault, Précis, n° 412 ; Beudant, Rev. crit., t. xxxvi, p. 127 ; Sourdat, Soc. en comm., p. 104 ; Pont, n° 1444 ; Paris, 17 juillet 1882 (R. S. 1883, 67) ; trib. Nantes, 28 janvier 1888 (J. S. 1890, 87). Contrà, Molinier, n° 254 ; Alauzet, n° 644 ; Mornard, Soc. par act., p. 53 ; Ruben de Couder, v° Soc. en comm., n° 91. D'après M. Vavasseur (n° 379), le gérant ne pourrait souscrire que des actions entièrement libérées pour garantir les faits de gestion.
10. V. Paris, 6 décembre 1860 (Camb. 10, n° 3587), 10 janvier 1861 (S. 61, II, 188), 6 novembre 1862 (D. 62, II, 84) et 9 mai 1868 (D. 1868, II, 173) ; Cass., 12 août 1863, (70, 1, 165) ; Amiens, 18 février 1868, 14 décembre 1869, 3 mars 1875 (S. 66, 1, 109 ; 1, 245) ; Toulouse, 5 juillet 1887 (D. 88, II, 234) ; Pont, n°s 881 et suiv. ; Goirand,

qu'il ne peut être affecté de telle ou telle condition, potestative ou non, qui pourrait, en se réalisant, empêcher que le capital social ne fût entièrement souscrit [1].

Mais il est subordonné à la condition que la société sera régulièrement constituée. En conséquence : 1° les souscripteurs sont déliés de leurs obligations, si la société n'est pas constituée, notamment lorsque le capital n'est pas souscrit entièrement (V. infrà, n° 453); 2° l'engagement des souscripteurs devient nul — dans leurs rapports avec la société — lorsque celle-ci est irrégulièrement constituée, et il n'y a pas de lien de droit obligeant les souscripteurs aux versements complémentaires [2].

Les souscriptions doivent être réelles et les souscripteurs sérieux. L'existence reconnue de souscriptions fictives entraînerait la nullité de la société. La question de savoir si des souscriptions sont ou non fictives est laissée à l'appréciation des tribunaux [3].

Le caractère irrévocable des souscriptions n'empêche pas qu'elles puissent être annulées pour une des causes qui entraînent la nullité des contrats en général, notamment pour incapacité (suprà, n° 449) et pour dol, pourvu, dans ce dernier cas, que les manœuvres employées aient été telles que, sans ces manœuvres, la souscription n'aurait pas eu lieu (art. 1116, C. civ.) [4]. Mais le souscripteur ne serait pas recevable à demander la nullité de sa souscription, notamment pour dol, s'il avait ratifié son engagement, notamment en prenant livraison des titres, en touchant les dividendes, etc. [5], ou en for-

---

n°s 101 et 102. V. aussi Lyon, 24 novembre 1896 (J. S. 1898, 505) et 27 mars 1900 (J. S. 1901, 62); Douai, 24 février 1898 et note (J. S. 1898, 346).

1. Lyon-Caen et Renault, n° 689; Cass., 8 nov. 1904; J. S. 1903, 280; 1905, 251.
2. Paris, 11 mars 1885 (J. S. 1887, 177) et 6 décembre 1886 (J. S. 1887, 606); Comp. Amiens, 12 juillet 1883 (J. S. 1884, 35); Cass., 10 avril 1884 (R. S. 1885, 4); Bordeaux, 3 mars 1885 (R. S. 1885, 405); Paris, 26 novembre 1885 (J. S. 1886, 300) et 3 janvier 1888 (J. S. 1889, 307).

3. Cass., 29 août 1859 (D. 60, I, 385); Paris, 2 avril 1886 (J. S. 1886, 717); Cass., 20 novembre 1888 (J. S. 1889, 10). V. Aix, 16 mai 1860 et Cass., 24 avril 1861 (D. 60, II, 118; 61, I, 428); Cass., 24 juin 1878; Paris, 19 mars 1883 (R. S. 1883, 389); Seine, 1er décembre 1886 (J. S. 1890. 61); Amiens, 24 décembre 1886 (J. S. 1890, 51); Paris, 18 mars 1887 (J. S. 1890, 207), 18 juillet 1887 (R. S. 1887, 566), 28 juin 1888 (R. S. 1888, 470; J. S. 1890, 293), 5 juillet et 8 août 1889 (J. S. 1889, 513); 17 juin 1890 (R. S. 1890, 418; J. S. 1890, 439), 14 janvier 1891 (J. S. 1891, 529), 22 avril 1891 (J. S. 1891, 289); Cass., 9 juin 1891 (J. S. 1891, 501) et 17 décembre 1891 (J. S. 95, 202); Paris, 14 avril 1892 (J. S. 92, 356); Poitiers, 26 juin 1894 (D. 98, II; J. S. 98, 130; 1902, 513; 1905, 316, 436; 1907, 503; 1908, 418.

4. Cass., 14 juillet 1862 (D. 62, I, 428); Cass., 12 février 1868 (S. 68, I, 380); Paris, 31 janvier 1867 et 24 juin 1873 : Toulouse, 24 février 1885 (R. S. 1885, 343); Paris, 27 juin 1888, loc. cit. V. Orléans, 21 mai 1883 (J. S. 92, 284), Seine, 3 mai 1888 (J. S. 90, 8), 12 juin 1897 (J. S. 97, 469); J. S. 99, 372; 1902, 451; 1909, 321.
5. Bordeaux, 3 mars 1885 (R. S. 1885, 405); Paris, 28 juin 1888, loc. cit.; Seine, 23 janv. 1890 (J. S. 1890, 430); Arthuys, n° 31. V. Toulouse, 24 févr. 1885, loc. cit.

mant une action en responsabilité contre les administrateurs [1]. Les manœuvres dolosives des fondateurs, pour obtenir des souscriptions, ne peuvent entraîner la nullité des souscriptions à l'égard des créanciers sociaux [2], ni être opposées au liquidateur chargé de réaliser l'actif à l'effet de désintéresser les créanciers [3].

Les souscripteurs trompés par les manœuvres dolosives des fondateurs ou des banquiers émetteurs ont un recours contre ceux-ci personnellement (V. infrà, n° 388).

La souscription d'actions est valable malgré l'engagement pris par un fondateur, ou par un administrateur, ou par un gérant statutaire de racheter ces actions dans certains cas déterminés, et dans un laps de temps fixé, si en fait il agit réellement pour son compte personnel et non pour celui de la société [4].

454. Syndicats financiers. — Il arrive assez souvent que la souscription des actions a lieu avec le concours de syndicats financiers composés d'un certain nombre de banquiers ou de particuliers·qui s'entendent ensemble pour souscrire toutes les actions d'une société en voie de se constituer, et les placer ensuite, avec prime, dans le public [5]. Ces syndicats donnent lieu à des fraudes graves. Mais la jurisprudence reconnaît qu'ils ne tombent pas sous l'application de l'art. 419, C. pén. [6]. En conséquence, la souscription (non fictive) aux actions d'une société par l'entremise d'un syndicat est valable [7]. La vente des actions ainsi souscrites par le syndicat est aussi valable [8].

Le syndicat formé pour la souscription et la revente des actions d'une société est une association en participation, dont il convient d'appliquer les règles pour apprécier la responsabilité des membres

---

1. Cass., 8 décembre 1897 (J. S. 1898, 397).
2. Cass., 10 février 1897 (J. S. 1898, 397).
3. février 1868 (D. 68, 1, 379), et 9 août 1869 (D. 69, 1, 404); Paris, 8 août 1873 (S. 73, II, 75), 20 mai 1876, 26 avril, 9 mai 1877 (D. 79, II, 81), V. Paris, 14 février 1880 (J. S. 1880, 142); Cass., 25 mai 1886 (R. S. 1886, 447). 11 mars 1885 (J. S. 1887, 177); Cass., 7 juin 1886 (J. S. 1887, 603); Seine, 12 juin 1894 (R. S. 1894, 456).
4. R. S. 1894, 82. V. Seine, 30 déc. 1907; Bord., 30 mars 1908 (J. S. 08, 418; 09, 81). Pic, note sous Paris, 12 décembre 1893 (D. 96, II, 481).
5. V. 1894, 82. V. Chasseriau. Des syndicats d'émission de valeurs et de leur responsabilité;
6. Cass. crim., 30 juillet 1885 (R. S. 1885, 596); Paris, 18 mars 1887 (R. S. 1887, 445) et 10 juin 1890 (J. S. 1890, 441); Orléans, 24 juillet 1890 (D. 91, II, 337). V. toutef. Percerou, p. 150.
7. Cass., 25 mai 1886 (J. S. 1887, 2) ; Paris, 30 décembre 1885 (J. S. 1887, 168), 11 juin 1886 (J. S. 1887, 27), 18 mars 1887 (R. S. 1887, 195), 28 avril 1887 (J. S. 1889, 372), 17 juin 1890 (J. S. 1890, 439), 19 juin 1890 (J. S. 1892, 286) ; Orléans, 13 février 1888 (J. S. 1889, 293) et 24 juillet 1890 (R. S. 1890, 522). V. toutef. Thaller, Rev. crit., 1880, 519. V. Floucaud-Pénardille, n°s 338 à 346.
8. Seine, 10 juin 1882 (J. S. 1882, 490); Paris, 28 avril 1887, loc. cit., et 10 juin 1890 (J. S. 1890, 441).

T. I. 23

du syndicat envers la société qui émet des actions non libérées[1]. Au regard de la société et des tiers, on doit donc réputer actionnaires et obligés ceux des syndicataires qui ont souscrit les actions[2].

452. Forme et preuve de la souscription. — La souscription d'actions est une convention synallagmatique qui n'est parfaite que par l'existence certaine et le concours des deux volontés. Pour qu'elle soit définitive et irrévocable, elle doit être acceptée par les fondateurs et l'acceptation portée à la connaissance du souscripteur[3]. On a conseillé, pour éviter toute difficulté, de dresser en double original des bulletins de souscription sur lesquels le souscripteur et le représentant de la société apposeraient leur signature[4]. Mais, bien que le contrat soit synallagmatique, la formalité des doubles n'est pas indispensable, et n'est ordinairement pas observée, en raison du caractère commercial de la souscription[5]. Il est d'usage de faire mettre par le souscripteur, de sa main, sur le bulletin de souscription : « Bon pour... », avec indication du nombre d'actions en toutes lettres. Mais cette mention est-elle nécessaire en droit? — L'affirmative résulte implicitement d'un jugement décidant que l'absence de la mention ne constitue qu'une nullité relative couverte par l'exécution de l'engagement, et que ce bulletin peut servir de commencement de preuve par écrit[6]. Mais il a été jugé que l'engage-

---

1. Paris, 27 janvier 1876 (D. 79, II, 74); Cass., 26 août 1879 (D. 80, I, 120), 27 février 1883 (D. 84, I, 29) et 30 mars 1883 (D. 86, I, 110); Orléans, 16 août 1883 (J. S. 1885, 605); Seine, 10 mai 1883 (J. S. 1885, 369); Nantes, 4 juillet 1883 (J. S. 1883, 389); Seine, 21 janvier 1884 (R. S. 1884, 313); Paris, 19 février 1885 (R. S. 1886, 472); Nîmes, 7 juillet 1885 (J. S. 1892, 382); Seine, 18 janvier 1886 (J. S. 1889, 372, 741); Cass., 25 mai 1886 (J. S. 1887, 2); Paris, 28 avril 1887 (J. S. 1889, 372); 9 février 1888 (D. 90, II, 265) et 24 avril 1888 (D. 88, II, 288); Lyon-Caen et Renault, n° 1053. V. Percerou, p. 145 et suiv.; Lyon, 10 janvier 1890 (J. S. 1892, 90). V. sur les questions relatives à la constitution et au fonctionnement des syndicats financiers, les décisions ci-dessus. Adde, trib. Lyon, 24 mai 1882 (J. S. 1892, 383); Orléans, 21 mai 1883 (J. S. 1892, 284); Paris, 15 mai 1884 (J. S. 1892, 380); Lyon, 15 janvier et 13 août 1884 (J. S. 1892, 91 et 92); Seine, 11 décembre 1884 (J. S. 1892, 180); Lyon, 7 janvier 1885 (J. S. 1892, 421); Paris, 21 février 1885 (J. S. 1892, 335), 7 mars 1885 (J. S. 1892, 335 et 379), 13 novembre 1885 (J. S. 1892, 334); Rennes, 7 juillet 1885 (J. S. 1892, 385); Paris, 9 décembre 1886 (J. S. 1892, 333), 23 novembre 1887 (J. S. 1892, 283); Seine, 29 avril 1891 (J. S. 1892, 384); Paris, 9 février 1893 (J. S. 1893, 247); Seine, 10 mai 1894 (obligations) (R. S. 1894, 310), 24 juillet 1895 (J. S. 1896, 184) et 20 février 1896, 175, 1898, 192); Cass., 11 décembre 1900 (J. S. 1901, 151); J. S. 1898, 330, 1901, 175.
2. V. les décisions citées à la note précédente. V. aussi Thaller, Ann. de dr. comm., 1887, I, 168; Levillain, note, D. 90, II, 265.
3. Paris, 16 février 1850, 10 août 1850, 17 avril 1852, 22 janvier 1853, 16 novembre 1853, 11 janvier 1854 (D. 50, II, 150; 52, II, 197; 52, v, 381; 54, II, 259, 54, II, 126; 54, II, 129). V. Cass., 14 mars 1860 (D. 60, I, 258) et 12 nov. 1867 (D. 68, I, 408); Goirand, n°s 107 et 108; Thaller, n° 574; Lyon, 17 juill. 1902 (J. S. 1903, 25).
4. Pont, n° 880; Vavasseur, n° 363; Paris, 22 janvier 1853 (D. 54, II, 259).
5. Lyon-Caen et Renault, t. II, n° 687; t. III, n° 56; Lyon-Caen, note, S. 1900, I.
6. Trib. Nantes, 28 juin 1879 (J. S. 1883, 745).

ment qui lie le souscripteur à la société n'étant pas unilatéral mais synallagmatique, la signature ne doit pas nécessairement être précédée du « Bon pour... », car cette formalité n'est exigée par l'art. 1286, C. civ. qu'en cas d'engagement unilatéral[1]. En admettant que la formalité prescrite par l'art. 1326, C. civ., soit applicable aux souscriptions d'actions, devrait-elle être observée à l'égard des actions souscrites par une personne non commerçante? — La question est controversée. Certains auteurs refusent d'écarter le texte, suivant eux limitatif, de l'art. 1326, dès l'instant où le débiteur est un non-commerçant, lors même qu'il s'agit d'un acte de commerce[2]. Mais d'autres auteurs estiment que l'art. 1326 n'est pas applicable, non seulement lorsque le débiteur est commerçant, son obligation fût-elle civile, mais encore lorsque le débiteur non-commerçant fait un acte de commerce, puisque le contrat commercial peut, en l'absence de tout écrit, être prouvé par témoins[3].

Au surplus, comme la loi du 24 juillet 1867 n'édicte pas la nécessité d'un bulletin de souscription ni d'aucune forme spéciale pour constater l'engagement pris par les souscripteurs d'actions, il suffit, à cet égard, pour que le capital puisse être réputé intégralement souscrit, qu'aucune protestation ne s'élève de la part de ceux qui sont inscrits sur la liste de souscripteurs déposée chez le notaire[4].

A défaut de bulletin de souscription, le fait de figurer sur une liste de souscripteurs, d'assister à l'assemblée constitutive, de se reconnaître sur la feuille de présence comme souscripteur d'un nombre déterminé d'actions, suffit pour établir le consentement à la souscription[5]. La preuve de la souscription peut aussi résulter de la correspondance[6], ou de la simple inscription du nom des souscripteurs sur les livres de la société et de la délivrance de certificats à leur nom[7]; elle peut aussi s'établir à l'aide de présomptions jointes à un commencement de preuve par écrit[8]. Mais le fait par une personne

1. Seine, 2 mars 1894 (R. S. 1894, 456).
2. Aubry et Rau, § 756-76; Demolombe, t. XXIX, n° 479.
3. Larombière, art. 1326, n° 19; Bonnier, Tr. des preuves, n° 676; Lyon-Caen et Renault, t. III, n° 58.
4. Paris, 3 août 1878 (J. S. 91, 144); Seine, 4 août 1886 (J. S. 90, 214); Paris, 18 mars 1891 (J. S. 90, 207). V. Seine, 13 juin 1894 (R. S. 94, 456), 16 mai 1896 (J. S. 96, 181); Douai, 18 juill. 1895 (J. S. 99, 111); Cass., 25 oct. 1899, infrà; J. S. 1905, 436.
5. Seine, 29 novembre 1883 (J. S. 1886, 247); Poitiers, 24 février 1886 (R. S. 1886, 256). V. Seine, 3 août 1878 et 13 juin 1894 (R. S. 1894, 456); Cass., 25 mai 1897 (note (J. S. 1897, 501).
6. Paris, 3 août 1868.
7. Bordeaux, 3 mars 1884 (J. S. 1885, 461); Seine, 4 août 1886 (R. S. 1887, 22). Contef. Paris, 10 août 1850 (D. 52, II, 197).
8. Cass., 19 déc. 1882. V. Cass. Belg., 24 oct. 1889 (R. S. Belg., 1890, 300); Paris, 7 juin 1898 et Cass., 25 oct. 1899 (J. S. 1900, 125; S. 1900, I, 65, note Lyon-Caen).

de laisser sans réponse l'avis qu'elle a été portée pour une ou plusieurs actions sur la liste des souscripteurs, ne saurait évidemment suffire à l'engager[1].

La preuve de la souscription incombe à la société[2].

453. Situation des souscripteurs avant la constitution. — Dès que la souscription d'actions est acceptée par les fondateurs, elle est définitive à l'égard du souscripteur (suprà, n° 452), et celui-ci ne peut plus la rétracter. S'il vient à décéder, entre la date de la souscription acceptée et celle de la constitution de la société, ses héritiers, même mineurs, sont obligés d'exécuter sa souscription et de verser le montant des actions dans les termes des statuts; et les représentants des héritiers incapables ne sont pas tenus, pour concourir aux formalités constitutives, notamment aux assemblées générales, de se pourvoir d'une autorisation spéciale. Il s'agit d'actes de simple administration.

Mais comme la souscription est subordonnée à la constitution définitive de la société, et que le souscripteur ne peut être astreint à attendre indéfiniment cette constitution, il est fondé, lorsqu'il s'est écoulé un temps suffisant, à demander, à défaut de la constitution, la nullité de sa souscription, et les frais de tentative de formation de la société restent à la charge des fondateurs[3]. Les souscripteurs partiels ne pourraient pas contraindre les fondateurs à constituer définitivement la société, et, faute de ce faire, obtenir contre ceux-ci une condamnation à des dommages-intérêts; car, en recueillant la souscription d'une partie du capital social, les fondateurs n'ont pas pris l'engagement de faire souscrire l'intégralité de ce capital et de constituer définitivement la société. Les fondateurs peuvent renoncer à constituer la société, alors même qu'ils auraient (ou quelques-uns d'entre eux) fait à la société en formation, par les statuts, un apport en nature. Mais si toutes les actions sont souscrites — surtout si la souscription est constatée par une déclaration notariée des fondateurs — cette souscription établit entre tous les associés un lien de droit, et ne permet plus aux fondateurs d'empêcher la perfection du contrat et la constitution définitive de la société[4].

454. Acte de commerce. — La souscription d'actions dans une société en commandite ou anonyme constitue-t-elle un acte de commerce? Cette question est controversée. Suivant certaines autorités,

1. Cass., 25 mai 1870 (D. 70, 1, 257).
2. Seine, 16 mai 1896 (J. S. 1896, 452).
3. Seine, 29 mai 1880 (J. S. 1891, 327); Lyon-Caen et Renault, n° 694.
4. V. Houpin, J. S. 95, 481; Thaller, J. S. 82, 309, Tr., n° 567; Goiffon, 109, 111.

la souscription d'actions ne constitue pas, par elle-même, un acte de commerce [1]. La souscription ne deviendrait commerciale que lorsqu'elle aurait le caractère d'une spéculation, c'est-à-dire quand elle serait faite dans le but de revendre [2]. Nous estimons, avec la Cour de cassation, que la souscription d'actions constitue, dans tous les cas, un acte de commerce [3]

CHAPITRE III

DU VERSEMENT LÉGAL

455. Loi. — D'après les art. 1er et 24 de la loi du 24 juillet 1867, les sociétés en commandite et les sociétés anonymes ne pouvaient être définitivement constituées qu'après le versement, par chaque actionnaire, du *quart* au moins du montant des actions par lui souscrites. Cet article premier a été modifié ainsi qu'il suit par la loi du 1er août 1893 : « *Les sociétés en commandite... ne peuvent être définitivement constituées qu'après... le versement, en espèces, par chaque actionnaire, du montant des actions ou coupures d'actions souscrites par lui, lorsqu'elles n'excèdent pas 25 francs, et du quart au moins des actions, lorsqu'elles sont de 100 francs et au-dessus.* » Cette disposition est applicable aux sociétés anonymes (L. 1867, art. 24).

456. Montant du versement. — Ainsi, les actions de 25 fr. doivent être entièrement libérées avant la constitution, et les actions de 100 fr. et au-dessus doivent être libérées du quart au moins.

---

1. Alauzet, t. I, nos 150 et 2022; Pont, no 1424; Thaller, nos 334 et 508; Angers, 13 janvier 1865 (S. 65, II, 211); Douai, 5 mai 1869 (S. 70, II, 49); Angers, 12 mars 1871 (S. 74, II, 214); Seine, 5 juin 1883 (J. S. 1891, 472); Lyon, 31 juillet 1889 (J. S. S. 1894, 257). V. Bordeaux, 22 mars 1893 (J. S. 1893, 460). V. Bordeaux, 11 décembre 1893
2. Dalloz, vo *Soc.*, 1346; Rousseau, *Soc.*, t. II, no 1935; Buchère, *Tr. des val. mob.*, nos 373 et suiv.; *Rev. pr. s. Belg.*, 1891, 237; Paris, 26 janvier 1874 (S. 76, 2, 3); Amiens, 11 janvier 1884 (R. S. 1884, 438). V. Bordeaux, 11 décembre 1893, *Loc. cit.*; Seine, 28 mars 1898 (J. S. 1898, 330).
3. Cass., 13 août 1856 (S. 56, I, 769); 3 mars et 15 juillet 1863 (S. 86, I, 137 et 465); Paris, 8 août 1866 (S. 67, II, 201); Bourges, 26 déc. 1870 (S. 70, II, 316); Paris, 2 mai 1884 (S. 85, II, 97), 8 déc. 1885 (R. S. 1886, 201) et 7 déc. 1893 (J. S. 1894, 160, 125; J. S. 1901, 512; 1906, 330; Toulouse, 26 mai 1903 (J. S. 1904, 56); Paris, 31 janv. 1908 (J. S. 09, 121); Poitiers, 28 fév. 1910 (J. S. 10, 413); R. S. 1893, 4; Lyon-Caen et Renault, nos 470 et 686 *bis*.

Mais il se peut que les actions soient supérieures à 25 fr et inférieures à 100 fr. De combien ces actions devront-elles être libérées avant la constitution? Cette question est controversée. Deux auteurs distingués avaient émis l'avis que le versement du quart suffit; d'où la conséquence que sur des actions de 25 fr. un versement de pareille somme est exigé; mais que si les actions sont de 26 fr. un versement du quart, ou 6 fr. 50, est suffisant [1]. On a soutenu, d'un autre côté, que les actions dont il s'agit doivent être entièrement libérées [2]. Ces deux solutions nous ont paru devoir être rejetées. On ne comprend pas pourquoi il suffirait de faire un versement du quart pour les actions de 26 fr., quand le versement intégral est exigé pour les actions de 25 fr., ou pourquoi les actions inférieures à 100 fr. devraient être libérées entièrement, alors que la libération intégrale n'est exigée par la loi nouvelle que pour les actions de 25 fr. Pour concilier tout à la fois le texte et l'esprit de cette loi, il convient, suivant nous, de décider qu'il est nécessaire et qu'il suffit que les actions supérieures à 25 fr. et inférieures à 100 fr. soient libérées de 25 fr. au moins, parce que le versement de 25 fr. est un minimum légal obligatoire, ainsi qu'il résulte des travaux préparatoires de la loi [3]. C'est en ce dernier sens que la loi nouvelle a été interprétée par un décret du 1er décembre 1893 [4], qui a modifié celui du 6 février 1880 sur les conditions d'admission à la cote officielle des actions des sociétés étrangères. Ce décret modificatif déclare que les actions doivent être libérées de 25 fr. lorsqu'elles sont inférieures à 100 fr.

457. Versement sur chaque action. — Dans le but de s'assurer que les actionnaires sont sérieux et solvables, et d'écarter les coureurs de prime, la loi exige le versement (total ou partiel, suivant les distinctions ci-dessus établies) sur *chaque action*. Il ne suffirait pas que le versement légal fût réalisé par les versements de certains souscripteurs [5].

Cette seconde formalité de constitution est importante et essen-

---

1. Lyon-Caen et Renault, L, 1893, p. 10. (Cette opinion a été abandonnée.)
2. Albert Wahl, *Et. sur l'augm. du cap. dans les soc. an. et les soc. en comm. par act.*, Appendice; Bouvier-Bangillon, L. 1er août 1893, p. 60 et suiv.; Perrin, id., p. 4; Faure, *id.*, p. 20; Arthuys, n° 35.
3. Houpin, *Gaz. des trib.*, 20 déc. 1893 et *J. du Not.*, 1894, p. 81. *Conf. Rev. des soc.*, 1894, p. 44; Géraud, *Messager de Paris*, 16 février 1894; Genevois, n° 6; Vavasseur, n° 369; Dalloz, *Supp.*, n°s 1234 et suiv.; Goirand, n° 119; Perceroù, *Fond. de soc. an.*, p. 28; Thaller, n° 518; Lyon-Caen et Renault, 3e édit., n° 685.
4. *Journ. off.*, 5 décembre.
5. Bédarride, n° 20; Pont, n° 892; Lyon-Caen et Renault, n° 696; Paris, 19 mars 1883 (D. 83, I, 425), 26 juillet 1887 (D. 88, II, 145), 28 juin 1888 (D. 90, II, 325); Cass., 17 décembre 1894 (J. S. 1895, 202).

telle. Il est arrivé trop souvent que des sociétés ont été annulées parce que toutes les actions n'ont pas été réellement libérées du quart avant la constitution de la société.

458. Actions d'apport. — Sous l'empire de la loi de 1867, les apports en nature pouvaient être faits à la société moyennant l'attribution d'actions libérées du quart seulement, les apporteurs restant débiteurs des trois autres quarts; et il n'était pas nécessaire, en outre, de verser sur chacune de ces actions un quart en espèces[1]. Mais cette combinaison n'est plus permise depuis la loi du 1er août 1893, qui exige que les actions d'apport soient *entièrement libérées*[2].

Des auteurs soutiennent que la loi nouvelle prohibe ainsi pour l'avenir la création des *actions mixtes*, libérées partie en apports et partie en espèces, et que les actions créées et attribuées en représentation d'apports en nature ne peuvent être l'objet d'une libération complémentaire en espèces[3]. Cette doctrine nous paraît contraire au texte et à l'esprit de la loi. Les actions qui représentent exclusivement des apports en nature sont toujours, par la force même des choses, libérées intégralement et immédiatement. En déclarant que les actions d'apport devront être entièrement libérées, le législateur semble viser les actions mixtes. Il les autorise donc; mais il exige qu'elles soient entièrement libérées avant la constitution de la société, c'est-à-dire que la différence entre la valeur de l'apport en nature et le montant des actions attribuées à l'apporteur soit intégralement versée en espèces. En exigeant cette libération, on a voulu diminuer le nombre des actions mixtes, et par suite les spéculations auxquelles les apporteurs se livrent trop souvent[4]. Au surplus, comme les actions d'apport ne sont pas négociables pendant deux ans, tandis que les actions de numéraire sont immédiatement négociables, la création des actions mixtes devant être immédiatement libérées en totalité ne présentera pas d'intérêt et sera rarement pratiquée. Il sera plus avantageux de créer distinctement des actions d'apport correspondant à la valeur des apports exclusivement en nature, et des actions ordinaires en représentation de tout le capital à souscrire en numéraire.

459. Mode de versement. — La loi du 24 juillet 1867 n'indiquait

---

1. V. not. Cass., 15 février 1884 (J. S. 1884, 193), 6 juin 1885 (J. S. 1886, 309), 2 décembre 1886 (J. S. 1887, 318).

3. V. toutef. Thaller, n° 637.

2. Perrin, L. 1893, p. 8 ; Faure, *id*., p. 63. V. aussi Vavasseur, *id*., p. 16.

4. *Conf.* Lyon-Caen et Renault, L. 1893, n° 13 ; Bouvier-Bangillon, *id*., p. 67 et 68; Goirand, n° 126 ; Cass. crim., 26 octobre 1905 (J. S. 1906, 266).

pas comment le versement du premier quart devait être effectué. On décidait, en principe, qu'il devait être fait en numéraire, ou en valeurs équivalentes, d'un recouvrement certain et immédiat, par exemple des billets de banque ou des bons du Trésor à vue[1]. Il ne pouvait être effectué en effets de commerce, valeurs de portefeuille ou autres[2]. On décidait aussi que le paiement du premier quart pouvait avoir lieu par compensation légale, si les deux dettes étaient liquides et exigibles[3]. Mais la compensation nous paraissait difficile, sinon impossible; car comment une société non encore constituée peut-elle être débitrice d'une dette liquide et exigible[4]? La question de savoir si un simple débit de compte ou autre passement d'écriture suffisait et pouvait tenir lieu d'un versement réel était très controversée[5].

D'après la loi du 1er août 1893, qui a complété sur ce point l'art. 1er de la loi de 1867, le versement nécessaire pour la constitution de la société doit avoir lieu *en espèces*. Cette addition a été votée sans discussion. Elle a été tirée du projet de loi adopté par le Sénat en 1884; et, d'après le rapport de la Cour de cassation[6], ces expressions comprennent, outre les espèces, les billets de banque. Il faut aussi considérer que la loi nouvelle a voulu proscrire tout versement fait autre-

---

1. Cass., 11 mai 1863 (S. 63, I, 284), 27 janvier 1873 (S. 73, I, 163); Paris, 5 décembre 1881 (J. S. 1882, 549), 13 janvier 1882 (R. S. 1883, 90); Lyon, 9 février 1885 (R. S. 1883, 209); Seine, 29 avril 1885 (R. S. 1885, 423; Poitiers, 24 février 1886 (J. S. 1887. 63); Orléans, 15 février 1888 (J. S. 1889, 293).

2. Cass., 11 mai 1863, *loc. cit.*; Cass., 10 mai 1869; Paris, 5 décembre 1881 (D. 85, I, 355); Paris, 25 mars 1887 (R. S. 1887, 485) et 16 juin 1893 (J. S. 1894, 274); Lyon-Caen et Renault, n° 698.

3. V. Cass., 4 mai 1867 (S. 67, I, 254) et 27 janvier 1873, *loc. cit.*; Demolombe, consult., D. 1877, I, 49; Pont, n° 897; Vavasseur, 397 *bis*.

4. V. Bordeaux, 9 mars 1874 et Cass., 13 mars 1876 (D. 77, I, 49); Paris, 13 janvier 1882 (R. S. 1883, 89) et 28 mai 1884 (D. 86, II, 177); Houpin, *Soc. par act.*, n° 117; Dalloz, *Rép.*, n°s 1254 et suiv.

5. *Négat.* Paris, 13 janvier 1882 (R. S. 1883, 89), 19 mars 1883 (J. S. 1883, 131); 4 et 27 décembre 1884 (J. S. 1885, 159); Lyon, 9 février 1886 (J. S. 1886, 417); Poitiers, 24 février 1886 (J. S. 1887, 63); Seine, 13 décembre 1886 (J. S. 1888, 201); Paris, 26 juillet 1887 (D. 88, I, 145); Cass., 30 juillet 1887 (J. S. 1890, 201); Paris, 5 juillet et 8 août 1889 (R. S. 1889, 582), 29 juillet 1890 (R. S. 1890, 578), 2 août 1890 (R. S. 1890, 561), 14 avril 1892 (J. S. 1892, 356). V. Thaller, *Rev. crit.*, 1883, 343; Seine, 26 mai 1894 (J. S. 1895, 82). *Affirm.* Lyon, 11 août 1882 (R. S. 1883, 157) et 2 mars 1883 (J. S. 1884, 298); Paris, 22 mars 1882 et Cass., 20 janvier 1885 (J. S. 1885, 638); Seine, 18 avril 1883 (J. S. 1884, 390) et 21 mai 1883 (J. S. 1883, 427); Bruxelles, 13 août 1883 (D. 84, II, 126); Paris, 27 décembre 1884 (Gaz. Pal., 1885, 764); Paris, 15 février 1888 (J. S. 1889, 293); Seine, 27 mai 1889 (R. S. 1889, 463); Paris, 8 août 1889 (J. S. 1889, 513), 17 juin 1890 (R. S. 1890, 418), 3 février 1891 (J. S. 1893, 402); Cass., 9 juin 1891 (J. S. 1891, 501), 13 février 1894 (J. S. 1894, 244) et 19 mars 1894 (J. S. 1894, 436). Suivant ces derniers arrêts, le versement pouvait avoir lieu par débit de compte, pourvu que les fonds fussent réellement à la disposition de la société. *Conf.* Lyon-Caen et Renault, n° 699.

6. V. R. S. 1886, 408.

ment qu'en numéraire ou en billets de la Banque de France[1]. Il nous paraît impossible de décider avec des auteurs[2] que les termes « versement en espèces » qui figurent dans cette loi doivent être interprétés dans le même sens large pour lequel s'était prononcée la jurisprudence sous l'empire de la loi de 1867, et que les mêmes principes doivent être maintenus. Cette jurisprudence a été jugée trop indulgente par le législateur, et c'est pour cela qu'il a prescrit un versement en espèces. Mais nous estimons que l'on doit assimiler à un versement en espèces un virement, grâce auquel la société se trouve avoir *réellement* à sa disposition chez un banquier le montant du versement légal. Ainsi, quand un souscripteur a le même banquier que la société en formation, il y a versement quand le banquier, sur l'ordre du souscripteur, débite ce dernier d'une somme égale à celle qu'il doit verser pour ses actions, et crédite la société d'une même somme[3]. Mais le versement par compensation, ou autrement qu'en espèces ou billets de la Banque de France, n'est plus possible.

On a considéré que le versement pourrait être fait en effets de commerce ou en valeurs de Bourse, si ce mode de libération était formellement autorisé par les statuts; mais on ne serait plus en présence d'un capital souscrit en numéraire, mais d'apports en nature qu'il y aurait lieu de désigner et de faire apprécier dans les conditions prescrites par l'art. 4 de la loi de 1867[4].

Le versement peut avoir lieu avec des deniers prêtés par des tiers[5]. Il peut aussi être opéré par des tiers en l'acquit des souscripteurs[6]. La loi ne déterminant pas à qui le versement doit être fait, il peut être effectué entre les mains des fondateurs ou de l'un d'eux désigné par les statuts[7], d'un banquier ou d'un établissement de crédit[8], d'un

---

1. Cass., 26 février 1904; Paris, 17 juin 1904 et 2 janvier 1906 ; J. S. 99, 95; 1902, 513 ; 1904, 46 et 220; 1905, 316 ; 1906, 211, 406; D. 1905, I, 17.

2. Vavasseur, n° 393 ; Genevois, n° 8 ; *Rev. trim.*, 1899, 73.

3. V. J. S. 1903, 250, 495 ; 1906, 411; 1907, 175 et 502.

4. Lyon-Caen et Renault, n° 698 *b s.* V. Vavasseur, n°s 396 et 397; Cass., 13 mars 1876 (S. 76, I. 361); Paris, 10 juillet 1902 (J. S. 1903, 230).

5. Paris, 18 mars 1887 (J. S. 90, 207); Paris, 17 juin 1890 (J. S. 90, 439); Lyon, 7 juin 1901, J. S. 1902, 37 ; 1905, 436. V. Bordeaux, 30 mars 1908 (J. S. 08, 418).

6. Paris, 17 juillet 1882, 5 mars et 2 avril 1886, 18 mars et 28 juillet 1887; Bordeaux, 24 mai 1886 (J. S. 1885, 49; 1886, 461 ; 1890, 155 ; R. S. 1883, 67 ; 1886, 311 et 463; 1887, 122, 195, 454 et 565); Paris, 24 novembre 1887 (R. S. 1888, 134), 1er août 1888 (R. S. 1889, 10) ; Cass., 20 novembre 1888 (J. S. 1889, 10). *Contrà*, Chambéry, 29 janvier 1881 (J. S. 1881, 413); Seine, 13 juillet 1885 (R. S. 1885, 629); Paris, 11 mars 1887 (R. S. 1887, 358) et 28 juillet 1887.

7. Seine, 19 mars 1888 (R. S. 1888, 331).

8. Seine, 15 décembre 1882 (J. S. 1891, 237) et 13 décembre 1886, *loc. cit.*; Paris, 8 mars 1886 (J. S. 1886, 461); Cass., 29 juin 1887 (J. S. 1888, 192); Paris, 22 avril 1891 (J. S. 1891, 289). V. Paris, 2 mars 1889 (R. S. 1889, 409).

notaire , ou de toute autre personne qui détient les fonds pour le compte de la société en formation [2].

460. Époque et maintien du versement. — Le versement doit avoir lieu avant la déclaration notariée de souscription et de versement. Il a été décidé cependant qu'il suffit qu'il ait été effectué postérieurement à cet acte, mais antérieurement à la réunion de l'assemblée constitutive chargée de vérifier l'exactitude de cette déclaration [3], et même jusqu'à la constitution de la société, résultant de l'acceptation de leurs fonctions par les administrateurs et le commissaire [4].

Il faut non seulement que le quart (ou la totalité, suivant le cas) ait été versé, mais encore que ce versement existe dans son intégralité jusqu'au jour de l'assemblée générale chargée d'en faire la vérification [5], et même — suivant la jurisprudence dominante — jusqu'au jour de la constitution de la société [6]. Il a été décidé, en conséquence, que le quart n'est pas réputé versé si le banquier chargé du placement est autorisé à prélever, par anticipation, sa commission sur le versement, ou, d'une manière générale, si les fondateurs disposent, avant la constitution de la société, de tout ou partie de la somme versée par les souscripteurs [7]. On a critiqué cette jurisprudence. La loi, a-t-on dit, exige le versement du quart (si les actions sont d'au moins 100 fr.) pour assurer que les souscriptions sont sérieuses; elle n'exige pas un dépôt conservatoire des fonds; les fondateurs peuvent donc employer en frais de constitution ou à d'autres dépenses légitimes une partie des sommes versées, puisque, si ces prélèvements n'avaient pas lieu avant la constitution, ils pourraient incontestablement se faire immédiatement après; les prélèvements ne sauraient vicier la constitution de la société [8]. On peut, croyons-nous, objecter

---

1. Lyon, 25 avril 1885 (R. S. 1886, 376). V. Genevois, n° 7.
2. Lyon-Caen et Renault, n° 701.
3. Seine, 16 mai 1887 (J. S. 1888, 206).
4. Lyon, 11 août 1882 (V. observ. critiques, J. S. 1884, 273) et 14 juin 1895 (J. S. 1895, 499). V. Cass. crim., 26 octobre 1905 (J. S. 1906, 266).
5. Seine, 20 septembre 1884 (R. S. 1884, 688).
6. Seine, 27 février 1895 (R. S. 1895, 500) et 27 juillet 1910 (R. S. 1910, 429).
7. Seine, 17 mai 1882 (J. S. 1884, 471); Lyon, 11 août 1882 (J. S. 1884, 273); Paris, 10 mars 1885 (R. S. 1885, 335); Lyon, 25 avril 1885 (J. S. 1886, 148); Paris, 16 juillet 1885 (D. 86, II, 205); Cass., 17 juillet 1885 (J. S. 1890, 202; R. S. 1885, 677; S. 87; I, 286); Seine, 24 juin 1887 (J. S. 1890, 102; R. S. 1887, 589); Cass., 2 mai 1887 (R. S. 87, 356). V. Paris, 24 juin 1885 (R. S. 85, 540); Orléans, 15 févr. 1888 (J. S. 89, 293); Paris, 9 août 1895 (J. S. 96, 370); Cass., 28 octobre 1901; J. S. 1899, 221; 1900, 80 ; 1902, 145 et 513; 1904, 200 ; 1905, 316 ; 1906, 211.
8. Seine, 27 mars 1884 (R. S. 1884, 511); Paris, 22 février 1888 (J. S. 1889, 350); Lyon, 6 mars 1888 ; Paris, 1er et 10 août 1888 (R. S. 1889, 10 et 13); Seine, 3 janvier 1889 (R. S. 1889, 215); Paris, 2 mars 1889 (J. S. 1890, 206); Vavasseur, n° 396 ter; Lyon-Caen et Renault; n° 700. V. Orléans, 15 février 1888, loc. cit.

que la société ne saurait avoir légalement de dettes à acquitter avant sa constitution, et que les fondateurs n'ont ni droit ni qualité pour disposer de fonds qui n'ont été versés qu'en vue de cette constitution, et qui devraient être restitués aux souscripteurs en cas de non-constitution.

Dans tous les cas, en présence de la jurisprudence consacrée par la Cour de cassation, et qui nous paraît justifiée, il importe, au point de vue pratique, que les fondateurs maintiennent dans leur intégralité, jusqu'au jour de la constitution définitive de la société, les fonds provenant des versements faits par les actionnaires, et diffèrent jusque-là le paiement des sommes pouvant être dues par la société pour placement de titres, frais de constitution, etc. (V. *infrà*, n° 538).

Il a même été décidé que le premier quart ne peut être réputé versé sur les actions lorsque la société n'en a pas eu la libre et entière disposition à partir de sa constitution [1].

Mais nous considérons que l'irrégularité résultant des prélèvements effectués sur le premier quart avant la constitution de la société serait réparée si, avant toute demande en nullité, les administrateurs de la société avaient approuvé et porté en dépense les prélèvements et porté en recette le montant du premier quart. C'est là une application de l'art. 3 de la loi du 1er août 1893.

461. Non-versement. — Le versement à opérer sur les actions peut avoir lieu au moment même de la souscription, ou postérieurement lorsque toutes les souscriptions sont recueillies. Mais il peut y avoir de graves inconvénients à ne pas faire effectuer les versements au moment même de chaque souscription. Qu'arriverait-il, en effet, si certains souscripteurs, après avoir souscrit, ne pouvaient ou ne voulaient pas faire le versement nécessaire pour la constitution de la société? Les fondateurs doivent, a-t-on dit, faire constater le refus et chercher un autre souscripteur [2]. Mais une simple sommation nous paraît insuffisante pour annuler la souscription. Il faut en faire prononcer la nullité par les tribunaux, ce qui entrave la constitution de la société. Pour éviter ces difficultés et ces lenteurs, il convient de stipuler dans les statuts que, huitaine après une sommation de payer restée infructueuse, la souscription sera de plein droit considérée comme nulle et non avenue [3].

---

1. Paris, 2 décembre 1886 (R. S. 1887, 19) et 2 mars 1889, *loc. cit.*; Amiens, 24 décembre 1888 (J. S. 1890, 52). V. aussi Lyon-Caen et Renault, n° 699 *bis*. V. Cass., 19 mars 1894 (J. S. 1894, 436).
2. Lyon-Caen et Renault, n° 697. V. Seine, 13 juin 1894 (R. S. 1894, 456).
3. Vavasseur, n°s 370 et 372; Floucaud-Pénardille, n° 361 *bis*.

462. Perte. — Si les fonds provenant des versements des actions périssent avant la constitution de la société, par exemple si le banquier chez lequel ces fonds ont été déposés par les fondateurs ou sur leur ordre vient à être déclaré en faillite, à qui incombe cette perte? Suivant un auteur, c'est à la société évidemment. En effet, dit-il, la société est considérée comme ayant existé entre les divers associés du jour de la souscription, et elle est devenue, dès ce moment, propriétaire des versements faits par les actionnaires. Or, *res perit domino :* c'est donc elle qui doit supporter la perte[1]. Cette solution ne nous paraît pas fondée. Il existe bien un lien de droit entre les fondateurs et les souscripteurs par le concours des volontés résultant de l'acceptation des souscriptions (*suprà*, n° 453). Mais ce lien de droit n'établit pas une société, laquelle n'est constituée, *sans effet rétroactif,* que par l'accomplissement de toutes les formalités prescrites par la loi de 1867 (art. 25). La société ne pouvant, avant sa constitution, être propriétaire des apports des associés, ne saurait supporter la perte résultant d'un fait antérieur à cette constitution. La perte doit être subie par les souscripteurs, à moins qu'il ne soit établi que les fondateurs ont commis dans le choix du banquier une faute de nature à entraîner leur responsabilité dans le sens des art. 1927 et suiv., C. civ., auquel cas la perte serait à la charge des fondateurs. Il en serait de même en cas de non-constitution de la société.

CHAPITRE IV

DE LA DÉCLARATION NOTARIÉE DE SOUSCRIPTION ET DE VERSEMENT

463. Loi. — La souscription de la totalité du capital social, et le versement, par chaque actionnaire, de la somme exigée par la loi pour libération totale ou partielle des actions par lui souscrites, doivent être constatés par une déclaration faite dans un acte notarié : par le gérant, si la société est en commandite, et par les fondateurs, si elle est anonyme (L. 24 juillet 1867, art. 1 et 24).

---

1. Goirand, n° 201. V. aussi Lyon-Caen et Renault, n° 701 *bis* ; Goiffon (*thèse*). M. Thaller (n° 575) considère que les fonds appartiennent à la société à partir de la déclaration notariée. V. Seine, 22 février 1900 ; J. S. 1900, 315 ; 1907, 91.

464. Actions d'apport. — La déclaration de souscription et de versement doit porter sur les actions souscrites en numéraire et qui doivent être libérées conformément aux prescriptions de l'art. 1er. Elle n'a pas à comprendre les actions attribuées en représentation d'un apport en nature et qui sont équivalentes à la valeur de cet apport, parce que ces actions ne sont pas souscrites et se trouvent libérées sans versement à faire en espèces (V. toutef. suprà, n° 436). Mais s'il s'agit d'actions mixtes (V. suprà, n° 458) représentant pour partie un apport en nature et dont le surplus doit être versé en espèces avant la constitution de la société (L. 1867, art. 3), n'est-il pas nécessaire de constater dans la déclaration notariée le versement par l'apporteur de la partie qui était à libérer en argent? La solution négative a été soutenue par les motifs suivants : la déclaration notariée est prescrite spécialement par l'art. 1er de la loi de 1867 (auquel se réfère l'art. 24 pour les sociétés anonymes) en ce qui concerne la souscription et le versement des actions qui doivent être libérées en espèces. Elle n'est pas applicable aux actions mixtes d'apport, parce qu'il n'est question de ces actions que dans les art. 3 et 4. Une société ne pourrait donc être annulée par ce motif que la déclaration notariée n'aurait pas constaté le versement complémentaire qui était à faire en espèces sur les actions mixtes[1]. Nous estimons qu'il convient de constater le versement complémentaire des actions d'apport, parce que la loi a voulu que tous les versements à faire en espèces sur les actions, avant la constitution de la société, fussent constatés par une déclaration notariée qui serait soumise à l'assemblée générale des actionnaires de la société anonyme[2]. Il est, dans tous les cas, nécessaire que les actions d'apport soient entièrement libérées avant la constitution (suprà, n° 458).

465. Gérant. — Quand la société est en commandite, la déclaration est faite par le gérant ou les gérants désignés dans les statuts.

466. Fondateurs. — Si la société est anonyme, la déclaration est faite par les fondateurs de la société[3]. Elle doit émaner de tous les fondateurs[4].

La jurisprudence considère comme fondateurs de la société ceux

---

1. Bouvier-Bangillon, p. 57.
2. Conf. Lyon-Caen et Renault, 3e édit., n° 706; Arthuys, n° 55.
3. Il a été décidé qu'elle ne serait pas valablement passée par un prête-nom. Seine, 13 juillet 1885 (R. S. 1885, 629).
4. Houpin, J. S. 1884, 38 et suiv.; Lyon-Caen et Renault, n° 706; Alger, 19 juin 1893 (J. S. 1897, 53). Contrà, Dalloz, Supp., n° 1271; Floucaud-Pénardille, n° 368. V. aussi Paris, 1er août 1888 (R. S. 1889, 10).

qui (eux-mêmes, ou par mandataires, ou même comme prête-nom[1]) créent l'entreprise, dressent et signent les statuts, font appel aux capitaux, signent la déclaration notariée de souscription et de versement, et réunissent les premières assemblées[2]. Elle étend même (au point de vue de la responsabilité) la qualité de fondateurs à ceux qui ont concouru à l'organisation et à la mise en mouvement de la société (*infrà*, n°s 583 et suiv.)[3]. Mais, en ce qui concerne la déclaration notariée, on doit considérer comme fondateurs, devant passer cette déclaration, ceux qui ont dressé et signé les statuts.

Les fondateurs d'une société anonyme en sont ordinairement actionnaires[4]. Cependant, dans le silence de la loi, on ne pourrait demander la nullité de la société par ce motif qu'un fondateur n'en aurait pas été actionnaire[5].

De même, ceux qui font des apports en nature, sont le plus souvent fondateurs de la société. Toutefois, il est possible qu'ils n'aient pas pris part à l'organisation sociale[6]. Dans ce cas, on ne doit pas les faire comparaître pour dresser les statuts comme fondateurs. Il convient de les faire simplement *intervenir* aux statuts établis par les fondateurs, pour consentir et réaliser l'apport qu'ils font à la société.

467. Authenticité. — La déclaration doit être faite dans un acte

1. Lyon, 14 juin 1895 (J. S. 1895, 499); Cass., 10 novembre 1897 (J. S. 1898, 12).
2. Pont, n°s 1127 et 1291; Lyon-Caen et Renault, n° 793; Percerou, *Des fondat. de soc. an.*, p. 10 et suiv. (Suivant ce dernier auteur, sont seuls fondateurs d'une société anonyme ceux qui ont joué dans sa constitution un rôle capital, essentiel, spécialement important); Bonfils, *Rev. crit.*, 1889, 370; Aix, 13 août 1860 (S. 61, II, 157); Cass., 24 juin 1861 (D. 61, I, 435); Paris, 28 mai 1869 (S. 70, II, 69); Amiens, 16 janvier 1875 (S. 75, II, 193); Cass., 13 mars 1876 (D. 77, I, 49); Douai, 2 juillet 1879 (J. S. 1882, 21); Paris, 16 août 1879 (J. S. 1880, 118); Paris, 5 décembre 1881 (D. 85, II, 355); Paris, 13 janvier 1882 (R. S. 1883, 89); Amiens, 27 juillet 1882 (J. S. 1883, 170); Lyon, 9 février 1883 (R. S. 1883, 211); Toulouse, 23 novembre 1883 (R. S. 1884, 422); Paris, 27 décembre 1883; Seine, 13 juillet 1885 (R. S. 1885, 629); Poitiers, 24 février 1886 (J. S. 1887, 63); Grenoble, 15 juin 1886 (*J. Cour Gren.* 1886, 212); Cass., 19 octobre 1886 (J. S. 1887 599; S. 86, I, 472); Paris, 2 décembre 1886 (J. S. 1891, 92); Cass., 10 janvier 1887 (J. S. 1887, 347); Toulouse, 23 mars 1887 (J. S. 1888, 3); Cass., 9 avril 1888 (J. S. 1890. 291; R. S. 1889, 5); Douai, 17 décembre 1888 (J. S. 1891, 511); Lyon, 14 juin 1895 (J. S. 1895, 499); Douai, 15 avril 1897 (J. S. 1898, 26); Douai, 6 mars 1900 (J. S. 1901, 77).
3. Cass., 9 avril 1888 (S. 88, I, 207). V. Seine, 27 mai 1889 (J. S. 1889, 451); Cass., 21 juillet 1890 (J. S 1891, 266) et 21 octobre 1890 (R.S. 1890, 560); Orléans, 14 juin 1893 (J. S. 1893, 488); Bonfils, *loc. cit.* V. toutef. *Ann. de dr. comm.*, 1888, 177; Percerou, *loc. cit.*
4. D'après l'exposé des motifs de la loi du 23 mai 1863, le vœu du législateur est que les fondateurs soient des associés. Duvergier, *Collect. des lois*, 1863, 355. V. aussi Rivière, L. de 1867, 238; Pont, n° 1127; Lyon-Caen et Renault, n° 793; Percerou, p. 10 et 11; de Muralt, *De la fondation des soc. an.*, p. 38.
5. Paris, 13 janvier 1882 (R. S. 1883, 89); Seine, 12 juillet 1888 (R. S. 1889, 268; Paris, 3 fév. 1891 (J. S. 1891, 402); Orléans, 14 juin 1893, *loc. cit.* V. J. S. 1905, 268.
6. Cass., 24 juin 1861 (D. 61, I, 435).

notarié. La loi, en exigeant ainsi l'intervention d'un officier public, a pensé qu'il ne manquerait pas de conseiller les parties, de leur rappeler les sanctions civiles et pénales attachées au fait d'une fausse déclaration, de leur signaler les omissions et irrégularités qui auraient été commises et les moyens de les réparer [1]. Mais le notaire qui reçoit la déclaration des fondateurs n'a pas, bien entendu, à en vérifier la sincérité (V. suprà, n° 441).

Quand les personnes chargées de la déclaration donnent pouvoir à l'une d'elles ou à un tiers de la passer en leur nom, il nous paraît nécessaire que la procuration soit réalisée par acte authentique. C'est l'opinion que nous avons émise dans deux études spéciales [2]. Elle est une application du principe général, consacré par la jurisprudence, notamment en matière de constitution d'hypothèque, qui assujettit le mandat aux mêmes formes que l'acte pour lequel il est donné. Une déclaration notariée réalisée en vertu de pouvoirs ou d'une délibération sous seing privé serait, à notre avis, irrégulière et pourrait vicier la constitution de la société.

On peut, sans méconnaître la foi due aux actes authentiques, contester la sincérité des déclarations faites devant le notaire, qui n'a pas reçu de la loi la mission de les contrôler [3].

468. État des souscriptions et des versements. — Pour que l'exactitude de la déclaration notariée soit encore mieux assurée, la loi prescrit d'y annexer la liste des souscripteurs et l'état des versements effectués (art. 1 et 24). Il n'est pas nécessaire de dresser séparément ces liste et état. Une seule pièce suffit pour satisfaire à la double exigence de la loi [4]. Elle contient :

1° Les nom, prénoms, profession et domicile de chacun des souscripteurs [5]. L'omission volontaire des qualités pourrait suffire pour entraîner la nullité de la société [6]. La liste pourrait cependant ne pas renfermer les prénoms et professions, pourvu que les énonciations y contenues soient suffisantes pour rendre toute confusion impossible, et pour permettre aux tiers de s'assurer de la réalité et de la

1. Duvergier, Lois, 1856, 357 ; Mathieu et Bourguignat, n° 18 ; Beslay et Lauras, n° 169 ; Lyon-Caen et Renault, n° 706 ; Pont, n° 1129. V. Lyon, 14 juin 1895 (J. S. 1895, 499).
2. J. S., 1884. 38 ; 1901, 5. Conf. Douai, 15 juill. 1910 (J. S. 1911, 60).
3. Paris, 5 décembre 1881 (Le Droit, 7 et 3 janvier 1882) ; Floucaud-Pénardille, n° 389. V. Lyon, 14 juin 1895, loc. cit. ; S. 96, I. 213, note 1.
4. Mathieu et Bourguignat, n° 20 ; Lyon-Caen et Renault, n° 706 ; Pont, n° 1133.
5. Ce sont les souscripteurs originaires qui doivent être portés sur la liste et non leurs acheteurs : Lyon, 2 mars 1883 (J. S. 1884, 298).
6. Seine, 13 juillet 1885 (R. S. 1886, 629) ; Paris, 8 août 1889 (J. S. 1889, 513).

solvabilité des actionnaires primitifs [1]. Il en serait de même en cas d'omission du domicile [2];

2° Le nombre des actions souscrites et le montant des verse.nents effectués par chacun des souscripteurs.

469. Annexe. — Cet état des souscriptions et des versements doit être annexé à la déclaration notariée, après avoir été certifié véritable par le gérant ou les fondateurs. Cette annexe est exigée par la loi, qui prescrit d'annexer, en outre, l'un des doubles de l'acte de société, s'il est sous seing privé, ou une expédition, s'il est notarié et s'il a été passé chez un notaire autre que celui qui a reçu la déclaration (art. 1 et 24).

Le vœu de la loi nous paraît rempli quand l'un des originaux des statuts sous seing privé, au lieu d'être annexé à l'acte notarié de déclaration, a été antérieurement déposé pour minute au même notaire par les fondateurs, et que ce dépôt est mentionné dans l'acte de déclaration.

470. Déclaration statutaire. — Ordinairement les statuts sont dressés avant la souscription du capital social et le versement légal. C'est en prévision de ce cas que la loi prescrit une déclaration notariée spéciale. Mais quand le capital est souscrit et le versement légal effectué au moment même de la réalisation de l'acte de société, cet acte, dressé en la forme notariée, peut contenir les déclarations et énonciations prescrites par les art. 1 et 24 de la loi de 1867, pour constater la souscription de l'intégralité du capital social et le versement légal. Il n'est pas nécessaire de dresser une déclaration notariée séparée et d'y annexer des documents dont les éléments se trouvent dans l'acte même de société [3]. Il nous paraît toutefois plus rationnel d'établir les statuts avant de recueillir les souscriptions, et de constater les souscriptions et versements par un acte distinct des statuts, alors du moins que les souscripteurs ne sont pas tous fondateurs.

---

1. Seine, 9 août 1882 (J. S. 1891, 53), 22 avril 1886 (J. S. 1890, 451) et 14 janvier 1888 (J. S. 1891, 331); Paris, 17 juin 1890 (J. S. 1890, 439) et 19 juin 1890 (J. S. 1892, 286); Cass., 13 février 1894 (J. S. 1894, 241); Pont, n° 1132.
2. Seine, 30 avril 1884 (J. S. 1890, 355); Cass., 21 janvier 1895 (J. S. 1895, 102.)
3. Vavasseur, n° 401; Lyon-Caen et Renault, n° 724; Dalloz, *Supp.*, n° 1269; Arthuys, n° 52; Seine, 20 octobre 1881 (R. S. 1883, 592).

CHAPITRE V

DE LA VÉRIFICATION
DE LA DÉCLARATION NOTARIÉE

SECTION 1

SOCIÉTÉ EN COMMANDITE

471. — L'art 6 de la loi du 24 juillet 1867 dispose que le premier conseil de surveillance doit, immédiatement après sa nomination, vérifier si toutes les dispositions prescrites pour la constitution de la société ont été remplies. C'est donc ce premier conseil qui, dans les sociétés en commandite par actions, est chargé de vérifier la sincérité de la déclaration notariée, faite par le gérant, de la souscription du capital et du versement exigé par la loi.

Les membres du conseil sont tenus de faire la vérification eux-mêmes; ils manqueraient à leur devoir s'ils s'en rapportaient aux assurances qui leur seraient données par les gérants ou autres fondateurs. Il a été décidé, en conséquence, qu'ils sont personnellement responsables de la nullité de la société, prononcée pour défaut soit de souscription de la totalité du capital, soit de versement du quart sur toutes les actions [1].

La loi ne prescrit pas la rédaction d'un procès-verbal constatant la vérification, par le conseil de surveillance, de la sincérité de la déclaration notariée faite par le gérant [2].

SECTION 2

SOCIÉTÉ ANONYME

472. Loi. — La déclaration notariée faite par les fondateurs de la société anonyme est soumise, avec les pièces à l'appui, à la première assemblée générale, qui en vérifie la sincérité (L. 24 juillet 1867, art. 24).

La vérification de la sincérité de la déclaration notariée qui, dans

---

[1]. Aix, 16 mai 1860 et Cass., 24 avril 1861 (S. 60, ii, 439; 62, i, 182); Agen, 6 décembre 1860 et Cass., 11 mai 1863 (S. 61, ii, 299; 63, i, 284); Pont, nᵒˢ 1054 et 1155; Lyon-Caen et Renault, nᵒ 986.
[2] Pont, nᵒ 1053.

les sociétés en commandite, incombe au premier conseil de surveillance, doit donc être faite, dans les sociétés anonymes, par la première assemblée générale constitutive.

473. Pièces à l'appui. — Les pièces à l'appui, qui doivent être soumises, avec la déclaration notariée, à l'assemblée des actionnaires, sont : la liste des souscriptions et des versements, et l'un des doubles de l'acte de société, s'il est sous seing privé, ou une expédition, s'il est notarié et s'il a été passé devant un notaire autre que celui qui a reçu la déclaration[1]. Il nous paraît utile, bien que cela ne soit pas prescrit et strictement nécessaire, de représenter à l'assemblée une pièce constatant le dépôt, entre les mains d'un banquier ou d'une autre personne, de la somme versée sur les actions.

474. Assemblée générale. — La première assemblée générale qui, dans les sociétés anonymes est appelée à vérifier la sincérité de la déclaration de souscription et de versement, est celle qui, d'après l'art. 25, doit être, dans tous les cas, convoquée à la diligence des fondateurs, postérieurement à l'acte qui constate la souscription du capital social et le versement légal sur le capital en numéraire, pour la nomination des premiers administrateurs et des commissaires, et la constitution définitive de la société, lorsqu'il n'y a pas lieu d'apprécier des apports en nature ou des avantages particuliers. C'est à cette hypothèse que s'applique l'art. 25[2]. Dans le cas contraire, la vérification a lieu dans la première assemblée générale constitutive qui doit, conformément à l'art. 4, nommer un ou plusieurs commissaires chargés de faire un rapport sur les apports et avantages. Il a été décidé toutefois que la vérification de la sincérité de la déclaration notariée peut n'avoir lieu que dans la seconde assemblée constitutive[3]. Cette assemblée générale doit être composée et doit délibérer conformément aux dispositions de l'art. 30 de la loi de 1867, que nous expliquerons plus loin (*infrà*, n⁰ˢ 502 et suiv.).

475. Convocation. — La loi déclare que l'assemblée générale sera convoquée à la diligence des fondateurs, *postérieurement* à l'acte notarié de déclaration de souscription et de versement. Il a été décidé, en conséquence, que la première assemblée générale des actionnaires doit, *à peine de nullité de la société*, être convoquée après et non avant l'acte qui doit constater la souscription du capital et le versement du quart[4]. L'arrêt observe justement qu'une convocation

---

1. Mathieu et Bourguignat, n⁰ 182.
2. Mathieu et Bourguignat, n⁰ 182.
3. Seine, 27 mars 1884 (R. S. 1884, 511); Lyon, 3 décembre 1895 (J. S. 1896, 353).
4. Paris, 2 décembre 1886 (J. S. 1891, 92); Dalloz, *Rép.*, n⁰ 1280. Vavasseur,

faite par la voie de la presse, avant la clôture de la souscription, passerait vraisemblablement inaperçue de tous ceux qui sont devenus postérieurement souscripteurs et qui au moment où elle avait été publiée n'avaient pas encore eu la pensée de le devenir. Nous appelons l'attention des praticiens sur cette formalité essentielle qui n'est pas toujours, croyons-nous, strictement observée (V. *infrà*, n° 504). La Cour de cassation a décidé, toutefois, dans une espèce particulière, qu'il faut entendre l'art. 25 de la loi de 1867, en ce sens que l'assemblée générale qui vérifie la sincérité de la déclaration notariée et nomme les premiers administrateurs, doit être *tenue* postérieurement à cet acte[1]. Mais l'irrégularité résultant ou pouvant résulter de ce que la convocation a été faite avant et non après la déclaration notariée se trouve couverte par la présence de *tous* les actionnaires à l'assemblée générale[2] (V. *infrà*, n° 875).

CHAPITRE VI

DES APPORTS EN NATURE

476. Consistance. — Les apports en nature sont tous ceux qui ne consistent pas en numéraire (L. 24 juillet 1867, art. 4), tels que les apports ayant pour objet un immeuble, une usine, une mine, un fonds de commerce, un brevet d'invention, une marque de fabrique ou de commerce[3], l'actif et le passif d'une ancienne société, en bloc et à forfait[4], une créance[5], une concession de chemin de fer ou autre[6], les actions ou les obligations d'une société valablement constituée[7], les droits des associés dans une société dissoute et en liquidation[8] (V. *suprà*, n° 36, et *infrà*, n°s 479 et 480).

n° 906. V. Paris, 12 décembre 1889 (J. S. 1891, 18), 17 novembre 1891 (J. S. 1892, 193); Orléans, 14 juin 1893 (J. S. 1893, 488); Goirand, n° 368.
1. Cass., 6 nov. 1894 (J. S. 1895, 8) et 31 déc. 1906 (J. S. 1907, 413).
2. V. nos observ. sous les décisions précitées. J. S. V. toutef. Paris, 2 décembre 1886, loc. cit. Cet arrêt déclare que l'on ne peut échapper à la nullité en soutenant que tous les souscripteurs ont assisté à l'assemblée générale, parce que cette nullité est d'ordre public; mais il constate, en fait, que tous les souscripteurs n'étaient pas présents ou représentés : ce qui diminue singulièrement la portée du principe qu'il établit, et, qui, du reste, ne nous semble pas justifié.
3. Paris, 11 février 1888 (R. S. 1888, 527).
4. Paris, 17 mai 1898 (J. S. 1898, 494) ; Cass., 3 janvier 1900 (J. S. 1900, 264).
5. V. Levillain, note, D. 86, II, 180.
6. V. Paris, 3 avril 1884 (J. S. 1885, 280).
7. Paris, 26 juillet 1887 (D. 88, II, 145).
8. Cass., 22 février 1892 (S. 93, I, 49). V. Paris, 12 janvier 1887 (J. S. 1887, 772).

En exposant les principes généraux du contrat de société, nous avons expliqué les règles relatives à l'apport de chaque espèce de biens meubles ou immeubles, la garantie à laquelle il donne lieu, les formalités qui en sont la conséquence, etc. (suprà, nᵒˢ 38 et suiv.).

On ne saurait considérer comme nulle, pour défaut d'objet ou de cause, une société anonyme dont l'objet est seulement amoindri à la suite d'une éviction résultant de ce que l'un des associés n'a réalisé qu'une partie de son apport : à ce cas est applicable, non l'art. 1108, mais l'art. 1845, C. civ. [1].

477. Apport. Vente. Caractère. — Il y a apport lorsque l'associé doit recevoir, comme équivalent de la valeur de ce qu'il a abandonné à la société, soit des actions libérées en tout ou en partie (suprà, nᵒ 458) [2], soit une part des bénéfices sociaux à réaliser. Au contraire, il y a vente quand il reçoit une somme d'argent à payer à lui-même ou à ses créanciers par la société. Si la cession est faite moyennant l'attribution d'actions et une somme d'argent, elle a un caractère mixte, et constitue pour partie un apport et pour le surplus une vente [3]. Ainsi, lorsqu'un immeuble d'une valeur de 1,000,000 fr. est apporté et cédé à la société moyennant l'attribution de 500,000 fr. en actions, et à charge par la société de payer en espèces une somme de 500,000 fr. à l'apporteur ou, en son acquit, à un créancier hypothécaire ou autre, il y a vente à concurrence de moitié et apport pour l'autre moitié (V. infrà, nᵒ 631). Cette combinaison nous paraît licite (V. infrà, nᵒ 498) [4]; elle est assez souvent employée dans la pratique; mais elle a l'inconvénient d'entraîner la perception du droit de vente sur la somme à payer par la société.

478. Immeuble grevé. — Un immeuble grevé d'inscriptions peut être apporté à la société, avec obligation par l'apporteur d'éteindre personnellement les causes de ces inscriptions et de justifier de leur radiation dans un délai déterminé. Pour garantir la société contre les poursuites des créanciers et assurer le recours qu'elle aurait à exercer contre l'apporteur, il est utile de stipuler dans les statuts que tout ou partie des actions à lui attribuées en représentation de son apport ne lui seront remises qu'après justification de la radiation des inscriptions, et resteront, jusque-là, déposées dans la caisse sociale à titre de nantissement. Il faut, du reste, remarquer que ces actions

---

1. Dijon, 25 juillet 1884 (J. S. 1887, 211).
2. V. Trib. Lyon, 15 mai 1894 (J. S. 1894, 496).
3. Orléans, 11 mai 1882 et note de M. Houpin, J. S. 1883, 437. V. Douai, 26 juillet 1886 (J. S. 1887, 832); Seine, 28 juillet 1887 (J. S. 1888, 445).
4. J. S. 1895, 193. V. Cass., 3 janv. 1900 et note Wahl (S. 1901, I, 321).

étant la représentation d'un apport en nature, ne peuvent être détachées de la souche et ne sont négociables que deux ans après la constitution définitive de la société (art. 3 de la loi de 1867, modifié par la loi du 1er août 1893).

La nullité de la société ne saurait résulter, dans ces conditions, de la seule existence des inscriptions hypothécaires, alors du moins que les causes n'absorbent pas la valeur des immeubles apportés [1]. Mais il a été décidé que l'apport d'un immeuble, grevé d'une dette hypothécaire laissée à la charge de l'apporteur, est réputé fictif, quoique la société ait conservé les actions attribuées en représentation de cet apport, si l'immeuble a été ensuite exproprié pour un prix inférieur à la dette; et que, ces actions n'étant pas considérées comme souscrites, la société est irrégulière [2].

479. Apport fictif ou simulé. — Les apports faits à la société doivent être réels et sérieux. La société serait nulle si elle se composait d'apports absolument fictifs [3]. La question de savoir si les apports sont fictifs est laissée à l'appréciation souveraine des tribunaux.

N'ont pas été considérés comme fictifs : 1° les apports de leurs créances par les créanciers d'une société en faillite, à une société qui se reconstitue pour acquérir son actif, alors même que les dividendes prévus n'ont été que partiellement obtenus [4]; 2° l'apport d'un terrain dont le prix impayé a dû être avancé par la société [5]; 3° l'apport basé sur les évaluations d'un inventaire dressé régulièrement et de bonne foi d'après les livres des apporteurs, même lorsque cet apport est fait à charge par la société de payer le passif grevant l'apport, si les apporteurs n'ont reçu en échange que la valeur de l'actif net, déduction faite du passif [6] (supra, n° 477); 4° l'apport de baux et promesses de vente appartenant indivisément aux fondateurs, alors que la société a pu réaliser les promesses de vente et n'a éprouvé ni éviction ni trouble de jouissance [7]; 5° l'apport du droit d'exploiter un

---

1. Toulouse, 18 janvier 1887 (J. S. 1890, 321); Cass., 22 février 1892 (J. S. 1892, 1, 93; S. 93, 1, 149). V. Seine, 5 juin 1883 (R. S. 1883, 434); Paris, 4 mars 1887 (J. S. 1887, 634); Cass., 20 novembre 1888 (J. S. 1890, 49) (V. supra, n° 39).

2. Paris, 5 décembre 1881 (J. S. 1882, 549) et 9 juillet 1883 (R. S. 1883, 593); Cass., 4 juin 1887 (R. S. 1887, 421). V. Toulouse (motifs), 22 juillet 1891 (J. S. 1894, 65). Conf. Douai, 6 août 1903 (J. S. 1904, 220).

3. V. supra, n° 450; Seine, 22 septembre 1887 (J. S. 1890, 297); Paris, 9 mars 1893 (J. S. 1893, 343); Lyon, 14 juin 1893 (J. S. 1895, 499) et 13 avril 1897 (J. S. 1897, 424); Cass., 17 janv. 1905 (J. S. 1905, 490); J. S. 1897, 313; 1908, 268; 1911, 227; Pont, n° 59; Rousseau, n° 50.

4. Paris, 12 janvier 1887 (J. S. 1887, 772).

5. Seine, 5 juin 1883 (J. S. 1887, 730). V. trib. Lyon, 28 mai 1907 (J. S. 08, 268).

6. Seine, 28 juillet 1887 (J. S. 1888, 445).

7. Seine, 24 juin 1889 (J. S. 1890, 448) et 30 juillet 1890 (J. S. 1891, 445).

brevet d'invention, contre l'attribution d'actions et une somme à rembourser pour frais et avances; l'apport de promesses de vente, s'il comprend en outre des machines, un droit au bail, etc. [1].

Mais ont été considérés comme fictifs : 1° l'apport consistant uniquement en une promesse de vente dont le prix était encore dû [2]; 2° l'apport (rémunéré par des actions représentant le capital social) d'immeubles achetés peu avant la constitution de la société, et dont le prix, devenu une charge sociale, n'a été payé qu'à l'aide d'un emprunt contracté par la société [3]. Il y a là une société à constitution frauduleuse. Le procédé consiste à constituer la société au moyen des apports (fictifs) des fondateurs; comme on n'émet pas de capital en numéraire, ces apports ne sont soumis à aucune vérification; puis, aussitôt après la constitution de la société, on se procure, par une émission publique d'obligations, le capital nécessaire au fonctionnement de la société : ces sortes de sociétés sont nulles [4].

Mais, sauf les cas de dol et de fraude, on ne peut considérer comme fictifs les apports en nature régulièrement approuvés par l'assemblée générale [5] (V. infrà, n° 510).

Lorsque, contrairement aux énonciations de l'acte de société, l'apport de certains actionnaires a été fait en nature et non pas au moyen d'un versement en espèces, la société doit être déclarée nulle quand cet apport en nature n'a pas été vérifié par les deux assemblées constitutives [6] (V. n° 498).

480. Apport de travaux, dépenses, etc. — Il arrive assez fréquemment que des associés fondateurs font l'apport à une société de leurs travaux, études, démarches, et des dépenses faites pour arriver à la constitution de la société, et que, en représentation de cet apport, il est attribué des actions faisant partie du capital social. Cette opération est-elle régulière ? La question de savoir si nn apport est réel ou fictif doit être résolue en fait suivant l'appréciation des circonstances. Mais, en thèse générale, nous croyons qu'un semblable apport peut bien être rémunéré au moyen d'un remboursement à faire en espèces par la société, ou par l'attribution de parts de fondateur (suprà, n° 362),

---

1. Riom, 30 avril 1894 (J. S. 1895, 105).
2. Riom, 5 janvier 1893 (Rec. de Riom, 1893, 193).
3. Seine, 13 avril 1885 (R. S. 1885, 560); Paris, 26 novembre 1885 et Cass., 14 juin 1887 (J. S. 1890, 41; R. S. 1886, 90; 1887, 422; D. 87, 1, 417). Conf. Paris, 14 avril 1883 (J. S. 1883, 361); Guillouard, n° 61. V. toutef. Lyon-Caen, note, S. 1887, I, 1019.
4. Paris, 9 mars 1893 (J. S. 1893, 343); Vavasseur, n° 463. V. toutef. Seine, 30 juillet 1890 (J. S. 1891, 445). V. Seine, 9 déc. 1903 (J. S. 1904, 222).
5. Paris, 10 mai 1883 (J. S. 1883, 430).
6. Cass., 13 mars 1876 (S. 76, I, 361); J. S. 1906, 211 ; 1907, 503; R. S. 1911, 23.

mais qu'il ne saurait être la cause de l'attribution d'actions de capital. Le capital social doit être représenté par des apports *en nature* ou en numéraire. Les études, démarches et travaux faits en vue de la constitution de la société ne peuvent, suivant nous, être l'objet d'un apport en nature à une société par actions. L'apport en nature, dans le sens de la loi de 1867, doit consister en biens ou droits ayant une valeur appréciable. Le plus souvent, des travaux, études et dépenses ne constituent pas pour la société un bien ayant une valeur appréciable et pouvant figurer à l'actif dans les inventaires sociaux ; ils ne sauraient, par suite, être isolément l'objet d'un apport en nature et d'une attribution d'actions faisant partie du capital social. Mais ils peuvent former l'accessoire et le complément d'un véritable apport en nature, d'une concession minière par exemple [1]. Nous estimons également que l'apport de ses connaissances commerciales par un associé à une société anonyme où les administrateurs sont essentiellement révocables, ne peut être rémunéré par des actions faisant partie du capital social [2].

481. Situation des apporteurs avant la constitution de la société. Décès. Minorité. — Les fondateurs peuvent renoncer à constituer la société et rétracter leurs apports au cours de l'émission ; les souscripteurs d'une partie des actions ne sauraient les contraindre à recueillir le complément des souscriptions et à constituer la société (V. *suprà*, n° 453). Mais quelle serait la conséquence du décès d'un apporteur, au point de vue de la transmission de l'apport et de la constitution de la société, s'il laisse parmi ses héritiers des mineurs ou autres incapables ? L'apport à une société non encore constituée est un simple projet qui n'entraîne pas pour ses auteurs l'obligation de le réaliser et qui ne crée pas de lien de droit entre les fondateurs et les souscripteurs partiels. Au décès de l'apporteur, ses héritiers ont, comme lui-même, l'option entre la réalisation définitive de l'apport au moyen de la constitution de la société et la reprise de l'apport par l'abandon du projet de constitution. S'il y a des mineurs ou interdits, leur tuteur ne peut opter pour la réalisation de l'apport et la constitution de la société, sans y être spécialement autorisé par une délibération de conseil de famille, homologuée par le tribunal. Cette autorisation nous paraît nécessaire parce que, à défaut d'un engagement de l'apporteur transmissible à ses héritiers, l'option constitue en réalité l'aliénation de biens qui se trouvent dans le patri-

---

1. Ploucaud-Pénardille, n° 392. V. Boulogne, 20 août 1886 (J. S. 1890, 59).
2. V. Paris, 9 mars 1893 et la note de M. Houpin (J. S. 1893, 343).

moine des incapables, la propriété des biens apportés ne se transmettant sans effet rétroactif que par l'accomplissement de toutes les formalités prescrites par la loi de 1867. S'ensuit-il qu'il faille considérer la capacité de l'apporteur jusqu'au jour où la société se trouve définitivement constituée, de telle sorte que le décès de l'apporteur, laissant des héritiers mineurs, entre les deux assemblées constitutives par exemple, rendrait nécessaires les autorisations au tuteur? Nous ne le pensons pas. La capacité de l'apporteur doit subsister jusqu'au jour où s'établit, entre l'apporteur et les souscripteurs, un lien de droit entraînant l'obligation pour l'apporteur de transmettre à la société la propriété de l'objet apporté, et ne lui permettant plus de se rétracter. Or, nous considérons que ce lien de droit s'établit lorsque le capital social se trouve *entièrement souscrit*, surtout si cette souscription est constatée par une déclaration notariée (*suprà*, n° 453). A partir de ce moment, les fondateurs ne peuvent plus empêcher la perfection du contrat, et les changements qui surviendraient dans la capacité des fondateurs et des apporteurs (sauf les effets légaux de la déclaration de faillite, art. 447, C. comm.) ne sauraient modifier la situation et rendre impossible la constitution définitive de la société[1].

482. Risques. — Les risques des apports en nature sont à la charge de la société, à partir de sa constitution définitive, puisque c'est seulement à cette époque qu'elle devient propriétaire des biens apportés: *Res perit domino*[2] (V. *suprà*, n° 461).

483. Fonds de roulement. Passif. — Une société peut être constituée régulièrement avec un capital exclusivement représenté par des apports en nature, sans souscription d'actions de numéraire[3]. Cela résulte implicitement du dernier alinéa de l'art. 4 de la loi de 1867, aux termes duquel les dispositions de cet article relatives à la vérification de l'apport qui ne consiste pas en numéraire, ne sont pas applicables au cas où la société à laquelle est fait ledit apport est formée entre ceux seulement qui en étaient propriétaires par indivis. Il en est ainsi alors même que la société se trouve grevée d'un passif au jour de sa constitution, notamment comme charge de l'apport en nature. La société peut se procurer, après sa constitution, les sommes dont elle peut avoir besoin (pour créer un fonds de roulement, payer les frais de constitution, un passif, etc.), par un emprunt particulièrement au moyen d'une émission d'obligations

---

1. J. S. 1895, 481. V. Thaller, n°s 567 et s.; Seine, 8 oct. 1903 (J. S. 1904, 175).
2. V. toutef. Goirand, n° 201. V. Thaller, *loc. cit.*; Goiffon, p. 61.
3. V. toutef. trib. Montpellier, 27 juin 1905 (J. S. 1906, 32).

CHAPITRE VII

DES AVANTAGES PARTICULIERS

484. Caractère. — En principe, tous les associés sont placés dans des conditions rigoureusement identiques et parfaitement égales, vis-à-vis les uns des autres, quant aux profits à retirer de l'association. Or, tout ce qui rompt cette règle d'équilibre, toute clause de l'acte social qui autorise un ou plusieurs associés désignés, à opérer, sur le fonds commun ou sur ses produits, un prélèvement que les autres associés n'auraient pas le droit de faire, constitue un avantage particulier dans le sens de l'art. 4 de la loi de 1867, lequel dispose que, lorsqu'un associé stipule à son profit des avantages particuliers, la première assemblée générale fait apprécier la cause des avantages stipulés.

La loi française laisse toute liberté aux associés quant à la détermination des avantages particuliers, en ce sens qu'elle ne prohibe aucune espèce de ces avantages [1].

485. Actions d'apport. Remboursements. — Les actions attribuées en représentation d'apports en nature constituent incontestablement des avantages particuliers. Il en est de même des remboursements stipulés au profit d'associés à raison d'études, démarches et avances faites pour la création de la société [2], commission de banque [3].

L'allocation, stipulée par les statuts, d'une partie du capital social, au profit des fondateurs, à titre d'avantages particuliers, ne saurait, quelque excessifs qu'aient été ces avantages, être une cause de nullité de la société, lorsqu'elle a été régulièrement approuvée par l'assemblée générale et n'a été exécutée qu'après la constitution de la société [3], sauf le cas de fraude ou de dol (*infrà*, n° 510).

La vérification des avantages particuliers au profit des fondateurs ne concerne pas les arrangements intervenus postérieurement à la constitution de la société [4].

L'allocation périodique attribuée par les statuts au fondateur de la

---

1. V. toutef., pour le cas d'apport d'une concession de chemin de fer, *suprà* n° 50.
2. Bédarride, n° 102; Mathieu et Bourguignat, n° 37; Levillain, D. 86, ii, 177.
3. Besançon, 3 août 1898 (J. S. 1900, 14); Thaller, n° 531. V. J. S. 1902, 145.
4. Seine, 22 avril 1886 (J. S. 1890, 452).
5. Paris, 3 août 1886 (J. S. 1889, 417).

société en représentation des apports et des services rendus, participe de l'immutabilité des conventions synallagmatiques, et ne peut être supprimée par une délibération de l'assemblée générale prise au cours de la société [1].

486. Parts de fondateur. — Les parts de fondateur (donnant droit à une portion des bénéfices de la société, V. *suprà*, n°s 359 et suiv.) attribuées soit aux fondateurs de la société, soit à des apporteurs, soit à certains actionnaires, constituent également des avantages particuliers pour ceux qui en profitent.

Tous les auteurs reconnaissent que ces avantages particuliers doivent être vérifiés et approuvés conformément à l'art. 4 de la loi de 1867, même ceux qui n'attribuent à la part de fondateur qu'un simple droit de créance [2]. On a cependant fait observer que si le porteur de part n'est qu'un créancier, l'attribution à lui faite ne paraît pas devoir être soumise à l'approbation des assemblées constitutives, car l'art. 4 de la loi de 1867 ne parle que des avantages particuliers faits *aux associés* [3].

Il y aurait avantage particulier soumis à vérification, notamment dans les hypothèses suivantes : 1° attribution de parts aux fondateurs de la société à raison de leurs soins, études et dépenses en vue de la constitution de la société ; 2° attribution de parts en représentation totale ou partielle d'un apport ; 3° attribution de parts à une catégorie d'actionnaires, par exemple aux souscripteurs d'actions de numéraire, lorsqu'il y a en même temps des apporteurs en nature ; ou aux apporteurs lorsqu'il y a des souscripteurs d'actions de numéraire ; 4° attribution de parts aux premiers souscripteurs d'actions ou à ceux qui ont souscrit un certain nombre de titres, ou à tous les actionnaires dans des proportions inégales au nombre d'actions de chacun d'eux [4] (V. *suprà*, n° 365).

Il n'existe pas d'avantage particulier si les parts sont attribuées à tous les actionnaires dans une proportion égale pour chacun d'eux (par exemple une part pour chaque action).

487. Gérant. — Constitue aussi un avantage particulier, soumis à vérification, l'attribution au gérant statuaire d'une société en commandite, d'une portion des bénéfices sociaux, pour le rémunérer de

---

1. Douai, 19 novembre 1896 (J. S. 1897, 122).
2. V. Wahl, J. S. 1897, 158; Lecouturier, *Rev. crit.*, 1897, 176; Godin, *Des titres attribués aux fond. dans les soc. an.*, 140. V. aussi Dalloz, *Supp.*, n° 872.
3. Lyon-Caen et Renault, n° 560 *bis*; Chavegrin, note, S. 89, I, 417; Percerou, *Des fondat. de soc. an.*, 179; Houpin, J. S. 1894, 187.
4. V. Wahl, 159; Lecouturier, 176 et 177; *Rev. trim. du nouv. rég. des soc.*, 1897, 45.

ses fonctions administratives [1]. La simple attribution au gérant, d'un traitement fixe dont le chiffre est fixé par les statuts, a-t-il également le caractère d'un avantage particulier ? — La négative est enseignée par des auteurs [2]. Nous avons estimé, au contraire, dans une étude spéciale, que le traitement fixe est soumis à vérification au même titre que l'allocation de bénéfices. Que ce traitement ait pour cause les fonctions administratives du gérant ou sa responsabilité, ou qu'il représente un apport industriel, — ce qu'il est souvent impossible de déterminer, — il faut qu'il soit apprécié et approuvé par les actionnaires. On ne comprendrait pas que l'allocation d'une part de bénéfices fût seule sujette à appréciation, alors que le gérant statutaire, irrévocable en principe, s'impose à la société pour toute sa durée, et peut stipuler à son profit un traitement fixe notablement exagéré [3].

Constituent encore des avantages particuliers les indemnités de logement, de frais de bureau, de dépenses de voiture, allouées au gérant en sus du traitement fixe [4].

488. Administrateurs. — Le même principe est-il applicable en ce qui concerne l'attribution d'une portion de bénéfices, faite aux administrateurs d'une société anonyme ? Cet avantage est-il sujet à vérification [5] ? — L'affirmative est enseignée par un auteur [6], alors même que les administrateurs ne sont pas désignés par les statuts. À notre avis, l'allocation est sujette à vérification lorsque les administrateurs sont désignés par les statuts [7] ; mais elle en est exempte quand ils ne sont nommés que par l'assemblée constitutive, parce que, dans ce dernier cas, on ne se trouve pas en présence d'avantages stipulés à leur profit par des personnes connues et qui, statutairement, s'imposent ou sont imposées à la société [8]. Il en serait de même

1. Mathieu et Bourguignat, n° 40; Rivière, n° 52; Mornard, p. 68; Bédarride, n° 103 et suiv.; Romiguière, n° 42; Pont, n° 976; Bordeaux, 20 novembre 1865 (S. 66, II, 119); Agen, 7 juin 1879 (D. 79, II, 247).

2. Mathieu et Bourguignat, n° 40 et p. 454 à la note; Sirey, 68, I, 146; Pont, n° 971; Ruben de Couder, v° Soc. en command., n° 120; Thaller, Des nouv. prat. fin. en mat. de soc., p. 16.

3. V. Houpin, J. S., 1882, 233. Conf. Alauzet, Soc., n° 457; Beslay et Lauras, n° 404; Bédarride, n° 102: Rousseau, n° 1129; Mornard, p. 439; Dalloz, Supp., n° 1290; Arthuys, n° 57; Bordeaux, 20 novembre 1865 (S, 66, II, 119).

4. Pont, n° 976; Floucaud-Pénardille, n° 399.

5. V. Riom, 30 avril 1894 (J. S. 1895, 105).

6. Pont, n° 975. Conf. Floucaud-Pénardille, n° 400.

7. Jugé, en conséquence, que la part des bénéfices allouée par les statuts au docteur-fondateur d'une société anonyme doit, à peine de nullité, être approuvée par l'assemblée générale. Agen, 7 janvier 1879 (D. 79, II, 219).

8. Houpin, loc. cit. Conf. Lyon, 1er août 1882 (J. S. 1884, 702); Lyon, 26 fév. 1903 (J. S. 1903, 306); Goirand, n° 160; Arthuys, n° 57; Thaller, n° 532.

à l'égard des jetons de présence attribués aux administrateurs[1], ou du traitement alloué au directeur[2]. Si ces divers avantages étaient fixés, non par les statuts, mais par l'assemblée générale constitutive, il n'y aurait pas lieu de les faire apprécier. Le tribunal de commerce de la Seine a décidé, sans distinction, que la rémunération attribuée aux administrateurs, à raison de leurs fonctions, ne rentre pas, à raison de sa nature, dans le cas prévu par l'art. 4 Cette solution nous a paru critiquable[3].

489. Conseil de surveillance. Commissaires censeurs. — L'allocation de jetons de présence aux membres du conseil de surveillance, dans les sociétés en commandite, et aux commissaires censeurs, dans les sociétés anonymes (personnes ne pouvant être désignées par les statuts), ne constitue pas, pour nous, un avantage particulier sujet à vérification[4].

490. Groupe d'actionnaires. — Les avantages attribués à un ou plusieurs actionnaires non gérants ni fondateurs, ou à un groupe d'actionnaires, sont soumis à vérification[5] (V. *suprà*, n° 486).

491. Avantage collectif. — Mais si tous les associés sont appelés, au même titre, à profiter également, d'une clause des statuts, il n'y a plus stipulation d'un avantage particulier, et l'approbation n'est pas nécessaire[6] (V. *suprà*, n° 486). Décidé, en conséquence, que l'art. 4 ne s'applique pas lorsque les avantages attribués par une assemblée générale à des actions privilégiées ne sont pas le résultat d'un apport en nature ou d'une stipulation faite à leur profit par un ou plusieurs associés[7].

492. Marchés. — Les contrats passés par les fondateurs et administrateurs statutaires avec certains actionnaires, en vue de la société à former, ne sont pas des avantages particuliers, dans le sens de l'art. 4, lorsqu'ils constituent des traités commerciaux présentant des chances de gain et rentrant, par suite, dans la compétence du conseil d'administration[8]. De même, l'apport pur et simple d'un marché ou d'une concession, sans stipulation d'un profit en faveur

---

1. *Conf.* R. S. 1894, 383.
2. V. toutef. Lyon, 3 décembre 1895 (J. S. 1896, 253).
3. V. Seine, 16 mai 1887 et nos observ. (J. S. 1888, 206 et suiv.). *Conf.* Seine, 4 avril 1887 (J. S. 1890, 103). V. aussi Seine, 9 août 1882 (J. S. 1891, 53); Durandy, *Les ass. d'act. dans les soc. an.*, p. 135
4. Lyon, 26 fév. 1903 (J. S. 1903, 306); Goirand, n° 160. *Contrà*, Pont, n° 975.
5. Beslay et Lauras, n° 402; Pont, n° 978; Levillain, note, D. 86, ii, 180; Dalloz, Supp., n° 1290; Douai, 12 avril 1867.
6. Beslay et Lauras, n° 403; Pont, n° 979; Seine, 28 juillet 1884 (J. S. 1885, 363).
7. Paris, 4 avril 1884 (J. S. 1886, 366) V. Houpin, J. S. 1906, 193.
8. Seine, 29 novembre 1886 (J. S. 1890, 62).

de l'apporteur ni d'une charge particulière imposée à la société, n'est pas sujet à vérification [1].

493. Agences. — Les avantages concédés à des actionnaires, tels que les agences de la société fondée, qui ne portent pas atteinte au capital social et qui ne comportent aucun prélèvement sur les bénéfices sociaux au profit des concessionnaires, ne constituent pas des avantages particuliers soumis à vérification [2].

494. Droit de souscription. — De même, on ne peut considérer comme avantage particulier la stipulation statutaire du droit de préférence accordé aux fondateurs, ou aux porteurs de parts de fondateur, ou aux anciens actionnaires, pour la souscription au pair des actions nouvelles [3]

495. Appréciation judiciaire. — La question de savoir si les rétributions allouées par les statuts aux gérants, administrateurs ou autres associés constituent un avantage particulier à leur profit, est une question contentieuse qui doit être résolue par les tribunaux, et non par l'assemblée générale [4].

CHAPITRE VIII

DE LA VÉRIFICATION DES APPORTS EN NATURE ET DES AVANTAGES PARTICULIERS

SECTION 1

APPORTS SOUMIS A LA VÉRIFICATION

496. Loi. — L'art 4 de la loi du 24 juillet 1867 est ainsi conçu : « *Lorsqu'un associé fait un apport qui ne consiste pas en numéraire, ou stipule à son profit des avantages particuliers, la première assemblée générale fait apprécier la valeur de l'apport ou la cause des avantages stipulés. — La société n'est définitivement constituée qu'après l'approbation des apports ou des avantages, donnée par une autre assemblée générale, après une nouvelle convocation. — La seconde assemblée*

---

1. Pont, n° 977; Goirand, n° 160. V. Nantes, 9 octobre 1897 (J. S. 1899, 355).
2. Paris, 27 juin 1888 (J. S. 1890, 443).
3. Seine, 25 juin 1888 (R. S. 1889, 25); Thaller, *Rev. crit.*, 1880, 519. *Contrà*, Percerou, *Des fond. de soc. an.*, p. 160; Fioucaud-Pénardil'e, n° 401.
4. Cass., 18 décembre 1867 (S. 68, 1, 145); Mornard, p. 68; Pont, n° 981; *Supp. Dict. Not.*, v° *Soc. par act.*, n° 51.

générale ne pourra statuer sur l'approbation de l'apport ou des avantages qu'après un rapport qui sera imprimé et tenu à la disposition des actionnaires cinq jours au moins avant la réunion de cette assemblée. — Les délibérations sont prises par la majorité des actionnaires présents. Cette majorité doit comprendre le quart des actionnaires et représenter le quart du capital social en numéraire. Les associés qui ont fait l'apport ou stipulé les avantages particuliers soumis à l'appréciation de l'assemblée n'ont pas voix délibérative. — A défaut d'approbation, la société reste sans effet à l'égard de toutes les parties. — L'approbation ne fait pas obstacle à l'exercice ultérieur de l'action qui serait intentée pour cause de dol ou de fraude — Les dispositions du présent article, relatives à la vérification de l'apport qui ne consiste pas en numéraire, ne sont pas applicables au cas où la société à laquelle est fait ledit apport est formée entre ceux seulement qui en étaient propriétaires par indivis. »

Les dispositions de cet article, placé sous le titre des sociétés en commandite par actions, ont été déclarées applicables aux sociétés anonymes, par l'art. 24, sauf les modifications, que nous expliquerons, en ce qui concerne la composition des assemblées générales.

497. Apports et avantages soumis à vérification. — La loi soumet à la vérification des actionnaires les apports qui ne consistent pas en numéraire, c'est-à-dire les apports en nature (*suprà*, nᵒˢ 476 et suiv.), et les avantages particuliers stipulés au profit d'un ou plusieurs associés (*suprà*, nᵒˢ 484 et suiv.).

Les droits aléatoires mis à la disposition de la société pour que celle-ci en tire profit, alors que le fonds social ne saurait être diminué de la valeur des droits ainsi cédés, ne peuvent être considérés comme un apport soumis à vérification [1].

498. Apport. Vente. — Un bien meuble ou immeuble peut être apporté à la société moyennant l'attribution d'actions ou de parts bénéficiaires, et, en outre, à charge par la société de payer une somme déterminée, soit à l'apporteur, soit, en son acquit, à un tiers. Cette opération mixte constitue pour partie un apport et pour partie une vente. L'apport-vente est très fréquent dans la pratique. Nous le considérons comme licite (V. *suprà*, nᵒ 477). Mais il doit être soumis à la vérification et à l'approbation des actionnaires, comme un apport en nature ordinaire, parce que la vente est inséparable de l'apport et forme un élément essentiel de la constitution de la société [2].

---

1. Paris, 27 juin 1888 (R. S. 1888, 483).
2. Dalloz, note, 1870, I, 401, et *Rép. gén. Supp.*, nᵒ 1286. *Contrà*, Aix, 9 avril 1867 (D. 70, I, 401). V. Wahl, S. 1901, I, 323.

En serait-il de même si un bien était apporté à une société en formation, par ses statuts constitutifs, à charge par cette société de payer en espèces à l'apporteur, ou en son acquit, l'entière valeur de ce bien? On serait en réalité en présence d'une véritable vente. Cette vente est-elle possible? Est-elle soumise, comme un apport, à la vérification et à l'approbation des actionnaires?

La question s'est présentée à l'occasion de la vente des établissements Decauville, consentie, par acte distinct des statuts, à une société en voie de constitution, avec stipulation que cette vente deviendrait définitive par le seul fait de la constitution de la société. Le tribunal de la Seine a déclaré cette vente nulle (faute de capacité de l'acheteur), ainsi que la société anonyme dont elle était la raison et l'objet nécessaires. Il a considéré que si la loi de 1867 a permis et réglementé l'apport à une société qui se constitue, elle est muette en ce qui concerne la vente contre numéraire à une société en formation; qu'une société ne peut contracter et acquérir qu'après sa constitution et par l'intermédiaire de ses représentants[1]. Sur l'appel, la Cour de Paris a décidé que le tribunal de la Seine avait à tort prononcé la nullité : 1° de la société, attendu que toutes les formalités constitutives de la loi de 1867 avaient été remplies, ainsi que le tribunal l'avait reconnu lui-même par son jugement non frappé d'appel sur ce point, et que la nullité avait été prononcée pour un motif non soumis aux juges; 2° de la vente, attendu que la nullité de cette vente, pour cause d'incapacité de l'acquéreur, avait été demandée par des actionnaires qui n'avaient pas qualité pour la provoquer (s'agissant d'une action sociale) et pour réclamer à leur profit personnel les conséquences de la nullité de la vente[2].

Il importe de remarquer que la vente consentie à la société en formation ne résultait pas des statuts, mais d'un acte séparé; que les actionnaires ne devaient ni approuver le prix de la vente (assimilée à un apport en nature), ni donner leur consentement à la vente (comme représentants de la société acquéreur); et que la combinaison employée semblait avoir eu pour but d'éviter que les actionnaires eussent à apprécier le prix et les conditions de la vente à eux imposée. On peut se demander si la solution du tribunal eût été différente dans le cas où la vente aurait été consentie par les statuts, et si cette vente, assimilée à un apport en nature, avait été l'objet d'une vérifi-

---

1. Seine, 12 décembre 1892 et 27 mars 1893 (J. S. 1893, 108; 1894, 53).
2. Paris, 23 juillet 1894 (J. S. 1895, 211). V. aussi trib. Lyon, 10 juin 1897 (J. S. 1897, 518).

cation et d'une approbation par l'assemblée générale des actionnaires.

Quoi qu'il en soit, on ne saurait méconnaître la valeur juridique des arguments donnés par le tribunal de la Seine à l'appui de sa décision, — à savoir : que la loi de 1867 a bien prévu et réglementé l'*apport* en nature à une société en voie de constitution, c'est-à-dire l'apport ou cession à cette société, contre des actions ou des avantages soumis aux chances sociales, mais qu'elle n'a pas prévu et autorisé la *vente* contre numéraire à une société non constituée; qu'une telle vente ne peut être réalisée qu'après la constitution de la société, et doit être acceptée par les représentants légaux de celle-ci.

Nous estimons qu'une vente ne peut être consentie, ni par les statuts, ni par acte spécial, à une société non constituée, alors même que cette vente serait l'objet d'une vérification et d'une approbation par les actionnaires conformément à l'art. 4 de la loi de 1867, cet article ne s'appliquant, d'après ses termes, qu'aux apports. Si l'on veut assurer à la société la propriété d'un établissement dont l'exploitation doit faire l'objet de cette société, ou de biens qui lui sont nécessaires, il convient de faire apporter, par le propriétaire, la promesse d'en consentir la **vente** à la société à des conditions déterminées, ou de faire cette promesse par acte spécial, à un tiers qui en fait apport à la société. La vente est réalisée après la constitution de la société par ses gérants ou administrateurs[1].

La vente réalisée après la constitution de la société n'est pas assujettie, comme l'apport, à la vérification et à l'approbation de l'assemblée générale des actionnaires. C'est ce qui a été justement décidé[2].

Si un véritable apport a été déguisé sous la forme d'une vente, la société est nulle en l'absence d'une vérification et d'une approbation dans les termes de la loi[3].

499. Exception. Apports indivis. — La loi fait une exception au principe de la vérification de l'apport en nature, en déclarant que les dispositions de l'art. 4 ne sont pas applicables au cas où la société à laquelle est fait ledit apport est formée entre ceux seulement qui en étaient propriétaires par indivis. C'est ce qui a lieu lorsque le fonds social se compose uniquement des biens possédés indivisément et apportés par les fondateurs, seuls actionnaires de la société[4].

1. V. Houpin, Sirey, 1895, II, 105, et J. S. 1895, 193; Floucaud-Pénardille, n° 424; Arthuys, n° 139. V. cep. Thaller, n°ˢ 530, 576, 577. V. Wahl, S. 1904, I, 321.

2. Cass., 14 juill. 1873 (S. 74, I, 424); Paris, 17 juill. 1882 (J. S. 1885, 48).

3. Cass., 13 mars 1876 (S. 76, I, 361); Paris, 20 juin 1907 (J. S. 1907, 503). V. Paris, 17 juill. 1882, loc. cit.

4. L'état d'indivision doit être antérieur à la constitution de la société et avoir une autre cause que la société : Marseille, 1ᵉʳ décembre 1897 (J. S. 1898, 429).

L'exception s'applique aussi au cas de transformation d'une société préexistante, bien que les associés ne soient pas copropriétaires indivis de l'actif (appartenant à l'être moral) qui constitue l'apport fait à la société transformée. C'est même le cas que le législateur a eu en vue principalement[1].

Dans ces diverses hypothèses, et alors qu'il n'est pas fait appel à des capitaux étrangers, tout contrôle contradictoire étant impossible, la société se trouve en dehors des prévisions du législateur, et affranchie de toute vérification, par les fondateurs, de leurs apports. Les formalités relatives aux réunions des assemblées générales constitutives, pour la vérification des apports, ne peuvent être appliquées aux sociétés formées, sans émission de capital en numéraire, entre les seuls propriétaires indivis de l'apport[2]

Si la copropriété indivise n'existait pas en réalité et avait été simulée frauduleusement pour éviter la vérification de l'apport, la société serait nulle[3].

Il en serait de même si les fondateurs apporteurs par indivis faisaient, après la constitution de la société, une émission d'obligations, et donnaient en prime des actions de fondation aux souscripteurs de ces obligations qui, ainsi, seraient en réalité de véritables actionnaires. On serait en présence d'une société à constitution frauduleuse; et non seulement les fondateurs n'auraient pas le bénéfice d'une exception dont ils ne se seraient servis que pour tourner les prohibitions de la loi, mais encore ils encourraient les peines édictées par les art. 13 et 15 de la loi de 1867[4].

500. Apports divis. — Mais l'exception est-elle également applicable lorsque les biens composant le fonds social appartiennent *divisément* aux apporteurs, spécialement en cas de fusion de deux sociétés et d'apport, par chacune d'elles, de son actif, à la nouvelle société;

---

1. Tripier, t. I, p. 117 et 118; Beudant, *Rev. crit.*, t. XXXVI, 150; Pont, n° 970; *Suppl. Dict. Not.*, v° *Soc. par act.*, n° 49; Cass., 10 mai 1869; Grenoble, 11 décembre 1872; Paris, 24 avril 1884 (D. 84, II, 206); Cass., 24 mars 1885; Bar-sur-Aube, 5 juin 1896 (J. S. 1897, 313). Par suite de ce principe, la société nouvelle ne saurait être annulée sous prétexte que la vérification et l'approbation auxquelles, en fait, il a été procédé n'auraient pas été opérées régulièrement. Paris, 24 avril 1884 et Cass., 24 mars 1885 (*loc. cit.*).

2. Seine, 28 juillet 1887 (J. S. 1888, 445). V. Seine, 12 août 1891; Goirand, n° 203; Paris, 24 avril 1877 (*Le Droit*, 20 septembre); Seine, 5 août 1885 (*Rev. not.*, 1885, 828); Seine, 20 mai 1887. Décidé que le fait que quelques-uns des sept apporteurs ne sont devenus copropriétaires qu'à la veille de la formation de la société ne saurait entraîner la nullité de la société, alors surtout qu'on ne peut leur méconnaître la qualité de copropriétaires sérieux et qu'ils ont souscrit une portion importante du capital en numéraire : Nantes, 9 octobre 1897 (J. S. 1898, 423). V. trib. Lyon, 31 déc. 1903 (J. S. 1905, 228).

4. Pont, n° 974; Goirand, n° 203. V. aussi Vavasseur, n°⁵ 415 et 464.

T. I.   27

ou, si des concessions divises ayant été accordées, les concessionnaires forment entre eux une société par actions dans laquelle ils réunissent leurs concessions respectives?

La Cour de cassation a résolu affirmativement cette importante question, et décidé, au cas de fusion de deux sociétés, qu'il ne peut y avoir vérification des apports en nature que lorsqu'il existe un capital en numéraire, et par les souscripteurs de ce capital; qu'aux termes de l'art. 30 de la loi de 1867 (correspondant, pour les sociétés anonymes, à l'art. 4, 3e alinéa, qui concerne les sociétés en commandite), le capital social, dont la moitié doit être représentée pour la vérification des apports en nature, se compose seulement des apports qui n'y sont pas soumis, c'est-à-dire des apports en argent; que la première assemblée générale ne peut donc pas être réunie, s'il n'existe pas d'apports en numéraire [1].

Cette jurisprudence nous paraît critiquable. L'exception ne s'applique, d'après les termes de la loi, que lorsqu'il y a apports *indivis*, parce que, dans ce cas, toute vérification est impossible et sans utilité. Il résulte, en effet, des travaux préparatoires que, dans l'intention du législateur, l'absence d'approbation tenait uniquement à l'absence même de l'élément intéressé à exercer le contrôle. Quand les apports sont divis, l'exagération des apports, au lieu de profiter à tous, profiterait à quelques-uns au détriment des autres. Chaque apporteur a donc intérêt à contrôler la valeur des apports de ses coassociés, et se trouve dans une situation identique à celle d'un souscripteur en argent. Enfin, aucune difficulté pratique ne s'oppose à ce que, conformément à l'art. 4, ceux-là seuls qui sont étrangers à chacun des apports successivement vérifiés aient voix délibérative pour son approbation [2].

Nous conseillons donc, au point de vue pratique, de faire procéder à la vérification des apports, toutes les fois que ces apports n'appartiennent pas par indivis aux seuls associés fondateurs.

1. Cass., 26 avril 1880 (J. S. 1880, 236) et 9 novembre 1887 (D. 88, I, 202). V. aussi (motifs) Nîmes, 17 juin 1885 (J. S. 1888, 137); Seine, 23 juillet 1889 (J. S. 1890, 57; 1891, 535) et 30 juillet 1890 (J. S. 1891, 445); Paris, 14 janvier 1891 (J. S. 1891, 529), 20 mars 1891 (J. S. 1892, 78), 21 mai 1892 (J. S. 1892, 459); S. 92, II, 270) et 9 mars 1893 (J. S. 1893, 343); Grenoble, 17 mai 1892 (D. 92, II, 325). *Conf.* Boistel, p. 176; Beudant, *Rev. crit.*, t. XXXVI, 150; Vavasseur, nos 416, 437 à 439; Labbé, Sirey, 1888, I, p. 449; Goirand, no 243.

2. *Conf.* Lyon-Caen, Sirey, 1877, II, p. 1; Lyon-Caen et Renault, no 718; Pont, Mathieu, *Gaz. trib.*, 5 et 6 février 1877; Labbé, Sirey, 1881, 1 et suiv.; Beslay et Lauras, nos 972 et 1009; Rubcn de Couder, vo *Soc. en comm.*, no 153; Beslay et Lauras, nos 483 et suiv.; Percerou, p. 127; Floucaud-Pénardille, no 421; Arthuys, no 232, Seine, 15 oct. 1879 (J. S. 1880, 398) ct 20 juill. 1886 (J. S. 1888, 374); J. S. 1904, 232.

501. Capital en numéraire. — Pour que l'exception de l'art. 4 soit applicable, il faut que la société se compose exclusivement d'apports en nature indivis, ou que le capital en numéraire soit souscrit par les fondateurs qui font les apports indivis [1]. Si le capital était souscrit par des étrangers, il y aurait lieu à vérification par ceux-ci des apports en nature, alors même que tout le capital en numéraire serait souscrit par l'acte social et immédiatement versé : la discussion contradictoire et l'acceptation des statuts seraient insuffisantes, et il faudrait réunir les deux assemblées prescrites par la loi [2].

Serait nulle la société formée exclusivement, d'après ses statuts apparents, au moyen d'apports en nature, entre les auteurs de ces apports, alors que, en réalité, ces apports étaient faits à la charge par la société de payer un passif non déclaré, auquel il était subvenu par la création d'actions souscrites en numéraire; et qu'il n'y a eu ni déclaration notariée constatant la souscription de ces actions et le versement du quart, ni vérification de cette déclaration [3], ni approbation des apports par les souscripteurs.

SECTION 2

DES ASSEMBLÉES GÉNÉRALES POUR LA VÉRIFICATION DES APPORTS ET AVANTAGES

1° CONVOCATION ET MISSION

502. Convocation. Actionnaires. — Tous les actionnaires doivent être convoqués aux assemblées, dites constitutives, chargées notamment d'apprécier la valeur des apports en nature et la cause des avantages particuliers. Les statuts ne pourraient donc exiger qu'un actionnaire ait un certain nombre d'actions pour prendre part à ces assemblées [4].

La convocation doit être faite par le gérant ou par les fondateurs de la société. Elle ne saurait incomber aux actionnaires eux-mêmes [5].

---

1. Wahl, *Augm. de cap.*, n° 67. V. aussi Dalloz, *Supp.*, n° 1323; Paris, 26 avril 1887 (D., 88, II, 145); Nantes, 9 octobre et 11 décembre 1897 (J. S. 1898, 130 et 235).
2. Pont, n° 973 ; Ruben de Couder, v° *Soc. en comm.*, n° 155. *Contrà*, Beudant, *Rev. crit.*, t. XXXVI, p. 151; Boistel, n° 258.
3. Cass., 19 juillet 1893 (S. 94, I, 261); Houpin, note sous Paris, 14 janvier 1891 (J. S. 1891, 529).
4. Tripier, loi de 1856, p. 92 et 93; Lyon-Caen et Renault, n° 710; Mornard, D. P.; Pont, n°s 982 et 983; Ruben de Couder, v° *Soc. en comm.*, n° 132; *Suppl. Dict. du Not.*, v° *Soc. par act.*, n° 52.
5. Amiens, 16 janvier 1875 (S. 76, II, 196).

503. Forme. — La convocation qui doit précéder chacune des assemblées n'est soumise à aucune forme particulière. Ordinairement, les statuts règlent le mode de convocation : il y a lieu de s'y conformer [1].

Les actionnaires sont souvent appelés aux assemblées par un avis inséré dans une ou plusieurs feuilles d'annonces légales de la localité. Ce mode de convocation a été critiqué, même quand il est fixé par les statuts, comme ne répondant pas suffisamment au but de la loi [2]. Bien qu'il doive être considéré strictement comme suffisant, dans le silence de la loi [3], il nous semble préférable de convoquer les actionnaires *individuellement* par lettres ou circulaires adressées à chacun d'eux [4]. Il a été décidé que la clause des statuts d'après laquelle la convocation pour les assemblées constitutives pourra avoir lieu verbalement ou par simple lettre des fondateurs, n'a rien de contraire à l'ordre public, et que l'assemblée tenue conformément à cette disposition est valable, surtout si tous les actionnaires sont présents [5]. Si cette solution est fondée en droit strict, en ce qui concerne principalement la convocation par lettres, on doit, en pratique, proscrire dans les statuts la convocation *verbale* des actionnaires, parce qu'elle pourrait soulever des difficultés si tous les actionnaires n'étaient pas présents. Ce mode exceptionnel de convocation n'a de raison d'être que lorsque les fondateurs sont assurés de la présence de tous les actionnaires (peu nombreux) [6].

La convocation doit indiquer le lieu, le jour et l'heure de la réunion. Chacune des assemblées doit être réunie sur une convocation spéciale [7]. Le fait de les réunir par une convocation unique constituerait une irrégularité [8]. Lorsque la première assemblée déclare renvoyer à un jour fixe pour la deuxième réunion, il n'est pas besoin d'une convocation nouvelle [9], pourvu que tous les actionnaires soient présents à cette première assemblée.

---

1. Paris, 24 mai 1860 (*J. trib. comm.*, t. xi, 374); Angers, 26 avril 1886 (*ibid.*, t. xv, 486); Ruben de Couder, v° *Soc. en comm.*, n° 126. V. toutef. Goirand, n° 165.
2. Foureix, p. 207 et 208; Beslay et Lauras, n° 420; Floucaud-Pénardillo, n° 404.
3. Dalloz, n° 1202 et *Supp.*, n° 1299; Ruben de Couder, v° *Soc. en comm.*, n° 125; Percerou, p. 123; Vavasseur, n° 424; Arthuys, n° 63.
4. V. Mathieu et Bourguignat, n° 43; Pont, n° 984; *Suppl. Dict. du Not.*, v° *Soc. par act.*, n° 52; Bordeaux, 12 mai 1897 (J. S. 1897, 510).
5. Orléans, 14 juin 1893 (J. S. 1893, 488).
6. Houpin, J. S. 1893, 488.
7. Cela résulte de l'art. 4 de la loi de 1867, d'après lequel la seconde assemblée doit statuer après une *nouvelle* convocation.
8. Pont, n° 897; Ruben de Couder, v° *Soc. en comm.*, n° 125. Cette irrégularité se trouverait couverte par la présence de tous les actionnaires aux deux assemblées. Houpin, J. S. 1895, 18. V. *infrà*, n° 504.
9. V. Paris, 22 novembre 1861 (*J. trib. comm.*, t. xi, 18).

504. Délai. — La loi ne dit rien non plus de l'intervalle à laisser entre la convocation et la réunion de l'assemblée. Ce point est ordinairement réglé par les statuts. Les fondateurs doivent disposer les convocations de manière à donner à tout souscripteur qui voudrait prendre part aux délibérations de l'assemblée et y figurer en personne, le temps nécessaire pour s'y rendre, eu égard à la distance de son domicile[1]. Le mode de convocation des assemblées ordinaires ou extraordinaires, fixé par les statuts, n'est pas de plein droit et à peine de nullité applicable aux assemblées constitutives[2]. Il a été décidé que lorsque les statuts stipulent que les assemblées constitutives seront convoquées dans les délais qui paraîtront convenables aux fondateurs, la première assemblée peut être tenue le lendemain du jour de la déclaration notariée de souscription et de versement, alors surtout que tous les actionnaires sont présents ou représentés[3]. Il semble difficile de tenir l'assemblée le lendemain de la signature de la déclaration notariée, puisque la convocation doit être adressée postérieurement à cette déclaration (*suprà*, n° 475). Cela n'est possible que lorsque tous les actionnaires sont présents ; car l'assistance de tous les intéressés rend l'assemblée régulière, alors même que la convocation aurait été irrégulière[4] (V. *infrà*, n° 875).

La loi prescrivant, comme nous allons l'expliquer, que le rapport sur l'appréciation des apports et avantages soit tenu à la disposition des actionnaires cinq jours au moins avant la réunion de la deuxième assemblée, les deux réunions doivent être nécessairement séparées par un intervalle de plus de cinq jours francs[5].

505. Première assemblée. Mission — La loi prescrit deux réunions ayant chacune une mission spéciale et déterminée. L'assemblée ne pourrait, dans la première, approuver les apports et avantages. Cette première assemblée fait apprécier la valeur de l'apport ou la cause des avantages stipulés (art. 4). Elle ordonne les mesures de vérification et d'instruction qu'elle juge utiles, et en prescrit l'exécution. Elle peut recourir à une expertise, ou faire procéder à la vérification par une commission[6].

---

1. Pont, n° 985 ; *Suppl. Dict. du Not.*, v° *Soc. par act.*, n° 52 ; Dalloz, *Supp.*, v° 1297. V. Bordeaux, 12 mai 1897, *loc. cit.*
2. Vavasseur, n° 906.
3. Paris, 12 décembre 1889 (J. S. 1891, 18) ; Orléans, 14 juin 1893, *loc. cit.*
4. Trib. Bruxelles, 20 janvier et 11 mai 1887 (J. S. 1890, 111 et 148) ; Houpin, J. S. 1891, 18 ; 1893, 488 ; 1893, 18.
5. Devilleneuve, Massé et Dutruc, n° 985 ; Boistel, n° 256 ; Pont, n° 986 ; Vavasseur, n° 424. V. Seine, 29 mai 1907 (J. S. 1908, 234).
6. Pont, n°s 990 et 991. MM. Beudant (*Rev. crit.*, t. xxxvi, 141) et Beslay et

Ordinairement, l'assemblée désigne un ou plusieurs commissaires chargés de recueillir les documents et renseignements nécessaires, et de faire un rapport à la deuxième assemblée. Les commissaires peuvent être choisis parmi les actionnaires, ou être étrangers à la société. Il a été décidé que la société n'est pas nulle parce que l'assemblée a nommé comme vérificateur un administrateur statutaire ayant droit à des avantages particuliers [1]. Bien que cette solution nous paraisse strictement fondée, il est préférable de nommer comme commissaires des personnes n'ayant pas un intérêt personnel à la vérification des apports et avantages.

506. Deuxième assemblée. Rapport. — La seconde assemblée ne pourra statuer sur l'approbation de l'apport et des avantages qu'après un rapport qui sera imprimé et tenu à la disposition des actionnaires cinq jours au moins avant la réunion de l'assemblée (L. 24 juillet 1867, art. 4).

Ce rapport, dont la loi ne précise ni l'objet ni le contenu, doit être le résumé ou le compte rendu des travaux de vérification et d'appréciation faits en exécution de la première réunion. Le rapporteur est ordinairement désigné par la première assemblée générale. Si elle avait nommé une commission de contrôle, celle-ci pourrait abandonner le soin de faire le rapport à l'un de ses membres ou à une autre personne désignée [2].

Il n'est pas strictement nécessaire — bien que cela semble rationnel — que le rapporteur fasse sur les lieux une expertise des biens apportés en nature, si l'assemblée générale ne l'a pas prescrit lors de sa nomination ; et il peut se borner à faire, aussitôt après cette nomination, un rapport au moyen des renseignements qu'il possède ou qui lui sont fournis [3]. Il a été décidé, en conséquence, que le commissaire peut faire son rapport le jour même de sa nomination, la loi de 1867 ne spécifiant ni la forme de la vérification, ni le temps à employer par le vérificateur, et s'en remettant uniquement à la conscience et à la connaissance du commissaire [4].

Le rapport doit être non seulement rédigé et imprimé, mais encore tenu à la disposition de tous les souscripteurs [5] cinq jours au moins

Lauras (n° 424) pensent que la nomination d'une commission est obligatoire. Mais M. Pont (n° 990) estime, avec raison, que la première assemblée est entièrement libre du choix et de l'exécution des mesures à prendre.

1. Paris, 19 mars 1895 (J. S. 1895, 266) ; Arthuys, n° 58.
2. Pont, n° 994.
3. Tr. Lyon, 13 août 1900 (J. S. 91, 285 ; 1901, 266). V. cep. Lyon, 14 juin 95 (J. S. 95, 499.
4. Douai, 31 mai 1889 (J. S. 1891, 283). V. aussi Cass., 3 janv. 1900 (J. S. 1900, 264).
5. La loi n'a pas prescrit, en ce qui concerne la société en commandite, de

(c'est-à-dire cinq jours francs) [1] avant la réunion de la deuxième
assemblée. Le rapport est souvent adressé aux souscripteurs; mais
cela n'est pas indispensable : il suffit qu'il soit tenu réellement [2] à
leur disposition, soit au futur siège social, soit dans un autre lieu
déterminé porté à leur connaissance [3] dans l'avis de convocation,
lequel doit être adressé ou inséré cinq jours francs au moins avant
la réunion. L'original du rapport, signé de ceux qui l'ont dressé,
reste déposé au siège social.

Lorsque le rapport imprimé a été produit par le commissaire à
l'assemblée générale, il est à présumer, en l'absence de toute protestation de la part des actionnaires présents, que ce rapport a été mis
à la disposition des actionnaires cinq jours au moins avant l'assemblée [4]. Il est utile, au point de vue pratique, pour éviter toute difficulté, de constater dans le procès-verbal de la délibération que les
actionnaires présents ont reconnu que le rapport imprimé a été tenu
à leur disposition cinq jours au moins avant la réunion.

Si l'assemblée a nommé deux commissaires et si le rapport a été
présenté par un seul (l'autre ayant donné sa démission ou étant
décédé), ce rapport est nul, et cette nullité entraine celle de la
société [5].

507. Délibération. Approbation. — L'assemblée doit statuer et
délibérer sur l'approbation des apports et des avantages; elle n'est
pas tenue d'adopter les appréciations et les conclusions du rapport.
Si elle approuve les apports et avantages, tels qu'ils sont stipulés aux
statuts, ils deviennent définitifs et irrévocables [6].

L'approbation des apports et avantages peut, sans vicier la constitution de la société, faire, par anticipation, l'objet d'une convention
entre certains actionnaires, si d'ailleurs elle laisse entier le pouvoir

---

déposer la liste des actionnaires (en outre du rapport des commissaires) et de la
communiquer aux actionnaires, comme elle l'a fait (art. 35) pour la société anonyme. Bordeaux, 12 mai 97 (J. S. 97, 540). V. Seine 29 mai 1907 (J. S. 08, 234).
1. Dalloz, *Supp.*, n° 1297. V. par anal., Seine, 28 mars 1887 (J. S. 1890, 104).
V. aussi Cass., 6 novembre 1894 et note (J. S. 1895, 14); Floucaud-Pénardille, n° 407.
2. Il arrive souvent qu'*en fait* le rapport n'est imprimé et tenu à la disposition
des actionnaires que moins de cinq jours avant la seconde assemblée générale
constitutive. C'est là un procédé dangereux. L'inobservation du délai fixé par la
loi constitue une irrégularité qui pourrait être établie au moyen de certains documents et notamment de la comptabilité de l'imprimeur indiquant la date de
livraison des exemplaires du rapport.
3. Pont, n° 996. V. aussi Beslay et Lauras, n°s 433 et suiv.; Mathieu et Bourguignat, n° 44; Bédarride, n° 106.
4. Paris, 12 décembre 1889 (J. S. 1891, 18); Orléans, 14 juin 1893, *loc. cit.*
V. aussi Seine, 12 juillet 1888 (R. S. 1889, 27); Paris, 3 février 1891 (J. S 1893, 402).
5. Douai, 7 février 1895 (J. S. 1895, 323). V. toutef. Goirand, n° 173.
6. V. Douai, 19 novembre 1896 (J. S. 1897, 122).

d'appréciation de l'assemblée générale, qui est seule chargée de les vérifier [1].

508. Refus. Frais. — Si, par suite de l'exagération des évaluations, la délibération aboutit à un refus d'approbation, elle entraîne la nullité des souscriptions et rend impossible la constitution de la société (L. 1867, art. 4). Dans ce cas, les sommes versées par les souscripteurs doivent leur être restituées sans intérêts [2], et les frais d'organisation exposés pour arriver à la constitution de la société restent à la charge des fondateurs [3]

509. Réduction. — Le défaut d'approbation des apports et avantages n'empêcherait pas la constitution de la société si tous les intéressés, fondateurs et universalité des actionnaires, étaient d'accord pour les réduire. Mais le vote de la majorité des actionnaires, d'accord avec les intéressés, suffirait-il et pourrait-il lier la minorité? L'affirmative semble résulter nettement des travaux préparatoires de la loi de 1867 [4]. Une clause spéciale, insérée dans les statuts, lèverait toute discussion sur ce point [5]. Il est, du reste, très rare que les apports et avantages stipulés aux statuts ne soient pas approuvés purement et simplement.

510. Dol. — L'approbation donnée aux apports et aux avantages particuliers, par l'assemblée générale, ne fait pas obstacle à l'exercice ultérieur de l'action qui peut être intentée pour cause de dol ou de fraude (L. 24 juillet 1867, art. 4, § 7). C'est l'application spéciale aux sociétés des principes généraux du droit [6]. Le recours serait aussi admis pour erreur portant sur la substance, quant au bien faisant l'objet de la société [7]. Dans l'un ou l'autre cas, la nullité de la délibération, et par suite de la société, pourrait être demandée [8]

---

1. Cass., 20 décembre 1888 (J. S. 1889, 10).
2. Mathieu et Bourguignat, n° 52; Pont, n° 1021.
3. Tripier, *Loi de 1867*, t. I, 116; Foureix, 144; Rivière, n° 204; Dalloz, v° *Société*, n° 1200; Bédarride, n° 144; Beudant, *Rev. crit.*, t. xxxvi, 154; Mathieu et Bourguignat, n° 51; Pont, n° 1020; Ruben de Couder, v° *Soc. en comm.*, n° 145; Dalloz, *Supp.*, n° 1310; Seine. 29 mai 1880 (J. S. 1891, 327). *Contrà*, Beslay et Lauras, n° 476. V. de Courcy, *Soc. an.*, p. 87; Alauzet, n° 461; Vavasseur, n° 423.
4. Tripier, *Loi de 1867*, t. I, 499, 500, 509 et 525; Beslay et Lauras, n°s 468 et suiv.; Boistel, n° 257; Beudant, *loc. cit.*, p. 144 et suiv.; Sourdat, *Soc. en comm.*, p. 83 et suiv.; Bédarride, n°s 116 et suiv.; Mathieu et Bourguignat, n° 48; Mornard, p. 165 et suiv.; Lyon-Caen et Renault, n° 717; Pont, n° 1023; Ruben de Couder, v° *Soc. en comm.*, n° 143. *Contrà*, Dalloz, n° 1191; Alauzet, n° 460; Lombard, p. 88; Vavasseur, n° 407; Goirand, n° 201; Percerou, **p. 121**; Arthuys, n° 64.
5. Beudant et Alauzet (*loc. cit.*); Vavasseur, n° 408.
6. Pont, n° 1016; Cass., 6 juin 1885 (J. S. 1886, 309; S. 87, I, 284); Seine, 25 mai 1886 (J. S. 1890, 63); Lyon. 14 juin 1895 (J. S. 1895, 499); Cass., 10 nov. 1897 (J. S. 98, 12. V. J. S. 1901, 266; 1903, 525; 1911, 121; R. S. 1910, 429.
7. Beudant, *Rev. crit.*, t. xxxvi, p. 143; Pont, n° 1017.
8. Lyon-Caen et Renault, n° 717. V. Cass., 3 janv. 1900 et note Wahl (S. 1901, 1, 331).

Ne constitue pas une majoration fictive ou frauduleuse des apports la convention par laquelle les fondateurs ont, postérieurement à la constitution de la société, consenti à convertir un certain nombre de leurs actions d'apport en actions de jouissance, si cette convention n'a été inspirée que par le désir d'alléger les charges de la société [1]. Il en serait de même s'il y avait annulation d'une partie des actions [2].

Mais, sauf le cas de dol ou de fraude, l'exagération des apports ou avantages, régulièrement vérifiés, ne pourrait donner lieu à une action pour cause de lésion, ni entraîner la nullité de la société [3].

On ne peut, pour démontrer la majoration des apports, se baser sur le prix de revient ou prix coûtant des biens apportés [4]; car l'apport rémunéré par des actions (à la différence de la vente faite moyennant un prix en espèces) est soumis à des aléas dont il peut être tenu compte pour déterminer l'importance des avantages sociaux à attribuer à l'apporteur; d'autres raisons peuvent justifier une majoration raisonnable des apports.

De même, dans le cas invraisemblable où il y aurait une évaluation trop basse d'un apport en nature, il n'y aurait pas lieu non plus à rescision pour lésion, l'apport eût-il pour objet un immeuble et la lésion fût-elle de plus de sept douzièmes (*suprà*, n° 42).

Toutefois, l'approbation des apports, si elle peut produire son effet entre les fondateurs et les souscripteurs, ne saurait être opposée à des actionnaires postérieurs qui se plaignent de la fraude dont ils ont été victimes dans l'achat de leurs actions, surtout si les formalités de la loi de 1867 n'ont été qu'un moyen de consommer la fraude de la part des fondateurs et des apporteurs [5].

2° COMPOSITION ET VOTE

Société en commandite.

511. Principe. — Les délibérations relatives à la vérification et à

---

1. Riom, 30 avril 1894 (J. S. 1895, 106). V. aussi Nantes, 9 octobre 1897 (J. S. 1898, 355).
2. J. S. 1895, 106. V. toutef. D. 1902, ii, 65; S. 1903, ii, 57.
3. Pont, n° 1018; Ruben de Couder, v° Soc. en comm., n° 149; Paris, 11 août 1883 (J. S. 1885, 285); Paris, 2 avril 1886 (J. S. 1886, 717); Seine, 1er décembre 1886 (J. S. 1890, 61), 4 avril et 31 octobre 1887, 7 juin 1888 (R. S. 1887, 336; 1888, 164 et 445; J. S. 1890, 60); Rouen, 10 mars 1897 (J. S. 1897, 398). V. Cass., 10 janvier 1881 (J. S. 1881, 485); Cass., 24 juill. 1890 (D. 91, i, 270); Paris, 2 août 1890 (R. S. 1891, 150); Lyon, 29 octobre 1890 (J. S. 1891, 442); Paris, 30 mars 1893 (R. S. 93, 284); Cass., 3 janv. 1900 (J. S. 1900, 264); R. S. 1889, 451; J. S. 1890, et 296, 1901, 95 et 214; 1902, 513; 1905, 316 et 397; 1907, 309; 1908, 234 et 510.
4. Nantes, 9 octobre et 11 décembre 1897 (J. S. 1898, 130 et 333).
5. Cass., 19 février 1889 (J. S. 1890, 40); Seine, 14 mars 1890 (J. S. 1898, 295).

l'approbation des apports et avantages sont prises à la majorité des actionnaires présents. Cette majorité doit comprendre le quart des actionnaires et représenter le quart du capital social en numéraire (L. 24 juillet 1867, art. 4), à moins que les statuts n'exigent une majorité plus forte : ce qui est licite[1]. Ces dispositions s'appliquent aux deux assemblées : cela résulte des termes généraux de l'art. 4[2].

512. Mandataires. — Les actionnaires ne sont pas tenus d'assister en personne aux assemblées générales constitutives. Ils peuvent s'y faire représenter par des mandataires[3], même étrangers à la société (V. infrà, n° 871)[4]. Il n'est pas nécessaire que les procurations soient notariées[5].

513. Vote. — Les délibérations sont prises à la majorité (c'est-à-dire la moitié plus un) des actionnaires présents (art. 4), ou représentés par mandataires (suprà, n° 512). Chaque actionnaire n'a qu'une voix dans les assemblées constitutives, sans que les statuts puissent modifier ce mode de computation des voix[6]. Le vote peut avoir lieu par assis et levé[7] (V. infrà, n° 884).

514. Associés apporteurs. — Les associés qui ont fait des apports ou stipulé des avantages particuliers, soumis à l'appréciation de l'assemblée, n'ont pas voix délibérative (art. 4). Ils peuvent assister à la réunion et prendre part à la discussion[8]; mais ils n'ont pas le droit de voter pour la délibération qui les concerne[9], même dans le cas où ils auraient souscrit des actions de numéraire, parce que leur vote ne serait pas désintéressé[10]. S'ils avaient pris part au vote d'appro-

---

1. Pont, n° 1004.
2. Rivière, n° 43; Ameline, p. 368; Mathieu et Bourguignat, n° 45; Devilleneuve, Massé et Dutruc, n° 988; Ruben de Couder, Soc. en comm., n° 135; Vavasseur, n°s 417 et suiv.; Goirand, n° 170; Percerou, p. 124; Bordeaux, 12 mai 1897 et note (J. S. 1897, 510). Contrà, Bédarride, n° 110; Lyon-Caen et Renault, n° 715; Pont, n° 1000; Dalloz, Supp., n° 1037; Arthuys, n° 66. Suivant ces derniers auteurs, la majorité prescrite par l'art. 4 n'est nécessaire que pour les délibérations de la seconde assemblée.
3. Lyon, 26 fév. 1903 (J. S. 1903, 306); Wahl, J. S. 1905, 98; Beslay et Lauras, n° 455; Pont, n° 1003. Contrà, Bravard, Loi de 1856, p. 35.
4. Wahl, J. S. 1905, 145. Contrà, Goirand, n° 177.
5. Contrà, Alauzet, n° 650.
6. Tripier, Loi de 1856, 92 et 93; Lyon-Caen et Renault, n° 1017 bis; Mornard, p. 71; Pont, n° 1005; Goirand, n°s 184 et 185; Bordeaux, 12 mai 1897 (J. S. 1897, 510). Contrà, Vavasseur, n° 421; Wahl, J. S. 1905, 194.
7. Seine, 26 avril 1858; Ruber de Couder, v° Soc. en comm., n° 133.
8. Seine, 30 mars 1893 (J. S. 1894, 161); Wahl, J. S. 1905, 100.
9. V. Angers, 27 juillet 1887 (S. 88, I. 417).
10. Rivière, n° 47; Mathieu et Bourguignat, n° 45; Alauzet, n° 459; Bédarride, n° 123; Lyon-Caen et Renault, n° 712; Rousseau, n° 1143; Tonnelier, Des app. en nat. dans les soc. par act., n° 46; Lacointa, S. 88, I, 417; Pont, n° 1008; Cass., 22 février 1888 (S. 88, I, 417; J. S. 1889, 24); Seine, 8 juin 1891 (J. S. 1892, 193); Seine, 12 août 1891 (J. S. 1892, 175); Paris, 17 novembre 1891 (J. S. 1892, 356); Bordeaux, 14 avril 1892 (J. S. 1892, 356); Cass., 6 nov. et 17 déc. 1894 (J. S. 1895, 14 et 202); Paris, 3 mars 1896 (J. S. 1897, 61) et 9 mai 1904 (J. S. 1905, 84).

bation de leurs apports, la société serait nulle[1]. Mais cette nullité n'existerait qu'autant que les apports n'auraient pas été approuvés par une majorité suffisante en dehors des apporteurs[2]. Si le procès-verbal constate que les apports ont été approuvés par l'unanimité, on doit considérer qu'il relate non l'unanimité des actionnaires, mais celle, toute relative, de ceux qui avaient légalement droit au vote[3]. Il est utile, au point de vue pratique, de constater dans le procès-verbal que les apporteurs n'ont pas pris part au vote émis sur l'approbation de leurs apports[4].

La deuxième assemblée constitutive, appelée à statuer sur l'approbation des apports en nature et des avantages particuliers, doit être annulée ainsi que la société (dans les conditions ci-dessus), s'il est démontré que les actionnaires qui ont pris part au vote possédaient des actions d'apport, ou des parts de fondateur, ou avaient reçu les promesses de ces actions ou parts[5].

Il a été jugé qu'un fondateur-apporteur peut être choisi comme mandataire par un souscripteur d'actions pour voter dans la délibération à prendre sur l'approbation des apports et avantages[6]. Cette solution est peut-être fondée en droit strict. Pour apprécier la validité d'un mandat, il faut considérer la capacité du mandant, et non la capacité et la qualité du mandataire. Quoi qu'il en soit, il est bizarre, en fait, qu'un apporteur (qui personnellement n'a pas le droit de voter même comme souscripteur) soit chargé de représenter un souscripteur, c'est-à-dire une personne ayant un intérêt opposé pour la vérification et l'approbation des apports, comme si un acquéreur donnait mandat au vendeur de conclure et réaliser la vente. La bizarrerie serait encore plus saisissante si tous les souscripteurs (les contrôleurs) donnaient mandat de les représenter aux apporteurs (les contrôlés). Au point de vue pratique et rationnel, nous ne pouvons que dissuader l'usage d'une telle représentation, qui, du reste, est critiquée par les auteurs[7].

1. Cass., 22 février 1888, loc. cit.
2. Paris, 12 janvier 1887 (J. S. 1887, 772) et 17 novembre 1891, loc. cit.; Cass., 6 novembre 1894, loc. cit.; Lyon, 3 décembre 1895 (J. S. 1896, 253); Cass., 18 octobre 1899 (J. S. 1900, 206); Houpin, J. S. 1892, 180; Durandy, p. 46; Giraud, Ann. de dr. comm., 1895, II, 215. Contrà, Seine, 6 novembre 1890 (J. S. 1892, 101); Cass., 17 décembre 1894, loc. cit. V. aussi Cass., 23 février 1888, loc. cit.
3. Paris, 19 mars 1895 (J. S. 1895, 266).
4. V. Seine, 30 mars 1893 (R. S. 1893, 284).
5. Seine, 12 mai 1888 (J. S. 1888, 627); Paris, 17 février 1892 (J. S. 1892, 171). V. toutef. Seine, 18 avril 1898 (J. S. 98, 364). V. Seine, 9 janv. 1901 (J. S. 1901, 214).
6. Paris, 12 janvier 1887 (J. S. 1887, 772); Cass., 20 janvier 1892 (J. S. 1892, 145); Seine, 25 juin 1894 (J. S. 1895, 48); Arthuys, n° 65; Wahl, J. S. 1905, 146.
7. Houpin, J. S. 1892, 146; Bonfils, Rev. crit., 1893, 401; Durandy, p. 47; Goirand, n° 177; Lyon-Caen et Renault, n° 712; Bourcart, p. 179; J. S. 1907, 413.

Il a été décidé également que lorsque des administrateurs d'une société (représentée par une autre personne qui s'est abstenue de voter) ont participé comme souscripteurs au vote sur l'approbation de l'apport de cette société, l'affinité de leurs intérêts personnels avec ceux de la société avantagée ne suffit pas pour les frapper de l'exclusion que l'art. 4 n'a édictée que contre les associés qui font en leur propre nom des apports ou stipulent pour eux-mêmes des avantages particuliers [1]. Cette solution nous paraît critiquable. Il nous semble difficile de reconnaître aux administrateurs de la société apporteuse le droit de prendre part personnellement au vote sur l'approbation de l'apport, alors même que cette société serait représentée par un autre mandataire. Les administrateurs personnifient la société; ce sont eux qui ont dû fixer les conditions de l'apport et ont délégué une personne pour le réaliser. C'est le conseil qui agit par son délégué. On ne saurait permettre à ses membres de prendre part, en leur nom personnel, au vote sur l'approbation d'un apport dont ils ont fixé eux-mêmes les conditions au nom et dans l'intérêt de la société apporteuse. Nous croyons même (tout en reconnaissant que la question est délicate et la solution rigoureuse) qu'il faut aller plus loin, et exclure du vote non seulement les administrateurs, mais les simples actionnaires de la société apporteuse, qui sont en même temps actionnaires de la société qui reçoit l'apport. L'intérêt personnel des associés à l'apport, dont ils sont ordinairement appelés à fixer eux-mêmes les conditions en assemblée générale, nous paraît être un obstacle légal à ce qu'ils prennent part au vote sur l'approbation de cet apport, parce qu'ils ont, comme membres de la société apporteuse, un intérêt opposé à celui des autres actionnaires de la société qui reçoit l'apport. La solution contraire entraînerait des abus et ouvrirait la porte à la fraude [2].

La loi ne défend pas aux apporteurs de voter dans les délibérations qui concernent d'autres associés ayant également fait des apports distincts ou stipulé des avantages particuliers [3]. Mais en présence d'apports indivis faits par plusieurs personnes, ceux d'entre eux qui ont souscrit des actions ne peuvent pas, même successivement, prendre part, comme souscripteurs, au vote concernant l'apport de

1. Cass., 5 novembre 1895 (J. S. 1896, 65; R. S. 1896, 55). *Conf.* Wahl, note, S. 1895, II, 121; Thaller, note, D. 1897, I, 113.
2. Houpin, note, J. S. 1896, 65; Arthuys, n° 65. V. aussi note, R. S. 1896, 55.
3. Pont, n° 1008; Lacointa, S, 88, I, 417; Boistel, *Précis de dr. comm.*, n° 256; Seine, 31 mars 1881 (J. S. 1891, 479); Paris, 12 janvier 1887 (J. S. 1887, 775); Paris, 17 novembre 1891 (J. S. 1892, 193); Cass., 20 janvier 1892 (J. S. 1892, 145). *Contrà*, Dalloz, 1888, I, 297, note; Percerou, p. 125.

leurs copropriétaires, parce qu'il s'agit d'un apport unique et indivisible [1].

515. Quart des actionnaires. — La loi exige que la majorité comprenne, en premier lieu, le quart des actionnaires. Elle doit s'entendre en ce sens que le quart des actionnaires doit être présent ou représenté (*suprà*, n° 512).

Les associés qui ont fait des apports ou stipulé des avantages particuliers, mais qui ont le droit de voter sur ceux des autres associés, peuvent concourir à former la majorité dans l'assemblée et à constituer le quart des actionnaires que doit représenter cette majorité [2]. Un auteur [3] estime même que tous les actionnaires, y compris ceux dont les apports en nature sont en délibération, comptent pour le calcul de ce quart. Cela ne nous paraît pas fondé, lorsque les apporteurs n'ont pas le droit de voter [4]. Dans ce dernier cas, la majorité doit se calculer d'après le nombre des actionnaires ayant droit de vote [5] (V. *infrà*, n° 519).

516. Quart du capital en numéraire. — Enfin la majorité doit représenter le quart du capital en numéraire (art. 4).

517. Exemple. — Un exemple fera mieux comprendre les exigences de la loi. Le fonds social est de 1,000,000 fr. représentés par 2,000 actions de 500 fr., dont 400 actions d'apport (200,000 fr.) et 1,600 pour le capital en numéraire (800,000 fr.), souscrites par 60 actionnaires. Les délibérations relatives à l'appréciation des apports et avantages devront être prises à une majorité de votants comprenant le quart des actionnaires (comptés par tête), c'est-à-dire 15 actionnaires au moins, et représenter le quart du capital en numéraire (abstraction faite des apports en nature), c'est-à-dire 200.000 fr. au minimum.

518. Majorité insuffisante. — Quand l'assemblée ne réunit pas un nombre d'actionnaires représentant le quart du capital social, la loi n'autorise pas, en ce cas, pour les sociétés en commandite, la réduction de la fraction de capital dont la représentation est exigée, alors même que cela serait stipulé par les statuts. Les dispositions de l'art. 30 de la loi de 1867, spéciales aux sociétés anonymes, ne sont pas applicables aux sociétés en commandite [6]. Mais on pourrait con-

---

1. Cass., 22 février 1888 (J. S. 1889, 24 ; S. 88, 1, 417).
2. Boistel, n° 256 ; Mornard, p. 71 ; Pont, n°° 1009 et 1011 ; Ruben de Couder, v° Soc. en comm., n° 137.
3. Pont, n° 1011.
4. Goirand, n° 187.
5. Vavasseur, n° 417 ; Goirand, n° 182.
6. Pont, n° 1001 ; Lyon-Caen et Renault, n° 1017 *bis*.

voquer une nouvelle assemblée, et constituer la société avec la majorité légale [1].

519. Apporteurs souscripteurs. — Mais qu'arrivera-t-il dans l'espèce suivante : Le fonds social (400,000 fr.) est représenté par 600 actions d'apport et 200 actions de numéraire, dont 160 souscrites par les associés apporteurs, lesquels sont exclus du vote (*supra*, n° 514)?

Les votants ne possédant que 40 actions ne peuvent représenter le quart du capital en numéraire. La constitution de la société sera-t-elle donc impossible? Ou ne doit-on exiger que le quart du capital possédé par les actionnaires qui peuvent prendre part au vote?

Cette importante question est très controversée.

Il a été décidé, dans le premier sens, que la majorité exigée par l'art. 4 doit être calculée à raison du nombre total des associés souscripteurs d'actions, y compris les apporteurs, et que le quart du capital social que doit représenter cette majorité doit, de même, se calculer sur l'intégralité du capital en numéraire, et non pas seulement sur ce capital déduction faite de la valeur des actions de numéraire souscrites par les apporteurs [2]. Dans une espèce où le capital social en numéraire d'une société anonyme avait été souscrit par les apporteurs pour la presque totalité (335 sur 350) et où les apports en nature avaient été approuvés par l'unanimité des actionnaires, la société a été déclarée nulle, par ce motif que les fondateurs non-apporteurs ne pouvaient réaliser par leurs votes les nombres et quantités exigés par les art. 4 et 30 [3]. Le pourvoi formé contre cet arrêt a été rejeté par l'unique motif que des apporteurs souscripteurs d'actions de numéraire avaient pris part au vote d'approbation de leur apport, sans qu'il ait été spécialement question du point dont il s'agit. Enfin, la Cour de Paris a aussi déclaré nulle une société dont les apports avaient été approuvés par tous les associés, alors que les souscripteurs non-apporteurs ne réunissaient pas le quart de tout le capital en numéraire [4].

Mais il a été jugé, en sens contraire, que la majorité exigée par la

---

1. *Conf.* Alauzet, n° 461; Mathieu et Bourguignat, n° 46; Vavasseur, n° 42. *Contrà*, Bédarride, n° 108 et 109; Pont, n° 1001.
2. Amiens, 24 décembre 1886 (J. S. 1890, 50; *Ann. dr. comm.*, 1887, 130).
3. Angers, 27 juillet 1887 (J. S. 1889, 28).
4. Paris, 17 février 1892 (J. S. 1892, 171). *Conf.* Seine, 8 juin 1891 (J. S. 1891, 450) et 12 août 1891 (J. S. 1892, 175); Alger, 19 juin 1895 (J. S. 1897, 53). V. aussi Paris, 17 avril 1892 (J. S. 1892, 356). *Adde Conf.* J. S. 1882, 685; Lacointa, note, S. 88, :, 417; Dalloz, note, 88, ıı, 297; Lyon-Caen et Renault, n° 716; Giraud, *Ann. dr. comm.*, 1895, ıı, 215; Dalloz, *Supp.*, n° 1308; Percerou, p. 126.

loi, pour vérifier et approuver les apports, doit être calculée, à raison du nombre des associés souscripteurs d'actions payables en numéraire, abstraction faite du nombre des associés réunissant à cette dernière qualité celle d'apporteurs; et que la même méthode doit être suivie pour le calcul du quart du capital en numéraire [1].

Dans une étude spéciale, nous avons réfuté les arguments du premier système et nous nous sommes rallié au second. Nous avons considéré que si les apporteurs ayant souscrit une partie du capital en numéraire ne peuvent voter, comme souscripteurs, sur l'approbation de leurs apports (*supra*, n° 514), cette exception à la règle d'après laquelle tous les souscripteurs doivent être appelés à voter sur l'approbation des apports en comporte une autre qui en est la conséquence : c'est que les actions souscrites par les apporteurs ne doivent pas compter pour la supputation du quart du capital en numéraire que doivent représenter les souscripteurs qui approuvent les apports [2].

La Cour de cassation a tranché la question dans ce dernier sens, en rejetant le pourvoi formé contre l'arrêt de la Cour de Paris du 17 novembre 1891, lequel avait validé une société constituée avec des apports approuvés par les souscripteurs non-apporteurs ne représentant pas le quart de tout le capital en numéraire. La Cour suprême décide que l'arrêt attaqué a justement déclaré cette approbation régulière, parce qu'elle avait été donnée par une majorité d'actionnaires ayant droit de vote, qui représentait la partie du capital social en numéraire prévue par les art. 4 et 30 de la loi de 1867 [3].

Société anonyme.

520. — L'art. 4 de la loi de 1867, sur l'appréciation des apports et avantages faits aux sociétés en commandite, est déclaré applicable, par l'art. 24, aux sociétés anonymes. Mais les art. 27 et 30 soumettent les assemblées de ces dernières sociétés à des règles particulières que nous allons exposer.

521. Moitié du capital. — « *Les assemblées*, dit l'art. 30, *qui ont à délibérer sur la vérification des apports... doivent être composées d'un*

---

1. Lyon, 16 février 1881 (J. S. 1882, 685) ; Paris, 12 janv. 1887 (J. S. 1887, 772) ; 17 nov. 1891 (J. S. 1892, 194) et 3 mars 1896 (J. S. 1897, 61). *Conf.* Vavasseur, n°s 417 et 419; Tonnelier, *Des app. en nat. dans les soc. par act.*, p. 48 et suiv.; Wahl, *Augm. du cap.*, n° 66; Goirand, n° 189; Arthuys, n° 68; Floucaud-Pénardille, n° 432; Thaller, n° 536. V. aussi Nantes, 11 décembre 1897 (J. S. 1898, 130).
2. Houpin, J. S. 1892, 180.
3. Cass. civ., 6 novembre 1894 (J. S. 1895, 14). *Conf.* Cass. req., 18 octobre 1899 (J. S. 1900, 206) et 31 déc. 1906 (J. S. 1907, 413).

nombre d'actionnaires représentant la moitié au moins du capital social. Le capital social, dont la moitié doit être représentée pour la vérification des apports et avantages, se compose seulement des apports non soumis à vérification. »

Doit-on cumuler les prescriptions des art. 4 et 30, c'est-à-dire exiger, d'une part, pour la composition de l'assemblée générale, la représentation de la moitié du capital social, et, d'autre part, pour la validité du vote, la double majorité du quart en nombre et en somme? — L'affirmative a été consacrée par la jurisprudence[1]. Cette solution repose sur l'art. 24 qui déclare expressément que les dispositions de l'art. 4 sont applicables aux sociétés anonymes.

On a objecté qu'il y a dérogation à cet art. 24 par les articles postérieurs, notamment par l'art. 30, lequel n'exige pas un nombre minimum d'actionnaires présents, et qu'il suffit dès lors, pour la validité de l'assemblée générale, que la moitié du capital-espèces y soit représentée[2] (V. *suprà*, n° 519, pour le cas où les souscripteurs ayant le droit de prendre part au vote ne représentent pas la moitié du capital social.) Cette théorie nous paraît en contradiction avec l'art. 24; et nous estimons, avec la jurisprudence, que, dans les sociétés anonymes, l'assemblée générale des actionnaires appelée à statuer sur l'approbation des apports ou avantages doit représenter la moitié du capital en numéraire, et que ces apports et avantages doivent être approuvés par une majorité représentant le quart des souscripteurs et le quart du capital en numéraire (V. *suprà*, n°° 515 et suiv.).

Mais si l'assemblée générale de la société anonyme n'avait pas réuni la majorité nécessaire, elle pourrait, à une seconde réunion, approuver les apports et avantages, pourvu qu'elle soit composée d'un nombre d'actionnaires représentant le cinquième au moins du capital social (art. 30) en numéraire (*infrà*, n° 523)[3].

522. Voix. — Dans les assemblées appelées à vérifier les apports faits aux sociétés anonymes, tout actionnaire, quel que soit le nombre des actions dont il est porteur, peut prendre part aux délibérations avec le nombre de voix déterminé par les statuts, sans qu'il puisse être supérieur à dix (art. 27). Ainsi, à la différence des

---

1. Angers, 27 juillet 1887; Paris, 12 janv. 1887 et 17 nov. 1891; Seine, 8 juin 1891, *loc. cit.* V. aussi Cass., 6 nov. 1894 et 18 nov. 1899, *loc. cit.* Conf. Lacointa, Sirey, 1888, 1, p. 417; Deloison, n° 328; Floucaud-Pénardille, n° 440.
2. *Rev. des soc.*, 1888, p. 183; Lyon-Caen et Renault, n° 713; Dalloz, *Suppᵗ* n° 1306; Percerou, p. 124; Arthuys, n° 67. V. Durandy. *Les assemb. d'act. dans les soc. an.*, p. 3 et 42; Vavasseur, n° 894; Wahl, J. S. 1905, 99.
3. Houpin, J. S. 1892, 130.

assemblées constitutives des sociétés en commandite dans lesquelles chaque actionnaire ne peut avoir qu'une voix, quel que soit le nombre de ses actions, la loi permet de stipuler, aux statuts des sociétés anonymes, que chaque actionnaire aura, dans les assemblées constitutives, au moins une voix, et autant de voix qu'il possède de fois un nombre déterminé d'actions, sans pouvoir excéder dix voix, — tant en son nom que comme mandataire[1]. Dans le silence des statuts, chaque actionnaire n'aurait droit qu'à une voix.

523. Nouvelle convocation. — Il peut arriver que l'assemblée ne réunisse pas, à une première réunion, le capital exigé par la loi. Dans cette prévision, il est dit dans un paragraphe spécial de l'art. 30 de la loi, applicable aux sociétés anonymes et non aux sociétés en commandite (suprà, n° 518) : « *Si l'assemblée générale ne réunit pas un nombre d'actionnaires représentant la moitié du capital social, elle ne peut prendre qu'une délibération provisoire. Dans ce cas, une nouvelle assemblée générale est convoquée. Deux avis, publiés à huit jours d'intervalle[2], au moins un mois à l'avance, dans l'un des journaux désignés pour recevoir les annonces légales, font connaître aux actionnaires les résolutions provisoires adoptées par la première assemblée, et ces résolutions deviennent définitives si elles sont approuvées par la nouvelle assemblée, composée d'un nombre d'actionnaires représentant le cinquième au moins du capital social.* » Ce qui doit s'entendre également du capital non soumis à vérification, c'est-à-dire du capital en numéraire[3].

524. Procès-verbal. — Il doit être dressé procès-verbal des délibérations des deux assemblées générales constitutives[4]. Ce procès-verbal est écrit ordinairement sur un registre spécial et signé par les membres composant le bureau de l'assemblée. Souvent, on fait signer aussi le procès-verbal par les administrateurs et les commissaires ou les membres du conseil de surveillance, pour l'acceptation de leurs fonctions.

Décidé : 1° que le procès-verbal d'assemblée générale, qui n'est

---

1. *Conf.* Floucaud-Pénardille, **n° 444**. *Contrà*, Vavasseur, *Soc.*, n° 905 *bis* et S. 1895, 190 ; Rousseau, *Manuel*, **n° 520**. Suivant ces auteurs, le droit de vote de chaque actionnaire est individuel, et un actionnaire qui représente comme mandataire plus de dix souscripteurs peut avoir plus de dix voix. Le calcul doit se faire pour chaque actionnaire séparément. V. aussi Wahl, J. S. 1905, 193.
2. Huit jours francs. V. *Rev. prat. des soc. de Belg.*, 1889, 354.
3. Mathieu et Bourguignat, n° 201 ; Ruben de Couder, v° *Soc. an.*, n° 414 ; Lyon-Caen et Renault, n° 714. V. Houpin, *Dissert.*, J. S. 1899, 481.
4. Pont, n° 998 ; Suppl. *Dict. Not.*, v° *Soc. par act*, n° 53.

revêtu d'aucune signature, est nul[1]; 2° que, toutefois, le défaut de signatures, sur le registre des délibérations, des deux procès-verbaux d'assemblées constitutives, n'entache pas la société de nullité, lorsqu'il n'est pas contesté que les délibérations ont eu lieu dans le sens indiqué, et que des actes contenant les mêmes constatations que les procès-verbaux non signés ont été déposés chez un notaire et publiés conformément à la loi[2] (V. infrà, n° 887).

Il doit être dressé une feuille de présence des actionnaires assistant à chacune des assemblées constitutives; elle contient les noms et le domicile des actionnaires et le nombre d'actions souscrites par chacun d'eux ou à eux attribuées. Cette feuille est certifiée par le bureau de l'assemblée (V. infrà, n° 879). Ce bureau est ordinairement composé d'un président (désigné par l'assemblée, et qui est le plus souvent le fondateur ou l'un des fondateurs de la société), des deux plus forts souscripteurs présents et acceptants, et d'un secrétaire (V. infrà, n° 880).

525. Extraits. — Les copies ou extraits de ces procès-verbaux, à produire aux tiers, sont délivrés par ceux auxquels le pouvoir en a été conféré par les statuts : ordinairement le gérant et un membre du conseil de surveillance de la société en commandite, un ou deux administrateurs de la société anonyme. Dans le silence des statuts, les copies ou extraits doivent être signés par les membres du bureau qui ont signé le procès-verbal.

526. Dépôt pour minute. — Il est d'usage de déposer pour minute, à la suite des statuts, les copies, certifiées conformes, des procès-verbaux des deux assemblées générales constitutives. Bien que cela ne soit pas strictement nécessaire, nous croyons qu'il est utile de déposer en même temps un exemplaire, enregistré et légalisé, du journal contenant l'avis de convocation, la feuille de présence des actionnaires présents à chaque assemblée, et les pouvoirs (sur timbre) de ceux qui se sont fait représenter. On dépose en outre les pièces relatives à la publication de la société. De cette manière, les fondateurs et administrateurs assurent la conservation et facilitent la communication aux intéressés de toutes les pièces constatant la constitution régulière de la société.

---

1. Lyon, 26 novembre 1863 (S. 64, II, 202). Conf. Ameline, Rev. prat., t. XXXIV, p. 369; Pont, n°s 998 et 1669.
2. Paris, 29 juillet 1880 (J. S. 1881, 37); Cass., 20 décembre 1882 (S. 83, I, 198. D. 83, I, 801). V. aussi Houpin, J. S., 1888, 661 et suiv. Contrà, Choppard, R. S. 1883, 572; Vavasseur, n° 907 bis.

CHAPITRE IX

FORMALITÉS COMPLÉMENTAIRES DE CONSTITUTION

SECTION 1

SOCIÉTÉ EN COMMANDITE

527. Conseil de surveillance. — La société en commandite par actions se trouve définitivement constituée par l'accomplissement des formalités qui viennent d'être rappelées : souscription intégrale du capital social ; versement par chaque actionnaire du quart au moins (et au minimum de 25 francs) du montant des actions par lui souscrites ; déclaration par le gérant, dans un acte notarié, constatant ces souscriptions et versements, avec annexe de la liste, et, s'il y a lieu, de l'un des originaux ou d'une expédition de l'acte de société ; approbation des apports et des avantages particuliers par l'assemblée générale des actionnaires (L. 24 juillet 1867, art. 1 à 4).

Mais la loi (art. 5) prescrit, en outre, la nomination d'un conseil de surveillance, par l'assemblée générale des actionnaires, immédiatement après la constitution définitive de la société et avant toute opération sociale. Cette formalité est un complément nécessaire de la constitution, puisque le gérant ne peut commencer les opérations sociales et que la société ne peut fonctionner qu'après la nomination du conseil de surveillance. On peut même dire que cette nomination fait partie intégrante de la constitution de la société, car, d'après l'art. 7, la société est nulle si le conseil de surveillance n'a pas été nommé[1]. Nous expliquerons plus loin (n°s 694 et suiv.) tout ce qui concerne la nomination et les attributions de ce conseil.

Enfin, il y a lieu, dans le mois de la constitution, de publier la société, et de déclarer son existence à l'enregistrement (infrà, n°s 536 et 537. — Voir aussi sur les frais de constitution et de premier établissement, n° 538).

SECTION 2

SOCIÉTÉ ANONYME

Un certain nombre d'associés est nécessaire pour la formation d'une société anonyme. En outre, la société ne peut être constituée

---

1. Lyon-Caen et Renault, n° 984 ; Arthuys, n° 73. V. Pont, n° 1037.

définitivement et fonctionner qu'après avoir complété son organisation par la nomination d'administrateurs et de commissaires.

528. Minimum d'actionnaires. — La société anonyme ne peut être constituée si le nombre des associés est inférieur à sept (L. 24 juillet 1867, art. 23)[1]. Ces sept associés doivent être des actionnaires sérieux[2], et juridiquement capables au moment de la constitution[3]. Le législateur a pensé qu'une société composée de moins de sept personnes, représentant en presque totalité l'administration de la société, ressemblerait trop, dans ses relations avec les tiers, à une société en nom collectif, leur ferait illusion sur sa véritable nature et pourrait les engager ainsi dans une confiance trompeuse[4]. La dissolution de la société peut, par les mêmes motifs, être prononcée, sur la demande de toute partie intéressée, lorsqu'un an s'est écoulé depuis l'époque où le nombre des associés est réduit à moins de sept (art. 38).

529. Administrateurs. Nomination. Durée. — La société anonyme est administrée par un ou plusieurs mandataires à temps, révocables, salariés ou gratuits, *pris parmi les associés* (art. 22) (V. *infra*, nos 777 et suiv., 806, 835).

En principe, les administrateurs sont nommés par l'assemblée générale des actionnaires. Ils ne peuvent être nommés pour plus de six ans. Toutefois, ils peuvent être désignés par les statuts, avec stipulation formelle que leur nomination ne sera pas soumise à l'approbation de l'assemblée générale. En ce cas, ils ne peuvent être nommés pour plus de trois ans (art. 25). Ainsi, les premiers administrateurs peuvent être désignés soit par l'assemblée générale des actionnaires, soit par les statuts avec stipulation formelle que leur nomination ne sera pas soumise à l'assemblée générale. Dans le premier cas, la durée de leurs fonctions est de six ans au plus; dans le second cas, elle ne peut être supérieure à trois ans.

S'ils sont simplement désignés dans les statuts sans stipulation formelle que leur nomination ne sera pas soumise à l'approbation de l'assemblée générale, la qualité ne leur est acquise qu'autant que la désignation est confirmée par le vote de l'assemblée[5]. Dans cette

---

1. V. Cahors, 31 juillet 1885 (R. S. 1886, 599); Cass., 28 décembre 1891 (J. S. 1892, 343; 1893, 323); R. *Rev. prat. des soc. de Belg.*, 1896, 197.
2. Trib. de Château-Gontier, 12 janvier 1887, et C. d'Angers, 27 juillet 1887 (J. S. 1889, 24). V. Cass., 20 novembre 1888 (J. S. 1889, 10); Nantes, 9 octobre 1897 (J. S. 98, 355); Seine, 22 juin 1898 (J. S. 99, 95); Seine, 9 déc. 1903 (J. S. 1904, 222).
3. Alger, 19 juin 1895 (J. S. 1897, 53).
4. Pont, no 1058.
5. Bédarride, no 373.

hypothèse, nous estimons que c'est pour six ans, et non pour trois ans seulement, que les premiers administrateurs peuvent être nommés, la nomination étant faite en réalité par l'assemblée générale[1]. Il en est de même si les statuts expriment que les administrateurs ne sont désignés que sauf confirmation par l'assemblée générale des actionnaires [2] (*infrà*, n° 780).

La désignation anticipée des membres du futur conseil d'administration, par une convention privée de certains actionnaires, ne saurait vicier la constitution de la Société, car elle laisse subsister dans leur intégrité les droits de l'assemblée générale [3].

Lorsque les fondateurs sont les seuls actionnaires, ils peuvent se réunir en assemblée générale pour constituer la société, et se désigner comme administrateurs [4].

530. Commissaires. — L'assemblée générale annuelle désigne un ou plusieurs commissaires, associés ou non, chargés de faire un rapport à l'assemblée générale de l'année suivante sur la situation de la société, sur le bilan et sur les comptes présentés par les administrateurs (L. 24 juillet 1867, art. 32). A la différence des administrateurs, les commissaires ne peuvent être désignés par les statuts; ils doivent toujours être nommés par l'assemblée générale des actionnaires (*infrà*, n°s 843 et suiv.)

531. Assemblée générale. — Une assemblée générale est, dans tous les cas, convoquée à la diligence des fondateurs, postérieurement à l'acte qui constate la souscription du capital social et le versement légal sur le capital en numéraire. Cette assemblée nomme les premiers administrateurs; elle nomme également, pour la première année, les commissaires institués par l'art. 32 (L. 24 juillet 1867, art. 25). Lorsqu'il n'y a pas d'apports en nature ni d'avantages particuliers, cette assemblée est celle qui, aux termes de l'art. 24, est appelée à vérifier la sincérité de la déclaration de souscription et de versement. Dans le cas contraire, la deuxième assemblée générale qui, d'après l'art. 4, doit statuer sur l'approbation des apports et avantages, a qualité pour procéder à la nomination des premiers administrateurs et des commissaires[5].

532. Composition et vote. — L'assemblée qui a à délibérer sur la nomination des administrateurs et des commissaires (et aussi sur

---

1. *Conf.* Pont, n° 1064; Arthuys, n° 76.
2. Vavasseur, n° 794.
3. Cass., 20 novembre 1888 (J. S. 1889, 10).
4. Saint-Étienne, 16 juin 1892 (R. S. 1892, 354).
5. Pont, n° 1062.

la sincérité de la déclaration de souscription et de versement) doit être composée d'un nombre d'actionnaires représentant la moitié au moins du capital social. Si l'assemblée générale ne réunit pas un nombre d'actionnaires représentant la moitié du capital, elle ne peut prendre [qu'une délibération provisoire. Dans ce cas, une nouvelle assemblée générale est convoquée. Deux avis, publiés à huit jours d'intervalle, au moins un mois à l'avance, dans l'un des journaux désignés pour recevoir les annonces légales, font connaître aux actionnaires les résolutions provisoires adoptées par la première assemblée, et ces résolutions deviennent définitives, si elles sont approuvées par la nouvelle assemblée, composée d'un nombre d'actionnaires représentant le cinquième au moins du capital social (L. 24 juillet 1867, art. 30) tout entier[1].

Les délibérations sont prises à la majorité des voix des actionnaires présents, sans qu'un actionnaire puisse réunir plus de dix voix (L. 24 juillet 1867, art. 27) (V. *suprà*, n° 522).

Il n'est pas nécessaire que le vote sur la nomination des administrateurs et des commissaires réunisse la majorité absolue des votants ; il suffit de la majorité relative[2].

533. Acceptation. — Le procès-verbal de la séance constate l'acceptation des administrateurs et des commissaires présents à la réunion (L. 24 juillet 1867, art. 25).

Les administrateurs et les commissaires doivent donc accepter les fonctions qui leur ont été conférées par l'assemblée générale des actionnaires, ou par les statuts en ce qui concerne les administrateurs. S'ils sont présents à la réunion, ils acceptent séance tenante, et le procès-verbal de la délibération le constate. Mais s'ils sont absents et s'ils ne sont pas représentés par un mandataire qui ait pouvoir d'accepter pour eux, comment doit-on procéder ? — On admet généralement, dans ce cas non prévu par la loi, que l'acceptation pourra être faite par un acte ultérieur, authentique ou sous seing privé, lequel devra être annexé au procès-verbal[3], ou déposé pour minute, avec la copie de ce procès-verbal, à la suite des statuts. A défaut d'acte spécial — qui n'est prescrit à peine de nullité par aucun texte — l'acceptation des administrateurs et des commissaires résulterait des faits qui, dans le silence de la loi sur le mode de preuve, peuvent être consultés, et que les tribunaux apprécient sou-

---

1. V. sur l'application de l'art. 30, Houpin, J. S. 1899, 482.
2. Seine, 29 juin 1870 ; Vavasseur, n° 791.
3. Mathieu et Bourguignat, n° 187 ; Pont, n° 1066.

verainement[1]. Elle résulterait notamment, en ce qui concerne les administrateurs, de leur concours aux délibérations du conseil d'administration. Si les administrateurs ont été désignés par les statuts et y ont été parties comme fondateurs, leur acceptation résulterait des statuts eux-mêmes[2].

534. Procès-verbal. Extraits. Dépôt. — Il doit être dressé un procès-verbal de chacune des délibérations constitutives. (Voir, en ce qui concerne la forme de ces procès-verbaux, les copies ou extraits à en délivrer, et leur dépôt pour minute, *supra*, n°s 524 à 526.)

535. Constitution de la société. — La société anonyme se trouve constituée à partir de l'acceptation des administrateurs et des commissaires (L. 24 juillet 1867, art. 25)[3].

La constitution définitive ne résulte que de l'acceptation de leurs fonctions par tous les administrateurs et les commissaires nommés. Toutefois, s'il était stipulé statutairement que le conseil d'administration sera composé de tant de membres au moins et tant de membres au plus, l'assemblée pourrait déclarer la société constituée, bien que tous les administrateurs n'aient pas accepté, si ceux qui acceptent représentent au moins le minimum statutaire[4].

Une société peut n'être constituée que sous une condition suspensive, dans le cas notamment où, ayant pour objet l'exploitation de chemins de fer d'intérêt local, elle doit obtenir une déclaration d'utilité publique[5].

Lorsqu'un contrat, approuvé par toutes les parties intéressées, contient les conditions de constitution d'une société anonyme, et que cette société n'a pas été définitivement constituée par l'accomplissement des formalités de la loi de 1867, les conditions imposées par un tel contrat constituent une obligation de faire pouvant, en cas d'inexécution, se résoudre en dommages-intérêts[6].

536. Publication. — Enfin, lorsque la société en commandite ou anonyme est définitivement constituée, il reste encore une formalité

---

1. Bédarride, n° 375; Cass., 13 nov. 1876 (D. 78, 1, 6); Lyon, 11 août 1882 et les conclusions de M. Baudouin, av. gén. (J. S. 1884, 273); trib. Lyon, 9 févr. 1899 (J. S. 1899, 470).
2. Pont, n° 1067.
3. Lyon-Caen et Renault, n° 723; Mathieu et Bourguignat, n°s 74 et suiv.; Rousseau, n°s 1210 et 1211. V. notre article contenant un résumé complet des formalités constitutives, J. des Not., art. 25261.
4. Lyon, 11 août 1882, *loc. cit.*
5. Toulouse, 5 juill. 1887 (D. 88, II, 231). V. aussi Cass., 20 déc. 1887 (D. 88, 1, 377).
6. Trib. Lyon, 29 avril 1893 (J. S. 1894, 31). V. les autres décisions citées, *supra*, n° 30.

essentielle à remplir. Elle doit être publiée, dans le mois de sa constitution, à peine de nullité à l'égard des intéressés (L. 24 juillet 1867, art. 55 et suiv.). Nous expliquerons, dans un titre spécial, les dispositions relatives à la publication des actes de société (infrà, n° 992 et suiv.)

537. Déclaration d'existence. — Les sociétés par actions sont tenues de faire, au bureau de l'enregistrement du lieu où elles ont leur principal établissement, une déclaration d'existence, dans le mois de leur constitution définitive, sous peine d'une amende de 100 fr. à 5,000 fr. en principal (V. infrà, Droit fiscal).

538. Frais de constitution et de premier établissement. — Les frais de premier établissement d'une société par actions comprennent, en premier lieu, les frais faits pour la constitution de la société et ses suites (statuts, publication, impression de titres, etc.). Ils comprennent aussi les commissions qui ont pu être payées aux banquiers ou établissements financiers chargés de l'émission publique des actions en vue de sa constitution.

En l'absence d'une disposition spéciale dans les statuts, la société ne peut être liée par les traités passés avec une maison de banque, par le fondateur d'une société anonyme, allouant à cette maison une commission importante pour frais de constitution et d'émission. Le fondateur ne peut engager par un traité une société qui n'est pas encore constituée[1].

Les sommes pouvant être dues aux banquiers pour placement de titres ne peuvent être payées qu'après la constitution définitive de la société (suprà, n° 460) et après approbation des traités intervenus avec eux, par l'assemblée générale des actionnaires[2]. Il a été décidé à cet égard : 1° que les frais de premier établissement peuvent, surtout en vertu d'un vote unanime de l'assemblée générale, comprendre une dette contractée en vue de la fondation de la société et les commissions payées d'après l'usage aux intermédiaires et courtiers d'assurance[3] ; 2° que les actionnaires ne sont pas fondés à critiquer comme excessives les redevances allouées au banquier émetteur, chargé de l'émission des actions, alors qu'elles ont fait l'objet de traités approuvés par l'assemblée générale[4].

V. Paris, 1er juin 1889 (R. S. 1889, 573) ; Cass., 18 juillet 1865 (S. 65, 1, 370) ; Paris, 10 août 1888 (R. R. 1889, 13) ; R. S. 1889, 573 ; Besançon, 3 août 1898 (J. S. 1900, 14) ; Cass., 28 oct. 1901 et note (J. S. 1904, 201) ; J. S. 1909, 186 et 221.
2. V. Seine, 2 janvier 1899 (J. S. 1899, 221) ; Cass., 28 oct. 1901, loc. cit. ; Le Havre, 30 janv. 1905 (J. S. 1906, 132) ; Paris, 2 janv. 1906 (J. S. 1906, 211) ; Le Havre, 11 avril 1905 (J. S. 1907).
3. Paris, 1er août 1888 (R. S. 1889, 10). V. Orléans, 15 février 1888 (R. S. 1888, 307).
4. Seine, 21 janvier 1889 (J. S. 1890, 130).

La commission allouée au banquier a une cause légitime lorsqu'il sert d'intermédiaire pour le placement des actions qu'il fait souscrire par d'autres; mais elle rendrait critiquable la constitution de la société si les actions étaient souscrites par le banquier, même pour les placer ensuite dans le public, car il y aurait souscription au-dessous du pair (V. *suprà*, n° 444). Toutefois, la commission du banquier est justifiée même dans le cas où il souscrit une partie des actions, s'il a garanti la souscription intégrale[1].

Les administrateurs ne sont pas tenus, la première année, de porter en perte les frais de premier établissement de la société; il est conforme à l'usage et aux règles générales de l'inventaire que ces frais soient amortis en plusieurs années pour ne pas charger d'une dépense excessive la première année[2].

---

1. Houpin, J. S. 1902, 145. V. Lyon, 20 février 1903 (J. S. 1904, 21); Rennes, 18 févr. 1907 (J. S. 1909, 171); Amiens, 2 mai 1907 et note (J. S. 1908, 302).
2. Seine, 28 mars 1887 (J. S. 1890, 104); Nantes, 20 juin 1885 (J. S. 1886, 581). V. Douai, 3 fév. 1910 (J. S. 1910, 419).

TITRE TREIZIÈME

DE LA NULLITÉ DES SOCIÉTÉS PAR ACTIONS ET DE LA RESPONSABILITÉ EN RÉSULTANT

CHAPITRE PREMIER

DE LA NULLITÉ

SECTION 1

CAUSES — JUGEMENT — EFFETS — PARTIES INTÉRESSÉES

539. Loi. — Est nulle et de nul effet, à l'égard des intéressés, toute société en commandite par actions constituée contrairement aux prescriptions des art. 1, 2, 3, 4 et 5 de la loi du 24 juillet 1867, et toute société anonyme pour laquelle n'ont pas été observées les dispositions des art. 22, 23, 24 et 25 de ladite loi (même loi, art. 7 et 41).

540. Causes de nullité. — La nullité de la société est la sanction première et principale des prescriptions imposées par la loi pour la constitution des sociétés par actions. Ainsi, la société en commandite par actions ou la société anonyme est nulle :

1° Si elle émet des actions ou coupures d'actions de moins de 25 fr., lorsque le capital n'excède pas 200,000 fr., et de moins de 100 fr., lorsqu'il est supérieur (*suprà*, n°⁸ 289 et suiv.) ;

2° Si elle est constituée avant la souscription de la totalité du capital social (*suprà*, n°⁸ 442 et suiv.) et le versement légal par chaque actionnaire (*suprà*, n°⁸ 435 et suiv.). Il en serait de même si les versements avaient été fictifs, ou si la société n'avait été formée qu'au moyen de prête-noms complaisants auxquels devaient plus tard être substitués des souscripteurs plus sérieux[1] ;

3° Si les souscriptions et versements n'ont pas été dûment constatés par une déclaration notariée[2] du gérant ou des fondateurs, avec annexe de la liste des souscripteurs et de l'état des versements, et, s'il y a lieu, des statuts (*suprà*, n°⁸ 463 et suiv.) ; ou si la déclaration a été faite faussement[3] ;

4° Si cette déclaration notariée n'est pas soumise à la première assemblée générale (si la société est anonyme), qui en vérifie la sincérité (n°⁸ 472 et suiv.) ;

5° Si les actions ou coupures d'actions ont été stipulées négociables avant le versement légal, ou même avant la constitution de la société (*suprà*, n°⁸ 321 et suiv.) ; et si les actions d'apport ont été stipulées négociables avant l'expiration des deux ans qui suivent la constitution définitive de la société (n°⁸ 326 et suiv.) ;

6° Si les actions ont été créées en titres [au porteur avant leur entière libération (n° 306). Mais lorsque les statuts ont autorisé la conversion au porteur des actions libérées de moitié dans les termes de l'ancien art. 3 de la loi de 1867, la conversion irrégulièrement faite postérieurement à la constitution ne saurait entraîner la nullité de la société régulièrement constituée à son origine[4] (*infrà*, n° 541) ;

7° Si les apports en nature et les avantages particuliers n'ont pas été vérifiés et appréciés par l'assemblée générale des actionnaires, dans les conditions déterminées par les art. 4, 24, 27 et 30 (n°⁸ 496 et suiv.)[5] ;

---

[1] Aix, 16 mai 1880 (S. 80, ii, 439).
[2] V. Cass., 30 janvier 1893 (J. S. 1894, 232).
[3] Cass., 12 avril 1864 (S. 64, i, 169) ; Mornard, p. 239.
[4] Lyon, 11 août 1882 ; Paris, 23 avril 1884 (R. S. 1883, 157 ; 1886, 475).
[5] V. Lyon, 6 février 1868 (S. 68, ii, 165).

8° S'il n'a pas été nommé, par l'assemblée générale de la société en commandite, un conseil de surveillance, avant toute opération sociale (art. 5) (*suprà*, n° 527);

9° S'il n'a pas été nommé, par l'assemblée générale de la société anonyme, les premiers administrateurs, pris parmi les actionnaires, et les commissaires pour la première année (*suprà*, n°⁵ 529 et suiv.; *infrà*, n°ˢ 780 et 835);

10° Si les assemblées constitutives n'ont pas été composées régulièrement[1];

11° Si la société anonyme a été constituée avec un nombre d'associés inférieur à sept[2] (*suprà*, n° 528); si, notamment, parmi les sept associés fondateurs, plusieurs d'entre eux n'étaient que des souscripteurs fictifs, prête-noms d'un autre associé[3];

12° Si la société n'a pas été régulièrement publiée dans le mois de sa constitution (*infrà*, n°ˢ 992 et suiv.).

541. Formalités constitutives. — Les art. 7 et 41 ne prononcent la nullité de la société que pour le cas seulement où la société a violé la loi dans l'un de ses éléments constitutifs. Les dispositions impératives de ces articles sont restreintes et limitées aux vices inhérents à la constitution même de la société; elles ne s'étendent pas aux actes irréguliers postérieurs à la constitution[4]. Les faits postérieurs à la constitution sont seulement susceptibles de motiver une dissolution[5], ou la nullité des délibérations irrégulièrement prises[6].

542. Action judiciaire. — La nullité édictée par la loi n'opère pas de plein droit; elle doit être judiciairement prononcée[7]; jusque-là, la société existe. Mais dès que la nullité est demandée par un intéressé, les tribunaux ne peuvent se dispenser de la prononcer, si la cause en est justifiée[8].

La demande en nullité est recevable, même lorsqu'elle n'est pas accompagnée d'une action en responsabilité contre les fondateurs ou administrateurs[9].

---

1. Dijon, 25 janvier 1884 (R. S. 1885, 22).
2. Voir sur ces diverses causes de nullité : Pont, n°ˢ 1234 et 1235; Vavasseur, n° 711; Ruben de Couder, v° *Soc. en comm.*, n° 164.
3. Cass., 28 décembre 1891 (J. S. 1892, 343).
4. Grenoble, 28 décembre 1871 (D. 73, II, 206); Cass., 14 juillet 1873 (S. 74, I, 125) et 21 juillet 1879 (J. S. 1880, 14); Lyon, 11 août 1882 (J. S. 1884, 273); Paris, 23 août 1884 et 1er août 1885 (J. S. 1886, 319).
5. Grenoble, 28 décembre 1871; Paris, 23 avril 1884 (J. S. 1884, 185).
6. Lyon, 11 août 1882, *loc. cit.*; Pont, n° 1692.
7. Marennes, 28 juillet 1896 (J. S. 1896, 511); Douai, 15 novembre 1900 (J. S. 1901, 302). V. Marseille, 18 mars 1895 (J. S. 1896, 82).
8. Lyon-Caen et Renault, n° 217: Mornard, p. 240; Pont, n° 1236.
9. Paris, 1er août 1888 (R. S. 1889, 10). V. Cass., 11 décembre 1888 (art. 24169, J. N.).

Elle doit être formée contre les représentants de la société, c'est-à-dire le gérant, ou le conseil d'administration, ou le liquidateur si elle est dissoute, et contre ceux (fondateurs, etc.) qui sont responsables de la nullité [1]; elle serait non recevable si elle était intentée contre les fondateurs personnellement, sans que la société soit mise en cause [2] (V. infrà, n° 609).

Décidé qu'un actionnaire ne peut exciper d'une demande en nullité de la société, par lui formée, pour exiger la communication des livres et documents concernant la formation et l'administration de la société ; il ne peut demander communication que des documents énoncés aux art. 35 et 63 de la loi de 1867 [3] (V. infrà, n° 896).

L'introduction d'une action mal fondée ne peut servir de base à une demande en dommages-intérêts, si le demandeur n'a pas agi dans un but vexatoire, et si, d'ailleurs, le défendeur ne démontre pas avoir éprouvé de préjudice par l'introduction de la demande [4].

543. Compétence. — La nullité peut être demandée par voie d'action principale, ou opposée par voie d'exception [5], ou, d'une manière accessoire, au cours d'une instance engagée dans un intérêt qui se trouve lié à l'existence de la société.

Dans le premier cas, l'action doit nécessairement être portée devant le tribunal du lieu où est le siège social [6]. Si la société est commerciale, c'est le tribunal de commerce qui est compétent [7], alors même que, parmi les moyens invoqués à l'appui de la demande, il s'en trouve un tiré de l'interprétation d'une disposition de droit civil [8]. S'il s'agit d'une société, civile par son objet, constituée avant la loi du 1er août 1893, l'action en nullité doit être soumise au tribunal civil.

Dans le second cas, le juge de l'action, ou celui appelé à statuer sur l'intérêt à l'occasion duquel l'existence légale de la société est mise en question, est naturellement celui de l'exception [9].

1. V. J. S. 1896, 511 ; 1902, 181 ; 1903, 302 ; D. 1901, II, 377.
2. Paris, 9 février 1887 (R. S. 1887, 428) ; Cass., 21 juillet 1890 (J. S. 1891, 266). V. Seine, 30 avril 1889 (R. S. 1889, 451) ; Goirand, n° 375.
3. Seine, 17 décembre 1896 (J. S. 1897, 135).
4. Riom, 30 avril 1894 (J. S. 1895, 105) ; trib. Lyon, 13 août 1900 (J. S. 1901 266).
5. Cass., 21 oct. 1895 (J. S. 96, 13) ; J. S. 1902, 159 ; 1906, 312 ; 1908, 310.
6. Cass., 11 juin 1888 (D. 89, I, 293). V. Amiens, 24 décembre 1886 (Siège fictif) ; Dalloz, Supp., n° 2220 ; Seine, 7 juillet 1897 (J. S. 1898, 76).
7. Lyon, 30 juillet 1832 (S. 33, II, 104) ; Cass., 17 avril 1834 (S. 34, I, 276), 18 novembre 1835 (S. 36, I, 387), 3 août 1836 (S. 36, I, 629) ; Despréaux, Compét. des trib. de comm., n° 577 ; Orillard, Compét. et proc. des trib. de comm., n° 52 ; Mongier, Des trib. de comm., des comm. et des actes de comm., n° 21.
8. Cass., 10 novembre 1897 (J. S. 1898, 12 ; S. 97, I, 505).
9. Pont, n° 1238.

La nullité de la société peut être opposée pour la première fois en appel; elle n'est qu'un moyen de défense à l'action principale[1]. Mais elle ne saurait l'être utilement devant la Cour de cassation, quand le moyen de nullité n'a pas été soumis aux juges du fond[2].

Il a été décidé : 1° que celui qui a formé une demande en dissolution ne s'est pas pour cela rendu non recevable à en demander la nullité dans le cours de la même instance[3]; 2° que la demande en nullité subsidiairement motivée par le fait que le nombre des associés était inférieur à sept, n'est pas une demande nouvelle, mais basée sur un moyen nouveau, et sur laquelle il peut être statué, nonobstant le rejet de la demande en nullité qui avait été fondée sur le caractère prétendu fictif des apports[4]; 3° que les parties sont recevables à proposer pour la première fois en appel, le moyen tiré, par exemple, de l'irrégularité des actions d'apport, alors que les conclusions prises en première instance tendaient aux mêmes fins en se fondant sur l'insuffisance des versements[5].

544. Dissolution. Faillite. — La nullité de la société peut être demandée, même après la dissolution de la société[6] et sa liquidation[7], si la nullité doit produire pour le demandeur des résultats différents de ceux qui sont la conséquence de la dissolution. La demande doit être repoussée, si elle est sans intérêt[8].

La déclaration de faillite ou de liquidation judiciaire de la société n'est pas non plus un obstacle à la demande en nullité de la société[9].

545. Effets du jugement. — Les effets du jugement qui a prononcé la nullité de la société ne sont pas limités à celui qui l'a obtenu : la société est annulée à l'égard de tous autres intéressés, et toute demande nouvelle serait sans objet et irrecevable[10]. Mais comme

---

1. Paris, 29 décembre 1885, *loc. cit.*
2. Cass., 24 janvier 1872 (D. 72, 1, 300).
3. Colmar, 5 mai 1825 (S. Chr.).
4. Lyon, 13 avril 1897 (J. S. 1897, 424). V. Douai, 18 juillet 1895 (J. S. 1899, 117).
5. Lyon, 25 avril 1885 (J. S. 1886, 148).
6. Cass., 3 juin 1862 (S. 63, 1, 189); Lyon, 9 février 1883 (D. 83, 11, 113); Paris, 23 avril 1884 (D. 84, 11, 206); J. S. 1897, 367; 1905, 228; 1908, 418.
7. Cass., 7 mars 1849 (S. 49, 1, 397); Lyon, 9 février 1883 (R. S. 1883, 210); Paris, 23 avril 1884 (D. 84, 11, 206); Douai, 13 août 1885 (J. S. 1887, 446); Pont, n° 4240, V. cep. Cass., 24 janv. 1872 (S. 72, 1, 380).
8. Cass., 7 juillet 1873 (S. 73, 1, 388). V. aussi Lyon, 8 mai 1884 (R. S. 1884, 502) et Cass., 3 juin 1885 (R. S. 1885, 467); Angers, 19 mai 1891 (D. 92, 11, 81); Agen, 23 juin 1903 (J. S. 1903, 513); Cass., 23 av. 1907 (D. 1910, 1, 533).
9. Lyon, 9 fév. 1883 et 8 mai 1884 (*loc. cit.*); Nancy, 9 fév. 1901 (J. S. 1901, 408).
10. Cass., 2 juillet 1873 (S. 73, 1, 306) et 18 juin 1902 (S. 03, 1, 385 et note Wahl); R. S. 1886, 271. *Contrà*, Lyon-Caen et Renault, n° 231; Arthuys, n° 1f7; Bruxelles, 14 nov. 1892 (*Rev. pr. S. B.*, 1892, 353). V. Cass., 30 mars 1908 et note Wahl (S. 1910. 1, 193).

l'action en nullité appartient à chaque intéressé, **la décision qui repousse la demande en nullité introduite par un actionnaire n'est pas opposable à un autre actionnaire renouvelant la même demande,** les actionnaires n'ayant pas qualité pour se représenter les uns les autres[1]. Le second actionnaire, au lieu de former une demande nouvelle, est fondé à former tierce-opposition à la première décision[2].

L'ordonnance de non-lieu rendue au profit des fondateurs et administrateurs inculpés d'infractions à la loi de 1867, parce que les faits ne sont pas suffisamment prouvés au point de vue pénal, ne permet pas d'invoquer l'exception de chose jugée contre une demande civile tendant à la déclaration de nullité de la société et à **la responsabilité** des fondateurs et administrateurs[3].

L'effet de la nullité est indivisible en ce sens que l'arrêt qui la prononce, en déterminant ceux qui ont été les fondateurs et les administrateurs, statue définitivement sur leurs qualités[4].

546. Tiers. — La nullité de la société ne peut être opposée par les associés aux tiers (L. 24 juillet 1867, art. 7), c'est-à-dire à quiconque n'a pas été partie à la convention, comme les créanciers sociaux, ou les créanciers personnels des associés[5]. Ceci s'applique aux sociétés anonymes aussi bien qu'aux sociétés en commandite. Il est vrai que l'art. 41 ne dit pas expressément, comme l'art. 7, que la nullité n'est pas opposable aux tiers par les associés; mais c'est là une omission involontaire. Il résulte des travaux préparatoires que le législateur a voulu établir, sous ce rapport, aucune différence[6].

En conséquence, l'actionnaire poursuivi par un créancier, en paiement de sa mise, ne peut s'y soustraire en opposant la nullité de la société (V. *suprà*, n° 315); ce dernier a le droit de considérer la société comme nulle ou comme valable, suivant son intérêt[7]. Il n'importe, du reste, que les actionnaires aient eu connaissance ou non du vice de constitution de la société[8].

---

1. Cass., 25 janv. 1881 (D. 84, 1, 253); J. S. 1905, 228; 1904, 91; 1907, 364.
2. Cass., 5 janvier 1880 (J. S. 1884, 360). **V.** sur le droit pour l'un des auteurs de la nullité de former tierce-opposition : Seine, 30 mars 1893 (R. S. 1893, 284); Goirand, n° 445.
3. Seine, 14 mai 1892 (J. S. 1892, 535).
4. Toulouse, 4 juin 1895 (J. S. 1896, 353).
5. Seine, 15 avril 1897 (J. S. 1897, 326).
6. Tripier, t. I, p. 180; Pont, n° 1244; Lyon-Caen et Renault, n° 781; Mathieu et Bourguignat, n° 240; Bédarride, n°s 476 et suiv.; Paris, 5 février 1872 (S. 73, II, 75).
7. Boistel, n° 273; Pont, n° 1243; Mornard, p. 242 et 243; Suppl. *Dict. not.*, v° Soc. par act., n° 90. V. Paris, 5 février 1872 (S. 73, II, 75).
8. Demangeat sur Bravard, p. 157 et 158; Rivière, n° 70; Alauzet, n° 667; Pont, n° 1243; Mornard, p. 242; Lyon-Caen et Renault, n° 781; Cass., 25 février 1885 (J. S. 1891, 548). *Contrà*, Bravard, *loc. cit.*

547. Syndic. — La nullité de la société ne peut non plus être opposée par les actionnaires au syndic qui représente la masse des créanciers. Les actionnaires ne seraient donc pas fondés à se soustraire aux paiements qui leur sont réclamés par le syndic, en invoquant la nullité de la société, ni à retarder ces paiements sous prétexte qu'ils auraient une action en responsabilité à intenter contre les fondateurs et administrateurs de la société (*suprà*, n° 315).

548. Liquidateur. — Les liquidateurs peuvent aussi procéder à des appels de fonds, nonobstant la nullité de la société[1] (V. *suprà*, n° 315).

549. Faillite. Concordat. — La nullité d'une société ne fait pas, en principe, obstacle à ce que cette société soit déclarée en faillite (V. *infrà*, n° 569)[2]. Mais une société dissoute et frappée de nullité ne peut obtenir un concordat[3]. Cependant des décisions ont homologué le concordat de la Banque de Lyon et de la Loire[4]; mais, en réalité, il s'agissait, dans cette affaire, d'une transaction et non d'un véritable concordat[5].

550. Intéressés. — La nullité de la société peut être invoquée par les intéressés. L'intérêt qu'une personne doit avoir pour demander cette nullité est un intérêt juridique provenant de ce qu'elle a contracté avec la société ou les associés, et de ce que sa situation serait améliorée si la nullité de la société était prononcée[6].

Ainsi, il faut ranger parmi les personnes intéressées ayant le droit de faire prononcer la nullité de la société : 1° les actionnaires ; 2° les créanciers sociaux ; 3° les créanciers personnels des associés ; 4° le syndic de la faillite et le liquidateur de la société ; 5° les propriétaires de parts de fondateur[7].

---

1. Paris, 14 juin 1888 (R. S. 1888, 467).
2. Bordeaux, 8 décembre 1870 (D. 72, II, 22); Paris, 5 février 1872 (S. 73, I, 75); Cass., 15 mars et 29 juin 1875 (S. 75, I, 260 et 358), 25 février 1879 (D. 80, I, 20); Lyon, 21 décembre 1883 (R. S. 1885, 18), 18 mars et 16 mai 1884 (J. S. 1886, 28 et 97); Douai, 28 décembre 1885; trib. Angers, 13 avril 1886 (R. S. 1886, 166 et 469); Cass., 12 nov. 1894 (R. S. 1895, 10), 3 avril 1895 (J. S. 1895, 390) et 5 juill. 1900 (J. S. 1900, 491); Lyon-Caen et Renault, n° 239; Ruben de Couder, v° *Soc.*, n° 393; Pascaud, R. S. 1891, 175 et 228. *Contrà*, Caen, 18 mai 1864 (S. 65, II, 103); Orléans, 9 août 1865 (S. 66, II, 5); Cass., 24 août 1863 (D. 63, I, 353); Paris, 3 mars 1875 (D. 76, II, 103); trib. Bruxelles, 10 février 1883 (J. S. 1890, 279); Bordeaux, 5 août 1896 (J. S. 1897, 66); Vavasseur, n° 713 *bis*; *Rev. des soc.*, 1884, p. 502. V. Rousseau, *Rép. de doct. et de jur. en mat. de soc. comm.*, p. 158 et suiv. V. aussi Rouen, 5 janvier 1898 (J. S. 1898, 344); Lyon-Caen et Renault, t. VIII, n° 1141.
3. Lyon-Caen et Renault, t. VIII, n° 1208, et *Rev. crit.*, 1885, 297; Pic, *Ann. de dr. comm.*, 1887, 137, et *Tr. des faill.*, 184; Duvivier, *Tr. des faill. des soc.*, 197.
4. Lyon, 18 mars 1884 (J. *des faill.*, 1884, 195; D. 84, I, 211).
5. Pic, *loc. cit.*
6. Douai, 15 novembre 1900 (J. S. 1901, 302). V. J. S, 1906, 312; 1910, 512.
7. Seine, 12 août 1891 (J. S. 1891, 175); Wahl, J. S. 1897, 241 et 242. V. Paris, 3 mars 1896 (J. S. 1897, 61) et 13 janvier 1899 (J. S. 1899, 173).

551. Actionnaires. — Chacun d'eux (souscripteur ou acheteur)[1] a le droit de demander la nullité de la société[2], même le gérant[3], même un fondateur, sauf à lui à répondre s'il y a lieu de cette nullité[4], même, suivant plusieurs décisions, l'actionnaire qui n'a effectué qu'un versement incomplet sur ses actions et qui a néanmoins approuvé la sincérité de la déclaration notariée[5].

Le détenteur d'actions au porteur en étant réputé propriétaire peut demander la nullité de la société, sans qu'aucune fin de non-recevoir lui soit opposable[6], sauf le cas de dol ou fraude[7].

Ne sont pas fondés à demander la nullité de la société : 1° les acheteurs d'actions nominatives qui ne figurent ni sur la liste des souscripteurs originaires, ni sur les registres de transfert[8] ; 2° les actionnaires dont les actions ont été vendues faute par eux d'avoir répondu à un appel de fonds[9].

Toute stipulation qui tenterait d'enlever la poursuite aux actionnaires individuellement, pour la conférer à l'assemblée générale, serait illicite[10]. En conséquence, la clause statutaire soumettant les actions judiciaires à l'autorisation préalable de l'assemblée générale (V. infrà, n° 757) n'est pas applicable lorsque l'action a pour but la nullité de la société[11]

1. Paris, 14 av. 1892 (J. S. 92, 356) ; Marseille, 22 août 1899 (J. S. 1900, 80) ; ou son syndic. V. Cass., 25 mars 1890 (R. S. 91, 7) ; J. S. 1899, 173 ; 1905, 228 et 397.
2. Cass., 2 juillet 1817 et 22 mars 1844 (D. 45, I, 113) ; Paris, 16 juillet 1869 (D. 70, I, 333) ; 5 août 1869 (S. 70, II, 33), 16 avril 1870 (D. 70, II, 121) ; Pont, n° 1247. V. toutef. Montdidier, 9 avril 1886 (R. S. 1886, 324). V. Ann. dr. comm., 1903, 307.
3. Cass., 3 juin 1862 (S. 63, I, 189) et 22 novembre 1869 (S. 70, I, 55) ; Lyon, 1 février 1883 (D. 83, II, 413) ; Mathieu et Bourguignat, n° 70 ; Pont, n° 1247.
4. Agen, 7 mars 1889 (J. S. 1891, 266) ; Besançon, 3 août 1898 (J. S. 1900, 14). V. Lyon, 13 avril 1897 (J. S. 1897, 434).
5. Paris, 1er août 1888 (J. S. 1891, 560), et 29 juin 1889 (R. S. 1890, 43) ; Alger, 19 juin 1895 (J. S. 1897, 53) ; Floucaud-Penardille, note, D. 97, II, 489. Contrà, Paris, 2 août 1890 (J. S. 1891, 389) ; Seine, 12 juin 1897 (J. S. 1897, 469). M. Floucaud-Penardille critique ce jugement par les principaux motifs suivants : sous l'empire de la loi de 1867 la nullité d'une société anonyme pour défaut de versement du quart était d'ordre public. Le caractère de cette nullité n'a pas été altéré par la loi de 1893. Même sous l'empire de cette dernière loi, la renonciation au droit de se prévaloir du vice qui infecte l'acte social serait impuissante à éteindre l'action en nullité, et laisse subsister cette action même au profit des renonçants. La loi de 1893 n'attache l'effet de l'extinction de l'action en nullité, en dehors de la prescription décennale, qu'à la cessation de la cause génératrice de la nullité. Ainsi la société est-elle nulle pour défaut de souscription intégrale, pour défaut de versement du quart, la nullité ne sera pas couverte par la ratification formelle qui en aura été consentie par les actionnaires ; il faudra que la souscription ait été complétée, que le versement du quart ait été opéré. V. J. S. 1902, 451 ; 1905, 397.
6. Seine, 12 mai 1888 (R. S. 1888, 445) ; Toulouse, 4 juin 1895 (J. S. 1896, 353).
7. Seine, 12 mars 1884 ; Paris, 23 avril 1884 (R. S. 1886, 475 ; D. 82, II, 206).
8. Paris, 9 février 1883 (D. 83, II, 113).
9. Cass., 23 décembre 1885 (D. 86, I, 261).
10. Vavasseur, n°s 712, 740 et 746.
11. Agen, 19 mars 1886 (J. S. 1887, 205) ; Seine, 24 juin 1887 (R. S. 1887, 589),

552. Créanciers sociaux. — Les créanciers sociaux sont fondés à demander la nullité de la société [1], même s'ils avaient personnellement connaissance de la cause de nullité au moment où ils ont traité avec la société. Il a été décidé que la disposition de l'art. 7 de la loi du 24 juillet 1867, portant que la nullité ne peut pas être opposée aux tiers par les associés, est générale et ne distingue pas entre les tiers de bonne foi et ceux qui auraient connu la cause de nullité [2] (*suprà*, n° 546).

553. Créanciers personnels des associés. — La jurisprudence et les auteurs rangent les créanciers personnels des associés (même du gérant [3]), parmi les intéressés admis à nier la société, en eussent-ils connu l'existence. En effet, lorsque la société est illégalement constituée, il y a une communauté de fait dont l'actif se confond avec les autres biens des associés et devient le gage commun des créanciers de ceux-ci, sans que les créanciers sociaux puissent réclamer sur cet actif un droit de préférence au préjudice des créanciers personnels des associés [4]. Toutefois, les créanciers personnels des associés ne peuvent demander la nullité de la société qu'autant que leur créance a acquis date certaine avant la dissolution de la société irrégulièrement constituée [5]. Le créancier d'un fondateur qui a accepté de celui-ci, comme gage, des actions d'apport, n'a pas le droit de poursuivre la nullité de la société [6].

554. Syndic. — Le syndic de la faillite de la société représente la masse des créanciers et même des actionnaires, qui sont rangés au nombre des personnes intéressées à demander la nullité de la société [7]. L'action en nullité (considérée comme action sociale inté-

17 décembre 1888 (R. S. 1889, 245), et 4 février 1889 (J. S. 1889, 99); Hémar, S. 76, II, 113; Agen, 19 mars 1886 (S. 88, II, 191); Paris, 1er juin 1904 (J. S. 1905, 397); Seine, 22 juill. 1909 (J. S. 1910, 90). V. toutef. (avis) Cass., 29 juin 1899 (J. S. 99, 536); Paris, 18 déc. 1907 (J. S. 1908, 310). V. R. S. 1887, 337; 1889, 452; J. S. 1898, 326; 1906, 37; 1908, 202; Bosvieux, article J. S. 1909, 49.
1. C. Réunion, 16 juin 1876 (S. 77, III, 1); Marseille, 22 août 1899 (J. S. 1900, 80). V. toutef. Cass., 31 janvier 1910 (J. S. 1910, 512).
2. Cass., 25 fév. 1885 (R. S. 1885, 321); Pont, n°s 1243 et 1249.
3. Cass., 11 mai 1870 (D. 70, I, 405); Grenoble, 28 décembre 1871 (D. 72, II, 205). Contrà, Aix, 9 avril 1867 (D. 67, v. 405).
4. Cass., 18 mars 1851, 13 février 1855 et 11 mai 1870 (S. 51, I, 273; 55, I, 721; 70, I, 428); Grenoble, 28 décembre 1871 (S. 72, II, 37); Lyon, 28 janvier 1873 (S. 74, II, 107); Douai, 19 février 1892 (R. S. 1892, 248); Cass., 14 avril 1893 (J. S. 1894, 68) et 7 août 1893 (R. S. 1893, 491); Marseille, 22 août 1899, *loc. cit.*; Bédarride, n° 163; Mathieu et Bourguignat, n° 70; Pont, n° 1250. V. toutef. Arthuys, n° 158.
5. Cass., 7 mars 1849 (S. 49, I, 397); Marseille, 22 août 1899, *loc. cit.*; Pont, n° 1251.
6. Cass., 23 juillet 1889 (J. S. 1890, 39).
7. Lyon, 29 mars 1860 (S. 60, II, 365); Angers, 13 janvier 1869 (S. 70, II, 81); Pont, n° 1252. V. Cass., 29 juillet 1889 (J. S. 1890, 258); Cass., 25 mars 1890 (R. S. 1891, 7). Conf Aix 18 juin 1904 (J. S. 1905, 513; 1906, 316).

ressant la masse) appartient à lui seul, d'après la jurisprudence [1] (V. *infrà*, n°⁵ 555, 607 et 761).

555. Liquidateur. — Le liquidateur d'une société dissoute nous paraît avoir qualité pour former une demande en nullité de la société, comme étant le représentant des actionnaires intéressés (V. *infrà*, n° 608). Mais il ne pourrait intenter cette demande dans l'intérêt des créanciers qu'il ne représente pas, à moins que ceux-ci n'aient adhéré à la liquidation [2].

Si une société a un liquidateur et un syndic, l'un et l'autre peuvent former une demande en nullité de cette société [3].

556. Tiers. — Les tiers qui ont contracté avec la société peuvent avoir un intérêt légitime à demander la nullité de la société. Ainsi celui qui a conclu avec une société un contrat synallagmatique destiné à produire des effets successifs dans l'avenir, peut demander la nullité afin de se dégager [4].

Les débiteurs de la société, ou même des associés, peuvent aussi avoir un intérêt légitime à demander la nullité de la société [5].

SECTION 2

CARACTÈRE, EXTINCTION ET PRESCRIPTION DE LA NULLITÉ

1° LOI DU 24 JUILLET 1867

557. Caractère de la nullité. Imprescriptibilité. — Sous l'empire de la loi du 24 juillet 1867, toute société constituée contrairement aux prescriptions, ou seulement à l'une des prescriptions légales touchant les conditions de forme ou de fond requises pour sa constitution, était, en principe, frappée d'une nullité qui pouvait être invoquée par tous les intéressés. Cette nullité était *absolue et d'ordre public;* elle avait pour but de protéger non seulement les tiers et les actionnaires, mais encore le crédit général, qui peut être compromis quand des titres de sociétés vicieuses sont répandus dans le public. En conséquence, un associé ne pouvait être passible de dommages-intérêts (sauf le cas de dol) ni pour avoir fait prononcer la nullité, ni pour avoir refusé ou tardé de remplir les obligations que lui imposait l'acte nul [6].

---

1. Cass., 11 nov. 1885 (J. S. 87, 239); Aix, 23 juin 1904 (J. S. 1905, 316); Arthuys, n° 155. *Contrà*, R. S. 1886, 8; Lyon-Caen et Renault, t. VIII, n° 1182.
2. Rouen, 1er avril 1884 (D. 82, II, 92, et note; S. 82, II, 153).
3. Orléans, 15 février 1888 (J. S. 1889, 293).
4. Cass., 10 février 1879 (S. 81, I, 210); Lyon-Caen et Renault, n° 227. V. Pont, n° 1246; Cass., 28 fév. 1859 (S. 59, I, 509) et 14 juin 1887 (D. 87, I, 417); J. S. 1905, 275.
5. Lyon-Caen et Renault, n°⁵ 227 et 227 *bis*. V. J. S. 1906, 312; 1907, 520.
6. Paris, 8 mars 1884; Cass., 21 juillet 1885; Toulouse, 22 juillet 1891 (R. S.

La nullité étant d'ordre public ne pouvait être couverte ni par l'exécution volontaire des conventions sociales, ni par une ratification, ni par une délibération spéciale prise, à l'effet de la couvrir, par les actionnaires en assemblée générale[1]. Les associés n'avaient qu'un moyen pour sortir de leur situation irrégulière, sans abandonner leurs espérances de gains, c'était de constituer régulièrement une société nouvelle[2]. Comme conséquence du même principe, l'action en nullité ne pouvait être couverte par aucune prescription : ce qui était, à l'origine, nul et de nul effet, ce qui était légalement inexistant ne pouvant jamais devenir inattaquable[3].

Une société viciée pour la moindre irrégularité (par exemple le défaut de versement du quart, avant la constitution, sur une ou plusieurs actions, bien que ce versement eût été opéré depuis), restait ainsi perpétuellement sous le coup d'une demande en nullité qui, quand elle était prononcée, pouvait nuire à de nombreux intérêts. Trop souvent des tentatives de chantage se sont produites de la part d'individus qui, découvrant, après de minutieuses recherches, des causes de nullité, ont menacé de les invoquer, ou les ont même fait prononcer contre des sociétés ayant joui de longues années de prospérité[4]. Une réforme, souvent réclamée, a été réalisée par la loi du 1er août 1893.

2° LOI DU 1er AOUT 1893

558. Texte législatif. — L'art. 3 de la loi nouvelle a ajouté à l'art. 8 de la loi du 24 juillet 1867 (relatif à la nullité des sociétés en commandite par actions) les dispositions suivantes : « *L'action en nullité de la société ou des actes et délibérations postérieurs à sa constitution n'est plus recevable lorsque, avant l'introduction de la demande,*

1884, 621 ; 1885, 593 ; 1891, 550 ; J. S. 1892, 65) ; Marseille, 18 mars 1895 (J. S. 1896, 82).

1. V. not. Paris, 28 mai 1884 (D. 86, II, 177) ; Seine, 13 juillet 1885 (R. S. 1885, 629) ; Montdidier, 9 avril 1886 (R. S. 1886, 324) ; Paris, 1er août 1888 (R. S. 1869, 10) ; Paris, 29 juin 1891 et Cass., 19 octobre 1892 (D. 92, I, 593) ; Alger, 19 juin 1895 (J. S. 1897, 53) ; Pont, n° 1236 ; Mathieu et Bourguignat, n° 68. Toutefois, les tribunaux pouvaient décider qu'un tiers créancier avait renoncé sciemment au droit de poursuivre l'annulation de la société. Cass., 1er mars 1882 (D. 83, I, 130).

2. Paris, 7 avril 1887 (J. S. 1891, 557) ; Lyon-Caen et Renault, n° 783.

3. Dalloz, v° *Soc.*, n° 1263 ; Ameline, *Rev. prat.*, t. XXIV, p. 375 et 376 ; Monnard, p. 241 ; Ruben de Couder, v° *Soc. en comm.*, n° 170 ; Lyon-Caen et Renault, n°s 218 et 783 ; Houpin, *Soc. par act.*, n° 216 ; Bouvier-Bangillon, L. 1er août 1893, p. 79 ; Faure, *id.*, p. 73. *Contrà*, Vavasseur, n° 710 *ter*, suivant lequel la nullité se prescrivait par dix ans. D'après d'autres auteurs, la prescription était de trente ans : Romiguière, n° 96 ; Bédarride, n°s 160 et suiv. ; Rivière, n° 74 ; Soudat, p. 86 et 87.

4. Lyon-Caen et Renault, L. 1er août 1893, n° 29.

la cause de nullité a cessé d'exister... Si, pour couvrir la nullité, une assemblée générale devait être convoquée, l'action en nullité ne sera plus recevable à partir de la date de la convocation régulière de cette assemblée. Ces actions en nullité contre les actes constitutifs des sociétés sont prescrites par dix ans. Cette prescription ne pourra, toutefois, être opposée avant l'expiration des dix années qui suivront la promulgation de la présente loi. » L'art. 5 de la même loi a ajouté à l'art. 42 de celle de 1867 un paragraphe qui soumet aux dispositions de l'art. 8 ci-dessus l'action en nullité de la société anonyme. Enfin, l'art. 7 (dispositions transitoires) déclare que l'action en nullité résultant, pour les sociétés en commandite et les sociétés anonymes, des art. 7 et 41, ne sera plus recevable si les causes de nullité ont cessé d'exister au moment de la loi nouvelle.

559. Vices de consentement. — Indépendamment des nullités visées par la loi de 1867 pour certaines irrégularités commises dans la constitution, il peut y avoir des nullités résultant de vices de consentement, tels qu'une erreur sur la substance de la chose, ou un dol pratiqué par les fondateurs. La loi de 1893 ne concerne que les nullités spéciales ; en conséquence, l'assemblée générale que l'art. 3 permet de convoquer pour couvrir la nullité, n'a d'autre pouvoir que de réparer les vices laissés dans la constitution ; mais elle est impuissante pour faire revivre le contrat qui serait entaché d'erreur ou de dol. On est ici sous l'empire du droit commun[1]. On ne saurait non plus valider un apport fictif ou frauduleusement majoré[2].

560. Caractère de la nullité. — Avant la loi nouvelle la nullité ayant un caractère d'ordre public était irréparable et imprescriptible. Désormais la nullité d'une société irrégulièrement constituée peut être couverte soit par la cessation de la cause de nullité (c'est-à-dire par l'accomplissement, après la constitution et le fonctionnement de la société, des formalités omises ou irrégulièrement accomplies), soit par la prescription décennale. La nullité, lorsqu'elle est encourue et n'est pas réparée dans les termes de la loi nouvelle, n'en conserve pas moins son caractère d'ordre public[3].

La nullité peut être réparée tant que l'action en nullité est recevable, même après la liquidation (si elle n'est pas terminée) ou la faillite de la société[4].

---

1. R. S. 1896, 86 ; J. S. 1896, 141 ; Genevois, n° 42. V. J. S. 1907, 227 ; 1908, 278.
2. Genevois, n° 42.
3. Dalloz, Supp., n° 1360 ; Floucaud-Pénardille, note, D. 97, II, 489 ; Besançon, 4 août 1898 (J. S. 1900, 14) ; Paris, 9 mai 1904 (J. S. 1905, 84). V. J. S. 1900, 80.
4. Genevois, n° 44.

561. Cessation de la cause de nullité. Hypothèses diverses. — Et, tout d'abord, l'action en nullité est éteinte et n'est plus recevable lorsque, avant l'introduction de la demande, la cause de nullité a cessé d'exister.

Examinons les principales hypothèses qui peuvent se présenter :

1° *Nombre des actionnaires.* — La société anonyme n'était pas représentée, lors de sa constitution, par sept actionnaires juridiquement capables [1]; la survenance de nouveaux actionnaires portant leur nombre à sept, ou la ratification de ceux qui étaient incapables, font cesser de plein droit la cause de nullité [2].

2° *Taux des actions.* — Si les actions ou coupures d'actions ont été émises à un taux inférieur au minimum prévu par la loi de 1867, mais qui n'est pas au-dessous de celui fixé par la loi de 1893, la situation peut être maintenue et régularisée, par une délibération de l'assemblée générale, sans qu'il soit nécessaire d'élever le taux des actions au minimum fixé par la loi de 1867. Mais la société et les actions doivent être soumises à toutes les dispositions de la loi de 1893, notamment quant à la libération et à la forme des titres. L'assemblée générale n'aurait pas le droit, à la simple majorité, d'élever le chiffre des actions ou de fusionner plusieurs titres pour régulariser le fractionnement du capital [3].

3° *Souscription du capital. Versement légal.* — Les actions représentant le capital social n'ont pas été intégralement ou régulièrement souscrites avant la constitution de la société, ou certaines souscriptions étaient fictives, ou tous les actionnaires n'ont pas effectué le versement prescrit par l'art. 1er de la loi de 1867 avant la constitution. Postérieurement, les souscriptions ont été régularisées et les versements complémentaires ont été effectués. La nullité de la société se trouve ainsi couverte [5].

Mais n'est-il pas nécessaire, pour régulariser complètement la situation, de faire une déclaration notariée constatant les souscriptions et versements légalement effectués, et, si la société est anonyme, de faire reconnaître la sincérité de cette déclaration par l'assemblée générale des actionnaires ? L'affirmative a été soutenue [6]. Mais, en

---

1. V. Alger, 19 juin 1895 (J. S. 1896, 53).
2. Genevois, *Rev. du nouv. rég. des soc.*, 1897, 35.
3. Bouvier-Bangillon, p. 129 et 130; Goirand, n° 381.
4. Il en est ainsi notamment lorsqu'une souscription a été faite irrégulièrement par un incapable ou en son nom; la nullité se trouve couverte par le fait d'une ratification régulière. V. note, J. S. 1897, 54; Genevois, *loc. cit.*
5. V. J. S. 1897, 115; 1902, 37 et 451; 1903, 279; 1907, 175; 1908, 345.
6. Bouvier-Bangillon, 88; Goirand, 382; Arthuys, n° 146; Floucaud-P., n° 475.

droit strict, nous considérons que cette double formalité n'est pas indispensable pour couvrir l'irrégularité et rendre impossible une demande en nullité de la société [1], si, toutefois, les deux formalités dont il s'agit ont été accomplies lors de la constitution de la société. Cette solution nous paraît conforme à l'esprit de la loi, et nous l'appuyons sur la jurisprudence qui, lorsque le versement du quart n'avait lieu que postérieurement à la déclaration notariée et même à l'assemblée générale qui en reconnaissait la sincérité, considérait qu'il suffisait, pour que la société fût régulièrement constituée, que ce versement fût effectué avant la constitution, sans exiger une nouvelle déclaration et une nouvelle délibération [2].

4° *Déclaration notariée. Vérification.* — Il est possible que la déclaration notariée constatant la souscription des actions de numéraire et le versement légal sur chacune d'elles n'ait pas été faite avant la constitution de la société, et que, si la société est anonyme, l'assemblée générale des actionnaires n'ait pas été convoquée pour reconnaître la sincérité de cette déclaration (L. 1867, art. 1er et 24). Cette double formalité peut-être remplie après la constitution de la société. — Qui fera la déclaration? — Le gérant, si la société est en commandite, et les fondateurs de la société, si elle est anonyme. Nous croyons que la déclaration pourrait aussi être passée par le conseil d'administration de la société anonyme, comme cela a lieu pour l'augmentation du capital. Mais il est préférable, pour se conformer au texte de la loi, de faire signer l'acte de déclaration par les fondateurs, quand cela est possible [3]. L'assemblée générale chargée de vérifier et de reconnaître la sincérité de cette déclaration sera composée et délibérera conformément aux art. 27 (2° alinéa) et 30 de la loi de 1867.

5° *Approbation des apports en nature et des avantages particuliers.* — La société peut aussi être nulle parce que les apports en nature ou les avantages particuliers stipulés par les statuts au profit de certains associés n'ont pas été approuvés, ou ont été irrégulièrement approuvés avant la constitution de la société. Pour couvrir cette nullité, on peut procéder à une vérification et à une approbation régulières après la constitution, en convoquant deux assemblées générales successives, conformément aux art. 4, 27 (2° alinéa) et 30 de la loi de 1867. Mais cette vérification sera-t-elle encore possible si, depuis la constitution, les apports ont subi d'importants changements, si, par

---

1. Cass., 31 déc. 1907 (J. S. 1907, 413). V. J. S. 1902, 241 ; 1907, 309.
2. V. not. Lyon, 11 août 1882 (J. S. 1884, 273).
3. Bouvier-Bangillon, 89 ; Goirand, n° 382. V. Poitiers, 6 nov. 1899 (J. S. 1900, 215).

exemple, un immeuble a été démoli et reconstruit, ou s'il s'agit d'un fonds de commerce dont les marchandises se sont renouvelées? Il n'y a, pour nous, qu'une difficulté de fait qui n'existera même pas toujours, car les livres de la société fourniront souvent d'utiles renseignements pour rétablir l'état primitif des choses. En droit, la vérification et l'approbation des apports sont possibles, même dans ce cas, parce que : 1° le législateur a voulu que les irrégularités puissent être réparées et les nullités couvertes; 2° l'approbation, une fois donnée par les actionnaires, aura un effet rétroactif au jour de la constitution de la société; 3° la modification ou même la perte de la chose apportée n'empêche pas que la prescription de dix ans édictée par l'art. 3 de la loi du 1er août 1893 ne produise ses effets[1]. Pourquoi les actionnaires ne pourraient-ils, par une approbation expresse, obtenir le même résultat que celui qui résulte, sans vérification ni approbation, du seul fait de la prescription?

Mais une sérieuse difficulté de fait et de droit se produit lorsque la vérification des apports en nature a lieu au cours de la société. D'après l'art. 4 de la loi de 1867, les délibérations relatives à l'approbation des apports et avantages sont prises à la majorité des actionnaires présents, et cette majorité doit comprendre le quart des actionnaires et représenter le quart du capital social en numéraire. Les associés qui ont fait des apports ou stipulé des avantages particuliers, soumis à l'appréciation de l'assemblée, n'ont pas voix délibérative, même dans le cas où ils auraient souscrit des actions de numéraire. Comment appliquer ces principes lorsque la vérification a lieu au cours de la société, après des cessions d'actions consenties respectivement par les apporteurs et par les souscripteurs d'actions de numéraire? Il nous semble impossible de considérer la situation existante à l'époque de la constitution de la société. Il faut nécessairement tenir compte de la situation actuelle pour apprécier quels actionnaires doivent être convoqués aux assemblées générales, qui a le droit de voter et qui doit être exclu du vote pour l'approbation des apports et des avantages, et le nombre de voix appartenant à chaque actionnaire. Il peut se faire que l'apporteur ait cédé la majeure partie ou même la totalité de ses actions d'apport à des souscripteurs d'actions de numéraire ou à des étrangers, ou réciproquement que les souscripteurs aient cédé partie de leurs actions de numéraire à l'apporteur en nature. Comment procéder? La situation est fort délicate en présence du silence de la loi nouvelle.

1. Conf. Bouvier-Bangillon, p. 93; Goirand, n° 383; Arthuys, n° 143.

Nous estimons que ceux qui sont actuellement propriétaires des actions attribuées en représentation d'un apport en nature n'ont pas le droit de prendre part aux votes sur l'approbation de cet apport, même à raison des actions de numéraire qu'ils auraient souscrites ou achetées, et que ceux qui ne possèdent que des actions de numéraire ont seuls le droit de voter [1] (V. *suprà*, n° 519).

Un auteur, après avoir considéré, comme nous, que les cessionnaires des actions d'apport doivent être exclus du vote [2], a abandonné son opinion première et émis l'avis qu'ils ont le droit de voter, parce que l'abstention imposée à ceux qui ont un intérêt direct ou indirect dans les apports est une incapacité personnelle et non une servitude attachée au titre [3]. Il n'est guère possible de dire si, dans la pensée de la loi, l'incapacité est personnelle ou réelle, car, à l'origine, l'apporteur est naturellement propriétaire des actions à lui attribuées en représentation de son apport. Si l'on admet que l'incapacité est personnelle et ne suit pas le titre, on devra reconnaître que, si l'apporteur a cédé ses actions, tous les actionnaires, même ceux qui possèdent des actions d'apport, auront le droit de voter sur l'approbation de l'apport. L'incapacité qui frappait à l'origine les propriétaires des actions d'apport n'existera plus. La conséquence ne sera-t-elle pas que, puisque tous les actionnaires ont le droit de voter et qu'il n'y a plus d'apporteur ni d'incapacité, toutes les actions et non pas seulement celles de numéraire doivent être comptées pour le calcul de la majorité des actions et des voix nécessaire pour l'approbation des apports? Il n'y a plus de motif pour ne pas comprendre les actions d'apport, car si le législateur n'en tient pas compte pour le quorum, c'est qu'il exclut du vote ceux qui les possèdent. On arrive ainsi, par l'application (sur laquelle on ne s'explique pas) du système que nous combattons, à détruire, dans tous les cas, les prescriptions et l'économie de la loi en ce qui concerne l'approbation des apports. Ainsi qu'on l'a fait remarquer [4], ce système permettrait de violer impunément toutes les règles relatives à l'approbation des apports. Les apporteurs céderaient leurs titres à des hommes de paille qui s'empresseraient de ratifier les irrégularités commises dans la première délibération, et la société serait désormais inattaquable [5].

---

1. *Conf.* Goirand, n° 383. V. Lyon, 26 fév. 1903 (J. S. 1903, 306).
2. Genevois, *Nouv. rég. des soc.*, n° 40.
3. *Rev. trim. du nouv. rég. des soc.*, 1897, 37.
4. Goirand, n° 384.
5. M. Genevois, reconnaissant que la question est complexe, dit avoir conseillé

Le tribunal de la Seine a jugé, conformément à notre opinion, que pour apprécier si les décisions relatives à la vérification des apports faite en exécution de la loi de 1893 ont été régulièrement prises, il y a lieu d'écarter, pour le calcul des voix, tous ceux qui, soit comme souscripteurs ou cessionnaires d'actions d'apport, soit pour tout autre motif, avaient un intérêt direct ou indirect à l'approbation des apports, alors même qu'ils seraient en même temps souscripteurs ou cessionnaires de souscripteurs d'actions de numéraire [1].

L'assemblée générale de régularisation peut soulever une autre difficulté. Les apports doivent être approuvés par le *quart des actionnaires* représentant le quart du capital en numéraire (L. 1867, art. 4). La fraction du capital représentée par les votants est facile à contrôler. Mais il n'en est pas de même du nombre des actionnaires, lorsque les actions sont au porteur. Comment établir que les actionnaires qui approuvent les apports représentent le quart au moins de tous les actionnaires (dont la plupart peuvent être inconnus)? Cette preuve sera souvent difficile à établir. En cas de contestation, les tribunaux apprécieront souverainement, suivant les circonstances [2].

Il va sans dire que tous les actionnaires doivent être admis aux assemblées générales convoquées à l'effet de reconnaître la sincérité de la déclaration notariée, ou d'approuver les apports en nature. La stipulation des statuts qui n'admet aux assemblées que les propriétaires d'un nombre déterminé d'actions n'a pas ici d'application.

562. Administrateurs. Conseils. — La société a été irrégulièrement constituée si (dans le cas d'une société en commandite) l'assemblée générale n'a pas nommé un conseil de surveillance, ou, ce qui sera plus rare, si la société anonyme n'a pas nommé un conseil d'administration et un ou plusieurs commissaires vérificateurs des comptes, ou si les administrateurs et commissaires ont été irrégulièrement nommés. Une assemblée générale (à laquelle tous les actionnaires seront appelés) peut être convoquée, au cours de la société, pour procéder à des nominations régulières.

563. Convocation d'assemblée générale. — L'action en nullité n'est plus recevable quand, avant l'introduction de la demande, la

dans un cas pratique, de procéder à deux votes : l'un auquel prendraient part les propriétaires d'actions d'apport; l'autre, en tant que de besoin, dans lequel ils s'abstiendraient. M. Arthuys (n° 149) estime qu'il y a lieu de délibérer conformément à l'art. 31 pour la modification des statuts. Suivant un autre auteur, s'il est impossible de constituer la majorité légale, la situation ne peut pas être régularisée (Floucaud-Pénardille, n° 475).

1. Seine, 21 janvier 1897 (J. S. 1897, 370).
2. Seine, 21 janvier 1897, *loc. cit.* V. Lyon, 26 fév. 1903 (J. S. 1903, **306**).

cause de nullité a cessé d'exister. Mais il est parfois nécessaire, pour couvrir la nullité, de convoquer l'assemblée générale des actionnaires (notamment pour apprécier la sincérité de la déclaration notariée, ou pour approuver les apports en nature). Dans ce cas, la loi nouvelle déclare que l'action en nullité n'est plus recevable à partir de la date de la *convocation régulière* de cette assemblée. Si, seule, la délibération de l'assemblée avait dû éteindre l'action en nullité, on aurait pu craindre que la convocation de l'assemblée, en faisant connaître le vice, ne provoquât la demande en nullité. Pour que l'action en nullité ne soit plus recevable, il faut que la convocation des actionnaires en assemblée générale soit régulière, c'est-à-dire conforme à la loi et aux statuts, et qu'elle indique spécialement l'objet de la réunion [1]; il faut, de plus, que cette convocation soit suivie d'une délibération faisant disparaître les irrégularités constitutives de la société [2].

On a soutenu que lorsque les statuts stipulent que l'actionnaire ne pourra introduire une action en justice contre la société qu'après l'avis de l'assemblée générale, et lorsqu'un actionnaire a lancé une assignation en nullité sans se conformer à cette clause, l'assignation est nulle, et la société peut encore purger les vices de constitution [3]. Cette solution nous paraît erronée. La stipulation dont il s'agit n'est pas applicable lorsque l'action a pour but l'annulation de la société (*suprà*, n° 551).

564. Nullité d'une régularisation. — Si les tribunaux décident qu'une régularisation de société est irrégulière et inefficace, la société ne devra pas être pour cela annulée. Cette décision a pour unique effet de remettre les choses en l'état. Il y a lieu de discuter la nullité originaire. On ne saurait retenir la régularisation comme un aveu de nullité; car la société a pu tenter cette régularisation par excès de précaution sous l'empire de craintes mal fondées [4].

565. Prescription. — Il est possible que le vice, cause de la nullité, ne disparaisse pas, soit parce que la société n'a pas pris l'initiative de remplir les formalités nécessaires pour régulariser la constitution, soit parce que ces formalités n'auraient pu être remplies, ou parce qu'elles ont été irrégulièrement accomplies. Dans ce cas la nullité n'est pas couverte puisque la cause n'a pas cessé d'exister. Mais il serait regrettable que l'action en nullité subsistât à perpétuité.

1. Faure, p. 82; Genevois, n° 43. V. J. S. 1903, 320; 1905, 162.
2. Genevois, n° 48.
3. Genevois, n° 48.
4. *Rev. trim.*, Rev. trim. du nouv. rég. des soc., 1897, 43.
4. *Rev. trim.*, 1897, 43. V. Lyon, 26 fév. 1903 (J. S. 1903, 306).

Aussi la loi nouvelle déclare-t-elle que les actions en nullité contre les actes constitutifs sont *prescrites par dix ans*.

La loi n'indique pas le point de départ de cette prescription. Il y a lieu de décider, par application des principes généraux du droit, que le délai de dix ans court du jour où, en fait, la société a été constituée sans la réunion des conditions requises par la loi [1].

Il est bien entendu, malgré le silence de la loi, que les dix ans doivent s'être écoulés avant toute demande en nullité, pour que la prescription soit acquise. C'est l'application du droit commun sur l'interruption de la prescription.

566. Sociétés antérieures à la loi nouvelle. Rétroactivité. — D'après le dernier alinéa des dispositions nouvelles de la loi de 1867 « *cette prescription* (la prescription de dix ans contre les actes constitutifs) *ne pourra toutefois être opposée avant l'expiration des dix années qui suivront la promulgation de la présente loi.* » Et l'art. 7 de la loi du 1er août 1893 (dispositions transitoires) ajoute : « *Les dispositions de l'art. 8 et celles de l'art. 42 s'appliquent aux sociétés déjà constituées sous l'empire de la loi du 24 juillet 1867. Dans les mêmes sociétés, l'action en nullité résultant des art. 7 et 41 ne sera plus recevable si les causes de nullité ont cessé d'exister au moment de la présente loi.* »

La loi nouvelle a donc un effet rétroactif, et s'applique non seulement aux sociétés constituées depuis la promulgation de cette loi, mais aux sociétés constituées antérieurement, sous l'empire de la loi de 1867. Elle ne s'appliquerait pas aux sociétés antérieures à cette loi, puisque la loi nouvelle ne parle que des sociétés constituées sous l'empire de la loi de 1867. L'opinion contraire, émise par un auteur [2], nous paraît inadmissible en présence des termes formels de la loi nouvelle.

Elle déclare que l'action **en nullité** de la société n'est plus recevable si la cause de nullité a cessé d'exister lors de la promulgation de la loi nouvelle. Si donc, à cette époque, le vice originaire a disparu, si, par exemple, le versement du quart a été complété, si les apports en nature ont été régulièrement approuvés, et s'il n'a été formé aucune action en nullité, la demande en nullité n'est plus désormais recevable [3]. Il en est de même, *a fortiori*, si la cause de nullité a cessé d'exister depuis la loi nouvelle. On doit donc considérer comme inattaquables toutes les sociétés constituées irréguliè-

---

1. Lyon-Caen et Renault, L. 1893, n° 32 ; Bouvier-Bangillon, *id.*, p. 82 ; Arthuys, n° 151. V. Seine, 15 mars 1906 (J. S. 1907, 78).
2. Goirand, n° 387.
3. V. Paris, 13 novembre 1896 (J. S. 1897, 115).

rement sous l'empire de la loi de 1867, et qui ont, avant ou depuis la loi nouvelle, fait le nécessaire pour régulariser leur situation, celles, en un mot, dont la cause de nullité n'existe plus. Ces sociétés ne peuvent être, à l'avenir, l'objet d'une demande en nullité.

Un auteur considère que les demandes en nullité introduites et non encore définitivement jugées avant la loi nouvelle deviennent irrecevables à partir de la promulgation de cette loi si, à ce moment, la cause de nullité a cessé d'exister [1]. Cette solution ne nous paraît pas fondée [2]. On peut cependant invoquer, en sa faveur, la jurisprudence qui déclare, au point de vue de la responsabilité, que l'art. 7 de la loi de 1893 est absolu et s'applique même aux instances introduites avant cette loi (V. *infrà*, n° 599).

L'action en nullité de ces mêmes sociétés est soumise à la prescription de dix ans, si la cause de nullité n'a pas cessé d'exister ; mais ce délai de dix ans n'a commencé à courir que du jour de la promulgation de la loi nouvelle : c'est-à-dire que l'action en nullité de toutes les sociétés constituées dès avant cette loi contrairement à la loi de 1867 s'est trouvée prescrite en août 1903, et n'est plus recevable depuis cette époque.

Si une société a été irrégulièrement constituée et si une assemblée générale a été convoquée *avant* la loi nouvelle pour couvrir la nullité, l'action en nullité sera encore recevable, parce que la cause de nullité n'avait pas cessé d'exister lors de la promulgation de cette loi [3].

Nous examinerons (*infrà*, n° 1021) la question de savoir si les dispositions de la loi nouvelle sont applicables à l'extinction et à la prescription des actions en nullité des sociétés non publiées ou irrégulièrement publiées.

SECTION 3

DES CONSÉQUENCES DE LA NULLITÉ

587. Principe. — Une société annulée pour inaccomplissement des conditions auxquelles sa constitution était subordonnée, est censée, alors même qu'elle a fonctionné en fait, n'avoir jamais existé et n'avoir pu produire aucun effet. Toutefois, ce principe n'est pas absolu ; il y a des distinctions à faire suivant les personnes qui veu-

---

1. Faure, p. 198.
2. *Conf.* Bouvier-Bangillon, p. 83 et suiv.; Genevois, n° 50; Rousseau, *Manuel des soc.,* n° 615; Goiraud, n° 387.
3. Bouvier-Bangillon, p. 84; Faure, p. 199; Goirand, n° 387.

lent se prévaloir de la nullité, ou à qui on l'oppose. Nous examinerons successivement quels sont les effets de la nullité à l'égard : 1° des associés entre eux; 2° des associés dans leurs rapports avec les créanciers sociaux; 3° des associés dans leurs rapports avec leurs créanciers personnels; 4° des créanciers entre eux.

568. Associés entre eux. — Entre les associés, la nullité est absolue. Si la société n'a pas encore fonctionné lors de son annulation, elle est considérée comme n'ayant jamais existé, et chaque actionnaire a le droit de reprendre son apport, de ne pas verser sa mise et de se faire rembourser les sommes qu'il aurait versées [1]. Si, au contraire, la société s'est mise à l'œuvre (ce qui est le cas le plus fréquent) et a continué les opérations jusqu'au jour où la nullité a été déclarée, cette nullité n'a d'effet que pour l'avenir; mais pour le passé, spécialement quant aux opérations auxquelles elle a donné lieu, la société doit être considérée comme ayant eu une existence de fait devant être liquidée entre les associés [2].

Mais sur quelles bases ? — La jurisprudence décide que, quant au passé, la société annulée est réputée simplement dissoute, en sorte que la liquidation et le partage doivent être opérés conformément aux stipulations de l'acte constitutif, en tant qu'elles ne sont pas contraires à la loi [3], comme si la nullité n'en avait pas été prononcée [4]. Des auteurs n'admettent cette solution que pour le cas où la nullité est encourue pour défaut de publicité, et enseignent qu'il faudrait faire abstraction des statuts et régler l'association de fait d'après les principes de l'équité, dans le cas de nullité pour inobservation des formalités intrinsèques essentielles à la constitution de la société [5]. Mais

---

1. Cass., 12 janvier 1870 (D. 70, I, 114); Grenoble, 29 janvier 1870 (S. 70, II, 217); Pont, nᵒˢ 1262 et 1267; Lyon-Caen et Renault, nᵒ 785. V. Paris 17 février 1857 (S. 38, II, 119); Cass., 6 novembre 1853 (S. 53, I, 618); Dalloz, *Supp.* nᵒ 1362.

2. V. Paris, 14 juin 1888 (J. S. 1889, 61); Cass., 14 juin 1910 (J. S. 1911, 118).

3. Cass., 22 novembre 1869 (S. 70, I, 55); Cass., 8 nov. 1904 (J. S. 1905, 351).

4. V. not. Cass., 31 décembre 1844, 16 mars 1852, 19 mars 1862, 22 novembre 1869, 11 mai 1870, 7 juillet 1873, 7 juillet 1879 (S. 52, I, 336; 60, I, 889; 62, I, 825; 73, I, 388; D. 70, I, 406; 80, I, 123); Nîmes, 14 mars 1868 (D. *Supp.* nᵒ 465); Orléans, 14 mars 1883 (S. 83, II, 159); Lyon, 21 décembre 1883; Cass., 3 juin 1885 et 5 janvier 1886; trib. Angers, 13 avril 1886 (R S. 1885, 18 et 467; 1886, 148 et 469); Paris, 30 juillet 1887 (J. S. 1891, 244); Paris, 14 juin 1888; Cass., 19 juillet 1888 (R. S. 1888, 463 et 467; J. S. 1890, 429); Toulouse, 22 juillet 1891 (J. S. 1892, 65); Paris, 15 janvier 1889 (R. S. 1895, 122); Bordeaux, 26 mai 1897 (J. S. 1898, 28); J. S. 1901, 189; Paris, 9 mai 1900 et 2 janvier 1906; Douai, 11 juin 1900 (J. S. 1901, 64 et 299; 1906, 210). V. J. S. 1898, 231. V. toutef. Cass., 20 janvier 1875 (D. 76, I, 14); Toulouse, 23 mars 1887 (J. S. 1888, 1); Cass., 25 mars 1890 (R. S. 1891, 7); Orléans, 14 août 1895 (J. S. 1895, 512 et la note).

5. Bravard, p. 155; Dalloz, nᵒ 1261; Romiguière, nᵒ 74; Ameline, *Rev. prat.* t. XXIV, p. 37; Rivière, nᵒ 68; Bédarride, nᵒ 156; Mathieu et Bourguignat, nᵒ 72. *Conf.* Toulouse, 23 mars 1887, *loc. cit.*

cette distinction, qui, d'ailleurs, ne résulte nullement des décisions de la jurisprudence, ne nous paraît pas fondée, et il faut conclure qu'en toute hypothèse les associés sont liés entre eux par le contrat, quant aux opérations accomplies jusqu'au jour où la nullité est prononcée[1]

Comme conséquence, les apports sociaux sont devenus la propriété de la société de fait; les associés qui ont fait ces apports ne peuvent demander ou être contraints à les reprendre dans l'état où ils se trouvent au moment où la nullité est prononcée[2]; et les avantages régulièrement approuvés, stipulés au profit de certains associés, leur demeurent acquis malgré l'annulation de la société[3].

La nullité de la société entraîne, bien entendu, la nullité des délibérations prises, au cours de la société, par l'assemblée générale des actionnaires[4].

569. Créanciers sociaux et associés. — Après avoir déclaré que la société irrégulièrement constituée est nulle à l'égard des intéressés, la loi ajoute que cette nullité ne pourra être opposée aux tiers par les associés Il en résulte que les créanciers sociaux peuvent, à leur gré et suivant leur intérêt, soit invoquer la nullité, alors même qu'ils en auraient eu connaissance, et repousser l'existence de la société, soit négliger la nullité et tenir la société pour existante et valable[5].

Si les créanciers admettent l'existence de la société et si elle est en état de cessation de paiements, ils peuvent la faire déclarer en faillite (*supra*, n° 549).

Si, au contraire, les créanciers sociaux font déclarer la nullité, ils ont la faculté d'agir contre les associés comme si leur association n'avait jamais été formée. En conséquence, ils peuvent demander la résiliation des engagements par eux pris envers la société, et des dommages-intérêts, s'il y a lieu; et si, après avoir exécuté leurs engagements, ils restent créanciers de la société, ils ont action contre chaque associé personnellement pour sa part dans le fonds commun[6]

---

1. *Conf.* Alauzet, n° 473; Beslay et Lauras, n°s 628 et s.; Pont, n°s 1264 et 1265; Vavasseur, n° 253; Lyon-Caen et Renault, n°s 236 et 785; trib. Angers, 13 avril 1886, *loc. cit.*
2. Troplong, n° 249; Pont, n° 1266: Cass., 19 mars 1862 (S. 62, I, 825); Grenoble, 11 juillet 1873 (D. 74, II, 167); Douai, 11 juin 1900 (J. S. 1901, 299).
3. Cass., 15 janvier 1889 (D. 90, 1, 471).
4. Seine, 22 fév. 1886 (J. S. 91, 333) et 6 juill. 1905 (J.S. 07, 132). V. Arthuys, n° 464.
5. Cass., 28 fév. 1859 (S. 60, I, 157); Aix, 4 janvier 1868 (D. 67, II, 242); Paris, 5 février 1872 (S. 73, II, 75); Cass., 10 février 1879 (D. 79, I, 265); Bordeaux, 10 mai 1899 (J. S. 1899, 931); Pont, n° 1255; Lyon-Caen et Renault, n° 233.
6. Pont, n° 1257.

La situation et les droits des créanciers sociaux seraient les mêmes si la nullité était déclarée à la requête des associés [1].

570. Créanciers personnels des associés. — Les créanciers personnels des associés peuvent avoir intérêt à demander, *proprio nomine*, la nullité de la société, notamment dans le but de faire rentrer dans le patrimoine de leur débiteur les biens qu'il aurait apportés à la société. Dans ce cas, ils exercent leurs actions aussi pleinement que si la société n'avait jamais existé, quand même ils auraient eu connaissance de son existence matérielle. Ces créanciers peuvent aussi avoir intérêt à demander la nullité de la société, non pas en leur propre nom par l'action directe, mais par l'action oblique, du chef de leur débiteur, conformément à l'art. 1166, C. civ. [2].

571. Créanciers entre eux. — Les créanciers d'une société ont des droits privilégiés sur ce qui constitue l'actif social, mais à la condition que la société soit régulièrement constituée et forme un être moral, propriétaire exclusif du fonds social, et distinct des associés. Si, la société ayant été irrégulièrement constituée, on se trouve en présence de créanciers personnels des associés se prévalant de la nullité, et de créanciers sociaux prétendant, au contraire, faire considérer la société comme valable à leur égard, comment concilier ces prétentions contradictoires? — On décide que la nullité, provoquée par les créanciers personnels, à l'encontre des créanciers sociaux, doit prévaloir, et que les premiers ont le droit de concourir avec les seconds, au même rang, au marc le franc, à la répartition de l'actif social [3]. Par contre, les créanciers sociaux ont le droit de venir en concurrence et au marc le franc avec les créanciers personnels sur les biens particuliers des associés [4].

Le même principe serait applicable si le conflit se produisait entre créanciers sociaux, les uns hypothécaires, les autres chirographaires; si ces derniers invoquaient la nullité dans le but de faire tomber les hypothèques des autres créanciers, leur action devrait prévaloir [5].

---

1. Pont, n°s 1258 et 1259.
2. Pont, n° 1261. V. Paris, 4 janvier 1899 (J. S. 1899, 411); Cass., 20 nov. 1901 (J. S. 1903, 391) et 7 juin 1904 (J. S. 1905, 250).
3. Cass., 13 février 1855 (S. 55, I, 721); Angers, 2 août 1865 (S. 67, II, 75); Rennes, 6 mars 1869 (S. 69, II, 254); Cass., 11 mai 1870 (S. 70, I, 42); Grenoble, 28 décembre 1871 (S. 72, II, 37); Lyon, 28 janvier 1873 (S. 73, II, 254); Angers, 5 décembre 1873 (D. 77, V, 415); Cass., 5 juillet 1879 (D. 80, I, 123); Paris, 12 février 1885 (R. S. 1885, 47); Cass., 5 janvier 1886 (D. 86, I, 122); Marseille, 8 novembre 1905 (J. S. 1906, 275); Vavasseur, n° 1031; Lyon-Caen et Renault, n° 237; Bédarride, n° 583; Pont, n°s 1271 et s.; Dalloz, *Supp.*, n°s 477 et s.
4. Cass., 22 mars 1843 (S. 44, I, 759). V. aussi les autorités citées à la note 3.
5. Pont, n° 1277; Rennes, 6 mars 1869, *loc. cit.* V. J. S. 1903, 273; Cass., 20 nov. 1901 et note Wahl (J. S. 1903, 391); Amiens, 26 déc. 1904 (J. S. 1906, 16).

De ce principe, la Cour de cassation a tiré une conséquence importante. Si l'un des associés a fait à la société l'apport d'un immeuble, et si cette société vient à être annulée (notamment pour cause d'absence de publication, ou de publication irrégulière), l'immeuble doit être considéré, au regard des tiers, comme n'étant pas sorti du patrimoine de l'apporteur, et, par suite, il se trouve soumis à toutes les hypothèques, judiciaires ou autres, pouvant exister de son chef. Ses créanciers hypothécaires sont donc fondés à invoquer ou opposer la nullité de la société, afin d'exercer leurs droits sur l'immeuble apporté. Il en serait de même à l'égard de tous ceux qui auraient acquis des droits sur l'immeuble du chef de l'apporteur [1]. On voit combien il importe d'examiner avec soin la constitution et la publication d'une société qui est propriétaire d'un immeuble, puisque les créanciers de l'associé qui a fait l'apport de cet immeuble sont fondés à demander la nullité de la société illégalement constituée ou publiée, afin d'exercer les droits qu'ils pourraient avoir sur l'immeuble du chef de l'apporteur. Les créanciers ordinaires de la société ont aussi le droit de demander la nullité de la société, dans le but de faire tomber les hypothèques qui ont pu être conférées par cette société [2] Mais il n'est pas toujours facile de faire cette vérification, s'il s'agit d'une société par actions ; car certaines causes de nullité, comme des souscriptions fictives ou l'absence d'un versement effectif légal sur des actions, ne sont pas apparentes. Le droit de propriété de la société est toujours incertain, tant que l'action en nullité n'est pas prescrite (L. 1er août 1893, art. 3). Les tiers qui contractent avec une société, relativement à un immeuble lui appartenant, doivent s'éclairer et agir avec prudence [3].

572. Actionnaires. — Dans tous les cas, les actionnaires d'une société annulée ne peuvent être contraints au paiement du passif social, et à l'exécution des engagements de la société, que jusqu'à concurrence du montant de leurs actions [4]. S'il n'y a pas de créanciers, les actionnaires sont fondés à opposer la nullité de la société, pour repousser la demande qui serait formée contre eux en paiement du solde de leurs actions non libérées (*suprà*, n° 450), à moins que cette demande n'ait pour but d'établir l'égalité entre les actionnaires

1. Cass., 14 avril 1893 (J. S. 1894, 68). V. toutef. trib. Angers, 13 avril 1886 (V. S. 1890, 267).
2. V. toutef. trib. Angers, 13 avril 1886, *loc. cit.*
3. Houpin, J. S. 1894, 68, et *J. du Not.*, 1894, 369.
4. V. Toulouse, 23 mars 1887 (J. S. 1888, 1) et les décisions citées à la note suivante. V. aussi Cass., 28 février 1859 (S. 60, I, 157) ; Rouen, 30 mars 1885 (S. 88, 369) ; Paris, 24 janvier 1888 (S. 90, II, 147) ; Dalloz, *Supp.*, n°s 469 et s.

(*suprà*, n° 313), si, par exemple, les actions sont les unes entièrement libérées (actions d'apport) et les autres libérées partiellement.

La nullité d'une société anonyme ne peut, quelle qu'en soit la cause, avoir pour résultat de transformer cette société en société en nom collectif. Ce principe ne saurait comporter d'exception qu'à l'égard des tiers qui auraient été trompés par l'apparence d'une société de fait, avec laquelle ils auraient contracté dans l'ignorance des accords tendant à limiter la responsabilité de ses membres [1]

CHAPITRE II

DE LA RESPONSABILITÉ CIVILE RÉSULTANT DE LA NULLITÉ

573. Loi. — La nullité d'une société par actions, pour infraction aux prescriptions relatives à sa constitution, peut entraîner des responsabilités pécuniaires contre ceux auxquels elle est imputable. Ces responsabilités ont été édictées par l'art. 8 de la loi du 24 juillet 1867, en ce qui concerne les sociétés en commandite par actions, et par l'art. 42 de la même loi, en ce qui concerne les sociétés anonymes. Ces articles étaient ainsi conçus : Art. 8. « *Lorsque la société a été annulée aux termes de l'article précédent, les membres du conseil de surveillance peuvent être déclarés responsables, avec le gérant, du dommage résultant pour la société ou pour les tiers de l'annulation de la société. La même responsabilité peut être prononcée contre ceux des associés dont les apports ou les avantages n'auraient pas été vérifiés et approuvés conformément à l'art. 4 ci-dessus.* » — Art. 42 : « *Lorsque la nullité de la société ou des actes et délibérations a été prononcée aux termes de l'article précédent, les fondateurs auxquels la nullité est imputable et les administrateurs en fonctions au moment où elle a été encourue, sont responsables solidairement envers les tiers, sans préjudice du droit des actionnaires. La même responsabilité solidaire peut être prononcée contre ceux des associés dont les apports et les avantages n'auraient pas été vérifiés conformément à l'art. 24.* »

---

1. Toulouse 22 juillet 1891 (J. S. 1892, 65); Cass., 30 janvier 1893 (J. S. 1894, 232; S. 97, I, 493; D. 93, I, 224); Lyon-Caen et Renault, n° 786. V. Seine, 5 novembre 1894 (J. S. 1895, 233).

Mais ces dispositions ont été modifiées par la loi du 1er août 1893.

En ce qui concerne les sociétés en commandite, on a ajouté à l'art. 8 les dispositions suivantes : « *L'action en nullité de la société ou des actes et délibérations postérieurs à sa constitution n'est plus recevable lorsque, avant l'introduction de la demande, la cause de nullité a cessé d'exister. L'action en responsabilité, pour les faits dont la nullité résultait, cesse également d'être recevable lorsque, avant l'introduction de la demande, la cause de nullité a cessé d'exister, et en outre que trois ans se sont écoulés depuis le jour où la nullité était encourue. Si, pour couvrir la nullité, une assemblée générale devait être convoquée, l'action en nullité ne sera plus recevable à partir de la date de la convocation régulière de cette assemblée. Les actions en nullité contre les actes constitutifs des sociétés sont prescrites par dix ans. Cette prescription ne pourra toutefois être opposée avant l'expiration des dix années qui suivront la promulgation de la présente loi.* »

Enfin, en ce qui concerne les sociétés anonymes, l'art. 42 a été modifié ainsi qu'il suit : « *Dans le paragraphe premier de l'art. 42, aux mots « responsables solidairement envers les tiers sans préjudice du droit des actionnaires » sont substitués les termes suivants : « responsables solidairement envers les tiers et les actionnaires du dommage résultant de cette annulation* ». Au même article est ajouté le paragraphe suivant : « *L'action en nullité et celle en responsabilité en résultant sont soumises aux dispositions de l'art. 8 ci-dessus.* »

574. Créanciers. Actionnaires. — La responsabilité des auteurs de la nullité d'une société par actions existe au profit de ceux qui éprouvent un préjudice de cette nullité, c'est-à-dire : 1° les tiers, ou les créanciers de la société ; 2° les actionnaires ; 3° les propriétaires de parts de fondateur. C'est donc aux créanciers, aux actionnaires et aux porteurs de parts de fondateur, ou à leurs représentants, qu'appartient l'action en responsabilité (*infrà*, nos 606 et suiv.).

Il a été décidé, toutefois, que le cessionnaire, suivant les formes civiles, d'actions de l'apporteur fondateur n'est pas fondé à exercer une action en responsabilité contre les administrateurs de cette société, parce que le cessionnaire reste substitué, pendant les deux ans qui suivent la constitution de la société, tout à la fois à ses responsabilités et à ses droits[1]. Cette décision a été critiquée[2].

575. Nullité prononcée. — En principe, les responsabilités dont il s'agit ne sont encourues que lorsqu'il y a eu infraction aux prescrip-

1. Trib. Lyon, 10 juin 1897 (J. S. 1897, 518).
2. Rev. trim. du nouv. rég. des soc., 1897, 54.

tions ou à l'une des prescriptions relatives à la constitution primitive de la société; et elles ne peuvent être appliquées qu'autant que la nullité de la société a été prononcée par les tribunaux pour infraction aux règles constitutives[1]. Décidé toutefois que cette condition ne serait pas nécessaire si la société avait légalement pris fin par la déconfiture ou la faillite[2].

576. Fraude. — Il n'est pas nécessaire, pour que l'action en responsabilité soit admise, de prouver qu'il y a eu fraude ou dol; il suffit d'établir l'infraction aux dispositions de la loi sur la constitution de le société[3], et le préjudice éprouvé.

SECTION I

PERSONNES RESPONSABLES

1° SOCIÉTÉ EN COMMANDITE

577. — Dans les sociétés en commandite, sont ou peuvent être déclarés responsables : les gérants, les membres du conseil de surveillance, et les associés qui ont fait des apports en nature ou stipulé des avantages particuliers. Cela résulte de l'art. 8 de la loi du 24 juillet 1867, qui a reproduit avec quelques modifications l'art. 7 de la loi du 17 juillet 1856[4].

578. Gérant. — La constitution de la société est l'œuvre du gérant; c'est lui qui est chargé, en première ligne, des formalités nécessaires à la perfection du contrat. Si la société est nulle, c'est à lui que la faute en est directement imputable. Il est donc responsable de cette nullité.

579. Fondateurs. — A la différence des fondateurs d'une société anonyme déclarée nulle, ceux non gérants d'une société en commandite ne peuvent être déclarés responsables des conséquences de la nullité, si d'ailleurs leurs apports, au cas où ils en ont fait, ont été régulièrement approuvés[5].

580. Premier conseil de surveillance. — Le premier conseil de surveillance doit, immédiatement après sa nomination, vérifier si

---

1. Cass., 9 juill. 1861 (S. 61, i, 705) et 16 mars 1910 (J. S. 1911, 154); Lyon, 24 juin 1871 (S. 72, ii, 94); Rennes. 23 mars 1909 (J. S. 1910, 220); Lyon-Caen et Renault, n° 220. V. Lyon, 9 février 1883 (D. 83, ii. 115); Paris, 23 avril 1884 (D. 84; ii, 206). V J. S. 1901, 266 ; 1908, 418. V. toutef. (action pour dol) Cass., 13 fév. 1907 (J. S. 1908, 114).
2. Lyon, 29 mars 1860 (S. 60, ii, 366); Pont, n° 1281.
3. Cass., 18 mai 1887 (J. S. 1888, 334). V. art. Bosvieux, J. S. 1910, 49.
4. V. Seine, 6 janvier 1892 (J. S. 1892, 323).
5. Seine, 6 janvier 1892 (J. S. 1892, 323) ; Lyon-Caen et Renault, n° 995.

toutes les dispositions de la loi relatives à la constitution de la société ont été remplies (L, 24 juillet 1867, art. 6). Comme sanction de cette obligation, la loi (art. 8) déclare que les membres du premier conseil peuvent être déclarés responsables avec le gérant du dommage résultant de l'annulation de la société.

Suivant un auteur[1], le premier conseil de surveillance ne serait pas seul responsable de la nullité de la société. Si le vice primordial subsiste encore au moment de l'entrée en fonctions d'un conseil de surveillance subséquent, ce conseil de surveillance, en acceptant sans y mettre ordre un pareil état de choses, commettrait une faute dont il devrait rendre compte. Cette solution nous paraît inexacte, ou, du moins, trop absolue. Le premier conseil a seul le devoir de vérifier si la société a été régulièrement constituée et publiée, et, seul, il peut être déclaré responsable de l'annulation de la société. Les conseils ultérieurs ne sont pas chargés de faire cette vérification, et ils ne sauraient être déclarés responsables, par ce seul fait qu'ils l'auraient négligée. Mais s'ils avaient réellement connaissance de la nullité de la société et s'ils avaient gardé le silence, ils pourraient être déclarés responsables, dans les termes du droit commun, en vertu non pas de l'art. 6, mais de l'art. 9 de la loi de 1867 (V. *infrà*, n° 587).

581. Apporteurs. — Les associés qui ont fait des apports en nature ou stipulé des avantages particuliers ont pour devoir de veiller à ce que les apports et avantages soient vérifiés et approuvés conformément à l'art. 4, et, s'ils négligent de remplir cette obligation, ils peuvent être déclarés responsables de la nullité qui en serait la conséquence.

2° SOCIÉTÉ ANONYME

582. Loi. — Sont responsables de la nullité de la société anonyme pour vices de constitution, les fondateurs et les administrateurs en fonctions au moment où la nullité est encourue. Et peuvent aussi être déclarés responsables de cette nullité les associés dont les apports ou les avantages n'auraient pas été vérifiés et approuvés. Cette responsabilité est édictée par l'art. 42 de la loi de 1867 (*suprà*, n° 573), lequel a reproduit l'art. 25 de la loi du 23 mai 1863 (V. pour la nullité résultant du défaut de publication, n°s 1018 et suivants).

583. Fondateurs. — La loi déclare, en premier lieu, responsables de la nullité de la société anonyme, les fondateurs auxquels la nullité est imputable, c'est-à-dire ceux qui, pour eux-mêmes ou comme

---

1. Bouvier-Bangillon, p. 109.

prête-nom[1], créent l'entreprise, dressent les statuts, font appel aux capitaux, et réunissent les assemblées constitutives[2], et aussi les personnes qui ont concouru à l'organisation et à la mise en mouvement de la société (*suprà*, n° 466).

Le fait d'avoir acquis, après la première assemblée générale, la part indivise de l'apport d'un des fondateurs, ne saurait suffire pour imprimer à l'acquéreur le caractère de fondateur, alors qu'il a été complètement étranger aux actes qui ont précédé et accompagné la constitution de la société[3]. Il en est de même du fait d'avoir participé aux votes des deux assemblées générales constitutives[4] (V. *infrà*, n° 637).

Par application de la règle qui fait peser la responsabilité sur les fondateurs *auxquels la nullité est imputable*, il a été décidé que l'annulation de la société ne peut être imputée à un fondateur, s'il est demeuré étranger à la fraude qui y a donné lieu et s'il ne lui a pas été possible de découvrir cette fraude, commise clandestinement par d'autres[5], ou si ce fondateur n'a pris aucune part aux irrégularités qui ont motivé l'annulation[6]. Cette jurisprudence semble contraire à celle qui rend les premiers administrateurs responsables de la nullité de la société, alors même qu'on ne peut leur reprocher aucune faute personnelle (*infrà*, n° 594). Si les premiers administrateurs sont toujours responsables, *a fortiori* doit-on rendre, dans tous les cas, les fondateurs responsables de la nullité, puisque ce sont eux qui sont chargés en premier lieu de constituer régulièrement la société, et qu'ils sont les auteurs des irrégularités commises, sans qu'aucun d'eux puisse exciper de son ignorance ou des agissements des autres[7].

Les fondateurs sont responsables (alors surtout qu'ils sont personnellement de mauvaise foi) des déclarations mensongères faites par leur mandataire relativement à l'accomplissement des formalités de constitution[8]. Ces déclarations mensongères confèrent au mandataire

---

1. Lyon, 14 juin 1895 (J. S. 1895, 499).
2. V. Cass., 9 avr. 1888 (J. S. 90, 291) et 11 juin 1888 (R. S. 88, 460); Toulouse, 4 juin 1895 (J. S. 96, 353); Percerou, p. 10 et suiv.; J. S. 1905, 268 ; 1908, 418.
3. Cass., 21 juillet 1890 (J. S. 1891, 266).
4. Toulouse, 22 juillet 1891 (J. S. 1892, 65).
5. Cass., 30 janvier 1893 (J. S. 1894, 232; S. 97, I, 493).
6. Douai, 15 avril 1897 (J. S. 1898, 26).
7. *Conf.* Toulouse, motifs, 28 novembre 1883 (R. S. 1884, 422).
8. Amiens, 24 décembre 1886 (J. S. 1890, 52); Cass., 10 janvier 1887 (S. 88, I, 374); Lyon, 14 juin 1895, *loc. cit.*; Cass., 18 janvier 1899 (J. S. 1899, 208); Percerou, p. 14. Dans une espèce où les fondateurs ignoraient que les actions n'étaient pas libérées du quart, la Cour de cassation a déchargé de toute responsabilité les mandants, poursuivis par des tiers, comme n'ayant pu acquérir la qualité de fondateurs par suite d'un fait illicite de leur mandataire. Cass., 13 mars 1876 (D. 77, I, 49). V. aussi Bordeaux, 9 mars 1874 (S. 76, I, 361).

qui les a faites, la qualité de fondateur responsable de la nullité[1].

584. Administrateurs. — Les premiers administrateurs sont-ils responsables?

La négative est soutenue par certains auteurs. Il y a — a-t-on dit — une raison décisive pour écarter la responsabilité : c'est que les administrateurs n'ont pas commis de faute, puisque les formalités de constitution ont dû être remplies avant l'acceptation de leurs fonctions. L'art. 42 doit être interprété en ce sens que la responsabilité incombe aux administrateurs en fonctions, lorsqu'il s'agit de la nullité de délibérations modifiant les statuts, et que ce sont les fondateurs qui sont responsables de la nullité de la société[2].

D'autres auteurs distinguent : les administrateurs nommés par les statuts doivent être assimilés aux fondateurs et déclarés responsables, parce qu'ils sont en fonctions au moment où la nullité est encourue. Quant aux administrateurs élus par l'assemblée générale, ils ne sont pas responsables de la nullité, puisqu'elle dérive de faits antérieurs à leur nomination[3].

Mais on décide généralement que les administrateurs nommés par l'assemblée générale constitutive sont, aussi bien que ceux désignés par les statuts, solidairement responsables de la nullité de la société parce qu'ils sont en fonctions au moment où cette nullité est encourue et qu'ils ont pour devoir de vérifier si la société a été régulièrement constituée[4].

En principe, les administrateurs qui n'étaient pas en fonctions au moment où la nullité de la société a été encourue, c'est-à-dire les administrateurs nommés postérieurement à la constitution définitive de la société, ne sont pas responsables de la nullité[5]. Mais ils peuvent

---

1. Amiens, 27 juillet 1882 (J. S. 1883, 170); Cass., 10 janvier 1887, *loc. cit.;* Percerou, p. 15. *Contrà*, Paris, 28 mai 1869 (D. 69, ɪɪ, 145) et 27 décembre 1883 (*Gaz. trib.*, 10 janvier 1884).

2. Alauzet, nᵒ 759 ; Mathieu et Bourguignat. nᵒ 243.

3. Pont, nᵒ 1293. V. J. S. 80, 193 ; 08, 418 ; 09, 440 ; 1910, 260 ; 1911, 67.

4. *Conf.* Bédarride, nᵒˢ 479 et suiv. ; Lyon-Caen et Renault, nᵒ 794 ; Boistel, nᵒ 286 ; Suppl. Dict. Not., vᵒ *Soc. par act.*, nᵒ 160; Paris, 28 mai 1869 (D. 69, ɪɪ, 145); Cass. 27 janvier 1873 (S. 73, ɪ, 163); Orléans, 9 mai 1876 (D. 78, ɪ, 6); Lyon, 1 février 1883 (J. S. 1884, 180); Grenoble, 6 mai 1883 (J. S. 1884, 129); Toulouse, 28 novembre 1883 (R. S. 1884, 422); Paris, 27 décembre 1883 (J. S. 1885, 22); Lyon, 14 août 1885 (J. S. 1886, 471); Seine, 18 janvier 1886 (J. S. 1886, 741); Poitiers, 26 juillet 1886 (J. S. 1890, 291); Cass., 19 octobre et 8 novembre 1886 (R. S. 187, 10), et note de M. Labbé (S. 88, ɪ, 263); Paris, 28 octobre 1887 (J. S. 1889, 187), 5 décembre 1887 (J. S. 1888, 352), 17 juillet 1888 (R. S. 1888, 486), 5 juillet et 8 août 1889 (J. S. 1889, 513; R. S. 1889, 582); Cass., 9 juin 1891 (J. S. 1891, 501); Douai, 7 février 1895 (J. S. 1895, 323); trib. Lyon, 9 février 1899 (J. S. 1899, 470).

5. Nîmes, 21 janvier 1881 (D. 81, ɪɪ, 126). V. aussi Paris, 27 octobre 1883 (D. 85, ɪɪ, 222) et 24 avril 1892 (D. 92, ɪɪ, 347).

être condamnés à des dommages-intérêts lorsqu'ils ont concouru ou se sont associés à des actes dolosifs [1].

La responsabilité édictée par l'art. 42 contre les administrateurs atteint aussi bien ceux qui ne seraient nullement propriétaires d'actions, que les administrateurs propriétaires du nombre d'actions déterminé par les statuts [2].

585. Apporteurs. — Les associés qui ont fait des apports en nature ou stipulé des avantages particuliers peuvent aussi être déclarés responsables de la nullité de la société, mais seulement si elle est prononcée pour défaut de vérification et d'approbation de ces apports ou avantages conformément à l'art. 4 [3].

586. Commissaires-vérificateurs. — Les commissaires-vérificateurs peuvent également être déclarés solidairement responsables du préjudice causé par la majoration dolosive des apports en nature lorsqu'ils ont sciemment approuvé les estimations fausses, établies de mauvaise foi, et ont prêté leur concours à des manœuvres destinées à tromper le public [4]; ou lorsque, le rapport ayant été préparé par l'un des fondateurs ou sous son inspiration, ils n'ont fait qu'y apposer leur signature, sans prendre soin de le lire [5]. Ils peuvent même, dans certains cas, encourir une responsabilité pénale (*infra*, n° 618).

587. Commissaires de surveillance. — Les commissaires de surveillance, nommés conformément à l'art. 32 de la loi de 1867, ne sauraient être déclarés responsables de la nullité de la société [6]. Toutefois, il résulte implicitement d'une décision de la Cour de cassation que les commissaires de surveillance pourraient être déclarés responsables pour n'avoir pas éclairé les actionnaires sur l'irrégularité de la constitution de la société, s'ils avaient eu ou pu avoir connaissance de cette nullité, notamment par les documents sociaux

---

1. Paris, 8 janvier 1886 (D. 86, II, 216) et 5 décembre 1887 (J. S. 1888, 352).
2. Lyon, 25 mars 1887 (J. S. 1888, 338); Paris, 10 juillet 1885 et Cass., 8 novembre 1886 (S. 88, I, 353). *Contrà*, Goirand, n° 422.
3. Pont, n° 1292; Mathieu et Bourguignat, n° 82; Lyon-Caen et Renault, n° 995; Seine, 6 janvier 1892 (J. S. 1892, 323). V. aussi Lyon, 14 juin 1895 (J. S. 1895, 499); Cass., 10 novembre 1897 (J. S. 1898, 12). *Contrà*, Vavasseur, n° 679.
4. Paris, 27 décembre 1883 (J. S. 1885, 22); Nantes, 20 juin 1885 (R. S. 1885, 609); Rennes, 12 juillet 1886 (J. S. 1887, 672); Angers, 19 mai 1891 et note de M. Boistel (D. 92, II, 81); Lyon, 14 juin 1895 (J. S. 1895, 499); Cass., 10 novembre 1897 (J. S. 1898, 12). V. Cass., 3 janv. 1900 (J. S. 1900, 264); J. S. 1905, 159.
5. Poitiers, 26 juillet 1886 (J. S. 1890, 294); Cass., 9 avril 1888 (S. 88, I, 169); Bonfils, *Rev. crit.*, 1889, 370. V. aussi Seine, 19 janvier 1884 (R. S. 1884, 169); Paris, 13 juillet 1892 (R. S. 1893, 223). V. toutef. Amiens, 24 décembre 1886 (R. S. 1887, 305); *Ann. de dr. comm.*, 1888, 177; Percerou, p. 17 et suiv.
6. Orléans, 15 février 1888 (J. S. 1889, 293).

dont ils avaient le devoir de demander la communication [1] (V. *suprà*, n° 580).

588. Tiers. — Peuvent aussi être déclarés responsables du préjudice causé aux intéressés par la nullité de la société :

1° Le propriétaire du journal qui, en dehors de son concours prêté à la souscription par la publicité, s'est directement mêlé à l'émission des actions, en lui ouvrant ses bureaux et en se faisant le banquier de la société, et, en outre, a fait modifier, par son influence, la composition du conseil d'administration [2] ;

2° Le rédacteur en chef qui a été directement mêlé à certains de ces actes et a couvert l'entreprise d'un patronage suffisant pour provoquer la confiance du public [3] ;

3° Ceux qui, sans être fondateurs ni administrateurs, ont concouru sciemment aux vices de constitution [4] ;

4° La société de crédit qui, chargée de l'émission des actions, moyennant l'attribution d'actions et de droits de commission, a, dans le but de provoquer des souscriptions, publié des articles de propagande mensongers et frauduleux, réuni à son siège social les assemblées constitutives et ouvert ses guichets au public [5].

L'étendue de cette responsabilité spéciale doit être déterminée par les règles du droit commun, suivant le dommage causé, au profit seulement de ceux qui auraient été lésés par ce dommage.

SECTION 2

DU CARACTÈRE DE LA RESPONSABILITÉ

589. Distinction. — La responsabilité, conséquence de la nullité de la société, est tantôt facultative, tantôt obligatoire. La loi établit à cet égard des distinctions entre les sociétés en commandite et les sociétés anonymes.

---

1. Cass., 4 juin 1883 (S. 84, 1, 113). *Conf.* Paris, 14 novembre 1880 (D. 83, 1, 335) et 27 décembre 1883 (J. S. 1885, 22).
2. Seine, 30 juillet 1886 (R. S. 1886, 30).
3. Seine, 30 juillet 1886, *loc. cit.*
4. Poitiers, 26 juillet 1886 et Cass., 9 avril 1888, *loc. cit,* ; Seine, 17 février 1895 (R. S. 1895, 500); Lyon, 24 juillet 1908 (J. S. 1909, 122).
5. Paris, 22 mars 1877 (D. 79, 11, 40), 12 août 1879 (D. 80, 11, 41) ; Cass. req., 11 juin 1888 (R. S. 1888, 460) ; Seine, 27 mai 1889 (J. S. 1889, 451) ; Paris, 5 juillet et 8 août 1889 (J. S. 1889, 513), 2 août 1890 (J. S. 1891, 367) ; Cass., 21 octobre 1890 (J. S. 1891, 54) et 16 mai 1892 (J. S. 1894, 281). V. Seine, 28 novembre 1884 (R. S. 1885, 178), 13 décembre 1886 (R. S. 1887, 154) et 30 juillet 1890 (R. S. 1891, 37); Paris, 20 juillet 1888 (R. S. 1888, 526) et 10 juin 1890 (R. S. 1890, 372) ; Cass., 18 mars 1891 (J. S. 1902, 372, 375) ; Cass., 6 février 1893 (J. S. 1894, 230 ; D. 93, 263).

Nous devons faire observer que la loi de 1867 ne prononce la responsabilité des gérants, fondateurs et administrateurs des sociétés par actions que pour infraction aux prescriptions de cette loi relatives à la constitution des sociétés. Or, la nullité d'une société peut être prononcée pour d'autres causes fondées sur les principes généraux du contrat de société. Dans ce dernier cas, la responsabilité des auteurs de la nullité doit être déterminée d'après les règles du droit commun.

1° SOCIÉTÉ EN COMMANDITE

590. Gérant. — C'est au gérant qu'il incombe de pourvoir à l'accomplissement des formalités constitutives. Si les prescriptions de la loi n'ont pas été régulièrement observées, la faute lui en est directement imputable. Il est donc la première personne responsable de la nullité de la société (L. 24 juillet 1867, art. 8). Toutefois, sa responsabilité n'est pas absolue, mais relative et subordonnée aux faits et circonstances dont les juges doivent faire l'appréciation ; elle ne saurait être considérée comme encourue à raison du fait seul de l'annulation de la société [1]. Mais s'il y a faute reconnue — et elle existera presque toujours — elle doit entraîner la responsabilité du gérant [2].

591. Conseil de surveillance. Apporteurs. — « *Lorsque la société est annulée, aux termes de l'article précédent*, dit l'art. 8, *les membres du premier conseil de surveillance peuvent être déclarés responsables avec le gérant... La même responsabilité peut être prononcée contre ceux des associés dont les apports ou les avantages n'auraient pas été vérifiés et approuvés.* »

La responsabilité est donc facultative dans les sociétés en commandite par actions ; les tribunaux, maîtres de l'appliquer ou non, suivant les circonstances, sont investis d'un pouvoir discrétionnaire. Ce principe résulte des termes de la loi et du rapport de M. Mathieu au Corps législatif [3].

La responsabilité des membres du conseil de surveillance a été appliquée notamment : 1° lorsque la société a été irrégulièrement constituée et que les vices de constitution pouvaient être aisément

---

1. Cass., 18 décembre 1867 (S. 68, I, 145) ; Seine, 21 janvier 1889 (R. S. 1889, 217) et 6 janvier 1892 (J. S. 1892, 313).
2. Mathieu et Bourguignat, n° 76 ; Pont, n° 1285 ; Sirey, note, 1868, I, 145.
3. Tripier, t. I, 121 ; Rivière, n° 80 ; Bédarride, n° 98 ; Alauzet, n° 204 ; Dalloz, n° 1238 ; Pont, n° 1297 ; Vavasseur, n° 671 ; Cass., 18 décembre 1867, *loc. cit.*, 11 mai 1870 (S. 70, I, 425) et 8 mars 1876 (S. 76, I, 409) ; Seine, 21 janvier 1889 (R. S. 1889, 217). *Contrà*, Romiguière, n° 98.

aperçus, le conseil acceptant sans contrôle la liste de souscripteurs et la déclaration notariée du gérant[1]; 2° lorsque les membres du conseil de surveillance ont connu la cause de nullité, laissé la société fonctionner, et que le vice originaire a eu pour conséquence d'aggraver la position des tiers qui ont contracté avec la société[2].

Mais il n'y a pas lieu à responsabilité du conseil lorsque l'insuffisance des souscriptions et le non-versement du quart n'ont été pour rien dans la ruine de la société[3]; ou lorsqu'il est établi que les souscripteurs se sont volontairement prêtés à l'irrégularité de la constitution en ne faisant aucun versement[4], ou ont participé à la fraude du gérant[5], ou lorsqu'ils ont été trompés par les manœuvres du gérant, qui avait effectué des versements temporaires, dans les maisons de banque, au nom de la société[6].

La responsabilité des associés dont les apports en nature ou les avantages particuliers n'ont pas été vérifiés, est aussi facultative.

592. Solidarité. — La loi de 1867, modifiant sur ce point l'art. 7 de la loi du 17 juillet 1856, ne prononce aucune solidarité entre les membres du conseil de surveillance et avec le gérant, à raison des condamnations qui seraient prononcées contre eux.

En principe, la responsabilité du gérant, celle du conseil et celle des apporteurs sont distinctes, et la responsabilité des membres du conseil est individuelle[7]. La solidarité n'existe donc pas de plein droit. Mais les juges peuvent la prononcer, spécialement entre les membres du conseil, par application des règles du droit commun, quand il s'agit d'un quasi-délit indivisible et auquel tous ont participé[8]. Suivant certains auteurs[9], les membres du conseil de surveillance sont solidaires les uns des autres. Décidé que le membre du premier conseil de surveillance qui a donné sa démission dès qu'il a connu

1. Cass., 2 avril 1859 (D. 59, I, 137); Aix, 16 mai 1860; Cass., 24 avril 1861 (D. 60, II, 148; 61, I, 428); Cass., 12 avril 1864 (D. 64, I, 377); Cass., 11 mai 1863 (D. 63, I, 213); Paris, 4 août 1882 (R. S. 1883, 265); Paris, 27 déc. 1883 (D. 85, II, 222); Trib. Lyon, 23 déc. 1904 (J. S. 1905, 495). V. Lyon, 9 fév. 1905 (J. S. 1905, 505).
2. Paris, 25 mars 1867.
3. Agen, 6 décembre 1860 (D. 61, II, 60); Paris, 16 janvier 1863; Cass., 23 août 1864 (D. 64, I, 367) et 11 mai 1870 (D. 70, I, 401); Aix, 9 avril 1867 (D. 70, I, 401); Cass., 16 juillet 1873 (D. 74, I, 15); Paris, 16 août 1879 (J. S. 1880, 118).
4. Paris, 30 mai 1888 (R. S. 1888, 522).
5. Aix, 13 août 1860 et Cass., 24 juin 1861 (D. 60, II, 223; 61, I, 435).
6. Lyon, 12 avril 1889 (J. S. 1891, 522).
7. Seine, 21 janvier 1889, loc. cit.; Paris, 12 avril 1892 (J. S. 1892, 353).
8. Caen, 16 août 1864 (S. 65, II, 33); Cass., 14 août 1867 et 17 février 1868 (S. 67, I, 401; 68, I, 261); Lyon, 24 juin 1871 (S. 72, II, 94); Cass., 17 juillet 1876 (S. 76, I, 407); Pont, n° 1300; Vavasseur, n° 677; Suppl. Dict. Not., v° Soc. par act., n° 93.
9. Mathieu et Bourguignat, n° 79; Lyon-Caen et Renault, n° 994.

les vices entachant l'origine de la société, n'encourt aucune responsabilité[1].

593. Fondateurs. Administrateurs. — L'art. 42 de la loi du 24 juillet 1867 exprime formellement que les fondateurs et les administrateurs *sont* solidairement *responsables* envers les tiers. La responsabilité est donc obligatoire pour le juge, dans les sociétés anonymes, en tant du moins que l'action est poursuivie contre les fondateurs et premiers administrateurs. Si la nullité est prononcée pour vices de constitution, les tribunaux, en reconnaissant l'existence d'une faute dommageable, ne peuvent se dispenser d'accueillir l'action en responsabilité dirigée contre ces derniers.

594. Solidarité. — Les fondateurs et les administrateurs sont *solidairement* responsables de la nullité de la société : l'art. 42 le déclare expressément. La responsabilité solidaire peut être réclamée non seulement par les tiers, mais encore par les actionnaires. Elle a été proclamée par de nombreux arrêts[2]. C'est ce qui résulte aussi, en ce qui concerne les actionnaires spécialement, de plusieurs décisions de la Cour de cassation[3].

Cette responsabilité est la sanction du devoir qui incombe collectivement aux premiers administrateurs, aussi bien qu'aux fondateurs, de veiller à ce que la société soit exempte de nullité. Par suite, les administrateurs ne sauraient, pour se soustraire à la responsabilité solidaire, exciper de leur ignorance touchant la nullité originaire de la société, et il n'est pas nécessaire d'établir une faute personnelle à la charge de celui contre qui est dirigée l'action en responsabilité[4]. (V. toutefois en ce qui concerne les fondateurs, *suprà*, n° 583.)

La solidarité peut aussi être prononcée contre les tiers responsables de la nullité et du préjudice en résultant (*suprà*, n°ˢ 585 à 588).

---

1. Paris, 5 décembre 1881 (*Gaz. Pal.*, 1883, 1, 38).

2. V. not. Seine, 12 mars 1881 (J. S. 1882, 276); Paris, 13 février 1883 (J. S. 1884, 369); Seine, 30 juillet 1884 (J. S. 1885, 27); Nantes, 20 juin 1885 (J. S. 581, et 1887, 132); Cass., 8 juillet 1885 (J. S. 1887, 305); Douai, 29 mai 1886 (J. S. 1887, 755); Paris, 10 juillet 1886 (J. S. 1886, 169); Cass., 8 novembre 1886 (J. S. 1887, 770); Douai, 7 février 1895 (J. S. 1895, 323); Cass., 18 janvier 1899 (J. S. 1899, 208).

3. V. not. Cass., 16 avril 1878, 4 juin 1883, 18 mai 1885, et les conclusions de M. Babinet sur ce dernier arrêt (J. S. 1884, 313; 1886, 82); Paris, 26 novembre 1892 (J. S. 1893, 241) et 9 mars 1893 (J. S. 1893, 343); trib. Lyon, 9 février 1899 (J. S. 1899, 470); Aix, 21 fév. 1907 (J. S. 09, 440). *Conf.* Mathieu et Bourguignat, n° 244.

4. Lyon, 9 février 1883 (J. S. 1884, 181); Seine, 30 juillet 1884 (J. S. 1885, 27); Cass., 19 octobre 1886 (J. S. 1887, 589), 8 novembre 1886 et les autorités citées (J. S. 1887, 770, et S. 88, 1, 354) et 9 juin 1891 (S. 91, 1, 501; J. S. 1894, 501); Goirand, n° 447. *Contra*, Toulouse, 28 novembre 1883 (R. S. 1884, 492).

et notamment contre le banquier qui s'est associé à la fraude, cause de la nullité [1].

SECTION 3

DE L'ÉTENDUE DE LA RESPONSABILITÉ

1° SOCIÉTÉ EN COMMANDITE

595. Gérant. — La responsabilité du gérant, résultant de l'annulation de la société, est celle du droit commun [2]. A l'égard des créanciers sociaux, cette responsabilité se confond avec celle à laquelle il est tenu comme gérant et qui l'oblige à payer indéfiniment l'intégralité du passif social. Envers les actionnaires, la responsabilité du gérant doit être appréciée d'après les circonstances, et en considérant le préjudice qui a pu résulter pour eux de la nullité de la société — comme cela a lieu en matière de société anonyme (infrà, n° 600).

596. Conseil de surveillance. — Sous l'empire de la loi du 17 juillet 1856 (art. 7), les membres du conseil de surveillance pouvaient être déclarés responsables de toutes les opérations faites postérieurement à leur nomination. Mais à cette lourde responsabilité, l'art. 8 de la loi du 24 juillet 1867 a substitué, plus justement, la responsabilité du dommage résultant pour la société et pour les tiers de l'annulation de la société. C'est une responsabilité de droit commun. Par suite, non seulement les tribunaux sont maîtres aujourd'hui d'appliquer ou de ne pas appliquer la responsabilité contre les membres du conseil de surveillance, comme conséquence de l'annulation de la société pour vice de constitution, mais encore, l'annulation étant prononcée pour cette cause, ils doivent vérifier si l'annulation a été ou non dommageable pour les tiers, et apprécier l'importance de ce dommage [3].

597. Apporteurs. — La responsabilité des associés qui ont fait des apports en nature ou stipulé des avantages particuliers non vérifiés et approuvés, doit aussi être appréciée d'après le dommage résultant pour la société et pour les tiers de l'annulation de la société, à raison de l'absence de vérification des apports et avantages (V. infrà, n° 599 et 600).

598. Recours. — Les membres du conseil de surveillance, con-

---

1. Seine, 27 février 1895 (R. S. 1895, 500).
2. V. les autorités citées suprà, n° 590.
3. Pont, n° 1305; Vavasseur, n° 675; Lyon-Caen et Renault, n° 994. V. Cass., 24 juin 1861 (D. 61, I, 435), 14 août 1872 (D. 72, I, 396) et les autorités citées suprà, n° 591; Seine, 6 janvier 1892 (J. S. 1892, 323).

damnés à des dommages-intérêts par suite de l'annulation de la société, ont un recours à exercer contre le gérant, chargé en première ligne de l'accomplissement des formalités constitutives à remplir avant la nomination du conseil. La loi les déclare responsables avec le gérant, ce qui implique l'idée d'un recours à exercer contre lui [1].

Mais les associés dont les apports ou avantages n'auraient pas été vérifiés et approuvés, et qui, par suite, seraient déclarés responsables, n'auraient pas de recours à exercer contre le gérant, si la nullité venait précisément du défaut de vérification, car ils auraient participé personnellement à la faute commise Dans ce cas, il y aurait à faire entre le gérant et les apporteurs une équitable répartition des dommages-intérêts [2].

2° SOCIÉTÉ ANONYME

599. Créanciers. — *Loi de 1867.* — L'ancien art. 42 de la loi de 1867 déclarait les fondateurs auxquels la nullité était imputable et les administrateurs en fonctions au moment où elle était encourue, solidairement responsables envers les tiers. Il s'ensuivait qu'ils se trouvaient substitués à l'être moral qui, par leur faute, était reconnu n'avoir pas d'existence légale, et qu'ils étaient ainsi tenus personnellement, *in infinitum,* envers les tiers, *de la totalité du passif social,* lors même que les pertes auraient été causées par des fautes ou des malheurs indépendants des vices de constitution de la société, ou que les dettes auraient été créées après la retraite ou la démission des administrateurs. C'était un principe constant en jurisprudence [3].

---

1. Bédarride, n° 107; Dalloz, n° 1242 et *Supp.,* n° 1841; Rivière, n° 84; Alauzet, n° 478; Vavasseur, n° 678; Ledru, *Cons. de surv.,* n° 60.
2. Vavasseur, n° 679.
3. Cass., 27 janvier 1873 (S. 73, I, 163); Cass., 13 mars 1876 (S. 76, I, 361); Paris, 9 avril 1878 et Cass., 25 février 1879 (J. S. 1881, 476); Paris, 3 mai 1881 (J. S. 1881, 48) et 13 février 1882 (J. S. 1884, 369); Beauvais, 24 juillet 1882 (J. S. 1884, 93); Lyon, 1er août 1882 (J. S. 1884, 703) et 9 février 1883 (J. S. 1883, 184); Grenoble, 5 mai 1883 (J. S. 1884, 129); Toulouse, 28 novembre 1883 (R. S. 1884, 422); Paris, 27 décembre 1883 (J. S. 1885, 22); Cass., 8 juillet 1885 (J. S. 1887, 305); Seine, 5 août 1885 (R. S. 1886, 105); Paris, 8 janvier 1886 (J. S. 1886, 159); Seine, 18 janvier 1886 (R. S. 1886, 174); Poitiers, 24 février 1886 (J. S. 1887, 853) et 26 juillet 1886 (J. S. 1886, 582); Seine, 13 décembre 1886 (J. S. 1888, 417); Amiens, 24 décembre 1886 (R. S. 1887, 305); Lyon, 25 mars 1887 (R. S. 1887, 485); trib. Lyon, 25 juin 1887 (J. S. 1888, 265); Seine, 23 octobre 1890 (J. S. 1893, 104), et 6 mai 1891 (R. S. 1891, 450); Cass., 9 juin 1891 (J. S. 1891, 501), 9 novembre 1892 (J. S. 1893, 177, 193), 20 juin 1893 (R. S. 1893, 375), 23 janvier 1895 (J. S. 1895, 57); *Conf.* Cass., 8 mai 1903 (J. S. 1903, 342); Griolet, D. 1869, II, 145; Rivière, n° 274; Houpin, J. S. 1887, 207. *Contrà,* Mathieu et Bourguignat, n° 243, Alauzet n° 557; Romiguière, n°s 159 et suiv. ; Sourdat, *Traité de la Resp.,* n° 1250 ; Boistel, p. 916;

Loi du 1er août 1893. — Cette responsabilité était d'une rigueur excessive; on pouvait la considérer, dans une certaine mesure, comme une application du texte de la loi (bien qu'il ne fût pas explicite); mais elle était contraire aux principes généraux du droit, qui limitent l'étendue de la responsabilité au préjudice éprouvé, et elle était de nature à écarter de l'administration des sociétés anonymes des hommes honnêtes et capables. Aussi la loi du 1er août 1893 a-t-elle condamné la jurisprudence antérieure et modifié l'art. 42 de la loi de 1867, en ce sens que les fondateurs et premiers administrateurs ne sont responsables solidairement *envers les tiers*, comme *envers les actionnaires*, que *du dommage* résultant de l'annulation de la société. Et l'art. 7 de la loi nouvelle a déclaré que les dispositions de l'art. 42 s'appliquent aux sociétés déjà constituées sous l'empire de la loi du 24 juillet 1867. Il en résulte que, pour les sociétés anonymes constituées depuis la loi du 1er août 1893, et pour celles constituées antérieurement sous l'empire de la loi de 1867, mais dont la nullité a été prononcée depuis la promulgation de la loi nouvelle, les fondateurs et premiers administrateurs ne sont responsables envers les créanciers sociaux des conséquences de la nullité de la société que dans la mesure du préjudice que ceux-ci ont éprouvé par cette nullité [1] (V. *infrà*, n° 600).

Que doit-on décider à l'égard des demandes introduites avant la loi du 1er août 1893, mais non encore jugées à cette date? La Cour de cassation a décidé que la disposition de l'art. 7 de la loi de 1893 est absolue et doit s'appliquer aussi bien aux instances introduites antérieurement à cette loi qu'à celles qui n'ont pris naissance que postérieurement, dès lors que les sociétés ont été constituées sous l'empire de la loi de 1867; que, par conséquent, c'est la responsabilité limitée au préjudice causé que les tribunaux doivent appliquer [2]. Cette jurisprudence ne nous a pas paru fondée, et nous avons considéré : 1° que l'art. 5 de la loi de 1893, qui a modifié l'art. 42 de la loi de 1867 sur l'étendue de la responsabilité des fondateurs et premiers administrateurs, n'a pas simplement interprété la loi de 1867, mais qu'il a créé un principe nouveau; 2° que l'art. 7 de la loi nouvelle,

Pont, nos 1306 et suiv.; Vavasseur, nos 846 et 847. Suivant ces auteurs, la responsabilité devait être appliquée, conformément au droit commun, suivant l'importance du préjudice éprouvé par suite de la nullité.

1. Douai, 6 mars 1900; Marseille, 14 fév. 1902; Seine, 3 juin 1903 (J. S. 1901, 77, 1902, 513; 1905, 182). V. J. S. 1898, 439; 1908, 418.

2. Cass., 17 février 1896 (J. S. 1896, 216) et 10 novembre 1897 (J. S. 1898, 12); *Conf.* Seine, 24 avril 1895 (J. S. 1896, 325); Dijon, 19 mars 1902; Douai, 6 août 1903; Seine, 9 déc. 1903 (J. S. 1902, 439; 1904, 220 et 222).

qui déclare l'art. 5 applicable aux sociétés déjà constituées sous l'empire de la loi de 1867, ne peut concerner que les demandes formées depuis la loi de 1893 pour des sociétés constituées avant ou après cette loi; mais que, en l'absence d'une disposition expresse de la loi, il ne saurait être opposé à ceux qui ont formé une demande avant la loi nouvelle, et dont la situation légale se trouve fixée au jour de cette demande[1]. La question n'offre, du reste, qu'un intérêt transitoire.

600. Actionnaires. — En ce qui concerne la responsabilité des fondateurs et premiers administrateurs envers les actionnaires, dont l'ancien art. 42 se bornait à réserver les droits, on décidait, sous l'empire de la loi de 1867, que cette responsabilité doit être appréciée d'après les règles du droit commun; qu'elle n'est encourue qu'autant qu'il est démontré que le préjudice dont les actionnaires demandent réparation provient directement des causes mêmes qui ont vicié la constitution de la société; et que, par suite, les actionnaires n'ont droit qu'à des dommages-intérêts à déterminer dans la mesure du préjudice éprouvé par cette nullité[2].

Ce principe a été formellement consacré par la loi du 1er août 1893, aux termes de laquelle (art. 5) les fondateurs et administrateurs sont responsables solidairement envers les actionnaires (comme envers les tiers) du dommage résultant de l'annulation de la société.

Il en résulte que la responsabilité des fondateurs et des premiers administrateurs est la même envers les tiers et envers les actionnaires. Elle n'existe qu'autant que ces derniers (tiers ou actionnaires)

1. Houpin, note (J. S. 1895, 501, et 1896, 216). *Conf.* Lyon, 14 juin 1895 (J. S. 1895, 501); Douai, 3 juillet 1895 (J. S. 1896. 68); Lyon-Caen, note (S. 1896, I, 257); Goirand, n° 434; Thaller, n° 559.
2. Cass., 27 janvier 1873, *loc. cit.*; Cass., 2 juillet 1873 (S. 73, I, 306); Paris, 15 août 1879 (J. S. 1880, 118); Nîmes, 21 janvier 1881 (J. S. 1881, 624); Paris, 13 janvier 1882 (J. S. 1884, 368); Lyon, 9 février 1883 (J. S. 1883, 181) et 16 mai 1884 (R. S. 1884, 502); Cass., 3 juin 1885 (R. S. 1885, 467) et 8 juillet 1885 (R. S. 1885, 675); Seine, 18 janvier 1886 (J. S. 1886, 737) et 22 mars 1886 (R. S. 1886, 271); Rennes, 12 juillet 1886 (J. S. 1887, 671); Cass., 8 novembre 1886, *loc. cit.*; Paris, 28 avril 1887 (J. S. 1889, 372); trib. Lyon, 25 juin 1887 (J. S. 1888, 265); Paris, 24 novembre 1887 (R. S. 1888, 134) et 28 juin 1888 (R. S. 1888, 470); Cass., 23 décembre 1889 (J. S. 1890, 33); Paris, 10 juin et 2 août 1890 (J. S. 1891, 390 et 398); Orléans, 24 juillet 1890 (J. S. 1893, 223); Seine, 8 juin 1891 (J. S. 1891, 450); Cass. 17 mars 1892 (J. S. 1892, 347) et 26 novembre 1892 (J. S. 1893, 242); Cass. 9 novembre 1892 (J. S. 1893, 177) et 30 janvier 1893 (R. S. 1893, 125); Seine, 27 mars 1893 (J. S. 1894, 53), 22 juillet 1893 (R. S. 1894, 257); Douai, 7 février 1895 (J. S. 1895, 323); Seine, 27 février 1895 (R. S. 1895, 500); Cass., 18 mars 1895 (J. S. 1895, 392); Toulouse, 4 juin 1895 (J. S. 1896, 353); Paris, 19 juin 1895 (R. S. 1895, 476). *Conf.* Pont, n° 1308; Vavasseur, n° 849; Lyon-Caen et Renault, n° 796 ; Ruben de Couder, v° Soc. an., n° 451 et 452; Suppl. Dict. Not., v° Soc. par act., n° 163 ; Dalloz, *Supp.*, n° 1422 et suiv. ; Goirand, n° 435. V. toutefois Cass., (req.), 18 mai 1885 (J. S. 1886, 9). *Conf.* J. S. 1902, 513; 1905, 182.

ont éprouvé un préjudice par le fait de l'annulation de la société, et dans la mesure de ce préjudice. Si donc il est établi que les pertes subies par la société et par les intéressés sont indépendantes des irrégularités commises lors de la constitution de la société, qu'elles proviennent, par exemple, de faits relatifs à l'exploitation sociale, postérieurs à la constitution, les fondateurs et premiers administrateurs pourront, malgré l'annulation de la société, n'être tenus d'aucuns dommages-intérêts envers les tiers et envers les actionnaires [1].

Les souscripteurs primitifs d'actions qui ont participé à la nullité de la société, notamment en ne versant pas le premier quart, ne sont pas fondés à intenter une action en responsabilité contre les fondateurs et administrateurs [2].

601. Parts de fondateur. — Les fondateurs et premiers administrateurs ne sont responsables de la nullité de la société envers les propriétaires de parts de fondateur ou bénéficiaires, que dans les termes de droit commun (art. 1382, C. civ.) [3]. (V. *infrà*, n° 606.)

602. Répartition de la responsabilité. — Lorsque les fondateurs et premiers administrateurs ont été déclarés responsables, envers les créanciers sociaux, ou envers les actionnaires, des conséquences de la nullité de la société, l'importance de cette responsabilité doit être répartie entre eux selon la part de chacun dans les infractions qui ont amené la nullité [4], ou (s'il est impossible de mesurer exactement la culpabilité respective des intéressés) suivant la part et l'intérêt de chacun dans la société [5].

603. Recours. — Celui ou ceux des fondateurs ou administrateurs solidairement responsables, qui ont payé la dette commune, sont fondés à recourir contre leurs codébiteurs, en vertu des art. 1213 et 1214, C. civ., à l'effet de leur faire supporter leur part de cette dette [6].

Il a été décidé, toutefois, que le complice d'une émission délictueuse d'actions, condamné solidairement à des dommages-intérêts

---

1. V. les autorités et décisions citées à la note précédente.
2. Paris, 2 août 1890 (J. S. 1891, 390); Cass., 2 juillet 1873 et 18 mars 1895, *loc. cit.* Goirand, n° 437. *Contrà*, Paris, 28 mai 1869 (S. 70, II, 69), 29 juin 1889 (R. S. 1890, 43)
3. Seine, 12 août 1891 (J. S. 1892, 175); Wahl, J. S. 1897, 241. V. aussi Paris, 4 mars 1896 (J. S. 1897, 61).
4. Grenoble, 6 mai 1883 (R. S. 1883, 657); Paris, 10 juillet 1885 (J. S. 1886, 169); Lyon, 14 juin 1895 (J. S. 1895, 499); Dijon, 19 mars 1902 (J. S. 1902, 439); Vavasseur, n° 836; Goirand, n° 424; Percerou, p. 47. V. Seine, 29 oct. 1897 (J. S. 1898, 84).
5. V. Bordeaux, 9 mars 1874 et Cass., 13 mars 1876 (D. 77, I, 49); Cass., 18 juillet 1883 (R. S. 1884, 135); Toulouse, 28 novembre 1883 (R. S. 1884, 422) et 23 mars 1887 (J. S. 1888, 3), Suppl. Dict. Not., v° *Soc. par act.*, n° 164.
6. Toulouse, 28 nov. 1883, *loc. cit.*; Paris, 10 juillet 1885 (J. S. 1886, 169); Cass., 1 nov. 1886 (J. S. 1887, 770) et 23 janv. 1895 (J. S. 1895, 57); trib. Lyon, 9 févr. 1899 (J. S. 1899, 470); Lyon-Caen et Renault, n° 796 *bis*; Vavasseur, n° 837; Goirand, n° 425.

envers les actionnaires et les créanciers, n'a pas de recours contre l'auteur principal de cette émission, même pour la part de responsabilité incombant à ce dernier dans la réparation du délit, le complice d'un acte délictueux ne pouvant exercer aucune action en garantie à raison de la condamnation [1].

Les fondateurs et administrateurs ont-ils un recours en garantie les uns contre les autres, spécialement les administrateurs contre les fondateurs? La négative a été décidée par ce motif que tous ont commis une faute commune [2]. L'affirmative est enseignée par des auteurs, qui font observer que l'obligation de remplir les formalités constitutives incombe en premier lieu aux fondateurs, et que les administrateurs ne sont chargés que de vérifier si ces formalités ont été remplies [3]. Pour nous, c'est aux tribunaux qu'il appartient, en définitive, de répartir entre les fondateurs et les administrateurs l'importance de la responsabilité solidaire par eux encourue, suivant la part de chacun d'eux dans les fautes commises (*suprà*, n° 602). Quand cette répartition est ainsi faite, il ne peut y avoir de recours que pour ce qui serait payé, par suite de la solidarité, au delà de la part de chacun dans la dette commune [4].

604. Apporteurs. — L'art. 42 de la loi de 1867 déclare que la responsabilité solidaire des fondateurs et premiers administrateurs, pour cause de nullité de la société, peut être aussi prononcée contre ceux des associés dont les apports ou les avantages n'auraient pas été vérifiés et approuvés conformément à l'art. 24. Cette responsabilité des associés apporteurs diffère essentiellement de celle des fondateurs et administrateurs, en ce qu'elle est facultative, tandis que celle de ces derniers est obligatoire. En cas de nullité de la société pour inobservation des prescriptions relatives à la vérification et à l'approbation des apports en nature ou des avantages particuliers, les associés auteurs des apports ou au profit desquels les avantages auraient été stipulés peuvent, suivant les circonstances, être condamnés, ou être affranchis de toute responsabilité ou de la solidarité [5]

Lorsque les souscripteurs en numéraire s'entendent avec les

---

1. Paris, 27 décembre 1883 (J. S. 1885, 22). V. aussi Grenoble, 5 mai 1883 (J. S. 1884, 129).

2. Cass., 16 avril 1878 (*Le Droit*, du 18); Douai, 2 juillet 1879 (J. S. 1882, 21); Paris, 27 décembre 1883 (J. S. 1885, 22).

3. Vavasseur, n° 837; Goirand, n° 425.

4. V. Seine, 29 octobre 1897 (J. S. 1898, 84).

5. Seine, 14 mars 1890 (R. S. 1890, 390); Pont, n°s 1298 et 1301. V. *suprà*, n°s 597 et 598

apporteurs en nature pour majorer les apports, les acheteurs de bonne foi, lésés par la fraude du syndicat des apporteurs et sous-cripteurs primitifs, ont le droit d'intenter contre eux une action en dommages-intérêts [1].

605. Faillite des administrateurs. — De ce que, sous l'empire de la loi de 1867, les fondateurs et administrateurs étaient solidaire-ment responsables du passif social, en cas de nullité de la société, la jurisprudence a tiré cette conséquence que la nullité a pour résultat de créer entre ces associés une société de fait assimilable à une société en nom collectif, qui les rend commerçants et les expose à être déclarés personnellement en faillite [2]. Cette jurisprudence nous paraît rigoureuse et injustifiée. Mais, dans tous les cas, elle ne sau-rait être appliquée depuis la loi du 1er août 1893, qui ne laisse plus les fondateurs et premiers administrateurs solidairement respon-sables du passif de la société annulée, mais les déclare seulement responsables, envers les créanciers comme envers les actionnaires, du préjudice pouvant résulter pour eux de cette nullité [3].

SECTION 4

DE L'ACTION EN RESPONSABILITÉ

606. Créanciers. Actionnaires. Porteurs de parts de fondateur. — L'action en responsabilité, comme l'action en nullité, appartient à tous ceux et à chacun de ceux qui éprouvent un préjudice de la nul-lité, c'est-à-dire aux créanciers et aux actionnaires, ou à leurs repré-sentants. Elle appartient également aux propriétaires de parts de fondateur, à raison du préjudice que leur fait éprouver la nullité de la société, qui les prive de la portion des bénéfices sociaux sur laquelle ils pouvaient compter [4].

En principe, cette action est personnelle. D'où il suit : 1° que si elle a été rejetée sur la demande d'un actionnaire ou d'un créancier, une

1. Cass., 19 février 1889 (J. S. 1890, 40).
2. Cass., 19 février 1884 et la note (J. S. 1885, 373); Douai, 28 décembre 1885 (J. S. 1887, 298); trib. d'Angers, 13 avril 1886 (R. S. 1886, 469). V. Seine, 5 no-vembre 1894 (J. S. 1895, 233); Paris, 29 décembre 1898 (J. S. 1899, 171).
3. Lyon-Caen et Renault, t. VIII, n° 1149.
4. Wahl (J. S. 1897, 241). V. aussi, Paris, 3 mars 1896 (J. S. 1897, 61). M. Goirand (n° 444) considère que les porteurs de parts, ayant simplement des droits éven-tuels à une portion des bénéfices sociaux, et n'étant, à proprement parler, ni des associés ni des créanciers de la société protégés à ce titre par les dispositions de la loi, ne possèdent, en principe, aucune action contre les auteurs de la nullité, sauf dans le cas où ceux-ci auraient commis des manœuvres frauduleuses dans l'émission ou la négociation des parts. Cette opinion est inadmissible.

nouvelle action peut être intentée à la requête d'un autre actionnaire ou d'un autre créancier [1], ou il peut former tierce opposition à la première décision [2]; 2° que la condamnation obtenue par un actionnaire ou un créancier ne profite qu'à lui. C'est là une application de la règle : *Res inter alios judicata.*

Tant que la société existe et reste *in bonis*, l'action en responsabilité appartient aux actionnaires et aux créanciers, qui peuvent l'exercer en leur nom personnel. Elle peut aussi être intentée par un mandataire *ad litem*, au nom d'un groupe d'actionnaires représentant le vingtième au moins du capital social (L. 24 juillet 1867, art. 17 et 39). Le tout dans la mesure de l'intérêt des demandeurs (V. sur l'action individuelle et l'action sociale, *infrà*, nos 761 et 762). L'action sociale en responsabilité peut encore être engagée par les représentants de la société, s'ils ne sont pas eux-mêmes responsables de la nullité et si les auteurs des irrégularités commises ont été remplacés dans leurs fonctions [3].

607. Syndic. — En cas de faillite de la société, l'action en responsabilité est exercée par le syndic, agissant au nom de la masse des créanciers et dans l'intérêt collectif [4].

On décide même généralement que le syndic a seul qualité pour exercer l'action sociale en responsabilité; et que la demande qui serait exercée par les créanciers, même dans la mesure de leur intérêt seulement, en cas d'inaction du syndic, serait irrecevable [5]. Mais si certains créanciers avaient éprouvé un préjudice particulier, distinct du préjudice causé à la masse, le syndic serait sans qualité pour les représenter, et l'action en responsabilité appartiendrait, dans ce cas, aux créanciers lésés [6] (*infrà*, nos 761 et 762).

Le syndic a aussi qualité pour exercer l'action en responsabilité au nom de la masse des actionnaires, dont il est le représentant, lorsque l'action a pour objet la réparation d'un préjudice égal pour tous les actionnaires [7]. Mais cette action appartient-elle au syndic seul, à l'exclusion des actionnaires? La question est controversée.

---

1. Cass., 25 janvier 1881 (D. 81, 1, 253).
2. Cass., 5 janvier 1880 (J. S. 1880, 360).
3. V. Goirand, nos 436 et 438.
4. Cass., 16 mars 1870 (S. 70, 1, 209), 27 janvier 1873 (J. P. 73, 1, 383), 21 décembre 1875 (S. 79, 1, 97), 13 mars 1876 (S. 76, 1, 367).
5. Cass., 21 décembre 1875 (S. 79, 1, 97); Aix, 4 juillet 1883 (J. S. 1884, 585); Paris, 27 déc. 1883 (D. 85, II, 222); Orléans, 20 mars 1884, et Cass., 11 nov. 1885 (J. S. 1887, 239); J. S. 1905, 516. *Contrà*, Labbé, S. 79, 1, 97; Lyon-Caen et Renault, t. VIII, no 1185.
6. Cass., 16 mars 1870 et 21 décembre 1875, *loc. cit.*, Paris, 30 juin 1883 (D. 85, II, 18; J. S. 1884, 2), 27 décembre 1883 (D. 85, 2, 222); Aix, 4 juillet 1883, *loc. cit.*
7. Pont, no 1543.

Suivant quelques arrêts, si l'action sociale appartient au syndic, chaque associé peut néanmoins exercer cette action *ut singuli*, dans la limite de son intérêt personnel, toutes les fois qu'elle n'a pas été épuisée par le syndic, notamment en cas d'inaction de ce dernier [1]. Mais la Cour de cassation a décidé que le syndic d'une faillite représente seul la masse et a seul qualité pour exercer les actions qui intéressent cette masse; qu'en conséquence, une demande formée par un actionnaire, à fin de nullité de la société et de réparation du préjudice à lui causé par cette nullité, est non recevable comme intéressant également tous les actionnaires et tous les créanciers [2] (V. *infrà*, n° 761) Toutefois, les actionnaires qui auraient éprouvé un préjudice particulier, distinct de celui causé à la masse des actionnaires, seraient fondés à exercer individuellement une action en responsabilité qui, dans ce cas, n'appartiendrait pas au syndic [3] (*infrà*, n° 762).

L'action sociale appartenant au syndic dans l'intérêt de la masse des créanciers et des actionnaires se trouve éteinte par la transaction qui intervient régulièrement entre lui et les fondateurs, administrateurs, gérants et membres du conseil de surveillance responsables de la nullité de la société. Mais cette transaction ne saurait mettre obstacle à l'*action individuelle* appartenant aux créanciers et aux actionnaires à raison du préjudice particulier éprouvé par chacun d'eux [4]. De même, le jugement rendu entre les fondateurs et administrateurs et le syndic, agissant au nom de la masse, ne saurait être opposé à un actionnaire agissant en son propre et privé nom, pour obtenir la réparation d'un préjudice personnel [5].

Si la société a été déclarée en état de liquidation judiciaire (L. 4 mars 1889), le liquidateur judiciaire (qui ne fait qu'assister le liquidé, non dessaisi de l'administration de ses biens) n'a pas les mêmes pouvoirs que le syndic en cas de faillite [6].

---

1. Paris, 22 avril 1870 (S. 71, II, 169), 30 juin 1883 (*loc. cit.*) et 6 mai 1885 (J. S. 1886, 43); Aix, 4 juillet 1883, *loc. cit.*; Bordeaux, 24 mai 1886 (R. S. 1886, 462); Bourges, 15 avril 1891 (J. S. 1891, 298); Vavasseur, n° 749; Mack, R. S. 1885, 206.
2. Cass., 11 novembre 1885 (S. 1887, 239). V. aussi Cass., 21 décembre 1875 (S. 79, I, 97) et 25 février 1879 (S. 81, I, 461); Paris, 20 mai 1879 (D. 80, II, 42); Cass., 29 juillet 1889 (J. S. 1890, 258) et 12 août 1889 (R. S. 1889, 568); Lyon-Caen et Renault, t. II, n° 827. V. toutef. Lyon-Caen et Renault, t. VIII, n° 1183.
3. Besançon, 10 août 1868 (D. 68, II, 204); Toulouse, 26 décembre 1876 (D. 79, I, 269); Seine, 30 juillet 1884 (J. S. 1885, 27).
4. Cass., 18 mai 1885 et le rapport de M. le conseiller Babinet (J. S. 1886, 81); Paris, 17 juillet 1888 (R. S. 1888, 487). V. aussi Seine, 15 mai 1884 (R. S. 1884, 514); Paris, 3 janvier 1888 (J. S. 1889, 307).
5. Seine, 30 juillet 1884, *loc. cit.*
6. Goirand, n°s 371 et 443.

608. Liquidateur. — Les liquidateurs d'une société sont les représentants de la société, c'est-à-dire de la masse des actionnaires. A ce titre, ils ont qualité pour former contre les personnes responsables de la nullité de la société, une demande en réparation du préjudice éprouvé par la société et égal pour tous les actionnaires[1]; mais ils ne peuvent former une demande en responsabilité du dommage personnel causé aux actionnaires[2].

En principe, ils n'ont pas qualité pour représenter les tiers, créanciers de la société, dont ils n'ont reçu aucun mandat. Et il a été décidé que les liquidateurs ne sont pas recevables à se prévaloir de la disposition de l'art. 42 (ancien) de la loi de 1867, aux termes duquel les fondateurs et administrateurs étaient responsables solidairement envers les tiers. S'ils peuvent, en vertu des principes du droit commun, être recevables à demander compte des faits desquels ils prétendent qu'une responsabilité incomberait aux fondateurs et administrateurs au préjudice de la société, il faut qu'ils démontrent la faute de ceux-ci, le préjudice que cette faute a causé à la société, enfin la corrélation et le rapport entre cette faute et le préjudice éprouvé[3]. Depuis la loi du 1er août 1893, la responsabilité pour le cas de nullité de la société est de même étendue au profit des créanciers et au profit des actionnaires. Les liquidateurs sont donc fondés à intenter une action en réparation du préjudice éprouvé par la société (ayant ici pour intéressés les créanciers et les actionnaires) comme conséquence de son annulation[4].

Si le liquidateur négligeait d'exercer l'action sociale en responsabilité, les intéressés pourraient agir personnellement, en mettant en cause le liquidateur[5] (V. sur cette question controversée infrà, n° 761). Dans tous les cas, les actionnaires seraient non recevables à exercer cette action si le liquidateur y avait renoncé[6].

Lorsque la société est pourvue d'un syndic et d'un liquidateur, ce dernier est recevable à exercer l'action en responsabilité concurremment avec le syndic[7].

609. Action judiciaire. Fondateurs et administrateurs. — L'ac-

1. Paris, 14 juin 1888 (J. S. 1889, 251) et 19 juin 1895 (J. S. 1895, 421).
2. Lyon, 9 février 1883 (D. 83, II, 113).
3. Paris, 14 juin 1888, loc. cit.
4. V. Seine, 19 janvier 1887 (J. S. 1890, 7) et 30 mars 1893 (R. S. 1893, 284).
5. Paris, 6 juillet 1889; Seine, 9 juillet 1890 (R. S. 1890, 130 et 449); Paris, 13 mars 1895 (J. S. 1895, 280) et 19 juin 1895 (J. S. 1895, 421). V. Seine, 27 mars 1893 (J. S. 1894, 53).
6. Bourges, 2 mai 1889 (R. S. 1890, 15).
7. Orléans, 15 février 1888 (J. S. 1889, 293). V. Goirand, n° 443.

tion en responsabilité doit, rationnellement, être intentée contre les fondateurs et premiers administrateurs, que la loi déclare solidairement responsables des conséquences de la nullité.

La Cour d'Agen a décidé que l'action en nullité d'une société anonyme, pour vices de constitution, n'est valablement intentée par des fondateurs de cette société qu'autant que tous leurs cofondateurs sont mis en cause[1]. Cette décision peut se justifier par ce fait que le débat s'engageait entre fondateurs responsables, et que, en cas de nullité prononcée, il y avait lieu d'apprécier et de déterminer la part de responsabilité incombant à chacun. Mais le principe ne serait pas applicable à l'action de responsabilité formée par des créanciers ou des actionnaires de la société. Dans ce cas, à raison de la solidarité qui existe contre les fondateurs et premiers administrateurs (suprà, n° 594), nous estimons que l'action est valablement intentée contre une partie seulement des fondateurs et administrateurs responsables. Il y a lieu, en effet, de faire application des principes généraux résultant des dispositions des art. 1200 et suiv., C. civ. — Or, le créancier peut s'adresser à celui des débiteurs solidaires qu'il veut choisir (art. 1203, C. civ.). Et il a été décidé que la demande en réparation du préjudice résultant d'un fait imputable à plusieurs personnes peut être formée pour le tout contre l'un ou quelques-uns seulement des coauteurs de ce fait; il n'est pas nécessaire que tous soient mis en cause[2]. Si l'action est formée contre une partie des fondateurs et administrateurs, ceux assignés peuvent appeler en cause leurs cointéressés pour les faire condamner à supporter une part de la condamnation solidaire prononcée contre les défendeurs. Les intéressés non poursuivis ont aussi la faculté d'intervenir dans l'instance[3]. Mais les demandeurs, tiers ou actionnaires, ne sont pas tenus d'assigner ou de mettre en cause tous les fondateurs et administrateurs responsables : le droit d'actionner une partie des auteurs de la nullité est une conséquence du principe de la solidarité[4]. C'est ce que la Cour d'Agen a elle-même reconnu depuis l'arrêt précité[5].

---

1. Agen, 19 mars 1886 (J. S. 1887, 205). V. Seine, 30 avril 1889 (R. S. 1889, 452).
2. Cass., 23 août 1869 (S. 69, 1, 395); Nancy, 7 mars 1874 (S. 74. II, 100); Larombière, art. 1203, n° 5; Demolombe, t. XXVI, n° 285. V. Seine, 6 mars 1895 (J. S. 1895, 360).
3. V. sur ces deux points : Duranton, t. XI, n° 215; Larombière, t. II, sur l'art. 1203, n° 4; Colmet de Santerre, t. V, n° 136 bis, II; Aubry et Rau, § 298 ter, 24 et 25; Lyon-Caen et Renault, n° 796 bis; Bordeaux, 19 août 1826; Cass., 8 nov. 1886 (S. 87, I, 353), 23 janv. 1895 (J. S. 1895, 57) et 13 mars 1901 (J. S. 1901, 494).
4. V. nos observ., J. S. 1887. 205. V. aussi Toulouse, 28 nov. 1883 (R. S. 1884, 424); Seine, 22 mars 1886 (R S. 1886, 271); trib. Lyon, 9 févr. 1899 (J. S. 1899, 470).
5. Agen, 7 mars 1888 (J. S. 1889, 512; 1891, 267).

610. Mise en cause du liquidateur. — Les créanciers et actionnaires lorsqu'ils intentent une action en nullité et en responsabilité contre les fondateurs, administrateurs ou gérants, sont-ils obligés de mettre en cause le liquidateur de la société dissoute? — La négative résulte d'un jugement du tribunal de la Seine [1]. Mais la Cour de Paris a décidé que la demande en nullité est non recevable lorsque la société n'est pas mise en cause [2]. A notre avis, le représentant de la société doit être mis en cause au point de vue de la demande en nullité [3] (V. suprà, n° 542). Mais il en serait autrement si, la nullité de la société ayant été prononcée, une action en responsabilité était intentée contre les fondateurs, administrateurs ou gérants, ou contre les membres du conseil de surveillance [4].

611. Intervention. — L'art. 466, C. proc., déclare que ne peuvent intervenir en cause d'appel les personnes qui n'auraient pas le droit de faire tierce opposition à l'arrêt, s'il était rendu hors de leur présence. D'autre part, l'art. 474 n'ouvre la voie de la tierce-opposition qu'à ceux qui n'ont pas été représentés par des mandataires, soit légaux, soit conventionnels.

En conséquence : 1° les créanciers et actionnaires d'une société en faillite n'ont pas le droit d'intervenir, même à leurs frais, dans l'instance engagée par le syndic, comme représentant la masse des créanciers et des actionnaires, lesquels sont représentés par ce dernier [5]; 2° de même, les actionnaires et même les créanciers ne peuvent intervenir dans l'instance engagée par le liquidateur amiable, dans l'intérêt de la société, parce qu'ils sont représentés par ce liquidateur [6] (V. infrà, n° 761). Dans l'un ou l'autre cas, les créanciers et actionnaires ne seraient fondés à intervenir dans l'instance engagée par le syndic ou le liquidateur amiable ou judiciaire, dans l'intérêt de la société, qu'autant qu'ils agiraient dans un intérêt particulier, indépendant de l'intérêt commun, et qu'ils ne seraient pas, par suite, représentés, à raison de cet intérêt personnel, par le syndic ou le liquidateur [7].

612. Compétence. — L'action en responsabilité est presque tou-

---

1. Seine, 9 avril 1885 (R. S. 1885, 559).
2. Paris, 9 février 1887 (J. S. 1887, 765).
3. Paris, 1er août 1868 (D. 69, II, 65); Bruxelles, 12 août 1888 (J. S. 1890, 281); Agen, 7 mars 1888, loc. cit.; Cass., 21 juillet 1890 (J. S. 1891, 266; S. 92, I, 501).
4. Cass., 17 février 1868 (D. 68, I, 177): Vavasseur, n° 751.
5. Vavasseur, n° 750. Contrà, Poitiers, 26 juillet 1886 (R. S. 1886, 582).
6. Paris, 9 février 1887 (J. S. 1887, 767) et 20 juillet 1888 (J. S. 1890, 236); Seine, 27 mars 1893 (J. S. 1894, 53); Orléans, 27 février 1904 (J. S. 1904, 304). Contrà, Toulouse, 14 juin 1887 (J. S. 1888, 107).
7. Seine, 21 janvier 1889 (R. S. 1889, 217).

jours jointe à l'action en nullité. Lorsque la société est de nature commerciale (ce qui se produit pour toutes les sociétés en commandite et anonymes constituées depuis la loi du 1er août 1893), les tribunaux consulaires sont, en principe, seuls compétents pour connaître de l'action en responsabilité[1] (V. suprà, n° 543; infrà n°s 624, 692 et 723).

C'est devant le tribunal du siège social que l'action principale doit être portée[2], ou devant le tribunal du siège réel, si celui fixé aux statuts est fictif[3].

613. Prescription. — Quel était, avant la loi du 1er août 1893, le délai de prescription de l'action en responsabilité que les intéressés pouvaient former contre les fondateurs, administrateurs et membres du conseil de surveillance, pour cause de nullité de la société? — On avait soutenu que la prescription triennale était opposable, conformément aux art. 637 et 638, C. instr. crim. Mais la jurisprudence décidait que l'action en justice d'un actionnaire ou d'un obligataire, qui a pour principe la responsabilité des art. 42 et 43 de la loi de 1867, n'était pas soumise à la prescription de trois ans de l'art. 638, laquelle n'a d'application qu'autant que l'action a pour base unique et exclusive un crime, un délit ou une contravention. L'action en responsabilité ayant sa source dans les dispositions du droit civil ne se prescrivait donc, suivant le droit commun, que par trente ans[4].

La prescription de l'action en responsabilité a été modifiée par la loi du 1er août 1893 (suprà, n° 573). Il résulte des dispositions nouvelles des art. 8 et 42 la loi du 24 juillet 1867 que l'action en responsabilité pour les faits dont la nullité de la société résultait, cesse d'être recevable lorsque, avant l'introduction de la demande, la cause de nullité a cessé d'exister, et en outre que trois ans se sont écoulés depuis le jour où la nullité était encourue. L'extinction de l'action en nullité n'éteint donc l'action en responsabilité qu'autant qu'il s'est écoulé trois ans depuis le jour où la nullité de la

---

1. Cass., 26 mai et 21 juin 1869 (D. 69, I, 351); Paris, 28 juin 1870.
2. Paris, 29 décembre 1885 (J. S. 1886, 545).
3. Amiens, 24 décembre 1886 (J. S. 1890, 50); Ann. de dr. comm., 1887, 130.
4. Paris, 16 août 1879 (J. S. 1880, 118); Paris, 14 décembre 1880 (J. S. 1881, 28); Seine, 12 mars 1881 (J. S. 1882, 276); Paris, 4 avril 1881 (J. S. 1881, 284); Paris, 5 décembre 1881 (J. S. 1882, 549); Paris, 13 janvier 1882 (R. S. 1883, 89); Paris, 14 avril 1883 (J. S. 1883, 361); Cass., 4 juin 1883 (J. S. 1884, 314); Cass., 8 juillet 1885 (J. S. 1887, 306); Paris, 28 juillet 1887 (J. S. 1889, 372), 17 juillet 1888 (R. S. 1888, 486); Orléans, 24 juillet 1890 (J. S. 1893, 223); Paris, 28 décembre 1891 (R. S. 1892, 238) et 26 novembre 1892 (J. S. 1893, 241); Cass., 6 mars 1893 (J. S. 1893, 339) et 18 janvier 1899 (J. S. 1899, 208); Suppl. Dict. Not., v° Soc. par act., n° 165; Lyon-Caen et Renault, n° 806; Buchère, Pand. fr., 1900, 385.

société était encourue, c'est-à-dire du jour de la constitution irrégulière de la société [1], sans qu'il ait été formé une demande en responsabilité. Le législateur a pensé qu'il est juste que l'action en responsabilité subsiste pendant un délai fixe. « Il ne faut pas, a-t-on dit, que les fondateurs qui ont commis la faute de constituer une société nulle, puissent, du jour au lendemain, par un acte habile de résipiscence, s'affranchir des conséquences de leur faute [2]. » Si pour couvrir la nullité on a convoqué une assemblée générale, il y aura extinction de la responsabilité si trois ans se sont alors écoulés depuis la constitution de la société [3].

Il est possible que le vice, cause de la nullité de la société, ne disparaisse pas. Dans ce cas, les art. 8 et 42 nouveaux déclarent que « les actions en nullité contre les actes constitutifs des sociétés sont prescrites par dix ans ». Bien que la loi ne parle que de l'action en nullité, on doit considérer que cette prescription décennale est applicable à l'action en responsabilité; car, sauf dans le cas de disparition du vice, l'exercice de l'action en responsabilité présuppose l'annulation de la société [4]. La loi ne parle pas non plus du point de départ du délai de la prescription décennale. Par application des principes généraux, on doit décider que ce délai court du jour où, en fait, la société a été constituée sans la réunion des conditions requises par la loi.

Dans le cas où, sur une demande formée en temps utile, l'annulation de la société a été prononcée, la prescription de l'action en responsabilité n'est acquise que par trente ans et ne commence à courir que de la date de cette annulation [5].

En résumé, si la cause de nullité a cessé d'exister avant toute demande judiciaire, l'action en responsabilité qui en résultait est éteinte trois ans après la constitution irrégulière de la société. Si le vice de nullité n'a pas été réparé, et s'il n'a pas été formé de demande judiciaire, l'action en responsabilité, comme l'action en nullité, se prescrit par dix ans à partir du jour de la constitution irrégulière de la société. Enfin, si une demande judiciaire a été formée en temps utile (c'est-à-dire avant la cessation de la cause de nullité ou avant

1. Cass., 16 mars 1910 (J. S. 1911, 154). V. Bord. 30 mars 1908 (J. S. 08, 413).
2. Rapport de M. Clausel de Coussergues à la Chambre des députés.
3. Bouvier-Bangillon, p. 102.
4. Bouvier-Bangillon, p. 102; Goirand, n° 449; Arthuys, n° 182; Pand. fr., v° Soc., n°s 9743 et 9744; Dalloz, Supp., n° 1431. Contrà, Buchère, Pand. fr., 1900, 85. V. Lyon-Caen et Renault, n° 806; Percerou, p. 91.
5. Bouvier-Bangillon, p. 101; Alger, 1er juill. 1908 (J. S. 10, 19). Contrà, Goirand, n° 449, suivant lequel il y a lieu d'appliquer la nouvelle prescription décennale

la prescription), l'action en responsabilité se prescrit par trente ans à partir du jour de l'annulation de la société.

Les règles relatives à l'extinction et à la prescription de l'action en responsabilité sont applicables aux sociétés irrégulièrement constituées antérieurement à la loi nouvelle. Mais l'action en responsabilité n'a cessé, à l'égard de ces sociétés (si la cause de nullité a cessé elle-même d'exister), que trois ans après la promulgation de la loi nouvelle; de même, la prescription décennale n'a été acquise et ne peut être opposée que depuis l'expiration des dix années qui ont suivi cette promulgation (art. 8 et 42 nouveaux).

CHAPITRE III

DES SANCTIONS PÉNALES

614. Principe. — Le législateur a pensé que la responsabilité civile ne serait pas toujours une sanction suffisante de ses prescriptions, et il a prononcé des peines dans certains cas, notamment à raison des faits frauduleux de constitution des sociétés par actions. Les autres peines ne touchant pas à la constitution même des sociétés, nous n'avons pas à nous en occuper quant à présent. Celles dont il s'agit ici sont au nombre de quatre : 1° l'émission d'actions ou de coupons d'actions d'une société constituée contrairement aux dispositions des art. 1, 2 et 3 ; 2° le fait par le gérant de commencer les opérations sociales avant l'entrée en fonctions du conseil de surveillance; 3° la négociation d'actions irrégulières ; 4° la simulation et la fraude à l'occasion des souscriptions et des versements. Ces peines, édictées par les art. 13, 14, 15 et 16 de la loi du 24 juillet 1867, en ce qui concerne les sociétés en commandite, ont été déclarées applicables aux sociétés anonymes par l'art. 45 de la même loi [1].

615. Être moral. — Les peines qui ont pour sanction la contrainte par corps, telles que celles résultant d'infractions à la loi de 1867, sont essentiellement personnelles; elles ne sauraient atteindre une société qui ne peut, dès lors, être actionnée devant les tribunaux criminels [2].

---

1. V. Brégeault, R. S. 1889, 351.
2. Paris, 16 décembre 1885; Orléans, 8 novembre 1887 (R. S. 1886, 99; 1888, 50); Seine, 21 juillet 1896 (J. S. 1897, 91).

616. Émission d'actions d'une société irrégulièrement constituée Loi. — L'émission d'actions ou de coupons d'actions d'une société constituée contrairement aux dispositions des art. 1, 2 et 3 de la loi, est punie d'une amende de 500 fr. à 10,000 fr. (L. 24 juillet 1867, art. 13)[1].

617. Caractères de l'émission. — L'émission d'actions, prévue et punie par cet article, est le fait de créer matériellement et de remettre au public des titres définitifs qui présentent une société comme légalement constituée, tandis qu'elle ne l'est pas[2].

La loi atteint l'émission des titres définitifs d'actions d'apport ou de numéraire[3] négociables par les voies commerciales. Or, les actions ne sont négociables qu'après la constitution définitive de la société. Y aurait-il infraction, si l'émission des actions avait lieu avant la constitution définitive de la société? — Il faut distinguer. L'art. 13, qui vise les art. 1, 2 et 3 de la loi, ne parle ni des art. 4 et 5, ni des art. 24 et 25. En conséquence, l'amende est encourue, lorsque la valeur des actions est inférieure à 25 fr. ou 100 fr. (autrefois 100 fr. ou 500 fr.), ou lorsque la société a été constituée avant la souscription intégrale du capital social, ou avant le versement légal[4], ou sans l'observation des formes prescrites pour la constatation de la souscription et du versement, ou bien lorsque les fondateurs ont donné aux actions la forme au porteur, avant l'entière libération de ces actions, ou — pour les sociétés antérieures à la loi du 1er août 1893 — sans suivre les conditions et les formalités prescrites par l'ancien art. 3. Mais l'émission d'actions avant la vérification régulière et l'approbation des apports en nature et des avantages particuliers, et avant la nomination du conseil de surveillance, si la société est en commandite, ou des administrateurs et des commissaires, si la société est anonyme, ne constituerait pas, dans le silence de la loi, une infraction pénale[5].

---

1. V. Lyon, 12 mars 1885 (D. 86, II, 136); Paris, 17 juin 1904 (J. S. 1906, 416).

2. Cass., 23 juin 1883 (D. 83, I, 425); Paris, 4 décembre 1884 (R. S. 1884, 624, et J. S. 1885, 159); Lyon, 12 mars 1885 (D. 86, II, 136). V. Cass., 16 novembre 1888 (J. S. 1890, 230). V. sur le caractère de l'émission : Paris, 19 mars 1883 (S. 83, II, 97); 10 mai 1883 (D. 84, II, 1), 2 et 4 décembre 1884 (R. S. 1885, 159); Cass., 14 janvier et 26 octobre 1905; Paris, 16 novembre et 22 décembre 1905; R. S. 90, 315; 94, 448 ; J. S. 1905, 272 ; 1903, 245, 266, 516 ; 1906, 167, 411 ; 1908, 501 ; Lyon-Caen et Renault, n° 799. V. Cass., 22 oct. 1906 (J. S. 1907, 307).

3. Paris, 4 décembre 1884 (T. S. 1885, 159).

4. Senlis, 11 août 1884 (R. S. 1884, 630) ; trib. Lyon, 26 août 1884 (R. S. 1884, 639); Seine, 28 septembre 1884 (R. S. 1884, 688) ; Orléans, 28 avril 1887 (J. S. 1888, 34).

5. Pont, n° 1315; Lyon-Caen et Renault, n° 799; Seine, 12 mars 1884 (J. S. 1884, 276). Contrà, Mathieu et Bourguignat, n° 123. V. Rubat du Mérac, p. 174; Percerou, p. 72 et suiv. ; Orléans, 28 avril 1887 (R. S. 1888, 34).

Le simple fait d'ouverture d'une souscription publique d'actions d'une société en commandite projetée, et de remise aux souscripteurs d'un récépissé de versement, n'a pas le caractère d'émission d'actions d'une société constituée, et ne tombe pas sous l'application de la loi pénale [1].

La peine est encourue alors même que, depuis l'émission, les infractions ont été réparées, et que, notamment, le versement déclaré au moment de la constitution de la société a été fait plusieurs mois après [2] (V. infrà, n° 625).

618. Personnes responsables. — En cas d'infraction, la responsabilité incombe aux gérants ou administrateurs de la société, ou aux fondateurs par les ordres de qui l'émission a été faite [3]. Elle peut aussi atteindre le banquier dans les bureaux duquel l'émission a été opérée [4]. Décidé que le commissaire vérificateur se rend complice du délit d'escroquerie commis par les fondateurs et administrateurs lorsqu'il rédige un rapport contenant des erreurs graves, volontaires et destinées à tromper les actionnaires [5].

619. Opérations du gérant avant l'entrée en fonctions du conseil de surveillance. — « *Sera puni de la même peine* (amende de 500 fr. à 10,000 fr.) *le gérant qui commence ses opérations avant l'entrée en fonctions du conseil de surveillance* » (art. 13).

La loi punit ainsi le gérant qui contrevient à la prescription de l'art. 5, lequel dispose qu'un conseil de surveillance, composé de trois actionnaires au moins, est nommé par l'assemblée générale des actionnaires, immédiatement après la constitution de la société, et *avant toute opération sociale*. Les opérations sociales s'entendent des affaires mêmes, des actes commerciaux en vue desquels la société s'établit, et non des mesures préliminaires et des faits de préparation [6].

La disposition précitée n'est pas applicable lorsque les administrateurs d'une société anonyme commencent les opérations sociales avant l'entrée en fonctions du commissaire de surveillance à nommer par une assemblée constitutive d'actionnaires [7].

---

1. Cass., 8 février 1881; Pont, n° 1315; Vavasseur, n° 715 *ter*. V. Cass., 6 juin 1885 (J. S. 1886, 309).
2. Lyon, 12 mars 1885 (D. 86, ii, 136); Nîmes, 20 mars 1903 (J. S. 1903, 495).
3. V. Paris, 19 mars 83 (S. 83, ii, 97); Douai, 24 janv. 99, J. S. 99, 417; 1905, 516.
4. Pont, n° 1315.
5. Seine, 19 janvier 1884; Paris, 3 juillet 1884 et Cass., 6 février 1885 (J. S. 1887, 383).
6. Pont, n° 1316.
7. Bédarride, t. ii, p. 218 et suiv.; Rubat du Mérac, n° 273; Lyon-Caen et Renault, n° 804.

620. Négociation d'actions irrégulières. — La négociation d'actions ou de coupons d'actions dont la valeur ou la forme serait contraire aux dispositions des art. 1, 2 et 3 de la loi, ou pour lesquels le versement du quart n'aurait pas été effectué conformément à l'art. 2, est punie d'une amende de 500 fr. à 10,000 fr. Sont punies de la même peine toute participation à ces négociations et toute publication de la valeur des actions (art. 14).

Ainsi la loi punit trois infractions :

1° La négociation d'actions ou de coupons d'actions dont la *valeur ou la forme* serait contraire aux dispositions des art. 1, 2 et 3, ou pour lesquels le versement du quart n'aurait pas été effectué conformément à l'art. 2. Il ne s'agit ici que de la négociation qui s'opère par l'une des voies commerciales (transfert, endossement, tradition des titres, etc.[1]), et non de la transmission suivant les modes du droit civil. D'un autre côté, pas plus que l'art. 13, l'art. 14 ne vise ni les art. 4 et 5, ni les art. 24 et 25, lesquels contiennent certaines dispositions constitutives, et il ne se réfère que limitativement aux art. 1, 2 et 3. — Il y aurait donc infraction, dans le sens de l'art. 14, de la part de tout actionnaire qui négocierait ses actions, si le chiffre en était au-dessous du taux légal, si le versement du quart n'avait pas été effectué, si elles avaient été irrégulièrement délivrées au porteur. En dehors de ces cas, la négociation ne tomberait pas sous l'application de l'art. 14, quand bien même la société serait annulable pour d'autres vices de constitution[2].

Il a été jugé : 1° que la négociation punie par l'art. 14 n'est pas subordonnée à l'émission préalable des titres admissibles à la cote officielle de la Bourse, lorsqu'il est établi que des ventes à terme ont pu se conclure et se sont conclues dans la coulisse, sur des certificats ou promesses d'actions suffisants pour ce marché[3] ; 2° que ceux-là seuls qui ont négocié les actions sont coupables du délit prévu par l'art. 14[4] ; 3° que cet article punit seulement la négociation d'actions dont la valeur ou la forme serait en opposition avec la loi, de telle sorte qu'il suffit d'examiner le titre pour se rendre compte que la négociation est illicite[5] ; que spécialement la négociation d'actions nouvelles d'une société qui, à son origine, avait été constituée sans versement préalable du quart des actions, n'est point passible des

---

1. V. toutef. Paris, 10 juillet 1902 (J. S. 1903, 250, note). V. J. S. 1904, **272.**
2. Pont, n° 1318.
3. Paris, 19 mars 1883 (J. S. 1884, 248). V. toutef. Goirand, n° 459.
4. Lyon, 12 mars 1885 (J. S. 1887, 677).
5. Lyon, 22 ou 23 janv. 1884 (J. S. 84, 222); Orléans, 24 juill. 1890 (S. 91, II, 154).

peines portées par l'art. 14, si la forme et la valeur nominale de ces actions sont conformes aux prescriptions de la loi, et si pour elles le versement du quart a été opéré[1].

L'art. 14 punissant la négociation d'actions dont la *forme* serait contraire à l'art. 3 est-il applicable à la négociation d'actions d'apport qui, en exécution du nouvel art. 3, n'auraient pas été frappées d'un timbre indiquant leur nature et la date de la constitution de la société, et qui, par suite, auraient pu être illégalement négociées dans les deux ans de la constitution ? La question est controversée. Les auteurs considèrent généralement que l'art. 14 n'érigeant en délits que les négociations antérieures à la constitution de la société, et toute pénalité étant de droit étroit, il s'ensuit nécessairement que la négociation d'actions d'apport avant l'expiration du délai de deux ans échappe à toute répression[2]. Nous croyons, au contraire, que l'art. 14 est ici applicable parce que : 1° la modification apportée par la loi de 1893 à l'art. 3 a exercé une répercussion sur l'art. 14 et étendu son application aux hypothèses qu'il prévoit ; 2° il s'agit bien de la négociation de titres dont la forme est contraire au nouvel art. 3 ; 3° sous l'empire de la loi de 1867 des négociations d'actions opérées après la constitution pouvaient donner lieu à des poursuites pénales[3].

La disposition de l'art. 2, d'après laquelle les actions sont négociables après le versement du quart, n'est plus en harmonie avec l'art. 1er nouveau, qui exige la libération intégrale des actions de 25 fr. Les art. 2 et 14 n'ayant pas été modifiés, on doit considérer que ce dernier article ne serait pas applicable en cas de négociation d'actions de 25 fr., libérées du quart seulement. Les peines sont de droit étroit[4] ;

2° La participation aux négociations prohibées[5] : ce qui atteint le cessionnaire et les intermédiaires (banquiers, agents de change, courtiers) qui prêtent leur ministère[6] ;

3° La publication de la valeur des actions dont la négociation est interdite, publication par voie de circulaires, affiches, prospectus, journaux[7].

---

1. Paris, 10 mai 1883 (J. S. 1883, 430) ; Rouen, 10 mai 1884 (S. 84, II, 84).
2. Lyon-Caen et Renault, L. 1er août 1893, n° 26 ; Bouvier-Bangillon, *id.*, p. 147 ; Genevois, n° 22 ; Dalloz, *Supp.*, n° 1023 ; Seine, 23 mars 1900 (J. S. 1900, 499).
3. *Conf.* Perrin, p. 12 ; Faure, p. 67 ; Goirand, n° 460 ; Arthuys, n° 203.
4. Goirand, n° 460 ; Arthuys, n° 203. V. aussi Genevois, n° 22.
5. V. Paris, 10 mai et 9 juillet 1883 (J. S. 1883, 430 ; R. S. 1883, 438 et 592) ; Cass., 6 juin 1885 (J. S. 1886, 309) ; Rubat du Mérac, n° 268 ; Goirand, n° 461.
6. Pont, n° 1319 ; Vavasseur, n° 719 ; Rubat du Mérac, n° 266 ; Cass., 3 juin 1885 (J. S. 1887, 421).
7. Pont, n° 1320 ; Rubat du Mérac, n° 268.

621. Simulation et fraude à l'occasion des souscriptions et versements. — « *Sont punis des peines portées par l'art. 405, C. pén., sans préjudice de l'application de cet article à tous les faits constitutifs du délit d'escroquerie : 1° ceux qui, par simulation de souscriptions ou de versements, ou par publication, faite de mauvaise foi, de souscriptions et de versements qui n'existent pas, ou de tous autres faits faux, ont obtenu ou tenté d'obtenir des souscriptions ou des versements; 2° ceux qui, pour provoquer des souscriptions et des versements ont, de mauvaise foi, publié les noms de personnes désignées, contrairement à la vérité, comme étant ou devant être attachées à la société à un titre quelconque* » (art. 15)[1].

622. Caractère des infractions. — Les divers faits prévus et punis par les art. 13, 14 et 15 constituent-ils indistinctement de véritables délits, ou de simples contraventions? Suivant certains auteurs, tous ces faits sont des délits[2]. D'autres auteurs distinguent : Ils considèrent comme de véritables délits la simulation et la fraude sur les souscriptions et versements, et comme de simples contraventions l'émission et la négociation d'actions, la participation à cette négociation et la publication de leur valeur, le fait du gérant qui commence ses opérations avant l'entrée en fonctions du conseil de surveillance[3]. La jurisprudence a décidé que l'émission d'actions d'une société formée contrairement aux prescriptions des art. 1 et suiv. constitue une infraction punissable en dehors de toute question d'intention frauduleuse, un délit comportant l'application des règles du droit commun relatives à la complicité[4]. Il en est de même de la négociation d'actions irrégulières[5]. Il n'y a pas à distinguer

---

1. Voir sur l'application de ces peines : Pont, n⁰ˢ 1323 et suiv.; Percerou, p. 77 et suiv.; Goirand, n⁰ˢ 464 à 468; Cass., 13 mai 1837 (S. 58, I, 129); Rouen, 22 mars 1882 (J. S. 1883, 469); Seine, 20 décembre 1882 (J. 1883, 24); Paris, 19 mars 1883 (S. 83, II, 97), 9 juillet 1883 (R. S. 1883, 593), 27 décembre 1883 (D. 85, II, 222), 18 mars 1887 (D. 88, II, 129), 28 juillet 1887 (D. 88, II, 129); Lyon, 12 mars 1885 (S. 86, II, 241); Cass., 24 juin 1876 (S. 77, I, 43), 10 avril 1884 (R. S. 1885, 6), 6 juin 1885, *loc. cit.*, 11 juin 1887 (J. S. 1894, 380) et 16 novembre 1888 (R. S. 1889, 63); Amiens, 15 mars 1888 (R. S. 88, 428); Lyon, 28 octobre 1895 (R. S. 96, 157); Paris, 13 ou 15 mars 1896 (J. S. 96, 314); Cass., 26 octobre 1905; J. S. 98, 44; 99, 95; 1903, 171 et 495; 1906, 266; 1908, 501; 1910, 175.

2. Mathieu et Bourguignat, n⁰ 154; Villey, note, Sirey, 1887, I, 41. V. Lyon-Caen et Renault, n⁰ 801.

3. Boistel, n⁰ 274; Bédarride, n⁰ˢ 286 et suiv.; Mornard, p. 259; Pont. n⁰ 1312 et suiv.; Vavasseur, n⁰ˢ 724 et suiv.; Ruben de Couder, v⁰ *Soc. en comm.*, n⁰ 186 *bis*.

4. Paris, 2 et 4 décembre 1884 (R. S. 1885, 530 et 555); Cass., 28 février 1885 (J. S. 1885, 539; S. 87, I, 41); Cass., 17 juillet 1885 et les citat. (S. 88, II, 37); Cass., 20 avril 1888 (J. S. 1888, 630); Percerou, p. 77. V. J. S. 1905, 516.

5. Cass., 11 août 1859 (S. 59, (I 971); Cass., 17 juillet 1885; Paris, 28 décembre 1886, *loc. cit.*

entre l'infraction de négociation imputable au directeur ou aux administrateurs de la société et l'infraction commise par les intermédiaires qui auraient participé à la négociation et qui tombent sous l'application de l'art. 14[1].

623. Circonstances atténuantes. — L'art. 16 de la loi de 1867 rend applicable aux faits prévus par les art. 13, 14 et 15, l'art. 463, C. pén., lequel permet la réduction des peines s'il existe des circonstances atténuantes.

624. Action en responsabilité. — Tous les intéressés sont admis, en principe, à poursuivre, comme parties civiles, devant les tribunaux correctionnels, les auteurs du délit, en réparation du préjudice qu'ils ont éprouvé. Le préjudice doit être actuel[2]. L'action n'est pas recevable si les porteurs ont acheté les titres dans une intention de pure spéculation, ou uniquement en vue du procès, ou s'ils ont pris eux-mêmes part à la fraude[3]. La chose jugée au point de vue pénal avec le ministère public, possède une autorité absolue vis-à-vis de tous les intéressés[4].

625. Prescription. — Les peines édictées par les art. 13 à 15 étant correctionnelles, c'est par la prescription de trois ans (à compter du jour où le délit a été commis) que s'éteint l'action publique, et non par la prescription d'un an applicable aux contraventions[5].

Les causes de nullité existant dans la constitution des sociétés par actions peuvent être éteintes, conformément à l'art. 3 de la loi du 1er août 1893 (suprà, n° 573). Mais l'action en responsabilité civile subsiste pendant trois ans, du jour de la constitution irrégulière de la société (suprà, n° 613). Lorsque les causes de nullité ont cessé d'exister, doit-on considérer que l'action pénale pouvant en dériver se trouve éteinte? L'affirmative est enseignée par un auteur, qui fait toutefois observer que les délits résultant de causes de nullité non réparables ou de faits qui ne sont pas des causes de nullité subsistent[6]. Nous considérons, au contraire, que la responsabilité pénale continue d'exister, même en présence d'une nullité couverte,

1. Vavasseur, n° 727; Sirey, note, 1888, II, 37.
2. V. Cass., 26 avril 1884 (R. S. 1884, 480) et 8 mai 1903 (J. S. 1903, 342 et 495).
3. Seine, 12 mars 1884 (R. S. 1884, 298); Cass., 25 avril 1891 (J. S. 1893, 188).
4. Paris, 17 juin 1885 (R. S. 1885, 538).
5. Paris, 10 mai et 9 juillet 1883 (J. S. 1883, 430; R. S. 1883, 592); trib. Lyon, 28 août 1884 (R. S. 1886, 639); Paris, 2 et 4 décembre 1884, loc. cit.; Grenoble, 15 juillet 1886 (S. 86, II, 241); Paris, 28 décembre 1886, loc. cit., 28 avril 1887 (R. S. 1887, 323); Amiens, 15 mars 1888 (J. S. 1890, 205); Lyon-Caen et Renault, n° 801. J. S. 1905, 382. Contrà, Ledebt, R. S., 1883, 189; Pont, n° 1558, suivant lesquels la prescription des faits constitutifs d'une simple contravention est d'un an.
6. Genevois, n° 46.

sous l'unique réserve de la prescription de trois ans extinctive de l'action publique, prescription applicable aux infractions qui seraient couvertes aussi bien qu'à celles qui ne le seraient pas [1].

1. *Conf.* : Dalloz, Supp., n° 1435 ; Percerou, p. 95 ; Nîmes, 20 mars 1903 (J. S. 1903, 495) ; Seine, 27 déc. 1905 (J. S. 1906, 93) ; Paris, 16 nov. 1905 (J. S. 1906, 167) ; Bordeaux, 2 août 1907 (J. S. 1908, 501). V. aussi Paris, 10 juillet 1902 (J. S. 1903, 250).

TITRE QUATORZIÈME

FUSION — TRANSFORMATION — AUGMENTATION
DE CAPITAL

Sommaire :

CHAPITRE PREMIER

DE LA FUSION

Deux ou plusieurs sociétés peuvent convenir de réunir et confondre leurs intérêts par une fusion. Ce contrat innomé est permis en vertu du principe de la liberté des conventions (C. civ., art. 1134). Mais à quelles conditions ce traité est-il soumis, s'il est contracté par des sociétés par actions ou s'il donne naissance à une société par actions?

626. Identité de forme et d'objet. — Ordinairement, les sociétés qui se fusionnent sont similaires, c'est-à-dire qu'elles ont la même forme et le même objet. Mais, quoique le contraire ait été soutenu[1], cette double condition ne nous parait pas indispensable. Deux sociétés constituées sous des formes différentes (par exemple une société en

---

[1]. Beudant, note (D. 79, 1, 5).

commandite et une société anonyme)[1], ou n'ayant pas le même objet[2] peuvent se fusionner entre elles. Mais il y aura à rechercher, suivant les stipulations des statuts et les circonstances, si le consentement de tous les associés n'est pas nécessaire pour la réalisation de cette fusion (V. *infrà*), et si elle n'entraîne pas création d'une société nouvelle[3].

627. Consentement. Forme. — Quand les statuts n'ont pas prévu spécialement la fusion, elle ne peut avoir lieu que du consentement unanime des associés : une majorité, quelle qu'elle fût, serait insuffisante[4].

Quand, au contraire, la fusion est prévue et autorisée par les statuts, elle est valablement votée par la majorité dans une assemblée générale d'actionnaires régulièrement composée conformément aux statuts (le suffrage universel ne s'impose pas ici nécessairement). On doit, dans tous les cas, s'il s'agit d'une société anonyme, observer l'art. 31 de la loi de 1867, qui exige que la moitié au moins du capital social soit représentée dans les assemblées délibérant sur la modification des statuts.

L'assemblée générale de chaque société délibère à part pour donner pouvoir au conseil d'administration ou au gérant de débattre avec l'autre société les conditions de la fusion et d'en passer contrat. Ou bien, un projet de contrat pourrait être d'abord élaboré et arrêté par les conseils d'administration ou gérants des sociétés, puis soumis à la ratification de l'assemblée générale de chacune d'elles[5]

Le traité de fusion n'est assujetti à aucune forme spéciale ; il peut être passé devant notaire ou sous signatures privées, à la condition, dans ce dernier cas, qu'il soit fait en autant d'originaux qu'il y a de sociétés intéressées, signés par les représentants de ces sociétés[6].

Il y a lieu, bien entendu, de rédiger de nouveaux statuts si les sociétés fusionnées donnent naissance à une société nouvelle, et, dans le cas contraire, de modifier les statuts de la société qui continue d'exister.

Il a été décidé à cet égard : 1° que le gérant d'une société en com-

1. Lyon-Caen et Renault, n° 912. V. art. Houpin, J. S. 1910, 290.
2. *Conf.* Nîmes, 15 janvier 1878 (D. 79, I, 5).
3. *Conf.* Vavasseur, n° 427 *bis*; Goirand, n° 240 ; Lyon-Caen et Renault, n° 912.
4. Pont, n°s 1090 et 1690; Vavasseur, n°s 167, 248 et 428; Lyon-Caen et Renault, n° 338; Paris, 4 avril 1881 (J. S. 81, 284); J. S. 80, 545; 83, 640; 1904, 40; Cass., 17 janv. 1905 (J. S. 1905, 490). V. Paris, 24 juin 1884; J. S. 85, 719; 93, 60. *Contra*, Thaller, n° 706. V. aussi Wahl, J. S. 1900, 387.
5. Vavasseur, n° 428. V. tr. Lyon, 23 mars 1909 (J. S. 1910, 83).
6. Vavasseur, n° 330.

mandite ne peut engager la société dans les liens d'une société nouvelle constituée par voie de fusion[1] ; 2° que la délibération d'une assemblée générale d'actionnaires, décidant la fusion avec une autre société, doit être annulée, s'il est établi que le vote n'a eu lieu que sur le rapport favorable du commissaire chargé d'évaluer l'actif social, présentant la fusion comme avantageuse, alors que la société était dans une situation désespérée[2] ; 3° que, quand les fondateurs fournissent comme apport l'actif d'une ancienne société en liquidation contre l'attribution d'actions libérées partiellement (avant la loi du 1er août 1893), et que des actionnaires de l'ancienne société refusent ces actions, la société nouvelle est nulle, faute de souscription de la totalité des actions[3].

628. Société nouvelle. Appréciation des apports. — La fusion de plusieurs sociétés, prévue par leurs statuts, n'entraîne pas nécessairement création d'une société nouvelle[4]. Mais il peut être décidé, d'après les circonstances, qu'il y avait création d'une nouvelle société[5]. Selon la volonté des parties, les deux sociétés qui fusionnent peuvent se trouver dissoutes et donner naissance à une société nouvelle, ou l'une des deux sociétés peut prendre fin et être absorbée dans l'autre qui subsiste, mais qui est seulement modifiée, spécialement par l'augmentation de son capital et du nombre des associés[6]. C'est là, avant tout, une question de fait et d'appréciation[7].

Quand la fusion de deux sociétés entraîne leur dissolution et engendre une société nouvelle, à laquelle chacune des sociétés fait apport de son actif et, s'il y a lieu, de son passif, les actionnaires de chaque société prennent une délibération à l'effet d'autoriser la fusion et de conférer les pouvoirs nécessaires pour la rédaction des statuts et les formalités de constitution de la société nouvelle. De nouveaux statuts sont dressés et publiés. Si l'on ajoute un capital en numéraire aux apports en nature des deux sociétés fusionnées, il y a lieu de faire apprécier les apports et les avantages particuliers par les souscripteurs de ce capital (L. 24 juillet 1867, art. 4). Ces différents points ne souffrent pas de difficultés.

---

1. Douai, 17 décembre 1888 (J. S. 1891, 511).
2. Seine, 1er mars 1888 (J. S. 1889, 289).
3. Paris, 4 avril 1881 (J. S. 1881, 284).
4. V. Paris, 21 août 1868 et Cass., 8 février 1861 (*J. Pal.* 1862, 346); Aix, 5 juillet 1871 et Cass., 16 avril 1872 (S. 72, I, 229); Paris, 20 mars 1891 et la note de M. Houpin (J. S. 1892, 78); Seine, 10 mars 1893 (art. 24177, J. Enreg.).
5. Paris, 24 mars 1859 (S. 59, I, 73). V. aussi Cass., 18 juillet 1865 (D. 66, I, 88; S. 65, I, 370).
6. V. Lyon-Caen et Renault, n° 340.
7. Pont, n° 1093: Dalloz, *Supp.*, n°s 802 à 804.

Mais, s'il y a fusion pure et simple des deux sociétés, convient-il de faire apprécier, par les actionnaires de chacune d'elles, l'apport et les avantages de l'autre société? — La Cour de cassation a décidé que, en pareil cas, les formalités prescrites par les art. 1, 4, 24, 25 et 41 de la loi de 1867 ne sauraient s'appliquer; que tous les intéressés étant intervenus personnellement aux nouveaux statuts, il n'est pas nécessaire de faire la déclaration notariée exigée par l'art. 1er, ni même de déposer chez un notaire un double de l'acte de société sous seing privé, dépôt qui n'est qu'un accessoire de la déclaration notariée; qu'il n'y a pas lieu, non plus, de convoquer les assemblées générales pour évaluer les apports en nature, les avantages particuliers et approuver la nomination des administrateurs[1].

Cette décision nous a paru critiquable, comme étant contraire au texte de l'art. 4, qui ne fait d'exception à la nécessité de la vérification des apports que lorsque ces apports appartiennent *par indivis* aux apporteurs (*suprà*, n° 500). En présence de la controverse qui subsiste sur cette question, nous conseillons de remplir, en cas de fusion, les formalités de vérification prescrites par la loi (V. *suprà*, n°s 512 à 523, et *infrà*, n° 667).

Lorsqu'il est attribué aux actionnaires de l'une ou l'autre des sociétés fusionnées un nombre d'actions nouvelles moindre que celui des actions de cette société (par exemple une action nouvelle pour deux actions anciennes), il peut en résulter la nécessité pour les porteurs d'actions en nombre impair soit d'acheter soit de vendre des unités d'actions afin de permettre l'échange des titres. Ces modalités ou difficultés d'exécution ou d'application doivent faire l'objet d'un règlement intérieur; mais elles ne sauraient vicier la fusion ni influer sur son sort[2].

629. Assemblée générale. — Dans tous les cas, si la fusion entraîne la création d'une nouvelle société anonyme, il y a lieu de réunir une assemblée générale des actionnaires des deux sociétés fusionnées pour nommer les premiers administrateurs et les commissaires de la nouvelle société, à moins qu'ils n'aient été désignés dans les statuts par tous les actionnaires. Nous avons dit que le vote des actionnaires de chaque société, sur le principe de la fusion, aura lieu suivant le mode prévu par les statuts pour le cas de fusion (arg. art. 49, L. 24 juillet 1867), et que le suffrage universel ne s'impose pas néces-

---

1. Cass., 26 avril 1880 (J. S. 1880, 236). V. aussi Paris, 20 mars 1891 (J. S. 1892, 78); Vavasseur, R. S. 1896, 26.
2. Seine, 14 mai 1892 (J. S. 1893, 60).

sairement. Au contraire, à l'assemblée constitutive convoquée pour la nomination des administrateurs et des commissaires, *tous* les actionnaires doivent être appelés, et chacun d'eux doit voter avec le nombre de voix déterminé par les nouveaux statuts et qui ne peut excéder dix voix (L. 24 juillet 1867, art. 27)[1].

Il n'est pas nécessaire de convoquer tous les actionnaires des sociétés fusionnées et de les faire voter individuellement si la nouvelle société est constituée avec un capital en numéraire souscrit par divers particuliers et qui représentent avec les deux sociétés fusionnées (considérées comme formant deux actionnaires) sept actionnaires au moins (s'il s'agit d'une société anonyme). La société dissoute et en liquidation subsiste comme être moral distinct de la personne des associés. Le liquidateur de cette société a donc qualité pour la représenter aux actes et délibérations relatifs à la fusion, sans qu'il soit besoin de faire intervenir les actionnaires personnellement. Mais si la fusion a lieu entre deux sociétés dont les membres représentent les seuls actionnaires de la société nouvelle, sans souscription d'un capital en numéraire, il nous paraît nécessaire de convoquer et de faire voter tous ces actionnaires.

Si la société nouvelle est en commandite par actions, il convient de convoquer une assemblée générale des actionnaires pour procéder à la nomination du premier conseil de surveillance (L. 24 juillet 1867, art. 5).

630. Publication. Transcription. — La fusion doit, bien entendu, être publiée (L. 24 juillet 1867, art. 55 et suiv.). Si elle comprend des immeubles apportés par l'une des sociétés à l'autre, ou par les deux sociétés à la nouvelle société qui résulte de la fusion, il y a lieu de faire transcrire les actes ou délibérations qui constatent les apports (*suprà*, n° 44). La nécessité de la transcription, pour transférer la propriété des immeubles à l'égard des tiers, a été contestée par le motif que la fusion ne transférerait pas la propriété des biens d'une société à l'autre[2]. Mais cette solution nous a paru erronée. Que la fusion constitue ou non une société nouvelle, il est certain que, par suite de cette fusion, il y a déplacement, transmission de propriété rendant la transcription nécessaire[3].

631. Passif. — Lorsqu'une société, grevée d'un passif, veut se fusionner avec une autre société, on peut employer trois combinaisons :

---

1. Vavasseur, n° 441. V. Lyon, 6 février 1868 (D. 68, II, 68 ; S. 68, II, 165).
2. Paris, 20 mars 1891, *loc. cit.*
3. Houpin, J. S. 1892, 78 et suiv.

Première combinaison. — L'ancienne société acquitte personnellement son passif, en réalisant une partie de son actif, et apporte ensuite le surplus de cet actif à la société nouvelle.

Deuxième combinaison. — L'ancienne société fait apport de ses biens à la nouvelle société et *reste personnellement chargée d'acquitter le passif*. Il est attribué, en représentation de cet apport, une somme, en actions, égale à la valeur des biens apportés (V. *suprà*, n° 478). L'ancienne société acquitte son passif avec des fonds lui appartenant et qu'elle peut se procurer notamment par la cession (civile) d'une partie des actions à elle attribuées. On peut aussi créer des actions de priorité (*suprà*, n° 283), lesquelles seraient attribuées à l'ancienne société (en représentation de son apport), qui les céderait ensuite en paiement à ses créanciers, s'ils consentaient à ce mode de libération.

Troisième combinaison. — L'ancienne société fait apport de ses biens à la nouvelle société, à charge par celle-ci de payer, en l'acquit de la première, le passif dont ces biens sont grevés. Cette disposition a un caractère mixte : elle renferme une *vente* à concurrence du passif à payer par la nouvelle société [1], et, pour le surplus seulement, un apport en représentation duquel des actions doivent être attribuées [2] (*suprà*, n° 477).

Lorsque, dans un traité de fusion, les administrateurs de la compagnie cédante ne stipulent pas de garanties pour assurer le paiement du passif pris à sa charge par la compagnie cessionnaire, ils n'encourent, par ce fait, aucune responsabilité, si le traité a été fait en exécution d'une délibération de l'assemblée générale, à moins qu'il ne soit établi que la compagnie cessionnaire était, lors de la cession, dans une situation qui rendait dangereuse la confusion de l'actif des compagnies contractantes [3].

La Cour de cassation a consacré la validité d'une société à laquelle une société se fusionnant avait apporté ses biens, à charge par la nouvelle société de payer le passif les grevant, bien que le capital social eût été fixé à une somme égale à l'entière valeur des biens apportés (sans déduction du passif à payer) et divisé en actions d'une valeur égale attribuées à la société apporteuse. Mais cette décision ne nous a semblé justifiée ni en droit ni en fait [4], et, bien qu'elle ait

---

1. Orléans, 11 mai 1882 (J. S. 1883, 437); Douai, 26 juillet 1886 (J. S. 1887, 832).
2. Seine, 28 juillet 1887 (J. S. 1888, 445).
3. Cass., 19 février 1890 (R. S. 1890, 176). V. aussi Rouen, 30 juin 1890 (J. S. 1891, 463).
4. Cass., 9 novembre 1887 et nos observ. crit. (J. S. 1888, 137).

été défendue par un éminent jurisconsulte[1], nous estimons qu'elle ne saurait être ni approuvée ni suivie dans la pratique[2] (V *suprà*, n° 501).

La dissolution de la société qui fusionne peut être subordonnée à la condition suspensive que l'apport de son actif sera réalisé au profit d'une société en formation qui paiera le passif. Cette dissolution devient définitive lorsque cette condition s'accomplit. Enfin le traité de fusion, comme tout contrat synallagmatique, est soumis à la condition résolutoire, tacite, que les conditions en seront exécutées[3].

Mais une grave question se présente : La cession, par voie de fusion, de l'actif d'une société, peut-elle avoir lieu avant l'extinction de son passif?

Il a été décidé à cet égard : 1° Qu'une société anonyme nouvelle, investie de l'universalité d'une ancienne société, ne peut absorber l'actif sans assumer la charge des engagements auxquels il servait de gage[4]; 2° qu'une société dissoute et en liquidation ne peut distraire quoi que ce soit de son actif avant de s'être entièrement libérée de son passif; qu'en conséquence, et alors même que les statuts ont autorisé une fusion, est nulle la fusion partielle de la société qui conserve une partie de son actif pour éteindre son passif[5]; 3° que lorsque l'assemblée générale a autorisé ses liquidateurs à faire apport de l'actif net de la liquidation à une autre société, ils ne peuvent faire l'apport à forfait de l'actif net à provenir de la liquidation, avant d'avoir préalablement acquitté le passif[6]; 4° qu'une assemblée générale, votant la dissolution de la société et l'apport de l'actif à une autre société, sans lui imposer la charge d'acquitter le passif, outrepasse ses pouvoirs, et ses résolutions doivent être annulées au regard des tiers dont le gage se trouve appliqué à un autre usage que les besoins de la liquidation[7]; 5° que lorsque les liquidateurs d'une société ne sont autorisés à opérer une fusion, par voie d'apport de l'actif à une autre société, qu'après la clôture définitive de la liquidation, c'est-à-dire après l'extinction réelle et effective du passif, on

---

1. M. Labbé, Sirey, 1888, 459.
2. V. notre étude spéciale de la question et notre réponse aux arguments de M. Labbé, J. S. 1889, 233. V. aussi Seine, 23 juillet 1889 (J. S. 1890, 57); Paris 14 janvier 1891 et notre note critique (J. S. 1891, 529).
3. Seine, 12 novembre 1883 (R. S. 1884, 43).
4. Paris, 9 novembre 1883 (J. S. 1884, 14).
5. Paris, 24 juin 1884 (J. S. 1885, 719).
6. Seine, 15 janvier 1885 (R. S. 1885, 360; J. S. 1890, 401).
7. Seine, 7 avril 1884 (J. S. 1886, 478).

doit considérer cette autorisation comme soumise à une condition suspensive; que, par suite, est nulle la fusion à laquelle ils ont adhéré avant le paiement de tout le passif, alors même qu'il a été mis en réserve une portion de l'actif correspondante au passif non encore acquitté [1].

Il paraît résulter de l'ensemble de cette jurisprudence que lorsque les statuts d'une société dissoute et en liquidation autorisent la fusion, les liquidateurs ne peuvent, même en vertu d'une délibération de l'assemblée générale des actionnaires, faire l'apport à une autre société de tout ou partie de son actif *avant l'extinction de son passif*; qu'il faut, ou que le passif soit préalablement acquitté et que l'apport ait pour objet les biens restants après son extinction, ou que la société en liquidation apporte l'universalité de ses biens, à charge par la société nouvelle d'acquitter le passif.

Ne pourrait-on pas cependant, dans le but notamment d'éviter des droits d'enregistrement importants sur le passif à acquitter, employer la deuxième combinaison indiquée plus haut (et qui est souvent pratiquée), c'est-à-dire apporter tout l'actif brut de la société dissoute, celle-ci restant chargée d'acquitter elle-même son passif? (V. *suprà*, n° 478.) On attribuerait des actions en représentation de la valeur de cet apport; les liquidateurs réaliseraient en espèces ou céderaient [2] aux créanciers qui l'accepteraient, ou à des tiers, une partie de ces actions pour éteindre le passif; et les actions restant disponibles seraient réparties entre les actionnaires [3]. On pourrait stipuler que les actions (qui, du reste, doivent rester à la souche pendant deux ans) resteront en dépôt dans les caisses de la société, à titre de nantissement, pour la garantie de toutes actions hypothécaires ou autres qui seraient exercées contre elle, jusqu'à la complète extinction du passif. Qui pourrait critiquer cette manière de procéder? Il nous semble qu'elle n'a rien d'illicite [4], ni même de contraire à la jurisprudence, alors que les actions attribuées en représentation de l'apport doivent servir, avant toute répartition aux actionnaires, à l'extinction du passif social. Mais pour que cette com

---

1. Paris, 15 février 1887 (R. S. 1887, 576). V. aussi Paris, 24 avril 1884 (R. S. 1884, 488); Rouen, 7 avril 1886 (J. S. 1886, 520); Seine, 7 juin 1887 (R. S. 1889, 522).
2. S'il s'agit d'actions d'apport non négociables pendant deux ans, la cession de ces actions ne peut être faite aux créanciers ou à des tiers que suivant les formes civiles (*suprà*, n°s 326 à 331).
3. Cette répartition, c'est-à-dire l'attribution divise des actions aux actionnaires de la société apporteuse, peut avoir lieu pendant les deux premières années de la société (sauf à laisser les titres à la souche); car cette attribution ne constitue ni une négociation, ni même une cession.
4. Lyon-Caen et Renault, n° 912.

binaison puisse être suivie sans critique et sans danger, il faut que les actions soient d'une réalisation certaine et immédiate, et d'une valeur suffisante pour permettre l'extinction du passif dans un bref délai (V *infrà*, n° 959). Dès que le passif est acquitté, la fusion ne saurait être critiquée.

Il a encore été décidé, sur cette question, que, aussitôt la dissolution d'une société prononcée, tous les cointéressés peuvent, sans attendre la liquidation complète, et du moment que les anciens gérants restent chargés de ses dettes et s'engagent à tenir compte des éventualités pouvant résulter de dettes hypothécaires non payées, apporter dans une société nouvelle leur ancienne entreprise, proportionnellement aux droits appartenant à chacun d'eux, sans que cet apport puisse être considéré comme un apport *a non domino*[1].

Quelle est, en cas de fusion, la situation des créanciers de chacune des sociétés fusionnées? — Voici la distinction qui a été faite[2] : Si la fusion donne naissance à une nouvelle société, elle ne peut avoir d'effet à l'égard des créanciers. Un créancier ne peut être contraint à changer de débiteur, ou à renoncer, en tout ou en partie, aux garanties attachées à sa créance. En conséquence, les créanciers de chaque société fusionnée ne peuvent pas être considérés comme ayant dorénavant pour débitrice la société résultant de la fusion. Ils conservent intact le droit de se faire payer sur les biens de la société obligée envers eux, sans avoir à subir le concours des créanciers dont l'autre société est débitrice. Lorsqu'une société vient s'absorber dans une autre, les créanciers de la première ne sont pas tenus d'accepter la seconde comme débitrice. Mais les créanciers de la société qui subsiste dorénavant seule ne peuvent, sauf le cas de la fraude, se plaindre des dettes nouvelles résultant de la fusion à la charge de cette société. Ils n'auraient pas une sorte de séparation des patrimoines leur permettant de se faire payer sur les biens de cette société dans leur état antérieur à la fusion.

Si l'une des sociétés s'éteint complètement par suite de la fusion, elle perd le bénéfice du terme pour les dettes et engagements qu'elle a pu contracter; et s'il y a des contrats en cours (notamment s'il s'agit d'une compagnie d'assurances), les tiers contractants peuvent se refuser de les continuer. Mais comme la liquidation ne produit pas les mêmes effets que la faillite (V. *suprà*, n° 209), on évite ces difficultés en faisant donner mandat par la société qui fait l'apport de son

---

1. Trib. Douai, 11 juillet 1888 (J. S. 1890, 85); Douai, 31 mai 1889 (J. S. 1891, 283).
2. Lyon-Caen et Renault, n° 341. V. J. S. 1902, 173; *R. pr. S. Belg.* 1903,8; 1904, 63.

actif, à la société à laquelle l'apport est fait, de continuer sa liquidation jusqu'à l'exécution complète de ses engagements, et en leur imposant une comptabilité particulière et toutes les mesures utiles pour que la vie de la société en liquidation soit bien distincte des opérations personnelles à la société qui reçoit l'apport [1] (V. *infrà*, n° 1068).

L'existence d'un passif présente toujours de graves difficultés, en droit civil et en droit fiscal, pour la réalisation de la fusion des sociétés qui en sont grevées.

632. Annexion. — Dans ce deuxième mode de fusion, l'une des sociétés vient s'annexer à une autre à laquelle elle apporte ses biens et souvent son passif. Si cet apport embrasse l'universalité de l'actif et des dettes, il a pour effet d'entraîner la dissolution de la première société. La seconde survit avec le même être moral ; il y a seulement, pour elle, accroissement du fonds social par suite de l'apport [2].

Cette sorte de fusion est donc régie, en ce qui concerne la société survivante, par les règles relatives à l'augmentation du capital social, que nous allons expliquer (*infrà*, n°° 652 et suiv.) [3]. (V. pour le passif le n° précédent.)

La fusion par annexion peut aussi s'opérer tacitement par le fait de la réunion dans la main de l'une des sociétés de toutes les actions de l'autre société. L'achat de toutes les actions peut avoir lieu en bloc, ou successivement et en détail. Dans ce dernier cas, l'achat de la dernière action emporte virtuellement la fusion des deux sociétés par voie d'annexion de l'une à l'autre, et dissolution de la société absorbée (*infrà*, n° 949). Mais il y aurait à rechercher, suivant l'interprétation à donner aux statuts, si ces achats successifs d'actions rentrent dans les pouvoirs du conseil d'administration, ou même de l'assemblée générale [4].

633. Alliance. — Il existerait un troisième mode de fusion, qui n'entraînerait ni la dissolution des sociétés, ni la création d'une société nouvelle. Des sociétés distinctes se réunissent pour vivre parallèlement sous une forme nouvelle et établir un centre commun d'opérations avec une seule administration, sous des conditions modifiées, mais sans se confondre et cesser d'exister. MM. Dalloz [5] considèrent ce mode particulier de fusion comme licite. M. Pont [6]

---

1. V. Paris, 24 avril 1884 (R. S. 1884, 488) ; Goirand, n° 244.
2. Vavasseur, n° 432.
3. V. Paris, 20 mars 1891 et la note de M. Houpin (J. S. 1892, 78).
4. Vavasseur, n° 430.
5. V° *Société*, n°° 1187 et 142° ; *Rec. périod.*, 73, ɪ, 73.
6. N° 4093.

l'admet aussi en principe, mais soumet aux circonstances de fait l'appréciation du caractère et des effets de la fusion. Avec ce mode particulier de fusion, sans création d'une société nouvelle, il y aurait lieu, d'après un auteur[1], de remplir les formalités suivantes : mettre en harmonie les statuts des sociétés qui fusionnent, en rédigeant un nouveau texte qui soit commun. Ces nouveaux statuts seraient soumis à l'approbation de l'assemblée générale de chacune des deux sociétés, composée et votant de la manière fixée pour les modifications statutaires. Il n'y aurait pas d'apports à faire approuver. Le capital social, après la fusion, serait le capital réuni de sociétés fusionnées. Enfin les nouveaux statuts devraient être publiés

Ce mode particulier — et un peu confus — de fusion de sociétés continuant de vivre parallèlement sous une même administration, avec leurs capitaux réunis, mais sans se confondre et cesser d'exister, ne nous paraît pas bien défini et justifié en droit. Nous avons des doutes sur la possibilité de le réaliser régulièrement[2]. Il est, du reste, d'une très rare application dans la pratique[3]. L'opération dont il s'agit présente plutôt les caractères d'une participation que d'une fusion proprement dite.

CHAPITRE II

DE LA TRANSFORMATION

La loi du 24 juillet 1867 a prévu et réglementé trois espèces de transformations, en sociétés anonymes, des sociétés antérieures à sa promulgation :

1° La transformation des sociétés en commandite par actions dont les statuts permettent la transformation en sociétés anonymes autorisées ;

2° La transformation des sociétés anonymes qui étaient soumises à l'autorisation du gouvernement ;

3° La transformation des sociétés à responsabilité limitée.

Enfin la loi du 1er août 1893 a autorisé la transformation des sociétés civiles en sociétés commerciales en commandite ou anonymes.

---

1. Vavasseur, n° 447.
2. Conf. Rousseau, *Manuel*, n° 1031. V. Wahl, J. S. 1900, 387.
3. V. Paris, 20 mars 1891 et la note de M. Houpin (J. S. 1892, 78).

SOCIÉTÉS EN COMMANDITE PAR ACTIONS

634. Loi. — L'art. 19 de la loi de 1867 dispose que les sociétés en commandite par actions antérieures à la loi, dont les statuts permettent la transformation en sociétés anonymes autorisées par le gouvernement, pourront se convertir en sociétés anonymes dans les termes déterminés par le titre II de ladite loi, en se conformant aux conditions stipulées dans les statuts pour la transformation. Cet article est aussi applicable aux sociétés en commandite par actions fondées depuis la promulgation de la loi de 1867 [1].

635. Consentement. — En principe, une société en commandite ne peut être transformée en société anonyme sans le consentement unanime des associés, car c'est là une modification à des conditions essentielles et fondamentales du contrat [2]. Mais il en est autrement — et c'est le cas prévu par l'art. 19 — si la transformation est permise par les statuts; elle peut alors être votée par une délibération de l'assemblée générale extraordinaire des associés, votant à la majorité, dans les conditions établies pour les modifications statutaires [3]. Il ne suffit pas que les statuts aient prévu et autorisé les modifications aux statuts, sans spécifier nommément la conversion [4].

636. Société nouvelle. — La transformation en société anonyme d'une société en commandite antérieure ou postérieure à la loi de 1867, opère-t-elle virtuellement une société nouvelle, ou n'en résulte-t-il qu'une modification des statuts ? Un auteur [5] enseigne que les modifications résultant de la transformation touchent à l'essence des choses, et qu'il y a, en réalité, anéantissement ou dissolution de la société primitivement formée et constitution d'une société nouvelle [6]. Il invoque, à l'appui, un arrêt [7] décidant que la transformation doit, à peine de nullité, être délibérée, non par l'assemblée générale ordinaire, mais par l'assemblée générale extraordinaire composée de

---

1. V. étude Wahl sur la transformation J. S. 1910, 97.
2. Lyon, 6 fév. 1868; Aix, 30 janv. 1868 (S. 68, II, 165, 343) et 14 juin 1879 (J. S. 1880, 203); Pont, nº 1096 ; Lyon-Caen et Renault, nº 1029 *bis*; Paris, 16 août 1879 (J. S. 1880, 118); Lille, 15 juin 1885 ; Marseille, 4 août 1903 (J. S. 1904, 44). V. toutef. Wahl, J. S. 1910, 97; Appleton, nº 165; Bourcart, p. 237; Cluzant, p. 204.
3. Vavasseur, nºs 455 et 762.
4. Aix, 30 janvier 1868 (S. 68, II, 343); Paris, 16 août 1879, *loc. cit.*
5. Pont, nº 1094.
6. *Conf. Journ. de l'Enreg.* (art. 22444). V. Cass. Belg., 13 février 1890 (*Rev. pr. Soc. Belg.*, 1880, 296, 298).
7. Lyon, 6 février 1868 (S. 68, II, 165; J. N. art. 19219).

tous les actionnaires. Un autre arrêt a décidé, au contraire, que, par une telle transformation, la société ne change pas au fond et n'est modifiée que dans sa forme [1].

A notre avis, cette question doit être résolue par une distinction : si la transformation n'a pas été spécialement prévue et autorisée par les statuts, elle entraîne la création par tous les associés d'une société nouvelle [2]. Il y a aussi création d'une société nouvelle si la transformation s'opère avec des éléments nouveaux, notamment avec une augmentation importante du capital social [3], ou avec des modifications changeant complètement l'objet de la société [4]. Si, au contraire, la transformation a été autorisée par les statuts, si la société conserve le même capital, les mêmes actionnaires, le même fonds social, la transformation ne donne pas naissance à une société nouvelle : la société anonyme n'est que la continuation de celle en commandite qui existait précédemment sous un autre nom [5]

Mais si la société primitive était nulle, la transformation le serait également, et s'il n'était pas possible de faire cesser la cause de nullité en exécution des nouveaux art. 8 et 42 de la loi de 1867, il serait nécessaire de constituer une société nouvelle [6].

637. Fondateurs. — Lorsqu'une société en commandite est transformée en société anonyme, il est parfois délicat de déterminer quels sont, parmi les associés primitifs, les fondateurs de la société nouvelle. C'est là une question de fait à résoudre suivant les circonstances. En général, c'est le gérant de la société en commandite qui prend l'initiative de la transformation, et les commanditaires se bornent à y adhérer. Dans ce cas, ces derniers jouent un rôle purement passif, et il semble bien que la qualité de fondateur de la société anonyme et les responsabilités y attachées doivent être attribuées au gérant seul [7]. Il en serait autrement si l'acte contenant les statuts de la société anonyme était dressé et signé par tous les associés : ceux-ci seraient fondateurs de la société. Mais la seule participation des actionnaires ou

---

1. Besançon, 15 juin 1869 (S. 70, II, 105).
2. Paris, 16 août 1879 (J. S. 1880, 118); Sol., 15 septembre 1890 (J. E., art. 23654); Bar-sur-Aube, 5 juin 1896 (J. S. 1897, 313). V. Cass., 12 mars 1888 (J. E., art. 23286); Dict. Enreg. Supp., vo Act. et oblig., nos 51, 102 et 228 ; Vavasseur, no 456; Cass., 11 avril 1905 et note (S. 1906, I, 361) ; Paris, 13 juillet 1909 (J. S. 1911, 67).
3. Paris, 5 décembre 1881 (J. S. 1882, 548); trib. Béthune, 15 janvier 1886 (J. E., art. 22617); Vavasseur, no 456.
4. Cass., 29 juillet 1890 (J. S. 1892, 210 ; J. E., art. 23477).
5. Conf. Amiens, 6 août 1885 (J. S. 1887, 454) ; Paris, 7 avril 1887 (J. S. 1891, 557) ; Bar-sur-Aube, 5 juin 1896, loc. cit. ; Le Havre, 9 mars 1909 (J. S. 1910, 225); Garnier, Rép. pér., art. 7518; Lyon-Caen et Houpin, J. S. 1899, 5.
6. Paris, 5 décembre 1881 (D. 85, I, 356) et 7 avril 1887 (R. S. 1888, 7).
7. Percerou, Des fondat., p. 21. V. Paris, 13 juillet 1909 et note Wahl, loc. cit.

commanditaires à la délibération de l'assemblée générale décidant la transformation est insuffisante pour leur attribuer la qualité de fondateurs de la société nouvelle [1]. Les membres du conseil de surveillance peuvent aussi être responsables de la nullité, s'ils sont devenus fondateurs de la société conjointement avec les gérants [2] Décidé que doivent être considérés comme les fondateurs d'une société anonyme créée par suite de la transformation d'une société en commandite simple, non seulement celui qui a eu l'idée de la création de la société anonyme, mais tous ceux qui ont pris part à la rédaction des statuts et les ont signés, qui ont figuré comme souscripteurs du capital social et qui ont opéré le dépôt pour minute des statuts et de la délibération constitutive [3] (V. *suprà*, n° 583).

638. Formalités. — La transformation pure et simple d'une société en commandite en société anonyme entraîne certaines formalités à remplir pour mettre la société, sous sa nouvelle forme, en harmonie avec les prescriptions de la loi de 1867. Ainsi, il convient de rédiger de nouveaux statuts, ou de les modifier en ce qui concerne l'administration, le contrôle, le fonds de réserve, etc.; de nommer les premiers administrateurs et les commissaires. Les auteurs considèrent généralement que cette nomination doit être votée dans une assemblée à laquelle il y a lieu d'appeler l'universalité des actionnaires, par le motif que, bien qu'il n'y ait pas création d'une société nouvelle, il y aurait néanmoins, par le fait de la transformation, constitution d'une société anonyme [4]. Mais la Cour de cassation a jugé que l'assemblée qui a décidé la conversion et nommé les premiers administrateurs n'a aucun caractère constitutif dans les conditions prévues par l'art. 27 de la loi de 1867, et que, par suite, la convocation de tous les actionnaires n'était pas nécessaire [5].

1. Cass., 10 février 1885 (J. S. 1890, 292; S. 87, 1, 299). V. aussi Paris, 16 août 1879 (J. S. 1880, 118); Lille, 15 juin 1885 (J. S. 1888, 214). V. toutef. Paris, 5 décembre 1881 (J. S. 1882, 549).

2. Paris, 16 août 1879, *loc. cit.*

3. Bar-sur-Aube, 5 juin 1896 (J. S. 1897, 313).

4. Floucaud-Pénardille, n° 632; Goirand, n°s 816 et 931; Rousseau, n° 2641; Vavasseur, n° 377. C'est l'opinion que nous avions émise dans nos précédentes éditions. *Conf.* Paris, 13 juill. 1909 (J. S. 1911, 67).

5. Cass., 26 octobre 1910 (J. S. 1911. 110. Nous nous sommes rallié à cette opinion. V. note sous l'arrêt précité.

La Cour de cassation a ainsi consacré l'opinion émise par M. Wahl dans une remarquable étude publiée dans le *Journ. des soc.* (1910, 97, 145 et 193 et suiv.), sur la transformation des sociétés, et qu'il nous paraît utile de résumer :

Lorsque la transformation n'entraîne pas création d'une société nouvelle, elle n'est soumise à aucune des formalités prescrites par les lois de 1867 et de 1893 pour la constitution des sociétés par actions.

L'assemblée (**extraordinaire**) qui décide la transformation peut voter les

SECTION 2

SOCIÉTÉS ANONYMES AUTORISÉES

639. Loi. — Avant la loi de 1867, les sociétés anonymes ne pouvaient exister et modifier leurs statuts qu'avec l'autorisation du gouvernement. Cela résultait de l'art. 37, C. comm., qui a été abrogé par l'art. 47 de ladite loi. L'art. 46 de la même loi déclare que les sociétés anonymes existantes continueront à être soumises, pendant leur durée, aux dispositions qui les régissent, et qu'elles pourront se transformer en sociétés anonymes dans les termes de ladite loi, en obtenant l'autorisation du gouvernement, et en observant les formes prescrites pour la modification de leurs statuts.

640. Continuation — Ainsi, les sociétés anonymes autorisées par le gouvernement ne sont pas obligées de se placer sous le régime de la loi de 1867. Si elles n'usent pas de la faculté que leur accorde l'art. 46, elles restent soumises, pendant leur durée, aux dispositions qui les régissent. Mais elles ne peuvent obtenir du gouvernement l'autorisation de modifier leurs statuts sur l'un des éléments essentiels (notamment la prorogation de leur durée). Depuis la loi de 1867, qui a eu pour but de dégager le gouvernement de la responsabilité que lui imposaient l'autorisation et la surveillance des sociétés ano-

---

modifications statutaires qui sont la conséquence de cette transformation. La société conserve le même capital (à moins qu'elle ne décide de l'augmenter, auquel cas il y a lieu de remplir, pour l'augmentation de capital, les formalités des lois précitées). Si elle a subi des pertes, elle peut réduire son capital, mais elle n'y est pas obligée, et peut maintenir son capital intact.

Il n'est pas nécessaire que le capital soit intégralement souscrit (c'est-à-dire qu'il existe un actif égal au capital social) et libéré conformément à l'art. 1er de la loi de 1867, les souscriptions et versements n'étant prescrits que pour la constitution de la société ; les actions pourraient donc n'être libérées que d'une fraction inférieure au quart. Il n'est pas non plus nécessaire de faire une déclaration notariée et de la soumettre, si la société est anonyme, à une assemblée générale.

Les actions doivent avoir le minimum fixé par l'art. 1er précité ; mais elles sont immédiatement négociables ; l'art. 3 nouveau de la loi de 1867 qui interdit la négociation des actions d'apport pendant deux ans n'est pas ici applicable (Lyon-Caen et Houpin, J. S. 1899, 10 ; Arthuys, n° 619).

Il n'y a pas lieu à vérification des apports puisqu'il n'y a pas création d'une société nouvelle et que, en tout cas, les apports appartiennent aux associés ou à l'être moral qui les représente (Bar-sur-Aube, 5 juin 1896, J. S. 1907, 313). Il n'y a pas lieu non plus de faire vérifier la valeur de l'actif de la société transformée, ni les avantages particuliers concédés à certains actionnnaires.

Les premiers administrateurs et les commissaires peuvent être nommés par l'assemblée générale ordinaire ; il n'est pas nécessaire de réunir une assemblée générale extraordinaire, ni à plus forte raison une assemblée constitutive.

La transformation est soumise aux lois en vigueur lors de la création de la société. D'où M. Wahl tire notamment la conséquence que si une société en nom collectif ou en commandite simple créée avant 1893 se transforme, conformément à ses statuts, en société par actions postérieurement à cette loi, elle peut donner à ses actions la forme au porteur dès la libération de moitié.

nymes, le Conseil d'État n'autorise que rarement, difficilement, et sur des points secondaires, les modifications aux statuts [1].

641. Transformation. Formalités. — Si les sociétés anonymes autorisées veulent se placer sous le régime de droit commun de la loi de 1867 (notamment pour pouvoir proroger leur durée), elles doivent prendre une délibération de l'assemblée générale des actionnaires en la forme prescrite pour les modifications aux statuts, puis adresser une demande à M. le ministre du commerce.

On réclame ordinairement des sociétés la production, à l'appui de cette demande, des pièces suivantes : 1° extrait de la délibération décidant la transformation ; 2° deux exemplaires des journaux contenant l'avis de convocation ; 3° une liste des actionnaires présents à l'assemblée ; 4° copie ou extrait du rapport présenté par le conseil d'administration à la même assemblée ; 5° les bilans annuels pendant les cinq dernières années ; 6° et quelques exemplaires imprimés des statuts.

L'autorisation du gouvernement est accordée par décret. Les sociétés font ensuite (ou préalablement sous la condition suspensive de l'autorisation de la transformation), sans le concours du gouvernement, les modifications et remplissent les formalités qui sont la conséquence de la transformation, pour mettre les statuts et la société en harmonie avec la loi de 1867.

La transformation d'une société anonyme autorisée, constituée, avant la loi de 1867, en société anonyme libre, ne donne pas naissance à un être moral nouveau, alors qu'elle ne comporte aucune modification des conditions essentielles du pacte social. En conséquence, les formalités édictées par la loi de 1867 pour la constitution des sociétés anonymes ne sont pas applicables à cette transformation [2], même quand la transformation est accompagnée d'une réduction [3], ou d'une augmentation du capital social [4].

Les administrateurs conservent leurs fonctions tant qu'elles ne sont pas expirées ; il n'est pas nécessaire d'élire de nouveau, par suite de la transformation, les membres du conseil d'administration [5]. Mais il y a lieu de nommer un commissaire des comptes (s'il n'en existe pas). Cette nomination peut être faite par une assemblée

---

1. V. le remarquable rapport de M. Chauchat au Conseil d'État, J. S. 1881. p. 397, 563, 625 et suiv. V. aussi Pont, n° 1069.
2. Seine, 1er février 1892 (J. S. 1892, 351).
3. Seine, 22 janvier 1892 (J. S. 1892, 230) ; Cass., 24 janvier 1893 (J. S. 1893, 162).
4. Paris, 16 juin 1893 (J. S. 1893, 533).
5. Paris, 16 juin 1893, précité ; Wahl, J. S. 1910. 164.

ordinaire, sans qu'il soit nécessaire de convoquer une assemblée constitutive universelle (V. *suprà*, n° 638). La transformation n'est définitive qu'à partir de l'acceptation de ses fonctions par le commissaire[1].

Enfin, la transformation doit être publiée.

L'annulation de la transformation n'entraînerait pas la nullité de la société. Celle-ci se trouverait simplement ramenée à son état primitif[2].

L'autorisation du gouvernement n'est pas nécessaire à la société qui, au lieu de se transformer, se substitue une société nouvelle[3].

SECTION 3

SOCIÉTÉS A RESPONSABILITÉ LIMITÉE

642. Loi. — Les sociétés à responsabilité limitée, régies par la loi du 23 mai 1863, ne se distinguaient guère des sociétés anonymes actuelles que par la quotité de leur capital. Cette loi a été abrogée par l'art. 47 de la loi du 24 juillet 1867, lequel dispose que les sociétés à responsabilité limitée pourront se convertir en sociétés anonymes dans les termes de cette dernière loi, en se conformant aux conditions stipulées pour la modification de leurs statuts.

643. Faculté. — Comme les sociétés anonymes autorisées, les sociétés à responsabilité limitée ne sont pas tenues d'user de la faculté de conversion; elles peuvent rester soumises, pendant leur durée, à la loi de 1863[4].

644. Conversion. Formalités. — Si les sociétés à responsabilité limitée veulent se convertir en sociétés anonymes dans les termes de la loi de 1867, elles doivent se conformer aux conditions stipulées pour la modification de leurs statuts, c'est-à-dire que la conversion doit être votée, à moins de stipulation contraire, par une assemblée composée de la moitié au moins du capital social (L. 1863, art. 14; L. 1867, art. 31). Il n'est pas nécessaire que la possibilité de la transformation ait été prévue par les statuts[5]. Il peut y avoir lieu d'apporter certaines modifications aux statuts pour les mettre en harmonie

---

1. Paris 16 juin 1893, précité; Wahl, *loc. cit.*
2. Seine, 1er février 1892, *loc. cit.* V. Cass., 19 juillet 1888 (J. S. 1890, 429).
3. Cass., 17 août 1875 (*Le Droit* du 19 août).
4. Pont, n° 1099.
5. Bédarride, n°s 518 et 521; Pont, n° 1100. *Contrà*, Rivière, n° 307; Alauzet, n° 573.

avec la loi de 1867. Les administrateurs et les commissaires précédemment nommés conservent leurs fonctions (*suprà*, nᵒˢ 638 et 644); enfin, la transformation doit être publiée.

645. Prorogation. — Les sociétés à responsabilité limitée ne peuvent proroger leur durée sans se convertir en sociétés anonymes. Le législateur de 1867 a évidemment entendu que les sociétés non transformées resteraient soumises à la loi de 1863, non pas indéfiniment, mais seulement jusqu'à l'expiration du terme qui était fixé en 1867 pour leur durée, et que si elles voulaient se proroger, elles devraient se soumettre au régime de droit commun organisé par la loi du 24 juillet 1867 [1].

SECTION 4

SOCIÉTÉS CIVILES

1º LOI DU 24 JUILLET 1867

646. — La loi de 1867 n'avait pas prévu la conversion en sociétés anonymes des sociétés civiles par actions. Un amendement pour autoriser cette conversion a été repoussé, après déclaration faite au nom du gouvernement que les principes généraux du droit ne s'opposeraient pas en pareil cas à la conversion et qu'il suffisait de renvoyer à la jurisprudence [2]. Nous avons pensé que, malgré le silence de la loi de 1867, les sociétés civiles par actions pouvaient être transformées en sociétés anonymes si les statuts autorisaient cette conversion [3], ou avec le consentement unanime des actionnaires [4].

Il a été décidé : 1º que la transformation, prévue par les statuts, d'une société civile en société anonyme ne donne pas naissance à une nouvelle société [5]; 2º mais que des modifications essentielles telles que le transfert en France du siège social établi primitivement à l'étranger, le caractère de société anonyme substitué à celui de société civile, l'augmentation du capital porté de 280,000 fr. à 7,000,000 et représenté par des actions de 500 fr. au lieu de 1,000 fr. et la réduction à 500 fr. de la valeur de son action, imposée à tout actionnaire de la société primitive qui ne ferait pas un versement de 1,500 fr. à la société modifiée, sont une véritable transformation

---

1. Houpin, J. S. 1896, 331.
2. Voir, au *Moniteur*, le discours de M. Rouher, sur l'art. 19.
3. Houpin, *Soc. par act.*, nº 197.
4. Sirey, note, 1895, I, 133. V. aussi Cass., 26 novembre 1894 (J. S. 1895, 199, et note); Amiens, 29 juin 1895 (J. S. 1896, 176). *Contrà*, Thaller, note, D. 1894, I, 57.
5. Trib. Lyon, 2 février 1892 (Garnier, *Rec. pér.*, art. 798").

de la société primitive en une société nouvelle; par suite, cette transformation doit être consentie, à peine de nullité, par l'unanimité des actionnaires[1].

Si une société civile est convertie en société anonyme dans des conditions qui en font, en réalité, une société nouvelle, les fondateurs et administrateurs doivent remplir les formalités constitutives prescrites par la loi de 1867[2].

2° LOI DU 1er AOUT 1893

647. Texte légal. — L'art. 68 nouveau de la loi de 1867, qui déclare commerciale, quel que soit son objet, toute société constituée sous la forme de la commandite ou de l'anonymat, n'a pas d'effet rétroactif et ne s'applique pas aux sociétés constituées avant la loi du 1er août 1893. Le caractère de ces sociétés continue donc d'être déterminé par leur objet, et celles dont les opérations ne sont pas commerciales restent sociétés civiles, alors même qu'elles ont emprunté la forme de l'anonymat ou de la commandite. Mais la loi nouvelle leur permet de devenir commerciales. En effet, le dernier alinéa de l'art. 7 de la loi du 1er août 1893 (modificative de celle de 1867) est ainsi conçu : « *Les sociétés civiles actuellement constituées sous d'autres formes, pourront, si leurs statuts ne s'y opposent pas, se transformer en sociétés en commandite ou en sociétés anonymes, par décision d'une assemblée générale, spécialement convoquée et réunissant les conditions tant de l'acte social que de l'art. 31 ci-dessus.* »

648. Application. — A quelles sociétés cette disposition nouvelle est-elle applicable?

Tout d'abord à toutes les sociétés civiles constituées, avec ou sans actions, sous une autre forme que celles qui sont tracées par la loi de 1867[3], et notamment aux sociétés houillères du nord de la France qui sont constituées sous des formes diverses qu'aucune loi n'a ni prévues ni réglementées[4].

---

1. Douai, 11 août 1887 (R. S. 1888, 45).
2. Lille, 15 juin 1885 (J. S. 1888, 214); Douai, 26 juillet 1886 (J. S. 1887, 832). Il a été décidé que doivent être considérés comme seuls fondateurs, responsables à ce titre, les administrateurs de l'ancienne société qui ont pris l'initiative des modifications, ont convoqué les actionnaires et ont été les véritables promoteurs et créateurs de la nouvelle société dont ils ont rédigé les statuts, mais non pas les simples actionnaires qui n'ont fait que prendre part aux délibérations des assemblées préparatoires (Lille, 15 juin 1885, *loc. cit.*) (V. *suprà*, n° 637).
3. Exposé des motifs du projet de loi de M. Thellier de Poncheville.
4. Rapport de M. Clausel de Coussergues à la Chambre des députés. Il va sans dire qu'une société dissoute, même en liquidation, ne pourrait se transformer (Dalloz, *Supp.*, n° 2164).

Elle s'applique aussi aux sociétés en commandite et anonymes constituées avant la loi de 1893. Le contraire pourrait s'induire du texte précité, lequel permet aux sociétés civiles, constituées *sous d'autres formes*, de se transformer en sociétés en commandite ou en sociétés anonymes. Mais il résulte de l'esprit et du but de la loi nouvelle que les sociétés déjà soumises au régime de la loi de 1867 peuvent bénéficier de la disposition dont il s'agit. Il serait étrange que le législateur permît à des sociétés civiles par leur objet et par leur forme, auxquelles ne s'applique aucunement la loi nouvelle, de devenir commerciales en se plaçant sous l'empire de cette loi, et ne le permît pas aux sociétés en commandite et anonymes, dont l'objet est civil, qui ont déjà la forme commerciale et sont beaucoup plus nombreuses que les sociétés purement civiles. Ce que la loi a voulu c'est : 1° par respect pour la non-rétroactivité, que les sociétés civiles déjà constituées sous la forme de la commandite par actions ou de l'anonymat ne fussent pas *obligatoirement* entraînées par leur forme sous l'empire de la loi commerciale, et c'est en ce sens qu'a été modifié et voté l'art. 68 nouveau de la loi de 1867, lequel déclare que, quel que soit leur objet, les sociétés en commandite ou anonymes *qui seront constituées... seront* commerciales; 2° qu'elles n'y fussent soumises que si elles le voulaient. C'est ce que disait le rapporteur au Sénat : « Les sociétés existantes ne seront régies que *si elles le veulent* par la loi nouvelle. » Donc, elles le peuvent, comme les sociétés purement civiles [1].

649. Conditions. Formalités. — Pour que les sociétés civiles par leur objet et leur forme et les sociétés civiles anonymes ou en commandite constituées antérieurement à la loi nouvelle puissent se transformer en sociétés en commandite ou en sociétés anonymes et devenir commerciales, il faut :

1° Que leurs statuts ne s'opposent pas à cette transformation. Il n'est pas nécessaire qu'ils la prévoient et l'autorisent; il suffit qu'ils ne contiennent aucune interdiction à cet égard;

2° Que la transformation soit décidée par une délibération de l'assemblée générale des associés, spécialement convoquée et réunissant les conditions tant de l'acte social que de l'art. 31 de la loi de 1867.

---

1. *Conf.* Consultation de MM. Clausel de Coussergues, Lyon-Caen et Thévenet pour la Société des Immeubles de France; Bouvier-Bangillon, p. 30 et suiv.; Faure, p. 203; Mack, R. S. 1894, 267 et suiv.; Thaller, *Ann. de droit comm.*, 1894, 2, p. 129; Paris, 10 juillet 1894 (Soc. des Imm. de France), J. S. 1895, 26. V. Seine, 16 février 1894 (J. S. 1894, 408).

Cette transformation doit être considérée comme une modification des statuts; elle nécessite les formalités requises pour ces modifications. Si les statuts exigent que les modifications soient votées par une assemblée générale réunissant plus de la moitié du capital et à une majorité supérieure à la moitié des voix des membres présents, ces prescriptions doivent être observées. Si c'est une société anonyme qui se transforme, l'assemblée générale doit, dans tous les cas, réunir la moitié du capital social conformément à l'art. 31 de la loi de 1867. Si c'est une société à forme civile ou en commandite et que les statuts n'exigent pas, pour les modifications statutaires, la représentation de la moitié du capital social, faudra-t-il néanmoins que cette moitié soit représentée pour satisfaire à la loi nouvelle? Des auteurs se prononcent pour la négative, par ce motif que l'art. 31 ne s'applique et ne peut s'appliquer qu'aux sociétés anonymes[1]. Cette solution nous paraît contraire au texte formel de l'art. 7 de la loi nouvelle, lequel exige que la délibération décidant la transformation réunisse les conditions *tant de l'acte social que de l'art. 31* : — ce qui signifie, pour nous, que, dans tous les cas, l'assemblée générale doit réunir au moins la moitié du capital social. Si l'acte de société n'organise pas d'assemblée générale, la transformation peut être votée avec le consentement de tous les associés[2];

3° Que les statuts soient mis en harmonie avec toutes les dispositions de la loi du 24 juillet 1867, et, s'il s'agit d'une société purement civile se transformant en société anonyme ou en commandite par actions, de celles de la loi du 1er août 1893[3];

4° Que la société transformée soit pourvue d'un conseil d'administration et de commissaires chargés de faire un rapport sur les comptes de l'exercice courant. Les administrateurs et les commissaires précédemment nommés peuvent conserver leurs fonctions, sans qu'il soit nécessaire de les confirmer si les termes et conditions de leur nomination peuvent se concilier avec leur situation nouvelle. La nomination, s'il y a lieu, des administrateurs et des commissaires peut être faite par une assemblée générale ordinaire, ou par l'assemblée extraordinaire qui décide la transformation, sans qu'il soit nécessaire, comme pour une assemblée constitutive, de convoquer tous les actionnaires[4].

1. Bouvier-Bangillon, p. 35 et suiv.; Dalloz, Supp., n° 2161.
2. Bouvier-Bangillon, p. 41; Dalloz, Supp., n° 2162. V. Faure, p. 206; Delecroix, Rev. de législ. des mines, 1897, 72; Lamache, id., 1895, 270.
3. Bouvier-Bangillon, p. 40 et 41.
4. Voir par analogie l'arrêt de cassation du 26 octobre 1910, cité *supra* n° 638. V. aussi l'étude de M. Wahl. J. S. 1911, 162 et s.

5° Que la délibération décidant la transformation et, s'il y a lieu, la modification des statuts, soit publiée conformément à l'art. 61 de la loi de 1867.

La publication de cette délibération est suffisante s'il s'agit d'une société en commandite ou anonyme constituée sous la forme commerciale, et publiée, lors de sa constitution, conformément aux art. 55 et suiv. de la loi de 1867. Mais si la transformation est opérée par une société purement civile qui n'a encore été soumise à aucune publication, il est nécessaire de publier non seulement la délibération décidant la transformation de la société civile en société en commandite ou anonyme, mais encore ses statuts et les actes et délibérations relatifs à sa constitution et à ses modifications ; car il est vrai de dire qu'il y a constitution d'une société en commandite ou anonyme, et il faut que cette société soit portée à la connaissance des tiers par une publication complète dans les termes des art. 55 et suiv. de la loi de 1867.

650. Effets de la commercialisation. — La transformation d'une société civile (constituée sous une forme civile ou commerciale) en société anonyme ou en commandite par actions aura pour effet de faire de cette société civile une société commerciale. Cette transformation produira *pour l'avenir*, à l'égard des associés et à l'égard des tiers, tous les effets qu'entraînerait la constitution d'une société anonyme ou en commandite par actions, et que nous avons expliqués *suprà*, n° 278[1]. Mais quels en seront les effets, pour les opérations antérieures, à l'égard des tiers et notamment des créanciers de la société au jour de sa transformation ? — Cette importante question est controversée. On a soutenu que, vis-à-vis des tiers, la société ne saurait, en modifiant ses statuts, porter atteinte à des situations acquises (c'est ce qui existe notamment en cas de réduction de capital, *infrà*, n° 914) ; la commercialisation de la société ne pourra donc porter atteinte aux droits des tiers, et, puisqu'ils ont fait avec la société des opérations civiles, il n'y aura possibilité, à leur détriment, ni de

---

1. Les commandités de la société en commandite deviennent commerçants comme la société elle-même et sont exposés à la faillite (Bouvier-Bangillon, J. S. 1895, 345). Et les contestations entre associés sont de la compétence des tribunaux de commerce (*id.*, p. 346). V. aussi un jugement du tribunal de la Seine, du 18 juin 1896 (J. S. 1896, 468), décidant que l'action en responsabilité intentée par le liquidateur judiciaire d'une société commercialisée, contre les anciens administrateurs de la société, pour faute antérieure à la commercialisation, est de la compétence du tribunal de commerce.

faillite ni de liquidation judiciaire[1]. La Cour de Paris a condamné cette thèse. Elle a reconnu à la Société des Immeubles de France, bien qu'elle fût en état de cessation de paiements et n'eût que des dettes civiles, le droit d'obtenir, comme société civile transformée en société commerciale, le bénéfice de la liquidation judiciaire, attendu notamment « qu'il n'est interdit par aucune loi à un débiteur engagé dans les liens d'un engagement civil de devenir commerçant et de soumettre le règlement de ses obligations ainsi contractées aux règles de la loi commerciale; que la société, n'ayant point modifié ses statuts dans leurs dispositions essentielles, n'avait point besoin de l'autorisation de ses créanciers pour opérer sa commercialisation[2] ». Cette décision a été critiquée en ce que la société à laquelle on a ainsi accordé le bénéfice de la liquidation judiciaire n'avait pas un seul engagement de commerce à son passif (toutes ses dettes remontant à une époque antérieure à sa transformation et n'ayant pu devenir commerciales par le fait de cette transformation). Pour que la faillite ou la liquidation judiciaire soit recevable, il faut une cessation générale de paiements. Bien que la loi ne le dise pas, cette cessation doit porter sur des *dettes commerciales,* tous les traités l'affirment, et il n'y a pas à distinguer selon que la voie d'exécution est requise par un créancier ou par le débiteur lui-même. La société n'ayant aucune dette commerciale, une condition fondamentale de recevabilité de la demande en bénéfice de la liquidation judiciaire venait ainsi à faire défaut[3]. Un auteur s'est aussi prononcé contre la faillite, mais par des motifs différents tirés de ce que les personnes qui ont traité avec la société antérieurement à sa commercialisation ont un *droit acquis* à ce que leurs actes soient soumis aux conditions du droit commun et ne soient pas exposés aux nullités spéciales des art. 446 et suiv., C. comm.[4].

Mais la commercialisation ne peut avoir pour effet de restreindre, à l'égard des tiers, l'étendue des engagements de la société eu égard à la nature de cette société lorsque ces engagements ont été con-

---

1. Faure, p. 205; Bouvier-Bangillon, p. 39; Dalloz, *Supp.*, n° 2165. V. aussi Mack, *loc. cit.*
2. Paris, 10 juillet 1894, *loc. cit. Conf.* Consultation de MM. Clausel de Coussergues, Lyon-Caen et Thévenet; Thaller, *loc. cit.* V. aussi Lyon-Caen, *Rev. du comm. et de l'ind.*, 1894, 148; Goirand, n° 37; *Rev. de législ. des mines*, 1897, p. 304 et suiv.; Arthuys, *Rev. crit.*, 1897, 280; Wahl, S. 96, II, 57.
3. Thaller, p. 246; Lacour, note (D. 95, II, 107); Dalloz, *Supp.*, n° 2165.
4. Bouvier-Bangillon, J. S. 1895, p. 294 et suiv. Il a été décidé que l'action en nullité d'hypothèque intentée par des obligataires d'une société civile commercialisée est de la compétence du tribunal civil, la commercialisation ne pouvant avoir d'effet rétroactif (Seine, 29 novembre 1894. J. S. 1895, 239).

tractés. Ainsi, s'il s'agit d'une société civile par son objet, constituée sous la forme civile, les associés restent tenus envers les créanciers antérieurs à la transformation, conformément à l'art. 1863, C. civ. (*suprà*, n°s 111 et suiv.). En principe, et sauf ce que nous venons d'indiquer en ce qui concerne la faillite et la liquidation judiciaire, la transformation et la commercialisation d'une société civile ne produisent d'effet que pour l'avenir et ne sont pas opposables aux créanciers antérieurs [1].

La transformation permet aux associés d'opposer, après la dissolution de la société, la prescription quinquennale de l'art. 64, C. comm. [2].

SECTION 5

TRANSFORMATIONS DIVERSES

651. — Les transformations que nous venons d'examiner ne sont pas les seules susceptibles de se produire. On peut imaginer celles suivantes :

1° Transformation d'une société en nom collectif en société en commandite simple ou par actions, ou en société anonyme [3]. Il a été décidé que la transformation d'une société en nom collectif en société anonyme, lorsqu'elle est accompagnée d'un changement de siège social, d'une réduction du capital, et d'une modification de l'objet social, emporte création d'une société nouvelle [4];

2° Transformation d'une société en commandite simple en société en commandite par actions ou en société anonyme [5];

3° Transformation d'une société anonyme en société en commandite simple ou par actions [6];

4° Transformation d'une société française en société étrangère [7].

On peut, du reste, poser en thèse générale que toute société, quelle qu'elle soit, peut se transformer et adopter une forme nouvelle. Mais si les statuts n'autorisent pas expressément cette transformation, elle

1. V. Houpin, *J. du Not.*, 1894, 561.
2. Bouvier-Bangillon, p. 39, et J. S. 1895, 347.
3. V. Sol. 15 mai 1869 et 3 octobre 1888 (Garnier, *Rép. pér.*, art. 3418 et 7352); Rép. gén. de l'enreg., v° *Soc.*, n° 162; Douai, 19 février 1892 (R. S. 1892, 248); Sol. 6 avril 1897 (J. S. 1898, 185); Seine, 1er juillet 1899 (J. S. 1900, 63).
4. Seine, 4 décembre 1891 (R. S. 1892, 415).
5. V. Sol. 9-12 juin 1863 (S. 63, II 184) et 5 avril 1897 (J. S. 1898, 140).
6. Cass., 11 avril 1905 (S. 1906, I, 361). V. Seine, 21 mai 1898 (J. S. 98, 509).
7. Aix, 14 juin 1879 (J. S. 1880, 203) et Cass., 7 juin 1880 (J. S. 1880, 311); Cass., 26 novembre 1894 et notes (J. S. 1895, 199; D. 95, I, 57; S. 95, I, 133); Amiens, 29 juin 1895 (J. S. 1896, 176).

ne peut avoir lieu que du consentement de tous les associés. En principe, la transformation, prévue par les statuts, n'entraîne pas création d'une société nouvelle, à moins que cette transformation soit accompagnée de modifications portant sur les éléments essentiels de la société (V. suprà, n° 636 et infrà, n° 1258)[1].

CHAPITRE III

DE L'AUGMENTATION DU CAPITAL SOCIAL[2]

652. But — Une société par actions, en état de fonctionnement, peut avoir besoin d'augmenter ses ressources, soit pour étendre ses opérations commerciales ou industrielles, soit pour éteindre ou consolider un passif existant. Pour se procurer les sommes nécessaires à cet effet, elle peut recourir à un emprunt, notamment par voie d'émission d'obligations remboursables à long terme (suprà, n°s 403 et suiv.); ou, pour ne pas étendre ses charges sociales, augmenter son capital par l'émission d'actions nouvelles.

653. Procédés divers. — L'augmentation du capital peut être réalisée de plusieurs manières, spécialement au moyen : 1° de la souscription d'actions nouvelles, par les anciens actionnaires, à leur volonté, ou par des souscripteurs nouveaux; 2° de la répartition d'une partie des fonds de réserve, sous la forme d'actions nouvelles distribuées aux actionnaires, dans la proportion du nombre d'actions qu'ils possèdent déjà; 3° du dédoublement des actions existantes, en décidant que chaque actionnaire se trouvera de plein droit souscripteur d'autant d'actions nouvelles que celles qu'il possède. Cette opération peut avoir lieu sans versement immédiat si, par exemple, les actions libérées totalement sont dédoublées en actions libérées de moitié, ou si les actions libérées de moitié sont dédoublées en actions libérées du quart; 4° d'une émission d'actions remises aux créanciers de la société en paiement de leurs créances; 5° d'apports en nature faits à la société et en représentation desquels il est créé de nouvelles actions.

Ordinairement le capital n'est augmenté que lorsque les actions

---

1. V. les décisions citées aux notes précédentes; Wahl, J. S. 1900, 254 et s.
2. V. Houpin, J. S. 1892, p. 30 et suiv. ; note S. 1893, 1, 89; Wahl, *Etude sur l'augmentation du capital des soc. an. et des soc. en comm. par act.*

primitives ou provenant d'augmentations précédemment faites sont entièrement libérées. Mais aucune disposition légale n'interdit de réaliser une augmentation de capital avant l'entière libération des actions antérieurement émises[1].

654. Conversion des parts de fondateur en actions. — Les parts de fondateur, donnant droit à une quotité des bénéfices de la société, peuvent-elles être converties en actions créées à titre d'augmentation du capital social? Cette opération (prévue dans les statuts d'un certain nombre de sociétés) a été pratiquée. On a considéré qu'il y avait apport de parts à la société, et l'on a observé les formalités prescrites par la loi pour la vérification et l'approbation des apports en nature. Dans une étude spéciale[2], nous avons émis l'avis que les droits des propriétaires de parts de fondateur participant simplement aux bénéfices éventuels d'une société ne peuvent faire l'objet d'un apport en nature à cette société, rémunéré par des actions de capital. Voici les principaux arguments que nous avons fait valoir pour justifier cette solution : Les apports en nature ont pour objet des biens meubles ou immeubles, ayant une valeur appréciable et pouvant figurer, comme actif social, dans les inventaires et bilans de la société. Les actions de capital d'une société ne peuvent être créées qu'en représentation d'un apport en nature ou en argent, d'une valeur correspondante. Or, les droits de porteurs de parts (qui, du reste, se trouvent annulées par le fait de l'apport) ne sauraient constituer pour la société un apport pouvant figurer comme actif au bilan de la société et former la contre-partie des actions créées à titre d'augmentation du capital. Ces actions représentent un actif fictif; elles constituent immédiatement la société en déficit d'une somme égale au capital desdites actions, et elles sont sans cause juridique. On ne peut soutenir la légalité de la conversion des parts de fondateur en actions de capital que dans le cas où les parts de fondateur ont été créées en représentation partielle de la valeur d'un apport en nature dont le surplus a été rémunéré par des actions, et où les nouvelles actions créées à titre d'augmentation de capital en représentation de l'apport des parts peuvent être considérées comme ayant comme contre-partie la valeur de la partie de l'apport en nature rémunérée originairement par les parts[3] (V. *infrà*, n° 918).

---

1. Lyon-Caen et Renault, n° 872.
2. Houpin, J. S. 1897, 385 et 1904, 5. *Conf.* Genevois, *Rev. trim.*, 1898, 236; Seine, 10 juillet 1901 (J. S. 1901, 517). V. Wahl, J. S. 1900, 290.
3. Mais l'opération de transformation des parts en actions peut avoir lieu par voie de rachat des parts et de souscription par les porteurs de parts d'actions de numéraire libérées par compensation. V. Houpin, J. S. 1909, 193.

655. Caractères. — Quels sont les caractères auxquels on peut distinguer l'augmentation du capital, du capital de fondation? La question est importante; car si l'on décide qu'un capital ayant été l'objet d'une augmentation fait en réalité partie intégrante du capital de fondation, la société pourra être annulée comme n'ayant pas été régulièrement constituée avec ce capital. M. Duvergier[1] s'exprime ainsi : « Si entre les deux conventions successives (l'émission primitive et l'augmentation du capital social) la société n'a pas fait d'opérations sérieuses; s'il s'est écoulé peu de temps entre l'une et l'autre; si l'on ne peut indiquer les événements imprévus, les causes inattendues qui ont rendu nécessaire le changement opéré et l'accroissement du capital au-dessus de la limite de 200,000 fr., les tribunaux n'hésiteront pas à décider qu'il y a violation de la loi. » M. Pont[2] enseigne également que la combinaison qui consiste à augmenter le capital aussitôt après la constitution de la société, ne saurait être tolérée, car elle fournirait aux fondateurs de sociétés le moyen le plus sûr d'éluder la loi. La raison même indique qu'il y a lieu, dans ce cas, de considérer le capital d'accroissement comme ne faisant qu'un avec le capital de fondation. Mais il en serait autrement si *des événements imprévus* avaient rendu l'augmentation nécessaire au cours de la société. La Cour de Paris a, en conséquence, annulé une société dont le capital avait été fixé par les statuts à 250,000 fr. avec réserve de le porter à un million « attendu que les fondateurs n'ont pas eu l'intention, à l'origine, de limiter le capital à 250,000 fr. et n'ont pas été amenés loyalement à l'augmenter après en avoir reconnu l'insuffisance[3] ». Le même principe a été consacré dans une espèce où le capital fixé à 500,000 fr. avait été porté immédiatement à 3,000,000 de fr. par le conseil d'administration, en vertu d'une clause des statuts[4]. Mais il a été décidé : 1° qu'une société n'est pas constituée frauduleusement, par cela seul que le capital primitif peu important a reçu quelque temps après une augmentation considérable, alors qu'il est établi que la société avait pour but de préparer, pour un avenir plus ou moins prochain, des opérations dont l'importance ne pouvait être que progressive[5]; 2° que le fait de l'augmen-

---

[1]. *Collection des lois*, p. 334.
[2]. N° 864.
[3]. Paris, 4 août 1863.
[4]. Bruxelles, 6 décembre 1890 (R. S. Belg., 1891, 14); Cass. Belg., 31 décembre 1891 et 7 juillet 1892 (R. S. Belg. 1891, 17, 82, 353 ; 1892, 253 ; 1901, 287). V. en sens contraire, Paris, 14 janvier 1891 ; mais cet arrêt n'est fondé ni en fait ni en droit (V. note de M. Houpin, J. S. 1891, 529). V. aussi Wahl, n°s 71 et suiv.
[5]. Paris, 2 août 1890 (R. S. 1891, 150).

tation du capital à une date rapprochée de la constitution et avant même que la société ait fonctionné, ne suffit pas pour donner au capital primitif un caractère fictif, lorsque l'augmentation quasi-immédiate s'explique par d'autres considérations que par le désir d'éluder les prescriptions de la loi [1].

656. Société nouvelle. — L'augmentation du capital social constitue-t-elle une simple modification des statuts de la société continuant d'exister, ou entraîne-t-elle création d'une société nouvelle?

En doctrine, la question est controversée. Certains auteurs attribuent à l'augmentation du capital le caractère d'une création de société, lorsqu'elle n'a pas été prévue par les statuts, et le caractère d'une simple modification aux statuts dans le cas contraire [2]. Un magistrat a admis, sans distinction, que l'augmentation du capital entraîne la création d'une société nouvelle [3]. MM. Lyon-Caen et Renault [4] disent que l'augmentation du capital équivaut à une sorte de nouvelle constitution partielle de la société. Enfin, d'après d'autres auteurs, l'augmentation du capital ne constitue pas la création d'une société nouvelle [5]; mais plusieurs d'entre eux [6] tirent de ce principe des conclusions inexactes. Enfin, il en est qui ramènent la question à l'appréciation du juge de fait, en leur recommandant de ne pas admettre facilement l'idée de formation d'une société nouvelle.

La jurisprudence considère que l'augmentation du capital ne donne pas naissance, par elle-même, à une société nouvelle, alors surtout qu'elle a été prévue par les statuts. Ainsi il a été décidé : 1° que la prorogation, votée depuis la loi du 17 juillet 1856, d'une société en commandite par actions formée antérieurement, ne constitue pas, alors même qu'elle aurait été accompagnée d'une augmentation de capital (non prévue aux statuts) arrêtée du consentement unanime des actionnaires, une société nouvelle soumise aux prescriptions de cette loi [7]; 2° que l'augmentation de capital d'une société à responsabilité limitée, ainsi que le changement (d'ailleurs prévu par les statuts) de qualification de la société, et même les modifications apportées aux statuts dans le but d'étendre l'objet de la société, n'impliquent

1. Bruxelles, 30 juin 1896 (J. S. 1896, 503).
2. Beslay et Lauras, Soc., nos 145 et suiv.; Pont, Soc., nos 876 et 1089; Griolet, note, D. 69, II, 145; Buchère, J. S. 1883, 482.
3. Loubers, Conclus. sur Paris, 2 mars 1883 (R. S. 1883, 247 et suiv.). V. aussi conclus. de M. Cotelle sur Cass., 19 octobre 1892 (S. 93, I, 89).
4. No 870.
5. Vavasseur, no 377; Rubat du Mérac, Des délits rel. aux soc. par act., no 232; Wahl, no 12; Clément, nos 88 et suiv.
6. Vavasseur, Rubat du Mérac, loc. cit.
7. Cass., 24 mai 1869 (S. 70, I, 123).

pas *nécessairement* la constitution d'une société nouvelle, qui serait substituée à l'ancienne, alors surtout que les parties ont manifesté l'intention de conserver à la société antérieure son existence sociale[1]; 3° que l'augmentation de capital n'a pas pour objet de substituer une société nouvelle à la société originaire, s'il n'a rien été changé ni à la constitution de la société, ni à son objet, ni à la raison sociale[2]; 4° que la prorogation du terme de la société, l'augmentation du capital social et la distribution du fonds de réserve aux anciens actionnaires n'ont pas pour effet de substituer à la société ancienne une société nouvelle soumise aux prescriptions de la loi de 1867, alors surtout que l'augmentation de capital a été expressément prévue par les statuts[3]; 5° que l'augmentation de capital, d'ailleurs prévue par les statuts, ne constitue pas création d'une société nouvelle[4], bien qu'il y ait en même temps transfert de siège social[5], ou des modifications aux statuts, si elles ne touchent ni à l'essence de la société, ni au but originaire de ses opérations[6].

Cette jurisprudence s'est-elle trouvée modifiée par un arrêt de la Cour de cassation du 19 octobre 1892? Le rapporteur avait formellement considéré que lorsqu'une société se transforme par l'augmentation de son capital, il y a création d'une société nouvelle. Nous avons craint que la Cour de cassation n'ait voulu admettre ce principe, en déclarant (à l'occasion d'une double augmentation de capital en numéraire) que les formalités prescrites par les art. 1, 2, 3 et 4 de la loi de 1867 doivent être observées lorsqu'une société se *transforme* par l'augmentation du capital, auquel cas le rôle de *fondateur* est rempli par le conseil d'administration[7]. Mais on a fait remarquer que la question de savoir si l'augmentation de capital entraîne création d'une société nouvelle n'était pas soumise à la Cour, et qu'elle ne semble pas avoir voulu la résoudre[8]. Nous trouvons aussi dans les considérants d'un autre arrêt de la Cour de cassation du 2 février 1892[9], ces mots « que l'augmentation de capital *et par suite la transforma-*

---

1. Paris, 28 mai 1869 (S. 70, ıı, 69).
2. Grenoble, 28 décembre 1871 (S. 72, ıı, 37).
3. Angers, 5 juillet 1876 (S. 77, ıı, 263) et Cass., 12 février 1879 (S. 79, ı, 217); Seine, 19 avril 1883 et Paris, 1er août 1885 (R. S. 1883, 468; 1885, 680).
4. Cass., 9 janvier 1878 (S. 78, ı, 409); Limoges, 5 juin 1899 (D. 1903, ıı, 41).
5. Paris, 3 juin 1890 (J. S. 1893, 436); Seine, 10 mars 1893. (J. Enreg. n° 24177).
6. Paris, sol. imp., 24 mars 1859 (S. 59, ıı, 437), 28 mai 1869 (S. 70, ıı, 69), 2 août 1890 (J. S. 1893, 436), et la note de M. Bourguignat sous Cass., 12 février 1879 précité.
7. Houpin, note sous l'arrêt, S. 93, ı, 89.
8. Autre note sous le même arrêt. *Conf.* Wahl, n° 11.
9. J. S. 1892, 222.

tion de la société en société nouvelle ». Mais, comme on l'a dit, il faut refuser toute importance à cette dernière expression, qui n'est qu'une affirmation enveloppée au milieu d'un argument de fait, et qui n'a certainement, dans la pensée du rédacteur de l'arrêt, aucune portée juridique [1].

On doit donc considérer, malgré ces deux dernières décisions de la Cour de cassation, que, d'après une jurisprudence constante, l'augmentation de capital ne constitue pas, par elle-même, la création d'une société nouvelle. Il n'y a pas à distinguer, à cet égard, suivant que l'augmentation de capital a été ou non prévue ou autorisée par les statuts. Cette distinction peut bien avoir de l'intérêt au point de vue du consentement à donner par les actionnaires (V. *infrà*); mais on ne saurait poser en principe que les modifications statutaires qui ne peuvent être réalisées sans l'autorisation unanime des actionnaires entraînent, par cela même, dissolution de la société et création d'une société nouvelle. Il faut considérer ces modifications en elles-mêmes; leur caractère ne peut s'en trouver modifié suivant qu'elles ont ou non été prévues aux statuts [2].

Mais si l'augmentation de capital était accompagnée de modifications profondes dans sa constitution primitive, par exemple, s'il y avait extension importante de l'objet social, il pourrait être décidé, suivant l'appréciation des circonstances, qu'il y a constitution d'une société nouvelle [3]. Il en serait de même s'il était établi que les intéressés ont voulu constituer une société nouvelle [4].

657. Consentement des actionnaires. — Si les statuts confèrent formellement à l'assemblée générale des actionnaires le pouvoir de décider l'augmentation du capital, le consentement unanime des actionnaires n'est pas nécessaire; il suffit — si la société est en commandite — que l'augmentation soit votée par une assemblée générale réunissant la majorité exigée par les statuts pour la modification de ces statuts, et — si la société est anonyme — que l'assemblée générale réunisse la moitié au moins du capital social (L. 1867, art. 31).

Mais, même dans le cas où les statuts autorisent (purement et simplement) l'augmentation du capital, le consentement de tous les

---

1. Wahl, n° 9.
2. J. Enreg., art. 22444; Wahl, n°ᵒˢ 10 et 12.
3. Paris, 24 mars 1859 (S. 59, II, 437); Liége, 12 novembre 1879 (J. S. 1890, 140); Lille, 1ᵉʳ juin 1885 (R. S. 1885, 552); Douai, 11 août 1887 (J. S. 1888, 314); Wahl, n° 14.
4. Griolet, note, D. 69, II, 145; Wahl, n° 13.

actionnaires est nécessaire si l'augmentation est réalisée : 1° par le dédoublement des actions. Cette opération, nécessitant une souscription d'actions nouvelles et un versement à faire par chacun des actionnaires, ne peut leur être imposée sans leur consentement unanime[1]; 2° par le doublement ou le triplement des actions, si on décide, par exemple, que chaque action de 500 fr. deviendra une action de 1,000 fr., et que les actionnaires verseront le surplus[2]; 3° par la conversion du fonds de réserve en actions[3]. Le fonds de réserve légal (L. 24 juillet 1867, art. 36) ne peut être distribué; celui créé en exécution d'une stipulation des statuts peut l'être en vertu d'une délibération de l'assemblée générale extraordinaire[4]. Les bénéfices qui auraient été prélevés annuellement pour constituer une réserve extra-statutaire pourraient être distribués en vertu d'une délibération de l'assemblée générale ordinaire[5]. Mais, dans tous les cas, le consentement de l'unanimité des actionnaires est nécessaire pour la *souscription* aux actions devant être créées et délivrées, à titre d'augmentation du capital social, en représentation du fonds de réserve distribué[6]. Mais, dans les différentes hypothèses où l'augmentation du capital est subordonnée au consentement unanime des actionnaires, il va sans dire que les statuts peuvent, par une stipulation *expresse*, conférer à l'assemblée générale extraordinaire le droit de l'autoriser[7]. Le consentement de tous les actionnaires est encore nécessaire si l'augmentation du capital entraîne création d'une société nouvelle[8]. Il en est de même si l'augmentation de capital (même autorisée par les statuts) est accompagnée de circonstances ou de conditions qui font subir, sur leurs titres, une perte quelconque aux actionnaires[9], par exemple, s'il est décidé : 1° que les

---

1. Seine, 28 mai 1886 (J. S. 1890, 135); Paris, 26 juillet 1887 (J. S. 1890, 152); Lyon-Caen et Renault, n° 873; Wahl, n°s 29 et 116,
2. Lyon-Caen et Renault, *loc. cit.*; Wahl, n° 119; Paris, 26 juillet 1887 (D. 88, II, 145); *Ann. de dr. comm.*, 1983, 257.
3. Wahl, n°s 29 et 112. Voir Houpin, J. S. 1901, 49.
4. V. Thaller, note D. 93, 1, 112; Wahl, J. S. 1900, 294. *Contrà*, Nyssens. *Rev. pr. S. Belg.*, 1895, 33; J. S. 1895, 285. V. *infrà*, n° 918.
5. Nyssens, *loc. cit.*; Thaller, *Ann. de dr. comm.*, 1895, 225 (J. S. 1896, 44).
6. Houpin, J. S. 1901, 45; 1908, 385; Arthuys, p. 106; Bourcart, p. 264. V. toutef. Thaller, *Ann. de dr. comm.*, 1907, 177 (J. S. 1907, 471). On décidait également que le consentement de tous les actionnaires était nécessaire pour la création d'actions de priorité. Mais cette jurisprudence s'est trouvée condamnée par la loi du 16 novembre 1903 (*infrà*).
7. Aix, 30 janvier 1868 (S. 68, I, 343); Cass., 13 mars 1878, sol. imp. (S. 78, I, 401); Paris, 24 avril 1888 (J. S. 1889, 337); Lyon-Caen, note, S. 92, I, 561; Lyon-Caen et Renault, n° 692; Wahl, n° 24.
8. Wahl, n° 21. V. Seine, 14 septembre 1883 (R. S. 1883, 746); Lille, 15 juin 1885, et Douai, 11 août 1887, *loc. cit.*
9. Wahl, n° 22.

actions anciennes seront déposées dans les caisses de la société pour l'échange contre des titres nouveaux, pendant un délai supérieur au temps nécessaire pour accomplir les opérations matérielles de l'échange[1]; 2° que ceux des actionnaires qui ne souscriront pas des actions nouvelles émises en échange d'actions anciennes à un taux plus bas, mais en bien plus grand nombre, recevront en échange de leurs actions, lesquelles seront détruites, un nombre égal d'actions nouvelles[2].

Si les statuts n'ont pas prévu et autorisé spécialement l'augmentation de capital, peut-elle être réalisée en vertu d'une délibération de l'assemblée générale des actionnaires prise à la majorité des voix?

Pour les *sociétés anonymes*, la question était très controversée. Dans un premier système, on considérait que le capital social était un élément essentiel du contrat de société et, à moins d'une stipulation expresse, ne pouvait être augmenté sans le consentement de tous les actionnaires[3]. Mais, en sens contraire, on décidait que l'assemblée générale étant autorisée, par l'art. 31 de la loi de 1867, à délibérer sur des modifications aux statuts, en réunissant la moitié du capital social, peut, par là même, à moins d'interdiction formelle écrite dans les statuts, décider l'augmentation du capital (cette augmentation de capital n'étant qu'une modification des statuts), si les actionnaires présents représentent la moitié du capital social, et à la majorité des voix[4].

Pour les *sociétés en commandite*, ceux qui repoussaient l'application à ces sociétés de l'art. 31 de la loi de 1867, étaient d'avis que l'augmentation du capital ne pouvait avoir lieu sans le consentement unanime des actionnaires, à moins que le pouvoir de décider cette augmentation n'ait été expressément conféré par les statuts à l'assemblée générale[5].

La question se trouve tranchée, en ce qui concerne les sociétés ano-

---

1. Paris, 10 juin 1887 (R. S. 1888, 13).
2. V. Lille, 15 juin 1885, *loc. cit.*
3. Paris, 18 mars 1862 (S. 62, II, 161); Lyon, 9 janvier 1870 (S. 70, II, 235). V. aussi Paris, 19 avril 1875, *loc. cit.*, et 5 mai 1891 (J. S. 1891, 347). Conf. Troplong, n° 181; Delangle, n° 442; Deloison, n° 439; Hémar, conclus. S. 76, II, 111 et suiv.; Houpin, J. S, 1880, 544; Vavasseur, n°s 167, 374 et suiv.; Pigault, R. S. 1885, 330; Beudant, t. XXXVI, p. 121 et suiv.; Boursan, *De l'administ. des soc. an.* p. 142; Lyon-Caen, note, S. 92, I, 561; Lyon-Caen et Renault, n°s 33 *bis*, 693, 861 et 870.
4. Paris, 13 mars 1884 (J. S. 1885, 441) et 13 janvier 1885 (J. S. 1885, 611). (Ces deux arrêts ont été rendus à l'occasion de réductions de capital); Bordeaux, 25 janvier 1888 (J. S. 1889, 87); Orléans, 9 janvier 1901 (J. S. 1901, 356). Conf. Bourgeois, J.S. 1888, 48; Thaller, note, D. 1893, I, 105; Wahl, n° 18 et J. S. 1900, 245; Dalloz, *Supp.*, n° 1700. V. Cass., 13 mars 1878 (S. 78, I, 401; D. 78, I, 345).
5. Wahl, n° 20. *Contrà*, Wahl, J. S. 1900, 200 et s., 345.

nymes et les sociétés en commandite, par la loi du 16 novembre 1903. Cette loi reconnaît expressément que « toute société par actions peut, par délibération de l'assemblée générale constituée dans les conditions prévues par l'art. 31 de la loi du 24 juillet 1867, créer des actions de priorité jouissant de certains avantages sur les autres actions, ou conférant des droits d'antériorité, soit sur les bénéfices, soit sur l'actif social, soit sur les deux, si les statuts n'interdisent point, par une prohibition directe et expresse, la création d'actions de cette nature. » Cette loi, à laquelle le législateur a attribué un caractère interprétatif, a été déclarée applicable même aux sociétés constituées antérieurement. Il en résulte que toutes les sociétés ont le droit d'augmenter leur capital, même en créant des actions de priorité, par une délibération prise dans les conditions de l'art. 31. (V. *infrà*, nos 907 et suiv.).

C'est l'assemblée générale elle-même qui doit voter l'augmentation du capital social. Les statuts ne sauraient valablement en conférer l'autorisation au conseil d'administration. On pourrait cependant considérer cette autorisation comme licite si le chiffre de l'augmentation était fixé. Mais on s'exposerait dans ce cas, suivant les circonstances, à une demande en nullité de la société, fondée sur ce que le capital réel doit être intégralement souscrit avant la constitution définitive de la société et sur ce que l'augmentation spéciale, prévue et autorisée par les statuts, constitue, surtout si elle doit être réalisée peu de temps après la constitution, une souscription du capital par séries successives, ce qui n'est pas permis [1] (V. *suprà*, no 655). Mais l'assemblée générale peut autoriser les administrateurs à faire soit une augmentation de capital pour une certaine somme, ou jusqu'à concurrence d'un chiffre déterminé, et, dans ce dernier cas, les administrateurs fixent, sans dépasser le maximum qui leur est imposé, le montant de l'émission [2]; soit une émission déterminée, en fractions dont ils détermineront eux-mêmes le montant, et à des époques qu'ils fixeront [3].

658. Législation applicable. — Une société s'est constituée antérieurement à la loi de 1867 et augmente son capital postérieurement à cette loi; l'augmentation de capital sera-t-elle soumise aux dispositions de ladite loi? De même les sociétés constituées sous l'empire de la loi de 1867, qui augmentent leur capital postérieurement à la

---

1. *Conf.* trib. Charleroi, 20 juillet 1887 (J. S. 1890, 253); Bruxelles. 6 décembre 1890 (J. S. 1891, 562) et 14 novembre 1892 (R. S. Bel., 1892, 353); Vavasseur, no 578 bis; Houpin, note, J. S. 1891, 530. *Contrà*, Seine, 23 juillet 1889 (R. S. 1890, 32); Paris, 14 janvier 1891 (J. S. 1891, 529); Wahl, no 25.
2. Cass., 2 février 1892 (S. 92, I, 403).
3. Cass., 25 mai 1886 (J. S. 1887, 2); Bruxelles, 18 mai 1887 (R. S. 1888, 556).

loi du 1er août 1893, sont-elles soumises, pour l'augmentation, à cette loi nouvelle? — (Nous supposons, bien entendu, dans l'une et l'autre hypothèse, que l'augmentation de capital n'entraîne pas création d'une société nouvelle). La question est fort délicate et controversée[1].

La Cour de cassation a décidé (*suprà*, n° 656) que l'augmentation de capital doit être faite suivant les lois en vigueur lors de la constitution de la société; qu'en conséquence, pour les sociétés constituées antérieurement à la loi de 1867, qui augmentent leur capital sans se transformer en sociétés nouvelles, les formalités de la loi de 1867 ne sont pas applicables[2]. Cette solution a été critiquée, et des auteurs estiment que l'augmentation de capital est soumise aux lois en vigueur lors de l'émission des nouvelles actions[3]. Si l'on adopte le principe consacré par la Cour de cassation, on doit décider que les augmentations de capital réalisées depuis la loi du 1er août 1893 par les sociétés constituées antérieurement à cette loi restent soumises à la législation antérieure et que la loi nouvelle ne leur est pas applicable, tous les actionnaires, les nouveaux comme les anciens, devant être régis pas un pacte unique : les statuts constitutifs, à moins que la société se soit, par une modification de ses statuts, soumise à toutes les dispositions de la loi nouvelle[4]

Le tribunal de la Seine a jugé que l'art. 2 de la loi du 1er août 1893 est applicable aux augmentations de capital postérieures à sa promulgation aussi bien qu'aux constitutions de sociétés nouvelles, sans qu'il y ait intérêt de rechercher si l'augmentation de capital (faite depuis cette loi par une société constituée antérieurement) donne naissance à une société nouvelle[5]. Mais ce jugement se borne à poser un principe (discutable puisqu'il est contraire à la jurisprudence de la Cour de cassation), sans donner aucun motif pour le justifier.

659. Taux des actions. — D'après l'art. 1er de la loi de 1867, modifié par celle du 1er août 1893, les actions ou coupures d'actions doivent être de 100 fr. au moins, lorsque le capital est supérieur à

---

1. V. Houpin, *Dissert.*, J. S. 1896, p. 5 et suiv.
2. Cass., 24 et 26 mai 1869 (S. 70, I, 79 et 125), 9 janvier 1878 (S. 78, I, 409), 12 février 1879 (S. 79, I, 217). *Conf.* Pont, n° 875; Vavasseur, n° 377; Percerou, *Des fond. de soc. an.*, p. 133.
3. Bourguignat, note, S. 78, I, 409; Boursan, *De l'admin. des soc. an.*, p. 184; Wahl, n° 16; Goirand, n° 266; Paris, 15 juin 1883 (J. S. 1884, 354).
4. *Conf.* Faure, L. 1er août 1893, p. 189. *Contrà*, Lyon-Caen et Renault, *id.*, n° 57, Bouvier-Bangillon, *id.*, p. 69, suivant lesquels il y a lieu de se conformer aux dispositions de la loi de 1893, quant au chiffre des actions, à leur forme et à la libération totale ou partielle.
5. Seine, 6 novembre 1895 (J. S. 1896, 79).

200,000 fr. Sans aucun doute, ce texte est applicable aux augmentations de capital[1].

Examinons plusieurs hypothèses qui peuvent se présenter (nous supposons une société constituée après la loi du 1er août 1893 et qui augmente son capital) :

1° Le capital primitif excédait 200,000 fr. Dans ce cas, les actions nouvelles devront être au minimum de 100 fr., comme les actions anciennes, même si les actions nouvelles n'atteignent pas elles-mêmes un total de 200,000 fr. Si les anciennes actions sont d'un taux supérieur à 100 fr. (500 fr. par exemple), les nouvelles actions peuvent néanmoins n'être que de 100 fr. (minimum légal)[2].

2° Le capital total, en y comprenant les actions nouvelles, ne dépasse pas le chiffre de 200,000 fr. Les actions nouvelles, comme celles anciennes, peuvent n'être que de 25 fr. Il en est ainsi, alors même que les gérants et administrateurs ont reçu de l'assemblée générale le mandat d'émettre des actions nouvelles jusqu'à concurrence d'une somme qui élevait le capital primitif au-dessus de 200,000 fr., mais sans être obligés d'atteindre cette somme, si, en fait, les souscriptions recueillies n'ont pas eu pour effet d'élever le capital au-dessus de 200,000 fr. Ce qu'il faut considérer, pour fixer le taux des actions, c'est l'importance réelle du capital social[3].

3° Le capital primitif était inférieur à 200,000 fr. et les actions ont été légitimement émises à 25 fr.; l'émission et la souscription des actions nouvelles a pour effet d'élever le capital à plus de 200,000 fr. Ces nouvelles actions doivent être de 100 fr. au minimum[4]. Mais les actions anciennes doivent-elles être converties en actions de 100 fr. par la réunion de quatre actions en une seule? L'affirmative est enseignée par un auteur[5], lequel considère ce procédé légalement praticable, en mettant en demeure les possesseurs de moins de quatre actions ou d'aliéner leurs titres ou d'acquérir de nouvelles actions à titre de complément. Cette solution ne nous paraît pas fondée. L'émission primitive est régulière et définitive; elle ne saurait être invalidée ou modifiée par l'émission de nouvelles actions; l'augmentation du capital ne peut surtout avoir pour conséquence d'obliger les anciens actionnaires, afin d'arriver à l'unification des

---

1. Bourguignat, note, S. 76, I, 410; Jarjavay, *Des droits et des oblig. des act.*, p. 51; Wahl, n° 30.
2. Wahl, n° 33.
3. V. Cass., 2 février 1892 (S. 92, I, 409); Wahl, n° 32.
4. Cass., 2 février 1892, *loc. cit.* (motifs); Paris, 15 juin 1883 (J. S. 1884, 354); Beslay et Lauras, n°s 151 à 158; Boistel, n° 247.
5. Wahl, n° 33. V. toutef., par anal., Wahl, J. S. 1900, 350.

titres anciens et nouveaux, à subir la vente de leurs actions, ou à faire de nouveaux versements par l'achat de nouvelles actions. Les anciennes actions resteront donc au taux de 25 fr. et les nouvelles actions seront émises à 100 fr. On aura ainsi, dans ce cas, des actions de valeur inégale, ce qui est possible (suprà, n° 290)[1]. Mais la société ne pourra pas échapper au minimum de 100 fr. pour les actions primitivement émises, si elle s'est constituée à un capital n'excédant pas 200,000 fr., avec l'intention immédiatement réalisée d'émettre un capital supplémentaire (qui, en fait, doit être considéré comme faisant partie intégrante du capital de fondation), et si cette émission, en deux parties successives, a été ainsi faite dans le but d'échapper, pour les premières actions, au minimum de 100 fr.[2].

Les actions représentant une augmentation du capital social ne peuvent légalement être émises au-dessous du pair[3] (suprà, n° 444). Mais elles peuvent être émises au-dessus du pair, avec une prime à payer par les souscripteurs[4]. Cette prime est ordinairement portée au fonds de réserve et représente la part afférente à chaque action dans le fonds de réserve existant[5].

Quel devra être le taux des actions d'une société constituée avant la loi du 1er août 1893, qui augmente son capital postérieurement à cette loi? En appliquant ici la jurisprudence de la Cour de cassation, on doit décider que, conformément à l'ancien art. 1er de la loi de 1867, les actions doivent être de 100 fr. au moins lorsque le capital social (ancien et nouveau) n'excède pas 200,000 fr., et de 500 fr. au moins lorsqu'il est supérieur (V. sur cette question controversée suprà, n° 658)

660. Négociation. — Les actions originaires d'une société ne sont

---

1. Duvergier, Lois, 1856, 334; Beslay et Lauras, n°s 151 et suiv.; Boistel, n° 247; Ruben de Couder, v° Soc. an., n° 41; Pont, n° 864; Rubat du Mérac, n° 110; Jarjavay, p. 51; Rev. soc., 1892, 231; Genevois, Revue trim. du nouv. rég. des soc., 1897, 39.

2. V. les décisions et autorités citées suprà, n° 655. Adde, Rubat du Mérac, n° 110; Wahl, n° 33.

3. Demeure, R. pr. S. Belg., 1889, 135. Il a été décidé qu'il n'y a pas violation des art. 1 et 2 de la loi de 1867, lorsque le banquier intermédiaire n'a consenti à prendre les actions qu'au taux de 450 fr., se réservant ainsi une commission de 50 fr. par titre, si ces actions ont été émises vis-à-vis des souscripteurs au taux de 500 fr. Paris, 9 août 1895 (J. S. 1896, 370). V. Seine, 13 novembre 1899; Angers, 7 décembre 1903 (J. S. 1900, 135; 1902, 145; 1904, 323). Suprà, n° 538.

4. V. Seine, 22 juillet 1893 (J. S. 1894, 197).

5. V. Cass., Rome, 6 septembre 1893 (Ann. de dr. comm., 1895, II, 278). Il a été décidé que si les actionnaires ont dû verser une prime applicable aux réserves soi-disant existantes, alors que ces réserves n'existaient pas, ils ont droit, en cas de liquidation de la société, au remboursement de cette prime sur les premiers fonds disponibles, mais sans intérêt (Seine, 3 décembre 1894 [J. S. 1895, 125]).

négociables qu'après la constitution définitive de cette société (*suprà*, n° 321). De même les actions émises au cours de la société ne sont négociables qu'à partir du moment où l'augmentation du capital est devenue définitive par l'accomplissement des formalités légales (*infrà*, n°s 663 et suiv.).

Les actions attribuées en représentation d'un apport en nature, par une société constituée depuis la loi nouvelle, ne sont négociables que deux ans après le jour où l'augmentation du capital est devenue définitive (L. 1er août 1893, art. 2). C'est pour nous une conséquence de ce principe que les augmentations de capital sont soumises à toutes les formalités constitutives, bien que la loi nouvelle, en disant que les actions d'apport ne sont négociables que deux ans après la constitution définitive de la société, ne semble faire allusion qu'aux actions attribuées à l'origine de la société.

Que décider s'il s'agit d'une augmentation de capital réalisée par une société constituée avant la loi nouvelle[1] ? Si l'on applique la jurisprudence de la Cour de cassation (*suprà*, n° 658), on décidera que cette loi n'est pas applicable, et que, par suite, les actions d'apport seront, comme les actions de numéraire, négociables aussitôt que l'augmentation de capital sera devenue définitive[2]. Mais il a été jugé que l'art. 2 de la loi du 1er août 1893 est applicable aux actions d'apport créées à titre d'augmentation de capital par une société constituée avant cette loi (V. *suprà*, n° 658)[3]. (Voir sur la négociation des actions d'apport en cas d'augmentation du capital social à titre de fusion, *suprà*, n° 329.)

661. Forme. — Les actions nouvelles doivent rester nominatives jusqu'à leur entière libération (L. 24 juillet 1867, art. 3). Peuvent-elles être mises au porteur, après leur libération de moitié, si elles sont émises par une société constituée avant la loi du 1er août 1893, et si les statuts de cette société autorisent la conversion au porteur conformément à l'ancien art. 3 de la loi de 1867 ? Cette question dépend de celle de savoir si les augmentations de capital réalisées postérieurement à la loi du 1er août 1893, par les sociétés constituées avant cette loi, sont ou non soumises à la loi nouvelle. D'après le principe consacré par la Cour de cassation, mais critiqué en doctrine (*suprà*, n° 658), la mise au porteur des actions libérées de moitié serait possible[4]. Mais des auteurs estiment que la loi nouvelle est

---

1. V. Houpin, J. S. 1896, 5.
2. *Conf.* Percerou, p. 133.
3. Seine, 6 novembre 1895 (J. S. 1896, 79).
4. *Conf.* Faure, L. 1er août 1893, p. 191 et 192.

applicable et que les actions ne peuvent être converties en titres au porteur qu'après leur entière libération [1].

662. Formalités. Principe. — L'augmentation du capital des sociétés par actions ne semble pas avoir été prévue par le législateur. Quelques auteurs en ont conclu que les formalités prescrites par la loi du 24 juillet 1867, pour la constitution des sociétés en commandite et anonymes, ne sont pas applicables à l'augmentation du capital de ces sociétés [2]. Mais cette opinion est restée isolée. Le principe de l'application à l'augmentation du capital des règles relatives à la constitution du capital originaire n'est pas, il est vrai, posé formellement par un texte légal. Mais la jurisprudence a considéré : que ces règles, d'ordre public, s'appliquent nécessairement aux augmentations de capital autorisées par l'assemblée générale des actionnaires; qu'une distinction ne saurait être faite entre le capital originaire et le capital nouveau; que l'un et l'autre sont la garantie des tiers et doivent être constitués dans les mêmes conditions; que s'il en était autrement, la loi ne serait plus qu'un obstacle vain aux fraudes et aux abus que la sagesse du législateur a voulu prévenir [3].

663. Souscription du capital. — Comme conséquence de ce principe, il est nécessaire, à peine de nullité de l'augmentation de capital, que le nouveau capital soit *intégralement* souscrit (L. 24 juillet 1867, art. 1 et 24) [4].

L'assemblée générale ne peut réduire le chiffre de l'augmentation au montant des souscriptions obtenues [5], surtout si les prospectus et annonces d'émission indiquaient le chiffre entier du capital à sous-

---

1. Bouvier-Bangillon, p. 74; Dalloz, *Supp.*, n° 1064.
2. Pont, n° 876; Vavasseur, n° 376 et suiv.; Montpellier, 8 février 1880 (J. S. 1880, 193).
3. Cass., 27 janvier 1873 (S. 73, 1, 163), 5 novembre 1879 (S. 80, 1, 472), 6 juin 1885 (J. S. 1886, 309; S. 87, 1, 284), 17 juillet 1885 (S. 87, 1, 286), 2 mai 1887 (S. 87, 1, 318); Orléans, 27 janvier 1873 (S. 73, 1, 163); Amiens, 5 août 1882 (J. S. 1884, 361); Seine, 14 septembre 1883 (J. S. 1885, 14), 9 avril 1884 (J. S. 1890, 139), 28 mai 1886 (J. S. 1890, 135), 11 juin 1886 (R. S. 1886, 523), 16 mai 1887 (J. S. 1888, 206); Paris, 15 juin 1883 (J. S. 1884, 354), 28 décembre 1886 (S. 88, 11, 37), 1er juillet 1890 (J. S. 1893, 133), 29 juin 1891 (J. S. 1892, 70), 29 décembre 1891 (R. S. 1892, 235); Lille, 15 juin 1885 (J. S. 1888, 214); Limoges, 27 juillet 1888 (R. S. 1889, 330); Rivière, L. 1856, n° 32, L. de 1867, n° 20; Alauzet, *C. de comm.*, t. 11, n° 448; Beudant, *Rev. crit.*, t. xxxvi, p. 121 et suiv.; Bourguignat, note, S. 76, 1, 410, et S. 78, 1, 409; Rousseau, *Soc.*, n° 1377 et suiv.; Deloison, *id.*, n° 353; Buchère, J. S. 1883, 471 et suiv., et *Pand. franç.*, 1892, 1, 321; Ledru, *Cons. de surv.*, p. 130; Boistel, *Précis*, n° 254; Thaller, *Rev. crit.*, 1883, 310, et J. S. 1882, 303; Boursan, *De l'adm. de soc. an.*, p. 180; Wahl, *Augm. de cap.*, n° 15; Tonnelier, *App. en nat.*, p. 24; Lyon-Caen et Renault, n° 870; Bordeaux, 16 février 1903 (J. S. 1903, 348). V Angers, 7 décembre 1903 (J. S. 1904, 325); Paris, 21 mars 1905 (J. S. 1905, 358), *Conf.* Amiens, 5 fév. 1910 (J. S. 1911, 213).
4. V. les décisions et autorités citées à la note précédente. *Adde*, Wahl, n° 38.
5. Seine, 19 février 1884 (J. S. 1890, 140); Paris, 11 juin 1886 (R. S. 1886, 523)

crire[1]. Mais il en est autrement s'il a été décidé qu'il sera procédé à l'émission du nouveau capital par fractions[2], ou que l'augmentation sera valable quelle que soit l'importance des souscriptions obtenues[3], ou si le conseil d'administration a été autorisé à limiter l'augmentation à un chiffre moins élevé que celui prévu[4]. Dans tous les cas, la nullité de l'augmentation de capital réduite ne pourrait être demandée par l'actionnaire qui a voté la limite de l'augmentation aux souscriptions obtenues[5], ou qui s'est fait représenter comme actionnaire à une assemblée générale postérieure[6] (V. *suprà*, nᵒˢ 531, 560).

Lorsque l'augmentation de capital n'est pas définitivement réalisée, les fonds provenant des souscriptions ne peuvent recevoir une destination différente sans l'assentiment de tous les actionnaires[7].

On ne peut s'engager à souscrire avant la délibération qui autorise l'augmentation du capital; tout engagement de ce genre serait nul parce qu'il serait subordonné au fait encore incertain de l'émission[8].

Comme pour les actions souscrites lors de la constitution de la société, l'engagement de souscription doit être pur et simple, définitif et irrévocable; les souscriptions doivent être réelles et les souscripteurs sérieux; ceux-ci doivent avoir la capacité nécessaire (*suprà*, nᵒˢ 442 et suiv.). Les souscriptions qui seraient faites par la société elle-même, soit à l'aide de l'actif social, soit par un prélèvement sur son fonds de réserve, seraient nulles et entraîneraient la nullité de l'augmentation du capital, puisque, par ce fait, une partie des actions ne serait réellement pas souscrite[9].

Souvent les statuts réservent aux anciens actionnaires un droit de préférence pour la souscription des actions nouvelles[10]. Ce droit peut aussi être accordé par l'assemblée générale qui décide l'augmentation

---

et Cass., 10 av. 1889 (J. S. 90, 126); Paris, 20 juin 1891 (J. S. 92, 70); Bordeaux, 16 fév. 1903 (J. S. 1903, 348). V. Paris, 24 av. 1888 (J. S. 89, 337); Paris, 27 déc. 1899 (J. S. 1900, 221); Cass., 13 nov. 1907 (J. S. 1908, 345), et 16 mars 1910 (J. S. 1911, 154).
1. *Annales de dr. comm.*, 1892, 8 et 9.
2. Paris, 7 juill. 1884; Seine, 7 janv. 1885 (J. S. 87, 38); Cass., 25 mai 1886 (J. S. 87, 2).
3. V. Cass., 13 nov. 1907 et 16 mars 1910, *loc. cit.* V. tout. J. S. 1905, 358.
4. Cass., 2 fév. 1892 (J. S. 1892, 222). V. Cass. 13 nov. 1907 et 16 mars 1910, *loc. cit.*
5. Seine, 3 janvier 1889 (J. S. 1890, 132), Paris, 2 août 1890 (J. S. 1891, 389) et 21 décembre 1891, *loc. cit.*; Wahl, nᵒ 93; Bordeaux, 26 mars 1906 (J. S. 1907, 126).
6. Paris, 9 février 1888 (J. S. 1892, 284).
7. Lyon, 16 juillet 1885 (J. S. 1887, 102); Wahl, nᵒ 44.
8. Paris, 13 mai 1865; Wahl, nᵒ 44.
9. Seine, 15 mai 1882 (R. S. 1883, 231), 18 décembre 1884 (*Gaz. Pal.*, 88, 1, 360); Thaller, *Rev. crit.*, 1883, 308; Wahl, nᵒ 42. V. Aix, 29 décembre 1883 (R. S. 1884, 241); Seine, 13 ou 20 décembre 1882 (R. S. 1883, 105).
10. Ce droit de préférence accordé statutairement peut devenir un obstacle à la réalisation d'une augmentation de capital, si le nouveau capital est offert par des souscripteurs étrangers. Il semble préférable de réserver à l'assemblée générale le pouvoir de déterminer les conditions de l'émission des nouvelles actions.

de capital. Dans tous les cas, l'assemblée générale ou, sur la délégation de celle-ci, le conseil d'administration détermine dans quelles conditions et dans quel délai les actionnaires devront user du droit de souscription. A l'expiration du délai fixé, les actions pour lesquelles ce droit n'a pas été exercé sont souscrites soit par des anciens actionnaires, soit par des souscripteurs nouveaux[1]. On a enseigné que, en cas d'augmentation de capital, le droit de préférence des anciens actionnaires à la souscription des nouvelles actions existe légalement en toute hyothèse; qu'aucune action ne peut être offerte aux tiers, soit au pair, soit même avec prime, avant qu'elle n'ait été offerte dans les mêmes conditions à ces anciens actionnaires; que chacun de ceux-ci a le droit d'exiger les nouvelles actions proportionnellement au nombre d'anciennes actions qu'il détient, *au pair*, c'est-à-dire au prix de leur valeur nominale, alors même que les actions anciennes seraient cotées au-dessus du pair[2]. Nous estimons, au contraire, que, dans le silence des statuts, l'assemblée générale est libre de décider les conditions de l'émission et de la souscription des actions nouvelles; que la qualité d'ancien actionnaire ne confère pas le droit absolu de prendre part à cette souscription; et que, dans tous les cas, les anciens actionnaires ne sont pas fondés à demander la souscription au pair des nouvelles actions si, eu égard à la situation de la société et de ses réserves, l'assemblée générale a décidé que ces actions seront émises et souscrites avec une prime déterminée.

664. Versement légal. Libération. — Il est aussi nécessaire, pour la validité de l'augmentation de capital, que chacune des nouvelles actions souscrites en numéraire soit libérée conformément aux prescriptions de l'art. 1er (nouveau) de la loi de 1867, c'est-à-dire : entièrement, si les actions sont de 25 fr., d'une somme d'au moins 25 fr., si elles sont supérieures à 25 fr. et inférieures à 100 fr., et du quart au moins, si elles sont de 100 fr. et au-dessus (*suprà*, nos 455 et suiv.)[3]

---

1. V. Wahl, no 76 ; Cass., 24 novembre 1886 (S. 77, 1, 72); Bruxelles, 10 novembre 1905 (J. S. 1906, 398); Paris, 17 mars 1908 (J. S. 1909, 117).
V. pour le droit de souscription par un prête-nom, Cass., 12 juillet 1880 (D. 82, 1, 32). Le droit accordé aux anciens actionnaires de souscrire des actions ou de les souscrire au pair, peut-il leur être enlevé par l'assemblée générale des actionnaires ? (*Affirm*. Seine, 28 juin 1900, J. S. 1901, 82. *Négat*.; Wahl, J. S. 1900, 347. V. *infrà*, no 920). Les actions souscrites par un époux marié sous le régime de la communauté réduite aux acquêts en vertu du droit de préférence lui sont propres (Cass., 23 juin 1903, J. S. 1905, 248).
2. Nyssens, *Rev. pr. Soc. de Belg.*, 1894, 228.
3. V. les décisions et autorités citées en note, *suprà*, no 662; Wahl, no 45.

Si les actions créées pour augmenter le capital sont attribuées en représentation d'apports en nature, elles doivent être intégralement libérées lors de l'augmentation de capital (art. 3, L. de 1867, modifié par la loi du 1er août 1893, *suprà*, n° 458).

C'est le quart du montant nominal de l'action qui doit être versé (si les actions sont de 100 fr. et au-dessus). Dans le cas où des actions de 500 fr., par exemple, sont émises avec une prime de 50 fr., le versement obligatoire n'est que de 125 fr.; la prime ne faisant pas partie de l'action ne doit pas entrer en ligne de compte [1].

Sous l'empire de la loi de 1867, on décidait que le versement du quart sur les nouvelles actions pouvait être fait par compensation avec les sommes dues par la société aux actionnaires souscripteurs [2]. La même solution doit-elle être admise depuis la loi du 1er août 1893, qui exige (art. 1er) que le versement prescrit pour la constitution de la société ait lieu *en espèces*? — On peut dire, en faveur de la négative, que les augmentations de capital sont soumises aux mêmes formalités et conditions que le capital originaire, en ce qui concerne notamment le versement à faire par les actionnaires. Nous estimons cependant que le versement par compensation (impossible à l'égard des actions émises pour la constitution de la société, parce que la société ne peut être débitrice envers les souscripteurs avant sa constitution) doit être admis comme mode légal de libération des actions émises à titre d'augmentation de capital. Le payement par compensation équivaut à un versement en espèces. Il produit le même résultat que si le souscripteur versait réellement le montant de sa souscription et si la société employait les fonds ainsi versés à éteindre sa dette envers le souscripteur. Pourvu que la dette de la société existe réellement, le versement par compensation doit être assimilé à un versement en espèces et considéré comme valable [3].

On doit aussi assimiler à un versement en espèces un *virement* par suite duquel la société se trouve avoir *réellement* à sa disposition chez un banquier le montant du versement légal.

Mais les autres modes de libération doivent être proscrits en présence de la loi nouvelle qui exige un versement en espèces (*suprà*, n° 459).

---

1. Wahl, n° 48.
2. Cass., 4 mars 1867 (S. 67, 1, 254); Seine, 14 mars 1886 (R. S. 1886, 397); Bruxelles, 23 juillet 1887 (R. S. 1888, 555); Seine, 30 mars 1893 (J. S. 1894, 161); Paris, 19 mars 1895 (J. S. 1895, 266); Rubat du Mérac, n° 475; *Rev. soc.*, 1890, 463; Wahl, n° 47.
3. Lyon, 6 mai 1904 (J. S. 1905, 119, 176); Cass., 26 fév. 1904 (D. 1905, 1, 17); Amiens, 2 mai 1907 (J. S. 1908, 302); Paris, 23 mars 1909 (J. S. 1909, 406); Houpin, J. S. 1904, 145; 1908, 289; Thaller, J. S. 1907, 471. *Contrà*, Goirand, n° 262.

L'augmentation du capital peut ne donner lieu à aucun versement. Dans une espèce où le capital social, composé d'actions libérées de moitié, avait été doublé, et où l'on avait décidé de rembourser un quart aux actionnaires et de faire servir ce quart à la libération partielle des actions souscrites en augmentation du capital, il a été décidé que ce mode de procéder est parfaitement régulier, car la mise de chaque actionnaire se trouve ainsi doublée, ce qui augmente d'autant les garanties offertes aux tiers[1]. Mais cette double opération de remboursement et de souscription avec libération ne peut avoir lieu qu'avec le consentement de tous les actionnaires[2] (V. *suprà* n° 637).

Si les actions nouvelles ne sont pas entièrement libérées, le solde restant dû doit être payé conformément aux stipulations des statuts, et ordinairement sur les appels faits par le conseil d'administration. Toutes les règles que nous avons exposées (*suprà*, n°s 308 à 321) en ce qui concerne la libération des actions et la responsabilité des souscripteurs et des cessionnaires, sont applicables aux actions émises à titre d'augmentation du capital.

665. Déclaration notariée de souscription et de versement. — La souscription de l'augmentation de capital et le versement légal sur chacune des nouvelles actions doivent être constatés par une déclaration faite par acte authentique, avec annexe d'un état contenant les noms, prénoms et domiciles des souscripteurs, le nombre d'actions souscrites et le montant des versements effectués par chacun d'eux (L. 24 juillet 1867, art. 1er et 24)[3].

Cette déclaration notariée doit être faite par le gérant, si la société est en commandite, et par les administrateurs, si la société est anonyme[4]. Dans ce dernier cas, le conseil d'administration de la société anonyme remplit le rôle imposé aux fondateurs lors de la constitution de la société[5].

L'art. 1er de la loi de 1867 prescrit d'annexer (outre l'état des souscriptions et des versements) l'un des doubles de l'acte de société, s'il est sous seing privé, et une expédition, s'il est notarié et s'il a été

---

1. Paris, 16 mai 1885 (R. S. 1885, 530). V. aussi Seine, 28 juillet 1884 (*Gaz. du Pal.*, 84, 1ᵉ, 390).
2. V. Goirand, n° 261.
3. V. les décisions et autorités citées, *suprà*, n° 662, et spécialement, Douai, 23 février 1882 (J. S. 1887, 456); Paris, 15 juin 1883 (J. S. 1884, 354); Seine, 28 mai 1886 (J. S. 1890, 135); Paris, 20 juin 1891 (J. S. 1892, 70); Houpin, J. S. 1892, 33; S. 93, 1, 89. V. Paris, 26 juillet 1890 (J. S. 1890, 152).
4. Wahl, n° 50. La délégation doit être authentique. V. *suprà*, n° 467.
5. Cass., 19 octobre 1892 (S. 93, 1, 89 ; J. S. 1892, 495).

passé devant un notaire autre que celui qui a reçu la déclaration. Comme cette annexe n'est qu'un accessoire de la déclaration notariée [1], il peut se faire que les statuts n'aient pas été déposés pour minute, dans le cas où la société a été constituée au moyen d'apports en nature, sans capital en numéraire. Quand les statuts ne sont pas déjà aux minutes du notaire qui reçoit la déclaration relative à l'augmentation du capital, nous avons estimé que, pour satisfaire aux prescriptions de la loi, il y a lieu d'annexer à l'acte de déclaration un original ou une expédition des statuts [2]. Un auteur est d'avis qu'il n'est pas nécessaire d'annexer l'acte de société, et que l'acte à annexer, qui remplace l'acte de société, n'est autre que la délibération de l'assemblée générale autorisant l'augmentation du capital [3]. Il est d'usage d'annexer, dans tous les cas, cette délibération à l'acte notarié de déclaration.

666. **Vérification de la déclaration notariée. Assemblée générale. Composition.** — Lorsque la société est en commandite, la sincérité de la déclaration faite par le gérant doit être appréciée par le conseil de surveillance, sans qu'il soit nécessaire de constater par une délibération que cette vérification a eu lieu (*suprà*, n° 471)

Mais, si la société est anonyme, la déclaration notariée constatant la souscription et le versement du nouveau capital doit être soumise, avec les pièces à l'appui, à l'assemblée générale des actionnaires, qui en vérifie la sincérité (L. 24 juillet 1867, art. 24 et 25), et qui doit être convoquée postérieurement à l'acte de déclaration [4]. (V. *suprà*, n°s 472 et suiv.).

De quels actionnaires doit être composée cette assemblée générale? On doit appeler *tous* les souscripteurs des nouvelles actions. On a soutenu qu'il n'y a pas lieu de convoquer, en outre, les anciens actionnaires, parce qu'ils doivent être considérés comme les fondateurs de l'augmentation du capital et comme les contrôlés [5]. Mais la Cour de Paris a repoussé cette thèse et décidé que l'assemblée générale doit être constituée par la convocation de *tous les actionnaires, anciens et nouveaux* [6]. Voici par quels motifs nous avons, dans une

---

1. Cass., 26 avril 1880 (J. S. 1880, 236).
2. Houpin, J. S. 1892, 34.
3. Wahl, n° 52.
4. Seine, 14 septembre 1883 (J. S. 1885, 114); Paris, 20 juin 1891 (J. S. 1892, 70); Beudant, *Rev. crit.*, t. xxxi, p. 121; Bourguignat, note, S. 76, 1, 409; Rivière, L. de 1867, n° 17; Alauzet, *C. de comm.*, t. i, n° 448; Buchère, J. S. 1883, 481; Houpin, *loc. cit.*
5. C'est la thèse qui a été soutenue devant la Cour de Paris et devant la Cour de cassation, *infrà. Conf.* Wahl, n° 60.
6. Paris, 20 juin 1891 (J. S. 1892, 70).

étude spéciale, approuvé cette décision. « Le conseil d'administration, chargé de recueillir les souscriptions et les versements d'une
augmentation de capital, doit en faire la déclaration notariée. Mais
la loi a voulu que cette déclaration fût soumise aux actionnaires eux-
mêmes, réunis en assemblée générale, pour en reconnaître la sincérité. Les anciens actionnaires ne sauraient être considérés comme
étant représentés par le conseil d'administration pour cette vérification ; car, si le conseil doit faire la déclaration, il n'a pas qualité
pour se contrôler lui-même. Ce sont les actionnaires intéressés qui
doivent faire cette vérification. Or, les anciens actionnaires ont
autant et même plus d'intérêt que les nouveaux souscripteurs à
s'assurer que le capital qui vient s'adjoindre au capital originaire,
pour participer avec lui aux bénéfices de la société, a été constitué
dans les conditions légales. Tous les actionnaires anciens et nouveaux doivent donc être appelés, même (en ce qui concerne les
anciens actionnaires) quand les statuts stipulent que les assemblées
générales, notamment celles appelées à voter sur des modifications
aux statuts, ne seront composées que des actionnaires possédant un
certain nombre d'actions. C'est là une application de l'art 27 de la
loi de 1867 [1]. » La Cour de cassation, rejetant le pourvoi formé
contre cet arrêt, a décidé également que tous les actionnaires anciens
et nouveaux ont un intérêt égal et commun à contrôler la sincérité
de la déclaration notariée ; que l'assemblée générale à laquelle
incombe ce contrôle doit être ouverte, conformément à l'art. 27, à
tout actionnaire de l'une et de l'autre catégorie [2].

L'assemblée doit délibérer conformément aux dispositions de
l'art. 27, deuxième alinéa, et de l'art. 30 de la loi de 1867. En conséquence : 1° tout actionnaire (ancien et nouveau), quel que soit le
nombre des actions dont il est porteur, peut prendre part à la délibération avec le nombre de voix déterminé par les statuts, sans qu'il
puisse être supérieur à dix (art. 27) ; 2° l'assemblée doit être composée
d'un nombre d'actionnaires représentant la moitié au moins du capital
social (ancien et nouveau). Si l'assemblée ne réunit pas cette quotité
de capital, elle ne peut prendre qu'une délibération provisoire. Dans
ce cas, une nouvelle assemblée générale est convoquée. Deux avis,
publiés à huit jours d'intervalle, au moins un mois à l'avance, dans
l'un des journaux désignés pour recevoir les annonces légales, font
connaître aux actionnaires les résolutions provisoires adoptées par

1. Houpin, J. S. 1882, 35, et Soc. par act., n° 203.
2. Cass., 19 octobre 1892 et note de M. Houpin (S. 93, 1, 89).

la première assemblée, et ces résolutions deviennent définitives si elles sont approuvées par la nouvelle assemblée générale, composée d'un nombre d'actionnaires représentant le cinquième au moins du capital social[1].

La loi ne fixe aucun délai, à peine de nullité, pour procéder à la vérification de la déclaration notariée[2].

Après avoir reconnu la sincérité de la déclaration de souscription et de versement, l'assemblée générale vote les modifications statutaires qui sont la conséquence de l'augmentation du capital social.

667. Appréciation des nouveaux apports. — Lorsque l'augmentation de capital a lieu, non par des souscriptions en numéraire, mais au moyen de l'*apport en nature* de biens meubles ou immeubles, fait à la société par une ou plusieurs personnes ou par une société, y a-t-il lieu de faire apprécier par les actionnaires la valeur de cet apport et l'importance des avantages, consistant ordinairement dans l'attribution d'actions nouvelles (lesquelles doivent être entièrement libérées) créées à titre d'augmentation du capital primitif? — La solution affirmative nous a paru découler du principe, consacré par la jurisprudence, qui assimile le capital d'augmentation au capital originaire et le soumet aux mêmes règles et formalités[3]. Cette solution est toutefois contestée. A l'occasion de l'augmentation du capital comme conséquence de l'annexion d'une société qui fusionne dans une autre, un auteur estime qu'il y a une raison particulière pour se dispenser de recourir au mode de vérification organisé par la loi de 1867, c'est que l'assemblée générale chargée de cette vérification devrait se composer des souscripteurs qui ont promis du numéraire, et qu'il n'y en a pas dans l'hypothèse proposée. Cette raison, admise par la Cour de cassation[4] dans une espèce où la fusion avait donné lieu à une société nouvelle, s'applique parfaitement, suivant cet auteur, au cas où elle s'accomplit par voie d'annexion d'une société à une autre, c'est-à-dire d'augmentation de capital[5]. Il est bien vrai que, d'après une jurisprudence très discutée en doctrine (*suprà*, n° 500), les apports en nature sont dispensés de toute vérification

---

1. V. Houpin, J. S. 1899, 285 et 481; formules, *infrà*, t. 2.
2. Seine, 30 avril 1884 et 26 novembre 1902 (J. S. 90, 355; 1903, 320). V. J. 90, 135).
3. Houpin, *Soc. par act.*, n° 205. V. aussi J. S. 1897, 370. V. sur la vérification en cas d'apport en nature de créances sur la société, Houpin, J. S. 1908, 289. V. aussi sur la vérification et l'approbation dans le cas d'une double augmentation de capital (apport en nature et capital en numéraire), Houpin, J. S. 1909, 5.
4. Cass., 26 avril 1880 (J. S. 1880, 236).
5. Vavasseur, n° 433.

lorsque la société est constituée sans capital en numéraire. Mais s'ensuit-il nécessairement que, lorsque des apports en nature sont faits
à une société constituée, sans qu'il soit émis en même temps des
actions à souscrire en numéraire, on doive considérer qu'il n'y a pas
lieu de faire apprécier ces apports par les anciens actionnaires? La
question est délicate, lorsque le capital originaire était exclusivement représenté par des apports en nature et qu'il n'existe pas
d'actions souscrites en numéraire. On peut soutenir que l'absence de
capital en numéraire rend tout contrôle impossible, d'après les dispositions des art. 4 et 30 de la loi de 1867, et que les apports faits à
titre d'augmentation de capital au cours de la société ne peuvent être
soumis à une vérification dont sont dispensés les apports semblables
faits lors de la constitution de la société. Mais on peut objecter que
la situation n'est plus la même. Lorsque la société est constituée au
moyen d'apports en nature, les statuts sont établis et le contrat est
formé par les apporteurs; on a considéré qu'une approbation ultérieure de ces apports par ceux qui les ont faits n'a pas d'utilité. Il en
est différemment lorsque l'apport est fait à une société constituée;
les anciens actionnaires ont intérêt à vérifier si cet apport n'est pas
majoré. Il nous paraît prudent, au point de vue pratique, de faire
faire la vérification, tant que la question n'aura pas été résolue par
les tribunaux. Dans tous les cas, lorsque le capital existant à l'époque
des nouveaux apports comprend, en tout ou en partie, des actions
souscrites en numéraire, nous estimons qu'il est nécessaire de faire
apprécier ces nouveaux apports par les anciens actionnaires. L'appréciation des apports en nature est l'équivalent de la vérification de la
sincérité de la déclaration de souscription et de versement du capital
en numéraire; elle a été prescrite par la loi dans l'intérêt des tiers
aussi bien que des actionnaires; les raisons qui l'ont fait édicter
existent pour les apports faits au cours de la société comme pour les
apports originaires; les tiers ont intérêt à savoir si le capital d'augmentation, qu'il ait été fourni en numéraire ou par des apports en
nature, est sérieux et réel[1]. D'autres auteurs sont également d'avis
que les apports en nature faits à titre d'augmentation de capital
doivent être soumis à l'approbation des actionnaires[2]. On devra donc
réunir deux assemblées générales. Dans la première, on nommera
un ou plusieurs commissaires chargés de faire un rapport sur les

1. Houpin, *Soc. par act.*, n° 205, et J. S. 1892, 36 et suiv.
2. Lyon-Caen et Renault, n° 870; Wahl, n° 59; Goirand, n° 263; Seine, 21 janvier 1897, *loc. cit.*

apports ou avantages particuliers, et la deuxième statuera définitivement sur leur approbation. Les assemblées doivent être composées (si la société est anonyme) d'un nombre d'actionnaires représentant la moitié au moins du capital avant l'augmentation, c'est-à-dire non compris les nouveaux apports soumis à vérification. Les associés qui font ces apports n'ont pas, bien entendu, voix délibérative. Les délibérations doivent être prises par la majorité des actionnaires présents. Cette majorité doit comprendre le quart des actionnaires et représenter le quart du capital social (L. 1867, art. 4) (V. *suprà*, n°ˢ 502 et suiv.).

Comment doit-on procéder en cas d'absorption d'une société, qui se trouve dissoute, par une autre société, qui seule continue d'exister en augmentant son capital? Les associés qui seront tout à la fois actionnaires des deux sociétés pourront-ils prendre part au vote sur l'approbation de l'apport fait par l'une des sociétés à l'autre? La question est délicate. On peut dire, en faveur de la solution affirmative, que l'apport est fait au nom d'une société qui existe encore comme être moral et qui est représentée pour l'apport par ses liquidateurs; qu'il n'y a donc pas lieu de se préoccuper des actionnaires de cette société, puisqu'ils n'ont pas à intervenir en cette qualité. On peut aussi invoquer en faveur de cette solution un arrêt de la Cour de cassation du 5 novembre 1895, d'après lequel les administrateurs d'une société (représentée par une autre personne) ont le droit de voter, comme souscripteurs, sur l'approbation des apports faits au nom de cette société à une société nouvelle (V. *suprà*, n° 514). Il n'en est pas moins vrai que les actionnaires des deux sociétés ont des intérêts opposés dans chacune de ces sociétés. On peut soutenir qu'ils sont, au fond, de véritables apporteurs, que l'apport est fait dans leur intérêt, et que, par suite, ils n'ont pas qualité pour voter sur l'appréciation de cet apport. Cette solution nous paraît conforme à l'esprit de l'art. 4 de la loi de 1867 (V. *suprà*, n°ˢ 511 à 523).

668. Appréciation des apports originaires et du bilan de la société. — Lorsque le capital social vient à être augmenté, il n'y a pas lieu de faire procéder, par l'assemblée générale des nouveaux actionnaires, à la vérification des apports originaires qui en étaient dispensés en l'absence d'un capital en numéraire qui seul (d'après la jurisprudence) pouvait le contrôler. C'est ce qui a été justement décidé, par ce motif qu'aucune disposition de la loi n'impose cette vérification qui, le plus souvent, serait impossible par suite des transformations que les choses apportées auraient subies depuis la constitution de la société [1]. Mais pour que les apports originaires soient dispensés de vérification, il faut que la société ait été constituée sans fraude et que l'émission nouvelle ait réellement le caractère d'une augmentation de capital. S'il était reconnu que le capital constitué sous forme d'augmentation fait partie intégrante du capital de fondation et qu'il n'a été émis postérieurement à la constitution de la société que dans le but d'éviter la vérification des apports en nature, par les souscripteurs du capital en numéraire, la société constituée dans ces conditions pourrait être annulée à défaut de cette vérification [2].

Un magistrat a soutenu qu'il est nécessaire, à peine de nullité (pour une augmentation de capital en numéraire), de réunir deux assemblées générales successives pour apprécier d'abord et approuver ensuite le *bilan* de la société au jour où elle s'augmente du nouveau capital. Il reconnaît que l'augmentation de capital ne donne pas naissance par elle-même à une société nouvelle lorsqu'elle a été autorisée par les statuts, et que, après l'augmentation, c'est la même société qui continue de subsister (V. *suprà*, n° 636). Mais il estime néanmoins que les anciens actionnaires, lorsqu'ils procèdent à la constitution d'un nouveau capital en numéraire, se comportent comme de véritables fondateurs d'une nouvelle société, apporteurs en nature. Ils apportent leur ancienne société, et ils doivent, conformément aux art. 4, 27 et 30 de la loi de 1867, soumettre cet apport en nature à la vérification des nouveaux actionnaires [3].

Dans une étude spéciale, nous avons réfuté cette thèse par des motifs qui peuvent se résumer ainsi : Il ne peut y avoir lieu de faire vérifier le *bilan*, c'est-à-dire l'actif et le passif de la société, au jour où elle augmente son capital. La nécessité de cette vérification s'expliquerait si l'augmentation entraînait dissolution de la société et création d'une société nouvelle. Mais, si la société qui augmente son capital reste une et identique, il nous semble impossible d'exiger une vérification d'actif et de passif, puisqu'il n'y a et ne saurait y avoir d'apports, et que la vérification n'est prescrite que lorsqu'il y a constitution d'une société avec apports en nature, ou, par analogie, lorsqu'une société existante augmente son capital, non par l'émis-

---

1. Seine, 28 mai 1886, et Paris, 26 juillet 1887 (J. S. 1890, 135 et 152); Goirand, n° 263.
2. V. les décisions et autorités citées en note, *suprà*, n° 635.
3. Conclusions de M. Ditte, av. gén., sur l'arrêt de la Cour de Paris du 20 juin 1891 (*Gaz. des trib.* du 28 août). Il importe de rappeler que la Cour de Paris n'a pas consacré cette thèse.

sion d'un capital en numéraire, mais par de nouveaux apports en nature. La loi a voulu que les apports en nature ou en espèces fussent vérifiés lorsqu'ils entrent dans la société; elle n'a pas prescrit qu'un actif déjà vérifié ou dispensé de vérification, et qui, depuis son apport, a été sujet à des transformations, fût l'objet d'une vérification spéciale en cas d'augmentation du capital. Exiger cette vérification, portant non pas sur des apports, mais sur un bilan, ce n'est pas interpréter la loi, c'est y ajouter [1].

On pourrait cependant considérer que la Cour de cassation a admis, au moins implicitement, que lorsqu'une société augmente son capital, il y a lieu d'apprécier les apports en nature (c'est-à-dire l'actif et le passif social) et les avantages particuliers des anciens actionnaires. Elle a déclaré, en effet, que lorsqu'une société se transforme par l'augmentation de son capital (en numéraire), l'assemblée générale, convoquée pour apprécier la déclaration de souscription et de versement, doit être composée de tous les actionnaires anciens et nouveaux, *sous la seule réserve des abstentions imposées par l'art. 4 pour l'appréciation des apports en nature et des avantages particuliers dont certains d'entre eux sont appelés à profiter* [2]. Les motifs de cet arrêt sont-ils inspirés de la théorie du conseiller rapporteur, lequel a déclaré, mais sans justifier son appréciation, qu'il résulte de cette transformation la création d'une société nouvelle? Le doute est permis; car l'arrêt, que nous avons critiqué [3], n'est pas clairement rédigé, et il est difficile de savoir quelle est l'opinion de la Cour de cassation sur la question dont il s'agit. Quoi qu'il en soit, il importe de remarquer qu'elle n'était pas appelée à trancher la question de savoir si, en cas d'augmentation de capital n'entraînant pas création d'une société, il est nécessaire de faire apprécier par les nouveaux souscripteurs le bilan de la société; et que, par suite, il n'est pas probable que la Cour de cassation ait entendu résoudre la question [4]. Mais bien que cet arrêt ait une tendance regrettable, surtout quand on le rapproche du rapport, il ne faut pas en exagérer la portée; car il n'a pas formellement tranché la question dont il s'agit.

M. Wahl [5], tout en critiquant l'arrêt de la Cour de cassation, au point de vue de la composition de l'assemblée générale qui doit

---

1. Houpin, J. S. 1892, 40 et suiv.; S. 1893, I, 87. *Conf.* Durandy, *Les ass. d'act.*, dans les soc. an., p. 132 et suiv. V. aussi Goirand, n° 263.
2. Cass., 19 octobre 1892, *loc. cit.*
3. S. 93, I, 89.
4. V. note de la rédaction sous l'arrêt précité, S. 93, I, 91.
5. Nos 59 et suiv.

vérifier la sincérité de la déclaration notariée relative à l'augmentation de capital, considère — et il appuie sa solution sur cet arrêt — que, bien qu'il ne résulte pas de l'augmentation une société nouvelle, il y a, vis-à-vis des nouveaux actionnaires, apport de l'actif actuel de la société, et que cet apport doit être vérifié par ces derniers conformément à l'art. 4 de la loi de 1867. Cette vérification (si elle était nécessaire) ferait naître une difficulté (que nous avons examinée, *suprà*, n°s 519 et 667) lorsque — comme il arrive souvent — les nouvelles actions sont souscrites, en majeure partie, par les anciens actionnaires. Ceux-ci, comme apporteurs, ne pourraient pas prendre part au vote, même à raison des nouvelles actions par eux souscrites. Ce sont les nouveaux souscripteurs qui auraient seuls le droit de voter sur la vérification des apports, ou plutôt du bilan de la société.

Nous persistons à estimer, en droit, qu'il y a contradiction évidente à soutenir que l'augmentation de capital n'entraîne pas création d'une société nouvelle, et que cependant les anciens actionnaires doivent se comporter comme de véritables fondateurs d'une société nouvelle, à laquelle ils apportent l'actif et le passif de leur ancienne société, et doivent soumettre cet apport en nature à la vérification des nouveaux souscripteurs. Si la thèse que nous combattons était fondée, presque toutes les augmentations de capital réalisées jusqu'ici depuis 1867 seraient atteintes de nullité. Mais nous sommes convaincu que la jurisprudence décidera, lorsque la question lui sera soumise, qu'il n'y a pas lieu à une vérification du bilan de la société qui augmente son capital, parce que, juridiquement, il n'y a pas et ne saurait y avoir d'*apport*, la même société continuant d'exister avec un capital plus important.

669. Avantages particuliers. — Les avantages particuliers stipulés au profit de certains actionnaires lors et à l'occasion de l'augmentation de capital sont soumis à la vérification prescrite par l'art. 4 de la loi de 1867 (V. *suprà*, n°s 484 et suiv.). Il en est ainsi, notamment, à l'égard : 1° des actions ou parts bénéficiaires attribuées en représentation d'un apport en nature; 2° d'une prime, payée par les nouveaux souscripteurs, en sus du capital nominal de leurs actions, et répartie entre les anciens actionnaires[1]; 3° des actions, prises sur la nouvelle émission, qui seraient attribuées aux fondateurs de la société comme rémunération complémentaire de leurs apports. Il a été décidé cependant que, lorsqu'il a été stipulé par les statuts qu'en cas d'augmentation de capital, les fondateurs auront droit à un

---

1. Wahl, n°s 36 et 68. V. Angers, 7 décembre 1903 (J. S. 1904, 325).

certain nombre d'actions libérées proportionnel à l'augmentation, en sus de celles déjà reçues lors de la constitution, cette allocation éventuelle constitue, non un avantage particulier, mais un complément de l'apport; qu'en conséquence, celui-ci ayant été régulièrement approuvé lors de la constitution, il n'y a pas lieu à une approbation nouvelle lorsqu'elle se réalise [1]. Cette solution nous paraît critiquable; et nous estimons qu'il y a, dans cette attribution d'actions nouvelles, un avantage particulier sujet à une approbation spéciale lors de chaque augmentation. L'approbation donnée lors de la constitution de la société ne pouvait porter utilement que sur les actions qui étaient alors attribuées [2]; 4° des parts de fondateur ou bénéficiaires attribuées aux anciens actionnaires. On a jugé que cette attribution ne constitue pas un avantage particulier dans le sens de l'art. 4 de la loi de 1867 [3]. Mais cette solution s'explique, en fait, par la circonstance particulière que toutes les actions nouvelles étaient souscrites par les anciens actionnaires. Sans cela, il y aurait eu avantage particulier, car les avantages mêmes concédés à un group d'actionnaires doivent être soumis à la vérification (V. *suprà*, n° 490). Toutefois, nous estimons, en droit, que la vérification n'est pas nécessaire lorsque les parts sont créées et sont attribuées aux premiers actionnaires *avant* la souscription des nouvelles actions. C'est la situation existante au moment de l'attribution des parts, qu'il faut considérer pour savoir s'il y a un avantage particulier. Or, les nouvelles actions n'étant pas encore **souscrites**, on ne peut dire qu'il existe alors, par le fait de l'attribution **des** parts aux anciens actionnaires, un avantage particulier à leur profit au détriment des nouveaux souscripteurs (qui n'existent pas). L'attribution profitant également à tous les actionnaires, ne constitue pas un avantage particulier et se trouve définitive. La souscription *ultérieure* de nouvelles actions ne saurait avoir pour effet de soumettre à la vérification des nouveaux souscripteurs une attribution de parts qui, lorsqu'elle a été faite, ne constituait pas un avantage particulier sujet à vérification. Les nouveaux actionnaires savaient qu'il existait dans la société dont ils souscrivaient des actions, des parts de fondateur au profit des anciens actionnaires. Ils ont souscrit en connaissance de cause. La création des parts au cours de la société, avant la souscription des nouvelles actions, ne nous paraît pas plus nécessaire

---

1. Bordeaux, 25 janvier 1888 (J. S. 1889, 87).
2. *Conf.* Wahl, n° 69.
3. Seine, 24 juill. 84 (J. S. 85, 363). *Contrà*, Wahl, J. S. 1900, 348. V. D. 1904, 1, 483.

que si l'attribution de ces parts avait été faite lors de la constitution (V. *infrà*, nᵒˢ 1383 et suiv. pour le cas d'actions de priorité).

670. Nomination des administrateurs et des commissaires. Constitution définitive de l'augmentation de capital. Publication. — Si l'augmentation de capital entraîne création d'une société nouvelle, il y a lieu, pour constituer cette société, de nommer les administrateurs et les commissaires, s'il s'agit d'une société anonyme, et le conseil de surveillance, s'il s'agit d'une société en commandite. Mais ces nominations ne sont pas nécessaires lorsque, comme il arrive ordinairement, l'augmentation du capital ne constitue pas la création d'une nouvelle société [1].

L'augmentation de capital se trouve définitivement réalisée au moyen de la reconnaissance, par l'assemblée générale (si la société est anonyme), de la sincérité de la déclaration de souscription et de versement du nouveau capital en numéraire et, s'il y a des apports en nature ou des avantages particuliers, de la vérification et de l'approbation de ces apports ou avantages, par deux assemblées générales, conformément aux art. 4 et 30 de la loi de 1867. C'est par erreur qu'un jurisconsulte [2] a considéré que l'augmentation de capital existe légalement à partir de la déclaration notariée ; elle ne reçoit sa consécration définitive, lorsque la société est anonyme et qu'il n'y a pas d'apport en nature, que par la délibération de l'assemblée générale des actionnaires qui reconnaît la sincérité de cette déclaration [3], puisqu'il s'agit d'une formalité nécessaire pour la validité de l'augmentation du capital. Mais il en est autrement si la société est en commandite : l'augmentation de capital se trouve définitivement réalisée par le fait de la déclaration notariée.

Enfin, les actes et délibérations relatifs à l'augmentation du capital doivent être publiés dans le mois, à partir du jour où elle est devenue définitive (*infrà*, nᵒ 1029).

671. Nullité. — Si l'augmentation du capital n'est pas régulièrement votée, si elle n'est pas accompagnée et suivie des formalités nécessaires à sa validité, elle est nulle. Mais cette nullité n'atteint pas la société régulièrement constituée à son origine [4] ; elle ne porte que

---

1. Houpin, note, S. 93, 1, 89; Wahl, nᵒ 55; Dalloz, *Supp.*, nᵒ 1713.
2. Buchère, J. S. 1883, 471 et suiv.
3. Houpin, J. S. 1892, 42, note.
4. Cass., 21 juillet 1879 (D. 79, 1, 321), 11 avril 1881 (D. 81, 1, 433); Seine, 15 mai 1882, 10 juin 1882, 19 avril 1883 (R. S. 1883, 468), 14 septembre 1883 (R. S. 1883, 746), 9 avril 1884, 2 mai 1886 (J. S. 1890, 135), 16 mai 1887 (R. S. 1887, 450), 24 janvier 1889 (J. S. 1890, 130), 23 juillet 1889 (*Ann. de dr. comm.*, 1889, 259); Paris, 1ᵉʳ août 1885 (R. S. 1885, 680), 23 mars 1887 (*Ann. de dr. comm.*, 1888, 33 (motifs),

sur l'augmentation irrégulière, et aussi sur les augmentations ultérieures, car celles-ci sont votées par des assemblées générales auxquelles participaient les nouveaux actionnaires qui devaient en être exclus[1]. La nullité de la société entraîne aussi la nullité de l'augmentation de capital[2]. Si l'augmentation de capital constitue création d'une société nouvelle, la nullité qui est prononcée de cette société n'entraîne pas la nullité de la société primitive[3].

La nullité de l'augmentation, comme la nullité de la société, n'existe qu'entre les associés. Elle ne produit d'effet que pour l'avenir; elle n'empêche pas qu'en fait, la société a existé dans le passé entre les anciens et les nouveaux actionnaires, et doit, dans les rapports des associés entre eux, être liquidée d'après les bases du pacte social, comme si la nullité de l'augmentation de capital n'avait pas été prononcée[4]. Par suite, les nouveaux souscripteurs ne sont pas fondés à obtenir, lors de la liquidation de la société, le remboursement de leurs apports, avant les actionnaires d'origine[5]. Mais la nullité n'est pas opposable aux tiers[6] (L. 1867, art. 7 et 41). En conséquence, les nouveaux souscripteurs sont tenus de verser le montant des actions nouvelles, et même la prime[7], si ce versement est nécessaire au paiement des dettes sociales[8]. Il a été cependant décidé que ce principe que la nullité n'est pas opposable aux tiers est sans application quand il s'agit d'une souscription à une augmentation de capital, qui n'a pas été effectuée conformément à l'émission et aux acceptations des souscripteurs, dont les engagements restent à l'état de simple projet[9].

Un actionnaire, souscripteur d'actions avec prime, est sans droit

---

10 août 1888 (R. S. 1889, 13), 28 décembre 1891 (J. S. 1892, 393), 12 avril 1892 (*Gaz. Pal.*, 1892, ii, 449); Limoges, 27 juillet 1888 (J. S. 1889, 30); Cass., 21 janvier 1895 (J. S. 1895, 102); Bourguignat, note, S. 76, i, 409; Buchère, J. S. 1883, 528; Lyon-Caen et Renault, n° 871.

1. Seine, 28 mai 1886 (J. S. 1890, 135); Paris, 26 juillet 1887 (*Gaz. Pal.*, 1887, supp. ii, 35); Wahl, n° 97.

2. Paris, 10 mai 1883 (D. 84, ii, 6).

3. Conclus. de M. Loubers, av. gén., sur Paris 2 mars 1883 (J. S. 1883, 266); Wahl, n° 87. V. aussi Cass., 15 janvier 1889 (S. 91, i, 196).

4. Cass., 15 janvier 1889 (J. S. 1890, 365) V. J. S. 1896, 513; 1897, 179; 1905, 119 et 176; 1909, 262; 1911, 213; art. Bosvieux, J. S. 1908, 481.

5. Paris, 25 janvier 1897, *loc. cit.*

6. V. Seine, 28 nov. 1894 (R. S. 1895, 238) et 8 oct. 1903 (J. S. 1904, 173).

7. Paris, 2 mars 1883, *loc. cit.*; Wahl, n°s 90 et 91. V. Thaller, *Rev. crit.*, 1883, 313.

8. Cass., 25 mai 1886 (J. S. 1887, 2); Paris, 5 février et 2 mars 1883, *loc. cit.*, 26 novembre 1885 (J. S. 1886, 302), 10 décembre 1885 (J. S. 1886, 550), 1er juillet 1890 (R. S. 1891, 147); Seine, 15 mai 1882, 9 avril et 2 mai 1884 (J. S. 1890, 140), 2 mai 1885 (J. S. 1890, 137); Limoges, 27 juillet 1888, *loc. cit.*; Seine, 22 juillet 1893 (J. S. 1894, 197).

9. Cass., 10 avril 1889 (J. S. 1890, 136; S. 90, i, 25). V. toutef. Goirand, n° 269,

pour demander au liquidateur la répétition de cette prime, alors qu'il ne rapporte aucun fait de dol ou de fraude pouvant motiver cette répétition [1].

672. Extinction et prescription de l'action en nullité. — On décidait, sous l'empire de la loi de 1867, que la nullité de l'augmentation de capital était d'ordre public, et ne pouvait être couverte par aucune ratification expresse ou tacite, et spécialement par une exécution volontaire de la part des associés, ou par une délibération ultérieure de l'assemblée générale des actionnaires [2].

Mais ce principe s'est trouvé modifié par l'art. 3 de la loi du 1er août 1893, qui a ajouté à l'art. 8 de la loi de 1867 les dispositions suivantes : « *L'action en nullité de la société ou des actes et délibérations postérieurs à sa constitution n'est plus recevable lorsque, avant l'introduction de la demande, la cause de nullité a cessé d'exister. L'action en responsabilité, pour les faits dont la nullité résultait, cesse également d'être recevable lorsque, avant l'introduction de la demande, la cause de nullité a cessé d'exister, et, en outre, que trois ans se sont écoulés depuis le jour où la nullité était encourue. Si, pour couvrir la nullité, une assemblée générale devait être convoquée, l'action en nullité ne sera plus recevable à partir de la date de la convocation régulière de cette assemblée. Ces actions en nullité contre les actes constitutifs des sociétés sont prescrites par dix ans. Cette prescription ne pourra, toutefois, être opposée avant l'expiration des dix années qui suivront la promulgation de la présente loi.* » Ces dispositions, applicables aux sociétés en commandite, ont été étendues aux sociétés anonymes par l'art. 5 de la loi du 1er août 1893 qui, en complétant l'art. 42 de la loi de 1867, a déclaré que l'action en nullité et celle en responsabilité en résultant sont soumises aux dispositions de l'art. 8.

De ces dispositions nouvelles résultent les conséquences suivantes, en ce qui concerne la nullité de l'augmentation du capital : L'action en nullité n'est plus recevable lorsque, avant l'introduction de la demande, la cause de nullité a cessé d'exister. Ainsi, quand l'augmentation est nulle soit pour défaut de souscription intégrale, soit pour défaut du versement légal, la nullité ne peut plus être invoquée dès que la souscription a été complétée, ou que le versement prescrit par la loi a été opéré [3]. S'il y a nullité pour défaut de la déclaration notariée de souscription et de versement, la nullité est couverte dès

---

1. Seine, 22 juillet 1893, *loc. cit.*
2. Paris, 15 juin 1883 (J. S. 1885, 354) et 20 juin 1891 (J. S. 1892, 70).
3. V. Cass., 13 nov. 1907 (J. S. 1908, 345) et 16 mars 1910 (J. S. 1911, 154).

que cette déclaration a été faite et approuvée. Enfin, si la nullité résulte du défaut d'approbation de cette déclaration ou des apports en nature ou avantages particuliers par l'assemblée générale des actionnaires, l'action en nullité n'est plus recevable à partir de la date de la *convocation* régulière de cette assemblée [1], pourvu, bien entendu, que l'assemblée ainsi convoquée ait ensuite délibéré valablement. Si le vice, cause de la nullité, ne disparaît pas, l'action en nullité est prescrite par dix ans. Ce délai court à partir du jour où la société a fonctionné avec son nouveau capital irrégulièrement constitué. Les règles nouvelles sur les causes d'extinction des actions en nullité sont applicables aux augmentations de capital constituées irrégulièrement avant la loi du 1er août 1893. L'action en nullité n'est plus recevable, si la cause de nullité a cessé d'exister au moment de la promulgation de cette loi, ou, *a fortiori*, si elle a cessé d'exister depuis. Mais la prescription décennale ne pouvait être opposée avant l'expiration des dix années qui ont suivi cette promulgation [2] (V. *suprà*, nos 542 et suiv., 558 et suiv.).

673. Responsabilité. — En cas de nullité d'une augmentation de capital à défaut d'accomplissement des formalités légales, les auteurs de cette nullité en sont responsables envers les actionnaires et envers les tiers qui en ont éprouvé un préjudice.

Cette responsabilité incombe :

Si la société est en commandite, — au gérant de la société. Les membres du conseil de surveillance, ayant le devoir de surveiller et contrôler la souscription et le versement de l'augmentation du capital (Arg. art. 6, L. 24 juillet 1877), peuvent aussi être déclarés responsables de la nullité de cette augmentation [3];

Si la société est anonyme, — aux administrateurs en fonctions lorsqu'ont été accomplies les opérations qui ont entraîné la nullité de l'augmentation de capital [4]. Le directeur peut aussi être déclaré responsable, selon le droit commun, du dommage qu'il a causé, non seulement par son fait, mais par sa négligence et par son impru-

---

1. Lyon-Caen et Renault, L. 1893, no 30. V. Bordeaux, 16 fév. 1903 (J. S. 1903, 349).
2. Lyon-Caen et Renault, no 61. V. Toulon, 20 avril 1906 (J. S. 1907).
3. Aix, 9 avril 1867 (S. 70, 1, 425) ; Nîmes, 18 juillet 1878 ; Cass., 5 novembre 1879 (S. 80, 1, 172); Rivière, L. de 1867, no 17; Alauzet, no 640; Ruben de Couder, no 284. *Contrà*, Pont, no 1502. V. Seine, 21 janvier 1889 (J. S. 1890, 130).
4. V. not. Paris, 26 juillet 1887 (J. S. 1890, 152), 17 juillet 1888 (J. S. 1890, 237), et 20 juin 1891 (J. S. 1892, 70); Lyon-Caen et Renault, no 871; Wahl, no 101, et les décisions citées aux notes suivantes. M. Goirand (no 270) estime que, si l'assemblée générale chargée de vérifier la sincérité de la déclaration notariée nomme immédiatement après de nouveaux administrateurs, ceux-ci sont en faute de ne pas contrôler pour leur compte la régularité de l'augmentation de capital, et

dence, à raison de la nullité de l'augmentation de capital. Il en est de même des commissaires, s'ils ont affirmé faussement à l'assemblée générale qui a décidé l'augmentation l'exactitude des comptes et du bilan et l'existence de bénéfices non acquis[1]. Mais les fondateurs de la société ne sauraient être déclarés responsables de la nullité de l'augmentation du capital; car elle ne leur est pas imputable[2] (V. sur la responsabilité du banquier émetteur, *suprà*, n° 588).

Les administrateurs sont responsables notamment en cas : de déclaration inexacte de souscription et de versement[3]; de composition irrégulière de l'assemblée générale qui a vérifié cette déclaration[4]; d'envoi de circulaires, prospectus et bulletins de souscriptions pour obtenir la souscription d'actions nouvelles, lorsqu'ils connaissent les vices de constitution de la société[5]; de négligence ayant rendu possible la souscription à des actions nouvelles, obtenue par des manœuvres frauduleuses[6].

La responsabilité des administrateurs, à raison de la nullité de l'augmentation du capital, n'existe envers les actionnaires que s'il y a corrélation entre les pertes subies par ces derniers et l'irrégularité de l'augmentation, et dans la mesure du préjudice éprouvé[7]. La responsabilité est la même à l'égard des créanciers sociaux, par application de l'art. 44 de la loi de 1867[8]. Cette solution est surtout certaine depuis la loi du 1er août 1893, qui a modifié l'art. 42 de la loi de 1867, en ce sens que les administrateurs ne sont responsables, par suite de la nullité des actes et délibérations de la société, *envers les tiers et les actionnaires*, que du dommage résultant de cette annulation[9]. La responsabilité des administrateurs est solidaire.

---

sont responsables de la nullité, s'ils ont continué de remplir leur mandat sans provoquer la liquidation de la situation de fait créée par l'émission irrégulière. V. *infrà*, n°s 580 et 587.

1. Seine, 14 septembre 1883 (J. S. 1885, 114).
2. Seine, 15 janvier 1885 (J. S. 1890, 247); Mathieu et Bourguignat, n° 243; Lyon-Caen et Renault, n° 794; Wahl, n° 98.
3. Cass., 27 janvier 1873 (S. 73, 1, 163).
4. Paris, 20 juin 1891, *loc. cit.*
5. Amiens, 15 mars 1888 (J. S. 1890. 205).
6. **Paris, 17 juillet 1888 (J. S. 1890, 237).**
7. Seine, 14 septembre 1883, *loc. cit.*, 15 janvier 1885 (J. S. 1890, 247), 28 mai 1886 (R. S. 1886, 387), 16 mai 1887 (J. S. 1888, 206), 18 décembre 1888; Paris, 3 janv. 49; (J. S. 1889, 307); Cass., 18 mars 1895 (J. S. 1895, 392). V. Bosvieux, J. S. 1910, 49; Rennes, 23 mars 1909 (J. S. 1910, 220); Cass., 16 mars 1909 (J. S., 1911, 154.
8. Cass., 16 janvier 1878 (D. 79, 1, 209); Seine, 20 mai 1889 (J. S. 1889, 523), 23 juillet 1889 (J. S. 1890, 57), 23 octobre 1890 (R. S. 1891, 107); Paris, 14 janvier 1891 (J. S. 1891, 529), 20 juin 1891 (J. S. 1892, 70), 28 décembre 1891 (R. S. 1892, 235); Houpin, J. S. 1892, 469; S. 93, 1, 89; Wahl, n°s 103 et suiv. *Contrà*, Seine, 4 avril 1888 (J. S. 1890, 134); Lacour, *Ann. de dr. comm.*, 1889, 265.
9. Orléans, 14 août 1895 (J. S. 1895, 512).

La société peut aussi être déclarée responsable de la nullité de la souscription, résultant de manœuvres dolosives pratiquées par ses administrateurs et représentants légaux dont elle a approuvé les agissements[1].

674. Prescription. — Sous l'empire de la loi de 1867, l'action en responsabilité se prescrivait par trente ans[2]. Il n'en est plus ainsi depuis la loi du 1er août 1893. Nous avons dit (*suprà*, n° 613) que d'après les nouveaux art. 8 et 42 de la loi de 1867, l'action en responsabilité résultant de la nullité des actes et délibérations postérieurs à la constitution de la société cesse d'être recevable lorsque, avant l'introduction de la demande, la cause de la nullité a cessé d'exister, *et, en outre, que trois ans se sont écoulés depuis le jour où la nullité était encourue*. L'extinction de l'action en nullité n'éteint donc l'action en responsabilité qu'autant qu'il s'est écoulé trois ans depuis le jour où était encourue la nullité de l'augmentation du capital. La loi nouvelle déclare que les actions en nullité contre les actes constitutifs des sociétés sont prescrites par dix ans. On doit considérer, malgré les termes de la loi, que cette prescription est applicable aux actions en *responsabilité* à raison de la nullité des actes et délibérations postérieurs à la constitution des sociétés[3]. Ces règles, relatives à l'extinction et à la prescription de l'action en responsabilité, sont applicables aux augmentations de capital antérieures à la loi nouvelle. Mais l'action en responsabilité n'a cessé d'être recevable que trois ans après la promulgation de la loi nouvelle; de même, la prescription décennale n'a pu être opposée avant l'expiration des dix années qui ont suivi cette promulgation.

675. Sanctions pénales. — L'art. 13 de la loi de 1867, qui punit d'une amende de 500 à 10,000 fr. ceux qui émettent des actions d'une société irrégulièrement constituée, est applicable à l'augmentation du capital, puisqu'elle est la sanction des formalités qui sont nécessaires aussi bien lors de cette augmentation que lors de la constitution de la société[4]. Il en est de même pour l'art. 14, qui punit d'une amende de 500 à 10,000 fr. la négociation d'actions irrégulièrement émises, ou sur lesquelles le versement du quart n'aurait

1. Lyon, 28 fév. 1894 (J. S. 95, 62); Cass., 17 juill. 1895 (J. S. 95, 493). V. J. S. 1903, 365.
2. Seine, 23 octobre 1890 (R. S. 1891, 107); Lyon-Caen et Renault, n° 806.
3. V. Lyon-Caen et Renault, L. 1er août 1893, n° 34. V. toutef. Vavasseur, n° 709. V. Cass., 16 mars 1909 (J. S. 1911, 154).
4. Trib. Seine, 20 septembre 1884 (R. S. 1884, 688); Lyon; 12 mars 1885 (D. 86, II, 136); Paris, 18 mars 1887 (D. 88, II, 129) et 28 juillet 1887 (R. S. 1887, 565); Cass., 2 mars 1888 (J. S. 1888. 643); Wahl, n° 108. V. Rubat du Mérac, n°° 223 et suiv.

pas été effectué [1]. Décidé que les administrateurs qui, connaissant les vices de constitution d'une société, adressent au public, pour obtenir la souscription d'actions nouvelles, des circulaires, prospectus et bulletins de souscription, commettent le délit prévu au § 1er de l'art. 13 [2] (V. *infrà*, n°s 614 et suiv.).

---

1. Senlis, 15 mai 1882 (*Gaz. Pal.*, 81-82, II, 187); Paris, 9 juillet 1883 (R. S. 1883, 592); Wahl, n° 109.
2. Amiens, 15 mars 1888 (J. S. 1890, 205).

DE LA SOCIÉTÉ EN COMMANDITE

PAR ACTIONS

Sommaire :

CHAPITRE PREMIER

CARACTÈRES GÉNÉRAUX — CONSTITUTION

676. Caractères généraux. — Nous avons expliqué (*suprà*, nos 216 et suiv.) les caractères généraux de la société en commandite, laquelle se contracte, sous une raison sociale, entre un ou plusieurs associés responsables et solidaires, et un ou plusieurs associés simples bailleurs de fonds, que l'on nomme commanditaires ou associés en commandite (art. 23, C. comm.), et qui ne sont responsables que jusqu'à concurrence de leur mise (art. 26). Il nous reste à exposer les règles spéciales à la société en commandite par actions.

677. Législation. — Originairement, les sociétés en commandite par actions étaient placées sous l'empire de la liberté des conventions. L'art. 38, C. comm., se bornait à déclarer que « le capital des sociétés en commandite pourra être aussi divisé en actions, *sans aucune autre dérogation aux règles établies pour ce genre de société* ». Elles n'étaient soumises à aucune autorisation, alors que les sociétés anonymes ne pouvaient se constituer sans l'autorisation du gouvernement. Des fraudes et des abus se produisirent. Pour les réprimer, la loi du 17 juillet 1856 soumit les commandites par actions à une réglementation minutieuse et sévère, qui dépassa le but et souleva de nombreuses plaintes. Aujourd'hui, les sociétés en commandite par actions sont réglementées par la loi du 24 juillet 1867 (dont l'art. 20 a abrogé la loi de 1856) et par celle du 1er août 1893 qui l'a complétée et modifiée.

678. Constitution de la société. Résumé. — Nous résumons ici les formalités prescrites par les lois des 24 juillet 1867 et 1er août 1893 pour la constitution des sociétés en commandite par actions, et que nous avons expliquées sous le titre douzième [1] :

Premièrement. — Statuts rédigés par acte notarié, ou par acte sous seing privé en plusieurs originaux (*suprà*, nos 432 et suiv.).

Deuxièmement. — Souscription intégrale du capital social (nos 442 et suiv.).

Troisièmement. — Versement, en espèces, par chaque actionnaire, à raison des actions par lui souscrites : de la totalité, si les actions sont de 25 fr.; de 25 fr. au moins, si les actions sont supérieures à 25 fr. et inférieures à 100 fr.; et du quart au moins, si les actions sont de 100 fr. et au-dessus (nos 455 et suiv.).

Quatrièmement. — Déclaration faite dans un acte notarié, par le gérant, de la souscription intégrale du capital et du versement légal sur chaque action souscrite; avec annexe à cet acte : 1° d'une liste contenant les noms, prénoms, professions et demeures des souscripteurs, le nombre des actions souscrites et le montant des versements effectués par chacun d'eux; 2° de l'un des doubles de l'acte de société s'il est sous seing privé, ou d'une expédition, s'il est notarié et s'il a été passé chez un notaire autre que celui qui a reçu la déclaration (nos 463 et suiv.).

Cinquièmement. — Si les statuts contiennent des apports en nature ou stipulent des avantages particuliers :

1° Première assemblée générale des actionnaires, chargée de faire

---

1. V. notre résumé complet des formalités constitutives, *J. des Not.*, art. 25261, 1894, p. 5 et suiv.

apprécier la valeur des apports et la cause des avantages stipulés; ordinairement, nomination d'un ou plusieurs commissaires ayant mission de faire un rapport à la deuxième assemblée;

2° Deuxième assemblée générale des actionnaires, pour l'approbation des apports et avantages. Cette seconde assemblée ne peut statuer sur l'approbation qu'après un rapport imprimé et tenu à la disposition des actionnaires cinq jours au moins avant la réunion de ladite assemblée.

Les délibérations des deux assemblées doivent être prises à la majorité des actionnaires présents. Cette majorité doit comprendre le quart des actionnaires, et représenter le quart du capital en numéraire.

Les associés qui ont fait l'apport ou stipulé les avantages particuliers soumis à l'appréciation de l'assemblée n'ont pas voix délibérative.

Les dispositions ci-dessus, relatives à la vérification de l'apport qui ne consiste pas en numéraire, ne sont pas applicables au cas où la société à laquelle est fait ledit apport est formée entre ceux seulement qui en étaient propriétaires par indivis (nᵒˢ 496 et suiv.).

La société en commandite par actions se trouve constituée par l'accomplissement des formalités qui viennent d'être rappelées; mais pour compléter cette constitution et permettre le fonctionnement de la société, il y a lieu de nommer un conseil de surveillance. Nous établirons plus loin les règles relatives à la nomination et aux attributions du conseil de surveillance.

Enfin, la société doit être publiée dans le mois de sa constitution (*infrà*, nᵒˢ 992 et suiv.).

La société en commandite par actions est, en outre, soumise aux règles générales que nous avons exposées sur le taux des actions, leur forme et leur négociation, la responsabilité des souscripteurs et cessionnaires (*suprà*, nᵒˢ 287 et suiv.).

Nous allons expliquer les règles de son organisation, qui comprend, en dehors des actionnaires-commanditaires, un ou plusieurs gérants et un conseil de surveillance.

CHAPITRE II

DU GÉRANT ET DE LA GESTION

SECTION 1

NOMINATION — RÉVOCATION — POUVOIRS

679. Principe. — La société en commandite, être moral, fonctionne par l'intermédiaire d'un ou de plusieurs gérants qui la représentent à l'égard des tiers. La gestion appartient, de droit et en principe, aux associés en nom, aux commandités ; mais, en fait, le pouvoir de gérer est habituellement conféré à un seul d'entre eux. On enseigne même que le gérant pourrait être pris par les associés en dehors de la société[1]. Mais cela se produit rarement dans les sociétés en commandite par actions.

Le gérant administre seul. La société peut nommer avec le gérant un cogérant ou gérant-adjoint. Les commanditaires ou actionnaires ordinaires ne peuvent, sans compromettre leur situation, faire aucun acte de gestion, même en vertu de procuration (C. comm., art. 27).

680. Nomination. — Le gérant d'une société en commandite par actions doit être désigné par les statuts. Un auteur considère que, dans le silence des statuts, le gérant peut être nommé par l'assemblée générale à la majorité relative[2]. Mais il nous semble impossible que le gérant d'une société en commandite par actions puisse être nommé par l'assemblée générale constitutive, puisque, aux termes de l'art. 1er de la loi de 1867, la déclaration notariée constatant la souscription du capital et le versement du quart, doit être faite par le gérant : ce qui implique que sa désignation est statutaire.

Les notaires ne peuvent, sans s'exposer à des peines disciplinaires, accepter les fonctions de gérant d'une société en commandite (infrà, n° 696).

681. Révocation. Démission. — Le gérant nommé par les statuts est, en principe, irrévocable jusqu'à l'expiration de la société. Il ne pourrait être révoqué que pour causes légitimes laissées à l'appréciation des tribunaux. Toutefois, la révocabilité du gérant statutaire peut être stipulée dans les statuts. Par contre, le gérant statutaire ne

---

1. Pont, n° 1431 ; Dict. Not. et Suppl. v° *Société*, n° 229, 1 ; Lyon-Caen et Renault, n° 1000. *Contrà*, Sourdat, p. 143 et 144.
2. Ruben de Couder, v° *Soc. comm.*, n° 195 ; Seine, 12 juin 1869. V. J. S. 1904, 442.

peut donner sa démission sans motifs légitimes. Cette démission doit être maintenue si les tribunaux, investis à cet égard d'un pouvoir souverain d'appréciation, approuvent la légitimité des motifs allégués[1]. S'il y a plusieurs associés en nom collectif, la démission de l'un d'eux comme gérant de la société laisse subsister sa qualité d'associé en nom collectif[2] (V. infrà, n° 743).

Quant au gérant nommé au cours de la société, il est un simple mandataire, révocable ad nutum par les associés, et il est toujours libre, sauf engagement contraire, de donner sa démission. Nous avons du reste expliqué ce qui concerne la révocation et la démission du gérant de la société en commandite (suprà n° 226)[3].

Le gérant nommé postérieurement aux statuts par l'assemblée générale des actionnaires (en remplacement de celui désigné statutairement) est donc révocable ad nutum par l'assemblée générale. La révocation est prononcée par l'assemblée générale des actionnaires votant à la majorité des voix, sauf stipulation particulière dans les statuts[4]. Mais il pourrait être déclaré irrévocable, soit par les statuts, si c'est en vertu d'une clause statutaire qu'il a été nommé, soit même, avec le consentement toutefois de tous les associés, par l'acte postérieur ou la délibération qui l'a nommé.

682. Pouvoirs. — Les pouvoirs du gérant de la société en commandite par actions sont les mêmes que ceux du gérant de la société en nom collectif ou de la société en commandite simple, que nous avons expliqués (suprà, n°ˢ 185 et suiv. et n° 223). Rappelons seulement que, dans le silence des statuts, le gérant ne peut emprunter ni constituer une hypothèque sans autorisation de l'assemblée générale des actionnaires.

Le gérant a toute liberté pour administrer, sauf aux actionnaires à le poursuivre pour mauvaise gestion ou malversation. Le conseil de surveillance ne peut, pas plus que l'assemblée générale des actionnaires, imposer au gérant une direction pour l'avenir; celui-ci est en droit de tenir compte des prescriptions que l'on voudrait lui imposer, uniquement dans la mesure qui lui paraît d'une bonne administration[5].

Sont nuls : 1° les traités passés par le gérant, ayant pour résultat

---

1. Paris, 12 février 1883 (D. 84, II, 144); Rouen, 4 juillet 1888 (R. S. 1888, 473).
2. Aix, 20 janvier 1896 (J. S. 1896, 267) et Cass., 29 décembre 1897 (J. S. 1898, 211).
3. V. Rev. pr. soc. Belg., 1889, 379; Paris, 31 déc. 1901 (J. S. 1902, 220).
4. Ruben de Couder, n°ˢ 249 à 251; Vavasseur, n° 148; Paris, 31 juillet 1861.
5. Douai, 7 août 1889 (J. S. 1891, 551). V. Lyon, 26 fév. 1903 (J. S. 1903, 306).

d'affranchir des actionnaires de l'obligation de verser leur mise, ou de leur restituer les sommes par eux versées [1]; 2° la convention par laquelle le gérant s'engage à reprendre les actions à la volonté du souscripteur [2], et celui-ci est tenu de rapporter les sommes que le gérant lui aurait restituées sur la commandite [3] (V. *infrà*, n° 683); 3° le traité contenant cession par le gérant, même en vertu d'une autorisation de l'assemblée générale des actionnaires, immédiatement après la constitution de la société, à une autre société, de la fabrication et de la vente des produits pour l'exploitation desquels elle a été créée [4].

683. Rachat d'actions. Nantissement. Report. — *Rachat.* — Le gérant ou les administrateurs ne peuvent valablement racheter les actions de la société, pour le compte de celle-ci, au moyen de fonds faisant partie du capital social [5]. Il y aurait, par ce fait, réduction du capital, et, dans le silence des statuts, cette réduction ne peut être réalisée qu'avec le consentement de tous les actionnaires (*infrà*, n° 743).

La nullité du rachat des actions par la société peut être invoquée soit par la société elle-même, intéressée à la reconstitution de son capital [6], soit par les créanciers sociaux, agissant individuellement, ou, en cas de faillite, par leur représentant commun, le syndic [7]. Sera-t-elle encourue, si les actionnaires-vendeurs sont de bonne foi,

---

1. Paris, 26 nov. 1853, 28 janv. 1856, 1er juill. 1859, 16 janv. et 1er mai 1862 (J. trib. comm., t. III, 33; t. v, 221 et 475; t. IX, 18; t. XI, 233 et 312; t. XIV, 222); Cass., 6 nov. 1865 (S. 66, I, 109) et 14 nov. 1899 (J. S. 1900, 126); Rouen, 27 juill. 1892 (R. S. 1893, 29); Pont, n° 1443. V. aussi Nantes, 7 juin 1899 (J. S. 1900, 104).
2. Paris, 3 juin 1856 (J. trib. comm., t. v, 475).
3. Paris, 1er février et 11 juillet 1861 (J. trib. comm., t. x, 314 et 428).
4. Lyon, 26 avril 1893 (J. S. 1894, 8).
5. Cass., 18 février 1868 (S. 68, I, 241); Cass., 14 décembre 1869 (S. 70, I, 16); Riom, 22 février 1870 (S. 70, II, 210); Bourges, 22 décembre 1870 (S. 70, II, 318); Cass., 2 juillet 1878 (S. 81, I, 411); Paris, 12 février 1879 (J. S. 1880, 503; S. 82, II, 121); Paris, 28 mars 1879 (J. S. 1882, 579); Caen, 11 mai 1880 (J. S. 1881, 49); Paris, 13 novembre 1880 (J. S. 80, 610); Grenoble, 26 janvier 1881 (J. S. 1882, 449; S. 82, II, 175); Paris, 4 février 1881 (J. S. 84, 609) et 13 décembre 1881 (J. S. 1882, 23); Orléans, 5 août 1882 (S. 84, II, 57); Paris, 19 février 1885 (R. S. 1885, 474); trib. Toulouse, 21 mai 1886 (R. S. 1887, 69); Paris, 4 janvier et 5 mars 1887 (J. S. 1888, 155 et 163); Douai, 31 mars 1887 (R. S. 1887, 380); Cass., 3 janvier 1887 (J. S. 1889, 15); Toulouse, 14 juin 1887 (R. S. 1888, 40); Nantes, 28 janvier 1888 (J. S. 1890, 87); Seine, 24 mai 1890 (R. S. 1890, 395). V. Cass., 10 mai 1893 (R. S. 1893, 428). Douai, 24 février 1898 (J. S. 1898, 348). Conf. Beudant, *Rev. crit.*, t. XXXVI, 122; Alauzet, t. I, p. 450; Ruben de Couder, n° 94; Mathieu et Bourguignat, n° 154; Vavasseur, n°s 383 et suiv.; Deloison, t. II, p. 726; Lyon-Caen, Sirey 82, II, 121. V. Pont, n° 1444. V. toutef. Seine, 22 décembre 1897 (J. S. 1898, 321); Paris, 13 mai 1898 (J. S. 1898). V. Bauge, *Du rachat par une société de ses propres act.* (thèse); Thaller, n° 634 (report). Conf. Seine, 30 déc. 1907 (J. S. 1909, 81).
6. Orléans, 5 août 1882 (D. 84, II, 31, motifs); Lyon-Caen et Renault, t, II, n° 880.
7. Bourges, 26 décembre 1870 (D. 72, II, 222); Orléans, 5 août 1882, *loc. cit.*

s'ils ignorent, par exemple, à qui ils ont vendu leurs titres? — La question est controversée. Dans un premier système, on décide que la bonne foi du vendeur élève une fin de non-recevoir contre l'action en rapport du prix de vente ou en libération du solde des actions[1]. Mais la solution contraire — que nous approuvons — a prévalu en jurisprudence, et il a été décidé que les actionnaires, même de bonne foi, qui ont cédé leurs titres à la société sont tenus d'effectuer les versements complémentaires[2]. La nullité est couverte lorsque le capital social a été reconstitué par la revente des titres[3]. C'est à l'actionnaire vendeur actionné à prouver que le capital n'a pas été diminué[4].

Mais si le rachat d'actions n'a pas pour conséquence de diminuer le capital social, les créanciers ne peuvent soulever aucune plainte, et la nullité n'est pas encourue[5]. Ainsi, le rachat d'actions libérées, au moyen des bénéfices réels ou du fonds de réserve de la société, peut être fait par les gérants ou administrateurs[6], s'ils y sont dûment autorisés (V. sur les effets juridiques de ce rachat, infrà, n° 935). Les opérations faites en dehors de ces conditions ne sont pas nulles ; mais elles peuvent entraîner la responsabilité des gérants ou administrateurs si la société en a éprouvé quelque dommage[7].

Nantissement. — Une société peut-elle prêter sur ses propres actions, c'est-à-dire en acceptant en gage ses actions pour sûreté du prêt qu'elle consent? Un auteur estime que cette opération peut masquer une opération de rachat, car si la société se trouve dans l'obligation de réaliser son gage, elle peut être contrainte de racheter ce gage ; que l'opération peut donc être critiquée[8]. L'objection ne nous paraît pas justifiée. Le créancier n'est jamais contraint de racheter le gage. Lorsqu'il s'agit d'un nantissement civil, le créancier peut faire ordonner en justice que le gage lui demeurera en paiement ou qu'il sera vendu aux enchères (art. 2078, C. civ.). Comme, en principe,

1. Paris, 4 janvier 1887 (D. 87, II, 73); Thaller, n° 634. V. aussi Caen, 11 mai 1880 et Paris, 4 février 1881 (D. Supp., n° 1794).
2. Paris, 22 juillet 1886 (D. 87, II, 73); Paris, 5 mars 1887 (D. 87, II, 205); Cass., 3 janv. 1887 (D. 87, I, 406; J. S. 1889, 15) et 27 juin 1887 (D. 87, I, 489 et la note; I. S. 1888, 155); Vavasseur, n° 385; Dalloz, Supp., n° 1803; Thaller, n° 633.
3. Nîmes, 6 juillet 1864 (D. 67, I, 499); Cass., 11 décembre 1866 (D. 67, I, 499); Orléans, 5 août 1882 (D. 84, II, 31); Paris, 6 juillet 1892 (D. 94, II, 598). V. aussi Cass., 10 mai 1893 (D. 94, I, 530); J. S. 1903, 320; 1906, 170.
4. Cass., 13 mai 1896 (J. S. 1897, 103; S. 96, 1, 441).
5. V. Paris, 13 mai 1898 (J. S. 1898, 418).
6. Lyon-Caen et Renault, n° 882.
7. Lyon-Caen, S. 1882, II, 121. V. aussi Cass., 11 déc. 1866 (S. 68, I, 119); Paris, 20 déc. 1898 (J. S. 99, 217); Vavasseur, n° 386; Rev. soc., 1887, 537; J. S. 1905, 412.
8. Rousseau, Manuel des soc. par act., n° 851.

une société ne peut racheter ses actions, elle devra faire ordonner judiciairement que les actions seront vendues aux enchères, et ne pourra user du droit de conservation accordé par la loi. En ce qui concerne le gage commercial, l'art. 93, C. comm., dispose que, à défaut de paiement, à l'échéance, le créancier peut faire procéder à la vente publique des objets en gage. La société n'étant ainsi jamais obligée de racheter ses actions à elles données en gage, que le gage soit civil ou commercial, nous ne voyons aucun obstacle légal à ce qu'elle reçoive en nantissement ses propres actions, dont, malgré le nantissement, le débiteur actionnaire reste propriétaire [1].

Report. — La jurisprudence considère généralement que celui qui fait une opération de report est propriétaire des titres par lui achetés (V. *infrà*, n° 864). Il en résulte qu'une société ne peut faire, sur ses propres actions, des opérations de report, puisque ces opérations auraient pour résultat de la rendre propriétaire de ces actions : ce qui lui est interdit, en principe [2].

684. Rémunération. — Les statuts fixent ordinairement les avantages, en traitement fixe ou participation dans les bénéfices, attribués au gérant, à titre de rémunération de sa gestion et de sa responsabilité, ou ils réservent à l'assemblée générale des actionnaires le pouvoir de déterminer ces avantages (*infrà*, n°s 796 et 839)

SECTION 2

DEVOIRS

685. — Indépendamment des devoirs généraux qui sont le corrélatif de ses pouvoirs, le gérant de la société en commandite par actions a des devoirs spéciaux à remplir. Il doit :

1° Convoquer l'assemblée des actionnaires pour la nomination du conseil de surveillance, non seulement lors de la constitution, mais encore au cours de la société, toutes les fois qu'il y a lieu de renouveler ou compléter le conseil, par suite de démission ou décès ;

2° Établir chaque année l'inventaire détaillé de l'actif et du passif de la société et le bilan résumant cet inventaire ;

3° Déposer ces documents et le rapport du conseil de surveillance, au siège social, pour que tout actionnaire puisse en prendre connais-

---

1. V. aussi Lyon-Caen et Renault, n° 934 ; Thaller, n° 634.
2. Rousseau, n° 852.
3. V. Riom, 29 décembre 1898 (J. S, 1900, 23).

sance quinze jours au moins avant la réunion de l'assemblée générale (L. 24 juillet 1867, art. 12);

4° Rendre compte, chaque année, à l'assemblée générale, tant dans un rapport écrit que dans les explications orales qui peuvent lui être demandées, des opérations sociales, de leur résultat, des affaires engagées, en un mot de tout ce qui a trait à l'exécution de son mandat;

5° Se tenir à la disposition du conseil de surveillance pour la vérification, par les membres de ce conseil, des livres, de la caisse, du portefeuille et des valeurs de la société;

6° Faire aux actionnaires la répartition en dividendes des bénéfices réalisés, constatés en l'inventaire [1].

SECTION 3

RESPONSABILITÉ

686. Dettes sociales. — L'associé gérant d'une société en commandite est personnellement et indéfiniment responsable de toutes les dettes sociales, sans exception, solidairement avec la société [2]. S'il y a plusieurs associés en nom collectif (gérants ou non gérants), cette responsabilité est solidaire (C. comm., art 23 et 24). Au cas de nomination successive de plusieurs associés gérants, au cours de la société, chaque gérant est responsable, à moins de convention contraire, des dettes créées pendant son administration, de celles créées antérieurement [3], et des suites préjudiciables des affaires engagées pendant sa gérance, si le préjudice est la conséquence d'une faute imputable au gérant [4]; mais le gérant n'est pas tenu des obligations postérieures à sa démission ou à sa révocation régulièrement publiée [5] (supra, nos 198 et 236).

La responsabilité légale qui pèse sur le gérant et qui est justifiée par l'étendue de ses pouvoirs ne pourrait être diminuée ou supprimée par une convention avec les actionnaires. Ainsi : 1° le gérant ne peut opposer aux créanciers la délibération qui l'a personnellement exonéré de toute responsabilité [6]; 2° l'assemblée générale n'a

---

1. Pont, nos 1500, 1517 et suiv.
2. Seine, 24 mai 1887 (R. S. 1887. 451).
3. Paris, 18 août 1860 et 21 août 1862 (J. trib. comm., t. ix, 450, et t. xii, 468); Pont, n° 1525. V. Cass., 23 nov. 1897 et note (Pand. fr., 1899, 305).
4. Rennes, 2 août 1883, loc. cit.
5. Pont, n° 1525; Lyon-Caen et Renault, nos 277 et 278; Cass., 8 avril 1872 (S. 72, 1, 212).
6. Paris, 16 mars et 4 novembre 1859, 8 avril 1861, 22 janvier 1862 (J. trib. comm., t. viii, 315 ; t. ix, 81 ; t. x, 371 ; t. xi, 244).

pas le droit d'affranchir le gérant de l'exécution des dispositions fondamentales du pacte social, sur la foi et la garantie desquelles les actionnaires ont co tracté : cette délibération est nulle, même à l'égard des actionnaires qui y auraient pris part [1].

En cas de distribution de dividendes fictifs, le gérant reste chargé de la dette sociale, non seulement pour la portion que les actionnaires de mauvaise foi ne rendent pas aux tiers, mais encore pour celle qui, ayant été reçue par les actionnaires de bonne foi, ne peut en aucun cas leur être réclamée. Et la prescription abrégée de l'art. 10 de la loi de 1867 ne pouvant être invoquée par le gérant, il n'est déchargé que par la prescription trentenaire [2].

687. Pertes. — Il a été décidé que le gérant d'une société en commandite par actions, qui reçoit, en sus d'un traitement fixe, une quote-part des bénéfices, doit supporter une quote-part équivalente des pertes; il soutiendrait en vain qu'il n'est tenu, comme les autres actionnaires, que de la part à subir sur les actions qu'il possède [3]. C'est là une application du principe que, dans le silence des statuts, les pertes doivent être supportées par les associés proportionnellement à la part de chacun dans les bénéfices (*suprà*, n° 125). Ce mode légal de règlement des pertes sera rarement conforme à l'intention des membres d'une société en commandite par actions. Pour l'éviter, il est nécessaire de stipuler dans les statuts que les pertes seront supportées par les actionnaires proportionnellement au nombre de leurs actions (sans, bien entendu, que les commanditaires puissent être tenus au delà du montant des actions qu'ils possèdent).

688. Gestion. — Dans ses rapports avec les associés, le gérant est un simple mandataire; sa responsabilité, vis-à-vis d'eux, est donc celle du mandataire, telle qu'elle est établie par l'art. 1992, C. civ [4]. Par suite, il répond non seulement du dol, mais encore des fautes qu'il commet dans sa gestion [5].

La faute est nécessaire pour que sa responsabilité soit engagée; il ne suffirait pas qu'une affaire par lui entreprise eût mal tourné [6]. Les tribunaux ont un pouvoir discrétionnaire pour déterminer,

---

1. Dijon, 28 février et 16 mai 1853 (S. 53, ii, 485); Cass., 27 décembre 1853 (S. 54, I, 433).
2. Pont, n° 1526. V. Paris, 9 août 1904 (J. S. 1905, 200).
3. Lyon, 13 janvier 1877 (D. 79, ii, 195).
4. Rennes, 2 août 1886 (J. S. 1888, 452). V. J. S. 1903, 145.
5. Il peut être déclaré responsable des abus commis par ses subordonnés, par suite de l'insuffisance de sa surveillance (Lyon, 5 février 1898, J. S. 1898, 508).
6. Pont, n° 1253.

d'après les circonstances, l'étendue de la responsabilité du gérant[1].

689. Actionnaires. — L'action en responsabilité à raison des fautes du gérant peut être exercée contre ce dernier par les actionnaires, individuellement ou par mandataires (L. 1867, art. 17), soit pendant le cours de la société, dès qu'il y a préjudice pour eux, par exemple si le passif est supérieur à l'actif, soit après la dissolution de la société. En cas de faillite, c'est aux syndics qu'il appartient, en principe, d'agir en réparation d'un préjudice commun à tous les actionnaires; mais l'action individuelle subsiste s'il s'agit d'un préjudice particulier à un ou plusieurs individuellement[2]. (V. infrà, nos 761 et 762.)

690. Créanciers. — Les créanciers peuvent aussi exercer l'action en responsabilité contre le gérant, si la société n'est plus in bonis, quand il y a certitude pour eux de ne pas recevoir ce qui leur est dû[3]. En cas de faillite, l'action peut incontestablement être intentée par les syndics; ils ont même seuls le droit de la former s'il s'agit d'obtenir réparation d'un préjudice commun à tous les créanciers; mais si un ou plusieurs créanciers ont souffert spécialement un préjudice particulier distinct du préjudice causé à la masse représentée par les syndics, ceux-ci sont sans qualité, et l'action individuelle appartient aux créanciers lésés[4] (infrà, nos 761 et 762).

691. Rachat d'actions. — Le rachat d'actions effectué au nom de la société à l'aide d'un prélèvement sur le capital (supprà, n° 683) engage la responsabilité de ceux (gérants, administrateurs et directeurs, infrà, nos 819 et suiv.) par l'entremise desquels l'opération a été faite. Cette responsabilité s'apprécie, tant au regard de la société elle-même que des tiers, conformément aux règles du droit commun (art. 44, L. 1867)[5]. Mais, en dehors de cette responsabilité civile, les auteurs du rachat n'encourent, dans le silence de la loi, aucune responsabilité pénale[6].

692. Compétence. — En principe, le tribunal de commerce est compétent pour connaître de l'action en responsabilité intentée contre le gérant, notamment lorsqu'il s'agit de l'action sociale. En est-il de

---

1. Paris, 18 mars 1863; Cass., 18 décembre 1867 (J. trib. comm., t. XII, 468; t. XVII, 137). V. Paris, 18 juillet 1906 (J. S. 1906, 417).
2. Pont, n° 1543; Paris, 22 avril 1870 (S. 71, II, 169); Cass., 7 mai 1872 (S. 72, I, 123).
3. Pont, n° 1544. V. Orléans, 20 décembre 1860 (S. 61, II, 289); Cass., 28 juin 1882 (S. 62, I, 625); Angers, 13 janvier 1869 (S. 70, II, 81).
4. V. Douai, 11 février et 10 août 1868 (S. 69, II, 161); Cass., 16 mars 1870 (S. 70, I, 209); Cass., 21 décembre 1875 (D. 79, I, 17); Douai, 8 mai 1877 (D. 79, II, 199); Pont, n° 1545.
5. Dalloz, Supp., n° 1807.
6. Cass., 30 juillet 1885 (D. 86, I, 386); Lyon-Caen et Renault, n° 880.

même à l'égard de l'action individuelle exercée par un actionnaire ou un créancier, commerçant ou non commerçant? (V. sur cette question controversée, *infrà*, n° 723).

693. Prescription. — L'action en responsabilité appartenant aux actionnaires et aux tiers contre le gérant se prescrit par trois ans, si elle dérive d'un délit; dans les autres cas, la prescription est de trente ans (*suprà*, n° 613; *infrà*, n°ˢ 724 et 830).

CHAPITRE III

DU CONSEIL DE SURVEILLANCE[1]

SECTION 1

NOMINATION — RÉVOCATION

694. Loi. — L'art. 5 de la loi du 24 juillet 1867 est ainsi conçu : « *Un conseil de surveillance, composé de trois actionnaires au moins, est établi dans chaque société en commandite par actions. Ce conseil est nommé par l'assemblée générale des actionnaires immédiatement après la constitution définitive de la société, et avant toute opération sociale. Il est soumis à la réélection aux époques et suivant les conditions déterminées par les statuts. Toutefois, le premier conseil n'est nommé que pour une année.* »

695. Définition. — Le conseil de surveillance peut être défini : un comité composé d'un minimum de trois membres, nommés par les actionnaires et parmi les actionnaires, qui sont chargés de représenter les intérêts de leurs mandants commanditaires, exclus de la gestion, en exerçant un contrôle permanent et efficace sur tous les actes du gérant. Le rôle du conseil de surveillance est donc de servir en quelque sorte de contrepoids aux pouvoirs du gérant, d'intermédiaire entre ce dernier et les actionnaires.

696. Notaire. — Il est interdit aux notaires de s'immiscer dans l'administration d'aucune société, entreprise ou compagnie de finances, de commerce ou d'industrie (ord. 4 janvier 1843, art. 12, n° 2). Un notaire ne pourrait donc, sans s'exposer à des poursuites

---

1. Voir le traité de M. Ledru : *Des cons. de surv. dans les soc. en comm. par act.*

disciplinaires, accepter et exercer les fonctions de gérant d'une société en commandite (*suprà*, n° 680). Mais peut-il, sans contravention, accepter les fonctions de membre du conseil de surveillance? La négative est enseignée, par le motif que les attributions du conseil constitueraient une véritable immixtion dans l'administration de la société[1]. Nous avons démontré que cette doctrine n'est pas juridique, puisqu'elle repose sur cette appréciation erronée que les attributions des membres du conseil de surveillance constituent une immixtion dans l'administration de la société[2]. Le conseil surveille; il ne doit pas s'immiscer dans l'administration. Il a été décidé, en ce sens, que s'il n'est pas formellement interdit à un notaire de faire partie du conseil de surveillance d'une commandite, c'est à la condition que ce conseil reste dans son rôle de contrôleur[3]. Les notaires peuvent donc strictement, sans s'exposer à des poursuites disciplinaires, exercer ces fonctions; mais, en fait, ils doivent s'abstenir de les accepter, parce qu'elles se concilient peu avec le caractère de l'officier ministériel et les exposent à des responsabilités (*infrà*, n° 786).

697. Nomination. — Le premier conseil est nommé par l'assemblée générale des actionnaires, immédiatement après la constitution définitive de la société et avant toute opération sociale. C'est au gérant qu'incombe le devoir de provoquer cette nomination. Les actionnaires ne sauraient être déclarés responsables envers les tiers de la non-constitution d'un conseil de surveillance[4]. Mais ils ne pourraient pas convoquer l'assemblée générale à défaut par le gérant de le faire. Ils auraient seulement le droit de recourir au tribunal de commerce et d'y former une demande tendant à la convocation des actionnaires, par le gérant, dans un délai déterminé, ou à la dissolution de la société[5] (*infrà*, n° 874).

698. Assemblée générale. — Le premier conseil de surveillance peut être nommé (c'est même ce qui se pratique ordinairement) dans l'assemblée générale constitutive qui vote l'approbation des apports et des avantages particuliers, pourvu que cette nomination soit indiquée dans l'avis de convocation[6]. S'il n'y a pas d'apports ou d'avan-

---

1. Dict. Not., v° *Not.*, n° 621; Delacourtie et Robert, *Tr. de la disc. des not.*, n° 220.

2. Houpin, J. S. 1893, 416. *Conf. Journ. du Not.* du 18 mai 1870; Lefebvre, *Tr. de la disc. not.*, n° 268; Vavasseur. n° 176.

3. Clermont, Oise, 26 avril 1893 (J. S. 1893, 337).

4. Amiens, 16 janvier 1875 (S. 75, II, 193; D. 77, II, 57).

5. Alauzet, n° 163; Bédarride, n° 142; Beslay et Lauras, n°s 558 et 559; Sourdat, p. 133; Pont, n° 1036; Ledru, n° 7. *Contrà* Rivière, n° 57; Dalloz, n° 1214; Ameline, *Rev. prat.*, t. XXIV, 373 et 374; Duvergier, p. 342; Ruben de Couder, n° 265.

6. Pont, n° 1033; Vavasseur, n° 569.

tages à faire apprécier, ou si le conseil de surveillance n'a pas été
nommé dans l'assemblée constitutive, il doit être pourvu à la nomi
nation par une assemblée générale spécialement convoquée à ce
effet. La loi ne fixe aucun délai ; il suffit que le conseil de surveillance soit nommé avant toute opération sociale [1]. Elle n'indique pas
non plus à quelle majorité la nomination aura lieu. Il suffit, comme
pour les assemblées ordinaires postérieures à la constitution de la
société, de la majorité des actionnaires présents votant par tête,
à moins que les statuts ne l'aient autrement réglé [2]. Au cours de la
société, les membres du conseil de surveillance sont nommés par
l'assemblée générale ordinaire.

699. **Nombre.** — Les membres du conseil de surveillance doivent
être au nombre de trois au moins. On admet généralement que la
société peut cependant se constituer avec un conseil inférieur à trois
membres, s'il y a moins de trois actionnaires [3]. Mais il nous paraît
plus conforme au texte de la loi et plus régulier de constituer un
conseil de trois membres. La nomination d'un ou de deux membres
seulement devrait, du reste, être considérée comme insuffisante, s'il
y avait ensuite au moins quatre associés par suite de cessions
d'actions [4].

Il a été décidé que la société a été valablement constituée, bien qu'un
des membres du conseil de surveillance n'ait point accepté ses fonctions, et que, par suite, le nombre des membres du conseil se soit,
dès l'origine de la société, trouvé au-dessous du chiffre fixé par la
loi [5]. Mais cette décision semble contraire au texte et à l'esprit de la
loi, qui exige, d'une manière impérative et absolue, qu'un conseil de
surveillance de trois membres au moins soit établi dans toute société
en commandite par actions [6].

700. **Vacance.** — Si, au cours de la société, le conseil de surveillance vient à être réduit au-dessous de trois membres, par empêchement, absence, démission ou décès, le gérant ou les membres en
exercice doivent convoquer sans retard l'assemblée générale des
actionnaires pour compléter le conseil. S'il n'était pas constitué, les

---

1. Pont, n° 1035.
2. Bédarride, n° 441 ; Mathieu et Bourguignat, n° 57 ; Pont, n° 1037 ; Suppl.
Dict. Not., n° 66 ; Ledru, n° 5.
3. Aix, 18 novembre 1857 (S. 58, ii, 473 ; D. 58, ii, 127) ; Bédarride, n°s 432 et
suiv. ; Vavasseur, n° 571 ; Pont, n° 1039 ; Suppl. Dict. Not., n° 68 ; Ledru, n° 14.
4 Conf. Lyon-Caen et Renault, n° 978 ; Rivière, n° 62 ; Mathieu et Bourguignat,
n° 65 ; Ruben de Couder, n° 271 ; Dalloz, Supp., n° 1823.
5. Cass., 14 juillet 1873 (S. 74, i, 425).
6. Pont, n° 1044 ; Sirey, note, 74, i, 425 ; Ledru, n° 19.

membres restants en seraient responsables, et les actionnaires pourraient exiger soit la nomination des membres complémentaires, soit
la dissolution de la société [1]. Mais, à notre avis, le défaut de reconstitution du conseil ne saurait, comme l'enseignent les auteurs [2],
entraîner la nullité de la société, régulièrement constituée à l'origine
(infrà, n° 702).

Pour éviter cette difficulté, il est prudent de nommer un plus grand
nombre de membres du conseil de surveillance, afin qu'ils puissent
toujours être trois pour délibérer en cas d'empêchement de l'un
d'eux; ou de nommer deux ou plusieurs membres suppléants, devant
prendre, dans un ordre déterminé, les places qui deviendraient
vacantes. Il est aussi d'usage de stipuler qu'en cas de vacance, le
conseil pourvoit lui-même au remplacement, en attendant l'assemblée générale, qui procède à l'élection définitive. Toutefois, si le
conseil se trouvait réduit à moins de trois membres, il conviendrait
de convoquer immédiatement l'assemblée générale.

701. Actionnaires. — Les membres du conseil de surveillance
doivent être pris parmi les actionnaires de la société. Cette qualité
est nécessaire [3]. Mais il suffit qu'ils possèdent chacun une action.
Ordinairement, les statuts stipulent que les membres doivent être
propriétaires d'un certain nombre d'actions déposées dans la caisse
sociale et inaliénables pendant la durée de leurs fonctions. Cette
stipulation est licite et obligatoire [4]. Les actions peuvent provenir
de souscription, achat, même d'une libéralité du gérant [5]. Tout membre qui vient à perdre la qualité d'actionnaire, en aliénant régulièrement ses actions, cesse de faire partie du conseil de surveillance
et doit être remplacé [6]. On ne pourrait adjoindre aux membres
actionnaires du conseil des étrangers à la société, en dépassant le
nombre légal [7]; un membre du conseil est, du reste, par cela même et

---

1. Vavasseur, n° 571; Bédarride, n° 131; Grenoble, 28 décembre 1871 (D. 71, II,
206). V. Cass., 14 juillet 1873. *loc. cit.*
2. Duvergier, *Lois*, 1856, p. 341; Alauzet, t. II, n° 657; Beslay et Lauras, n° 543;
Bédarride, n°s 130 et 131; Rivière, n° 159; Sirey, note, 74, I, 425; Pont, n° 1040;
Ledru, n° 16. V. Mathieu et Bourguignat, n° 60.
3. Le mari d'une actionnaire ne peut, s'il n'est pas personnellement actionnaire, être membre du conseil, malgré sa qualité d'administrateur des biens
de sa femme.
4. Mathieu et Bourguignat, n° 59; Ameline, p. 59; Beslay et Lauras, n°s 553 et
suiv.; Sourdat, p. 134; Suppl. Dict. Not., n° 69; Lyon-Caen et Renault, n° 982.
V. cep. Bédarride, n° 139; Pont, n° 1044. V. Lyon, 26 fév. 1903 (J. S. 1903, 306).
5. Paris, 26 juillet 1861 (S. 62, II, 35; art. 17278, J. N.).
6. Pont, n° 1045; Suppl. Dict. Not., n° 70; Grenoble, 28 décembre 1871 (D. 71,
II, 206); Cass., 14 juillet 1873 (S. 74, I, 425). V. Vavasseur, n° 577.
7. Pont, n° 1046. *Contrà*, Beslay et Lauras, n°s 534 et 535.

sans autre preuve (si les actions sont au porteur) réputé actionnaire[1].

La participation d'un actionnaire aux bénéfices de la gérance ne lui imprime pas un caractère d'associé du gérant, s'il ne participe pas aussi aux pertes, et, dès lors, elle ne l'empêche pas de pouvoir être régulièrement nommé membre du conseil de surveillance[2]. Dans tous les cas, le fait de cette participation, postérieurement à la nomination, ne peut donner lieu qu'à une action en dommages-intérêts, et ne saurait avoir pour effet d'annuler la société, alors surtout que les autres membres du conseil suffisent pour réunir le nombre voulu par la loi[3].

702. Durée du mandat. — Le premier conseil ne peut être nommé pour plus d'une année. Il est ensuite soumis à la réélection aux époques et suivant les conditions déterminées par les statuts (L. 1867, art. 5). La durée des fonctions n'est pas autrement fixée. Le conseil ne pourrait cependant être nommé pour toute la durée de la société. Les membres sortants sont rééligibles[4]. On stipule ordinairement — c'est la mesure la plus sage — que le conseil se renouvellera partiellement chaque année, et que les membres sortants seront désignés par le sort pour les premières années et ensuite par rang d'ancienneté. Si les membres du conseil continuaient leur mandat, après son expiration, sans réélection, ils engageraient leur responsabilité dans les termes du droit commun; mais la société ne serait pas nulle pour cela[5]. Bien que nommés pour un temps déterminé, ils ne peuvent, du reste, cesser leurs fonctions qu'après qu'il a été pourvu à leur remplacement, soit sur la demande du gérant, soit sur leur provocation personnelle : jusque-là leur responsabilité demeure engagée[6].

703. Révocation. — Les membres du conseil de surveillance sont-ils révocables, avant l'expiration de leurs fonctions, par l'assemblée générale des actionnaires? — La question est controversée. D'après certains auteurs, la révocation ne peut avoir lieu que pour cause déterminée dont les tribunaux sont les appréciateurs et les juges[7].

---

1. Seine, 31 janvier 1856; Paris, 18 avril 1861 (S. 61, II, 414; art. 17124, J. N.); Pont, n° 1047.

2. Grenoble, 28 décembre 1871 et Cass., 14 juillet 1873, *loc. cit.*

3. Cass., 14 juillet 1873, *loc. cit.*

4. Mathieu et Bourguignat, n° 62; Pont, n° 1048.

5. Lyon, 24 juin 1871 (S. 72, II, 94); Cass., 14 juillet 1873, *loc. cit.*; Pont, n° 1050; Vavasseur, n° 573.

6. Cass., 22 janvier 1872 (S. 72, I, 11); Grenoble, 11 décembre 1872 (S. 74, II, 147); Lyon-Caen et Renault, n° 985; Lyon, 8 déc. 1905 (J. S. 1906, 254).

7. Mathieu et Bourguignat, n° 64; Bédarride, n° 143; Sourdat, p. 156 et 157; Pont, n° 1051; Suppl. Dict. Not., n° 71. V. aussi Ledru, n° 23.

D'autres auteurs (dont l'opinion nous paraît préférable) estiment que les membres du conseil de surveillance sont révocables *ad nutum*, comme des mandataires ordinaires [1].

704. Rémunération. — Ordinairement, les statuts accordent aux membres du conseil de surveillance des jetons de présence, dont la valeur est déterminée par l'assemblée générale des actionnaires [2]

SECTION 2.

ATTRIBUTIONS

705. Constitution. Vérification. — Le premier conseil doit, immédiatement après sa nomination, vérifier si toutes les dispositions contenues dans les art. 1 à 5 ont été observées (L. 24 juillet 1867, art. 6).

Le premier devoir du conseil de surveillance est donc de vérifier si les formalités prescrites par la loi pour la constitution de la société, et que nous avons rappelées (*suprà*, n° 678), ont été régulièrement remplies. Les membres du conseil sont tenus de faire la vérification eux-mêmes; ils ne doivent pas s'en rapporter aux déclarations du gérant ou des fondateurs [3]. Cette vérification est importante et grave; car si la société était annulée, comme irrégulièrement constituée, les membres du premier conseil pourraient être déclarés responsables avec le gérant du dommage résultant pour la société et pour les tiers de cette annulation (art. 8).

Si la vérification amène la découverte d'infractions à la loi, le premier conseil a le devoir de corriger ou de faire corriger les irrégularités commises, si cela est possible; par exemple, il pourrait exiger du gérant la régularisation des souscriptions et versements, une nouvelle déclaration notariée, la convocation de nouvelles assemblées générales.

706. Vérification au cours de la société. Loi. — Les membres du conseil de surveillance sont chargés de vérifier les livres, la caisse, le portefeuille et les valeurs de la société (L. 24 juillet 1867, art. 10), c'est-à-dire tout ce qui constitue ou constate l'actif et le passif sociaux [4].

---

1. Rivière, n° 61; Alauzet, n° 467; Beslay et Lauras, n°s 550 et suiv.; Vavasseur, n° 572; Deloison, n° 408.
2. V. Cass., 11 mai 1870 (D. 70, I, 401).
3. Aix, 16 mai 1860; Cass., 24 avril 1861 et 11 mai 1863 (S. 60, II, 439; 62, I, 182; 63, I, 284); Pont, n° 1054; Suppl. Dict. Not., n° 72.
4 Dalloz, n° 1226.

707. Immixtion. — Ils doivent exercer un contrôle, mais en prenant soin, en accomplissant leur mission, d'éviter tout acte d'immixtion dans les affaires sociales dont le gérant a seul l'administration, afin de n'être pas déclarés responsables dans les termes de l'art. 28, C. comm., auquel la loi de 1867 n'a pas dérogé (*suprà*, nᵒˢ 238 et suiv.).

708. Contrôle personnel. — La vérification peut être faite par tous les membres collectivement, ou séparément, en leur nom collectif, par chacun d'eux[1]; mais elle ne saurait être confiée à des mandataires[2].

709. Epoque. — La vérification doit être faite au moins une fois par an, à l'époque de l'inventaire, pour le rapport à faire à l'assemblée. Il peut y être procédé au moment qui paraît le plus convenable aux membres du conseil, même en tout temps et aussi souvent qu'ils le jugent nécessaire, sans pouvoir cependant paralyser l'action du gérant[3].

710. Communication. — Les membres du conseil ont le droit et le devoir de vérifier les livres (obligatoires, facultatifs ou auxiliaires), la caisse, le portefeuille et les valeurs de la société; ce qui emporte le droit d'exiger du gérant communication des pièces, des registres, de la correspondance et de tous les documents susceptibles d'aider à l'exercice d'un contrôle rigoureux et exact. Ils doivent vérifier la qualité aussi bien que la quantité des valeurs et des marchandises, la nature et le caractère des effets en portefeuille, le matériel, l'outillage, les brevets d'invention, les actions de la société, les immeubles, etc.[4]; prendre connaissance des comptes courants ouverts par la gérance; constater les découverts, apprécier la situation des débiteurs de ces comptes et les garanties qu'ils peuvent présenter[5].

La vérification et la communication ont lieu sur place, au siège social et sans déplacement; elles impliquent le droit de prendre et de faire prendre copie de tous les documents nécessaires au contrôle qu'ils doivent exercer sur les opérations sociales, notamment des procès-verbaux des assemblées générales et de leurs annexes[6]. En cas d'abus, le gérant peut s'opposer à laisser prendre copie des documents sociaux, et les tribunaux ont à déterminer les documents pou-

---

1. Rivière, nᵒ 85; Dalloz, nᵒ 1224; Lyon-Caen et Renault, nᵒ 1005; Pont, nᵒ 1506.
2. Pont, *loc. cit.*
3. Lyon-Caen et Renault, nᵒ 1005; Pont, nᵒ 1509.
4. V. Lyon, 11 juillet 1873 (S. 74, II, 73); Angers, 10 mars 1875 (S. 76, I, 409); Orléans, 21 juillet 1875 (S. 76, II, 101); Pont, nᵒ 1510.
5. Orléans, 21 juillet 1875, *loc. cit.*
6. Paris, 9 juill. 1866 (S. 67, II, 262). V. aussi Seine, 16 juin 1862 (Ann. Lehire, 74, 406). V. Percerou, J. S. 1908, 106; Wahl, J. S. 1911, 198.

vant être utilement et sans danger copiés *in extenso* ou partiellement par la commission de surveillance [1].

711. Rapport. — La loi de 1867 charge, en outre, les membres du conseil de surveillance de faire « chaque année, à l'assemblée générale, un rapport dans lequel ils doivent signaler les irrégularités et inexactitudes qu'ils ont reconnues dans les inventaires, et constater, s'il y a lieu, les motifs qui s'opposent aux distributions de dividendes proposées par le gérant » (art. 10). Le rapport trace l'état vrai de la société, contient l'analyse exacte et raisonnée de l'inventaire présenté par le gérant, et, suivant l'occurrence, en constate l'exactitude et la régularité, ou en signale les erreurs, les inexactitudes; enfin, si des dividendes sont proposés, il exprime les motifs d'en autoriser ou d'en interdire la distribution [2]. Le rapport annuel étant obligatoire, les membres du conseil doivent, en toute hypothèse, le faire chaque année. Il doit émaner du conseil entier. S'il y a des divergences, elles seront exprimées et soumises à l'assemblée générale, et il sera utile que le rapport soit inséré dans le procès-verbal de délibération de l'assemblée [3]. Si le conseil de surveillance ne présentait pas de rapport à l'assemblée générale, la délibération de celle-ci contenant approbation des comptes du gérant ne serait pas nulle pour cela [4].

712. Convocation des actionnaires. Dissolution. — Enfin, l'art. 11 de la loi de 1867 dispose que le conseil de surveillance peut convoquer l'assemblée générale, et, conformément à son avis, provoquer la dissolution de la société (V. *infrà*, n° 763).

713. Délibérations. — Pour l'exercice de ses pouvoirs, le conseil de surveillance délibère à la majorité de ses membres. La minorité du conseil n'aurait pas le droit de convoquer l'assemblée générale et de lui soumettre une proposition de dissolution [5]. Les membres du conseil ne peuvent voter par procuration [6]. Les statuts déterminent le nombre des membres dont la présence est nécessaire pour la validité des délibérations.

Le conseil nomme ordinairement un président parmi ses membres.

Les délibérations et décisions du conseil sont constatées par des procès-verbaux inscrits sur un registre spécial, et signés conformément aux prescriptions des statuts (V. *infrà*, n°s 887 et 888).

---

1. Vavasseur, n° 583.
2. Pont, n° 1512; Mathieu et Bourguignat, n° 86; Lyon-Caen et Renault, n° 1006.
3. Mathieu et Bourguignat. n° 87; Pont, n° 1512.
4. Lyon-Caen et Renault, n° 1006. *Contrà*, Percerou, J. S. 1908, 241.
5. Rivière, n°s 93 et 94; Dalloz, n° 1225; Vavasseur, n° 595.
6. Mathieu et Bourguignat, n° 63; Bédarride, n° 146; Pont, n° 1506.

RESPONSABILITÉ

714. Loi. — Les dispositions relatives à la responsabilité des membres du conseil de surveillance sont contenues dans les art. 9 et 15, § 5, de la loi du 24 juillet 1867, ainsi conçus : Art. 9 : « *Les membres du conseil de surveillance n'encourent aucune responsabilité en raison des actes de la gestion et de leurs résultats. Chaque membre du conseil de surveillance est responsable de ses fautes personnelles, dans l'exécution de son mandat, conformément aux règles du droit commun.* » Art. 15, § 5 : « *Les membres du conseil de surveillance ne sont pas civilement responsables des délits commis par le gérant.* »

715. Convention d'irresponsabilité. Nullité. — Il ne pourrait être stipulé valablement par les statuts, ou par une convention, ou par un vote de l'assemblée générale, que les membres du conseil de surveillance ne seront pas responsables de leurs fautes : une telle convention serait nulle et ne pourrait être sanctionnée par la justice [1].

716. Gestion du gérant. Délits. — Le gérant reste maître absolu de la gestion et de la direction des affaires sociales, sans que les membres du conseil de surveillance puissent, en principe, ni lui prescrire, ni l'empêcher d'agir. Comme conséquence, ces derniers sont déclarés par la loi irresponsables des actes de gestion et de ses résultats, ainsi que des délits commis par le gérant, lequel doit assumer seul la responsabilité de ses actes.

717. Fautes. — Dans leurs rapports avec la société, les membres du conseil de surveillance sont de véritables mandataires. A ce titre et en vertu du principe général de l'art. 1992, C. civ., ils répondent non seulement du dol, mais encore des fautes qu'ils commettent dans leur gestion. Sous l'empire de la loi de 1867, contrairement à ce qui existait auparavant (L. 17 juillet 1856), il n'est plus nécessaire d'établir contre eux qu'ils ont sciemment laissé commettre des inexactitudes ou accepté des fictions en connaissance de cause : la négligence ou la simple faute suffit pour entraîner la responsabilité, dans les termes du droit commun [2]. Ainsi, les membres du conseil de surveillance sont responsables, par négligence, s'il n'a pas été fait d'inventaire régulier, s'ils n'ont pas vérifié attentivement les comptes

---

1. Douai, 29 juin 1861 (S. 61, II, 548); Angers, 13 janvier 1869 (D. 69, II, 90); Bourges, 10 mars 1869 et 21 août 1871 (S. 71, II, 255 et 257); Lyon, 24 juillet 1873 (S. 74, II, 73); Dijon, 7 mai 1874 (S. 79, I, 97). V. Orléans, 27 fév. 1904 (J. S. 1904, 304).
2. Pont, nos 1535 et 1536.

les livres et le portefeuille, s'ils ont approuvé les comptes du gérant sans les contrôler sérieusement, s'ils ont laissé figurer des valeurs irrécouvrables, s'ils n'ont pas constaté dans leur rapport annuel que les dividendes proposés dépassaient les bénéfices réalisés, s'ils ont négligé de provoquer la dissolution de la société alors que l'intérêt des actionnaires l'exigeait [1].

718. Responsabilité individuelle. — En principe, chacun des membres du conseil de surveillance est responsable de ses fautes personnelles, sans solidarité soit avec les autres membres, soit avec le gérant [2]. En cas de dissentiment entre les membres du conseil sur les conclusions du rapport, la minorité doit exiger l'insertion de son avis dans le rapport, et, en cas de refus, protester dans le sein de l'assemblée ; puis, faire mentionner sa protestation au procès-verbal, ou même la faire constater par huissier séance tenante [3]. En général, les membres du conseil ne sont responsables que des opérations postérieures à leur nomination [4]. Si l'un d'eux donnait sa démission intempestivement, dans le but d'éviter le rapport, il pourrait être considéré comme responsable [5].

---

1. V. Lyon, 8 juin 1864 (S. 65, II, 38); Caen, 16 août 1864 (S. 65, II, 33); **Angers,** 12 janvier 1867 (S. 68, I, 261); Cass., 14 décembre 1869 (D. 70, I, 179 et 22 janvier 1872 (D. 72, I, 117); Bourges, 21 juillet 1871 (S. 71, II, 257); Lyon, 11 juillet 1873 (S. 74, II, 73); Orléans, 21 juillet 1873 (S. 76, II, 101); Cass., 15 avril 1873 (S. 75, I, 216); Cass., 17 mai 1876 (S. 76, I, 415); Angers, 10 mars 1875 (S. 76, I, 409) et 5 juillet 1876 (S. 77, II, 265); Cass., 17 juillet 1876 (S. 76, I, 407); Orléans, 30 juillet 1881 (D. 82, II, 124); Paris, 27 décembre 1882 (D. 85, II, 222); Aix, 12 juin 1884; Bordeaux, 24 mai 1886 (R. S. 1886, 462); Rennes, 2 août 1886 (J. S. 1888, 452); Lyon, 12 avril 1889 (R. S. 1890, 41) et 28 janvier 1890 (D. 92, II, 33 et note Boistel); Cass., 28 mai 1889 (J. S. 1889, 435; S. 90, I, 9); Angers, 19 mai 1891 (D. 92, II, 81); Cass., 15 (ou 1er) juillet 1895 (J. S. 1896, 20); Douai, 9 juillet 1896 et Cass., 20 juillet 1898 (J. S. 96, 409; 99, 346); Lyon-Caen et Renault, n° 1009; Pont, nos 1538 et 1539; Suppl. Dict. Not., nos 101 et 102; Vavasseur, n° 696. V. sur l'irresponsabilité des membres du conseil de surveillance, dans certaines hypothèses : Poitiers, 20 août 1859 (D. 59, II, 212); Cass., 28 novembre 1860 (D. 61, I, 339); Bordeaux, 29 mai 1861 et Cass., 9 juillet 1861 (D. 61, I, 414); **Aix,** 27 mai 1861 et Cass., 5 août 1862 (D. 62, I, 525); Rouen, 25 novembre 1861 et Cass., 3 mars 1863 (D. 62, II, 106; 63, I, 125); Paris, 15 juillet 1862 et Cass., 21 décembre 1863 (D. 64, I, 156); **Paris,** 16 janvier 1863 et Cass., 23 août 1864 (D. 64, I, 367); Paris, 29 août 1861 (P. 62, I, 341); Lyon, 8 juin 1864 (D. 65, II, 197); Angers, 11 janvier 1867 (D. 67, II, 19); Aix, 9 avril 1867 (D. 70, I, 401); Cass., 26 mai 1869 (D. 69, I, 401), 14 décembre 1869 (D. 70, I, 179), 11 mai 1870 (D. 70, I, 401), 16 juillet 1873 (D. 74, I, 14); Poitiers, 17 novembre 1879 (D. 80, II, 110); Aix, 4 juillet 1883 (R. S. 1883, 608); Orléans, 9 août 1883 (D 84, II, 137); Amiens, 13 mars 1884 (R. S. 1885, 87), 6 août 1885 (R. S. 1886, 216); Paris, 30 mai 1888 (R. S. 1888, 522); Besançon, 28 mai 1890 et Cass., 9 juill. 1891 (D. 94, I, 173); J. S. 1905, 200; 1906, 423; 1907, 361; 1911, 67.

2. Angers, 19 mai 1891 (D. 92, II, 81) et Cass., 19 mars 1891 (D. 94, I, 465; R. S. 94, 226); Paris, 12 avril 1892 (R. S. 92, 256); Orléans, 25 fév. 1904 (J. S. 1904, 304).

3. Vavasseur, n° 698.

4. Paris, 29 déc. 1861 ; Cass., 17 février 1868 (D. 68. I, 177); Angers, 23 juill. 1875 et Cass., 17 mai 1876 (D. 76, I, 471); Paris, 13 juill. 1909 (J. S. 1911, 67.

5. V. Cass., 21 décembre 1875 (D. 77, I, 17).

719. Solidarité. — La solidarité ne saurait résulter que des principes généraux du droit, comme dans le cas d'une décision collective, de complicité de fraudes commises par le gérant, ou lorsqu'il est impossible de déterminer la part de responsabilité de chacun[1]. La solidarité résultant de la faute commune ne fait pas obstacle à ce que les juges divisent la responsabilité et la proportionnent à la part que chacun des coauteurs a prise à la faute commune[2], en ayant égard notamment à la durée de son mandat, à l'époque où il a été appelé à le remplir, enfin à la nature et à la spécialité des connaissances qu'il mettait au service du conseil et de la société[3].

720. Quantum. — La mesure de la responsabilité et le chiffre de la réparation sont appréciés souverainement, d'après les circonstances, par les juges du fond, en tenant compte de la bonne foi des membres du conseil de surveillance, de la gratuité et de la durée de leurs fonctions, de leur degré de capacité, de la difficulté de la tâche pour redresser ou corriger la comptabilité, en un mot, de toutes les circonstances susceptibles d'atténuer ou d'aggraver la responsabilité[4]. L'abstention ou l'absence, à moins qu'elles ne procèdent d'une cause légitime et justifiée, ne suffisent pas, à elles seules, pour dégager les membres du conseil de toute responsabilité[5]. Ceux-ci ne

---

1. Aix, 9 avril 1867 (D. 70, 1, 401); Colmar, 9 juin 1869 (D. 69, ii, 171); Lyon, 24 juin 1871 (S. 72, ii, 94); Lyon, 11 juillet 1873 (S. 74, ii, 73); Dijon, 7 mai 1874 (S. 79, i, 97); Angers, 10 mars 1875 (S. 76, i, 400); Orléans, 21 juillet 1875 (S. 76, ii, 101); Cass., 21 décembre 1875 (D. 77, i, 17); Angers, 5 juillet 1876 (D. 77, ii, 30); Cass., 8 mars 1876 (S. 76, i, 409); Cass., 17 juillet 1876 (S. 76, i, 407); Cass., 12 février 1879 (S. 79, i, 217); Bordeaux, 24 mai 1886 (D. 87, ii, 115); Lyon, 28 janvier 1890 (D. 92, ii, 33); Cass., 28 mai 1889 (S. 90, i, 9); Angers, 19 mai 1891 (D. 92, ii, 81); Cass., 1er ou 15 juillet 1895, *loc. cit.*; Mathieu et Bourguignat, nos 79, 102; Lyon-Caen et Renault, no 1009; Pont, no 1534; Orléans, 27 février 1904 (J. S. 1904, 304); Paris, 9 août 1904 (J. S. 1905, 403).
2. Angers, 11 janvier 1867 (D. 67, ii, 19); Metz, 14 août 1867 (D. 67, ii, 118); Cass., 17 février 1868 (D. 68, i, 178); Colmar, 3 juin 1869 (D. 69, ii, 171); Lyon, 11 juillet 1873 (D. 74, ii, 209); Angers, 10 mars 1875 (D. 76, ii, 14); Cass., 12 février 1879 (S. 79, i, 217); Riom, 9 juin 1880 (J. S. 1880, 480). V. Douai, 9 juin 1896 (J. S. 1896, 409).
3. Lyon, 11 juillet 1879; Orléans, 30 juillet 1881, *loc. cit.* V. Angers, 19 mai 1891 (J. S. 1892, 5) et Cass., 17 février 1868 (*loc. cit.*), 21 décembre 1875 (D. 77, i, 17) et 28 mai 1889.
4. Douai, 29 juin 1861 (S. 61, ii, 547); Caen, 16 août 1864 (S. 65, ii, 33); Aix, 9 avril 1867 (D. 70, i, 401); Angers, 11 juin 1867 (D. 68, ii, 19); Bourges, 10 mars 1869 et 21 août 1871 (S. 71, ii, 255 et 257); Colmar, 3 juin 1869 (D. 69, ii, 171); Cass., 26 mai 1869 (D. 69, i, 401), 23 février 1870 (S. 71, i, 242), 14 août 1873 (S. 73, i, 215); Lyon, 11 juillet 1873 (S. 74, ii, 73); Angers, 10 mars 1874 (D. 76, ii, 14); Dijon, 7 mai 1874 (D. 77, i, 17); Orléans, 21 juillet 1875 (S. 76, ii, 101); Cass., 21 décembre 1875, *loc. cit.*; Angers, 5 juillet 1876 (S. 77, ii, 265); Orléans, 30 juill. 1881 (S. 83, ii, 29); Lyon, 28 janv. 1890 (D. 92, ii, 33); Lyon-Caen et Renault, no 1010. V. J. S. 1904, 304; 1905, 403; 1906, 423.
5. Caen, 16 août 1864 (S. 65, ii, 33); Lyon, 8 juin 1864 (S. 65, ii, 38); Paris, 9 juin 1896 (J. S. 1896, 409); Bédarride, nos 200 et 201; Pont, no 1539. V. Paris, 1er août 1883 (J. S. 1883, 735).

répondent des dommages qu'autant que ces dommages sont la conséquence de leurs fautes [1].

721. Actionnaires. — Les membres du conseil de surveillance sont responsables des fautes qu'ils commettent, envers la société et envers les actionnaires. A l'égard de la société, ils sont responsables en vertu des règles du mandat (art. 1992, C. civ.).

En cas de distribution de dividendes fictifs, ils peuvent être condamnés à des dommages-intérêts envers la société ou envers les actionnaires, s'il est démontré que le prélèvement de dividendes sur le fonds social a causé une perte à la société en affaiblissant ses ressources, ou, à l'inverse, lui a procuré un crédit factice, servant à prolonger l'existence sociale en accroissant le chiffre des pertes [2]. Aucune réparation n'est due si la distribution des dividendes fictifs n'a causé aucun préjudice ni à la société, ni aux actionnaires [3]. Les membres du conseil, déclarés responsables, ont d'ailleurs un recours contre le gérant, rédacteur de l'inventaire inexact et auteur primitif de la distribution de dividendes fictifs [4].

L'action en responsabilité ouverte aux actionnaires est sociale lorsqu'elle résulte d'un préjudice atteignant la société entière, c'est-à-dire tous les actionnaires. L'action sociale appartient, pendant l'existence de la société, aux actionnaires individuellement, dans la mesure de leur intérêt propre, tant qu'elle n'a pas fait l'objet d'une renonciation ou d'une transaction par l'assemblée générale des actionnaires; elle peut aussi être exercée au moyen de la représentation collective, conformément à l'art. 17 de la loi de 1867; enfin, après la mise en liquidation ou en faillite, elle réside dans la personne du liquidateur ou du syndic (V *infrà*, 761) [5]. Mais les membres du conseil de surveillance opposeraient vainement à cette action une fin de non-recevoir tirée de ce que les comptes présentés par eux auraient été approuvés par les actionnaires dans les assemblées générales, si cette approbation n'a pas été donnée avec connaissance du vice existant et avec la pensée de le couvrir [6]. Et même le vote de l'assemblée générale qui décharge les gérants de toute responsabilité ne peut être invoqué comme déchargeant *a fortiori* les membres du

1. Lyon, 24 juin 1871 (S. 72, ii, 94). V. aussi Rouen, 26 juillet 1865 (S. 67, i, 254); Cass., 8 mars 1876 (S. 76, i, 409); Besançon, 28 mai 1890 (D. 94, i, 174); Suppl. Dict. Not., n° 103.
2. V. Caen, 16 août 1864 (D. 65, ii, 192); Vavasseur, n° 699.
3. Cass., 24 avril 1867 (D. 67, i, 379). V. Bourges, 21 août 1871 (D. 73, ii, 34).
4. Cass., 2 avril 1859 (D. 59, i, 137); Vavasseur, n° 700.
5. V. Lyon, 28 janvier 1890 et note de M. Boistel (D. 92, ii, 33); J. S. 1906, 423.
6. Bordeaux, 24 mai 1886 (D. 87, ii, 115).

conseil de surveillance, si la responsabilité propre à ces derniers n'a été soumise ni à l'examen, ni à la décision de l'assemblée générale [1].

L'action en responsabilité est individuelle et doit être exercée par chacun des intéressés dans la mesure du préjudice par lui éprouvé, lorsqu'il s'agit d'un dommage particulier subi par un ou plusieurs sociétaires, mais n'atteignant pas l'universalité des actionnaires [2], notamment lorsque l'action est exercée par des actionnaires n'ayant acheté leurs titres que sous la foi de la distribution de dividendes fictifs [3] (V. infrà, n° 762).

722. Créanciers. — Les membres du conseil de surveillance sont aussi responsables de leurs fautes (notamment en cas de distribution de dividendes fictifs [4]) envers les créanciers de la société, qui en ont éprouvé un préjudice, conformément aux art. 1382 et 1383, C. civ. [5]. Cette action en responsabilité appartient au syndic, si la société est en faillite, et s'il s'agit d'un préjudice commun à tous les créanciers [6]; mais il en est autrement si elle est fondée sur des fautes ayant causé un préjudice non à la masse *ut universi*, mais à chaque créancier ou certains créanciers *ut singuli* [7] (V. infrà, n°s 761 et suiv.).

723. Compétence. — Devant quel tribunal la demande en responsabilité doit-elle être portée? Est-ce devant le tribunal de commerce ou devant le tribunal civil? Cette question est très controversée. Suivant des auteurs, l'action est de la compétence du tribunal de commerce, lorsqu'elle est exercée par des actionnaires ou par la société, car alors il s'agit d'un procès entre associés; elle est de la compétence du tribunal civil, lorsqu'elle est exercée par des tiers (créanciers de la société) [8]. Un autre auteur estime que l'action peut être portée soit devant le tribunal de commerce, soit devant le tribunal civil, lorsqu'il s'agit d'un actionnaire non commerçant qui, exerçant son droit individuel, actionne les membres du conseil de surveil-

---

1. Lyon, 28 janvier 1890, *loc. cit.*
2. Même arrêt.
3. Seine, 8 janvier 1886 (R. S. 1886, 166).
4. Metz, 14 août 1867 (D. 67, II, 178); Cass., 23 février 1870 (D. 71, I, 229); Dijon, 7 mai 1874 et Cass., 21 décembre 1875 (D. 77, I, 17).
5. Cass., 18 août 1868 (S. 69, I, 74) et 23 février 1870 (S. 71, I, 242); Dijon, 7 mai 1874 (S. 79, I, 97); Angers, 10 mars 1875 (S. 76, I, 409) et 19 mai 1891 J. S. 1892, 5); Douai, 9 juin 1896 et Cass., 20 juillet 1898 (J. S. 1896, 409; 1899, 346); Pont, n° 1537; Lyon-Caen et Renault, n° 1010. V. aussi Cass., 19 mars 1894 (J. S. 1894, 436). V. Cass., 16 juill. 1873 (D. 74, I, 14); Besançon, 28 mai 1890 (D. 94, I, 179); Cass., 9 juill. 1891 (D. 94, I, 173). V. Douai, 27 janv. 1906 (J. S. 1908, 63).
6. Cass., 21 décembre 1875 (S. 79, I, 97). V. Tarare, 6 fév. 1906 (J. S. 1906, 423).
7. Douai, 10 août 1868 (S. 69, II, 161). V. toutef. Angers, 13 janvier 1869 (S. 70, II, 81).
8. Lyon-Caen et Renault, n° 1013.

lance, auxquels il impute de l'avoir amené à souscrire des actions par leurs agissements illicites[1]. Enfin, d'après une autre opinion, l'action serait, dans tous les cas, de la compétence du tribunal de commerce[2]. Il a été décidé : 1° que le mandat donné aux membres du conseil de surveillance ou aux administrateurs est commercial, qu'en conséquence l'action est de la compétence du tribunal de commerce[3], alors surtout qu'elle est exercée par un syndic ou un liquidateur judiciaire, agissant au nom de la masse qui représente une collectivité commerciale[4]; 2° que la demande en dommages-intérêts exercée par un actionnaire est de la compétence du tribunal civil, la souscription ne constituant pas un acte de commerce[5]; 3° qu'il en est de même lorsque la demande est intentée par une personne prétendant avoir été déterminée à faire un achat ou une souscription d'actions (comme placement) par les manœuvres dolosives des administrateurs[6]; 4° que la demande exercée par un actionnaire non commerçant peut être portée soit devant le tribunal de commerce, soit devant le tribunal civil[7].

Ces questions de compétence nous paraissent devoir être résolues d'après les distinctions suivantes : 1° l'action sociale en responsabilité intentée par des actionnaires contre des membres du conseil de surveillance ou contre des administrateurs à raison de fautes commises dans l'exercice de leur mandat, doit toujours être portée devant les tribunaux de commerce, parce que, d'une part, ce mandat a un caractère commercial, et, d'autre part, la souscription d'actions constitue un acte commercial; 2° l'action en responsabilité intentée par des créanciers de la société, en vertu de l'art. 1382, C. civ., peut être portée par eux, s'ils ne sont pas commerçants, soit devant le tribunal civil, soit devant le tribunal de commerce[8]. Elle est de la compétence du tribunal de commerce si les créanciers sont commerçants[9], ou si l'action est intentée non pas par des créanciers individuellement, mais par le syndic de la société en faillite, au nom de la masse des

1. Pont, n° 1547.
2. Vavasseur, n° 752.
3. Cass., 26 mai 1869 (S. 69, 1, 430) et 23 juillet 1877 (S. 78, I, 109). *Conf.* Paris, 2 août 1870 (S. 74, I, 97); Seine, 8 décembre 1881 (J. S. 1885, 46); trib. Toulouse, 25 novembre 1885 (J. S. 1886, 624).
4. Cass., 24 juillet 1877, *loc. cit.*; Seine, 18 juin 1896 (J. S. 1896, 468). *Conf.* Pont, n° 1547.
5. Angers, 12 mars 1873 (S. 74, II, 214).
6. Seine, 20 juillet 1887 (R. S. 1887, 527); Paris, 8 août 1894.
7. Paris, 26 janvier 1874 (S. 76, II, 3)
8. Angers, 3 juin 1875 (D. 76, II, 166). V. R. S. Belg. 1904, 145 ; J. S. 1908, 183.
9. Trib. Toulouse, 25 novembre 1885 (J. S. 1886, 623).

créanciers[1]. Les défendeurs assignés devant le tribunal de commerce, en réparation de faits délictueux, ne peuvent pas opposer que l'action dérivant d'un délit, les rend justiciables du tribunal correctionnel[2].

En ce qui concerne la compétence territoriale, il y a lieu aussi de distinguer : s'il s'agit de l'action *mandati*, elle doit être portée, selon l'art. 59, C. pr. civ., devant les juges du siège social[3]. L'action en dommages-intérêts intentée contre un ou plusieurs membres du conseil de surveillance, ou administrateurs, à raison de faits qui leur sont personnels, ou ont été accomplis par eux en dehors de leur mandat, doit être portée devant les juges du domicile des défendeurs[4] (V. *infrà*, n° 758).

724. Prescription. — La prescription de l'action en responsabilité contre les membres du conseil de surveillance est triennale, si elle dérive d'un délit (C. instr. crim., art. 638); dans les autres cas, elle est de trente ans (*suprà*, n°s 613, 693; *infrà*, n° 830)[5].

CHAPITRE **IV**

DES DROITS ET DES OBLIGATIONS
DES COMMANDITAIRES

725. Bénéfices. — Le commanditaire est un associé; il peut, par suite, exercer tous les droits attachés à cette qualité. Il participe aux bénéfices de la société, proportionnellement au nombre de ses actions et conformément aux stipulations des statuts.

726. Intérêts. — En principe, l'associé commanditaire n'a droit qu'à des dividendes, c'est-à-dire à une part des bénéfices réalisés

---

1. Cass., 23 juillet 1877 (D. 78, 1, 455).
2. Cass., 13 janvier et 26 mai 1869 (D. 70, 1, 67; 69, 1, 35). *Conf.* sur ces différents points, Ledru, J. S. 1895, 49 et suiv.
3. V. Rodière, t. 1, p. 100; Carré et Chauveau, t. 1, quest. 261; Boitard, Colmet d'Aage et Glasson, t. 1, § 137; Garsonnet, t. 1, § 171, p. 717; *Rép. du dr. franç.* v° *Compét. civ. et comm.*, n°s 339 et suiv.
4. Cass., 17 juin 1867 (S. 67, 1, 288; D. 67, 1, 304), 4 décembre 1871 (S. 71, 1, 195) et 26 mars 1873 (S. 73, 1, 387); Paris, 8 août 1894; Ledru, *loc. cit.*; Boitard, Colmet d'Aage et Glasson, t. 1, n° 137; Garsonnet, t. 1, p. 718; Bioche, v° *Compét. des trib. civ.* n°s 125 et suiv.; Rousseau et Laisney, v° *Compét.*, n° 68; *Rép. du dr. franç.*, v° *Compét. civ. et comm.*, n°s 347 et suiv.
5. V. toutef. Vavasseur, n°s 703 et 704.

par la société. Dès lors, et dans le silence des statuts, le gérant ne doit pas et ne peut pas payer aux actionnaires l'intérêt de leurs actions; le paiement d'intérêts constituerait, à défaut de bénéfices réalisés ultérieurement, une distribution anticipée de dividendes fictifs soumise aux règles que nous exposerons plus loin (n°ˢ 733 et suiv.). La stipulation pure et simple d'un intérêt au profit des actionnaires n'autorise pas son paiement en l'absence de bénéfices [1].

Mais les statuts stipulent assez fréquemment que les sommes versées par les actionnaires produiront des intérêts *qui seront portés au compte des frais généraux* comme charge sociale. Cette clause est insérée depuis longtemps dans les statuts des sociétés industrielles (chemins de fer, canaux, etc.) qui ne peuvent commencer leur exploitation et réaliser des bénéfices qu'après une longue période préparatoire. Sa validité était généralement reconnue avant la loi du 24 juillet 1867; et, comme cette loi ne l'a pas proscrite, on doit reconnaître qu'elle est toujours licite [2]. Le paiement des intérêts ainsi stipulés peut et doit, même en l'absence de bénéfices, être effectué par le gérant aux actionnaires, même après la dissolution de la société [3], tant que la société n'est pas en état d'insolvabilité ou de faillite [4]. L'obligation du gérant cesse s'il est prouvé que le capital social est absorbé par les pertes [5].

La stipulation des intérêts à titre de frais généraux peut être modifiée par une délibération de l'assemblée générale, en vertu du principe résultant de la loi du 16 novembre 1903 [6] (V. *infrà*, n° 918)

---

1. Seine, 27 octobre 1858 (D. 59, III, 24); Nancy, 13 février 1878 (J. S. 1881, 309); Cass., 7 mai 1878 (D. 79, I, 134); Lyon, 28 janvier 1890 (J. S. 1891, 553); Besançon, 19 mars 1890 (R. S. 1890, 454). V. toutef. Vavasseur, n° 658; Avesnes, 14 mai 1891 (J. S. 1892, 27).

2. *Conf.* Cass., 14 février 1810, 8 mai 1867 (S. 67, I, 253), 6 mai 1868 (S. 68, I, 243); Paris, 1ᵉʳ juin 1876 et 9 août 1877 (S. 78, II, 225); Douai, 9 avril 1879 (D. 79, II, 320); Cass., 7 mai 1878 (S. 80, I, 107) et 8 mars 1881 (J. N., art. 22620; S. 81, I, 257); Rouen, 15 juin 1882 (S. 84, II, 61); Paris, 5 décembre 1882 (S. 83, II, 92); trib. Lyon, 26 mars 1898 (J. S. 1898, 361); Mathieu et Bourguignat, n° 92; Rivière, n° 104; Rousseau, n° 915; Labbé, Sirey, 78, II, 225; Pont, n° 1456; Lyon-Caen et Renault, n° 553; Dict. Not. et Suppl., v° *Société*, n° 230; Ruben de Couder, v° *Soc. en comm.*, n°ˢ 402 et suiv. *Contrà*, Bédarride, n° 233; Rivière, Loi de 1867, n° 104; Beudant, D. 67, I, 193; Demangeat, S. 81, I, 257; Orléans, 20 décembre 1860 (*Gaz. Pal.*, 61, 1032); Seine, 27 octobre 1858; Marseille, 30 mai 1859 (D. 59. 3, 24 et 68) et 25 nov. 1886 (R. S. 1887, 320); Paris, 21 déc. 1906 (J. S. 1907, 430).

3. V. Cass., 28 juillet 1896 et note (J. S. 1896, 486); Paris, 4 décembre 1899 (J. S. 1900, 156). V. toutef. trib. Lyon, 26 mars 1898 (J. S. 1898, 361); Bordeaux, 27 juillet 1898 (J. S. 1899, 308).

4. Cass., 8 mars 1881 (D. 81, I, 198); Rouen, 15 juin 1882 (D. 84, II, 61). V. Cass. 7 mai 1878, *loc. cit.*

5. Paris, 10 février 1875 (D. 79, I, 134 et la note). V. Paris, 10 février 1877 et Cass., 7 mai 1878 (D. 79, I, 134).

6. *Contrà*, Paris, 10 fév. et 9 août 1877 (D. 79, I, 134, et II, 193); Wahl, J. S. 1900, 291.

Pour être opposable aux tiers, la stipulation d'intérêts à prélever sur les frais généraux, même en l'absence de bénéfices, doit être régulièrement publiée [1]. Il ne suffit pas du dépôt aux greffes de l'expédition de l'acte de société qui contient la clause; il faut encore qu'elle soit insérée dans l'extrait publié dans le journal d'annonces légales [2]. Le défaut de publication de la clause aurait pour conséquence, non de rendre nulle la société elle-même, mais de permettre aux intéressés de faire considérer cette clause comme nulle à leur égard [3].

727. Communication. — Dans les quinze jours qui précèdent l'assemblée générale annuelle, tout actionnaire, fût-il propriétaire d'une seule action, peut prendre par lui-même ou par un fondé de pouvoirs, au siège social, communication du bilan, des inventaires et du rapport du conseil de surveillance (L. 24 juillet 1867, art. 12) (*infrà*, n° 741).

728. Libération des actions. — Les actionnaires-commanditaires sont tenus d'opérer le versement de leurs mises, c'est-à-dire du montant de leurs actions. Ils ne sont passibles des pertes que jusqu'à concurrence des fonds qu'ils ont mis ou dû mettre dans la société (art. 26, C. comm.), à la différence du gérant, qui est tenu au paiement des dettes sociales indéfiniment et sur tous ses biens.

729. Défense d'immixtion. Responsabilité. — Le commanditaire ne conserve l'avantage de n'être tenu des pertes jusqu'à concurrence de sa mise, qu'à la condition de rester étranger à l'administration. En conséquence, la loi lui interdit de faire aucun acte de gestion, même en vertu de procuration. En cas de contravention à cette prohibition, l'associé commanditaire est obligé, solidairement avec les associés en nom collectif, pour les dettes et engagements de la société qui dérivent des actes de gestion qu'il a faits, et il peut, suivant le nombre et la gravité de ces actes, être déclaré solidairement obligé pour tous les engagements de la société, ou pour quelques-uns seulement. Les avis et conseils, les actes de contrôle et de surveillance n'engagent point l'associé commanditaire (art. 27 et 28,

---

1. V. Trib. Lyon, 26 mars 1898, *loc. cit.*
2. Rennes, 25 août 1863 (S. 64, II, 63); Lyon, 9 juin 1864; Rennes, 7 août 1867 (D. 70. I, 179); Limoges, 2 ou 26 juillet 1897 (**J. S. 98, 408**); Cass., 7 nov. 1879 et note Wahl (S. 1901, I, 513); Mathieu et Bourguignat, n° 192; Lyon-Caen et Renault, n° 557; Labbé, *loc. cit.*; Pont, n° 1456. *Contrà*, Angers, 18 janv. 1865 (S. 65, II, 211); Cass., 8 mai 1867 (S. 67, I, 253); Paris, 1er juin 1876 (S. 78, II, 225) et 9 août 1877 (S. 79, II, 225); Douai, 9 avril 1879 (S. 79, II, 320).
3. Labbé, *loc. cit.*; Lyon-Caen et Renault, n° 557; Ruben de Couder, n° 409. *Contrà*, Paris, 9 août 1877 (S. 78, II, 225); Cass., 8 mars 1881, *loc. cit.*; Cour de just. de Luxembourg, 9 août 1882 (S. 83, IV, 30).

C. comm.) Nous avons expliqué ces importantes dispositions légales, qui s'appliquent à la société en commandite par actions comme à la commandite simple (*suprà*, n°⁵ 238 et suiv.).

CHAPITRE V

INVENTAIRE
DISTRIBUTION DES BÉNÉFICES
RESTITUTION DES DIVIDENDES FICTIFS
PÉNALITÉS

730. Inventaire. — Tout commerçant est tenu de faire, tous les ans, un inventaire de ses effets mobiliers et immobiliers, et de ses dettes actives et passives, et de le copier, année par année, sur un registre spécial à ce destiné (C. comm., art. 9). C'est cet inventaire, par lequel est marquée la clôture de chaque exercice, qui sert de base pour les répartitions périodiques. Il met en regard l'actif et le passif. L'actif se compose des valeurs appartenant à la société, telles que matériel, marchandises, effets et valeurs en portefeuille, créances, espèces en caisse et en dépôt, immeubles, etc. Le passif comprend : le capital social, les dettes de toute nature, le fonds de réserve, s'il en existe un (il n'est obligatoire que dans les sociétés anonymes). S'il ressort de la balance de ces divers éléments un excédent d'actif, c'est un bénéfice susceptible d'être réparti entre les associés sous forme de dividende[1] (V. *suprà*, n° 118).

Mais il faut, comme condition essentielle de la légitimité de la répartition des dividendes, que l'inventaire soit exact et sincère. Il ne doit présenter ni erreur, ni amoindrissement, ni exagération. Deux conditions sont exigées : l'exactitude matérielle des relevés, sans omission, et la sincérité des évaluations[2].

La confection d'un inventaire présente de grandes difficultés qui tiennent à la nature même des choses[3].

---

1. V. Douai, 1er août 1894 (J. S. 98, 21) ; Riom, 29 déc. 98 (J. S. 1900, 23) ; S. 1901, i, 537.
2. Seine, 29 avril 1885 (J. S. 1890, 217).
3. V. sur les inventaires et les bilans, les études de M. Vavasseur (R. S. 1883, 55, 123, 278, 327, 389, 681 et suiv.), de M. Didier (J. S. 1885, 128 et suiv.), et de M. Pascaud (R. S. 1883, 245). V. aussi sur la confection des inventaires

Les biens meubles et immeubles composant l'actif social doivent être estimés aussi exactement que possible. Les marchandises sont comptées soit pour leur valeur vénale, au prix courant des mercuriales, que cette valeur soit inférieure ou supérieure au prix de revient[1]; soit pour le prix de revient en ce qui concerne les marchandises neuves, et avec une dépréciation pour les autres. Le matériel originaire, qui se détériore par l'usage, doit subir, à chaque inventaire, des amortissements successifs[2], sauf à créditer le compte de matériel des améliorations et augmentations qu'il reçoit. L'amortissement peut avoir lieu soit en procédant, à la fin de chaque exercice, à une estimation nouvelle de la valeur réelle du matériel, soit en lui faisant subir annuellement une dépréciation d'une quotité fixe[3], soit par un prélèvement sur les bénéfices annuels pour la constitution d'un fonds spécial destiné à entretenir la valeur primitive du matériel par des améliorations et augmentations[4]. Les constructions, surtout celles industrielles, doivent aussi subir une dépréciation chaque année. Les immeubles doivent être estimés; ordinairement on ne compte que le prix de revient, sans escompter la plus-value. Les valeurs sont le plus souvent comptées d'après leur cours en Bourse ou en Banque à une époque rapprochée de l'inventaire. La Banque de France et certaines compagnies d'assurances ne portent à l'inventaire

---

et le mode d'évaluation de l'actif : Cass., 23 juin 1883 (D. 83, 1, 425); Paris, 16 mai 1884 (*Gaz. Pal.*, 85, 1, 224); Seine, 26 avril, 20 septembre, 1er et 10 décembre 1884 (R. S. 1884, 466, 688; 1885, 94, 201); Paris, 10 mars 1885 (R. S. 1885, 333); Lyon, 12 mars 1885 (R. S. 1885, 408); Seine, 29 avril 1885, *loc. cit.*; Cass., 13 juin 1885 (R. S. 1885, 535); Seine, 21 avril 1886 (R. S. 1886, 336); Orléans, 19 juin 1886 (J. S. 1891, 555); Seine, 15 novembre 1886 (R. S. 1887, 150); Paris, 18 mars 1887 (R. S. 1887, 195); Seine, 21 janvier 1889 (R. S. 1889, 217), 23 juillet 1894 (J. S. 1895, 185), 20 décembre 1894 (J. S. 1895, 130), 12 juin 1895 (J. S. 1896, 316), 30 octobre 1896 (J. S. 1897, 140); Paris, 16 juillet 1896 (J. S. 1896, 414), 19 février 1897 (R. S. 1897, 285); Nyssens et Corbiau, nos 173 et suiv.; *R. pr. S. Belg.*, 1892, no 270; Vavasseur, nos 611 et suiv.; Léautey, R. S. 1895, 381, et *Tr. des inv. et bilans*; Wahl, J. S. 1897, 251; 1902, 182, et notes S. 1901, I, 537; II, 207; Paris, 10 juill. 1902 (J. S. 1903, 250); Decugis, J. S. 1903, 481; 1906, 241; Croizé, *Inv. et bilans*; Lyon, 20 fév. 1903 (J. S. 1904, 21; D. 1904, II, 17, note); Rouen, 10 mars 1909 (J. S. 1910, 209); Seine, 27 juill. 1910 (R. S. 1910, 429).

1. Vavasseur, no 611. V. Paris, 30 avril 1869; Wahl, S. 1901, II, 297; R. S. Belg. 1905, 80 et 84; Amiens, 26 janv. 1907 (J. S. 1909, 217).

2. L'amortissement du matériel, des marchandises et de l'actif industriel est de droit : il n'a pas besoin d'être prévu par le pacte social, Lyon, 31 juillet 1897 (J. S. 1898, 216); Cass., 5 décembre 1898 (J. S. 1899, 303). V. J. S. 1903, 373.

3. Décidé à cet égard que la convention d'après laquelle le calcul des bénéfices comporte la déduction, sur les produits annuels, d'une somme déterminée, représentant, à forfait, la dépréciation du matériel, de l'outillage et des marchandises, est obligatoire envers les contractants. Rennes, 11 juillet 1889 (R. S. 1891, 215).

4. V. Paris, 30 avril 1869 et 29 juillet 1873; Seine, 10 octobre 1892, 14 janvier 1873 et nos obs. (J. S. 1893, 121, 393); Seine, 23 juillet 1894 (*Le Droit*, 27-28 août); Paris, 16 juillet 1896, *loc. cit.*; Vavasseur, no 611; Thaller, *Ann. de dr. comm.*, 1895, 241 (J. S. 1896, 42).

que le prix d'achat[1]. On ouvre parfois un compte spécial de réserve pour faire face aux fluctuations des cours. Les bonnes créances sont portées pour leur montant nominal; les créances douteuses, pour une somme à apprécier, et les mauvaises créances, pour mémoire. L'achalandage du fonds de commerce ou établissement industriel peut être porté à l'inventaire, s'il est reconnu qu'il a une valeur vénale réalisable. Il y a d'autres valeurs qui doivent être amorties annuellement, notamment : 1° les frais de constitution de société et de premier établissement, lesquels ne représentent qu'un actif à peu près fictif (*supra*, n° 538); 2° la valeur d'un brevet d'invention, qui perd avec le temps, à mesure que l'on se rapproche de l'époque de son expiration; 3° la valeur d'une mine épuisée ou appauvrie par son exploitation, etc.

L'inventaire doit être établi par les gérants. Il ne saurait être confié à des experts. Les actionnaires-commanditaires ont intérêt et qualité pour demander que les inventaires soient, quoique tardivement, établis suivant la loi pendant les années sujettes à l'action en répétition des dividendes par les créanciers[2].

731. Bénéfices. — D'après les principes du droit civil, les bénéfices ou les pertes d'une société ne se règlent qu'à son expiration, par comparaison de l'actif au jour de sa formation avec l'ensemble des valeurs sociales au moment de la liquidation. Mais obliger les associés à immobiliser leurs capitaux et à attendre, sans retirer de dividendes, jusqu'au jour de la liquidation, c'eût été mettre un obstacle insurmontable à la formation des sociétés commerciales. Aussi la loi a-t-elle supposé et admis la possibilité de faire, au cours de la société et sous forme de dividendes, des répartitions périodiques de bénéfices (L. 24 juillet 1867, art. 10, 32 et suiv.). Ces bénéfices sont des fruits civils (C. civ., art. 582).

732. Répartition. — Pour qu'il y ait possibilité de répartition, il faut que les bénéfices soient certains et réalisés, ou réellement acquis. Mais faut-il ne comprendre sous ces expressions que les bénéfices encaissés? Ainsi, la société a des opérations commencées, des créances en recouvrement, etc.; ces choses doivent être portées à l'inventaire; peuvent-elles cependant être prises en considération pour le calcul des bénéfices? La négative résulte d'un arrêt de la Cour de cassation, d'après lequel l'art. 13 de la loi de 1856 exigeait formellement que les dividendes répartis fussent réellement acquis

---

1. V. R. S. 1883, 123; Paris, 18 mars 1887 (J. S. 1890, 207).
2. Orléans, 19 juin 1886 (J. S. 1891, 555).

et le résultat d'une opération accomplie réalisé[1]. Il a été décidé qu'on ne saurait inscrire à titre de bénéfices une plus value d'immeubles, ou l'excédent, sur le prix de revient de terrains acquis par la société, des prix de revente, exigibles éventuellement; mais il a été reconnu que les bénéfices susceptibles d'être mis en distribution entre les actionnaires, s'ils doivent en général être certains et provenir d'opérations accomplies, peuvent néanmoins reposer sur les valeurs prochainement et facilement réalisables[2].

Les bénéfices constatés par l'inventaire et répartis en dividendes appartiennent aux actionnaires. Ceux-ci ont le droit d'en exiger le paiement. L'assemblée générale elle-même ne pourrait pas, sans l'assentiment de tous, employer ces dividendes, notamment à l'acquisition d'un immeuble social[3] (V. infrà, n°s 918, 932 et suiv.).

Les bénéfices ne sont-ils acquis aux actionnaires qu'autant qu'ils ont été effectivement perçus par eux après chaque inventaire, retirés de la société et encaissés? — Non. Si les actionnaires laissent volontairement dans la caisse sociale, après l'inventaire, les dividendes qu'ils pourraient prendre, ils en deviennent créanciers[4], si la distribution en a été décidée[5], et ils peuvent, par suite, concourir avec les autres créanciers pour se les faire payer[6], à moins que les bénéfices ainsi laissés successivement dans la caisse sociale se soient confondus avec leur apport[7] (suprà, n° 236).

Lorsqu'un inventaire accuse des pertes et que le capital social qui forme la garantie des tiers se trouve entamé et diminué d'autant, les bénéfices que la société vient ensuite à réaliser doivent servir à combler le déficit jusqu'à ce que le capital social soit rétabli. Les actionnaires ne sont pas fondés à en demander la distribution comm. dividendes. Si ces bénéfices étaient néanmoins répartis, ils constitueraient des dividendes fictifs et seraient sujets à restitution. Les bénéfices réalisés par une société ne peuvent, en effet, avoir le caractère de

---

1. Cass., 28 juin 1862 (S. 62, 1, 625). V. aussi Caen, 16 août 1864 (S. 65, II, 33); Dalloz, n° 1390; exposé des motifs de la loi du 23 mai 1863 (Tripier, p. 34). V. trib. Bruxelles, 19 juin 1880 (J. S. 1890, 115); Paris, 19 mars 1883 (R. S. 1883, 289); Brux., 23 mai 84 (J. S. 89, 471); Riom, 27 av. 98 (S. 1901, 1, 537); R. S. Belg. 1903, 25.
2. V. Cass., 14 février 1810, 14 mai 1847 (S. 47, 1, 585); Cass., 25 novembre 1861 (S. 62, 1, 189) et 28 juin 1862 (D. 62, 1, 305); Paris, 22 avril 1870 (S. 71, II, 169); Cass., 7 mai 1872 (S. 72, 1, 123); Pont, n° 1480; Ruben de Couder, n°s 362 et suiv.; Rapport de M. du Miral, loi de 1863 (Tripier. p. 55 et 56); Mathieu et Bourguignat, n° 90; Alauzet, n°s 683 et 684; Wahl, S. 1901, 1, 537.
3. Rouen, 8 août 1868 (S. 69, II, 236). V. Wahl, S. 1901, 1, 539.
4. Delangle, n° 364; Lyon-Caen et Renault, n° 896.
5. J. S. 96, 45; Wahl, S. 1901. II, 297. V. cep. Thaller, Ann. dr. comm., 95, II, 241.
6. Pont, n° 1482; Ruben de Couder, n° 374.
7. Douai, 27 janvier 1873 et Cass., 5 août 1873 (D. 74, 1, 126).

dividendes sujets à répartition que pour tout ce qui excède le capital social[1]. L'opinion contraire émise par un auteur[2] nous paraît inadmissible. Les bénéfices dont il s'agit ne pourraient être distribués qu'autant qu'il serait procédé régulièrement à la réduction du capital social pour le mettre en harmonie avec la valeur de l'actif existant.

733. Répétition. — Les sommes distribuées à titre de bénéfices aux actionnaires[3] ne sont pas sujettes à répétition si, au moment où la répartition en a été faite, il y avait réellement des bénéfices à recueillir, c'est-à-dire un actif excédant le capital social[4]. Mais si l'on avait distribué, sous le nom de bénéfices, une portion du capital lui-même, la répétition pourrait être exercée sous certaines conditions. A cet égard, l'art. 10, § 3, de la loi de 1867 dispose : « *Aucune répétition de dividendes ne peut être exercée contre les actionnaires, si ce n'est dans le cas où la distribution en aura été faite en l'absence de tout inventaire*[5], *ou en dehors des résultats constatés par l'inventaire.* » Ainsi la loi prévoit deux cas dans lesquels les actionnaires sont tenus de restituer les dividendes distribués. Mais l'art. 10 n'est pas limitatif ; en dehors des deux hypothèses prévues, l'actionnaire pourrait être recherché si la fraude était prouvée contre lui[6].

La loi prohibe toute répartition aux actionnaires, à titre d'intérêts ou de dividendes, en l'absence de bénéfices sociaux, de sommes qui ne peuvent être prises qu'en diminution du capital social[7]. Les juges du fait apprécient souverainement, d'après l'examen des inventaires et bilans, si les dividendes distribués ont un caractère fictif[8]. Il a été décidé : 1° que la distribution d'un dividende en cours d'exercice n'est pas irrégulière si elle est autorisée par les statuts et justifiée par un inventaire ultérieur exempt de fraude[9] ; 2° que lorsque des

---

1. Lyon-Caen et Renault, n° 897.
2. Vavasseur, n°s 646 et suiv. ; Mack, R. S. 1905, 99.
3. Même aux fondateurs et administrateurs : Paris, 20 janvier 1888 (D. 89, II, 265).
4. V. Vavasseur, n°s 630 et suiv.
5. V. Caen, 14 déc. 1869 ; Lyon, 16 mars 1899 (S. 1901, II, 207, et note Wahl) ; Wahl, S. 1901, I, 537.
6. Alauzet, n°s 692 et suiv. ; Rivière, n° 100 ; Lyon-Caen et Renault, n° 891 ; Pont, n° 1486 ; Suppl. Dict. Not., v° Soc., n° 231. V. Paris, 20 janvier 1888 (D. 89, II, 265) ; Dalloz, Supp., n°s 1749 et s. ; Paris, 10 juillet 1902 (J. S. 1903, 250).
7. Amiens, 15 mars 1888 (R. S. 1888, 428) ; Seine, 10 fév. 1908 (J. S. 1900, 221).
8. Cass., 17 juillet 1885 (S. 87, I, 286), 19 novembre 1887 (R. S. 1888, 126). V. Paris, 20 janvier 1888 (D. 89, II, 265), 23 juillet 1889 (R. S. 1889, 578), 5 mai 1890 (R. S. 1890, 489) ; Paris, 19 mars 1890 et Cass., 16 juin 1891 (J. S. 1891, 478 et 505) ; Seine, 19 avril 1893 (R. S. 1893, 298) ; Cass., 18 janvier 1894 (J. S. 1894, 80).
9. Seine, 24 avril 1886 (J. S. 1886, 783). *Comp.* Seine, 29 avril 1885 (R. S. 1885, 422) ; Aix, 23 juin 1904 (J. S. 1905, 346).

acomptes sur les dividendes sont payés en cours d'exercice conformément à l'usage et aux statuts, cette répartition ne saurait donner lieu, quels que soient les événements ultérieurs, à une poursuite pénale, alors qu'elle a pour base l'état réel des affaires de la société au moment où elle est opérée et que le bilan postérieur a été approuvé par l'assemblée générale[1]; 3° que l'on doit considérer comme distribués les prétendus bénéfices licites affectés par l'assemblée générale des actionnaires à la libération des actions[2], et comme fictifs les bénéfices aléatoires non réalisables ou simplement espérés de l'agiotage auquel la société se livre sur ses propres actions[3]. Ont aussi été considérés comme fictifs les dividendes distribués : 1° s'il a été porté à l'actif des créances reconnues irrecouvrables[4]; 2° si la valeur des actions individuelles existant dans le portefeuille de la société a été exagérée[5]; 3° si les marchandises ont été évaluées avec exagération[6].

La disposition de l'art. 10 ne saurait s'appliquer aux prélèvements statutaires autorisés au profit du directeur ou des administrateurs sur les bénéfices d'un exercice annuel, alors surtout qu'il est établi que les inventaires et les comptes par eux dressés contiennent des erreurs graves; et l'approbation donnée par l'assemblée générale à ces comptes inexacts ne peut être opposée à l'action en restitution, si l'approbation est le résultat d'une erreur imputable aux directeur et administrateurs[7].

734. Intérêts. — La loi parle de la restitution des dividendes. Elle ne s'applique pas aux sommes payées aux actionnaires à titre d'intérêt annuel de leur mise, en exécution d'une clause du pacte social qui autorise ce paiement comme charge sociale[8]. Nous avons démontré la légalité de cette clause (supra, n° 726).

Les intérêts des sommes que l'actionnaire est condamné à rapporter à titre de dividendes fictifs ne sont dus qu'à compter du jour

---

1. Paris, 18 mars 1887 (R. S. 1887. 19).

2. Paris, 19 mars 1883 (J. S. 1883, 248); Cass., 29 juin 1883 (R. S. 1883, 289 et 520).

3. Paris, 19 mars 1883, loc. cit. V. aussi Lyon, 12 mars 1885 (D. 86, II, 136).

4. Lyon, 9 juin 1864 (D. 65, II, 137). V. aussi Angers, 21 janvier 1867 (D. 67, II, 19); Rennes, 3 nov. 1887 (D. 88, II, 233); Paris, 22 juill. 1893 (R. S. 1893. 448), et 10 juill. 1902 (J. S. 1903, 250); Wahl, S. 1901, I, 513 ; II, 297.

5. Paris, 30 avril 1869; Cass., 23 juin 1883 (D. 83, I, 427).

6. Paris, 5 août 1899 (J. S. 1892, 238), et Cass., 24 avril 1891 (J. S. 1893, 182). V. Cass., 18 janv. 1894 (J. S. 94, 80); Lyon, 16 mars 1899 et note (S. 1901, II, 297).

7. Paris, 31 janvier 1889 et 21 décembre 1890 (R. S. 1891, 201); Cass., 16 juin 1891 (D. 92, I, 321).

8. Paris, 18 avril 1860 (D. 61, II, 123); Seine, 29 avril 1885 (R. S. 1885, 422). V. Cass., 26 janvier 1871 (D. 71, I, 272).

de la demande [1], au taux commercial de 6 p. 100 [2], à moins d'une base inférieure résultant des statuts [3].

735. Action en restitution. — L'action en restitution de dividendes fictifs peut être exercée par les créanciers sociaux, ou, en cas de faillite, par le syndic, ou même par le gérant ou le liquidateur, au nom de la société, si l'action en responsabilité, formée contre le gérant et les membres du conseil de surveillance, ne procure pas aux créanciers une complète satisfaction [4]. L'action est formée exclusivement contre l'actionnaire qui a touché le dividende fictif, qu'il soit ou non resté en possession du titre, ou, s'il est décédé, contre ses héritiers et représentants [5]. Elle est fondée, alors même que les actionnaires ont été de bonne foi en percevant les dividendes reconnus fictifs [6], ou qu'ils ont été trompés par des livres faux, par des inventaires infidèles et falsifiés [7]. D'après la jurisprudence la plus récente, l'action en restitution doit être portée devant le tribunal civil [8].

736. Prescription. — L'action en restitution, dans le cas où elle est ouverte, se prescrit par cinq ans, à partir du jour fixé pour la distribution des dividendes. Cela résulte de l'art. 10 de la loi de 1867, lequel ajoute, comme disposition transitoire, que les prescriptions commencées à l'époque de la promulgation de la loi et pour lesquelles il faudrait encore, suivant les lois anciennes, plus de cinq ans, à partir de la même époque, seraient accomplies par ce laps de temps.

737. Responsabilité pénale du gérant. — « *Sont punis des peines portées par l'art. 405, C. pén., sans préjudice de l'application de cet*

---

1. Caen, 16 août 1864 (S. 65, ii, 33); Pau, 18 décembre 1865 (S. 66, ii, 178); Bourges, 21 août 1871 (S. 74, ii, 257); Lyon, 5 février 1898; Pont, n° 1489; Lyon-Caen et Renault, n° 892.

2. Caen, 16 août 1864, *loc. cit.*

3. Bourges, 21 août 1871, *loc. cit.*

4. Mathieu et Bourguignat, n° 114; Ameline, *Rev. prat.*, p. 95; Lyon-Caen et Renault, n° 894; Pont, n° 1491; Cass., 3 mars 1863 (S. 63, 1, 137); Bourges, 21 août 1871 (D. 73, ii, 35); Cass., 15 novembre 1869 (S. 70, 1, 216).

5. Mathieu et Bourguignat, n° 115; Ameline, n° 96; Lyon-Caen et Renault, n° 893; Pont, n° 1491.

6. Rouen, 25 novembre 1861 (D. 62, i, 106); Cass., 3 mars 1863 (D. 63, i, 125); Caen, 16 août 1864 (D. 65, ii, 192); Cass., 8 mai 1867 (S. 67, i, 253); Rennes, 7 août 1867 (D. 70, i, 179); Cass., 15 novembre et 14 décembre 1869 (D. 70, i, 179; 74, i, 311). *Contrà*, Aix, 22 juillet 1862 (D. 62, ii, 148) et 3 août 1869 (D. 71, ii, 76); Alger, 24 mars 1867 (D. 67, ii, 234).

7. Cass., 3 août 1875 (D. 76, i, 116).

8. Angers, 18 janvier 1865; Cass. civ., 8 mai 1867 (S. 65, ii, 211; 1867, i, 253); Pont, n° 1492. *Contrà*, Cass., req., 3 mai 1863 (S. 63, i, 137); Caen, 16 août 1864; Pau, 18 décembre 1865 (S. 65, ii, 33; 66, ii, 178). Suivant ces derniers arrêts, la juridiction consulaire est seule compétente. *Conf.* Vavasseur, n° 752; Lyon-Caen et Renault, t. ii, n° 892 et t. viii, n° 1196; Dalloz, *Suppl.*, n° 1757.

article à tous les faits constitutifs du délit d'escroquerie... ; 3° les gérants qui, en l'absence d'inventaires ou au moyen d'inventaires frauduleux, ont opéré entre les actionnaires la répartition de dividendes fictifs. Les membres du conseil de surveillance ne sont pas civilement responsables des délits commis par le gérant » (L. 1867, art. 15). La distribution de dividendes fictifs est un délit dont la mauvaise foi est un des éléments constitutifs[1], et les règles de droit commun sur la complicité sont applicables à ce délit[2]. Il faut, pour que la loi soit applicable : premièrement, l'absence d'inventaire[3] (ce qui établit une présomption de fraude contre le gérant), ou la confection d'un inventaire frauduleux (la fraude doit être établie par ceux qui attaquent l'inventaire)[4] ; deuxièmement, la distribution effective de dividendes fictifs, c'est-à-dire pris sur le capital (V. *suprà*, n° 733).

La loi frappe spécialement le gérant, qu'elle considère comme l'auteur du délit. Cependant, si les membres du conseil de surveillance, le directeur de la société ou tous autres[5] avaient pactisé avec le gérant, ils pourraient être poursuivis correctionnellement comme complices[6]

L'action pénale résultant du délit de distribution de dividendes fictifs se prescrit par trois ans, à partir du jour de la distribution[7].

CHAPITRE VI

DES ASSEMBLÉES GÉNÉRALES

738. Assemblées initiales. — Elles sont chargées de vérifier et d'approuver les apports ne consistant pas en numéraire et les avantages particuliers, et de nommer le conseil de surveillance. Nous avons expliqué le rôle et la composition de ces assemblées générales (n°s 511 et suiv., 698).

739. Assemblées au cours de la société. — Il doit y avoir, tous

---

1. Paris, 24 juin 1885 (R. S. 1885, 541); Agen, 10 juillet 1895 (S. 96, II, 95). V. Villey (S. 87, I, 41); Riom, 27 av. 1898 et note Wahl (J. S. 1901, I, 537).
2. Cass., 23 juin 1883 (S. 83, I, 428); Wahl, *loc. cit.*; J. S. 1901, 304.
3. V. Paris, 19 mars 1883 (S. 83, II, 37; J. S. 1883, 248).
4. V. Paris, 19 mars 1883 (*loc. cit.*), 18 mars et 28 juillet 1887 (D. 88, II, 129, 137) et 5 août 1890 (D. 93, I, 49); Cass., 23 juin 1883, *loc. cit.* V. sur la confection des inventaires et les inventaires frauduleux, les autorités citées, n° 730.
5. Cass., 23 juin 1883, *loc. cit.*; Lyon, 18 mars 1885 (D. 86, II, 136).
6. Tripier, *Loi de* 1867, t. II, p. 501; Pont, n° 1556.
7. Rennes, 3 novembre 1887 (*Gaz. Pal.*, 1887, 573).

les ans, dans les sociétés en commandite par actions, une assemblée générale ordinaire, et il peut y avoir des assemblées générales extraordinaires. La loi de 1867 a prévu et réglé la composition des assemblées et la formation de la majorité dans les sociétés anonymes (art. 27 et suiv.). Mais elle ne contient, par une singularité inexplicable, aucune disposition en ce qui concerne les sociétés en commandite par actions[1]. Doit-on appliquer aux sociétés en commandite les dispositions de la loi de 1867 relatives aux assemblées générales des sociétés anonymes?

Sous l'empire de cette loi, la question était controversée. Des auteurs considéraient que, pour les sociétés en commandite, ces dispositions n'étaient pas obligatoires, que les statuts pouvaient réglementer librement les assemblées, et que, dans le silence des statuts, le vote pour les assemblées ordinaires avait lieu par tête, à la majorité des actionnaires présents, quels que soient leur nombre et le chiffre du capital représenté[2]. D'autres auteurs étaient d'avis que le droit commun en matière de sociétés par actions, pour les assemblées générales, figure sous la rubrique des sociétés anonymes, et que les dispositions relatives aux assemblées générales des sociétés anonymes étaient applicables par analogie aux sociétés en commandite par actions[3].

Cette dernière opinion nous paraît devoir être admise depuis la loi du 16 novembre 1903 qui, en reconnaissant à l'assemblée générale de toute société par actions, en commandite ou anonyme, même à des sociétés fondées antérieurement, le droit de créer des actions de priorité, par délibération de l'assemblée générale constituée dans les conditions prévues par l'art. 31 de la loi de 1867, a consacré l'extension de l'art. 31 aux sociétés en commandite (V. infrà, n° 743). Or, si cet article, relatif aux assemblées extraordinaires, est applicable de plein droit aux sociétés en commandite, il n'y a pas de raison pour ne pas appliquer à ces sociétés les dispositions de art. 27, 28 et 29 concernant les assemblées ordinaires.

De même, la disposition nouvelle de l'art. 27 de la loi de 1867 sur le droit de groupement, est applicable aux sociétés en commandite[4].

---

1. Il n'y a de règle que pour les assemblées appelées à voter sur les apports en nature et les avantages particuliers (art. 4).
2. Lyon-Caen et Renault, n° 1049; Boistel, n° 298; Mornard, p. 190; Ruben de Couder, v° Soc. en command., n° 338. V. aussi Pont, n° 1520.
3. Vavasseur, n° 426; Wahl, J. S. 1900, 200; 1905, 101; Pand. fr., 1902, 1, 145.
4. Bouvier-Bangillon, 117; Wahl, loc. cit. V. Cass., 2 fév. 1910 (S. 11, I, 145). Contrà, Lyon-Caen et Renault, n° 1019; Dalloz, Supp., n° 1891; Rousseau, n° 2343 bis; Bourcart, p, 134; Lyon, 30 juin 1909 (J. S. 1911, 110).

Un auteur considère que la minorité du conseil de surveillance a le pouvoir de soumettre à l'assemblée générale toutes autres propositions que celles de la dissolution de la société, pourvu qu'elles aient été annoncées dans les avis de convocation et inscrites à l'ordre du jour [1]. Cette solution nous paraît inexacte. La loi n'accorde au conseil de surveillance qu'un seul droit : celui de convoquer l'assemblée générale pour lui soumettre la question de dissolution de la société. En dehors de ce cas, et en l'absence de toute stipulation statutaire, le conseil de surveillance, ni, à plus forte raison, la minorité de ses membres, n'a pas le pouvoir d'exiger du gérant qu'il comprenne à l'ordre du jour, ou de soumettre directement à l'assemblée générale des propositions étrangères à la dissolution de la société, et relatives soit à l'administration des affaires sociales, soit à la modification des statuts. Il va sans dire que les actionnaires, individuellement, n'ont pas davantage le droit de soumettre des propositions à l'assemblée générale si ce droit ne leur a pas été expressément conféré par les statuts (V. *infrà*, n° 878).

740. Assemblée annuelle. — Les actionnaires doivent être convoqués en assemblée générale ordinaire au moins une fois par an, pour entendre le rapport du conseil de surveillance, prescrit par l'art. 10 de la loi (*suprà*, n° 711), vérifier les comptes du gérant, approuver ou contester l'inventaire et les propositions de répartition de dividendes, nommer les membres du conseil de surveillance quand leurs fonctions sont expirées ou sur le point d'expirer. Dans cette assemblée annuelle, les actionnaires peuvent individuellement, sans compromettre leur qualité de commanditaires, discuter les actes de gestion, les contrôler, exprimer leur opinion sur ce qu'il convient de faire à l'avenir, donner des conseils sur la marche à suivre (*suprà*, n° 241).

Le gérant a le droit de prendre part au vote sur des actes de gestion, alors même qu'il est personnellement intéressé dans ces actes [2] (V. *infrà*, n° 886).

L'assemblée générale annuelle appelée à statuer sur l'approbation des comptes doit être convoquée au moins quinze jours à l'avance, afin de permettre aux actionnaires d'exercer le droit de communication qui leur est accordé par l'art. 12 de la loi de 1867 (V. *infrà*, n°s 741 et 875).

741. Communication — L'art. 12 de la loi de 1867 autorise tout

---

[1]. Vavasseur, n° 596. V. Seine, 7 juin 1901 (J. S. 1902, 174).
[2]. Cass., 26 octobre 1896 (J. S. 1897, 13); *Pand. fr.* et note, 1897, **33**.

actionnaire (n'eût-il qu'une action), dans les quinze jours qui précèdent la réunion de l'assemblée générale[1], à prendre, par lui ou par un fondé de pouvoirs, au siège social, communication du bilan, des inventaires et du rapport du conseil de surveillance[2]. Les statuts pourraient aussi exiger la communication du rapport du gérant, dont la loi ne parle pas. Le gérant est tenu de déposer ces documents au siège social (où la communication doit être faite sans déplacement) et de les tenir à la disposition des actionnaires dans le délai précité. La communication est obligatoire. En cas de refus ou de résistance du gérant, l'actionnaire doit le faire constater par huissier, et il peut se pourvoir immédiatement devant le tribunal de commerce, compétent à cet effet[3].

La loi n'a pas prescrit la communication aux actionnaires de la société en commandite de la liste des actionnaires ni de la feuille de présence, comme elle l'a fait pour la société anonyme (art. 28 et 35)[4]. C'est là une différence de traitement que rien ne semble justifier. Mais les actionnaires ont le droit de prendre connaissance de la liste des souscripteurs annexée à la déclaration de souscription et de versement, soit chez le notaire, soit aux greffes, si la copie en a été déposée pour la publication, bien que ce dépôt ne soit pas prescrit par la loi.

Les actionnaires sont fondés à demander en justice, à toute époque (même après la dissolution de la société), que la comptabilité, le portefeuille, la caisse et les divers documents sociaux soient mis à leur disposition au siège de la société, lorsqu'ils justifient qu'ils ont un intérêt sérieux à en prendre connaissance. Et si cette communication est reconnue nécessaire, les actionnaires sont valablement autorisés à se faire assister par un comptable[5] (V. *infrà*, n° 896).

742. Copie. — La loi autorise la *communication* du bilan, des inventaires et du rapport du conseil de surveillance ; mais elle n'autorise pas les actionnaires à prendre *copie* de ces documents ; nous en

---

1. C'est ainsi qu'il faut interpréter ces expressions inexactes de l'art. 12 « quinze jours au moins avant l'assemblée générale... » Lyon-Caen et Renault, n° 1006.

2. V. sur ce droit de communication, Percerou, J. S. 1908, 146, 248 ; Wahl, J. S. 1911, 199.

3. Houpin, J. S. 1893, 460. *Contra*, Pont, n° 1518 ; Vavasseur, n° 600 ; Lyon, 17 novembre 1869 (S. 71, ii, 26), suivant lesquels le juge du référé est compétent.

4. Bordeaux, 12 mai 1897 (J. S. 97, 510). V. J. S. 1904, 511 ; 1908, 257.

5. Cass., 3 déc. 1872 (S. 73, i, 33) ; Lyon, 30 mai 1900 (J. S. 1901, 68). V. aussi R. S. 1883 ; 382 ; Vavasseur, n° 584. Décidé que l'actionnaire est en droit d'exiger qu'on lui remette une expédition, à ses frais, du rapport sur lequel a été prise par l'assemblée générale une délibération qui a autorisé la fusion de la société avec une autre (Seine, 19 février 1862). V. Percerou, J. S. 1908, 193.

concluons que le droit de prendre cette copie n'appartient pas aux actionnaires[1]. En cas de contestation sur le droit de prendre des copies, elle doit être soumise au tribunal de commerce, seul compétent, et non au juge des référés[2].

743. Modification des statuts. — L'assemblée générale des actionnaires de la société en commandite a-t-elle, comme celle de la société anonyme, le droit de modifier les statuts à la majorité fixée par l'art. 31 de la loi de 1867, ou, dans le silence des statuts, le consentement de tous les actionnaires est-il nécessaire?

Cette question était vivement controversée. Des auteurs considéraient que l'art. 31 ne concernait pas les sociétés en commandite et ne pouvait leur être appliqué. C'est l'opinion que nous avions adoptée[3]. D'autres auteurs, estimant que le droit commun des sociétés par actions est la loi de 1867, appliquaient par analogie l'art. 31 aux sociétés en commandite[4].

La jurisprudence n'a pas tranché formellement la question. Il a cependant été jugé que l'assemblée générale peut valablement voter la réduction du capital social, alors même que les statuts n'ont pas prévu le cas de réduction[5]. Dans tous les cas, on reconnaissait que l'assemblée générale ne pouvait, sans un pouvoir spécial, modifier les statuts sur les bases essentielles et fondamentales du pacte social[6]. Il a été décidé, notamment, que la désignation statutaire des associés en nom collectif doit être considérée comme une base essentielle; que, dès lors, il n'appartient pas à une assemblée générale extraordinaire de modifier la partie des statuts relative aux associés en nom collectif et à la raison sociale[7]. On a fait remarquer qu'il semble résulter implicitement de cette décision que, s'il s'était agi d'une base secondaire, l'assemblée aurait pu la modifier.

---

1. Houpin, *loc. cit. Contrà*, Pont, n° 1519; Vavasseur, n° 604. V. aussi Paris, 9 juillet 1866 (S. 67, II, 272).

2. Houpin, *loc. cit.* V. sur ces différents points controversés, *infrà*, n° 896 et *s.*

3. *Conf.* Labbé, note, S. 84, I, 441; Lyon-Caen et Renault, t, 2, p. 848; Arthuys, *Rev. crit.*, 1899, 337, 340; Floucaud Penardille, R. S. 1900, 54.

4. Thaller, note, D. 93, I, 105; 95, I, 57; Wahl, J. S. 1900, 200, et note S. 1901, I, 81; Bouvier-Bangillon, note, *Pand. fr.*, 1902, I, 146; Bourcart, *Pouv. des ass. gén.* p. 277; Cluzani, *id.*, p. 228. V. aussi Cass., 2 fév. 1910 (J. S. 1910, 345; S. 1911, I, 145).

5. Seine, 28 mai 1885 (J. S. 1888, 329). *Contrà*, Douai, 14 avril 1893 (J. S. 1894, 72).

6. V. Paris, 18 mai 1862 (S. 62, II, 161); Cass., 29 mars 1864 (D. 65, I, 59); Aix, 30 janvier 1866 (S. 68, II, 345); Rouen, 8 août 1868 (S. 69, II, 236); Paris, 20 mai 1869 (R. 70, II, 12); Cass., 14 décembre 1869 (S. 70, I, 165) et 3 août 1884 (D. 82, I, 395); Rouen, 18 juillet 1881 (J. S. 1882, 370); Boulogne-sur-Mer, 5 juillet 1890 (R. S. 1890, 535); Grenoble, 18 mars 1890 (J. S. 1891, 552); Paris, 6 février 1891 (R. S. 1891, 219); Douai, 14 avril 1893 (J. S. 1894, 72) et 11 juillet 1895 (J. S. 1897, 111); Seine, 4 août 1900 et 27 avril 1901 (J. S. 1901, 342); Lyon, 8 décembre 1905 (*id.*, 1906, 254); Lyon-Caen et Renault, n°s 1048 et suiv. V. Cass., 2 fév. 1910, *loc. cit.*

7. Aix, 20 janvier 1896 (J. S. 1896, 212) et Cass., 29 décembre 1897 (J. S. 97, 211).

L'application de l'art. 31 aux sociétés en commandite par actions paraît avoir été consacrée par la loi du 16 novembre 1903. D'après cette loi, *toute société par actions* peut, par délibération de l'assemblée générale *constituée dans les conditions prévues par l'art.* 31 de la loi du 24 juillet 1867, créer des actions de priorité, si les statuts n'interdisent point, par une prohibition directe et expresse, la création d'actions de cette nature. Cette loi a été déclarée applicable même aux sociétés fondées antérieurement. Par suite du caractère interprétatif donné à la loi nouvelle, on doit considérer que les sociétés en commandite par actions (quelle que soit la date de leur création) peuvent, aussi bien que les sociétés anonymes, créer des actions de priorité en vertu d'une délibération de l'assemblée générale constituée conformément à l'art. 31 de la loi de 1867. Le législateur consacre ainsi l'extension et l'application de cet article aux sociétés en commandite par actions[1]. En examinant les pouvoirs de l'assemblée générale extraordinaire des sociétés anonymes, nous ferons observer que la loi de 1903, en reconnaissant à l'assemblée générale des sociétés par actions le pouvoir de créer des actions de priorité modifiant les statuts en ce qui concerne la répartition des bénéfices et l'égalité entre actionnaires, se trouve avoir étendu notablement les pouvoirs que l'on reconnaît ordinairement à l'assemblée générale. L'art. 31 étant applicable, d'après la loi nouvelle, aux sociétés en commandite par actions comme aux sociétés anonymes, il en résulte que l'on doit attribuer aux sociétés en commandite les mêmes pouvoirs que ceux que nous reconnaîtrons aux sociétés anonymes (*infrà*, nos 906 et suiv.).

S'il est stipulé dans les statuts, d'une part, que l'assemblée générale ne se composera que des propriétaires d'un nombre déterminé d'actions (dix, par exemple), et, d'autre part, qu'elle ne sera régulièrement constituée que si la moitié du capital s'y trouve représentée, comment doit-on procéder si les actions sont disséminées au point qu'il n'y ait pas assez de porteurs de dix actions pour représenter la moitié du capital? On ne peut convoquer une seconde assemblée délibérant à une majorité inférieure à la moitié, laquelle est nécessaire d'après l'art. 31 de la loi de 1867. Mais on peut admettre le groupement des petits actionnaires (*suprà*, n° 739). Un auteur estime que, dans le silence des statuts comme de la loi spéciale, la solution doit être recherchée dans les principes généraux du droit, et qu'en conséquence, chacun des associés a le droit de prendre part à l'assemblée générale; les voix se comptent par tête, sans égard à l'intérêt

---

1. *Conf.* Bourcart, p. 277 ; Cluzant, p. 228 ; Percerou, J. S. 1907, 119 et suiv.

plus ou moins important de chaque associé ; et le vote a lieu à la majorité, selon la règle qui domine dans toutes les assemblées délibérantes[1]. Cette question doit, suivant nous, recevoir une solution différente[2]. Il convient d'éviter la difficulté au moyen d'une disposition spéciale insérée dans les statuts (V. *infrà*, n° 904).

Lorsque les statuts autorisent expressément l'assemblée générale des actionnaires à voter des modifications aux statuts, la dissolution anticipée ou la prorogation de la société, l'assemblée peut-elle voter des modifications et notamment la dissolution ou la prorogation, sans le consentement et malgré l'opposition du gérant? La négative est enseignée par un auteur qui invoque les motifs suivants : Dans la société en commandite, il y a deux sortes d'associés, qui représentent deux éléments distincts : l'un, c'est l'élément personnel, le gérant, qui seul agit et opère ; l'autre, l'élément réel, ce sont les bailleurs de fonds, c'est-à-dire les commanditaires ou actionnaires. L'assemblée générale ne représente jamais que l'opinion des actionnaires ou commanditaires, c'est-à-dire de l'une des deux parties, et il faut toujours, pour modifier le contrat, le consentement de l'autre partie, c'est-à-dire de tous les associés en nom sans exception, ou du gérant quand il est seul[3]. Cette solution nous paraît contraire à la stipulation des statuts, qui confère, sans restriction, *à l'assemblée générale* des actionnaires, le pouvoir de modifier le pacte social, de dissoudre ou proroger la société. En présence d'une telle stipulation, on ne saurait arbitrairement exiger le consentement du gérant, non prescrit par les statuts ni par la loi[4].

744. Majorité factice. Pénalités. — Sont punis d'une amende de 500 fr. à 10,000 fr. et peuvent, en outre, être condamnés à la peine de l'emprisonnement de quinze jours à six mois : 1° ceux qui, en se présentant comme propriétaires d'actions ou de coupons d'actions qui ne leur appartiennent pas, ont créé frauduleusement une majorité factice dans une assemblée générale, sans préjudice de tous dommages-intérêts, s'il y a lieu, envers la société ou envers le tiers[5] ;

1. Vavasseur, *Rev. soc.*, **1889, 221. V.** Cass., 5 juillet 1893 (J. S. 1893, 494).
2. V. nos observations sous l'arrêt précité (J. S. 1893, 494).
3. Vavasseur, *Rev. soc.*, **1893, 469.** *Conf.* Percerou, J. S. 1907, p. 145 et suiv. V. aussi Seine, 2 août 1902 (J. S. 1903, 32).
4. *Conf.* Bourcart, p. 279. Cet auteur fait observer que la loi du 16 novembre 1903, qui, seule, vise directement la modification des statuts, n'exige pas le consentement des associés en nom, et que ce silence devient un argument considérable. V. Cluzant, p. 228 et suiv.
5. V. Bourges, 2 mai 1889 (J. S. 90, 73); Paris, 4 juillet 1890 (J. S. 91, 492); Cass., 12 juin 1891 (J. S. 91, 507). Même les souscripteurs fictifs : Paris, 16 juillet 1895 (J. S. 1896, 118); Wahl, note, S. 1901, 1, 537. V. toutef. Riom, 27 avril 1898 (S. 1901, 1, 537); Seine, 25 mai 1901 (J. S. 1902, 175).

2° ceux qui ont remis des actions pour en faire un usage frauduleux (L. 24 juillet 1867, art. 13)[1]. Ces dispositions s'appliquent aux assemblées initiales comme à celles ordinaires et extraordinaires tenues au cours de la société[2]. La loi n'est pas applicable si un actionnaire sérieux s'est fait représenter aux assemblées par un tiers auquel il a remis ses actions, ou par plusieurs étrangers, pourvu que cette représentation n'augmente pas le nombre des voix en cas de limitation dans les statuts[3]. Il n'y a pas non plus délit consommé, mais tentative de délit, si le vote des faux actionnaires est resté dans la minorité[4], ou si la majorité existe indépendamment des voix de ceux qui ont fait usage de titres ne leur appartenant pas[5]. On décide généralement que le détenteur d'actions en vertu d'une opération de report, peut, sans encourir la peine, faire partie des assemblées générales et y voter, à moins que l'ingérence des reporteurs soit la suite d'une manœuvre pratiquée en vue de créer une majorité factice (*infrà*, n° 864).

CHAPITRE VII

DES ACTIONS JUDICIAIRES

745. Loi. — L'art. 17 de la loi du 24 juillet 1867 est ainsi conçu : « *Des actionnaires représentant un vingtième du capital social peuvent, dans un intérêt commun, charger à leurs frais un ou plusieurs mandataires de soutenir, tant en demandant qu'en défendant, une action contre les gérants ou contre les membres du conseil de surveillance, et de les représenter, en ce cas, en justice, sans préjudice de l'action que chaque actionnaire peut intenter individuellement.* »

746. But. — Le législateur s'est proposé, en organisant ce mode d'action, de faciliter aux minorités d'actionnaires, agissant dans un intérêt commun, l'accès de la justice par la simplification et l'écono-

---

1. V. Brégeault, R. S. 1889, 351.
2. Wahl, S. 1901, I, 537. *Contrà*, Riom, 27 avril 1898 (*id.*).
3. Mathieu et Bourguignat, n° 132 ; Bédarride, n° 276 ; Pont, n° 1551 ; Lyon-Caen et Renault, n° 852 ; Seine, 23 décembre 1896 (J. S. 1897, 223).
4. Pont, n° 1551 ; Mathieu et Bourguignat, n° 134.
5. Seine, 16 mai 1889 (*J. trib. comm.*, t. XXXIX, 196) ; Paris, 4 juillet 1890 (*loc. cit.* et 8 août 1895 (J. S. 1896, 32) ; Riom, 27 avr. 1898, *loc. cit.* V. toutef. Paris, 16 juill. 1895 (J. S. 96, 118) ; Douai, 24 janv. 1899 (J. S. 99, 417). V. tr. Lyon, 20 oct. 1902 (J. S. 1903, 67).

mie, en évitant les significations à chacun des actionnaires intéressés[1]. C'est une dérogation à l'ancienne maxime : *Nul, en France, ne plaide par procureur.*

747. Hypothèse de la loi. Gérant. Conseil de surveillance. Action sociale. Action individuelle. — La loi suppose, dans l'art. 17, un différend, un débat s'élevant entre : d'une part, les associés ou une partie des associés[2], et, d'autre part, le gérant ou les membres du conseil de surveillance, c'est-à-dire les mandataires de la société. Dans ce cas, il est permis aux actionnaires de s'affranchir de la règle commune et de désigner un ou plusieurs commissaires pour faire, dans leur intérêt commun, tant en demandant qu'en défendant, tous les actes de la procédure engagée. Suivant un auteur[3], le droit de déléguer des commissaires n'existe pas au profit des actionnaires s'ils ne sont pas en présence du gérant ou des membres du conseil de surveillance *en exercice.* Il a été jugé, en conséquence, que l'art. 17 n'est pas applicable quand il s'agit d'une action intéressant tout le corps social demandant compte de leur gestion à d'anciens gérants, administrateurs ou commissaires; c'est aux nouveaux gérants seuls qu'il appartient d'intenter une telle action[4]. Mais on décide généralement que la faculté accordée par la loi peut être exercée, même après la dissolution de la société et pendant sa liquidation, contre les anciens gérants ou administrateurs, ou contre leurs héritiers[5], ou contre les anciens membres du conseil de surveillance[6], ou contre le liquidateur de la société[7]. L'art. 17 n'est pas applicable à l'action intentée au nom et aux frais de la société[8], ni à l'action intentée contre des tiers[9], ou contre la société elle-même[10].

La représentation par mandataire peut tout naturellement s'exercer lorsqu'il s'agit de l'action sociale. En est-il de même lorsque l'action est individuelle? — Il a été décidé qu'il suffit que les actionnaires

1. V. le rapport de la commission, Tripier, t. 1, p. 146.
2. Elle n'est pas applicable lorsqu'il s'agit d'obligataires : Cass., 26 mars 1878 (S. 79, 1, 17). V. Orléans, 27 février 1904 (J. S. 1905, 310).
3. Pont, n° 1566.
4. Paris, 21 février 1874 (S. 74, 11, 143); Seine, 23 décembre 1891 (R. S. 1892, 152); Pont, n° 1566; Vavasseur, n° 734; Suppl. Dict. Not., n° 86.
5. Cass., 31 juillet 1895 (J. S. 1898, 55).
6. Lyon, 24 décembre 1881 (D. 83, 11, 241); Paris, 6 février 1891 (R. S. 1891, 219); Angers, 19 mai 1891, et la note (J. S. 1892, 6); Cass., 19 mars 1894 (J. S. 1894, 436). V. Dalloz, *Supp.*, n° 1618.
7. Paris, 12 juillet 1894 (J. S. 1895, 173).
8. Seine, 7 mai 1885 (J. S. 1887, 828) et 23 décembre 1891 (Dalloz, *Supp.*, n° 1618); Paris, 8 mai 1895 (R. S. 1895, 419). V. aussi Paris, 4 févr. 1873 (D. 77, 11, 142).
9. Paris, 4 février 1873 (D. 77, 11, 142); Seine, 23 décembre 1891, *loc. cit.*; Mesnil, J. S. 1900, 72.
10. Paris, 8 mai 1895, *loc. cit.*; Douai, 16 décembre 1897 (J. S. 1899, 251).

agissent dans un intérêt commun. Cet intérêt peut être propre aux actionnaires et distinct de l'intérêt social. Il existe, du moment que les actionnaires qui l'exercent ont tous des droits de même nature à faire valoir contre les gérants ou les membres du conseil de surveillance, et que ces droits sont fondés sur les mêmes causes [1].

748. **Groupes d'actionnaires.** — La disposition de la loi est applicable au cas d'une contestation engagée au sein de la société entre deux groupes d'actionnaires [2].

749. **Vingtième du capital.** — La loi exige, en premier lieu, qu'à eux tous, les actionnaires agissant dans un intérêt commun représentent le vingtième, au moins, du capital social. Si un groupe représentant cette fraction avait déjà constitué un mandataire, un autre groupe représentant moins d'un vingtième pourrait se réunir et constituer le même mandataire [3].

750. **Pluralité d'actionnaires.** — Il faut, en second lieu, la réunion de plusieurs actionnaires agissant dans un intérêt commun; un seul actionnaire, même dans le cas où il représenterait le vingtième du capital, ne serait pas admis à user du bénéfice de la loi [4].

751. **Affaires sociales.** — Enfin, il est nécessaire qu'il s'agisse d'intérêts ou de contestations touchant l'association elle-même. Si, par exemple, les actionnaires sont poursuivis comme débiteurs de tout ou partie de leurs actions, c'est une procédure qui rentre dans les règles du droit commun. Si, au contraire, ils sont appelés en justice pour le règlement des intérêts sociaux, c'est le cas du commissariat [5].

752. **Nomination.** — La loi laisse aux intéressés le soin de procéder comme ils l'entendent à la nomination d'un ou plusieurs commissaires, associés ou non, chargés de les représenter. Les actionnaires peuvent se réunir sur la convocation de l'un d'eux. La nomination des mandataires a lieu à la majorité des suffrages des membres adhérents au procès [6]. A défaut d'entente sur le choix du mandataire, il

---

1. V. Angers, 19 mai 1891 (J. S. 1892, 5) et Cass., 19 mars 1894 (J. S. 1894, 136); Dalloz, *Supp.*, n° 1644 ; Orléans, 27 fév. 1904 (J. S. 1905, 310) ; Nancy, 3 août 1907 (J. S. 1908, 396). *Contrà*, Vavasseur, n° 744. V. aussi Thaller, n° 672.

2. Duvergier, *Lois*, 1856, p. 350 ; Bravard, p. 174 ; Romiguière, n° 164 ; Mathieu et Bourguignat, n° 160 ; Bédarride, n°s 312 et suiv.; Sourdat, p. 211 ; Pont, n° 1567 ; Lyon-Caen et Renault, n° 831 ; Suppl. Dict. Not., n° 86 ; Garsonnet, *Tr. de proc.*, t. 1, p. 490. *Contrà*, Rivière, n° 131 ; Dalloz, n° 1469 ; Dolez, p. 351; Lescœur, p. 240 ; Vavasseur, n° 734.

3. Bourges, 24 août 1874 (S. 72, 11, 257).

4. Angers, 26 avril 1866 (S. 67, 11, 408) ; Pont, n° 1569 ; Lyon-Caen et Renault, n° 829.

5. Dalloz, n° 1408 ; Pont, n° 1574.

6. Dalloz, n° 1405 ; Rivière, n°s 126 et 127 ; Pont, n°s 1571 et 1572.

n'y a plus de recours au tribunal de commerce, comme sous l'empire de la loi de 1856.

La nomination doit avoir lieu pour chaque contestation. Il n'est pas permis, au moyen d'une clause générale insérée dans les statuts, de nommer une fois pour toutes des mandataires ayant mission de représenter tous les actionnaires et d'exercer toutes les actions qui pourront surgir au cours de la société [1].

753. Pouvoirs. — Les commissaires étant des mandataires, leurs pouvoirs sont ce que les font les actionnaires intéressés. Si l'acte de nomination est muet, on doit se référer aux principes généraux du mandat. En principe, les commissaires ont-ils le pouvoir d'agir dans tous les degrés de juridiction et notamment, sans renouvellement de mandat, d'interjeter appel, se pourvoir en cassation? — La question est controversée [2]. Mais ils ne peuvent acquiescer à la décision rendue contre leurs mandants [3], ni, à plus forte raison, transiger ou compromettre [4], ni donner mainlevée de l'inscription d'hypothèque judiciaire qu'ils ont requise [5].

Le mandataire a, au moins, et en dehors des pouvoirs spéciaux que peuvent lui conférer les actionnaires, celui de faire et de recevoir la signification des actes de procédure. Les frais occasionnés par la signification faite par copies séparées à chacun des actionnaires seraient frustratoires et devraient être laissés à la charge de celui qui les aurait faits [6]; mais cette signification ne serait pas nulle pour cela [7].

Les jugements rendus avec les commissaires sont en premier ressort, même à l'égard des actionnaires dont l'intérêt est inférieur à 1,500 fr., si l'intérêt collectif des actionnaires excède ce chiffre [8].

754. Responsabilité des commissaires. — Les commissaires sont responsables, d'après les règles du mandat, envers les actionnaires des fautes qu'ils peuvent commettre dans l'accomplissement de leur

---

1. Dalloz, n° 1404; Pont, n° 1571.
2. *Affirm.*, Rivière, n° 140; Bédarride, n° 308; Pont, n° 1574. *Négat.*, Dalloz, n° 1414; Dolez, p. 351; Vavasseur, n° 738.
3. Paris, 21 janvier 1870 (D. 70, n, 46); Amiens, 16 août 1884 (S. 90, 1, 157; D. 87, 1, 497); Dalloz, Pont et Vavasseur, *loc. cit.*
4. Dalloz, n° 1415; Vavasseur, *loc. cit.*
5. Rennes, 14 mars 1892 (J. S. 1893, 399).
6. Cass., 28 déc. 1886 (R. S. 1887, 121); Seine, 23 déc. 1891 (R. S. 1892, 152). V. Saint-Etienne, 27 oct. 1903 (J. S. 1904, 330); Orléans, 27 fév. 1904 (J. S. 1905, 310).
7. Pont, n° 1576; Lyon-Caen et Renault, n° 830; Lyon, 10 novembre 1871 (D. 72, II, 188); Chambéry, 12 avril 1897 (R. S. 1897, 541).
8. Angers, 18 janvier 1865 (S. 65, II, 211); Pau, 18 décembre 1865 (S. 66, II, 178); Chambéry (R. S. 1897, 447) et 12 avril 1898 (J. S. 1898, 314); Pont, n° 1575. V. toutef. Besançon, 28 mai 1869; Pascaud, R. S. 1897, 447.

mandat *ad litem*. Et, s'il n'y a pas entre eux de solidarité proprement
dite, comme l'objet de leur mandat est indivisible, chacun d'eux est
tenu pour le tout (*in solidum*) de la réparation du préjudice causé par
leur faute ou par leur négligence [1].

755. Responsabilité des actionnaires. — L'art. 17, en permettant
aux actionnaires représentant le vingtième du capital social de se
faire représenter par un mandataire, n'a pas entendu modifier les
règles du droit commun touchant la responsabilité qui incombe aux
mandants par suite des fautes commises par le mandataire [2]. D'où
il suit que les actionnaires-mandants peuvent être solidairement
condamnés à la réparation du préjudice causé par des imputa-
tions excessives dirigées par le mandataire contre les gérants de
la société [3].

756. Action individuelle. — La faculté pour les actionnaires de se
faire représenter en justice par des mandataires n'est pas exclusive
du droit qu'a chaque actionnaire d'agir en son nom personnel dans
les termes du droit commun, soit contre le gérant, soit contre les
membres du conseil de surveillance. Cela résulte formellement de
la disposition finale de l'art. 17, qui réserve l'action que chaque
actionnaire peut intenter individuellement en son nom personnel [4].
Cette action n'est légitimement exercée qu'autant que l'actionnaire
ne conclut pas au nom de la société, mais en son privé nom, et dans
la mesure du préjudice qu'il a pu personnellement éprouver [5].

L'action individuelle peut être intentée par les actionnaires non
syndiqués, mais non par ceux qui ont eu recours au syndicat autorisé par l'art. 17 : cela serait contraire au but d'économie de frais que
s'est proposé le législateur dans la première partie de cet article [6], —
à moins que l'action intentée par les actionnaires individuellement
ait des causes différentes et puisse aboutir à une condamnation distincte de l'action exercée par le syndicat [7].

757. Avis de l'assemblée générale. — Toutefois, les statuts peuvent
apporter une restriction au libre exercice individuel de l'action
sociale, en stipulant — ce qui est licite — qu'aucune demande en
justice ne peut être formée par un actionnaire contre la société, sans
avoir été préalablement soumise à l'assemblée générale, dont l'avis

---

1. Dalloz, n° 1446.
2. Lyon-Caen et Renault, n° 832.
3. Cass., 15 janvier 1889 (J. S. 1890, 365).
4. Paris, 19 avril 1875 (S. 76, II. 113). V. J. S. 1900, 71 ; 1906, 21 et 417.
5. Cass., 3 mai 1893 (J. S. 1893, 467); Seine, 19 fév. 1903 (J. S. 1903, 516).
6. Angers, 19 mai 1891 (J. S. 1892, 5 ; D. 92. II, 81 et notes).
7. Boistel, note, D. 94, I, 465.

doit être soumis aux tribunaux en même temps que la demande[1]; soit même, que les contestations touchant l'intérêt général de la société ne pourront être intentées contre le gérant, ou contre le conseil d'administration ou l'un de ses membres, qu'au nom de la masse des actionnaires et en vertu d'une délibération de l'assemblée générale[2]. Cette dernière clause est insérée dans la plupart des statuts des sociétés par actions. Elle ne s'applique pas, non plus que la première, au cas où la demande est formée contre l'actionnaire par la société elle-même, représentée par le gérant ou le conseil d'administration[3], ni quand l'actionnaire répond par une demande reconventionnelle (en nullité) à une demande formée contre lui par la société[4], ni à la demande en nullité de la société (supra, n° 551), ni à la demande en nullité des délibérations mêmes de l'assemblée générale[5], ni à l'action en responsabilité intentée contre les administrateurs après la dissolution de la société[6], ni quand l'action est introduite contre les administrateurs pris personnellement pour fautes par eux commises[7].

758. Compétence. — Aux termes de l'art. 39, 5e alinéa, C. proc. civ., en matière de société, le défendeur sera assigné, tant qu'elle existe, devant le juge du lieu où elle est établie[8] (V. infrà, n° 772). Trois conditions sont nécessaires pour que ce tribunal soit compétent. Il faut : 1° que la société ait un siège social. Peu importe que la société soit civile ou commerciale. S'il n'y avait pas de siège social, les actions concernant la société devraient être exercées, conformément au droit commun, devant le tribunal du domicile du

---

1. Paris, 19 février 1875 (S. 76, ii, 143); Seine, 2 août 1882 (J. S. 1890, 455); Paris, 3 février 1887 (J. S. 1887, 763); Cass., 3 mai 1893 (D. 93, 1, 449); trib. Bordeaux, 1er mai 1893 (R. S. 1893, 345); Seine, 25 octobre 1894 (J. S. 1895, 327); Paris, 19 fév. 1897 (J. S. 1897, 166); Nancy, 10 mars 1900 (J. S. 1900, 425); Pont, n° 1564 ; Lyon-Caen et Renault, n° 827 bis; Wahl, J. S. 1900, 482; D. 93, 1, 449. Décidé que cette stipulation doit s'appliquer sans qu'il y ait à rechercher si l'action est sociale ou individuelle, ou si elle touche ou non à l'ordre public. Cass., 29 juin 1899 (J. S. 1899, 535; S. 99, i, 409 et note). V. aussi Paris, 19 février 1897 (J. S. 1897, 166); Wahl, note, S. 99, ii, 185. V. toutef. Agen, 19 mars 1896 (S. 88, ii, 191); Seine, 4 fév. 1889 (S. 89, ii, 47); Paris, 28 déc. 1899 (J. S. 1900, 355). V. Seine, 27 juin 1907 (J. S. 1908, 202); Percerou, J. S. 1908, 202.
2. Paris, 8 déc. 1847, 16 juill. 1872, 12 fév. 1881 et 11 juill. 1882 (R. S. 1883, 75); Cass., 3 déc. 1883 (S. 1884, 478); Lyon-Caen et Renault, loc. cit. V. aussi Paris, 19 février 1875, loc. cit.; Seine, 30 oct. 1902 (J. S. 1903, 357). V. toutef. Seine, 8 mai 1885 (J. S. 1888, 329); Labbé, S. 85, i, 97; Seine, 3 janv. 1898 (J. S. 98, 234). V. J. S. 1903, 228, 233; 1910, 145, 325 et 361.
3. Paris, 19 février 1875, loc. cit.
4. Seine, 24 juin 1887 (J. S. 1890, 101).
5. Paris, 24 juill. 1895 (J. S. 96, 23) et 12 av. 1902 (J. S. 1902, 264); J. S. 1893, 421; 1907, 281. V. J. S. 1902, 78. V. toutef. J. S. 1898, 227; 1906, 77; 1908, 202, 340; 1911, 233. V. art. Bosvieux, J. S. 1909, 49.
6. Bourges, 15 avril 1891 (J. S. 1891, 298).
7. Cass., 3 mai 1893 (J. S. 1893, 467).
8. V. Rép. du dr. fr., v° Comp. civ. et comm., n°s 364 et suiv.

défendeur[1]; 2° que l'action exercée entre les associés ou contre la société puisse être considérée comme une contestation sociale. On entend par des contestations sociales, celles qui naissent du contrat de société, et dans lesquelles la société ou un associé sont poursuivis pour avoir manqué à leurs obligations contractuelles. Si, au contraire, la contestation a sa source dans un délit ou un quasidélit de droit commun, il ne s'agit plus d'une contestation sociale, et l'action doit être exercée, conformément au droit commun, devant le tribunal du domicile du défendeur[2] (V. suprà, n° 723); 3° que la société existe encore. Mais, comme une société dissoute est censée exister jusqu'à l'issue de la liquidation, le tribunal du siège social reste compétent jusqu'à ce moment-là[3].

Est valable et doit recevoir son exécution la clause des statuts aux termes de laquelle toute contestation entre les actionnaires et la société est attribuée à la connaissance d'un tribunal déterminé, cette clause n'étant que l'application pure et simple du principe posé par les art. 59, § 3, et 69, § 6, C. proc. civ.[4]. La stipulation oblige les actionnaires, mais non les créanciers[5].

Lorsque la société est commerciale, les tribunaux consulaires sont seuls compétents pour connaître des actions qui ont pour objet soit les versements à faire sur les actions non libérées[6] (suprà, n° 316), soit la nullité de la société et la responsabilité des gérants, des membres du conseil de surveillance ou d'administration[7] (suprà n° 543. V. toutefois, suprà, n° 723), soit les questions relatives à l'administration et à la liquidation[8].

Si la société possède une véritable succursale gérée par des man-

1. Rodière. t. I, p. 100; Carré et Chauveau, t. I, quest. 261; Boitard, Colmet d'Aage et Glasson, t. I, § 137; Garsonnet, t. I, p. 717; Rép. du dr. franç., v° Comp. civ. et comm., n°s 339 à 346. V. tr. Limoges, 4 mars 1904 (J. S. 1904, 282).
2. Boitard, Colmet d'Aage et Glasson, n° 137; Garsonnet, p. 718; Bioche, v° Comp. des trib. civ., n°s 125 et suiv.; Rousseau et Laisney, v° Comp., n° 72; Rép. du dr. fr., v° Comp. civ. et comm., n°s 347 et suiv.; Cass., 11 mars 1884 (S. 85, I, 447); Paris, 29 décembre 1885 (S. 90, I, 153) et les décisions citées suprà, n° 723. V. Tulle, 29 novembre 1898 (J. S. 1899, 133).
3. Cass., 16 novembre 1815, 18 août 1840 et 11 mars 1884 (S. 85, 1, 447); Pau, 2 février 1870 (S. 70, II, 139); Paris, 11 août 1874 (D. 75, II, 38); Garsonnet, t. I, p. 718; Rép. du dr. fr., n°s 355 à 363. V. Cass., 21 janvier 1873 (S. 73, 1, 160).
4. Dijon, 24 juillet 1877 (D. 78, II, 114); trib. Lyon, 30 novembre 1879 (J. S. 83, 743); Cass., 6 avril 1886 (D. 86, V, 87); Paris, 7 déc. 1893 (J. S. 94, 127 et 467).
5. Cass., 25 février 1895 (J. S. 1895, 307).
6. Cass., 3 mars 1863 et 8 mai 1867; Bourges, 21 août 1874 (D. 63, 1, 125 ; 67, 1, 193 ; 73, II. 34); trib. Lyon, 12 oct. 1906 (S. 1908, 71).
7. V. sur la compétence les décisions citées par M. Rousseau, Rép. alph. de doct. et de jurisp. en mot. de soc. comm., p. 126 et suiv.: Pand. fr., 1900, 369.
8. Paris, 9 mars 1883 (R. S. 1883, 380), 15 juin 1883 (R. S. 1883, 782) et 8 décembre 1885 (J. S. 1886, 551); Seine, 18 avril 1898 (J. S. 1898, 372).

dataires ayant pouvoir de l'obliger envers les tiers, elle peut être assignée devant le tribunal du lieu où elle a établi cette succursale, en ce qui concerne les opérations y relatives [1], à moins d'élection de domicile au siège social [2]. Une société commerciale peut aussi être assignée devant le tribunal du lieu du paiement (art. 420, C. proc. civ.), notamment à la requête d'un employé, pour dommages-intérêts et règlement de compte, devant le tribunal du lieu où son salaire était payé [3].

759. **Société à objet civil.** — Il a été décidé que le mode de représentation admis par l'art. 17 de la loi de 1867 pour les actionnaires réunissant entre eux le vingtième du capital social, étant une exception à la règle que « nul en France ne plaide par procureur », son application devait être limitée aux sociétés pour lesquelles a statué la loi de 1867, c'est-à-dire aux sociétés de commerce, et qu'on ne pouvait l'étendre aux sociétés civiles [4]. Cette décision ne nous a pas paru fondée. Il est bien vrai que lorsqu'une société civile adoptait la forme anonyme avant la loi du 1er août 1893, elle conservait son objet, son caractère civil ; mais la loi de 1867 lui était applicable dans celles de ses dispositions qui étaient une conséquence de la forme adoptée. Or, l'art. 17 sur la représentation en justice est, pour nous, une conséquence de la forme adoptée ; il est donc, à notre avis, applicable aux sociétés civiles constituées sous la forme commerciale de la commandite par actions ou de l'anonymat, comme aux sociétés de commerce [5]. Cette solution est certaine en ce qui concerne les sociétés, même civiles par leur objet, constituées depuis la loi du 1er août 1893, puisque ces sociétés sont commerciales et soumises aux lois et usages du commerce (L. 24 juillet 1867, art. 68 nouveau).

760. **Société civile pour ester en justice.** — Des actionnaires qui ne réuniraient pas le vingtième du capital social pourraient former une société civile à l'effet d'exercer, à frais communs et sous une

---

1. Paris, 1er août 1875 (D. 77, I, 110); Cass., 10 août 1875 (D. 77, I, 110); Cass., 19 juin 1876 (D. 77, I, 134); Lyon, 28 février 1882 (D. 83, II, 99; R. S. 1884, 73); Cass., 16 avril 1883 (D. 84, I, 87); Cass., 30 juin 1885 (D. 86, I, 262); Besançon, 2 août 1886 (R. S. 1886, 504); Orléans, 7 août 1886 (J. S. 1888, 454); Amiens, 24 décembre 1886 (J. S. 1890, 50); Lyon, 19 juillet 1887 (R. S. 1887, 527); Besançon, 8 février 1888 (R. S. 1888, 255 et 256); Paris, 10 février 1888 (R. S. 1888, 198); Orléans, 2 février 1889 (R. S. 1889, 199); Cass., 18 nov. 1890 (R. S. 1891, 144). V. Rép. dr. franç., vo Comp. civ. et comm., nos 364 et suiv. V. J. S. 1902, 45; 1909, 68.
2. Cass., 6 avril 1886 (S. 86, I, 269).
3. Besançon, 2 août 1886, loc. cit.; Cass., 21 février 1887 (R. S. 1887, 268); Paris, 22 décembre 1888 (R. S. 1889, 326). Contrà, Lyon, 28 février 1882 (R. S. 1884, 73).
4. Seine, 8 avril 1886 (J. S. 1890, 389).
5. Conf. Rev. soc., note sous ce jugement, 1886, 378.

direction spéciale, une action sociale ou des actions individuelles fondées sur les mêmes causes et intentées contre les mêmes personnes. Ils seraient aptes à ester ainsi collectivement en justice, et la maxime que « nul en France ne plaide par procureur » ne serait pas opposable à cette société, pourvu qu'elle se soit conformée aux règles de la procédure établie pour la validité des assignations, c'est-à-dire que tous les intéressés figurent en nom dans les actes de la procédure et dans le dispositif de l'arrêt[1]. L'existence de cette société ne priverait pas chaque actionnaire du droit qui lui appartient d'agir individuellement[2].

764. Action sociale. — L'action sociale est celle qui intéresse la société ou l'ensemble de ses membres considérés dans leur universalité, c'est-à-dire comme être collectif; elle dérive du mandat, légal ou conventionnel, conféré soit aux administrateurs et commissaires dans la société anonyme, soit au gérant et au conseil de surveillance dans la société en commandite. C'est l'action *mandati* consacrée par l'art. 1992, C. civ. Elle a pour objet la réparation d'un dommage causé à la société tout entière[3].

Ont été considérées comme sociales : 1° l'action en dommages-intérêts formée par des actionnaires, des créanciers sociaux, ou au nom de ces actionnaires et créanciers, contre les gérants, fondateurs et administrateurs, et basée sur la nullité de la société à son origine[4]; 2° l'action en dommages-intérêts formée contre les gérants ou administrateurs ou liquidateurs[5], pour fautes commises dans l'accomplissement de leur mandat, ou pour violation des statuts[6], ou pour manœuvres ou dissimulations coupables[7]; 3° l'action en révocation du gérant[8]; 4° l'action en dissolution et en nomination d'un liquida-

---

1. Paris, 22 avril 1870 (D. 70, ii, 121); Cass., 7 mai 1872; Cass., 26 mars 1878 (D. 78, i, 303). V. Pascaud, R. S. 1897, 442.
2. Paris, 4 février 1875 (D. 76, ii, 185).
3. V. sur les caractères qui distinguent l'action sociale de l'action individuelle, Griolet (D. 69, ii, 145); Thaller (D. 86, ii, 25); Levillain (D. 90, i, 332, 1904, ii, 121); Boistel (D. 92, ii, 33 et 81; 94, i, 465); Pic (D. 93, ii, 249); J. S. 1900, 434; 1907, 226; 1908, 316 et 396; 1909, 211 et 464.
4. Bourges, 2 mai 1889 (R. S. 1890, 15); Cass., 29 juill. 1889 (J. S. 1890, 258); Paris, 2 août 1890 (J. S. 1891, 367), 24 juin 1893 (J. S. 1894, 269), 19 juin 1895 (J. S. 1895, 424) et 13 janv. 1899 (J. S. 99, 173); Cass., 13 fév. 1907 (J. S. 1908, 114); Aix, 21 fév. 1907 (J. S. 1909, 440).
5. Anvers, 19 mai 1894 (R. S. Belg., 1894, 202).
6. Paris, 11 juill. 1882 (R. S. 83, 73); Cass., 12 août 1889 (R. S. 89, 568); Lyon, 28 janv. 1890 (J. S. 91, 553); Paris, 2 août 1890 (*loc. cit.*) et 5 mai 1891 (J. S. 91, 347); Douai, 9 juin 1896 (J. S. 96, 500); Paris, 2 fév. 1900 et 20 mars 1901 (J. S. 1904, 154; 1902, 351); Rennes, 16 fév. 1907, Paris, 13 juill. 1909, Cass., 14 juin 1910, Amiens, 5 fév. 1910 (J. S. 1909, 171; 1911, 67, 118 et 213).
7. Cass., 3 décembre 1883 (S. 85, i, 97, et note de M. Labbé).
8. Cass., 12 août 1889, *loc. cit.*; J. S. 1901, 481.

teur séquestre [1]; 5° l'action en dommages-intérêts formée par des actionnaires contre les administrateurs, gérants et membres du conseil de surveillance, pour avoir commis ou laissé commettre des inexactitudes dans les bilans, et distribuer des dividendes fictifs [2] (V. infrà, n° 822); 6° l'action par laquelle les actionnaires demandent aux administrateurs la réparation du préjudice causé par un marché non autorisé, conformément à l'art. 40 de la loi de 1867 [3]; 7° l'action en nullité de la délibération d'une assemblée générale qui a voté la réduction du capital social [4].

L'action sociale peut s'exercer par la société ou ses représentants légaux, notamment contre l'ancien conseil d'administration par les nouveaux administrateurs. Si les fautes de gestion ne sont imputables qu'à un ou plusieurs administrateurs et si le conseil d'administration est demeuré en fonctions, les autres membres du conseil, composant par hypothèse la majorité du conseil, ne peuvent exercer l'action sociale au nom de la société et comme ses représentants légaux : c'est à l'assemblée générale des actionnaires qu'appartient l'action mandati contre les administrateurs coupables [5]. L'action sociale peut encore être exercée par la représentation du vingtième, conformément à l'art. 17 de la loi de 1867 [6], mais seulement dans la limite de l'intérêt personnel des mandants [7]; ou par la société civile (suprà, n° 760); ou enfin par le syndic, en cas de faillite de la société; ou par le liquidateur, si elle est dissoute [8]. Peut-elle être exercée également par l'initiative individuelle des actionnaires? La question est controversée. D'après un premier système, l'action sociale appartient à l'assemblée générale ou au syndic, ou au liquidateur, lesquels sont les représentants légaux de l'intérêt collectif, et elle ne peut être exercée par les actionnaires individuellement; spécialement, le syndic a seul qualité, d'après la Cour de cassation, pour exercer les actions qui intéressent la masse des actionnaires et des créanciers, à l'exclusion de ces derniers, en vertu des art. 443 et 532, C. comm. [9].

1. Toulouse, 18 janvier 1887 (J. S. 1890, 322); Marseille, 11 juillet 1888 (R. S. 1889, 82 et 83).

2. Paris, 28 mars 88 et 13 juill. 92 (R. S. 88, 378; 93, 223). V. Paris, 29 déc. 85 (R. S. 86, 144); Cass., 6 juill. 1905, J. S. 1904, 304 et 428; 1906, 306; 1908, 396; 1911, 26.

3. Seine, 25 juin 1888 (J. S. 1889, 525); Rennes, 22 novembre 1897 (J. S. 1899, 68).

4. Paris, 19 janv. 1897 et 19 juin 1900, J. S. 95, 465; 97, 264; 1901, 26.

5. Rouen, 30 mars 1855; Dalloz, Supp., n° 1570; J. S. 1906, 24.

6. Cass., 31 juillet 1895 (J. S. 1898, 55). V. Seine, 23 août 1896 (J. S. 1897, 186).

7. Cass., 31 juillet 1895, loc. cit.

8. J. S. 1894, 161; R. S. 1894, 256; 1909, 440; Paris, 24 juin 1893 et 19 janv. 1897, loc. cit. V. Cass., 18 juin 1902; Nîmes, 20 mars 1903 (J. S. 1902, 427; 1903, 495).

9. Cass., 21 décembre 1875 (S. 79, 1, 97), 11 novembre 1885 (J. S. 1887, 239), 29 juillet 1889 (J. S. 1890, 258) et 12 août 1889 (R. S. 1889, 568). Conf. Paris,

Mais on décide généralement que chaque actionnaire peut exercer l'action sociale, en son nom personnel, dans la mesure de son intérêt propre et du préjudice qu'il a pu souffrir, en cas d'inaction de l'assemblée générale, du syndic ou du liquidateur, tant qu'elle n'a pas été épuisée ou éteinte par ces derniers. C'est, au surplus, ce qui résulte des art. 17 et 39 de la loi de 1867, lesquels réservent à chaque actionnaire l'action individuelle[1]. Cette dernière solution nous paraît préférable lorsque la société n'est pas en faillite ; mais, au cas de faillite, nous estimons, avec la Cour de cassation, que l'action sociale appartient au syndic seul, comme représentant de la masse, en vertu des art. 443 et 532, C. comm.[2]

Les actionnaires n'ont pas le droit d'intervenir dans l'instance engagée par le liquidateur[3], même en payant les frais de leur intervention[4], ni de former tierce-opposition à un jugement rendu contre leur société, alors qu'ils ont été représentés dans l'instance par les directeurs et administrateurs de cette société[5]. Les créanciers ne peuvent non plus intervenir dans l'instance introduite par le liquidateur[6] ou par le syndic[7].

Dans tous les cas, l'action sociale n'est pas recevable de la part des actionnaires ou des créanciers : 1° si les actes critiqués ont été ratifiés, en connaissance de cause et sans fraude, par l'assemblée géné-

---

21 décembre 1875 (S. **79**, 1, 97) et 20 mai 1879 (D. 80, 11, 42); Aix, 4 juillet 1883 (R. S. 1883, 608); Orléans, 20 mars 1884 (R. S. 1886, 11); Seine, 20 mai 1889 (J. S. 1889, 523), 5 août 1890 (J. S. 1891, 245) et 27 juillet 1892 (R. S. 1892, 534); Paris, 24 juin 1893, *loc. cit.* : J. S. 1907, 503; 1909, 171 et 211; 1910, 68; 1909, 211; S. 08, 2, 137.

1. Cass., 7 mai 1872 (D. 72, 1, 233), 9 juin 1874 (D. 76, 1, 387), 3 déc. 1883 (D. 84, 1, 389), 23 févr. 1885 (D. 85, 11, 18); Paris, 11 juill. 1882 (R. S. 1883, 73), 30 juin 1883 (J. S. 1884, 11), 6 mai 1885 (J. S. 1886, 43), 10 mars 1892 (J. S. 1892, 193); Lyon 12 août 1884 (J. S. 1885, 57); trib. Rouen, 15 janv. 1885 (R. S. 1885, 360); Bordeaux, 23 mai 1886 (R.S. 1886, 462); Lyon, 28 janv. 1890 (J. S. 1891, 533); Paris, 19 mai 1892 (J. S. 1892, 565); Seine, 19 avril 1893 (J. S. 1894, 407); Cass., 3 mai 1893 (D. 93, 1, 449); Seine, 26 janv. 1894 (J. S. 1894, 407); Cass., 6 août 1894 (J. S. 1895, 171); Amiens, 1er avril 1896 (J. S. 99, 61); Rouen, 15 janv. 1897 (J. S. 1899, 14); Nancy, 10 mars 1900 (J. S. 1900, 405); Cass., 7 janvier 1902 (J. S. 1902, 343); J. S. 1903, 316; 1905, 87; 1906, 21; 1910, 325; Pont, n° 1563; Labbé, S. 1879, 1, 97; Mack, R. S. 1885, 206; V. Cass., 1er juillet 1897 (J. S. 98, 110); J. S. 1894, 5; 1901, 154.

2. *Conf.* note R. S. 1894, 224; Paris, 19 avril 1899 (J. S. 1900, 71); Artbuys, *Rev. crit.*, 1900, 208; J. S. 1902, 513; 1905, 316; Lyon, 15 déc. 1909 (J. S. 10, 310). *Contra*, concl. D. 94, 1, 468; Rouen, 15 janvier 1897, *loc. cit.*; Lyon-Caen et Renault, t. VIII, n° 1153; Mesnil, J. S. 1900, 74. V. J. S. 1896, 123; 1899, 372.

3. Paris, 9 février 1887 (J. S. 1887, 765); 20 juillet 1888 (J. S. 1890, 237) et 12 avril 1892 (J. S. 1892, 354); Seine, 30 septembre 1889 (J. S. 1889, 522); Seine, 21 décembre 1896 (J. S. 1898, 334); Paris, 9 août 1904 (J. S. 1905, 403); Toulouse, 14 juin 1887 (J. S. 1888, 107).

4. *Contra*, Toulouse, 14 juin 1887, *loc. cit.*; Vavasseur, n° 748 *bis*.

5. J. S. 1894, 5; 1901, 312; Paris, 22 mars 1894 (R. S. 1894, 355).

6. Paris, 22 février 1888 (J. S. 1889, 356).

7. Paris, 5 juill. et 6 août 1889 (J. S. 90, 263 : R. S. 1889, 581); D. 1905, n. 337. *Contra*, Poitiers, 20 juill. 1886 (R. S. 1886, 582); Paris, 24 juin 1893 (J. S. 1894, 269).

rale, alors du moins que cette ratification ne porte aucune atteinte aux éléments constitutifs et aux caractères essentiels de la société[1]; 2° si l'action sociale est exercée par le syndic[2], ou par le liquidateur[3]; 3° si elle est éteinte par un *quitus* donné[4], une approbation de comptes[5], ou par une renonciation consentie par l'assemblée générale des actionnaires, en connaissance de cause, et s'il n'y a aucun dol, aucune erreur, fraude ou manœuvre[6] (V. *infrà*, n° 829), ou enfin par une transaction acceptée par cette assemblée dans la limite de ses pouvoirs[7]. Il a été décidé que la transaction peut intervenir même au cas où les statuts sociaux ont été violés; que l'assemblée générale a le droit de l'approuver et d'apprécier le caractère de la gestion, la gravité et la portée des fautes commises[8]. Cette décision ne nous paraît pas fondée : l'assemblée générale n'a pas le droit d'autoriser, ni par conséquent d'approuver des actes passés en violation du contrat[9]; 4° si l'action sociale est éteinte par une transaction passée par le syndic (dûment autorisé), lequel représente les actionnaires *ut universi* comme les créanciers eux-mêmes[10]; ou si elle a été

1. Cass., 21 juin 1881 (D. 81, I, 465); Paris, 11 juillet 1882 (R. S. 1883, 181); Bordeaux, 24 mai 1886 (D. 87, II. 115); Paris, 28 mars 1888 (J. S. 1889, 69), et 29 mai 1889 (J. S. 1890, 75); Lyon, 28 janvier 1890 (J. S. 1891, 553); Seine, 19 juillet 1894 (J. S. 1895, 177); Rennes, 22 novembre 1897 (J. S. 1899, 68); Nancy, 10 mars 1900 (J. S. 1900). V. Rouen, 13 juin 1887 (R. S. 1888, 81); Paris, 19 mars 1890 (R. S. 1890, 298); Bourges, 15 avril 1891 (R. S. 1891, 321); Cass., 16 juin 1891 (R. S. 1891, 429); Seine, 29 juillet 1891 (J. S. 1892, 548); Paris, 10 mars 1892 (J. S. 1892, 289) et 13 juillet 1892 (R. S. 1893, 213); Cass., 13 novembre 1893 (J. S. 1894, 133); J. S. 1900, 405; 1901, 154, 214; 1902, 331 et 362.

2. Paris, 30 juin 1883 (J. S. 1884, II); Cass., 25 février 1885 (D. 85, I, 18); Bordeaux, 24 mai 1886 (D. 87, II. 115).

3. Seine, 5 octobre 1892 (J. S. 1892, 537).

4. J. S. 1904, 428; 1905, 86; 1911, 227. V. J. S. 1910, 19. V. sur l'effet du *quitus* donné après une action en resp.: Cass., 1er juill. 1897 (J. S. 98, 110). Contra, Paris, 20 mars 1901 (J. S. 1902, 331); Seine, 3 fév. et 4 août 1904 (J. S. 1904, 428; 1905, 87).

5. Cass., 23 février 1885 (D. 85, II, 18). 8 mars 1892 (J. S. 1894, 282); Besançon, 17 mars 1897 (J. S. 1897, 400); J. S. 1900, 405; 1901, 214; 1903, 357.

6. V. Paris, 10 mars 1892 (J. S. 1892, 289) et Cass., 13 novembre 1893, *loc. cit.*; Seine, 14 avril 1896 (R. S. 1896, 325) et 24 août 1898 (J. S. 1899, 383); J. S. 1910, 19.

7. Paris, 16 avril 1870 (D. 70, II, 121); Cass., 7 mai 1872 (D. 72. I, 233), 20 février 1877 (D. 77, I, 201); Paris, 30 juin 1883, *loc. cit.*; Cass., 3 décembre 1883 (S. 85, I, 97 et note de M. Labbé), 14 janvier et 23 février 1885 (J. S. 1885, 167 et 379; D. 85, II, 18); Paris, 6 mai 1885 (D. 86, II, 25 et note de M. Thaller); Bordeaux, 24 mai 1886 (D. 87, II, 115); Lyon, 28 janvier 1890 (D. 92, II, 33 et note de M. Boistel); Cass., 30 avril 1891 (D. 91, I, 491); Angers, 19 mai 1891 (J. S. 1892, 5); Paris, 31 mai 1892 (D. 92, II, 249); Cass., 8 mars 1892 (D. 93, I, 252); et 21 décembre 1892 (D. 93, I, 361); Paris, 17 mars 1900; J. S. 1901, 56; 1904, 428.

8. Paris, 5 mai 1891 (J. S. 1891, 347); Seine, 4 août 1904 (J. S. 1905, 87). V. Cass., 21 juin 1881 (D. 81, I, 465) et 3 décembre 1883 (S. 85, I, 97).

9. Labbé, S. 85, I, 97; Deloison, n° 455; Levillain, note D, 1904, II, 124; Lyon-Caen et Renault, n° 827; Thaller, n° 668; trib. Bruxelles, 13 mai et 2 décembre 1885 (J. S. 1890, 23, 111 et 112). V. aussi Paris, 6 février 1896 (J. S. 1896, 343).

10. Paris, 3 janvier 1888 (J. S. 1889, 387), et 24 juin 1895 (J. S. 1894, 269); Seine, 14 juin 1883 (J. S. 1885, 526) et 27 mai 1889 (J. S. 1889, 451).

éteinte par le concordat accordé à la société[1]. Décidé que les actionnaires n'ont pas qualité pour former tierce-opposition à un jugement d'homologation d'une transaction conclue avec le syndic, alors que le liquidateur était partie dans l'instance en homologation[2]; 5° si les actionnaires demandeurs ont aliéné leurs titres avant ou pendant l'instance[3]. Toutefois, la question de savoir si le droit pour l'actionnaire d'obtenir une indemnité des administrateurs est éteint par la vente du titre, ou si elle passe avec l'action au cessionnaire, peut être une question de fait et d'intention[4]; 6° si l'assemblée générale n'a pas été consultée, lorsque les statuts l'exigent par une clause spéciale (*supra*, n° 737)[5].

Les fautes que le gérant ou les membres du conseil de surveillance de la société en commandite, ou les administrateurs de la société anonyme commettent dans l'accomplissement de leur mandat, et qui donnent lieu à l'action sociale, peuvent faire éprouver un préjudice aux créanciers et aux actionnaires. L'indemnité payée par les gérants, membres du conseil de surveillance ou administrateurs, ayant pour but et pour effet d'obtenir la réparation du préjudice résultant pour la société de ses fautes, doit être employée tout d'abord, comme faisant partie du patrimoine social, à éteindre les dettes de la société, et les actionnaires ne peuvent prétendre à cette indemnité qu'après le paiement intégral du passif[6].

Il a été décidé, toutefois, que les droits des actionnaires vis-à-vis des membres du conseil de surveillance sont distincts des droits des créanciers de la société vis-à-vis des mêmes personnes; que le préjudice souffert par les uns ne se confond pas avec celui souffert par les autres, bien que l'un et l'autre préjudice aient la même cause ou proviennent de la même faute; que les actionnaires sont donc fondés, vis-à-vis des créanciers sociaux, à vouloir profiter personnellement des dommages-intérêts qu'ils pourraient obtenir[7]. Nous avions considéré que c'était l'action *mandati*, l'action sociale, et non l'action indi-

1. Bourges, 2 mai 1889 (R. S. 1890, 15).
2. Seine, 27 mai 1889 (J. S. 1889, 451). V. Cass., 17 avril 1894 (J. S. 1894, 429).
3. Paris, 11 juillet 1882 et Cass., 3 décembre 1883, *loc. cit.*; Lyon-Caen et Renault, n° 828; Pont, n°s 1706 et suiv.
4. V. Lebbé, note, S. 85, I, 97; Lyon-Caen et Renault, n° 828; Paris, 14 avril 1892 (D. 92, II, 347).
5. Paris, 11 juillet 1882, *loc. cit.*
6. Lyon, 28 janvier 1890 et note de M. Boistel (D. 92, II, 33); Paris, 5 mai 1891 (J. S. 1894, 347); Trib. du Mans, 19 août 1890 (J. S. 1892, 5); Seine, 13 janvier 1892 (J. S. 1892, 212) et 26 janvier 1894 (J. S. 1894, 407); R. S., note, 1894, 224; Paris, 19 juin 1895 (J. S. 1895, 421); Theller, *Ann. dr. comm.*, 91, 23, et T., n° 669. V. toutef. Rau, concl. Cass., 19 mars 1894 (D. 94, I, 468); V. R. S. 1904, 382; J. S. 1906, 423; 1908, 63.
7. Angers, 19 mai 1891. V. aussi Orléans, 27 février 1904 (J. S. 1904, 304).

viduelle, qui était exercée au nom des actionnaires, et, dans ces conditions, nous avions pensé que les dommages-intérêts auxquels les membres du conseil de surveillance étaient condamnés, auraient dû être appliqués, tout d'abord et nécessairement, à l'extinction du passif social[1]. La Cour de cassation a rejeté le pourvoi formé contre cette décision[2]; elle a déclaré que les actionnaires fondaient leur demande en indemnité (en vertu tant de l'art. 1382 que de l'art. 1992, C. civ.) sur l'existence d'un préjudice par eux personnellement souffert, indépendant de celui dont les liquidateurs poursuivaient en même temps la réparation au nom *et dans l'intérêt exclusif des créanciers sociaux*. Il ne s'agissait donc pas réellement d'une action sociale exercée dans l'intérêt de la masse, représentée par les créanciers sociaux et par les actionnaires, mais de deux actions distinctes exercées, l'une par les liquidateurs judiciaires, dans l'intérêt exclusif des créanciers, et l'autre, par les actionnaires, dans leur intérêt particulier. La solution, ainsi interprétée, ne nous paraît pas contraire au principe ci-dessus établi, à savoir que les condamnations obtenues par l'exercice de l'action sociale doivent être appliquées en premier lieu à l'extinction du passif de la société.

762. Action individuelle. — L'action individuelle est basée sur une faute qui a porté préjudice, soit à quelques tiers ou actionnaires seulement, soit à tous, mais dans des proportions inégales pour chacun, et qui est assez grave pour constituer un quasi-délit dans les termes des art. 1382 et 1383, C. civ. Elle a pour objet la réparation d'un préjudice particulier[3].

Les intéressés ont une action individuelle : 1° lorsqu'ils ont éprouvé un dommage personnel et particulier par suite de faits, frauduleux ou illégaux, ayant un caractère privé, ou ayant engendré un préjudice distinct de celui souffert par la société[4]; 2° s'ils ont été amenés à souscrire des titres par des faits illicites, notamment sous la foi de dividendes fictifs distribués aux anciens actionnaires, ou à acheter des actions dont la hausse a été provoquée par des manœuvres frauduleuses ou des rapports mensongers[5] (V *infrà*,

---

1. V. note sous ledit arrêt, J. S. 1892, 5.
2. Cass., 19 mars 1894 (J. S. 1894, 436).
3. V. les autorités citées, p. 607, note 3; Cass., 23 janvier 1895 (J. S. 1895, 57).
4. Toulouse, 26 décembre 1876 (D. 79, 1, 209); Seine, 21 décembre 1880 (J. S. 1881, 89); Cass.. 14 janvier et 23 février 1885 (J. S. 1885, 167 et 379); Paris, 17 juillet 1888 (R. S. 1889, 65), 28 juin 1894 (R. S. 1894, 412), 19 juin 1895 (J. S. 95, 421); J. S. 96, 343 ; 95, 177; 1900, 434; 1902, 351; 1905, 340; 1906, 218.
5. Cass., 16 janvier 1878 (D. 79, 1, 209), 3 décembre 1883 (D. 84, 1, 339); Seine, 22 décembre 1882 (D. 86, II, 23); Paris, 10 mai 1883 (D. 84, II, 1); Lyon, 12 mars 1885 (R. S. 1885, 408) et 15 mai 1885 (R. S. 1885, 710); Paris, 7 avril 1887 (D, 89,

n° 822), ou lorsque l'achat a été déterminé par l'erreur où les acquéreurs ont été induits sur l'état des affaires de la société, imputable
au défaut de surveillance des administrateurs [1]. Mais les actionnaires
ne peuvent intenter contre les administrateurs d'une société une
action en responsabilité fondée sur le préjudice que ceux-ci leur
auraient causé en les attirant dans cette société, qu'à la charge de
prouver le dol et la fraude personnelle des administrateurs [2]; 3° si
des actionnaires ont été amenés à vendre désavantageusement leurs
actions, par l'effet de manœuvres dolosives [3]; 4° lorsqu'ils ont
éprouvé un préjudice par l'immobilisation frauduleuse des titres
anciens à la suite d'une augmentation de capital [4]; 5° contre la
société elle-même, lorsque des actionnaires ont souscrit des actions
émises à titre d'augmentation de capital, sur la foi d'annonces
mensongères émanant des administrateurs dont la société a approuvé
les agissements [5]. Est aussi une action individuelle : 6° le recours
en garantie que les fondateurs et administrateurs assignés exercent
contre un fondateur non mis en cause; cette action est absolument
distincte de l'action sociale exercée par le syndic au nom de la
masse [6]; 7° la demande en dissolution de la société basée sur de
justes motifs, conformément à l'art. 1871, C. civ. (infrà, n° 946) [7];
8° la demande en nullité de délibérations irrégulièrement prises par
l'assemblée générale des actionnaires [8]. L'action en nullité de la
société peut être exercée, soit comme action sociale, soit comme
action individuelle (V. suprà, n°s 554 et 761).

Les actions individuelles ne seraient pas valablement exercées au
moyen de la représentation judiciaire créée par l'art. 17 de la loi de
1867. Le contraire a été décidé, toutefois, lorsque les actions indivi-

---

2, 41), 17 juillet 1888 (R. S. 1889, 65) et 20 décembre 1891 (J. S. 1892, 114); Seine,
2 décembre 1891 (J. S. 1892, 544), 12 avril 1894 (R. S. 1894, 306) et 28 juin 1894;
Paris, 13 juillet 1892 (R. S. 1893, 223); Orléans, 4 juillet 1893 (J. S. 1894, 9);
Seine, 8 juin 1894 (J. S. 1895, 87), 6 mars 1895 (J. S. 1895, 360), 27 mai 1895
(J. S. 1895, 451). V. Cass., 10 avril 1886 (J. S. 1889, 611); Paris, 5 août 1890 (J. S.
91, 508), 24 déc. 1891 (J. S, 92, 114) et 28 juin 1894, loc. cit.; Cass., 20 juill. 1898
(J. S. 99, 346); J. S. 1888, 268; 1889, 501; 1896, 409; 1904, 428; 1905, 233, 268, 413;
1907, 430; 1908, 114, 180, 396; 1909, 324; 1910, 264, 220, 511; 1911, 26 et 213.
1. Paris, 17 juillet 1888 (J. S. 1890, 237).
2. Cass., 21 janv. 1890 (S. 90, I, 404); Paris, 27 déc. 1906 (J. S. 07, 430).
3. Cass., 3 décembre 1883 (D. 84, I, 339).
4. Paris, 10 juin 1887 (J. S. 1890, 76).
5. Lyon, 28 février 1894 (J. S. 1895, 62) et Cass., 17 juillet 1895 (J. S. 1895, 493).
6. Cass., 23 janvier 1895 (J. S. 1895, 57). V. Cass., 27 juin 1899 (J. S. 1900, 113).
7. Paris, 20 mai 1869 (D. 70, II, 12); Lyon, 16 février 1881 (D. 82, II, 108).
8. Seine, 20 mars 1875 (D. 75, II, 161); Bourges, 6 avril 1892 (D. 93, II, 347);
9° l'action à fin de communication de documents sociaux. Cass., 29 juin 1899 (J. S.
1899, 535); Paris, 28 décembre 1899 (J. S. 1900 355); Wahl, note, S. 99, II, 185.

duelles sont exercées au nom d'actionnaires agissant dans un intérêt commun résultant de ce que leurs droits sont de même nature et sont fondés sur les mêmes causes (*suprà*, n° 747). Mais les intéressés pourraient constituer une société (*suprà*, n° 760). L'exercice des actions individuelles ne peut être entravé ni paralysé par une stipulation des statuts [1], ni par l'assemblée générale des actionnaires. De même l'action sociale exercée, éteinte ou abandonnée par les représentants de la société, notamment par le syndic ou le liquidateur, ne fait pas obstacle aux actions individuelles [2], et ces actions individuelles ne peuvent être exercées par le syndic ou par le liquidateur [3]. Mais la fin de non-recevoir ne serait pas valablement proposée pour la première fois devant la Cour de cassation [4]. L'action individuelle est recevable même de la part des actionnaires qui ont aliéné leurs titres [5] (V. *suprà*, n° 761).

Est passible de dommages-intérêts l'actionnaire qui, par une procédure abusive et systématique a, sans motif légitime, causé à la société un préjudice dans son crédit et dans ses affaires [6] (V. *infrà*, n° 822).

CHAPITRE VIII

DISSOLUTION — LIQUIDATION
PRESCRIPTION

763. Dissolution. — Les sociétés en commandite par actions, comme les sociétés en général, finissent : 1° par l'expiration du temps pour lequel elles sont contractées ; 2° par l'extinction de la chose ou la consommation de la négociation (C. civ., art. 1865, 1° et 2°). Mais

---

1. Thaller, D. 86, II, 136 ; Levillain, D. 90, I, 457 ; Pic, D. 92, II, 249 ; Paris, 19 avril 1875 (D. 75, II, 161) et 19 févr. 1897 (J. S. 97, 166 ; R. S. 99, 526). V. toutef. Angers, 19 mai 1891 (J. S. 1892, 5) ; Lyon-Caen et Renault, n° 827 *bis ;* Wahl, S. 99, II, 185.
2. Paris, 16 avril 1860 (D. 70, II, 121) ; Cass., 16 janvier 1878 (D. 79, I, 209) ; Lyon, 18 mars 1884 (D. 84, II, 214) et 15 mai 1885 ; Paris, 18 mai 1885 (D. 88, I, 59) et 17 juillet 1888, *loc. cit.* ; Paris, 31 mai 1892 (D. 93, II, 249). V. Paris, 18 juill. 1906 (J. S. 1906, 417) ; 28 juin 1894 et 17 juill. 1888, *loc. cit.*
3. Besançon, 10 août 1868 (D. 68, II, 201) ; Toulouse, 26 décembre 1876 (D. 79, I, 209) ; Cass., 16 janvier 1878 (D. 79, I, 209) ; Paris, 7 avril 1887 (R. S. 1888, 7) ; Seine, 3 novembre 1892 (R. S. 1893, 137).
4. Cass., 23 février 1870 (D. 71, I, 229).
5. Cass., 11 novembre 1873 (D. 76, I, 425) ; Paris, 9 février 1877, 28 juin 1894 (R. S. 1894, 412), 31 mai 1892 (D, 93, II, 249) ; Seine, 6 mars 1895 (J. S. 1895, 360) ; Lyon-Caen et Renault, n° 828. V. toutef. Paris, 14 avril 1892 (D. 92, II, 347).
6. Paris, 19 fév. 1897 (J. S. 1897, 166). V. Amiens, 21 mars 1901 (J. S. 1902, 41).

les autres causes de dissolution indiquées en l'art. 1865 (la mort, l'interdiction ou la déconfiture d'actionnaires) ne sont pas des causes de dissolution (*infrà*, n° 944).

Quant au décès ou à la révocation du gérant statutaire, il entraîne, sauf disposition contraire dans l'acte social, la dissolution de la société, à moins que les associés ne s'entendent tous sur le choix d'un nouveau gérant, ou que celui-ci soit nommé par l'assemblée générale, à qui les statuts auraient conféré pouvoir à cet effet. Mais s'il s'agit d'un gérant nommé au cours de la société, son décès, sa révocation ou sa démission, ne font pas obstacle à la continuation de la société (*suprà*, n° 229).

La faillite de la société ne saurait entraîner sa dissolution (*suprà*, n° 201). Décidé qu'en admettant que la dissolution de la société ne résulte pas de plein droit de la faillite ou de la déconfiture du gérant, cette dissolution peut néanmoins être prononcée par les tribunaux pour de justes motifs [1].

La dissolution de la société peut être demandée avant le terme convenu, s'il y a de justes motifs dont la légitimité et la gravité sont laissées à l'arbitrage des juges [2] (*infrà*, n°ᵉ 763 et 946).

La réunion de toutes les actions d'une société aux mains d'un seul associé, emporte la dissolution de la société (*infrà*, n° 949).

Enfin, l'art. 11 de la loi de 1867 dispose que le conseil de surveillance peut convoquer l'assemblée générale et, conformément à son avis, provoquer la dissolution de la société. Ce droit ne saurait être enlevé ni restreint par les statuts [3]. La dissolution de la société peut donc être proposée par le conseil de surveillance, non seulement dans les cas prévus par les statuts, mais dans tous ceux où l'intérêt de la société l'exige [4].

Le conseil de surveillance n'a pas le droit de saisir directement les tribunaux de la dissolution ; il doit en référer à l'assemblée générale, puisqu'il ne peut provoquer la dissolution que conformément à l'avis de l'assemblée générale [5].

Pour l'exercice de ses pouvoirs, le conseil de surveillance délibère à la majorité de ses membres ou dans les termes des statuts ; la minorité n'a pas le droit de convoquer l'assemblée générale [6].

---

1. Paris, 28 novembre 1874 (D. 77, II, 141).
2. Paris, 17 avril 1890 (R. S. 1890, 367).
3. Pont, n°ˢ 1513 et 1922 ; Rivière, n° 111 ; Alauzet, t. II, n° 699 ; Dalloz, n° 1231.
4. Mathieu et Bourguignat, n° 96 ; Pont, *loc. cit.* ; Lyon-Caen et Renault, n° 1008.
5. Dalloz, n° 1223 ; Pont, n°ˢ 1513 et 1921 ; Lyon-Caen et Renault, n° 1008.
6. Alauzet, t. II, n° 701 ; Vavasseur, n° 595.

C'est aux tribunaux qu'il appartient, en principe, de prononcer la dissolution, l'art. 11 ne dérogeant pas, en ce point, à l'art. 1871, C. civ. L'assemblée générale n'a le droit de dissoudre la société qu'autant que le pouvoir lui en a été expressément conféré par les statuts[1]. Mais, si ce pouvoir existe, l'assemblée générale peut prononcer la dissolution sans le consentement et malgré l'opposition du gérant[2] (suprà, n° 743).

Lorsque, en l'absence d'une stipulation statutaire, l'assemblée générale est d'avis de provoquer une dissolution judiciaire, l'action est introduite par le conseil de surveillance ou par des commissaires spéciaux désignés à cet effet[3]. Si, au contraire, l'assemblée générale se prononce contre la mesure de la dissolution, le conseil de surveillance n'a pas qualité pour agir ; mais les actionnaires conservent le droit d'exercer eux-mêmes, ensemble ou individuellement, l'action en dissolution, par application de la disposition générale de l'art. 1871, C. civ.[4].

764. Liquidation. — Les statuts stipulent le plus souvent que la liquidation sera faite par le gérant en exercice lors de la dissolution. Il a été décidé que la liquidation d'une société peut être confiée par justice à une autre personne que celle désignée par le pacte social, quand il y a de justes raisons pour ne pas la confier à celle-ci[5]. Le choix du liquidateur est aussi parfois confié par les statuts à l'assemblée générale des actionnaires. Dans ce cas, l'assemblée peut, à son gré, nommer comme liquidateurs soit un ou plusieurs associés, soit même une ou plusieurs personnes étrangères à la société[6].

Si les statuts ont conféré au gérant les fonctions de liquidateur, sans spécifier comment il sera pourvu à son remplacement en cas de non-acceptation, l'assemblée générale ne peut procéder à la nomination d'un autre liquidateur qu'avec le consentement de tous les actionnaires[7].

Le liquidateur associé nommé d'avance dans les statuts ne peut être révoqué que par tous les actionnaires, ou par les tribunaux pour

1. Bédarride, n° 237; Alauzet, n° 507; Mathieu et Bourguignat, n° 97; Pont, n° 1923; Suppl. Dict. Not., v° Soc. par act., n° 182; Lyon-Caen et Renault, n° 1008; Paris, 20 mai 1869 (D. 70, 11, 12).
2. Contrà, Vavasseur, R. S. 1893, 469.
3. Pont, n° 1921; Alauzet, n° 700.
4. Bédarride, n°s 239 et suiv.; Pont, n° 1924; Suppl. Dict. Not., n° 183; Lyon-Caen et Renault, n° 1008; Paris, 19 avril 1875. V. Paris, 17 avril 1890 (R. S. 1890, 367).
5. Cass., 27 mars 1893 (R. S. 1893, 222).
6. Bordeaux, 20 août 1839 (D. 40, 11, 44); Troplong, n° 1082; Pont, 1944.
7. Seine, 27 avril 1892 (J. S. 1892, 483).

motifs légitimes. Celui nommé par l'assemblée générale des actionnaires est révocable *ad nutum* par une même assemblée [1].

Les pouvoirs et les devoirs du liquidateur d'une société en commandite par actions sont les mêmes que ceux du liquidateur de la société anonyme (*infrà*, n°ˢ 958 et 959. V. aussi *suprà*, n° 230).

765. Prescription. — Les actionnaires commanditaires peuven invoquer contre les tiers, après la dissolution de la société, la prescription de cinq ans établie par l'art. 64, C. comm [2].

Mais cette prescription ne peut être opposée à la demande en dommages-intérêts formulée contre les anciens membres du conseil de surveillance d'une société en commandite simple, par les actionnaires de la société primitive devenus commanditaires de la seconde, et fondée sur ce que les défendeurs auraient, lors de la transformation, donné des renseignements inexacts sur la situation financière de l'ancienne association. Cette action reste soumise au droit commun [3]

---

1. V. Lévi-Lion, R. S. 1890, 130.
2. Cass., 21 juillet 1885 (S. 36, 1, 121); Pont, n° 2007; Bédarride, t, III, n° 659; Alauzet, n° 629; Dutruc, v° *Soc.*, n° 655; Boistel, n° 390; Ledru, J. S. 1880, p. 402. *Contrà*, Demangeat sur Bravard, t. I, p. 455; Lyon-Caen et Renault, n°ˢ 428 et 545.
3. Poitiers, 17 novembre 1879 (D. 80, II, 110).

IMPRIMERIE DE LA COUR D'APPEL

L. Maretheux, D'

RUE CASSETTE 1, PARIS